教育部人文社科基金“十五”规划项目
山东大学出版基金资助项目

二十世纪中国社会变迁与社会称谓分期研究
——社会语言学新探

孙剑艺 等 撰

参撰（以音序排列）

果 娜 李 杰 李 军
李 敏 李银华 秦希贞
尚 伟 王 祥 吴晨阳

商务印书馆
创于1897 The Commercial Press
2013年·北京

图书在版编目(CIP)数据

二十世纪中国社会变迁与社会称谓分期研究:社会语言学新探/孙剑艺等撰.—北京:商务印书馆,2013
ISBN 978-7-100-10528-6

I.①二… II.①孙… III.①称谓—社会语言学—研究—中国—近现代 IV.①H136.4

中国版本图书馆 CIP 数据核字(2013)第 315832 号

二十世纪中国社会变迁与社会称谓分期研究
——社会语言学新探
孙剑艺 等 撰

商 务 印 书 馆 出 版
(北京王府井大街36号 邮政编码100710)
商 务 印 书 馆 发 行
三河市尚艺印装有限公司印刷
ISBN 978-7-100-10528-6

2013年12月第1版　　开本 880×1230 1/16
2013年12月北京第1次印刷　　印张 53 1/4

定价:298.00元

序

孙剑艺同志，上世纪八十年代，受业于殷孟非（焕先）先生之门，治汉语音韵学。孜孜矻矻，精进不已，颇受先生青睐，洵为先生入室弟子。

毕业后留在前文史哲研究所《汉语大词典》编写组工作。当时我正主持《汉语大词典》的缩编工作。剑艺等同志和几位青年朋友一起从我参加了《汉语大词典简编》工作。不久，我又接受了山东省社会科学"七五"规划重点规划项目——《汉语称谓大词典》的主编工作。我便聘请孙剑艺同志等数位同志担任副主编，做我的助手。

编纂词典是一件十分复杂、烦琐而且还非常折磨人的工作。16世纪中——17世纪初，一位意大利著名的语言学家和历史学家，名叫斯卡利格的前辈，曾说过这样一段话："十恶不赦的罪犯，既不应判决，也不应判强制劳动，而应判他去编词典，因为这种工作包含

吉常宏先生序（一）

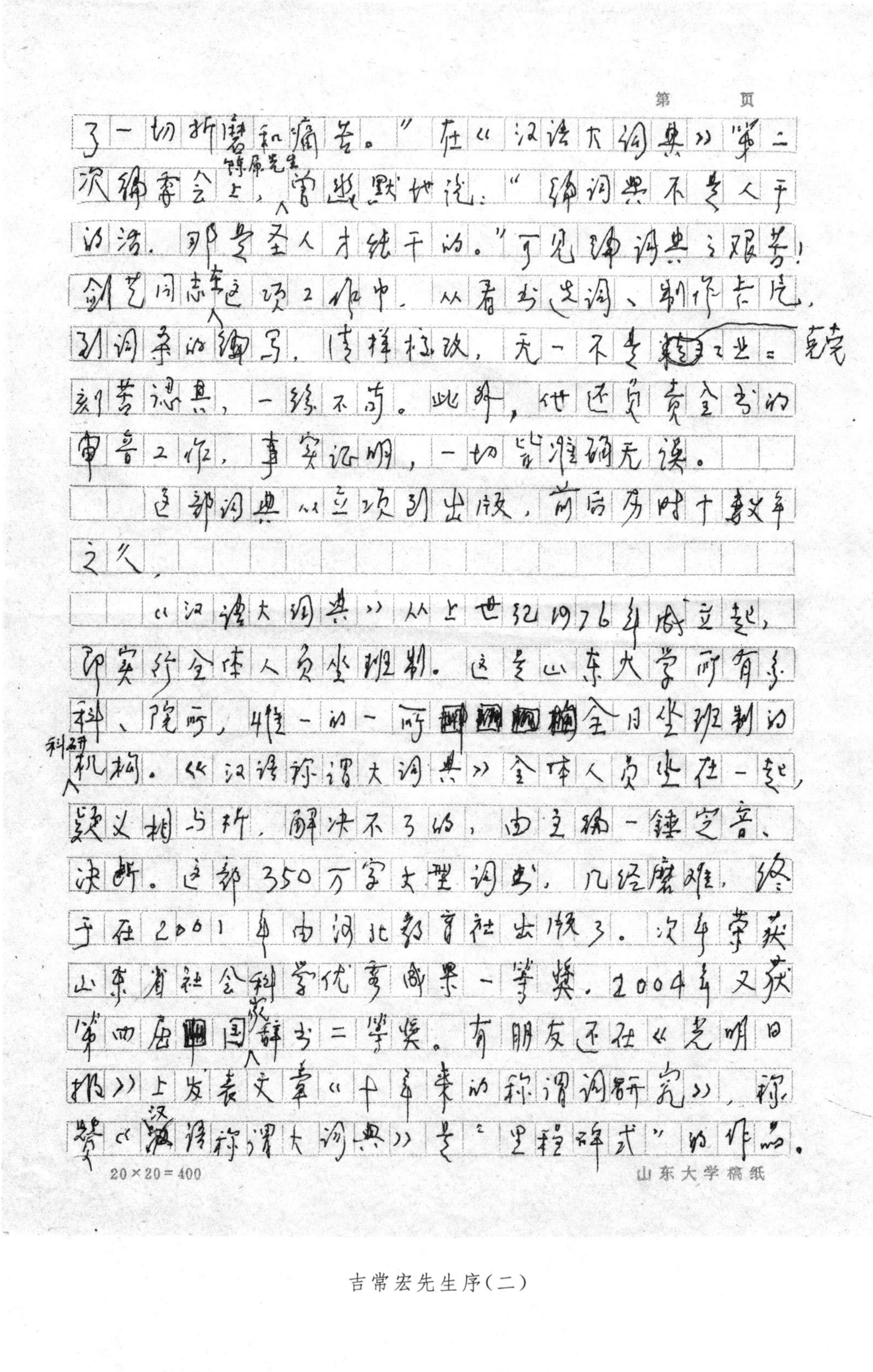
了一切折磨和痛苦。”在《汉语大词典》第二次编委会上，锦原先生曾幽默地说：“编词典不是人干的活，那是圣人才能干的。”可见编词典之艰苦！剑艺同志在这项工作中，从看书选词、制作卡片，到词条的编写，清样校改，无一不是兢兢业业，刻苦认真，一丝不苟。此外，他还负责全书的审音工作，事实证明，一切皆准确无误。

这部词典从立项到出版，前后历时十数年之久。

《汉语大词典》从上世纪1976年成立起，即实行全体人员坐班制。这是山东大学所有系科、院所，唯一的一所全日坐班制的科研机构。《汉语称谓大词典》全体人员坐在一起，疑义相与析，解决不了的，由主编一锤定音、决断。这部350万字大型词书，几经磨难，终于在2001年由河北教育社出版了。次年荣获山东省社会科学优秀成果一等奖。2004年又获第四届国家辞书二等奖。有朋友还在《光明日报》上发表文章《十年来的称谓词研究》，称赞《汉语称谓大词典》是“里程碑式”的作品。

吉常宏先生序(二)

经过十多年的辞书编纂的打磨和经验的积累，剑艺又拓展思路，结合20世纪社会发展变化来研究称谓词。于2001年成功申报了教育部的“十五”规划项目。全新课题，无经验可循。每当剑艺来看我，谈到项目艰难进展情况及所遭遇到的甘甜苦乐时，我总是给以鼓励。而今十几年过去了，他竟将最初设想的一个小专著，打造成为一部煌煌百万字的鸿篇巨制，并且带出了一大批硕士研究生弟子。诚如当年常同一些青年朋友讲的一句口头禅：“你不欺骗工作，工作也不欺骗你。”验之剑艺同志，足证此言不虚。

这部《二十世纪中国社会变迁与社会称谓分期研究——社会语言学的探索》，依照时代发展脉络，将称谓词及其例证结合历史事件和时代特征进行考察，从晚清一直到改革开放，其规模宏伟，内容详赡，引证丰富，考辨精审，理论视角独特，苦心孤诣之力作。该书面世，无疑是学术界的幸事。

记得剑艺初到大词典组时，我曾对他说：

吉常宏先生序（三）

第　页

"只搞音韵学，恐怕路子太窄，何妨往词汇方面靠一靠，或许路更宽阔一些。"今天看来，我很庆幸没犯误导之过。

剑艺的巨著即将付梓，我当然乐观其成。高兴之余，不免有些忘乎所以。他要我写几句话，以弁其大作之端。所以拉杂地写了上面这些话，就权作序吧。

2013年冬月　八六叟吉常宏

记于山东大学兴隆山校区寓所之实究斋中

20×20=400　　山东大学稿纸

吉常宏先生序（四）

序　一

孙剑艺同志，上世纪八十年代，受业于殷孟非（焕先）先生之门，治汉语音韵学。孜孜矻矻，精进不已，颇受先生青睐，洵为先生入室弟子。

毕业后留在前文史哲研究所《汉语大词典》编写组工作。当时我正主持《汉语大词典》的缩编工作。剑艺等同志和几位青年朋友一起从我参加了《汉语大词典简编》工作。不久，我又接受了山东省社会科学“七五”规划重点规划项目——《汉语称谓大词典》的主编工作。我便聘请孙剑艺等数位同志担任副主编，做我的助手。

编纂词典是一件十分复杂、烦琐而且还非常折磨人的工作。16 世纪中——17 世纪初，一位意大利著名的语言学家和历史学家，名叫斯卡利格的前辈，曾说过这样一段话：“十恶不赦的罪犯，既不应判决（处决），也不应判强制劳动，而应判他去编词典，因为这种工作包含了一切折磨和痛苦。”在《汉语大词典》第二次编委会上，陈原先生曾幽默地说：“编词典不是人干的活。那是圣人才能干的。”可见编词典之艰苦！剑艺同志在这项工作中，从看书选词、制作卡片，到词条的编写，清样校改，无一不是兢兢业业，刻苦认真，一丝不苟。此外，他还负责全书的审音工作。事实证明，一切皆准确无误。

这部词典从立项到出版，前后历时十数年之久。

《汉语大词典》从上世纪 1976 年成立起，即实行全体人员坐班制。这是山东大学所有系科、院所，唯一的一所全日坐班制的科研机构。《汉语称谓大词典》全体人员坐在一起，疑义相与析，解决不了的，由主编一锤定音、决断。这部 350 万字大型词书，几经磨难，终于在 2001 年由河北教育社出版了。次年荣获山东省社会科学优秀成果一等奖，2004 年又获第四届国家辞书二等奖。有朋友还在《光明日报》上发表文章《十年来的称谓词研究》，称赞《汉语称谓大词典》是“里程碑式”的作品。

经过十多年的辞书编纂的折磨和经验的积累，剑艺又拓展思路，结合 20 世纪社会发展变化来研究称谓词，于 2001 年成功申报了教育部的“十五”规划项目。全新课题，无经验可循，每当剑艺来看我，谈到项目艰难的进展情况及所遭遇到的甘甜苦乐时，我总是给以鼓励。而今十几年过去了，他竟将最初设想的一个小专著，打造成为一部煌煌百万字的鸿篇巨制！并且带出了一大批硕士研究生弟子。我当年常向青年朋友讲的一句口头禅：“你不欺骗工作，工作也不欺骗你。”验之剑艺同志，足证此言不虚。

这部《二十世纪中国社会变迁与社会称谓分期研究——社会语言学新探》，依照时代发展脉络，将称谓词及其例证结合历史事件和时代特征进行考察，从晚清一直到改革开放，其规模宏伟，内容详赡，书证丰富，考辨精审，堪称视角独特，苦心孤诣之力作。该书面世，无疑是学术界的幸事。

记得剑艺初到大词典组时，我曾对他说："只搞音韵学，恐怕路子太窄，不妨往词汇方面靠一靠，或许路更宽一些。"今天看来，我很庆幸没犯误导之过。

剑艺的巨著即将付梓，我当然乐观其成。高兴之余，不免有些忘乎所以。他要我写几句话，以弁其大作之端。所以拉杂地写了上面这些话。就权作序吧。

2013年冬月八六叟吉常宏

记于山东大学兴隆山校区寓所之实究斋中

序　二

孙剑艺老师的《二十世纪中国社会变迁与社会称谓分期研究——社会语言学新探》一书终于完稿了，我一直关注着该书的问世，因为这是一部有关汉语词汇学、称谓学和社会语言学等方面的具有开创意义的很有价值的著述。

我认识剑艺已近三十年的时间了，1984 年我招收首届词汇学研究生，剑艺报考，成绩合格，因名额有限，未能如愿录取。便把他介绍给了殷焕先先生学习音韵学，为此数十年来，剑艺对我一直执弟子之礼而不辍；殷先生晚年，剑艺都随侍左右，毕恭毕敬，克尽弟子之道；以此可见剑艺人品的诚挚与敦厚。

剑艺毕业留校后，跟随吉常宏先生从事词汇研究和辞书编纂，由于工作需要又从事了以词汇训诂为主的研究方向。20 世纪 90 年代，山东大学设立"211 工程"重点项目，我负责申报了一个贯通古今的课题《汉语词汇学》，并设计了若干分课题，当时我让剑艺也参加了该课题组，并分派他撰写《汉语的字、词、词素探析》部分。2002 年《汉语词汇学》撰写完成，并由山东大学出版社出版。为了让参加者每人都能有独立的成果，所以初版是以六编组成全六册一套的形式出版的，第二次印刷时才改为一部内含六编的精装本。这部书的第二部分就是由剑艺分担的。2004 年《汉语词汇学》荣获了山东省社科优秀成果二等奖。

平时剑艺就用工刻苦，勤于钻研，所以他的文章多不乏新见，他的著述成文前一般都是已有相当丰富的材料积累，成书后有的部分和观点又可以独立成文，由此足见他做学问的科学和严谨。剑艺曾告诉我，他对汉语字、词研究等观点，曾得到过陈光磊、伍铁平等先生的肯定和赏识。

语言具有社会性，词汇的社会性最强，而词汇中的社会称谓词语对社会变革的反应尤为敏感。剑艺深明这一点，因此在随从吉常宏先生完成《汉语称谓大词典》之后，他就把称谓研究和社会生活社会变迁等方面结合起来进行综合研究和开拓，并成功申报了教育部"十五"规划课题。观往知来，知他绝不会草率从事，定能克服一切困难，以一种"摸着石头过河"的精神取得成功。果不其然，历经了十数载苦功，一部规模宏大的巨著《二十世纪中国社会变迁与社会称谓分期研究——社会语言学新探》终于呈现在了我们面前。

我不能详读全书，概略浏览，感到可以简要概括该书具有以下四个特点：

特点之一：历史发展线索分明。该书是按照二十世纪的历史发展线索分期进行的，但又绝非是机械地去写历史，而是以社会称谓词语来提挈社会事件和折射社会变迁，揭示语言和社会相互依存、相互影响的“共变”关系。这正是社会语言学的基本理论和方法论的有力体现。

特点之二：观点论证相结合。该书不仅描写称谓，而且有界定、有阐述、有例证，几方面有机配合，齐头并进，相得益彰。这种有观点有论证的研究方法不但有利于研究的深入和探讨，而且更能阐述详尽，也为读者提供了方便。

特点之三：内容宏富，资料繁博。该书选题的性质决定了语料的广博复杂性，因而无法如其他选题那样预先建立或锁定一个较小范围的封闭式语料库，确如作者所言，必须不拘一格，不限一隅，披沙拣金。书中发掘出那么多丰富多彩的称谓语，那么多特殊新颖的指称意义及其用法和特定时代色彩等，那么多准确恰当具有历史资料性质的书证，这番“上穷碧落下黄泉”般的穷搜博采功夫实属可贵。

特点之四：多种研究方法综合运用。该书在研究方法上充分体现了历时和共时、静态和动态、宏观和微观的结合与兼顾。所以本成果不但具有选题原创、角度独到、称谓丰富、资料浩繁、学科贯通、历时连贯、样式新颖等优点，而且在研究方法上也运用得当，并因此而做出了许多有意义的探索和突破。虽然目前“文革”部分暂缺，但假以时日，相信作者会有更加新颖的成果呈献。

此书出版，甚为欣喜，特作此序以示祝贺，并望剑艺不懈努力，再上一层楼。

葛本仪写于山东大学
2013 年 11 月

前　记

本书是我承担的教育部人文社科基金“十五”规划项目，原申报计划15～20万字篇幅，以粗线条概略式加以论述，若然则宜从速结项。后来由于改变了计划，调整了研究设想，扩展了研究规模，分设增列了子课题，因而使研究得以更加全面和深入细致地展开，篇幅规模扩张了数倍，以至延宕至今。

本书研究对象或中心是“社会称谓”。社会称谓自须结合“社会”来研究，因定以“二十世纪社会变迁”为背景和参照。我将20世纪按时间先后划分为“晚清—民初—十年内战—抗日战争—解放战争—改革开放以来”等若干历史阶段，每阶段设定一编或两编作为子课题，前期由我指导的研究生先以学位论文方式草创，如是得九编。各编执笔依次为：尚伟、李敏、李杰、王祥、李军、李银华、果娜、秦希贞、吴晨阳。因系各自毕业论文，大家无论搜罗资料还是具体写作，皆竭力尽能。然毕竟是我主持的课题，为了尽量减少日后劳作，从宏观到微观，我都不避嫌疑地全盘介入，经我全部写作和修改部分达三分之二以上。好在大家都是我的学生，都颇听我意见，或者遇有驾驭不了之章节，干脆推由我代庖，充分体现了一种“大家庭”式集体情调。如是，截至2007年年初，前八编得以完成，去除首尾、无关章节和我认为不理想的章节，得40余万字。在此基础上，我又进入了后期阶段，即大刀阔斧全面修订补充的阶段。从整章整节的补写，称谓词语的增加，到具体用例的更换和补充，简直如滚雪球般越滚越大。2008年教育部下发[2008]132号文件，对“九五”“十五”规划项目进行清理，言明“2001—2003年间立项”的项目，确有特殊原因，可以“提出延期申请”。我于是向教育部提出了再延期一年的申请。第九编虽打上“子课题”旗号，但我原已内定其不入总题。2009年初第九编完成，我仍在修订过程中，破例将其纳入。然需从头至尾进行彻底改写，无形中又为己加压增工，也因之紧张许多。最终结果，全书字数就由最初设想的一二十万，扩大到八十万。尚欲进一步打磨，然结项期限及贱躯等已不容再拖，遂仓促告竣尔。

本稿由我主撰，九名学友参撰。“主撰”者，“主持”兼“为主”撰写之意也——前期全面介入，后期基本由我独自撰修，加减相抵，竟又净增数十万字。然大家初创之功不可没，稿子即便最终被我改得面目全非了(包括我自己改过的稿子也有了大的变动)，或总体否定了，但哪怕是最初的聊聊数词，简单数例，或一堆材料、毛坯，都可能给我以启发和线索，给我顺藤摸瓜之便，给我以小雪粒滚大雪球之便，遂成如今之规模。用我的家乡话说那叫——“粘着羊毛四两肉”；大师罗常培先生论治学之道亦有“小题大做”一途。若此则功归诸友，水平质量问题及谬误疏漏，概由我承担。

古人论文章学问，有“义理”“考据”“辞章”之辨。本书不是理论著作，自非“义理”；不涉诗文，尤非“辞章”。就总体而论，则宜入“考据”之列。然又异于传统训诂学考据及其他语言本体研究之考据，而是在语言本体基础之上，紧扣“社会”来考察，故曰“社会语言学新探”。考据者，考证之谓也，其重在言必有据，言必有证。斯乃其不易为处。本课题的性质决定了它在语料方面的广博复杂性，无法如一般体裁选题或专书类研究那样锁定一个较小范围，或建立一个所谓专门语料库。事实上，已有的语料库，如著名的北京大学汉语语料库，《人民日报》1946—2007 六十余年间囊括 1 538 410 篇文章的电子版等，我们都尽量利用了，但远远不够。这就需要我们不拘一格，不限一隅，旁搜博采，披沙拣金。用学术大师傅孟真先生的名言就是——上穷碧落下黄泉，动手动脚找东西（“东西”即材料）。课题全新，前无借鉴，其如“平地抠饼”乎？古人有云“吟安一个字，捻断数茎须”。我于痛苦烦琐之搜寻过程中，颇生寻安一个词，选定一个例，“捻断数茎须”之叹。然课题得收拓展之效，学生得受进步之益，科研教学得兼容之道，虽衣带渐宽，苦中有乐，复何悔之有？

古有“十年磨一剑”。本课题从开始酝酿设计至今已十个年头，殆成“十人十年磨一剑”之征。由正式写作计，亦已八年。八年何概念？打一抗日战争矣！倘欲借此应酬职称评定及计算年度工作量之类，岂非“黄瓜菜早凉了”？故斯乃笨人之举，非巧人之所为也。尚需卖一关子：“文革”部分鉴于客观原因暂付阙如，拟以《“文革”社会称谓研究》专书单行。关于本课题的学科属性、理论依据、内容概要、研究方法、材料采集、创作难度、学术价值、开拓创新等的详细介绍，请参阅我的“绪论”部分。本研究虽系“史无前例”一学术样式，然正如一道新菜，味道如何须由食客来品评。我意盖仓皇推出，聊充盖酱尔。感慨有加，甘苦心知，是为记。

孙剑艺

己丑仲冬于山大南山之里仁居

目　录

绪论 …… 1

一、本书研究的学科属性 …… 1

二、全书各编内容概说 …… 5

三、本书的学术价值、研究方法和学术创新 …… 16

第一编　晚清政治风云与相关社会称谓研究

编前言 …… 21

第一章　甲午中日战争和戊戌变法时期的社会称谓 …… 22

第一节　晚清帝后斗争及其称谓 …… 22

第二节　对中日战争态度分歧的称谓体现及战争造成的中日两国人称谓变化 …… 27

第三节　甲午战争中清军参战部队的相关称谓 …… 31

第四节　人民自发组织起来抗敌卫国所形成的称谓 …… 35

第五节　维新变法催生的社会称谓 …… 40

第二章　义和团运动时期的社会称谓 …… 45

第一节　义和团组织称谓的沿革与义和团运动的发展 …… 45

第二节　义和团队伍内部的称谓 …… 59

第三节　义和团对外国人、教徒以及与外国有关联的中国人的称谓 …… 64

第三章　清王朝的垂死挣扎与辛亥革命时期的社会称谓 …… 69

第一节　清政府推行"新政"和预备立宪时期的相关称谓 …… 69

第二节　反清革命团体和资产阶级革命派相关称谓与辛亥革命的成功 …… 78

第二编　晚清官场称谓管窥——以《官场现形记》为例

编前言 …… 91

第一章　《官场现形记》之官场称谓概观 …… 92

第一节　官员的称谓 …… 92

第二节　官衙下层供职人员称谓 …… 98
第三节　官亲称谓 …… 102
第二章　晚清社会称谓与官场风气透视 …… 108
第一节　"洋人"类称谓的震撼效应与晚清官场恐洋综合征 …… 108
第二节　官场拜认类称谓的虚伪性与晚清社会攀附趋奉之风 …… 116

第三编　民初政治风云与相关社会称谓研究

编前言 …… 127
第一章　新国体的建立与相关社会称谓 …… 128
第一节　"大总统"和"总理"相关称谓与民初民主政体的建立 …… 128
第二节　各类"议员"称谓与民初议会政治的试行 …… 132
第二章　北洋军阀的统治与相关社会称谓 …… 134
第一节　"北洋军阀"称谓的由来及所指 …… 135
第二节　北洋军阀统治时期政治派别称谓 …… 141
第三节　袁世凯的混乱统治与相关社会称谓研究 …… 146
第四节　"公民团""督军团"与府院之争 …… 151
第五节　"辫子军""辫帅""讨逆军"等称谓与张勋复辟 …… 152
第六节　"猪仔议员""贿选总统"等称谓与曹锟上台 …… 155
第七节　"临时执政"等社会称谓与段祺瑞的北京临时执政府 …… 157
第八节　"安国军""陆海军大元帅"等称谓与张作霖在北方的统治 …… 159
第三章　进步势力反抗反动势力的斗争与相关社会称谓 …… 162
第一节　"民党""宗社党"等称谓与中华民国成立 …… 162
第二节　"讨袁军""护国军"等称谓与"二次革命"和"护国运动" …… 164
第三节　革命派"海陆军大元帅""七总裁"等称谓与护法运动 …… 167
第四节　五四运动、北伐战争期间的标志性社会称谓 …… 169
第四章　共产党早期革命斗争及国共关系所体现的相关称谓 …… 177
第一节　国内马列主义的宣传与"阶级"类称谓的兴起 …… 177
第二节　工人运动及相关称谓 …… 181
第三节　农民运动及相关称谓 …… 186
第四节　"西山会议派"等称谓与国民党右派破坏国共合作 …… 192
第五节　国民党进步势力与中国共产党成立初期的相关称谓 …… 196

第四编　十年内战时期社会称谓研究

编前言……203
第一章　中国共产党军队建设与群众武装系列称谓……204
第一节　共产党正规部队军事系列称谓及其演变……204
第二节　中共早期军队建设中的政治工作相关称谓……229
第三节　共产党领导的群众武装系列称谓……235
第二章　工农运动与苏维埃政权建设相关称谓……241
第一节　土地革命时期农村各阶层的划分及相关称谓……241
第二节　土地革命时期的工农协会组织称谓与工农运动……250
第三节　苏维埃系列称谓与“中华苏维埃共和国”的建立……257
第三章　中共党内斗争与苏区肃反扩大化相关称谓……262
第一节　土地革命时期中共党内斗争相关称谓……262
第二节　苏区“肃反”扩大化与相关称谓……268
第四章　十年内战时期国民党政治、军事系列称谓……279
第一节　国民党内部派别及相关称谓……279
第二节　“国军”系列称谓和国民党正规军对红军的围剿……283
第三节　名目繁多的反动地方武装与土地革命斗争的残酷性……292
第五章　日本对“满蒙”的侵略与东北抗日斗争相关称谓……296
第一节　“亡国奴”“汉奸”“卖国贼”称谓与东北严峻的抗日形势……297
第二节　伪满洲国的建立与相关社会称谓……301
第三节　日本侵略者对东北的法西斯统治与相关社会称谓……305
第四节　日本侵略者对东北人民的奴役剥夺与相关社会称谓……311
第五节　东北及察哈尔一带反侵略斗争的武装称谓……319
第六节　“民先队”“救国会”“七君子”与全国抗日救亡运动的高涨……325

第五编　抗战时期社会称谓研究

编前言……333
第一章　抗日民族统一战线与各派政治力量相关称谓……335
第一节　主战、主和的对立衍生出的几组派别分歧称谓……336
第二节　抗日民族统一战线关于三大势力的划分及其对应的三大派别……339
第二章　共产党领导的抗日武装斗争与相关社会称谓……347
第一节　丰富多彩的八路军相关称谓与华北地区抗战……347

第二节 新四军、抗日联军相关称谓与华中和东北地区抗战 …… 355
第三节 地方武装称谓与抗日游击战争 …… 365
第三章 普通群众抗日斗争与其社会称谓 …… 374
第一节 抗日根据地各种群众救国组织成立及其社会称谓的使用 …… 374
第二节 堡垒户、抗属等普通群众的抗日斗争及其称谓使用 …… 381
第四章 “鬼子”“伪军”“汉奸”类相关社会称谓 …… 386
第一节 形形色色的日军称谓与中国人民的国恨家仇 …… 386
第二节 五花八门的伪军相关称谓与抗战风云 …… 391
第三节 “汉奸”类相关称谓与民族灾难的加重 …… 401
第五章 国民党抗战军事政治相关社会称谓举隅 …… 408
第一节 设立“大本营”、划分“战区”与国民党全面抗战开始 …… 408
第二节 国民党领导抗战的最高部门和最高领导人称谓 …… 411
第三节 “牺盟会”“决死队”“新军”与阎锡山晋绥军抗战 …… 414
第四节 抗战烽火中诞生的“三民主义青年团”及其性质作用 …… 418
第五节 “中国远征军”——一群被遗忘的抗日英雄 …… 422

第六编 解放战争时期社会称谓研究

编前言 …… 431
第一章 共产党军事力量和战争生活的称谓 …… 433
第一节 中国人民解放军及共产党其他军事力量相关称谓 …… 434
第二节 人民解放军扩兵、练兵、整军运动相关称谓 …… 444
第三节 轰轰烈烈的支前运动相关称谓 …… 458
第四节 剿匪运动与接管城市相关称谓 …… 466
第二章 国民党军事力量和蒋管区地方武装及特务类称谓 …… 472
第一节 国民党军队和地方武装相关称谓 …… 472
第二节 “还乡团”系列称谓与地主阶级的反攻倒算 …… 480
第三节 国民党军队训练官兵和监督、鼓励作战的团体称谓 …… 484
第四节 “特务”的词汇意义与社会所指 …… 489
第三章 解放区土地改革运动和农村阶级成分划分相关称谓 …… 500
第一节 解放区土改时的“地主”类相关称谓 …… 501
第二节 “贫农”“雇农”“中农”“富农”等各类农民成分称谓 …… 509
第三节 “土改工作队”“农会”等与翻身农民等系列称谓 …… 520
第四节 深入土改与纠正“左”倾错误所关涉的系列称谓 …… 529

第七编 新中国成立十七年政治运动与相关社会称谓研究

编前言…… 543
第一章 “反革命分子”系列称谓与镇压反革命运动…… 545
第一节 “反革命分子”的界定及其限定类型和社会分层类型…… 546
第二节 由“反革命分子”的五大类别看镇反运动的关注焦点…… 550
第二章 “老虎”“五毒分子”与“三反”“五反”运动…… 562
第一节 “贪污分子”“老虎”等系列称谓与“三反”运动…… 563
第二节 “五毒分子”等系列称谓与“五反”运动…… 575
第三章 新中国成立初期农村阶级成分称谓和农民称谓变革…… 585
第一节 土地改革运动带来的称谓变革…… 586
第二节 从“缺粮户”“特约农户”等反观当年的粮食运动…… 593
第三节 “单干户”到“社员”背后的互助合作运动…… 601
第四章 反胡风运动和整风反右运动社会称谓窥管…… 612
第一节 反胡风运动与“胡风反革命集团”和“胡风分子”的冤案…… 613
第二节 整风和鸣放运动期间的标志性称谓…… 619
第三节 “右派”类称谓与反右运动…… 626
第五章 “大跃进”及其引发的“反右倾”运动社会称谓窥管…… 648
第一节 由“保守派”等落后性称谓反观“大跃进”的跃进步伐…… 649
第二节 “大跃进”中几组先进落后对照称谓…… 653
第三节 由“红旗手”等先进性称谓看“大跃进”运动的时代气氛…… 660
第四节 “右倾机会主义分子”及其相关称谓与“反右倾”运动…… 664

第八编 改革开放以来中国经济变革与相关社会称谓研究

编前言…… 673
第一章 农村经济领域内的社会称谓考察…… 675
第一节 农村经济体制改革下社会称谓发展的历史背景及统计…… 675
第二节 “万元户”类称谓的演变与新时期经济发展…… 676
第三节 “专业户”类称谓与农村经济体制变革和农户结构变化…… 682
第四节 人民公社的撤销与“社员”“村民”称谓的更替…… 688
第五节 “农民企业家”“乡镇企业家”和中国乡镇企业的发展…… 691
第六节 新经济时期的农民称谓…… 694

第七节 “城市边缘人”群体称谓……696
第二章 城市经济领域内的社会称谓研究……701
第一节 城市经济体制改革下社会称谓发展的历史背景及统计……701
第二节 企业劳动用工制度改革带来的称谓变化……702
第三节 城市各类企业家称谓与新时期经济发展……709
第四节 社会兼职、新兴行业和新兴职业等引起的新兴称谓……721
第五节 社会阶层分化与阶层称谓词的出现……728
第三章 商品贸易领域内的社会称谓考察……737
第一节 国内贸易与经纪人现象……737
第二节 对外经贸往来中的社会称谓……743

第九编 改革开放以来留学潮与留学生相关称谓研究

编前言……749
第一章 出国留学预备人员及相关机构称谓……753
第一节 预备出国留学应考人员系列称谓……753
第二节 出国留学外语培训、基金机构及中介类称谓……762
第二章 出国留学人员类别划分及其关联伴随称谓……770
第一节 “留学生”语源以及与“留学人员”的概念差异……770
第二节 出国留学人员的类别划分称谓……774
第三节 出国留学人员的关联伴随称谓……784
第三章 海外留学有成与归国创业人员等系列称谓……790
第一节 “海归”系列称谓与海外留学人员归国创业……791
第二节 “海外留学英才”等称谓与国家对优秀海归人才的优惠政策……797
第三节 “海待”“海藻”“海啃”系列称谓与海归人员的市场价值走低……801
第四节 “海不归”与“海鸥”系列称谓与留学人才国际化……807

主要参考征引文献……815
索引简编……824
后记……833

绪　论

一、本书研究的学科属性

语言是人类最重要的交际工具，语言的本质问题一直是语言学理论关注的焦点之一。尽管关于语言的本质说法不一，但社会性作为语言最显著的本质特性之一，则为学界所公认。正是由于认识到了语言的社会性，20 世纪中叶，美国语言学家将语言本体研究与社会研究相结合，开创了一门新的学科——社会语言学。80 年代，这门学科传入中国，陈原先生的《社会语言学》就是中国社会语言学的奠基之作。后来国内又有多部这方面的著作问世，1987 年还召开了首届社会语言学学术讨论会。进入新世纪后，学术界于 2002 年和 2003 年连续召开两届社会语言学国际学术讨论会，并成立了中国社会语言学会。这一切表明，跨学科、应用型的社会语言学研究已经成为我国学术研究的新方向，也必将成为新世纪语言研究的新亮点。

社会语言学有明确的研究对象和研究任务。作为语言学的重要分支，社会语言学重点研究语言与社会生活之间的关系。语言随着社会生活的变迁而不断丰富和发展，社会生活也主要通过语言的形式呈现出来。社会语言学紧密联系社会的发展变化，考察语言诸要素的运动及其变异，研究社会对于语言的影响，研究语言和社会的共变和互动关系。通过研究具有时代特征的语言，深入理解那个时代的文化、社会的风俗和人们的思想状况及其变化，并且在理解的基础上，对时代的社会语言现象做出解释。陈原说："探究语言的发展和社会的发展如何息息相关，这就是语言学的新领域，也就是社会语言学(Sociolinguistics)的领域。我们在这种研究中，即从语言现象的发展和变化中，能够看到社会生活的某些奥秘。"[①]"社会语言学的任务在于描述'语言和社会结构的共变'。……'共变'很可能是指语言是一个变数，社会也是一个变数；语言和社会这两个变数互相影响，互相作用，互相制约，互相接触而引起的变化。如果作这样的理解，那么，社会语言学确实是研究这两个变数的相互关系的。"[②]所以本书的理论依据就是社会

---

① 陈原：《语言与社会生活》，三联书店 1980 年版，第 2 页。

② 陈原：《社会语言学》，学林出版社 1983 年版，第 3 页。

语言学“语言和社会共变”理论，再往上追溯，就是普通语言学关于语言社会性的理论。

语音、词汇、语法诸语言要素都具有社会性，但三者当中社会性最强或曰与社会联系最密切的，又莫过于词汇（或曰语汇）。新词的产生，旧词的消亡，旧词改换了新义或发生了色彩方面的变化等，无不与社会的变化和人们认识的改变有关；而社会中的各种事物和现象也一定会在语言中留下印迹，并在词汇中积淀下来。陈原说：“语言中最活跃的因素语汇，常常是最敏感地反映了社会生活和社会生活的变化。”[①]“凡是社会生活出现了新的东西，不论是新制度，新体制，新措施，新思潮，新物质，新观点，新工具，新动作，总之，这新的东西千方百计要在语言中表现出来。不表现出来，那就不能在社会生活中起交际作用。”[②]张永言也说过：“词汇在一定程度上反映着社会生活和社会发展的历史。我们通过语言词汇的分析研究就能够看出社会历史发展的轨迹来。”[③]葛本仪指出：“语言随着社会的发展而发展，这一特点表现在词汇的发展上尤为明显。社会上的任何变化，任何新事物的出现，都会反映到词汇中来。”[④]陈建民指出：“词汇跟社会的关系最为密切，从词汇的发展变化可以看到社会生活的奥秘。”“新词语的产生及旧词语的隐退、启用与社会生活息息相关”，“词义的变化与社会息息相关”。[⑤]在词汇大家族中，与社会关系最密切的又应该首推称谓（词）了。因为“社会”这个概念，除了指原始社会、封建社会这类社会形态的意义外，一般情况下就是“泛指由于共同物质条件而互相联系起来的人群”。[⑥]这就是说社会的组成分子是人！而我们说的“称谓”是怎么回事呢？称谓首先就是跟人直接发生关联的一些名称（名词）。《现代汉语词典》对“称谓”下了这样的定义：“人们由于亲属和别方面的相互关系，以及身份、职业等而得来的名称，如父亲、师傅、厂长等。”[⑦]从社会学的角度说，人进入社会，总是要表现为某种特定的身份和行为模式，这叫“社会角色”；在社会中按照一定的社会活动和社会关系结合起来的人群叫作“社会群体”。赋予形形色色的社会角色和社会群体一个名称，就造成了语言学上的“称谓”。因此社会学所研究的人、人际关系以及人的身份、职业、阶级、阶层等，无不在语言学所关注的称谓上体现出来。这样社会学和语言学就有了一个非常密切的接合点称谓；融社会学和语言学为一体的社会语言学，也有了自己的一个非常重要的聚焦点称谓。综合起来，我们再给称谓下个定义：称谓就是反映人和人际关系以及人的身份、职

---

① 陈原：《语言与社会生活》，三联书店 1980 年版，第 1 页。

② 陈原：《社会语言学》，学林出版社 1983 年版，第 206 页。

③ 张永言：《词汇学简论》，华中工学院出版社 1982 年版，第 6 页。

④ 葛本仪：《现代汉语词汇学》，山东人民出版社 2001 年版，第 211 页。

⑤ 陈建民：《中国语言和中国社会》，广东教育出版社 1999 年版，第 11—16 页。

⑥ 《现代汉语词典》（修订本），商务印书馆 1996 年版，第 1115 页。

⑦ 同上书，第 157 页。

业、阶级、阶层、社团和群体等的普通名词。所以，在语言学上“称谓”指的就是“称谓词”，有时也说“称谓语”，因为称谓不仅仅是词(word)，有时也可以是短语(phrase)。这里还需要把人名和称谓加以区分，人名虽然也是关于人的名称，但它属于专有名词，所以一般不把人名当作称谓看待。顺便再区别一下，“称呼”和“称谓”也不是一回事，二者是既有联系又有区别的交叉概念：有些称呼(兄弟、厂长、先生)是称谓；人名可以用做交谈时的称呼，但通常不算做称谓。

称谓分类的角度很多。有关人的称谓可以进一步区别为亲属称谓和社会称谓两大类(细别之还可离析出“交际称谓”)。家庭是社会的细胞，亲属称谓是社会的产物，当然也具有社会性。但是相对于家庭以外的社会称谓，社会变革对亲属称谓产生的影响相对较小，所以本书既然以“社会变迁”为参照，那么就总体而言则只关注家庭关系以外的社会称谓，而不包括纯粹的亲属称谓。细微而言，如果强调社会称谓的语言表现形式，可以再叫作“社会称谓词语”，但一般为了简便而无须再加细别，任何概念都会表现为语词，那么社会称谓亦可含“词语”意义在内了。

作为时代的语言化石，社会称谓总是反映着那个时代的社会生活，因此社会称谓的研究必须结合具体的时代背景。一部称谓演变史，往往就是一部社会变迁史，它可以折射出社会在政治、经济、文化以及人的思想观念等方面的发展变化。当社会发生变迁时，旧的集团消失，新的集团产生，社会阶层、社会群体等会发生新的组合，某些社会成员的政治经济社会地位也会发生变化，人与人的关系也会发生改变。表现在语言上，一些旧的称谓会因为失去存在的条件和基础而消失，新的称谓则随之而产生；另一些旧的称谓即使存在，其包含的社会意义和词语的色彩也会发生重大变化。称谓或其含义用法方面的吐故纳新，为语言的发展变化和社会历史研究提供了简明的线索。

本成果以社会称谓为研究对象，从语言本体研究来说属于现代汉语词汇学的范畴；就注重发展变化而言，又带有词汇史的性质(再狭义一点，说就进入了称谓学和称谓史的范畴)。汉语词汇史的研究是汉语研究中相对薄弱的环节，而称谓和称谓史的研究更是弱中之弱。前人已经意识到了称谓现象的重要性，清人梁章钜专门著有《称谓录》，新时期的称谓现象研究也取得了很多成就，出现了几部称谓词典，其中吉常宏主编的《汉语称谓大词典》就是古今称谓词训释和研究的集大成之作。但由于种种原因，对汉语称谓的总体理论探讨和称谓史的系统研究，却显出苍白和匮乏的迹象，至今尚无一部称谓学或称谓史著作面世；至于结合社会历史的演变对汉语社会称谓变革进行的探讨，虽不乏精彩个案研究的单篇论文，但缺乏相对集中而系统的研究；以20世纪为一个历时段，由于时间跨度大和资料零散浩繁，更给我们的研究大大增加了难度和价值含量。

然而就本书结合社会历史发展的跨学科性质而论，它又属于社会语言学的研究领域。对于一个称谓词语进行社会语言学研究，仅仅关注其抽象概括的一般词汇意义是不够的，更重要的还应该结合社会变迁，关注其具体时代的具体指称对象，关注其时代色彩及动态方面的社会学意义。古人论文章学问分野，有“义理”“考据”“辞章”之说。本书不是理论著作，自非“义理”；不涉诗文，尤非“辞章”。就总体而论，则仍宜入“考据”之列。考据者，考证之谓也，重在言必有据，言必有证。斯乃其不易为处。然其异于传统训诂学考据及语言本体研究考据之处，是须于语言本体基础之上，紧扣社会来考察。故本书只是社会语言学将语言和社会结合研究总体原则的贯彻实践。

“社会变迁”是社会学的重要概念。那么什么是社会变迁呢？我们还是先引用社会学著作的定义。张克荣《当代社会学》第八章指出：“因此我们可以这样说，凡社会制度（包括社会的根本制度和各种具体的社会制度）、社会结构、社会组织、人口、人的环境及道德、法律、哲学、宗教、文学艺术、风俗习惯、时尚等一切社会现象的突发的、急剧的变化，或渐进的、缓慢的变化，都叫作社会变迁。”[①]郑杭生主编《社会学概论新修》第三编第十四章指出：“在社会学意义上来看，社会变迁既泛指一切社会现象的变化，又特指社会结构的重大变化；既指社会变化的过程，又指社会变化的结果。在社会学中，‘社会变迁’是一个表示一切社会现象，特别是社会结构发生变化的动态过程及其结果的范畴。”[②]社会语言学同样关注社会变迁。郭熙《中国社会语言学》（增订本）第二章指出：“社会变迁往往意味着新事物的诞生和旧事物的消亡。任何社会的群体、社会组织、经济结构、政治结构和社会制度等都处在各自的产生、发展、衰亡的过程中，语言也是如此。当社会上的一些事物出现或消逝的时候，语言常常会作出相应的反映。”[③]

我们选取20世纪作为研究背景和参照，因为20世纪的社会变迁在中国历史的长河里显得尤为突出。该世纪初正是晚清时期，列强入侵，政治昏暗，民不聊生，民主浪潮高涨，封建王朝统治摇摇欲坠。辛亥革命的枪声宣告了清王朝的覆灭和中华民国的诞生，但随后却进入了民初17年北洋军阀统治的黑暗时期。国共两党第一次合作，共同发动北伐战争，推翻了北洋军阀的统治，但1927年的国共分裂却又使得中国进入十年内战时期。日寇全面入侵，民族矛盾上升为国内首要矛盾，国共两党再度合作，全国人民经过八年浴血奋战，终于取得了抗日战争的伟大胜利。接下来便是三年解放战争，以国民党的失败和退居台湾而告终。综观20世纪前半叶，可说是一个战乱频仍、充满炮火硝烟的时代。1949年中华人民共和国的成立，标志着战乱时代的结束，但有一段时间

---

① 张克荣：《当代社会学》下册，群众出版社1988年版，第90页。

② 郑杭生主编：《社会学概论新修》，中国人民大学出版社1994年版，第375页。

③ 郭熙：《中国社会语言学》（增订本），浙江大学出版社2004年版，第94页。

里却进入了一个众所周知的“阶级斗争为纲”的极“左”的时代。新中国成立后政治运动接连不断，诸如镇反肃反、三反五反、反胡风运动、整风反右、“大跃进”、“反右倾”、“四清”等，直至十年“文化大革命”，把极“左”政治推向极端。20世纪末前的二三十年，中国跨入了一个改革开放和以经济建设为中心的历史新时期，国家各项事业和人民的精神面貌都发生了翻天覆地的变化。总之，整个20世纪是一个社会动荡、社会变革最为频繁的百年。无论是一场接一场的战争，还是一次又一次的政治运动，或者由政治向经济的跨越等，都必然引起社会在政治、经济、思想诸方面的种种变化，引起社会的阶级、阶层、集团和群体的重组，引起人们政治经济地位与社会角色的改变，引起人们观念认识上的变化。由于词汇的社会敏感性，这种种一切，必然会在社会称谓词语上面体现出来。20世纪社会变迁的这种特殊性，也就使得百年间社会称谓词语发展变化研究的重要性凸显了出来。

另外，本书不是机械地去写社会变迁，更不是全面反映历史，而是以“社会称谓”来折射社会生活与社会变迁。所以20世纪许多重大历史事件，例如新中国成立前的延安整风，新中国成立后的抗美援朝等，都由于找不出标志性的称谓词语而忍痛割爱。

二、全书各编内容概说

本书内容从清末到改革开放新时期，依照前述历史发展和社会变迁的大致段落为序，共分九个部分，一部分谓之一编，故总题曰“分期研究”。每编内容既能独立，又互有联络，后编内容对前编有所交叉和继承。

第一编《晚清政治风云与相关社会称谓研究》。本研究的时限虽定为“20世纪”，但倘若机械地从1900年开始，那是十分不科学的，而应依实际历史背景从“晚清”开始。“晚清”一般指鸦片战争至辛亥革命前这段时期，但鸦片战争、太平天国等，就社会影响而言，距20世纪又略显远了些。所以我们决定从甲午战争写起，重点写甲午战争及戊戌变法、义和团运动、清末“新政”至辛亥革命这几个阶段。清政府临近灭亡的一二十年间堪称乱世，列强入侵，时局动荡不安，体现在语词上那就是一批颇具时代特色的社会称谓的出现。首先皇族内部出现“帝党”和“后党”的派别和权力之争，政治高层形成清流派和洋务派等势力集团。甲午战争前后及战争过程中，对战争的态度，清政府的军队以及人民抗敌斗争等，都形成一批相关社会称谓。甲午战争以北洋水师的覆灭而告失败，一些进步资产阶级知识分子意识到变法维新的必要性，“强学会”“南学会”“保国会”等数十个政治团体涌现，与帝党相关联的维新派形成。以慈禧太后为首的后党及其支持的守旧党不甘失败，两派进行殊死较量，变法运动以“戊戌六君子”的人头落地而告失败。1900年农民自发的反对洋人、洋教的义和团运动爆发，使得“义和团”“红灯照”“大师兄”“大师姐”以及对洋人和教民的詈称“老毛子”“大毛子”“二毛子”等成为著名的历史性称谓。清政府经历了庚子惨败，又重新推行各项新政。其教育新政为废科举、兴西学、奖励归国留学生，于是“洋秀才”“洋贡生”“洋举人”“洋进士”“洋翰林”“洋状元”等一系列“洋”类功名称谓出现了。其军事新政主要就是改造八旗兵、绿营兵制度，在全国编练西方武器装备的新式军队，使得“新军”成为当时的时髦名词。为挽救灭亡的命运，清政府还推行所谓“立宪”运动，原来的维新派堕落为保皇派，“保皇会”“预备立宪公会”“国民宪政会”等一批立宪团体称谓出现了。清政府也在各省设立谘议局，在中央设立资政院，但最终大权落在皇族手中，人称“皇族内阁”。人民看清了清政府的反动面目，革命浪潮更加高涨了。反清革命派早就建立了兴中会、华兴会、光复会等革命团体，后来统一为中国第一个正式的资产阶级革命政党同盟会。清朝将亡之际，同盟会领导革命，发动武装起义，于是“革命党”“革命军”等成为当时的标志性称谓，统治者则谓之“乱党”“匪党”。1911 年辛亥年，革命党发动的武昌起义爆发，宣告了皇权制度的灭亡，中国跨入了一个初露民主曙光的新时期。

第二编《晚清官场称谓管窥——以〈官场现形记〉为例》。上一编主要结合政治变革进程叙述晚清社会称谓，此编由《官场现形记》入手，观察晚清官场称谓及其反映的官场情形，是对上一编内容和晚清阶段社会称谓研究的一个重要补充。我们题为“管窥”，那就是不期其全，即能“窥”到多少是多少，亦取“借一斑而窥全豹”之意。众所周知，李宝嘉的《官场现形记》是晚清四大谴责小说之一，作者以犀利的笔锋抨击了封建官僚制度的腐朽和没落，揭露了官场腐败和官吏昏庸，深刻地反映了晚清官场现实，是我国皇权社会总崩溃时期特有的产物。所叙人物事件，生动地再现了当时封建社会官场中的种种复杂关系畸形现象。我们力图通过对官场称谓的描写和梳理，来透视官场中的种种关系，以及通过对在具体语境中称谓的使用情形的探讨，来分析各类称谓在官场环境影响下发生的变异。本编共分两章，实际不过是变换一下角度观察问题，第一章题为“《官场现形记》之官场称谓概观”，第二章题为“晚清社会称谓与官场风气透视”，具体称谓于此拟不烦赘举，请参详该编。

第三编《民初政治风云与相关社会称谓研究》。“民初”是指中华民国建立到 1928 年南京国民政府统一中国这段时间，统称为“北洋军阀统治时期”，首都在北京，与 1928 年后首都在南京的中华民国政府相对。这一时期的显著特点是军阀专政，政治风云变幻不定：南北方在护法运动后形成了“一国两府”的局面，北洋军阀内部的斗争以及南北方政府的斗争，革命势力与军阀的斗争，以及革命势力内部的斗争交织在一起，共同形成了风云变幻的民初政治。该编共分四章，大体以时间为序，以重大历史事件为纲，选取民初社会中代表性的社会称谓，对能反映重大历史事件的社会称谓进行描写和分析。

民初最重要的成就之一就是初步建立了民主政体，“大总统”“内阁总理”“国务员”“议员”等称谓进入到当时语言的核心词汇，所以第一章就是讲民主新国体建立所体现的一系列政治性称谓，这也是民国与前清的显著区别之一。这一时期最重要的政治特征就是北洋军阀统治，所以第二章以此为线索展开。北洋军阀的混乱统治使“北洋军阀”“洪宪皇帝”“辫子军”“贿选总统”“临时执政”“安国军大元帅”等称谓盛极一时，深刻地反映了当时变幻复杂的政府更替和军阀间的斗争。由称谓不难看出其中穿插着袁世凯称帝、张勋复辟、曹锟贿选、段祺瑞与张作霖等军阀的轮番坐庄，但倒霉的还是老百姓。所谓哪里有压迫哪里就有反抗，于是又有了第三章进步势力对反动派的抗争，有了“民党”“讨袁军”“护国军”和孙中山的“非常大总统”称谓的诞生，有了五四运动对“国贼”的指斥等，有了“国民革命军”“北伐军”及其“铁军”“钢军”等北伐战争相关称谓以及冯玉祥“国民军”对北伐的响应。这一系列称谓则深刻地反映了革命者同北洋军阀专制统治之间的斗争。五四运动后马列主义传入中国，中国共产党诞生，所以第四章写社会主义的宣传和“阶级”类称谓兴起，写工人运动、农民运动相关称谓，这都体现了马克思主义传入中国所引起的革命形势变化。国民党、共产党实现了第一次合作，革命阵营中的矛盾斗争和不同政见之间的冲突导致“左派”“右派”“西山会议派”“孙文主义学会分子”等称谓的产生。国共合作好景不长，最终分裂导致了十年内战的局面。

第四编《十年内战时期社会称谓研究》。“十年内战时期”是指 1927 年到 1937 年这段历史，又称“第二次国内革命战争时期”或“土地革命时期”。这也是中国现代史上一个急剧变化和动荡的十年，是中国社会在北伐胜利后短暂的相对统一局面下出现的新的政治军事乱局，但却也是历史前进中的必然。十年期间，国共两党两军都有自己的一些特色性称谓。中国共产党围绕农民和土地问题展开广泛的土地革命，建立了自己的军队和苏维埃政权，“红军”和“苏维埃”等几个大系列的新概念名词，成为这时期的代表性称谓。国共两党在这一时期进行了大规模的政治和军事较量。国民党方面进行所谓“剿匪”，一批相关称谓出现；对共产党和红军蔑称为“匪”，又形成一批“匪”类称谓。在国民党的围剿下，共产主义运动濒于毁灭，红军被迫开始了前途未卜的长征。在长征中，红军根据进军需要，又形成一些特殊的编制性称谓。1931 年 9 月 18 日，日本帝国主义的入侵使整个中华民族陷入危难之中，从此国共两党共同面对中华民族历史上最严重的危机。日本对满蒙的侵略和中国人民的反抗斗争，都伴随着一批相关社会称谓出现。总之，复杂的政治和社会形势，总会导致新的社会称谓大量涌现，围绕不断发生的重大历史事件，称谓系统进行了重大调整，一大批新的社会称谓在社会生活中迅速占据了重要位置。丰富的语言现象及其所具有的时代特征具有十分重要的研究价值，通过新的称谓词可以感受到社会新生事物的活力和坚韧，也可以感受到腐朽势力的残酷与挣扎。这一时期历经十年,新生概念很多,尤其是中国共产党政治和军事方面的逐步壮大带来了丰富的语言资源。本部分以此为主要线索对称谓词进行了整理和分类,对满蒙地区抗日斗争产生的称谓词列专节描述。

第五编《抗战时期社会称谓研究》。抗日战争在中国革命史上有着伟大的历史意义,抗日战争的伟大胜利使中国人民彻底战胜列强,完全摆脱了殖民统治。抗战初期,日寇的入侵使中国各派政治力量发生重新组合,主战、主和的对立,派生出几组派别分歧称谓;国共再度合作,抗日民族统一战线建立,围绕对日态度及抗战立场的坚定程度,可将全国各阶级、各党派、各类社会势力和人群,划分为"进步势力""中间势力"和"顽固势力"三大板块。中国共产党坚决实行全民抗战路线,在正规军外积极组织"农救会""妇救会""青抗先""民兵"等;国民党实行片面的抗战路线,内部又分裂成"亲英美派""亲日派""顽固派""中间派"等派系力量;"汉奸""伪军"成为日寇屠杀中国人的帮凶或者成为直接的刽子手,使抗日战争更加艰辛。八年的抗日烽火在词汇家族里留下了深深的印迹。这一时期的"八路军""新四军""抗联""武工队""青抗先"等称谓词是新生的;有些称谓词在抗日之前已经存在,这一时期又产生了新的所指或新的感情色彩,比如"游击队""汉奸""鬼子"等。一个平常的称谓,如果注意发掘,往往发现许多有意思的相关称谓。比如"八路军",又有"老八路""新八路""明八路""暗八路""土八路""老八子""八爷""八老爷"等许多不同角度的称说,其含义和指称,又因时因地而异,实在丰富多彩;"新四军"的背后,竟也隐藏着"四老爷""四爷""四将军""小四子"等一批俗称;再如"伪军"只是个泛称,细别之又有"治安军""皇协军""保安队""警备队"之别;老百姓又根据他们的性质、服色等创造出了许多卓具特色的口语称谓,如"皇鞋子""二皇军""二黄""二鬼子""三鬼子""鬼变子""黄狗子""黑狗子""白脖儿"等,多姿多彩,形象生动。比"伪军"大的上位概念是"汉奸"。我们发掘出了从不同角度进行分类,字面上与"汉奸"相关联的许多区别性称谓,诸如:"铁杆汉奸""一般汉奸""武装汉奸";"大汉奸"和"小汉奸";抗战胜利时对汉奸进行区别处理和定罪又分出"军事汉奸""政治汉奸""经济汉奸""文化汉奸"。庞大的伪军和汉奸队伍,无疑增加了抗日战争的艰巨性。国民党担负正面战场对日作战任务,进行了许多英勇悲壮的战役,千千万万将士为国捐躯,但是限于本书的性质,且找不到标志性的称谓,许多事实无法得到反映。所以我们只写了:1937年最高军事统帅部"大本营"及其统帅"大元帅"的设立,以及区域性军事单位"战区"的划分;为加强抗战领导,在已有国民政府"军事委员会"的同时,另设凌驾于党政军之上的"国防最高委员会",于是"委员长"具有了国家政治"领袖"和军事最高统帅意义;国民党具体地域抗战写了阎锡山晋绥军抗战,发掘出"牺盟会""决死队",晋绥军之"新军""旧军"等代表称谓;"中国远征军"是一个典型的群体称谓,但由于种种原因,他们在很长一段历史时期却成为“一群被遗忘的抗日英雄”。“中国远征军”是中国政府1942—1945年间派赴缅甸、印度与同盟国军队联合作战的一支军队的称谓，这个称谓代表着近40万国军抗日将士（包括15万多阵亡将士），代表中国与同盟国军队同日寇法西斯的殊死较量，代表着中国抗日战争正面战场作战最悲壮的一幕。总之，本编依据抗战时期的政治军事生活状况将称谓进行组织分类，以点带面，以局部见整体，尽量选择有特色和有代表性的称谓词加以描写。

第六编《解放战争时期社会称谓研究》。“解放战争时期”是指从1945年8月15日日本宣布无条件投降到1949年10月1日中华人民共和国成立这段时期。本编共有三章，实际上是依据具体内容划分为三大板块：第一章是“共产党军事力量和战争生活的称谓”；第二章是“国民党军事力量和蒋管区地方武装及特务类称谓”；第三章是“解放区土地改革运动和农村阶级成分划分相关称谓”。这一时期中国共产党领导的军事力量发生整合，“中国人民解放军”成为一个举世瞩目的称谓。既称“解放战争”，战争当然是重头戏。为了扩大和补充战斗力量，解放军不断展开扩军、练兵等运动，形成一些特色称谓。“翻身战士”就是特指大批翻身农民参军补充的新战士；而“解放兵”“解放战士”“解放军官”则是解放军为改造被俘的国民党军队官兵而创造的新式称谓。随着解放军军事力量的壮大，“野战军”成为一个响亮的名词，中国人民解放军正规军按作战区域先是分为五个，后来合并为四个大野战军：“西北野战军”“中原野战军”“华东野战军”“东北野战军”，简称“西野”“中野”“华野”“东野”。1949年随着战争的节节胜利，四大野战军按“第一”“第二”等的顺序命名，于是“一野”“二野”“三野”“四野”又成为中共军队在特定历史时期的称谓。与战争相配合，人民群众掀起了轰轰烈烈的支前运动，也形成一批相关称谓。“民工”一词，就是历史赋予它特定含义，并且衍生出了一系列相关称谓，如“小车队”“挑子营”“担架团”等都是当时支前场面的生动写照。为了调动广大群众支援革命的积极性，解放区广泛开展土地改革运动，围绕党对土改的领导、农会组织的建立和农村阶级成分的划分等，又涌现出一系列相关称谓。在国民党统治一方，“中央军”“地方军”“地主”及“土匪武装”等，都有其相关称谓。国共双方在一些地区展开“拉锯战”，地主武装卷土重来，于是“还乡团”成为此期一个重要称谓，在各地又衍化出“还乡队”“回乡队”“复仇团”“复仇队”“倒算队”等变体称谓。“军管会”“军代表”等称谓的产生，则象征着中国共产党对城市的接收接管和临时军事管制制度的开始，解放战争也就快要画上句号了。1946年开始的解放区土地改革运动，是解放战争时期的重头戏。党领导土改运动的组织叫“土改工作队”，但这只是一般性的称说，在现实生活中却叫作“农民翻身工作队”“翻身工作队”“翻身队”。土地改革的一项重要内容就是划分农村阶级成分，但是众所周知的“贫农”“雇农”“中农”“富农”“地主”只是笼统称谓概念，我们特别注意深入挖掘其内部深层的细致区分及其俗称和变体称谓。就拿“地主”来说吧，根据土地及财产的占有量分为“大、中、小地主”；根据对土地占有和经营方式的不同区分出的“二地主”和“经营地主”；地主对待雇工性质的不同区分出的“旧式经营地主”和“新式经营地主”；从政治态度和思想倾向上区分，进步些的叫作“开明地主”，顽固反动的则有“反动地主”“顽固地主”“恶霸地主”“奸霸地主”和“通匪地主”等，中性的则为“一般地主”“守法地主”。这样的细致区分具有重要的现实意义，最主要的是便于政策方面的区别对待。土改斗争中农民创造的“窟窿户”“防空洞”等称谓鲜灵活现，时过境迁，当代人视之却莫知所云，恍如隔世一般。

总之，解放战争既是蒋介石集团走向败亡的过程，又是帝国主义侵略势力退出中国大陆的标志；既是中国共产党走向全面胜利的过程，又是中国人民翻身解放的过程。政治生活的一系列变革在称谓系统上表现为社会称谓随着社会生活的变化出现了变动和整合。我们力争通过那些具有时代特征的代表性称谓，来透视解放战争那几年如火如荼的非凡岁月。

第七编《新中国成立十七年政治运动与相关社会称谓研究》。“新中国成立十七年”是指从1949年中华人民共和国建立到1966年“文化大革命”前夕，其显著特点是政治性强，政治运动接连不断。新中国成立初，为了巩固新政权，维护社会新秩序，1950年7月至1953年，在全国范围内进行了一场清查和镇压反革命分子的政治运动，简称“镇反”运动，与之相配合的还有全国各地的剿匪、清匪、反霸等斗争。“镇反”使得“反革命分子”成为新中国带有政治定性的一个重要社会称谓。“反革命分子”共划分为五个大类别：“土匪”“恶霸”“特务”“反动党团骨干分子”和“反动会道门头子”。如今它们只是躺在辞书里的历史词汇，但在当时却都有具体的指称对象，代表着特定的社会群体，罪大恶极者在运动中就被处以极刑了。1951—1953年，全国普遍开展了一场“三反”“五反”运动，“三反”运动使得“贪污分子”“贪污犯”“老虎”成为著名的称谓；且在定性和处理时，又各有大、中、小的细致划分标准，刘青山、张子善就因作为“大贪污犯”被处决而成为历史名人。“五毒分子”“不法商人”“不法资本家”等，是工商界“五反”运动的重点打击对象；同时还对工商户细致区分为“守法户、基本守法户、半守法半违法户、严重违法户、完全违法户”。1950—1952年，全国新解放区完成了土地改革运动，新老“翻身户”成为农民扬眉吐气的称谓；阶级成分的划分使得“贫农”“雇农”“贫雇农”“中农”“贫下中农”“富农”“地主”等成为农村具有特定指称的社会群体，其政治影响一致持续到“文化大革命”以后。互助合作化运动中，农民称谓又有了“新中农”“新富农”“单干户”“个体农户”“互助组组员”“合作社社员”“入社农户”“社外农户”“候补社员”等区分。1955年年初，对胡风文艺思想的批判发展成为一场全国性的反胡风运动，最终酿成了以"胡风反党集团""胡风反革命集团""胡风分子"等称谓为标志的历史冤案。余波未平，1957年上半年的整风鸣放运动，发展为下半年全国性大规模的反右运动，使得"右派分子"成为名扬天下的一个社会称谓。反右运动造就了形形色色的"右派"相关称谓：什么"放火犯""纵火犯""纵火头目""放火专家"，什么"右派首脑""右派头目""右派骨干""军师""谋士""大将"等，实在五花八门；"右派集团""右派小集团"成为热门名词，继大名鼎鼎的"章罗联盟"之后，挖出的集团一个接一个。"右派分子"简称"右派"。就社会分布而言有"党内右派"、"党外右派"；就身份地位而言有"大右派"、"小右派"；在划分"右派分子"有了标准和指标后的定案处理阶段，又有了从程度上划分的"极右派"和"普通右派"的对照，以及"中右分子"和"疑似分子"这类在红头文件中正式规定的概念称谓。反右运动处理过后，还有后续性称谓如"内控右派"、"漏划右派"、"摘帽右派"等。"右派分子"这个称谓的词汇意义极为简单，社会意义却相当深远——它使55万共和国精英蒙冤22年，他们不仅自己失去了做人的权利，就连子女也被打入另册，丧失了升学、参军、入党、提干的资格……1958年"大跃进"运动开始，又一大批色彩各异的称谓词语诞生了。面对"大跃进"的态度，形成了"保守派、稳妥派、怀疑派、观潮派、秋后算账派、炉前摇头派"等一批贬义性称谓，同时形成一些政治态度方面的对照性称谓如"促进派、促退派"，"红旗、白旗、灰旗"，"红色专家、白色专家、粉红色专家"等。农村"大跃进"热潮中，老年人组成"佘太君队""黄忠队"，青壮年、少年组成"武松队""赵云队""罗成队"，中青年妇女组成"穆桂英班""花木兰排"等——到处是大兵团作战的热烈场面。1959年庐山会议，没有纠正"大跃进"极左错误，反而把彭德怀等人打成"反党集团"，紧接在全国开展"反右倾"运动，各级党的优秀干部稍不留神就成为"大彭德怀""小彭德怀"，仅"右倾机会主义分子"一顶帽子，就罩住了300多万干部、党员，直到1962年才被甄别平反……本部分正是以各类具有代表意义的称谓词来透析运动情形，勾勒新中国成立十七年称谓与社会互动的基本面貌，以社会称谓反映社会事件和社会变迁线索，以见社会变动下称谓系列急剧变动的强大适应性。

第八编《改革开放以来中国经济变革与相关社会称谓研究》。"文化大革命"的结束意味着极左政治时代的终结，中国渐渐摆脱了极左思想的桎梏，步入一个新纪元。1978年真理标准问题的大讨论和十一届三中全会的召开，标志着这个新纪元的开始，改革开放的总设计师邓小平为中国的发展把定了航向。改革开放以来，中国发展和建设的重心转向经济建设，从农村到城市都发生了一系列翻天覆地的变革。变革的浪潮冲击着古老的神州大地，先前极"左"思潮下的旧制度、旧现象、旧观念迅速隐退，新事物和新概念大量涌现。经济建设和改革的发展使人们的社会角色、社会群体、社会职业等发生变化。生活内容、人际关系、思想观念都与"文化大革命"时期截然不同，这一切变化都不可避免地在社会称谓上表现出来，涉及农村和城市、工农业和商贸业等各个方面。农民身上“社员”和“村民”两个称谓的变化，见证了农村由人民公社体制向新体制的变革；“万元户”“专业户”“重点户”“先富户”等称谓，见证了农民以联产承包责任制为开端的致富历程；“乡镇企业家”“集体企业家”“农民企业家”“民营企业家”等称谓，见证了农村乡镇企业和民营企业的发展；“新生代农民”“网络农民”“候鸟式农民”“两栖农民”“农业工人”等的出现，见证了现代科技对农村的影响和农民耕作经营方式的改变；“打工仔”“打工妹”“农民工”“民工”等，标志着一个城市边缘人群体的出现，见证了农民进城务工和剩余农村人口转移的社会现象；而从“盲流”到“民工”的称谓改变，也恰恰见证了社会变革和人们认识的改变。城市经济改革的一个重要方面是企业打破铁交椅、铁饭碗、铁工资的“三铁”制度，主要体现为干部聘任制和劳动用工合同制等的实施，于是一大批相关称谓出现了，诸如“受聘人员、落聘人员、待聘人员、解聘人员、聘余人员；黑板干部、黑板经理、太平官；合同制工人、待岗人员、试岗人员、下岗人员、竞岗人员、返岗人员、分流人员、转岗人员、下岗职工、待业人员、失业人员”。在所有者和经营体制等方面，“国企经营者”到“国有企业家”，“国企负责人”到“国企老总”和“国企老板”等，隐约看出国有企业经营方式和人们观念的变化；从“个体户”到“民营企业家”和“私营企业主”，不难看出私有经济的发展壮大；而“三资企业家”和“三资业主”却象征着一种新型所有制形式的出现；“CEO”及其汉译形式“首席执行官”的使用，象征着一种新型管理机制的引进，意味着董事会原来的一些决策权过渡到经营管理者手中；“职业经理人”称号的确立，标志着经理人资格认证已走上专业化、规范化的道路，标志着企业负责人委派制和“外行领导内行”机制的终结。“星期日工程师”“星期日医生”“地下工程师”“星期日工人”“老鼠工”标志着第二职业和人才柔性流动的兴起；“钟点工”“家政工”“全职人员”“兼职人员”“半职人员”等与劳务市场和新颖灵活的工作状态相联系；“公关小姐”等各类公关人员称谓显示了公关业的发展和逐步规范化。“股民”和“彩民”系列称谓自然与股市、彩市紧密相连。随着经济的发展，社会群体及层次发生分化和重新组合，人们对“工薪阶层”和“工薪族”耳熟能详；由于富裕群体出现，“中产阶级”和“中产阶层”称谓产生并引发一场社会讨论和争议。标志社会阶层划分及区别的“×领”一族出现并日渐丰富，“蓝领、白领、红领、灰领、金领、银领、铜领、铁领、锡领、粉领、绿领、黑领、无领”，令人目不暇接。改革开放初期，昔日的“投机倒把”类行为成为时尚，商品经济领域内出现了“经纪人、倒爷、倒姐、倒妞、倒奶奶、炒家、黄牛、汇贩子、官倒、私倒”等新鲜称谓，“托儿、托哥、托姐、饭托儿、医托儿、药托儿、旅游托儿、婚托儿”等层出不穷。如今这些称谓好多已经退出交际或褪去了昔日热闹的情调，但它们却忠实记录了我国经济变革的步履。

社会各方面的称谓变动并不是同步和均衡的，起初农村领域称谓变动大一些，后来随着经济改革的深入，城市领域的称谓变动更大也更复杂些。从时间上看，社会称谓的变动速度也是不均衡的，改革开放的前期，1978—1990 年间，社会转型使得大批旧有社会称谓急遽消失，大批新的社会称谓急遽涌现，变动显得剧烈些，后期则相对缓慢了些。本编对新生的社会称谓词进行细致的发掘、总结和梳理分析，大体从农村、城市、商品贸易这三大板块入手进行组织分类。

第九编《改革开放以来留学潮与留学生相关称谓研究》。改革开放打开了中国关闭已久的国门，出国留学又进入了新一轮热潮。中国近代以来的留学运动，从晚清到 20 世纪末，先后已有十次大的高潮，至少产生了十代留学生。按照著名历史学家戴逸先生的划分，光绪初年官派赴美幼童为第一代，1950－1960 年负笈留学苏、欧者为第九代，"文化大革命"以后留学的是第十代。① 前国家科委主任、中国工程院院长宋健专门撰文，对这十次留学潮，尤其对改革开放以来这次最大的留学潮发生发展过程详加论述。1978 年 12 月，改革开放以来首批 50 名"赴美留学人员"到达华盛顿，进入各高等院校。从 1978 到 1989 这十年中，经国家教委派往各国的留学生达到 96100 人。其中公费派出的近三万人。从 1979 到 2000 年，仅由中国教育部门向西方国家派出的留学生就达 45 万多人，分布在 100 多个国家和地区。还有大批青年通过亲友和其他渠道出国留学，未包括在教育部门统计之内。② 据国家教育部公布的数字，1978 至 2008 年改革开放以来 30 年间，中国各类出国留学人员总数已达 139.15 万，其中，2008 年年底仍然在外的人员超过 100 万。③ 这是全球留学生大军中阵容极为壮观的一支队伍。

中华民族历史上这最大一次留学潮，给我们带来了极其丰富的语言资源，其中就包括丰富的留学生相关称谓。本编基本上以时间为序，以事件的内部联系为主线，找出这一历史时期中各个留学阶段中，最有代表性的留学称谓，并对其进行描写和分析，探讨其来源与发展的内部规律，力图通过具体称谓和用例实证及其与社会现实生活的联系，来反映一般的语言与社会互动互变的本质和规律。本编按照预备、出国、学成及归国的顺序切分板块，共分三章：第一章，"出国留学预备人员及相关机构称谓"；第二章，"出国留学人员类别划分及其关联伴随称谓"；第三章，"海外留学有成与归国创业人员等系列称谓"。每一部分都类聚一批称谓词语。比如要想出国必须得通过 TOEFL（托福，美国教育考试中心主办的对非英语国家学生进行的英语水平考试）、GRE（美国研究生入学考试）和雅思英语水平考试，于是有了"考托一族""考 G 一族""寄托一族""考雅一

---

① 戴逸：《中国留学教育的光辉道路》，《建国初期留学生归国记事（代序）》，中国文史出版社 1999 版。
② 宋健：《十代留学生百年接力留学潮》，《光明日报》2003 年 4 月 15 日。
③ 《1978 年—2008 年出国留学 139 万人》，《人民日报·海外版》2009 年 3 月 26 日。

族”等。人们用汉语表示客套的“托福”来音译 TOEFL，简称为“托”，于是忙于托福考试的人群就成了“考托一族”“托派”“资深托派”等。“留学摆渡人”和“留学教父”是怎么回事？圈外人士可能莫名其妙，但“考托一族”却再清楚不过：那是留学生和准留学生们，送给创办新东方学校的俞敏洪的“荣誉称号”，该学校以培训 TOEFL、GRE 和提升考试水平为宗旨。通过了各种考试和审核，没有经费也出不了国，所以留学生从经费来源上讲又有“公费留学生”和“自费留学生”之分，公费的又称“公派”，细别之还有国家公派、单位公派之别。改革开放初期留学生以公派为主，后来自费增多并得到国家的承认和鼓励，2003 年国家留学基金委还特别设立了“国家优秀自费留学生奖学金”。新时期留学潮持续二三十年实际涉及两代留学生，依时间先后又有“老留学生”和“新留学生”之别。随着经济的发展和留学潮的升温，自 20 世纪 90 年代开始，越来越多的家长不惜重金把未成年的孩子送往海外就读，语言及时地反映社会，“小留学生”称谓出现了。1999 年 12 月 3 日《人民日报》报道：一部由留日学生拍摄的大型系列纪录片《我们的留学生活——在日本的日子》开播，其中一集即题为“小留学生”，2005 年 12 月，20 集电视剧《小留学生》又在央视开播。小留学生们大多娇生惯养，到国外生活不能自理，缺乏自立能力，或沾染上不良习惯，或学会了英语疏远了中文，于是一个形象的新称谓“留学垃圾”又相伴产生了。已婚留学生出国，配偶留在国内，于是有了“留守女士”、“留守丈夫”；如果前去陪读即为“陪读丈夫”、“陪读夫人”；小留学生出国需要家长陪读，“陪读妈妈”、“陪读爸爸”相继出现。海外学成后归国，简称“海归”，用为名词时，即指海外留学归国人员。“海归”一经谐音联想，一个有趣的名称产生了——“海龟”。由此衍生出一系列称谓词语，如“海归派”和“海龟派”；“老海归”和“小海归”、“新海归”；“速成海归”和“金牌海归”。那些不想归来的叫“海不归”，在海外扎下根的叫“海根派”，去留未定仍“泡”在国外者称“海泡”。中国政府毕竟希望他们回归报效祖国，对海外学成之优秀人才特别重视，称他们为“杰出留学人员”、“海外留学英才”或“海外高层次留学人才”等，采取多种措施鼓励和吸引他们归国创业，2000 年国家人事部出台了《关于鼓励海外高层次留学人才回国工作的意见》，各地方也都出台相关政策，如浙江设立了“浙江省海外留学英才奖”、“浙江省杰出海外留学人士为国服务贡献奖”等奖项。任何事物都是发展变化的，随着海归人士的增多及其层次的参差不齐和就业需求变化等，海归派逐渐掉价，海外归来后找不到工作而待业者简称“海待”，谐音成为“海带”，待业久了成了“海带干”。国家政策规定，对引进的海外英才，保留他们的海外居住权（“绿卡”），这样他们就具有了双重身份。由于家庭和事业的原因，频繁往来于国内和海外，人们又给他们起了一个有趣的名字“海鸥”，意思是他们像海鸥一样老是在海上飞来飞去。各类称谓生动再现了改革开放以来留学热潮和新时期留学运动由渐进到突飞猛进的进程。

本书内容还有个与组织安排和叙述形式的体例相关联的问题，不再另出“凡例”之类，于此酌予说明。各编具体内容包括三个有机组成部分：一曰称谓，二曰界定，三曰例证。其一，称谓是本书研究对象，搜罗丰富的社会称谓词语当然是首要任务。特别要注意收录那些卓具时代社会特色而又为普通辞书所不收的词语，无论专名、短语、简称、口语称谓，哪怕是表面看似临时随意、结构松散的词组，都在网罗之列。其二，界定是对称谓的解释和阐发，其必要性重要性自不待言。但本书对称谓词语的解释，绝不简单等同于辞书释义，不能仅仅满足于阐释词的理性意义或曰概念意义，而是要更多地关注其各类色彩意义尤其是社会学意义，关注其不同时期社会语境下的具体所指和应用情形，包括对时代背景和社会事件的交代等——这正是本书特殊处。比如“右倾机会主义分子”，作为一个词汇概念那是一回事，但在1959年它却联系着一场名为“反右倾”的政治运动，在这场运动中有300多万中共党员、干部被戴上了“右倾机会主义分子”帽子，其社会学和社会语言学意义就非同小可了。1957年反右运动造成的“右派分子”称谓的社会意义更是毋庸赘言了。这些都是词典意义无法揭示的。其三，例证就是为某一个或几个称谓词的具体意义用法列举的书证例句，是对所举称谓词及其具体意义及社会所指的重要证明和支撑。为醒目起见，例句中出现的相关称谓词语一律作加黑处理。这三个部分有机配合，缺一不可。我们的原则是：有称谓必有界定，有界定必有例证。称谓、界定和例证，如同三驾马车，齐头并进，相得益彰——这也正是本书体制特色之所在。从另一个角度说，这三部分又可合为两部分：正文叙述部分和书证举例部分。正文叙述部分也就是称谓和界定部分，书证举例部分也就是例句部分。两部分都难免要引用资料，涉及参考征引文献及其注释问题。但两部分引用的出处注释，我们采用不同的方式。参考和征引本没有实质性差别，但本书予以分别：正文叙述部分引用算参考，例句部分的引用算征引。正文叙述的参考采用页末脚注方式，若系报刊文章，根据需要，于页末以带圈阿拉伯数字标注作者篇名和报刊名称及时间，如“①罗平汉：《1958年知识界的“拔白旗运动”》，《读书文摘》2005年第1期”，若系专著，注明作者书名出版社及时间页码，如“①陈原：《社会语言学》，学林出版社1983年版，第3页”。脚注每页重新编号。而例句部分的征引，则一律采用例句后括注即以圆括号注明出处的方式。若系报刊文章，括注作者（有时可省）篇名和报刊名称及时间，如“（《冀南八月群运回顾》，《人民日报》1946年9月11日）”，“李欢：《留学摆渡人俞敏洪》，《环球企业家》2004年7月总第100期）”。凡牵扯到专书者，则只需标出作者（古代作者以间隔号加标朝代，有时作者可省）书名或必要时加章节，而一律不标出版社名称及时间页码，如“（知侠《铁道游击队》第十八章）”，“（曾朴《孽海花》第三十五回）”，“（毛泽东《在不同地区实施土地法的不同策略》[1948年2月3日]，《毛泽东选集》第四卷）”。但参考和征引并无截然对立：

同一部书，出现在叙述文字算参考，用脚注形式；出现在例句引用算征引，用括注形式。全书后附有“主要参考征引文献”，括注中未出现的书籍出版信息等，可在此得到落实。然而由于书稿篇幅大，写作修改时间跨度大，各类参考征引情形复杂，难以强求一律，我的想法前后也有变化，有些亦确需具体情况具体分析，以必要性明确性为要。所以书刊注释标引，尽管用了大量气力统一，难以尽如人意之憾仍在所难免，唯望日后伺机弥补。

三、本书的学术价值、研究方法和学术创新

江蓝生曾撰文指出：开拓新世纪中国语言学的发展方向，就是要做到三个方面的沟通：(1)语言学内部纵横两方面的沟通；(2)语言学与其他人文社会科学的沟通；(3)语言学与计算机应用研究的沟通。[①] 有鉴于此，本书选取“社会称谓”为研究对象，从汉语本体研究出发，结合社会生活和社会变迁来观察和探讨社会称谓在特定时期的意义及其发展变化，力求在学科渗透和沟通方面进行某些拓展：一方面力图为词汇学和词汇史的建设，为将来称谓学和称谓史学科的建立作些贡献；另一方面也努力为新世纪社会语言学的建设和发展进行一番积极有益的尝试和探索！

在研究方法上，我们努力做到历时研究和共时研究相结合，静态研究和动态研究相结合，宏观研究和微观研究相结合。在尊重原始资料的基础上，广泛搜集用例，既对本时期各个领域的社会称谓做概貌描写，又对某些具有时代特征的典型性称谓进行深入研究。本书对重要的称谓词语，从集体称谓和个体称谓的角度加以分类考察，在具体研究写作过程中，再体现两个方面结合的原则：一是称谓词和社会背景的结合，二是称谓、界定(关于称谓的意义用法、指称对象、情感色彩、时代意义等方面的阐释和辨析)和书证的结合，做到“有称谓必有界定，有界定必有例证”。对发掘出的称谓词语，弄清来龙去脉，挖掘深层蕴涵，考察其形成的社会背景和命名理据，分析造成其发展变化的社会原因。但称谓现象极为复杂，和社会发展变化相结合的称谓现象更加复杂，因而称谓的选取和运用不可能也没必要面面俱到。但我们在视野能及的范围内，力图在以小窥大和以点带面方面有所开拓：结合各个时期的社会特征、历史事件，选取有代表性的社会称谓加以剖析和论述，通过典型实例，考察社会与称谓之间的互动关系，反证一般规律和本质，以最大限度地实现研究目的。

在中国，社会语言学还是一个非常年轻的学科，好多领域有待去研究和开拓。著名语言学家张清常先生，以其深厚的学养写出了“前无古人”的《北京街巷名称史话》，对北

---

① 江蓝生：《开拓新世纪的中国语言学》，《中国语文》1999 年第 5 期，第 386 页。

京街巷名称进行社会历史审视，特加副标题“社会语言学的再探索”，这是紧扣地名学和历史地理开拓出的社会语言学课题，给学界贡献了一份独具一格的学术大餐。本书对20世纪社会称谓词语进行社会历史审视，姑且谓之“社会语言学新探”。本书也是在“前无古人”的情况下探索所得成果，是紧扣社会称谓开拓出的社会语言学课题。谓之“平地抠饼”也罢，“摸石头过河”也罢，它本身就是一种空前学术样式的开拓创新。

关于语料问题，本书的性质决定了它在语料方面的广博复杂性，无法如一般取材较狭隘的选题或专书类研究那样锁定一个较小范围，或建立一个所谓语料库之类。事实上，已有的语料库，如著名的北京大学汉语语料库，《人民日报》1946—2007六十余年间囊括1538410篇文章的电子版等，我们都尽量利用了，但远远不够。这就需要我们不拘一格，不限一隅，旁搜博采。著名历史学家傅斯年特别重视材料问题，他甚至认为“史学即是史料学”，“一分材料出一分货，十分材料出十分货，没有材料便不出货”。他有两句名言叫作“上穷碧落下黄泉，动手动脚找东西”（“东西”即材料），这两句话就挂在台湾“中央”研究院历史语言研究所网站首页上。我也曾拿这两句话指导学生，鼓励大家千方百计找材料。因为材料不会自动来找你，犹如找矿一样，一镢刨出一块黄金，一划拉就是一块钻石，天底下哪有这样的美事？所以懒惰思想要不得，这本身即是一个学风问题。在烦琐的材料搜寻过程中，我每有“沙里淘金”“海里捞针”之感，常常生发出寻着一个词，选定一个例，“捻断数茎须”之叹。仅就材料角度而言，本书发掘出的诸多称谓词语，历尽艰辛搜选来的丰富例证，亦堪为后起研究者进一步“做菜”之用。即此一端，不亦算是其价值意义之所在么？

本书的主持者及其率领的课题组，以10人之力，10载之功，完成80万言的《二十世纪中国社会变迁与社会称谓分期研究》。身为付出大量艰辛劳动后的作者们，私心窃以“前无古人”和“独具一格”自许。总之，本书在选题原创、角度独特、称谓丰富、资料繁博、内容宏富、规模宏大、学科贯通、历时连贯、样式新颖、方法独到等方面，努力进行了诸多探索突破和创新开拓。作为长期以来为之殚精竭虑、兢兢业业付出大量艰辛劳动的作者，我们期待它能够对中国社会语言学的学科建设起到一点添砖加瓦的作用，产生一些积极的影响；同时对汉语词汇学、词汇史学科的丰富和发展，提供一些新借鉴；对于将来汉语称谓学和称谓史学科的建立，提供一些实践和理论方面的基础性、先期性参考。当然其真正社会效果和学术贡献，须待面世后由专家和读者去评判，其不足之处亦有待实践检验得以弥补。

第一编　晚清政治风云与相关社会称谓研究

编 前 言

本研究的时限虽定为“20 世纪”，但倘若机械地从 1901 年开始，那是十分不科学的，而应依实际历史背景从“晚清”开始。“晚清”一般指鸦片战争至辛亥革命前这段时期，但鸦片战争、太平天国运动等，就社会影响而言，距 20 世纪又略显远了些。所以我们决定从甲午战争写起，重点写甲午战争及戊戌变法、义和团运动、清末新政至辛亥革命这几个阶段。清政府临近灭亡的一二十年间堪称乱世，列强入侵，时局动荡不安，体现在语词上那就是一批颇具时代特色的社会称谓的出现。首先皇族内部出现“帝党”和“后党”的派别和权力之争，政治高层形成“清流派”和“洋务派”等势力集团。甲午战争前后及战争过程中，对战争的态度，清政府的军队以及人民抗敌斗争等，都形成一批相关社会称谓。甲午战争以“北洋水师”的覆灭而告失败，一些进步资产阶级知识分子意识到变法维新的必要性，“强学会”“南学会”“保国会”等数十个政治团体涌现，与“帝党”相关联的“维新派”形成。以慈禧太后为首的“后党”及其支持的“守旧党”不甘失败，两派进行殊死较量，变法运动以“戊戌六君子”的人头落地而告失败。1900 年农民自发的反对洋人、洋教的义和团运动爆发，使得“义和团”“红灯照”“大师兄”“大师姐”以及对洋人和教民的詈称“老毛子”“大毛子”“二毛子”等成为著名的历史性称谓。清政府经历了庚子惨败，又重新推行各项新政。其教育新政为废科举、兴西学、奖励归国留学生，于是“洋秀才”“洋贡生”“洋举人”“洋进士”“洋翰林”“洋状元”等一系列“洋”类功名称谓出现了。其军事新政主要就是改造八旗兵、绿营兵制度，在全国编练西方武器装备的新式军队，使得“新军”成为当时的时髦名词。为挽救灭亡的命运，清政府还推行所谓“立宪”运动，原来的维新派堕落为保皇派，“保皇会”“预备立宪公会”“国民宪政会”等一批立宪团体称谓出现了。清政府也在各省设立谘议局，在中央设立资政院，但最终大权落在皇族手中，人称“皇族内阁”。人民看清了清政府的反动面目，革命浪潮更加高涨了。反清革命派早就建立了兴中会、华兴会、光复会等革命团体，后来统一为中国第一个正式的资产阶级革命政党同盟会。清朝将亡之际，同盟会领导革命，发动武装起义，于是“革命党”“革命军”等成为当时的标志性称谓，统治者则谓之“乱党”“匪党”。1911 年辛亥年，革命党发动的武昌起义爆发，宣告了皇权制度的灭亡，中国跨入了一个初露民主曙光的新时期。

第一章　甲午中日战争和戊戌变法时期的社会称谓

本章涉及的主要称谓如下：

节	序	称谓
第一节	一	帝党、后党
	二	老母班、小孩班
	三	清流、清流派、前清流、后清流、北派、南派、清流党、清流党人
	四	洋务派
第二节	一	主战派、主和派、投降派
	二	倭人、倭寇、倭贼、日本人、东洋人
	三	支那、支那人
第三节	一	八旗兵、绿营兵
	二	湘军、淮军、奉军、甘军、铭军、新毅军、老毅军、嵩武军、定武军
	三	练军、练兵、练勇、防军
	四	北洋海军、北洋水师
	五	鸭蛋兵、长脚将军
第四节	一	猎户队、韩边外
	二	民团
	三	台湾民主国、大总统、总统、副总统、大将军、黑旗军、义民军、义军、三猛、简大狮、柯铁虎、林少猫
第五节	一	资产阶级改良派、改良派、维新派
	二	学会、强学会、南学会、保国会
	三	维新党、新党、守旧党
	四	军机四卿、四小军机、戊戌六君子、六君子

第一节　晚清帝后斗争及其称谓

一、“帝党”与“后党”称谓的缘起及其时代意义

晚清时期，慈禧太后专权，大小政事皆要由其掌管，这就不可避免地出现了“帝权”与“后权”之争。特别是当光绪帝年龄渐长，开始亲政之后，这种统治阶级内部权力之争就愈演愈烈，而那些处于统治阶级上层的大臣们，也纷纷卷入其中，形成了以慈禧太后为中心的“后党”和以光绪帝为中心的“帝党”这样一对颇具特色的集团性称谓。这两派

有其斗争的一面，也有其联合和一致的地方，严重地影响了晚清时期的内政外交政策，对历史产生了深远的影响。

在甲午中日战争中，“帝党”一派的人，为了提高光绪皇帝的权威，确立以光绪帝为中心的封建最高统治，大多想借战争达到其目的，因而是主战的。而以慈禧太后为中心的“后党”在这场战争中的态度是摇摆不定的，但其主体是主和的。在戊戌变法中，以光绪帝为首的“帝党”主张变法，以求自强，这使得“帝党”成为一个政治上的激进派；而以慈禧太后为首的“后党”，阻挠变法，认为祖宗之法不可变，成为政治上的保守派。变法最终因慈禧太后的反对而失败，慈禧太后重新上台执政，光绪帝被囚禁于瀛台。在义和团运动早期，“帝党”和“后党”的政策则基本一致，以镇压和剿灭为主，尽管此时一些“后党”成员对义和团态度暧昧。可是到了义和团运动发展的高峰期，“帝党”和“后党”的政策却完全是相反的。“帝党”成员虽然已经失势，但其成员大多对义和团主张镇压，以避免和外国人开战的风险；“后党”成员的态度却来了个一百八十度的转变，主张利用义和团，和外国人开战。

表面看来，帝后两党斗争是由于政策上的不同，实际上是封建统治阶级内部权力斗争加剧的一种体现。因此在反映晚清社会的历史和文学作品中，“帝党”与“后党”两个称谓是随处可见的。

“帝党”本指支持皇帝的政治集团。而在晚清时期的“帝党”特指支持光绪皇帝的政治集团，由翁同龢、文廷式等一批文职官僚组成。

> 苟救得皇上复位，公司中**帝党**诸臣，必将出力捐款之人，奏请照军功例破格优奖，皇上必垂俞允。（康有为《保救大清皇帝公司序例》[1899年10月]，《康有为全集》第五集）
>
> 在**帝党**一面的人物，又都是些老成持重的守旧大臣，不敢造作非常。所以我们要救国，只有先救皇上。（曾朴《孽海花》第三十五回）
>
> 主战的还有受李鸿章系统排挤的湘系军阀官僚和以光绪师傅户部尚书翁同龢为首的**帝党**官僚。（郭沫若《中国史稿》第五编第二章第六节）

“后党”在历史上指皇后或太后的亲族以及与皇后、太后利害关系一致的人所结成的政治集团。而在晚清时期的“后党”特指支持慈禧太后的政治集团，由荣禄、李鸿章等一批实权大臣组成。

> 荣禄是当权派**后党**的头脑，翁同龢是没有实权的**帝党**的头脑。（溥仪《我的前半生》第一章第二节）
>
> 康自负不凡，以会试不捷为奇耻，乃痛数科举流弊，主张废科举，行新法，**后党**深恶之，斥为人妖。……不意谭嗣同少年躁进，引袁世凯为新党之助，欲将**后党**一

网打尽。(陶菊隐《近代轶闻·康有为》)

二、"老母班"与"小孩班"——"帝党"、"后党"变体称谓

"帝党"和"后党"的称谓是比较正式的称谓,而在民间,对"后党"和"帝党"有一种诙谐的称呼:"老母班"和"小孩班"。"老母班"指"后党","小孩班"指"帝党"。这种诙谐的称呼是因为,在名义上和名分上慈禧太后是光绪帝的母亲,而光绪帝相对于慈禧太后来说就是小孩子了。

于是李党翁党的名目,变称后党帝党。后党又浑名**老母班**,帝党浑名**小孩班**。门户纷争,不祥之兆。(蔡东藩《清史演义》第八十六回)

守旧党统趋承太后,仗老佛爷庇护,浑名为**老母班**,呼维新党为**小孩班**。小不抵老,惹得光绪帝异常懊恼。(蔡东藩《慈禧太后演义》第二十四回)

从此以后,荣禄被授为大学士,成为那拉氏的死党,而且是"**老母班**"——后党的领袖。(鲍昌《庚子风云》楔子)

"帝党"、"后党"的矛盾持续数十年之久,每遇重大事件,在国策的制定上,往往出现政见分歧。如在对日战争问题上,在维新问题上等,都因立场观点歧异形成不同的政治派别及其相关称谓,我们于下文分别叙述。

三、晚清的"清流派"及其相关称谓

(一)"清流"意义流变及其在晚清社会的所指

"清流"原先是指清澈的流水。《汉书·礼乐志》:"郑卫之声兴则淫辟之化流,而欲黎庶敦朴家给,犹浊其源而求其清流,岂不难哉!"后由此义喻指那些德行高洁负有名望的士大夫。《三国志·魏书·桓二陈徐卫卢传评》:"陈群动仗名义,有清流雅望。"宋欧阳修《朋党论》:"唐之晚年,渐起朋党之论,及昭宗时,尽杀朝之名士,或投之黄河,曰:'此辈清流,可投浊流。'而唐遂亡矣。"可见,"清流"在那个时期是个褒义词,一般指那些德行好,有名望,能担当国家大政的人。而到了晚清光绪年间,统治阶级内部也形成了一个政治派别,他们评议时政,上疏言事,弹劾大臣,指斥宦官,对外反对列强蚕食,对内主张整饬纪纲,历史上被称作"清流派",人们往往直称"清流"。"清流"系对"浊流"而言,该派以"清流"自许,而视洋务人士为"浊流"。但人们对这个派别的评价,却是褒贬不一。

今之命为**清流**、自居正人者,动以不谈洋务为高见。有讲求西学者,则斥之曰"名教罪人,士林败类"。噫,今日之缅甸越南,其高人亦岂少哉?(郑观应《盛世危言·礼政》)

光绪初年,翰林渐拥挤,而简放学政试差,军机大臣偏重门生,不无可议。而怀

才不遇者积不能平，遂因越法开衅，归罪枢臣，交章指斥朝政，人目为之**清流**。宝师尝对余言："天下事言易行难，局外不知局中之苦，徒挟其虚侨之气，苛以责人，于事何益？"然**清流**后亦陆续放差，似有美珠箝口之意，旁观多窃议之。究其弹劾贪佞，淘汰衰庸，多称人意，不得谓**清流**之不胜浊流也。（何刚德《春明梦录·清流之起与伏》）

清流之起，人多以其挟私意。然其激于义愤，志在救国者，往往而是。特流弊所极，有当时所不能意料，及至事变发生，则必瞠目相试，而又早知如此悔不当初之叹。（何刚德《客座偶谈·清流之起激于义愤》）

光绪帝亲政后，"清流派"以拥帝相标榜，称为"帝党"。但总的看来，他们在道德、行为及政治主张等方面，还是积极方面的因素居多。

晚清"清流派"称谓已见上文叙述中，不另举例，但还有其他一些衍生称谓，我们分别叙述如下。

（二）"清流派"以及因时地差异而形成的"前清流"和"后清流"、"北派"和"南派"

中法战争前后，"清流派"从时间上繁衍为前后两代，称"前清流"和"后清流"；"前清流"北方人居多，"后清流"南方人居多，因而又分别被称为"北派"和"南派"。前后清流各有其代表人物，见解、主张既有某些不同也有一致。下面的例证引自权威工具书，既有称谓用例，又有具体界定及代表人物。

清流派曾繁衍为前后两代。**前清流**多北方人，称"**北派**"；**后清流**多南方人，称"**南派**"。前清流形成于光绪初年……主要有翰林院侍讲张之洞、张佩纶、陈宝琛，编修黄体芳、宝廷，以及御史邓承修等，其中以张之洞、张佩纶两人最为驰名。他们与军机大臣李鸿藻关系密切，李鸿藻为打击政敌军机大臣沈桂芬，并使自己在朝廷政争中立于不败之地，对他们极尽笼络和操纵之能事，故时人多称李为**前清流**的魁首。**前清流**要求改革弊政、肃整纲纪和兴修水利，尤主张坚决抵抗外国侵略。……大致在1885年（光绪十一年）中法战争结束前后，清政府内部政争出现新的变化，**前清流**对慈禧太后已失去存在的意义，因而宣告瓦解。从80年代末到1894年中日战争前夕，以日本侵略朝鲜为背景，一部分坚决主张抵抗日本侵略并反对当时弊政的言官和名士，纷纷投靠户部尚书翁同龢门下，形成后清流派。其中以侍读学士文廷式、礼部侍郎志锐和"南通才子"张謇为骨干，国子监祭酒盛昱、刑部主事沈曾植以及翰林院编修王仁堪、黄绍箕、丁立钧、李文田等均为其中健将。且翁同龢为光绪帝师傅，志锐为光绪帝爱妃珍妃兄长，文廷式为珍妃师傅，因此该派属于帝党的一部分。与**前清流**一样，主张"厉以风节"，反对贪官污吏；敢于揭露弊政，甚至有时还直接指责慈禧太后。在中日甲午战争以前，力主反击日本对朝鲜的侵略，多次斥责李鸿章“避战自保”……因此，后清流派主要表现为一个开明爱国的集团。当然，**后清流**也有好纸上谈兵的弱点。在抵抗日本期间，张謇、沈曾植、丁立钧等人对西方列强抱有过幻想，提出“联英伐倭”的主张。这些反映出该派的阶级局限性。中日甲午战争后期，随着帝党的失败，**清流派**人物或遭革职，或离京南下，或因其他原因销声匿迹。战后，虽仍有人作为帝党成员参加维新变法活动，但**清流派**已不复存在。(《中国大百科全书·中国历史》“清流派”条)

“清流派”在政治上无法摆脱与“帝党”“后党”这两大势力的关系，例如“后清流”的翁同龢、文廷式等，都是“帝党”的中坚。

(三)“清流党”与“清流党人”

“清流派”在当时又称“清流党”，一般指称这个集团，偶尔也指其成员：

余谓好大言原是书生本色，盖当时清流党群彦之不满意于李文忠，犹如汉贾生之不满意于绛侯辈。(辜鸿铭《张文襄幕府纪闻》)

可惜庄仑樵一班**清流党**，如今摈斥的摈斥，老死的老死了。若然他们在此，断不会无忌惮到这步田地！(曾朴《孽海花》第二十一回)

至文正所定天下大计之所以不满意于**清流党**者何？为其仅计及于政，不计及于教。……此**清流党**所以愤懑不平，大声疾呼，亟欲改弦更张，以挽回天下之风化也。(辜鸿铭《张文襄幕府纪闻·清流党》)

“清流党”的成员一般称“清流党人”：

却说有一日黄叔兰丁了内艰，设幕开吊。叔兰也是**清流党人**，京官自大学士起，哪一个敢不来吊奠。衣冠车马，热闹非常。(曾朴《孽海花》第五回)

其他士大夫也具有和这些主战的“**清流党人**”相同的观点。(费正清、崔瑞德《剑桥中国晚清史》下卷第三章)

四、“洋务派”和“洋务运动”

19世纪60年代，当时的清政府处于内忧外患之中，国内有洪秀全领导的太平天国运动，外有英法联军的压迫，在这种情况下，清政府当中的一部分比较开明的大臣，学习西方的先进技术，开办了一些军用和民用的近代化的工厂，以求增强国力，以解燃眉之急。我们把这场运动叫“洋务运动”，而那些积极参与洋务运动的人，被称为“洋务派”。

洋务运动是清朝统治阶级内部和地方一部分当权的官僚在严重的“内忧外患”形势下所采取的“自强”措施。1856—1860年(咸丰六年至十年)，清政府面临太平天国和英法联军的双重威胁，在内外交困中，经过四年的酝酿和争论，决定“两害相权取其轻”，首先把“心腹之害”的太平天国和捻军镇压下去，而后再设法抵御被认为是"肢体之患"的外国侵略。为此,他开始实行"自强新政"……当时主张办"洋务"的一批贵族和官僚,被称为"洋务派"。其主要人物,在中央有奕䜣、桂良、文祥,在地方官僚中有曾国藩、李鸿章、左宗棠等。为了适应形势需要,1861 年清政府成立了以奕䜣为首的总理各国事务衙门,以办理外交事务为主,同时办理以"自强"、"求富"为内容的洋务活动……1894 年(光绪二十年)清政府在中日战争中战败和 1895 年《马关条约》的签订,证明了富强未能达到,也标志着洋务运动的失败。(《中国大百科全书·中国历史》"洋务运动"条)

"洋务派"也必然与"帝党""后党"发生关系,如李鸿章,一般认为就属于"后党"。

第二节 对中日战争态度分歧的称谓体现及战争造成的中日两国人称谓变化

一、对战争态度和决策的分歧:"主战派"和"主和派"("投降派")

日本侵略中国蓄谋已久,朝鲜是中国的紧邻(明、清两代还是中国的"外藩"),所以日本把侵略朝鲜作为侵略中国的跳板。1894 年 5 月朝鲜爆发了东学党起义,朝鲜国王请求清政府派兵镇压。日本政府极力怂恿中国出兵,一方面"保证"必无他意,一方面暗中作好占领朝鲜的准备。6 月 5 日清政府派直隶提督叶志超率陆军 1500 人赴朝,日本则以护送驻朝公使和保护侨民为由,不到一个月内陆续出兵朝鲜一万余人,并包围了驻守牙山的清军。7 月 25 日,中国护送入朝清军的"济远"等三舰从牙山返航,日本军舰突然发起拦截围攻,中日战争正式爆发。这年是农历甲午年,史称"中日甲午战争"。

战争一触即发之际和爆发之后,清朝统治集团内部围绕是战是和的问题,态度和立场分成主战、主和两大政治派别。"主战派"主要是"帝党"成员。亲政后的年轻光绪帝想借助这场战争,树立自己的权威,一力主战,且"帝党"大多数成员如帝师翁同龢等,对日本的认识还停留在过去,认为日本不堪一击,并且中国经过"洋务运动"之后,军队应该是可以和日本一战的。"主和派"主要是"后党"成员。慈禧太后六十大寿快要到了,她不惜重金积极修造颐和园,不想有战事,再加上一些"后党"成员如李鸿章等对当时的中国实际情况看得比较清楚,所以大多是主和的。"主和派"后来发展到割地赔款,向日本屈膝投降,因而又有人称之为"投降派"。

冥鸿插嘴道:"其实都是主战派的造言生事,凭空结撰。守台的结果,不过牺牲了几个敢死义民,糟蹋了一般无辜百姓。"(曾朴《孽海花》第三十二回)

帝师翁同龢是主战派首领，自然也不愿和。然而，不和又能怎样？（阿鸿《甲午中日战争纪实》第十二章）

此时，主和派们都心知肚明，想不割地而求和那是不可能的。但谁都不肯担此注定要遭人诟骂的责任。于是就推给光绪皇帝。（阿鸿《甲午中日战争纪实》第十二章）

1895 年 2 月中，北洋海军全部在威海卫被歼，投降派如奕䜣、孙毓汶等就内定割地求和。（翦伯赞主编《中国史纲要》第九章第五节）

二、"倭人""倭贼"与"日本人""东洋人"等称呼变化的背后

"倭""倭人""倭寇""倭贼"等一类的称谓是此前早就出现的针对日本人的称呼。这一类的称谓带上了一定的轻蔑的色彩。

在古时候，中国人一向把自己居住的中国看做世界的中心，而日本是大海中的一个偏僻小国，缺少文明，因而被冠之以"倭"这样的称呼。"倭"在《说文・人部》中这样解释："倭，顺貌。从人，委声。"可见是取其顺从之意，即臣服于中国。早在汉代，中国人就把日本国人称为"倭人"了。《汉书・地理志下》："乐浪海中有倭人，分为百余国，以岁时来献见云。"历史上"倭"和"倭人"的轻蔑色彩还不是那么明显和强烈，但一旦和"寇""贼"等称相联系情形就不同了。比较晚起的称谓如"倭寇""倭夷""倭贼"等，轻蔑和鄙视的色彩就非常明显了。《元史》中已经有"倭贼"的称呼，《明史》中"倭贼""倭夷"之称频繁使用。尤其是"倭寇"，则成了对 14 至 16 世纪侵扰劫掠我国和朝鲜沿海地区的日本海盗的憎恨和仇视性称谓。

在甲午战争中，这些称谓一再被清政府及其大臣们所使用，在对日本的轻蔑和敌视背后，又反映出大多数清政府官员对日本的认识局限，即认为日本仍是一个蛮夷小国，与清政府开战是不自量力的。此可见清政府官员的大国心态和愚昧无知。

光绪二十年七月初三日内阁奉上谕："朕钦奉慈禧端佑康颐昭豫庄诚寿恭钦献皇太后懿旨……直隶提督叶志超一军，在朝鲜牙山一带地方，于六月二十五、六等日，与倭人接仗，击毙倭兵二千余人。实属奋勇可嘉，加恩著赏给该军将士银二万两，以示鼓励戎行至意。钦此。"（戚其章主编《中日战争》第一册《内阁奉上谕叶志超一军毙敌二千著赏银二万两》）

行军之道，自贵机密。自倭人启衅以来，或战或守，提督竟无其权，动辄命北洋大臣而后行。电音虽速，辗转已失戎机，欲慎密亦不能也。（《北洋海军失利情形》，《申报》1895 年 8 月 26、27 日，转引自《清末四十年申报史料》第 128 页）

查现在倭寇军事正当吃紧，所需枪械军火均关重要，端不容稍有迟误……（戚

其章主编《中日战争》第一册《属理黑龙江将军曾祺为调德英阿整装押解军火赴依克唐阿军营札文》)

营口善道转刘盛休电:"初十行抵熊岳。探称,离金州四十五里之峰口,有倭贼马队,及零星步队。皮子窝之贼均向金州前进,截断去路。盛休带队随打随进"云。(戚其章主编《中日.战争》第一册《北洋大臣李鸿章奏金州峰口有日军马队刘盛休带队随打随进电》)

同一时期,称"日本人""东洋人"或"洋人"的少之又少。除了晚清多用于对日本交涉的官方文件中外,甲午战争中国战败后,"日本人"和"东洋人"这类中性称谓又多起来,在一些比较开明、对日本有正确认识的士大夫阶层中及要求变法的维新派人士中,尤其如此。

日本人之称我中国也,一则曰老大帝国,再则曰老大帝国。是语也,盖袭译欧西人之言也。呜呼!我中国其果老大矣乎?梁启超曰:恶,是何言!是何言!吾心目中有一少年中国在。(梁启超《少年中国说》)

黄抚台仍旧摇了摇头道:"好虽好,但是我们的子弟,还不至于要到这里头来,同他们在一块儿。我今儿想起一件事来,还是那年我在湖北臬司任上,有两个东洋人同我说起,说他们东洋那边,另外有个华族学校,在里头肄业的,全是阔人家的子弟,我想我们很可以仿办一个。"(李伯元《文明小史》第四十三回)

用兵日久,军火匮乏最为大患。盖与洋人战与发捻不同。如无精械,虽有猛将强兵,亦断难制胜。(戚其章《中日战争》第一册《湖广总督张之洞奏为密购枪炮现已议定希速汇定银电》)

甲午战争后,对日本人的称呼以"东洋""东洋人"居多,而"倭""倭寇""倭人"等一类称呼在减少,反映出中国人已从血的教训中意识到,日本已由昔日顺服华夏的岛夷一跃而成为中国的强劲对手。当然在抗日战争中对日本人重新以"倭寇"相称以表仇视,那就另当别论了。"东洋"本指我国东方的大海,日本在中国的东部大海当中,所以又特指日本国,故日本人又称"东洋人"。如果说早先它还是个中性词的话,但战后就有了一定的谄媚色彩了。

三、日本人对中国人称呼的变化

在甲午战争之前,日本人对中国和中国人大多称"中国"和"中国人",在战争中也这样称呼,对中国军队称"清兵"。但是在战后,这种情况突然发生了改变,日本人称中国为"支那",称中国人也为"支那"或"支那人"。"支那"和"支那人"本身并没有贬义,但由于其出现在这个特定时期,清政府战败,日本人战胜,日本人的自信心膨胀,中国人自信心极度低落时，日本人又突然更多地采用“支那”和“支那人”来称呼中国和中国人，因而就使“支那”这个词在中国人的心中留下了创伤，这个词就带上了贬义色彩，对中国人来说，具有很强的侮辱性。

> 日本社会开始用“支那”蔑称中国始于中日甲午战争中清政府失败，1895年清政府被迫与日本政府签订了丧权辱国的马关条约，把近代中国的耻辱推向极点。长久以来一直把中国尊为“上国”的日本人先是震惊，继而因胜利而陶醉，上街游行，狂呼“日本胜利！‘支那’败北！”从此，“支那”一词在日本开始带上了战胜者对于失败者的轻蔑的情感和心理，“支那”逐渐由中性词演变为贬义词。甚至19世纪到第一次世界大战前的荷兰字典中，对“支那”的解释是：“支那，即愚蠢的中国人，精神有问题的中国人等。”（倪建周、冬明《“支那”源流考》，《人民日报》1999年5月7日）

> 曾作为日本驻清朝公使助手的藤田剑峰在《太阳》四卷五号上写道：“支那人秉性之恶端业已为世人所知晓：过于自尊，过于保守，国家意识淡泊，自私自利，狡猾散漫，野卑吝啬，因循姑息，愚昧而不识趣，兼加注重虚礼，娴于辞令，且一般不厌脏乱。”（王康《超越宿命，领受天意——中国抗日战争胜利六十周年断想》，《社会科学论坛》2005年第7期）

> 我至今化装成支那人，小心翼翼地行动。今天情形为之一变，在我军中同山地师团长阁下所属司令部诸氏在一起向金州进军，自己感到扬扬得意。（戚其章主编《中日战争》第六册吕林岫译《向野坚一从军日记》）

“支那”最先是古代印度、希腊和罗马等地人称中国为Cina、Thin、Sinae等，或以为皆是秦国的“秦”之对音。佛教经籍和历史文献中或作“支哪”“至那”“脂那”等。“支那”本身是没有感情色彩的，是一个中性词。费正清、崔瑞德《剑桥中国晚清史》下卷第六章“民族主义及其反映”一节中有一段说明：“‘支那’一词可以追溯到唐代，当时此词通过从印度传入的佛经而在中国词汇中使用。虽然此词日本人已经在德川时代后期和明治时期使用得很多，但仍与‘清’交替使用，中日甲午战争仍被日本人称为日清战争。此后日本人越来越多地使用‘支那’一词，在学生运动初期，因为它具有含蓄的颠覆性暗示，而又可回避清王朝之名，所以学生曾被此词吸引。但随着‘支那’逐渐与街头呵斥和追逐中国人的孩子联系起来时，它就使人联想到中国的虚弱。”可见“支那”这个词随着其越来越多地和中国的虚弱相联系，和日本人侮辱中国人相联系，中国人就越来越憎恶这个词了。该书还在注释中引用郭沫若在1936年写的文章中的话说：“日本人称中国为‘支那’。本来‘支那’并非恶意，有人说本是‘秦’字的音变，但出自日本人口中，则比欧洲人称犹太还要下作。”

由此可见，一个本无贬义的“支那人”，由于甲午战争中国的战败，却成了日本对中国人的民族歧视性称谓，以至于到国民政府成立之后，把日本人不再对中国人称“支那”和“支那人”作为获得民族权益的体现。1930年国民党政府还专门要求日本政府，在今后的官方通信中不再使用这个名词。国家民族的兴衰荣辱竟然影响到一个小小称谓词的意义、色彩变化，这是语言社会性的有力证明，也说明了社会语言学研究的重要性。

第三节　甲午战争中清军参战部队的相关称谓

“八旗兵”“绿营兵”“湘军”“淮军”“练军”等军队名称在战前早就出现了，甲午战争时期的文献，每每也提到这些称谓，因为它们大都涉及这场战争，这些军队也大都先后参战，“北洋海军”更不必说。它们都属于军事团体的称谓，在一些场合，有的也可以用来指属于这个集团的个人。“八旗兵”和“绿营兵”是清政府的传统正规部队，“湘军”、“淮军”和“练军”原本是地方部队。但在晚清，随着中央部队战斗力的衰弱，一些地方武装却日渐强大起来。我们在通过这些称谓来透视甲午战争及其失败原因的同时，还可以清晰地看到晚清军事制度由中央集权到地方大员掌握的变动过程，看到军队私人化所造成的军事集团的膨胀，以及中央集权的衰落等。

一、“八旗兵”和“绿营兵”

“八旗兵”由满人组成，是清政府最为嫡系的部队，因为满人被分为八旗，每旗用不同的颜色旗帜，所以其部队就被称为“八旗兵”。但是为了防范满族亲王和清朝官员拥兵自重，清帝定下了这样的制度：佐领以上的八旗军高级将领每隔三至五年需在各驻地之间调防。这就大大削弱了军队战斗力。

“绿营兵”是由汉人组成，因其旗的色彩是绿色的，有别于八旗，故叫“绿营”。起初作为保安部队变成小分队派驻各地，或是作为省一级文武长官所统率的较大的标（绿营兵编制单位）派驻各地。绿营军官也常常发生调动，导致“绿营兵”和“八旗兵”一样“兵不习将，将亦彼此不和”，再加上管理、训练的松懈，到了清中后期，“绿营兵”已经不堪重用。

> 满洲军队称**八旗兵**，为国家武力主干，全国各军事要地，都派**八旗兵**驻防。下面的绿营，说是中国军队，实际上率领绿营的将领还都是满洲人。这两种军队，饷给是显分高下的。（钱穆《中国历代政治得失》第五讲）

> 当京城的**绿营兵**在1894年秋天奉调至山海关时，人们有理由为大清帝国的未来表示忧虑。一位目击者说，人与马都很瘦小，还没走出城南就已挥汗如雨，马鞍上挂着鸦片烟枪，一些士兵手里端着鸟笼，吐出嘴里的食物喂鸟，另一些人则显得

又饥又渴,眉头紧锁。……没人指望绿营兵能够击败日本。(许知远《甲午战争与旧秩序的崩溃》,《经济观察报》2005年2月28日)

二、“湘军”和“淮军”及其他名目纷杂的部队番号

“八旗兵”和“绿营兵”日益衰败,到太平天国时,已是不堪一击了。于是清政府不得不大量招募“乡勇”来镇压太平天国。太平军在南方节节胜利,地方团练无济于事,正规绿营已不堪作战,于是曾国藩奏请朝廷,以湘乡练勇为基础另建新军,编练成一支军队,称为“湘勇”,又称“湘军”。在曾国藩指使下,李鸿章仿照“湘军”营制,以淮南团练为基础,编成一军,称“淮勇”,又称“淮军”。两支军队纪律比较严明,采用了许多新式武器,战斗力较强,成为晚清时期的正规军,均参加了甲午战争。

晚清军队番号名称纷杂,与命名方式不一有关。一种是取兵源地或驻守地名的一个字命名(如“湘军”“淮军”“奉军”“甘军”之类)。另一种是取统军将领名号中的一个字命名。“铭军”是“淮军”系统的一支,以刘铭传而得名。最初是刘铭传在合肥西乡所办的团练,后被李鸿章招入“淮军”,称“铭字营”,逐渐发展为一支马步军数十营兵力的队伍。1884年刘铭传调为督办台湾事务大臣,部分“铭军”赴台,一部分留在大陆。1887年留在大陆的“铭军”马步11营由刘盛休统领,开赴大连湾炮台驻防,又称“盛军”。1894年甲午战起,“铭军”“盛军”皆开赴前线作战,然表现甚差,刘盛休因不服调度,临战溃逃,被撤职。“毅军”的统帅宋庆是山东蓬莱人,英勇善战,所部在与捻军作战中屡立战功,被朝廷赐予“毅勇巴图鲁”勇号,遂以“毅军”命名。1880年“毅军”奉调旅顺军港,直接受北洋大臣节制,甲午战争中宋庆被任命为帮办北洋军务。1894年中日开战,“毅军”一部入朝作战。1895年初“毅军”进行了重整扩编,扩大到39营之多,遂有了“新毅军”“老毅军”之别。“老毅军”14营由右路马玉昆等率领,“老毅军”25营由李永芳等率领。整个战争中“毅军”表现最为英勇顽强,令日军震惊,太平山一战极其惨烈,双方伤亡惨重。“奉军”是以驻守地奉天而得名,其统领为左宝贵,山东人,回族。左宝贵率奉军入朝作战,奋力杀敌,不幸中弹牺牲,是甲午战争中清军高级将领殉国第一人。“甘军”也是以地方命名,是甘肃提督董福祥的队伍,甲午战争中奉命移驻通州,担任京津防务。还有一种以“武”字命名的,如“嵩武军”“广武军”“定武军”等,盖取习武练武、宣扬武力之意,多为新编练的部队。

今我国凡遇战事,皆募勇御敌。中倭启衅以来,榆关内、外防营林立,计淮军、湘军、铭军、奉军、甘军、新毅军、老毅军、嵩武军、定武军名目纷如,至有二三百营。兵力不为不厚,无如人各一心,营各一名,政出多门,不相统属。每当遇敌,其怯敌偷生者非溃即逃,否则各守一方、不相策应,但得敌不来攻,即自幸偷安旦夕,纵观

别军败衄，亦恒如痛痒无关。甚者逍遥局外，调遣不前。合之虽二三百营之有余，分之实二三十营之不足，以致兵威日蹙，敌焰弥张。说者谓将领团属无能，而亦营制散漫，帅无专统阶之厉也。（郑观应《盛世危言·练兵下》）

他还想到，目前摆在朝鲜和辽东一带的人马，主要是由宋庆和叶志超统领的**淮军**和以丁汝昌为提督的北洋水师。（任光椿《戊戌喋血记》第一章）

原来此人就是去年战事刚起时，在长沙主动请缨，要求到关外来御敌的湖南巡抚、现任关外军务帮办的**湘军**统帅吴大澂。（任光椿《戊戌喋血记》第一章）

甲午战争的参战部队，前期以**淮军**为主力，辅之以东北地方部队和宋庆所部毅军等部队；后期则又从全国调集了以**湘军**为主力的大量增援部队。下面，我们来看看这些部队的装备情况。（董蔡时、王建华《浅议甲午陆战中清军的武器装备》，戚其章、王如绘主编《甲午战争与近代中国和世界——甲午战争100周年国际学术讨论会文集》）

这些名目繁多的部队称号，也反映了晚清兵制变革的特定历史现象。“湘军”与“淮军”的兴起，使清代兵制发生了根本变化。以往的常备军“绿营兵”，为土著世业的“世兵制”，“军饷由户部拨给，兵权握于兵部，归于中央”。“湘军”与“淮军”兴起，“兵必自招，将必亲选，饷由帅筹，其制恰恰与绿营制度相反，故兵随将转，兵为将有”[①]。这种将帅自招的“募兵制”使得曾国藩和李鸿章对各自军队拥有极大的指挥调度权力，逐渐形成自己的派系势力。近代北洋军阀的形成，实肇基于此。

三、“练军”或“练兵”

同时，清政府想继续加强仍被兵部和户部所控制的“绿营兵”，以防止地方部队过于强大。1863年直隶总督刘长佑，建议重新训练约十五万名直隶“绿营兵”，而不用对原来编制大事更张。1866年恭亲王奉旨批准给予刘长佑总督更多的财政支持，从各标抽调出来的兵被编入刘长佑所指挥的六个训练中心，配以现代化武器。同时对“绿营兵”进行裁减，将精选出的“绿营兵”，依照湘、淮军营制，提高饷额，加强训练。这种经过重新训练和装备的“绿营兵”就叫作“练军”或“练兵”“练勇”。

鉴于“八旗兵”“绿营兵”的腐败，清末于正规常备军外临时招募勇营，饷银略高于绿营，驻防各地，故称“防军”。“湘军”“淮军”都有这样留防各地的勇营“防军”。“练军”重在“练”，其实就其屯防功用而言，与“防军”相同，故常以“练、防军”或“防、练军”并举。

甲午战争期间，“练军”“防军”都参加了作战。

其绿营制兵，分布列郡汛地，**练军**则屯聚于通都重镇，简器械，勤训练，以散为

① 罗尔纲：《论湘军》，《中国近代史百题》上册，湖南人民出版社1983年版，第169页。

整，重在屯防要地，其用亦与防军同，故**练军**亦**防军**也。同治、光绪间，各省所增编防、练军，……浙江**防军**二万一千三百人，山东**防军**一万三千九百五十人，福建**防军**一万五百四十人，各省**防军**、**练勇**凡三十六万余人，岁需饷银二千余万两。（《清史稿·兵志三》）

弟明知兵单力薄，不敷分布，所可恃者有北洋各军暨三省**练兵**，奉、吉等营，可与和衷共济，当能复韩灭倭。（《盛宣怀档案资料选辑之三·依克唐阿致盛宣怀函》）

四、"北洋水师"的覆没与甲午战争的失败

提到甲午海战，不能不提到"北洋水师"，又称"北洋海军"。这是曾号称"亚洲第一"的中国历史上第一支现代意义上的海军舰队。1875年，直隶总督、北洋大臣李鸿章奉命筹建"北洋水师"，创建"北洋水师学堂"，派留学生赴欧洲学习船政事务。经过多年筹备，1888年12月17日，在山东威海卫刘公岛上，"北洋海军"宣告成立，颁布《北洋海军章程》，丁汝昌任提督。水师共有大小舰船20余艘，其中包括铁甲舰、巡洋舰、鱼雷艇等比较先进的舰只。可是从1888年到中日爆发战争前的十年间，"北洋水师"竟然一艘军舰都没有购买，海防经费却被慈禧挪为修建颐和园等用。而恰在这期间，日本海军后来居上了，再加上清政府的腐朽，决策的失误，将领的畏缩等，其后果就可想而知了。

其后八月，**北洋海军**虽被困于威海港，然陆路炮台未失，且离荣成三十里，有一小山，为军港后路要地，山东巡抚李秉衡乃派一典史率二十人守之，是以日军至此，坦然进兵，绝无艰阻，掠夺炮台，以我之炮，攻我之船，（北洋海军）遂至全军覆没。（徐珂《清稗类钞·战事类·丁汝昌与日人战于旅顺》）

马格禄、浩威和一些民族败类，不仅不同意，还盗用丁汝昌（已自杀殉国）名义向日军乞降。……书如下："革职留任**北洋水师**提督军门丁，为咨会事：照得本军门前奉贵提督来函，只因两国交争，未便具覆。本军门始意必战至船没人尽而后已，今为保全生灵起见，愿停战事……"（孙克复、关捷《甲午中日海战史》第五章第三节）

海军经始于咸丰之季，初购英国战舰数艘，并议聘英水师兵官统之，旋寝其议。……同治甲戌，以日本窥台湾，海疆无备，遽缔和议。朝议急兴海军，李鸿章请分立外海五军，以饷绌，不果。光绪乙亥，设**北洋水师**，购铁甲船八艘，而别购中小铁甲二艘，防长江口。（徐珂《清稗类钞·兵刑类·海军》）

"北洋海军"的覆没，标志着甲午战争的失败和洋务运动的破产。自强求富，发展国防，好事却未得好果，这暴露出封建制度的弊端，于是才有了维新变法运动的兴起。

五、反映清军懦弱畏敌的称谓:“鸭蛋兵”和“长脚将军”

“鸭蛋兵”和“长脚将军”是人们对甲午战争中,腐败无能的清政府军队诙谐的称呼。

“鸭蛋兵”喻指其不能碰,不堪一击,经不起磕磕碰碰的军队。这里的“鸭蛋兵”指的是“盛军”丰升阿的部队,即东三省“练军”的一部,也称“盛字营”。其他的“练军”在战争中的表现连丰升阿还不如。顾云《辽阳见闻录》中写到,这些军队“及奉出征之檄澌行或观之色。甚惨沮”,“侦言日军将至,亟索骑令所部速走……或言帐棚未拔,曰:‘传乡约看守。’乃骑而奔”,“富林布并枪炮声未闻,惟数数疾走,卒求改为帮统回吉林”。

> 还有奉升阿的两千练军,战斗力很差,经不得战阵,老百姓戏称“**鸭蛋兵**”。叶志超已经领教了日军的战斗力,他又怎能有信心总统这样的大军与日军一决高下?(阿鸿《甲午中日战争纪实》第七章)

> 丰兵尤脆弱,土人笑其不禁磕碰,戏称为“**鸭蛋兵**”云。(易顺鼎《魂北魂东杂记》)

“长脚将军”喻指将军的“脚长”,特别善于逃跑。当时清军在朝鲜的总统“淮军”将领叶志超,在牙山一战中,率先逃跑,弃汉城不守,逃到平壤,却向当时的朝廷谎报军功,反被赏银二万两,封为“总统朝鲜其他各军”以守平壤。然而在平壤又不积极备战,“漫无布置”,认为是“万守不住”的,早已做好了逃跑的打算。当日军进攻平壤的时候,叶志超又令打出白旗,连夜逃跑。在逃跑过程中,叶志超又拒绝了聂士诚“扼守安洲,深沟固垒以待”的合理建议,狂奔五百里,渡鸭绿江,退入中国境内。可见其“长脚将军”是多么的名副其实啊!

> 那叶志超根本无心作战,竟绕过汉城,照直退到平壤,称得起是一退千里。被当时人嘲讽为“文官三只手,武官四只脚。”并为这位善逃的淮军老将贺了个“**长脚将军**”的雅号。谁又想到这位“**长脚将军**”不仅逃得勇敢,而且谎话编得离奇。竟谎报他在牙山重创敌军,打了胜仗。(国家教委基础教育司编《勿忘国耻》第六回)

清政府官军和主力部队及其将领的表现竟至于此,战争安能不败?与此形成鲜明对照的是,一些地方的民众武装倒涌现出许多英勇抗敌的事迹及其相关称谓,请见下节。

第四节　人民自发组织起来抗敌卫国所形成的称谓

一、“猎户队”与“韩边外”

“猎户队”指甲午战争时期东北清军当中主要由猎户组成的一支抗敌队伍。日军第一军入侵辽东不久,清政府为扩大军事力量,拟在东边道一带募兵十营。猎户首领李樾闻日军入侵，立即率长白山猎户2000人，投入清营，要求开赴前线杀敌报国。在戚其章主编的《中日战争》第二册《电谕黑龙江将军依克唐阿李樾等自带猎户二千人投营效力准其随营调遣》中记载“依克唐阿十九日电奏已悉。荣和所称，李樾等自带土著猎户二千余人投营效力等语。如察看此项义民果能得力，即准其随营调遣”。他们被编入依克唐阿的镇边军，称“猎户队”，与统领荣和新招募的猎户，共编成八营。这些猎户“火枪夙具，平昔打牲有准，且于山路熟悉”[①]，易于教练，勇敢善战。在反抗日军的战斗中，屡挫敌锋，深为日军所畏惧。在黑龙江将军依克唐阿的奏折中屡次提到其事。

镇边军：步队四营，其中有**猎户队**二营，另马队九营，合计四千人。由依克唐阿直接统率。（戚其章《甲午战争史》第四章）

“韩边外”原来是当地人对吉林夹皮沟金厂流民首领韩宪琮、韩登举祖孙们的诨称。韩宪琮（亦作宪宗、宪忠，后改效忠），1819年（嘉庆二十四年）出生，原籍山东省文登县，此前由其父率家迁居辽宁复州，后又迁至九台界（今吉林省九台县）木石河流域的花曲柳沟，同其弟庆琮随父从事农耕。韩宪琮后为生活所迫离家，到夹皮沟淘金谋生。因其比较勇猛豪爽，被淘金的人推为“当家的”，又因韩久居柳条边外，年龄又长，所以“边外大哥”、“韩边外”之称呼便逐渐叫开。宪琮之孙韩登举承继祖业后，继续作夹皮沟一代金场的总头目，因而人们延用对其祖的称呼，亦称其为“韩边外”。又因他在参加抗击日本侵略的战争中官至“吉字军”三营统领，因而人们亦以“韩统领”称之。甲午战争爆发后，韩登举激于民族义愤，率众投入清军，在吉林将军长顺部下参加抗日斗争。先后率众协助依克唐阿、长顺及辽阳知州徐庆璋等防守兴京、盛京、海城、辽阳，转战辽东、辽南各地。韩登举作战勇敢，“奋不避险”[②]，屡败日军，与一触即溃的清官军形成鲜明对照。因而“韩边外”一称声名扬塞外，已远远超出了个人诨号的范畴，成为甲午战争中一支抗日武装和一位抗敌英雄的代称，垂于史册。

吴大澂抚**韩边外**：吴大澂尝以奉吉林平寇之命，至吉林，以单骑入**韩边外**寨中，晓以大义。晚宿韩所，约同至官军。（徐珂《清稗类钞·武略类》）

又有**韩边外**者，山东人，故金匪也，后投诚，改名韩效忠，其党颇多；效忠死，其孙韩登举代领之，奉天人仍呼登举为**韩边外**。**韩边外**之名为敌所畏，依克唐阿借其勇一千五百人防兴京；至十一月，将军长顺复借其勇一千人防盛京，皆得其力。（易顺鼎《魂北魂东杂记·十月初九日（11月6日）金州之失及大连湾之失》，龚书铎主编《中国通史参考资料 近代部分》）

---

① 北平故宫博物馆编：《清光绪朝中日交涉史料》，文海出版社1970年版，第225页。

② 同上书，第337页。

由于当时张仲彦在营林部门管林政，与林区群众接触较多，因此林区内的人文掌故也了解得多，于是，淹没在历史长河中的一个创作素材便闯入他的视野，这就是**韩边外**的故事：**韩边外**祖孙俩开边创业和抗日抗俄的英雄壮举以及路不拾遗、夜不闭户的治安环境与纯朴民风始终在长白山区流传。（冯越《一片痴情写关东——记电视剧〈关东金王〉原著作者张仲彦》，《吉林日报》2007年2月9日）

二、“民团”和辽宁地方的抗敌斗争

在日军侵入辽东地区之后，辽东人民除了参加清军作战之外，还纷纷组织“民团”（也叫乡团或团练）来抗击日军，保家卫国。因而这时“民团”的性质和以往的“民团”不同，这些“民团”具有积极的意义，是爱国的地方武装团体。我们可以这样说：这时的“民团”是由地主官绅组建和领导的，主要由当地农民、手工业工人、矿工、流民、猎户等广大劳动群众组成的，以保家卫国为目的的地方性武装团体。

是日，电托营口王斤颐勋购买官矿，托省垣余观察浚速拨火药，因**民团**已成万余，待用孔丞。（徐庆璋《辽阳防守日记》，戚其璋主编《中日战争》第六册）

中日甲午战争，日军越过鸭绿江侵犯我国辽东，当地人民自发地组织起来，掀起抗倭斗争。参加的不仅有农民、猎户、矿工，还有一部分爱国知识分子和士绅。“辽阳并民（城）岫（岩）海（城）新（民）交界周围七八百里，无民不团。”辽阳知州徐庆津召募**民团**马步13营，组成“镇东军”。……徐庆璋借助**民团**的力量，在辽阳州南部部署了两道防线。……徐庆璋的**民团**与日军在此地相持数月，势甚岌岌。徐庆璋除指挥**民团**武装防守辽阳外，还和海城、凤凰城、岫岩各属**民团**联络，予以援助、激劝，因而出现凤、岫、辽“**民团**七、八万，皆唯璋令是听，大为可用”的局面。徐庆璋还部署**民团**主动配合清军反攻海城。（鞍山市史志办公室编《鞍山百年大事·鞍海民团投身保卫战》）

大小高岭一带，**民团**万余，迭次与贼接仗获胜。时届严寒，该团练等日夜守剿，奋不顾身，殊堪嘉尚。（徐庆璋《辽阳防守日记》，戚其璋主编《中日战争》第六册）

三、台湾人民英勇不屈的抗敌斗争及其相关称谓

甲午战争失败之后，腐败无能的清政府和日本签订了《马关条约》。《马关条约》规定要割让台湾及附属岛屿给日本。这个消息传到台湾之后，引起了台湾人民的极大的愤慨。清政府不顾台湾人民的抗议，要求在台湾的政府官员撤出台湾，并下诏限期交割。台湾军民士绅凭借自己的力量奋起抗击日军，由此产生了一些相关的称谓。

（一）“台湾民主国”之“大总统”和“大将军”与台湾人民不甘心当亡国奴的义愤

“总统”原先是一个动词，是“总览，总管”的意思。《汉书·百官公卿表》：“盖参天

子，坐而议政，无不总统。”郑观应《盛事危言·海防上》：“遣一大臣为巡海经略，总统北、中、南三洋海军。”后来“总统”演化出一个名词意义，指主管某方面事务的首领。《元史·释老传》：“有嘉木扬喇勒智者，世祖用为江南释教总统。”到清代则成为近卫营长官的称谓，亦泛指统军长官。

可是甲午战争后，台湾人民拒绝《马关条约》，不甘心做亡国奴，毅然于 1895 年 5 月 25 日建立“台湾民主国”，以台湾巡抚署为“总统府”，推巡抚唐景崧为“大总统”（亦称“总统”），推丘逢甲为“副总统兼大将军”，旋由刘永福任大将军。于是出现了异于清制的“大总统”“总统”“副总统”和“大将军”这样的官称。

> 在籍主事邱逢甲，创议建立**台湾民主国**，誓众新竹，宣布独立。我还记得他们第一个电奏，只有十六个字道：“台湾士民，义不臣倭，愿为岛国，永戴圣清。”这是一时公愤中当然有的事。……当割台约定，朝命景崧率军民离台内渡的时候，全台震动，万众一心，誓不屈服；明知无济，愿以死抗。邱逢甲、林朝栋二三人登台一呼，宣告自主，赞成者万人。立即雕成台湾民主国**大总统**印绶，鼓出前导，民众后涌，一路哭送抚署。这正是民族根本精神的表现。（曾朴《孽海花》第三十二回）
>
> 倾城拥观空巷舞，黄金斗大印系组，直将**总统**呼巡抚，今日之政民为主，台南台北固吾圉，不许雷池越一步。（黄遵宪《台湾行》，钟贤培等选注《黄遵宪诗选》）
>
> 就是大家崇拜的刘永福，在台南继起，困守了三个多月，至今铺张战绩，还有人替刘**大将军**草平倭露布的呢！（曾朴《孽海花》第三十二回）
>
> 割地之议既起，举国大哗，台民争尤力……群推逢甲起草。逢甲遂草定临时宪法，议建台湾为**民主国**，选总统、**副总统**各一人，开议院，定官制，设内部、外部、军部，制蓝地黄虎国旗，皆赞成。次议总统，众意属景崧，逢甲乃帅绅民数千人鼓吹前导，诣抚署，上**台湾民主国**总统印绶於景崧。景崧朝服出，望阙九叩首，旋北面受任，大哭而入。即抚署为总统府，电告於朝，言遥奉正朔，永作屏藩。**副总统**一席，群以属逢甲，逢甲不获辞，乃为**副总统**兼**大将军**，大权仍景崧操之，於是台湾为自主国矣。（徐珂《清稗类钞·忠荩类·邱逢甲谋保台湾》）

这是中国历史上最早带有西方民主国家元首意义的“总统”，比中华民国的总统要早十几年。虽然该“总统”及其“民主国”寿命短暂，但在当时却具有特定的抗争和进步意义。因为这绝非台湾有意闹独立，而是大陆清政府已把自己的儿女抛弃给日本，台湾军政官员和广大人民岂甘为亡国奴？然呼天天不应，叫地地不灵，只有拚死一搏，旨在引起国内国际社会的关注，来干涉日本人占领台湾，从而保持祖国领土的完整。所以这绝不同于后来由特定历史原因造成的海峡两岸对峙情形，尤绝不可与当今的“台独”同日而语！其“大将军”是仿古称谓，汉朝设立执掌全国最高军权的“大将军”，位在三公之上。"总统"和"大将军",一洋一古,与清政府的官称浑然不同,本身就昭示着对清政府丧权辱国行为的不满和向强敌的示威。"台湾民主国"虽然只存在了十几天就夭折了,但却表达了台湾人民"永戴圣清"、心系祖国的意愿。

(二)"黑旗军"和"义民军"与台湾军民的抗日保台斗争

"黑旗军"起初是刘永福领导的农民起义军,因其部以七星黑旗为队旗,因而得名。"黑旗军"后来被清政府收编,在中法战争中作战勇敢,屡败法军,战功显赫。甲午战争爆发后,刘永福受清政府任命帮办台湾军务,"黑旗军"移防台湾。《马关条约》签订后,为抗击日本侵占台湾,"黑旗军"与台湾人民一道英勇战斗,成为抗敌的骨干军事力量。在保卫台湾的战斗中,"黑旗军"力量消耗殆尽,将士绝大部分光荣殉国,刘永福遂回大陆被派往钦州驻守边疆。

> 刘永福者,广西上思州人。咸丰间广西乱,永福率三百人出镇南关。时粤人何均昌据保胜,永福逐而去之,遂据保胜,所部旗皆黑色,号"**黑旗军**"。(《清史稿·刘永福传》)

> 吴彭年、徐骧、吴汤兴等部退入彰化,与刘永福派来增援的**黑旗军**王德标等五营,共约3000余人,依大肚溪天然屏障顽强阻击来犯之敌。(汪柏田《乙未风雷》,《台湾同胞抗日50年纪实》)

> (1895年)10月,台湾义军首领徐骧战死,刘永福的**黑旗军**因清政府严密封锁海口,得不到大陆的接济而战败,刘永福从台湾返回大陆。台湾人民在这次反抗日本占领的斗争中,共歼日寇三万多人。(臧云浦等《中国史大事纪年》)

"义民军"又称"义军",是由台湾的地方团练和人民自发组织的抗击日军民众武装的泛称,曾为"台湾民主国副总统"的丘逢甲兼义军统领。此处"义"含有"正义"和"民族大义"之意。

> 台湾民主国的创建人和领导人,特别是作为前期全台团练使和民主国全台**义军**统领的丘逢甲,不但一直对组建抗日义民武装非常重视,而且一部分**义军**,包括吴汤兴等部,还是在他直接领导和帮助下组建起来的。(汪柏田《乙未风雷》,《台湾同胞抗日50年纪实》)

> 当时这一带一时并起的抗日群众组织已无法确知其数,具有的资料统计,仅台北及其周边就近60个。这些组织少则几十个人,多则几百人,或称"**义军**",或称"**义民军**"。总人数估计在3万上下。(汪柏田《乙未风雷》,《台湾同胞抗日50年纪实》)

> 清朝卖国政府割台消息传到台湾,全台百姓誓死反对,纷纷自发组织**义军**抵抗。日军1895年5月从北部登陆,先后投入5万多兵力,经过5个月,付出3万多伤亡的代价,才打到南部。(郑坚《台湾同胞是抗日中的中华英杰》,《人民日报》1995年9月3日)

(三)“三猛”称号与台湾军民对抗日保台英雄的崇敬

在反抗日本占领的斗争中,台湾军民中涌现出许多勇敢善战的英雄。“三猛”就是对台湾抗敌义军三位杰出领袖及其绰号的合称,他们分别是:台北“简大狮”(本名简忠浩,以力大过狮得名),台中“柯铁虎”(本名柯铁,以体健如虎得名),台南“林少猫”(本名林少茂,以机智灵敏由其名“少茂”谐音得名)。狮、虎、猫本是人们崇敬的三种猛捷之兽,这三位义军首领在与日军战斗中都非常勇猛机智,其绰号含“狮”、“虎”、“猫”之名,因用为对抗敌英雄的美称,合称“三猛”。这充分体现了台湾人民对三位抗敌英雄的赞美之情。

(柯铁)凭着矫健的身手以及对山麓的熟悉,穿梭于林间,忽东忽西,枪无定出,竟以一人而却敌500人,且获军械粮秣。于是众服其勇,号之曰“**铁虎**”。其勇不可挡,与北部的简大狮,南部的林少猫合称台湾抗日的“**三猛**”。(王晓波《台胞抗日的云林事件》,《台湾同胞抗日50年纪实》)

林少茂(?—1902),原名苗生,名义成,**少猫**(又“小猫”)是他在抗日义军转入地下后的浑号。日虽百般搜捕,数度调兵“讨伐”,但由于**林少猫**足智多谋,机敏过人,深隐善藏,神出鬼没,终无所获。(徐博东《林少猫抗日事略》,《台湾同胞抗日50年纪实》)

日军攻占台南后宣称:“台湾本岛全部平定”。然而,英雄的台湾同胞的抗日游击战争坚持了7年之久。北部以**简大狮**为首,中南部以**柯铁虎**为首,南部以**林少猫**为首。7年反割台武装斗争,台湾同胞作出了惨重的牺牲。(郑坚《台湾同胞是抗日中的中华英杰》,《人民日报》1995年9月3日)

台湾人民在既无清廷支持,又无外援策应的情况下揭竿而起,组织抗击日军侵占台湾的义军,由北而南节节抵抗。在日本帝国主义殖民统治的前半期,台湾人民的起义峰火连绵不息,真可谓“三年一小战,五年一大战”。涌现出北部**简大狮**、中部**柯铁虎**、南部**林少猫**等合称“**三猛**”的义军领袖,日寇首领能久亲王在嘉义之役阵亡。(曾重郎《爱国爱乡 共创双赢——纪念台湾光复60周年》,中华全国台湾同胞联谊会编《回眸:献给台湾光复62周年》)

第五节 维新变法催生的社会称谓

一、从“改良派”到“维新派”看中国新政治的进程

晚清内忧外患日益加重,于是一些具有进步思想的资产阶级知识分子,意识到“法

弊必变”，初步酝酿出一些挽救民族危机、改革政治、发展资本主义等一些见解，史称“改良主义”，该派人士则称“改良派”或“资产阶级改良派”。康有为即是早期“改良派”的代表人物之一。甲午战争后，“改良派”的主张发展为一套完整的政治纲领，提出“变法维新”的主张；而新败之后的光绪皇帝也想通过变法加强自己的权力，建立自己的丰功伟业，于是一场变法运动就在京城和知识分子中酝酿展开。一些维新派人士为了推进变法，开始建立政治团体，宣传维新变法思想。因此，历史上又称此时的“改良派”为“维新派”。

从反对洋务派垄断工业而提出的改良主义主张，到中日战争后发展为一套政治纲领，并且形成了一个以**资产阶级改良派**为中心的带有一定群众性的政治运动。这时期的**改良派**就是开始发展的资产阶级上层的代表，其中主要人物是康有为、梁启超、谭嗣同和严复。他们提出了变法维新的主张，所以也称为**维新派**。（翦伯赞主编《中国史纲要》第九章第七节）

康有为讲学凡四年，培植**维新派**的基础，陈千秋、梁启超都是他的大弟子，并且帮助他著“大同书”、“新学伪经考”、“孔子改制考”，完成了维新运动的理论根据。（《关于几个历史人物的介绍》，《人民日报》1949 年 7 月 22 日）

同时，在京士大夫中掀起了更强烈的抗议屈辱求和的运动。它的领导者是以康有为为代表的**维新派**。（徐风晨、赵矢元主编《中国近代史》第八章第六节）

二、“强学会”等各种“学会”团体的兴盛与维新思潮的高涨

甲午战争失败后，许多士大夫意识到中国必须“维新”和“自强”。于是 1895 年 8 月，在康有为、梁启超等人推动下，由翰林院侍读学士文廷式出面，在北京组成了“强学会”。这是资产阶级上层依附于帝党的一个维新政治团体。在“强学会”的影响下，以“学会”命名的各种学术兼政治的团体，迅速在全国普及开来，三年当中，公开报道的“学会”组织就达七八十个。其中影响较大的除“强学会”外，还有“南学会”“保国会”等。“南学会”是湖南讲求新学的团体，筹议于 1897 年冬，正式开会则在 1898 年 2 月，由谭嗣同、唐才常等发起，得到湖南巡抚陈宝箴等开明官吏的支持。于长沙设总会，各府州县设分会，会员达 1000 多人。它与时务学堂相表里，又有《湘报》配合宣传，思想甚为活跃，影响相当广泛，对促进湖南推行新政，转变社会风气，起了重要作用。由于“南学会”力讲求“西学”、“合群”言强，遭到封建势力的诋毁和破坏。说它“逞其邪说，放厥谣词”，“败灭伦常，惑世乱民”，成立三个月，即行中辍。[①]

---

① 《中国大百科全书·历史卷》“南学会”条。

“保国会”成立于1898年4月。1897年11月德国强占胶州湾事起，瓜分危机严重。康有为联合御史李盛铎，在北京成立“保国会”，以“保国”“保种”“保教”为宗旨，即“保国家之政权、土地”，“保人民种类之自主”，“保圣教之不失”，因而被称为“保国会”。“保国会”的建立，促进了各省的自救运动，为后来的变法运动作了直接的准备。[①]

> 参加**学会**的人多半是中小官僚和达官贵绅的子弟。**学会**的目的就是组织这些人讲习资产阶级政治，借以形成一股新的政治力量，正如梁启超所说的**学会**兼具学校和政党的性质。（翦伯赞主编《中国史纲要》第九章第七节）

> 二十四年，有为立**保国会**京师，尚书李端棻，学士徐致靖、张百熙，给事中高燮曾等，先后疏荐有为才，至是始召对。有为极陈：“四夷交侵，覆亡无日，非维新变旧，不能自强。变法须统筹全局而行之，遍及用人行政。”（《清史稿·康有为传》）

> 从1895到1898的三年中，一共报道过七十六个**学会**。大约三分之二的**学会**是由士大夫建立的。……然而，1895年以后的**学会**完全跳出了官僚政治的圈子。像**强学会**、**南学会**和**保国会**等少数团体是明确地按照西方的民主参政理想组织起来的。（费正清、崔瑞德《剑桥中国晚清史》下卷第五章“维新时代的遗产”）

> 初，康之在广东也，颇持共和主义，未几，一变而组织**强学会**，提倡变法自强。**强学会**被禁，复组织**保国会**，志在求达官助行新政。适德宗亲政，被不次之擢，一跃而参预机密。（徐珂《清稗类钞·会党类·兴中会及同盟会》）

> 近半年，一个**南学会**，一个时务学堂，还有一个《湘报》，简直把个长沙城闹得人心浮动，到处都在侈谈什么民权民主，人人都在叫喊什么平等自由，好像世界都要变了似的；连他叶吏部的权威和地位，也好像隐隐然受到人们的蔑视和威胁。（任光椿《戊戌喋血记》第五章）

在众多“学会”的宣传鼓动下，维新思潮不断高涨，为戊戌变法作了充分的思想舆论准备。

三、“维新党”和“守旧党”与两派政治势力的较量

“维新派”在当时被称为“维新党”，与“守旧党”相对，既可用作该派别的整体称谓，又可用作指其成员的个体称谓。“维新党”受到光绪皇帝的支持，与“帝党”相联系。

> 一班**维新党**，天天讲平等，请自由，前两年直闹得各处学堂，东也散学，西也退学。（李伯元《文明小史》第四十二回）

---

① 《中国大百科全书·历史卷》“保国会”条。

这事才过去，忽然南京省城又听说捉住什么**维新党**了，安庆到南京轮船不过一天，也不晓得那里来的谣言，一回说，两江制台某天某天杀了十八个**维新党**，在城门洞子里石板底下又搜出许多炸药，现在南京已经闭了城了。（李伯元《文明小史》第四十三回）

当时的“维新党”也被称为“新党”。

饮水尚要思源，依我愚见，还指望你将来上个折子，恢复八股，以补愚兄未竟之志。你如何倒附和起**新党**来，索性要开学堂了。（李伯元《文明小史》第三十二回）

记得我们兄弟俩说这句话的那日，以后没有几天，就闹出那个搜捕**新党**的大乱子来了。（王浚卿《冷眼观》第十六回）

而反对变法的人士则被称为“守旧党”，受到慈禧太后及其“后党”的支持。

守旧党统趋承太后，仗老佛爷庇护，浑名为老母班，呼维新党为小孩班。（蔡东藩《慈禧太后演义》第二十四回）

甲午之役，军破国削，举国上中社会，大梦初觉，稍有知识者，多承认富强之策虽圣人所不废。康、梁诸人，乘时进以变法之说，耸动国人，**守旧党**尼之，遂有戊戌之变。沉梦复酣，暗云满布，守旧之见，趋于极端，遂积成庚子之役。（陈独秀《吾人最后之觉悟》，1916年2月15日《青年杂志》1卷6号）

守旧党的势力事实上比维新党强大百倍以上，儒家学派理学巨头宰相徐桐，就是代表人物之一，他连从洋楼前面走过都不肯，他坚持“宁可亡国，不可改革”。监察部委员（御史）文祥是满洲人，他向载湉警告说，维新党的目的只在救中国，不在救清王朝。（柏杨《中国人史纲》第三十二章）

“维新党”和“守旧党”两大派别和势力针锋相对，在变法的紧要关头更是进行了殊死的较量。但“维新党”虽然受到皇帝的支持，但政治军事实权都在“后党”手中，如上面例中所说“守旧党的势力事实上比维新党强大百倍以上”，所以维新运动必定以“维新党”的失败告终。

四、“军机四卿”到“戊戌六君子”与戊戌变法的失败

1898年9月5日，光绪帝任命维新派的杨锐、刘光第、林旭、谭嗣同四人为四品衔军机章京，负责审阅奏折和草拟诏书、辅助皇帝、改革政治，人称“军机四卿”。军机章京位在军机大臣之下，因而他们又被称为“四小军机”。这标志着光绪帝变法的决心和变法的展开。1898年是农历戊戌年，故史称此次变法为“戊戌变法”。可是变法只持续了百余天就失败了，“四小军机”再加上杨深秀和康广仁，六个人在北京菜市口被斩，史称

“戊戌六君子”,亦简称“六君子”。

次日,光绪帝赏谭嗣同、杨锐、刘光第、林旭四品卿衔,参预新政事宜,时号“**军机四卿**”。后党则暗中布置,伺机反扑。(《戊戌变法》,《人民日报》1981年9月15日)

九月五日,光绪帝特别给谭嗣同、刘光第、杨锐、林旭等四品卿衔,担任军机处章京,批阅大小官员递上的奏折,为皇帝颁发诏书拟稿,是机要工作,当时称他们为“**军机四卿**”。(中国近代史丛书《戊戌变法》七)

报中明言欲废太后,以新入**四小军机**为内应,故皆下刑部,礼部六堂斥毕,未先禀太后,两宫大翻。(皮锡瑞《师伏堂未刊日记(摘抄)》,《谭嗣同研究资料汇编》)

戊戌六君子,为国捐躯,景慕后人。今春二月间,四川民政长陈廷杰,有呈请大总统议恤之举,当蒙大总统批准,交内务部从优奖恤。(姜泣群《民国野史·戊戌六君子遗事》)

西后垂帘听政时,袁世凯以出卖**戊戌六君子**功,任北洋总督,极意结交阉宦,使侦后意向,以投其好,因之宠眷逾恒。(陶菊隐《近代轶闻·洪宪始末》)

后人推谭嗣同等六人,为杀身成仁的**六君子**。(蔡东藩《清史演义》第八十七回)

盖当时**六君子**被杀,海内传闻各殊。虽梁任公著有《戊戌政变纪》一书,而纪载亦难翔实。(姜泣群《民国野史·戊戌六君子遗事》)

刘光第以光绪戊戌政变罹于难,**六君子**之一也。生平一介不与,一介不取,古之狷者也。(徐珂《清稗类钞·廉俭类·刘光第却炭敬》)

由贵为皇帝宠臣的“军机四卿”“小军机”,转眼间变为杀身成仁的“六君子”,演绎了中国历史上的一幕悲剧。一方面,中国历史上“君子”每与“小人”相对,而这六位“君子”最终命丧“小人”之手——由于袁世凯这位“小人”的告密,而导致了变法的失败,但后人仍以“君子”称六人,这说明人们不以成败论英雄,公道自在人心。另一方面,志士的热血并没有白流,变法失败提供的血的教训,警醒了民众:改良道路走不通,必须彻底推翻封建统治!于是,才有了辛亥革命的胜利。

第二章　义和团运动时期的社会称谓

本章涉及的主要称谓如下：

第一节	一	义和拳、义和团、大刀会、红枪会、红杆子会、杆子会、金钟罩、梅花拳、十八魁、神拳、红拳
	二	义和拳、义和团、神团、义和神团、红灯照、红灯罩、白灯照、黑灯照、蓝灯照、青灯照
	三	刀匪、拳匪、匪徒、会匪、义民、义勇、义兵、拳民、团民
	四	官团、私团、黑团、黑坛、真团、假团、假义和团、假义和拳、伪团、红团、黄团、黑团、老团、新团、文团、武团、文场、武场、文坛、武坛
第二节	一	老太师、老祖师、老夫子、圣母
	二	坛主、炉主、大师兄、二师兄、团首、老师、大老师、二老师、三老师、教师、首领、团头、元帅、大帅
	三	先生、大先生、二先生、三先生、文书、管账、扛旗、吹号、马夫、总管粮草、背负神像、哨探、护坛师
	四	大师姐、二师姐、圣母、黄莲圣母、仙姑
第三节	一	夷、夷人、洋人、洋夷、逆夷、鬼子、洋鬼子、老毛子、毛子、洋毛子、洋毛
	二	大毛子、二毛子、三毛子

第一节　义和团组织称谓的沿革与义和团运动的发展

义和团运动是中国历史上一次全国性的农民自发的爱国救亡运动，其产生的社会根源和农民阶级自身的社会局限，使其不可避免地具有浓厚的迷信色彩及狭隘性与盲目排外性。因而我们首先从一些称谓来探讨义和团的根源和发展。

一、“义和团”前期来源称谓：“大刀会”、“梅花拳”、“神拳”、“红拳”——“义和拳”

“义和团”的来源是复杂的，主要是发端于山东省，其前身是一些民间秘密结社性质的习武团体。一是山东西南部曹县、单县一带的“大刀会”；二是山东西北部和直隶交界的冠县和威县的“梅花拳”；三是“神拳”，它分布在山东东昌府之茌平、博平、清平、高唐、恩县，济南府之平原、禹城、齐河、长清和泰安府之平阴、肥城、东阿等十余县。除泰安府属之外，大部分都是靠近运河（在运河东）、黄河（在黄河北），处于通衢要道、运河要津或广大平原地区。此外，流行于西北地区的“红拳”，山东河北交界地带也习练红拳，有研究者认为它们是被镇压的白莲教的分支和变体。这些武术品类和团体形式各有不同，互无联系，但后来大都不约而同地号称“义和拳”。“义和拳”再经一字之改就成了人所共知的“义和团”。

(一)“大刀会”“红枪会”“金钟罩”等与“义和拳”

在曹县、单县的组织叫“大刀会”，也叫“红枪会”、“红杆子会”、“杆子会”等。但“大刀会”是最为常见的叫法，在其教门内都叫“金钟罩”。这些都是练武团体，属于集体称谓。

大刀会、金钟罩、红枪会、杆子会都是一回事。(路遥《山东大学义和团调查资料汇编》单县城关公社红旗敬老院，李广田，78岁，1960年2月11日)

金钟罩、大刀会、杆子会、红枪会，都是他们。反正收的徒弟多了，一大帮一大帮的，所以名称也多起来了……(路遥《山东大学义和团调查资料汇编》单县李半庄公社尘庄，尘劳汉，80岁，1960年2月12日)

大刀会也就是红杆子会，他们拿着双缨枪，有两层缨子……(路遥《山东大学义和团调查资料汇编》沛县郝砦公社敬老院，裴洪盛，76岁，1960年3月12日)

近年在山东曹县、河南东诸县，江苏徐州诸县有大刀会，去年春，始闻，予犹不信。去年秋，言之者谆谆，予不敢以为无。及至今年春，余传道至其地，见有往来行人多有持红双缨枪者，群目为大刀会，而且公然在单县唱戏四天，以聚会友，大约有十余万不止，此会何以兴盛如是之速哉！捏言掐诀念咒，画符饮吞，排砖排刀，浑身上下无所不排，一夜即成，不畏棒击刀砍，不畏火枪洋炮。以其浑身功夫都用到刀枪不入之故也；所以有金钟罩、铁布衫、无影鞭之名号。百姓为患盗贼，无法处置，闻大刀会能避刀枪，可以保身家，于是争相学习，不惜钱钞，富庶之家堕其术者几乎千万户。(《大刀会起止论》，光绪二十二年八月初五日《登州山东时报》，《山东近代史资料》第3分册)

从上面的材料我们可以知道，“金钟罩”和“大刀会”、“红枪会”、“杆子会”等，是同一个群众组织，只是从不同的角度命名而已。

关于这些组织名称的得名由来，“红枪会、红杆子会、杆子会”之类，前举例证已经显示，主要是因为其成员所持的武器是红缨枪而得名。而“金钟罩”则得名于一种气功名称，练习这种气功的人，都要念咒、画符饮吞、排枪排刀，特别是用刀砍，以显示其刀枪不入，身体犹如罩上一口金钟一般。后来人们以练习金钟罩为名，相互组织和联系，因而成为一个民间团体的名称，俗名“大刀会”，又称“义和团”。

本庄(朱麻子)当时也有学金钟罩的，师傅是谁不详。他们练习排刀、念诀、法语、吃符后，刀砍身上只出一道白印，砍不进去。后来因为漏了刀，有把胳臂砍掉的，所以不久后，大家就都不学习金钟罩了。(路遥《山东义和团调查资料选编》单县洋楼公社朱麻子，朱胜铎，81岁，1960年3月)

而最为大家所熟知的“大刀会”得名原由却是比较复杂的：

> 曹县初有**金钟罩**，俗名**大刀会**（即老百姓对他们的称呼），是白莲教的支派，也叫**义和拳**，以后改名**义和团**。改名为**义和团**是当"扶清灭洋"的口号出现之后，因口号的改变而改名的。（路遥《山东义和团调查资料选编》曹县，吴梦周，80岁，政协委员，1960年3月）

> **义和团**是**大刀会**的内名，**大刀会**是外名。**大刀会**自称**义和团**，外人因其多执大刀、长枪，称其为**大刀会**，**大刀会**也不叫外人称它为**大刀会**……（路遥《山东大学义和团调查资料汇编》巨野县东西响水口，李金星，61岁，李信龄，68岁，1960年2月22日）

> **义和团**即**大刀会**，也称**义和拳**。在庚子年（光绪二十六年），前各村都有教拳术的。如太极拳、耍刀枪等，那时凡在拳的都敬奉关帝，因为关公耍大刀，故称**大刀会**。是集结在一起，故称团……（路遥《山东大学义和团调查资料汇编》临清政协，于明轩，80岁，1960年2月20日）

> 各村落尝遣人廉其厂，厂前横大刀一，**大刀会**所由名也，亦有枪有炮，有戈矛之属。（蒋楷《平原拳匪纪事》）

从这些资料看，"大刀会"得名原因有三条：其一，成员武器有大刀；其二，练武厂横放一把大刀；其三，敬奉关帝，因关公用大刀。我们认为，敬奉关帝是关键，所用武器有大刀不是主要原因，因为所用武器更多的是红缨枪，所以叫"红枪会"。练武厂横放一把大刀很重要，它是关公大刀的象征，但该大刀也只是形式，敬奉关帝及其忠义才是内容。所以该组织着重于"义和"宗旨所定的"内名"，即"义和拳"，或"义和团"；普通群众着重于大刀形式所称的"外名"，则为大刀会。

（二）"梅花拳""十八魁"与"义和拳"

"梅花拳"是"大刀会"以外的一种习武团体，原先也是一种拳术，从明末清初以来，传播流行于直隶、山东交界一带，已有数百年的历史。因练拳的架势就像"落地梅花"而得名，至清末渐成为一种民间秘密结社的组织。1892年，山东冠县梨园屯的村民在和教会争庙产的过程中失败，文生王世昌、武生阎得胜等人反而受到不合理的处罚。村民见士绅上诉无效，有阎书勤、高元祥（外号高小麻）等号称"十八魁"的一伙好汉挺身而出，号召村民以武力与教会势力进行斗争，并与赵三多的"梅花拳"进行联合。"十八魁"武力护庙时，首先报名的十几个人，不一定是"十八个人"。"魁"有首领，领头的意思。"十八魁"即十几个领头人的意思。后来参加的人越来越多，仍然被称作"十八魁"，变成了一个组织称谓。

> **十八魁**指在他们领导下的一伙人，他们不一定有十八个人。有许多拳民说："我在十八魁里。"（路遥《山东义和团调查资料选编》河北南宫梨园屯公社梨园屯西村，张老和，83岁，1960年）

后来赵三多图谋起义，有的“梅花拳”教师害怕受到株连，来劝阻赵三多，赵三多为了不让其他的“梅花拳”受牵连，便将自己所统率的梅花拳改称为“义和拳”，广招徒弟，习拳练武，作好起事的准备。

> 赵三多擅长**梅花拳**，他是大门，收得徒弟很多。当时威县民风尚武，在沙柳寨以西、以南各村落中，都设有练**梅花拳**的厂子，聘有教师。各处教师对赵说：“你用**梅花拳**名义起事，将来皂白不分，牵连到我们身上，同归于尽，所以我们全不同意。”赵对他们说：“既然这样，我不用**梅花拳**名义，改名**义和拳**，自然与你们无干了。”（路遥《山东义和团调查资料选编》河北南宫沙柳寨，郭栋臣，80岁，1960年）

> “**梅花拳**”也就是后来“**义和拳**”，它俩是一回事。“义和拳”来咱村（梨园屯）时，我二十来岁。咱村没有在义和拳的，但有在十八魁。（路遥《山东义和团调查资料选编》河北威县梨园屯公社梨园屯村，张老和，89岁，1966年）

> **梅花拳**改称**义和拳**，是十八魁“义和”之意。（路遥《山东义和团调查资料选编》河北南宫县威镇魏村，魏有学，81岁，1960年）

山东巡抚张汝梅在光绪二十四年（1898）五月十二日奏折中说：“据直隶、山东交界各州县，人民多习拳勇，创立乡团名曰义和，即改称梅花拳，近年复沿用义和名目。”可见“梅花拳”“十八魁”“义和拳”，有分有合，名称变易，实为一派。

（三）“神拳”“红拳”与“义和拳”

“神拳”兴起于甲午战争后。因为他们认为此拳是由神来传授，练习此拳可以请神、看病，可以刀枪不入，所以叫“神拳”。山东长清、茌平等地不少人都说，在光绪二十四年黄河来大水之前的两三年，也就是在1895年左右，就已经出现了神拳的组织。如长清的大李庄、仁里，茌平的业官屯、沈官屯、薛庄均在这时设立了“神拳”厂子。1896年6月来大水之后，拳场就如雨后春笋般地出现了。大约到了光绪二十五年（1899）春，“神拳”就成为一种有影响的组织了。长清、茌平、平原是“神拳”活动最为主要的地区，茌平是它的中心。因为练拳时，教拳的老师还要借助神力，再请一位神道老师附体，故称“神拳”。“神拳”后改“义和拳”。

> **神拳**名义上是神教的拳。练**神拳**有师父。当师徒都到齐后，都漱漱口，洗洗手，手里拿着香向东南叩头行礼。礼毕，把香拿回，点上三枝。然后师父眯起双眼端坐一会儿，过一段时间就说神附体了，老师来了，随即打了个眼抬，就教起拳来。徒弟跟着学，有踢腿、伸拳，还练单刀、三节棍等。（路遥《山东大学义和团调查资料汇编》茌平县冯官屯西田庄，田金鳌，72岁，1984年3月1日）

> **神拳**向东南叩头，是因为肥城桃花山有七十二洞，每洞有神仙。（路遥《山东义和团调查资料选编》茌平县业官屯公社王莫庄，王玉梅，78岁，1960年3月）

义和团是神神魔魔的，侍候附体的叫首师，问什么老师下山了？附体的人说：我是孙大圣、黄天霸下山来了，闭着眼睛像疯子一样。在团的人天天晚上练，说能避枪避刀，单刀不入、快枪打不入。（路遥《山东义和团调查资料选编》平原县王里铺公社洼刘庄，董学波，75岁，1960年3月）

1899年5月，朱红灯将神拳改为义和拳，并到恩县、平原、高唐一带活动，进一步壮大了义和拳的声势。（邹宗良等编《山东历史上的今天》）

“红拳”流行于西北地区（与南方洪拳有别），尤以陕西一带为盛，其得名原由不清。“红拳”后来也改为“义和拳”。

沙柳寨除义和拳外还有红拳，二者并非一路，没有联系亦无合作。义和拳和西乡人有联系，“义和拳”是联合人的意思。（路遥《山东大学义和团调查资料汇编》威县固献公社沙柳寨村，赵桐山，86岁，1982年4月18日）

村民练的是红拳，之所以改名义和拳，是因为他们反教而会合在一起，“义和义和”便叫义和拳了。（路遥《山东大学义和团调查资料选编》威县梨园屯公社梨园屯村，陈老洋，87岁，1982年4月16日）

综上所述，义和团前期的称谓是复杂的，但又是有章可循的。无论是“大刀会”“梅花拳”还是“神拳”和“红拳”，都是借助某种武功技艺进行传播和组织的，是一种既具有习武性质又带有宗教色彩的民间秘密结社组织。其建立之初，大都是为了保卫身家的，只是因为随着民族矛盾的加深，教民和教会势力逐渐深入中国内地，引发了教民教会势力与当地士绅和普通民众的矛盾和文化冲突。这些分散的武术团体互无联系，练武形式各异，但在重“义”讲“和”的精神和文化认识方面是相同的，因此在反对洋人洋教的共同目标下，不约而同地统一在“义和拳”的旗号之下，最终导致了反洋教、烧教堂、杀洋人和教徒的义和团运动。

二、“义和团”称谓的确定与义和团势力的发展

（一）由“义和拳”到“义和团”

从以上资料可以看出，义和团发源于山东及河北一带，“大刀会”（“红枪会”）、“梅花拳”、“神拳”、“红拳”等，都是义和团的前期组织和称谓来源。但“义和团”名称的直接源头还应该说是“义和拳”，因为此前“义和拳”的叫法已很普遍，二名只需一字之改。

“义和”二字，语本《左传·襄公九年》：“利，义之和也。”后合为一词，指讲义气，和睦团结。而关公在中国又是“义”的化身，他在中国老百姓心中的影响力很大，如上所述，这些民间组织虽然所信奉的神很杂，但关公却是大家普遍信奉的，因而这些组织之间以及组织内部，就用“义”和“义和”为号召，提倡“义气相和”，所以叫“义和拳”，一改而为

“义和团”。据《清史稿》记载，山东巡抚毓贤为了利用这股力量，将“拳”改“团”（详下）。

下面两例说明了“义和拳”和“义和团”称谓的直接联系，也反映了普通老百姓对“义和”二字的通俗理解。

夏四月乙酉，善联罢，以许应骙兼管船政大臣。庚寅，**义和拳**入京师，诏步军统领等会议防禁以闻。（《清史稿·德宗本纪》）

闹教时，本地拳民玩的是梅花拳。开始他们叫**义和拳**，后来拳民汇在一起，人多了便称**义和团**。（路遥《山东大学义和团调查资料汇编》威县梨园屯公社小里固村，郭明经，76岁，1982年4月21日）

“干枝梅花义和拳”是老师起的，是二辈师爷起的，他文武双全。文拳写字。“干枝梅花”是因为梅花有干枝而起的。“义和”是讲义气、和气，“义气相和”、“义气千秋”，不是“气火”……一直都叫**义和拳**，后来是上面人让改成“义和团”，说“**义和团**”与“**义和拳**”一回事……（路遥《山东大学义和团调查资料汇编》大宁乡西草厂，张书周，85岁，梅花拳第十五辈师父，1988年5月9日）

（二）“义和团”称谓的官方化与其活动的公开化

前举例证中提道：“一直都叫义和拳，后来是上面人让改成‘义和团’。”这说明“义和团”是官方给定的名字。

“义和团”的称谓首先在1898年6月30日山东巡抚张汝梅的奏折中出现，次年继任山东巡抚的毓贤就正式将义和拳的“拳”改名为“团”。

直隶、山东交界各州县，人民多习拳勇，创立乡团，名曰义和，继改称梅花拳，近年复沿用义和名目。远近传讹，以义和为义民，遂指为新立之会，实则立于咸、同年间未有教堂以前，愿为保卫身家，防御盗贼起见，并非故与洋教为难。现在冠县境内民教相安，梨园屯教民眷属亦已回家安业，实无出具传单揭贴，然皆愚民与洋教嫌怨日深，故造讹言，藉以泄忿。其出传单出揭贴者，亦未能实指为此项拳民。惟直隶、山东交界之区，拳民多一年，往往趁商贾墟市之场，约期聚会，比较拳勇，名曰亮拳。如与冠县北界连之南宫、曲周、清河、威县、凡有拳民之处，皆不免时有讹语。如任其自立私会，官不为理，不但外人有所藉口，并恐日久别酿事端。……应请责成地方官，谕饬绅众，化私会为公举，改拳勇为民团，既顺舆情亦易钤束，似于民教两有裨益。……此次查办义民会，即**义和团**，名目不同，而情事则一。（《义和团档案史料》上册光绪二十四年五月十二日《山东巡抚张汝梅折》）

是时李秉衡抚山东，适有大刀会仇西教，秉衡奖借之，戕德国二教士。廷议以毓贤官鲁久，谙河务，擢代之。既莅事，护大刀会尤力。匪首朱红灯构乱，倡言灭教。毓贤令知府卢昌诒按问，匪击杀官军数十人，自称义和拳。毓贤为更名曰

"团"，团建旗帜，皆署"毓"字。(《清史稿·毓贤传》)

张汝梅1898年的奏折，肯定了这类团体"保卫身家，防御盗贼"的性质，主张"化私会为公举"，使其变为乡间民团性质的组织，并使用了"义和团"称谓。次年，这一主张在毓贤手中得到了实施。于是"义和团"成为被官方认可的称谓，其活动也由隐秘化变为公开化，由山东向外蔓延，迅速蓬勃壮大起来。

> 五月初一日至十五日，**义和拳**团民在境外各府州县，及京南黄村、丰台等处，焚拆铁路洋房，拔毁电杆、电线，擒杀教民，抢掠马家堡等处栈房粮米货物。(仲芳氏《庚子记事》)
>
> (五月十五日)今日**义和团**纷纷进城，予亲目所观已数十起，别出更不知凡几矣。(仲芳氏《庚子记事》)
>
> 十八日，**义和团**焚烧顺治门(宣武门)大街耶稣堂。又烧同和当铺奉教之房，又焚烧顺治门内天主教堂，并施医院两处，连四围群房约有三百余间，烧死教民不计其数。(仲芳氏《庚子记事》)
>
> 不料毓贤、裕禄，为封疆大吏，识不及此。裕禄且招揽拳匪头目，待如上宾，乡里无赖棍徒，聚千百人，持**义和团**三字名帖，即可身入衙署，与该督分庭抗礼，不亦轻朝廷羞当世之士耶？(罗惇曧《拳变馀闻·许景澄袁昶徐用仪之死》)

从上面的资料可见，到1900年，即庚子年，义和团已经到了京城脚下，并进入京城。虽然这时清政府仍有心擒拿义和团，但因其已经成为燎原之势，而无力进行镇压了，只能借"民心可用"，利用义和团来对抗洋人。甚至于拿"义和团"三字的名帖即可自由出入衙署，与官员平起平坐。于是各地的民间组织纷纷改打起"义和团"的旗号，或者以"义和团"相号召，展开了一场轰轰烈烈的反帝运动。

(三)义和团的别称"神团"

"义和团"的名称确定并得到清政府的支持，其神佛信仰的形式没有改变，因而仍借助神力相号召，号称"神团"或"义和神团"。

> 有了头目领导，即制团旗，也叫义旗。旗的颜色是红色的……旗上写着立团的村名，中间写着"**义和神团**"四个大字，大字上边有"乾字"或"坎字"。(岳一中《安次义和团运动·组织形式》)
>
> 第二条：不准调戏妇女！第三条：**神团**上阵，只许往前冲，没有师兄的号令，不许后退！(老舍《神拳》第二幕)

"神团"除作为对义和团组织整体的称谓外，还可作为个体称谓指其成员，前加"个"，后加"们"：

> 于铁子！你配作个**神团**！你先去躺一躺！等到开坛的时候再来！也并不晚

哪！（老舍《神拳》第三幕）

[丘二头抢过旗来，前进。团众中又有倒下者]（高永义白）乡亲们，把“睡”了的师兄抬下去！神团们，杀！（老舍《神拳》第三幕）

神团们！排好！鸣锣开道，大队进城。（老舍《神拳》第三幕）

（四）女性义和团组织“红灯照”等

“红灯照”是义和团运动普遍兴起后出现的女性义和团组织。最著名的就是林黑儿领导的天津红灯照，该组织多数由青少年女子组成，她们穿着红色的衣服，提着红色的灯笼，坛厂门口也高挂大红灯笼，因而被称作“红灯照”。一说“红灯照”是为纪念1899年牺牲的义和团先驱朱红灯而起。有时“红灯照”又写作“红灯罩”，于是有史学著作认为：“在当时的拳术中有一种叫‘红灯罩’的套数，练习这种套数的群众组织也称‘红灯罩’。”“‘照’可能是由‘罩’变来”，但同时也说“其间变化过程，缺乏史料，难以说明”。[①]其他的女性义和团组织还有“黑灯照”“蓝灯照”“青灯照”等，得名则是仿“红灯照”而来，但又都与所穿衣服的颜色有关。老年妇女多穿黑衣服，其组织被人称为“黑灯照”；成年妇女多穿蓝色衣服，其组织则叫“蓝灯照”；而寡妇多穿青色衣服，因而其组织就叫“青灯照”了。

匪党中**红灯照**一类，多系妇人，红衣红绔，以红巾拂地，讹言即有红灯浮起。近山西一带，又有所谓**白灯照**者，亦系匪徒邪术。谓红灯能助战，并能纵火，烧西人兵船，然其术不得闻也。（佚名《庸扰录》）

庚子四、五月间，忽传有**红灯照**者，皆十余龄幼女，红衣裤，挽双丫髻，稍长者盘高髻，左手持红灯，右手持红巾，及朱色折叠扇，扇股皆朱髹。始老孀设坛授法，集闺女数十辈，环侍受法。四十九日，术成，称大师姐。（罗惇曧《拳变余闻·红灯照》）

红灯照穿红衣服，**蓝灯照**穿蓝衣服，也有神，是什么神记不清了。（路遥《山东义和团调查资料选编》平原县郑家寨公社吴家店，杨彩头，74岁，当年参加红灯照，1960年）

义和团还有一些妇女组织，女青少年团叫**红灯照**，老妇团叫**黑灯照**，成年妇女团叫**蓝灯照**，孀妇团叫**青灯照**。**红灯照**人数较多，声名较大，其他人数很少，只有少数地区有这种组织。（廖一中、李德征、张旋如等编《义和团运动史》第二章第二节）

广大妇女加入义和团并建立专门的女性组织，是义和团得到官方承认并已发展壮大的标志。

---

① 廖一中、李德征、张旋如等编：《义和团运动史》，人民出版社1981年版，第46页。

三、从官方对义和团相关称谓的改变看清政府对义和团运动的态度变化

(一)早期对义和团的“匪”类称谓

在义和团运动的早期,清政府对各地农民秘密结社组织,大都蔑称为“匪”,他们称大刀会为“刀匪”“会匪”等,称义和拳、神拳等为“拳匪”,或统称为“匪徒”。

徐州道府昨晚电:“接砀禀,刀匪在曹、单盘聚不散,人数极众。单境马良集盐店已被抢。单与砀、丰昆连,请调营住宿备防。丰堂由县与教士议有眉目,陈镇中途来信转据讯报,闻刀匪有非毁尽教堂不散之说,该镇已星驰赵砀。”(明清档案馆编《义和团档案史料》光绪二十二年五月二十二日《两江总督刘坤一电报》)

奉感电旨:“据刘坤一电奏,刀匪在马良集与官兵开仗等因。钦此。”查刘士端等会匪,早经通饬缉拏。嗣据单县禀报,匪于十五日已退回砀山庞家林,单境现无大股等情。(明清档案馆编《义和团档案史料》光绪二十二年五月二十八日《山东巡抚李秉衡电报》)

二十四年,入赞军机,以户部尚书协办大学士。二十六年,拳匪仇教,文韶力言外衅不可启,不见纳。(《清史稿·王文韶传》)

现在山东边界,时有大刀会及义和拳匪徒与教民滋事之案,渐集于直隶河间、深、冀等处,正派淮军分统记名提督梅东益,候补道张莲芬带营驰往弹压,犹需常驻天津,相机因应。(明清档案馆编《义和团档案史料》光绪二十五年十一月十三日《直隶总督裕禄片》)

迩来近畿一带乡民练习拳勇,良莠混杂,深恐别滋事端,迭经谕令境外各衙门严行禁止。近闻多有游勇会匪混迹其间,借端肆扰,甚至戕杀武员,烧毁电杆铁路,似此愍不畏法,其与乱民何异?著派出之统兵大员及地方文武,迅即严拿匪首,解散胁从,倘感列仗抗议,应即相机剿办,以昭炯戒。(钱恂《金盖樵话·五月初二日上谕》)

由此可见,当时从地方官到朝廷,对大刀会和义和拳等都是视为“匪”,一律采取镇压的办法。尽管有些大臣看到了大刀会和义和拳之所以要打教堂、杀洋人和教徒的原因,并向清政府提出对地方诉讼案件要公平办理,不能偏袒教民,但是他们对于作为反洋教组织的大刀会、义和拳及其首领,是非常惧怕而积极镇压的。大刀会首领刘士端和曹得礼被山东巡抚李秉衡指使毓贤捕获杀害,神拳的首领朱红灯也被后任巡抚毓贤杀害。而清政府一再地发布上谕,命令地方官员对“会匪”和“拳匪”闹事要严惩不贷,并对教堂和教民进行派兵保护。即使到了光绪二十六年农历五月初十日,清政府还发布上谕,派顺天府府尹军机大臣赵舒翘前往义和团处宣旨晓谕,劝其解散。

(二)利用义和团反洋时的"义"类称谓

然而,随着形势的发展,以慈禧太后为首的顽固派在废帝立储问题上与帝国主义国家发生矛盾,再加上统治阶级内部在处理义和团上出现了意见分歧,一些大臣主张利用义和团来对付洋人在中国的势力,并一再地强调"民心可用"。因而清政府就改变了前期剿抚兼施的办法,主张对义和团采用抚的手段,将大量的义和团编入民团,并专门派大臣去统率义和团,利用义和团和洋人开仗。于是,义和团取得了合法的地位,而清政府对义和团的称谓也随之发生了变化,由原来的"匪"称,变为"义民""义勇""义兵"等。

> 自徐桐、刚毅等称为**义民**,拳匪之势益张……使徐桐、刚毅等不加**义民**之称,该匪尚不敢大肆其焚掠杀戮之惨。推原祸首,罪有攸归。(罗惇曧《拳变馀闻·许景澄袁昶徐用仪之死》)

> 朝廷稍加迁就,彼等负其凶横,日甚一日,无所不至,小则欺压平民,大则侮慢神圣。我国赤子,仇怨郁结,人人欲得而甘心,此**义勇**焚烧教堂,屠杀教民所由来也。……近畿及山东等省**义兵**,同日不期而集者不下数十万人,下至五尺童子,亦能持干戈以卫社稷。(钱恂《金盖樵话·光绪二十六年农历五月二十五日上谕》)

> 经裕禄等四处分应,经我**义民**竭力相助,以血肉之躯与枪炮相搏。……所有助战之义和团人民,不用国家一兵,不糜国家一饷,甚至髫龄童子,亦复执干戈以卫社稷,此皆仰托祖宗之昭鉴,神圣之保持,使国民万众一心,有此**义勇**。(钱恂《金盖樵话·光绪二十六年农历五月二十五日上谕》)

> 此等**义民**,所在皆有,各督、抚如能招集成团,籍御外侮,必能得力。如何办法,迅速覆奏。沿江各省,尤亦急办,将此由六百里加急通谕知之。(钱恂《金盖樵话·光绪二十六年农历六月初八日上谕》)

> (孙知县白)你比我大方!赏五百钱就不少!(拆信看)……哎哟!京里王公大臣称义和团为**义民**,西太后拨国帑十万两犒赏神团!哎哟,这个变动来得奇呀!(老舍《神拳》第三幕)

(三)不带褒贬色彩的中性"民"类称谓

称义和拳及其成员为"拳民",义和团及其成员为"团民",是比较中性的说法,官方、民众及义和团自身皆可使用。

> 刚毅力言**拳民**忠义可用,舒翘附和之。及联军破京城,随扈两宫狩西安。各国索惩办罪魁,舒翘革职留任,各国憾不已,乃改为斩监候,囚西安狱。(罗惇曧《拳变馀闻·赵舒翘》)

> 荣禄虑聂军激变,驰书慰之,谓贵军服制,颇类西人,遂致寻衅,**团民**志在报国,愿稍假借。(罗惇曧《拳变馀闻·聂士成之死》)

(孙知县独白)哎呀,这么扎手的事儿,会有了办法,运气不错!先去祭坛上香,犒劳团民,这就讨西太后的喜欢!祭完坛,告诉他们,西太后遍请神团进京,叫他们快走,这就是那个调虎离山计。官兵一到,把没走的团民叫作土匪,抓的抓,砍的砍!然后高枕无忧,静观变化:团胜了呢,我献出乔神甫请赏;团败了呢,我搭救神甫有功!(老舍《神拳》第三幕)

以上各类称谓,都是从感情色彩方面划分的,反映了清政府对义和团运动态度的变化。由此也可看出,同样一个行为主体,由于从不同的立场和不同的需要出发,所给予的称谓也各不相同。

但清政府对义和团的招抚只是权宜之计,是不得已而为之。在清政府对义和团招抚的同时,给南方督抚的上谕中就说明了原因。光绪二十六年五月三十日上谕中说:"无如此次义和团民之起,数月之间,京城蔓延已遍,其众不下数十万。自兵民以至王宫府第,处处皆是同声与洋教为仇,势不两立,剿之则即刻祸起肘腋,生灵涂炭,只可因而用之,徐图挽救。"在八国联军即将攻占北京城,慈禧太后出逃之前,在农历六月初三日上谕中说:"此种乱民,设法相机、自行惩办。"到了农历八月二十一日上谕中说:"此次祸端肇自拳匪,叠经降旨痛加铲除。兹览所奏,该拳民犹复敢在交河等处啸聚,杀害良民,抢劫财物,蔑法已极。非从严剿办,不足以惩凶顽。姑念该拳民等多为拳匪迫胁,自应分别办理。著直隶各路统兵大员,凡有拳民聚集处所,勒令呈缴军械,克日解散。倘敢抗违,即著痛加剿除,以清乱源而靖地方。"①尤其是在八国联军进京而清军及义和团战败后,慈禧太后及清政府的态度来了个一百八十度的大转变,为讨好洋人,又反过来公开对义和团进行了镇压,对义和团的叫法又恢复到以前的"匪"类称谓。顺便在此交代一句,义和团在八国联军和清政府的联合镇压下失败后,大部分瓦解,残余者又重新转入秘密状态,恢复了"义和拳""大刀会"等称谓。

四、社会上对义和团组织的区别性称谓与义和团势力的壮大

随着义和团运动的进展,义和团队伍越来越庞大和复杂,社会上出现了许多对义和团组织的区别性称谓。这说明了义和团势力的壮大,也反映出义和团运动的蓬勃发展的情形。

(一)"官团"与"私团""黑团"

"官团"即接受清政府招抚、领导或改编,取得合法地位的义和团。在毓贤任山东巡抚时,曾对义和团进行了招抚和改编,使之成为官团,因而当时一部分山东义和团成员

① 上引诸"上谕"均参见明清档案馆编:《义和团档案史料》上册,中华书局1959年版。

称毓贤为我们的“大头目”。当清政府对义和团进行正式招抚时,大批义和团涌进京城,接受当时清政府任命的义和团“总统”的领导,并到庆亲王府和端王府挂号,听候调遣,成为官团。

“私团”即不接受清政府领导和调遣,不去官府挂号的义和团。义和团中大多是私团。一般来说私团的旗帜无“奉旨”字样。但是也有一部分义和团,虽然在旗帜上也写上“奉旨”字样,却自行其是,不听调遣,实质上也是属于私团的范畴。

裕禄上奏说:“因而**私团**而官练之,行之似非所宜。”(《义和团档案史料》上册)

御史郑炳麟上折建议将义和团“化私为公”,“因其**私团**而官练之,消祸于无形耳。”(《义和团档案史料》上册)

在庄王府设坛挂号……已挂号者,名**官团**,则书“奉旨义和团”字样;而未挂号者,为**私团**,则无“奉旨”字样。(洪寿山《时事志略》)

私团不被承认,所以又被官方目为“黑团”。“黑团”还有其他的含义,一种是一部分存心不良的地主和流氓假冒义和团,捞取好处,毁坏义和团的名声,被称为“黑团”;另一种是由于农民本身的狭隘性,互相指责对方为“黑坛(团)”。

俺这里义和拳要到城里去挂号,挂上号是明的,挂不上号是**黑的**。义和拳成立好了,报给县令,挂上号还有赠赏,当时义和拳可吃香了。(路遥《山东大学义和团调查资料汇编》衡水县麻森公社后马庄,王子言,80岁,1966年2月18日)

当时衡水西边吴社村有个吴久经,他原来是个大财主,因为他好吸大烟,把家业吸穷了,他就不干正经事。他在衡水西边和冀州城里召集了一伙淋小盐的,卖私盐的,组织起来也冒充义和团。不管什么人的财物,到处乱抢。是时候,他抢了人家的东西,还宣扬说是义和团抢的。县官对他们也没有办法。后来县官就来请五爷去剿**黑团**,五爷就领着大队人马去吴社村……他领的那伙**黑团**就跟俺学了义和团。(路遥《山东大学义和团调查资料汇编》衡水县留仲村,王老芝,86岁,义和团员,1966年2月16日)

东西十五里四女寺也有坛场,义和团不少。这里的义和团和四女寺的义和团互相诽谤,都说对方是**黑坛**。光绪二十六年(春)四女寺的一百多个义和团来抄袭这里的义和团,结果这里的义和团死了张大和包三珠子两个人。(路遥《山东大学义和团调查资料汇编》故城县故城公社西南镇大队,吴存善,84岁,1966年2月24日)

需注意的是,此“黑团”与下面的“假团”含义又有交叉。另外此“黑”为比喻用法,与颜色词“黑”即后面裹黑头巾的“黑团”有别。

(二)“真团”与“假团”“伪团”

“真团”是真正的义和团之意,也包括官团。“假团”也称“伪团”,包括两部分:一部分是真正的义和团，由于不接受清政府的调遣，而被清政府称为“假团”与“伪团”；一部分是假托义和团之名的地道的“假团”“伪团”。

除已将河内县**假义和团**严提到案即日办理外，合行示谕各该县民知悉，自示之后，如有匪徒借义和拳之名，烧香聚众，设立坛场，希图敛费肥己者，即系**假义和拳**，即当照章就地正法，以安良善。（王锡彤《河塑前尘》，《义和团史料》上册）

只以千余上告，则是时京师尚未失陷，端、庄等仍执前见，恐受谴责。且所报千余人，仍以**假团**为说，以不违政府宗旨故也。（管鹤《拳匪闻见录》，《义和团》一）

拳党互相结拜，名曰“拜团”，亦多互相仇视攻击者，则此称彼为“**假团**”，彼亦指此为“强盗”。故同一拳党而有真假之说。（管鹤《拳匪闻见录》，《义和团》一）

（大师兄）沈德生回忆……义和团还有**真团**、**假团**之分。两者一样设坛，一样装束，而**假团**只是徒具形式，并无反侵略、反封建的实际行动。有的还以此虚张声势、挟仇报复、趁机掠夺等。还有的既不设坛敬神练武，也不建立编制，只是临时穿上义和团的服装，谋求私利，实际是冒充团民的骗子。（《重访问义和团》，《天津青年报》2003 年 12 月 30 日）

“假团”亦称“伪团”：

近畿拳众劫杀无忌，凶慝渐彰。上以诘，统拳王公诿为**伪团**。于是有严惩**伪团**之诏……先公言于荣文忠，谓彼既认有**伪团**，则即以拿办**伪团**为名，亟下明诏，庶外镇剿匪者得所措手。（龙顾山人《庚子诗鉴》，《义和团档案史料》上册）

先是津匪肆行，商民疾首。忽传张老师、曹老师带神拳至，声言来拿天津**伪团**，匪众闻之顿敛迹。盖匪皆土棍冒充拳民，故以为张、曹有神术而惮之也。（龙顾山人《庚子诗鉴》，《义和团档案史料》上册）

可见判断义和团之真假带有较强的主观性，有个立场问题。有的团是真，只是未挂号，官方认为假；有些教会武装或受官方指使的军队假冒义和团别有所图，义和团认为假；也有的义和团之间常常发生内部矛盾和纠纷，相互指责对方是“假团”和“伪团”。

（三）“红团”与“黄团”“黑团”

义和团的服饰一般是突出红色，如红巾扎头、红兜肚、红腿带等。但有的是按八卦选定头巾颜色，乾团黄巾，坎团红巾，兑、巽团黑头巾等，故又有“红团”“黄团”和“黑团”之称。

凡加入义和团的人都红巾扎头，内藏符咒，红兜肚、红腿带、红巾裹两手，手腕内俱有白纸符咒。另一支则一切皆以黄色，有的则是红披挂而戴黑巾名叫**黑团**。**黑团**是红黄两色的人都恭敬之，据说是最厉害。（丁中江《北洋军阀史话》十四）

“大金牙”于民国初年时,即在天桥卖艺。……《义和神团》是他最得意的唱段之一,其词为:仔细瞧来仔细看,眼前换了又一片;光绪二十六年六月里,北京城闹起了义和神团。有**红团**,有**黄团**,还有那山东拨来的叫老团。(成善卿《天桥史话》第四章)

兑门“衣尚黑”(支碧湖《续义和拳源流考》),故被称“**黑团**”。“**黑团**”在义和团中是最受尊重的,袁昶说:“**黑团**,则红〔团〕、黄〔团〕均恭维之,逢人辄曰:‘此最厉害!’”(《乱中日记残稿》)为什么最受尊敬呢?因为他们的战斗力最强。曾经在沧州围攻清朝提督梅东益军的就是这支义和团(支碧湖《续义和拳源流考》)。记载说:有“**黑义和团**,当联军赴保定时,互相奋勇,向半途迎击。”(《拳乱纪闻》)这说明八国联军从北京进攻保定时,只有这支义和团进行了英勇的抵抗。(戚其章《义和团与八卦教——义和团源流试探》,《齐鲁学刊》1980年第5期)

“**黑团**”一词,有两个各不相同的意思。一是指义和团的一个派别,即所谓“乾团黄巾,坎团红巾”,人们有时把他们称作**黄团**、**红团**;兑字门、巽字门尚黑,称**黑团**,“**黑团**者以黑巾缠头”。另一是指假团。这里所引材料下文有“所谓**黑团**者,伪团也”,故是后一种意思。(李文海《义和团运动中的“假团”问题》,《近代史研究》1983年第3期)

如例中所说,此“黑团”是以头巾颜色命名,与前面比喻用法的“黑团”(即“私团”和“伪团”)有别。

(四)“老团”和“新团”

“老团”即建立较早的义和团,这是和那些建立较晚的义和团即“新团”相比较而言。因此,有些新团,在比它更晚建立的义和团眼中就是老团。同时因为义和团发源于山东,较直隶和天津的义和团来说要早得多,因而山东的义和团就被公认为“老团”了。一般来说,新团往往要听从老团的指挥和调遣。在清政府任命的统率义和团王大臣颁发的团规里就有《团规》经“山东曹州府曹县老团”批准之说。

光绪二十五年九月间开始闹义和拳,称“扶清灭洋”,山东义和团称“**老团**”。(路遥《山东义和团调查资料选编》临清,朱之珍,75岁,基督教民,政协委员,1960年)

当时北胡宁庄基本上听南胡宁庄指使。南胡宁的义和团是从涞水县(可能是姜村,另一说是由易县)传来,北胡宁遵南胡宁“你们随义和团吧”的命令,大家经过商量也就搞起义和团。南胡宁相对于由它铺的**新团**来说是**老团**,而对于到他村铺团的**老团**来说是**新团**……(路遥《山东大学义和团调查资料汇编》涿县孙庄公社胡宁村,陈继先,79岁,鲁鹤会,76岁,焦润,77岁,1984年5月18日)

本地义和团是从双柳树铺过来的。是这个村的义和团请双柳树的师父传播的。双柳树的义和团是**老团**,本地的义和团相对于双柳树义和团来说是**新团**,但相对于它发展的新团来说是老团……（路遥《山东大学义和团调查资料汇编》涿县松林店公社松林店大队，高升，89岁，刘坤，81岁，1984年5月17日）

（五）“文团”和“武团”

义和团有文团和武团之分。文团又称“文场”“文坛”，武团又称“武场”“武坛”。据一位当年的大师兄说，只有刀枪剑戟的为文团，兼有快枪（洋枪）的为武团。“文团”和“武团”称谓，说明了义和团武器的变化和战斗力的增强。

（大师兄）沈德生回忆，义和团有文团、武团之说，也称文场、武场或文坛、武坛。多数团民认为，只有刀枪剑戟的为文团，兼有快枪（洋枪）的为武团。大南河韩以礼的乾字团就是有名的文场；高家村刘十九的乾字团，装备有1200人的快枪队，就是有名的武场。（《重访问义和团》，《天津青年报》2003年12月30日）

天津义和团部分支派还有“文团”（“文场”、“文坛”）和“武团”（“武场”、“武坛”）之别，这是它在组织上表现的另一特点，说明它已开始越过简单的组织，向分工的方向发展。（廖一中《略论天津义和团运动》，《天津师院学报》1980年第5期）

第二节　义和团队伍内部的称谓

一、义和团所假托和虚拟的神师及其称谓

义和团带有宗教色彩，其表现之一就是大多崇拜神灵，假托和虚拟一位或几位神道，一方面作为自己的保护神，一方面作为练武时请来附体授功的神道老师，我们可以统谓之“神师”。神师请下来之后，被附体的那位首领或教师就成为神师的化身。义和团所崇拜的神是比较杂乱的，有佛教神、道教神、民间俗神，还有许多小说戏曲人物。但总起来说，主要有这样三类人物。一是法力无边的神，有如来、观音、玉皇大帝、洪钧老祖、骊山老母、金刀圣母、张天师、孙悟空等。这类神可以给义和拳以保护，使大家相信，借助神的力量，自己可以刀枪不入，法力无边，打败洋人。二是历史上一些忠义豪侠而又武艺高强的英雄人物，如关羽、张飞、周仓、武松、黄天霸等。这些历史人物和英雄豪杰在义和团那里已经被神化。通过对这类神的崇拜可以看出义和团民对“忠义”的重视。三是历史上反对外来民族入侵的英雄人物，如岳飞、戚继光等人。通过对这类民族英雄人物的崇拜和神化，可以看出义和团民反对外来入侵的爱国情感和反对洋教的思想。此外还有古代的姜太公，军事家孙膑，因其善于谋略和用兵而受到崇拜。这种现象也说明了“存在决定意识”的道理，老百姓接触的就是通俗文化，尤其那些小说戏曲英雄人物，老百姓极为熟悉。

对这类假托的神师,徒众多尊称为"老太师""老祖师""老夫子"等。

在练拳以前,放三杯清水,点上一炷香,漱数口,当下神附体时昏过去了,突然口喊:"王老太师下山噢。"这样那个有神附体的头目,就让他的徒弟练刀练枪,有气功,刀枪不入。头目就叫老师,大家彼此称呼师兄。送走神后再叫他扎枪就会了。(路遥《山东大学义和团调查资料汇编》茌平县统战部座谈,丁汉臣,75岁,1960年2月11日)

闹神拳时,夏庄人夏畅怀帮助八里庄安的场子,夏畅怀是个大师兄,参加的有十三四人。他们的**老祖师**是关公、张飞一起,孙膑、孙悟空一起,杨二郎一起,三帮互相串场。下面的人称呼师兄弟,附体前,用一块黑布包头,结了两个大角,头中心的额门上有一个帖,上书**老夫子**(老祖师)的名字。坐着一回儿,突然喊起了**老祖师**的名字。接着就教徒弟传枪、传刀。(路遥《山东义和团调查资料选编》茌平县八里庄,孙恒德,88岁,神拳拳民,1960年2月)

这里有必要把"圣母"这一称谓特别介绍一下。

"圣母"是义和团尤其是女性组织对所尊奉的女神的称谓。首先我们要把它同西方的圣母和中国古代其他意义的圣母加以区别。当今人们一提到"圣母",首先想到的就是西方的玛利亚,此"圣母"是基督教徒对耶稣之母的尊称。中国古代也早就有"圣母"这个称谓,它有好几种指称意义。其一是在君主时代对皇太后的尊称。清代皇帝继位之后,不管自己的生母原来是皇后还是一般嫔妃,均可尊为"圣母"。其二是对孔子母亲的尊称,因为孔子被尊称为圣人,所以其母便是"圣母"了。其三是古代民间尊称有殊功于民的妇女。如《隋书·列女传》中的谯国夫人,因为贤明有谋略,受到岭南数郡拥戴,"号为圣母,保境安民"。其四是古代女神、女巫之称。而义和团所尊奉的圣母则是上面第四类,对所假托的女神之称,如观音菩萨就可被称为"圣母",还有梨山圣母、金刀圣母、白莲圣母等,例不赘举。当然这也跟民间传说和戏曲小说的影响有关。比如樊梨花、刘金定、穆桂英这三位戏曲人物,都是中国妇女崇拜的女英雄,而她们的老师是同一个,即法力无比的梨山圣母。那么梨山圣母成为义和团(红灯照)的神师,就是很自然的了。梨山圣母又称"骊山老母"。骊山在陕西,传说骊山老母本姓姜,殷周时人,嫁与戎胥为妻,得高人传授,武艺高强,精玄理兵法,除暴安良,唐宋时被奉为女仙。另外"圣母"还可用作个别义和团女首领的称谓,这又带有女巫的性质,后文会深入探讨。

二、义和团首领的称谓

义和团没有统一的组织和领导,基本上只有两级组织单位,其基层组织单位叫"坛"或"坛口",也叫"炉",平时是一个练武单位,战时是一个作战单位。坛的上一级单位叫

“团”，团没有专门的所在地，一般设在某一个坛口，叫作“总坛”。团与团之间，独立而分散，没有领导被领导的关系，但也有一部分团按照八卦（乾坤坎离等）命名，应是关系比较接近的了。

（一）“坛主”与“大师兄”等

义和团坛口的首领叫“坛主”“坛首”或“炉主”，但这只是叙称性质，日常生活中，其成员平常尊称之为“大师兄”，大师兄一般是一个坛口首先设坛练拳的人，依次有“二师兄”“三师兄”等。

义和团基层组织的首领一般称为**大师兄**，或者为**坛主**、**炉主**。……并且每一个坛团首领的人数，没有统一的规定，除**大师兄**外，还有**二师兄**、**三师兄**，直至**六师兄**、**七师兄**，多少不等，时增时减，大体上视所统人数之多寡或堪称首领之人选而定。（陈贵宗《义和团的组织和宗旨》）

（大师兄口述）坛口首领称**大师兄**、**二师兄**……均由老师指定，一般多选对义和团信念较深、武功较好、办事精干的人员。（《重访义和团》，《天津青年报》2003年12月30日）

茌平的邢兆陆、邢兆福是**大师兄**、**二师兄**。有一次他来排炮，打不死人，后来有二百来人参加了神拳，“替天行道，灭洋人”。（路遥《山东义和团调查资料选编》茌平县大谢庄，谢家贵，86岁，神拳拳民，1965年12月）

在义和团的犯了错，打禁棍，**二师兄**用手指粗的棍子打，**大师兄**陪着。在义和团的孝顺当先，不兴偷偷摸摸，调戏妇女。（路遥《山东义和团调查资料选编》平原县王大街公社大屯村，阎红泰，74岁，1960年2月）

（二）“团首”与“老师”

团或总坛的首领称“团头”“总坛主”“元帅”等，但一般是尊称为“老师”，依次又有“大老师”“二老师”“三老师”等。

总坛或其系统的首领，一般称为**老师**，也有称为**教师**、**首领**、**团头**、**元帅**、**大帅**等等。一般总坛只有一个首领。（陈贵宗《义和团的组织和制度》）

（义和团大师兄）沈德生告诉李世瑜，义和团内分工大体相同，有的只是职务、名称不一。总坛首领称**老师**，均为自封，无人任命或选举，也没有升降任免制度，负责处置所辖各坛的一切军政事务，传授神法，到外地去铺坛（即发展组织，建立坛口）等。（《重访义和团》，《天津青年报》2003年12月30日）

俺村在义和拳的有三个人，都是头，张富运是**大老师**，贫农出身；王一资是**二老师**，他父亲王资汉是武秀才，没落地主；张兰是**三老师**，贫农出身。（路遥《山东义和团调查资料选编》禹城县石屯公社尚河头村，王恒胜，73岁，1966年7月）

张老师方要推辞，刘三虎响亮的叫起来："天打天门开，地打地门开，要想学好拳，快跟老师来！"（冯骥才、李定兴《义和拳》）

祀砚田是团头，后来被砍了。他是个文秀才，人家本事大，能干。是恩县县官保举人家干的，后来义和团失败了，他又把人家砍了。（路遥《山东大学义和团调查资料汇编》炉坊公社大芝坊村，荆风林，70岁，1960年2月14日）

陈云岑是大师兄大元帅，陈乃义（宰家店）是大先锋，孙九龙（三教堂）也是大师兄，是军师，陈云霄（陈家）是旗官，没学拳时当过木匠。（路遥《山东大学义和团调查资料汇编》济阳县仁风公社陈家庄，陈李氏，83岁，1965年12月）

三、义和团一般司事人员和具体执事人员的称谓

一般坛的司事人员被称为"先生"，又有"大先生""二先生""三先生"之分。

当时禹城神拳不多，头目有丁寺和尚、王立言、于清水。于清水名声最响。王立言原是开估衣铺的，给神拳当先生。（路遥《山东义和团调查资资料选编》高唐县葛镇公社王辛庄，王日梅，83岁，1960年3月）

张洛昌也是山头村神拳的管事之一，人也称之为先生，仅次于甲士卫的地位。（路遥《山东大学义和团调查资料汇编》平阴县山头村，李某某，1960年2月）

（义和团）管事称大先生、二先生、三先生。所供奉的神灵都是取自《封神榜》、《三国演义》和《水浒传》。（丁中江《北洋军阀史话》十四）

具体执事人员是指分工具体事务的人，随事而施，有"文书""扛旗""吹号""背负神像""哨探""护坛师"等。

"文书"指从事公文、书信工作的人，负责义和团中的口号、揭贴、及坛团之间的书信往来。"扛旗""吹号"就是打旗和吹号的人。"背负神像"指专门负责看护并背负神像的人，由于每个义和团都有自己崇拜的保护神，因而在打仗时要带上这些保护神，来保护大家刀枪不入，能够打胜仗。"护坛师"指看护坛口、坛场的人。由于坛口是义和团练武和聚会的地方，是义和团的司令部，即使在义和团外出作战时，也要派专人看守，以防受到破坏。一位当年义和团大师兄曾回忆到这类执事称谓：

此外还有文书、管账、扛旗、吹号、马夫、总管粮草、背负神像、哨探、护坛师等，均由大师兄指定。（《重访义和团》，《天津青年报》2003年12月30日）

四、女性义和团红灯照首领的称谓

（一）"大师姐"和"二师姐"等

义和团女性组织红灯照内部，互称师姐妹。其大首领一般叫"大师姐"，二首领称

“二师姐”，由此类推，还有“三师姐”“四师姐”等。

庚子四、五月间，忽传有红灯照者，皆十余龄幼女……始老孀设坛授法，集闺女数十辈，环侍受法。四十九日，术成，称大师姐。（罗惇曧《拳变馀闻·红灯照》）

于是，一片怒吼声从人群中冲天而起，“杀老毛子，给二师姐报仇！”“给二师姐报血仇！”（冯骥才、李定兴《义和拳》第十四章第二节）

她们穿短衣（当时有钱的小姐、太太们穿长袍），上下一身红。头扎红包头（年纪小的扎红头绳），身穿红褂红裤，脚穿红鞋红袜。大师姐、二师姐出门骑大红马。（岳一中《安次义和团运动·组织形式》

（二）红灯照的特殊首领称谓："圣母"和"仙姑"

红灯照女首领还有两个特殊称谓："圣母"和"仙姑"。但这里并不是前面说的梨山圣母、白莲圣母那种假托的神仙老师，这里的圣母和仙姑都是活人，但却都会法术，属于女巫之类半人半仙式的人物。圣母只有一位，即天津红灯照女首领，名叫林黑儿。她自称"黄莲圣母"（盖欲与那位神仙"白莲圣母"相区别），众人则尊称她"圣母"。当年她乘船初到天津，百姓争相顶礼膜拜。如今，"红灯照黄莲圣母停船场"已成为天津名胜和文物保护单位。

直督裕禄迎入署，朝服九拜，弗为动。乃制黄旗两杆，大书黄莲圣母，鼓吹一部，送侯家堠某神堂居焉。圣母坐神橱中，垂黄幔，香烛清供，万众礼拜，城陷逃去。（罗惇曧《拳变馀闻·沙锅照》）

当时黄莲圣母的坐船全部用红布围裹，上面高悬红灯笼，桅杆上挂着"黄莲圣母"的大旗，作为自己的显著标志，沿岸人等见到红船到来，无不顶礼膜拜，以求圣母保佑。由于其所乘大船常停泊于归贾胡同北口的南运河上，成为水上坛口，因此香火极盛，每天求医看病的人络绎不绝，天津红灯照也随之创立。（《重访义和团》(2)，《天津青年报》2004 年 1 月 14 日）

【红灯照黄莲圣母停船场】天津市文物保护单位。位于天津市红桥区旧贾胡同北口南运河岸。是当年义和团妇女组织"红灯照"的水上坛口。清光绪二十六年(1900)的义和团运动中，妇女组织"红灯照"的首领林黑儿自称"黄莲圣母"，领导青少年妇女协助义和团站岗放哨，救治伤员，其所乘大船常停泊于贾家胡同北口的南运河上，成为水上坛口，香火极盛，深得民众拥戴。（罗亚蒙等编《中国历史文化名城大辞典》）

仙姑也是红灯照女首领，比圣母地位要低一些；圣母只有一位，仙姑则有多位，如三仙姑、九仙姑等。

天津匪党中有自称仙姑者，皆妇女所为。某日忽有数人直入督署求见。进署

时，以红毡铺地而入，见时与总督分庭抗礼，其从人皆跪而白事。总督亲送而出，索供给军械，皆如求以去。（佚名《庸扰录》）

女子自言，能于空中掷火焚西人之居，呼风助火，焚无余。津民深信之。入夜，家家悬红灯，迎接红灯照之仙姑也。城内外列炬高悬，若万星之齐耀，争传拳队所至，红灯随之。每焚洋楼，皆言仙姑掷火也。（罗惇曧《拳变馀闻·红灯照》）

五月中有黄莲圣母，乘舟泊北门外，船四周皆裹红绉。有三仙姑，九仙姑，同居舟中，自言能疗疾。拳匪伤者舁舟旁，傅以香灰，数日而蛆出焉。（罗惇曧《拳变馀闻·黄莲圣母》）

第三节 义和团对外国人、教徒以及与外国有关联的中国人的称谓

一、义和团民对外国人的称谓

（一）“夷人”和“洋人”

在中国古代，“夷”是对东方少数民族的蔑称，后泛指边远地方未开化之部族。后来，清政府在与西方人交往中，往往视西人如夷人。因为在中国人和中国政府的观念中，中国是世界的中心，其他地方的人民，特别是生活在蛮荒之地尚未开化的西方民族，是野蛮人，因而被当作中国古时的东方少数民族同等看待。但是到了清代后期，“夷人”“夷”的说法在当时逐渐减少。因为中国人逐渐意识到，西方人不像自己以前想的那样是野蛮的，没有文明的。他们和中国人一样，同样是有知识和修养的人，甚至在许多方面要超越中国。因而被称作“夷人”是不妥当的，代之而起的是比较中性的不带感情色彩的“洋人”和“西洋人”等称谓。在清政府与英国签订的《天津条约》中，禁止在中国的官方文件中使用“夷”字。《剑桥中国晚清史》下卷第三章介绍：魏源在 19 世纪 50 年代就写道，西方人讲礼貌、正直、有知识，根本不应该称之为“夷”。一些开明思想家也开始用不同的名词来称西方。黄恩彤把西方称为“远”（遥远的国家），丁日昌称之为“外国”，其他许多人如恭亲王、薛福成则称之为“西洋”。在中国 19 世纪 40 年代和 50 年代的书籍中，把西方人称之为“夷”，但是到了 70 年代和 80 年代这些著作再版时都改称为“洋人”。但是，到了义和团运动时期，对西方人的称谓又出现了轻蔑的“夷人”称谓，而“洋人”的称呼也带上了愤恨之意，更出现了“洋夷”“逆夷”等变称。

英夷船只，自闽浙驶回之后，闻住居。夷人词气傲慢。省城十三洋行，原住夷人各水手，亦每欺负平民，或乘醉抢取货物，或凌辱过往妇女。均经地方官当时弹

压，尚未激成事端。（两广总督1842年12月报告，转引自胡绳《帝国主义与中国政治》第8页）

夫逆夷自道光二十二年陡生叛心，寇粤为患，是谁调之也？（王明伦选编《反洋教书文揭贴》）

兄弟乃大清一员将士，又怎么能坐视夷人肆其披猖践踏我中华万里锦绣河山，蹂躏我数万万同胞百姓！（冯骥才、李丁兴《义和拳》第十章第二节）

慨自洋夷肆毒，率士罹殃。（王明伦选编《反洋教书文揭贴选》）

红桃园一带民谣："赵老祝、阎书勤，下片子，拿洋人。"（路遥《山东义和团调查资料选编》河北南宫红桃园，李大庆，76岁，1960年）

于是，洋商获利，华商裹足不前，迫令纳费洋人，托其出名认为已化，洋商坐收其利。（郑观应《盛世危言·户政》）

灭洋教、杀洋人、我们不怕拿破仑。（路遥《山东义和团调查资料选编》临清，于明轩，80岁，市政协委员、1960年）

（二）"鬼子"和"洋鬼子"

"鬼子"在中国古代指鬼物，谓非人类。蒲松龄《聊斋志异·画皮》："道士怒曰：'我固怜之，鬼子敢尔！'"对西洋人称"鬼子"是一种憎称，认为他们是非人类，比作禽兽，因而称他们为"鬼子"。《剑桥中国晚清史》下卷第三章就对此作了一番解释："许多人相信一句古老的名言，'非我族类，其心必异'。因此，外国人被称作'鬼子'，被比作禽兽，认为他们杀害中国人是为了炼丹和巫术的种种目的。"在"鬼子"前面加上"洋"字，突出是"洋鬼子"，来强调他们是外国人。

先学义和拳，后学红灯照，杀了洋鬼子，灭了天主教。掘了洋线杆，挑了火车道。点了他的洋楼，烧的他吱哇乱叫。（路遥《山东义和团调查资料选编》夏津南屯敬老院，王子兰，72岁，1960年）

神助拳，义和团，只因鬼子闹中原。天无雨，地焦干，只因鬼子止住天。……洋鬼子，都杀尽，大清一统定江山。（路遥《山东义和团调查资料选编》河北南宫梨园屯公社邵固村，张治贞，84岁，1960年）

又有乡人多以蚕豆炒熟，沿街货卖。遂有童谣云："铁蚕豆，炒了个熟，先杀鬼子后烧楼。"（中华书局《庚子记事》）

（三）从"老毛子"到"毛子""洋毛子"

俄国与我国东北接壤，沙皇时期就不断侵略中国，自清初起，通过一系列不平等条约割去中国大片领土。"老毛子"原先就是东北人对沙俄侵略者的称谓。这应该源于借代的修辞手法。北方方言谓毛曰"毛子"，《汉语大词典》"毛子"条有一个义项释为"细碎的毛”，陈刚《现代北京口语词典》“毛子”条也有一个义项“绒毛”。所以，动物之细毛（如羊毛）曰“毛子”，人之毛发亦曰“毛子”。借代修辞法之一种是以特征相代。明朝荷兰人占领台湾，中国人因其“发眉须皆赤”而谓之“红毛”；太平军不剃发，被满清称为“长毛”。北方天寒，特重动物毛皮，羊的特征就在其绒毛，因而羊叫“毛子”，羊皮也叫“毛子”。俄国人是东北人早期接触的外国人，其特征是身面多毛，因而谓之“老毛子”。此外，既然“老毛子”背后隐着“羊”，“羊”“洋”谐音，俄国人也是“洋人”，这大约也是称俄国人“老毛子”的另一方面原因。义和团时期对俄国人仍沿用“老毛子”之称。

> 薛大姐激动起来。……高声叫道：“弟兄们！被老毛子杀害的何止俺一个娃儿！这几个月，几十年，几百年，他们糟害了咱们多少穷人！几十年前，咱中国一块地界让老毛子占去了。”（冯骥才、李定兴《义和拳》）

自沙俄之后，西方列强进入我国，中国人把洋人统称为“毛子”或“洋毛子”，义和团时期尤其如此。

> 伯和道：“这里的人糊涂得很，昨天我问他们，他们都是所问非所答，但知道大师兄杀毛子，又是甚么天兵天将的乱说一遍，没有一句听得的话。我们只索早点动身，到前面去再打听。”说罢出去，叫起李富，炖水洗脸。白氏母女也梳洗过了。伯和叫套车。忽然两个车夫之中，有一个说：“不去了！我不做这买卖了！我昨天晚上听得人说：‘毛子兵已经到了卫里，正和大师兄在那里开仗。’毛子用的是枪炮，大师兄用的是神兵神火。大师兄便不怕枪炮，咱们可不行，我不能为了赚几两银子，去陪你们做炮灰。”（吴趼人《恨海》第二回）
>
> 是嘛，洋枪洋炮，洋货洋教一齐来，谁能保得住祖坟呢？千不该，万不该，你我都使了教堂的阎王债，咱们这辈子休想逃出洋毛子的手心去了！（老舍《神拳》第一幕）
>
> 芒店村二师兄唐凤洲是个教学馆的先生，他编了一首诗作为开幕词：“螺号响，团民到，廊坊车站杀洋毛！洋毛子，嗷嗷叫，死的死，逃的逃。洋毛子哭，我们笑，祝捷大会开幕了！”（岳一中《安次义和团运动·反帝斗争概况》）

外国人又称“大毛子”，不过那是与中国人“二毛子”“三毛子”等相区别时才使用的称谓，我们下面再谈。

二、义和团区分外国人和亲洋之中国人的称谓

义和团反外国，反洋教，强烈排外，不仅仇恨外国人，而且仇恨信洋教者以及一切与外国人有关联的中国人。

（一）“大毛子”与广义的“二毛子”

为了将外国人和亲洋的中国人加以区别，义和团便将外国人称作“大毛子”（因“老

毛子”已为俄国人所专有），而将所有与外国人有关联的中国人统称为“二毛子”，如教民、办洋务的中国官员、洋行办事员，甚至用洋货的人都包括在内。这种一网打尽式的泛称“二毛子”，我们称之为广义的用法。

呼的呼，喊的喊，万众直前，杀那洋鬼子，杀投降那洋鬼子的二毛子。（陈天华《警世钟》）

义和团谓铁路电线皆洋人所藉以祸中国，遂焚铁路，毁电线。凡家藏洋书、洋图皆号二毛子，捕得必杀之。（《罗惇曧《庚子国变记》三》

在老家，我们全村受尽了大毛子，二毛子的欺负，我们造了反。（老舍《正红旗下》七）

义和团运动最“伟大”的壮举：杀二毛子，什么人算二毛子？一切和洋人接触的中国人都是二毛子，信洋教的，开洋行的，在洋行做事的，外国办事机构的中国雇员，甚至于连留过洋的新潮学子都被视为是二毛子，都在被杀之列。（林希《百年记忆》第一部分三）

把亲近洋人的中国人称为“二毛子”，跟抗战时把汉奸称为“二鬼子”，道理是一样的。

（二）“大毛子”与狭义的“二毛子”与类推出的“三毛子”等

所谓亲洋的中国人，与外国人的接触毕竟有直接间接之别。为进一步加以区别，义和团将与外国人关系密切和与外国人直接接触的中国人称为“二毛子”，而与外国人关系较疏远或间接者（如通洋学、洋语等），则称为“三毛子”。比如中国教民中的教士为“二毛子”，普通在教者则为“三毛子”；通洋的高官为“二毛子”，一般吏员为“三毛子”。总之，与“三毛子”相对时，“二毛子”是狭义用法。

拳之于洋人、教士、教民也，分别称之曰大毛子、二毛子、三毛子，遇之，杀无赦。时抚山东者为袁世凯，亦被二毛子之称。（徐珂《清稗类钞·会党类·义和拳欲灭洋》）

孙知县，看见没有？夜猫子是恶霸，又是二毛子，又是你的心腹人！他是二毛子，你是三毛子，我们敢杀二毛子，三毛子还算什么呢！（老舍《神拳》第一幕）

义和团一旦进了城，在慈禧太后与端王暗中庇护之下，行凶作恶，弄得人人战栗，全城震惊。他们各处游荡，寻找“大毛子”，“二毛子”，“三毛子”，全都予以杀害。“大毛子”指洋人，“二毛子”“三毛子”指信教的，在洋行做事的，以及说英语的中国人。他们各处去烧教堂，烧洋房子，毁坏洋镜子，洋伞，洋钟，洋画。杀的中国人倒比杀的洋人多。（林语堂《京华烟云》第一章）

另据史料记载，凡与“洋”沾边者，义和团甚至由“三毛子” 类推下去，有四、五、六等“毛子”，竟多达“十毛之目”。不过这些都是一时的随意称说，并无严格的界定，且系日本人记载，未见其他用例。

以至华人之与洋人往还，通洋学、谙洋语者，用洋货者，其间分别差等，共有十毛之目……必杀无赦。（佐原笃介《拳事杂记》，中国近代史资料丛刊《义和团》第1册）

“毛子”类称谓反映了近代史上中国人和外国人、东方文化和西方文化的冲突，反映了特定时期中国大众的仇洋情绪。义和团对各类毛子“杀无赦”的扩大化做法，致使许多无辜的外国人和中国人丧生，也反映了义和团盲目排外、灭洋的愚昧认识和极端思想。义和团运动的原因结果和功过是非等（包括外来列强和清政府在内），是一个复杂问题，只能由历史学家去讨论了。

第三章　清王朝的垂死挣扎与辛亥革命时期的社会称谓

本章涉及的主要称谓如下：

第一节	一	洋秀才、洋贡生、洋举人、洋进士、洋翰林、洋状元、新军、常备军、续备军、后备军、镇
	二	保皇会、自立会、自立军、预备立宪公会、政闻社、国民宪政会、国民宪政党、中华帝国宪政会、考政大臣、五大臣、谘议局、议长、副议长、议员、董事会、总董、董事、名誉董事、乡董、乡佐、资政院、总裁、副总裁、宪友会、宪政实进会、辛亥俱乐部、皇族内阁、摄政王、亲贵内阁
第二节	一	兴中会、中国教育会、爱国学社、华兴会、同仇会、光复会、复古会、光复军
	二	同盟会、共进会、群治学社、振武学社、文学社、保路同志会、保路同志军、同志军
	三	革命党、革党、新党、革命党人、党人、会员、社员、党员、同志、革命军、革军、革命派、革命激烈派、革命巨子、伟人、小伟人、女伟人、乱党、逆党、革匪、匪党

第一节　清政府推行“新政”和预备立宪时期的相关称谓

由于慈禧太后不自量力的决策，清政府利用义和团与八国列强开战遭到了惨败，其标志就是1901年9月7日与列强签订的《辛丑条约》，它使中国人民陷入了苦难的深渊，也使本已腐朽的清政府到了生命垂危的地步。1902年1月7日，西太后一行从西安避难回到北京，嗣后接见外国使节和夫人，态度大变，对列强容许自己继续执掌政权感激涕零，充分表现出“结与国之欢心”的愿望。同样出人意料的是，三年前曾亲手将戊戌维新打入血泊之中的西太后，此时却打出了“维新变法”的旗号，特令推行“新政”，不过她仍坚持康梁是“乱法”，此次才是“变法”。其“新政”内容有：调整官制，改定刑律，编练新军，奖励实业，废除科举，兴办学堂，奖励留学等。“新政”并没有带来王朝统治的稳固，1903年起，民族资产阶级上层人物公开呼吁君主立宪，并先后出现一些相应的政治团体。1905年，清政府迫于压力，派五大臣出国“考察政治”，进入“预备立宪”时期。对各项“新政”和预备立宪变革，我们仅有重点地选取一些代表性称谓加以反映。

一、教育和军事“新政”所体现的相关称谓

(一)“洋秀才”“洋进士” 等“洋”类功名称谓与晚清教育“新政”

清政府教育“新政”大致有三方面：一是废除八股文和科举考试制度，二是兴办西式

学堂,三是奖励归国留学生。戊戌变法中八股文已被废除,但变法失败后又恢复了。1901 年 8 月清廷正式下诏废除八股文和武科举,1905 年就彻底取消了科举制度,设立学部。与废科举相配合的就是兴办被叫作"洋学堂"的新式学堂(分大中小或高中初三等)和鼓励出国留学(1903 年清政府出台《奖励游学毕业生章程》)。

虽然废除了科举,兴办了新式洋学堂,却并没有废除旧式的功名制度,各类毕业生仍旧授予秀才、举人、进士等功名,还要授翰林、点状元,归国留学生也照此办理,于是就有了"洋秀才""洋贡生""洋举人""洋进士""洋翰林""洋状元"一系列"洋"类功名称谓。但细别之,这类称谓又有两种所指,一是指国内洋学堂毕业的学生(下例中陶行知所称即谓此),但一般情况下多指授予归国留学生的功名。这种"洋"类功名称谓,反映了清政府教育改革的情形,也反映了 20 世纪初期我国旧式教育向新式教育过渡的情形。我们将搜集到的有关书证合并列举如下:

一般社会对于这些换汤不换药的学堂却是大惊小怪,称他们为洋学堂,又称学堂里的学生为洋学生。办学的苦于得不到学生,于是除供饭食发零用外,还是依旧的按着学堂等级给功名:小学堂毕业给秀才,中学堂毕业给贡生,高等学堂毕业给举人,大学堂学生给进士,外国留学回来的,赴朝考及第给翰林点状元。社会就称他们为**洋秀才**、**洋贡生**、**洋举人**、**洋进士**、**洋翰林**、**洋状元**。(陶行知《"伪知识"阶级》,《中国教育改造》1928 年 4 月)

大中丞受制顾问官,**洋翰林**见拒老前辈(李伯元《官场现形记》第五十八回题目)

于是乎就有外洋留学回国考中翰林进士的那班朋友,作了手折,请他们酌夺……其实叫军机处议奏的,也只晓得"立宪,立宪!"军机处各大臣,虽经**洋翰林洋进士**一番陶镕鼓铸,也只晓得"立宪,立宪!"(李伯元《文明小史》第六十回)

当时,日本留学生剪了辫子的不少,去的时候,都留着辫子,但是这条辫子颇为惹眼,只有中国人有此怪状。日本那些刻薄文人在报纸上称之为"豚尾";日本有些小孩手追逐其后。呼之为"半边和尚",然而中国人有些还不肯剃去,为的是归国以后,将来还须考**洋举人**、**洋进士**。(包天笑《钏影楼回忆录》之十三"吴中公学社")

科举时代之进士、举人,略如欧美日本之学位。宣统己酉,学部奏酌拟考试毕业游学生章程,中有分等给奖一条,列最优等者奖给进士,列优等、中等者奖给举人。各冠以某学科字样,习文科者称文科进士,文科举人,他科仿此。顽固之人以若辈皆自东西洋游学而归也,辄以异路功名视之,谓之曰**洋进士洋举人**。斯言也,盖有彼哉彼哉之意焉。(徐珂《清稗类钞·讥讽类·洋进士洋举人》)

邱立本:既然父亲肯栽培我,我必险渡重洋,万死不辞!曾墨侠:好!有其父必有其子!可惜我有身家之累,要不然,我必追随立本兄之后,去弄个**洋进士洋状元**!

立本兄，我祝你万里鹏飞，前程远大！（老舍《秦氏三兄弟》第一幕）

（二）“新军”与晚清军事“新政”

这里的“新军”意思是“训练有素和具有西方装备的军队”，相对于原先的“旧军”（如八旗兵、绿营兵）而言。1894 年甲午战争爆发后，广西按察使胡燏棻奉命在天津用西法编练定武军 4700 人。后来定武军由袁世凯接手，改称为“新建陆军”，扩至 7000 人，由马厂移驻小站，此即袁之所谓“小站练兵”。与此同时，张之洞在两江总督任内也编练了一支两千多人的自强军。是为编练新军之始。

但我们说的新军主要还是《辛丑条约》签订后，清政府倡行“新政”时全国规模的大练新军。义和团运动和八国联军的教训，使清政府更加意识到了新军的重要性，下诏淘汰绿营，于 1903 年设立练兵处，派庆亲王奕劻总办，袁世凯会办，铁良襄办，1904 年练兵处和兵部会同奏定《新军营制饷章》和《陆军学堂办法》，各省成立督练公所，由督抚兼管。各地设立武备学堂训练军官或派留学生赴外国学习军事。于是开始了全国性的编练新军工作。新军的常规编制称“镇”，共有 36 镇，每镇万余人，组成常备军。此外还组成了第一次征用的续备军和第二次征用的后备军。

> 光绪季年，诏裁绿营，练**新军**，罢武科，设武备学校。一时**新军**将、弁，与学成授官者，特为优异。历朝武职尊重行伍之意，荡无复存。虽绿营武职未尽废除，然无铨法可言云。（《清史稿·选举志五》）

> 慈禧太后虽然不愿，也只得依违两可，与王公大臣，商定粉饰的计策，停止科举，注重学堂，考试出洋学生，训练**新军**，革除枭首凌迟等极刑，并禁刑讯。（蔡东藩《清史演义》第九十三回）

> **新军**共三十六个**镇**，每**镇**有官兵 12500 人，总数将有 450000 人，组成**常备军**。除此之外，还组成了第一次征用的**续备军**和第二次征用的**后备军**。**常备军**的服役期为三年，三年后其士兵遣散回籍，并再接受三年非经常性的训练和少量津贴。这些士兵就成为**续备军**。然后又成为**后备军**……（费正清、崔瑞德《剑桥中国晚清史》下卷第七章）

清政府的“新政”的影响和后果，并不以统治者的主观意志为转移。教育“新政”促进了近代新型知识分子群体的产生，有助于西学新知和资产阶级民主革命思潮的传播，而这正对清王朝的封建统治不利。练就的新军，在清政府镇压人民反抗的过程中虽起过一定的作用，但到后来其中大部分为革命党人所掌握，反而成为颠覆清政府的一支重要力量，如果没有各省新军的倒戈相向，辛亥革命不会那么轻易取得成功。实业“新政”则增强了民族资产阶级的力量，他们为了自身利益向政府争取权利，主张君主立宪。但“新政”也成就了袁世凯这位大野心家。1911 年 11 月李鸿章病死，后来袁世凯继任北洋大臣。袁一旦大权在握，便大肆扩充个人势力。1902—1905 年，先后编练成北洋六镇新军,共计六七万人。又将盛宣怀控制下的大批洋务企业夺取过来,并加以扩充。袁凭借雄厚的政治、经济和军事实力,成为北洋军阀的总代表,无论对清政府的命运还是对 20 世纪初的中国政局,均产生了重要影响。

二、预备立宪时期的相关称谓

(一)保皇派、立宪派的勤王和要求君主立宪所形成的团体称谓

资产阶级的改良派是相对于在其后出现的资产阶级革命派而言,他们不以推翻满清政府为目的,而是希望在维持满清政府的统治之下,在制度和经济等方面进行资产阶级的改良,前面我们谈到过的维新派以及支持清政府进行预备立宪的一些资产阶级的团体,都是属于这一派别。戊戌变法失败后,康梁等人流亡国外,成为顽固拥护清王朝和反对革命的保皇派;国内一些新派人士呼吁君主立宪,是为立宪派;后来保皇派也转为立宪派。这些派别各有自己的团体,其中有的是被当时清政府所通缉,不能公开进行活动的派别,如保皇会和自立会,因为他们反对当时清政府的真正主宰者慈禧太后,而拥护光绪皇帝;有的是受到清政府支持,进行公开活动的派别,如预备立宪中的派别及团体。但是他们的本质目的是一致的,都不以推翻满清政府为目的,因而在慈禧死后就出现了合流,保皇会随之就改成了国民宪政会,支持清政府的预备立宪活动。

1.“保皇会”和“自立会”,“自立军”与勤王运动

保皇会是戊戌变法失败之后,康有为于 1899 年 7 月 20 日在加拿大创设的政治团体,以保救光绪帝、反对西太后为宗旨,故称“保皇会”。义和团运动中,保皇会曾联合唐才常的自立会以“勤王”为号召起事而未果。

> 原来康梁出走时,立了一个**保皇会**,号召同志,招集党徒,散放富有贵为等票,传布中外。在外游学的学生,与充工贩货的侨民,倒被他联络不少。独有一个广东人孙文,表字逸仙,主张革命,与康梁意见不同。(蔡东藩《清史演义》第九十三回)

自立会原是在上海由唐才常、沈尽、林圭、毕永年等所创正气会而来。唐才常为谭嗣同好友,誓为其报仇,继其未竟志。1900 年由日本归来的唐才常在上海创正气会,旋易名为“自立会”,联络长江中下游会党,设富有山堂,发富有票,并创立自立军,欲谋湖北独立,准备起义,北上“勤王”救光绪皇帝。自立军起事于 1900 年 8 月 22 日,遭到张之洞镇压,唐才常等二十多人被捕,次日被杀。

> 自立会之设也,有康有为梁启超等通其气脉,有容闳等赞其运动,有唐才常等为其主力,其目的以联络长江一带游勇,及哥老会等而利用之。其始布置,亦自周密。及后由陈宝箴之逝去而一挫,由大通之乱起而再挫,复由汉口之失败而三挫,然唐等之败实自立会之一大巨创。盖由此而该会无主理之人矣。(姜泣群《民国野

史丁编·浏阳唐佛尘传》）

自立会，原名正气会，前清光绪二十五年下，唐才常与沈尽、林圭、毕永年等所创也。会址初设于上海新马路梅福里东文译社。暗中进行反清活动。后与吾师康南海先生暗通声气，得南海先生之助，宗旨奈稍稍易。（柴德赓等编《辛亥革命》一）

因武汉当南北适中之地，居长江之上游，而两湖会匪又最多，故先于武汉举事。其会名曰自立会，其军名曰自立军，勾煽三江两湖等虚哥老会匪，纠众谋逆，定期于七月二十九日(8月23日)，武昌汉口汉阳三处同时起事。（张之洞1900年9月23日《擒诛自立会匪头目分别查拿解散摺》，《张文襄公全集》卷五十一）

自立会和自立军的政治纲领具有两重性，既以"勤王"为帜，拥光绪帝亲政；又"不认满洲政府有统治中国之权"，要求废止"清国专制法律"。其根本目的则欲"保全中国自立之权，创造新自立国"。纲领中这种矛盾，反映了戊戌变法后各种社会力量的政治动向。处于矛盾中的唐才常本身则是一个从激进维新派向资产阶级革命派转化型人物，他既是参加自立会各派政治力量的组织者，又是各派政治观点的调和人。（《中国大百科全书·中国历史》"自立会和自立军"条）

以上的两个派别都和原先的维新派有着紧密的关联，保皇会的建立者康有为、梁启超就是原先的维新派的领导者；唐才常所建立的自立会的前身正气会是以推翻清政府为目的，但是后期由于受到康有为的影响而改变其宗旨，成为和保皇会有相同宗旨的一个派别。康梁在建立维新派的时候，相对于当时的保守派来说，是个激进的派别，有着积极的意义，但是当变法失败之后，没有从失败当中清醒过来，仍然对毫无实权的光绪皇帝抱有幻想，最终沦为以保护光绪帝一个人为目的的政治派别，这无疑是开历史的倒车，从而成为政治上的一个保守派，最终被资产阶级的革命派所代替。

2.立宪派团体"预备立宪公会"和"政闻社""国民宪政会"等与立宪运动

清政府的"新政"，对海外的康梁保皇党和国内主张君主立宪的人们，产生很大鼓舞，他们开始重新向政府提出立宪问题，形成一股强盛的立宪派势力。1903年"苏报案"后，反清革命风潮日益高涨，统治者尤其恐慌，立宪派催促清政府尽快实行君主立宪以"消弭革命"。清政府的一些朝臣、督抚和驻外使节等，受革命力量的震撼和立宪派的影响，也纷纷奏请清廷变通政体，改行宪政，以挽危局。清廷派员出洋考察后，于1906年9月1日发布"仿行宪政"上谕，开始"预备立宪"。于是国内外的立宪派欢欣鼓舞，为推进立宪运动和立宪政体的实现，起而组织各种立宪政治团体。

预备立宪公会是1906年12月在上海由朱福诜、张謇、孟昭常等发起成立的，举郑孝胥为会长，张謇、汤寿潜为副会长。成员主要是江浙闽知名人士和政界实业界之人物。因其主要要求并研究立宪问题，所以被称为"预备立宪公会"。

爰将此意，转相传播，闻者感奋，争愿为中国立宪国民之前导，因即名斯会曰**预备立宪公会**。期年之间，入会者计一百五十三人，皆士农工商四民之中，较有智识，有志倡导国民以仰承朝廷德意者也。(《郑孝胥张謇等为在上海设预备立宪公会致民政部禀》[1907年10月16日]，《中华民国史档案资料汇编》第一辑)

预备立宪公会，成于前清光绪三十二年，以江苏、浙江、福建三省为中心，而奉戴上谕立宪之旨趣，开发地方绅民之政治知识为目的者也。自其思想上之系统观之，与当时康梁一派之保皇党，颇表深厚之同情。其干部人物，会长为朱福诜(第四届会长——编者注)、而副以张謇、孟昭常；干事为郑孝胥、汤寿潜、许鼎霖、雷奋、陶保廉、周廷弼诸人。(柴德赓等编《辛亥革命》四)

政闻社是1907年9月由梁启超、马良等人在日本东京创立的一个拥护立宪的资产阶级改良政治团体。主要目的是使同党之人能够表达政治主张，并唤起国人政治之热心，及增长其政治上之知识与道德，反对专制，提倡立宪，因而称作"政闻社"。

世之爱国君子，其有认**政闻社**所持之主义为不谬于国利民福，认**政闻社**所执之方法为足以使其主义见诸实行，惠然不弃，加入**政闻社**而指挥训练之，使其于最近之将来，而有可以进而伍于政党之资格，则**政闻社**之光荣，何以加之！(梁启超《政闻社宣言书》，《梁启超文集》)

国民宪政会是康有为、梁启超等人为了适应国内的政治变革在国外组建的立宪团体。他们认为皇帝已没什么危险，不再存有"保"的问题，于是便于1907年2月13日将原先的保皇会改称为"国民宪政会"，亦称"国民宪政党"。3月23日，在美国纽约召开大会，改称"中华帝国宪政会"。

今上不危，无待于保，会事告蒇，适当明诏，举行宪政，国民宜预备讲求。故今改保皇会名为**国民宪政会**，亦称**国民宪政党**，以讲求宪法，更求进步。……保皇会所有旗匾印章名称，自后一律用**国民宪政会**新制，由广东省城总局制成，按埠颁发，以归一律通行，而免歧异，而易认识。(《布告百七十余埠会众丁未新年元旦举大庆典告蒇保皇会改为国民宪政会文(节录)》[1906年10月21日]，《康南海政史文选》)

辛亥革命前几年，身居海外的康有为和梁启超与国内立宪派领袖张謇、郑孝胥、汤寿潜等人常通音信，互相联系，共同掀起了立宪运动。1908年，各省立宪团体的代表纷纷入京，向都察院呈递速开国会请愿书，要求代奏。这时，康有为已在海外设立了**中华帝国宪政会**，以总会长的身份联合海外200埠华侨上书请愿，要求实行宪政，与国内立宪派的活动密切配合，遥相呼应。(胡滨《关于康有为的评价问题》，《人民日报》1988年2月29日)

有影响的立宪派团体很多，据郑师渠主编《中国近代史》第九章所举还有：湖北的"宪政筹备会”、湖南的“宪政公会”、广东的“自治会”、贵州的“宪政预备会”等。据统计，在整个立宪运动中，国内外成立的各种大小不同的立宪团体，约有85个。立宪团体的建立，表明立宪派开始由分散走向联合，他们正迅速成为晚清政治舞台上一支举足轻重的力量。

（二）清政府预备立宪举措所体现的相关称谓

1.“考政大臣”与预备立宪的开始

清政府为了既让人民看到清政府的立宪行动又能够尽量拖延时间，就于1905年先派大臣赴欧美、日本各国游历，考察政治，以为立宪做好参考和准备，这就是历史上所说的“考政大臣”。考政大臣共有五人组成，原指派载泽、戴鸿慈、徐世昌、端方、绍英等五人分赴日法比美德等国“考察政治，以为改政张本”，后因革命党吴樾炸弹所阻，就改派李盛铎、尚其亨代替徐、绍二人，仍是五人。所以“考政大臣”又称“五大臣”。

两宫见枢臣与**考政大臣**，意见渐归一致，于是决计举行立宪。降旨命廷臣会议，并派醇亲王载沣、军机大臣政务处大臣大学士既直隶总督袁世凯等，公同阅看**考政大臣**回京奏陈各折件，请旨办理。（陆士谔《清朝秘史》第一百二十二回）

慈禧太后虽然不愿，也只得依违两可，与王公大臣，商定粉饰的计策……复派遣载泽、绍英、戴鸿慈、徐世昌、端方五大臣出洋，考察政治，于光绪三十一年七月启行。临行这一日，官僚多出城欢送，**五大臣**联翩出发，才到正阳门车站，方与各同寅话别。忽听得豁喇一声，来了一颗炸弹，炸得满地是烟硝气，**五大臣**急忙避开，还算保全性命。（蔡东藩《清史演义》第九十三回）

五大臣历聘诸邦，舟车所经，考其政治。（《立宪纪闻》，柴德赓等编《辛亥革命》四）

清政府在考察宪政之后，应国内人们的要求，进行了预备立宪的改革，在中央设立了资政院和内阁，在地方设立了谘议局等机构推行地方的自治。

2.各省“谘议局”的设立与清政府的地方立宪举措

清政府在地方上的立宪举措是在各省设立“谘议局”，这是地方具有议会性质的机构。谘议局的首脑为“议长”；其成员都叫“议员”，即议事人员，代表人民参与国家或地方事务的讨论与管理的人。而议员也主要是由地方官僚、地主和乡绅等组成。1909年10月14日，全国各省（除新疆暂缓外）谘议局同时成立。一些著名的立宪派人物，成了各省谘议局的议长、副议长、常驻议员。各省谘议局的成立，为立宪派提供了参政议政的讲坛。相应地，在乡村则设乡董、乡佐，在镇设董事会，董事会由总董一人、董事二至三人和名誉董事组成。并设参事会，其首脑叫会长，一般以地方长官充任。

谘议局设**议长**一人，**副议长**二人，**常驻议员**若干人，均由议员中互选。（《清末筹备立宪档案史料》之《宪政编查馆等奏拟订各省谘议局并议员选举章程折》）

城镇**董事会**各设职员如左：**总董**一名，**董事**一名至三名，**名誉董事**四名至十二

名。(《清末筹备立宪档案史料》之《宪政编查馆等奏核议城镇乡地方自治章程并另拟选举章程折》)

各乡设**乡董**一名,**乡佐**一名,以本乡选民,由该乡议事会选举,呈请该管地方官核准任用之。(《清末筹备立宪档案史料》之《宪政编查馆等奏核议城镇乡地方自治章程并另拟选举章程折》)

3. 中央"资政院"相关称谓与中央机构方面的立宪举措

1907年清政府决定在中央设立"资政院",1909年8月清廷谕准公布了经过修订的《资政院院章》,1910年10月3日在北京正式开院。资政院是中央谘议机构,相当于临时议会。但是与西方国家不同的是,其大多数成员是由清政府指定的,只有少数的成员是由地方选出的代表。资政院的主管官员设"总裁"和"副总裁"各一人,由清政府直接任命,资政院成员称"议员"。

官制粗定,复开宪政编查馆,建**资政院**,中央立统计处,外省立调查局,并派汪大燮、于式枚、达寿三大臣,分赴英德日三国考察宪法。(蔡东藩《清史演义》第九十三回)

资政院总裁,王、公、大臣内特简。**副总裁**,三品以上大臣内简充。各一人。掌取决公论。凡岁入岁出,法典朝章,公债税率,及被旨谘议者,经**议员**议决,会国务大臣上奏取裁。(《清史稿·职官志六·新官制》

三年春,二月,以大学士世继充**资政院总裁**,侍郎李家驹充**副总裁**,世继奏辞,不许。(柴德赓等编《辛亥革命》四)

资政院的官员,由于政治方面诉求的不同,又分成了三个派别。三派主张,各有拥护者,在社会上形成三个政党,即"宪友会"、"宪政实进会"和"辛亥俱乐部"。

宪友会应资政院需要而产生,以国会请愿同志会为基础,成于宣统三年六月六日,本部设于北京、支部达于十省,当时称为民党者也。其干部人物,有孙洪伊、汤化龙、谭延闿、徐佛苏(雷奋)等人。而在资政院中则以雷奋、籍忠寅等为其领袖,其主要目的是尊重和推动君主立宪政体,促成责任内阁等。(柴德赓等编《辛亥革命》四)

宪政实进会,由资政院众勒选议员,与硕学通儒议员,共同组织而成。其性质属保守党。其干部人物为庄亲王、劳乃宣,陈宝琛、赵炳鳞、沈林一、喻长霖诸人。而劳陈赵三氏,实居领袖之地位。民选议员之加入者,有于邦华、陈瀛州等。……其主要宗旨有"尊重君主立宪政体、期上下意思之疏通","发展地方自治,巩固宪政之基础"等。(柴德赓等编《辛亥革命》四)

辛亥俱乐部,乃宪正实进会之别动队,当时称为资政院中之官僚党。其组成分子,实合勒选互选二派。勒选议员之中,则有赵椿年、陈懋鼎、王璟芳、刘道仁诸人。互选议员之中,则有易宗夔、牟琳、罗杰诸人。……其主要宗旨有"阐扬立宪帝国之

精神”,“提倡军国民教育”,“发展地方自治能力”等。(柴德赓等编《辛亥革命》四)

在这三个政党中,宪友会是资产阶级改良派所组成,后两个政党(宪政实进会和辛亥俱乐部)主要是大官僚大地主甚至是皇族成员所组成,其主要目的不是为了促进立宪的实现,而是为了在立宪当中尽量推迟其进行,并在立宪当中尽可能地维护皇族、官僚和大地主的利益,因而组党和宪友会对抗。

4.“皇族内阁”的形成与立宪运动的破产

光绪皇帝和慈禧太后相继病逝后,三岁的溥仪即位,是为宣统皇帝,由其父载沣监国,称“摄政王”。载沣继续借立宪来笼络人心,1911 年 4 月,清廷宣布,第一届“责任内阁”成立,总理大臣是庆亲王奕劻,协理大臣是大学士那桐、徐世昌,以下设国务大臣若干人。内阁的大权完全落在皇亲国戚手中,由于内阁成员大多数是皇族,因而被当时的人称为“皇族内阁”。立宪立宪,最后竟然立下这样一种“宪政”!

当下先上奏折,大旨是开国会,改宪法,并罢斥**皇族内阁**等件,请朝廷立即施行。**摄政王**览了此奏,又不觉狐疑起来。(蔡东藩《清史演义》第九十八回)

这一天,章太炎弟子、名士黄侃从京来汉,在《大江报》同居正相遇,便商谈北京各类新闻,尤其是清朝**皇族内阁**成立,立即宣布铁路“干线均归国有”的内幕,及湖南、广东、湖北、四川四省掀起声势浩大的保路风潮,其中以四川斗争最为激烈,已发生了全省性的武装暴动。(刘凤舞《民国春秋》第一卷第七章)

就是在这种气氛下,立宪派才得知“**皇族内阁**”和铁路国有化之事。不到十天,代表十六个省的四十名立宪党人已在北京集合,名义上是召开第二次谘议局联合会,实际上是组织政党。(费正清、崔瑞德《剑桥中国晚清史》下卷第九章)

“皇族内阁”又称“亲贵内阁”:

因此杀袁世凯和保袁世凯的问题,早已不是什么维新与守旧、帝党与后党之争,也不是什么满汉显贵之争了,而是这一伙亲贵显要和那一伙亲贵显要间的夺权之争。以当时的**亲贵内阁**来说,就分成庆亲王奕劻等人的一伙和公爵载泽等人的一伙。给我父亲出谋划策以及要权力地位的,主要是后面这一伙。(溥仪《我的前半生》第一章四“摄政王监国”)

原奏总理大臣,必由国会公举,近**亲贵内阁**虽已解散,大臣仍系勒任,并非民选。(柴德赓等编《辛亥革命》四)

清政府的预备立宪,本来就是为了消弭革命而玩弄的一大骗局。“皇族内阁”的形成,使人民终于看清了统治者“假立宪”的真面目,标志着立宪运动的破产,立宪派人士大多由是觉醒,而转向了革命派。清政府“立宪”走到了极限,清王朝的命运也就走到了终点,很快便在武昌起义的炮火声中覆亡了。

第二节　反清革命团体和资产阶级革命派相关称谓与辛亥革命的成功

一、早期的反清革命团体称谓与其革命活动

(一)“兴中会”与孙中山的早期革命活动

“兴中会”是1894年孙中山在檀香山建立的中国最早的资产阶级革命团体，因为其主要目的是“专为振兴中华”，“用特集会以兴中”，所以命名为“兴中会”。

> 谨订章程，胪列如左：一、会名宜正也　本会名曰**兴中会**，总会设在中国，分会散设各地。二、本旨宜明也　本会之设，专为联络中外有志华人，讲求富强之学，以振兴中华，维持团体起见。(《兴中会宣言》(1895年1月24日)，《孙中山选集》)

> 而当时虽在英京，然亦事多忌讳，故尚未敢自称**兴中会**为予所创设者，又未敢表示**兴中会**之本旨为倾覆满清者，今于此特修正之以辅事实也。(《伦敦蒙难记》第八章(1897年初)，《孙中山选集》)

兴中会成立后，同年九月武装反清的广州起义，事泄未成，陆皓东等被捕牺牲，孙中山流亡国外。

(二)“中国教育会”和“爱国学社”与蔡元培等人的革命活动

“中国教育会”是1902年3月在上海由蔡元培、蒋智由、林獬、叶瀚等集议发起的革命团体。因为是以当时的“译本教科书多不适用，非从新编订完善，不足以改良教育”而发起，所以命名为“中国教育学会”，然而其主要成员“均属热心民族主义之名宿，故此会不啻隐然为东南各省革命之集团”。[①] 爱国学社是中国教育会附属的教育机构，其全体成员，都是教育会成员，后来爱国学社与中国教育会分立，成为单独团体。

> **中国教育会**本拟自办学校，而南洋公学退学生百余人，无力自组学社，遂推代表请求于**中国教育会**。……**中国教育会**，接受南洋退学生之请求，办理**爱国学社**，社员全体加入教育会。会与社，二而一，一而二，原无畛域之分。(蒋维乔《中国教育会之回忆》)

(三)“华兴会”和“同仇会”与黄兴、宋教仁等人的革命活动

“华兴会”是著名革命党人黄兴、宋教仁等人于1904年2月15日在长沙成立的革命团体。会议举黄兴为会长，主要成员还有刘揆一、陈天华、杨守仁等人。“同仇会”是

---

① 柴德赓等编：《辛亥革命》(一)，上海人民出版社1957年版，第481页。

华兴会的特设机关和外围组织，目的是便于联络反清会党举行起义，以推翻清政府，因清政府是两者的共同敌人，所以叫“同仇会”。

宋教仁是个政党组织的好手，他年轻，能说会写，不仅是一位天才的演说家，而且还是一位有名的政论家，经常用“桃源渔父”的笔名在报上发表政见。他早年参加过长沙起义，与蹈海而死的陈天华同为华兴会头角峥嵘的人物。（丁中江《北洋军阀史话》四十一）

去年八月，同仇会匪首刘姓等图谋不轨，因该匪首伙党甚多，易于纠集，派为五路督办。（《湖南巡抚端方奏拿获同仇会首要马福益折》，《萍浏醴起义资料汇编》）

庚子，义和拳起，八国联军入京。同仇会之马福益，约唐才常起事于湖南，在汉口谋泄，才常等数人为张文襄公之洞所杀。（徐珂《清稗类钞·会党类·哥老会》）

（四）“光复会”“光复军”与徐锡麟、秋瑾等人的革命活动

“光复会”是1904年冬在上海成立的革命团体，重要活动人物有徐锡麟、秋瑾、陶成章等，蔡元培为会长。会员大多是浙江籍人，主要活动范围在浙江、安徽和上海。因其有强烈民族主义色彩，以反满为宗旨，以期恢复汉人统治，因称“光复会”，又称“复古会”。1907年秋天，无形解散。1910年2月光复会在日本东京重建，以章太炎为会长，陶成章为副会长，在南洋设立行动总部。其成员大多是对孙中山抱有各种不满的同盟会会员，还有一部分旧光复会成员。

她即赴东留学，学成归国，至上海遇着徐锡麟，谈起宗旨，竟尔相同，无非是有志革命。当下徐锡麟创设光复会，叫陈、马两学生做会员，自任为会长，联络各处同志，结成一个小团体。（蔡东藩《清史演义》第九十四回）

丁未五月，徐锡麟案继出。徐，浙人，初立复古会，本会设上海，徐及秋瑾、陈伯平、马宗汉等为会员，其事稍为世人所知。复立光复会，其会员以金牌为徽章，中镂一“复”字篆文，旁镌真楷。（徐珂《清稗类钞·会党类·兴中会及同盟会》）

“光复军”有两个所指。一是指秋瑾所建立的秘密团体，秋瑾从日本回到绍兴之后，在江浙一带奔走，聚集有共同志向的人士，得数千人，秋瑾把他们编成八军，因其要“光复汉族，大振国权”，所以以“光复军”统称之。浙江光复军联络军队会党，分头准备皖浙两省起义，徐锡麟在安庆刺杀巡抚恩铭，被捕遇害。秋瑾拒绝出逃被捕，1907年6月6日在绍兴轩亭口就义。一是指1911年上海光复之役中反正的部队。1911年10月，光复会成员李燮和(1873—1927)由武昌赴上海，策动军警商团起义，因与光复会同一系统而称“光复军”，李被推举为总司令。11月4日上海城区光复，为辛亥革命作出重要贡献。

人们从刺杀清朝巡抚恩铭的烈士徐锡麟给秋瑾和其他生前友好的亲笔遗书中，可以看到烈士视死如归的革命精神。在手中握着一把利刃的秋瑾的遗像下面，

展出了烈士当年在浙江绍兴组织**光复军**的有关文物，它们反映了这位女中英豪的革命气概。(《辛亥革命历史文物展览会展出》,《人民日报》1961年10月11日)

窃**光复军**之起源，实光复会之变相也。燮和从事**光复军**数月，而奔走光复会者数年。……初六日黎明，遂取募府山，获大炮十四尊。江防水师参将张玉山以水师十三营来归，于是**光复军**名大振。(李燮和《光复军事略》[1913年6月],《近代史资料》总57号)

同盟会建立之前的革命团体，由于其在组织方面并不严密，政治纲领并不十分明确，因而不能称之为政党，只能是革命团体而已。

二、第一个革命政党"同盟会"及其后的一些政党和革命团体

(一)中国第一个资产阶级革命政党"同盟会"

"同盟会"全称"中国同盟会"，是孙中山的兴中会联合光复会、华兴会于1905年在日本东京共同组建的，是中国第一个正式的资产阶级革命政党。孙中山原"提议定名为中国革命同盟会，讨论结果，简称为中国同盟会"。[①]

三民主义者，**同盟会**唯一之政纲也，曰民族主义，曰民权主义，曰民生主义。今满洲政府已去，共和国体已成，民族、民权之二大纲已达目的，今后吾人之所急宜进行者，即民生主义是。(孙中山《在上海同盟会机关的演说》[1912年4月16日],《孙中山选集》)

同盟会是一个有明确政治纲领的资产阶级革命政党。其总章确认:"本会以'驱除鞑虏，恢复中华，创立民国，平均地权'为宗旨。"《军政府宣言》又宣布，此次革命"于驱除鞑虏、恢复中华之外，国体民生，尚当变更。虽经纬万端，要其一贯之精神，则为自由、平等、博爱。故前代为英雄革命，今日为国民革命"。(郑师渠主编《中国近代史》第九章)

"共进会"是同盟会的一个分支机构团体，发起于日本东京，建立于长沙，取"合各党派共进于革命"之意。共进会与下面说到的文学社，一同发动了武昌起义。

时居正已奉统筹部命，主持鄂事；正亦**共进会**会党。(柴德赓《辛亥革命》一)

1909年，焦达峰回国，在长沙建立湖南**共进会**总机关。(刘凤舞《民国演义》第十一章)

同盟会的成立，具有划时代的意义，敲响了清王朝的丧钟，昭示了民主共和的新纪元。

---

① 柴德赓等编:《辛亥革命》(二),上海人民出版社1957年版,第6页。

(二)"群治学社""文学社"及其对辛亥革命的贡献

"群治学社"是由湖北新军中的同盟会员黄申薌、郭抚宸、杨王鹏等人改组所成立的一个革命政治团体。因为其"集合多数同志知识,研究学问,提倡自治起见,故定名为群治学社"。[①]

> 同人等有见及此,故发起组织**群治学社**。研究学时,讲求自治。促睡狮之猛醒,挽既倒之狂澜。(柴德赓等编《辛亥革命》五)

群治学社于1910年春在新军中策划起义,事泄而遭破坏,但其实力得以保存,旋即改为"振武学社",杨王鹏为社长,后改由蒋翊武主持社务。

> 八月秋节,在黄土坡开一天酒馆举行成立大会……专以联络军界同袍,讲求武学起见,故定名为**振武学社**。(柴德赓等编《辛亥革命》五)

1911年初,振武学社改名为"文学社",蒋翊武为社长。

> 本社以联合同志研究文学,故名曰**文学社**……蒋翊武为正社长,詹大悲为文书部长,蔡大辅、王守愚为文书员,刘尧澂为评议部长"。(柴德赓等编《辛亥革命》五)

文学社成立后不久,就与中国同盟会中部总会取得联系,在新军中紧张地展开宣传组织工作,社员最多时发展到两三千人,几乎遍及湖北各标营队。在黄兴的鼓励和中部总会的促进下,经过反复磋商,1911年9月14日与湖北地区另一主要革命团体共进会举行联席会议,正式确定联合建立统一的起义领导机构及起义后革命政权组成问题,起义指挥部就设在文学社秘密总部武昌小朝街85号。10月10日文学社与共进会成功地发动了武昌起义,为辛亥革命和湖北军政府的成立作出了重大贡献。起义后,文学社公议全体加入同盟会。

(三)"保路同志会"和"保路同志军"与全国保路风潮

1911年5月,批准邮传部尚书盛宣怀将各省商办铁路"收归国有"、"借款兴办"的奏请,以"上谕"形式宣布"干线均归国有定为政策"。这实际上是借"国有"之名将铁路利权出卖给帝国主义。皇族内阁这种卖国行为,更加激化了社会矛盾,把各阶层人士推向反清阵营一边,在全国兴起了一场轰轰烈烈的保路风潮。其中四川的保路运动尤为炽烈,其标志性团体称谓为"保路同志会"和"保路同志军"。

1911年6月,在蒲殿俊等领导下,四川人民以"集合同志"和"废约保路"为宗旨,组织了革命政治团体"保路同志会",参加人数达几十万之多。

> **保路同志会**之创立,非徒快意气也,盖为合同失败,路权授人,则国危,而我辈之身家,即不可保。其争之也,将以求国势之巩固,及我辈身家之安全也。然则共

① 柴德赓等编:《辛亥革命》(五),上海人民出版社1957年版,第25页。

保其家，实保路同志会之宗旨。（柴德赓等编《辛亥革命》四）

因清政府对四川保路运动的武力镇压，四川各地人民纷纷组织民军，包围成都，武装反抗清政府的军队，这样使保路运动进一步激化，在部分地区发展成为推翻清政府统治、寻求地方独立和自治的风潮。李劼人的长篇小说《大波》就是描写这场保路运动的。保路运动中，在保路同志会基础上建立起的一支民军叫“保路同志军”，简称“同志军”。

1911年的辛亥革命，是以四川**保路同志军**起义作为伟大序幕的。……1911年8月上旬，王天杰、龙剑鸣和华阳的秦载赓、雅安的罗子舟等人在资中罗泉井镇开秘密会议，决定“借保路之名，行革命之实”，将保路同志会改为**保路同志军**，准备武装起义。（唐仁均《记川西保路同志军起义》，《人民日报》1981年10月15日）

各县的**同志军**又闻风兴起，赵尔丰弄到无兵可派，无兵可战的地步，他不能不屡电满清的朝廷请援，甚至于请撤回铁路国有的命令，以缓和民意了。（郭沫若《反正前后》，柴德赓等编《辛亥革命》四）

四川保路运动发展为武装斗争，起义的各路保路同志军在反动派的镇压和破坏下失败了，但却成为武昌起义的前奏。

三、资产阶级革命派和革命党人称谓及其反映的立场和感情色彩

（一）“革命党”“革党”“新党”的含义

“党”在古代一般只用作贬义，指帮派，亦指结党拉派的不正当行为，故孔子谓“君子不党”。但是，在近代政党概念传入中国以后，“党”的意义也渐渐现代化起来。作为现代意义上的政党概念，也可以认为“党”是一个“来自西洋，路过日本”的词，带有一些借词的性质。

晚清时期，由于清政府的腐败无能，有新思想的志士们意识到改良维新的道路行不通，谋求彻底推翻清朝统治，于是涌现出一大批反清政治团体。古人谓改朝换代为“革命”，人们便将这些政治团体称为“革命党”。虽云“党”，但当时并没有严密的组织（一般以称“会”居多），只是有共同思想的一类人的称呼而已。后来，从兴中会开始，有了比较严密的党的组织。孙中山先生在1895年底至1896年底逗留日本期间，也开始以“革命党”自称。[①]

“革命党”一般用作团体称谓，泛称反对清朝统治的革命组织或集团。

有温生才者，隶**革命党**，事暗杀。会日将暮，伏道左，俟其至，轰击之，遂殒命。生才被执，论弃市。（《清史稿·孚琦传》）

---

① 冯天瑜：《孙中山何时以“革命党”自命》，《湖北社会科学》2001年第10期。

今天还是第一天宴客。当下席间，胜佛把在万木草堂和常肃讨论的事，连带**革命党**在广州的失败，一起报告了。（《孽海花》第三十五回）

是役也，集合各省**革命党**之精英，与彼虏为最后之一博。事虽不成，而黄花冈七十二烈士轰轰烈烈之，已震动全球；而国内革命之时势，实以之造成矣。（《建国方略之一》第八章，《孙中山选集》）

我本**革命党**大首领，捐道员。到安庆专为排满而来，做官本是假的，使人可无防备。……因抚台近日稽查**革命党**甚严，他又当面叫我捉**革命党**首领，恐遭其害，故先为同党报仇。（《徐锡麟供》，《中国近代史通鉴·辛亥革命·文献史料》）

“革命党”也可以作个体称谓，指那些反对封建统治进行革命活动的个人。

辛亥，诏以人心浮动，党会繁多，混入军营，句引煽惑，命军谘处、陆军部、南北洋大臣新旧诸军严密稽查……乙卯，广东**革命党**王占魁等伏诛。（《清史稿·宣统皇帝本纪》）

一个瘦长脸，是戴制台的公子，是个古怪的阔少爷，还有人说他是**革命党**。（《孽海花》第二十二回）

“你们可看见过杀头么？”阿Q说，“咳，好看。杀**革命党**。唉，好看好看……”他摇摇头，将唾沫飞在正对面的赵司晨的脸上。（鲁迅《阿Q正传》第六章）

“革命党”也简称“革党”，多用于文言语体。且看下面语料：

吾此次出山，熟计南方**革党**不难平定，惟筹饷吾着，实为棘手。（《前·六·皇室迁居议》，许指严《新华秘记》）

今**革党**势盛，京师动摇，旦夕且有肘腋变起。（《前·三·小公爵》，许指严《新华秘记》）

革党同志均不待讯问，争先供出姓名，一为秦礼明，一为龚霞初，又供出机关多处。齐耀珊电告督署，饬巡警道就近搜获二十余人，连夜解往武昌，一同斩决。是夜，张彪正在司令处办公，有炮队正目前来禀报，又探得**革党**秘密住所三处。（荫余轩放《民国野史》第一回）

“新党”在清末本是对维新党的简称，他们要求学习西方君主立宪，设立国会。但在辛亥革命前后，人们又用“新党”来称呼革命党人和拥护革命的新派人物，以与守旧的势力相区别。

以是吾党党员本利国利民之诚意，会合全体，联名上书。时则日本正以雄师进逼北京，在吾党固欲利用此时机，而在朝廷亦恐以惩治**新党**失全国之心，遂寝阁不报。（孙中山《伦敦蒙难记》第一章，《孙中山选集》）

以时事言，南北之争，南方多**新党**，而北方多旧人。（《新旧之争》，《申报》民国七年一月三日）

（二）“革命党人”“党人”“党员”“同志”的含义

作为个体称谓，又有“革命党人”的称谓。这里把“革命党”作为团体称谓来使用，再加上一个“人”，来表示隶属于这个集团的成员。

黎元洪既不是立宪派，更不是革命党人。在湖北新军军官中，一般关系处得都好，因此武昌起义后被拥为湖北都督，以后便逐渐接近立宪派，因而倾向袁世凯方面。及帝制运动公开后，又坚决反对。（张国淦《北洋述闻·袁世凯与黎元洪的斗争》）

党派成员还可单称“党人”。戊戌变法期间，“党人”被用来称维新人士，辛亥革命时期，其指称对象又有了新的变化，专称反清的各类“革命党人”。因为在这一时期，革命党派的叫法比较复杂，有的叫“党”，有的叫“会”，有的叫“社”，所以又有“党员”“会员”“社员”的称呼。一般来说，党的成员可以称为“党员”，会的成员可以称为“会员”，社的成员可以称为“社员”。由于会和社都属于革命党派，所以通称为“党员”。

后党人由法政府遣送出境，而往英属星加坡。……后由法属政府表白：当河口革命战争之际，法政府对于两方曾取中立态度，在事实上直等于承认革命党之交战团体也，故送来星嘉坡之党人，不能作乱民看待等语。（《建国方略之一》第八章，《孙中山选集》）

丙午萍醴之役，则同盟会会员自动之义师也。当萍醴革命军与清兵苦战之时，东京之会员莫不激昂慷慨，怒发冲冠……然而会员之纷纷回国从军者，已相望于道矣。寻而萍醴之师败，而禹之谟、刘道一、宁调元、胡瑛等竟被清吏拿获，或囚或杀者多人。此为革命同盟会会员第一次之流血也。（《建国方略之一》第八章，《孙中山选集》）

本社设社长一人，副社长一人，文书部长一人，评议部长一人，均由社员推举之。（《文学社章程》，柴德赓等编《辛亥革命》五）

乃不期东京本部之党员忽起风潮，而武器购买运输之计划为之破坏。（《建国方略之一》第八章，《孙中山选集》）

要说现代政党中人称“党人”还略显陈旧的话，称“同志”，就应该算是较新式的称谓了（尽管古已有“同志曰友”之说）。

用特集会众以兴中，协贤豪而共济，抒此时艰，奠我中夏。仰诸同志，盍自勉旃！（《兴中会章程》[1894 年 11 月 24 日]，《孙中山选集》）

中山先生与黄克强同志，闻萍醴起事，始先后分遣胡瑛、宁调元、孙毓筠、杨卓林、段书云、权道涵、禹之谟、李发根、廖德璠诸同志入苏皖赣湘鄂各省运动军界，以图响应。（陈春生《丙午萍醴起义记》，柴德赓等编《辛亥革命》二）

（三）“革命军”“革军”的含义

“革命军”是对革命党所建立的起义军队的称呼。

予乃命黄克强随郭人漳营,命胡毅生随赵伯先营,而游说之以赞成革命。二人皆首肯,许以若有堂堂正正之**革命军**起,彼等必反戈相应。(《建国方略之一》第八章,《孙中山选集》)

于是镇南关之三炮台转瞬皆入于**革命军**之手,革命之旗遂飘飞于三炮台之顶上矣。克复之喜报翌日飞达东京,孙等大喜,连呼快哉,额手相贺。(姜泣群《民国野史·前事重提》)

"革军"是对"革命军"的简称,一般出现在文言化的语句当中。

革军即有少数炮弹,亦无弹火引头,以致失其战斗力。围攻一日夜,不能得手,士卒稍稍散去。皖垣濒江,江面有兵舰数艘,初已表示归附**革军**,此时亦受朱家宝威胁利诱,炮攻**革军**,毁营垒,革命军势渐不支。(陈春生《戊申熊成基安庆起义记》,柴德赓等编《辛亥革命》三)

(四)"革命派""革命激烈派"等称谓的含义

"派"本义为水的支流,后来指人物的系统、流别。"革命派"就是指有着共同的推翻清朝统治志向的一类人,与拥护清朝统治的人形成尖锐的对立。

在革命之初,**革命派**拥黎出来做都督,即专注重扩充军队(很快就扩充到六师人),其政治方面则为立宪派所主持,所以当时形势能暂时稳定。后来两派的态度便明显的不同了。**革命派**之立场常站在反袁的方面,立宪派则富于妥协,便倒向袁世凯。黎元洪本是附和立宪派的,因此也随着倾向袁世凯。(张国淦《北洋述闻·袁世凯与黎元洪的斗争·袁、黎初步的发生关系》)

"革命派",又称"革命激烈派",大概是指他们观点激烈,为当时社会所难以接受,并获得大多数人的赞同。

陈英士(其美)、黄秀伯(中慧)为莫逆交,秀伯尝过杨泗州所,盛称英士之才,谓:"其人虽**革命激烈派**,然通时务、识俊彦,任侠可风。"(《新语林》卷六)

这些具有资产阶级革命思想的人,为了推翻满清政府的统治,建立了许多革命的政治组织,宣扬民族主义思想,进行资产阶级的政治革命。

(五)"革命巨子"和"伟人"等称谓的含义和感情色彩

"革命巨子"为当时称呼革命者魁首的称谓。"巨子"本为墨家学派尊称本学派有重大成就的人,《庄子·天下》:"南方之墨者……以巨子为圣人。"后世引申为对某一方面权威人物的泛称,含有恭敬之意,例如晚清时期诗人丘逢甲就被梁启超誉为"诗界革命巨子"。民初则用"革命巨子"来称呼革命领袖,从中可以看出对革命领袖的欣赏和赞誉之情。

但这也因为我天生的不是革命家的缘故,倘是**革命巨子**,看这一点牺牲,是不算一回事的。(鲁迅《通信(并Y来信)》,《语丝》第四卷第十七期)

还有一位革命巨子，名叫黄兴。这黄兴结了个同盟会，会中党羽，不计其数。（李伯通《西太后野史演义》第三十二回）

又接另一友人报告云，十五日晚十钟余，两翼游缉队等在正阳门内捕获前武昌起义革命巨子张振武并方维等十三人。（《革命健儿之下场·枪毙纪事》，上海《申报》1912年8月21日，转引自《老新闻·民国旧事》）

除了"革命巨子"，民初对革命领袖，多称为"伟人"，以表示他们的伟大；也有"小伟人"的称谓，来指称那些地位逊于主要革命领导者的革命领袖；"女伟人"则称那些在革命中作出贡献的女革命者。

袁氏受职总统之始，恐西南革命伟人图己，乃竭意联络羁縻之。且欲一觇其人之才能高下，故一切招之入觐，概加优待。伟人来京，无不有宾至如归之乐。（许指严《新华秘记》前二〇）

而袁氏所忌者，伟人之持改革政治议论。（许指严《新华秘记》前二二）

时凡挟光复一部分功劳之小伟人，亦皆谒袁氏求资助，或期得一位置。（许指严《新华秘记》前二二）

自言系出大家，曾毕业于某女师范学校，与民党女伟人沈唐等亦相善。（许指严《新华秘记》前三一）

凡女伟人及参政团诸时贤，如唐、沈、王、蒋及朱三小姐等，皆其征逐之新交也。（许指严《新华秘记》后四一）

（六）"乱党""逆党""革匪""匪党"等贬义称谓

革命党对清政府来说就是犯上作乱，因而被统治当局目为"乱党""逆党"，称为"革匪""匪党"。这都是清政府及其官员对革命党和革命党起义军的诬蔑的称呼。从这些称谓中，我们可以看到清政府及其官员对革命党的极度仇视。

乱党攻击河口，已获大胜。……有何乱党？因何起事？希将详细情形即行电复。（《外务部来电》[1908年5月1日]，柴德赓等编《辛亥革命》三）

张固伧夫，对截发革履之士概目为乱党，不待鞫讯即置之重典，花牌楼、大行宫人头累累，竿于通衢。（陶菊隐《近代轶闻·南京光复史》）

昨据署蒙自关道增厚电报，河口地方被孙文逆党窜攻。（锡良《致军机处》[1908年5月3日]，柴德赓等编《辛亥革命》三）

昨严州府启：为缉捕匪党事密禀浙抚，略称昨晚戌刻接奉宪台密函，安庆匪首伏诛，余党复在绍兴思逞，竺绍康、王金发逃窜。……并密会个营防，一体严加戒备，务使匪党无从潜匿，免致勾连窜越。（《严州密禀缉拿匪党》，《神州日报》1907年7月31日）

革匪窜陷河口警报，昨已电闻。（锡良《致外务部》[1908年5月4日]，柴德赓等编《辛亥革命》三）

称谓的感情色彩是复杂的，它有着主客观及时、地、人等多方面的差异。比如"革命党"，一方面，它在革命低潮或失败之时是一个为人鄙夷和惧怕的称谓，而在革命高潮或成功之时，它又成为一个荣耀和受人欣羡的称谓；另一方面，用于革命派自称，"革命党"是一个褒义性称谓，而出自统治者之口，它就是一个贬义性称谓。当然"乱党""匪党"之类，本身是贬义性称谓，但它们只反映清王朝立场一方的主观感情。再如从历史发展角度看，孙中山是清王朝的"乱臣贼子"，但却是中华民族的功臣。尽管中国民主政体的发展步履维艰，但辛亥革命毕竟揭开了民主共和的新纪元。

第二编　晚清官场称谓管窥

——以《官场现形记》为例

编 前 言

上一编主要结合政治变革进程叙述晚清社会称谓，此编由《官场现形记》入手，观察晚清官场称谓及其反映的官场情形，是对上一编内容和晚清阶段社会称谓研究的一个重要补充。我们题为“管窥”，那就是不期其全，即能“窥”到多少是多少，亦取“借一斑而窥全豹”之意。众所周知，李宝嘉的《官场现形记》是晚清四大谴责小说之一，作者以犀利的笔锋抨击了封建官僚制度的腐朽和没落，揭露了官场腐败和官吏昏庸，深刻地反映了晚清官场现实，是我国皇权社会总崩溃时期特有的产物。所叙人物事件，生动地再现了当时封建社会官场中的种种复杂关系与畸形现象。我们力图通过对官场称谓的描写和梳理，来透视官场中的种种关系，以及通过对在具体语境中称谓的使用情形的探讨，来分析各类称谓在官场环境影响下发生的变异。本编共分两章，实际不过是变换一下角度观察问题，第一章题为“《官场现形记》之官场称谓概观”，第二章题为“晚清社会称谓与官场风气透视”，具体称谓于此拟不烦赘举，请参详该编。

第一章　《官场现形记》之官场称谓概观

本章涉及的主要称谓如下：

第一节	一	大人、老爷、大老爷
	二	老哥、老兄、兄弟、老弟、愚兄、大人、职道、卑府、卑职
第二节	一	师爷、帐房师爷、书禀师爷、刑名师爷、钱谷师爷、师老爷、老夫子、东翁、东家、晚生
	二	二爷、大爷、门政大爷、太爷、二太爷、大太爷、三小子
第三节	一	祖老太爷、祖老太太
	二	老大人、老太爷、老太太
	三	排行＋老爷、排行＋大人
	四	太太、正太太、姨太太、姨太、姨
	五	少爷、少大人、小姐、姑奶奶
	六	姑爷、舅爷、表老爷、舅老爷、姑老爷、舅太爷、叔太爷、侄少爷、外孙少爷

鲁迅先生在《学界的三魂》一文中谈到“官魂”时说：“中国人的官瘾实在深，汉重孝廉而有埋儿刻木，宋重理学而有高帽破靴，清重帖括而有‘且夫’‘然则’。总而言之：那魂灵就在做官——行官势，摆官腔，打官话。”这一段深刻的、极富洞察力的话，触到了两千余年中国封建制度的一根神经：官僚制度。这个制度，造就了中国封建社会中极为重要的、拥有巨大势力的社会阶层——官，形成了以官为轴心和主要活动者的政治生活、社会生活的圈子——官场。①

晚清小说家李伯元的《官场现形记》是较早对官场做描述和探究的著作，它被称为“官国活动大写真”、“晚清政治的形象史”，如果我们想更多地了解清代官场中的情况，自然官场中的称谓也是不可忽略的一个重要方面，本章就从此书中的官场称谓入手来透视通过各类官场称谓体现出的清代官场生态。

第一节　官员的称谓

一、“大人”“老爷”的区别和使用情形

清人方濬师《焦轩随录·官场称谓》云：“大人”二字，见于《周易》、《孟子》。魏道武

① 李乔：《清代官场百态》，中国人民大学出版社1990年版，第1页。

帝登国元年，以长孙嵩为南部大人，叔孙普洛为北部大人，尚是官长之名。唐回纥见郭子仪，喜曰："初发本部日，巫师云：'此行大安，稳见一大人，即归。'"此则近于今之称大人者。雍正以后"文职内而六部、大小九卿、翰林院侍讲以上、詹事府赞善以上，外而督、抚、藩、臬、运、道，武职都统、副都统、口外大臣及绿营提督、总兵皆称大人"（梅文穆公曰"康熙中非钦差中使即督抚亦不称大人"，可为雍正后之证）。光绪之后知府有加至二品、三品职衔者，无不"大人"矣。[①]

"大人"可以直接称呼，也可以附加限定词来称呼，如藩台大人、制台大人、统领大人、道台大人、提督大人、军门大人、青天大人、老伯大人、尊大人、令兄大人等。《清稗类钞·称谓类·大老爷老爷》："明时缙绅，惟九卿称老爷，词林称老爷，外任司道以上称老爷，余止称爷，称老爹而已。乾隆时，内而九卿，外而司道以上，俱称大老爷。自知府至知县，亦称大老爷。咸、同以降，至光、宣间，知府无加衔者，以至知县，皆称大老爷。"[②]

当然"老爷"也可以附加限定词来称呼，如大老爷、县里老爷、青天大老爷、都老爷、二老爷、三老爷、委员老爷、州判老爷，等等。

"大人"和"老爷"这两个称谓，都用来称呼官员，所不同的是二者有级别的差异。"大人"为知府以上高级官员的称谓，而"老爷"为县以下级别官员的称谓，正县品则称"大老爷"。《官场现形记》中有"府大人、县里老爷不统通都是官吗？还要升到那里去"一句话，是对这两个称谓最好的区别。另外我们通过第三十五回对何师爷称谓的变化来体会这二者的区别。

何师爷名顺，号孝先，乃绍兴人氏，本为太原府阎二先生的账房师爷，因抚台急催阎二赈款一事，经过阎二的保举，抚台委派何师爷临时到上海劝办。

> 且说何师爷回到上海，便自己另外赁了一座公馆，挂起"奉旨设立报效山西赈捐总局"的牌子。未到上海的前头，已吩咐手下人等不准再称何师爷，须改口称老爷。靠着山西巡抚的虚火，天天拜客，竭力同人家拉拢。有人请酒，一概亲到。如此者应酬了一个月下来，居然有些人上他的吊，报效一万银子的有三个，八千银子的有四个，六千银子的有十来个。一面上兑，一面就打电报给山西抚台，替人家专折奏请奖励。真正是信实通商，财源茂盛。
>
> 单说何孝先自办此事以来，居然别开生路，与申大善士一帮旗鼓相当，彼此各不相下。毕竟他是山西抚台奏派的，却也拿他无可如何。又过些时，何孝先私自打电报托山西抚台于赈捐案内两个保举，从同知上一直保到道台，又加了二品顶戴。从此摇

① 方濬师：《焦轩随录》，沈云龙主编：《近代中国史料丛刊》第三十八辑，文海出版社 1969 年版，第 1217 页。

② 徐柯：《清稗类钞》第五册，中华书局 1984 年版，第 2175 页。

摇摆摆，每逢官场有事，他竟充作大人大物了。偶然人家请他吃饭，帖子写错，或称他为“何老爷”、“何大老爷”，他一定不到。只要称他“大人”，那是顶高兴没有。从此以后，羡慕他的人更多，不是亲也是亲，不是友也是友，都愿意同他往来。就有他一个表弟，是从前瞧不起他的，如今见他已作了道台，居然他表弟到上海也就来拜他了。

当何孝先为一幕友时人称“何师爷”，可是一旦他有官差在身，便吩咐手下人等改口称“老爷”，借着办差成功他一直保举到道台。这样，“老爷”的称呼已经不再符合他的身份了，只要人称他“大人”，“那是顶高兴没有”。从他的身上我们看到清代对官员的称谓需要分等级，每一称谓都有特定的适用范围，如果称谓得当就会事半功倍，反之会有碍仕途。

二、上下级官员之间的相互称谓

（一）上级对下级的兄弟之称

官场中上级对下级常呼之以“老哥”“老兄”，而自称“兄弟”，或呼为“老弟”而自称“愚兄”，这是官场称谓的普遍现象，属于拟亲属称谓，并不是真正意义上的兄弟之称。上级对下级的此类称呼有以下几个不同的意义：

1. 上级对下级以兄弟相称有时候略含敷衍、嘲讽之意

黄三溜子急了，满肚皮的想要搜寻出几句话来应酬应酬大人才好；想了半天，熬不住，先开口道：“大人贵姓是傅，台甫没有请教？”署院一听他问这两句话，便知道他是初出茅庐，不懂得甚么，也不同他生气，笑了一笑，说道：“不错，我姓傅，我的号叫做理堂。你老哥一向在家里做什么的？”（第十九回）

在这一例中署院明显看不起黄三溜子，对他不明官场礼节很不满，但是仍然以“老哥”呼之，仅仅是出于官场中的礼貌。

2. 这类称谓有时又因有事相求而带有拉近彼此间距离的感情色彩

胡巡捕听说他来，因为一向要好的，赶忙进去请了安，说：“护院正会客哩，等等再上去回。大人吃过饭了没有？”黄道台说：“偏过了。老哥，你这称呼要改的了，兄弟是降调人员，不同老哥一样吗？”说着，就要拉胡巡捕坐下谈天。（第四回）

在这一例中是道台称呼巡捕，与被呼者兄弟相称不但可以增进彼此的感情，而且用这种自降身份的称呼，抬高了被呼者，使有求之事办起来较容易。

3. 有时上级为了转换对下级的态度也用这类称谓

制台不等他说完，便把手折一放，说：“老哥，你还不晓得外国人的事情是不好弄的么？地方上百姓不拿地卖给他，请问他的公司到哪里去开呢？就是包讨账，他要的钱，并非要的是命。他自己寻死，与洋人何干呢？你老兄做知府，既然晓得地

方有这些坏人，就该预先禁止他们，拿地不准卖给外国人才是。”（第五十三回）

（三荷包）趁空又回：“卑职晓得大人夏天欢喜清爽，所以预备的是外国大菜。”抚院一听外国大菜，楞了一楞，说道：“外国大菜牛羊肉居多；兄弟家里，已经七辈子不吃牛肉，只要家常饭菜便好。你老哥也不必费事，兄弟吃了不及那个舒服。”（第六回）

这两例称呼是利用类亲属称谓来转换对对方的态度。第一例制台起初因为淮安府写的是小字而大动肝火，而当听到淮安府的公事都与洋人有关立即转换了态度，以老哥称呼淮安府，从这里也可以看出清时官员听洋色变的丑态。第二例抚院是钦差大臣，对各种事项如安排他的吃住问题百般挑剔，但是当他听到三荷包预备的是外国大餐时心里大喜，他的喜从对三荷包的称呼中可看出，以“兄弟”自称，“老哥”对称，两人的距离顿时拉近了不少。清时各地官员想方设法讨好钦差大臣，按照他的喜好安排一切事宜，当然用银两财物等打点一下也是必不可少的，凡此种种也是人人争当此职的一个重要原因。清代安排钦差大臣本义是督察百官，到后来慢慢演变为聚敛财富的手段，可见清朝官制的衰败。

4. 官场中上级还常以“愚兄”这一谦词自称，而称下级“老弟”

徐大军机道：“老弟，这就是你的不是了。‘是非只为多开口，祸乱都因硬出头。’你难道连这两句俗话还不晓得吗？现在世界最忌的是硬出头。不要说是你，就像愚兄如今当了军机大臣，什么事情能够逃得过我的手？”（第二十七回）

5. “愚兄”还可以用于高官老师对下级学生的自称，而称学生为“老弟”

不提防这位老中堂早就预备此一着，两天头里便齐集了甲班出身的那些门生，同他们说道：“从前要进我们这个翰林院，何等烦难！……然而上头有恩典给他们，我们怎好叫上头不给他们。就是上头派愚兄阅卷，愚兄亦怎好不去。不过收到这种门生，愚兄心上总觉不是。现在请了诸位来，彼此商量一个抵制的法子，就同他们上海抵制‘美约’一样，总要弄得他们不敢进这个衙门才好。诸位老弟高见，以为何如？”（第五十八回）

6. 同辈之间位尊者也常以“愚兄”自称，而称对方为“老弟”

还是戴升看出他的苗头，就说：“老弟！官场里的事情，你也总算经过来的了，那里有一见面就委你差使的？少不得多走两趟。不是说，有愚兄在里头，咱们兄弟自己的事，还有什么不替你上紧的。这算得什么，也值得放在心上，就马上不自在起来。快别这样！”（第三回）

“愚”作为尊长自谦，据清平步青《霞外攟屑》卷十载：“《金石萃编》卷四十一，后魏昌黎冯王新庙碑文，自称愚；又孔纾墓志，亦自称愚。按此即今人于卑幼书牍自署愚之所本。”“愚”作为自谦之词可以上溯到两千年前，但并不专用作尊者自称，清季文人官僚追求典雅，片面效仿前儒，把它作为尊者自称用词。受此影响，附在称谓词前表谦的“愚”

也有了尊长对卑下的固定用法。[1] 我们前面在亲属称谓词中讨论过“愚”的意义，很明显“愚兄”这一称谓在这里发生了很大的变化，这种变化是人们在交际过程中出于礼貌的原则而产生的。正如王力《汉语史稿》第三章所说：“此种礼貌式，历代都有变更，都有新兴的形式。”就连同一称谓语的使用范围和意义也都发生了变化，就称谓词而言，不断地抬高对方，贬抑自己以表示礼貌，是汉语称谓词的发展中一个有规律性的特点。“愚兄”意义的变化正体现了这一规律。

（二）下级对上级的称谓

如果我们根据上级常称呼下级“老哥”、“老兄”来判断下级相应的应该称呼上级“老弟”等，那就大错特错了。在特定的语境中称谓“兄”“弟”并不是对称的，特别是在清代官场中，下级不会称呼上级“老弟”，而是以官称“大人”与之呼应。

> 一到屋里，黄道台请了一个安，跟手跪下磕了一个头，又请了一个安，说：“叩谢大人为职道事情操心。”归坐之后，接着就说：“职道没有福气伺候大人。将来还求大人栽培，职道为牛为马也情愿的。”护院道：“真也想不到的事情。但是制台的电报说虽如此说，折子还没有出去。昨日胡巡捕回来，讲老哥有位令亲在幕府里，为甚么不托他想法子去挽回挽回？”（第四回）

清代官场称谓有着严格的等级制度，下级对上级自称也有严格的规定：道员自称“职道”；知府自称“卑府”；同知以下自称“卑职”。

> 一到屋里，黄道台请了一个安，跟手跪下磕了一个头，又请了一个安，说：“叩谢大人为**职道**事情操心。”归坐之后，接着就说：“**职道**没有福气伺候大人。将来还求大人栽培，**职道**为牛为马也情愿的。”（第四回）
>
> 知府道：“今日是替大人庆功，理应大人首座，**卑府**们陪坐。”（第十四回）
>
> 钱典史熬不过，便站起来又请了一个安，说：“**卑职**母老家贫，虽说选了出来，藩宪一时不挂牌。总求大人提拔提拔！”（第三回）
>
> 陶子尧忙回：“**卑职**一直是在洋务局里当差，没有伺候过大人。今番大人来在上海，**卑职**没有预先得信，所以来的迟了。今日特地前来禀安请罪。”（第九回）

清代官场称谓有着成文不成文的严格的规定，正如第三十二回所言：“大人卑职，名分攸关。”且看第三十四回阎二先生对抚台称谓和自称的变化：

> 一日（阎二先生）到了太原地界。抚台得了信，不等他来拜，先自己去拜他，说了多少仰慕感激的话，一口一声“阎老先生”，又面谕首府、县好生款待，好生招呼。阎二先生的官阶虽然只有个知州，然而这一回乃是赈济而来，便摆出他大善士的架

---

① 俞理明：《汉语的谦称“愚”》，《语文建设》2000年第2期。

子，连抚台亦不放在眼里，竟称抚台为某翁，自己称兄弟。齐巧这位抚台乃是最讲究这些过节的；现在为着要银子赈济，不能不仰仗于他，虽然奈何他不得，心上却实在不高兴，面子上依旧竭力敷衍。

这位阎二先生虽仅是个知州，但因奉旨赈济，便傲慢起来，竟同山西巡抚称兄道弟。但事情是起变化的，由于他“架子太大了，不满意于人的地方很多。起先是他到抚台面前说人不好，后来渐渐的有人到抚台面前说他不好。人众我寡，一张嘴如何说得过众人。抚台想起他的前情，见了人那副傲慢样子，心上很不舒服他。因此便将计就计，上了一个折子”，将他留在山西，自然这个折子朝廷没有不答应的。

有天批折回来，抚台也不声张，袖了折子前去拜他。……此时也不称他为阎老先生，但说得一句道：“现在有上谕在此，老兄请看。”阎二先生一听大惊，赶忙接在手中看时，只见前是山西抚台的折子保举他，留他在山西的派话；后面一行奉旨，是“阎某人着交某人差遣委用”十几个字。阎二先生看到这里，一时又惊又喜，两手拿着折子放不下来。惊的是：他在我面前，从未提过一声，凭空的一个折子竟其把我留下。喜的是：我本是一个没有省分的人，现在忽然归了特旨班，即日就可补缺。因此心上忐忑不定。但是既经留在山西，同抚台便是堂属体制，不能再照前番称呼。一旦要我恭顺起来，并非心有不甘，实在面子上一时放不下去。前日是并起并坐，今日是“大人、卑职”，未免叫不出口，难以为情。仔细思量，踌躇不决。既而一想：“他既然能够晓得我的好处，保举我，他便是我的知己。古人云：‘感恩知己。’我既感他的恩，就是叫声大人，有何不可。”主意打定，于是放下折子，慌忙离座，恭恭敬敬朝抚台磕了个头。磕头之后，接着请了一个安，说了声“卑职蒙大人提拔，谢大人栽培。卑职情愿伺候大人，替大人效力”。

刚刚开始由于抚台有求于阎二，才口口声声尊他为“阎老先生”，而阎二不识好歹，仗着他手中的那点儿权力，竟然不以官称来称呼抚台，仅仅称抚台为“某翁”，自己称“兄弟”，这对于非常在乎这些细节的抚台来说自然是十分不高兴的事。抚台看不惯阎二那种傲慢的样子，便趁机上了折子留阎二在他手下供职，以压压他的锐气。既然有了这样一种上下级的关系，阎二就不能再用“某翁”来称呼抚台了，须改以正式的官称才是，所以接着朝抚台磕头、请安说：“卑职蒙大人提拔，谢大人栽培。卑职情愿伺候大人，替大人效力。”一句话就道出了四个“大人”。这前后称谓的对比充分说明在清代官场中有严格的称谓规矩，因为身份地位的变化，相应的称谓也要随之改变，特别是在有直接上下级关系的官员之间，称谓的“名分”尤显重要。

第二节 官衙下层供职人员称谓

一、幕宾称谓

"师爷"是清代各级官府中幕僚的俗称，是指上自总督、巡抚，下至知府、州县以及武官提任、镇台等各级官员用"关书"(红纸帖子)聘请来的幕宾。根据分工不同又有"账房师爷""书稟师爷""刑名师爷""钱谷师爷"等名头。这是一种职业性称谓，不能用来直接称呼对方，多为背称。

老爷穿的是朝珠补褂，太太穿的是红裙披风。双双站立厅前，同受众人行礼。……众家人叩头起来，便是众位**师爷**行礼。(第四回)

道台知道是要紧事情，连忙拆开一看，上头只有号码。黄道台是不认得外国字的，忙请了**账房师爷**来，找到一本"华洋历本"，翻出电码，一个一个的查。(第三回)

三荷包又叫把单子交给**书禀师爷**，用工楷誊出十几份来。……去叫**书禀师爷**，把某大人，某老爷，一个个拿红纸写了签条。(第七回)

瞿耐庵问案虽糊涂，弄钱的本事却精明，既然拿到了这个把柄，一腔怨气，便想由此发作，立刻请了**刑名师爷**替他拟了一个禀稿，誊清用印，禀揭出去。(第四十一回)

钱琼光又进去求了**账房师爷**、**钱谷师爷**，替他到堂翁面前讲情。(第四十五回)

为了显示官府师爷的地位，下人们便借用官称"老爷"，直接敬称师爷为"师老爷"。

到了天黑之后，先是把宅门的同了茶房进来，打了一个千，尊了一声："**师老爷**"，垂手一旁站着听吩咐。(第四十一回)

"夫子"名号，为古代学生称呼先生的最早尊称。春秋时，孔子门徒都自称"门人"，而尊孔子为"夫子"。后世尊崇孔子，奉祀学宫，牌位犹题"先师孔夫子"，以示敬仰之至。官员聘师爷出谋划策，故尊称为"老夫子"，因师爷一般都是有学问的人。"老夫子"可以直称，也可以背称。

钱琼光不免跟了账房师爷同到账房里，就左一个安，右一个安，一面请安，一面软求道："晚生一时荒谬，总得求你**老夫子**成全！"(第四十五回)

刁迈彭立刻拍着胸脯，说道："我们这位老宪台是有钱的，不应如此啬刻。你只管天天去讨；将来实在讨不着，等我进去同他账房**老夫子**说，划还给你就是了。"果然那人次日进去，逼的更紧。抚台不便亲自出来会他，都是官亲表侄少爷出来同他支吾。(第四十八回)

"师爷"称主官为"东翁"，背称"东家"，自称"晚生"。他与主官只有宾主关系，而无隶属关系。他从主官那里每月所得收入，称为"束修"，不是薪俸。[1]

王博高道："这种馆地你还要恋着，怕得罪东家，无怪乎被东家看不起！如今这事情既然被我们晓得了，我一定要打一个抱不平。你怕失馆，我们大家凑出钱来送你回杭州。"（第二十七回）

内中有个书启老夫子姓丁名自建，是济阳县里一位名孝廉。……他便从旁献计道："东翁现在这差，晚生倒有一个办法。"（第六回）

从对主官的称谓我们看出师爷并不是以官称来称呼主官，而是采用比较亲密的"东翁"，既体现出二者的亲密关系，又不失对主官的尊敬之意。清代师爷虽不属于政府官员，但是在观念上他们还是与主官处于同等地位，如下例：

未到天黑，县里的办差门上进来回文七爷的话，说道："已经替大老爷同师爷另外封了一只船，就请今天搬过去。这只船是贼船，我们敝上要重重的办他们一办。"（第十三回）

在这里师爷和大老爷享受同样的待遇，而且单独替二人封了一只船，可见其地位之高。甚至有时主官还要仰仗师爷，如王柏臣因为丁忧之事向账房师爷和钱谷师爷求情：

王柏臣晓得遮盖不住，只得把账房及钱谷师爷请来，并几个有脸面、有权柄的大爷们亦叫齐。等到众人到了，他一齐让到签押房床后头一间套屋里去。两位师爷坐着，几个大爷站着，别的人一概赶出。王柏臣更亲手把两扇门关好，然后回转身来，朝着两位师爷一跪就下。大家虽然明晓得他是丁艰，面子上只作不知，一齐做出诧异的样子，问道："这是怎么一回事？断断乎不敢当！快快请起！"说着，两位师爷也跪下了。王柏臣只是不起，爬在地下，哭着说道："兄弟接到家乡电报，先严前天已经见背了！"两位师爷又故作嗟叹，说道："老伯大人是什么病？怎么我们竟其一点没有晓得呢？"（第四十回）

二、仆役称谓

（一）二爷

官场中雇佣的仆人一般称之为"长随"，俗称"二爷"，是为官员办事和侍候官老爷的。长随的种类繁多，有门政、签押房诸行、跟班、管厨、办差等。《偏途论》云："'长随'二字，乃堂官之别名。一二品文官家人名曰'堂官'，又曰'内使'。一二品武官家人名（曰）'家将'，又曰'内丁'。昔宋太祖雪夜访（赵）普，见有堂官一人跟随左右，恭敬至诚，故赐曰'长随'。后为指挥之职。因此云'宰相家人七品官'，由此而说。"[2]"长随"之名，

① 文安主编：《晚清述闻》，中国文史出版社 2004 年版，第 244 页。

② 无名氏：《偏途论》，章伯锋、顾亚主编：《近代稗海》第十一辑，四川人民出版社 1988 年版，第 615 页。

是否起于宋太祖之赐，还有待考证。

王乡绅道："何尝不是如此。我也劝过他几次。无奈我们这位内兄，他却另有一个见解。他说：州、县虽是亲民之官，究竟体制要尊贵些，有些事情自己插不得身，下不得手；自己不便，不免就要仰仗师爷同着二爷。……"（第二回）

陆巡捕一力承当，说："诸事老哥放心，都在小弟身上。就是大人跟前的这些二爷，晓得兄弟要好的朋友，那是断断不会作难的。"三荷包听了此言，千恩万谢，感激不尽。（第六回）

（二）大爷

"大爷"是旧时对官衙差役或富豪的管家奴仆的敬称。此"大爷"与称仆役、长随的"二爷"，在地位上并无什么差别，只不过"二爷"是背称而已。在长随中，门政可称"门政大爷"。门政是官员的心腹、耳目，是官衙、官宅的咽喉。他们又是官场的消息灵通人士，对长官的日常行动都能掌握，对官场的各种消息、情况也都较为熟悉。因此在长随中他们享有比较高的地位。有谚云"大人好见，小鬼难缠"，"小鬼"就是指的门政，要见大人必须要给他们"门包"，也就是"门敬"，而且下级官员送给上级官员的"贽敬"等礼有何注意之事须向门政打听。

不上半天，仍旧上回那个掌班的押着戏箱来到公馆。先见门政大爷戴大爷，请过安。（第一回）

到了蕲州，照例先去禀见堂翁区奉仁。知州大老爷没有官厅，右堂太爷至此，只得先下门房，见了门政大爷，送过门包，自然以好颜相向，彼此如兄若弟的鬼混了半天。（第四十四回）

瞿耐庵新任兴国州知州，因为夫妻二人生性吝啬，没有和前任账房交接账本，恰巧此时府太尊添了孙少爷，需要送贺敬，瞿太太精打细算，决定送六十四块。但不巧的是，"本府是个旗人，他自己官名叫喜元。他祖老太爷养他老太爷的那一年，刚正六十四岁，因此就替他老太爷起了个官名，叫作'六十四'。旗人有个通病，顶忌的是犯他的讳，不独湍制台一人为然。这喜太守亦正坐此病。他老太爷名叫六十四，这几个字是万万不准人家触犯的"。可偏偏这回孙少爷做满月，兴国州孝敬的贺礼，签条上竟写了个"喜敬六十四元"。"门政大爷见他孝敬的钱不在分寸上，晓得这位老爷手笔一定不大的，便安心出出他的丑，等他以后怕了好来打点。"就拿了六十四块钱上房里告诉主人，结果可想而知：喜太尊"此时也不管签条上有他老太爷的名讳，便登的一声，接着豁琅两响，把封洋钱摔在地下"。有了这样一桩事情，瞿耐庵的仕途之路真是叫人担忧啊。从这个例子我们可以看到门政所起的作用，如果瞿耐庵早向门政联系就知道此事该如何处理，再如果瞿耐庵不是如此吝啬地只给门政六元四角的"门敬"，那么事情还有转机，只可惜这两者瞿耐庵都没有做到，那么对不起了，门政也有自己办事的"原则"，当喜太尊怪罪之时——

门政大爷道："这个向来是应该他们来请示的。他们既然做到属员，这些上头就该当心。等到他们来问奴才，奴才自然交代他；他不来问，奴才怎么好写信给他呢。"（第四十二回）

一句话将自己责任推得一干二净。也是，门政没有责任背负这样的罪名，更何况没有任何的"好处"呢？

（三）太爷

"太爷"是下层群众对官府佐杂及仆人的谀称。如《红楼梦》刘姥姥初进贾府，对守大门的都要道一声"太爷们纳福"；上面提过在长随中门政的地位较高而称"大爷"，再进一步抬高一下就是"大太爷"。

究竟佐杂太爷们眼眶子浅，见申守尧同随凤占如此亲热，以为他二人一定又有什么渊源。（第四十三回）

掌班的道："大太爷你别瞒我，谁不知道支应局的戴大太爷，大人跟前说一是一，说二是二。只要你老吩咐就是了，不要说一个元宝，就是上千上万的，也尽着你拿。"（第四回）

钱典史一听话内有因，心上一想，便道："老哥，你别拿人开心。谁不知道戴二太爷一向是一清如水，谁见你受过人家的谢礼？这话也不像你说出来的。"（第三回）

按：后两例"大太爷""二太爷"同样是称呼戴升，"大太爷"系由对门政称"大爷"转来；"二太爷"则是由对长随的通称"二爷"转来。

虽然有些长随只是伺候官员的，但是由于他们能够与官员密切接触，所以底层群众尽力地讨好他们，以期能够让他们在官员面前替自己说话。这种巴结相应地反映在称谓中就是使用敬称。例如第十三回：

统领有个毛病，清晨起来，一定要出一个早恭的。急嗓子喊了一声"来"，三四个管家一齐赶了进去。又接着听见吩咐了一句"拿马桶"，只见一个黑苍苍的脸，当惯这差使的一个二爷，奔到后舱，拎了马子到耳舱里去。别的管家一齐退出，龙珠也跟了出来。人家都认得这拎马桶的二爷，是每逢大人出门，他一定要穿着外套，骑着马，雄赳赳气昂昂，跟在轿子后头的；大人回了公馆，他便卸了装，把脚一跷，坐在门房里。有些小老爷们来禀见，人家见了他，二太爷长，二太爷短，他还爱理不理的。此时却在这里替大人拎马桶：真正人不可以貌相了。

仅仅是一个拎马桶的二爷，那些小老爷们就"二太爷长、二太爷短"的。别看马桶二爷在所侍奉的大人面前卑躬屈膝，在这些下级小官面前可是趾高气扬啊，对他们"爱理不理"。别看只是个拎马桶的，但人家可是给"大人"拎马桶，你们想拎还没有资格呢？瞧瞧，整个清代官场就是这个样子，只要与官员有那么一丝联系，善于巴结的人是不会放过这个机会的。当然这些二爷们是和主管官员走得比较近的，所以这类群体自然成为人们奉承的对象。

(四)三小子

长随俗称“二爷”，虽然他们都是官仆，但有些长随自己又有仆人。傅崇矩《成都通览》云：“三爷，一名三小子，门印签稿大爷及跟班所用之家人也。”“三爷，跟丁之跟丁也。”长随称“二爷”，其仆便降一级，称为“三爷”、“三小子”。二爷之下有三爷，可见封建等级的细密。①

> 那二爷道：“伙计你瞧见你说。”三小子道：“他老人家演习我那里会看得见，我也不过是听我们包大爷讲的。我们包大爷说：‘大人昨天晚上，叫了林老爷上去，问了好半天的话。林老爷比给大人看，大人又亲自操习演半夜。’我们包大爷也在旁边，帮着学上菜。整整闹到四更多天，才下来打了个盹。天底下那有不学就会的事情？”(第七回)

第三节 官亲称谓

“官亲”，《汉语称谓大词典》解释为“官员的亲戚”，应该包括官员宗族和姻亲在内。由于官亲与官员之间有特殊的关系，所以他们在官场中起到很重要的作用，地位也就比较高，和幕友差不多，高于书吏、长随等，《官场现形记》三十八回中写到按官场中人的地位高低安排客位，分为上、中、下三等：

> 上等是提、镇、司、道以及督、抚衙门的幕友、官亲；二等是实缺、候补府班以下人员，至首县止，同着些阔商家，什么洋行买办，钱庄汇票等字号；三等乃是候补州、县，以及佐贰各官，同随常卖买人等。三等地方都另有招呼的人。戴世昌虽是游击，因系制台的干女婿，所以坐了第一等客位。

只因戴世昌是湍制台的干女婿就荣升一等客位，官亲的地位不可小视。现将《官场现形记》中官亲称谓做简单分类：

与官员的关系	称　谓
祖父母	祖老太爷、祖老太太
父母	老大人、老太爷、老太太
兄弟	排行＋老爷、排行＋大人
妻妾	太太、正太太；姨太太、姨太、姨
子女	少爷、少大人；小姐、姑奶奶
其他亲戚	姑爷、舅爷；表老爷、舅老爷、姑老爷；舅太爷、叔太爷；侄少爷、外孙少爷

下面我们对这些称谓分门别类加以界定和叙述，并各自举出相关例证。

---

① 李乔：《清代官场百态》，中国人民大学出版社1990年版，第170页。

一、对官员祖父母的称谓:“祖老太爷、祖老太太”

官员祖父称“祖老太爷”,祖母称“祖老太太”(“祖老太太”例缺)。

等到刘颐伯到省,谁知道他的号这个“颐”字,又犯了湍制台祖老太爷的名讳下一个字:因此二事,常觉耿耿于心。湍制台有天同藩台说:“刘某人的号重了我们祖老太爷一个字,兄弟见了面,甚是不好称呼。”(第三十七回)

不料本府是个旗人,他自己官名叫喜元。他祖老太爷养他老太爷的那一年,刚正六十四岁,因此就替他老太爷起了个官名,叫做“六十四”。(第四十二回)

二、对官员父母的称谓:“老大人、老太爷、老太太”

官员父亲称“老大人”、“老太爷”。这两个称谓依儿子的官职大小而定,《清稗类钞·称谓类·老大人老太爷》:“自身有官职,其封翁,大者称老大人,小者称老太爷。”官员的母亲则一律称“老太太”。

陆老爷道:“容易得很。制军的履历,卑职统通晓得。新近还同荆州将军换了一副帖,也是卑职写的。大人只要把老大人同他换帖的年分记清,不要把年纪写错,那是顶要紧的。”(第三十七回)

据窦世豪私下对人家说:“若照老太爷手段,赢他一百盘都容易;但是恐怕老太爷面子上过不去,所以同他和了十盘。”(第五十八回)

贾臬台发急道:“我现在还没问你谋杀,你连通奸的事情都不肯认,你这个人也太不懂得好歹了!唉!这总怪本司不能以德化人,所以地方上生了你这样的刁妇!现在说不得,只好惊动我们老太太了。我们老太太,至诚所感,人不忍欺。等你见了我们老太太,那时不打自招,不愁你不认。”(第二十三回)

三、对官员兄弟的称谓:“排行+老爷、排行+大人”

官员兄弟的称谓一般采取“排行+老爷”的形式;如系大官(可称“大人”者)的兄弟,还可采用“排行+大人”的形式。

一个从身后抱住三老爷,想把他拖开,谁知用了多大的力也拖不开。还有几个小跟班,不敢进来劝,立刻奔到后堂告诉太太说:“老爷同了三老爷打架,拉着辫子不放。”太太听了,这一吓非同小可!(第五回)

倪二先生发急道:“这从那儿说起!我是甚么东西,敢给三大人当上?”三荷包道:“说句顽话,也值急得这们样!”倪二先生道:“我的三大人!你可知道,我是泥做的,禁不起吓,一吓就要吓化了的。”说着,两个人又哈哈的笑了。笑过之后,三荷包

便一五一十的，把他哥的话告诉了倪二先生。（第四回）

这两例中“三老爷”“三大人”是同一个人，即藩台何大人的三弟外号三荷包。称“三老爷”，那都是自家亲眷（包括下人），所以对藩台大人也可称“老爷”；称“三大人”，因为倪二先生是外人，须比照其兄的“大人”地位再高抬一步。

四、对官员妻妾的称谓：“太太、正太太；姨太太、姨太、姨”

官员之妻称“太太”，叙称中为区别于妾，可说“正太太”；妾则统称“姨太太”。

（张军门）等到告病交卸的那年，连**正太太**、**姨太太**一共还有十九位。**正太太**是续娶的……那十八位**姨太太**都还是**太太**未进门之前讨的，自从**太太**进门，却没有添得一位。（第四十九回）

姨太太又可简称“姨太”，一般与表示顺序的字连用，如“大姨太”“九姨太”等；再进一步可简称“姨”，也是多与表示顺序的字连用，如“大姨”“三姨”等。

有天这**九姨太**又说**大姨太**怎么不好，怎么不好。湍制台听得不耐烦，冷笑了一笑，随口说了一句道：“我光听见你说人家不好，到底你比别人是怎样个好法？我总不能把别人一齐赶掉，单留你一个。况且这**大姨太**是从前伺候过老太爷、老太太的。就是去世的**太太**也很欢喜他。”（第三十六回）

从前张军门在日，这些**姨太太**，上下人等都唤做**几姨几姨**，以便易于分别。这番留在家里的三位是：**大姨**、**二姨**、**六姨**。跟着父母兄弟回家去住的五位是：**五姨**、**十姨**、**十三姨**、**十六姨**、**十八姨**。（第五十回）

五、对官员子女的称谓：“少爷、少大人；小姐、姑奶奶”

官宦的儿子可统称“少爷”，大官（称“大人”者）之子除称“少爷”外，又可高抬一步称“少大人”。这两个称谓用于叙称和面称均可。

黄道台还有一个**少爷**，今年只得十三岁，是姨太太养的。因为太太没有儿子，却拿他爱如珍宝，把这位**少爷**脾气惯的比谁还要利害。……这天唱戏，他一早就钻在戏房里，戴着胡子，尽着在那里使枪要棒。班子里人为的是**少爷**，也不敢多讲。后来倒是一个唱小丑的看不过，说了一句：“我的**少爷**，我们在这里唱戏，你老倒在这里做清客串了。”（第四回）

因为徐大军机相信他……和尚做的这些事，虽然瞒得过老大人，却是满不过**少大人**。幸亏这和尚见了**少大人**甚是客气，反借着别的事情替**少大人**出点力，以为求容之地。这些**少大人**虽然明知道他的所为，因为念他平日人还恭顺，亦就不肯在老头子跟前揭穿他的底子。（第五十二回）

官宦之女称“小姐”，出嫁后则称“姑奶奶”，也是叙称和面称均可。

庄大老爷的人口，叫多不多：一个二老爷管理账房，是顶有钱的。两个少爷，大的是太太养的，小的是姨太太养的。一个小姐，是前头大太太养的，去年出的阁；姑爷就招在衙门里。（第十六回）

宝小姐有一样脾气，是欢喜人家称呼他“姑奶奶”，不要人家称他“戴太太”。你道为何？他说称他“戴太太”，不过是戴大人的妻子，没有什么稀罕；称他“姑奶奶”，方合他制台干小姐的身分。他常常同人家说：“不是我说句大话：通湖北一省之中，谁家没有小姐？谁家小姐不出嫁？出了嫁就是姑奶奶。这些姑奶奶当中，那有大过似我的？”他既欢喜奉承，人家也就乐得前来奉承他。有些候补老爷，单走戴世昌的门路不中用，必定又叫自己妻子前来奉承宝小姐。大家是晓得脾气的，见了面，姑奶奶长，姑奶奶短，叫的应天价响。（第三十八回）

六、对官员其他亲属和姻亲称谓：“姑爷、舅爷；表老爷、舅老爷、姑老爷；舅太爷；叔太爷；侄少爷、外孙少爷”

女婿称“姑爷”，妻内弟为“舅爷”：

抚台就皱着眉头对巡捕说：“他只管天天往我这里跑些什么？谁不晓得他是徐大军机的女婿，一定要把他这块招牌掮出来做什么呢？而且琉璃蛋的声名也不见得怎样！”……抚台虽不喜欢他，但念他是徐大军机的姑爷，少不得总须另眼看待。（第五十二回）

陶子尧的姊夫下来，立刻就到电报局打一个电报给自己舅爷，叫他赶紧把事办好，回来销差。又打一个电报给王道台，面子上总算托他费心，其实这里头已经照应他舅爷不少。王道台出洋经费，回明署院，另外由山东拨汇，以安王道台之心，便不至于与他舅爷为难。（第十回）

清代“爷”为一般的男子敬称，故有“姑爷”“舅爷”等称。它们属于亲属称谓，具有通用性，即官民均可使用。“姑爷”“舅爷”与前面的“少爷”，合称“三爷”，它们本身显示不出多少官味儿，但一进入官场就成了“官亲”。李乔《清代官场图记》第一章第四节曾提到清代官场上流行一句谚语“莫用三爷，废职亡家”，指的就是官亲“三爷”（而非低等仆人“三小子”那种“三爷”）。又，“舅爷”一般只能用做叙称，比说“舅子”雅一些而已；而下面的“舅老爷”就正式带上了“官气”，既可叙称，也可用作当面敬称。

官员的表兄弟称“表老爷”，妻兄弟为“舅老爷”，姐妹夫为“姑老爷”（做官的姐妹夫也是“姑老爷”）：

贾制台忽然接到蕲州知州一个夹单，说是“宪台表老爷萧某人趁了轮船路过卑境，停船的时候，上下搭客混杂不分，偶不小心，包裹里的银子被扒儿手悉数扒去；现在住在敝署，不能前进，请示办理"等语。……这州官姓区，号奉仁，一听是制台的表弟，便也不敢怠慢，立刻请他到衙门里来住；一面禀明制台，请示办理。（第四十三回）

门上人听他说要见太太，又拿他看了两眼，问他："同敝上可是亲戚？"他到此方才说明："你们的太太就是我的舍妹。"门上人连忙改口称呼说："原来是一位**舅老爷**。"又问："同我们太太可是胞兄妹？"黄二麻子道："同高祖还在五服之内，是亲的，不算远。"门上人一听不是**亲舅老爷**，那脸上的神色又差了。（第五十九回）

黄二麻子既到得工上，一看**姑老爷**的气派可不小……黄二麻子初到，一个个都去拜望。提到妹夫还不敢称妹夫，仍旧称"我们**姑老爷**"；后来见大家背后叫"老总"，他亦改口称"老总"。（第五十九回）

官员娘舅称"舅太爷"，叔叔为"叔太爷"；侄子称"侄少爷"，外孙为"外孙少爷"。

顷刻间，各位师爷都得了信，还有官亲**大舅太爷**、**二舅老爷**、**姑老爷**、**外孙少爷**、本家**叔太爷**、二老爷、**侄少爷**，约齐好了，到签押房里去劝和。（第五回）

以上我们对《官场现形记》中的官亲称谓有了大致的了解。透过这些官亲称谓，我们能观察到一些什么社会现象呢？

首先，这还真应了"一人当官，鸡犬升天"那句俗话，连官亲们也在称谓上也多打上了"官"的印记。例如上述官亲称谓，许多是在亲属称谓词（"祖""叔""舅"等）后面加上官场称谓"大人、老爷、太爷"构成的，既体现了与官员的亲属关系又不失官场称谓的尊严，真可谓一举两得。其次，在实际待遇和地位方面，官亲们因"官"而贵，甚为荣耀。第四十六回钦差童子良巡查各省，他的儿子，"一位少大人，随员六七十位"；上面提到的那位游击小官，因是制台干女婿就能坐头等客位；第五十九回甄学忠（原任州牧）到山东省得了河工美差，他的堂房舅子黄二麻子因有这层关系，所有的人"都晓得他在主人面前说得动话，指望他说句把好，不得不来趋奉"。再次，官亲在清代官场中非常活跃，他们常常利用自己与官员的关系暗箱操作，从中谋取利益，甚至不惜损害公家利益和官员本人的利益（即所谓"废职亡家"）。如第五回那位三老爷协助他哥哥何藩台卖缺，自己暗中捞好处，以至于兄弟两个打起来；第五回徐大军机的姑爷尹子崇，为了把全省的矿产卖给洋人，串通他的小舅爷，蒙骗徐大军机糊里糊涂地就在契约上签了字；第三十七回湍制台的宠妾十二姨太，自己索贿二万五千两，也是用蒙骗手段硬让制台将银元局总办委给了唐二乱子。

晚清社会，有那么一大帮贪官污吏，老百姓已经够受了，再加上这班官亲助纣为虐，招权纳贿，挥霍铺张，而实际上真正的钱从哪里来，还不都是老百姓的血汗钱吗？元代散曲家张养浩《潼关怀古》中有“兴，百姓苦；亡，百姓苦”的句子，老百姓处在社会的最底层，他们的生活景况可想而知。在这部晚清谴责小说中很少有正面描写下层平民百姓的篇章，但是各种形形色色的官场人物却反衬出老百姓的底层地位。在清末这个风雨飘摇的社会中，在晚清这个唯利是图的官场中，只要是与官员有一丝的联系，不要说是官员的亲戚，哪怕就是给官员端马桶的下人都比一个普普通通的平民要强上好多倍，只因他们有与官员接触的机会，只要有机会人们就会创造条件百般地去讨好他们，以达到自己或升官或发财的最终目的。晚清官场史就是一部病态的历史，是一部充斥着虚伪、逢迎、倾轧、贪婪、弄权等特点的丑史。

第二章　晚清社会称谓与官场风气透视

本章涉及的主要称谓如下：

第一节	一	洋人
	二	外国人
	三	教民
第二节	一	干爹、干爸爸、干娘、干女儿、干女婿、干丈人、干丈母娘、干外公、干外婆
	二	把兄弟、老把哥、老把兄、老把弟、老把嫂、大伯子
	三	老师、老夫子、门生、财主门生

陈原先生说过："语言中最活跃的因素——语汇，常常是最敏感地反映了社会生活和社会生活的变化。"[①]但并非所有的词都与社会联系密切，在词汇家族中与社会联系密切的莫过于称谓了。因为称谓是"人们由于亲属和别方面的相互关系，以及身份、职业等而得来的名称"[②]。就社会而论，人进入社会，总是要表现为某种特定的身份和行为模式，这在社会学上叫作"社会角色"；在社会中按照一定的社会活动和社会关系结合起来的人群，在社会学上叫作"社会群体"。赋予形形色色的社会角色和社会群体一个名称，这就是语言学上的"称谓"，从这个角度来说，称谓往往最能体现社会变化的轨迹。在这一章中我们通过对清末官场中一些称谓的研究来探究清末社会的特点，以期对这个社会有更加深刻的认识。

第一节　"洋人"类称谓的震撼效应与晚清官场恐洋综合征

随着改革开放的深入和中国国际地位的提高，当今的中国人对外国人及其相关称谓已不感到什么稀奇，既无所谓欣羡，更无所谓恐惧。但是在晚清社会这个特定的历史大语境下，就完全不是这么回事了。语言是社会的一面镜子，而文学作品又是语言的艺术和社会历史的写照。我们以《官场现形记》这部著名的谴责小说为切入点，选取"洋

① 陈原：《语言与社会生活》，三联书店 1980 年版，第 1 页。

② 《现代汉语词典》(修订本)，商务印书馆 1996 年版，第 157 页。

人""外国人""教民"这三个有关联的社会称谓,然后通过语言、文学、社会、历史等多角度交叉结合观察的途径,来透视这几个称谓词在当时的社会意义、时代色彩和语用效应,并借以窥视彼时官场和社会风貌之一斑。

一、"洋人"称谓的震撼效应与官场恐洋症

"洋人"这个称谓,它的词汇意义再平常不过了。《现代汉语词典》:"洋人:外国人(多指西洋人)。"所以若仅从词语本身来理解它,那就只剩下干巴巴的理性意义或曰概念意义——"'洋人'就是'外国人'"。这样的话,恐怕连小学生都觉着好笑。但要是联系社会、历史、文化来认识语言,动态地和历史地来看待这个看起来十分简单的词儿,那它可就不简单了。

有一则著名的"制台见洋人"的故事(曾被选入初中语文教材),就出自《官场现形记》第五十三回。制台即总督,是总揽一省或数省军政大权的地方最高长官。这位制台姓文,可一点也不"文",脾气暴,架子大。只要是他管得着的官,下至州县上至藩台,"一言不合,就拿钉子给人碰",对手下差役们就更不必说了,"喝了去,骂了来,轻则脚踢,重则马棒"。可是唯独患有一种"恐洋症"——一听见"洋人"二字以及与洋人有关的事情,就立马疲软下来。书中写到淮安知府上省禀见,他嫌人家手折上的字写小了,一把给摔在地上。知府解释说上面的两件公事关乎"洋人",因而"刻不可缓",制台的态度马上变了。

> 制台一听这话,便问:"是两件什么公事?你先说个大概。"淮安府回道:"一件为了地方上的坏人卖了块地基给洋人,开什么玻璃公司。一桩是一个包讨债的洋人到乡下去恐吓百姓,现在闹出人命来了。"制台一听,大惊失色道:"这两桩都是个关系洋人的,你为什么不早说呢?快把节略拿来我看!"淮安府只得又把手折呈上。制台把老花眼镜带上,看了一遍。

看看,制台一听"洋人"二字,竟至于"大惊失色"!更厉害和更好笑的还在后头呢。因为这段描写还仅是说书人的一个小铺垫或曰"引子",以为下面的见洋人拉开序幕。处理完这件公务,接下来该吃饭了,可是偏偏这时来了一个洋人。制台原有严格规定:吃饭一律不见客,不许下人禀报。但洋人又不可怠慢,巡捕不得不回禀,于是又闹出了下面这场好戏。

> 巡捕见问,立刻趋前一步,说了声:"回大帅的话,有客来拜。"话言未了,只见拍的一声响,那巡捕脸上早被大帅打了一个耳刮子。接着听制台骂道:"混帐王八蛋!我当初怎么吩咐的!凡是我吃着饭,无论什么客来,不准上来回。你没有耳朵,没有听见!"说着,举起腿来又是一脚。
>
> 那巡捕挨了这顿打骂,索性泼出胆子来,说道:"因为这个客是要紧的,与别的

客不同。"制台道:"他要紧,我不要紧!你说他与别的客不同,随你是谁,总不能盖过我!"巡捕道:"回大帅:来的不是别人,是洋人。"那制台一听"洋人"二字,不知为何,顿时气焰矮了大半截,怔在那里半天;后首想了一想,蓦地起来,拍挞一声响,举起手来又打了巡捕一个耳刮子;接着骂道:"混帐王八蛋!我当是谁!原来是洋人!洋人来了,为什么不早回,叫他在外头等了这半天?"巡捕道:"原本赶着上来回的,因见大帅吃饭,所以在廊下等了一回。"制台听了,举起腿来又是一脚,说道:"别的客不准回,洋人来,是有外国公事的,怎么好叫他在外头老等?糊涂混帐!还不快请进来!"

制台正因巡捕违反规矩大打出手,但"一听'洋人'二字",竟然吓得"怔在那里半天"回不过神来!然而倒霉的是那位可怜的巡捕啊,我们可以数一下,巡捕前后一共挨了两个耳刮子和一脚:先是因为违命挨了一个耳刮子;接着大帅怨是洋人而没有早回,又挨了一个耳刮子;最后巡捕辩白说因见大帅吃饭在廊下等了一回,又挨了一脚。这可都是"洋人"惹的祸啊!难怪巡捕跑出去后抱怨道:

回又不好,不回又不好!不说人头,谁亦没有他大;只要听见"洋人"两个字,一样吓的六神无主了!但是我们何苦来呢?掉过去,一个巴掌!翻过来,又是一个巴掌!东边一条腿,西边一条腿!老老实实不干了!

再说这位洋人,是来干什么的呢?原来是向制台兴师问罪的。因为制台新近正法了一名亲兵小队,但杀的不是地方,刚到人家领事馆旁边就给杀了。这可是重大外交事故啊!可文制台不愧为外交老手,颇具随机应变的本领,他急中生智,说这个亲兵原是扶清灭洋的"拳匪"一党,今是故意杀在领事馆前,以震服其他同党,给洋人出气,叫作"杀鸡骇猴"。洋人最恨的就是义和团,结果不仅没有怪罪,反而哈哈大笑,夸他"有经济,办得好"。一场外交纠纷就这样化险为夷了,可制台心里那个怕哟!

制台送客回来,连要了几把手巾,把脸上、身上擦了好几把,说道:"我可被他骇得我一身大汗了!"

以上描写,从文学艺术性的角度分析,可谓绘影绘形,绘声绘色,环环紧扣,层层推进,跌宕起伏,扣人心弦。但从语言学、语用交际和表达效果的角度来分析,我们可以看到突出的一点:"洋人"一称,在这个交际环境中,有一种非同寻常的震撼效应。制台"一听'洋人'二字",竟然"大惊失色","怔在那里半天","吓的六神无主"。在送走洋人,风平浪静以后,还后怕未已,大汗直流,"连要了几把手巾"擦汗。我们常说语言是交流思想传达信息的工具,可是"洋人"一词在这里竟然传达出如此强烈的信息,产生出如此巨大的震撼力,这是我们今天的读者殊难想象的。中国成语有"谈虎色变",这个故事题为《闻"洋"色变》或《闻"洋"丧胆》,是毫不为过啊。

二、“外国人”称谓的震撼效应与官场恐洋症

“洋人”跟“外国人”是联系最密切的一类概念，所以我们下面再连带观察一下“外国人”这个称谓在书中的语用情形。

还是这位文制台，送走洋人以后，紧接着对吃饭不见客的旧规章作了将“外国人”除外的补充规定。

> 坐定之后，又把巡捕、号房统通叫上来，吩咐道：“我吃着饭，不准你们来打岔，原说的是中国人。至于外国人，无论什么时候，就是半夜里我睡了觉，亦得喊醒了我，我决计不怪你们的。你们没瞧见刚才领事进来的神气，赛如马上就要同我翻脸的；若不是我这老手三言两语拿他降伏住，还不晓得闹点什么事情出来哩。还搁得住你们再替我得罪人吗！以后凡是洋人来拜，随到随请！记着！”巡捕、号房统通应了一声“是”。

大家看到了没有？这里的“外国人”可不是仅凭掰着词典就能解释通的，它的含义简直应该跟“天王老子”画等号。制台还特意拿“中国人”和“外国人”作了比较，这两个称谓在当时的实际含金量实在有着天渊之别，可不只是国籍或长相的区别。这是当今全世界任何一部词典释义也无法反映出来的。是不是这位制台发神经呢？不是的。存在决定意识，社会影响语言，大家不难从中思考出一些更深层次的东西。

国家一二品的大员尚且如此，其他官吏更不用说了。下面我们再通过一场中国军人跟外国教官打架的官司，进一步体会一下“中国人”跟“外国人”这两个称谓在当时的社会差别和语用效应。

晚清时军营也配备洋枪，学西方操练，请的外国教官称“洋教习”。《官场现形记》第三十一回写道，某营一位叫龙占元的老哨官，与本营翻译奉命到下关码头迎接新来的洋教习，因为天下雨迎接不及时，淋湿了洋教习的行李，惹得洋人大发雷霆。龙占元本欲向前周旋逢迎，怎奈只会说一句讨好性的“亦司”(yes)，于是酿成一场天大的误会。外国人用外语问他，他只会“亦司亦司”，最后问他：“你不来接我，如今天下雨，你可是有心要弄坏我的行李不是?”他仍然答应“亦司”。外国人怒不可遏，夺过马棒就把龙占元一顿好打，打得头破血流了，他还在一个劲地“亦司亦司”呢。龙占元血头血脸地，告状到总兵羊统领那里，请求伸冤，并扬言：“军门不替标下作主，标下拼着这条老命不要，一定同那鬼子拼一拼!”谁曾想，在这个特定的言语交际环境中，“外国人”的名头，又发生了奇特的效应。

> 羊统领听完了一席话，不禁紧锁双眉，把头摇了两摇，说道：“我就晓得你们这些人不安本分，专门替我惹乱子！好端端的，外国人那里，你又去得罪他做什么?”……毕竟孙大胡子老奸巨猾，忙替羊统领出主意道：“人已经被外国人打了，

你有甚么法子想，你去替他伸冤？……这场官司就怕打到制台跟前，非但打不赢，而且还要弄出交涉重案。……人已打了，外国人不来问你的信，总算有你的脸了。如今反要生出是非来，我看很可不必！”

羊统领玩味出了“外国人”三字的信息含量，结果非但不给自己的部下做主伸冤，反要把他撤职重办，“以为妄言生事者戒”。

可把龙占元急死了，跪在地下磕头如捣蒜，口称：“军门开恩！标下以后不敢生事了，如今也不求伸冤了。”羊统领道：“你们众位请听，他到如今还说他自己冤枉。‘不到黄河心不死’，我一定不能饶他！明天我还要把外国人请了来，叫他看我发落！”龙占元一听不妙，又连忙磕头，连忙改口，又求：“诸位大人可怜标下，替标下好言一声罢！”羊统领又问他：“冤枉不冤枉？”龙占元回称：“不冤枉。”又问：“该打不该打？”回称：“实在该打。”

你看，开头还打算“拼着这条老命不要，一定同那鬼子拼一拼”的龙占元，此刻却唯有“磕头如捣蒜”，自认倒霉“不求伸冤了”。可连这都不行，这个“冤”字又被羊统领抓住了把柄，非得逼他承认“不冤枉”不可，道：“明天我还要把外国人请了来，叫他看我发落！”到这个份儿上，龙占元本人算是真正感受到“外国人”这三个字的巨大威力了，明天若再把外国人请来，他的脑袋非搬家不可！最终结果，中国人受了外国人的冤枉还必须承认“不冤枉”，挨了外国人的打还必须承认“实在该打”。这一切也都是“外国人”惹的祸啊！晚清官场恐洋症在此表现得可谓淋漓尽致。

三、“教民”称谓的震撼效应与官场恐洋症

我们接下来就该说到相关的“教民”一词了。对这个词，我们也不能望文生义，倘若认为凡是信仰各种宗教的百姓都叫“教民”，那就大错了。这也是一个特定时期的特定称谓。《汉语大词典》对“教民”的解释是：“清末泛称信奉天主教或基督教的中国人。”这是非常准确的。所以中国本土信仰佛教、道教、回教等的徒众都不是“教民”，只有信仰“洋教”——天主教或基督教的才算“教民”。这样“教民”就与“洋人”扯上了关系，当时被称作“二洋人”，老舍的长篇小说《正红旗下》就有用例。所以官场怕洋人，也连带地怕教民，“教民”称谓在当时的官场交际中，同样有一种震撼效应。《官场现形记》第五十四回就专门描写了一场由此闹出的“误认教民”的笑话。

话说江宁府六合县的知县梅飏仁，愚昧昏庸，只知“一味迎合着上司的口味”。恰好制台是个不肯媚外的主儿，故而梅知县有时也故意批驳洋人一两件事情以取悦上司。“一天有个教民欠了人家的钱不还，被他抓住了理，打了这教民一顿。这教民本来是个不安分的，所以教士并不来保护他。梅飏仁因此扬扬自得，便上了一个禀帖，以显他的

能耐。"活该他倒霉，恰在此时换了制台，就是前述那位恐洋的文制台。文制台在其禀帖上批道："虐待教民"，"砌词渎禀"，"除严行申饬外，并记大过三次，以为妄启外衅者戒！"事与愿违，县太爷想摆功却受了处分，栽了大跟头。这又可以说是"'教民'惹的祸"了。吃一堑长一智，梅飏仁明白了新上司的态度和"教民"二字的分量，于是见风转舵，走向另一个极端，以后凡遇与"在教""教民"有关的官司，他就百般偏袒，以至闹出误认回民为教民的笑话。

事情是这样的。六合县城有个厨子卢大，到回民马二店里去买烧鸭，往柜台上放了放篮子（篮子里有猪头猪蹄），被马二痛打一通，门牙都打掉了。于是卢大前往县衙门状告马二，好戏就开场了。

> 梅大老爷一听这话，便把惊堂木一拍，脸上露着一团怒气，指着马二骂道："好个混帐王八蛋！他借你柜台摆摆篮子，什么大不了的事！你胆敢行凶打人，这还了得！"说着，就伸手到签筒里去抓签，想打马二的板子。
>
> 那马二急了，便在地下碰头，说道："我的老爷！你听明白了再动气，小的是**在教**啊。"梅飏仁上次原是因为打了**教民**，碰了制台钉子，这番一听"**在教**"二字，不觉心上毕拍一跳，忙从签筒里先把那只手收了回来，心上独自想道："好险呀！几乎闹出点事情来！"一面拿袖子擦头上的汗，一面又吩咐马二快说。说话时，那梅大老爷的脸色已经平和了许多，就是问话的声音也不像先前之疾言厉色了。当下只听得马二回道："大老爷明鉴：小的从老祖宗下来一直**在教**。"梅飏仁道："原来你是世代**在教**。你们教里的规矩我晓得的。快起来，快起来，不要你跪着说话。"于是马二站立在公案西边，原告卢大倒反跪在下面。

梅大老爷大骂行凶打人的马二是"混帐王八蛋"，一面伸手抓签正要打马二的板子。不料马二一句话"小的是在教啊"，这场官司马上发生了戏剧性的变化。大老爷一听"在教"二字，居然"心上毕拍一跳"，"一面拿袖子擦头上的汗"。"在教"二字为何有这么大的力量呢？因为它背后隐藏着一个"教民"称谓，县令马上联想到自己上次教民事件栽的那个大跟头。于是原告变被告，卢大倒反跪在下面了。接下来，卢大要分辩，却被"打了十个嘴巴"，最后判罚卢大十二块洋钱赔马二，限三天到衙门交割，不然就再打八十大板。你说荒唐不荒唐？

更荒唐的还在后头呢。话说三天限期已到，卢大凑了十二块洋钱送到衙门里，马二却直到上灯时分才来，说他的老师父死了，去帮忙，所以来晚了。梅大老爷心里前已误把"在教"与"教民"画了等号，这回更把马二的"老师父"与外国的"神父"画了等号。曾经有一个外国教士死了，连制台都派人前去吊孝，他这个县令怎甘落后？于是当天晚上，梅飏仁就吩咐准备一桌祭席，让人挑着，自己坐轿，叫马二带路，黑灯瞎火地可就到了人家的清真寺了。到了那里，却不见一个外国人，正在诧异间，一场更精彩的好戏又开始了。

> 正在心上疑疑惑惑，不提防那桌祭筵才摆得一半，已被那些回子打了一个空，登时人声鼎沸起来。还有人提起一个猪头摔到梅大老爷这边来，一齐嚷着说："不要放掉了那狗官！他不是来上祭，竟是拿我们开心来的！"原来此番梅飏仁来的孟浪，只听了"**在教**"二字，便拿定他是外洋传教的教士，并不晓得是回子，倒反备了猪头三牲来上祭；岂知越发触动众回子之怒，闹了个沸反盈天！……梅飏仁轿子是已被众回子拆散的了，只得步行回衙。一头问马二："你们这里传教的总不止你老师父一位，别的外国人以及你老师父的家小都到哪里去了？"马二到此方对他讲："我们虽然**在教**，并没有什么外国人，大老爷不要弄错了。"梅飏仁又问左右。跟班的才回称："这里是回子的清真寺，并不是什么外国人的礼拜堂。"……梅飏仁又问马二："你们老师父可是那个住在堂里的神父？"马二道："我们只叫老师父，不晓得什么神父不神父。"梅飏仁至此方才明白过来，自己没有问清，拿着回子当作了外国传教的了。……梅飏仁却因上回责打了**教民**，碰了制台钉子，一直总想做两件仰承宪意的事，以为取悦之地。无奈越想讨好，越不讨好，以致误认**教民**，又被回子糟蹋了一顿，心上好不烦恼。

至此，这场"误认教民"的戏剧达到了最高潮：县大老爷为取悦上宪，讨好教民，将"在教"回民当作"教民"，竟然用猪头三牲给人家回教老师父(阿訇)去上祭！结果自然是触动众怒，叫人家痛揍一顿，演绎了一出中国式的"教案"，留下了一个吉尼斯式的千古笑柄。

这个"误认教民"的故事，如果分解开来，包含着一连串的"误"：误认"回民"为"教民"，误认"老师父"为"神父"，误认"清真寺"为"教堂"。但要分析这些"误"的原因的话，社会原因固然是清末官场那种媚洋恐洋的习气，但这里面还有语言和逻辑学方面的原因。"在教"和"教民"不是全同概念，而有着大小或属种之别："在教"是上位属概念，包括所有的宗教信仰者；"教民"是下位种概念，当时只指中国的天主教或基督教信徒。所以这里面包含着概念确认和同义词辨析方面的误差。县大老爷上次受了处分，被"教民"吓怕了，这回才未加详辨，一步错，步步错，最终演绎出这场闹剧。

四、"洋人"类称谓震撼效应的场合性、主观性与"恐洋症"辩证观

综上所述，"洋人""外国人"和"教民"这几个称谓，在晚清社会，尤其在官场这个交际环境中，有着强烈的震撼效应。官员们对洋人及其相关称谓的惧怕，我们可以称之为"官场恐洋综合征"。这代表着清末官场的主流风气，不仅是某一个官吏的问题，也跟局势和朝廷的倡导有关，所谓"上有所好，下必甚之"。著名评书家单田芳有部书叫《百年

风云》，同样客观地反映了这种情况，例如朝廷任命的三口通商大臣叫崇厚，也是这类病症的一个典型患者。第九十七回讲道："崇厚任职后，提心吊胆，对洋人唯命是从，对教民也关怀备至。因此，引起天津百姓的愤慨。都骂他是'崇乌龟'，'带犊子'。"这与本文论述的情形是相吻合的。

但问题不能一概而论，我们把"恐洋症"限定在官场，而老百姓则完全是另外一回事。老百姓对洋人不仅不怕，而且是轻蔑和仇视。尤其是义和团时期，他们把洋人叫作"洋毛子"，把教民叫作"二毛子"，那是要"格杀勿论"的。这就形成了一个独特的历史怪圈：老百姓怕官府、官府怕洋人、洋人怕老百姓。还真应了那句俗话，叫"盐卤点豆腐，一物降一物"。这是一种很有趣的历史现象。这种现象有其特定的历史成因。自从鸦片战争列强用大炮轰开了中国的大门以后，中国的社会矛盾就成了清政府、人民大众、洋人这三者之间的矛盾。著名历史学家胡绳《帝国主义与中国政治》第一章第二节的小标题为"官、民、夷"，就是揭示这三方矛盾，老百姓与洋人的"夷""民"对立，清政府"官"方在二者之间调停、操纵和摇摆，矛盾终究不能消除。[①] 随着帝国主义对中国掠夺和控制的加强，中国的殖民化程度不断加深，清政府甘愿听命于洋人，被称为"洋人的朝廷"，以上胡书第三章即以"洋人的朝廷"为题。欺压民众的清政府害怕洋人，但老百姓却不听那一套这就有了那个历史怪圈的形成。

即便官场，也不是人人恐洋的。但不媚洋恐洋的官是否都是值得歌颂的好官，归入民族气节一类呢？也不可一概而论。《官场现形记》第四十六回那位户部尚书署理九省钦差的童子良，"生平却有一个脾气，最犯恶的是洋人：无论什么东西，吃的、用的，凡带着一个'洋'字，他决计不肯亲近。所以他浑身上下，穿的都是乡下人自织的粗布，洋布、洋呢之类是找不出一点的"。可这位大人却大抽鸦片烟。一位王爷跟他开玩笑说："子良，你不是犯恶洋货吗？你为什么抽洋烟呢？"一句话说恼了他，回得家来，就把烟灯、烟枪都摔掉。烟瘾发作，气息奄奄，他儿子心生一计，端上鸦片去，说是"云南土熬的广膏"。只换了个名字，不叫"洋烟"了，他就大吸特吸起来。更好笑的，人家给他行贿，送给他银圆他不要，还以为他清廉呢，不过因为那叫"洋钱"，送给他银子和银票，他就要了。所以，在对外态度上，不能只看形式，盲目排外和媚外都是错误的。近代中国，像林则徐那样"睁眼看世界"者，能有几人？

如今，所谓"恐洋症"已成为历史的陈迹。但词语往往是历史、社会、文化的化石，抚今追昔，鉴往知来，我们通过几个小词儿透视以往，不难看出民族的前进脚步，不禁为当今的中国人感到自豪。

---

① 胡绳：《帝国主义与中国政治》，人民出版社 1952 年版，第 6—11 页。

第二节 官场拜认类称谓的虚伪性与晚清社会攀附趋奉之风

认干亲、拜把子等，是中国古来就有的社会现象，也可以说是中华重情重义文化的一个组成部分。人在社会上要相互交往，在交往中由于种种原因往往产生某种感情或友谊，这种感情或友谊越来越密切和深厚，往往向异姓亲属关系方面转化（正所谓“亲如一家”）。所以不具有亲缘关系的人拜认作亲属性的“父（母）子”“父（母）女”“兄弟”“姐妹”关系，从正面来讲，应是社交中自然形成的某种恩情或情义的升华。刘关张桃园三结义之类的通俗故事之所以广为流传，也反映了一种正面的文化现象。为体现其拜认关系及其结义性，这类称谓往往带有一个“义”字，或带有“把”字和“盟”字；为与真正的亲属称谓相区别，人们又往往给他们加上一个“干”字。这类称谓既然源于社会交往，所以也应该属于社会称谓的范畴。

然而在晚清官场中，这种“拜认社交”却形成了畸形的发展，反映的是另外一种不良社会风气攀附趋奉之风。官吏们为了升官发财，竭尽投机钻营之能事：拜认身份地位高的官员，意在趋炎附势；结拜身份地位相当的官员，意在相互利用。《官场现形记》揭露了不少结干亲、拜门子和拜师门者的丑恶嘴脸和坑害结义朋友的无耻行径。所谓“官场现形”者，就包括了这类丑形。如此一来，这样的拜认行为就脱离了传统的情义轨道，而进入了功利性和投机性的歧途，从而也使得这类称谓蒙上了虚伪性和欺骗性的色彩。

书中这种称谓大致可以别为认干亲、拜把子和拜门三类，我们分别加以叙述。

一、认干亲称谓

书中这方面的称谓有“干爹”“干爸爸”“干娘”“干女儿”，又类推出“干女婿”“干丈人”“干丈母娘”“干外公”“干外婆”等。

最能体现攀附性拜认特点的莫过于第三十八回瞿太太拜宝小姐为干娘了。宝小姐为何许人也？原来她是湖北湍制台九姨太身边的一个大丫头，小名唤做宝珠，只因制台曾属意于她，她也有心“惹草粘花”，差点被纳作小姨太。但湍制台因“自己已经有了十二个妾；又兼这新收的十二姨太法力高强”，能把个他压伏得服服贴贴，因此也就打断娶宝珠为妾的念头。但是“每逢见面，触起前情，总觉自己于心有愧。因此这湍制台左右为难，便想早点替他配匹一个年轻貌美，有钱有势的丈夫”。正在此时制台为宝珠物色了一名游击戴世昌，为了不让人拿住笑柄，制台收宝珠为“干女儿”，自然戴世昌就成为了制台的“干女婿”。

张灯结彩,异常闹热。虽然有些人也晓得是制台姨太太跟前用的丫环;但是制台外面总说是亡妻的干女儿,大家也不肯同他计较,……这场喜事居然也弄到头两万银子,又作了人家的干丈人,……而且这女婿能言惯道,把个干丈母娘奉承得什么似的,因此这九姨太更觉乐不可支。……戴世昌虽是游击,因系制台的干女婿,所以坐了第一等客位。……自此以后,把柄落在这宝小姐手里,索性撒娇撒痴,更把这干爸爸不放在眼里了。

这段文字中出现了"干女儿""干女婿""干爸爸""干丈人""干丈母娘"一大串干亲称谓,这是由丫头到制台干女儿角色转换而带来的一层"干"关系。尽管此前二人有那么点暧昧关系,但这丫头只有十八岁,认做老制台的干女儿,在年龄上还是在情理之中的。

小说家笔法,讲上面这层"干"是为下一层"干"做铺垫的。因为,制台的干女儿自己又收了一个干女儿,这就形成了另一层"干"关系,并且下面这层"干"关系中"干娘"和"干女儿"出现了年龄上的大错位。

原来,宝小姐嫁给戴世昌后,仗着制台"干女儿"的身份,"真正是小人得志,弄得个气焰熏天","声气广通,交游开阔,省城里除了藩台、粮道两家太太之外,所有的太太一齐同他来往";连"干女婿"戴世昌,因有这层关系,"合城文武官员,除掉提、镇、两司之外,没有一个不巴结他的"。就中有位瞿耐庵,"据说是个知县班子,当过两年保甲,半年发审,都是苦事情,别的差使却没有当过,心上想调一个好点的",就同他的太太商议,让她去走宝小姐的门路。打听得宝小姐爱逛庙宇,捐功德,于是就托一个庙里的和尚作了牵线,使她们有了认识的机会,这就有了本回题目所说的故事"知客僧拉马认干娘"。

太太是有心巴结宝小姐的,如今借此为由,被他搭上了手,便尔趋前跟后,做出千奇百怪的样子来奉承宝小姐。又时常到宝小姐公馆里去请安;送东送西,更不必说。有天宝小姐在一位姊妹家里吃醉了酒,其日瞿太太也在座。瞿太太一见这样,便过来替他捶背,替他装烟,又亲自搀扶他上轿,一直把宝小姐送回公馆。这一夜瞿太太也没有回家,就在宝小姐公馆里伺候了一夜。第二天宝小姐酒醒,很觉得过意不去。后来彼此熟了,见瞿太太常常如此,也就安之若素了。瞿太太的脾气再要随和没有,连老妈的气都肯受的。有些丫环问他要东西不必说,空着还要拿他说笑取乐。宝小姐见丫环们如此,他也和在里头拿瞿太太来开心。

有天亦是宝小姐醉后,瞿太太过来替他倒了一碗茶,接着又装了几袋水烟。宝小姐醉态可掬的,一手搂着瞿太太的颈项,说道:"我来世修修,修到有你这个女儿,我就开心死了!"瞿太太道:"我是巴不得做姑奶奶的女儿,只怕够不上。"宝小姐道:"别的都可以,倒是你是上了岁数的人,我只有这一点点年纪,那有你做我的女儿的

> 道理。"瞿太太道："姑奶奶说那里话来！常言说得好：'有志不在年高。'我那一桩赶得上姑奶奶？只要姑奶奶肯收留，我就情愿拜在膝下，常常伺候你老人家。"此时宝小姐已有十分酒意，忘其所以，听了瞿太太的话，并不思量，便冲口而出道："既然如此，你就替我磕个头，叫我一声'娘'罢。以后我疼你。"一句话直把个瞿太太乐得要死，果真爬在地下替宝小姐磕了一个头，叫了一声"干娘"。

这两段文字描写真可谓生动形象，把瞿太太趋炎媚势的样子活灵活现摆在了读者面前。照顾宝小姐真真比伺候她的亲娘还要体贴周到，"替她捶背、装烟、扶她上轿又整整伺候了一夜"，就连宝小姐的下人她都尽力地巴结逢迎，一副摇尾乞怜的媚态。更为可笑的是，当宝小姐因为酒意要收她为干女儿后，她竟然"乐得要死"，不顾年龄的悬殊，立马"爬在地下替宝小姐磕了一个头，叫了一声'干娘'"。一个"死"字把乐的程度推到了极致，也把瞿太太的丑陋形象镌刻在了读者的心中。

拜了宝小姐为"干娘"，就又形成了另外一串干亲称谓：

> 但见他走到客堂，拿圈身椅两把，居中一摆。跟来的人随手把红毡铺下。瞿太太便说："请你们大人。今日是寄女儿特地过来叩见**干爹**、**干娘**，是不用回避的了。"……等到饭后，宝小姐一想，自己总觉过意不去："索性今天把他带进制台衙门，叫他认认**干外公**、**干外婆**，也可显显我的手面。"……只见宝小姐走到头里，后面跟了一个脸上起皱纹的老婆婆；再细看看，头发也有几根白了。……宝小姐就拉了瞿太太一把，说道："你就在这里拜见外公、外婆罢。"大众至此方才明白，这同来的老婆婆就是他的干女儿。但是他要收个干女儿，为什么不收个年轻的，倒收个老太婆？真正叫人不明白。

这段文字出现了"干爹""干娘"和"干外公""干外婆"一系列称谓。宝小姐成为"干娘"，自然戴世昌就成了"干爹"，接下来再拜湍制台"干外公"和九姨太"干外婆"也就顺理成章了。

可荒唐的是，只有十八岁的宝小姐成了"干娘"，而"干女儿"竟是个满脸皱纹、花白头发的老太婆！这就完全脱离了拜亲习俗的常规和年龄方面的常理，行为的荒唐从而导致了称谓的荒唐和虚伪，难怪制台府上下面对这种年龄倒错的干亲关系，感到"真正叫人不明白"。其实细想一下也没有什么难明白的：攀上一位小"干娘"，也就攀上了制台"干外公"，瞿太太为丈夫"调一个好点的"的差使也就不难了。后来湍制台被宝小姐缠不过，还真叫藩台替瞿耐庵对付了一个"署理兴国州"的缺。由此可见，只要与官员有那么一点点关系就会受到人们的追捧、奉承，整个晚清官场是一个复杂的人际关系网，所有的人都拼命往上爬，所依附的自然就是有权有势之人，正是因为此，整个清代官场到处都乌烟瘴气。这个例子也显示出，官场拜亲与一般社会拜亲有着重要区别：在"官场”这个特定语境和场合下面，拜亲已经毫无情义可言，完全成为一种功利性和势利眼行为，体现的是一种趋炎附势的官场攀附风！作者用犀利的笔锋，通过这种行为和一系列干亲称谓，将官场这种歪风和丑形淋漓尽致地再现出来。

二、拜把子称谓

书中谓结拜双方“把兄弟”，二人互称“老把哥、老把弟”，相应地顺延出“老把嫂、大伯子”等相关称谓。

拜把子又叫“义结金兰”，通常要履行换帖手续，即结拜的双方要互换一份称为盟帖、兰帖或兰谱的书面文契，盟帖上写有结拜人的姓名、年龄、籍贯、生辰八字和家庭主要成员的姓名、官爵、职业等，并写明“因交情日笃，友谊深厚，愿结拜为异姓兄弟”云云。落款是结拜日期、结拜人签名盖章或按手印。拜把子是古已有之的社会习俗，但晚清官场中盛行拜把子，反映出官场中盛行拉拢之风。[①] 但拜把子是限于地位平等、官职大致相当的人之间，小官是不可与大官拜把子的。即便拜了把子，一方地位发生了变化，也要缴还原来的拜帖。第三十七回就有一例，因二人官位出现大的差距，位卑一方主动缴帖，取消“把兄弟”称谓及关系。

> 话说湖北湍制台从前曾做过云南臬司；彼时做云南藩司的乃是一个汉人，姓刘，名进吉。他二人气味相投，又为同在一省做官，于是两人就换了帖，拜了把兄弟。后来湍制台官运亨通，从云南臬司任上就升了贵州藩司；又调任江宁藩司，升江苏巡抚；不上两年，又升湖广总督：真正是一帆风顺，再要升得快亦没有了。刘进吉到底吃了汉人的亏，一任云南藩司就作了十一年半，一直没有调动。到了第十二年的下半年，才把他调了湖南藩司，正受湖广总督管辖。官场的规矩：从前把兄弟一朝作了堂属，是要缴帖的。刘藩司陛见进京，路过武昌，就把从前湍制台同他换的那副帖子找了出来，拿了红封套套好，等到上衙门的时候，交代了巡捕官，说是缴还宪帖。

接下来，这位湍制台当然做样子推拒一番，刘进吉却信以为真，竟没把帖子缴还。后来他的儿子欲在湍制台手下谋个差事，不仅没受到照顾，而且受到百般刁难。刘进吉弄明白了缘由，转托臬台二次缴还宪帖，湍制台讲了一番冠冕堂皇的避嫌理由后，说：“所以他这回来还帖子，我却不同他客气了。”他们的“把兄弟”称谓从此也就一笔勾销了。在官场这个特定语境和场合内，“把兄弟”称谓竟是这样一番情形，我们看出它与一般社会拜把称谓的差别了吧？

---

① 李乔：《清代官场百态》，中国人民大学出版社，1990 年版，第 88 页。

更有甚者,官场"把兄弟"及其关联称谓,还成为某些人欺骗和坑害对方的遮羞布。我们以第四十八回刁迈彭这个人物为例,看"把兄弟"称谓在他心目中能有多少分量。话说安徽巡抚蒋中丞派黄保信、胡鸾仁、盖道运三人剿除山东曹县一带的土匪,他三位不分青红皂白,架起大炮把老百姓并村庄都给轰没了,事后抚台还为他们报功升官。不提防被御史参了几本,"说他们并不分别良莠,一律剿杀,又说蒋中丞滥保匪上,玩视民命,所以派了童子良查办"。这事一出可把大家都吓毛了,最害怕的还是抚台,因为那三人手中攥着抚台"如遇土匪,迎头痛剿"的札子,可推脱为奉命行事。抚台是"一筹莫展,晓得刁迈彭见识广,才情极大;况且这些属员当中,亦只有同他知己;于是请了他来,密商这件事如何办法"。

> 三人之中,黄保信黄道台还同他(刁迈彭)是把兄弟。依理,老把兄遭了事情,现在首府看管,做把弟人就应该进去瞧瞧他,上司跟前能够尽力的地方,替他帮点忙才是。无奈这位刁迈彭一听抚台有卸罪于他三人身上的意思,将来他三人的罪名,重则杀头,轻则出口,断无轻恕之理;因此就把前头交情一笔勾消,见了抚台,绝口不提一字,免得抚台心上生疑:这正是他做能员的秘诀。

这段文字中出现了"把兄弟""老把兄""把弟"几个结拜称谓。但身为"把弟"的候补知府刁迈彭,本是个势利小人,暗中替抚台销了一万两银子的账才巴结上抚台,如今见抚台有卸罪于三人之意,便将他同黄道台之间"把兄弟"的交情一笔勾销了,不但不帮忙反而紧接来了个落井下石。为替抚台脱罪,他协同与盖道运有郎舅至亲关系的范颜清,设计将三人保存的手折来了个"狸猫换太子",将"迎头痛剿"改为"相机剿办",这样一切罪责只能是三人承受,与上司无关了。刁迈彭二人之所以换折成功与黄保信过分相信这位老把弟,盖道运相信他的亲戚是分不开的。这种事实就使得"把兄弟"这类结义称谓变了质,这种畸变是官场这个黑暗场所造成的。为了上司和自己的前程,至亲尚可出卖,更何况没有任何血缘、婚姻关系的把兄弟之间呢?一入官场这个染缸,人与人之间的友情、亲情竟然变得如此冷淡,怎不令人寒心!

我们再来看第四十九回,还是这个刁迈彭,他牺牲了自己的老把兄,保全了上司,因而更受抚台器重。所以"每遇缺出总有他一分,都是蒋抚台照应他的。后来又署了芜湖关道"。也是刁迈彭运气好,他到任不久,当地就有个做过提督大员的外路缙绅张守财告老还乡,颇积攒了一些钱财,于是刁迈彭又跟人家拜了把子。

> 且说张守财告病回来,他是做过大员的人,地方官自然要拿他抬高了身分看待。县里官小说不着,本道刁迈彭乃是官场中著名的老猾,碰见这种主儿,而且又是该钱的,岂有不同他拉拢的道理。起先不过请吃饭,请吃酒,到得后来,照例拜了把子。张守财年尊居长,是老把哥;刁迈彭年轻,是老把弟。拜过把子不算,彼此两家的内眷

又互相往来。刁迈彭又特特为为穿了公服到张守财家里拜过老把嫂；等到张守财到道衙门里来的时候，又叫自己的妻子也出来拜见了大伯子。从此两家往来甚是热闹。刁迈彭虽然屡次署缺，心还不足，又托人到京里买通了门路，拿他实授芜湖关道。这走门路的银子，十成之中，听说竟有九成是老把兄张守财拿出来的。

刁迈彭与告老之后有财有势的张军门拜了把子（按：道员与提督官职相差不大，且后者已卸任），于是又形成了上面文字中的"老把哥""老把弟""老把嫂"等称谓。张军门还真够交情，刁迈彭到京城走门路（买官），九成是他出的钱。

可张军门毕竟是年老之人，"连正太太、姨太太一共还有十九位"，"整天的守着一群小老婆厮混，无论你如何好的身体，亦总有撑不住的一日"。最后张军门终于生病，医药无效，一命呜呼。张军门没有儿女，只留下一群寡妇妻妾。生前，刁迈彭得意于他的威势；死后，刁迈彭又打起他的家产的主意。他先是利用妻妾矛盾，将十八个姨太太打发出去十五个，最后假借洋人之名设定圈套，哄着张太太心甘情愿地写下字据，将二百六七十万银子的家私，悉数抵押在他的名下，作为股份，"托他经手"，日后抽利分红。刁迈彭将财产让他弟弟刁迈昆经营，然后作为某国使臣出洋去了。张太太拿不到利钱，到上海追讨，"东打听，也是刁家产业，西打听，也是刁家股分，竟没有一个晓得是姓张的资本"，最后当了一只银镯子才买船票回来。后来刁迈昆一封信就把事情推脱干净了。等到张太太明白过来为时已晚。张太太状告刁迈彭，"芜湖道检查旧卷，张某人的遗产早已抵到刁钦差名下，有他存案为凭"。况且人们"只有巴结活钦差，断无巴结死军门之理，因此张太太又接二连三碰了几个钉子。不但外头放的钱一个弄不回来，就是手里的余资也渐渐的销归乌有。因此一气一急，又生了一场病，就此竟呜呼哀哉了"！就是这样的结局，刁迈彭还不死心，仍旧惦记那所大宅子，仍说："他那所房屋极好，我很中意，现在不晓得便宜了谁了！"

看看，这就是张军门的把兄弟，生前极力逢迎攀附，死后却将财产据为己有，还逼死老把嫂。这就是清代官场中拜把子的虚伪本质。此时的"把兄""把弟"等称谓，已经彻底背离了其应有的意义，纯粹变为一种虚设以及骗人时用以掩人耳目的幌子，如果不从社会语言学的角度加以揭示，是任何辞书也无法反映的。刁迈彭前后出卖和坑害了自己两位老把兄，不愧为出卖朋友之高手。"迈彭"者，"卖朋"也。作者为人物取名，谐音寓意，何其妙哉。

三、拜门称谓

拜门即拜在权贵大佬的门下，形成一种名义上的师生关系。这类称谓形式上与一般师生称谓相同，称大佬"老师"、"老夫子"，学生自称"门生"等。但其内容却不同于"传道、授业、解惑”之师，与其学生的关系，也不同于“座师和房师”与其考生关系。这后两种关系，或全部或部分地具有师生的实际内容，而官场拜认的师生，则纯系表面文章，大多需要暗中花银子买得，所以更是典型的攀附风的表现。我们看《官场现形记》第二十三回贾臬台对拜门老师的称谓及其拜门途径。

> 贾臬台道：“既然你怕抚台说话不中用，不如打个电报给**周老夫子**，等他打个电报出来托托河台。里外有人帮忙，他总得顾这个面子。”列位看官：你晓得贾臬台说的**周老夫子**是谁？原来就是现在军机大臣上的周中堂。贾臬台此番升臬台，进京陛见的时候，化了三千银子新拜的门，遇事甚为关照。所以如今想到了他，要打电报给他，求他助一臂之力。……贾臬台看过电报无语，口中说道：“既然**周老夫子**如此吩咐，你权且等他几天再作道理。”

“老夫子”是对拜认的老师周中堂的称谓，是贾臬台“化了三千银子新拜的门”。这就揭示了拜门师生之间金钱交易的性质。第二十五回中，贾臬台的儿子贾大少爷出手更阔，去拜军机华中堂的门，买古董送礼花了一万多两银子，另外又送八千两的门包。

实际上拜门人看重的仅是老师的权势而已，老师一个电报一封信，他们就可以升官发财。而对于老师来说，他们则希望通过收门生来捞取钱财，包括初谒时的贽敬和以后的各种孝敬。所以老师收门生原则，那就是对方须是有钱的主儿，这就带出来一个有趣的称谓叫“财主门生”。尤其是那些穷京官，最希望有“财主门生”来投拜。第二十七回写道，堂堂两位军机大臣，却因为门生孝敬的多少吵了个不可开交：

> 这里徐大军机气了一夜未曾合眼。次日一早到了军机处，会见了华中堂，气吁吁的不说别话，兜头便问道：“恭喜你收了一位**财主门生**了！”华中堂听了诧异，不知所对，一定要请教老前辈说的是那个。徐大军机又微微的冷笑了一声，说道：“河南臬司贾筱芝的儿子，不是他才拜在你的门下吗？”华中堂气愤愤的道：“我们收两个门生算得甚么！我说穿了，我们几个人谁不靠着门生孝敬过日子。各人有本事，谁能管得谁！”徐大军机道：“我不是禁住你不收门生，但是贾筱芝的儿子漂亮虽然漂亮，然而过于滑溜，这种人我就不取！”华中堂道：“天底下那里有真好人！老前辈，你我也不过担待他们些就是了。”徐大军机道：“我见了不好的人，我心上就要生气。我不如你有担待。你做中堂的是‘宰相肚里好撑船’，我生来就是这个脾气不好？”华中堂道：“既然老前辈不喜他，等他来的时候关照他，以后不要叫他上徐大人的门就是了。甚么**财主门生**不**财主门生**！门生不财主，岂不要老师一齐喝了‘西北风’吗？……”

一句“门生不财主，岂不要老师一齐喝了‘西北风’”道出了他们收门生的真正意图，于师生双方都有利的事情何乐而不为呢？

从以上三类拜认类称谓我们不难看出，这类称谓已经蜕化为仅仅是名誉称号而已，并没有实际意义上的亲情、友情和师生情。但这些称谓所起的社会作用却不得不让人重新审视这些词语：它们已经超出了语言学本身的词汇意义，结合现实生活来考察，其社会意义显得格外突出。正如张永言先生所说：“词汇在一定程度上反映着社会生活和社会发展的历史。我们通过语言词汇的分析研究就能够看出社会历史发展的轨迹来。”[①]称谓属于词汇的范畴，我们通过对上述称谓的分析来透视整个清代官场：它是虚伪、逢迎、贪婪的化身，在这个世态炎凉的官场大环境下，人们之间的情越来越淡薄，追逐权势名利成了整个官场的时髦之风，攀附和逢迎权贵也成为人们追求仕途的捷径，可以说清代官场充斥着病态。

① 张永言：《词汇学简论》，华中工学院出版社1982年版，第6页。

第三编　民初政治风云与相关社会称谓研究

编前言

“民初”是指中华民国建立到1928年南京国民政府统一中国这段时间，统称为“北洋军阀统治时期”，首都在北京，与1928年后首都在南京的中华民国政府相对。这一时期的显著特点是军阀专政，政治风云变幻不定：南北方在护法运动后形成了“一国两府”的局面，北洋军阀内部的斗争以及南北方政府的斗争，革命势力与军阀的斗争，以及革命势力内部的斗争交织在一起，共同形成了风云变幻的民初政治。该编共分四章，大体以时间为序，以重大历史事件为纲，选取民初社会中代表性的社会称谓，对能反映重大历史事件的社会称谓进行描写和分析。民初最重要的成就之一就是初步建立了形式上的民主政体，“大总统”“内阁总理”“国务员”“议员”等称谓进入到当时语言的核心词汇，所以第一章就是讲民主新国体建立所体现的一系列政治性称谓，这也是民国与前清的显著区别之一。这一时期最重要的政治特征就是北洋军阀统治，所以第二章以此为线索展开。北洋军阀的混乱统治使“北洋军阀”“洪宪皇帝”“辫子军”“贿选总统”“临时执政”“安国军大元帅”等称谓盛极一时，深刻地反映了当时变幻复杂的政府更替和军阀间的斗争。由称谓不难看出其中穿插着袁世凯称帝、张勋复辟、曹锟贿选、段祺瑞与张作霖等军阀的轮番坐庄，但倒霉的还是老百姓。所谓哪里有压迫哪里就有反抗，于是又有了第三章进步势力对反动派的抗争，有了“民党”“讨袁军”“护国军”和孙中山的“非常大总统”称谓的诞生，有了五四运动对“国贼”的指斥等，有了“国民革命军”“北伐军”及其“铁军”“钢军”等北伐战争相关称谓以及冯玉祥“国民军”对北伐的响应。这一系列称谓则深刻地反映了革命者同北洋军阀专制统治之间的斗争。五四运动后马列主义传入中国，中国共产党诞生，所以第四章写社会主义的宣传和“阶级”类称谓兴起，写工人运动、农民运动相关称谓，这都体现了马克思主义传入中国所引起的革命形势变化。国民党、共产党实现了第一次合作，革命阵营中的矛盾斗争和不同政见之间的冲突导致“左派”“右派”“西山会议派”“孙文主义学会分子”等称谓的产生。国共合作好景不长，最终分裂导致了十年内战的局面。

第一章　新国体的建立与相关社会称谓

本章涉及的主要称谓如下：

第一节	一	临时大总统、临时总统、大总统、正式大总统、总统、代理大总统、代总统
	二	国务总理、内阁总理、总理、总长、次长、阁员、国务员
第二节	一	议员、参议员、众议员、国会议员、议长、副议长、省议会议员、省议员

第一节　“大总统”和“总理”相关称谓与民初民主政体的建立

一、“大总统”系列称谓与民初民主政体的建立

民国肇始，万事维新。民国初期，仿照美国的民主制度建立了总统制。于是，“大总统”也成了民初最引人瞩目的一个称谓。相关的还有“临时大总统”“正式大总统”“代理大总统”等。

“总统”一词虽然中国自古就有，一般指主管某方面事务的首领，如清朝的统军长官即可称“总统”，但它作为国家元首讲，其意义则是从国外引进的。具体说，是从日本借来的。王力在《汉语史稿》第四章第五十六节为“president：日译‘大统领’，汉译‘大总统’”加的脚注中说：“当时不用日译‘大统领’，可能是怕引起误解，因为汉语原有的‘统领’是指‘带兵官’。”①加“大”字，以更加有利于跟一般的“总统”相区别。甲午战败将台湾割让给日本，台湾军民愤而成立“台湾民主国”，就已使用了元首意义的“总统”，但那只是昙花一现，且仅限于孤岛台湾。而中华民国“大总统”的出现，才算是华夏大地上开天辟地的大事。

1911 年 10 月 10 日，武昌起义爆发，各省纷纷响应独立。12 月 3 日，各省都督府代表联合会在汉口通过《中华民国临时政府组织大纲》，决定仿照美国政体，采用总统制，临时大总统既是国家元首，又是政府首脑，由临时参议院选举产生。12 月 29 日，各省都督府代表联合会选举孙中山为中华民国临时大总统。1912 年 1 月 1 日，孙中山宣誓就任，1 月

① 王力：《汉语史稿》下册，中华书局 1980 年版，第 534 页。

3日，黎元洪当选为临时副总统。南北议和后，2月15日，南京临时参议院选举袁世凯为临时大总统，20日复选黎元洪为临时副总统。3月10日，袁世凯在北京就职。

袁世凯在北京就任第二任临时大总统的当天，南京临时参议会通过《中华民国临时约法》，对临时大总统的权力加以约束。袁世凯岂肯甘心？1913年10月他强迫国会通过《大总统选举法》，指使军警、流氓伪装成"公民团"包围国会，经连续三次投票，最后选出袁世凯为大总统。10月10日，袁世凯就任第一任正式大总统，以与此前的临时大总统相区别。1914年5月1日，袁世凯颁布《中华民国约法》，废除《中华民国临时约法》，成为一个专制总统。

不过，从语言上来分析，"临时大总统"和"正式大总统"都是官方文件和书面语中需要加以区别时的称谓，在现实语用中，一般不加区别，一律省称为"大总统"，再进一步就省为"总统"。

> 中华民国缔造之始，而文以不才，膺**临时大总统**之任，夙夜戒惧，虑无以副国民之望。夫中国专制政治之毒，至二百余年来而滋甚，一旦以国民之力踣而去之，起事不过数旬，光复已十余行省，自有历史以来成功未有如是之速也。(《中华民国临时大总统宣言书》[1912年1月1日]，《孙中山选集》)
>
> 于是各省代表乃开选举会于南京，选举予为**临时总统**。予于基督降生一千九百十二年正月一日就职。(《建国方略——行易知难(心理建设)》第八章，《孙中山选集》)
>
> 殆袁逼清廷逊位，而自为**大总统**，岑极愤懑。(《袁世凯大有造于岑春煊》，刘以芬《民国政史拾遗》)
>
> 改革之始，孙中山以十七省投票当选**大总统**，开府南京。(许指严《新华秘记》前四)
>
> 时袁尚未为**正式大总统**也，及二次革命失败，知袁氏之势力，已臻稳固。(许指严《新华秘记》后三九)
>
> 一方面，代表反动的大地主大资产阶级利益的袁世凯，在盗窃了辛亥革命果实以后，用种种方法摧残自由资产阶级的民主运动。民国二年三月二十日刺杀主张"政党内阁监督总统"的宋教仁……十月十日贿选就任**正式大总统**，十一月四日下令解散国民党，取消国会中的国民党议员。(《云南起义三十一周年》，《人民日报》1946年12月25日)
>
> 昨奉**大总统**明令，凡政治犯一律释放。(黄兴《致冯国璋电》，薛君度、毛注青编《黄兴未刊电稿》)
>
> 闻其初惩办帝制罪人，曾有拟借此兴大狱者，黎**总统**意不谓然，遂止。(许指严

《新华秘记》前一二)

“大总统”作为民初的一个标志性称谓,标志着从此选举代替了世袭,体现了推翻满清、建立民国的时代特点。“民国总统,职曰公仆,一切僭制妄作,宜即废除,庶几气象一变。”①

随着民国初期掌权者的频繁更替,“大总统”在一些特定时期被“代理大总统”所代替。

复辟乱平,黎元洪退位,(冯国璋)遂为**代理大总统**。(陈赣一《新语林》卷四)

八月一日,冯**代理大总统**入京,数月来对德奥宣战案,十四日经国务会议全体阁员署名,总统盖印公布。(张国淦《北洋述闻·对德奥宣战》)

通电冯**代总统**为非法政府。(《粤省会议员除名之波澜》,《申报》民国七年一月五日)

进入20世纪20年代,随着军阀的恣意弄权,作为国家元首的称谓,又有“临时执政”、“陆海军大元帅”等,后面再谈。

二、“总理”“阁员”“国务员”称谓与内阁制的建立

南京临时国会通过的《中华民国临时约法》变总统制为责任内阁制,想利用国民党占国会的多数席位,束缚袁世凯的行动。后来,内阁制继续被当权者采用。“国务总理”作为内阁的核心又称“内阁总理”,简称“总理”,在政坛上也具有举足轻重的地位。

国务总理及各部总长均称为国务员。(1912年3月12日公布《中华民国临时约法》第五章第四十三条)

国民是主人,就是有权的人,政府是专门家,就是有能的人。由于这个理由,所以民国的政府官吏,不管他们是大总统是**内阁总理**、是各部总长,我们都可以把他们当作汽车夫。(孙中山《民权主义》第五讲,《孙中山选集》)

顷总统来电,坚欲担任**总理**,龄特复一电,均属实情,应请公布。(熊希龄《为不就国务总理请其公布答复总统电文致北京金仍珠电》[1913年7月18日],《熊希龄集》第四册)

当时的内阁成员,被称为“阁员”。“总长”为政府各部的首长,“次长”副之。各总长由国务总理提名,交参议院审议。

三十日,唐总理电云:“昨提国务员名咨交参议院,顷准咨开:所有**外交总长**陆徵祥、**内务总长**赵秉钧、**陆军总长**段祺瑞……均多数同意,惟**交通总长**梁如浩多数不同意等语。因**交通总长**尚未通过,致难发表,现由仪暂行代理,以免濡滞。”(张国淦《北洋述闻·中华民国内阁篇》)

① 孙中山:《致黎元洪电》(1916年6月9日),《孙中山全集》第三卷,中华书局1984年版,第306页。

入迎宾馆之门，则见孙总长、曹总长分立而肃容，一一握手。（许指严《新华秘记》后四七）

七月十五日，梁汤随段入京，十七日段阁全体阁员遂发表。（刘以芬《民国政史拾遗·徐树铮排斥进步党》）

靳云鹏第二次组阁，已于民国九年八月十一日，见诸总统名令。阁员中，除我任外交总长外，其余多系老友：周君自齐长财政，萨君镇冰长海军，范君源濂长教育，叶君恭绰长交通。（颜惠庆《入阁参政》，《民国史料选辑》下册）

不过，内阁成员在更多的时候只是个摆设，在军阀横行的时代，并不能真正发挥什么作用，下例可见一斑。

名为阁员，实则等于虚位，选举犹在其次，而借款则关系国脉，势不能无言，言而不听，势不得不求去。（刘以芬《民国政史拾遗·进步党与段祺瑞之凶终》）

包括国务总理在内的内阁成员，组成国务院，所以这些人也被称为"国务员"，"国务员"包括国务总理和各部总长。

袁项城征沈子惇任司法部长，沈婉辞，袁曰："此系众意，倘不列君于国务员单内，恐失众望。"（陈赣一《新语林》卷一）

是日所招待者：各国公使，公使夫人，各国银行团，商界、报界之重要人及其夫人，中国之国务员、各高等官、议长、议员，商界、报界各种人物及是种种者之夫人。（许指严《新华秘记》后四七）

从以上各种称谓看来，民国建立了比较符合现代民主政治的制度。但是政权为军阀所控制之后，不管什么职位，虽名号依旧，性质却都已经发生了变化，堂而皇之的名号，或者发挥不了实际作用，或者干脆成为争权夺利的工具。以下引文堪为佐证。

所谓大总统也、国务总理也、总长也、巡阅使也、督军省长也，皆为我中华民国公仆也，代我国民理事之人也。今如何乎？代理财政者，监守自盗矣；代理司法者，鱼肉主人翁矣；代理外交者，丧失国权矣；代理军政者，且各握其重兵以争地盘据为己有矣；为议员者，竟以代表民意为辞拍卖总统矣。（《上海国民主政会告同胞书和宣言》，彭明主编《中国现代史资料选辑》第一册）

一年以来，北方政况之滑稽，有甚儿戏。所谓总统、总理、阁员者，爱之则呼之使来，恶之则挥之使去。（孙中山等《对外宣言》，彭明主编《中国现代史资料选辑》第一册）

阁员而认议长为长官，真闻所未闻，如此愚暗无常识，乃令其参列政地，国事尚可问乎？不知当时大权操诸袁世凯，惟此辈适合袁之用人标准，以其能奉命维谨，效顺矢忠也。陆徵祥之被任为国务总理以此，刘冠雄之被任为海军总长亦以此。（刘以芬《民国政史拾遗·议长原来是阁员长官》）

第二节 各类“议员”称谓与民初议会政治的试行

一、“议员”称谓的内涵及其使用

“议员”本来是指西方民主政体中国家权力机关即议会里具有表决权的人。这个词所代表的意义在中国近代以前是不存在的，晚清虽然建立了谘议局，但那是迫于内外形势，表示准备立宪的姿态而设置的，并不拥有西方各国正式议会的权力，所以谘议局议员也并不是真正意义上的议员。

1912 年 5 月，民国仿照美国制度设立了参议院和众议院，1913 年 4 月成立第一届国会，即由参、众两院组成，组成人员分别称为“参议员”“众议员”，通称为“国会议员”，简称“议员”。参议员主要代表地区，由各省、各地方分别选出；众议员主要代表人口，每 80 万人选出一名。参议员任期六年，每两年改选 1/3；众议员任期三年，期满全部重选。两院均设正副议长各一人，由议员互选产生。

> 民国元年秋季，由临时参议院制定国会两院**议员**选举法公布，**参议员**由各省议会推选，**众议员**则由民选，采复选制。翌年二月全国选举完竣。湖南依规定可选出**参议员**十名，**众议员**二十七名，余参加竞选**众议员**。（钟伯毅《钟伯毅口述自传·膺选国会众议员与国会初次集会》）
>
> 但是欧美代议政的好处，中国一点都没有学到；所学的坏处却是百十倍，弄到**国会议员**变成猪仔议员，污秽腐败，是世界各国自古以来所没有的。（孙中山《民权主义》第五讲，《孙中山选集》）
>
> 吴佩孚今甫出发，京城内外反吴运动随之而起，暂不再使吴氏入京，**国会议员**方面尤甚，惟对于有武力之吴氏，亦必以武力相对抗，闻已与冯玉祥将军着手联络云。（《关于冯玉祥与段祺瑞等联合反对吴佩孚的情报》，彭明主编《中国现代史资料选辑》第二册）
>
> 及众议院选举**议长**，经两次投票，民主党汤化龙卒当选，共和党陈同祥继亦当选**副议长**，足见当时国民、共和两党票数已极接近，而民主党态度如何，实可左右全局。（刘以芬《民国政史拾遗·十六议席取得议长》）
>
> 张溥泉兄参议院**议长**、**议员**资格，均经辞退。湘**国会议员**诸君，拟由湘省议会选出张君为**参议员**，使国会增加活动力，弟极赞同。（黄兴《致陈嘉会电》，薛君度、毛注青编《黄兴未刊电稿》）
>
> 国会至民国六年解散，直至十一年始告恢复，其间经种种变迁，不但社会对之

已不甚重视，即议员中亦有认为已失民意代表作用，决然引身而退者（如刘崇佑、陈筑山等）。从前各党议员阵线分明严整，此时则大都意兴阑珊，各自为谋，对党关系既渐渐淡漠，而党之控制亦无形松懈。八百议席支离涣散，顿失中心，无怪一经金钱诱惑，莫不靡然成风也。（刘以芬《民国政史拾遗·贿选与贿不选》）

各省也都建立了议会，议员称为“省议会议员”，简称“省议员”。

袁旋又下令取销国民党的各省省议会议员。（华觉明《进步党与研究系》，刘以芬《民国政史拾遗》附录）

省议会议员王德乾君，以王承斌令各县知事在民间以派借军饷为名，强加地方负担，既未交议会审议，并充作大选费，故提出议案质问省长，限五日答复。（古蓨孙《甲子内乱始末纪实》第三篇，荣孟源、章伯锋主编《近代稗海》第五辑）

全省同时举行省议员选举，湘南为第三选举区，依人口比例分配，可产生众议员四名，省议员十六名。（钟伯毅《钟伯毅口述自传·膺选国会众议员与国会初次集会》）

二、“议员”类称谓所体现的时代精神及其现实遭遇

“议员”称谓在民国初年政坛上的出现，说明以孙中山为首的革命党人为了将中国建成一个具有现代政治文明的国家所做的努力。但是在民智尚未开启的中国，武人弄权，加之孙中山等人并没有真正掌握国家政权，民主政治、议会政治等都是奢谈。

北洋军阀的统治下，议会的存在也是断断续续，被当政军阀任意摧残。而议员对于职责的履行，也勉为其难。也有很多议员，经不起物质诱惑，作出了很多荒唐的事情，例如在曹锟贿选总统一事上，为了五千元，很多人甘心当了“贿选议员”，后面还要提到。这两段引文可见民初国会和议员的真实情形：

民国国会于二年正式成立，直到十三年，尚由第一任议员行使职权，盖国会曾经袁世凯、黎元洪两次解散，而段祺瑞讨平复辟后，又废弃之而召集新国会，中间中断日久，议员无从行使职权，不能不加以补足也。（刘以芬《民国政史拾遗·国会寿终正寝》）

闻反曹方面所许议员之三千元，系于北京选举前夕始在上海发给，盖防彼辈于得到此款后，又复来京参加选举，亦足见当时议员之信誉矣。因此称京方为贿选，沪方为贿不选云。（刘以芬《民国政史拾遗·贿选与贿不选》）

“议员”称谓所代表的政治文明之时代精神在民初的难以实现，也反映了民初军阀政治的混乱，但其体现出的民主精神成为革命党人不断追求并为之奋斗的目标，这也鲜明地体现了当时的另一种时代精神。

第二章　北洋军阀的统治与相关社会称谓

本章涉及的主要称谓如下：

节	目	称谓
第一节	一	部落、小部落、军阀、新军阀、旧军阀
	二	北洋通商大臣、北洋大臣、新建陆军、定武军、北洋军阀、北洋派、北洋系、北洋团体、小站军阀
	三	奉系军阀、皖系军阀、直系军阀、靳云鹏派、徐树铮派、保定派、洛阳派、唐继尧系、顾品真系、段派、段系
第二节	一	安福系、研究系
	二	安福俱乐部、安福国会、安福系、安福部、安福派、安福议员、政学会、政学系、交通系、新交通系、旧交通系、交系、研究系、阴谋集团、阴谋派、阴谋政客
第三节	一	公民团
	二	第一流人才内阁、第一流内阁、名流内阁
	三	筹安六君子、六君子、筹安领袖、筹安巨子、洪宪六君子、十三太保、参政、请愿团、女子请愿团、乞丐请愿团、妓女请愿团、娼妓请愿团、国民请愿团、国民代表、帝制派、帝制党
	四	洪宪皇帝、洪宪帝、皇帝、爷、老佛爷、皇长子、武义亲王、正宫娘娘、妃、嫔、娘娘、公主、皇女、太子、大皇子殿下
第四节	一	公民团
	二	督军团
第五节	一	辫帅、辫子军、辫子兵、辫兵、辫军、复辟党、复辟派
	二	逆贼、逆党、逆、叛逆、讨逆军、国军、共和军、义军
第六节	一	猪仔议员、贿选议员、受贿议员、附逆国会议员
	二	贿选总统
第七节	一	临时执政、段执政、执政
第八节	一	安国军、安国军总司令
	二	陆海军大元帅、大元帅

第一节　“北洋军阀”称谓的由来及所指

一、“军阀”称谓现代意义的出现、感情色彩及其所指

“阀”指依靠权势在某一方面有特殊支配地位的人物或集团。“军阀”现在指拥有武装力量、割据一方、操纵政治的军人或军人集团。[①] 近代“军阀”一词，应该是由日本借来。

> **军阀**二字，日文名词也，近人袭用之。吾喜其言简意赅，沿而不改，可见吾国素无**军阀**（古有藩镇），今始有之。（南海胤子《安福祸国记·安福部与军阀》，荣孟源、章伯锋主编《近代稗海》第四辑）

军阀的产生，一个重要表现就是分裂割据。早在1913年，梁启超就注意到了中国的分裂，他称分裂的势力为“部落”。

> 即国中寸地，非国之所能有也。惟见亚细亚大陆东部有二十余**部落**，各**部落**中又有其小**部落**，为数至千数百而未已。而所谓中华民国者，果安在也？而一年来之政象，实向此轨以趋焉，可痛可惧莫此慎焉。（梁启超《饮冰室合集·文集》第三十卷）

梁启超所说的这些“部落”，直到20世纪20年代初，才被人称为“军阀”。

“军阀”的最初使用，是在20世纪初期，具体说，是进入民国以后，北洋军阀的危害已经为有识人士所认识，人们用“军阀”来指称祸国殃民的军事集团。

> 何以有**军阀**，则所由来者渐矣，姑为约略举之。清北洋大臣李鸿章，喜练兵，以淮军屯小站及关内外地，因由北洋派之名。……袁世凯升鲁抚，总督北洋，改编为六镇。清廷嫉之，调袁内用，命凤山统其军。而袁之植根已深，是为造成**军阀**之始。……袁任总统，冯督直隶省，段长陆军部，皖直之势力渐成。袁殁，冯以副座代总统，段以陆长兼揆席，府院之争，皖、直之仇，愈结而不可解。**军阀**暗斗，各伸势力，于是大**军阀**造小**军阀**，而**军阀**遍国中矣。（南海胤子《安福祸国记》，荣孟源、章伯锋主编《近代稗海》第四辑）

> 兄此次下野，诚千载一时之机，从此静养山林，不问国事，遂我平生求学之愿，留备将来救国之用，倘有不谅苦衷，强兄出山者，誓将自戕，借明心迹，决不为害国殃民之**军阀**也。（《冯玉祥致张之江等函》，原载《晨报》1924年11月27日，《近代史资料（总六十一号）》）

20世纪20年代以来，中国共产党沿用共产国际的定义，用阶级分析的方法，来说

[①] 吉常宏主编：《汉语称谓大词典》，河北教育出版社2001年版，第450页。

明军阀是依附于帝国主义且得到地主阶级援助支持的军人，是半殖民地半封建社会的产物。毛泽东在《关于纠正党内的错误思想》中提到了军阀的特征："脱离群众、以军队控制政权。"①

> **军阀**和官僚的政权，一般说来很不稳固；他们的眼界局限于纯粹自私的目的；他们没有任何固定的政治路线。（张国焘《北京共产主义组织的报告》[1921年7月]，《中共中央文件选集》第一册）
>
> 在北洋**军阀**卵翼之下的约法国会将与五六年状况何异？希望**军阀**自己出来废督裁兵，岂不是与虎谋皮？……**军阀**间内讧甚烈，正在互相对垒，互相防制，无论那一方面都正在增兵，那一个肯裁兵自灭？（《中国共产党对于时局的主张》[1922年6月15日]，《中共中央文件选集》第一册）
>
> （二）是国内**军阀**的扰乱，帝制倒了，帝制遗下来的**军阀**却未曾倒，大小**军阀**把持中央及地方之政权财权，使全国中法律无效，舆论无效，财政紊乱而国家濒于破产，又以**军阀**互斗之故，战祸遍于全国，金融恐慌，运输停滞，工商业莫由发展。（陈独秀《对于现在中国政治问题的我见》，原载《东方杂志》第十九卷第十五号1922年8月10日出版，《中国工运史料(一)》）
>
> 中国的统治阶级还是帝政余孽北洋**军阀**，他们是外国帝国主义者下面的臣仆，是中国政府上面的太上政府；他们利用政权来卖国，来紊乱全国的财政军纪，做出在法律以外压迫人民的一切黑暗罪恶，他们断然置外交紧急国库破产而不顾，一意索款增兵，借口统一，屠戮异己；这些都是昭然事实，人人知道，不用我们再说了。（陈独秀《怎么打倒军阀》，原载《响导》第一集第二十一期1923年4月18日出版，《中国工运史料(一)》）

"军阀"这个称谓最初使用的时候，其意义是带着明显的感情色彩的。

> 到一九二二年直系奉系战争时期，张作霖与吴佩孚彼此说对方是"**军阀**"，但是自己还不承认自己是"**军阀**"。他们的看法是，自己在那里谋求国家的统一，消除统一的障碍。统一的障碍是"**军阀**"。那种人祸国殃民，无人道，无法纪，既不合于中国的传统道德水准，也不合于国家的法律。（陈志让《军绅政权——近代中国的军阀时期》绪论）
>
> 到那里赌的都是那些阔**军阀**，阔官僚，每一场赌总有几十万上下，他们的筹码起码就是一百元。（包天笑《上海春秋》第二十二回）
>
> **军阀**为贼者多矣，而祸国殃民，身兼两贼，未有如张之甚也。（陶菊隐《政海轶

① 《毛泽东选集》(一至四卷合订一卷本)，人民出版社1967版，第84页。

闻·张敬尧》)

此固一幕丑剧,然亦足见当时如狼似虎之**军阀**(当时各省省长多由督军兼任),对于选举舞弄之玄妙,尚未窥见堂奥,故终不敢罔顾一切,为所欲为也。(刘以芬《民国政史拾遗·新国会选举丑剧》)

民国酿乱,罪在**军阀**。街谈巷议,咸为饮恨。(南海胤子《安福祸国记·安福与筹边使》,荣孟源、章伯锋主编《近代稗海》第四辑)

可见"军阀"这个称谓在民初历史上,一出现就是带着强烈贬义色彩的。

"军阀"称谓在民初的使用,主要是指北洋军阀和西南军阀这两种势力。西南军阀主要是以陆荣廷为首的桂系和唐继尧为首的滇系,性质同于北洋军阀。西南军阀产生于前清地方武装势力。民初的"联省自治"主要是西南军阀的主张。

西南诸将之拥兵聚敛压抑民权,无异于北洋军阀,以此而谋联省自治,仍是联督自保之老文章;若云团结西南以抗北方,观往察来,只是地域上南北割据之争,绝无政治上封建民主之别。(《中国共产党对于时局之主张》,原载《先驱》第二十四号1923年8月1日出版,《中国工运史料(一)》)

"联省自治"运动,也不过是各省军阀为了自己割据而已。

今日中国之大患,在于大小军阀均无放弃军权之感悟,使其有也,则联邦制也可,即单一制也,亦何尝不可?否则所谓联邦,不过群雄割据之变相而已,于实际宁有丝毫裨益哉?(刘以芬《民国政史拾遗·谈联省自治运动》)

国民党在背叛革命之后,也被共产党称为"新军阀",以同此前的北洋军阀和西南军阀,即"旧军阀"相区别。

我们对付**新军阀**自然不能如对付**旧军阀**一样很简单的喊打倒他;但是也不能希望他能成个左派,能够长期与我们合作。(《中央致粤区信——关于国民政府迁汉后应付粤局的策略》[1926年12月4日,附粤区政治报告],《中共中央文件选集》第二册)

二、北洋军阀的产生及其相关名称和历史

在民初历史上,北洋军阀可以说是对中国影响最大的一股力量,占据了中国政治舞台的中心地位。谈这一时期的社会称谓,不可不谈"北洋军阀"这个群体称谓。

"北洋军阀"称谓产生于袁世凯的"北洋大臣"身份。"北洋大臣"是"北洋通商大臣"的简称,第一任"北洋通商大臣"为直隶总督李鸿章兼任。当时"北洋通商大臣"具体管辖直隶、奉天、山东三省洋务、海防及关征事务,但是"北洋"所指的地区并不仅限于这三省,只是一个相对于"南洋"而来的泛称。从地域上说,清以长江吴淞口为界,南面沿海称南洋,北面沿海称北洋。例如,光绪十年(1884)曾国荃为两江总督兼南洋大臣,李鸿

章为直隶总督兼北洋大臣。当时并没有“东洋大臣”、“西洋大臣”的名目。“北洋通商大臣”最早设于同治九年(1870)。

> 同治九年,(李鸿章)加三口通商事务,授为**北洋通商大臣**,驻天津。(《清史稿·职官志三》)
>
> 李鸿章、郭嵩焘诸臣以国权、商务、戎机所关甚钜,抗疏论列。其始也阻于众咻,其继也卒排群议而次第建设之,开我国数千年未有之奇局。于时鸿章总督直隶,领**北洋通商大臣**,忍诟负重,卒观厥成。(《清史稿·交通志》)

“北洋通商大臣”后简称为“北洋大臣”。袁世凯原为李鸿章的部下,后担任北洋大臣。袁世凯所统率部队,在清朝是为定武军,也称为“新建陆军”。这是北洋军阀得以形成的基础,但在当时根本没有“北洋军阀”的称谓。

> 三十三年,代袁世凯为直隶总督。世凯为政,首练军筹款,尤多兴革,务树威信,**北洋大臣**遂为中外所属目。(《清史稿·杨士骧传》)
>
> 陆军新制,始于甲午战后,步军统领荣禄疏保温处道袁世凯练新军,是曰**新建陆军**。复练兵小站,名曰**定武军**。(《清史稿·兵志三》)

“北洋军阀”实际所指是袁世凯在清廷覆灭后所统领及其后继势力所代表的一支军政合一的力量。“北洋军阀”名称的出现应该是在“军阀”出现之后,并且当时人所认为的军阀,是指袁世凯死后出现的军事政治派别。他们不管国家民族利益,以军队影响或控制政权,欺压鱼肉平民。

> “**北洋军阀**”这个名词,若分析来说,北洋练兵,始于李鸿章,成于袁世凯(两人先后为北洋大臣)。后来何以产生军阀,则完全由袁世凯一手所造成。袁若不想推倒清室自己做总统,则所谓师、旅长者,仍是老老实实去带他的兵。……袁殁之后,更是惟所欲为而军阀之名词因以成立。……袁氏在日,军队统于一尊,并无派系可言亦无人敢萌此想,敢为此说。(张国淦《北洋军阀直皖系之斗争及其没落》,杜春和等编《北洋军阀史料选辑》下册)
>
> “**北洋军阀**”四字,已成近代史上习见名词,但多忘其语源。缘鸦片战后,满清与外人约定五口通商,河北江南两省,向称南洋北洋,自后两江总督,为南洋通商大臣,直隶总督,为北洋通商大臣。甲午战后,袁世凯督直,习称北洋总督,设练兵处,在距天津不远之小站。营造兵房,后为北洋军人发祥地。……报纸宣传,乃有“北洋派”三字出现。滑稽家尝言,东洋西洋与南洋北洋,可以囊括世界,中国之两洋,与外国之两洋,遥遥相对,或即**北洋军阀**,为帝国主义者所支持之谶语乎。(吴虬《北洋派之缘起及其崩溃》,来新夏主编《北洋军阀》第一册)

北洋军阀又称“北洋派”或“北洋团体”,有时又用作北洋派人士的自称。

故几经研讨之后，乃以畀诸徐世昌，以徐与**北洋派**关系甚深，平日于直、皖之间尚无所偏倚，又系文人，举任总统，既可平直系之人心，而于己系亦无力能加牵掣也。（刘以芬《民国政史拾遗·另一曹锟贿选案》）

例如徐树铮在他左右专横跋扈，不特使**北洋派**分裂，而且激起各方反感，各方越是攻击徐，他越重用徐，他素来就是抱定用人不疑的态度，这也是他表现为刚愎自用的一个方面。（邓汉祥《我所了解的段祺瑞》，杜春和等编《北洋军阀史料选辑》下册）

报纸宣传，乃有"北洋派"三字出现。……自是**北洋派**三字，为世人习见……北洋元老王世珍与人通函，常用"我**北洋团体**"之句，王占元在公庭广众中，自称"我们**北洋派**"，并不知此系私人党援之名，决不宜自承，更不应见诸正式文牍也。（吴虬《北洋派之缘起及其崩溃》，来新夏主编《北洋军阀》第一册）

及冯国璋入京师，冯、段势不相下，徐引为良机，极挑拨之能事，自是**北洋团体**裂为直、皖两系。（陶菊隐《政海轶闻·徐世昌》）

但"北洋派"刚开始仅仅是指袁世凯在北洋大臣任内所编练的新军，袁死后，北洋军阀分裂，"北洋派"也包括了旁系军阀在内。

张勋、张作霖后来都被列为**北洋派**，甚至龙济光也被称为**北洋派**的南方健将，这种说法是不惬当的。所谓**北洋派**是指袁在北洋大臣任内所编练的新军，既不包括北方的全部新军，更不包括南方的任何一支军队。后来，凡是依附袁的北方军队都被列入**北洋派**，甚至南方与袁相勾结的杂牌军也被列入，而**北洋派**与非北洋派的界线就因之混淆不清了。（陶菊隐《北洋军阀统治时期史话》第一章）

北洋派，也称作"北洋系"。"系"也表示了北洋军阀之间千丝万缕的联系。

"若皖人布置皖派，以为抵直之计，是皖之自杀，国家险状，宁堪操刃而自剸。"这几句话，就**北洋系**之狭义来看，可称是至理名言，殊不知他自己即是纵横捭阖之主谋者。（张国淦《北洋军阀直皖系之斗争及其没落》，杜春和等编《北洋军阀史料选辑》下册）

是日段亦未至，于是团结**北洋系**之幻梦澌灭殆尽。（陶菊隐《政海轶闻·吴佩孚》）

由于袁世凯曾在天津小站练兵，从而形成了北洋军阀的基础，所以又用"小站军阀"这个称谓来称呼北洋军阀，这是从其发源之地来讲的。

小站军阀（北洋军阀，其基础实奠于袁世凯之小站练兵），自袁死后分为皖、直两系。皖系始于段而终于段，直则由冯而曹而吴，而以孙传芳为之殿，卒亦皆败。（刘以芬《民国政史拾遗·孙传芳自致败亡》）

三、北洋军阀称谓的下类称谓与北洋军阀的分裂

袁世凯死后，北洋军阀分裂，产生了不同的军事派别，最重要的就是直、奉、皖三大系。皖系和直系是北洋军阀的嫡系，由袁世凯直接控制的部队分裂而来。奉系军阀、山西军阀阎锡山也属于北洋军阀，不过是旁系而已。

第一时期是军阀政权动摇时期。在此时期中，**奉系军阀**已经溃败，**皖系军阀**已经没有实力，**直系军阀**犹未再起。（《中央政治报告[中国共产党中央扩大执行委员会会议文件(1)(一九二六年七月)]》，《中共中央文件选集》第二册）

自袁世凯死后，北洋军阀为了争权夺利，即走向分裂，**直皖两系**的矛盾，就是在这种情况下产生的，军阀混战的局面也就从此开始。（韩世儒《参战军与直皖战争概述》，杜春和等编《北洋军阀史料选辑》下册）

这些分裂后的军阀，内部又有许多小派系，其间有着千丝万缕的联系，其性质又是怎样的呢？

这时期的军阀分作很多派，各派有自己的领袖。拥护他们的人除了从属关系之外，更加上姻亲，父子兄弟，同宗，同学，同乡，结拜兄弟等等私人关系，来巩固每一个派系的团结。这些派系之下又有小的派系，如皖系的**靳云鹏派**和**徐树铮派**；直系的**保定派**和**洛阳派**；滇军的**唐继尧系**和**顾品真系**。这些派系都用人名或地名来标志，正说明了他们在原则方针上几乎没有分划的可能。（陈志让《军绅政权——近代中国的军阀时期》第七章）

正如上文所说，这些派别用人名或地名来命名，说明了这些派别的属性，并不是因相同政见或主义理想而结合，只是由于地域或宗族关系的相同或相近结合而成，从这也可以看出其中的落后性。

由地名命名的派别，同样也被用其首领的姓氏来指称。如"皖系"，又被称为"段派"或"段系"。

一九二〇年直皖战争直系胜利以后，曹锟曾约我到保定，在他所布置的花园"光园"中住了几天。有一天，曹问我湖北省长何佩瑢是否属于**段派**。（汤茗铭《直皖战争后直系势力的扩张》，杜春和等编《北洋军阀史料选辑》下册）

当**段派**全盛时，张深与接纳，后以徐树铮经略蒙疆，与之利害冲突，而徐又遣姚震侄步瀛入奉，煽动奉军叛张，为张所破获，乃大愤恚，转而与直系联合攻皖。（刘以芬《民国政史拾遗·萨镇冰与张作霖》）

说老实话，无论是安福国会，也无论是安福俱乐部，虽然声势煊赫，盛极一时，究其实，纯粹是**段系**运用政治的一种工具。**段系**一经失败，这一群乌合之众，自然冰消

瓦解。（刘振生《安福系的形成及其内幕》，杜春和等编《北洋军阀史料选辑》下册）

徐欲分化**段系**军人势力，以厚利饵曹、吴，使重整直系旗鼓。（陶菊隐《政海轶闻·徐世昌》）

第二节　北洋军阀统治时期政治派别称谓

一、民初政治派别的产生

民国初年，特别是袁世凯死后，政权名义上又回归到了民主体制。这时，要想掌握国家政权，必须通过合法的议会选举的方式才能实现。军阀们即使握有重兵，也要通过这种形式来取得表面上的合法化，为自己的夺权披上合法的外衣。例如，段祺瑞在府院之争后组织了临时参议院，形成了"安福系"，操纵国会选举。后来又出现了其他一些重要派系。这些派系之间为了自己的利益，时常联合或斗争，一切以军阀利益为转移。

原来在临时参议院定国会议员选举法时，**研究系**与**安福系**最大之歧见，即在**研究系**主张参议员应照旧选举法规定由省议会选出，而**安福系**则主张须改由地方各团体选出。（刘以芬《民国政史拾遗·新国会选举丑剧》）

安福系对于**研究系**议员素持一种策略，能收买则收买之，认为万不可能，则极力排斥之，于发表意见书者，经视为敌党不可动摇之分子，于是其人之姓名，遂首列在不许选出之名单上矣。（刘以芬《民国政史拾遗·新国会选举丑剧》）

各派别的斗争虽然也包含不同政见之间的斗争，但本质上仍然是不同军阀的代言人之间的利益斗争。

二、主要的政治派别称谓的来历及其所指

（一）"安福系"

"安福系"这个团体称谓的产生，与依附于段祺瑞的议员团体——安福俱乐部是分不开的。"安福俱乐部"的命名，又来源于其所在地——北京的安福胡同，具体说是胡同中梁式堂的住宅"梁宅"。

安福系这一名称始传于一九一七年冬季临时参议院开会期间。那时段派在北京西城安福胡同布置了一所较宽大的房舍，作为接近他们的议员聚会之所，名之曰梁宅。其初参加者仅十数人，如光云锦、臧荫松、刘恩格等，我亦滥竽其中。这个梁宅，既无组织，也无领导。……我记得有一次聚会，大家认为将来到各地方经营选举，必须有一个正式政治组织，方好号召，梁宅的名义是不行的。当时有人提议：

“这个梁宅不是在安福胡同吗，安国福民，名词很好，就称为**安福俱乐部**吧。”与会者一致同意，于是安福胡同梁宅摇身一变，就成为**安福俱乐部**了。操纵中央政权两年、哄动一时的安福系，就是这样形成的。（刘振生《安福系的形成及其内幕》，杜春和等编《北洋军阀史料选辑》下册）

1918年3月，段祺瑞为了抵制孙中山的国会非常会议和9月的总统大选，指使王揖唐在北京安福胡同组织俱乐部。8月20日，新国会成立，9月，选举徐世昌为大总统。新国会以安福系马首是瞻，受到全国人民的反对，被称为“安福国会”。1920年7月，爆发直皖战争，皖系失败，8月，安福俱乐部解散，新国会闭会。“安福系”这个称谓也见证了段祺瑞操纵国会、玩弄民主的卑劣手法。安福系议员，也“完全是由金钱的贿选和政治力量的压迫，以及伪造选票而来”。

1918年8月12日，临时参议院宣布结束，所谓**安福国会**也就宣布成立。这些议员的产生，完全是由金钱的贿选和政治力量的压迫，以及伪造选票而来。……此时在北京安福胡同组织国会议员俱乐部，议员每晚公开或秘密开会，以及王揖唐拉拢和运用议员，都在此处进行；并且打牌、叫八大胡同的姑娘，也是在这里。**安福国会**的名称即由此而来。凡是与段有关的人，都给他戴上一顶**安福系**的帽子。……**安福系**幕后的提挈支配者，则是徐树铮、曾毓隽。……据我回忆，所谓**安福系**并没有什么组织。因为段在北洋派掌握政权甚久，其左右凭借段的关系作威作福，所以每一提及**安福系**三字，就会给人以恶劣的感想。（邓汉祥《我所了解的段祺瑞》，杜春和等编《北洋军阀史料选辑》下册）

安福系势盛时，创《公言报》，聘主笔政。（陶菊隐《政海轶闻·张宗昌》）

段组**安福系**，将改选总统。**安福系**首领王揖唐系徐弟子，劝段避虚名而收实利，以总统让徐。（陶菊隐《政海轶闻·徐世昌》）

安福系既利用其所包办之临时参议院，制定国会组织法暨选举法而公布之，于是遂进一步而包办新国会之选举。（刘以芬《民国政史拾遗·新国会选举丑剧》）

不过所谓进步党员，均已由段派许以相当条件，令其脱离本党而加入新党，即所谓**安福系**是也。（刘以芬《民国政史拾遗·进步党失败原因》）

“安福系”当时又被称为“安福部”、“安福派”。

安福部主张亲日，吾国外交与**安福部**有关系者，当然是中日间之交涉。然**安福部**未出世以前，所有对日交涉各案，无论得失，不能强牵入**安福部**也。（南海胤子《安福祸国记》，荣孟源、章伯锋主编《近代稗海》第四辑）

安福派则对于交通、财政两部不肯放弃，延至十二月，经数次之疏通，旧交通系梁士诒辞参院议长职，始克就绪。（南海胤子《安福祸国记》，荣孟源、章伯锋主编

《近代稗海》第四辑)

干未被困京师,而安福派健将曾毓隽被捕,外方又以驱黎式者驱段。(《乙丑军阀变乱纪实》,《近代稗海》第五辑)

“安福系”这个团体内的议员,也被称为“安福议员”。

东海为安福议员所推戴,非合法总统。(陶菊隐《政海轶闻·吴佩孚》)

(二)“政学系”

1916年袁世凯死后,黎元洪继任总统,段祺瑞任国务总理,作为旧国会第一大政党的国民党的议员吴景濂等辅助冯国璋竞选副总统,引起另一部分国民党议员张耀曾、李根源、谷钟秀等不满。他们以欧事研究会的成员为基础,组成政学会,寓意为人人都要学习政治。纲领是:政学会仍为国民党一部分,拥护孙中山、黄兴;奉行三民主义。成员以国会议员为主。1917年,段祺瑞非法解散国会,另组安福国会,孙中山在广州组织护法政府。次年,张耀曾等南下参加护法运动,但他们勾结滇桂军阀,在非常国会中大肆活动,改组军政府,易大元帅一长制为七总裁会议制,排斥孙中山。1920年政学会被解散,1923年重新组成,1925年被取消。1927年南京国民政府成立后,原政学系分子杨永泰、黄郛、张郡与国民党官僚熊式辉、陈仪、吴鼎昌等相互提携,积极拥戴蒋介石,成为国民党内的一个派系,时称“新政学系”。我们这里说的政学系,只是指北洋军阀统治时期的政学系。“政学会”这个团体,也被称作“政学系”。

此时政学会拥之抗曹,纯系利用时机,以报私怨而窃政权;其他直系政敌欲以猪黎为傀儡,拥之于奉或浙者,均应为国民所不齿。(《中国共产党对于时局之主张》,《中国工运史料(一)》)

然岑虽终袁之世,未与北京政府发生关系,而其后在南方护法政府中,领导政学系,排挤孙中山先生,取得首席总裁,与徐世昌暗通声气,足见其仍热中功名,非真能始终致力于政治奋斗者矣。(刘以芬《民国政史拾遗·冯玉祥之倒戈》)

(三)“交通系”

梁士诒在晚清被任为京汉、沪宁铁路总文案,民初时期仍担任铁路及交通部门要职,他到处安插党羽,培植自己的势力从而形成了交通系,并在扩建铁路事业的过程中迅速壮大起来。其重要人物有周自齐、叶恭绰、汪有龄、朱启钤等。交通系在国内以袁世凯的政治势力为庇护,在国外以英、日帝国主义为后援,在北洋军阀统治时期显赫一时。

(袁)故一面虽对进步党力加敷衍,一面则令其秘书长梁士诒拉拢交通系,组织公民党,以分其势。(刘以芬《民国政史拾遗·袁世凯之欺人语》)

而今日交通系之巨子,仍让曹氏,不似他人之树倒猢狲遽散也,岂非人杰矣哉!(许指严《新华秘记》前二七)

即如此次中法在上海合办之工商学校，此虽属教育部，闻亦由交通部出钱，故校中人员皆为交通界中人，此次招考，外间啧有烦言，皆知此校又成为**交通系**新教育事业之一了。（胡适《致范源濂》，《胡适来往书信选》上卷）

交通系内部因为利益纠纷，分裂为新旧两派，产生了“旧交通系”和“新交通系”。在梁士诒逃亡日本时期，任交通总长兼署外长的亲日派政客曹汝霖继任交通银行经理，与陆宗舆等在交通部门中培植党羽，控制外交机关以及一部分财权，并在国会中收买一部分议员，形成“新交通系”。“旧交通系”仍以梁士诒为魁首。新老交通系政见不同，但都是政客们的团体，性质上并没有实质性区别。

盖当时新国会中，安福系虽占绝对多数，然以选副总统则仍非独力所能成，研究系自不肯与之合作，此外交通系亦占百数十系，果肯全部参加，固可凑足人数，无如该系分为新旧两派，**新交通系**以曹汝霖为领袖，自唯安福系马首是瞻；**旧交通系**以梁士诒为领袖，梁与徐树铮恶感极深，又忌曹（汝霖）之后来居上，因而对安福系力持反对态度。（刘以芬《民国政史拾遗·另一曹锟贿选案》）

中央虽举出，参院亦弃而不就矣，安福部之甘让参长于梁士诒者，所以笼络**旧交通系**，并以敷衍梁氏，戢彼竞争总理之野心。（南海胤子《安福祸国记·安福部与国会》，荣孟源、章伯锋主编《近代稗海》第四辑）

新交通系投降安福部之曹汝霖、陆宗舆等，经营济顺、高徐借款已非一日，其债额为三千万至五千万。（南海胤子《安福祸国记·安福部与国债》，荣孟源、章伯锋主编《近代稗海》第四辑）

“交通系”亦简称为“交系”。

交系此次损失，约在一千二百万。在实力上，**交系**已不能再等。（《奉直战云录》，《近代稗海》第五辑）

（四）“研究系”

“研究系”原是以梁启超、汤化龙为中心组成的宪法研究会的简称，起源于立宪运动时期的宪友会，其主要成员由原进步党骨干组成。它标榜“无形之党”，没有政纲与支部，其具体人员范围也模糊不清。它虽然作为议会内的少数集团，但与段祺瑞联合掌握内阁，并以新国会选举惨败而告终。

该会以宪法研究会相标榜，主张责任内阁制，支持段祺瑞，由段委以财政总长等要职，时人称之为“研究系”。可见，“研究系”的得名，是取自“宪法研究会”之“研究”。1920年段祺瑞因直皖战争中失败下台，梁启超等人亦表示不问政治，专事学术研究，研究系因此散伙。

研究系一词，系由宪法研究会而来，而宪法研究会则为进步党人所组织，所以

所谓**研究系**其实即是进步党。(刘以芬《民国政史拾遗·研究系之来龙去脉》)

会既以研究为名,则其组织自以党中领袖及有制宪权之国会议员为主体,同时在议场上与其他党派辩论争持皆属该会中人,世因锡其名曰**研究系**。(刘以芬《民国政史拾遗·研究系之来龙去脉》)

研究系者,是进步党宪法研究会的简称,亦即该党的继续。(华觉明《进步党与研究系》,刘以芬《民国政史拾遗》附录)

我在学校并一般爱谈论时世的同学朋友们中间,常常听见有人说:"《晨报》是**研究系**的机关报,**研究系**坏得不能说,《晨报》有时常给该系护短,终久是有个替代的——清白无派的——出来,我们就要和他断绝来往。"(《张梵致胡适》,《胡适往来书信选》上卷)

当我于1926年到北京的时候,北京有一个哲学刊物,叫《哲学评论》,它是由当时的尚志学会主办的。尚志学会是当时以梁启超为首的一个政治派别——宪法研究会——的一个附属组织。在民国初年,第一次国会成立之后,国民党想以国会的力量,迫使袁世凯交出政权。照《中华民国临时约法》所规定的,总统一职只是一个空名的国家元首,实际政权掌握在国务总理手里。当时国民党在国会中占多数,它计划凭借这种力量取得国务总理的职位,组织内阁,掌握政权。为了抵抗国民党的这种计划,袁世凯把当时国会中除国民党以外的小政党联合起来,成为一个仅次于国民党的大政党——进步党。进步党里边有许多派系,梁启超在进步党内部组织了一个宪法研究会,当时称为"**研究系**"。进步党及其中的派系,原来也是想凭借在国会中的力量,在政治上占一点地位。(冯友兰《冯友兰自述》第五章)

但"研究系"这一词,还含有其他的含意,即"权谋家""阴谋派""阴谋集团"等包含贬义的某些学者型政治家集团,其首领也被称为"阴谋政客"。这也体现了宪法研究会在当时人们心目中的不良形象。

总之,进步党既被目为长于阴谋,其所组织之宪法研究会,则更视为合阴谋之尤者而结为一体,于是研究系一词,遂又隐含有**阴谋集团**之意味矣。(刘以芬《民国政史拾遗·研究系之来龙去脉》)

自研究系被反对党谥为**阴谋派**,于是汤济武先生遂俨然成为阴谋之魁。(刘以芬《民国政史拾遗·汤济武先生之被刺》)

复有**阴谋政客**汤化龙、梁启超、熊希龄、张謇等助纣为虐。(温世霖《段氏卖国记·自序》,荣孟源、章伯锋主编《近代稗海》第四辑)

第三节　袁世凯的混乱统治与相关社会称谓研究

一、“公民团”称谓与袁世凯当选“正式大总统”

1913年9月18日成立了以梁士诒为党魁的公民党。凡议员加入该党，每个月发200元津贴，“以正式总统选举为本党政策之第一步”，在国内外大肆活动。10月6日，选举正式大总统那天，便衣军警1000多人，自称“公民团”，将国会包围，公民党则在院内活动，迫使议员连选三次，才使袁世凯勉强当选。随着选举的结束，公民党也结束了它的使命。

从“公民团”这个称谓可以看出袁世凯的做贼心虚，这也是为了在议会选举中确保自己当选大总统，所以他指使梁士诒组织了“公民团”，来威胁议员。“公民团”名义上是“公民”的团体，但实际上其组成人员都是些流氓、帮会人员、兵痞等匪徒。在“公民团”的威胁下国会被迫选举，袁世凯终于当上了正式大总统。所谓“公民团”只不过是袁世凯为了掩人耳目要的一个手段罢了。

袁世凯嗾使军警组织**公民团**威胁国会，迫使选己为总统，此为举世共知之事实，毋庸赘言。（刘以芬《民国政史拾遗·袁世凯之欺人语》）

故袁在十月以前，即极力促成总统选举，国会既徇其意，先行制定宪法一部分之大总统选举法而公布之，及至国会选举总统之日，犹恐不能获得法定票数，不惜冒天下之大不韪，以军警假装**公民团**，包围国会，威胁议员，求达其当选之目的。（刘以芬《民国政史拾遗·双十节就职之三总统》）

袁一定要在开国后的第二个国庆节（一九一三年十月十日）登上正式总统的宝座。此时袁已成了全国权威赫赫的大独裁者，无人与之竞选，但他还是不放心，十月六日选举总统时，他派出了首都军警几千人，并收买流氓、帮会、兵痞组成了浩浩荡荡的“**公民团**”，把参众两院包围得水泄不通，两院议员只许进，不许出。这般匪徒在两院门外大声叫嚷：“今天不选出我们中意的总统，你们休想出院！”在“**公民团**”的严重威胁下，议员们战战兢兢地投了三次票，一次不成，两次，两次不成，三次，第三次在袁世凯、黎元洪两人中决选其一，才十分勉强地凑足了票数，袁当选了。（陶菊隐《筹安会“六君子”传》第九章）

二、“第一流内阁”与袁世凯的欺世盗名

1913年二次革命失败后，袁世凯利用以中间派自居的进步党作为政治工具，选用

进步党名誉理事熊希龄为国务总理组织内阁。熊希望用几位大名流组织“第一流人才和第一流经验”的内阁，但是袁世凯把陆军、内务、外交等重要的部抓在自己手里，熊希龄只能拉梁启超任司法总长，汪大燮任教育总长，张謇任农商总长。这三个名流加上熊希龄本人，被讥讽为“第一流人才内阁”、“第一流内阁”或“名流内阁”。熊希龄组织“第一流人才内阁”，目的是塑造内阁的威望，用社会上的“名流”来聚拢政府的威信。当然，他的这个想法出发点是好的，但是在袁世凯的操控下，这个“第一流内阁”必然要处处受到要挟与控制。1914 年 2 月，“第一流内阁”任职不到半年便在人民的唾骂声中宣告垮台。

熊总理抵京后即有组织**第一流人才内阁**之宣言。……今吾国人才难矣，第一流人才尤难，**第一流人才内阁**则更难。(《第一流人才内阁质疑》,《亚细亚报》1913 年 9 月 3 日)

熊秉三解热河督统，入都觐见，项城曰：“决以君领袖内阁，各部长吾意中亦复有人，君愿与之共治国事否?”熊对曰：“若辈才固佳，乃第二流角色耳。”袁曰：“第一流为谁?”熊曰：“汪大燮、张謇、梁启超等是。”阁成，袁笑曰：“此**第一流内阁**。”(陈赣一《新语林》卷四)

民党失势后，项城任熊为国务总理，组**名流内阁**。(陶菊隐《政海轶闻·熊希龄》)

“名流内阁”自上台以来，对于独裁者百依百顺，不顾万人唾骂，理应与袁共享荣华富贵，但袁无此雅量。以前袁挑选进步党人组织内阁，就是要利用他们出面来跑龙套，为《总统变皇帝》的连台大戏撑撑场面。现在这个任务已经基本完成，这个工具已经失去其使用价值，但他们死赖在位子上不走。到了这时候，袁只得翻脸不认人，设法把他们一脚踢开。(陶菊隐《筹安会“六君子”传》第九章)

三、袁世凯筹备称帝活动期间的称谓

(一)“筹安六君子”与“十三太保”

在袁世凯筹备帝制的过程中，出力最甚者，当属“筹安六君子”和“十三太保”。“筹安六君子”这个群体称谓来源于“筹安会”。1915 年 8 月 14 日杨度等六人发起成立筹安会，杨度为理事长，孙毓筠为副理事长，其他四人为理事。这是一个专门负责筹备帝制的团体。为什么叫作“筹安会”呢?

袁曰：“此研究会名义奈何?”皙子曰：“去乱即安，在此一举。某意宜名‘筹安’。”(许指严《新华秘记》前一一)

虽然名为“筹安”，表面看来，目的是为了“去乱即安”，但在堂而皇之的目的之下，掩盖的却是筹备帝制的勾当。“筹安六君子”，也简称为“六君子”，与“戊戌六君子”同是“六君子”，其所指却有着天壤之别。筹安六君子指组成筹安会的六个人：杨度、孙毓筠、严复、刘师培、李燮和、胡瑛。筹安会的领袖杨度,被称为"筹安领袖"。筹安会"六君子",也被称为"筹安巨子",因筹备洪宪帝制,又称"洪宪六君子"。

却说罗文干辞职后,帝制风潮,愈演愈盛。筹安会兴高采烈,大出风头,都中人士,争称杨度等六人,为**筹安六君子**,他亦居然以君子自命,按日里放胆做去。(蔡东藩《民国演义》第四十六回)

戊戌政变,袁氏以辘轳之计,杀忠于清室之六**君子**。民国四年之祸,乃又有六**君子**效忠洪宪、谄事新朝之筹安行为,反杀袁氏。所谓六**君子**者,筹安会发起人杨、孙、胡、严、刘、李是也。(许指严《新华秘记》前一七)

袁氏独留**筹安领袖**杨氏及内史阮氏密商,以二人能通新旧两法故也。(许指严《新华秘记》前一五)

无何,独**筹安巨子**白面书生首告奋勇矣。(许指严《新华秘记》前五)

可是杨却愿意亲自出马,不愿做无名英雄。夏寿田转达袁的意见,叫杨联络当时知名之士研究帝制问题,他于是邀请了五位有名人物,是:孙毓筠、胡瑛、刘师培、严复、李燮和,加上杨度自己,总共六人,后来大家遂叫他们为"**洪宪六君子**"。(丁中江《北洋军阀史话》六十九)

对这"六君子"也要历史地分析,例如严复是近代著名启蒙思想家和翻译家,刘师培国学造诣很深,他们可谓"一失足成千古恨";杨度后来则加入了中国共产党。

"太保"有多项意义,古代为官职名,又为古代的勇武之士或绿林好汉。如《残唐五代史演义》中晋王李克用收养十三位武艺高强的义子,皆封为"太保",号称"十三太保"。在袁世凯帝制运动中,对帝制运动出力甚大的十三个人,也被称为"十三太保"。该"十三太保"的具体所指有分歧,有说法包括"六君子"在内,也有说法指另外十三人。许指严《新华秘记》就认为指梁士诒等十三人。《民国春秋》1994 年第 6 期李景恩《袁世凯的十三太保》一文考证"十三太保"是指袁乃宽、梁士诒、杨杏城、段芝贵、朱启钤、阮忠枢、张镇芳、夏寿田、顾鳌、陆建章、朱家宝、周自齐、曹汝霖这十三人。

助成袁氏帝制罪恶者,始于筹安之六君子,而中坚势力,实成于攀龙附凤之十三**太保**。此十三人中,除鼎鼎大名之皇侄外,于权位势力上言,则以财神为首。(许指严《新华秘记》前二七)

乃与督军唐继尧、省长任可澄先发一电,请其取消帝制,并诛杨度等六君子,段芝贵等十三**太保**以谢天下,限四十八点钟内答复云云。(许指严《新华秘记》前二五)

(二)参政院的设立与拥袁称帝的"参政"称谓

在袁世凯策划帝制的过程中,一个重要的称谓就是"参政"。"参政"来源于参政院,指参政院的成员。这是袁世凯一手炮制的一个机构,是为了策划称帝而成立的。

1914年袁世凯解散国会后，5月1日公布《中华民国约法》，规定设立参政院，"应大总统之咨询、审议重要政务"。5月24日，袁世凯公布《参政院组织法》，26日，参政院正式成立。29日，袁令参政院代行立法院职权。1915年12月，参政院受委托为国民代表大会总代表，"参政"遂成推袁称帝的重要策划者之称。

参政院**参政**陈树德亦在报上发表文章，对汤谴责甚力。（华觉明《进步党与研究系》，刘以芬《民国政史拾遗》附录）

度备位**参政**一年于兹，虽勉竭其微忱，究无裨于大局。（杨度《辞参政院参政文》，《申报》1916年4月13日）

袁项城创设参政院，罗致遗老为**参政**。有士面诘之，袁曰："汉之良相即亡秦之退官，唐之名臣即败隋之故吏。政治不能凭虚而造，**参政**责任綦重，非富有经验者不理。"（陈赣一《新语林》卷二）

（三）形形色色的拥袁称帝"请愿团"称谓

筹安会既然由各省机关及团体代表"投票议决，一致主张君宪"而奏功，于是梁士诒就开始组织了请愿联合会，在袁党的指挥下，当时各地便组织了很多"请愿团"，来代表"民意"促请袁世凯称帝。"请愿团"有"国民请愿团"、"女子请愿团"等，甚至有"妓女请愿团"、"乞丐请愿团"。

其宗旨在急进，实行强奸民意，俾可立时成等位之局，美其名曰"**请愿团**"。（许指严《新华秘记》前二七）

于是**女子请愿团**成立，而接踵而起者，有妓女之**请愿团**。（许指严《新华秘记》前三一）

以故于各请愿书进呈，比较列名最多者，以**乞丐请愿团**为第一。（许指严《新华秘记》前三四）

杨氏出而谓人曰："吾此举强于顾巨六所运动之**妓女请愿团**百倍。"（许指严《新华秘记》前三四）

袁氏之以民意粉饰帝制，其最滑稽克哂者，即于**女子请愿团**不足，而有**娼妓请愿团**；**国民请愿团**不足，而有**乞丐请愿团**。……闻倡此议者，即大名赫赫之筹安第一君子杨氏。（许指严《新华秘记》前三四）

（四）伪托民意的"国民代表"称谓

为了让袁世凯尽快称帝，参政院决定召开国民代表大会来解决国体变更问题。"国民代表"的选举，于1915年10月25日至11月5日完毕。11月5日，1993名代表一致赞成君主立宪，推戴袁为"中华帝国皇帝"。所谓"国民代表"不过是袁世凯及其属下操纵帝制活动的一种掩饰而已。

故所谓**国民代表**者，皆挟一分肥欲望，将补偿民国以来之官僚损失，且尝新皇帝酬勋之滋味而来。（许指严《新华秘记》前三三）

旋经代行立法院议定国民代表大会，解决国体，各省区**国民代表**，一致赞成君主立宪。（白蕉《袁世凯与中华民国》，荣孟源、章伯锋主编《近代稗海》第三辑）

在杨度、孙毓筠等发起筹安会鼓吹帝制的时候，代行立法院的参政院，复议定改变国体问题由国民代表大会解决。同年十月十六日，准该院咨称，已议定国民代表大会即以国民会议的初选当选人为基础，选出**国民代表**，来解决国体问题，袁世凯申令允行。（华觉明《进步党与研究系》，刘以芬《民国政史拾遗》附录）

以上各类人物，积极参与帝制活动，因此也被称为“帝制派”、“帝制党”。

帝制撤销，中央政局是否变更尚未可定。然一般**帝制派**中之各要人已多不安其位，此三四日间，均纷纷呈递辞表，京中**帝制派**报尚力代辩护谓为不确。（《帝制派之下台难》，《申报》1916 年 4 月 3 日）

又如七年以前，你我都在北大，辜汤生是复辟党，刘师培是**帝制党**，也都在北大。（刘半农《与疑古玄同抬杠》，《刘半农散文经典》）

经过“请愿”“选举”“推戴”这一系列紧锣密鼓的操作，袁世凯于 1915 年 12 月 22 日宣布恢复帝制，改 1916 年为洪宪元年。

四、“洪宪皇帝”等相关称谓与帝制的实行

随着袁世凯帝制活动的展开，“皇帝”这个渐渐不为人们所用的词又随着洪宪帝制的实行而被重新提及。因为袁世凯把自己称帝的年号定为“洪宪”，所以当时对他的称谓有“洪宪皇帝”“洪宪帝”，或者直接称“皇帝”。

于是筹安会之大功告成，而**洪宪皇帝**之新纪元发见矣。（许指严《新华秘记》前一一）

张得书，大骂梁不止，谓其脑筋中但知有**洪宪皇帝**云。（天忏生《复辟之黑幕》，荣孟源、章伯锋主编《近代稗海》第四辑）

洪宪帝驾崩时，分娩才弥月耳。（许指严《新华秘记》后四一）

民国初建，暴民殃徒，攘臂四出，叫嚣乎政党议会，隳突乎官署戎行，挑拨感情，牵掣行政，我**皇帝**海涵天覆，一以大度容之。（白蕉《袁世凯与中华民国》，荣孟源、章伯锋主编《近代稗海》第三辑）

既然已经复辟了封建帝制，其他与帝制相关的称谓也沉渣泛起，例如“老佛爷”“爷”“亲王”“娘娘”“妃”“嫔”“皇长子”“太子”“皇子”“殿下”“皇女”“公主”等称谓也

恢复使用。

克定当帝制之宣布也，手谕府中人员，令皆呼之曰“爷”，而以“老佛爷”尊其母。盖以前清宫内，呼光绪为“爷”，慈禧为“老佛爷”。（许指严《新华秘记》前一八）

如是这约月余矣，外间绝无知者，惟亲密侍从及皇长子知之。（许指严《新华秘记》前一八）

袁氏欲以封爵羁縻之，乃第一诏令，即封黎氏为武义亲王，而取消其副总统名号。（许指严《新华秘记》前二四）

在他决定了帝制以后，我娘于氏当然就是“正宫娘娘”，至于那几个姨太太，我父亲曾口头封过：大、二、三、五，四个姨太太都为“妃”；六、八、九，三个姨太太都为“嫔”（四姨太太、七姨太太这时已死）。……在我父亲“洪宪称帝”的时候，我们家庭中对此也有不同的反应。我娘最高兴。她说她要当“娘娘”了。……二姐和我是经我父亲口头上封为“公主”的……拍照的时候，我娘居中稳坐，众“皇女”左右簇拥着，看起来，花团锦簇，好不得意……在我们家里，最热衷于这件事的是大哥。他之所以这样热衷，是为了要当“太子”……因此他能不顾手足的情分，竟然扬言要杀那将被立为“太子”的二哥。……有些善于拍马的人给他写信，就称他为“大皇子殿下”。（袁静雪《我的父亲袁世凯》）

袁世凯的倒行逆施遭到全国人民的反对，1915 年 12 月 25 日蔡锷在云南组建护国军，通电讨袁，得到各省响应。迫于军事、民意、外交等一连串的失利，袁世凯的皇帝梦只作了 83 天，不得不于 1916 年 3 月 22 日宣布撤销帝制。随着帝制活动的失败，这些具有鲜明封建色彩的称谓也渐渐沉寂下去。

第四节　“公民团”“督军团”与府院之争

一、“公民团”与对德参战案的通过

1917 年 5 月 10 日，段祺瑞为了要让他所主持的对德参战案在国会通过，重施袁世凯的故伎，嘱使所谓“公民团”包围国会，殴打议员，迫使参战案当天通过。“公民团”的人员，除了军人以外，多是由流氓乞丐充任。

段祺瑞前以贿买乞丐流氓，冒充公民团，攻国会，强迫通过宣战案，免职下台。（温世霖《段氏卖国记》，荣孟源、章伯锋主编《近代稗海》第四辑）

北京警察总监吴炳湘到了，但是“公民团”仍然包围国会不散，而吴总监也并不下令解散他们，仅派警官招请“公民团”代表数人入内，婉劝他们先行撤退，有话从长计

议。“公民团”代表要求面见汤议长或范总长，汤避不见面，就由范在议院警卫长室接见他们。……七时半左右，门外“公民团”的喧哗声忽然静止下来，他们分别排成了两行，让出空道，原来是段总理的汽车到了。段下车时，“公民团”摇旗欢呼，掌声雷动，段满脸挂着笑，举步疾行而入。（陶菊隐《北洋军阀统治时期史话》第二十六章）

二、“督军团”与府院之争

“督军”是指民初的一种军事制度，作为称谓来说，指的是一个地方的最高军事长官，加“上将”军衔，这个地方大多是一省范围。例如，张勋在府院之争中是安徽督军。“督军团”，顾名思义，就是由各省督军组起来的一个临时团体。这个称谓的由来与府院之争有关。

1916 年袁世凯死后，副总统黎元洪继任北京政府大总统，段祺瑞为国务总理。段凭借皖系军阀的力量，拉拢以梁启超等人为代表的研究系与黎元洪明争暗斗。这种争斗，在要不要参加正在进行的第一次世界大战问题上公开化了。4 月，段在北京组织督军团，胁迫黎元洪和国会同意参战未果，即要求解散国会。黎元洪于 1917 年 5 月下令免去段的国务总理职务。段去天津，准备武力倒黎。督军团是段祺瑞以武力操纵国会的工具。

彼等误为我辈暗中策动，乃集矢及吾校，适闽督李厚基由京参加**督军团**会议返闽，谋独立，彼辈哭诉之，李遂乘机驱胡，自兼省长，而尽复其职，于是而公、私校又成敌视矣。（刘以芬《民国政史拾遗·民八国庆日之福州》）

当是时，倪嗣冲发起**督军团**，以拥段为号召，一唱百和，如败叶满山。（陶菊隐《政海轶闻·张勋》）

海军将士于**督军团**造反之始，即宣言拥护共和，尊重约法。段党迭用破坏手法，离间挑拨。（温世霖《段氏卖国记》，荣孟源、章伯锋主编《近代稗海》第四辑）

当**督军团**拥兵独立时，逆贼张勋，以调人自居，挟重兵北上，逗留津门，首以解散国会为挟黎黄陂之举。（天忏生《复辟之黑幕》，荣孟源、章伯锋主编《近代稗海》第四辑）

督军团的造反，表现了当时分裂的北洋军阀一部分军队站在了一起，联手控制政局，肆意破坏国会，干涉政事，这也充分体现了民初时期武人弄权的政治特征。

第五节 “辫子军”“辫帅”“讨逆军”等称谓与张勋复辟

一、“辫子军”“辫帅”等称谓与张勋复辟

民国建立后，封建势力总是不甘心失败，继 1916 年“洪宪帝制”破产后，1917 年 7

月 1 日至 12 日，又发生了清废帝溥仪复辟的事件，拥立溥仪复辟的便是时任长江巡阅使的张勋及其率领的军队，史称“张勋复辟”。提起制造复辟的主角张勋及其所部，人们马上与“辫帅”“辫子军”这样的著名称谓联系起来。张勋本是前清遗老，民国后仍不忘效忠帝室，他本人和他的军队都留着发辫，人称之为“辫帅”，称其军为“辫子军”“辫子兵”或“辫兵”等。1917 年 5 月发生了黎元洪和段祺瑞的“府院之争”，政局十分混乱，6 月黎元洪被迫电邀张勋进京调节，于是“辫帅”率其“辫子军”入京，借机制造了这场闹剧。

徐州**辫帅**（张勋留辫而喜人称大帅，故有此名。）拥兵北来，居民重足观听已久。幸传李内阁将产出，阁员已发表及半，或希大难可纾。不意五月十三日之变，**辫帅**高呼复辟，龙旗一霎满城，自谓迅雷不及掩耳。（许指严《复辟半月记》，荣孟源、章伯锋主编《近代稗海》第四辑）

辫帅张勋为曩年复辟主角，尽人而知之矣。（陶菊隐《政海轶闻·张勋》）

张勋既然被称为“辫帅”，他所率领的定武军便被称为“辫子军”“辫子兵”，也称“辫军”“辫兵”。

嗣有友人自东城来，则言**辫子军**环卫皇宫，如临大敌，恐有变事猝发。征之各方面情形，传单语绝非讹造。（许指严《复辟半月记》，荣孟源、章伯锋主编《近代稗海》第四辑）

张逆自恃中兴清室元老之功，率领**辫子军**，出入宫闱，肆无忌惮。（许指严《复辟之黑幕》，荣孟源、章伯锋主编《近代稗海》第四辑）

夏言：“如有危险如何？”余言：“倘能如此表示，国人同情者必占多数，彼**辫子兵**何敢轻动，即北洋派自亦暂时收敛。”（张国淦《北洋述闻·对德奥参战》）

本日上午六点余钟，天桥地方有**辫子兵**数名，在该处拍卖包米，其价甚廉。该米多被附近粮店购去。并闻**辫子兵**卖米之故，因将移军他去，恐辎重为累也。（许指严《复辟半月记》，荣孟源、章伯锋主编《近代稗海》第四辑）

张勋失姬后，郁郁无以自遣，闻明珠复投怀抱，大喜过望，命**辫兵**列队迎陶。（陶菊隐《政海轶闻·徐绍祯》）

辫兵与讨逆军交战，数日之间，由马厂退败至京。（天忏生《复辟之黑幕》，荣孟源、章伯锋主编《近代稗海》第四辑）

勋夙有言，袁在从袁，若无袁，仍当从清。故始终不除辫，部下亦然，故人皆称为**辫军**。（张一麐《直皖秘史》，荣孟源、章伯锋主编《近代稗海》第四辑）

复辟闹剧只上演了 12 天，就在全国人民的反对下收场，但“辫帅”“辫子军”之类称谓却与之联系在一起，明明白白地写在历史上。

这一时期，以张勋、康有为为代表的主张复辟清室的一小撮人，被称为“复辟党”或

“复辟派”。

复辟党健将不下百余人，其最重要人物则为：张勋、康有为、万绳栻、梁鼎芬、张镇芳、雷震春、刘廷琛、劳乃宣、夏同龢、辜鸿铭、钮传善、王乃澄、胡嗣爱等十三人。（天忏生《复辟之黑幕》，荣孟源、章伯锋主编《近代稗海》第四辑）

张匿居荷兰使馆后，复辟党鸦兽散，无就逮者，非法网不及也。（张国淦《政海轶闻·张勋》）

勋逃津后，作霖自关外来，馆于勋宅，随行者如袁金铠、金梁、商衍瀛、谈国桓辈，皆复辟派人物，作霖南来，携作随员。（张国淦《政海轶闻·张作霖》）

二、“逆贼”“讨逆军”等称谓与张勋复辟的失败

由于“府院之争”，黎元洪邀请张勋入京调停，张勋趁机率兵北上，逼黎元洪解散国会后下台，控制了京城，拥立清帝复辟。各地开会声讨复辟，皖系军阀段祺瑞接过反对复辟的旗号，组织“讨逆军”，分两路进攻北京。张部溃逃或投降，溥仪再度退位。北京政府重新为段祺瑞所控制。

张勋复辟显然是当时社会的一股逆流，公众舆论纷纷斥责，当时报刊上称张勋为“逆贼”，对复辟派人物称他们为“逆”“逆党”“叛逆”。

逆贼张勋由金陵败窜徐州，随从不过数十骑，情形极为狼狈。（《张贼之日暮途穷》，上海《民立报》1912 年 1 月 31 日）

共和军总司令段祺瑞，谨痛哭流涕，申大义于天下曰：呜呼！天降鞠凶，国生奇变，逆贼张勋，以凶狡之资，乘时盗柄，竟有本月一日之事，颠覆国命，震扰京师，天宇晦霾，神人同愤。（蔡东藩《民国演义》第八十六回）

（八）惩办逆党：称兵叛国，国有常刑，稍予优容，即酿大乱。（许指严《复辟半月记》，荣孟源、章伯锋主编《近代稗海》第四辑）

张逆造反，无不称之为叛逆，惟阮忠枢评论此事，力排众议，谓张勋此番举动，虽近于粗率，然终不失为轰轰烈烈之好汉。（天忏生《复辟之黑幕》，荣孟源、章伯锋主编《近代稗海》第四辑）

所以，当时讨伐“逆贼”的军队自然号称“讨逆军”（推段祺瑞为总司令），从这个称谓更可以看出当时社会对张勋复辟的态度。

这时丁士源和张志潭也在坐，丁正做过讨逆军军法处长，听了我的话以后就勃然大怒，厉声说：“你今天还替黎元洪作说客啊？如果再有说请总统复位的，就用手枪相对。”（张国淦《北洋述闻·近代史片断的记录》）

另一派主张接受总统的命令，以总理的名义做讨逆军总司令，这样做法无用另

起炉灶，在全国进行号召比较方便，这主要是我的主张。（张国淦《北洋述闻·近代史片断的记录》）

段于四日连夜赶至马厂，开全师会议，一致推段为**讨逆军**总司令。……段乃就国务总理职，仍以**讨逆军**总司令名义调度第八师。又派人运动驻廊坊之第十六混成旅，此旅为冯玉祥旧部，要求以冯为师长，允之，加入**讨逆军**。（张国淦《北洋述闻·对德奥参战》）

“讨逆军”当时也被称为“国军”“共和军”，或者是“义军”。“国军”“共和军”表明军队是为民国为共和政体而战，“义军”则在感情上表达了对张勋复辟逆流的反对。

辫兵虽为**国军**战败，然仍死守北京，作困兽犹斗之计。（天忏生《复辟之黑幕》，荣孟源、章伯锋主编《近代稗海》第四辑）

共和军昨朝开始攻击，炮声不绝，弹丸落下者极多。致复辟首魁之张大帅，遂不得不避难东郊民巷。（许指严《复辟半月记》，荣孟源、章伯锋主编《近代稗海》第四辑）

康有为自张逆电召入都后，眷属本留沪上，兹以**义军**直逼京城，张逆不日出走，爰特密电沪寓，令速避地香港。（许指严《复辟半月记》，荣孟源、章伯锋主编《近代稗海》第四辑）

第六节　“猪仔议员”“贿选总统”等称谓与曹锟上台

一、“猪仔议员”“贿选议员”等称谓与曹锟对议会的收买

“猪仔”的本义自然是指幼猪。前清时期，伴随着国内劳工对外输出的社会现象，“猪仔”引申为那些被诱骗、拐卖到国外做苦工的人。清朝郑观应《续澳门猪仔论》：“吕宋国船，由澳门载猪仔往亚湾拿，已死三分之二。”《二十年目睹之怪现状》第五十九回：“卖了猪仔到那边做工，那边管得极为苛虐，一步都不能乱走的。”由此可见，“猪仔”的一个明显特征就是可以用金钱来买卖。1923年6月，直系首领曹锟将总统黎元洪逼出北京，为自己上台当总统扫清了道路。但是，曹锟既想登上总统宝座，又要披上合法外衣，于是就以巨款贿赂国会议员选举他当总统，共用去贿赂款一千三百五十余万元。随着贿选丑闻的暴露，人们把“猪仔”一词的意义略加引申用作定语，造出了一个滑稽的“猪仔议员”称谓，实际是指可以用金钱来进行收买的议员即“受贿议员”，自然而然“贿选总统”也就应运而生了。这是新词产生的社会制约机制的典型表现。

我们中国革命以后，是不是达到了“代议政体”呢？所得民权的利益究竟怎么

样呢？大家都知道现在的代议士，都变成了“**猪仔议员**”，有钱就卖身，分赃贪利，为全国人民所不齿。……大家对于这种政体，如果不去闻问，不想挽救，把国事都付托到一般“**猪仔议员**”，让他们去乱作乱为，国家前途是很危险的。”（孙中山《民权主义》第四讲［1924年3月9日］，《孙中山选集》）

可是在京的一批**猪仔议员**，只知要钱，不知其他，有些议员竟说，我们只要有钱，有了钱，叫我选谁便选谁。（蔡东藩《民国演义》第一百五十一回）

由例句可知，所谓“猪仔议员”是指收受贿赂、贪赃枉法、人格卑鄙，为国人所唾骂的无耻议员。与“猪仔议员”相比，“贿选议员”“受贿议员”只是指出了这些议员的肮脏行径，并没有那么强烈的嘲讽意味，也不如“猪仔议员”富有形象性。

一面由全国国民召集国民大会推举代表，代行立法机关职权。而**贿选议员**，则须交付惩戒。邦人君子，其共图之。（《工商友谊会等通电》，《近代史资料（总六十一号）》）

三、北京非法伪国会立予解散，伪宪根本无效，凡参与伪选之**受贿议员**及行贿之逆党，均应按名逮捕，统由国民审判院裁判之。（《七省公团联合通电》，《近代史资料（总六十一号）》）

吴张对于国会之争执，并不真是因为护宪问题，乃是各自争得北京政权，以便进行卖国大借款；吴佩孚要叫直系的**贿选议员**占住国会，张作霖则想叫自己的政客另组国会，以便借“人民代表机关”的名义，实行自己和帝国主义的大买卖。（《中共中央对于时局的主张》［1926年7月12日］，《中共中央文件选集》第二册）

贿选事发，孙中山曾发布《通缉附逆国会议员令》（1923年10月8日）等命令对受贿议员予以通缉。“附逆国会议员”一词在政治方面的贬斥色彩显著增强。

议员职责在代表人民监督政府，乃以贪赇受贿，危害国家，法律纪纲斩焉俱尽，不有严惩重罚，无以禁贪邪而儆淫顽。着护法各省区长官，将此次**附逆国会议员**一律查明，通缉惩办，以昭炯戒，而立国纪。（孙中山《通缉惩办受贿附逆的国会议员令》，《中国现代史资料选辑（第一册）》）

曹锟贿选能够得逞，也是与当时部分议员的见钱眼开分不开的。在曹锟许诺给投自己票的议员金钱的时候，上海反曹方则给不投曹锟票的议员3000元叫作“贿不选”，采用以金钱来对付金钱收买的办法，以此来对抗曹锟的金元政策，也是可笑亦复可悲的一幕。相关文字一段，附此以见一斑。

该系知非重赏莫得勇夫，乃决定凡投票选举曹锟为总统者，每人送五千元，事为反曹派所闻，亦定凡不赴京投票者，每人送三千元，以资抵制，终以相较究差两千元，故归直方者遂日以众。（《刘以芬《民国政史拾遗·贿选与贿不选》）

二、"贿选总统"与曹锟的上台

1923年10月5日，曹锟靠这种贿选的手段被"选"为大总统。10月10日，宣布就职，并煞有介事地颁布了一部匆匆忙忙炮制出来的所谓《中华民国宪法》，但最终在中华民国史上落了一个"贿选总统"的臭名。

后来冯玉祥倒戈时，把曹四抓去，要他拿出钱来。曹四拿不出来，说钱从前是有的，都被三爷买总统去了。冯不信，逼着他要，曹四竟服毒而死。曹锟当了一年的**贿选总统**，下台后活到七十三岁才死。（王坦《曹锟贿选总统始末》，杜春和等编《北洋军阀史料选辑》下册）

国闻通信社云：全国各界联合会昨发代电云，各报馆各团体暨各界公鉴，曹锟以**贿选总统**僭窃大位，骫法乱国，罪在不赦，早为国人所唾弃。（《全国各界联合会声讨直系发动江浙战争通电》，彭明主编《中国现代史资料选辑》第二册）

吴军在山海关败绩消息还未到，占领北京的冯玉祥国民军已经把**贿选总统**曹锟软禁了起来，接着解散了"猪仔国会"，颜惠庆的内阁宣告辞职，国民军支持黄郛组成了摄政内阁。（溥仪《我的前半生》第三章十）

其实，曹锟的贿选是有前科的，看下面材料：

世但知民国十二年之曹锟贿选案，而不知民国七年尚有一曹锟贿选案。但知曹锟之大总统贿选案，而不知曹锟尚有一副总统贿选案。……两次贿选，后先相映，咸集于曹锟一身，亦近代政治史上之一极饶趣味资料也。（刘以芬《民国政史拾遗・另一曹锟贿选案》）

资料表明曹锟此前于民国七年就曾贿选副总统（未遂），此次贿选总统不过是故伎重演而已。曹锟贿选的一再实行，除体现了军阀的拥兵自重，操控政局外，也充分体现了当时议员的素质，说明在当时的情况下，纯粹依靠议会政治是不能使中国政局走上正轨的。1924年10月，冯玉祥发动北京政变，包围总统府，曹锟遭软禁，结束了他一年的"总统"生涯。但政权却落入另一个军阀头子段祺瑞手中。

第七节　"临时执政"等社会称谓与段祺瑞的北京临时执政府

一、"临时执政"称谓与段祺瑞掌握北京政权

直系曹锟政权倒台后，由黄郛内阁摄行总统职权。这个新政权，为曹锟所任命，并

且国会未被解散,法统也无所变更。这个摄政内阁的存在,引起了多方的不满。关于组织新政府代替摄政内阁的问题,最后由张作霖、卢永祥、胡景翼、孙岳等五人以联名推戴的形式,于1924年11月15日公推段祺瑞为中华民国总执政,组建中华民国临时执政府,于是出现了中国历史上独特的“临时执政”这一官职称谓。

直系既败,曹锟于十三年十一月二日宣告退职,段祺瑞于是月二十一日通告准二十四日就临时执政,二十二日入京,段派各要人则先段一日至。(刘以芬《民国政史拾遗·国会寿终正寝》)

“执政”一词本为偏正结构的动词,后转为名词性,指执政之人,掌握国家大权的人。《史记·文帝本纪》:“天下治乱,在朕一人,唯二三执政犹吾股肱也。”作为北洋政府的官职名,“执政”成了国家最高领导人的称谓了。此“临时执政”在事实上是以总统而兼总理,这表明临时执政的权力非常大。“临时”主要是指这个政府为临时性质,为曹锟倒台后段组织的临时政府。

因为这一时期只有段祺瑞当过临时执政,所以又称他为“段执政”,或者简称“执政”。下面例子中的“执政”即是指段祺瑞而言。

北京段执政钧鉴:查刘镇华败灭,咎由自取,野心未死,嗾令残部柴云陞等入寇商雒,占据龙驹寨,希图返陕。(《陕西省议会控诉刘镇华西窜扰陕》,彭明主编《中国现代史资料选辑》第二册)

黄对段说:“肖督军是执政任统制时的士兵,由当兵直到主持一省军政,都是执政培植的,他爱戴执政,犹如赤子之对慈母。”(邓汉祥《我所了解的段祺瑞》,杜春和等编《北洋军阀史料选辑》)

段在就职宣言中郑重其事地说道:“本执政誓当巩固共和,导扬民智,内谋更新,外崇国信。”……十分明显,所谓“外崇国信”,就是要承认几十年来帝国主义强加于中国的一切不平等条约,就是要维持它们在中国的既得利益和统治特权。(陶菊隐《北洋军阀统治时期史话》第六十五章)

二、段祺瑞采用“执政”称谓的缘由

段祺瑞为什么不称“总统”而偏偏称“执政”呢?“执政”之名,是他的朋友章士钊从古罗马执政官那里借用来的。他不做总统而做执政,是出于多方面的考虑:一是曹锟贿选已将国会破坏殆尽,唯有惩罚了贿选议员、重组新国会后才能正式选举总统;二是他的皖系已经土崩瓦解,如今他只能在奉、冯的缝隙中苟且,又岂能高调做总统;三是前几任总统的悲惨遭遇,都证明了总统不是一个好差使,如前任总统曹锟,就是因为要当这个劳什子总统，费尽心机却身败名裂，前车之鉴，足以为戒。因此，段祺瑞号称“执政”，强忍着不做这个“总统”了。虽然不是总统，但执政为实际上的国家元首。这两段引文说明了执政的性质：

(二)临时执政对于外国为中华民国之代表。(三)临时执政除任命国务员分长外交、内务、财政、陆军、海军、司法、教育、农商、交通各部外，得设不管部之国务员若干人，但人数不得超过管部之国务员。……(五)临时执政召集国务会议。(古蒨孙《乙丑军阀变乱纪实》第三十四章，荣孟源、章伯锋主编《近代稗海》第五辑)

黄聆悉之下，始而惶恐，继又采取拍马屁的方式说：“执政是国家的元首，他对执政好，就是对国家人民好。”(邓汉祥《我所了解的段祺瑞》，杜春和等编《北洋军阀史料选辑》下册)

1926 年段祺瑞执政府的反动统治和卖国行径，遭到人民的强烈反对，3 月 18 日，北京学生在天安门举行爱国集会，执政府下令开枪镇压，打死 47 人，伤两百余人，这就是震惊中外的“三一八惨案”。4 月，段祺瑞被冯玉祥驱逐下台，“执政”这个称谓也随着临时执政府的倒台而失去了它代表国家元首的意义。

第八节　“安国军”“陆海军大元帅”等称谓与张作霖在北方的统治

一、“安国军”“安国军总司令”称谓与张作霖控制北方政局

1926 年，段祺瑞临时政府倒台后，随着北伐军的节节胜利，军阀孙传芳被打垮，吴佩孚的势力消亡大半，张作霖成为北方的权力核心。这也是北洋军阀表面上取得了一致来对抗南方革命势力的北进。为便于统一指挥，共同对抗南方革命势力，北方军阀决定将军队联合一起，统一为“安国军”，取“保安国家”之意。

“安国军”名为“安国”，实际上是张作霖打出的堂而皇之的旗号而已，并不能改变这支军队的军阀性质。

当兹危急存亡之秋，敢昧匹夫有责之义，爰于十二月一日，在津就**安国军**总司令之职，所冀袍泽同仇，共纾国难，凡有敢于危害我国家安宁者，愿于同人共逐之，以全我**安国军**保安国家之素志。近年暴徒骚扰，全国苦兵，凡**安国军**师行所至，军纪风纪，整齐严肃，但知救国，决不扰民。(《张作霖通电就安国军总司令职训令》，彭明主编《中国现代史资料选辑》第二册)

11 月 29 日，张宗昌做主，孙传芳领衔，联合阎锡山、商震、寇英杰共 16 人，以十五省联名形式推戴张作霖为“安国军总司令”，并发出通电云：

天津张雨帅鉴:(上略)传芳等仗义讨贼,义不容辞,然成城有志,束箭弭坚,自非有统一指挥之谋,难收提纲挈领之效。伏审我公公忠体国,视民如伤。四海威加,万流敬仰。当经集议研讨,询谋佥同。谨愿推戴我公为**安国军总司令**,统驭群师,同申天讨。挽颓波于既倒,媲时雨之来苏。以冀扫荡逆氛,扶持国本。传芳等当躬率所部,待命前驱。(丁中江《北洋军阀史话》二四六)

张作霖于12月1日在天津蔡园宣布就安国军总司令之职,并令孙传芳、张宗昌为副总司令。

“安国军总司令”虽看上去不是政府首脑的称谓,但由于安国军总部为事实上的北方政府,所以,安国军总司令也就是事实上的北京政府的首脑了。当然,北京在名义上还有一个顾维钧内阁,但已形同虚设。

二、“陆海军大元帅”与北洋军阀的末代政府

张作霖就任安国军总司令后,即发表“反共宣言”,目的在于取得帝国主义的支持,以便到北京组织安国军政府,改称“大元帅”,尝试变相总统的滋味。其不做总统,与段祺瑞不做总统的原因基本上一样。随着革命形势的继续发展和北伐军的进一步胜利,北方各路旧军阀行动进一步一致起来。张作霖放出“和国反共”“联阎讨冯”的空气。这时各路军阀更感到统一旗帜的重要性了。1927年6月16日,孙传芳、张宗昌领衔发出拥戴张作霖就任安国军政府海陆军大元帅的通电,18日,张作霖在北京怀仁堂正式就任陆海军大元帅职,在北京组织了军政府,这也成为北洋军阀在北京的末代政府,是北洋军阀统治的回光返照时期。

陆海军大元帅为北京军政府首脑,代表中华民国行使统治权,亦为事实上的国家元首。因而“陆海军大元帅”也就成为北洋政府最后一任国家元首的称谓。

勉徇群情,于本月十八日就**陆海军大元帅**之职,自顾疏庸,深虞颠越,只以时机所迫,不得不暂膺艰巨缅维。(《北洋政府大元帅张作霖就职宣言》,彭明主编《中国现代史资料选辑》第二册)

第一条 **陆海军大元帅**统率中华民国陆海军。第二条 大元帅于军政时期,代表中华民国行使统治权,保障全国人民法律上应享有之权利。(《北洋政府张作霖公布〈中华民国军政府组织令〉》,彭明主编《中国现代史资料选辑》第二册)

陆海军大元帅又简称“大元帅”,举例如下:

往岁,张作霖既称**大元帅**,部下惟一战将李景林已解甲退居。有谮景林者,谓将召集旧部谋乱京津间,思一战而改易政局,逐**大元帅**而别选极峰。(陈赣一《睇向斋谈往·长安丸》

其后张作霖入旧都称大元帅，未几被炸于皇姑屯。（陶菊隐《政海轶闻·杨宇霆》）

1928年6月张作霖被北伐军击败，败走沈阳，6月4日在皇姑屯被日本关东军炸死，北洋军阀政府统治遂告终结。年底张学良通电“东北易帜”后，北洋军阀最后一股势力也完成了转变，成为国民政府领导下的一支军事力量，实现了名义上的南北统一，占据中国政治舞台中心二十多年的北洋军阀至此彻底消亡。

第三章　进步势力反抗反动势力的斗争与相关社会称谓

本章涉及的主要称谓如下：

第一节	一	民党、民军
	二	宗社党
第二节	一	讨袁军、讨袁决胜队
	二	白狼、白匪、狼匪、匪徒、匪人、匪党
	三	护国军、抚军、抚军长
第三节	一	大元帅、海陆军大元帅、元帅
	二	七总裁、总裁
第四节	一	国贼、卖国贼
	二	非常大总统、大总统、陆海军大元帅、大元帅、讨贼军
	三	国民革命军、革命军、北伐军、铁军、钢军、国民军、国民军总司令、赤化派、赤贼、反赤军

第一节　“民党”“宗社党”等称谓与中华民国成立

一、“民党”“民军”等称谓及其表现的时代特征

民初文献常见“民党”这个称谓，它并非指普通民间党派，起初也不是“国民党”之省称，在同盟会改组为国民党之前，“民党”就已经在报刊上大量使用了。它应该是个泛称性称谓，指那些投身于推翻帝制的国民革命斗争的政党及革命人士，与“革命党”的所指基本相同。

绅有侄某乙者，曾留学东瀛之新中国主人翁也，与**民党**夙通声气。（许指严《新华秘记》前一二）

看官！你道这清宗室良弼，究系为何人所击？相传是**民党**彭家珍。家珍四川人，曾在本省武备学堂毕业，转学东洋，归充四川、云南、奉天各省军官，久已有志革命，至武昌起义，他复奔走南北，鼓吹军士。（蔡东藩《清史演义》第五回）

杨因此施其庸人自扰之伎俩，警务公所内既有差遣队，又添警卫队，并保镖者多人，其装束如戏曲中之黄天霸。每日派侦探四出，专探各租界之客店、旅馆；凡有

人常到租界者，皆疑为**民党**，必派人尾随其后。（《杨以德罪责难逃·共和罪人杨以德》，上海《民立报》1912年2月11日，《老新闻(1912—1915)》）

同样，“民军”指辛亥革命时革命派所掌握的军队，指“为国民而奋斗”的军队。

唐绍仪连次来电，皆谓**民军**主张共和甚力。（《可怜可笑之京师》，上海《申报》1912年1月6日，《老新闻(1912—1915)》）

小子每忆起辛亥年间，一声霹雳，发响武昌，全国人士，奔走呼应，仿佛是痴狂的样儿．此时小子正寓居沪上，日夕与社会相接，无论绅界学界，商界工界，没一个不喜形于色，听得**民军**大胜，人人拍手，个个腾欢，偶然**民军**小挫，便都疾首蹙额，无限忧愁。（蔡东藩《民国演义》第一回）

关于“民党”和“民军”，蔡东藩《民国演义》第一回有一段话有助于对其意义及造词理据的理解：“鄂军起义，各省响应，号召无数兵民，造成一个中华民国。什么叫作民国呢？民国二字，与帝国二字相对待。……革命以后，变更国体，于是将帝字废去，换了一个民字。帝字是一人的尊号，民字是百姓的统称。”可见“民”是指老百姓或国民，“民党”和“民军”，就是指反对封建统治和独裁专制、为民众谋利益的党派和军队。孙中山先生讲民主、民权、民生的“三民主义”，也正是突出一个“民”字。“民党”和“民军”称谓正体现出当时民主革命的时代特点，具有鲜明的反封建色彩。

二、“宗社党”称谓与保清顽固势力的垂死挣扎

清朝灭亡后，有一小股顽固保皇势力，阴谋组织保皇力量，来复辟清王朝的统治。这其中，最具有力量的一股势力就是“宗社党”。

“宗社”指宗庙和社稷。“宗社党”这一称谓也鲜明地表达了这一小撮顽固势力的宗旨和目标，那就是恢复清朝社稷，并采取了进兵、暗杀等活动来破坏民国的建立。主要人物为满清贵族良弼，由他来运动反对共和的王公贵族，组织宗社党。当然，他们这种逆历史潮流而动的行为是不会得逞的。1912年1月26日良弼被革命志士彭家珍用炸弹炸伤，两天后死亡，彭家珍不幸当场牺牲。

宗社党既可以指反共和的贵族团体，也可以指宗社党成员个体。

满人中所设立之君主立宪维持会，暨君主同志会均反对共和，然此乃表面上一方之鼓吹无足轻重，若其重要之机关，实以良弼所组织之**宗社党**为最。该党经费金出自内帑，以二十万。计其用途，则专收买无赖之侦探，时而南京，时而北京，并以招买奉天之红胡子为其大宗，其他则以运动北京巡警中之一二无知者。今良弼虽死，其进行尚仍继续云。又桂春久已匿迹，兹闻近又为铁良走狗每日密乘人力车至

城外某某参茸店，欲结纳关东之红胡子，以图一逞。行踪甚为诡秘，闻已于日前派遣清宗室某往奉迎迓匪党云。(《共和声中之北京·反对党派之冥顽》，上海《民立报》1912 年 2 月 7 日，《老新闻(1912—1915)》)

宗社党总首领铁良在东三省种种筹划迄未少懈。日前(三月八日)又邀集各满奴秘密谈话，探其内容，系筹划进兵，攻击地线极力破坏民国。(《宗社党之余孽》，上海《申报》1912 年 3 月 19 日，《老新闻(1912—1915)》)

近有大批**宗社党**潜入鄂境，行踪诡秘，意图不轨。幸黎都督与各镇协标营查防严密，故数日内在汉阳、汉口、武昌各处陆续败露，拿获匪党二十一名，并禁物多件，交军法局密讯，直供不讳，均于夜间伏诛于两湖书院。(《武汉拿获宗社党之详闻》，沈阳《盛京时报》1912 年 5 月 29 日，《老新闻(1912—1915)》)

虽然宗社党造成了一定的声势，但他们并没有什么实力，更多的只是纸上谈兵而已，恢复大清只是他们的幻想。随着民主共和观念的深入人心，宗社党在各地受到围剿，种种破坏活动相继失败，最终走向灭亡。

第二节 “讨袁军”“护国军”等称谓与“二次革命”和“护国运动”

一、“讨袁军”称谓与二次革命的发生

民国建立后，革命胜利的果实却被袁世凯篡夺了。袁世凯的上台，标志着 17 年北洋军阀反动统治的开始。袁上台后倒行逆施，实行独裁专制统治，刺杀国民党领导人宋教仁，阴谋消灭南方革命力量，国民党被迫举行武装讨袁，史称“二次革命”(相对“辛亥革命”而言)。1913 年 7 月 12 日，李烈钧在湖口组织讨袁军，发布讨袁檄文，宣布独立。7 月 15 日，黄兴在南京宣布江苏独立。随后安徽、上海、广东、福建、湖南以及重庆等地也相继宣布独立，加入讨袁行列。态度中立的岑春煊被推举为各省讨袁军大元帅。以江西、江苏为主要战场的二次革命全面爆发。“讨袁军”即指二次革命中孙中山、李烈钧等革命人士发起组织的讨伐袁世凯的军队。

宋案发生，其时南方都督，如江西李烈钧、广东胡汉民、安徽柏文蔚同隶国民党，通电攻击。袁世凯不顾一切，悉予免职。七月十二日，李烈钧在江西湖口独立，组织**讨袁军**，粤、皖等省继之。(张国淦《北洋述闻·孙中山与袁世凯的斗争》)

讨袁军目的专以推倒独夫为主，与光复不同，故毋庸添招兵士，募集粮饷。至公产财物，颇有奸狡顽民藉口霸用，黄总司令特出通告如下。(《江苏讨袁军·黄总

司令之通告》,上海《民立报》1913 年 7 月 19 日,《老新闻(1912—1915)》)

本埠军界及民党昨已一致决议,组织上海讨袁军。其总司令一席,由黄总司令委任前沪军都督陈英士君,闻驻制造局之北军营长等,亦均愿向义,已派人见陈君,言我等同为国民,决不为袁世凯私人效死云。(《讨袁声中之上海·上海讨袁军成立》,上海《民立报》1913 年 7 月 18 日,《老新闻(1912—1915)》)

除了"讨袁军"外,还有"讨袁决胜队"等小的武装组织。

保定四川南京各军官学生百余人,奉松军司令命令,组织讨袁决胜队,准备战斗。(《讨袁声中之上海·组织讨袁决胜队》,上海《民立报》1913 年 7 月 18 日,《老新闻(1912—1915)》)

讨袁军仓促上阵,孤立无援,连国民党的多数议员都还在北京留恋议席,因此,这场革命很快就遭到挫败。9 月 1 日南京失守,二次革命只进行了两个月就宣告失败,孙中山、黄兴、李烈钧等逃亡日本。但"讨袁军"这个称谓,却记录了孙中山等革命党人不畏强权,英勇奋战以保卫辛亥革命成果的战斗历史,记录了当时社会政治斗争的痕迹。

二、"白狼""白匪"等称谓与民众对二次革命的支持

民国初年,局势动荡,民不聊生。1911 年 10 月,河南省宝丰农民在白朗的领导下揭竿而起,史称"白朗起义"。白朗起义起初以"打富济贫"为号召,带有旧式农民起义的影子。后来受二次革命的影响,白朗义军同样把斗争目标指向了袁世凯,号称"公民讨贼军",有力地配合了二次革命,得到了孙中山等革命领袖的赞赏。二次革命失败后,白朗义军转战陕甘,坚持斗争,终因寡不敌众,于 1914 年被北洋军镇压下去。

起义领导者名叫白朗,由于谐音的关系,讹变为"白狼"。"白狼"称谓,既可指白朗本人,也可代指这支义军。在色彩方面,官方称呼当然是贬义的,义军和民间称呼则是另一回事,"白狼"作为诨号使用,名声响亮,含有威猛之意。

白狼不详其姓氏,年四十三,貌平庸,体小而壮,望之如常人焉。或谓:其为人,亦恂恂知礼,惜部下之人不听其号令耳。然白狼性机诈,部下之人尤受笼络。白狼攻陷一城,辄出令曰:准若属任意行事。迨部下之人行事既竟,则白狼复演说于众,称其残暴,且申诫众兄弟后毋若是。白狼在营以弟兄称其部下之人,而众则尊曰:"大哥"。(《纪白狼之战术》,上海《民立报》1914 年 3 月 19 日,《老新闻(1912—1915)》)

白狼陷城两日之前,城内当道辄得消息,谓官军若何与白匪开战,若何败退,今已来夺衙门,请速设备抵御云云。(《纪白狼之战术》,上海《民立报》1914 年 3 月 19

日,《老新闻(1912—1915)》)

团长张敬尧,奉李纯命,往截白狼,不意为白狼所乘,打了一个大败仗。(蔡东藩《民国演义》第二十五回)

白狼窜到荆紫关,一下子又窜回到河南边境,这时我这一旅的第二团一、二两营已折回到灵宝一带。为收容指挥第二团的队伍,并防止白狼北窜,在六月尾上,我带了两连卫队,经临潼,灵宝循原路回陕州。在回到陕州不久,白狼便被他的部下枪毙。白狼死了的消息一传扬出来,社会上生了很大的波动。赵倜灵机一动,便悬赏重金购买尸身,把已死多日的尸身,重从土里挖出,砍下头来,送到北京去献功,结果他便荣任河南督军了。(冯玉祥《我的生活》第十七章"剿白狼")

起义者与官方作对,当然被统治者目为"匪",因而对白朗义军又有"白匪""狼匪""匪徒"或"匪党"等称谓。这就纯粹是贬斥性的称呼了。

十一日傍晚,驻鄂宁军第一师第二团赵团长忽下戒严令,并张贴布告云:有白匪党羽潜入不少。所有茶酒各馆、客栈,均须八点钟一律收市,诚恐匪徒混迹其中。并分派军队,把守城关加意防备。(《白狼大扰老河口纪详·初次之戒严》,上海《申报》1914 年 3 月 21 日,《老新闻(1912—1915)》)

其后世彤之变,张氏驱之离汴,遂辗转入陕。袁氏授意陆防之,陆竟藉口狼匪,杀世彤以报袁氏。(许指严《新华秘记》前二七)

是晚十一句钟,匪徒由大东门来,随即放火。军队即与对敌三时之久。无奈该匪人多势盛,难以抵御,以致杜营长与军士数十人力竭阵亡。(《白狼大扰老河口纪详·放火之地点》,上海《申报》1914 年 3 月 21 日,《老新闻(1912—1915)》)

况唱戏之人,均汴籍人,多数有辫,以致匪党乘机混入,作为内应,并与本地匪棍联络,早通声气。(《白狼大扰老河口纪详·事前之疏忽》,上海《申报》1914 年 3 月 21 日,《老新闻(1912—1915)》)

白朗起义坚持三年,转战数省,由数十人发展到数万人,是革命低潮时期规模最大的一次农民起义,沉重打击了袁世凯的反动统治。"白狼"一类称谓则忠实地记录了那段历史。

三、"护国军"等称谓与护国运动

(一)"护国军"称谓的由来和所指

历史上的护国运动是反对袁世凯称帝的运动。"护国"即维护中华民国,维护共和国正体。护国运动的首义者是蔡锷,他早年赴日本留学,辛亥革命时任云南新军协统,武昌起义爆发,他在昆明举兵响应。1913 年被袁世凯调到北京,暗加监视。1915 年袁阴谋称帝，他与老师梁启超密谋，潜出北京，12月25日与唐继尧等人通电全国，举兵反袁，称“护国军”。各省纷纷响应并独立，皆称“护国军”，后在广东成立了护国军政府。“护国军”起初只指云南讨袁的军队，后来称全国的讨袁军队。“护国军”名称，鲜明地反映了护国运动那一段历史。

至滇，唐、任等知袁无诚意，缓则反堕其术中，遂通电宣告独立，并一面组织**护国军**。（许指严《新华秘记》前二五）

护国军之由来，李曰垓拟之，蔡锷定之，全国各地和之。**护国军**总司令部成立，蔡锷任总司令兼第一军军长，李曰垓任秘书长，军中重要函电书檄均出自李曰垓手笔。（李生葩《先父李曰垓传略》）

却说龙济光既联络桂军，应该遵约北伐，当委段尔源为广东**护国军**第一军司令。（蔡东藩《民国演义》第七十回）

（二）“抚军长”“抚军”等称谓与广东护国军政府

1916年，各省纷纷独立并组织护国军，为统一行动，在广东组织护国军军政府，成立军务院，作为护国军统一指挥机构。军务院借用清代称呼巡抚的“抚军”一称，作为对军务院各位首领的称谓，而最高长官则称“抚军长”。虽然这只是临时性称谓，护国运动过后即行取消，但却真实记录了那段历史。

于西南各省设军务院于肇庆，为一切军政民政、对内对外的机关。院置**抚军**若干人，以唐继尧为**抚军长**，岑春煊为抚军副长，梁启超为抚军长政务委员长，兼滇桂粤联合军部参谋。（华觉明《进步党与研究系》，刘以芬《民国政史拾遗》附录）

乃决议撤销军务院，由**抚军长**唐继尧、副长岑春煊、政务委员长梁启超，及**抚军**刘显世、陆荣廷、陈炳焜、吕公望、蔡锷、李烈钧、戴戡、刘存厚、罗佩金、李鼎新等，一并联名，布告全国。（蔡东藩《民国演义》第七十七回）

护国运动以袁世凯死亡而告胜利，虽未改变中国的社会性质，但资产阶级共和国的形式却由此得以恢复，所以护国运动有着重要的历史意义。

第三节　革命派“海陆军大元帅”“七总裁”等称谓与护法运动

一、“海陆军大元帅”与护法运动的开始

张勋进京复辟后，孙中山斥责段祺瑞招祸致乱。复辟乱平，段祺瑞拒绝恢复《临时约法》和召开国会。孙中山在广州倡导护法，并请国会议员南下行使职权。加之西南各

省军阀与北洋军阀产生激烈的矛盾，均响应护法，史称“护法运动”。大家拥孙中山为领袖，成立了中华民国军政府。

1917 年 9 月 1 日，国会非常会议举行大元帅选举会，孙中山以 84 票当选为海陆军大元帅。翌日选举元帅三人，唐继尧、陆荣廷当选，余一名预定为程璧光，但程表示不愿居此名义。此处的大元帅是国家元首兼最高军政首长，不同于一般的纯军衔，同样，元帅是协助大元帅工作的官长。

> 吴景濂致大元帅颂词道：“民国不造，倪、张倡逆。国会解散，大法扫地，以启清廷复辟之变。段祺瑞与张勋，同恶相倾，迭为起灭。孱清斯覆，而大总统亦被废斥。国法圮绝，民无所依。景濂等以为救拯焚溺，不可格以恒轨。用是依准法国前例，开非常会议于广州。金谓大盗移国，非武力不能镕治，西南各省与海军第一舰队，兵力雄厚，士心效顺。而部曲散漫，未有统帅，殊不足以取齐一之效。即于六年八月三十日议决军政府组织大纲，置**海陆军大元帅**一人。九月一日，投票选举。前临时大总统孙先生文，手创民国，内外瞻仰，允当斯任，即日赍致证书，登坛授受。悃忱未尽，复申是言。所愿我**大元帅**总辑师干，歼灭群丑，使民国危而复安，约法废而复续，不胜郑重期望之至。”（李新、李宗一主编《中华民国史》第三卷第四章）

> 非常国会通过《中华民国军政府组织大纲》，并宣布如下：……第二条：军政府设**大元帅**一人，**元帅**三人。……第三条：《临时约法》之效力未完全恢复以前，中华民国之行政权。由**大元帅**行之。第四条：**大元帅**对外代表中华民国。……第六条：**元帅**协助**大元帅**筹商政务。（丁中江《北洋军阀史话》一二三）

二、“七总裁”与护法运动的失败

“总裁”本为动词性，意为总的裁决，后转化为名词性，指作总裁决的人，在民国初年成为一个常用的表示政党或者团体首领的称谓。“七总裁”指 1918 年广东护法军政府改组为总裁制后担任总裁的七个人：岑春煊、孙中山、唐继尧、陆荣廷、伍廷芳、唐绍仪、林葆怿。对于单个的人，则称为“总裁”。

1918 年 5 月，广州非常国会在西南军阀的收买操纵之下，改组护法军政府，取消大元帅制，改为七总裁制。孙中山的实际权力被剥夺，他在广州无法主事，便向非常国会提出辞去大元帅职，并发通电说“顾吾国之大患，莫大于武人之争雄，南与北如一丘之貉”。6 月孙中山离开广东赴上海，标志着护法运动的失败。

> 军府**七总裁**诸公、参众两院长、钮督办、魏厅长、粤军总司令部、李联军司令、李督办鉴：捷报。我军决定扑灭永定之敌，分三路进攻。（《粤省最近之战报》，《申报》1918 年 8 月 6 日）

广东七总裁派定唐绍仪为议和总代表，率领各分代表到上海等候。北方总代表，为着安福不能同意，一时尚难派定。（《安福组成殃民祸国，和议停滞劳众伤财》，荫余轩放《民国野史》第三十四回）

盖中山先生为军政府总裁之一，群以为可者，中山先生当然表示赞成。若于足下所请者而行之，于理于法，皆不合也。（孙中山《复邓耀函》，《孙中山全集》第五卷）

不意自岑春煊、陆荣廷尸位总裁以来，专意通敌，单独媾和。……所有广州政系议员擅推主席，私选总裁及其他一切行为，完全违法，当然无效。广州军政府七总裁已去其四，政务会议已不足法定人数，所有任免职官及其他一切议决，概属违法，亦当然不生效力。（《林森等反对岑春煊、陆荣廷尸位南方军政府总裁》，彭明主编《中国现代史资料选辑》第一册）

“七总裁”这个称谓，记载了护法运动中南方军阀对孙中山的排挤，反映了他们军阀的本性，总裁制也是护法运动失败的一个原因。

第四节　五四运动、北伐战争期间的标志性社会称谓

一、“国贼”与五四运动

提起伟大的五四运动，人们马上会想起“外争国权，内惩国贼”那句著名的口号，它使得“国贼”这个称谓响亮起来。

“国贼”并不是一个新称谓，古代汉语中就使用了，它泛指以各种方式危害国家的人。一方面，到民初，袁世凯独裁专制，破坏共和，被人们称为“国贼”；另一方面，袁以“正统”的面目出现，也污蔑反袁的革命派为“国贼”。1915 年 6 月 22 日袁世凯还专门公布了所谓《惩办国贼条例》。此类意义的“国贼”，我们可以界定为“祸国贼”或“乱国贼”。可是五四运动所称的“国贼”，在所指方面又有细微的不同。因为 1919 年一战结束，巴黎和会上通过和约，中国代表关于取消“二十一条”的要求不仅遭到否决，日本侵夺我山东利益的条款反被明文规定下来，北洋政府准备签字。消息传到北京，群情激奋，5 月 4 日，数千学生到天安门前游行示威，要求拒绝和约签字，并惩办亲日派的卖国贼曹汝霖、陆宗舆（二人参与签订“二十一条”）、章宗祥（驻日特使）等人。可见此时的“国贼”指的是“卖国贼”。请看实例：

宣言书既经晓示，复有学生部干事数人，分发传单，见人辄给。传单上面写着：现在日本在万国和会，要求并吞青岛，管理山东一切权利，就要成功了，他们的外

交，大胜利了，我们的外交，大失败了。山东大势一去，就是破坏中国的领土，中国的领土破坏，中国就亡了。所以我们学界，今天排队到各公使馆去，要求各国出来维持公理，务望全国工商各界，一律起来，设法开国民大会，外争主权，内除**国贼**。中国存亡，就在此一举了。（蔡东藩《民国演义》第一百〇五回）

吾人幸得读书问道，不敢自弃责任，谨自五月二十六日始，一致罢课，期全国国民，闻而兴起，以要求政府惩办**国贼**为唯一之职志。（蔡东藩《民国演义》第一百〇八回）

对**国贼**则因辞免官，初无惩意。对外交则隐讽暗示，别有会心。东民一息尚存，宁甘待毙。（《山东各界代表要求拒签和约废除密约严惩国贼请愿书》，彭明主编《中国现代史资料选辑》第一册）

而曹陆章等则因取得回扣之故，囊橐早满，且身居显要，或为交通总长，或为财政总长，或充驻日公使，志得意满，不可一世。各界自然愤不能平，叫他们做卖国贼，若不推倒三人，中国即有灭亡之祸。到处开会演说，纷飞函电，已极汹汹之势，内中尤以学界青年最为愤慨。因为他们见解本来高些，团体也容易集合，当于五月四号这天，由北京大学学生首先发起，为示威之运动，联合数百人，手里均拿着白布旗帜，有大书誓除**国贼**的，有写着誓扫曹章陆的，有写着合力救亡的，均在天安门至中华门一带游行，并推定代表十余人，面见总统，请即日将卖国贼三人罢黜，方肯上课。（蓢余轩放《民国野史》第三十四回）

当时，除了称他们为“国贼”外，一些文献中干脆直称“卖国贼”。上面最后一例就是两种称谓交互运用，更能显出五四运动中“国贼”的具体指称意义。下面再举几例“卖国贼”用例。

学生团无可对付，又不便违法径行，乃由东向北，改道他往，穿过了长安街及崇文门大街，竟赴东城赵家楼，走至曹汝霖住宅，将抵门前，学生团全体大呼，统称**卖国贼**曹汝霖，速来见我！（蔡东藩《民国演义》第一百〇五回）

近青岛变作，固是日人侮我，实亦**卖国贼**等专逞武力对内有以致之。（《天津学生联合会罢课宣言书》，彭明主编《中国现代史资料选辑》第一册）

当然，学生的爱国行动遭到了卖国政府的镇压，当天逮捕学生三十余人。于是北京学生实行总罢课，由此带动了全国各地学生的爱国行动，罢课游行接连不断。6月3日，北京学生千余人被捕，更激起了全国人民的愤怒，由此进入一个新阶段，好几个大城市的工人都罢了工，商人也实行罢市。6月10日军阀政府被迫释放爱国学生，撤销了曹、陆、章三个“国贼”的职务，28日中国拒绝在巴黎和约上签字，五四运动取得了胜利。这次爱国运动在客观上为中国共产党的成立作了准备。

二、"非常大总统""陆海军大元帅"讨贼军"等称谓与孙中山的革命努力

五四运动使以孙中山为代表的革命派更加认清了北洋军阀政府的反动本质。1920年,广州军政府重建。1921年4月7日,政府召开国会两院非常会议,出席议员222人,会议由林森任主席。会议选举孙中山为非常大总统并通过了《中华民国政府组织大纲》。5月5日,孙中山宣布就职。"非常大总统"前的"非常"来源于"非常国会",含有"特殊"之意。因为这个国会组成人员不足法定人数,由段祺瑞解散的国会议员南下组成,只有二百多人,所以当时称"非常国会",由"非常国会"选举出的总统,称为"非常大总统"(但一般仍称"大总统")。

10年5月5日孙中山在广州就任**非常大总统**,于是军政府撤销。广州市民数十万人,举行盛大而热烈的庆祝会。(丁中江《北洋军阀史话》一七六)

特于本日在广州召开国会非常会议,议决《中华民国政府组织大纲》,并依《大纲》第二条文大总统由国会非常会议选举之,以得过投票总数之半者为当选。于本日举出孙文为中华民国**大总统**。(《孙中山回粤就任非常大总统》,彭明主编《中国现代史资料选辑》第一册)

孙中山就任非常大总统后,积极准备北伐,在广西桂林成立了陆海军大元帅大本营。当时参加北伐的各路军队共十三旅约三万人。以李烈钧为参谋长,胡汉民为民官长。因另有非常大总统一职,此时的陆海军大元帅(简称"大元帅")便只是军职,与1918年的海陆军大元帅不同。

一九二一年曹锟窃居北京,孙中山成立中华民国**陆海军大元帅**行营于桂林,建军北伐。(张国淦《北洋述闻·近代史片断的记录》)

广州孙**大元帅**钧鉴:辛亥反对共和,北京兵变祸首,及洪宪帅师入川,帝制祸首兼临城匪案祸首之曹锟,不日将令在北京国会议员选举其为总统,中外骇怪,以为奇闻。(《胡汉民等电孙中山声讨曹锟贿选总统》,彭明主编《中国现代史资料选辑》第一册)

陈炯明叛变后,孙中山组织讨贼军讨伐陈炯明,最终平定了这场叛乱。"贼"即指勾结湖南军阀破坏北伐活动的军阀陈炯明。

10月,孙中山将驻扎福建的北伐军改为**讨贼军**,任命许崇清为东路**讨贼军**总司令兼第二军军长,黄大伟、李福林为第一、三军军长,蒋介石为参谋长。**讨贼军**在驻闽皖军王永泉的配合下,多次打败了李厚基及增援的直军唐谟部,迅速占领了福州,并计划取道闽南进攻潮汕。(刘凤舞《民国春秋·祸生肘腋》)

孙中山于是秘密委派杨希闵为**讨贼军**滇军总司令，刘震寰为**讨贼军**桂军总司令，和许崇智的东路**讨贼军**总司令合而为三支讨陈炯明的主力。（丁中江《北洋军阀史话》二〇二）

三、北伐战争期间一些重要社会称谓

(一)“国民革命军”“北伐军”“铁军”“钢军”等与北伐战争

国共合作后，1925 年 7 月，广东大元帅府改组，成立国民政府，取消地方军，统称“国民革命军”，简称“革命军”，北伐前已达到八个军，十万多人。1926 年 7 月，国民革命军开始北伐，于是又有了“北伐军”之称。蒋介石为国民革命军总司令。

国民革命军自去年北伐以来，共产党人对于中正个人，早有不满的表示 ，早有不少的批评和攻击；其中最大的一点是什么呢？（蒋介石《国民革命与经济的关系》，彭明主编《中国现代史资料选辑》第二册）

先是，国民政府于黄埔建军成就后，即下动员令，于十五年七月由广州出发，攻入湘境，吴尚不以为意，盖平日视**国民革命军**为微弱不足道，不难一鼓荡平也。迨八月十四日南口攻下，岳州、平江一带已悉为**革命军**占领，且进入鄂境。……**革命军**以第一军为正面，人数约万余，仅及吴军之半，第四军李宗仁所部任侧面，与吴军一旅对峙于黄本立。（《吴佩孚汀泗桥之败》，刘以芬《民国政史拾遗》）

今天是**国民革命军**举行誓师典礼的日子，亦是本总司令就职的日子。本总司令自觉才力绵薄，为中国国民革命的前途，负如此重大的责任，深恐不能胜任。（《国民革命军总司令蒋介石就职誓师训话》，彭明主编《中国现代史资料选辑》第二册）

中山大喜，便下令饬李协和攻赣，一面又派许崇智、梁鸿楷两军，同时出发，攻击赣南。许、梁奉令，当即厉兵秣马，纷纷出动，赣南的守备很弱，如何当得**北伐军**的精锐，一见**北伐军**的旗号，便相率溃退，因此许、梁两人，兵不血刃的，得了龙南、虔南两县，略为布置，便继续推进。（蔡东藩《民国演义》第一百三十六回）

北伐战争中，有的部队英勇善战，被誉为“铁军”。如今一提到这个称号，人们马上会想到叶挺独立团。但实际上“铁军”有三种所指，狭义的是指叶挺独立团，广义的是指独立团所属的国民革命军第四军（军长李济深）。但指第四军又过宽了，据萧克上将回忆，第四军有四个师，只有第十师、第十二师和叶挺独立团参加北伐，作战都很勇敢，“铁军”即指参加北伐的这两师一团。

以共产党员和共青团员为骨干的第四军叶挺独立团，担任北伐先遣队，他们英勇善战，获得了**“铁军”**的光荣称号。（孙铁主编《影响中国历史的 100 事件 · 第一次国共合作》）

当天北伐军占领汀泗桥。第四军英勇善战，获得了“**铁军**”称号。8月29日，北伐军第四、七军向贺胜桥发起总攻。（《中国大百科全书·中国历史·北伐战争》）

国民革命军经过一系列的整顿，政治素质大大加强，成为具有革命信仰的军队。由粤军第一师扩编而成的第四军，李济深任军长，陈可钰任副军长，罗汉（共产党员）、张善铭（共产党员）、伍朝枢（国民党左派）、廖乾五（共产党员）先后任政治部主任，下辖第十、十一、十二、十三四个师。这支部队不仅保留了粤军的精锐，又从黄埔军校补充了一批具有革命理想和献身精神的官佐，更为重要的是，部队中有一大批共产党员起模范作用，全军上下，士气奋发，斗志昂扬。北伐时，军长李济深率第十一师和第十三师留守广东，副军长陈可钰率第十师、第十二师（欠第三十四团）和叶挺独立团作为前驱。因此，所谓**铁军**，是指参加北伐的第十师和第十二师及独立团。（萧克《铁军纵横谈》，《近代史研究》1989年第4期）

除了“铁军”外，北伐时期亦有“钢军”的称谓，从字面意义上看，便知“钢军”是“铁军”的孪生兄弟，这也符合历史事实。北伐时期，“钢军”是指以李宗仁为首的第七军，因为在北伐战争中亦有骄人表现，人们便将其与“铁军”并称，以扬其美名。

第七军在江西战场上屡建战功，“**钢军**”之称名闻遐迩，李宗仁也成了蜚声中外的北伐名将。（刘凤舞《民国春秋》第四十三章）

南昌之役，北洋军孙传芳以三倍兵力进行猛烈进攻，总司令蒋介石亲自统领的军队都被击败，九江失守，南昌被围。白崇禧急率由广西子弟组成的第七军救援，一举击溃孙传芳先头部队两个师。在双方兵力极为悬殊的情况下，白崇禧出奇制胜，集中兵力攻击德安，断绝南浔线，先收复九江，再解南昌之围。双方肉搏三天三夜，最后孙传芳不敌，官兵两万余人被俘，国民革命军取得北伐以来的第一次大捷，第七军得名“**钢军**”。（马祥林《毛泽东点评国民党著名将领·“钢军”与北伐第一捷》）

（二）“国民军”与冯玉祥对北伐的响应

早在1924年，爱国将领冯玉祥率部在北京推翻了曹锟的统治，软禁了曹锟。冯玉祥将部队名更改为“国民军”，队伍共分为三个军，冯为“国民军总司令”。“国民军”这个称谓鲜明地表达了冯玉祥部愿意为民国和民众效力的愿望。

此次运动的第二个特点，却在于能使国内一部分的军队倾向到民众运动这方面来，譬如**国民军**。……最近一年来，中国发现所谓**国民军**，他们与国内解放运动发生关系，一方面可见他们有反帝国主义的情绪，别方面他们为民众运动所推引参加反帝国主义斗争运动，产生了军队力量对于革命运动的新作用。所以冯玉祥等**国民军**与奉系军阀之间的冲突，当然与最近将来中国民众争政权的革命运动有直接的关系。（《中国现时的政局与共产党的职任议决案［中共中央扩大执行委员会

文件(一九二五年十月)]》,《中共中央文件选集》第一册)

玉祥等午夜彷徨,欲哭无泪,受良心之驱使,为休战之主张。爰于十月二十三日决意回兵,并联合所属各军,另组中华民国**国民军**,誓将为国为民效用。如有弄兵而祸吾国者,好战而殃吾民者,亦不恤执戈以相周旋。(古蒨孙《甲子内乱始末纪实》,荣孟源、章伯锋主编《近代稗海》第五辑)

反吴派到京后,即有**国民军**之组织。廿五日下午三时,冯玉祥、胡景翼、孙岳、王芝祥等及冯军各师旅长代表,在北苑开会。议决:(一)推冯玉祥为**国民军总司令**,兼第一军长……会议散后,冯玉祥即通电,就**国民军总司令**职。(无聊子《北京政变记》,荣孟源、章伯锋主编《近代稗海》第五辑)

但是,1926年春,冯玉祥的国民军在张作霖、吴佩孚联合进攻下失败。在中共党员李大钊的影响下,冯玉祥去苏联游历,同年9月回国,在绥远五原召集旧部,编为13个师,重新打起"国民军"旗号,就任国民联军总司令,宣布全军加入国民党,誓师配合由广东出发的国民革命军(即"五原誓师")。

今后将**国民军**建筑在民众的意义上面,完全为民众的武力,与民众深相结合,军队所在的地方,工人组织,农民组织,均当帮助,并联合其他民众的团体,共负革命的责任。(《冯玉祥五原誓师的宣言》,彭明主编《中国现代史资料选辑》第二册)

冯这次回来的确是非常进步非常左倾,**国民军**虽在残破之余却另给以新的生命。我们为国民革命的前途、未来北伐的前途计,国民政府必须维持国民军能在西北存在和发展。(《西北军工作[中国共产党中央扩大执行委员会会议文件(一九二六年七月)]》,《中共中央文件选集》第二册)

1927年5月,冯玉祥接受武汉国民政府任命,将部队改称国民革命军第二集团军,任总司令,出潼关,沿陇海路向东进攻,与国民革命军会师于郑州、开封。从此,国民军名称撤销,编入国民革命军序列,成为国民革命军中的一大派系。因冯玉祥曾担任西北边防督办,其部队较长时间驻守和经营西北各省,故通常以"西北军"著称。

(三)"赤化派""反赤军"等称谓与革命力量和北洋军阀的较量

国民政府所代表的革命派的目标是推翻北洋军阀反动统治,这在帝国主义及其走狗北洋军阀政府看来是一种赤化,因而称革命势力为"赤化派"(简称"赤派"),统治者一方则是反赤的一方。所以"(北伐)战争的性质,简言之即赤与反赤之战。张作霖、张宗昌、吴佩孚、孙传芳其相互利害虽不同,而其标揭反赤摧残民众自由则无二致。所谓赤的方面,即国民政府影响下的各省"[1]。下面这则资料可以显示当时反赤派和赤化派的

---

① 《中央局报告(十、十一月份)》,中央档案馆编:《中共中央文件选集》第二册,中共中央党校出版社1980年版,第476页。

指称范围：

全世界反赤运动的主人本是帝国主义者，在中国指示反赤运动的工具是反动的军阀（如张作霖、吴佩孚、张宗昌、李景林、陈炯明、魏邦平等）及反动的知识阶级（研究系、国家主义派及老民党反动分子如尤烈、徐绍桢、章太炎、冯自由、马素、邓家彦等）；他们所反的赤是工会、农会、学生会、共产党、国民党、国民政府，甚至于国民军和郭松龄，更甚至于段祺瑞治下之贾内阁，也算是在赤化之内。（《中共中央于中山先生逝世周年纪念日告中国国民党党员书》[1926年3月12日]，《中共中央文件选集》第二册）

可以看出，所谓"赤化派"，范围非常广泛，凡是反对北洋军阀独裁统治，谋求国民革命者，都被扣上"赤化派"的大帽子。其实，赤本指共产主义而言，真正的赤化派应该是指中国共产党或者是传播共产主义的人，然而反赤派所反对的赤并不仅仅是他们，反赤扩大化了。反赤扩大化的真正原因是帝国主义和封建军阀勾结起来，在"反赤"口号下，谋求扼杀中国革命势力，维护他们的既得利益。

这般鼓吹反赤的人们，在中国民族革命战争中，无一不是背叛民族利益的反革命派，他们所反对的**赤化派**，大部分都是参加民族运动的，而且除共产党外，没有一个说得上是什么赤不赤；可见他们所谓反赤，实际上乃是用反赤的旗帜和反帝国主义的旗帜对抗，为帝国主义者来破坏中国的民族革命运动。（《中共中央于中先生逝世周年纪念日告中国国民党党员书》[1926年3月12日]，《中共中央文件选集》第二册）

"赤化派"，在反动军阀看来，是威胁他们的重要力量，特别引起他们的仇视，所以他们诬称赤化派为"赤贼"。

吴退出汉口时，曾有虞电责备孙传芳说："我弟总镇长江，威加南北，试一举手，即可戡定中原，奠定华夏。今'**赤贼**'既已得志于湘鄂，势必窥赣边而通声气。应懔唇亡齿寒之戒，念辅车相依之切，虞虢前车，可资殷鉴。"（陶菊隐《北洋军阀统治时期史话》第七十二章）

既然要反赤，军阀们便组织了反赤军，来对革命势力进行围剿，反动本质暴露无遗。

反赤军在奉天、在天津、在大沽、在北京、在河南，都由英日有力的帮助在北方得了胜利，杀人、纵火、奸淫、抢劫、勒捐、强用军票、搜查学校、封闭报馆、枪杀记者、严禁工会农会等反赤政纲，已遍行于北京及直鲁豫诸省，将来或更推行于南方。**反赤军**入京后，其内部英日间吴张间都发生了利害冲突，冲突的焦点乃是内阁问题。（《中央通告第一百零一号——中国共产党对于时局的主张[中央特别会议文件（1926年2月21日—24日）]》，《中共中央文件选集》第二册）

在此期中，我们的政策，在北方是国民军和奉反直，在南方是国民政府援湘御吴。北方的**反赤军**（奉直晋三方），若能一致合作的进攻国民军，则国民军很难存在；奈何三方合作，均无十分诚意，各有私图，故国民军似不至于失败；然在奉直间无大变化时，国民军亦只能自保而难于冲出。南方国民政府之出兵，亦尚只能是防御**反赤军**衣入湘粤的防御战，而不是真正革命势力充实的彻底北伐。（《中央政治报告[中国共产党中央扩大执行委员会会议文件（1926年7月）]》，《中共中央文件选集》第二册）

第四章 共产党早期革命斗争及国共关系所体现的相关称谓

本章涉及的主要称谓如下：

第一节	一	阶级
	二	资产阶级、工人阶级、地主阶级、农民阶级、有产阶级、无产阶级、工业无产阶级、农村无产阶级、半无产阶级、买办阶级、中产阶级、民族资产阶级、小资产阶级、劳动阶级、工农阶级、劳工阶级、劳农阶级、知识阶级、智识阶级
第二节	一	劳工
	二	工友
	三	工会、工团、劳工会
	四	纠察队、工人纠察队、纠察队员
	五	工贼
第三节	一	贫农、雇农、雇工、长工、月工、零工、童工、女工、老工、佃农、自耕农、小地主
	二	农友、农民协会、农会
	三	贪官污吏、土豪劣绅、土豪、正绅、劣绅、农贼
	四	农民自卫军、挨户团、挨户团常备队、挨户团非常备队、梭镖队
第四节	一	右派、国民党右派
	二	老右派、新右派、现时的右派、已出去的右派、老民党、孙文主义学会派、孙文主义学会右派分子、孙会分子、西山会议派、西山会议分子
第五节	一	左派、国民党左派、左派分子、左倾分子、准左派、左派领袖分子、左派首领、左派中心领袖
	二	共产派分子、共产分子、共产派、C. P. 分子、C. P. 派、C 派、共产党
	三	中派、中派分子

第一节 国内马列主义的宣传与“阶级”类称谓的兴起

一、“阶级”称谓的新概念及其出现原因和时代特点

“阶级”应该说是古汉语里的老词了，但其意义却不同于今。它起先是“台阶”之意，后用以指代尊卑上下之别、官位之品级——皆如阶梯之有等级；由一级台阶又引申出“阶段”之义。可是五四新文化运动以来，“阶级”被赋予了新义，指人们在一定的社会生产体系中，依据经济政治生活地位和对生产资料关系的不同而划分出来的社会集团。

这样一个全新的概念，使得“阶级”成为一个典型的社会称谓词。

> 马氏所说的阶级，就是经济上利害相反的阶级……但这两种阶级，最初不过对于他一阶级，可称一个阶级，实则阶级的本身还没有成个阶级，还没有阶级的自觉。后来属于一阶级的，知道他们对于别的阶级，到底是立于不相容的地位，阶级竞争是他们不能避的运命，就是有了阶级的自觉，阶级间就起了竞争。（李大钊《我的马克思主义观》，《新青年》1919年6卷5、6号）

“阶级”称谓新概念的出现，说到底是由于马克思主义在中国的传播，阶级分析的方法开始运用于社会研究所造成的。正如毛泽东所说：“十月革命一声炮响，给我们送来了马克思列宁主义。”马列主义主要理论就是社会主义革命和阶级斗争学说，用阶级分析法分析阶级社会的社会历史现象是其基本方法。因此马列主义传入中国后，“阶级”成为汉语中的时尚新概念，并出现了许多带“阶级”字眼的复合新词语，诸如“劳动阶级”“工人阶级”“农民阶级”“资产阶级”等。这些阶级称谓在当时宣传社会主义的刊物和文章中是十分常见的。

通过较早时期的文献可以看出，在阶级分析法初用到社会分析的时候，产生的阶级类称谓是非常繁杂、随意的，含义及所指也并不是非常明确。阶级类称谓的大量出现，也预示着我国一个阶级斗争新时期的到来。

二、“阶级”类称谓的分类

（一）由经济地位相对立划分出来的阶级称谓

1.“资产阶级”和“工人阶级”

这是一对紧密相连而又相互对立的阶级称谓。“资产阶级”是指占有生产资料可以剥削工人的阶级；“工人阶级”则是指没有生产资料而靠为资本家劳动为生的阶级。

> 一般国家主义派，盛倡其“为祖国而牺牲，乃无上光荣”的说法，这是资产阶级欺人之话，我们万不要受他们的愚弄！此应注意的第二点。（毛泽东《纪念巴黎公社的重要意义》[1926年3月18日]，《毛泽东文集》第一卷）
>
> 现在全世界工人阶级有组织的有策略的革命已经给了我们农民一个好榜样了。（《湖南省第一次农民代表大会宣言》[1926年12月]，《第一次国内革命战争时期的农民运动资料》）

工人阶级在生产资料方面又是无产阶级，见下文。

2.“地主阶级”和“农民阶级”

这是农村中一对紧密相连而又相互对立的阶级称谓。“地主阶级”指拥有土地靠剥削农民过日子的阶级；“农民阶级”指直接从事农业劳动而受地主剥削的阶级。

革命是暴动，是一个阶级推翻一个阶级的暴烈的行动。农村革命是农民阶级推翻封建地主阶级的权力的革命。（毛泽东《湖南农民运动考察报告》[1927年3月]，《毛泽东选集》第一卷）

“地主”和“农民”还有许多相关称谓，后面还要专节论述。

(二)由生产资料或资本的有无、多寡相对照划分出来的阶级称谓

1.“有产阶级”“无产阶级”及“半无产阶级”

“有产阶级”指占有生产资料或资本而靠剥削为生的“有产者”或“富人”，在城市里指一般资本家，在农村一般指地主。“无产阶级”指不拥有生产资料纯靠出卖劳动力为生的劳动者，在城市里指工人阶级，在农村指纯粹出卖劳动力的雇农。“半无产阶级”指拥有少量生产资料，大部分生活靠出卖劳动力维持的人。“有产阶级”“无产阶级”着重于生产资料的有无，自然也形成了经济地位的对立，介于两者之间的称“半无产阶级”。“无产阶级”又区别为“工业无产阶级”和“农村无产阶级”。

马氏所说的阶级，就是经济上利害相反的阶级，就是有土地或资本等生产手段的有产阶级，与没有土地或资本等生产手段的无产阶级的区别：一方是压服他人，掠夺他人的，一方是受人压服，被人掠夺的。（李大钊《我的马克思主义观》，《新青年》1919年6卷5、6号）

无产阶级。现代工业无产阶级约有二百万人。中国因经济落后，故现代工业无产阶级人数不多。……工业无产阶级人数虽不多，却是中国新的生产力的代表者，是近代中国最进步的阶级，作了革命运动的领导力量。……中国尚少新式的资本主义的农业。所谓农村无产阶级，是指长工、月工、零工等雇农而言。……此种人在乡村中是最感困难者，在农民运动中和贫农处于同一要紧的地位。（毛泽东《中国社会各阶级的分析》[1926年3月]，《毛泽东选集》第一卷）

半无产阶级。此处所谓半无产阶级，包含：(一)绝大部分半自耕农，(二)贫农，(三)小手工业者，(四)店员，(五)小贩等五种。（毛泽东《中国社会各阶级的分析》[1926年3月]，《毛泽东选集》第一卷）

2.“买办阶级”“中产阶级”和“小资产阶级”

这是“资产阶级”内部由资本多寡和经济地位对比进一步划分出来的称谓。“买办阶级”是依附帝国主义并为其服务的中国大资产阶级(当时还较少使用“大资产阶级”的提法)，后来演变为官僚资产阶级；“中产阶级”特指中国的“民族资产阶级”。“小资产阶级”的指称比较复杂，狭义的可以只指城市的手工业主、小商人及其他小资本经营者，广义的也包括农村的自耕农，还可以包括教员、职员等在内。所以有人认为“小资产阶级”

不是个阶级，只是个阶层，也是有一定道理的。

在经济落后的半殖民地的中国，地主阶级和**买办阶级**完全是国际资产阶级的附庸，其生存和发展，是附属于帝国主义的，这些阶级代表中国最落后的和最反动的生产关系，阻碍中国生产力的发展。（毛泽东《中国社会各阶级的分析》[1926年3月]，《毛泽东选集》第一卷）

中产阶级。这个阶级代表中国城乡资本主义的生产关系。**中产阶级**主要是指**民族资产阶级**，他们对于中国革命有矛盾的态度……其政治主张为实现民族资产阶级一阶级统治的国家。（毛泽东《中国社会各阶级的分析》[1926年3月]，《毛泽东选集》第一卷）

小资产阶级。如自耕农，手工业主，小知识阶层——学生界、中小学教员、小员司、小事务员、小律师、小商人等都属于这一类。（毛泽东《中国社会各阶级的分析》[1926年3月]，《毛泽东选集》第一卷）

(三)由劳动特征的对比划分出来的阶级称谓

所谓的“劳动特征”，实际上就是现在的体力劳动和脑力劳动的差别。过去的“劳动阶级”就是指狭义的体力劳动者，又称“工农阶级”（还可细别为“劳工阶级”和“劳农阶级”）；与之相对应的就是“知识阶级”（又写作“智识阶级”）。“劳动阶级”靠出卖劳动力过活，也就等同于无产阶级。

你们勿怕，我们现在并不是鼓吹劳农革命，即在国民运动中若忘记了**劳动阶级**是重要部分，这种国民运动也必然是软弱没有力量。……并且此时中国的国民运动，**劳动阶级**不但是重要部分，已经是最勇敢急进的先锋了，试看铁路工人已经首先起来以血肉和军阀相搏，便可明白。（陈独秀《怎么打倒军阀》，《中国工运史料（一）》）

有产者阶级不但锻炼致自己于死的武器，并且产出去挥使那些武器的人——现代的**劳动阶级**、无产者就是。（李大钊《我的马克思主义观》，《新青年》1919年6卷5、6号）

工农阶级是全世界上最受压迫的阶级，**工农阶级**又是人数最多，而且在生意上占惟一重要地位的阶级。……因此工农的密切联合，实完成革命、彻底解放工农阶级的惟一保证。（《江西省第一次全省农民代表大会的决议案》[1927年2月]，《第一次国内革命战争时期的农民运动资料》）

然而**知识阶级**将怎么样呢？还是在指挥刀下听令行动，还是发表倾向民众的思想呢？要是发表意见，就要想到什么就说什么。真的**知识阶级**是不顾利害的，如想到种种利害，就是假的，冒充的**知识阶级**；只是假**知识阶级**的寿命倒比较长一点。

(鲁迅《关于知识阶级》,《集外集拾遗补编》)

劳工神圣,理想的天国,不在于智识阶级的笔下,而在于劳工阶级实际生活上的精进。(瞿秋白《饿乡纪程(八)》)

但当在相当环境相当条件之下,如列宁之以百万党员,建平民革命的空前大业,扫荡反革命党,洗刷上中阶级,有主义(布尔失委克斯姆),有时机(俄国战败),有预备,有真正可靠的党众,一呼而起,下令于流水之原,不崇朝而占全国人数十分之八九的劳农阶级,如响斯应。(毛泽东《打破没有基础的大中国建设许多的中国从湖南做起》[1920 年 9 月 5 日],《毛泽东早期文稿》)

第二节　工人运动及相关称谓

一、"劳工"称谓的流行与"劳工神圣"的宣传

由于马克思主义的传播和共产党的早期革命斗争,20 世纪 20 年代前后,"劳工"曾是个颇为流行的社会称谓。现在一说"劳工",人们马上想到那种被抓去服劳役的苦力,如抗战期间日寇就曾抓过大批劳工。但民初时期,狭义的"劳工"却是对工人(阶级)的称谓。

于此有个显例,就是现代劳工阶级的联合活动,屡见成功,居然能够屈服经济行程的趋势。这种劳工结合,首推英国的工联(Trade unions)为最有效果,他们所争在增加劳银。当时经济现象的趋势是导工人于益困益卑的地位,而工联的活动竟能反害为利。(李大钊《我的马克思主义观》,《新青年》1919 年 6 卷 5、6 号)

上海的下层劳工(如苦力、人力车夫等)的所得,比中国任何地方算是较高的。(李大钊《上海的童工问题》[1924],《李大钊文集》下)

此外还有一种广义的"劳工"。蔡元培 1918 年曾经做过一次《劳工神圣》的讲演,后发表于 1919 年《新潮》1 卷 2 号。该文就把"劳工"解释为工农商学等各种体力智力劳动者,所以也有人采取这种广义的用法。

我说的劳工,不但是金工、木工等等。凡用自己的劳力,作成有益他人的事业,不管他用的是体力,是智力,都是劳工。所以农是种植的工;商是转运的工;学校教员、著作家、发明家是教育的工。我们都是劳工。我们要自己认识劳工的价值!劳工神圣!(蔡元培《劳工神圣》,《新潮》1919 年 1 卷 2 号)

省宪法虽则冠冕堂皇,可惜全没有涉及这几点!美其名曰全民政治,实际抛弃了至少百分之九十九的劳工!(毛泽东《更宜注意的问题》[1922 年],《毛泽东文

集》第一卷）

这种广义的“劳工”，实际上已含有“劳苦大众”“人民群众”的意思。但共产党在进行工人运动的时候，更多地用“劳工”指工人（工会曾称“劳工会”，见下文），“劳工神圣”也成为共产党发动工人进行革命斗争的口号，毛泽东、瞿秋白等好多领导人都使用过这一口号。于是“劳工”的意义色彩发生了很大变化，由一个受鄙视的社会称谓变为一个褒义性的流行称谓。

二、“工友”称谓及其所蕴涵的阶级情感

工人阶级是国民革命的重要力量，是国民政府同封建军阀在城市中作斗争的有力武器。所以，发动工人运动就特别有必要，在发动工人运动中如何称呼工人便显得非常重要。“工友”一词应运而生。

“工友”，现在的意思是一起工作的人。最初的意义可不是这样。“工友”最初是学生（或教员）对工人的称谓，意即“工人朋友”。罗章龙曾谈到，共产党革命初期，为了消除工学界限问题，提倡学生“与工人打成一片”，“学生生活工人化”，“发起普遍访问工区与工人交朋友运动”，因而有了“工友”之称。[①] 例如劳动补习学校的教员采用“工友”这个称谓来称呼工人们，这样可以缩小工学之间的心理距离，让工人感觉到这些有知识的人是工人的朋友，可以信赖。只有这样，知识分子领导的工人运动才能开展下去。

> 劳动补习学校教员大都是经过审慎选择的，所以对待工作十分认真，他们平日经常向**工友**们讲解革命大义（**工友**二字即最先为长辛店教师所采用，用以称呼工人者），同时对工人生活非常关怀，事无巨细，有求必应，故工人称学校为**工友**之家。（《罗章龙谈中国劳动组合书记部北方分部》，《北方地区工人运动资料选编》）

从此之后，“工友”这个称谓开始盛行，使用范围也有了扩大。除了做工人运动的人外，对工人持同情支持态度的各界人士也都使用这个称谓，并且还可以用做工人自称及其相互间的称谓。

> 我所希望的就只这三项。最后我要向**工友**们简单地说几句话，当一杯酒，热一热诸君的肚子：不劳动的不得食！劳动者获得罢工权利！劳工神圣！（毛泽东《所希望于劳工会的》[1921年]，《毛泽东文集》第一卷）

> 无如至八九日之后，全路各站**工友**因一时屈于高压的武力摧残，又为图将来的复仇计，先后逼迫上工了。以是本会所属诸**工友**亦只得含冤饮恨开工，保持工会的基本团结，冀图恢复。（《顺德工会报告“二七”奋斗史》，《北方地区工人运

---

① 《罗章龙谈中国劳动组合书记部北方分部》，《北方地区工人运动资料选编》，北京出版社1981年版，第12页。

动资料选编》)

上述种种,均系“二七”京汉工友奋斗之实际情形,现在我们不妨再说说各路工人和各地工友的奋斗经过,证明工人阶级的一致,及中国工人的阶级觉悟。(《二七前后工会运动史略》,《北方地区工人运动资料选编》)

三、“工会”“工团”和“劳工会”等称谓与工人运动组织的建立

工会是工人群众的组织,随着工业的发展,也由于革命斗争形势的需要,工会大量出现。

工会的性质,不能与行会一样,不能有雇主在里面,同时只要是赚工钱的工人,不论男、女、老、少,信仰,地域,种族,国籍,政见,熟练、不熟练等区别,都须加入工会,因此工会不得有收费过重或经过严重审查等办法,以限制工人的加入,这样才能使工会变成一个阶级的群众的工会。……共产党与工会的分别是,共产党是所有阶级觉悟的无产阶级分子的组合,是无产阶级的先锋军,有一定的党纲,是一个以打倒资产阶级和资本主义为目的的无产阶级的政党;工会是所有工人的组合(不管政治见解怎样),工人们的〔在〕工会里,去接受“怎样用社会主义和共产主义精神去奋斗”的教育,与共产党向同一目的进行,但是较缓的全阶级的组合。(《关于“工会运动与共产党”的议决案[中国共产党第二次全国代表大会文件(1922 年 7 月)]》,《中共中央文件选集》第一册)

工会的组织既是应着产业革命而必须生出的组织,于是这种运动乃成了有意义的运动。惟是工会运动意义何在呢?(伍豪《论工会运动》,《中国工运史料(一)》)

工会早期也称“工团”。当时工会作为工人阶级的组织,在名称上还有不尽统一的地方,“工团”就是早期工会的又一称谓。

“工会”这两个字,依英文 Trade union 人都译作“工联”,依法文 Syndieat 多译为“工团”,依德文 Gewerkschaft 亦似可译成“工联”,但据我们想,在中国劳动运动中,为求便于运动,合于工人们向用的惯例起见,似还是一律都称作“工会”为妥。(伍豪《论工会运动》,《中国工运史料(一)》)

汉冶萍总工会,是联合各小工团,如汉阳钢铁工会,安源路矿工人俱乐部,大冶下陆铁矿工人俱乐部,汉冶萍轮驳工会,大冶钢铁厂工会等五个团体而成,工人总数不下三万余人,可要算是中国最大的工团了。(《武汉各工团风起云涌》,《中国工运史料(二)》)

江岸的流血惨剧,消息传至武汉各工团了,各工团悲痛万分,一致决议总同盟罢工,以达到打到此狡诈狠毒之军阀的目的,遂由湖北全省工团联合会下全体动员

令各工团一律罢工。(《“二七”惨剧》,《中国工运史料(二)》)

“五卅”以前,工人群众需要一个地方的总组织,还不是普遍的现象,湖南、湖北各有一个工团联合会,广东、香港虽有一个总组织并未统一。(邓中夏《五卅后中国职工运动之新现象》,《中国工运史料(四)》)

由于“劳工”可指工人,有的地方又把工会叫作“劳工会”,湖南就建立了劳工会。

劳工会现在已周年了,我同情于劳工会也一周年了。为什么独同情于劳工会?劳工神圣,一切东西都是劳工做出来的,劳工会是劳工的团结体,谁也应该同情的。(毛泽东《所希望于劳工会的》[1921 年],《毛泽东选集》第一卷)

后来由于出现了仅指望用工人运动来获取国民革命胜利的“工团主义派”,“工团”之称便渐不常用,“劳工会”名称又略显含糊,于是就渐为“工会”所取代。又,日本将工会叫作“劳动组合”,所以中共早期全国工会组织叫作“中国劳动组合书记部”,各地有分部,1925 年被“中华全国总工会”取代,从此“工会”名称稳定下来。例不赘举。

四、“纠察队”等称谓与工人武装组织

随着工人运动的开展,特别是北伐战争的节节胜利,除了建立大量的工会以外,还出现了工人阶级的武装组织。这也是由于罢工运动的频繁开展,为了维持秩序,更好地组织工人罢工,维护工人自己的利益,对付反动军警的需要,工人纠察队出现了。纠察队的成员称为“纠察队员”。

(三)总同盟罢工宣布之后要注意:……4.罢工之后要将群众调集在街市上。(详细的计划另行通知);5.罢工开始即要组织纠察队,维持群众的秩序。(《中共上海区委行动大纲——总同盟罢工应注意之点》,彭明主编《中国现代史资料选辑》第二册)

纠察队每十人为一组,设组长一人;每五十人为一团,设团长一人;每四团为一队,设队长一人。军队式的组织,负维持秩序、站岗、逮捕工贼……等职务。(吴雨铭《青岛纱厂工人罢工之始末》,彭明主编《中国现代史资料选辑》第二册)

工人纠察队都穿上八字草鞋,打好绑脚,我们几个年青姑娘就都去帮助张贴标语,收集木棍。一切准备就绪,三百个纠察队员领队,三千工人的一支游行队伍,浩浩荡荡向小教场冲去。(余阿青《纱厂生活四十年》,《老工人回忆录:在大革命风暴里》)

1927 年初,上海工人在周恩来任总指挥的中央党组织领导下发动的第三次武装起义,起义的先锋队伍就是工人纠察队,以此来反抗北洋军阀在上海的反动统治。起义推翻了北洋军阀在上海的统治,建立了隶属于武汉国民政府的临时政府。

可见,“工人纠察队”对国民革命作出了重大贡献。但蒋介石发动了反革命政变,大

肆屠杀工人，解散工人纠察队，严重破坏了工人阶级的武装力量。

工人纠察队，不管公开或秘密的地方皆须有普遍的发展。工人有武装在最初仅止自卫（对付工贼流氓等），维持秩序，现在我们要进一步而认为工人纠察队是保障工人、农民、小资产阶级民主政权的武装之一。（《职工运动议决案[中国共产党第五次全国代表大会（1927 年 4 月 27 日—5 月 9 日）]，《中共中央文件选集》第三册）

我清晰记得，走在游行队伍最前列的是工人纠察队，仍保持了相当的武装，有轻机枪，有盒子炮，有步枪。武装的纠察队过后，就是徒手的工人纠察队，紧接着的是一般工人和民众，其中有不少是妇女和小孩。他们一路走一路喊着口号，态度十分激昂。可是当这些徒手的队伍从我们面前经过了一半的时候，耳畔忽然起了连珠似的枪声。（《〈六十年的变迁〉所描写的一幕》，叶灵凤《香港方物志》）

事件发生后，国民党军东路军前敌总指挥兼戒严司令白崇禧发表通电称："上海工人纠察队，发生械斗，当此戒严之际，且前方军事正在进行，本司令官等为巩固后方安宁秩序起见，不得不严行制止。已将该肇事工友武装一律解除，并派员与上海总工会妥商善后办法。"（苏飞《细说北洋：孙传芳》第十四章）

五、"工贼"与反动势力对工人运动的破坏

工人运动中所反对的对象主要是军阀、反动军警（国共关系破裂后则反对国民党），但反动势力也千方百计破坏工人运动，瓦解工人队伍，于是有了"工贼"一称。"工贼"指工人阶级内部被敌人收买，出卖工人利益，破坏工人运动的人。工人们对这些破坏工运的人恨之入骨，称他们为"贼"，在感情色彩方面与"工友"形成鲜明对照。

七日早由郑州工贼唐廷玺之子开来一列票车，车中有胡剥皮率领巡路队武装警察，车到站即停止。（《顺德分工会报告"二七"奋斗史》，《北方地区工人运动资料选编》）

替外国帝国主义及本国资本家做走狗，破坏工人团结，这本是工贼的职务；工贼破坏工人团结，或者用硬的方法，打毁工会及工人，或者用软的方法，混在工人群众中，造谣诬蔑工人的领袖及最能帮助工人的共产党，使工人孤立无援，又或鼓吹地方主义，拆散工人阶级整个的产业组织，不但使工人不便罢工，并且使每个工厂每个产业的全体工人以籍贯不同而分裂，而竞争，为资本家所利用。（《中国共产党为总工会被封告工友[中国共产党第四次全国代表大会文件（1925 年 1 月）]》，《中共中央文件选集》第一册）

他到安源时，在群众大会上极力称赞安源工人，说要把萍矿收回交给工人办；他到袁州枪毙了去年破坏俱乐部之工贼王某。（《湘区书记报告——江西战事、湘鄂政治情况与党的政策》，《中共中央文件选集》第二册）

封闭党部、工会，解散市政府，强缴工人武装，勾结帝国主义与中国银行界，借款一千万，组织租界包探、流氓专司暗杀，成立工贼工会，压迫工人。（周恩来《迅速出师讨伐蒋介石》[1927年4月]，《周恩来选集》上卷）

虽然我们的仇敌还在天天调遣海军上陆，天天命令军阀屠杀工人，天天赂买工贼破坏工会；然而中国工人阶级已经觉悟，已经奋起斗争，几十万几百万中国工人，广州上海汉口青岛天津开封等大都市里无产阶级，努力参加斗争的，也正一天天的增加呢！（《全国被压迫阶级在中国共产党旗帜底下联合起来呵！》，《中国工运史料(一)》）

第三节 农民运动及相关称谓

一、农村中不同阶层的划分与国共两党在农运中所采取的不同政策

开展农民运动，首先要将农村中不同阶层的人分类清楚，分别制定不同的运动策略。据《中国国民党中央执行委员会农民部土地委员会报告》，当时全国3.3亿多农民中，有地农民有1.5亿人。有地的农民可以分为贫农、中农、富农、中小地主和大地主。成分的划分与占有田地的多寡关系如下表：

	成分	占有田地亩数	人数百分比	占地百分比
1	贫农	1—10	44	6
2	中农	10—30	24	13
3	富农	30—50	18	19
4	中小地主	50—100	9	19
5	大地主	100以上	5	43

资料来源：《全国土地占有概况》，见《第一次国内革命战争时期的农民运动资料》。

由此可见，富农、中小地主以及大地主占有全国绝大部分的土地，无地和少地的农民是有着强烈土地要求的。因此，他们也是农民运动中需要争取的中坚力量。

四、农民协会要以贫农为中心。因为最劳苦的便是最革命的。然而自耕农与农村中的知识界、小商人、负贩者也须与之联合，并且可以和小地主合作；因为现在尚在国民革命时期，只要是反抗帝国主义与军阀的，均可以联合一起，集中各界力量于反帝国主义之战线上，共同努力。（《广东省第二次农民代表大会的重要决议案》，《第一次国内革命战争时期的农民运动资料》）

无地的农民中有一种是农村中的雇农。雇农又称为“雇工”，完全没有土地，依靠出卖劳动力为生。

> 什么叫作**雇农**呢？就是家无寸土，以体力卖于田主而谋生活的农民。**雇农**工作时间是非常之长，瓦缝里稍为有点光就要(爬)起来，太阳下了，还要在田里做事，如奴隶牛马一般。……咳，**雇农**因没有钱连老婆都不得要，儿子都不得生，其害何大，其苦何极！(方志敏《在江西省第一次全省农民代表大会上方志敏的会务总报告》[1927年2月23日]，《第一次国内革命战争时期的农民运动资料》)

雇农又有很多种类：

> 农村雇工有**长工**、**月工**、**零工**、**童工**、**女工**、**老工**等等，**长工**一年到头牛马似的工作，所得工价最廉，其待遇亦最苦，每年工资，最高不过一百二十串，最低如鄂北有低至十八串或二十串者(银洋每元换钱八串)，而最低生活每日须五百文。**月工**等于长工。**零工**所得工资，各地不同，大约最低限度在二百文，最高不过六百文(忙月时)，以致全年辛苦工作，不能养活父母妻子一人。**童工老工女工**工资更薄，且并难得找得工做。(《湖北省农民协会第一次全省代表大会议决案》，《第一次国内革命战争时期的农民运动资料》)

无地农民的另一种是佃农。佃农租种地主的土地。这是根据耕种土地的来源来界定。由此分类，农村中的阶层还可以分为自耕农、半自耕农和地主。自耕农及小地主地位比较优越，而半自耕农地位次之，最苦的人就是农村中的佃农了。基于不同阶层农民的不同要求，国民政府制定了针对不同阶层的不同政策，来分别对待佃农、自耕农、小地主和佃户。

> (一)一般**佃农**的要求为佃租之减少。在广东已屡次发生减租运动，但口号必须切实而能行并且要普遍，故主张分别依照向例纳税方法"减原租百分之二十五"。(《农民运动议决案(1926年中共广东区委扩大会议通过)》，《第一次国内革命战争时期的农民运动资料》)

> (二)**自耕农**及**小地主**之苦痛苛捐杂税之繁苛。故满足**自耕农**及**小地主**之要求，应提出"废除一切杂捐附加税(不论是国家的还是地方的)及不法苛抽(如民团团费之类非政府机关征收者)"，另规定统一的单一的所得税。(《农民运动议决案(1926年中共广东区委扩大会议通过)》，《第一次国内革命战争时期的农民运动资料》)

二、"农友""农会"等称谓与农民对国民革命的重要性

与"工友"相类似，在这一时期的农民运动中，"农友"称谓的出现也是非常频繁的。这是因为，"中国农民在中国全人口中占大多数，所以孙总理说：'国民革命之成功，在农夫工人之参加。'"①所以农民是国民革命取得成功需要争取的一支重要力量。在国民

① 《湖南农民运动真实情形》，《第一次国内革命战争时期的农民运动资料》，人民出版社1983年版，第387页。

政府的宣传中,“农友”这一称谓可以起到缩短国民政府与农民之间心理距离的效果,使农民感觉到国民政府是一个可以信赖、代表民众利益的政府。

> 本大会仅代表湖南二千七百多万农民,精细考虑,决定今后革命争斗自求解放的策略。凡我湖南诸**农友**们!要集中于省农民协会旗帜之下,依照本大会的策略努力奋斗呀!(《湖南省第一次农民代表大会宣言》[1926 年 12 月],《第一次国内革命战争时期的农民运动资料》)

> 农民协会即是叫**农友**们起来做事、起来说话的一个大机关。凡是真正农民都应该加入,决不要象以前依赖绅士官厅,受他们的欺骗了。(《在江西省第一次全省农民代表大会上谭主席报告国民政府状况》[1927 年 2 月],《第一次国内革命战争时期的农民运动资料》)

中国最初的农会是与近代社会自治思潮联系在一起的,清末“新政”期间就产生了。1907 年清朝农工商部制定和颁布《农会简明章程》。1912 年,中华民国政府公布了《农会暂行章程》,要求各县成立农会,“以图农事之改良发达”。清末民初的中国农会是一种社会经济自助组织(类似的有“商会”等),其主旨是推进农业的发展。国共合作的大革命时期,农村反对封建军阀和地主豪绅的农民运动开展得轰轰烈烈。1924 年,国民党中央执行委员会公布《农民协会章程》,要求解散旧农会,建立新的农民协会,旧式农会的活动基本上终止。革命势力发展的地方,农民协会普遍建立。新式的“农民协会”亦简称“农会”。在反封建斗争中,农会是团结和组织广大农民的革命团体;在推翻了封建政权后,农会是农村的最高权力机关,具有代表会议的性质(当时的口号是“一些权利归农会”);在未建立乡村自治政权的地方,农会又具有临时政权性质。

> 据一九二五年十月国民党中央党部农民部之报告,张家口已成立**农民协会**,会员约六百人。又据该区一、二月份农民部报告,截止二月份止,张家口近郊,有区**农民协会**会员一百五十人;万全县有区**农民协会**会员一百人;张北县有村**农民协会**会员五十人。(《热河、察哈尔、绥远三特别区的农民协会的农民运动》,《第一次国内革命战争时期的农民运动资料》)

> 中国的军阀只是这些乡村封建阶级的首领,说要打倒军阀而不要打倒乡村的封建阶级,岂非不知道轻重本末?明显的例摆在广东:哪一个土豪劣绅、贪官污吏比较敛迹的县份,必定是农民运动已经做起来有了大的农民群众加入了**农民协会**的县份。……陈炯明的故乡,历来土豪劣绅、贪官污吏猬集的海丰县,自从有了五万户二十五万人之县**农民协会**,便比广东任何县都要清明——县知事不敢为恶,征收官吏不敢额外括钱,全县没有土匪,土豪劣绅鱼肉人民的事几乎绝迹。(毛泽东《国民革命与农民运动——〈农民问题丛刊〉序》[1926 年 9 月 1 日],《毛泽东文集》

第一卷）

农民在乡村中打击封建地主的时候，**农民协会**应成为乡村中唯一的权力机关，完全指挥这斗争。……**农民协会**，是创造农民政权的机关。他们要求国政府省政府赞助农民争政权之争斗，这个斗争的过程中**农民协会**的政治地位应当尽量的提高。……农协会在自治政府未成立之前他是乡村中的第二政权，亦就是乡村中革命分子的团结。乡村政府建立之过程中他居于领导地位。乡村自治政府既成立之后他是政府的中坚。事实上等于指导政府的组织。共产党国民党之党团经过**农民协会**而指导乡村政府——**农民协会**便成了更扩大的国民党，他在中国之政治的民权化的过程中占着非常之重要的地位。（《中央通告农字第八号——农运策略的说明[中国共产党第五次全国代表大会(1927年4月27日—5月9日)]》，《中共中央文件选集》第三册）

及革命军第二次东征，农民复起，恢复**农会**，并竭力扩大其组织。此时地主土豪劣绅知不可抗，乃整天制造谣言，来恐吓农民不要加入**农会**。（《普宁农民反抗地主始末记》，《第一次国内革命战争时期的农民运动资料》）

"我出十块钱，请你们准我进**农民协会**。"小劣绅说。"嘻！谁要你的臭钱！"农民这样回答。好些中小地主、富农乃至中农，从前反对**农会**的，此刻求入**农会**不可得。（毛泽东《湖南农民运动考察报告》[1927年3月]，《毛泽东选集》第一卷）

三、"土豪劣绅""贪官污吏""农贼"等称谓与农运中的斗争对象

在农民运动中，首先要打击的对象是土豪劣绅和贪官污吏。

贪官污吏、**土豪劣绅**是封建社会的产物，也是军阀政治的基础。国民革命势力在湖南表面上虽已把军阀政治打倒了，然其社会基础之贪官污吏、土豪劣绅还有许多存在，不过，因民众势力之兴起，这个基础业已开始动摇了。在此动摇期中，**土豪劣绅**、**贪官污吏**为要保持他们最后在政治上社会上之地位，更出死力互相勾结，用种种挑拨离间、倾陷压迫手段，甚或混入国民党及农民协会，图谋消灭革命势力，恢复军阀的统治。反动现象显而易见。故国民解放运动，与此种反动势力是绝对不能并存的。必将**贪官污吏**、**土豪劣绅**根本铲除，然后国民革命胜利才有保障，帝国主义、军阀的基础才算根本消灭。这才是目前最迫切的工作。（《湖南省第一次农民代表大会决议案》[1926年12月]，《第一次国内革命战争时期的农民运动资料》）

"土豪"，一般指地方上有钱有势的地主、豪强，为地主中的强者，同时也是地主中的恶者，为不法地主的代表势力；"劣绅"，指行为恶劣的士绅，与行为端正的"正绅"相对而

言。这两个称谓皆古已有之,这一时期,土豪劣绅成了农民运动中要斗争的主要对象,出现频率相当高,并且“土豪劣绅”多连用。

> 四、**土豪**。此为封建制度之余孽,其在乡村间,自为刀俎,而以人民为鱼肉,其为厉于人民,甚于盗贼。(《中国国民党第二次全国代表大会宣言》,彭明主编《中国现代史资料选辑》第二册)

> 以**正绅**代替**劣绅**为团总,使民团的权利第一步移到开明的小资产阶级手上,而不为农民运动之障碍。(《农民运动决议案》[1926年7月],《中共中央文件选集》第二册)

> 我们现在第一步向**土豪劣绅**进攻,以解除生活之压迫和束缚,但**土豪劣绅**用极严厉手段相压迫,我们亦当以极严厉手段反抗。我们如何将**土豪劣绅**根本打倒,在此大会中,望各代表特别注意讨论之。(陈荫林《在湖北省农民协会第一次代表大会上的会务报告》,《第一次国内革命战争时期的农民运动资料》)

对待土豪劣绅,农民的态度是憎恨之极,给他们起了许多别称。且看下面例子:

> 地主**土豪劣绅**把持之这些机关,和杀人的工具,于是做出武断乡曲,侵压良懦,侵吞公款,勒派捐税,刑杀无辜,包揽诉讼,种种暗无天日的行为,农民痛恨这些机关,叫他们作“土衙门”、“铁门槛”,叫这些机关里的大人老爷们做“老虎”、“金刚”、“太保”、“皇帝”。(《湖北省农民协会第一次全省代表大会议决案》,《第一次国内革命战争时期的农民运动资料》)

土豪劣绅主要是在乡村压榨欺压农民,而贪官污吏在农民运动中则主要是指基层政权中欺压、鱼肉农民的官员了。

> **贪官污吏**是农民生来的死对头,他压迫农民无所不用其极。说话说得好,衙门八字开,有理无钱莫进来。农民是无钱的,所以有好多事情,就是有理的也变成无理的了。(方志敏《在江西省第一次全省农民代表大会上方志敏的会务总报告》,[1927年2月],《第一次国内革命战争时期的农民运动资料》)

> 湖南农民革命的目前的对象仅为土豪劣绅,因主观的力量还不能与整个的封建势力作战,因此**贪官污吏**在湖南有些地方竟可以存在,他们队伍中间也没有打倒几个。(《湖南农民运动真实情形》,《第一次国内革命战争时期的农民运动资料》)

在当时的农民运动中,贪官污吏、土豪劣绅由于其性质,对农民的态度基本一致,所以二者常常连用,作为农民运动斗争的对象。

> 在这严重的最后决斗中,大会更深切的认识,**贪官污吏土豪劣绅**是我们农民当前的生死敌人。农民痛苦的解除,必首先与**贪官污吏土豪劣绅**决一死战,拼个你死我活。(《湖北省农民协会第一次全省代表大会为阳新惨案宣言》,《第一次国内革

命战争时期的农民运动资料》)

当时农村社会阶层复杂,在农民运动中,难免会出现一些农民中的败类,从中破坏农民运动的开展,这类人当时被称为"农贼"。

土豪邓寅宾,私印愿书,组织乡农民协会,以图破坏农运;北乡土豪李某,收买**农贼**,擅改乡农民协会为区农民协会,并擅刻钤记,更私发大批乡农民协会筹备员委任状。(《湖南省第一次农民代表大会决议案》,《第一次国内革命战争时期的农民运动资料》)

我们的口号是:全中国的农友们联合起来!拥护革命政府!铲除贪官污吏!打到土豪劣绅!肃清**农贼**!整理财政,剔除中饱!……(《湖南省第一次农民代表大会宣言》[1926 年 12 月],《中共中央文件选集》第二册)

四、"农民自卫军""挨户团"等称谓与农民武装斗争

在农民运动中,为了更加有力地斗争地主反动武装、土匪等恶势力,国共两党组织农民协会,并组织了一些农民武装,进行反抗土豪劣绅、反动军阀,支持国民革命的斗争。其中,农民自卫军、挨户团等比较有代表性。

"农民自卫军",顾名思义,是农民为了保护自己利益而组织起来的一种武装。

应由政府命令取消民团,由农会依据章程组织**农民自卫军**,一已实行政府武装农民之意志,一已实际维持农村治安。农民协会是农民阶级自身组织的职业团体,自应有其本身武装自卫,为我们农民唯一之保障。(《广东省第一次农民代表大会的重要决议案》[1925 年 5 月],《第一次国内革命战争时期的农民运动资料》)

为巩固农民协会,保护农民利益,防御反动派破坏起见,大会认为广东农民协会所制定**农民自卫军**组织大纲,始于实用本省农民协会采用之,特此决议。(《江西省第一次全省农民代表大会的议决案》[1927 年 2 月],《第一次国内革命战争时期的农民运动资料》)

"挨户团"亦为一种农民协会组织的武装。有的挨户团,从不法地主土豪劣绅支配的县团防局或保卫团改造而来。其成员为"团丁",由农民组成。

为实现真正人民之自卫组织起见,所有团防局或保卫团应一律取消,另外成立**挨户团**。……**挨户团**之团丁,每家或数家出一人,团丁总数视地方的需要而定。……**挨户团**依地方的需要得设常备团丁,但不得多设冗员,致糜费用。(《湖南省第一次农民代表大会决议案》,《第一次国内革命战争时期的农民运动资料》)

为什么叫作"挨户团"呢,其命名有什么理据?"挨户"意为每一户。"挨户团"之意就是形容每家每户都要出丁参加的意思。这是从挨户团的人员组成上来说的。从武器

方面说，从反动地主手里拿来的挨户团武装，一般具有较好枪支装备，故编为“挨户团常备队”；另外农民再组织以梭镖为武器的武装，叫作“挨户团非常备队”，又称“梭镖队”。梭镖是一种接以长柄的单尖两刃刀，将这种持有梭镖的农民组织起来，便成为梭镖队。

> 这样由反动的地主手里拿过来的武装，将一律改为“**挨户团常备队**”，放在新的乡村自治机关——农民政权的乡村自治机关管理之下。这种旧武装拿过来，是建设农民武装的一方面。建设农民武装另有一个新的方面，即农会的**梭镖队**。梭镖——一种接以长柄的单尖两刃刀，单湘乡一县有十万枝。其它各县，如湘潭、衡山、醴陵、长沙等，七八万枝、五六万枝、三四万枝不等。凡有农民运动各县，**梭镖队**便迅速地发展。这种有梭镖的农民，将成为“**挨户团非常备队**”。这个广大的梭镖势力，大于前述旧武装势力，是使一切土豪劣绅看了打颤的一种新起的武装力量。（毛泽东《湖南农民运动考察报告》[1927 年 3 月]，《毛泽东选集》第一卷）

挨户团、梭镖队为地方上的农民武装，这种地方武装还有很多，其中的一些还沿袭了以前旧式组织的称谓，如红枪会等，例不赘述。1927 年大革命失败后，许多地方的挨户团被地主夺取了领导权，变成了反革命的武装组织。此系后话。

第四节 “西山会议派”等称谓与国民党右派破坏国共合作

一、“国民党右派”称谓的产生及其划分依据

在国共合作过程中，对待中国共产党立场的不同也使得国民党内部出现了不同的派别。在两党合作中，始终存在着一小撮敌视共产党员、视共产党为洪水猛兽的国民党人。这些人被共产党称为“右派”，作为共产党实施各种活动和政策所要区别对待的国民党人中的一类反动分子。细致划分，还可区别出“老右派”和“新右派”“西山会议分子”“孙文主义学会派（分子）”等一系列相关称谓。这些称谓反映了第一次国共合作期间两党团结中有斗争的微妙关系。

右派的划分依据主要是看其对待国民革命及两党合作的态度。若顽固反对，则为右派。当然，成为右派的首要前提是必须为中国国民党党员。且看下面例子：

> 我们应该认识：（一）**右派**是反对农民利益欺骗农民的国民党党员；（二）左派是为农民谋利益的国民党党员；（三）我们要求解放须拥护革命的左派，去消灭不革命的**右派**。（樱虎《反右运动与吾人》，《第一次国内革命战争时期的农民运动资料》）

> 原来这又是**国民党右派**所干的勾当，主笔民国日报和主持上海执行部党务的，

是上海国民党右派首领楚伧，怂恿资本家压迫工人的是国民党右派分子邝公耀与李援。国民党右派真是执行党纲保护工农利益！（《南洋烟草罢工与国民党右派》，《中国工运史料（三）》）

有些人说：国民党现在又分离出去一个右派，这是党里左派分子的操切，这是中国国民党与中国国民革命的不幸。这个意见是不对的。……在这种情形之下，我们可以毫不犹疑地断定：代表中产阶级的国民党右派之分裂，并不足以妨碍国民党的发展，并不足以阻挠中国的国民革命。（毛泽东《国民党右派分离的原因及其对于革命前途的影响》[1925 年冬]，《毛泽东文集》第一卷）

二、"右派"的分类及一些重要派别

针对不同阶段的表现不同，"右派"又可以分为好多种。若按产生时间及其历史渊源来看，右派可以分为"老右派"和"新右派"。"老右派"是指国民党第一次大会改组时，当时的右派冯自由、马素等，代表地主、买办、军阀等势力的利益，反对共产党人加入，反对国民党改组，后来退出国民党的一类人。

在辛亥年参加革命的人，现在只剩下了少数革命意志强固的还主张革命，大多数都因为畏惧现在的革命把革命事业放弃了，或者跑向反革命队伍里同着现在的国民党作对。因此，老右派新右派依着革命的发展和国民党的进步，如笋脱壳，纷纷分裂。（毛泽东《国民党右派分离的原因及其对于革命前途的影响》[1925 年冬]，《毛泽东文集》第一卷）

此右派与左派均尚在形成的过程中，若资产阶级加入 K. M. T.，则右派将更强壮起来。惟现时他的力量，并不及老右派大，反恃蒋的武力强握党权与政权。（陈独秀《C 同志关于 K. M. T. 问题报告》[1926 年 11 月 4 日]，《中共中央文件选集》第二册）

与"老右派"相对，"新右派"产生于"老右派"退出国民党之后，"新"和"老"是从时间顺序上来说的。然其深层之不同则是两派的阶级基础不同，这也是因为中共在使用这两个词时所采用的依据。

左派代表小资产阶级，现时的右派代表资产阶级，已出去的右派代表买办、地主、军阀，大致我们可以这样说，并非我们附会。（陈独秀《C 同志关于 K. M. T. 问题报告》[1926 年 11 月 4 日]，《中共中央文件选集》第二册）

在这里的"已出去的右派"即"老右派"（与"现时的右派"相对），因为不符合形势发展的趋势，势必被国民革命淘汰出局。"新右派"产生于与"老右派"相对应的左派，主要代表人物为戴季陶、蒋介石等。

> 国民党左派两年来在广东的工作……又激动了一班**新右派**，他们已在北京开会，图谋脱离左派领袖的国民党，另外组织右派的国民党。（毛泽东《国民党右派分离的原因及其对于革命前途的影响》（1925 年冬），《毛泽东文集》第一卷）

> 自三月二十日事变以来，因由左派分出戴、蒋形成**新右派**，汪又走了，其余左派领袖都表现十分动摇。（陈独秀《C 同志关于 K. M. T. 问题报告》[1926 年 11 月 4 日]，《中共中央文件选集》第二册）

这些人都支持国民革命，但又对身边的中共非常警惕，不断对中共进行打击和排斥，害怕中共的力量壮大影响他们的地位，争夺对革命的领导权。

可以看出，“从兴中会到现在的国民党，他们的进化是有时间性的，所谓左右乃比较之词，并没有固定的界说”[①]。

国民党的右派之中，又有几个较为著名的小团体。他们较一般的右派有着更为明确的宗旨，也更为团结，属于右派中的顽固势力。如“老民党”“孙文主义学会右派分子”“西山会议分子”等，现一一说明。

“老民党”，系与改组后的国民党相对而言，指坚持国民党改组以前的政策，反对国共合作的一小撮顽固分子。“孙文主义学会右派分子”，又称“孙文主义学会派”。这些人也被统称为“右派分子”。

> 四、右派分子之活动：湘省右派因为唐少关系，蒋之态度已变，因此**老民党**与**孙文主义学会派**，尚不能充分公开活动。但暗中活动则有之，现在益阳、岳阳等处，已发现右派之组织，发现者则请官厅取消，通缉其职员，现正从事调查，设法对付。现林支宇、周震麟等回湘，**老民党**必有一番作用。已注意。（《湖南（十月份）民校运动报告》[1926 年 11 月]，《中共中央文件选集》第二册）

> 比如蒋现时表面上虽已极力亲近 C. P.，对民众宣言演说非常革命，但并没有听着他远离**孙文主义学会右派分子**，排除部下贪官污吏的浙江人（蒋部下的贪官远在一般腐败官僚之上）。（《中央局报告（十、十一月份）》[1926 年 12 月 5 日]，《中共中央文件选集》第二册）

“孙文主义学会右派分子”这个称谓来源于孙文主义学会。1925 年 12 月 12 日，聚集在北京的国民党右派邹鲁、林森等人为破坏国共合作，分裂国民党，在北京大学三院成立了北京孙文主义学会。该会成立以后，打着孙中山的旗号，反对孙中山提出的“联俄、联共、扶助农工”三大政策，反对共产党及其领导的革命运动。“孙文主义学会右派

---

① 《关于国民党左派问题议决案》，中央档案馆编：《中共中央文件选集》第二册，中共中央党校出版社 1980 年版，第 573 页。

分子”可以归入前述“老右派”之中，又简称“孙会分子”。

> 但他虽如此做，仍然没有决心排除其部下的孙会分子，因为我们没有得着这样的报告。至于在军事上，他是很倒霉的。（《湘区书记报告——江西战事、湘鄂政治情况与党的政策》[1926 年 10 月 22 日]，《中共中央文件选集》第二册）

“西山会议派”亦是“老右派”之重要力量，又称“西山会议分子”。前者是个团体称谓，后者侧重于指个体。

> 现在左派的结合已经有了几种组织，一种是甘乃光等在十月联席会议后结合的，加入的多半是出席联席会议的各省代表，散会后回到各地担任通信员，他们有了联共联俄，反对西山会议派，拥护孙中山、廖仲恺的工农政策，拥护汪精卫为领袖，这四条政纲，而尚没有组织的名称和章程。（《关于国民党左派问题议决案[中央特别会议文件 1926 年 12 月]》，《中共中央文件选集》第二册）

> 从此以后右派得势了，他就自称是西山会议派；西山会议派失势了，他就否认是西山会议派。（翊勋《蒋党内幕·“无齿之徒”吴稚晖》）

> 其重要的决定是：迎汪复职；开除西山会议分子石瑛、覃振、傅汝霖、沈定一、茅祖权、林森、张继、张知本八人；又开除了在北京做官的王宠惠和在广东反动的沈鸿慈二人；通过了一个目前行动的政纲，这个政纲较前两次大会所标揭者更为具体、切实而左倾。（《中央局报告（十、十一月份）》[1926 年 12 月 5 日]，《中共中央文件选集》第二册）

> 近来农民运动之发展，反动势力亦随之勃起。反动势力之成分为西山会议分子，赵、叶余孽，贪官污吏、土豪劣绅及坏的团防局。此等分子到处与农民为敌，前并利用江西前线失利之消息，造谣煽惑更加猖獗。（《湖南农民运动新趋势及我们对左派政策》[1926 年 11 月 15 日]，《中共中央文件选集》第二册）

“西山会议派”得名于“西山会议”。国民党改组前，人数众多，成员复杂，其中如邹鲁、谢持、冯自由等人是国民党内的老右派，这些人一开始就反对孙中山改组国民党，在国民党一大召开时，就阴谋破坏国共合作。国民党一大后，他们竭力反对孙中山的联俄联共政策。孙中山逝世后，他们认为时机已到，便纷纷聚集起来，从事各种反共活动，企图夺取国民党中央的领导权。1925 年 11 月 23 日，他们在北京西山碧云寺孙中山灵前，召开了所谓国民党一届四中全会。这个会议因为在西山举行，所以称为西山会议。这个右派集团便被称为西山会议派。

1926 年，在中国共产党和国民党左派的支持下，国民党第二次全国代表大会通过了弹劾西山会议派的决定，处分了邹鲁、谢持等人。但大会没能彻底制裁和打击右派，因此国民党右派还在国民党内占据着重要地位。1927 年分共后，西山会议派与蒋介石集团合流。

第五节 国民党进步势力与中国共产党成立初期的相关称谓

一、国民党左派相关称谓

既然国民党内有右派，那就会有左派。国民党内的左派主要是指拥护孙中山先生的三大政策，愿意联合共产党进行国民革命的相关人员。

对这类人员的称谓，主要有“左派”“国民党左派”“左派分子”等。

> 三、使蒋成一个**左派**，执行**左派**政策……所谓恢复**左派**的指导权，并不是纯用**左派**的人，是有**左派**的政纲，指导权在**左派**手中，可以容许中排甚至右派参加工作。(2)所谓**左派**，不是单看人的问题，是要有一对工农政策实施的左派政纲。(《中央致粤区的信——制定左派政纲，促成汪、蒋合作》[1926 年 9 月 17 日]，《中共中央文件选集》第二册)

> 因为**左派**的发展是要以 C. P. 为核心的，离开了 C. P.，绝不会形成一个有力的**国民党左派**。(钟英《中央通告第七十六号——国民党第二次全国代表大会后我们应做的工作》[1926 年 2 月 12 日]，《中共中央文件选集》第二册)

> 这个大会，应努力多找**左派分子**参加，并应选出一些**左派分子**在党部负责工作。(钟英《中央通告第七十六号——国民党第二次全国代表大会后我们应做的工作》[1926 年 2 月 12 日]，《中共中央文件选集》第二册)

同时亦有“左倾分子”的称谓，来指称那些立场行动倾向于左派的人员，他们可转化为左派分子。

> 在群众方面，则**左倾分子**日渐增多，蒋介石视为他的基本势力之黄埔军校中，自 C. P. 分子退出 K. M. T. 后，迫起一般左倾的分子，要起来负责任，直接与右派斗争。……黄埔特区党部则提出中央党部控告，并禁止同学购阅向报，**左倾分子**不赞成，竟致用武。(《中央局报告(九月份)》[1926 年 12 月 5 日]，《中共中央文件选集》第二册)

在当时，又有“准左派”的名目。此“准左派”相对于“真正的左派”而言，是说他们未达到左派的标准。其实这是共产党内部对国民党政策“左”倾的表现，认为国民党内没有真正的左派。这不利于结成革命统一战线进行革命，也不符合当时的事实。

> 十月民中联席会议党团的意见，似乎是立在中央和粤区同志的中间，他们否认现在的国民党有真正的左派，和粤区同志意见一样；可是同时他们却承认有所谓

“准左派”，他们说：“过于忽视眼前上层的左派作用，于实际工作上有许多难行之处。”“这种准左派的软弱摇动不一致，是不必过分悲观的，在没有群众的时候，在上层自然只能有这种左派，而他们刚一组织的时候，更只能有这样的东西；但这种准左派对于国民革命是相当有作用的。……”(《关于国民党左派问题决议案[中央特别会议文件 1926 年 12 月]》，《中共中央文件选集》第二册)

当时国民党左派的领导者，称“左派领袖”。“左派领袖”并非指一个人，而是指左派的上层领导人，亦称“左派领袖分子”“左派首领”，其中，核心领导人被称为“左派中心领袖”。

左派领袖们在此次大会中已企图由思想的倾向渐渐形成一种形式的组织，并特别规定了他们的政纲四条，在此四条政纲之下，团结各省左倾分子，以备第三次全国大会和中派、右派竞争。……左派现时还在形成的过程中，一般左派领袖分子均常常发生自己没有理论、没有群众、没有力量的恐惧，所以行动起来特别表现摇摆倾向，在与我们的合作中自然要发生些障碍，就是一面感觉非合作不可，一面又怀疑自己，恐惧我们。……我们更为左派找到了一个切实具体的政纲，作左派团结行动的标准，运动汪精卫回来使左派有中心领袖，希望在这些努力中造成左派的力量。(《中央局报告(十、十一月份)》[1926 年 12 月 5 日]，《中共中央文件选集》第二册)

很坚决的认定巩固和发展国民党左派，是我们的责任。我们应提出左派首领，使左派获得革命化的城市小资产阶级，知识分子和农民，应使左派由我们的援助获得在政府和党的领导地位。(《政治问题议决案[中央特别会议文件 1926 年 12 月]》，《中共中央文件选集》第二册)

二、中国共产党成立初期的相关称谓

中国共产党以共产主义作为自己的最高信仰，所以党员被称为“共产分子”，也称“共产派”。因为共产党英文简称为“C. P.”，所以又称共产党员为“C. P. 分子”，或者“C 派”。

第二届国民代表大会则操纵选举，以期胜利，尽为共产派分子所操纵。(《西山会议派的政治主张》，彭明主编《中国现代史资料选辑》第二册)

现见中央党部业已成立，态度渐已明瞭，不久必肃清共产分子运动发生，则广东方面之问题，不久亦可有根本解决之希望也。(《西山会议派的政治主张》，彭明主编《中国现代史资料选辑》第二册)

刚才丁同志在北京党务报告中有关于共产派的问题，本席对于这个问题，有些意见，向各位同志一说。(《张国焘在国民党“二大”上关于共产党问题的发言》，彭明主编《中国现代史资料选辑》第二册)

K.M.T.的目标是怎样的呢？其左派已走上了民族革命的道路。在第一次大会改组时，分开左右两派，当时之右派冯自由、马素等，代表地主、买办、军阀，反对**共产分子**加入，反对K.M.T.改组，现时这部份右派已出了K.M.T.。……在湖南方面，最近全省代表大会，**C.P.分子**占百分之四十余，左倾者百分之十余。……但开会一星期后，议论纷纭，无一点成绩，**C.P.分子**不得不出而〔面〕包办，其结果，议决案及选举均依照我们的意见通过。（陈独秀《C同志关于K.M.T.问题的报告》[1926年12月4日]，《中共中央文件选集》第二册）

对右派不断的暴[露]其妥协及卖国卖民的罪恶，这是使右派失去社会地位、隔离中派与右派结合的方法；这种攻击是与左派共同动作，才能免去使此斗争成为**C.P.派**与非**C.P.派**[斗]争之嫌。（《中央局报告（九月份）》[1926年12月5日]，《中共中央文件选集》第二册）

蒋介石、张静江所领导的中派即新右派鉴于左派之发展，尤其鉴于此次在联席会议所受打击……向各省发展已派的势力，打击左派的势力，并利用党员重新登记的机会吸收西山会议派的群众以为已助，以备在第三次全国大会上和左派与**C派**之联合竞争。（《中央局报告（十、十一月份）》[1926年12月5日]，《中共中央文件选集》第二册）

当时共产党员也被称为“共产党”，作为个体称谓来使用。

曰：我与彼素无仇怨，但闻彼乃**共产党**，我必杀之。（刘以芬《民国政史拾遗·林白水死于肾囊》）

观廖先生一段话，可知廖先生绝非**共产党**，只扶植农工以救中国危亡。（何香凝《在国民党和国民政府追悼廖仲恺陈秋霖大会上的演说》，彭明主编《中国现代史资料选辑》第二册）

三、“中派”相关称谓

当时国民党中除了有所谓的“左派”、“右派”之外，还存在着一支重要的力量——“中派”。“中派”指立场介于左派和右派之间的国民党员，有张静江、戴季陶、蒋介石等人，后来随着统一战线的分化，中派就变成了新右派。“中派”作为集体称谓使用，指称个体时，则用“中派分子”。

我们对于国民党的态度应该与对全国各种社会势力之政策是一致的，就是我们要联合左派并**中派**向反动的右派进攻；我们只能扶助左派而不能代替左派；只能联合左派控制**中派**使之左倾，而不能希图消灭**中派**，犹之在社会势力中我们现在还不能敌视资产阶级，有时还需要扶助**中派**。（《中央政治报告[中国共产党中央扩大

执行委员会会议文件(1926年7月)]》,《中共中央文件选集》第二册)

不仅在工人中、农人中、商人中、学生中如此,甚至黄埔军校内部,百分之九十几变成左派而反对黄埔同学会的负责人(**中派分子**),要求汪精卫回来,这是群众不满意于广东政治上、军事上之腐化的自然趋势。(《中央局报告(十、十一月份)》[1926年12月5日],《中共中央文件选集》第二册)

蒋之**中派分子**,系以浙江人及黄埔系组成,现时党中、军中、政府机关以至广东大学握重权者,多此两系分子,大遭各派各军之忌。(《中央局报告(九月份)》[1926年9月20日],《中共中央文件选集》第二册)

第四编　十年内战时期社会称谓研究

编　前　言

“十年内战时期”是指 1927 年到 1937 年这段历史，又称“第二次国内革命战争时期”或“土地革命时期”。这也是中国现代史上一个急剧变化和动荡的十年，是中国社会在北伐胜利后短暂的相对统一局面下出现的新的政治军事乱局，但却也是历史前进中的必然。十年期间，国共两党两军都有自己的一些特色性称谓。中国共产党围绕农民和土地问题展开广泛的土地革命，建立了自己的军队和苏维埃政权，“红军”和“苏维埃”等几个大系列的新概念名词，成为这时期的代表性称谓。国共两党在这一时期进行了大规模的政治和军事较量。国民党方面进行所谓“剿匪”，一批相关称谓出现；对共产党和红军蔑称为“匪”，又形成一批“匪”类称谓。在国民党的围剿下，共产主义运动濒于毁灭，红军被迫开始了前途未卜的长征。在长征中，红军根据进军需要，又形成一些特殊的编制性称谓。1931 年 9 月 18 日，日本帝国主义的入侵使整个中华民族陷入危难之中，从此国共两党共同面对中华民族历史上最严重的危机。日本对满蒙的侵略和中国人民的反抗斗争，都伴随着一批相关社会称谓出现。总之，复杂的政治和社会形势，总会导致新的社会称谓大量涌现，围绕不断发生的重大历史事件，称谓系统进行了重大调整，一大批新的社会称谓在社会生活中迅速占据了重要位置。丰富的语言现象及其所具有的时代特征具有十分重要的研究价值，通过新的称谓词可以感受到社会新生事物的活力和坚韧，也可以感受到腐朽势力的残酷与挣扎。这一时期历经十年，新生概念很多，尤其是中国共产党政治和军事方面的逐步壮大带来了丰富的语言资源。本部分以此为主要线索对称谓词进行了整理和分类，对满蒙地区抗日斗争产生的称谓词列专节描述。

第一章　中国共产党军队建设与群众武装系列称谓

本章涉及的主要称谓如下：

节	序	称谓
第一节	一	国民革命军第二方面军
	二	工农革命军、工农军、工农革命军第一军第一师、工农革命军第四军、红军、中国工农红军
	三	三人团、最高“三人团”、“中央队”三人集团、中央队三人团、核心小组、三人核心、新"三人团"、三人军事指挥小组、三人军事小组
	四	纵队、第一纵队、军委纵队、第二纵队、中央纵队、右纵队、中央纵队、左纵队、方面军、军团、红一军团、红二军团、红六军团、红一方面军、红二方面军、红四方面军、中央红军、中国工农红军陕甘支队、陕甘支队、红军陕甘支队、朱毛、朱毛红军、朱毛军、中国工农红军北上抗日先遣队、中央红军长征先遣队、中国工农红军北上抗日第二先遣队、中央红军先遣队、东方军、西方军、中央军、南方军、野战军、西征军、中央西征军、左路军、右路军、中国人民红军抗日先锋军、抗日先锋军、中路军、中国人民红军、西方野战军、西征军、西路军
	五	赤军、平产军、黑杀党、老共、共党、共产、共军、匪、土匪、匪徒、匪军、赤匪、红匪、共匪、匪共、霉老二、棒老二、霉老三
第二节	一	士兵委员会、士委会、士委、士兵会、兵委、士兵委员、士委执委、士执委
	二	党代表、政治委员、政委、政治教导员、政治指导员
	三	连支部、营委、团委、军委、支委、纵委、前委、总前委
	四	书记、党代表、政治委员
	五	政治部主任、政治战士、十人团
第三节	一	三K党
	二	工农暴动队、暴动队、赤卫队、赤卫大队、赤卫总队、赤卫团、赤卫军
	三	少年先锋队、少队、模范少先队、共产儿童团、儿童团
	四	赤少队、模范营、模范赤少队、红军预备队、区特务营、独立团(营)
	五	红色先锋队、赤色先锋队、劳动童子团、童子团

第一节　共产党正规部队军事系列称谓及其演变

1927年是个不寻常的年份，蒋介石和汪精卫先后发动“四一二”反革命政变和“七一五”反革命政变，他们分别在上海和武汉残酷屠杀共产党人和革命群众，使1924年开始的国共合作和反帝反封建的大革命遭到失败。为了拯救革命，武装反抗大屠杀，中共中央停止了陈独秀右倾投降主义的领导，决定依靠自己掌握和影响的国民革命军部队举行南昌起义，实行土地革命，恢复革命根据地，然后进行新的北伐。

从1927年8月1日起，中国共产党领导的军队逐渐发展为“中国人民解放军”，并以其坚强的意志、非凡的战斗力和完全的人民性成为中华民族的骄傲。这个光荣的称谓同她的辉煌历史一样有一个发展演变的过程。

一、南昌起义与“国民革命军第二方面军”番号的沿用

南昌起义打响了中国共产党武装反对国民党反动派的第一枪。起义目的是反击国民党反动派的大屠杀，是为了继续推翻北洋军阀，所以起义部队继续沿用“国民革命军第二方面军”番号，“国民革命军第二方面军”这个称谓也同南昌起义一起载入史册。

> 当天上午，在南昌举行了国民党中央委员、各省区特别市和海外各党部代表联席会议，通过了《中央委员宣言》，成立了中国国民党革命委员会，同时对起义部队进行了整编，仍沿用**国民革命军第二方面军**番号，以贺龙兼代总指挥。（《中国大百科全书·中国历史卷》）
>
> 南昌起义部队和参军的工农群众，部分俘虏兵，在参谋团的直接领导下进行了整编，部队仍沿用**国民革命军第二方面军**的番号。前敌委员会决定：贺龙同志为总指挥，叶挺同志为前敌总指挥，刘伯承同志为参谋长，郭沫若同志为政治部主任。下辖三个军：第二十军，军长贺龙（兼），党代表廖乾吾。第十一军，军长叶挺（兼），党代表聂荣臻。第九军，副军长朱德。部队共十八个团又四个营，总兵力三万余人。（《八一南昌起义》，《人民日报》1977年7月27日）

南昌起义是中国共产党独立领导武装斗争和创建革命军队的开始，保存下来的起义部队成为了工农红军的骨干之一。

二、从“中国工农革命军”到“中国工农红军”

（一）“工农革命军”称谓的由来及“工农军”等称谓的使用

1927年的“八七”会议确定了实行土地革命和武装起义的方针，拟订了一系列决议。《中国共产党的政治任务与策略的决议案》（1927年8月21日中央常委会通过）号召举行工农暴动，“创造新的革命军队”，“建立工农的革命军”。《两湖暴动计划决议案》（1927年8月29日中央常委会通过）进一步规定：暴动所用名义，城市用“工人革命军”，农村用“农民革命军”，简称“工军”和“农军”，合称“工农革命军”，或曰“工农军”。这就是“工农革命军”称谓的由来。各地共产党组织根据中央指示，大都将“工人纠察队”“工农自卫军”等工农群众武装合组为统一的“工农革命军”，例如毛泽东领导秋收起

义成功，正式成立的部队就叫“工农革命军”。

“工农革命军”称谓较之“国民革命军”，不再冠以“国民”，而代之以“工农”，表明共产党将开始独立领导中国革命，而共产党的革命是“工农”闹翻身的革命。

在指定暴动的区域，未发难之先即应正式成立若干农军，暴动成功之后，须无限制的扩充数量，施以真正的军事政治训练，所有工农自卫军可改为**工农革命军**。（《中央复湖南省委函——对暴动计划、政权形式及土地问题的答复[“八七”中央紧急会议（1927 年 8 月 7 日）]》，《中共中央文件选集》第三册）

1927 年具有历史意义的秋收起义，是根据党的“八七”会议决定发动的，是中国革命史上的一个转折点。毛主席在“八七”会议上提出了“枪杆子里面出政权”的著名论断。会后，毛主席亲自组织和领导了湘赣边界的秋收起义。秋收起义在中国第一次打出了“**工农革命军**”的鲜艳红旗，是我党独立地创建革命军队的一个重要标志。（《秋收起义》，《人民日报》1977 年 7 月 28 日）

也有的暴动或起义后的军队叫作“工农军”，取“工”“农”是主要组成力量之意。这个称谓也见于中央《两湖暴动计划决议案》。

省委已去信指导，借此**工农军**势力，积极做民众运动，没收土地交给农民，实行土地革命政策。（彭公达《关于湖南秋收暴动经过的报告》[1927 年 10 月 8 日]，《中共党史教学参考资料》）

9 月下旬的一天黄昏，出发的命令下达了。聚集在江边的部队是七十三团、七十四团、七十五团，还有第九军军长朱德同志的两个连，和彭湃同志率领的一部分**工农军**，两条小火轮来回运输，过半夜，我们才渡到对岸，驻在一家竹木结构的楼房里。（王志之《南昌起义散记》，《人民日报》1981 年 7 月 29 日）

当时各地还有其他一些叫法，如 1927 年 10 月河南确山农民起义武装称为“农民革命军”，1928 年 1 月方志敏等领导的弋横农民起义称“土地革命军”等，这也是“工农革命军”称号一时没有推广开来的缘故。

（二）“中国工农革命军第一军第一师”与井冈山根据地的开创

1927 年 9 月 9 日，毛泽东领导的湘赣边界秋收起义爆发。在此之前毛泽东遵照中央指示，将各武装合编成为中国工农革命军的第一支队伍——“工农革命军第一军第一师”。

毛委员接着为我们阐述了当前形势和党的任务，号召我们举行秋收起义。……部队正式改编为**中国工农革命军第一军第一师**，下辖四个团。（陈伯钧《毛主席率领我们上井冈山》，《红旗飘飘》第 14 集）

这是秋收起义的军事骨干力量。为了统一这些力量，决定把这几支武装合编为**工农革命军第一军第一师**，下辖三个团。（郑之文《伟大的进军 革命的创

举——缅怀毛主席领导秋收起义的光辉实践》,《湖南日报》1977年9月18日)

秋收起义后,部队按计划进攻长沙受挫。毛泽东决定向敌人力量薄弱的罗霄山脉中段进军。9月底,部队到达江西永新,进行了著名的“三湾改编”,确立了“党代表”和“支部设在连上”的制度。10月初召开著名的古城会议,讨论了建立井冈山革命根据地的问题。10月底,毛泽东率工农革命军到达井冈山,开创了第一块红色根据地。

(三)“工农革命军第四军”与朱毛井冈山会师及根据地的巩固

1928年4月,朱德和陈毅率领南昌起义保存下来的部队和湘南农军到达井冈山,与毛泽东领导的部队会师,史称“朱毛会师”。5月4日,两支队伍合并为“工农革命军第四军”(后改称“红军第四军”),朱德任军长,毛泽东任党代表,陈毅任政治部主任。

一九二八年四月二十八日,我们南昌起义留下来的这部分队伍和湘南地方武装,在宁冈县的砻市同毛主席直接领导的工农革命军胜利会师了,于五月四日在砻市召开了庆祝会师大会,宣布成立了**工农革命军第四军**(以后改称红四军)。从此在毛主席的直接领导下,我们这支工农红军的主力就日益发展、壮大和坚强起来了,在巩固和发展井冈山革命根据地的斗争中,取得了许多重大的胜利。(朱德《从南昌起义到上井冈山》[1962年6月],《朱德选集》)

在砻市,毛泽东和朱德同志进行了会谈。两支部队合编为**工农革命军第四军**,下辖三个师。(王紫峰《井冈山斗争历史的一些回顾》,《井冈山革命根据地》)

中国工农革命军第四军是当时中国共产党领导的最强大的一支工农武装,它的成立使已经建立的井冈山根据地得到巩固。

为什么朱毛会师部队合编为“工农革命军第四军”,而不是沿用毛泽东在起义前命名的“第一军”呢?埃德加·斯诺的《西行漫记·关于朱德》记录了他对朱德的采访,朱德是这样说的:“1927年在井冈山,毛泽东和我把两部队合组成新‘第四军’,所以用这名字,为要保持国民党第四军‘铁军’的大名,它在大革命中是我们革命的堡垒。”

第一次大革命中,叶挺独立团及所在的第四军因纪律严明、战功卓著而赢得“铁军”的光荣称号。可见“工农革命军第四军”不是序列号,而是一个荣誉称号,它是为了继承和发扬国民革命军第四军“铁军”的光荣传统而命名的。

如上所述,在“中国工农红军”这个伟大的称谓出现之前,中共领导下的人民军队有过多种前身称谓。

(四)统一的“中国工农红军”的形成与革命力量的发展壮大

1.“红军”称谓的由来和含义

“红军”称谓早在1927年11月党领导的湖北黄麻起义中就出现了。13日起义爆发,成立黄安县农民政府。次日清晨,原国民党县衙门前挂起了绣有镰刀、铁锤的红旗。

当地著名书法家吴兰阶激动地撰写了一副对联贴在县衙的大门上:“痛恨绿林兵,假称青天白日,黑暗沉沉埋赤子;光复黄安城,试看碧云紫气,苍生济济拥红军。”对联中巧妙地镶嵌了10个颜色词,“红军”是出于行文需要(与“赤子”对仗)的即兴造词。但此联一出,很快在当地引起反响,“红军”的称号迅速传开了。[①]

把共产党领导的军队称为“红军”,也确有客观依据。首先,中国共产党的旗帜就是红色的,和国民党政府的蓝白旗帜颜色形成对比;其次,苏联革命早已成功,社会上早就用“红”“赤”色象征革命,苏联的革命军队也叫“红军”。因此,1928年5月25日,中共中央颁发的《军事工作大纲》就决定采用“红军”的名字,而取消“工农革命军”叫法。

> 为保障暴动的胜利与扩大暴动,建立红军已为目前的要务,不一定要寻〔等〕到一省或一国暴动成功,只要能建立一割据区域,便应当开始建立红军的工作。割据区域所建立之军队,可正式定名为红军,取消以前工农革命(军)的名义,惟在暴动各县有工农革命独立面的,仍可听其存在。”。(《中央通告第五十一号——军事工作大纲》,《中共中央文件选集》第四册)

至此,“红军”称号便在中央文件中被规定下来,并为陆续建立的中共军队所取用。

2.“中国工农红军”的正式定名与红军队伍的壮大

根据中央中央决议,1928年6月起,各革命根据地的工农革命军及其他工农武装,开始陆续改称“中国工农红军”,简称“红军”。毛泽东、朱德根据中央6月4日“关于你们的军队,可正式改称红军”的指示信,将队伍改称“中国工农红军第四军”。这次统一改变名称,象征着革命力量的发展和壮大,也标志着人民军队由游击状态转向了正规部队。1931年后,全国各地的革命军队逐渐联为一体,组成统一的“中国工农红军”,由朱德任总司令,周恩来任总政委。

> 中国工农红军,解放弱小民族;一切彝汉平民,都是兄弟骨肉。……红军总司令朱德(《中国工农红军布告》[1935年5月],《朱德选集》)

三、“三人团”与长征期间军事指挥权的变更

(一)长征开始前后的两个“三人团”

长征前有两个中央三人团。第一个是因“富田事变”而组成;第二个是为统筹红军和中央转移而组成的。

1930年12月初,中央苏区发生了由肃反扩大化造成的令人震惊的“富田事变”。3月4日,中共中央派遣任弼时、王稼祥、顾作霖组成的中央代表团(当时称“三人团”)立

---

① 《“红军”和“长征”两个词的来历》,《中国国防报》2005年4月19日。

即前往处理。

在这三个"三人团"之前，还有一个"三人团"，即1931年4月，中共中央派到中央苏区由任弼时、王稼祥、顾作霖组成的中央代表团，当时被人称为"三人团"。（何立波《中央苏区时期的"三人团"》，《党史博览》2004年第7期）

1934年为统筹转移事宜，中央成立"三人团"，作为党和红军的最高领导机构，习惯上称"中央最高'三人团'"，简称"三人团"。其中博古负责政治，李德负责军事，周恩来负责监督军事计划的执行，遵义会议取消，后为中央新"三人团"取代。

扩大会最后作了下列的决定：……取消三人团，仍由最高军事首长朱周为军事指挥者，而恩来同志是党内委托的对于指挥军事上下最后决心的负责者。（陈云《遵义政治局扩大会议传达提纲》[1935年2月或3月]，《人民日报》1985年11月17日）

在出发以前，最高"三人团"要把我们一律分散到各军团去（后因毛泽东提议未分散）。（张闻天《从福建事变到遵义会议》[1943年12月16日]，《遵义会议文献》）

他在一九三四年夏也曾提出从中央苏区突围的建议，但因"三人团"中的多数——博古和李德——表示反对，他就让步了。（哈里森·索尔兹伯里《长征——前所未闻的故事》第十二章）

（二）长征中的"中央队三人（集）团"

"中央队"即指"中央红军"。"中央队三人（集）团"是指在长征途中，遵义会议前形成的意见相同的三人集团。

中央红军长征开始后，毛泽东、张闻天与负伤的王稼祥一起行军。又由于在此之前张闻天与毛泽东的政治观点和关系逐步接近，在这种特定的环境下就形成了"中央队三人（集）团"。他们与周恩来在通道会议、黎平会议和猴场会议上坚持正确意见，为端正红军的战略方针和方向问题作出了贡献，成为遵义会议的前奏。"中央队三人团"又称"核心小组"或"三人核心"。

从此，我和泽东同志亲近起来。他要我同他和王稼祥同志住在一起——这样就形成了以毛泽东同志为首的反对李德、博古领导的"中央队"三人集团，给遵义会议的伟大胜利打下了物质基础。（张闻天《从福建事变到遵义会议》[1943年12月16日]，《遵义会议文献》）

其间他们的话题集中在第五次反"围剿"失败的原因及其经验教训上，三人在思想观点上取得了共识，毛泽东影响了张闻天，张闻天又影响了王稼祥，这就逐渐形成了"中央队三人团"。（《红军长征史》第二章）

毛泽东、洛甫和王稼祥三人被称为"核心小组"，或者用李德的话来说是"三人

核心”。不管叫它什么名称，这三人正渐渐地夺取着长征的领导权。（哈里森·索尔兹伯里《长征——前所未闻的故事》第七章）

（三）长征中的新“三人团”

新“三人团”是相对“最高‘三人团’”来说的，是遵义会议后成立的以毛泽东为首的军事指挥小组。这是当时党和红军最重要的领导指挥机构。

遵义会议增选毛泽东为政治局常委，取消长征前组成的“三人团”，改为由朱德、周恩来负责军事指挥，以周恩来为党内委托的在军事指挥上下最后决心的负责者，毛泽东为周恩来军事指挥上的帮助者。3月4日，中央成立前敌司令部，但前敌司令部不能自主决定作战行动，在决定对打鼓新场的军事行动上发生争议，拖延了时间。中央于3月中旬成立了毛泽东、周恩来、王稼祥三人军事小组，又称中央新“三人团”，从此毛泽东的正确军事战略才得以贯彻。

> 遵义会议遵循马列主义的民主集中制原则，独立自主地决定“取消三人团”，仍由中革军委最高首长朱德、周恩来为军事指挥者；增选毛泽东为中央政治局常委……根据遵义会议决定“常委中再进行适当分工”的原则，由张闻天替代博古负总责，毛泽东、周恩来负责军事。随后，中央政治局决定成立毛泽东、周恩来、王稼祥组成三人**军事指挥小组**，全权指挥军事行动。（《中国革命在全局上开始“走自己的道路”——遵义会议》，《人民日报》1995年1月3日）

> 经毛泽东、张闻天等提议，特在中央成立了由毛泽东、周恩来、王稼祥三人组成的**新“三人团”**，即三人**军事指挥小组**，全权指挥军事。（《红军长征史》第三章）

> 关于指挥系统，朱德任命自己为总司令，以张为总政治委员。一切战略问题都由总司令部决定，最后由以毛为首的党的三人**军事小组**批准。（费正清《剑桥中华民国史（下）》第三章）

1934年11月3日，中共中央政治局会议决定成立以毛泽东为主席的西北革命军事委员会。至此，中央新“三人团”完成了它的历史使命。

四、红军特称系列与长征的伟大胜利

（一）“纵队”“军团”“方面军”等编制称谓

1.红军时期的“纵队”编制

依照我国当代权威辞书的解释：“纵队”是中国人民解放军在解放战争时期的一种编制单位，相当于军。[①] 这种解释有两点不确：一是时间过晚，二是定义过狭。其实中共军队早在红军时期就有了“纵队”编制单位，并且不相当于军。据朱德《从南昌起义到

① 参见《现代汉语词典》（第5版），商务印书馆2005年版，第1815页。

上井冈山》一文回忆，1927年，南昌起义部队南下失败，于十月底到达大庆，对部队进行整编，“把所有的人合编为一个纵队，下属三个队”，以后纵队又转到崇义县上堡。[①] 这应该是中共军队历史上第一支纵队。朱毛会师井冈山后，1929年红军第四军下属编制单位为相当于团的纵队，共五个纵队和一个独立营，有毛泽东1929年代为起草的《红军第四军前委给中央的信》为证：

> 全军现编为第一第二第三三个纵队，每纵队辖二支队（等于营），每支队辖三大队（等于连），每纵队约枪五百余支，千二百余人。分兵游击时即以纵队为单位，分开出去，然后再分小支，分开、集合都很便利。彭德怀同志之第五军到井冈山者八百人、枪五百支，此次到瑞金者六百人四百枪，现在编为四军第五纵队，彭同志以副军长名义指挥之，数日后须返湘赣边界，收集旧部恢复政权，与赣南取得联络，仍属前委指挥。政治部已设立，军设军政治部，每纵队设纵队政治部。政治部内设秘书处、宣传科、组织科（分职工、农民、特务三股）、政治保卫科。支队大队两级设党代表。纵队以上废除党代表，只有政治部主任。全军在汀作了整齐的服装，每人发四元零用费，给养已不成问题，士气非常振发。赣东黎川方面（与广昌接近）有两个部队想来接头，一是金汉鼎部下反叛出来的五百多人，三百多枪，现编为第四纵队，纵队长田桂清；一是土匪军三百多人，二百多枪，到处被打无出路，现编为独立营，胡竹笙为营长。（毛泽东《红军第四军前委给中央的信》[1929年4月5日]，《毛泽东文集》第一卷）

这段文献表明，1929年上半年的红四军取消师一级编制，下设纵队、支队和大队，分别相当于团、营、连。那么五个纵队加一个独立营，大致相当于六个团。

长征期间，红军又有根据具体行军和战役需要临时编制的纵队单位。

1934年由于第五次反“围剿”的失败，中共中央作出了放弃中央苏区，进行战略转移的决策。10月10日，红军主力由瑞金出发，开始了著名的长征。中共中央和中革军委直属的部队编为两个纵队：“第一纵队”和“第二纵队”，又称“军委纵队”和“中央纵队”。

> 十月十日晚，中央机关和军委机关及直属队从瑞金地区出发。部队分布是：一军团在左翼，后面有九军团；三军团在右翼，后面有八军团；从两翼掩护第一纵队（军委纵队）和第二纵队（中央纵队）作甬道式前进，五军团扔任后卫。（盛仁学《长征新探·长征时期红军各部队的变更及中央军委的演变》）

1935年1月中共中央决定，中央红军（红一方面军）由黔北地域经过川南渡江，然后转入新的地域，协同四方面军由四川西北方面实行总的反攻。1月20日中革军

---

① 《朱德选集》，人民出版社1983年版，第394页。

委发布的“渡江作战计划”，将红军主力各军团及中央直属部队按进军方位编为三个大的纵队：右纵队、中央纵队、左纵队。此时的纵队在军团之上，其编制当然比军更要大得多。

> 实施计划：1.**右纵队**，一军团：A任务：迷惑和抑留綦江、合江之敌，驱逐和消灭温水、鳛水黔敌，并迅速夺取赤水、纳溪。B行进路线：廿二号温水，廿四号鳛水，廿七号百簧厂。2.**中央纵队**，五、九军团及军委纵队：A任务：迟滞和脱离可能的尾追敌人，驱逐官店、东皇场，土城之敌，迅速夺取赤水，并掩护我右纵队的左侧后方。B行进路线：廿二号丁栏、大坝市、河村，廿四号东皇店、良村、温水，廿七号兴隆厂、老葫芦、土城。3.**左纵队**，三军团：A任务：迅速脱离尾追和侧击之敌，并准备在土城，江门及江安之线，于必要情况下与尾追和截击之黔军一部或协同其他兵团与黔军和薛岳兵团作战。B行进路线：廿二号放牛坪，廿三回龙场，廿四土地垭，廿五土城，二十六进至土城、猿猴地域，准备渡河以后则进至江安。（《中革军委关于渡江的作战计划》[1935年1月20日]，《中共中央文件选集》第十册）

1935年1月至3月，中央红军为摆脱敌人的包围，发动了四渡赤水的著名战役，出奇兵跳出敌人合围，直逼贵阳。四渡赤水期间，中央红军数次编为三个大纵队：右纵队、中央纵队、左纵队。朱德签发的电报稿中真实记载了这种情况：

> 1.一军团，九军团，军委二、三梯队，干部团上干队统归林指挥，为**右纵队**，由猿猴渡河，渡河后可取道黄泥硬转向古蔺以南前进，并自定警戒之设置。但九军团在川风坳向赤水方向的警戒，须二十九日晚始行撤收。2.军委直属队（第一梯队）、干部团及五师为**中央纵队**，五师仍归彭、杨指挥，由土城下游浮桥过河，取道角子头、三角塘、头场坝前进，从撤动时由四、五两师共派出相当兵力为掩护队，以掩护中央纵队、左纵队的行进，并须至迟今日十二时渡过赤水河。3.五军团、三军团直属队及第四师为**左纵队**，统归彭、杨指挥，由土城上游浮桥渡河，取道头场坝向太平渡前进，从撤动时即由第四师派出一营为掩护队。（朱德《关于四渡赤水战役的电报·一渡赤水河的行动部署》[1935年1月29日3时]，《朱德选集》）

> 基于上述作战目标，决区分三个纵队向桐梓地域前进：其一，第三军团为**右纵队**，由回龙场经亚铁厂到太平渡上游的顺江场地段过河，准备取道回龙场、江场（赤水右岸的）直往桐梓。其二，军委第五、第九军团为**中央纵队**，由白沙经丫叉、鱼岔到太平渡，渡河以后，东岸的取道看情况决定。其三，第一军团为**左纵队**，由松林经白沙、锅厂坝、镇龙山、石夹口到悦来场、林滩地段渡河，并相机占领土城以后，则取道东皇殿、温水、新站迂回往桐梓。（朱德《关于四渡赤水战役的电报·二渡赤水河的行动计划》[1935年2月15日20时]，《朱德选集》）

以上有关红军时期“纵队”的例证，可为相关研究提供史料参考，尤其井冈山时期相当于团的“纵队”和长征期间比军、军团大的临时性“纵队”，堪为辞书“纵队”条释义提供订补参考。此外红军游击队也有以“纵队”为番号的，例如红军川南游击纵队、川滇黔边区游击纵队和闽粤赣边红军游击纵队等。“游击纵队”的规模显然比一般的“游击队”要大，据《人民日报》1996 年 10 月 28 日刘复初《忆红军川南游击纵队》一文回忆，该纵队起初有 1000 多人，也大致与一个团相当。可见红军时期的“纵队”，可以界定为团级以上较大的编制单位，其特点一是具有非正规性，二是具有临时性。

2. 红军时期的“军团”“方面军”编制

1930 年 8 月至 1936 年 7 月，红军先后编成了“军团”和“方面军”，这是 30 年代初红军规模壮大并组成统一的工农红军后，在“军”以上增设的更大编制的军事单位：“军团”的编制在“军”之上，下辖若干“军”，“方面军”的编制又在“军团”之上，下辖若干“军团”。这些都是“红军”称谓的派生称谓。

> 对于充分利用这一形势的我们的弱点，过去是，现在仍然部分的是：甲、我们的主力集中于一个单独的作战单位，即**方面军**，这就不能从各方面配合作战。……在第一阶段上，**方面军**的任务主要的是：巧妙用计划进行次要的战斗目的，以便其真实目的不致过早泄露。关于这个目的，我们作以下的说明：**方面军**不要在进入第二阶段以前，即七月以前，受不必要的削弱，对于意中的危害，应该特别注意。(《中央对今后作战计划的指示》[1933 年 6 月]，《中共中央文件选集》第九册》)

> 那年夏天前，军队被改编为**军团**；此后，又建立了**方面军**。虽然在 1935 年 7—8 月重新整编，**方面军**一直延续到改编为 1937 年辖 3 个师的八路军以及 1938 年的新四军。(费正清《剑桥中华民国史(下)》第四章)

1930 年 8 月至 1936 年 7 月，红军已经先后编成了三个方面军即第一、二、四方面军，总指挥分别为朱德、贺龙、徐向前。原计划是以四个军团为基础编为四个方面军，因为彭德怀领导的红三军团编入了第一方面军，因而红军没有“第三方面军”。有了“方面军”和“军团”这样的单位，也就有了“红×方面军”“红×军团”之类的称谓。

> 这次整编，以红四军为基础，把闽西和赣南的地方红军各一部全编在一起，组成中国工农红军第一军团，朱德任总指挥，毛泽东任政治委员。**红一军团**下辖红四军、红十二军、红三军。(张宗逊《张宗逊回忆录》第三章)

> 遵义会议以后，党对红军的绝对领导进一步加强。会议精神在中央红军中迅速传达，全军振奋。党中央将会议要点电告战斗在湘鄂川黔苏区的红二、红六军团，川陕苏区的**红四方面军**，坚持中央革命根据地斗争的中央军区，为各地斗争指明了方向。……**红一方面军**长征历时 1 年，长驱两万五千里，纵横 11 个省，平均每

天行军35公里；**红二方面军**长征历时1年，行程两万余里，转战8个省；**红四方面军**长征历时19个月，曲折转战4个省。（刘华清、张震《长征精神永放光辉——纪念中国工农红军长征胜利60周年》，《人民日报》1996年10月23日）

方面军的首长称“总指挥”，军团首长称“军团长”，例不赘举。

（二）“中央红军”称谓演变

“红一方面军”和“中央红军”总体上指的是同一支部队。之所以出现这两种不同称谓，是因为军队番号的改变引起的。“中央红军”就是指中央苏区所在地的主力部队，这也是民间流传最广的关于红军的称谓。“红一方面军”和“中央红军”称谓的变换历程是这样的：

1930年5月红军组成第一、三军团，不久合编成红军第一方面军；1931年11月，中央革命军事委员会（简称“中革军委”）成立，取消“方面军”的编制，由中革军委直接指挥军团，红一、三军团成为中革军委直接管辖的“中央红军”。1932年6月恢复“红一方面军”番号，12月底则再次撤销，各军团又被称为“中央红军”。

这次胜利的影响：……巩固了苏区。苏区群众人人高兴，群众拥护红军帮助战争的积极性必定更加提高起来。“**中央红军**与十五军团真不错”，这种舆论是在沸腾着。（毛泽东《直罗战役同目前的形势与任务》[1935年11月30日]，《毛泽东文集》第一卷）

六军团在受命寻找红二军团并与之会师的同时，实际上还担任了**中央红军**实行战略转移向西突围的先遣队。（李达《寻找贺龙同志——忆红二、六军团黔东会师前后》，《红军长征·回忆史料（一）》）

1934年10月，**中央红军**离开了中央根据地，开始了伟大的长证。（方强《难忘的回忆》，《红旗飘飘》第14集）

1935年9月，中央红军奉命改编为中国工农红军陕甘支队。原因有两个，一是当时中央已决定进军陕北，而不是南下，故取“陕甘”之名；二是当时的中央红军已经大大减员，所以军委决定红军缩编，故取“支队”之名。

（1935年）9月22日，中央在哈达铺召开的团以上干部大会上，毛主席作了形势报告……并宣布将红一方面军改编为**中国工农红军陕甘支队**。9月27日，中央政治局在甘肃通渭县榜罗镇小学召开常委会议，决定前往陕北，并设想“以陕北作为领导中国革命的大本营。”随后，贾拓夫就作为**陕甘支队**的向导，留在毛主席、周恩来身边，随时向中央提供陕北的情况。10月19日，毛主席带领中共中央机关及**红军陕甘支队**到达陕北保安县吴起（后改为吴旗）镇。中央红军终于找到了落脚点。（马文瑞等《西北红军对长征胜利的贡献——纪念中国工农红军长征胜利60

周年》,《人民日报》1996年11月5日)

会议(俄界)决定,红一、红三军和军委纵队编为中国工农红军陕甘支队,彭德怀为司令员,林彪为副司令员。(《红军长征史》第五章)

1935年11月初,中央决定成立中国工农红军西北革命军事委员会,简称“西北军委”,并恢复红一方面军番号,陕甘支队编为红一军团。

(三)“朱毛”“朱毛军”“朱毛红军”与红四军

特称性称谓是只针对某一部分的称谓,然就与这一部分的关系而言,它又是其别称。“朱毛”“朱毛军”“朱毛红军”是中共工农红军第四军(红四军)的特称,同时也可以看成是从另一个角度命名的别称。“朱毛红军”取朱德、毛泽东这两位红四军领导人的姓氏来命名(与后来的“刘邓大军”同理)。其省称为“朱毛军”,进一步省称即为“朱毛”。

据王健英《“朱毛红军”历史追踪》一书考证:“经核对原始文献,最早将朱德毛泽东率领的第四军简称(代称)‘朱毛红军’的,是1928年5月23日江西省委给中央信中使用的。内称‘江西政治局面,近来赣西朱毛红军已攻入……朱毛已占永新、宁岗、遂川、万安’。”[①]党中央的文件第一次使用“朱毛红军”称谓是在1929年6月25日的《士兵运动报告记录》中称“即以朱毛红军来说”云云。

1.“朱毛红军”的称谓源于“朱毛”

“朱毛”是当时国民党方面和老百姓对两位红军领导人毛泽东和朱德的合称。在国民党方面,这一称谓带有一定的污蔑性;但在工农群众方面,这恰恰是因为两位领导人共同领导革命,并不断取得胜利而送给他们的敬称,所以当时就有“朱毛”不分家的说法。

“朱毛来了没有?”群众问着,谁知我们的毛主席,朱总司令,正在前面经过。(何涤宙《遵义日记》[1935年1月12日],刘统整理《亲历长征——来自红军长征者的原始记录》)

“朱毛红军”的简称又有“朱毛”、“朱毛军”等。

朱毛,徐向前,贺龙、萧克等赤军,已成为中国的一强大力量。(陈云《随军西行见闻录》[1935年秋],《陈云文选》第一卷)

国民党方面也以“朱毛”代指红军。

闽军会剿朱毛,弹药饷银一齐发给,全力痛剿不难荡平(《中央日报》1929年4月7日第4版标题)

薛岳告捷,朱毛被迫窜入乌蒙山,平彝安龙兴义均克复(《中央日报》1935年5

① 王健英:《“朱毛红军”历史追踪》,广西人民出版社2000年版,第112页。

月5日第2版标题）

“朱毛军”的例子如1929年9月1日陈毅写的《关于朱毛军的历史及其状况的报告》，这里的“朱毛军”就是指“朱毛红军”“红四军”。

2.“朱毛红军”指称范围的扩大

“朱毛红军”指称朱德和毛泽东在井冈山时期领导的“红四军”，但是随着“朱毛红军”称谓影响的逐步扩大，“朱毛红军”称谓就代替了“红四军”的建制称谓。后来红四军扩大为红一方面军，“朱毛红军”又指红一方面军。

> 红四军，曾称为**“朱毛红军”**，是中国共产党直接领导创建的第一支正式红军。她是“全国红军的模范”，是中央革命根据地、红一军团、红一方面军的主力部队，有着光荣的战斗历史。（《国民党中央执行委员会就在工人中实行革命纪律给湖北省总工会的训令》[1927年5月19日]，A. B. 巴库林（苏）《国民大革命武汉时期见闻录》）

> （1929年）7月20日，《红旗》发表专论《二中全会决议与精神》，同时刊登了《**朱毛红军**前敌委员会报告（六月一日自永定发）》。……**“朱毛红军”**这一称谓已经获得了中共中央的肯定和认可，成为全国第一支正式红军——红四军的代称、昵称、尊称。（王健英《“朱毛红军”称谓的由来与传播》，《“朱毛红军”历史追踪》）

> 周恩来同志十分重视这一汇报。为了推广红四军的宝贵经验，一九三〇年一月十五日，在他主持的中央军委创办的军内刊物《军事通讯》创刊号上，全文发表了陈毅同志的报告，并加了一段很长的编者按语……要求“各地红军，各地方党组织，都要学习和采用**朱毛红军**的经验，坚决执行红军游击战争的任务和战术原则”。（《周恩来同志与红四军》，《人民日报》1980年11月2日）

1930年5月，在上海先后召开了全国苏维埃区域代表大会和全国红军代表会议，对“朱毛红军”及其经验的宣传推广达到了高峰。直到1931年1月，以王明为代表的第三次“左倾”冒险主义统治中央，排斥打击以毛泽东为代表的正确路线，“朱毛红军”这一称谓再未使用。

“朱毛红军”称谓是红军史和人民军队史上的特定代名词，真实地表示了全党全军对这支名副其实的主力红军——红四军及其领导人的爱戴和敬佩，“朱毛”和“朱毛红军”成为了广大工农翻身求解放的救星和希望。

（四）红军的四支长征“先遣队”

红军长征史上曾出现过几支以“先遣队”为旗号的队伍，对此已有学者进行研究。①

---

①　史延胜：《中国工农红军历史上的四支先遣队》，《文史春秋》2006年第4期。

红军从谋划北上抗日、开始战略转移到长征结束，曾先后组建四支先遣队，依照组建时间先后计有：第一支是由红七军团组建的“中国工农红军北上抗日先遣队”；第二支是由红六军团组建的“中央红军长征先遣队”；第三支是由红二十五军组建的“中国工农红军北上抗日第二先遣队”；第四支是遵义会议后，由红一军团部分组建，号称长征开路先锋的“中央红军先遣队”。下面我们根据相关史料举出称谓用例，分别对它们加以介绍。

1. 中国工农红军北上抗日先遣队——红七军团

中央苏区第五次反“围剿”作战接连失利，苏区形势极其严峻。为了实现战略的转移和北上抗日的政治主张，中央苏区成立了中国工农红军第七军团组成的“抗日先遣队”，总指挥寻淮洲，政治委员乐少华，参谋长粟裕，政治部主任刘英，中央代表曾洪易。1934年7月（约2—5日间），中央发出《关于派七军团以抗日先遣队名义向闽浙挺进的作战训令》。7月6日红七军团由瑞金出发向闽中前进，北上闽浙赣皖边地区，开展抗日民主运动。8月1日，正式宣布红七军团对外以“中国工农红军北上抗日先遣队”的名义活动。11月4日，红七军团同闽浙赣苏区的红十军会师，合编为红十军团，1935年1月中旬，红十军团在返回闽浙赣苏区途中遭敌包围，主力部队指战员大部牺牲，方志敏等被俘就义，先头部队在参谋长粟裕、政治部主任刘英率领下突出重围，回到苏区。这次北上行动，历时6个多月，行程5600多里，对于宣传抗日主张，扩大党和红军的影响，策应中央红军转移，起到了积极作用。

> 高举着中国工农红军抗日先遣队的旗帜而行动的七军团，应在自己的行动中最显明的表现出自己是有组织的，英勇的，守纪律的先进的民族革命战争的先锋队，应该以自己的英勇的行动，坚忍不拔的意志及加强的政治工作去告诉和指示最广大的工农劳苦群众，怎样能够进行胜利的民族革命战争。（《中共中央书记处关于开辟浙皖闽赣边新苏区给七军团的政治训令》[1934年7月5日]，《中共中央文件选集》第十册）

> 红军长征，一方面要粉碎国民党军的“围剿”，另一方面要担负起抗日救国的重任。1934年7月，中共中央命令红七军团进军赣东北，与红十军会合，组成红十军团，编为“中国工农红军北上抗日先遣队”，向北进发，即表明了红军北上抗日的救国决心。后来，在国民党军重兵围攻下，这支部队虽大部损失，但他们所表现出来的爱国主义精神，则成为中华民族爱国史上的光辉篇章。（刘华清、张震《长征精神永放光辉——纪念中国工农红军长征胜利60周年》，《人民日报》1996年10月23日）

> 是日，在水口镇召开“八一”纪念大会，正式向部队宣布：红七军团对外以“中国工农红军北上抗日先遣队”的名义活动，并进行攻打福州的战斗动员。（《红军长征史》第一章）

2. 中央红军长征先遣队——红六军团

1934年7月，党中央和中革军委将湘赣边区的红十七师和红十八师改编为红六军团。8月，红六军团在湘赣省委书记、中央代表任弼时和军团长萧克、政治委员王震组成的红六军团军政委员会领导下，为配合中央红军第五次反"围剿"，从湘赣根据地突围西征。史称以突围西征为战略任务红六军团"中央红军长征先遣队"，也有文章谓之"中央红军远征先遣队"。红六军团这次西征行动，历时两个多月，于10月24日，到达黔东根据地，与贺龙领导的红三军在贵州印江县木黄会师，其战略任务胜利完成。

1934年4月，湘赣红军在江西永新沙市取得了伏击敌第四十三旅，毙伤俘敌旅长及官兵二千余人的重大胜利，受到中华苏维埃中央革命军事委员会通令嘉奖。同年8月，王震任红六军团政委，在任弼时领导下，与军团长肖克执行**中央红军长征先遣队**的任务，率部西征。(《王震同志光辉战斗的一生》,《人民日报》1993年3月20日)

1934年，中央苏区第五次反"围剿"后，红六军团奉中共中央和中央军委命令，作为**中央红军长征先遣队**，在任弼时、肖克、王震率领下，从湘赣苏区突围西征。(忽培元《延安情结》,《人民日报》1995年12月7日)

中国工农红军第六军团，是在毛主席、朱总司令创建的井冈山革命根据地成长、发展、壮大起来的一支具有坚强战斗力的革命武装。在湘赣苏区，红六军团曾有力地配合了中央红军的历次反"围剿"作战。第五次反"围剿"后，红六军团奉中共中央、中央军委的命令，作为**中央红军远征先遣队**，在任弼时、肖克、王震领导下，从湘赣苏区突围西征。这次孤军深入敌区的远征，揭开了中国工农红军长征的序幕，在我军历史上写下了光辉的一页。(《老红军纪念红六军团西征60周年，张震等出席座谈会》,《人民日报》1994年6月16日)

3. 中国工农红军北上抗日第二先遣队——红二十五军

鄂豫皖革命根据地的红二十五军(军长程子华，政委吴焕先，副军长徐海东，参谋长戴季英，政治部主任郑维三)，为了实现战略转移，和中央红军会合，也离开大别山辗转北上，打出的旗号和宣传的政策也是为了北上抗日，因已有一支以"北上抗日"命名的先遣队，故此次加"第二"相区别，取名为"中国工农红军北上抗日第二先遣队"。该支先遣队1934年11月16日离开大别山辗转北上，历尽艰险，突出重围。1935年9月18日，同陕北谢子长、刘志丹等领导创建的红二十六军、红二十七军胜利会师，这支先遣队成为胜利结束长征的第一支红军部队。

1934年11月，红二十五军开始长征，打出了"**中国工农红军北上抗日第二先遣队**"的旗帜。他们在出发宣言中庄严宣告："本军在中国共产党领导之下，奉了我中央苏维埃政府、中央革命军事委员会的命令，出发抗日。"这支仅有3000人的红军部队，横穿河南、湖北、陕西、甘肃等省，突破了国民党军的一道道防线，终于到达陕北，成为胜利结束长征的第一支红军。（刘华清、张震《长征精神永放光辉——纪念中国工农红军长征胜利60周年》，《人民日报》1996年10月23日）

1934年11月16日，红二十五军高举着**"中国工农红军北上抗日第二先遣队"**的旗帜，告别战斗了多年的大别山区，向西踏上了战略转移的征途。（《红军长征史》第六章）

4. 遵义会议后长征开路先锋：中央红军先遣队——红一军团部分部队

遵义会议确立了毛泽东同志在全党全军的领导地位，中国革命走上了正确的发展道路。1935年5月20日，中央军委指定红军总参谋长刘伯承和红一军团政委聂荣臻抽调红一军团第一师第一团（团长杨得志）、一个工兵排和无线电台，再加上肖华一个工作队，组成中央红军先遣队，刘伯承、聂荣臻分任司令员和政委。这支先遣队逢敌开路、遇河搭桥，成为长征的开路先锋，创造了巧过大凉山、强渡大渡河、飞夺泸定桥等一系列战斗奇迹。1935年6月14日，随着中央红军与四方面军先头部队在川西北懋功会师，先遣队即基本完成了战略使命。

渡过金沙江后，荣臻同志出任**中央红军先遣队**政委，与司令员刘伯承同志一起，率部通过彝族区，强渡大渡河，翻越雪山，跋涉草地，为红军前进打开通路，胜利实现了一、四方面军的会合。（杨尚昆《悼念聂荣臻同志》，《人民日报》1992年5月28日）

据考证，这首歌是1935年10月**中央红军先遣队**到达陕北后，为配合部队纪律教育，根据《中国工农红军三大纪律八项注意布告》的内容，编成歌词填入曲谱中。后来随着革命战争任务的变化和纪律要求的发展，部队在传唱中对歌词都曾作过相应的修改。（黄少南《终身难忘一首歌》，《人民日报》1994年10月12日）

（五）"东方军"等称谓与长征开始前后的艰苦作战

1."东方军""西方军""中央军"等与第五次反"围剿"

1933年5月，蒋介石对我革命根据地发动了第五次"围剿"，直接用于进攻中央革命根据地的兵力即达50万人。6月中旬，临时中央提出红一方面军主力实行分离作战，一部组成中央军，一部组成东方军，实行所谓"两个拳头打人"，企图在两个战略方向同时取胜，继续推行其军事冒险主义。"中央军"指留在主要根据地作战的主力，"东方军"由彭德怀、滕代远带领向东入闽作战。1933年11月，为配合红军主力作战，中央军委又下令组建西方军，由陈毅兼任司令员和政委，宋时轮代参谋长。总之，这些都是根据临时作战方位命名的军队称谓，但却也如实记录了红军在第五次反"围剿"中东挡西杀、左冲右突的艰难困苦情形。

(戊),**东方军**在迅速的完成集中以后,应沿着福建的边界向前推进,以便在黎川以北与敌人作战,如能按时达到资溪区域,并从那里迳向西方和西北方向,给我们的战争以更大的便利。如若敌人的空军积极行动,那末,在夜里行军和作战是绝对必要的。(已)由于黎川的迫切的战争,重新布置**中央军**是正确的,不然在乐安、崇、黄的敌人开始前进的时候,他是处于不利的地位。在黎川的危险未去以前,**中央军**必须坚决的向南城以南与南丰以北的一段抚河。(《苏区中央局转发上海关于近期内作战方针的来电》[1933 年 10 月初],《中共中央文件选集》第八册)

贺夏关任肖王:(甲)现我**西方军**已进至宜郴之线,湘敌全部被调来抗击我**西方军**。二 六军团应乘此时机深入湖南西北去扩大行动地域。(朱德《关于二、六军团应乘湘敌杭击 我西方军的时机到湖南扩大地域的指示电》[1934 年 11 月 13 日],《中国工农红军第二方面军战史资料选编(四)》)

当时,红一方面军按照中革军委指示,决定以红五、红七军团及独立第六十一团等编为**东方军**……红九军团及独立第一、第四团编为**中央军**,在红五军团左侧钳制和消耗敌人;红一、红三军团及独立第二、第三、第十一、第十三团编为**西方军**,转移到江西永丰地区消灭敌税警团。(《红军长征史》第一章)

1933 年 2 月,为打破敌人第四次"围剿",他又担任红十一军政治委员,后又派他去新成立的闽赣省军区任司令员。这个时候临时中央从上海搬到了中央根据地,临时中央采取"两个拳头打人",将红一方面军分离作战,企图在两个战略方向上同时取胜,劲光同志率部参加了彭德怀、滕代远领导的**东方军**入闽作战。(《深切怀念肖劲光大将》,《人民日报》1990 年 12 月 16 日)

土地革命战争时期,他先后担任过中央红军第三十五军参谋长、第二十一军参谋长兼第六十一师师长、**西方军**参谋长等职,参加了中央苏区第二至第五次反"围剿"作战,和中央红军的二万五千里长征。(《党的忠诚战士 我军的卓越将领——悼宋时轮同志》,《人民日报》1992 年 2 月 9 日)

2."野战军""西征军"与红军突围转移

中共中央撤离中央苏区的最初计划是突破国民党军队的围攻,到湘西同红二、红六军团会合,创建新的革命根据地。当时还没有"长征"的名称,因此,部队出发时把这次大转移称为"西征",把西征的部队称为"野战军",最高统帅部称"野战司令部"。首先进行这次长途西征的部队是中央红军,即第一方面军。其他红军,例如红四方面军被称为"西征军"或"中央西征军"。

我**野战军**拟于今二十九日拂晓前脱离接触之敌,西渡赤水河向古蔺南部西进。

(朱德《关于四渡赤水战役的电报·一渡赤水河的行动部署(1935年1月29日3时)》,《朱德选集》)

为选择优良条件,争取更大发展前途计,决定我**野战军**转入川西,拟从泸江上游渡江。(《中共中央政治局及中央革命军事委员会为红军主力入川给四方面军电》[1935年1月22日],《中共党史教学参考资料》)

徐向前在致中央的电报中称:"**西征军**万里长征,屡克名城,迭摧强敌,然长途跋涉,不无疲劳……红四方面军及川西北数千万工农群众,正准备十二万分的热忱欢迎我百战百胜的**中央西征军**。"(《徐向前传》第十章)

3."左路军""右路军"与红一、四方面军会师后的分兵北上

长征途中,因为行军部署和行军路线方向不同,部队需要临时编组,分头进击。如1935年5月26日,中革军委为迅速渡过大渡河,决定由已经渡河的刘伯承、聂荣臻率领右纵队的红一师及干部团,沿大渡河(北)东岸;由林彪率领左纵队的红一军团军团部、红二师主力及红五军团,沿大渡河(南)西岸,两路夹河而上,直取泸定桥。这两路部队,有的回顾性文章或大事记之类就称之为"右路军"和"左路军",不过这两个称谓都带有事后追加性质,不见于正式历史和权威文献使用。但是另一组"左路军""右路军"称谓,我们却不能不加以叙述,那就是红军第一、四方面军会师后重组的"左路军"和"右路军"。

1935年6月,红军两大主力一、四方面军会师懋功以后,两支红军进行混编,准备兵分两路北上,于是组成左路军和右路军,"左路军"主要是原红四方面军,"右路军"主要是原红一方面军。

接着,中央政治局又在毛儿盖召开会议,就一、四方面军会合后的政治形势与任务作出决议。并决定分兵两路北上。**右路军**由中央、毛主席率领,包括一方面军之一、三军团及四方面军之四军、三十军。**左路军**由朱总司令、张国焘率领,包括四方面军之九军、三十一军及一方面军之五、九军团。……张国焘公开和中央分裂后,擅自率领**左路军**及**右路军**中原属四方面军的两个军,再过草地、翻雪山,经毛儿盖、懋功、宝兴等地,向川康边境的天全、芦山一带退却。在绰木碉,他终于奸心毕露,公然进行叛党活动,宣布成立伪中央,自己担任主席。(刘伯承《回顾长征》,《人民日报》1975年10月19日)

党中央决定,北上的部队分作左、右两路。**右路军**由党中央、毛主席、周恩来副主席率领,包括一方面军的一、三军团和四方面军的四军、三十军。**左路军**由朱总司令、刘伯承同志和张国焘率领,包括四方面军的九军、三十一军、三十三军和一方面军的五、九军团。**右路军**经过艰苦行军,终于胜利通过草地,到达班佑、巴西、阿

西地区。左路军主力也到达阿坝地区。但是,张国焘到阿坝后,就按兵不动了。(徐向前《永远坚持党指挥枪的原则》,《人民日报》1977年9月19日)

陈昌浩、王稼祥、凯丰、林彪、博古、徐向前相继在会上发言,一致赞同毛泽东的报告……并指出目前**左路军**应迅速向**右路军**靠拢。(《红军长征史》第五章)

4."中国人民红军抗日先锋军"及其三路军的东征与"中国人民红军"称谓的使用

红军到达陕北以后,为打通抗日路线和巩固扩大陕甘根据地,中央军委决定红一方面军以"中国人民红军抗日先锋军"(简称"抗日先锋军")的名义东征,扩大了红军力量,推动了抗日救国运动的开展。红一方面军于1936年2月20日开始渡河东征,3月1日,毛泽东亲自起草了《中国人民红军抗日先锋军布告》。3月10日,东征部队正式命名为"中国人民红军抗日先锋军",司令员彭德怀,政治委员毛泽东,参谋长叶剑英,副参谋长张云逸,政治部主任杨尚昆。抗日先锋军转战山西五十多个县,取得了重大胜利,为建立全国抗日民族统一战线,促成第二次国共合作,开创抗日战争的新局面,准备了条件。

自苏维埃中央政府与红军革命军事委员会组织**中国人民红军抗日先锋军**渡河东征以来,所向皆捷,全国响应。但正当**抗日先锋军**占领同蒲铁路,积极准备东出河北与日本帝国主义直接作战之时,蒋介石氏竟以十师以上兵力开入山西,协同阎锡山氏拦阻红军抗日去路。(《停战议和一致抗日通电》[1936年5月5日],《毛泽东文集》第一卷)

甲、为执行党中央争取迅速对日作战的决定,将第一方面军全部改为中国人民红军抗日先锋军,第一军团改为**中国人民红军抗日先锋军**第一路军。(《第一方面军改编为中国人民红军抗日先锋军及其方针任务》[1936年4月1日],《毛泽东军事文集》第一卷)

"中国人民红军抗日先锋军"按行军路线方位分左、中、右三路军,"右路军"由红一军团(军团长林彪,后为左权代理)组成,"左路军"由红十五军团(军团长徐海东)组成,中路军由红三十军(刘志丹兼军长,刘牺牲后改为宋时轮)组成。

抗日先锋军由彭德怀任司令员,毛泽东任政治委员,叶剑英任参谋长,王稼祥(后为杨尚昆)任政治部主任。由第一军团组成**右路军**,下辖第一师、第二师、第四师和第八十一师;由第十五军团组成**左路军**,下辖第七十三师、第七十五师、第七十八师;由第三十军组成**中路军**,下辖第三十军、第十五军团第二二四团和第八十一师一个营。二月初,我调任第四师第十一团政治委员,同团长罗开桂一起率部参加右路军的东征行列。(李志民《李志民回忆录》第五章)

"中国人民红军抗日先锋军"的称谓,又带出了另一个上位概念"中国人民红军"称谓。如前文所述，此前红军一直叫作“中国工农红军”，强调军队的“工农”性质——由工农组成，为工农服务。但是中共中央到达陕北后，为了克服关门主义，适应抗日斗争新形势，决定将“中国工农红军”改名为“中国人民红军”。由“工农”到“人民”，一词之差，所涵盖的意义范围扩大了很多，有利于促进抗日统一战线的形成。

> 同时我们要求南京政府立刻翻然改悟，答应两广要求，动员全中国的海陆空军北上抗日。**中国人民红军**更愿首先全部集中河北，担任抗日先锋军的任务，开始同日本帝国主义直接作战。(《中华苏维埃人民共和国中央政府中国人民红军革命军事委员会为两广出师北上抗日宣言》[1936 年 6 月 12 日]，《中共中央文件选集》第十一册)

> 何去何从，愿先生熟察之。寇深祸亟，言重心危，立马陈词，伫候明教。毛泽东 朱德 张国焘 周恩来……率**中国人民红军**同上　一九三六年十二月一日(《毛泽东同志的二十三封书信》，《人民日报》1983 年 12 月 25 日)

> 1936 年 5 月 5 日，红一方面军东征回师陕北后，中华苏维埃人民共和国中央政府和**中国人民红军**革命军事委员会发表了《停战议和一致抗日通电》。但是，蒋介石坚持内战政策，拒绝议和，并调集 16 个师另 3 个旅准备对陕甘苏区发动新的“进剿”。(《西征战役》，《人民日报》2006 年 1 月 12 日)

“中国人民红军”这个称谓使用时间很短，甚至还没有作为红军的正式番号普及开来，随着国共合作的实现和红军的改编，它就被“八路军”称号替代了。

5.“西方野战军”(西征军)“西路军”与红军到陕后的两次西征

第一次西征。红一方面军东征胜利后，为了扩大陕甘宁革命根据地，于 1936 年 5 月决定以红一方面军主力组成“西方野战军”进行西征，这是到达陕北后进行的第一次西征，目的是接应红二、四两个方面军北上，与中共中央和红一方面军会师陕甘，推动东北军、第十七路军迅速走上联共抗日的正确道路。“西方野战军”又称“西征军”，由彭德怀任司令员，以聂鹤亭任参谋长，以刘晓任政治部主任。

> 在中央革命根据地以及红军长征到达陕北后的陕甘革命根据地期间，他还相继担任中华苏维埃共和国中央革命军事委员会副主席、中国工农红军陕甘支队司令员、西北革命军事委员会副主席和红一方面军司令员、红军抗日先锋军司令员、红军**西方野战军**司令员等重要领导职务。(《隆重纪念彭德怀同志诞辰一百周年》，《人民日报》1998 年 10 月 24 日)

> 这次结盟是我**西方野战军**统战工作的成果。可惜不几天，我八十一师即奉调甜水堡待命，我未能继续与蒙族同胞联系。此后，戎马倥偬，天各一方。(李志民《李志民回忆录》第五章)

> 东征胜利结束后，红军回师陕北。一九三六年，约在五月下旬或六月上旬，中

央机关驻瓦窑堡，在瓦窑堡以东地区开了全军干部会议，毛主席讲了话。讲到东征的伟大胜利，反对了一军团不愿调出新兵补充十五军团的本位主义。组织了**西征军**及其指挥部，任务是扩大抗日根据地，接援二、四方面军出草地。（彭德怀《彭德怀自述·从长征到三大主力会师》）

红军到达陕北后的第一次西征，部队也沿用当年红军长征之初的“野战军”称谓，并冠以行军方向“西方”。此“西方”是指“向西方”之方向意，而不是方位。从命名的理据上看，“西征军”之“西”也是言其进军的方向，是相对东征的抗日先锋军来说的。

这次西征的部队也分为三路，即左路军、右路军和中路军。西方野战军至8月取得了重大胜利，巩固和开辟了广大的新区域，迎接了抗日新局面的到来。

西方野战军下辖**左右两路军**，后又组成**中路军**，共约17000多人。**左路军**由一军团组成，左权为代军长，聂荣臻为政治委员。**右路军**由十五军团组成，徐海东为军团长，程子华为政治委员。**中路军**二十八军军长宋时轮，政治委员宋任穷；八十一师师长贺晋年，政治委员张达志。此外，参加西征的还有二十九军等部。（彭德怀传编写组《彭德怀传》第八章）

第二次西征。红军三大主力会师后，中央军委按预定作战计划组织宁夏战役。1936年10月24日开始，红四方面军第五、九、三十军奉命在甘肃靖远南虎豹口渡黄河西征。这是由红四方面军担任的第二次西征。11月8日，中共中央复电正式同意称“西路军”，并批准成立“西路军军政委员会”，军政委员会主席兼政委陈昌浩、副主席兼总指挥徐向前。

如果要避免与蒋介石的军队进行艰苦的战斗，并避免冒被赶回毛儿盖陷入绝境的危险，**西路军**决不能留在黄河南岸。渡河后发生的事情出乎张的意料之外。**西路军**被国民党的回族骑兵歼灭。（费正清《剑桥中华民国史》第四章）

西路军的两万多人，遭到几乎全军覆灭的命运，在我军历史上，绝无仅有。回顾这段历史，确有“不堪回首话当年”之叹。我是**西路军**的主要指挥者，这支部队的两个主力军（九军、三十军），又是我和其他同志从鄂豫皖带着发展起来的。**西路军**的失败，长期使我愧悔交加，余痛在心。（徐向前《历史的回顾》第十四章）

一九三六年，红军到了陕北，组织了**西路军**，同战犯马步芳打了四个月。马步芳在甘肃挖了万人坑，把我们的同志一个个活埋了。这是天地间从未有过的残暴，这是最大的罪恶！我的右腿就在这次战斗中负伤了。（《血不能白流！——记一个荣退军人的谈话》，《人民日报》1949年2月20日）

两万余名西路军指战员，在无粮草弹药补充、自然环境恶劣等极其困难的条件下一路血战，终至失败，所以在红军历史上，“西路军”是一个悲壮的称谓。

另外，长征期间还出现了很多非正规军的称谓，如刘志丹等领导的"西北反帝同盟军"(后又改编为"中国工农红军陕甘游击队")、红二十五军建立的"抗捐军"、刘伯承建立的第一支少数民族武装——"中国夷民红军沽鸡支队"(简称"彝民支队")等。这些军事称谓也都是红军长征胜利的见证，此不赘述。

五、红军别称与反动派对共产党及其武装的污蔑性称谓

除正式称谓外，土地革命时期还出现了有关红军的别称性称谓，这类称谓有的色彩呈中性，有的则属于贬称甚至诬蔑性称谓。

(一)"赤军"

"赤军"不是军队的正式称谓，而是行文时对红军的一种别称("赤""红"同义)，色彩比较中性，国共方面均可使用。

赤军之现役军官和兵士之有家属者其本身亦为一劳动单位，分给之土地得雇人耕种。……全县境内之赤卫队归县苏维埃指挥调遣；全省境内之赤军(工农革命军)归省苏维埃指挥调遣。为指挥作战之方便起见，于海陆军委员会之下设总司令指挥等职，指挥调遣作战军队。(《中央通告第三十七号——关于没收土地和建立苏维埃》[1928 年 3 月 10 日]，《中共中央文件选集》第四册)

政治课：先操后讲，讲者政治指导员。讲革命形势、帝国主义、赤军任务等，无一定教材，"随便讲一下子"。(毛泽东《长冈乡调查》[1933 年 11 月]，《毛泽东文集》第一卷)

陈云同志在病床上用了近半个月的时间，每天听一点需要增补的 33 篇文稿的内容。当他听到 1935 年写的宣传红军长征的《随军西行见闻录》，准备保持文字原貌收入文选时，他说，当时为了便于在国民党统治区流传，他化名叫"廉臣"，并把红军写为"赤军"。(《陈云同志最后的 321 天》，《人民日报》1995 年 5 月 29 日)

(二)"平产军""黑杀党"与土豪劣绅对红军的污蔑

"平产军"和"黑杀党"是湖南等地土豪劣绅对红军的污蔑性称谓。暴动初期，红色力量的影响面和深度不够，反动宣传给群众造成了很大的恐慌。比如湖南的土豪为了抵制和反抗红军，污蔑红军为"平产军"和"黑杀党"。"平产"即"共产"，指红军来了会没收所有人的所有财产；"黑杀"是指共产党搞暗杀，滥杀无辜。由这些称谓可见土豪劣绅对共产党及其领导的红军恐惧、痛恨的复杂心态。

平江暴动时，一班豪绅地主极其恐慌，称红军为"平产军"、"黑杀党"，并宣称共产党来了见人就杀，见屋就烧，造成很大的恐怖。(《滕代远向湖南省委的报告》(1929 年 1 月 12 日)，《湘鄂赣革命根据地文献资料(第一辑)》)

天亮了，红军都隐蔽在商城周围的山上。……周发若手枪已掏出来，大叫："老子崩了你!"那个人一看要枪崩他，吓得翻身就跑，大叫："土匪来了!""黑杀党进城了!"城门骚动起来了。（桂恒彬《红杜鹃 白杜鹃》第二章）

（三）"老共""共党""共产""共军"等口语化蔑称

1."老共"

因为"共产党"这一称谓中最显著的和被广泛接受的语言特征是"共"语素，因此国民党方面使用简称时保留它，造出一个"老共"，泛称共产党、红军以及亲共群众，同时赋以轻蔑的感情色彩。词缀"老"是附加成分，带有明显的口语特征。

可是等我们走过以后，就听背后哨兵指指戳戳地说：**"老共，老共"**。（宋侃夫《红四方面军无线电通信始末》，《红军的耳目与神经——土地革命战争时期通讯兵回忆录》）

2."共党"

"共党"也是"中国共产党"的简称，取"共"和主要语素"党"组成偏正结构。这一称谓词简便，往往带有轻蔑和敌对的色彩。

严惩窝藏共犯，田德峰窝藏**共党**被拘，财产概充公以示严惩（《中央日报》1930年8月20日第7版标题）

敌人得知后，引起怀疑，又用密码电报向上级报告，说他们军中有**"共党"**间谍、特务；说**"共党"**电台侦听的准，要尽快更换密码。（游正刚《电台工作二三事》，《红军的耳目与神经——土地革命战争时期通讯兵回忆录》）

3."共产"

在反动派看来，"共产共妻"是共产党的最大特征，也是他们经常拿来诬蔑共产党、恐吓群众的一个说法。

接着他对我说："杀的是俘虏来的**共产**，我们传令队都去了。"（董汉河《西路军女战士蒙难记》第一章）

4."共军"

"共军"通常是国民党方面使用的称谓，因红军是共产党领导的军队，故称"共军"（后来对八路军、解放军也用此称）。

共军被围势将坐毙，匪区抢无可抢匪 徒忍饿相率逃亡，李匪明瑞残部不满五百（《中央日报》1931年3月12日第7版标题）

蒋介石疑团莫释，不知红军何处是虚，何处是实。正在这时，他又忽闻侍从室告急，说：**共军**已到贵阳近郊。蒋介石顿时脸色突变，心慌意乱，不知如何是好。（杨成武《巧布奇兵赢主动》，《毛泽东和他的将帅们》）

(四)"匪"类詈称及其变体

土地革命时期,国共双方站在各自的立场上视对方为务必消灭的对象,互称为"匪",称谓都带有很浓的蔑视色彩。国民党以执政党自居,对共产党的称谓更是一切皆"匪"。

1."匪""土匪""匪徒"和"匪军"

"匪"即强盗,是给政府捣乱,并且危害百姓生活的坏人。这里是国民党指称共产党和红军常用的詈称;国民党是执政党,所以要推翻政府的共产党当然就是"匪"和"匪徒"。"剿匪"则主要针对红军而言。

湘粤赣军围歼赤匪,**匪**主力数万窜三省交界处,肖之楚徐源泉均有电告捷(《中央日报》1932 年 6 月 4 日 第 3 版标题)

赣西十数县,已成**土匪**世界,万载红军在萍缴械,万安幸从虎口夺回(《中央日报》1928 年 10 月 1 日第 6 版标题)

"啊,可是你一定知道,报纸编辑不能不把他们称作**土匪**,因为南京命令他们这样做,"他解释说。"他们要是用共产党或革命者的称呼,那就证明他们自己也是共产党了。"(斯诺《西行漫记·去红都的路》)

陕北剿匪军击溃徐刘窜匪,伤亡**匪徒**在两千以上,匪受创后向安定溃退(《中央日报》1936 年 2 月 15 日第 6 版标题)

赤匪主力击溃以后,**匪军**损失二分之一以上,建立伪政府计划已打消(《中央日报》1931 年 7 月 31 日第 4 版标题)

8 月 1 日,《大公报》援引国民党军第 84 师师长高桂滋的话,说:盘踞陕北者为红军二十六军,其确实人数究有若干,现无从统计……为**匪军**主力部队。(徐占权《解读长征》)

2."赤匪"和"红匪"

这两个都是"土匪"的变体,都是利用颜色来命名和区分,"赤"和"红"指中国工农红军的"红"色。在国民党的"词典"里,"赤"和"红"两个字本身是贬义词。

(举办训练团)其目的是要训练打**赤匪**的本领来消灭**赤匪**。(蒋介石《庐山训练之意义与革命前途的演说》[1933 年 7 月 18 日],蒋凤波、徐占权《土地革命战争纪事》)

一度曾因为陕北游击队主力南下陕甘苏区,与红二十六军会合而未遭到打击的高桂滋,也慌了手脚了,他原来在这时曾给蒋介石发去八个字的电报、说什么:"一弹未发,**赤匪**已平。"简直骄傲的不得了,尾巴翘得老高,现在,却不能不张惶失措、手忙脚乱的向蒋介石发报求援报丧了。(《斗争中成长——回忆陕北红二团斗争片断》,《人民日报》1957 年 8 月 2 日)

罗霖剿鄂北**红匪**(《中央日报》1930 年 3 月 27 日第 4 版标题)

“是的，现在我们不缴税。但是谁知道明年又怎样？红军一走，白军就来。一年红军，一年白军。白军来了，他们叫我们**红匪**。”（斯诺《西行漫记·去前线的路上》）

夏永明心想：一不做二不休，骑在军官身上一阵暴打。正在这时，那大兵领着十几个人赶来。被打得哼哼呀呀的军官大声喊：“把这一窝子都给我揍死，我看都是**红匪**。”（蔡炳臣《谁敢摘掉我的红星》，《人民日报》1959年4月11日）

3.“共匪”及其变体称谓“匪共”

和“赤匪”的命名方式相同，“共匪”以“匪”为主干，附加上共产党的简称“共”，指明“匪”的性质。“共匪”当然也可以倒过来使用，形成变体称谓“匪共”，均指共产党及其领导的红军。

湘剿共军克复安仁，围澧**共匪**窜石首藕池，何炼重新分配剿匪部队（《中央日报》1930年11月12日第4版标题）

十年来国民党一直对红区保持全面的新闻封锁，在全国到处散布“恐怖”宣传，把它自己的飞机和重炮所造成的生命与财产的破坏大都归咎于“**共匪**”，但事实上红军是根本没有这种武器的。（斯诺《西行漫记·去红都的路》）

“哗啦”一阵响，城内卸下了门栓，随之，“吱——”“吱——”的两声，又高又厚的城门敞开了。开城门的恐慌地向我们走在前面侦察排的同志道：“怎么**共匪**已经过乌江啦？来得好快呀！”（王集成《夜取遵义》，《人民日报》1957年7月28日）

国军三路围攻华容，蒋主席限三月底扑灭三省**匪共**，增派得力部队先歼赣匪，四路军将石门贺匪肃清（《中央日报》1931年1月29日第3版标题）

匪共一律改称赤匪（《中央日报》1931年3月25日第4版标题）

4.“共匪”称谓的变通使用

有时共产党人和红军也自称“匪”。这是因为自己承认是“匪”，就承认了是和政府、政府军队对着干的，更重要的是承认自己也像“匪”一样杀富济贫，要打土豪分田地。这是称谓词的贬义褒用。

当我们拼着性命起来同我们的剥削者……作斗争时，我们就是“反动”，就是“叛逆”，就是“**共匪**”，我们就遭毒打，杀头、枪毙！（《中华苏维埃第一次全国代表大会告全中国工人与劳动民众》[1931年11月9日]，《中共中央文件选集》第七册）

还有的时候，不明真相的群众也使用“共匪”称谓，而且用“共匪”称赞红军。这说明对于某些政治称谓，尤其对于其所包含的感情色彩义，普通群众并不敏感，群众在使用这个称谓词的过程中，只是采取了一个没有意义的“空壳”。

我们进入贵州，那里的群众没有受过我党和大革命的多少影响，对我们不大了解，又是碰到很多笑话。由于国民党反动派已在宣传什么“**共匪、共匪**”，有些青年人不知道“共”是什么，“匪”是什么，他们看我们纪律好，就不怕我们，但也叫我们“共匪”。我们问他们，他们说“你们好，你们共匪好”！我们就和他们讲了一通大道理，他们才明白过来。（萧克《红六军团的西征》，《红军长征——回忆史料（一）》）

5.“棒老二”“霉老二”等对红军的蔑称及派生称谓

“棒老二”本是四川方言对土匪的称谓，国民党视红军为“匪”，故拿来作对红军的蔑称。“霉老二”是一个地方色彩很浓的称谓词，出现在四川北部，一般辞书不予收录。但我们利用词素分解法，还是不难觅出其意义理据的。“霉”在四川方言有倒霉、触霉头之意，多用为对人的诅咒语。另据许宝华、宫田一郎主编的《汉语方言大词典》第二卷，“老二”在西南官话贵川一带指土匪。由此可知“霉老二”是西南地区国民党反动派和地方阀痛恨红军的詈称，意思是“倒霉的土匪”，可见该词对红军极尽诬蔑之能事，而且还略带迷信色彩。“霉老二”又派生出一个对积极支持或参加红军的农民的称谓——“霉老三”。

平地一声春雷。一九三三年，一支红军队伍来到了川北大巴山……吓得土豪劣绅夜不能眠。他们咬牙切齿，给这支红军队伍起了个诨名叫“**棒老二**”。可是，广大贫苦农民打心眼里拥护这些“**棒老二**”，把他们当作大救星。不知哪位天才的歌手还编了一支歌，在本地唱了起来：**棒老二**，**棒老二**，来我们一起吃锅烟。抓财主，杀贪官，为我们穷人来伸冤。穷哥儿都来闹共产，把这个世道翻一翻。（张富荣《找红军》，《我当儿童团长的时候》）

民国二十四年（1935）我已十四岁。……问他们为什么跑出来，他们说：“红军与川军打仗躲兵灾。”再问：“他们打仗，你们怕什么，跑啥？”他们把红军诬称“**霉老二**”说：“**霉老二**打富济贫，凡发财人要杀光”。一语道破了这些所谓难民都是土豪或劣绅。（何正本《楼子坝赵家洞打粮记》，《青川文史资料选辑》第四辑）

打着各种旗号的还乡团一回来，就杀气腾腾地叫嚣：“凡是**霉老二**（敌人对红军侮辱性称号）的苏维埃干部和当**霉老二**走了的在家家属要满门抄斩；**霉老三**（对农民积极分子的侮辱性称号）乱棒打死。”（朱林《红军长征过邛崃》，《红军长征的民间记忆》）

第二节　中共早期军队建设中的政治工作相关称谓

从南昌起义打响武装起义的第一枪，到拥有一支深受群众支持的、极富战斗力的红军队伍，中国共产党的军队建设经历了一个相当艰难的过程。红军和军阀、国民党军队的不同之处就在于优先考虑政治训练，建立了独立完整的政治工作体系。在政治建设的过程中也形成了一系列富有时代特色的军队政治工作称谓词。

一、“士兵委员会”与军内民主主义建设

“红军的物质生活如此菲薄，战斗如此频繁，仍能维持不敝，除党的作用外，就是靠实行军队内的民主主义。”这是毛泽东《井冈山的斗争》一文在总结井冈山时期红军发展历史经验时的一个重要论断。军内民主主义制度当时主要体现在建立士兵委员会上。早在“三湾改编”时，工农革命军就在连队成立了由广大官兵民主推选代表组成的士兵委员会组织，任务是：参加军队管理，维护军队纪律，监督军队的经济，做群众工作，做新兵的政治教育工作。

士兵委员会简称“士委会”“士兵会”“士委”“兵委”等。士兵委员会按士兵人数确定委员数量，再按比例从委员中公推执委数人和主席一人。士兵委员会执委简称“士委执委”“士执委”，如“连士委执委”“军士执委”等。以上简称都抓住了“士”这一关键词。

> 特别是在连一级，因党的支部建设在连上，党代表更为重要。他要督促**士兵委员会**进行政治训练，指导民运工作，同时要担任党的支部书记。（毛泽东《井冈山的斗争·军事问题》[1928年11月]，《毛泽东选集》第一卷）

> 那时，**士兵委员会**有很大的权力，军官要受**士兵委员会**的监督，做错了事，要受到**士兵委员会**的批评，甚至制裁。（罗荣桓《秋收起义与我军初创时期》，《井冈山革命根据地》下）

> 此外**士委会**与军事机关的关系，**士委**只能对于某个问题建议或质问……在非常时期党代表可以解散**士委**，或不准其开会，另诉诸**士委**代表会。”（陈毅《关于朱毛军的历史及其状况的报告》，《井冈山革命根据地》上）

> 同时，在宣传工作上，忽视宣传队的重要性。在群众组织上，忽视军队**士兵会**的组织和对地方工农群众的组织。结果，宣传和组织工作，都成了被取消的状态。（毛泽东《中国共产党红军第四军第九次代表大会决议案》[1929年12月]，《毛泽东文集》第一卷）

> 四军中**兵委**过去有成绩，其组织路线作很正确。其职权规定为监督军队经济，参加军队管理，厉行士兵政治教育，做群众工作，与军事机关的关系用报告建议而不能直接管涉。发生特别事件政治委员有解散**兵委**之权，**兵委**开会政治委员列席为顾问等。这些规定虽然较之俄国红军兵委权力扩大得很多，但在目前红军游击时期是可以适用的，不过要注意军队中民主化要有限度，否则于斗争是有害的。（《中央给红军第四军前委的指示信》[1929年9月28日]，《中共中央文件选集》第五册）

> 在军、团、营、连均设士兵委员会，官长同时为**士兵委员**。全连士兵大会选举5

至7人或9人为连士委执委，推主席一人。以全营人数按每5人举一代表组成全营士兵委员会，推举11人至13人组织营士执委，推举1人为主席。……军士执委选5人至7人为常委。（陈毅《关于朱毛军的历史及其状况的报告》[1929年9月1日]，《井冈山革命根据地》上）

士兵委员会等军队民主建设使士兵利益得到了保障，大大地激发了士兵的革命热情，部队中出现了官兵一致、上下平等的新型官兵关系。“三湾改编”是我党建设新型人民军队最早的一次成功探索和实践，初步解决了如何把以农民及旧军人为主要成分的革命军队建设成为一支无产阶级新型军队的问题，保证了党对军队的绝对领导，奠定了政治建军的基础。

二、“党代表”称谓与共产党对军队的绝对领导

“党代表”作为称谓词，如今只在中共召开党的各级代表大会时使用，军队中做政治工作的“党代表”已经成为一个历史词。在国共两党建军初期，它却是体现党对军队实行绝对领导的一个重要称谓，因此，党代表首先指为了做好军队的政治工作而设置的一种制度。

顾名思义，“党代表”即党的代表，是受政党指派前往军队中进行政治指导和开展思想政治工作的领导人。

军队中的党代表出现于第一次国内革命战争期间。孙中山为了建立一支新型的革命武装，学习苏联建军经验，尝试在军队中设立党代表。1924年黄埔军校成立，孙中山任命蒋介石为校长，廖仲恺为国民党的党代表。国民革命军成立，廖仲恺又被任命为全军总党代表，许多共产党人也因国共合作而担任了北伐军的各级党代表。党代表对于军队建设和提升军队战斗力发挥了积极作用。有意思的是，国民党军队后来取消了这一制度，而在中国共产党的军队里，党代表却发挥了巨大的政治作用。党代表制度是中共初期军队建设中“党指挥枪”原则的具体体现方式。

1927年8月21日，中共中央在《中国共产党的政治任务与策略的决议案》中明确提出：工农革命军里“要有极广泛的政治工作及党代表制度”。南昌起义和秋收起义期间，共产党在自己创建的军队中设立了这一制度，“三湾改编”时，毛泽东明确规定连以上各级军事单位设立党代表。

午饭时，我和朱军长、毛党代表一起吃午饭。那时午饭各自用洗脸毛巾包一碗饭，到时休息就地就吃，也没有什么菜，吃冷饭，喝冷水。（彭德怀《彭德怀自述·红四五军第二次会合于瑞金城》）

党代表制度，经验证明不能废除。……事实证明，哪一个连的党代表较好，哪

一个连就较健全,而连长在政治上却不易有这样大的作用。(毛泽东《井冈山的斗争·军事问题》[1928年11月],《毛泽东选集》第一卷)

1928年7月,中国共产党第六次全国代表大会决定实行政治委员制度。1928年党的有关文献中就开始使用"政治委员",并指明"政治委员应即为党代表",1929年起正式改称"政治委员"。政治委员是军队的政治主官,是负责党的工作和政治工作的领导干部。

红军中政治工作,必须特别注意。……红军应由苏维埃派**政治委员**监督军官,并负责进行政治工作。**政治委员**应即为党代表。(《中央通告第五十一号——军事工作大纲》[1928年5月25日],《中共中央文件选集》第四册)

各支队宣传队,受支队**政治委员**指挥。各大队分开游击时,每大队应派去一个宣传分队随同工作,受大队**政治委员**指挥。(毛泽东《红军宣传工作问题》[1929年12月],《毛泽东文集》第一卷)

团以上各级党代表改称"政治委员",简称"政委";营级的党代表改称"政治教导员";连级的政治委员改称"政治指导员"。例不赘举。

三、"连支部""团委""支委""前委"等称谓与军队中的党组织建设

1927年9月秋收暴动后,毛泽东改变攻打长沙的计划,转向井冈山创建农村革命根据地。这支只剩下不到1000人的部队到达江西永新县境内三湾时,毛泽东主持进行改编,这就是历史上著名的"三湾改编"。毛泽东开始在军队中建立党的各级组织,将支部建在连上,称为"连支部";连以下称"党小组"。连以上党组织分别称为"营委"、"团委"、"军委"(没有师一级)。有一个阶段,团、营、连分别叫"纵队""支队""大队",于是党组织又有了"纵委"和"支委"("大队"设"支部")。

党的组织,现分**连支部**、**营委**、**团委**、**军委**四级。连有支部,班有小组。红军所以艰难奋战而不溃散,"支部建在连上"是一个重要原因。(毛泽东《井冈山的斗争·军事问题》[1928年11月],《毛泽东选集》第一卷)

大队士兵会不设党团,工作由**支委**指导。纵队士兵会要设党团,此党团受**纵委**指导。(毛泽东《党的组织问题》[1929年12月],《毛泽东文集》第一卷)

需要注意的是,当时尚未通行"党委"之称(按:当时红军各级党组织统称"党部"),所以才形成"营委""团委""军委""纵委"和"支委"这类历史性的特色称谓。因此我们要有历史观点,切勿把这类"团委"与后来的共青团"团委"相混淆。对于这类"军委""支委"等称谓同理。

当时体现党的军事领导的特殊组织称谓还有一个"前委",全称"前敌委员会",最高

领导人称"书记",这是战争时期专门指导前线对敌作战的党的领导集体。例如著名的南昌起义即组织了中共前敌委员会(简称"前委"),周恩来任书记。红四军有中央任命的前委。

红军党的指导机关是中央任命的前委。……军委及工委名单由前委决定。(毛泽东《红军第四军前委给中央的信》[1929 年 4 月 5 日],《毛泽东文集》第一卷)

军以上党组织还有"总前委"。1930 年党中央为便于指挥,将红一、三军团合编组成中国工农红军第一方面军,并成立第一方面军总前委,朱德任总司令,毛泽东任总政治委员和总前委书记。

我代表总前委参加这次会。这次会的特点,就是讨论了分青和租田两个问题。(毛泽东《分青和出租问题》[1930 年 11 月 15 日],《毛泽东文集》第一卷)

红四军的前委具有军党委的性质,相当于此前的军委。而红四军在前委之下另设军委,以朱德为领导,实即军事委员会,与此前的军委有别。红军时期,有时地方党委也受"前委"领导,这是战争时期的特殊需要。如毛泽东在《井冈山的斗争》(1928 年 11 月)中说"特委(按:领导起义暴动的机构)及军委统辖于前委";"前委管理地方党。特委仍有存在的必要,因为前委有时要随军行动"。[①] 长征期间,三大主力红军会师整编,成立了前敌总指挥部,其首长是总指挥。"前委"称谓在解放战争时期沿用,例如三大战役中都组织了"前敌委员会",此系后话。

四、"党代表""政治委员"与军队党组织"书记"的区别

红军中党的领导人,除了"党代表"和"政治委员"外,还有各级党组织的"书记",这几个称谓及其所代表的职务有什么区别呢?毛泽东早期著作中讲了党代表和书记的区别:

是的,就是四军中有一种党部书记兼充红军党代表制度,一些同志分不清楚党代表与书记在职务上是两样东西,因为党代表与军官的权限历来没有弄清楚,时常发生争权问题。(毛泽东《给林彪的信》[1929 年 6 月 14 日],《毛泽东文集》第一卷)

可见党代表和书记是不一样的。党代表是党派到军队的代表,是传达党的意志和上级党组织指示的中介,更是军队党建的政治灵魂;而书记是军队中的党组织建立起来以后,由支部或委员会推举出来的该组织的负责人,是属于部队自身的。因为当时能做政治工作的人才稀缺,党的支部书记有时和党代表合二为一。同一军事单位中,党代表由于有上级指派的因素,身份似乎更特殊,地位也似乎更高,指导性更强。

---

① 《毛泽东选集》第一卷,人民出版社 1991 年版,第 77 页。

1928年7月中共六大决定将“党代表”改称“政治委员”后，毛泽东又讲到“政治委员”和“书记”的区别：

> 大队支队两级党部的**书记**，以不兼**政治委员**为原则，但在工作人缺乏的部队，仍可暂时兼充，没有担任党的**书记**责任的**政治委员**，上级党部应察看情形，在条件适合的环境之下得委为党的特派员，有指导该级党部的工作的任务。（毛泽东《党的组织问题》[1929年12月]，《毛泽东文集》第一卷）

看来“政治委员”和“书记”的关系与前述“党代表”与“书记”的关系是一样的。这里特意说到有时政治委员可以委为“党的特派员”，有“指导”该级党组织的任务和权力。“特派”二字更能够表明“政治委员”的性质。

五、“政治部主任”和“政治战士”

国民革命军成立即设有政治部主任，如周恩来就曾任黄埔军校政治部主任和国民革命军第一军副党代表兼政治部主任。中国共产党的军队沿用，1928年5月工农革命军第四军成立时，朱德任军长，毛泽东任党代表，陈毅任政治部主任。

政治部是中国共产党在军队中的政治工作机关（一般在团以上设置），首长是“政治部主任”，是隶属同级政委的政治机关主官，负责党的工作和政治工作的领导干部。“政治部主任”是与政委相对应的政工部门的首长，协助政委工作，对同级政委负责，所以“政治部主任”和“政委”的区别是很明显的。

> 党代表名称应立即废除，改为政治委员，其职务为监督军队行政事务，巩固军队政治领导，副署命令等。军政治委员可由前委书记兼，军政治委员可不兼任**政治部主任**。（《中央给红军第四军前委的指示信》[1929年9月28日]，《中共中央文件选集》第五册）

> 军事机关的一切命令，除政治委员须副署外，**政治部主任**无须署名。政治机关的一切命令，政治部单独行使，政治委员无须副署。（毛泽东《红军军事系统与政治系统关系问题》[1929年]，《毛泽东文集》第一卷）

为了培养干部，加强群众政治工作，红军中还设有“政治战士”。红军总政治部于1932年12月21日颁布《关于设立政治战士的训令》：政治战士应是全排政治文化水平较高、最得群众信仰的共产党员，一般由指导员提名，支部大会通过，师政治部批准。政治战士一般不脱离他军务上的一切责任，而充分利用群众路线进行工作。指导员应用心教育政治战士，使他学会当副指导员与指导员，这是培养干部的最好办法。

> 在指导员系统上，**政治战士**直接对连政治指导员负责………与党小组长关系是并行的，不相隶属。（王稼祥《政治战士的工作与职责》[1932年12月21日]，

《王稼祥选集》)

长征中的政治教育主要依靠连队党支部，各班配一个"政治战士"，负责本班思想政治工作。每排配一个"中心政治战士"，管理本排各班的政治战士，其工作情况每天向连指导员汇报一次。

> 检查各级政治机关与人员，勇敢提拔与补充干部，尽可能给新提拔的连排长、政治指导员与**政治战士**及新从红校回来的干部以相当训练，特别应经过团政治处给他们以具体工作的指示与帮助，提高他们工作的积极性与独立工作的能力。……根据过去行军经验与教训，健全行军中的政治工作，应在行进与大小休息空隙中，经过政治指导员、**政治战士**与党团员来不疲劳的进行政治工作，与部队的军事政治训练，以保证每个战士的不疲劳与随时准备战斗的情绪和旺盛的攻击精神。(《总政治部关于准备长途行军与战斗的政治指令》[1934 年 10 月 9 日]，《中共中央文件选集》第十册)
>
> 有一天，**政治战士**危秀英护送着刚分娩的陈慧清的担架，路上忽遭敌人的袭击。(李安葆、刘录开《女红军长征记》)

因为政治教育搞得好，红军受到广泛的拥护。长征期间红军被称为"文军"，即"文明之军"、"文明之师"，从这个称谓可以看到百姓对红军的认可和欢迎。

红军连队中还建立了一种叫作"十人团"的群众政治工作组织，顾名思义系由十人组成。十人团均选党团员组成，每个班一名成员称"团员"，负责人称"团长"。十人团的主要工作是反对叛变和逃亡，故又称"反叛逃十人团"，1933 年 7 月中央苏区专门颁布了《反逃跑十人团的组织与工作纲要》。

第三节　共产党领导的群众武装系列称谓

土地革命是一个漫长的过程，需要建立无产阶级领导的政权，更需要组织广泛的武装暴动力量。毛泽东在 1927 年的"八七"会议上强调党"要非常注意军事，须知政权是由枪杆子中取得的"，这个意见切中了大革命失败的要害，为中国革命指明了正确方向。

一、"三 K 党"组织称谓与土地革命初期的极端路线

三 K 党本是美国的种族主义恐怖组织，1866 年由南部奴隶主在田纳西州建立。因其名称"Ku Klux Klan"有三个"K"，故称"三 K 党"。后曾不断改组，至 20 世纪 20 年代中期，其势力蔓延全国，党徒竟多达 500 余万，采用黄底红边、三角形党旗，上有黑龙图

案。三K党总体主张就是对黑人实行种族歧视和暴力打击，其主要手段无非是绑架、暗杀、集体屠杀之类的恐怖活动。

孰能料到，中国广东早在20世纪20年代末期也出现了“三K党”！具体说是以“三K党”命名的农民革命组织，并且被权威的中共中央文件记载下来！

1927年大革命失败，国共合作破裂，中国共产党走上独立领导革命斗争的道路。但革命道路如何走，还存在不同主张，例如处于中共最高领导地位的陈独秀就主张先放弃对工农运动的领导权，实行“二次革命论”。1927年8月7日，中共中央政治局在汉口召开紧急会议，纠正了陈独秀的右倾错误，正式确定了实行土地革命和武装起义的方针。毛泽东正是在此次会议上提出了“政权是由枪杆子中取得的”的著名论断。八七会议方针符合马克思主义武装斗争和暴力革命的基本原理。但是武装斗争和暴力革命如何进行尚处于探索阶段，正是在这种背景下，广东潮阳一带的工农革命分子出现了认识偏差，建立起了名为“三K党”的组织。他们误以为革命就是采用美国三K党那样的暴力和恐怖手段来进行，用烧杀抢掠暗杀等办法进行斗争，用最极端的方式打倒土豪劣绅，夺取地方政权，结果革命毫无章法，造成了很坏的影响。由此可见，中国共产党在领导土地革命的初期走了不少的弯路。中共中央及时发现了这一问题，在1928年的一件决议案中对“三K党”进行了点名批评，对这种偏差予以纠正。但中国的这种“三K党”跟美国三K党没有任何组织上的联系，既非其派遣机构，亦非其分支团体，而只是借用其名称而已。

> 此外他们对于会匪不取分裂根本消灭的政策，对于军事运动尚幻想长官的错误方法，这许多都是不正确的，继续这种政治的精神，自然不能深入土地革命而且有大的危险。原因虽是由于他们远处深山与中央的政策隔绝，但他们农民分配土地，工人占据工厂的倾向，确表现一分社会关系与广东同志之组织三K党，谓革命为大杀，大抢，大烧，广州工人同志要求提出没收一切资本家的财产纯全一样。（《中央致罗迈信——关于湖北湘南工作问题》[1928年1月20日]，《中共中央文件选集》第四册）

> 党的组织从八七会议以后，并没有在许多工农群众剧烈的争斗中加以好多的改造，广大的工农革命分子并未吸入党来，党的指导机关仍然亦未加以多的改造，同时党员群众中发生许多不正确的思想，如广东潮阳同志之三K党（谓革命为大杀、大抢、大烧）的组织，各地同志一切解决于暗杀暴动等，如此C.P.本身将要发生极大的危险。（《中央关于中国政治现状与最近各省工作方针议决案》[1928年1月22日]，《中共中央文件选集》第四册）

> 至于惠来、普宁、潮阳县城，现在虽在反动武装势力内，但各乡村，亦在农民势

力范围内，大多数农民均经起来。……因此三县，曾经工农兵代表大会中产生县苏维埃委员，颇能领导民众向一切反动派进攻。不过以上三县之农会及苏维埃政权，大半操于三K党手中。党尚未健全，且党员尚未十分发展。（王备《关于海陆丰苏维埃成立前后及其影响的报告》[1928年5月26日]，叶左能主编《海陆丰革命根据地》）

二、"工农暴动队""赤卫队(团)""赤卫军"与苏区青壮年武装

由于环境特殊，苏维埃实行的是全民皆兵政策。除红军外，根据年龄、性别和身体状况等将7至50岁（有的地区上限是45岁或55岁）的男女（病残者除外）编入不同的半军事化社会组织，属于苏区的群众武装。

（一）"工农暴动队"

"工农暴动队"，简称"暴动队"，原是配合共产党武装暴动的秘密武装，起义成功后名称暂未改，成为乡村一级农民武装组织称谓，与区级以上的"赤卫队"相对而言。后来"暴动队"也改成了"赤卫队"。

地方武装有赤卫队和工农暴动队。暴动队以梭镖、鸟枪为武器，乡为单位，每乡一队，人数以乡的大小为比例。职务是镇压反革命，保卫乡政权，敌人来了帮助红军或赤卫队作战。（毛泽东《井冈山的斗争》[1928年11月]，《毛泽东选集》第一卷）

为了进一步扩大红军，毛泽东同志十分注意发展地方武装，实行工农革命军、赤卫队和工农暴动队三结合的武装体制。以后，在作战、保卫红色政权，建设根据地的斗争中，赤卫队、暴动队都发挥了巨大的作用。（何长工《井冈功业铭千载——回顾毛泽东同志开辟和坚持井冈山革命道路的伟大实践》，《人民日报》1981年6月12日）

土地革命全面开展，以乡为单位，按人口平分土地；群众武装也得到大发展，县建立赤卫大队，区建立赤卫队，乡建立工农暴动队，形成了主力红军、地方红军和赤卫队三结合的武装力量体制。（《党创建红军时期的毛泽东》，《人民日报》1997年7月31日）

（二）"赤卫队"系列称谓

"赤卫队"是土地革命时期中共领导的农民武装称谓。起初区、县两级的农民武装统称"赤卫队"（由大革命时期的"农民自卫军"演变而来）。为了区别逐步发展的赤卫队，乡一级叫"赤卫队"，区一级叫"赤卫大队"，县一级叫"赤卫总队"。有的地方也把县级赤卫队叫作"赤卫团"。"赤卫队"简称"赤队"。再到后来，"赤卫队"和"赤卫团"又统

称为“赤卫军”。1931年的《赤卫军组织法》规定赤卫军的年龄为24至40岁，可见“赤卫军”是根据地的青壮年农民武装。

> 组织赤卫队的目的，在使广大的工农群众军事化。此所谓军事化，不仅在使工农群众能够与敌人战斗，并且是要在刚夺取政权之时，使一部分参加暴动的群众能够有组织的进行消灭敌人的工作，如肃清反革命势力，没收征发运输交通侦探救护等这些工作，都是赤卫队工作的一部分。（《中央通告第五十一号——军事工作大纲》[1928年5月25日]，《中共中央文件选集》第四册）

> 而朱德毛泽东式、方志敏式之有根据地的，有计划地建设政权的，深入土地革命的，扩大人民武装的路线是经由乡赤卫队、区赤卫大队、县赤卫总队、地方红军直至正规红军这样一套办法的，政权发展是波浪式地向前扩大的，等等的政策，无疑义地是正确的。（毛泽东《星星之火，可以燎原》[1930年1月5日]，《毛泽东选集》第一卷）

> 县成立赤卫团，区成立赤卫大队，乡成立赤卫队。地方人民武装的发展，为主力红军的扩大提供了广大兵源。（《毛主席在福建》，《人民日报》1977年9月24日）

> 男成年中又分为在赤卫军的（可当长夫）与不在赤卫军的（可当短夫），女成年中也分为在赤卫军的（可当短夫）与不在赤卫军的（可优待红属）。（毛泽东《长冈乡调查》[1933年10月]，《毛泽东文集》第一卷）

赤卫军积极地配合正规红军作战，发挥了极为重要的作用，同时又是红军兵源的直接补充力量。

三、“少年先锋队”“共产儿童团”与苏区青少年武装

（一）“少年先锋队”

土地革命时期，苏区根据地年龄16至23岁的青少年组成的“少年先锋队”，简称“少先队”和“少队”。那时含义与今不同，实际上是一种青年民兵武装。“少先队”的勇敢分子又组成“模范少（先）队”。

> （二）少年先锋队　凡有一个赤卫大队的地方，就有一个少队，不分男女，年龄十六至二十三岁。（毛泽东《兴国调查》[1930年10月]，《毛泽东农村调查文集》）

> 但瑞金的领导机关用突击精神在短短七天的动员中，即已扩大了赤卫军一千余人，模范少先队五千余人。（《赤少队突击又获初步成绩》，《红色中华》1934年6月14日）

（二）“共产儿童团”

大革命时期，共产党在大中城市建立的革命儿童组织称“劳动童子团”。土地革命初期，苏区沿用其称，1930年改称“共产儿童团”，简称“儿童团”，年龄在7至15岁，不

分男女。战争时期的儿童团也向军事化看齐。

苏区**共产儿童团**在共产青年团领导之下，继续着红五月工作的热情，进行“八一”与国际青年节运动中两件工作的突击，在工作上收到了很大成绩，这使得苏区的共产儿童运动更加开展起来。（胡耀邦《共产青年团领导之下的苏区共产儿童团三个月来的活跃情形》，《红色中华》1933 年 9 月 27 日）

接着通过主席台前的有**儿童团**、红军大学、赤卫队等等。（刘辉山《欢庆红色中央政权的诞生》，《星火燎原》二）

儿童团可补充为少先队，少先队可补充为赤卫军，他们都是红军的后备力量。

四、“赤少队”“红军预备队”等称谓与红军队伍的扩充

红军要发展壮大，队伍就需要不断扩充，特殊时期还要突击扩充。1932 至 1934 年，红军开展起扩红运动，直接对象就是地方武装“赤少队”及其精干部分“模范赤少队”“红军预备队”等。

（一）“赤少队”和“模范营”

在苏区根据地，有一个非常流行的称谓叫“赤少队”，它就是前文说到的“赤卫军”和“少先队”的合称。“模范赤少队”“模范营”等则是抽调赤少队中的勇敢积极分子组成的武装。这些武装就成为扩充红军的直接兵源和后备力量。

记得这些经验，来迅速完成我们新区分田的工作，来联系到建立正式政权（苏维埃），建立**赤少队**、**模范营**、游击队，号召广大群众加入红军。（《迅速正确的分配新区的土地》[1933 年 8 月]，《第一、二次国内革命战争土地斗争史料选编》）

此外在我们的动员中没有同时整顿与加强**赤少队**与**模范赤少队**的工作，作为整营整团整师加入红军的基础。……责任〔成〕军委立刻检查**赤少队**的工作，造成对于他们的统一指导。各级党部应该用极大力量整顿与加强对于**赤少队**中的工作，使他们成为大批扩大红军的基础。（《中央关于扩大红军突击月总结的决定》[1934 年 1 月 5 日]，《中共中央文件选集》第十册）

（二）“红军预备队”“区特务营”和“独立团”

赤少队的勇敢精壮分子还组成“红军预备队”和“区特务营”，成为红军更直接的后备力量。“独立团（营）”也是地方武装，其战斗力更加接近正规红军。

六月起，挑选勇敢分子编入**红军预备队**及**区特务营**，剩下的少队仍然要下操，一个月下两次。（毛泽东《兴国调查》[1930 年 10 月]，《毛泽东农村调查文集》）

其次，是重视地方武装的建设，当时，省有警卫师，县有**独立团（营）**，乡有大队，村有中队（小队）。（方志纯《深情关怀赣东北》，杨成武主编《毛泽东和他的将帅们》）

五、"赤色先锋队""劳动童子团"与城市工人武装

土地革命重点在农村,但共产党也注意在城市里发展红军的后备力量。城市青年工人的组织称"赤色先锋队",又称"红色先锋队"或"(工人)赤卫队"。童工、学徒工及城市儿童则组成"劳动童子团",简称"童子团",这类组织都有军事化倾向。

> 除在军队中工作外,中国共产党目前最重要任务之一是在工厂和作坊中成立无产阶级的军事组织(**红色先锋队**、赤卫队)。(《军事工作决议案(草案)[中国共产党第六次全国代表大会文件(1928 年 7 月)]》,《中共中央文件选集》第四册)

> **赤色先锋队**是城市中红军的基础……**劳动童子团**是赤色先锋队的一个最有力的助手,是**赤色先锋队**的后备军。(《猛烈的扩大红军决议》[1930 年 6 月 8 日],《团中央通讯》1930 年第 6 期)

> **童子团**执行警察职务,如捕人、干涉行人等事,应严行禁止。(《中共"八七"会议告全党党员书》[1927 年 8 月 7 日],《中共党史教学参考资料(第二次国内革命战争时期)》下)

"赤色先锋队"和"劳动童子团"都是沿用大革命时期的称谓。由于土地革命中共产党军事力量是在农村,城市是薄弱环节,所以在城市建立这类准军事化组织相当困难,多处于秘密状态。

第二章　工农运动与苏维埃政权建设相关称谓

本章涉及的主要称谓如下：

节	目	称谓
第一节	一	地主、公共地主、祖宗地主、神道地主、政治地主、个人地主、大地主、中地主、小地主、破落户、新发户、破产地主、绅士、乡绅、土豪劣绅、豪绅、土豪、豪劣、土劣、捐棍、税棍、万户、大户、大老虎
	二	富农、半地主性富农、半地主、资本主义富农、初期性富农、反动富农、中农
	三	雇农、佃农、半佃农、自耕农、农奴、工奴
	四	流氓、游民无产者、流氓无产者、流氓无产阶级、痞子、惰农、流氓地痞
第二节	一	赤色工会、黄色工会、反动工会、黄会、指导委员、黄色领袖、黄色首领、工贼、黄色工贼、走狗、黄色走狗
	二	农民协会、农协、革命委员会、黄色农会、赤色农会、农民委员会、贫农会、雇农工会、苦力工会、贫农团
第三节	一	苏维埃
	二	苏维埃、海陆丰苏维埃政权、苏维埃政权、广州公社、苏维埃政府、广州苏维埃政府
	三	苏维埃、工农兵苏维埃
	四	苏维埃、埃政府、乡苏、区苏、县苏、市苏、省苏

第一节　土地革命时期农村各阶层的划分及相关称谓

“谁是我们的敌人？谁是我们的朋友？这个问题是革命的首要问题。……我们要分辨真正的敌友，不可不将中国社会各阶级的经济地位及其对于革命的态度，作一个大概的分析。”毛泽东同志著名的《中国社会各阶级的分析》的开篇即点明了中国共产党的斗争策略，点明了阶级和阶层分析对中国革命的重要性。“十年内战时期”又称“土地革命时期”，抓住了土地问题就抓住了革命的关键。我们也从这个角度着眼，通过当年农村的一些阶级和阶层称谓，重温那段如火如荼的革命历史。

一、“地主”相关称谓和土地革命的主要对象

（一）“公共地主”“个人地主”“破产地主”称谓与土地占有的严重不均

“地主”的概念早已有之，但是不同时代这个概念所具有的内涵也不同。土地革命时期地主是斗争的主要对象，对“地主”概念的定位十分关键，过宽过严都不对，土地革命初期

就出现一些偏差。20世纪30年代初期，随着斗争的发展，对“地主”的界定也趋于准确。

自己有田地、房屋等私产，出租给别人耕种，或者还要实行高利借贷，叫作**地主**。还有一种**地主**，以大部分土地出租，自己耕种一小部分。（湘赣军区政治部编《阶级的分析与对各阶级的策略》[1932年1月28日]，《第一、二次国内革命战争时期土地斗争史料选编》）

占有土地，自己不劳动，或只有附带的劳动，而靠剥削农民为生的，叫作**地主**。**地主**剥削的方式，主要地是收取地租，此外或兼放债，或兼雇工，或兼营工商业。但对农民剥削地租是**地主**剥削的主要的方式。管公堂和收学租也是地租剥削的一类。（毛泽东《怎样分析农村阶级》[1933年10月]，《毛泽东选集》第一卷）

“地主”只是一个上位概念，其下又形成了很多不同的类。按照毛泽东的《寻乌调查》，“地主”分为“公共地主”和“个人地主”两大类型，其下再分为若干小类型。其具体所指与占有田地的多寡关系，为清楚起见，我们列表说明。为便于互相比较和为下文提供方便，此表也包含“农民”的部分内容。

<table>
<tr><th>成分</th><th>旧有土地分配</th><th colspan="3">农村人口成分</th><th colspan="2">基本定义</th><th colspan="2">人数百分比</th></tr>
<tr><td rowspan="3">公共地主①</td><td rowspan="3">40%（公田）</td><td colspan="3">祖宗方面土地（祖宗地主）</td><td colspan="2">占全部土地24%，占全部公田60%。为祭祖和接济穷困子孙设公田，后出租；余租为少数人霸占，形成剥削</td><td colspan="2"></td></tr>
<tr><td colspan="3">神道方面土地（神道地主）</td><td colspan="2">占全部土地的8%，占全部公田的20%（神、坛、社、庙、寺、观）</td><td colspan="2"></td></tr>
<tr><td colspan="3">教育和公益方面土地（政治地主）</td><td colspan="2">（考棚、宾兴、孔庙、学租等教育方面；桥会、路会、粮会等公益方面）两方面均占全部土地的4%和全部公田的10%</td><td colspan="2"></td></tr>
<tr><td rowspan="6">个人地主</td><td rowspan="6">30%</td><td colspan="3">大地主</td><td colspan="2">收租500石以上</td><td colspan="2">0.045%</td></tr>
<tr><td colspan="3">中地主</td><td colspan="2">收租500石以下200石以上</td><td colspan="2">0.4%</td></tr>
<tr><td rowspan="4">小地主</td><td rowspan="3">破落户</td><td>年有多余（反革命）</td><td rowspan="3">祖上继承些田产，正走下坡路</td><td rowspan="4">收租200石以下</td><td rowspan="3">1%</td><td rowspan="4">3%</td></tr>
<tr><td>卖田维持（革命）</td></tr>
<tr><td>借债维持（革命）</td></tr>
<tr><td colspan="2">新发户（也有人称为半地主性富农）</td><td>农民力作或由小商业致富。
自耕或租给别人</td><td>2%（占地主全数48%）</td></tr>
</table>

① 此类无确定的对象人数，故“人数百分比”一栏数据空缺。——编者注

续表

<table>
<tr><td rowspan="9">农民</td><td rowspan="9">30%</td><td colspan="2">富农</td><td colspan="2">有余钱剩米放债的</td><td>4%</td></tr>
<tr><td colspan="2">中农</td><td colspan="2">够食不欠债的</td><td>18.255%</td></tr>
<tr><td rowspan="4">贫农（受剥削，不剥削别人）</td><td>半自耕农</td><td>一点地有牛、耕具不够食、有本钱</td><td rowspan="4">不够食欠债的（小资产阶级，又叫半无产阶级）</td><td rowspan="4">70%</td></tr>
<tr><td>较好的佃农</td><td>无地有牛、耕具（人数最多）</td></tr>
<tr><td>更穷的佃农</td><td>无地共用耕牛</td></tr>
<tr><td>最穷的佃农</td><td>没地没本钱</td></tr>
<tr><td colspan="2">手工工人</td><td colspan="2">工匠，船夫，专门脚夫</td><td>3%</td></tr>
<tr><td colspan="2">游民</td><td colspan="2">无业的</td><td>1%</td></tr>
<tr><td colspan="2">雇农</td><td colspan="2">长工及专门做零工的</td><td>0.3%</td></tr>
</table>

除了表中已有的称谓以外，这里再补充一个“破产地主”称谓。因为仍不从事劳动，而主要依靠欺骗掠夺等手段为生，所以“破产地主”还是地主。可见区别是否地主并不只是看土地，还要看其行为表现。

> 在暴动前，地主已经全部或最大部分失掉了他在土地财产上的剥削，但仍不从事劳动，依靠欺骗或亲友接济等为主要生活来源者，叫作**破产地主**。**破产地主**仍然是地主阶级的一部分，不得分配土地。（《中华苏维埃共和国中央政府关于土地斗争中一些问题的决定》[1932年10月10日]，《中共中央文件选集》第九册）

（二）“绅士”（士绅）等特权阶层称谓与农村土地革命的主要打击对象

农民运动首先打击的对象就是“土豪劣绅”和“贪官污吏”。拥有大量的土地（地主）本身就是土地革命的对象，这些地主往往又在农村很有势力，欺压百姓，形成特权阶层（土豪劣绅），这样的“地主”更是土地革命的首要打击对象。

1.“绅士（士绅）”和“乡绅”

绅士，即“士绅”，是指在乡村具有特定权势力量或特殊社会地位的人，他们既掌握大量土地，是地主甚至大地主，又是掌控县域地方组织的领袖。地方权力集团很依赖“士绅”。

> 地主阶级政治上团结军阀，组织团防，有**绅士**来帮助他们压榨农民，帮助屠杀农民。地方上的**绅士**常常是地主出身的。（《阶级的分析与对各阶级的策略》[1932年1月28日]，《第一、二次国内革命战争时期土地斗争史料选编》）

因为是在乡村的特权势力，故“士绅”称谓又被冠以“乡村”特征，产生了“乡绅”等称谓。

乡绅虽然常是有田地的，兼营商业和重利盘剥的，或者做官的，但是一般而论，他们是多余的知识分子(《中国共产党土地问题党纲草案》[1927 年 11 月 28 日]，《第一、二次国内革命战争土地斗争史料选编》)

2.“土豪劣绅”的简称系列

“土豪”一般指地方上有钱有势的地主、豪强，为地主中的强者，同时也是地主中的恶者，是不法地主的代表势力，常常和“劣绅”连在一起使用。

每次敌人下乡，**土豪劣绅**带路，团防队清乡队子弟兵等打先锋。(谢觉哉《湘南湘东赣西革命势力之扩展》[1928 年 7 月 28 日]，《第一、二次国内革命战争土地斗争史料选编》)

土豪劣绅，横行乡镇，重息重租，人人怨愤。(毛泽东《红军第四军司令部布告》[1929 年 1 月]，《毛泽东文集》第一卷)

“土豪劣绅”的简称是这四个字的多种组合，如“豪绅”“土豪”或“豪劣”“土劣”等。其中“土豪”是农村恶势力的代表称谓，所以红军在宣传中往往把“土豪”作为“土豪劣绅”的代表，如“打土豪，分田地”等。

豪绅是军阀地主用以压迫农民的走狗，他包办一切钱粮捐税从中剥削，占住反动政治机关，搜刮农民的金钱。(《土地革命——工农小丛书第三种》[1929 年 12 月 21 日]，《第一、二次国内革命战争土地斗争史料选编》)

红军为解放贵州群众而来，哗变拖枪当红军来打**土豪**分田地，赤化贵州！(《总政治部关于瓦解贵州白军的指示》[1935 年 1 月 1 日]，《中共党史教学参考资料》)

暴动起来以后，即须在磨市建立农村苏维埃，实行割据西北乡并没收**豪劣**地主的土地……我们在西北乡杀**土劣**及在王家厂以群众表决的方式枪毙征收员，自取得广大农民和市民的同情。(《贺龙同志给中央的报告》[1928 年 9 月]，《中共党史教学参考资料》)

因为“土豪”有拥有大量土地和钱财的基本含义，所以“土豪”也成了当时红军中同志之间一个戏谑的称谓。

记得刚到瑞金不久，我就接到洛甫的一个电话，说：“尤克娜(我留学时的名字)，今天我们要打你的**土豪**！”从外面来苏区的人，组织上发给一笔路费，一般能剩下几个钱，拿出来请客吃了，叫作打**土豪**。(刘英《刘英自述》三)

吃完算账，三元多，我们唯一的**土豪**S. T. 同志没有来，在座几个人谁也当不了这阔“主席”，于是大家凑钱，伙计看了很诧异。(何涤宙《遵义日记》[1935 年 1 月 10 日]，《亲历长征——来自红军长征者的原始记录》)

3.土豪劣绅的别称："捐棍"和"税棍"

劣绅中有不少借势与官府勾结，专门承包捐税，从中图利，这样的劣绅即被称之为"捐棍"或"税棍"，意思是从捐税上欺压百姓的恶棍。

如军队来时，如果是少则准备收缴之，或与之斗争，敌不过则领导农民到别乡去宣传组织煽动，杀土劣**捐棍**等工作。（《中共福建省委致漳浦函》[1928年1月14日]，《福建革命历史文件汇集》上）

（1929年）6月19日晚上，伍弟奴、杨振有等17个血气方刚的年轻人，带上土铳、大刀、长矛，摸黑闯进庆下村，捉拿**税棍**"太保爷"杨牯仔。（潘贤才《难忘的岁月（一）》，《闽西日报》2006年12月7日）

（三）"地主"的通俗称谓

1."万户"和"大户"

古代有"万户侯"，称其所有的领地封地达万户之多。在江西，"大地主"又叫"万户"，形容其占有许多土地，拥有很多的佃户。

以上头等大地主八个，二等大地主十二个，共二十个，江西人所谓"**万户**"就是指的他们。（毛泽东《寻乌调查》第五章[1930年5月]，《毛泽东文集》第一卷）

对于农民来说，有钱有粮的人家被称为"大户"，一般泛称地主和富农。"吃大户"是共产党领导群众和群众自发反抗地主压迫剥削求生存的基本办法。

在许多地方他们的斗争一开始，就采取了抢米、分粮与吃**大户**等的剧烈的斗争方式。（《中共中央关于全国灾荒，秋收斗争与我们的策略的决议》[1931年7月30日]，《中共中央文件选集》第七册）

2."大老虎"

在农民的眼里，"地主"是剥削的代名词，不仅拥有大量土地，而且就像"老虎"一样凶残，这一称谓表明群众对严重剥削的痛恨。称其"大"既说明剥削重，也表明对地主的痛恨程度。

彻底消灭了封建残余，查处了地主富农三百家，枪决了群众所谓"**大老虎**"的十二个反革命分子，镇压了反革命活动。（《查田运动的初步总结》[1933年8月29日]，《中共党史教学参考资料》）

二、"富农""中农"系列称谓与土地革命的"富农"政策

富农在中国特殊经济条件下兼有半封建半地主的性质，在土地革命过程中会发生动摇甚至走向反革命，所以土地革命时期和后来的各个革命时期，对富农的政策都很关键，必须进行严格谨慎的界定。"富农"称谓贯穿整个中国现代革命，意义所指十分复

杂，必须予以高度重视。

(一)"富农"概念

"富农"，顾名思义就是"农民中的富裕分子"。除在《寻乌调查》一文中的界定分析(见第242—243页表)，毛泽东在《怎样分析农村阶级》和由他主持制定的《关于土地斗争中一些问题的决定》中认为：劳动是区别地主和富农的主要标准。

> 主要是看他与土地的关系，如果占领多数土地依赖剥削人为生活，其本人不参加土地生产而专靠收租为生活或虽耕种一部分土地而主要的收入都是靠出租土地剥削者为地主，自己参加土地生产同时利用土地剥削或放高利债，或剥削雇工者为**富农**。(《问题与答复》[1932年6月23日]，《第一、二次国内革命战争时期土地斗争史料选编》)

> **富农**一般都占有比较优裕的生产工具和活动资本，自己参加劳动，但经常地依靠剥削为其生活来源的一部或大部。……有的占有相当多的优良土地，除自己劳动之外并不雇工，而另以地租债利等方式剥削农民，此种情况也应以**富农**看待。(毛泽东《怎样分析农村阶级》[1933年10月]，《毛泽东选集》第一卷)

(二)"富农"的分类称谓与"左"倾错误影响下的"富农"政策

1930年6月，红四军前委和闽西特委在长汀南阳召开联席会议，在共产国际和中共中央的"坚决反对富农"、"加紧反对富农"的"左"倾错误影响下，南阳会议把富农分成三种："半地主性的富农""资本主义性的富农"和"初期性的富农"。这种分类最终导致了对于"富农"的过激政策，进而影响了革命的进程。

1. 过激政策下的三种"富农"称谓

"半地主性富农"，指"自己耕种，同时有余土地出租"的富农。

> 上面所说那种所谓新发户子的小地主，在有些人的说法却不叫小地主，而叫他作富农，即所谓"**半地主性的富农**"。(毛泽东《寻乌调查》第四章[1930年5月]，《毛泽东文集》第一卷)

有时索性把半地主性富农称为"半地主"。

> 中国富农经营农村企业剥削剩余价值的很少，大多数富农是半封建性的，是**半地主**兼做商业高利借贷的。(《阶级的分析与对各阶级的策略》[1932年1月28日]，《第一、二次国内革命战争时期土地斗争史料选编》)

"资本主义富农"，是以雇工经营为主要生产经营方式的富农，这种富农经济已经包含有新的社会关系。

> 这种富农，"不把土地出租，有些还向别人租入土地，雇佣工人耕种。"这种**资本主义富农**有些已和西方资本主义国家的大农、租地农业家有某种相似之处。(丁长

清《试论中国近代农业中资本主义的发展水平》,《南开学报》1984年第6期)

"初期性富农",指既不出租土地,又不雇佣工人,单以自己劳力耕种,但土地劳力农具充足,每年有多余粮食出卖或出借的一种农民。

> 最后必须指出的是,过去苏区党的文件上曾所谓"**初期性富农**"(不出租土地,不雇用工人,只出卖多余的谷子或做小买卖),要与封建性资本主义性的富农一样反对。(《土地问题与反富农政策——中共苏区中央局通告第九号》[1931年2月8日],《第一、二次国内革命战争时期土地斗争史料选编》)

2."反动富农"

"反动富农"指的是在土地革命中"有重大反革命行为的富农"。土地革命中对于"反动富农"就没必要心慈手软了。

> 在暴动前尤其是在暴动后,有重大反革命行为的富农叫作**反动富农**。(《中华苏维埃共和国中央政府关于土地斗争中一些问题的决定》[1933年],《中共中央文件选集》第九册)

3.农民中的中等阶层称谓"中农"

"中农"有自己的土地,能够不欠债,属农民中的中等阶层。从政治上说中农是革命的,所以始终是革命保护的对象。从整个中国革命的过程来看,"中农"也一直处于阶级划分的焦点上,共产党关于"中农"的政策对于中国革命一直十分重要。

> 富农是剥削阶级,而**中农**却是一个不剥削他人劳动,不放高利贷的自耕自种的小生产者……中农在民权革命中是革命的阶级。(《土地问题——中共苏区中央局宣传部编》[1932年初],《第一、二次国内革命战争时期土地斗争史料选编》)

> **中农**的生活来源全靠自己劳动,或主要靠自己劳动。**中农**一般不剥削别人,许多**中农**还要受别人小部分地租债利等剥削。但**中农**一般不出卖劳动力。(毛泽东《怎样分析农村阶级》[1933年10月],《毛泽东选集》第一卷)

三、雇农、贫农等系列称谓与革命的主力

(一) 无地农民称谓:"雇农"和"佃农"

1."雇农"

雇农是指那些长工及专门做零工的农民。雇农没有自己的土地,所以"雇农"的称谓指明了这一阶层的本质——雇,即依靠出卖劳动力受雇用而生存。

> **雇农**卖他的劳动力给富农得的酬报分(非)常之少!他们在饥寒交迫的苦况之下,替富农做奴隶——做洗烟具,提便壶等卑下的工作!(《土地革命——工农小丛书第三种》[1929年12月21日],《第一、二次国内革命战争土地斗争史料选编》)

2."佃农""半佃农"和"自耕农"

"佃农"自己不占有土地,依靠租种地主的土地生活;如果自己有很少的一点土地,还要靠承租地主的田的则称为"半佃农";"自耕农"则有自己的一点土地,但有的又不能完全依靠自己的土地生活。

中国几百万户的农民群众,大半是极小的农业生产者,他们之中的极大部分,可以分为:(一)绝对无地的农民(**佃农**);(二)小农自己土地太少的,还要承租地主的田的(**半佃农**);(三)小农自己有土地的,但是仍须做些其他工作,以补耕田的不足的(**自耕农**)(《土地问题决议案》[1928年7月9日],《中共中央文件选集》第四册)

毛泽东在1930年《寻乌调查》中作了更细的分类,产生了更多的相关称谓(见244—245页表)。

(二)失去人身自由的农民称谓:"农奴"和"工奴"

没有人身自由的农民被称为"农奴",这一称谓更可见其受剥削之深。同样,破产或无业农民进入城市做工,失去自由而像奴隶一样,被称作"工奴"。

再有种现象就是地主为要压迫农民的反抗而办团防,由办团防而割据地方,转为军阀,更厉害的剥削农民,掠夺农民的土地,变成更大的地主,使农民渐次变为**农奴**。(《中共第六次全国代表大会关于农民问题决议案》[1928年7月9日],《第一、二次国内革命战争土地斗争史料选编》)

农村中有许多青年变成乞丐,变成土匪,或跑到城市变成工厂主的"**工奴**"(注解:灾童、养成工制的青年工人,每日做工,只得二顿吃,没有工钱,等于奴隶一样,故我们称为**工奴**亦无不可)。(《本报的任务——"少年先锋"代发刊词》,河北团省委主办《少年先锋》第一期1930年12月10日)

四、"流氓无产阶级"等称谓与土地革命主力军的成分

农民运动从星星之火渐呈燎原之势,参加土地革命的主力是受压迫受剥削的穷苦农民,其中包括无地无业的所谓"流氓"、"游民"等群体。国民党右派诬蔑闹革命的农民为"痞子"和"惰农",诬蔑农民运动为"痞子运动"和"惰农运动"。有时候共产党自己也称呼"痞子"甚至"流氓无产者"等。所以,"流氓无产阶级""游民""痞子""惰农"等称谓具有强烈的时代特征。

(一)"流氓"意义色彩及其相关称谓

据《现代汉语词典》,流氓"原指无业游民,后来指不务正业、为非作歹的人"。土地革命时期使用的"流氓"称谓是指长期无业者,同时也指因长期无业而"不务正业"的人。

因为“无产无业”和“流动”等特征又被称为“流氓无产阶级”“流氓无产者”等。

失业工人不是**流氓**,我们要使失业工人与在业工人联合起来,使失业工人受在业工入的影响,共同的向资本家进攻。只有如此,才能逐渐消灭**流氓**在他们的组织中的影响而取得他们的群众。(《中央给江西省委的指示信》[1929年3月27日],《中共中央文件选集》第五册)

在紧靠暴动前,工人农民及其他民众,被地主资产阶级压迫剥削因而失去职业和土地,连续依靠不正当方法为主要生活来源满三年者,叫作**游民无产者**(习惯上叫作**流氓**)。(《中华苏维埃共和国中央政府关于土地斗争中一些问题的决定》[1933年10月10日],《中共中央文件选集》第九册)

盲动主义的社会来源是**流氓无产者**的思想和小资产阶级的思想的综合。(毛泽东《关于纠正党内的错误思想》[1929年12月],《毛泽东选集》第一卷)

在工人、苦力、**流氓无产阶级**、农民、兵士、职员、学徒、手工艺工人、小资产阶级知识分子特别是学生与小学教师中间,加紧鼓动工作。(《宣传工作决议案》[1928年7月10日],《中共中央文件选集》第四册)

(二)“痞子”“惰农”意义色彩及其相关称谓

土地革命时期“痞子”的基本意思是“流氓”,这是对于农民的污蔑性称谓。共产党人使用这个称谓则重点突出其社会特征,即“一无所有”。既然一无所有,还要受到压迫和剥削,那么“痞子”们就该起来闹土地革命。“惰农”和“痞子”的含义和使用方法是一样的。可见使用者和使用的出发点不同,同一个称谓词可能具有不同的色彩与含义。

国民党右派说:“农民运动是**痞子**运动,是**惰农**运动。”(毛泽东《湖南农民运动考察报告》[1927年3月],《毛泽东选集》第一卷)

这一时期农民运动者间有时也自称“痞子”。其含义应该是指不好好工作、办事不力、有痞子习气的人等。

都是说农运可做(因农民运动已起来,无人敢说不可做),但是现在做农运的人不行,尤其痛恨下级农民协会办事的人,说他们都是些“**痞子**”。(毛泽东《湖南农民运动考察报告》[1927年3月],《毛泽东选集》第一卷)

有时“流氓”和“地痞”两个词合用,称为“流氓地痞”,词的组合顺序不同于现在的“地痞流氓”,意义也有差别,土地革命时期多用于对农民革命的蔑视。

中国共产党坚决地反对并驳斥一切蔑视雇农苦力之反革命的理论(如认为农民运动不应是**流氓地痞**的运动等等)。(《中国共产党土地问题党纲草案》[1927年11月28日],《第一、二次国内革命战争土地斗争史料选编》)

当然，我们也应该看到，土地革命时期农民运动的主力军是广大贫农，而不是这些“流氓”和“地痞”。为什么国民党的右派称农民运动是“痞子运动”和“惰农运动”，而不称之为“贫民运动”呢？首先，那些反对农民运动的人在运动中看到的是在农村中不得人心，最没有纪律和战斗力的一群人——流氓和痞子，于是以偏概全，使用了他们认为最恶劣的字眼来指称整个农民运动。其次，这些“流氓无产者”的素质的确不高，参加农民运动带有很强的投机色彩。

第二节 土地革命时期的工农协会组织称谓与工农运动

一、国共两党的工人协会组织称谓与城市工运

为了在工人中间争夺群众，国共双方都组织了工会。工会本身没有颜色，但是工会领导者使它具有了鲜明的政治特色，于是工会有了“赤色工会”和“黄色工会”的区别。当然这些工会称谓都是从共产党和革命群众的角度称呼的。

(一)“赤色工会”和“黄色工会”

“赤色”是共产党的颜色，“赤色工会”就指称中国共产党领导的工会。“黄色工会”是指国民党组织领导的工会。“黄色工会”一词起源于法国的一次罢工事件。1887 年，法国蒙索明市有一个工厂主为了破坏工人罢工，收买工贼组织“假工会”。工人十分不满工贼的行径，愤而打碎了工会会所的玻璃窗，资方就用黄纸裱糊起来，因而被称为“黄色工会”，以后发展成为指称由政府或资方控制的工会。这些工会由资方和政府官员一手扶植起来，制造表面和谐的劳资关系，甚至打击真正的工会组织，所以“黄色工会”被工人们称为“反动工会”。这个意义被共产党借用，在党的早期文献中形成“赤色工会”和“黄色工会”的对照。

> 当时的上海总工会是经国民党核准的“合法”组织，被我们称为**“黄色工会”**，“工联会”是秘密的，称为**“赤色工会”**。(杨尚昆《杨尚昆回忆录》第三章)

> 有**黄色工会**或**反动工会**的地方并且要注意运用工人统一战线打入它们的群众中去。(《中央通告第五十四号》[1928 年 6 月 21 日]，《中共中央文件选集》第四册)

> 因为大东书局的工人退出出版业工会，引起我们中间一个争论。就是**赤色工会**是否应该训令自己在**黄色工会**中的革命反对派及其所领导的群众(他们在**黄色工会**中还是占少数)，从**黄色工会**中退出来？在我们所有的决议案上，都没有规定过退出**黄色工会**的策略，不知道同志们为什么现在提出退出**黄色工会**的策略来。(刘少奇《批评“退出黄色工会”的策略》[1932 年 1 月 18 日]，《刘少奇选集》上卷)

在实际的行文中,“黄色工会”还简称“黄会”。

动员他们到工会去质问,争吵包围,开大会,示威,来揭穿**黄会**的真面目。(《给直南工会工作委员会的指示信》[1934 年 11 月 21 日],《中共冀鲁豫边区党史资料选编》第一辑上)

(二)“指导委员”“黄色领袖”和“黄色首领”

国民党为了直接控制工人运动,在“黄色工会”里派遣了所谓的“指导委员”,这些人名为“指导”,实为监视。“黄色工会”的领导人称“黄色领袖”或“黄色首领”。

京市党部昨开执委会(第五十九次),公祭一一二二惨案烈士,委派市总工会**指导委员**(《中央日报》1929 年 11 月 20 日第 8 版标题)

同时资本家收买几个走狗到黄色工会里当工贼,同国民党**指导委员**勾结,代表资方来压迫工人。(升明《磁县怡立矿工的斗争》,《北方红旗》1930 年 5 月 14 日)

反**黄色领袖**斗争,在各地已增加发展了……在全国罢工运动和斗争中,因为帝国主义国民党的加紧压迫,黄色工会日益反动,**黄色领袖**的官僚化,工贼化,更使许多罢工和斗争,往往明显的带着政治性质。(《中央通告第六十二号——接受国际对于中国职工运动的决议案[中国共产党第六届中央执行委员会第二次全体会议文件(1929 年 6 月底至 7 月初)]》,《中共中央文件选集》第五册)

工人大骂**黄色领袖**剥削工人,只作资本家走狗。(《直南特委报告》[1934 年 8 月 16 日],《中共冀鲁豫边区党史资料选编》第一辑上)

因为如此,三十二人自动罢工包围黄色工会一次,因为我们没人去领导,而被**黄色首领**恐吓下去了。(《直南特委报告》[1934 年 8 月 16 日],《中共冀鲁豫边区党史资料选编》第一辑上)

(三)“工贼”“黄色工贼”“走狗”和“黄色走狗”

工会中出卖工人阶级利益的人被称作“工贼”;“黄色工会”中的工贼被称之为“黄色工贼”。出于对这种人的蔑视,有时也称他们为“走狗”或者“黄色走狗”。

黄色工会的群众基础是建立在工厂的职员,工头,上级的工人和**工贼**走狗身上。……并且在目前阶级斗争剧烈发展的时候,对于群众自卫与反**工贼**的进攻,以及群众斗争时都是群众的中心力量,在政治示威都有很大的作用。(《职工运动决议案[中国共产党第六届中央执行委员会第二次全体会议文件(1929 年 6 月底至 7 月初)]》,《中共中央文件选集》第五册)

经过这些选举运动或把为各部与纠察队等组织与工作,来引导广大积极工人来代替和监视少数**黄色工贼**来争取和保证我们的领导。(《中央、全总执行局致河北党省委与全总办事处党团的一封信》[1934 年 1 月 28 日],《中共中央文件选集》第十册)

走狗遂到公司报告代表团十二名是共党，报告未完，就被一位勤务工人探到，即向工会新选执委报告："有工贼在公司告发你们，赶快到公司打走狗吧!"（升明《磁县怡立矿工的斗争》，《北方红旗》1930年5月14日）

因为三个领袖都是过去黄色工会内没有占势力的小领袖，我们的领导误以为是**黄色走狗**而离开他们。（《直南特委报告》[1934年8月16日]，《中共冀鲁豫边区党史资料选编》第一辑上）

二、十年内战时期的"农民协会"与其相关称谓

"农民协会"是由1924年至1927年国共合作的大革命时期向国共分裂的十年内战时期过渡而来的称谓。大革命时期，在反对封建军阀和地主豪绅的斗争中，农民协会是团结和发动广大农民进行斗争的群众团体；在推翻了地方封建政权后，它是农村的最高权力机关；在未建立乡村自治政权之前，它又具有临时政权性质。国共分裂以后，农民协会虽然仍旧存在，但却分道扬镳，成了国共两党争夺和各自掌握的对象。十年内战期间，共产党进行武装割据，全国有了红区、白区之别，苏区和非苏区之别。在不同的区域，"农民协会"具有不同的性质。与之相关的还有"农民委员会""贫农会(团)""雇农工会"等农民组织称谓。

(一)国民党统治区域内的"农民协会"

国民党统治区域，1928年国民政府颁布《农民协会组织条例》，将大革命时期的"农民协会"称谓沿袭下来，简称"农协"，其性质是以劳动农民为主体的民众组织，间或具有乡村临时权利机构性质。兹举数则《中央日报》标题为例。

浙省政府促党务指导员赴浙，杭县县**农民协会**发电贺迎，各指员员赴宁宣誓（《中央日报》1928年4月6日第6版标题）

中央一九五次常会纪，通过**农民协会**及特种工会组织条例（《中央日报》1928年7月27日第2版标题）

全国民众团体联会昨开预备会，到会团体代表共计六十余人，推苏**农协**等五团体为主席团，开会期为本月十三至十五日（《中央日报》1929年3月12日第7版标题）

市**农协**第三五次会议，各乡会更改名称改制会牌（《中央日报》1930年8月11日第7版标题）

三元乡**农民协会**举行改选大会（《中央日报》1930年3月2日第7版标题）

出席国民会议代表选举法施行程序，中执会一二五次常会通过，修正军队特党部组织条例，**农民协会**组织条例决撤销（《中央日报》1931年1月30日第3版标题）

苏省党整会，决取消**农民协会**（《中央日报》1931年12月9日第4版标题）

国民政府于1930年12月制定颁布了《农会法》，1931年开始实施，原《农民协会组织条例》宣布撤销，"农民协会"称谓也随之取消。《农会法》所谓的"农会"并不是原来"农民协会"的省称，而是性质不同的另一类组织，它成了农村有产有田阶级的团体，是国民党保甲组织系统的附庸。

（二）共产党发动群众反对地主豪绅和国民党统治的"农民协会"

十年内战时期，共产党发动农村革命斗争，在革命基础好的地方，仍然利用或改造原来的农民协会来开展斗地主分田地和建立新政权的斗争；在国民党统治区域，则由地下党组织另外秘密建立农民协会。此期内共产党领导的农民协会，在反对农村以地主豪绅为代表的封建势力方面，与原来的农民协会相同，只是所反抗的政府却由原来的北洋军阀政府变成了国民党政府。

> 应尽量扩大并巩固**农民协会**的组织。最近几个月来，在南部与中部的农民运动中，**农民协会**的组织与领导作用，都有缩小的表现。这是由于农民斗争的方式，已转移到更激烈的游击战争，与广大的群众缺乏亲密的联系。**农协**在中部与南部各省，为农民有历史根源的革命组织，在广大的农民群众中都留有很深的印象，中国共产党应努力于**农协**的扩大与巩固，团聚成千百万的农民群众并领导其斗争，以准备新的革命高潮的到来。**农民协会**应保存他的各种农民群众的广泛的组织的意义，而以土地革命的口号，来发动广大农民的斗争。在反动势力统治的乡村，**农民协会**应当是非法的组织，来领导农民的各种各式的斗争，从抗租抗税杀地主豪绅直到准备与领导武装暴动为止。**农民协会**的组织，必须尽可能的民主化，极力纠正以党来委派**农协**委员的办法，使**农协**成为真正的群众的组织。（《农民运动决议案[中国共产党第六次全国代表大会文件(1929年7月)]》，《中共中央文件选集》第四册）

> 闽西赣南的民众都非常之好，在长汀县城及新桥、河田等地工作时，夺取土劣谷子的群众，一聚就有几千。在汀州组织了二十个秘密**农协**，五个秘密工会，总工会也成立了。（毛泽东《红军第四军前委给中央的信》[1929年4月5日]，《毛泽东文集》第一卷）

> 要使千百万农民群众环绕在无产阶级与它的先锋队的周围，我们必须加强农民的组织。除了雇农苦力组织他们自己的阶级工会之外，农民的基本组织是**农民协会**，党在**农民协会**中必须组织党团，雇农等应该组织他们的小组。用一切方法禁止土豪富农等加入**农民协会**，在斗争中把已有这些分子洗刷出去。（《中央关于目前农民斗争的形势与我们的任务的决议》[1932年9月15日]，《中共中央文件选集》第八册）

（三）农村暴动中的临时政权"农民协会"和"革命委员会"

枪杆子里面出政权——这是毛泽东1927年在八七会议上的著名论断。中国共产党领导的革命发展到土地革命阶段，也就进入了武装暴动、农村包围城市的时期。八一南昌起义失败后，武装暴动的重点放到了农村，于是大革命时期即已存在的农民协会（简称“农协”）就被赋予了新的使命。暴动需要一个指挥机关，农民协会就成为组建暴动机关的基础（或可直接变成暴动机关）。1927 年 11 月《中央致广东省委信——关于广州暴动问题》就指出“组织革命委员会为发动暴动之机关”。革命委员会如何产生？实际上它就是以农民协会为基础产生的，或者说是由农民协会成员在暴动前选举出来的。前面说到，农民协会在大革命时期就具有乡村临时政权的性质，当革命委员会成立后，它就代替了农民协会成为临时政权。所以在共产党发动农村武装暴动的过程中，革命委员会具有暴动领导机关和乡村临时政权的双重性质。而“苏维埃”则是暴动成功后建立的正式政权（有关“苏维埃”的问题详见下一章）。一般说来，苏维埃政权建立后，革命委员会随之撤销，农民协会也不复存在。也有个别苏区群众基础好的农民协会仍允许存在一段时间，随着苏维埃政权影响的扩大，农协作用逐渐减小，最终也归于撤销。

> 在农民协会中，须有**革命委员会**的基础，更为重要，**革命委员会**应以**农民协会**为基础，而成为革命的政权，不应以**农民协会**为政权（形式上**革命委员会**应当是**农民协会**等在将暴动前选举出来的）。**革命委员会**的工作，在该区人民中，尤其在**农民协会**的会员中，要尽量通俗化。为避免**农民协会**及**革命委员会**的冲突起见，可以把**农协**的领袖包纳在**革命委员会**内，并对**农民协会**全部负责人材，吸收在政府机关内，在**革命委员会**中，应保障那些积极参加暴动的农民之领导作用。三、政权一经巩固便应以苏维埃代替**革命委员会**。当地的政权，尤其是城市中的政权一经巩固，则该区全部劳动农民所选出的苏维埃，并〔应〕代替**革命委员会**进行经常工作。（《苏维埃政权的组织问题决议案[中国共产党第六次全国代表大会文件(1928 年 7 月)]》，《中共中央文件选集》第四册）

> 因此在组织上也是一样，**农民协会**必须以雇农贫农做基础，而吸收广大的中农加入，原则上拒绝富农加入农协：如果富农现在还留在**农协**之内，必须坚决的加强雇农贫农在组织上的力量与富农争夺对中农的领导，以至肃清富农于**农协**之外。同时加坚雇农独立的组织，已是目前迫切的任务，不可有丝毫的放松。雇农一面要有自己的工会组织，同时加入**农协**，形成雇农小组，以便在农〈协〉中起核心领导的作用。在苏维埃区域，如**农协**还有群众所信赖而未取消，我们不应采取机械的取消办法，而应先加强苏维埃在群众中的领导与组织作用，以减少**农协**作用，以逐渐达到取消**农协**目的。雇农工会则应独立的永远的存在其组织。《中央关于接受共产国际对于农民问题之指示的决议[中国共产党第六届中央执行委员会第二次全体会议文件(1929 年 6 月底至 7 月初)]》，《中共中央文件选集》第五册）

（四）"黄色农会"和"赤色农会"的对照

由上所述，在国民党统治区域，往往存在明暗两套"农民协会"，一套是官方国民政府掌握的农民协会，一套是共产党秘密组织的农民协会。与前面的"黄色工会""赤色工会"相对应，群众又造出了"黄色农会"和"赤色农会"这一对称谓。

有系统地建立各级农民协会，争取把更多群众组织起来。为了防止农民的分裂，不宜用佃农、贫农名义组织；在名称上也不一定单用农民协会，还可以用其他名称。农会中要排斥富农，特别应从党内清除富农成分。对富农领导下的组织和斗争，要参加进去，夺取领导权。对**黄色农会**（注释：黄色农会指国民党直接或间接控制的农会。）尤应运用这一策略去争取群众。（陈云《江苏农民运动的趋势和今后的斗争》[1929 年 11 月 24 日]，《陈云文选》第一卷）

在斗争中**赤色农会**都发展和巩固起来，党在群众中的影响深入和扩大起来。（庆宇《直南磁县群众斗争的尖锐化》[1930 年 5 月 7 日]，《中共冀鲁豫边区党史资料选编》第一辑上）

（五）土地革命时期的"农民委员会"及其性质

土地革命时期，在非苏维埃区域，除农民协会外，还有一个农民委员会，二者有关联但并不是一回事。"农民委员会"是为了某一专项斗争（如抗租、抗捐、抢粮、分粮等）由全体农民大会选举出来的临时性农民组织，它同时担负着引导所有农民群众加入农民协会的任务，在没有农民协会的地方，它可以代之成为党发动农民进行革命斗争的经常性的农民组织。在苏区，因为有了苏维埃政权及其领导下的其他群众组织，就不必组织农民委员会了。

在苏维埃疆域之内，不必组织**农民委员会**，因为保障农民利益，反对帝国主义与中国反动势力的，已经有苏维埃，雇农工会苦力工会及工人工会与贫农会。……同时在经常存在的农民协会外，遇有某一具体问题，应当组织**农民委员会**。例如：遇到灾荒，应当组织赈济灾荒委员会，以及抗租，抗税委员会等等。自然，只有使参加者很清楚的了解这种委员会的作用，委员会才能建立起来。这种委员会必须由全村农民——富农除外（无论他曾否是农民协会的委员）——大会选举出来。委员会的任务就是组织运动，在运动终结以后，向大会报告工作，如必要时，可以重新选举，给以新的任务。（《共产国际东方部关于中国农民问题决议案》[1930 年 8 月]，《中共中央文件选集》第六册）

除了农民协会之外，党必须在每一斗争中组织吸收广大农民群众的**农民委员会**。"**农民委员会**不是什么上层的组织，它应当在日常的斗争中与农村的基本群众及农村无产阶级有密切的联系，争取农民群众最切近的利益，要实际上成为农村中最有力的中心，在这个中心上要集中一切农民群众之革命的精力。在这种斗争，农民委员会要引导所有的农民群众加入革命的农民协会而巩固他们的基础，同时农民委员会要成为夺取反动组织中的农民的重要工具。”（一九二九年六一国际决议）农民委员会是为了某一斗争（如抢粮分粮）由全体农民（富农除外）大会选举出来的。一切它的工作，应该完全采取公开的民主的路线，而且应该经常向大会报告它的工作，从大会上得到各种指示。在这种委员会下面可以有各种各样的部门，如交通队，自卫队，宣传队等，尽量吸收广大的积极分子参加工作。党应该组织它的党团，在中间实现它的领导。在没有农协的地方，党应该使农民委员会转变为经常的组织。但不论在农民协会或农民委员会中间，党必须把工作的重心放在贫农身上，所以贫农团在这些组织中是不需要的。（《中央关于目前农民斗争的形势与我们的任务的决议》[1932 年 9 月 15 日]，《中共中央文件选集》第八册）

1932 年 10 月，党中央任命许包野为中共厦门中心市委书记。在极为艰险复杂的白区斗争环境中，许包野领导厦门和闽南十几个县党的组织坚持地下革命斗争，恢复和发展了惠安、泉州、漳州等地的党组织。在许包野的领导下，厦门中心市委及各县党组织，领导城市工人建立失业工人委员会，动员工人和闽南农民赤卫队员参加游击队，领导和发动农民建立农民委员会、农民协会，开展土地革命，发起援助东北义勇军运动，进行抗日救国的宣传，逐步开辟了新的工作局面。（《为党的事业英勇就义 许包野》，《人民日报》2005 年 12 月 10 日）

（六）土地革命时期的“贫农会”及其所属的“雇农工会”“苦力工会”

苏区取消了农民协会，而在苏维埃政府领导下组织广大贫苦农民建立“贫农会”，雇农们的组织称“雇农工会”，各类苦力工人则组织起“苦力工会”。“雇农工会”和“苦力工会”又集体加入“贫农会”，所以“贫农会”是个上位概念。一般情况下，乡级以上“贫农会”称“贫农团”。“贫农会（团）”的任务是斗地主，查田地，定阶级等。

贫农会应当在共产党的领导之下发起。雇农苦力以及其他乡村的工人都应当参加贫农会。在这里命令主义是不能有的。在贫农会之中，应当实行很宽广的革命的民主制度。一切贫农会的领导机关，须由群众大会选举出来，贫农会一定是在村苏维埃领导之下组织起来。在有贫农会而同时有雇农与苦力工会及工人工会的地方，后者应当整个的加入贫农会。每个雇农苦力及工人既然都是贫农会的会员，就应当享受同样的权利及担负同样的责任。雇农与苦力在贫农会中，必须组织小组，受自己的工会指导，而在一切行动上必须照党的指令来领导他们。在特别的情形之下及对于某一特别问题，可以召集上述的工会（雇农苦力工会及工人工会）与贫农会的联合会议，在贫农会里也像在雇农工会，苦力工会及工人工会中一样，女

子得享受同男子一样的权利。(《共产国际东方部关于中国农民问题决议案》[1930年8月],《中共中央文件选集》第六册)

三、通过阶级（一）通过阶级就是决定阶级成分,是对这个人决定"生死"的时候,故要十分谨慎。一定要是查清楚了的才能提出去通过。(二)通过的次序:首先是**贫农团**,要开**贫农团**大会。经过大家讨论,大多数人举手赞成,才算在**贫农团**通过了。如有疑问的,移到下次讨论,此次不要通过。(三)第二是乡查田委员会。对于**贫农团**的意见加以审查,对的通过,不对的改正,怀疑的再调查。(毛泽东《查田运动的群众工作》[1933年6月],《毛泽东文集》第一卷)

必须特别的注意到与中农群众的联盟,中农是革命后苏维埃农村中最广大的基本群众,一切我们的处置与策略,必须获得他们的赞助和拥护,每一个**贫农团**与苏维埃的决定,必须使在以村或屋的群众会议上,得到中农群众的了解与拥护,一切中农群众的呼声,须最注意的倾听,并严厉的打击任何侵犯中农的企图。……在查田运动中,必须动员尽可能的广大的群众,来完成这个任务。因此必须经过党,团,工会的支部会,**贫农团**的会议,乡苏代表会,女工农妇代表会议等等,来进行这个动员。(《苏区中央局关于查田运动的决议》[1933年6月2日],《中共中央文件选集》第九册)

那时,我的三个哥哥也都参加了革命,大哥是乡苏维埃主席,二哥是乡土地委员会的委员,三哥是乡**贫农团**雇农工会的主席,在敌人进攻的时候,都被敌人杀死,我一家人除我以外全被杀了。(顾贵山《永远做共产主义战士》,《人民日报》1961年3月21日)

在白区农村,共产党也在公开或秘密的农民协会之下,再设法组织"雇农工会"和"苦力工会"等群众组织,以发动群众起来革命。这在1930年8月《共产国际东方部关于中国农民问题决议案》(《中共中央文件选集》第六册)中也有说明,例不赘举。

第三节 苏维埃系列称谓与"中华苏维埃共和国"的建立

一、"苏维埃"的来源及原有意义

"苏维埃"一词是俄文"Cobet"的汉语音译,意即"代表会议"或"会议"。苏维埃制度是俄国劳动人民在革命斗争过程中创造出来的政权组织形式。十年内战时期,中国共产党在各地建立的革命政权也称苏维埃政权或苏维埃政府,它所管辖的地区称苏维埃区域,简称"苏区"。

1917年11月7日，即十月革命胜利的当天召开了全俄苏维埃第二次代表大会，宣布全部政权归苏维埃。从此，“苏维埃”获得了“工农兵代表会议”的意义，成为俄国无产阶级专政的政权组织形式。中国共产党引进“苏维埃”一词，并以此作为早期的政权名称，即取此义。

> **苏维埃**的正式名称应当是工农兵代表会议（乡区的可简称农民代表会议）。中国的苏维埃政府的正式名义应当是：中国工农兵代表会议（**苏维埃**）政府。（《苏维埃政权组织问题决议案》[1928年7月10日]，《中共中央文件选集》第四册）

苏维埃已初步具有人民民主的政治制度性质，后来的人民代表大会也与此密切关联。

二、作为政权称谓的“苏维埃”及其历史意义

作为政权形式的“苏维埃”，在中国第一次出现，是在广东的海陆丰。1927年10月30日，中共东江特委领导海陆丰农民，在南昌起义余部的配合下起义成功，11月中旬，在彭湃领导下，中国诞生了第一个苏维埃政权——海陆丰苏维埃政权（一般以11月21日为正式宣布成立日）。1927年12月11日广州起义胜利的结果是成立了中国第一个城市苏维埃政权——广州苏维埃政府，被国际上誉为“广州公社”。

> 东亚各国**苏维埃政府**最先组织成立者当然是中国之海陆丰。现在海陆丰政权虽然已于二月二十九日及三月一号先后被桂系军阀李济深死力以大军压迫而暂时被摧残下去了，但海丰自去岁十一月一号被我们克复至今年三月一号失守其政权保持至四个月。（王备《关于海陆丰苏维埃政府成立前后及其影响的报告》[1928年5月26日]，《海陆丰革命史料》第二辑）

> **海陆丰苏维埃政权**是我国最早的工农革命政权之一，成立于1927年11月21日，到1928年3月失败。当时，彭湃烈士代表党中央直接来到海丰县领导和主持**海陆丰苏维埃政权**的成立。（《海陆丰暴动三十周年 广东决定隆重纪念》，《人民日报》1957年11月4日）

> 提起海陆丰来，人们都知道它彪炳史册的光辉业绩：大革命时期，革命先辈彭湃和他的战友们在这里掀起了轰轰烈烈的农民运动，建立了我国第一个**苏维埃政权**。1988年，经国务院批准建立的汕尾市，就是以海陆丰老区为基础的。（《海陆丰老区要再显辉煌——访来自彭湃故乡的人大代表林良孝》，《人民日报》1993年3月31日）

> 十一日下午二时，工农兵代表在广州第一公园召开了苏维埃大会，广东海军亦派出代表参加，一致拥护成立苏维埃政府。国际同情革命的人多称为“**广州公社**”。当时国内外报纸都纷纷转载香港电：“广州十一号下午在第一公园召开大会，组织

苏维埃政府。"大会的任务，主要是及时选出苏维埃政府委员。选举的结果：以工人领袖苏兆征同志为主席（苏兆征同志当时在上海，未到任前由张太雷同志代理），恽代英同志为秘书长，张太雷同志为人民陆海军委员，周文雍同志为劳动委员，彭湃同志为土地委员（彭湃同志当时在海丰，未到任前由赵自选同志代理），何来同志为经济委员，陈郁同志为司法委员，杨殷同志为肃反委员。以叶挺同志为工农红军总指挥，叶剑英同志为副总指挥，徐光英同志为参谋长，周文雍同志兼赤卫队总指挥，罗绮园为农民军总指挥。正式成立广州苏维埃政府，设在维新路红军总指挥部内。公布苏维埃政府政策，主要有：一切工人增加工资，监督生产，实行八小时工作制；一切土地收归国有，分给农民、士兵，以及失业人民，自由耕种；改良士兵生活；没收官僚地主的房屋财产，救济贫民；取消劳动者的一切捐税、债务和息金。联合苏联，打倒帝国主义……就是这样，震动全世界的广州苏维埃政府，便在广大精锐勇猛的工农兵武装斗争中，出现在中国南部第一个大都市。（《广州苏维埃政权的光辉》，《人民日报》1978 年 12 月 11 日）

在国民党军队的围攻下，海陆丰苏维埃和广州苏维埃都失败了，但其伟大历史意义却彪炳千秋。毛泽东、朱德开创井冈山革命根据地获得成功，苏区不断扩大，先后建立起各级苏维埃政权。1931 年 11 月 7 日至 20 日，中华苏维埃第一次全国代表大会在瑞金召开，宣告"中华苏维埃共和国"成立，定都瑞京（金）。大会选举毛泽东同志为临时中央政府主席，通过了《中华苏维埃共和国宪法大纲》，确定共和国的政权性质是"工农民主专政"，"全国工农兵代表大会"是国家最高权力机关，下辖七个省苏维埃政府。1936 年，为促进抗日统一战线和国共合作的实现，"中华苏维埃共和国"改名为"中华苏维埃人民共和国"，把共和国的"工农"性质调整扩大为"人民"，以适应新的抗战形势。中华苏维埃共和国是中国历史上伟大的第一次，有着不可磨灭的历史作用和深远的影响。

三、各地苏维埃政府的出现与"苏维埃"的代称及象征意义

苏维埃政权是名副其实地从枪杆子里出来的。随着共产党领导的革命力量的壮大和秋收起义等各次武装起义的成功，各地陆续建立起苏维埃政府，"苏维埃"成了当时的一个响亮名词。久而久之，"苏维埃"开始代称共产党的各级政府。

全县对于山林，除牛斗光一个乡外，均没有分配，仍由原耕作人经营，名义上全归苏维埃公有，耕种人向苏维埃纳地税。（毛泽东《寻乌调查》第五章[1930 年 5 月]，《毛泽东文集》第一卷）

这一任务的完成，必需在政治上建设无产阶级领导的工农民主独裁的政权——工农兵苏维埃。（《总前委与江西省行委联席会议对于土地问题决议》[1930

年 10 月 19 日],《第一、二次国内革命战争土地斗争史料选编》)

这些例子中的“苏维埃”都带有泛称意味。“工农兵苏维埃”也是一个泛称,并没有一个政权的具体名称叫“工农兵苏维埃”。这一称谓中有苏维埃的基本含义——工农兵代表,也有新的象征——共产党政权。

“苏维埃”称谓又能指称“共产党”。1934 年 9 月 29 日《红色中华》报(第 239 期)发表张闻天撰写的社论《一切为了保卫苏维埃!》,其中的“苏维埃”除泛指整个苏维埃或最高苏维埃外,显然包括“共产党”在内。又如延安《新中华报》1937 年 4 月 6 日有一篇题为《苏维埃代表林伯渠参加民族扫墓典礼》的报道,其中“苏维埃代表”的意思可以理解为“苏维埃政府代表”,但也可以理解为“共产党方面的代表”。甚至有时“苏维埃”三个字更抽象为一种信仰,不是指一个具体的政府或者党派,而是指和中国共产党相关的一切,“苏维埃”成了中国共产党所领导的,为争取和平自由所进行的一切正义行动的最高象征。这都是共产党的革命斗争历程和特定的历史时期附加给“苏维埃”称谓的语用意义或象征意义,从而使它远离了“代表会议”之类的初始意义,“苏维埃”也就成了和“国民党”相对的政治力量的代名词。

四、“苏维埃”的派生和简称称谓系列

因为“苏维埃”来自苏联,是舶来品,所以很多人尤其是农村百姓不明白其含义,有的将“苏”与姓氏相联系。

> 少数知道苏维埃是工农政府,“苏维埃”这个字是由俄文翻译过来的。更可笑的是,当我和一些普通同志谈到这个问题的时候,有的猜测着说:“**苏维埃**就是苏兆征的别号,苏兆征是广州暴动中苏维埃政府主席,因而我们的政府是苏兆征的别号来命名。”另一位则反驳说:“……皇帝死了,便由儿子继承;现在我们的苏兆征主席死了,也由他的儿子‘**苏维埃**’继承,因此我们的政府叫作**苏维埃**政府。”(张国焘《苏区党代会后徐向前提升为红四军军长》,《一个叛徒的自述——张国焘叛变前后》)

湘赣边区因方言里“埃”就是“我”的意思,当地百姓就管“苏维埃”叫“埃政府”,即“我的政府”,这反而表明老百姓对苏维埃政府的认可。

> 湘南起义期间“共产党”三字在农村很普遍,一般农民都纷纷找入共产党。对“**埃政府**”(即苏维埃政府——引者注)普遍的认为是他们的政府,随便什么事,都要到“**埃政府**”里面去解决。(李沥青等《湘南起义史稿》第二章)

可见,使农村权力格局翻天覆地的土地革命,是在一个来自外国的音译名词下进行的。尽管很多人不明白这个称谓名词的真实含义,人们还是集合在它伟大的旗帜下展开了争取生存权利的艰苦奋斗。

随着苏维埃政府影响的扩大，“苏维埃”称谓又可减省为一个词素“苏”，从而派生出一些相关称谓。早期的苏维埃政府一般是四级：县、区、乡、村。后来才将村一级取消。市、省一级苏维埃，其实是在广泛的乡村苏维埃基础上再安上一个“帽子”而已，并不能算是实体性的政权。从乡到省各级苏维埃分别叫作“乡苏”“区苏”“县苏”“市苏”“省苏”，这些称谓在毛泽东的早期文稿中都出现了。

而不了解乡苏与市苏的工作，简直就不能真正领导苏维埃工作。（毛泽东《长冈乡调查》[1933 年 11 月]，《毛泽东文集》第一卷）

从近日起每期（三天一期）发二百二十份给江西省苏维埃文化部，再由省苏文化部转发各县苏、区苏。（毛泽东《普遍地举办〈时事简报〉》[1931 年 3 月]，《毛泽东文集》第一卷）

我们还要注意到这里的“苏区”的“苏”其实是“苏维埃”的一种简称。由“苏维埃”到“苏”，是选取原称谓中最具代表性的字眼作为名称，保留下来的“苏”在实际使用中具有“共产党”的意义，尽管最初的“苏”只是音译词的一个无意义的组成部分。

第三章　中共党内斗争与苏区肃反扩大化相关称谓

本章涉及的主要称谓如下：

第一节	一	托陈取消派、我们的话派、无产者社、十月社、战斗社、我们的话、无产者、战斗、托洛茨基派与陈独秀取消派、取消派、托洛茨基反对派、托陈派、中国托派、托派、陈独秀派
	二	二十八个半布尔什维克
	三	第二党、中央非常委员会、第二省委、罗章龙派、第二中央、第二江苏省委、"中央"、第二中央、伪中央
第二节	一	AB团、AB反赤团、AB团分子
	二	AB团、第三党、改组派
	三	改组派、改派、改组(派)分子、改组分子、改派分子、改组派首领、改组派书记、改(组)派书记、联合省委书记、改组派连、主席连、兄弟团、好吃会
	四	社会民主党、社会党、社党、社民党、社党分子、社民党分子

中国共产党自从大革命失败与国民党决裂以来，努力寻求自身发展，举行武装起义建立自己的军队和革命根据地，每前进一步都要克服来自国民党政治、军事等压力，还有共产党内派别之争，乃至革命观和反革命观的矛盾。为保持自身的纯洁性，中国共产党必须肃清革命阵营内的反革命派别和组织，这就是中共"肃反"的含义。但是由于国际国内严峻形势，共产国际和王明"左"倾路线错误方针等原因，发生在20世纪30年代苏区的"肃反"运动出现了严重偏差，在各苏区造成了一大批冤案，从而形成一批带有鲜明时代烙印的社会称谓。

第一节　土地革命时期中共党内斗争相关称谓

大革命失败后，中共党内首先在革命道路问题上出现了分歧。毛泽东等共产党人主张武装夺取政权和开展土地革命；陈独秀接受托洛茨基观点，形成了所谓"托陈取消派"；罗章龙等人由反对中共六届四中全会而建立"第二中央"，形成了"罗章龙派"；王明等人则以正宗马列自许，形成了"二十八个半布尔什维克"；长征途中张国焘又搞分裂，自立"伪中央"。这一时期其他党内斗争形成的如"立三派"等也曾偶尔一用，但社会意义不大，故从略。

一、“托陈取消派”系列称谓与中共“肃托”运动

这里所说的“肃托”运动，是指土地革命前期中共开展的对取消革命的反对派“托陈取消派”（托洛茨基反对派）加以制裁和肃清的党内斗争。

1929 年 6 月 25 日，中共中央六届二中全会在上海召开，决定把肃清党内托洛茨基主义及托派小组的分裂活动作为党内斗争的重要任务。1929 年 10 月 26 日，共产国际执行委员会给中共中央的信指示“党应当同陈独秀的取消主义纲领进行无情的斗争”，中国共产党加紧进行“肃托反托”运动。1929 年至 1930 年的“肃托”运动已经肃清了中共党内的托洛茨基反对派。

（一）“托陈取消派”的性质与称谓界定

“托陈取消派”是中共内部以陈独秀为代表的一部分人受托洛茨基思想影响而形成的政治派别。1951 年版《毛泽东选集》第一卷中的《论反对日本帝国主义的策略》的注释中称陈独秀为“叛徒”，称托派是“帝国主义和国民党的反对人民的卑污工具”；而 1991 年 2 月中共中央文献编辑委员会重新修订的《毛泽东选集》同一处注释则说：

> 在一九二七年中国革命遭受失败之后，中国也出现了少数的托洛茨基分子，他们与陈独秀等相结合，认为中国资产阶级对于帝国主义和封建势力已经取得了胜利，中国资产阶级民主革命已经完结，中国无产阶级只有待到将来再去举行社会主义革命，在当时就只能进行所谓的以“国民会议”为中心口号的合法运动，而取消革命运动。因此他们又被称为“托陈取消派”。

这是迄今为止对中国托派最具权威性的政治界定。由此可见，中国共产党对于以陈独秀为首的“托陈取消派”的认识经历过一个变化过程。

（二）“托陈取消派”的渊源和中国托派的内部小组织称谓

“托陈取消派”来源于俄国以托洛茨基为首的“托派”，主张“不断革命论”或“一次革命论”。中国共产党派到苏联学习的部分党团员拥护托洛茨基，并逐渐形成派别。大革命失败后，陈独秀全面接受了托派的观点。毛泽东在《新民主义论》中一针见血地指出，“‘一次革命论’者，不要革命论也。这就是问题的本质”。不要革命也就是“取消”革命，中国的托派——“托陈取消派”就是这样得名的。

1928 年至 1931 年，中国的“托派”先后建立四个小组织：“我们的话派”“无产者社”“十月社”“战斗社”。

1928 年 12 月，上海成立中国第一个托派小组织“中国布尔什维克列宁主义反对派”，因创办《我们的话》又得名“我们的话派”。1929 年 12 月，陈独秀与彭述之等人组织托派小组织“中国共产党左派反对派”（又称“中国共产党布尔什维克列宁派”），因机

关报《无产者》而被称为“无产者社”。此外成立的托派小组织还有“十月社”(“中国左派共产主义同盟”,因出版《十月》得名)和“战斗社”(因出版《战斗》而得名)。

> 1928年初,他们在上海成立了中国第一个托派小组织“中国布尔什维克列宁主义反对派”,设立了中央机构“全国总干事会”,由史唐任干事长,并在北平、香港、广州、武汉等地建立了支部。他们出版机关报《我们的话》,被称为“我们的话派”。1931年5月初,托派小组织统一时,该派的成员发展到约一百二十人。……陈独秀等人被开除出党后,发表了他们的纲领《我们的政治意见书》。后来又出版机关报《无产者》,因而他们又被称为“无产者社”,在北平和香港也建立了支部,在托派小组织统一时,该派成员发展到约一百人。此外,还出现了两个托派小组织。1930年1月,刘仁静、王文元等九人,从“我们的话派”中分裂出来,宣布成立“中国左派共产主义同盟”。这是因为他们不同意总干事会完全排斥陈独秀派的态度,不同意“我们的话派”1929年9月第二次代表大会决议中关于形势和策略的论述。“中国左派共产主义同盟”后来因出版机关报《十月》,又被称为“十月社”。他们的成员后来发展到约五十人。同年秋天,游离在上述三个组织之外的从莫斯科回国的留学生赵济、刘胤等七人,为了在未来统一的托派组织中“也可占一位置”,也单独成立了组织,出版机关报《战斗》,被称为“战斗社”,成员后来发展到约三十人。(《反对早期中国托洛茨基反对派的斗争(上)》,《人民日报》1984年11月26日)

> 在刘仁静回国之前,国内已先后成立了几个托派组织,如“我们的话”、“无产者”、“战斗”等。……刘仁静回国后,积极活动,组织了一些留俄学生,成立名为“十月社”的托派组织,还办起了托派刊物《十月》。(苗体君、窦春芳《中共“一大”代表刘仁静曲折离奇的一生》,《党史博采》2006年第7期)

1931年5月1日,四个托派小组织秘密举行统一大会,正式名称“中国共产党左派反对派”,陈独秀出任总书记。陈独秀由共产党的总书记最终变成了共产党反对派的总书记。

(三)“取消派”在语用中的全称、简称和别称

“取消派”全称应该是“托洛茨基(派)—陈独秀取消派”,因为取消土地革命是托洛茨基和陈独秀的政治主张。由于全称太过烦琐,所以一般只在必要的书面文件中使用。

> 托洛茨基派与陈独秀取消派虽然也同样提出反富农的口号,但他们认为中国已没有封建势力的存在,或者是残余的残余,所以目前中国革命是社会主义革命,在农村只有反资本主义的斗争。(《土地问题与反富农策略——中共苏区中央局通告第九号》(1931年2月8日),《第一、二次国内革命战争时期土地斗争史料选编》)

这个全称在通常的语用情况下多简化为“托陈取消派”,进一步简缩即为“取消派”。

党必须……揭穿国民党张学良及其他反革命的团体，国家主义派，社会民主党，**托陈取消派**，罗章龙派对于满洲事变投降叛变政策的事实。（《中央给满洲各级党部及全体党员的信》[1933 年 1 月 26 日]，《中共党史参考资料》第七册）

这种不正确的估量，正是暴露他自己对于革命的失望，其目的是要得出**取消派**的结论。根据这种估量来借口反对整个领导，用意是在破坏我们的党。……这样，就更加证明他的右派纲领与**取消派**一般无二。根据这四点，已足以证明罗章龙的思想和行动，他已经不是无产阶级队伍中人了。（《关于开除罗章龙中央委员及党籍的决议案》[1931 年 1 月 27 日中央政治局通过]，《中共中央文件选集》第七册）

取消派（托洛茨基反动派—机会主义派）认为现在封建势力没有了，富农是资产阶级……党在农村唯一的策略是反对富农。（《江苏省委通告第六号——反对富农的策略》，《江苏省农民运动档案资料选编》）

由于中国"取消派"是陈独秀等人接受托洛茨基主义的结果，是共产党内的反对派，因而人们习惯上又别称之为"托洛茨基反对派""托陈派""中国托派""托派"或"陈独秀派"等。这类称谓多带有一定的随意性。

此外，**托洛茨基反对派**抛开原则，专门利用些小的问题小的纠纷，进行非事实的毁谤与有意的造谣诬蔑。（周恩来《托洛茨基反对派在中国发生的原因及其前途》[1929 年 10 月]，《周恩来选集》上）

反对反革命的罗章龙派和**托陈派**的斗争，必须是不留情的。（《中央给满洲各级党部及全体党员的信——论满洲的状况和我们党的任务》[1933 年 1 月 26 日]，《中共中央文件选集》第九册）

这次统一大会决定了**中国托派**的统一名称，即"中国共产党左派反对派"或"中国共产党布尔塞维克列宁派"，陈独秀为**托派**中央委员会总书记。（张家康《陈独秀与中国托派》，《文史精华》2005 年第 2 期）

"陈独秀派"出现于"中国托派"之前，不是"托陈取消派"的简称，而是彭述之等自称"陈独秀派"，公开表示对中央给陈独秀的处理意见不满，反对瞿秋白为首的新中央，因陈不支持，所以只是"没有陈独秀的陈独秀派"。但陈独秀毕竟是托派领导人，为了表述指称的方便和明确，后人沿用了这一称谓，我们把它作为托派"别称"看待。"取消派"的简称、别称等，除用作集体称谓指其团体派别外，一般均可用作个体称谓指其成员。如果强调其成员时可称为"托派分子"或"托陈派分子"。例不赘举。

土地革命时期的"肃托"，基本上还是控制在党内斗争的范围内，社会上以及苏区"肃反"中虽也曾提及"取消派"，但没有造成以"取消派"为中心的大清洗，"取消派"称谓与那些被认定为反革命特务组织如 AB 团等是有区别的。但是到抗战期间就不同了，康生等人污蔑陈独秀是汉奸和日寇特务，“肃托”彻底升格为敌我矛盾，“托陈取消派”也就变成了“托匪”。这次“肃托”是一起重大的历史冤案，在党内产生恶劣影响。

二、“二十八个半布尔什维克”与王明教条主义宗派

“二十八个半布尔什维克”是对王明教条主义宗派的俗称，可谓非常著名的历史称谓。1930 年前后，王明等一批在莫斯科中山大学学习的党员回国，号称“百分之百的布尔什维克”，共有 28 人，另有一位 17 岁的共青团员算“半个”，故号称“二十八个半布尔什维克”，有时简称“二十八个半”。1931 年 1 月中共六届四中全会上，王明路线在共产国际支持下取得了中央领导权，开始了长达四年的“左”倾统治，使红军和根据地损失殆尽。

> 当时王明等人搞了所谓“二十八个半布尔什维克”，几百人在苏联学习，为什么只有二十八个半呢？就是他们“左”得要命，自己整自己，使自己孤立。（毛泽东《在成都会议上的讲话》[1958 年 3 月]，《毛泽东文集》第七卷）
>
> 当时确有以王明为核心的教条宗派，主要是指一部分靠近中大支部局的党员，在政治立场和思想情绪上比较一致，但是，并没有什么固定的成员。所谓“二十八个半布尔什维克”，只是别人对他们的一种笼统的说法，所指的人也不尽相同，谁也没有列出过一个确定的名单来。……应当说：确确实实有王明教条宗派，但并没有什么“二十八个半布尔什维克”的组织。（杨尚昆《关于“二十八个半布尔什维克”》，《新华文摘》2001 年第 12 期）

可见，“二十八个半布尔什维克”不完全等同于王明宗派和王明路线。被公认为“二十八个半”成员的张闻天、王稼祥等是老革命家，杨尚昆曾任国家主席，就连那“半个”徐一新都担任过外交部副部长，所以对这个称谓应当历史地和辩证地看待。在王明路线时期，“二十八个半布尔什维克”曾是一个高傲的称谓，但后来延安整风时期它就成了被批判的对象。“文化大革命”中康生一句话“二十八个半都不是好人”，其尚存者便又遭到了迫害。此系后话。

三、中共两个“第二中央”与罗章龙、张国焘的分裂活动

（一）“罗章龙派”及其“第二中央”与罗章龙的分裂活动

中共六届四中全会后，罗章龙等人打着反对“立三路线”的旗号，不满王明小集团的统治和纲领，组织反对派，称为“罗章龙派”。他们于 1931 年 1 月 13 日召开了“反对四中全会代表团会议”，推选罗章龙等五人组成“中央非常委员会”，人称“第二党”或“第二中央”。这是中共历史上的第一个“第二中央”。后来还成立了“第二省委”（江苏省委）、“第二区委”、“第二工会党团组织”等。

> 四中全会开后，右派更明显的进行这一活动，以罗章龙为领袖的小组织，公开的组织**第二党**，成立**中央非常委员会**，成立江苏顺直**第二省委**，派人到顺直满洲香港进行分裂的活动，更派人到苏区去捣乱红军苏维埃及党的领导。……中央现正在坚决的实行两条战线的斗争，并开除不可挽救的**第二党**领袖罗章龙，王克全，张金刃等。（《中央给湘鄂西特委信》[1931 年 3 月 10 日]，《中共中央文件选集》第七册）

> 反对反革命的**罗章龙派**和托陈派的斗争，必须是不留情的。（《中央给满洲各级党部及全体党员的信——论满洲的状况和我们党的任务》[1933 年 1 月 26 日]，《中共中央文件选集》第九册）

> 在罗章龙组织召开的反对四中全会代表团会议上……组成了临时中央干事会，即“中央非常委员会”，也即是后来人们通称的“**第二中央**”。（文博《中共往事钩沉（二）》第四章）

> 罗章龙等正在酝酿成立**第二中央**，王克全等正在准备成立**第二江苏省委**，不少党员一时不知所从，全党面临大分裂的威胁。（刘凤舞《民国春秋》第十七章）

罗章龙派反对王明路线，事出有因；但在组织上分裂党，则无疑是错误的。中共中央很快决定开除罗章龙党籍，“罗章龙派”及其“第二中央”宣告解体。在中共党史上，“罗章龙派”一直是作为反革命来对待的。在苏区的肃反中，也曾被作为肃反的对象。

（二）长征中的“第二中央”与张国焘的分裂活动

红军开始长征后，张国焘与党中央闹矛盾，不同意中央北上的战略方针，而坚持率部南下。1935 年 10 月 5 日在四川马尔康县的卓木碉（脚木足）地方，张国焘擅自召开会议，自封“主席”，另立“中央”，这是中共历史上的第二个“第二中央”。由于广大红军官兵坚决反对，得不到第三国际支持和南下失利等原因，张国焘的“第二中央”只存在了八个月便被迫取消。

> （1935 年）10 月 5 日，他公然另立“**中央**”，自任“主席”。……在这种情况下，张国焘不得不在这年 6 月 6 日宣布取消另立的“**中央**”。（胡绳主编《中国共产党的七十年》第三章）

> 南下期间，红四方面军苦战半年之久，虽歼敌近 3 万人，但自身也损耗了半数兵力，在川康边陷入困境。由于朱德、刘伯承、徐向前等同志和广大指战员的抵制与斗争，张国焘才被迫同意全军向道孚、炉霍、甘孜地区转移，取消了**第二中央**，接应红二方面军一道北上。（李先念《光辉的战斗历程——纪念徐帅诞辰九十周年、红四方面军成立六十周年》，《人民日报》1991 年 11 月 9 日）

另立“中央”当然属于非法，所以张国焘的“中央”又被称为“伪中央”。

六月上旬，张国焘在炉霍召开党的活动分子会议，正式宣布取消伪中央。……这是张国焘分裂主义的彻底破产，也是党的正确路线和团结方针的伟大胜利。（徐向前《历史的回顾》第十三章）

张国焘“第二中央”的破产说明闹宗派搞分裂不得人心。1938 年，张国焘最终投入了国民党的怀抱，成了可耻的叛徒。

第二节 苏区“肃反”扩大化与相关称谓

中国共产党的历史上曾经多次出现过“肃反”运动，尤以苏区“肃反”扩大化对革命造成的危害最大。1931 年 1 月 7 日，中国共产党六届四中全会在上海召开。从苏联回来的陈绍禹（王明）等人，打着“反对立三路线”、“反对调和主义”的旗号，在共产国际的支持下，取得了中央领导权。王明一伙披着马列主义的外衣，大搞“残酷斗争，无情打击”，执行了一条比李立三冒险主义更左的路线，开始了在党内四年的“左”倾统治。极左路线的危害，很快就酿成了血腥的 20 世纪 30 年代初期的“苏区大肃反”。“肃反”即“肃清反革命”之意，其中“反革命”是个通称，包括组织和个人。作为苏区“肃反”的对象，“反革命”有很多具体名称。有研究者指出：“内战时期从富田事变后开始‘肃反’，打‘AB 团’，打‘社会民主党’、‘改组派’、‘托派’、‘罗章龙派’等等，直到长征结束才停止。”①虽然现在这些称谓词已经成了苏区“肃反”运动的缩影和标记，但是由于“肃反”的对象不同，这些称谓在各苏区重点使用的情形不同。这类社会称谓的意义和历史影响，从语言意义上很难一望而知。现在我们从这些留存在史书里的社会称谓词考察当年那段可悲的岁月，以留下足够的警示。当时革命根据地已经形成了四个大的苏区：中央苏区、鄂豫皖苏区、湘鄂西苏区和闽西苏区。中央苏区“肃反”的主要对象是“AB 团”；鄂豫皖苏区的“肃反”对象除“AB 团”外还有“改组派”和“第三党”；湘鄂西苏区“肃反”对象主要就是“改组派”一个类别；闽西苏区的“肃反”对象就是一个“社会民主党”。下面我们分四个苏区进行叙述。

一、“AB 团”称谓与中央苏区“肃反”扩大化

中央苏区即赣西南根据地，是毛泽东、朱德等领导开创的全国最大的革命根据地，也是中华苏维埃共和国首都和中央临时政府所在地。1930 年初至 1931 年，中央苏区党政地方和红一方面军内开展了一场以打“AB 团”为中心内容的“肃反”运动。

---

① 李锐：《世纪之交感言：还是要防“左”》，《书屋》2000 年第 3 期。

(一)"AB团"的背景、性质

"AB团"全称"AB反赤团","AB"是"Anti-Bolshevik"的简写,为"反布尔什维克"之意。它原本是1927年1月国民党右派在江西省党部中一小撮极端反动分子纠合起来的秘密组织。4月2日,武汉国民党中央逮捕"AB团"骨干分子,"AB团"即行解散,仅存三个月。

但是从1929年10月下旬开始的苏共党内"肃反",通过共产国际影响到中国共产党,共产国际执委会还作出了《关于中国问题的决议》,强调中共"应当把斗争的锋芒指向改组派,指向第三党"。1929年11月13日,中共中央书记处根据共产国际指示正式发出了《中央给江西省委的指示信》,要求江西苏区"肃清改组派、第三党、AB团的影响"。在中央的一再严令下,红一方面军总前委、中央赣西南特委都主观地认为"AB团"确实大量地混进了党内军内。在总前委和军总政治部的主持下,11月下旬中央苏区掀起了肃反狂潮。早已不存在的"AB团",却成为苏区"肃反"运动的一个反革命组织名称,以江西为中心的中央苏区成为了肃"AB团"的重灾区。

(二)中央苏区"肃反"中作为组织称谓和个体称谓的"AB(反赤)团"

"肃反"对象"AB团"首先是作为混进红军和党内的一个笼统的反革命组织称谓。

肃清一切反动派别的斗争:中央区的肃反工作是获得了伟大的胜利,反AB团的斗争是正确的是非常必要的,但是在肃反工作中仍旧有很大的错误。首先反AB团的思想斗争与群众中的教育工作是非常缺乏,尤其是反改组派,社会民主党,第三党,取消派,右派的斗争更是缺乏,而把反对一切反革命派的斗争缩小到破获,捕拿,处决的范围里去,同时,又把一切反动分子,一切不满分子,一切犯了错误的人都当作AB团看待,肃反代替了党内思想斗争与两条战线的斗争,党内生活与群众政治生活落入非常状态。这是把反AB团的斗争简单化了,并且过分估量AB团的力量,轻视革命力量,因此发生恐怖,而把AB团扩大化了,并且在处理AB团时未能每次都把领袖与被欺骗被威胁的分子分别开来。这一切错误形成了一种非常错误非常有害的"肃反中心论"——认为一切工作只有从肃反做起。(《政治决议案——中央苏区第一次党代表大会通过》[1931年11月1日—5日],《中共中央文件选集》第七册)

党内对AB团的认识所以如此扩大,发生如此恐慌,实有他思想的来源,主要的是没有对于自己阶级的坚信心,不相信革命胜利的力量。(《苏区中央局关于苏区肃反工作决议案》[1932年1月7日],《中共中央文件选集》第八册)

一般忠实同志,纷纷逃避京沪,此时适逢中央开始清党,使AB反赤团目的已达。(戴向青、罗惠兰《AB团与富田事变始末》)

但在使用中,“AB团”更多地是和“AB团分子”一样用作个体称谓指称其成员。

所以至今苏区还只看见从上而下的逮捕和处罚一批一批AB团,还没看见从下而上的一批一批AB团被群众举发出来,这是最值得考虑的。《中央给苏区中央局并红军总前委的指示信——关于中央苏区存在的问题及今后的中心任务》[1931年8月30日],《中共中央文件选集》第七册)

这些人中间有妇女三十几个,有许多婊子和尚道士阴阳先生等封建分子,有好几十个AB团,这许多人饱食无事,名为宣传队。(《中共给中区中央局及苏区闽赣两省委信》[1932年7月21日],《中共中央文件选集》第八册))

这时陈毅同志说:“这个是‘AB团’那个是‘AB团’,实际上的AB团分子很少。我们要接受教训。希望今后要慎重,再不要乱杀人了。”(曹金山《陈毅同志救了我》,陈毅、肖华等《回忆中央苏区》)

土地革命战争时期,中央苏区大搞肃AB团时,罗荣桓任红四军政委,他冒着风险,保护了一批被诬为AB团分子的干部战士,“罗政委刀下留人”曾在红四军传为佳话。(《学习罗荣桓元帅关于我军政治工作的论述》,《人民日报》1992年11月12日)

上述例中说“一批一批AB团”、“几十个AB团”等,“AB团”分明是由组织称谓变成了个体成员称谓。

肃“AB团”运动从1930年初开始,9月进入高潮,11月由地方发展到军队,12月初地方和军队同时并进,终于导致了1930年12月12日红二十军部分官兵在赣南小村富田哗变,这就是令人震惊的“富田事变”。1931年初,苏区中央局代理书记项英曾试图纠正“肃反”错误,遭到左倾临时中央的否定,“富田事变”被定性为“AB团领导的反革命暴动”,“打AB团”进一步升级。后把红二十军从前方调到后方,将包括军长在内排以上的干部七八百人全部杀害,“红二十军”番号取消。江西肃“AB团”,夺去了数千名红军将士和革命群众的宝贵生命。更严重的是,在中央极左路线指导下,中央苏区的做法被作为“经验”推广,引发了各个苏区更大规模的“肃反”扩大化。

中共中央党史研究室编写的《中国共产党历史》(2002年版)有一段定性的话:“肃‘AB团’和‘社会民主党’的斗争,是严重臆测和逼供的产物,混淆了敌我,造成许多冤案、假案、错案,教训是非常深刻的。”

二、“AB团”“改组派”“第三党”与鄂豫皖苏区“白雀园大肃反”

鄂豫皖苏区是在黄麻起义等一系列暴动的基础上形成的,在吴焕先、许继慎、邝继勋、曾中生、徐向前、李先念等一批革命家领导下,发展为仅次于中央苏区的第二大根据地，著名的红四方面军就是在这里成长起来的。中央苏区肃“AB 团”的错误蔓延到鄂豫皖，给该区红军和党组织带来了更大灾难。鄂豫皖苏区“肃反”的对象主要有三个：“AB 团”“改组派”和“第三党”。

(一)“改组派”“第三党”称谓的来历与肃反背景

“改组派”是南京国民政府初期，国民党内部一个既反蒋又反共的政治反对派。此派标榜以民国十三年的改组精神“改组国民党”，1928 年由陈公博、顾孟余等人发起成立“中国国民党改组同志会”，奉汪精卫为领袖，以陈公博为总负责人。“改组派”因此而得名，实际上是企图通过改组与蒋介石争夺党权和政权。作为一个政治组织，改组派于 1931 年初被汪精卫宣布解散；作为政治派别，随着“九一八”事变后蒋汪再次合作，也已彻底瓦解。

“第三党”最初指 1927 年冬由谭平山等在上海成立的“中华革命党”，1930 年邓演达归国后正式定名为“中国国民党临时行动委员”。该党既反对国民党蒋介石，又反对共产党，故称“第三党”。随着 1931 年邓演达的遇害，其成员多投靠蒋介石，“第三党”作为一个组织已经不存在了。

土地革命时期，按照共产党的政策，它们和“AB 团”都是反革命派别。然而，中共苏区“肃反”中所谓的“AB 团”“改组派”“第三党”不过是假借原来的名头，作为苏区内假想的反革命特务组织名称而已，它们的语用意义是“反革命”的代称。

六届四中全会之后，从未到过苏区的王明在 1931 年 2 月中央政治局的会议上断言：“在苏维埃和一部分武装队伍中，都曾发现改组派、AB 团、取消派等反革命分子。”5 月上旬，张国焘以中共中央全权代表、鄂豫皖中央分局书记和军事委员会主席三重身份，借中央指示之名，行窃取苏区领导权之实，在河南光山县一个叫白雀园的小村子开始了这场血腥的“肃反”运动，使数以万计的革命者丧生，史称“白雀园大肃反”。这是鄂豫皖根据地历史上最令人痛心的一页，许多人连“AB 团”“改组派”和“第三党”是什么都不知道，就被冤杀在这三顶大帽子之下了。

(二)鄂豫皖“肃反”中作为组织称谓和个体称谓的“改组派”和“第三党”

“AB 团”前文已述。“肃反”中的“改组派”和“第三党”，首先也是作为一个笼统的反革命组织称谓。“改组派”也可以用作个体称谓指称其成员。

> 应该不间断的做两条战线上的斗争，反对右倾与“左倾”。这种斗争是我们实行国际路线的必要条件。党不必将所有干部与组织都公开出来，以便革命在某区域失败后留下工作。这里我们不必再讲到托陈取消派，**第三党**及**改组派**等，因为大家已经都知道应该同他们做坚决的斗争了。(《中央关于鄂豫皖省委的决议》[1931 年 5 月 6 日]，《中共中央文件选集》第七册)

一些基层干部和战士，连 AB 团、改组派、第三党是什么名堂都不懂，更想不到那是掉脑袋的罪名。你说他是，就承认。（徐向前《鄂豫皖革命根据地的反"围剿"斗争·白雀园"大肃反"》）

张国焘是一个权势欲极重之人……在清除曾中生在军队中的领导权之后，依靠陈昌浩、周纯全等人，开始了一场从军队到地方的以反对所谓的"改组派"、"AB团"、"第三党"等为主要内容的肃反运动。（刘凤舞《民国春秋》第十八章）

那个同志还说："许继慎的口供是，你们说我是改组派，我就算改组派好啦！"（徐向前《"白雀园"大肃反》，《红色记忆：中国共产党历史口述实录(1921—1949)》）

另外，"改组派"还衍生和变换出一些相关称谓，我们将在下文一并叙述。

1981 年 8 月，在"白雀园大肃反"50 周年之际，为纪念这些错遭杀害的革命者，中共光山县委、光山县人民政府在白雀园建立了"白雀园殉难烈士纪念碑"，徐向前元帅亲笔题写了碑文（殉难者中就有徐帅夫人程训宣）。全国各地烈士纪念碑很多，唯独白雀园这块碑是共产党人为纪念被自己错误杀掉的烈士而树立，这也体现出共产党勇于正视历史的实事求是精神。

三、"改组派"及其衍生称谓与湘鄂西苏区大"肃反"

湘鄂西苏区是全国第三大苏区，创始人是周逸群、贺龙和段德昌等。1932 年初，张国焘在鄂豫皖苏区"肃反"的所谓经验，传到了湘鄂西苏区，被中央派到湘鄂西根据地的"钦差大臣"夏曦（著名的"二十八个半"之一）全盘接受，在湘鄂西苏区连续进行了四次肃"改组派"运动，肃掉了包括上千名高级将领在内的一万多名红军指战员。同其他苏区"肃反"一样，湘鄂西"肃反"的主要对象"改组派"和"第三党"也都是有其名而无其实的。

（一）糊里糊涂的"改组派"与湘鄂西四次大"肃反"

"改组派"这个看似简单的称谓词，一旦与那段历史相联系，就透露出非同寻常的社会意义，因为它下面覆盖着成千上万个冤魂——他们还没来得及弄明白"改组派"的意思，就糊里糊涂地被当成"改组派"杀掉了。"改组派"又简称"改派"。

改组派随着你们的富农路线，而深入到苏区活动，因你们采取简单的枪杀办法，致使群众人人自危，这是严重的现象。你们应在平分土地与反富农的斗争中向广大群众宣传改组派破坏革命欺骗群众的阴谋，引起群众对改组派的阶级仇恨而积极起来作肃清改组派的斗争。这不是说政府和红军对改组派领袖就不应该加以逮捕乃至枪杀，但必须公开审判，召集群众大会宣布罪状，使群众都起来拥护这一对反革命的制裁。（《中央给湘鄂西特委信》[1931 年 3 月 10 日]，《中共中央文件选集》第七册）

夏曦等人甚至进行了极端荒谬的推理：上一级是“**改组派**”，受其领导的下一级也必然是……书记、主席是“**改组派**”，其党委、苏维埃的成员则统统是。他们抓“**改组派**”抓昏了头。（廖汉生《廖汉生回忆录》第三章）

他（贺龙）说：“那个时候，有多少好同志呀，都是忠心耿耿的……都被诬蔑为**改组派**而被杀掉了……啊，一滩滩的血，真是血的教训噢！”（总参编写组《贺龙传》第二十章）

将反革命的力量反扩大到不可思议的程度，以至使你们终日陷入疑神疑鬼的恐怖中生活着，这种恐怖遂造成了你们把肃反当作一切工作中心的根本错误！实际上你们是作了反革命挑拨离间的俘虏，取消了两条战线的思想斗争，这是极大的罪恶！而且你们这样的肃反如继续向前发展，可以走到你们自己少数人也相互怀疑，猜忌与不信任的结果。我们绝对不能同意你们的意见：“党苏干部十分之九为**改派**”，这种估计完全是不正确的，夸大的！（《中央给湘鄂西中央分局信》[1934 年 5 月 6 日]，《中共中央文件选集》第十册）

当时七师清党负责的是政委沈廉均，九师清党负责的是政委宋盘铭，这两个都是**改派**。（《湘鄂西中央分局给中央的报告》[1934 年 9 月 15 日]，《湘鄂西苏区历史简编》第十一章）

夏曦同志当时夸大反革命力量，在反革命活动面前，惊慌失措，认为部队中连长以上的干部，有百分之九十以上都是**改组派**，逮捕的在二千人以上，这里当然有一部分是真正的反革命分子。但一定是有部分，是因政治觉悟不够，而被反革命欺骗麻醉的。还有一部分，是忠实的共产党员，完全是反革命分子的诬告，或被严刑所逼而乱供的。当时没有详细审查而逮捕枪决，或开除军籍。那时部队还有苏联学习回来，经中央派到湘鄂西的四十多个学生，有不少的产业工人，也都被认为是**改组派**，拘捕枪决了。这里面固然是有加入反革命的，难道几十个都加入了**改组派**？没有一个是忠实于党和苏维埃的吗？如果这样设想，这是对苏维埃、共产党和军事学校教育加以污蔑。夏曦同志同样认为，湘鄂西地方党、苏维埃区、县、省级的干部，也有百分之八、九十是**改组派**。只是由于退出苏维埃太张皇仓促，没有来得及把他们都拘捕和枪决，只好以命令来宣布解散这些组织。总之，照夏曦同志的估计，当时反革命**改组派**是完全统治了湘鄂西的党、政府和红军。如果事实真正是这样，那湘鄂西苏区不要国民党调动许多兵力来进攻，老早就已变成了白区，红军也早已成为白军，至少也会有部分的公开叛变，绝不会有今天这个力量存在。（任弼时《在红二军团党的积极分子会议上的报告》[1935 年 1 月 27 日]，《战史资料选编（四）》）

这么多优秀儿女没有倒在战场上，却被王明“左”倾错误路线所葬送，实为亲者痛、仇者快的千古憾事。

(二)五花八门的“改组派”衍生称谓与“肃反”的荒唐和疯狂

“改组派”首先是一个笼统的派别组织称谓，在语用中也可指个体成员，毋庸多赘。在肃“改组派”的具体行动中，对其成员、小团体等，还随意地衍生变换，制造了更离奇的所谓“改(组)派书记”、“改组派卧底人物”等称谓。

1.“改组(派)分子”“改组分子”“改派分子”和“改组派头(首)领”

这些都是指称“改组派”的具体成员，“分子”谓一般人员，“首领”谓首脑人物，自然罪加一等。

> 只要他们能公开承认自己的错误和实际改正，从各方面去瓦解**改组(派)分子**重复团结的企图。(贺彪《湘鄂西红军斗争史略》第十二章))

> 沈廉均当时就利用清党来提拔**改派分子**，来打击真正的党员。(《湘鄂西中央分局给中央的报告》[1934年9月15日]，《湘鄂西苏区历史简编》第十一章)

> 夏曦在第三次“肃反”中继续诬蔑周逸群、崔琪等烈士是“**改组派首领**”、“反革命”等。(贺彪《湘鄂西红军斗争史略》第十一章)

2.“改(组)派书记”和“联合省委书记”

“左”倾分子不仅抓获了大批“改组派”，甚至还发现了“改组派”组织有个“中央办事处”，已经组织了“联合省委”，还有“联合省委书记”。这些都属于捏造或屈招的所谓“改组派”领导职务称谓。

> 杨光华还无中生有地说什么红三军里“**改组派”的书记**系柳克明(柳直荀)，等等。(贺彪《湘鄂西红军斗争史略》第九章))

> 一会又说“可以看出万涛为**联合省委书记**，**改(组)派书记**即移交彭之玉”，又说“最后发现他们中有中央办事处”。(贺彪《湘鄂西红军斗争史略》第九章)

3.“改组派连”“主席连”与“肃反”的荒唐

“左”倾分子对于被捕“犯人”和“嫌疑犯”，除了大批杀害以外，还采取了留用和开除军籍的办法。留用人员被编为两种连队：“改组派连”和“主席连”。后来“改组派连”成了常设机构，被抓捕的所谓“改组派”嫌疑人员就先放在这里。另一种改组派连队由被捕的地方党政干部组成，因为其中不少人担任过各级苏维埃政府主席，因称“主席连”。这是多么的荒唐！这些非正常连队称谓，是夏曦等人搞“肃反”扩大化的罪证。

> 一种由被捕的红三军干部组成，被称为“**改组派连**”；另一种由被捕的地方党政干部组成，因为其中不少人担任过各级苏维埃政府主席，所以被称为“**主席连**”。(贺彪《湘鄂西红军斗争史略》第十一章)

> 当贺龙向全军干部战士宣布取消"第五次肃反"计划，取消"改组派连"时，指战员们激动得热泪盈眶。（贺彪《湘鄂西红军斗争史略》第十二章）

4."兄弟团""好吃会"等与"肃反"的疯狂

最终，肃"改组派"达到了疯狂程度，两个人在一起说话、走路、上茅房是"兄弟团"，在一起吃东西就是"好吃会"，立即逮捕，乃至格杀勿论。

> 两个人在一起说话，两个人在一起走路，他们就给扣上"兄弟团"的帽子，一绳索捆起来。（贺彪《湘鄂西红军斗争史略》第十章）

> 他们抓"改组派"抓昏了头。二人相遇，在茅房里说句话即有"兄弟团"嫌疑；同乡相聚，买些花生来吃即以"好吃会"之名杀掉。（廖汉生《廖汉生回忆录》第三章）

透过以上这些五花八门的称谓，我们可以想见当年夏曦等人在"肃反"对象的命名问题上实在是费尽了心机。第四次"肃反"后，整个红三军中央分局只剩下了贺龙、关向应、卢冬生和夏曦四个党员，"肃反"扩大化使红三军损失殆尽。最后查明，夏曦最信任的"肃反"骨干姜琦，竟然是国民党特务分子，这真是莫大的讽刺！

四、"社会民主党"称谓与闽西苏区错误的"肃社党"运动

"社会民主党"是现代国际工人运动中主张社会改良和阶级调和的机会主义派别。但苏区"肃反"运动中的"社会民主党"，其实是中国共产党对形势错误判断的产物。就是这样一个子虚乌有的名堂，却引发了 1931 年闽西苏区的一场"肃社党"的错误运动，造成六千多红军将士和无辜群众被杀害的历史大冤案。

悲剧竟然缘于一句喊错的口号。1931 年初，闽西的红十二军召开了纪念李卜克内西、卢森堡和列宁等共产国际领袖的大会，会上提到了"第二国际"和"社会民主党"等名词。开会喊口号是常事，一个叫吴拙哉的战士，糊里糊涂地带头喊出了"社会民主党万岁"等口号。团政委林海汀（亦有书文作"林梅汀"，未知孰是）认为仅是喊错而已，但是此事汇报到闽西苏维埃政府肃反委员会主席林一株那里后，吴拙哉和林海汀等十几个人被抓起来严刑拷打，林、吴二人屈打成招。于是"社会民主党""社民党""社会党""社党""社党分子"等就成了有确指的称谓，一场残酷的"肃社党"运动开始了。

> 马上监视地主的家属及富农、流氓，并应马上整顿各乡赤卫军，提防社会民主党及富农造谣捣乱，破坏重新分配土地。（《重新分配土地的条例——闽西苏维埃政府布告第十九号》[1931 年 6 月]，《第一、二次国内革命战争时期土地斗争史料选编》）

> 关于社会民主党的问题，从你们的一切报告和决议，以及来人的谈话中，我们知道已成为闽西苏区很严重的问题。据第十号报告说：自从今年二月破获以来，到

现在已经拘捕了二千多人，其次又说到杭口事变，杭武事变，永定汀连**社会党**的阴谋，以及红军中**社会党**的破获，这些事实都值得我们深刻的注意，经中央仔细考虑和分析之后，认为你们对于**社会党**还只是知道他严重，而未能回答为什么苏区阶级斗争唯一表现在**社会党**身上，为什么**社会党**如此严重不见其他各种反革命分子的举动，为什么他们居然能广泛的深入我们的党团和红军中去，经迭次破获和逮捕之后，仍然时常发现他们在我们组织中活动，为什么一部分被欺骗的群众抱着观望的态度不能自动的自首，甚至于恐怕加入共产党，这些问题非常值得我们注意，从你们的一切文件中找不到这些问题最圆满的回答，固然，你们认为“革命形势日益发展阶级斗争更加尖锐……统治阶级……派人去苏区中进行反革命活动，同时苏维埃区内豪绅地主的存在，以及党内阶级基础薄弱，组织的松懈，这便是使这些反革命分子可以乘机活动”（见五月十四日特委关于澈底肃清社会民主党AB团的决议），这种分析是对的，可是只能说明地主富农及一切阶级异己分子，要利用一切机会，要加倍进攻市区，还不能充分解释以上所提出的各种问题。因此，中央认为你们坚决反对**社会党**是对的，但你们对**社会党**的认识和处置是不够而且有许多的错误：第一，你们把苏区内部的阶级斗争和肃反工作的对象只认为是**社会民主党**（从你们的文件和工作中可以看得出），这显然是把复杂的问题简单化了。试问这样你们把反对富农，改组派，取消派，第三党以及苏区内部的阶级斗争（如雇农反对富农，学徒反对店东师傅等等）放到什么地方去了，虽然你们在文件上亦常提到这些名词，可是时事上你们把一切斗争都看作与**社会党**的斗争，无怪乎你们把**社会党**组织看着无微不入神妙不可测了。其实中央坚决的相信，若果你们能够切实的分析以上各种派别的斗争与影响，以及苏区内部的阶级斗争，一定会发现问题绝不是这样简单，一定会感觉到与上面这些派别作斗争和发展苏区内部的斗争，也是非常急迫和需要的。不但如此，你们照这样切实斗争的结果，一定比现在肃反工作的成绩更大。第二，因为你们把苏区一切不好的现象都只看到**社会党**的作用，所以苏区的党，团，苏维埃以及种种群众组织，在实际工作中的错误和缺点，都就不能得到正确的仔细的检阅和纠正，自然亦就不能发展真正的自我批评。在你们的文件中找不出你们对于苏区内部各种工作很好的叙述与批评，仿佛一切工作都很好，只有**社党**成问题。难道这不是很明显的证据么？这种办法的结果，一方面各种机关中的官僚分子可以借口**社党**问题掩饰自己的错误，压迫下层群众的自我批评，另外一方面本来有许多可以及时纠正的错误与缺点，不是不为同志们所注意，就是把他们都看着**社党**的把戏，简单的用肃反的方法把它解决就算了。试问这难道是布尔什维克党所允许的吗？当苏联发现了十二个技师在煤矿中进行反革命工作的时候，联邦共产党除指出这种反革命的行动外，同时指出要加紧检阅党的工作和苏维埃与职工会的工作，无疑的，多数党对于问题的看法是应该这样的。第三，由于上述的错误，你们就完全忽视了思想上的斗争与教育工作，你们与**社党**斗争的方法，根据你们的材料和实际情形，差不多完全是一种惩办的方法。虽然你们在决议上亦曾提到宣传解释工作，一直到现在你们关于**社党**的政纲和思想的系统，鼓动群众的口号，没有整个的明确的概念，究竟他们在思想上与其他一切反动的派别和不正确的倾向有什么区别，你们也没有弄清楚。从你们的报告中看仿佛**社党**是神秘不可测的，同时又是包罗万象的，其他一切派别倾向在名词上是存在的，但在实际上是没有的。在这里显然有两点要指出的：(一)没有在思想上与**社党**作坚决的斗争，这绝不能以**社党**组织严密没有文件为理由，因为这是说不通的。试问世界上还有比无产阶级的政党更严密的吗？可是我们党所以坚固，正因为我们有最明确的阶级主张，在思想上最谨〔紧〕密的团结。**社党**既然存在和在那活动，他们思想的系统一定是存在的，我们忽视这方面的斗争自然会使群众观望，不了解**社会党**究竟有些什么思想可以随时鉴别(例如傅柏翠久已明显的反动，我们没有与他作很大的思想上斗争，来分化群众教育群众)。……最后，关于这个问题，中央必须郑重的告诉你们，**社党**在闽西和其他地方是存在的，他们的行动和企图无条件是反革命的，我们对于他们的一切反革命行动必须采取极坚决的办法。中央认为你们与**社党**斗争是必需的，上面所指各种错误和缺点，其用意决不是要你们减弱与**社党**斗争，恰恰相反，正是要你们加紧与**社党**及其他一切反动派别的斗争，要你们认识苏区内部复杂的阶级斗争，和党内两条战线的斗争，来正确的领导和发展这一斗争。(《中央致闽粤赣苏区省委的信》[1931 年 8 月 29 日]，《中共中央文件选集》第七册)

特委对于前一段时间在军事斗争、土地革命各方面受到的严重挫折，不是从自身的原因去总结教训，而是从左倾观念出发，判断党内、军内混进了“改组派、**社民党**”，必须来一番大规模的清肃。(晓农《闽西苏区的旷世冤案“肃社党”》，《文史精华》2004 年第 1 期)

闽西党内、团内严重的反中农情绪，是极危险的倾向，是**社党**、托派、AB 团破坏革命的帮手，必须与他坚决奋斗，把它肃清！(《肃清反中农的情绪！》[1931 年 10 月 21 日]，《第一、二次国内革命战争时期土地斗争史料选编》)

“社会民主党”内部成员称“社民党”分子、“社党”分子。

中央认为闽西党目前最大的任务是在同肃反中的严重错误做最坚决的斗争。党要绝对禁止对于没有确切的反革命证据的工农分子实行逮捕，严刑拷打与杀戮。同某一**社党分子**曾经开过会，曾经有过关系的事实，绝对不能作为参加社党的唯一证据。难道在一个支部内因为书记或其他少数分子是社党，所以能以此证明其他的同志都是社党，以致要逮捕整个支部的同志，而加以严刑拷打吗？凡是革命者都不能作如此想。……闽西党内肃反委员会主席曾经是**社党分子**的发现，最明显的告诉了我们闽西党在肃反中所犯的严重错误的阶级意义。这种任意逮捕拷打与杀戮我们的同志与工农分子，这种恐怖现象的造成，实际正是在帮助反革命，破坏革命。(《中央为肃反问题致闽西省委信》[1932年1月21日]，《中共中央文件选集》第八册)

3月2日，正是农历正月十五的前一天，由闽西苏维埃政府召开的"闽西工农兵审判反革命**社民党分子**大会"……荷枪实弹的战士押出了一长串绳捆索绑的"**社党**"分子，走在最前面的是林梅汀。(晓农《闽西苏区的旷世冤案"肃社党"》，《文史精华》2004年第1期)

闽西的肃"社会民主党"运动，其残酷与赣南的"肃AB团"相类，使得闽西苏区损失惨重。苏区的红色政权由原来的48个区锐减到22个，能够统计到的有姓名的受害者、牺牲者，计有6352人。由此还引发闽西苏维埃政府财政部长傅柏翠脱离共产党，造成了与"富田事变"类似的"坑口事变"。

王稼祥在《努力准备第三次革命斗争》(1931年7月7日)中说："无论在当时和后来，中国都没有社会民主党的组织……它不是肃反扩大化，而是一起冤案，应予彻底平反。"由此可见，"AB团""社会民主党""改组派""托派""罗章龙派"等称谓，在现实中都没有实际对应的事物，都是凭空捏造的名词。但是当这些名词成为"肃反"的"棍棒"时，普普通通的称谓词就变成了杀人的工具。

总之，发生在20世纪30年代各苏区的"肃反"斗争，是一场严重混淆了敌我的极"左"错误斗争，这是共产党革命斗争史上的惨痛教训。这种错误不是一个"扩大化"所能解释得了的，我们如此称述只是沿用成说。中国共产党出现这样极"左"的错误和当时的中央有直接的关系。王明在1931年中共六届四中全会上取得中央领导权后，向各苏区中央分局派遣了大批中央代表，部分"钦差大臣"为了取得对苏区的控制权，对当地红军和领导人进行了残酷的整肃打击。作为后人，唯愿这样的悲剧永远不再重演。

第四章　十年内战时期国民党政治、军事系列称谓

本章涉及的主要称谓如下：

<table>
<tr><td rowspan="4">第一节</td><td>一</td><td>国民党改组派、改组派</td></tr>
<tr><td>二</td><td>CC 系、CC 派、CC</td></tr>
<tr><td>三</td><td>黄埔系、蓝衣社、蓝衣社分子、蓝衣社社员、力行社、革命青年同志会、中华复兴社、复兴社</td></tr>
<tr><td>四</td><td>政学系</td></tr>
<tr><td rowspan="6">第二节</td><td>一</td><td>国民革命军、国军</td></tr>
<tr><td>二</td><td>北伐军、革命军、国民党军</td></tr>
<tr><td>三</td><td>新军阀、国民党新军阀、地方军阀、封建军阀、东北军阀、山西军阀、桂系军阀、云南军阀</td></tr>
<tr><td>四</td><td>中央军、南京军、蒋军、杂牌军、湘军、川军、东北军、冯军、滇军</td></tr>
<tr><td>五</td><td>剿匪军、追剿军、进剿军、堵剿军、东路军、西路军、南路军、北路军</td></tr>
<tr><td>六</td><td>刮民党、白军、白匪、白鬼、白狗子、棒老二</td></tr>
<tr><td rowspan="4">第三节</td><td>一</td><td>挨户团、靖卫团</td></tr>
<tr><td>二</td><td>保安队、保安团、民团、守卫队</td></tr>
<tr><td>三</td><td>壮丁队、铲共团、铲共义勇队、剿共义勇军、团匪</td></tr>
<tr><td>四</td><td>还乡团、暗杀团</td></tr>
</table>

第一节　国民党内部派别及相关称谓

派系主义是中国政治的痼疾。南京政权十年统治开始之时，国民党运动便已混乱不堪，产生了许多复杂的政治派系及其称谓。其中，“改组派”既反蒋又反共；其余诸派系虽不反蒋，但是互相之间争权夺利。其中能在制定政策的过程中最具影响力的内部派系是“CC 系”、“黄埔系”（“蓝衣社”）和“政学系”。

一、国民党“改组派”

“改组派”1928 年冬成立于上海，主要发起人为陈公博、顾孟余等，以汪精卫为领袖，全称“中国国民党改组同志会”，史称“国民党改组派”，简称“改组派”（详见本书第三章第二节）。“改组派”是集体称谓，既指一个政治派别、政治组织，又指属于这一派别的

全部成员。

“国民党改组派”(汪精卫,陈公博)的形成他们反对南京的国民党,现在得着一派军阀的帮助(张发奎)而走上政治舞台。……首先就是反对所谓**国民党改组派**——**国民党改组派**,正在企图利用群众的不湛意,他们现在对于工农革命运动的向前发展,正是主要的危险。必须立刻发展最坚决的尽可能的群众的巨大运动,去破坏**改组派**的一切影响,暴露他们的反革命的真相,必须积极的暴露**改组派**的所谓“工人政纲”和“耕地政纲”。**改组派**事实是反对工人,反对土地革命——拥护地主的土地和私有制度,和资本主义剥削的。对于群众要指〔揭〕示**改组派**的奉承帝国主义,尤其明显的表现,就是**改组派**于中东路问题上,实行法西斯蒂式的造谣攻击,来反对苏联——这亦是非常重要的。要暴露**改组派**的假民权主义,他们认承以党治国的“党权”(而完全否认群众参加政治生活),他们反对蒋介石的独裁,只是在力争别的军阀的独裁。当然无论什么样的联合**改组派**政策,那是绝对不可容许的。(《共产国际执委致中共中央委员会的信——论国民党改组派和中国共产党的任务》[1929年10月26日国际政治秘书处通过],《中共中央文件选集》第五册)

阎通电反蒋后,得到各方反蒋派别的支持,国内反蒋势力派出代表云集太原,形成空前的倒蒋统一战线。这些人中有**国民党改组派**陈公博、顾孟余等。(刘凤舞《民国春秋》第三卷第九章)

汪精卫的回国使蒋介石很伤脑筋。这个左派领导人与他的追随者被人们称为**“改组派”**,因为他们明确提出要重新改组国民党,使之重新带有左派的色彩。(布赖恩·克罗泽《蒋介石传》第十一章)

二、“CC系”

蒋介石为监视异己,镇压革命,建立和强化了法西斯的特务组织。1929年11月,蒋介石授意陈果夫、陈立夫把由江浙买办流氓所组成的“浙江革命同志会”扩大组织为“中央俱乐部”,团聚亲蒋力量,形成了秘密特务组织“CC系”(后发展成“中统”),又称“CC派”,简称“CC”,核心是陈果夫和陈立夫。CC系长期掌握国民党组织人事大权,是蒋介石在党务系统中的嫡系和亲信。

“CC”的含义有两种说法:一是中央俱乐部英文名称“Central club”的缩写;二是“二陈”的字母缩写。

在30年代中期,**CC系**与蓝衣社准备火并——可是两派都尊他为领袖。(费正清《剑桥中华民国史》第三章)

《时代公论》因检查制度而自行停刊的事实,却能使人不得不有所忧虑,这份由

一群国民党籍教授在国立南京大学出版的期刊，在观点上很接近CC派。（易劳逸《流产的革命》第一章）

当政学系杨永泰将豫鄂皖赣四省党部领导权从CC手中夺到时，黄埔系就乘机进入党部。（杨树标《蒋介石传·蒋介石的法西斯统治》）

三、“黄埔系”“蓝衣社”与蒋介石的法西斯统治

（一）“黄埔系”

顾名思义，“黄埔系”就是黄埔军校师生形成的一个政治派系，蒋介石是黄埔的校长，自然视黄埔系为军界的嫡系。1926年5月，蒋介石驱散了黄埔军校内部的两个意识形态分歧的组织——“青年军人联合会”和“孙文主义学会”，而以单一的“黄埔同学会”代之，“黄埔系”因此而得名。“黄埔系”成员保持着对蒋介石效忠的强烈结合力，和蒋介石相互依靠和支持。

在这一点上何应钦得到亲法西斯的**黄埔系**、蓝衣社、在野的汪精卫系、西山会议派、CC系和南京的德、意顾问的充分支持。（斯诺《西行漫记·又是白色世界》）

与面向文职人员的CC系相对照，**黄埔系**则主要由军官组成，但是，它对政治的关心也极为广泛，至少是潜在地触及国家生活的所有方面。（费正清《剑桥中华民国史》第三章）

“黄埔系”没有固定的组织，只是因军校关系自然结缘而已，它起作用的核心是“蓝衣社”，这才是蒋介石建立的有体系的黄埔系内部组织。

（二）“蓝衣社”与内部精英组织称谓

1.“蓝衣社”

“蓝衣社”成立于1931年的夏秋之交，是一个法西斯主义精英组织，核心是黄埔毕业生。该组织的建立主要是为了应对当时国民党党内的严重危机和各反蒋派系的挑战，树立蒋介石在党内的最高领袖权威，所以对领袖的服从是“蓝衣社”的重要意识形态。

康泽在《复兴社的缘起》一文中说：“要把国民党起死回生，挑选一批优秀党员组织‘**蓝衣社**’，一律着蓝色制服，以区别于普通党员。”（台湾《传记文学》第59卷第4期，转引自费正清《剑桥中华民国史》）

蒋介石的杀人团——**蓝衣社**及其“新生活运动”，铺平着帝国主义完全瓜分与征服中国队道路。（《党团中央为声讨国民党南京政府告全国劳动群众》（1934年5月），《中共中央文件选集》第十册）

易劳逸在《流产的革命》一书中说：“有一点是明确的：蓝衣社的名字并不是一个正式的名称。”“刘（刘健群）自己坚持……蓝衣社的名称是由日本人首先使用的，其目的是

以蓝衫附会墨索里尼的黑衫党来诋毁蓝衣社运动。”但是“蓝衣社”成员的确皆穿蓝色制服(黄埔军校校服),而且蓝色(和白色)被视为国民党的颜色。“蓝衣社”内部成员称“蓝衣社分子”“蓝衣社社员”。

> 这种说法被一个前**蓝衣社分子**所证实,他早在中学念书时就加入了蓝衣社组织。(易劳逸《流产的革命》第二章)
>
> 凑巧六月上旬被上海的宪兵队逮捕的中国人中,有个自称**蓝衣社社员**曾广的人。(今井武夫《今井武夫回忆录》第二章)

“蓝衣社”最高领导称“会长”,也叫“领袖”,由蒋介石亲自担任。组织的实际管理权由中央干事会负责,实际上是以“领袖”的名义活动;各地设立分会,再设若干区分会。例不赘举。

2.“蓝衣社”内部称谓:“力行社”“革命青年同志会”和“中华复兴社”

“力行社”是由“蓝衣社”的精英分子组成的独立性组织,它的成员包括“蓝衣社”领导层(中央干事会成员和各分会书记)及其他经过挑选的个人。其命名的理据是这个组织决心全力执行孙中山的教导和服从蒋介石的指挥。“蓝衣社”的中层领导——分会和区分会全体行政管理人员则组成“革命青年同志会”,有自己组织的成员。

> 与此相反,**力行社**和**革命青年同志会**成员被分成仅向中央领导组织负责的行动小组……活动于正常的蓝衣社行政机构外。(易劳逸《流产的革命》第二章)

“革命青年同志会”其他成员都被纳入“中华复兴社”(简称“复兴社”)这个最低层的精英组织。

> 正如曾是力行社社员的干国勋所说,“**复兴社**从上到下都没有独立的组织和行政人员”。(易劳逸《流产的革命》第二章)

关于这几个称谓之间的关系,据易劳逸在《流产的革命》中考证说“中华复兴社”是外界所称的蓝衣社的真正名称。

> 我暂时的结论是,**中华复兴社**,革命青年同志会和力行社的名称是共同使用的,正是这些名称涉及到该组织内部的真正分层。然而,这些名称本身并不是该组织的正式的行政层构。(易劳逸《流产的革命》第二章)

“蓝衣社”于 1938 年春解散,但是“蓝衣社”的精神并未消失。1938 年 3 月,“CC系”“蓝衣社”“改组派”等联合建立“三民主义青年团”(简称“三青团”)。此系后话。

四、“政学系”

和“CC 系”及“黄埔系”相对照,“政学系”是由政界少数高官形成的一个政治派系,其成员个个都是显赫人物,他们有相似的政治见解,却并没有一个统一的组织或明确的领导层，在政权的基层没有追随者。"政学系"在蒋介石顾问小集团及主要行政官员中影响巨大，重要代表是黄郛、张群和吴铁城等。

> CC系和蓝衣社都蔑视**政学系**——可是蒋介石最亲密的顾问和受到信任的官员，有许多是**政学系**成员。（费正清《剑桥中华民国史》第三章）

> 当**政学系**杨永泰将豫鄂皖赣四省党部领导权从CC手中夺到时，黄埔系就乘机进入党部。（杨树标《蒋介石传·蒋介石的法西斯统治》）

从广义讲，整个蒋介石集团都是英美派，黄埔系和CC系都是执行美国顾问的命令实施中美合作的；素以亲日著名，靠亲日起家的"政学系"，也是靠获得美国青睐而掌权。每个派系都公开解释"三民主义"，又都拥护蒋介石为领袖，彼此关系复杂而紧张，因为他们是党内权力斗争的主要工具。

第二节　"国军"系列称谓和国民党正规军对红军的围剿

这一时期的国共关系因为共产党力量的上升而变得更加复杂，共产党开始通过起义拥有了自己的军队和根据地，"剿共"成了这一时期国民政府的主要任务。从国民党军事类称谓词来观察这段历史，可谓角度独特。本节主要考察"国民革命军"等国民党正规军称谓。

一、"国民革命军"称谓源流

"国民革命军"即中国国民党组建和领导的武装部队，是国民政府北伐、抗战、国共内战的军事主力，由中国国民党在1925年师法俄国共产党"以党建校，以校领军"的模式，并参考苏联军事制度创设。把军队定名为"国民革命军"是很有深意的，"国民"指这是国民政府的军队，是属于国民的；"革命"指明了这支军队的使命就是推翻北洋军阀，实现共和。"国民革命军"简称"国军"。

> 在中国漫长的历史上，**国民革命军**是一种新型的军队。（布赖恩·克罗泽《蒋介石传》第七章）

> **国民革命军**，誓师北伐三周年纪念，中宣部颁发宣传要点（《中央日报》1929年6月22日第3版标题）

> 蒋定期召开剿匪会议，商五省**国军**围剿计划，粤军将先向赣边推进（《中央日报》1933年6月7日第2版标题）

国民党军队初无统一名称。1917年，为保存一支直接掌握的革命武装，孙中山决定将元帅府管辖下的广东省省长亲军组成援闽粤军。1924年1月4日，孙中山成立

“中华建国政府”并北伐，将北伐各军改称“建国军”，这一称谓包括“打倒北洋军阀，建立新的国家”的含义。参加北伐的滇军、桂军、湘军分别改为“建国滇军”“建国桂军”“建国湘军”。10月，以黄埔军校教官和学生为骨干组成教导团，次年2月，教导团与军校第二期学生组成“校军”。4月13日，中国国民党中央执行委员会决定以教导团为基础成立“党军”，最高统帅称“总理”，由孙中山亲自担任，可见对这支部队的重视。8月26日，广州国民政府军事委员会议决定取消地方军名目，将团结在孙中山旗帜下的粤军、湘军、滇军、闽军等统一改编为国民革命军。其中粤军一部及黄埔校军(党军)改编为国民革命军第一军，蒋介石任军长，汪精卫任党代表，周恩来任政治部主任。

北伐的结果是蒋介石率领的国民革命军于1928年6月占领北京，推翻了北洋军阀的统治。12月29日，张学良宣布东北易帜，接受南京国民政府领导，约30万奉军改编的东北边防军也改称国民革命军。至此，国民政府领导下的军队名称归于统一。但是由于国民革命军各部队来源、政治倾向等不同，明争暗斗，派系林立，从未达到真正的统一。

抗日战争爆发后，国民革命军又包括由红军改编的国民革命军第八路军(简称“八路军”，后改称“第十八集团军”)和陆军新编第四军(简称“新四军”)，这是“国民革命军”概念外延最大的时候。

二、“国民革命军”的别称

国民革命军是北伐的主力军，所以这一时期的国民革命军又被称为“北伐军”和“革命军”。

> 在北伐的第二次高潮中，**北伐军**于1927年2月17日占领了蒋家乡的省城浙江杭州。……至此，**革命军**控制了长江流域，并且控制了华南和华中的10个省份。(布赖恩·克罗泽《蒋介石传》第七章)
>
> **革命军**到处受民众的欢迎，蚌埠总工会欢迎四十六军(《中央日报》1928年4月16日第6版标题)
>
> 追悼**革命军**阵亡将士讯，筹备处已经成立，八月一日大会开幕(《中央日报》1928年7月29日第5版标题)
>
> 国府特派员抵沪，因**北伐军**进行顺利，随时与新闻界接洽(《中央日报》1928年5月12日第7版标题)

国民革命军是国民党的军队，从北伐的角度来说，它的正式称谓就是“国民革命军”或“国军”“革命军”等；但是国民革命军在蒋介石的统率下还有一个重要任务，那就是围剿共产党及其军队。从对应的角度，国民革命军又被称为“国民党军”。

此时沿江土匪很多，专打农民协会。前委便在车湾开会吸收中心县委参加，决定首先消灭土匪，因为他们比团防及**国民党军**厉害。（贺龙《关于一九二七年冬至一九三四年间湘鄂西武装斗争问题的谈话》[1961年2月2日]，《中国工农红军第二方面军战史资料选编（二）》）

1928年6月和7月，**国民党军**不断进攻令他们头疼的共产党的堡垒——井冈山地区。（布赖恩·克罗泽《蒋介石传》第十章）

国民革命军是秉承孙中山先生推翻北洋军阀统治，建立资产阶级共和国的宗旨，在国民党中央领导下建立的国民政府军。历史证明，国民革命军不仅多次北伐，完成推翻北洋军阀的光荣使命，而且在八年抗战中正面迎敌，成为中华民族打败日本侵略者的主要力量。“国民革命军”称谓曾在中国现代史上留下了浓墨重彩。

三、“新军阀”称谓与新军阀混战

（一）“新军阀”称谓含义

“新军阀”是相对北洋旧军阀来说的，主要指在国民政府统治下仍然割据一方的军阀和他们领导的军事力量，所以又称“国民党新军阀”。1928年夏，国民党军战胜奉系军阀并“统一”中国之后，各派系军阀之间就开始争夺中央领导权，相继发动了蒋桂战争、蒋阎冯中原大战等，致使生灵涂炭。

帝国主义因为中国革命形势紧张，一方面努力维持豪绅资产阶级**新军阀**的政权以镇压革命，另一方面又撤退小部分驻华军队，提议增加一些儿关税以和缓革命潮流。（《中央通告第三十九号——关于政治形势和党的任务》[1928年3月30日]，《中共中央文件选集》第四册）

党部及党领导之团体发布宣言及其他宣传的工作，指出帝国主义险恶的阴谋及其残酷的屠杀，**国民党新军阀**甘心投降的辱国行为。（《中央通告第四十五号——五三惨案后的反帝斗争》[1928年5月9日]，《中共中央文件选集》第四册）

新军阀各据一方，与中央政府貌合神离，所以又统称为“地方军阀”，其实那个时代中国最大的军阀就是蒋介石。军阀割据本是封建社会一种政治军事形态，因此这些国民政府时期的军阀又带有很浓的封建色彩，被称为“封建军阀”。

我们每歼灭一支中央军，通常可以缴获大批粮食、被服和弹药，而**地方军阀**就穷得多了。（陈云《关于红军长征和遵义会议情况的报告》[1935年10月15日]，《陈云文集》）

在西南的贵州、四川和云南等地，尽管人们仍在谈论中国的“统一”，但**封建军**

阀仍不受干扰地统治着这些地区，江西共产党进入这些地区使这一问题更加复杂化。（布赖恩·克罗泽《蒋介石传》第十三章）

（二）“新军阀”内部派系称谓

当时的中国每个省都有一个新军阀，相对力量比较强大的有“东北军阀”（张学良）、西北军阀（冯玉祥）、桂系军阀（又称广西军阀，李宗仁）、山西军阀（阎锡山）等，例不赘举。

这一典型的中国式的解决办法使得蒋能有效地控制住**东北军阀**。（布赖恩·克罗泽《蒋介石传》第十章）

冯想到了刚刚结拜的兄弟蒋介石，他劝说**山西军阀**（“模范长官”阎锡山）和他一道拍电报，邀请蒋回来。（布赖恩·克罗泽《蒋介石传》第九章）

在击败了**桂系军阀**之后，国民政府可以在全国22个省征收税金。（布赖恩·克罗泽《蒋介石传》第九章）

红军距离昆明只有10英里，**云南军阀**龙云急忙加强对昆明的增援，而蒋这时已在法国人建造的铁路线上撤离了。（布赖恩·克罗泽《蒋介石传》第十三章）

四、“中央军”与“杂牌军”

（一）“中央军”与“蒋军”

“中央军”是蒋介石的嫡系部队，是国民党的正规军和主力部队。“中央”是相对当时各地貌合神离的新军阀而言；“中央军”则是相对于各地军阀的军队而言。“中央军”因隶属南京政府，又称“南京军”。

如此一来，所有的敌军——湘军、川军和**中央军**全都被我们抛在了后面。（陈云《关于红军长征和遵义会议情况的报告》（1935年10月15日），《陈云文集》）

去年十月中旬，**南京军**已占兴国，赤军即突围西行，我也被携同走。（陈云《随军西行见闻录》（1936年），《陈云文集》）

长征时期的中央军在追剿红军的同时，也跟随红军进入了军阀的地盘，渗透蒋介石自己的势力，实现了打击和清除地方军阀势力的目的。可见，“中央军”这一军事称谓已经具有了很强的政治性。

国民革命军本是政府军队，随着蒋介石独裁统治的建立，它又被训练成了“蒋家”私人军队，所以国民革命军的主力部队有时被称作“蒋军”，即“蒋家军”的意思。

当**蒋军**试图渡江时，我们的机枪早已准备迎击敌人。（陈云《关于红军长征和遵义会议情况的报告》[1935年10月15日]，《陈云文集》）

军委指示“……在未给敌军重打击，不宜久停一处……离敌军较远活动但勿入大荒野地带，敌力虽多，亦能进退可如主动在我……"乌江上游障碍太多，下游障碍较小，黔南黔北均少大山六河，障碍给养亦不困难……"同意西打驻黔**蒋军**，但须取进攻姿势……"（任弼时《关于二、六军团从湘鄂边到康东北长途远征经过报告大纲（关于行动方针）》［1936 年 11 月］，《中国工农红军第二方面军战史资料选编（二）》）

(二)"杂牌军"称谓

"杂牌军"也属"国民政府军"，"杂牌"只是相对国军"嫡系"而言，它指中央军以外，属于大小地方军阀控制，可由中央政府统一调度的军队。

中国政治经济发展不平衡……管理中央政府的大军阀和管理各省的小军阀同时存在，反动军队中有隶属蒋介石的所谓中央军和隶属各省军阀的所谓**杂牌军**这样两部分军队同时存在……（毛泽东《中国革命战争的战略问题》第一章第二节［1936 年 12 月］，《毛泽东选集》第一卷）

在国民军占领北京后，中国全国共有 220 万军队。如果把各式各样的正规军及**杂牌军**加在一起，那么，这支军队在当时相对和平的世界上可以算得上是人数最多的一支军队。（布赖恩·克罗泽《蒋介石传》第十一章）

其中真正能作战的，仅 1、7 两军而已，余皆收编不久的**杂牌军**。（刘凤舞《民国春秋》第三卷第九章）

"杂牌军"称谓多以军阀所在的地域或以军阀头子本人来命名。"杂牌军"力量比较强大的有张学良的东北军、冯玉祥的西北军（冯军）、四川刘湘的川军、贵州王家烈的黔军和云南王龙云的滇军等。兹略举数例。

如此一来，所有的敌军——**湘军**、**川军**和中央军全都被我们抛在了后面。（陈云《关于红军长征和遵义会议情况的报告》［1935 年 10 月 15 日］，《陈云文集》）

谁要反对张副司令及我兄，不但弟等所率领的红军必以全力出而声讨蒋氏及**东北军**中叛逆分子之罪恶行为，即全国爱国人民及国际革命势力亦决不容蒋氏等胡干。至于**东北军**最大多数官兵抗日复土之决心及其坚固的团体，亦必不容**东北军**中极少数无志节之分子逞其私欲而任其作叛国叛乡叛团体之万恶的勾当。（毛泽东《致王以哲》［1936 年］，《毛泽东书信选集》）

不料，骑墙的张学良于 9 月 18 日发出巧电，**东北军**大举入关，支持蒋介石。（刘凤舞《民国春秋》第三卷第九章）

冯军受到阎锡山和蒋军的夹击之中，失败终成定局。（刘凤舞《民国春秋》第三卷第九章）

南京军及**湘军**此时跟踪追剿，已无能为，仅派少数部队，尾随赤军监视。（陈云《随军西行见闻录》［1935 年秋］，《陈云文选》第一册）

在部署这次行动时，毛主席就曾说："只要能将**滇军**调出来，就是胜利。"果然，敌人完全按照毛主席的指挥行动了。于是,我军以一军团包围贵阳东南的龙里,虚张声势,迷惑敌人,其余主力穿过湘黔公路,直插云南,与驰援贵阳的**滇军**背道而行。(刘伯承《回顾长征》,《人民日报》1975年10月19日)

五、"剿匪军""追剿军"等称谓与国民党对共产党及其军队的围剿

(一)"剿匪军""追剿军""进剿军"和"堵剿军"

红军从一诞生就被国民党目为"匪",红军及其根据地的发展壮大成为国民党的心腹大患,"剿匪"成为国民政府和国军的中心任务。尤其从1930年开始,国民党连续对红军和根据地发动了五次大规模的军事围剿。无论中央军还是地方军,只要奉命去打红军,都叫作"剿匪军"——这是土地革命时期国民党军队方面的一个通行称谓。下面举出《中央日报》的一些新闻标题为证。

赣闽分剿朱毛军讯,朱匪已远窜粤边,**剿匪军**回师宁都(《中央日报》1929年6月4日第5版标题)

赣**剿匪军**施行三期会剿计划,鲁涤平令各军分途出击,并在南昌召开干部会议(《中央日报》1930年11月30日第3版标题)

湘赣各路**剿匪军**急进,第八师留京部队全开赣(《中央日报》1930年11月7日第3版标题)

赣**剿匪军**分头进击,吉安匪共已全被缴械,朱毛向康都一带逃窜(《中央日报》1931年2月14日第3版标题)

剿匪军节节胜利,金家寨即下,三省重要匪区均克复,洪湖残匪正在搜剿中,三月后可望根本肃清(《中央日报》1932年9月21日第3版标题)

剿匪军将会攻瑞金,蒋委员长奖励南路军(《中央日报》1933年6月30日第3版标题)

川省**剿匪军**俟布置就绪,即颁第四期继攻令,刘湘等已积极准备(《中央日报》1934年6月9日第7版标题)

川康**剿匪军**先后占领各要地,并击毙俘获伪军官多名,湘剿匪重心移武冈绥宁(《中央日报》1935年12月24日第2版标题)

陕甘**剿匪军**不久实行围剿,江洛镇一战毙匪百余,岷县附近残匪已分途逃窜(《中央日报》1936年10月7日第7版标题)

"围剿"和"会剿"也是国民党对红军的通用词语,但我们没有发现相关的军队称谓。为了围剿红军,蒋介石编遣了各种名目的军队,试图用围追堵截的办法消灭红军。其中"追剿军"属于临时称谓,突出"追"字,指紧跟在红军的身后追击并伺机围歼红军的国民

党军队。尤其1934年红军第五次反围剿失利，“追剿军”成为追击红军的国民党军队的常用称谓。

闽省绥靖分设四区，行营委定**追剿军**各指挥司令，湘境残匪大部北窜在围剿中(《中央日报》1934年12月7日第3版标题)

何键返长沙，**追剿军**向剑河猛进，湘军续克溪观音寺，与何知重部联络堵剿(《中央日报》1934年12月29日第2版标题)

在《自述》中，我们看到了在平江县使满厅土豪劣绅面如土色的湘军团长；看到了驰骋于湘鄂赣闽之间，使国民党的**追剿军**闻风丧胆的红三军团长。(《一份珍贵的遗产——〈彭德怀自述〉编后》，《人民日报》1983年3月25日)

中央红军在通过国民党军第三道封锁线时，蒋介石已判明红军西进的战略企图，于11月12日任命何键为**追剿军**总司令专事追缴中央红军主力。(《红军长征史》第二章)

1932年蒋介石对中央苏区发动第四次大围剿，陈诚指挥的中路军为主力，称“进剿军”。1935年9月，中央红军和红四方面军会师后继续北上，江南就只剩下红二、六军团这支主力。蒋介石拼凑了130个团的兵力予以围剿，在南昌设立行营，由陈诚代其统一指挥。此时的国民党军又划分出两种名堂，“进剿军”和“堵剿军”是陈诚部队在围剿红军时的分类，从“进”和“堵”就可以看出其区别，均属于临时称谓。

这时，蒋介石部署了第四次反革命“围剿”，朱德同志又同周恩来同志一起，抵制了当时中央和苏区中央局的错误命令，用高度的军事艺术，在根据地边沿地区组织指挥了预期遭遇的大兵团伏击战，歼灭了国民党“**进剿军**”三个主力师，粉碎了国民党这次空前规模的“围剿”。(《伟大革命家的宝贵精神遗产——学习〈朱德选集〉的体会》，《人民日报》1983年8月1日)

“**进剿军**”基本上是“中央军”，装备精良；“**堵剿军**”为湘鄂两省军阀部队，在原防地构筑堡垒，配合“**进剿军**”堵截红军。(《红军长征史》第二章)

(二)国民党围剿中出现的“东路军”“西路军”“南路军”“北路军”称谓

国民党方面围剿红军时还采取了兵分多路的战术，也出现了“北路军”“南路军”“西路军”等特称称谓，这都是按照方位来命名的。尤其是1933年9月开始的第五次围剿，蒋介石纠集百万大军，按方位分为四路：“北路军”是主力，以顾祝同为总指挥，以陈诚兼任前敌总指挥；“南路军”以陈济棠为总指挥；“东路军”以蒋鼎文为总指挥；“西路军”以何键为总指挥。在红军第五次反围剿中，这类名称成为对国民党军队的标志性称谓。

五省剿赤**北路军**顾祝同等就职，典礼隆重到何键等千余人，蒋委员长授印有恳切训词(《中央日报》1933年10月27日第6版标题)

北路军总指挥，蒋鼎文整饬军纪，厉行封锁政策制匪死命，严禁烟赌娼寮维持治安(《中央日报》1933年11月10日第6版标题)

西路军总司令何键定日内就职，蒋电何键予西南国能过便利，三纵队司令部分驻莲花万修(《中央日报》1933年5月22日第6版标题)

西路军大破肖克匪部，麻山之役匪被击毙无算，各军痛击不难一鼓聚歼(《中央日报》1933年10月21日第9版标题)

赣剿匪军进展甚速，各股匪被困内部均瓦解，**南路军**挺进彭德怀惨败(《中央日报》1933年10月23日第6版标题)

东路军政长汀与**北路军**联络进剿，闽匪退窜政和东坪正会商剿击，赣残匪千余企图由建阳窜浙境(《中央日报》1934年9月16日第3版标题)

剿匪**北路军**克复泰宁，正向建宁方面推进中，南路新防线月底完成(《中央日报》1934年3月15日第2版标题)

萍乡各界举行庆祝**西路军**剿匪胜利，丁中委代表赣党部赠纛旗一面，萍乡人民亦制旗分赠何总司令(《中央日报》1934年6月20日第7版标题)

东路军迫长汀，各路协剿不难一鼓汤皿平，待**南路军**加厚兵力即下令总攻(《中央日报》1934年8月14日第2版标题)

伪都瑞金屏障已失，**东路军**昨午克长汀城，赣匪西窜大部抵大庚上犹间，黔军穷追萧贺残匪电川夹击(《中央日报》1934年11月2日第2版标题)

为了消灭中央红军，他集中了50万兵力，并把驻赣粤闽湘鄂各省部队，分编为**北路、南路、西路军**，再加上第十九路军，集中围剿中央革命根据地，及与之相邻近的湘赣、湘鄂赣、闽浙赣等革命根据地。(《红军长征史》第一章)

4月初，蒋介石按照既定的"会师赣南"计划，命令**北路军**、**东路军**协力进剿广昌会宁。(《红军长征史》第一章)

六、共产党指称国民党反动派及其反动武装称谓

(一)"国民党"的变体称谓："刮民党"

除了"国""共"并称外，方言中"国"与"刮"音近，那个时代还产生了一个十分形象的国民党称谓——"刮民党"。"刮"者，"搜刮"也，强烈讽刺了国民党统治对人民实行的残酷剥削和压迫。

特别在清丰、南乐、大名一带，**刮(国)民党**就代替了豪绅联合会……其他南和、临城等地的**刮(国)民党**部可说就是赤裸裸的来剥削与压迫民众。(《直南政治经济与群众斗争的写真》[1929年10月16日]，《中共冀鲁豫边区党史资料选编(第一辑)》上)

(二)“白军”“白匪”等系列称谓

“白军”和“白匪”是1918至1920年苏联内战时共产党对沙俄残余军队的称呼，后来中国共产党借用来称呼国民党军队，而且国民党党旗是青天白日旗。“红军”称谓与“白军(匪)”等称谓相对存在。

凡家属在赤区内而本人在**白军**充当士兵者，只要本人是雇农、中农、贫农者都可以分得土地。(《苏区中央局关于土地问题的决议案》[1931年8月21日]，《第一、二次国内革命战争时期土地斗争史料选编》)

白区党的工作必须建立与加强。对白区群众斗争的领导方式必须有澈底的转变。瓦解**白军**工作必须真正的开始。广泛的发展游击战争是党目前最中心的任务之一。(《中央关于反对敌人五次“围剿”的总结的决议(遵义会议)》[1935年1月8日]，《中共中央文件选集》第十册)

我不用他再劝说就翻身而起。我不想闹出在苏维埃中国给**白匪**掳去这样的笑话。(斯诺《西行漫记·去红都的路》)

红军和群众也称国民党军队和士兵为“白鬼”和“白狗子”，应该属于詈称。“白鬼”和“白匪”可用作个体称谓。

红军入川了。红军占领通、南、巴、广元几县后，把那抢劫蹂躏人民的国民党**白匪**驱逐起赶跑了。红军把国民党**白匪**刮削工农的苛捐杂税取消了。(《四川省委宣传部拥护川东北红军反对国民党围剿宣传大纲》[1933年2月19日]，《中国工农红军第四方面军战史资料选编(川陕时期)》上)

原来有一个农民的儿童……来报告民团已经侵犯县境。据他报告，民团的头子是一个真正的**白匪**！(斯诺《西行漫记·去红都的路》)

一个调皮的小战士愤恨地说：“打不死的**白鬼**，叫得十分讨厌！”(艾平《第六个夜晚》，《亲历长征——来自红军长征者的原始记录》)

彭军长见大家有些懊丧，便说道：“同志们，绷着脸干么子呀？**白狗子**半夜就来拜年，大家都躲到这儿来啦！这下可好了，马也没得骑的了，咱们彻底‘平等’啦！”听了军长的话，同志们又活跃起来，懊丧的情绪飞到九霄云外去了。(李寿轩《红五军的艰难岁月》，《人民日报》1981年6月15日)

(三)国民党军队俗称：“棒老二”

“棒老二”本是“土匪”称谓。清末民初时的土匪并无枪支子弹，甚或连刀矛之类武器也很缺乏，仅以一根大棒袭击或威吓过往单身旅客，劫取钱财而已。后来虽土匪枪械大有改观，但民间对其仍习用前称。这里拿来指像土匪一样的国民党军队。

“明明东边是刘湘**棒老二**的队伍，你们却朝敌营方向去，是什么企图？”一位身着红军服装的人反问他。《不穿军装的后勤兵——苟景春事迹》，《巴山人民的怀念》)

第三节 名目繁多的反动地方武装与土地革命斗争的残酷性

国民党政府在动用正规部队对红军根据地进行围剿和对共产党革命力量进行镇压的同时，还支持地方政府和土豪劣绅建立名目繁多的反动武装，镇压工农武装和革命群众。这些反动武装成为展开土地革命的巨大阻力，增加了革命斗争的艰巨性和残酷性。

一、地主武装“挨户团”和“靖卫团”

这两个称谓是土地革命战争时期地主武装在不同地区的叫法：湖南叫“挨户团”，江西叫“靖卫团”。

（一）“挨户团”的变质与革命形式变化

大革命时期，农民运动高涨，湖南农民在夺取地主武装的基础上再加以改造和扩充，建立起自己的自卫武装。因原则上每户出一男丁参加，故有“挨户团”之称。根据军事和农业生产之间的关系，“挨户团”分常备队和非常备队两部分；其非常备队部分因多使用梭标，又称“梭标队”。毛泽东在《湖南农民运动考察报告》中对“挨户团常备队”、“挨户团非常备队”及“梭标队”均有叙述。1927年革命失败以后，许多地方的“挨户团”被地主所夺取，变成了反革命的武装组织。

为虎作伥的保安队、**挨户团**横行无忌，白色恐怖布满城乡。（毛泽东《井冈山的斗争·割据地区的现势》[1928年11月25日]，《毛泽东选集》第一卷）

一般豪绅地主只得努力建设自己的武装如**挨户团**、民团之类。（《中央通告第三十九号——关于政治形势和党的任务》[1928年3月30日]，《中共中央文件选集》第四册）

可见“挨户团”这个称谓具有前后相反的性质：一为革命的农民自卫武装，一为地主武装。其性质和含义的变化体现了革命形式的变化。

（二）江西的反动地主武装“靖卫团”

“靖卫团”是江西的地主武装，政治上极为反动，平时向老百姓敲诈勒索，专门与红军和革命力量作对。

我们打掉**靖卫团**，取消这些税，获得了农民和中小商人全体的拥护。（毛泽东《井冈山的斗争·革命性质问题》[1928年11月25日]，《毛泽东选集》第一卷）

当时江西的反动地主武装叫作“靖卫团”，而湖南的反动地主武装则叫作“挨户团”。(陈伯钧《毛主席率领我们上井冈山》，《红旗飘飘》第14集)

二、“保安队(团)”和“民团”及其分合流变

(一)“保安队(团)”和“民团”的性质及其所指

“保安队”又称“保安团”，是国民政府为绥靖地方、维护治安而设立的具有警察性质的地方部队。“民团”是以地方士绅为主导，经费自筹，兵员来自本乡农民的准军事民众组织。土地革命时期的“民团”是对付红军和革命群众的反动武装。

可见“保安队(团)”和“民团”性质有所不同，但在反共和镇压人民方面又有共性。另外，“民团”意义所指有广狭之分，用作狭义时指民团武装；用作广义时泛指地方民众武装，如前所谓“挨户团”“靖卫团”，实际也是具有民团性质的武装。

朱培德、吴尚亦在武装保安队和挨户团，边界各县豪绅武装的数量和战斗力，颇为可观。(毛泽东《井冈山的斗争·军事问题》[1928年11月25日]，《毛泽东选集》第一卷)

鄂民厅整顿各县行政，保安团加紧训练并添设特务队，着手调查各县团丁数目(《中央日报》1930年9月20日第5版标题)

第二天清早出发时，由于侦察不力，情况不明，遭到朱培德部特务营和保安团伏击。(何长工《从三湾改编到古城会议》，杨成武主编《毛泽东和他的将帅们》)

韩复榘缩编全省民团，以减轻民众负担(《中央日报》1931年3月19日第7版标题)

反革命富农勾结白军、团匪，组织民团，捕杀群众，造谣捣乱。(《福建省苏维埃政府检查土地条例》[1932年7月13日]，《第一、二次国内革命战争土地斗争史料选编》)

(二)“保安团(队)”和“民团”的合流

如上所述，“保安团(队)”和“民团”本不是同类的武装。1932年6月，庐山“剿共”会议制定的《豫鄂皖湘赣闽粤各县保安总队及保安大队组织纲要》规定，各县设保安总队或保安大队，随后又规定各县武装民团一律改称“保安队”。1934年7月，全国各省陆续将原有的保卫团、民团、警备队等统一改编为“保安团”，由省政府主席兼任全省保安司令。至此，“民团”称号取消，与“保安团”合流，成为配合国民党正规军进攻人民革命武装和镇压群众革命运动的队伍。

蚌埠编组保安队由地方原有民团分别改编，保安处长已在蚌点验竣事(《中央日报》1933年5月8日第6版标题)

蒋委员长令各省团队，确定饷源划一编制，遵照整理民团条例安定官兵生活，

解除民兵痛苦造成真实自卫武力(《中央日报》1934年4月25日第7版标题)

闽**保安团**编为十团,每月经费廿二万余元,李延年勖勉所属部队(《中央日报》1935年10月6日第2版标题)

保安团和民团分分合合,情形复杂,须据时代背景来判定其性质和含义。如抗战期间,地方民团重又出现,与保安部队又有了纠葛,于此不赘。

(三)保安后备队:"守卫队"

保安队又有常备队和后备队之分,其后备队一般不脱离生产,称"守卫队"。

国民党军阀、靖卫团、**守卫队**到苏维埃区域骚扰劫掠,抢牛抢谷,到处焚杀,使我们不能按时耕种。(《土地是我们的,耕种起来呵!》[1931年3月15日],《第一、二次国内革命战争时期土地斗争史料选编》)

三、"壮丁队""铲共团"等与国民党反共新举措

长征开始后,国民党全面占领苏区,为了彻底消灭共产党革命力量,在江西搞了个反共新模式,第一个举措就是组织"壮丁队"和"铲共团"(又称"铲共义勇队")等反革命武装。

"壮丁队"是地主豪绅掌握的武装,因由当地青壮年即壮丁组成而得名。这一举措既对革命群众实行残酷镇压,又实现了对青壮年严格的管制,用心十分歹毒。"壮丁队"可作个体称谓。

芜湖中心县原政治权整个在地主手里……甲、保、区长均系地主,至少是富农,每保有**壮丁队**10名,壮丁均系贫雇农。(《中共安徽巢县区委给中央的报告》[1933年],《安徽文史资料·巢湖卷》)

淮阳区组织**壮丁队**,专署拟定办法实行联保连坐(《中央日报》1935年5月14日第6版标题)

"铲共团"是各地反动势力为配合蒋介石对苏区的围剿而建立的地方反共武装,其顽固分子又组成下属组织"铲(剷)共义勇队"。红军撤离苏区后,国民党的新举措之一就是设立或加强铲共团,多系抽调壮丁队的反共积极分子组成。"铲共团"也可作个体称谓,其成员被称为"团匪"。

1933年冬初……组织所谓的联防而凑合了一个武装团体,即**铲共团**。其下属武装,有的叫**铲共义勇队**,有的又叫**剷共义勇军**。(《陈伯峦巧取铲共团》,中共成都市委党史研究室编《锦江忠魂》)

有一次到半迳乡袭击**铲共团**,结果打死**团匪**六个,练福生同志特别勇敢,单他一个人打死三个**铲共团**。(《门岭群众积极发展游击战争》,《红色中华》1934年6月3日)

她于丈夫随军长征以后,虽然在封之固的压迫下当了他家的奶妈,用自己的奶

去喂养封之固的儿子，而让她的孩子因缺奶而号哭，可是，她没有忘记为蒋匪“铲共团”团长萧镇魁所杀害的父亲，也没有忘记自己的孩子小鸿所受到的殴辱。（《评〈翠岗红旗〉》，《人民日报》1951年3月30日）

四、“还乡团”“暗杀团”等与豪绅地主的反扑

国民党对苏区数次围剿，根据地得而复失，外逃的地主豪绅疯狂反扑，中央红军撤离苏区后尤其如此。卷土重来的豪绅地主、流氓恶棍组织了“还乡团”“暗杀团”等反革命武装，无数坚强不屈的共产党员和革命群众被杀害。

国民党正规军，加上豪绅地主和流氓恶棍组成的“还乡团”、“铲共团”、“暗杀团”等，对我中央苏区军民进行惨绝人寰的大屠杀，实行白色恐怖。（胡雄杰《南方三年游击战争应为长征组成部分》，《党的文献》1989年第4期）

总之，名目繁多的反动武装，与正规军相配合，同样使共产党革命力量付出了惨重的代价。

第五章　日本对“满蒙”的侵略与东北抗日斗争相关称谓

本章涉及的主要称谓如下：

节	目	称谓
第一节	一	亡国奴
	二	卖国贼、卖国贼汉奸、汉奸卖国贼、不抵抗将军、不抵抗将军卖国贼
	三	蒙奸、蒙政会、蒙政会委员长、蒙政委员会、蒙古地方自治政务委员会、蒙古军总司令部、蒙古军总司令、内蒙独立政府、蒙古独立政府、蒙古军政府、总裁、总裁帮办、蒙疆联合自治政府
第二节	一	自治维持会、维持委员会、维持会、靖安军、红袖头、红袖头子
	二	执政、临时执政、元首、康德皇帝、皇帝、皇帝陛下、总长、总务厅长、次长、省次长、帝室御用挂、满洲国帝室御用挂、傀儡皇帝、傀儡
第三节	一	关东军司令、关东军、关东军司令官、太上皇、守护神
	二	战时有害分子、思想犯
	三	七三一部队、731 部队、马路大、原木、木头
	四	协和党、协和会、宣抚班、宣抚员、青年行动队
第四节	一	移民团、开拓团、移民、武装移民、武装开拓民、开拓民、指导员、团长、团员、开拓青年义勇队、青年义勇队、开拓农民、转业开拓民、内国开拓民、朝鲜开拓民
	二	国外劳工、华北劳工、国内劳工、固定性劳工、移动性劳工、供出劳工、勤劳奉公队、勤奉队、勤劳奉公队员、勤劳奉仕队、勤奉队员、国兵漏子、国兵漏、特殊工人、特种工人、辅导工人、纸人
第五节	一	义勇军、东北抗日义勇军、吉林省抗日义勇军、东北民众救国军、东北民众自卫军、吉林自卫军、吉林救国军、吉林抗日联合军、黑龙江省抗日救国军、察哈尔民众抗日同盟军、抗日同盟军、同盟军
	二	东北抗日救国游击军、绥宁反日同盟军、抗日游击队、抗日救国游击总队、抗日救国游击军、磐石游击队、工农反日游击队、南满游击队、人民革命军、东北人民革命军
第六节	一	南下扩大宣传团、扩大宣传团、南下宣传团、宣传团、民先队、中华民族解放先锋队
	二	全国各界救国联合会、救国会
	三	七君子

1927 年 6 月 27 日至 7 月 7 日，日本恶迹昭彰的“大陆扩张主义者”田中义一内阁在东京召开“东方会议”，中心议题就是所谓的“满蒙政策”。7 月 25 日，田中义一又向日本天皇呈奏了臭名昭著的《田中奏折》，极其露骨地提出了日本对外侵略扩张的总战略：“惟欲征服支那，必先征服满蒙，欲征服世界，必先征服支那。”从此，日本加紧实施侵占中国满蒙地区的罪恶计划。覆巢之下，岂有完卵？东北抗日形势日益严峻，中国人民

奋起反抗，“亡国奴”“不抵抗将军”“康德皇帝”“义勇军”“抗联”等具有典型意义的社会称谓深刻反映了东北地区风云多变的历史。

第一节　“亡国奴”“汉奸”“卖国贼”称谓与东北严峻的抗日形势

一、“亡国奴”与民族危机

“亡国奴”指祖国已经灭亡或者部分国土被侵占，受侵略者奴役的人。1931 年“九一八”事变爆发，东北沦亡，东北人民成了“亡国奴”。1932 年“一·二八”事变爆发，日军进攻上海，十九路军奋起抵抗，但国民党妥协退让，与日本签订了屈辱的《淞沪停战协定》，中国军队撤离上海。1935 年日寇向华北发动新的侵略，6 月签订《何梅协定》，10 月策动所谓“华北五省自治运动”。日寇图谋华北的这一连串事件史称“华北事变”，它使华北实际上落入日本控制之中，中国的民族危机大大加深，整个中华民族面临亡国灭种的危险。这一阶段，“亡国奴”一词笼罩在中国人民的心头，这是中国近现代史上最让人心酸的一个称谓。

民众们！你们愿意做亡国奴吗？你们能让国民党任意出卖中国吗？不，不能！中国共产党号召你们团结起来，自动武装起来，进行民族革命战争，保护华北和中国，驱逐日本和一切帝国主义出中国，打倒帝国主义清道夫——国民党法西主义！一切真正愿意反对帝国主义的，不甘做亡国奴的中国人，不分政治倾向，不分职业与性别，都联合起来，在反帝统一战线之下，一致与日本和其他帝国主义作战吧！（《中国共产党中央委员会为日本帝国主义对华北新进攻告民众书》[1934 年 4 月 10 日]，《中共中央文件选集》第十册）

蒋介石企图无耻的出卖整个中国给帝国主义，亡国奴的悲惨命运正在威胁着每个工农劳苦群众。（《中华苏维埃共和国西北联邦政府成立宣言》[1935 年 5 月 30 日]，《中国工农红军第四方面军战史资料选编》）

自民国二十年“九一八”事变以来，由东三省而热河，由热河而长城要塞，由长城而“滦东非战区”，由非战区而实际占领河北、察、绥和北方各省，不到四年，差不多半壁山河，已经被日寇占领和侵袭了。田中奏折所预定的完全灭亡我国的毒计，正着着实行；长此下去，眼看长江和珠江流域及其他各地，均将逐渐被日寇所吞蚀。我五千年古国将完全变成被征服地，四万万同胞将都变成亡国奴。（《中国苏维埃

政府、中国共产党中央为抗日救国告全体同胞书(八一宣言)》[1935 年 8 月 1 日],《中共中央文件选集》第十册)

二、“卖国贼”“不抵抗将军”等与民众对国民党妥协政策的不满

(一)“卖国贼”与“汉奸卖国贼”

“卖国”是为了私利而投靠敌人,出卖祖国和人民的利益;“卖国贼”就是出卖祖国利益的叛徒。“九一八”之后,张学良作为东北前线军队的领袖,竟然消极避让,致使东北很快丢失,故被称为“卖国贼”;蒋介石作为政府的最高领导人,依然采取“攘外必先安内”的妥协政策,故被称为“卖国贼头子”或“最大的汉奸卖国贼”。这是以中国共产党为代表的正义爱国的中华民众对以蒋介石为代表的反动集团的称谓。

我们……号召“满洲国”兵士不当亡国奴,杀死**卖国贼**长官和日本顾问,哗变到人民革命军方面来。(《东北人民革命军斗争纲领》[1933 年 10 月 9 日],《东北抗日联军史料》上)

近年来,我国家、我民族,已处在千钧一发的生死关头。抗日则生,不抗日则死,抗日救国,已成为每个同胞的神圣天职!然而最痛心的,在我们伟大民族中间,却发现着少数人面兽心的败类!蒋介石、汪精卫、张学良等**卖国贼**,黄郛、杨永泰、王揖唐、张群等老汉奸,数年以来,以“不抵抗”政策出卖我领土,以“逆来顺受”主张接受日寇一切要求,以“攘外必先安内”武断宣传来进行内战和压迫一切反帝运动,以“十年生聚”、“十年教养”、“准备复仇”等骗人口号来制止人民抗日救国行动,以“等待世界第二次大战来了再说”的狡计来迫使我国人民坐以待亡。(《中国苏维埃政府、中国共产党中央为抗日救国告全体同胞书(八一宣言)》[1935 年 8 月 1 日],《中共中央文件选集》第十册)

卖国贼蒋介石张学良反而帮助日本强盗压迫马占山、蔡廷锴将军的抗日战争,解散抗日联军。(《团中央关于学生爱国运动决定》[1935 年 12 月 27 日],《六大以来——党内秘密文件》)

另外,“卖国贼”和“汉奸”虽有区别,但本质是相同的,都是在国家危难之时不去积极救国,而是消极抵抗甚至出卖国家民族利益,所以二者经常连用(顺序可变),以表示更强烈的感情色彩。

只有**卖国贼汉奸**,才认为中国人民不能战胜日本。(《团中央关于学生爱国运动决定》[1935 年 12 月 27 日],《六大以来——党内秘密文件》)

只有全国海陆空军与全国人民总动员……以消灭中国有史以来最大的**汉奸卖**

国贼蒋介石，中国民族才能得到最后的彻底的解放。(《中华苏维埃共和国中央政府、中国工农红军革命军事委员会抗日救国宣言》[1935年11月28日]，《毛泽东文集》第一卷)

(二)“不抵抗将军”

东北沦陷激起了全国人民极大的爱国热情，更激起了对张学良的强烈不满。张学良被称为“不抵抗将军”。

只有卖国贼头子蒋介石，**不抵抗将军**张学良甘心为日本的走狗，出卖满蒙，断送华北，接受日本灭亡中国的一切条件。(《团中央关于学生爱国运动决定》[1935年12月27日]，《六大以来——党内秘密文件》)

1935年10月，蒋氏任命张学良为西北剿总副司令，代行总司令职权。张背着“**不抵抗将军**”的骂名来到西北剿共，不料三战三败，感到：蒋介石消灭异己之心，昭然若揭。(《党中央、毛主席在陕北十三年——纪念毛泽东同志诞辰102周年》，《人民日报》1995年12月18日)

尽管执行的是蒋介石的不抵抗政策，但是“九一八”事变发生前后，张学良在拥有精兵的情况下并未积极抵抗，以至于父仇未报，丢了家乡，这是他被称为“不抵抗将军”的主要原因。张学良和蒋介石一起成了国人眼里的卖国贼和汉奸，所以有时“不抵抗将军”“卖国贼”等称谓会一起用在他的头上。

然而中国工农红军在中国共产党的领导之下……胜利的到达了中国的西北地区，击溃与消灭了**不抵抗将军卖国贼**张学良的部队。(《为日本帝国主义并吞华北及蒋介石出卖华北出卖中国宣言》[1935年11月13日]，《中共党史教学参考资料》)

三、“蒙奸”与蒙古德王自治阴谋的破产

日本侵略者一直把侵略中国的东北和内蒙古地区作为其侵略中国的重要目标，因此他们在东北拉拢溥仪的同时，也在内蒙古地区拉拢德穆楚克栋鲁普(即“德王”)，鼓动和支持其实现所谓的“高度自治”，脱离中国。德王本人也为了实现其统治整个蒙古的野心，一步步走上了分裂祖国的可耻道路。

(一)“蒙奸”与所谓的内蒙古自治

汉族有“汉奸”，那么内蒙古人民内部出现的叛徒和卖国贼即“蒙奸”，这是“汉奸”的派生称谓。

此时，在东北和内蒙古东部地区沦为日本帝国主义的殖民地以后，东部各盟旗蒙古封建上层中一部分人，已经公开投日，认贼作父，成为**蒙奸**。(卢明辉编《德王“蒙古自治”始末》上)

过早地发动蒙古人民的内部阶层的斗争，把王公军人等一律认为是“**蒙奸**”是不正确的。(《中央关于内蒙工作的指示信》[1936年8月]，《中共中央文件选集》第九册)

(二)“蒙政会”等称谓与德王高度自治阴谋

1.“蒙政会”

为了实现所谓的“独立”，德王不断拉拢班禅和蒙古云王，在得到他们的支持以后，1934年开始着手在内蒙古百灵庙成立“蒙古地方自治政务委员会”，简称“蒙政委员会”和“蒙政会”。“蒙政会”的领导人称正、副“委员长”。

蒙政会今日可成立，德王由王府抵百灵庙，白云梯等已由绥到达(《中央日报》1934年4月23日第2版标题)

云王通电，就**蒙政会委员长**(《中央日报》1934年4月6日第2版标题)

蒙政委员会，开审查会议，讨论交通实业方案(《中央日报》1935年5月1日第2版标题)

蒙政委员会与蒙古自治都是一些欺骗手段，来加深汉人地主、资本家对蒙古人民的民族压迫而已。(《中央关于内蒙工作的指示信》[1936年8月24日]，《中共中央文件选集》第十一册)

百灵庙蒙古地方自治政务委员会成立后，由于云端旺楚克、索特那木拉布坦、沙克杜尔扎布三个**正、副委员长**，年老多病，实际上并不能到职视事，因而**蒙政会**的行政大权全部为德王一人所操纵。(卢明辉编《德王“蒙古自治”始末》上)

1934年春天，经德王策划，在百灵庙成立了“**蒙古地方自治政务委员会**”(简称“**蒙政会**”)。这年夏天，蓝衣社特务为了侦察**蒙政会**的内情，组织了“内蒙旅行团”，其主要活动地点也是百灵庙。(乌兰夫《纪念百灵庙暴动五十周年》，《人民日报》1986年6月8日)

2.伪蒙古军总司令部和伪蒙古军总司令

为了实现建立蒙古国的妄想，德王成立统一的指挥机构——蒙古军总司令部，德王亲自就任最高首领“蒙古军总司令”。

1936年2月12日筹备工作就绪后，便在德王府举行伪“**蒙古军总司令部**”成立典礼大会。……在典礼大会上，德王以成吉思汗第三十世孙自居，宣读即任伪“**蒙古军总司令**”职的誓词。(卢明辉编《德王“蒙古自治”始末》上)

3.“总裁”和伪“蒙古独立政府”

1936年5月，日军取消“蒙古军总司令部”，德王又在日寇的支持下成立了“蒙古独立政府”，即“内蒙独立政府”，并以此作为未来所谓“蒙古国”的过渡。该伪政府由王公军人组成，故又被称为“蒙古军政府”。军政府设主席和副主席，并以主席和副主席的名义任命德王为“总裁”，掌握军政大权，实行独裁制。后又设立“总裁帮办”若干。

据最近消息，内蒙绥远，形势非常紧急，日本帝国主义所制造的**蒙古独立政府**已经成立，其军队正向绥东大举进攻，目的在变整个内蒙为日本殖民地，以求再并吞全中国与进攻苏联。日本帝国主义占领内蒙，是打着内蒙“独立自治”的旗帜，他利用中国国民党政府对内蒙的压迫和内蒙的不满，来挑拨内蒙一部分王公军人组织独立政府，脱离中国，而实际上把内蒙一切经济的政治的军事的权力完全握在日本侵略者的手中。这种奴役内蒙的政策确是一个恶毒的阴谋。德王等所组织的**内蒙独立政府**与内蒙人民的真正独立解放没有丝毫相关，日本帝国主义的阴谋只是利用这种方法，以求得进行在侵吞内蒙的时候避免内蒙人民的反抗。(《中央关于内蒙工作的指示信》[1936 年 8 月 24 日]，《中共中央文件选集》第十一册)

日本对热察等内蒙地区主权的攫取，采取了与平津等地相类似的手段。首先扶植组建了李守信伪蒙军。1936 年 4 月，又扶植了以德王为傀儡的伪“**蒙古军政府**”。(《从“九一八”到“七七”》，《人民日报》1995 年 6 月 20 日)

嗣德王因总裁工作繁重，又设立**总裁帮办**四人：李守信、吴鹤龄、补英达赖、陶克陶担任，帮同德王处理日常军政事务。(卢明辉编《德王“蒙古自治”始末》上)

1939 年 9 月 1 日，日本扶植的傀儡政权伪“蒙疆联合自治政府”成立，伪蒙政府和伪满政府共同成为了日寇侵略整个中国的可耻工具。

第二节　伪满洲国的建立与相关社会称谓

一、汉奸的自治运动与伪满军队的相关称谓

(一)各色“维持会”组织称谓

为了实现统治东北，逐步推动实现地方“自治”，侵略者和汉奸勾结起来组织了各色“自治维持会”“维持委员会”，简称“维持会”，其头目称“委员长”。

他亲自策动袁金铠出马，于一九三一年九月二十四日以维持地方秩序为名，成立了“奉天地方**自治维持会**”，袁金铠充当委员长。(姜念东等《伪满洲国史》第二章)

于是在九月二十六日，把“奉天地方自治维持会”一变而为“辽宁省地方自治维

持委员会”(简称“维持委员会”“维持会”),暂先代行省政府的职能。(姜念东等《伪满洲国史》第二章)

虽然这些“维持会”字面上都表明了是“地方”性质,但是其活动早就超出了沈阳等所谓“地方”的范围。这些看上去十分冠冕堂皇的称谓,其实是日本侵略者和汉奸卖国贼奴役统治中国人民的反动工具。

(二)伪满军队相关称谓

既然闹独立称“国”,自然少不了军队,伪满洲国也不例外。1931 年“九一八”事变后,原东北军旧部纷纷在各地宣布独立,自称“保安军”。1932 年伪满建立后,经过关东军整编,统称“满洲国军”,亦简称“国军”。伪满初期东北有六省,各省的“国军”实际上叫“警备军”(如“热河省警备军”)。新京警备部队有“翊卫军”和“护军”(宫廷警卫队)。热河的“建国军”“护国军”“定国军”等临时收编的军队。伪军中还有一支特殊的队伍叫“靖安军”,原称靖安游击队,归关东军直辖,后归入伪满军,下辖两个步兵团、一个骑兵团及一个炮兵队。

这些称谓我们就不一一举例了,而特别将“靖安军”拿出来说一说。它由日本军官、日本侨民和满族子弟组成,在伪满军中战斗力最强,杀害抗日人士也最为残忍,因而老百姓对他们恨之入骨。又因为他们军服上有种特殊标记——袖口上有宽宽的红杠,因此群众俗称为“红袖头”,文献中常见“红袖头(子)”的记述。

她看见这些兵士是最凶恶的所谓“满洲国”的**靖安军——红袖头**,她吓得心像要跳出来,脸色惨白了,毫无办法地嘤嘤地哭着。(师田手《大风雪里》[1940 年 9 月 5 日],《活跃在前列》)

永年二十五万人民要求严惩汉奸伪匪许铁英(即铁磨头)、王泽民等战犯,已不是一天了!这是因为他们欠下永年人民的血债,实在太多了,太多了!屠杀人民的刽子手,许逆曾任敌工藤部队配属铁血团二团团长及敌冀南**靖安军**独立旅旅长,王逆曾任敌保甲自卫团联队长及敌永年警备大队长。(《永年人民的血债必须偿还》,《人民日报》1946 年 6 月 8 日)

我第一次见到周保中同志,是在 1935 年,那时他是东北反日联合军第 5 军军长。这年 6 月,我们抗联第 2 军(当时称东北人民革命军)3 团、4 团在东宁县境的老黑山消灭了伪**靖安军**驻当地的“**红袖头**”连(因袖头有宽宽红杠而得名)六七十人,还缴获几十支步枪、1 挺轻机枪、1 挺重机枪和 1 门迫击炮。这场漂亮仗虽然打得出了名,可同时也引起了敌人的警觉。(《周保中军长指挥我们打击来犯之敌》,《辽宁日报》2005 年 12 月 7 日)

1935 年冬季,日寇动员**红袖头**、教导队等共三千人,专打司令部,司令部为了避免“讨伐”到辑安去活动，结果使日寇这次“讨伐”又归失败，我军未受损失。这年检查队伍的发展，比上年要增加一倍。（《东北抗日联军第一军奋斗史》，《东北抗日联军游击实录》）

当时，八道沟、新房子、大顶子、八盘道一带，驻防着伪满洲国靖安军八团二连至八连。伪军的标志，红袖头子，绿领章，当地群众叫他们“红袖头子，绿脖颈”。伪军大部分是从沈阳、辽阳、海城等地来的满人，这帮家伙与伪警察讨伐队狼狈为奸，奸淫烧杀，无恶不作，群众愤恨至极。（刘殿才《我跟随抗联队伍远征》，《长白革命斗争史资料》）

二、“执政”“皇帝”称谓与傀儡溥仪

（一）“执政”和“元首”

1932年3月1日，侵略者假借“满洲国”政府的名义，发表了“建国宣言”，宣布伪满洲国成立。3月9日，清朝废帝溥仪粉墨登场，就任“执政”，年号“大同”，定都长春，改称“新京”。溥仪内心最大的梦想就是复辟做皇帝，所以他把这个“执政”称为“临时执政”。

按照约定，我当“执政”一年期满，如果关东军不实行帝制，我是可以辞职不干的。（溥仪《我的前半生·伪满十四年》）

我和板垣谈妥了交易——以一年为期，如届时不改为帝制，我就不做这个“临时执政”。（溥仪《我的前半生·伪满十四年》）

“执政”一词本为偏正结构的动词，后转为名词性，指执政之人，掌握国家大权的人。北洋政府时期“执政”是官职名，是国家最高领导人的称谓。随着段祺瑞临时执政府的倒台，这个称谓失去了它代表国家元首的意义。但是，日本人为了一步步实现其建立伪“满洲国”的卑劣目的，又把这个已经死亡的社会称谓拿出来，戴在了废帝溥仪的头上，于是“执政”这个称谓词又有了本不该有的屈辱的傀儡意味。

溥仪既然做了“执政”，建立了所谓的“满洲国”，那么他也就以这个“国家”的“元首”自居。

但有时，另外一种想法又钻到我心里：“我总归是个元首，和熙洽、荣厚不同。难道驹井敢向我拍桌子，关东军能把我关进司令部吗？”（溥仪《我的前半生·伪满十四年》）

（二）“康德皇帝”等称谓与溥仪的复辟

1934年3月1日，伪满洲国改称“满洲帝国”，溥仪的“执政”改称“皇帝”，年号“康德”，臣民、外邦皆称“皇帝陛下”。这是继袁世凯复辟和张勋复辟之后，“皇帝”称谓又一次死灰复燃。这一反动称谓所包含的不仅有浓厚的封建色彩，更有异族入侵

的屈辱。

> 我当时即使能看出祖国人民以至东南亚人民将要为我付出的代价，但为了我的欲望，也是在所不惜的。一九三五年我作了“**康德皇帝**”，我的欲望得到了某种程度上的满足。（溥仪《我的前半生·伪满十四年》）

> 如果有不忠于“满洲国”**皇帝**的，就是不忠于日本天皇，有不忠于日本天皇的，就是不忠于“满洲国”**皇帝**。（溥仪《我的前半生·伪满十四年》）

> 把我送走后，全市街道上的扩音器则又放出“**皇帝陛下**启驾还宫”的两国话音。我到了家，扩音器还要说一次：“**皇帝陛下**平安归宫。”（溥仪《我的前半生·伪满十四年》）

伪满洲国改称“满洲帝国”之后，其他的政府职务称谓也发生了相应的变化。伪国务总理变成了伪国务总理大臣，因实行帝制而增加了“大臣”二字，其他各部总长也都如此，改称各部“大臣”。例不赘举。

（三）“总长”“总务厅长”“次长”等称谓与伪满政权的实际统治者

1.“总长”与“总务厅长”

伪满洲国的最高行政机构是“国务院”，下辖各部长官称“总长”。但是伪国务院又设总务厅，由日本人担任“国务院总务厅长”，作为实际上的“总理”。

> 求见的人很多，除了各部**总长**，还有前清遗老，当地绅商。（溥仪《我的前半生·伪满十四年》）

> 如果说日本人官吏是伪满政权机构的实际控制者，那么总务厅则是控制伪满政权的日本人官吏的控制者。因为关东军有明文规定：“国务院**总务厅长**遵照关东军司令官的意图，统治日本人官吏。”（姜念东等《伪满洲国史》第三章）

同样的，“国务院”下辖各部设“总务司”，由日本人担任各司“司长”，例不赘举。

2.“次长”制与“火曜会”

1937年伪政权又实行机构改革，实行“次长制”，即在各部大臣之下又配备日本人当次长。这些“次长”从称谓上是“次一等”的长官，应该是各部长的辅佐者，但实际上却是真正的内阁成员，是真正的权力所在，伪国务院各汉奸大臣必须听命于他们。省一级的伪政权也推行“次长制”。

> 这些**次长**虽不像总务厅长那样总揽伪满中央的全权，但却称霸于一定的部门，并且参与伪满洲国的重要决策。（姜念东等《伪满洲国史》第三章）

> 那些总长们根本没有人向我请示什么“公事”，只不过和我闲聊天。当我向他们问起的时候，他们总是说：“**次长**办着了。”（溥仪《我的前半生·伪满十四年》）

> 1937年12月改革省一级官制时，省的日本人总务厅长一律变为**省次长**。他

的地位、作用与伪满国务院总务厅长和各部次长相同，都是各该部门把持一切的实权派。（姜念东等《伪满洲国史》第三章）

有内阁成员就要开内阁会议，但是真正的内阁会议是由总务厅长官主持，各部次长参加，每周二召开的定期次长会议——火曜会。火曜会实际上是伪满洲国政府的最高决策机构，凡伪满洲国制定的政策、法令和采取的重要措施，都必须先由火曜会决定，然后形式上再把决定拿到国务会议上通过，经由伪满洲国皇帝以敕令公布施行。因此，火曜会即次长会才是真正的内阁会议。

3.“帝室御用挂”

“帝室御用挂”是日语词，意即“给皇帝办事的人”，相当于“皇帝秘书”、“御前行走”之类，因找不到合适的汉语翻译语，故借用之。为了监视溥仪皇帝的一言一行，实现对这个傀儡政府的绝对控制，日本人又在其身边设置了“帝室御用挂”这一官职，以指导和监视溥仪行动。

为此，关东军不仅于司令部专设第四课，具体负责对溥仪和伪满政府的操纵和控制，而且还派有一名常驻代表，监管溥仪。其中，历时最久的吉岗安直，就忠实遵照关东军的旨意，以所谓**“帝室御用挂”**的身份，严密监视溥仪的一言一行，他本人亦因此从一名普通中佐跃升为陆军中将。（沈自敏《伪满洲国》，《人民日报》1983年4月13日）

起先，他的身分只有关东军高参，从一九三四年起又增添了一个**“‘满洲国’帝室御用挂”**的官衔。（溥仪《我的前半生·伪满十四年》）

4.可耻的“傀儡皇帝”

从所谓的“执政”开始，溥仪虽然一直是伪满洲国的最高元首，但是实际权力都握在日本人手里，溥仪也不得不逐渐承认自己是个“傀儡皇帝”，那么和溥仪一起做汉奸的所谓“大臣”们也一样是“傀儡”。

在那十四年间，**“傀儡皇帝”**曾经成了我的绰号。（溥仪《我的前半生·伪满十四年》）

三月九日和我一起登场的，从某种意义上说，都是**傀儡**。（溥仪《我的前半生·伪满十四年》）

第三节 日本侵略者对东北的法西斯统治与相关社会称谓

“九一八”前后，中国东北就一直在日本关东军的控制之下，关东军成了日本侵略者控制东北的中枢。尤其对于伪满洲国来说,关东军就是实际上的太上皇。今天看来,“关东军”等称谓恰恰是日本侵略中国东北的铁证。

一、“关东军”与东北地区的最高主宰“太上皇”和“守护神”

日俄战争后,日本取代俄国成为东北霸主。日本以经营被其侵占的满洲铁路和保护侨民为名,侵略军两个师团赖在东北不走,东北地区又称关东地区(关即山海关),故日本侵略军于1919年正式命名为“关东军”,最高长官称“司令官”或“司令”。“九一八”事变后,“关东军”是日本帝国主义统治中国东北的总头目。

> 日本昨阁议,决定改革对伪机关案,设总裁驻伪大使兼**关东军司令**,日在伪警察机关由**关东军**指挥(《中央日报》1934年9月15日第2版标题)

> 日**关东军司令官**,决由南次郎继任,板垣征四郎任参谋副长(《中央日报》1934年11月21日第2版标题)

> 在政治上,溥仪名为“皇帝”,**关东军**却牢牢掌握实权,俨然成为溥仪的“太上皇”。在关东军司令部1936年9月18日发布的一篇《‘满洲国’的根本理念和协和会的本质》文告中,就明确宣称:“**关东军司令官**作为天皇的代理人,必须是皇帝的师傅和监护人”。(沈自敏《伪满洲国》,《人民日报》1983年4月13日)

“九一八”事变以前,日本帝国主义在我国的东北实行的是“四头政治”。“四头”指的是在东北从事侵略扩张的四个系统和机构:关东厅、关东军司令部、领事馆和满铁(满洲铁路株式会社的简称)。这四个机构在东北互相牵扯,互相勾结,狼狈为奸。1934年9月,日本驻满机构改为“二位一体制”,实施关东军司令官兼任“驻满洲国大使”(实际兼并了原关东厅长官)等一系列措施,“四头政治”遂告统一,权利集中在一起。关东军司令官兼任全权大使,实际上代表日本成为东北伪满地区的最高主宰,伪满皇帝视之为“太上皇”,日本报纸称之为“满洲的守护神”。

> 武藤是日本大正时代晋升的陆军大将,做过参谋本部次长。教育总监、军事参议官,第一次世界大战率日军占领过苏联的西伯利亚。他这次以大将资格来东北,身兼三职——关东军司令长官(从前都是中将衔)、关东厅长官(“九一八”事变前日本设在辽东半岛的殖民总督)和“驻满洲国大使”,到任不久就晋升为元帅,是这块土地上的事实上的最高统治者,“满洲国”的**太上皇**。日本报纸称他为“满洲的**守护神**”。(溥仪《我的前半生·伪满十四年》)

从以上复杂的侵略者称谓,我们不难看出日本侵略者在中国东北费尽了心思,把中国的部分领土完全变成了自己的殖民地,既驻扎了军队,又设置了关东厅,还有管理矿山和铁路的经营公司。但是我们从“驻满全权大使”这个称谓上看到了巨大的矛盾,既为国与国之间的关系，又为何到别国驻军、设立管理机构和随意经营公司呢？日本侵略者之所以把“三位一体”改为“二位一体”，给关东军司令官保留一个驻满大使的兼职，不外是考虑需要顾全伪满洲国“独立国家”的自欺欺人的外貌。可见，这些社会称谓词完全暴露了敌人的侵略野心，也更证明了所谓“满洲国”的傀儡性质。

按照以上称谓及其关系分析，伪满洲国存在的十四年，就是日本帝国主义武装占领的十四年。

二、“战时有害分子”和“思想犯”

顾名思义，“战时有害分子”就是指战争期间对当局有危害的人。这是日本侵略者在东北实行白色恐怖期间给中国抗日军民定的罪名。“思想犯”的命名和使用也是同样的黑白颠倒。不同的是，“思想犯”的范围更广。

> 他们使用秘密代号，伪装各种身份……侦察抗日爱国人员和其他有关人员，把他们作为**“战时有害分子”**而登入卡片，必要时予以逮捕、监禁和屠杀。（姜念东等《伪满洲国史》第三章）
>
> 我原先家在关里山东石道县住，1943 年 10 月被日本鬼子侵占了，到处抓**思想犯**，抓住人就说通八路。（卢本忠《卢本忠控诉书》[1956 年 3 月 8 日]，《东北经济掠夺》）

可见，“战时有害分子”并非真有什么害，“思想犯”更不是思想上犯罪的人，单从这两个冠冕堂皇的称谓就可以清楚地看出侵略者的险恶用心和他们实行的非人统治。

三、日军细菌部队“七三一(731)部队”和特别实验材料活人“原木”

(一)臭名昭著的“七三一部队”

提起“七三一(731)”，很多中国人都会不寒而栗，因为正是这支部队对中国人实施了灭绝人性的细菌战。臭名昭著的“七三一”部队成立于 1932 年，在哈尔滨建立了世界战争史上最大的一处细菌战研究试验基地。其实，实施灭绝人性的细菌战的还不仅仅是“七三一”部队，“七三一”只是日本细菌部队的一个称号。

1936 年，日本陆军省和参谋本部在东北建立了两个细菌部队：关东军兽类传染病实验局(也称关东军兽医防疫研究所，一零零号部队)；关东防疫给水部(或称关东军用水供应及疾病预防局，也称东乡部队)，1941 年 6 月改名关东军第七三一部队。1945 年 5 月，又把“七三一”部队改称“关东军第二五二零部队”。这两支秘密部队对外的总称是“关东军第六五九部队”。但是无论名称如何变换，其侵略中国和残害人类的本质是无法掩盖的。

> 受过训练的细菌学家、医学博士川岛，曾先后领导日本关东军**七三一部队**的一

切最重要部门达数年之久，并亲自参与该部队对成批活人进行的多次罪恶“研究”和“实验”。在一九四一年和一九四二年，他参与组织特别远征队，赴中国的华中战场使用细菌武器作战。川岛供认：七三一部队在一九三六年奉日本天皇裕仁的命令组成的。被告说：“据我们记忆所及，一九四〇年颁布的天皇秘令，规定七三一部队的名额为三千人。该部队人员的绝大多数是专家——细菌学家和在细菌学上受过一定训练的人。依照关东军总司令的命令，该部队驻扎的地区被宣布为禁区，甚至飞机都不准飞越该区上空。日本当局拨出大量基金，维持七三一部队。在一九四〇年就拨款一千万日元，其中指定用五百万日元作实际工作。”（《苏联远东滨海军区军事法庭 审讯日本细菌战犯》，《人民日报》1949 年 12 月 28 日）

曾有731部队的一个军医因工作来到承德医院，他对我说：“你回到日本，用不了三个月就要召集你二次入伍，不如参加731部队，避免第二次入伍。”（上田信太郎《上田信太郎口供》，佟冬等《东北大讨伐》）

（二）用作细菌试验的活人“马路大”“原木”和“木头”

今天的中国人对“马路大”“原木”“木头”这三个词会十分陌生，但它们却是日军七三一部队罪行的真实记录。这三个词意思是一样的，都是指被用来做细菌试验的活人，日语叫“马路大”，汉语意思是“原木”或“木头”。它们是非常让人恐惧和辛酸的称谓，意味着这些充当试验品的人可以像木头一样任意分割。

当一个“原木”被试验致死后，便在卡片上取消了他的号码，把他身上的镣铐取下，加到下次试验的牺牲者身上，死者的身体被送往焚尸炉里焚化。（中共沈阳市委党史研究室《暴虐的罪行：日本殖民统治下的东北》第八章）

在黑暗的夜幕掩盖下，一批批抗日志士被秘密押运到此，除大部分为中国人外还有前苏联、蒙古、朝鲜等国家的反法西斯战士。凡是被送到七三一部队的，都被统一编号，一律被称为“马路大”，意为“原木”，而不是“人”。七三一的试验手段更是令人发指，他们把鼠疫、伤寒、霍乱等细菌分别注射到人体内，观察研究、解剖，进行惨无人道的试验达 30 多种。（《731 遗址不容湮灭》，《民主与法制》2000 年第 16 期）

731 部队是日本帝国主义在“九一八”事变后不久建立的，对外公开称为“关东军防疫给水部”。这是世界战争史上规模最大的一处细菌战研究实验基地。至日本战败为止，数以千计的抗日志士和无辜平民的鲜活生命，被 731 部队作为人体试验的对象，被称作“原木”，一根两根地计数，消逝在试验台上。（《暴行凸现尘封档案 聚焦吉林发现的日 731 部队档案》，《解放军报》2001 年 9 月 17 日）

曾七次亲自参加过安达野外实验的原七三一部队消毒班队员尾原竹善，向金成民提供了七三一部队在安达进行人体实验的重要证言……安达实验场还进行了多次枪透实验:把运来的“木头”(受实验者)的眼睛蒙上,分成几组,前后排成行。有的组穿很厚的棉衣,有的组穿着普通的军服,有的组则裸体。之后,七三一队员分别站在排好的每组“木头”前,用实弹上膛的三八式步枪,对准最前边的“木头”射击,“‘木头’象虾米似地向上一跳,一个接一个地倒了下去”。其他七三一队员手里拿着记录用纸,记录了“三八式步枪在不同距离的地方进行射击时,对穿防寒具或者普通军装或裸体的人体的穿透性能”。(《专家发现侵华日军七三一部队野外人体实验新罪证》,新华网 2002 年 9 月 17 日)

日本帝国主义所进行的细菌实验和细菌战争,铁证如山,危害极大,遗患无穷。

四、“协和党”“协和会”“宣抚班”“宣抚员”等称谓与殖民者的精神钳制

(一)从“协和党”到“协和会”

前文所述“自治指导部”解散后,1932 年 4 月成立“协和党”,该组织奉行“统一国民思想,进行思想战的全满统一的国民组织”。这是一个由伪满洲国豢养的御用反动政党。两个多月后,该党又改名为“协和会”。

日人诡计,又在黑组所谓协和党,唆使汉奸组卖国机关(《中央日报》1932 年 7 月 21 日第 2 版标题)

“协和党”的用处是“组织民众协力建国”,让民众树立“尊重礼教、乐听天命”的思想,这是“王道乐土”所不可缺少的……这次争论的结果,日本人表面上让了步,把协和党改名为协和会。(溥仪《我的前半生·伪满十四年》)

溥仪最终也明白了日本侵略者把“协和党”改名为“协和会”的险恶用心——便于容纳全体公民和奴役全东北人民。

后来我听说,这种更改,主要是因为日本人有了新的考虑,要用这个组织容纳下全体“国民”,才采用了“会”的名称。“协和会”规定凡二十岁以上的人全得做会员,十五岁到二十岁的青年则组织到“协和会青年团”中,十岁到十四岁的则是“协和会少年团”团员,妇女们另有一个组织,即“协和会”领导的“国防妇女会”。这样,协和会便成了一个网罗一切人口的进行奴化教育、监视人民和组织奴役劳动的庞大的特务性机构。(溥仪《我的前半生·伪满十四年》)

(二)“协和会”与侵略者的法西斯统治

1932 年 7 月 25 日,“协和会”在伪满国务院成立,其头目称“会长”,由汉奸郑孝胥担任,另有理事长。名誉总裁是溥仪,关东军司令官本庄繁任名誉顾问。由“协和会”的组织领导和成员组成就可以看出这是一个由日本人控制,伪满汉奸积极参与的,从思想上高压统治中国人民的反动组织。

> 协和会是"与'满洲国'同时产生的一种国家团体",它"不是政府的附属机关,也不是与政府对立的机关,而是政府的精神母体"。"精神母体"者,即"建国精神"也。"建国精神"即"以实现日满一德一心、民族协和、王道乐土、道义世界为理想的天皇的圣意"。(姜念东等《伪满洲国史》第三章)

1934年9月,"协和会"改组,日本人担任次长,大权独揽,伪满政府和"协和会"实行一体化。日本法西斯团体"大满洲正义团"(专门从事收缴民间武器和镇压东北青年抗日救国活动的流氓反动组织)团员全部加入"协和会"。"协和会"公开声言它不再仅仅是一个民间团体,而是以国家机关自居了,其反动本质更加暴露无遗。

1936年7月,"协和会"成立四周年之际改称"满洲帝国协和会",伪满总理大臣汉奸张景惠任会长。这样"协和会"在伪满洲国的特殊地位进一步确立,和伪满政府共同成为推行帝国主义在东北的所谓"建国精神"、王道乐土政治运动不可或缺的两个方面。

> "将'满洲国'比做一件衣服,政府是面,**协和会**是里,相结合而成一件夹衣。"(《现代史资料》11,转引自姜念东等《伪满洲国史》第三章)
>
> 后来,伪县署、**协和会**、合作社实行"三位一体",署、会、社十一个头头。……当然这种所谓"农民组织化"的办法,在加强对农民的控制和掠夺上,是不无作用的,但它丝毫无助于农业生产力的提高。(姜念东等《伪满洲国史》第三章)

"协和会"对成年人的法西斯控制和奴役日益加紧,建立了"协和义务奉公队",简称"奉公队"或者"自卫团",迫使20至35岁的青壮年担任平时或战时的国民警护。例不赘举。

"协和会"这个看上去十分"和谐"的称谓,却隐藏着这样反动的军国主义色彩,也包含着中国被侵略被迫害地区人民的滴滴血泪。

(三)"宣抚班""宣抚员"和"青年行动队"

"宣抚班"是日本侵略者为加强占领区政治协和教育的反动组织,一般随军工作,其成员称"宣抚员"(又称"政治员")。"青年行动队"同样是日寇进行奴化教育和反动宣传的工具。侵略者的这种政治侵略方法在以后的侵华战争中被广泛使用。

> 协和党根据关东军的要求,组成随军**宣抚班**,伙同关东军镇压共产党、抗日武装力量和广大人民群众。……此外,在海伦、一面坡和呼兰也增派了"**宣抚员**"。这些随军特务,由于处处与抗日武装力量为敌,有的遭到覆灭的下场。(姜念东等《伪满洲国史》第三章)
>
> 1937年1月,协和本部还设立青训指导委员会,在各地创办了48个青年训练所,对青年进行军事和特工训练。协和会之下设有**青年行动队**,运用各种手段,搜

> 集共产党和抗联的活动情报，为日伪军警破坏中共地下党的组织和袭击抗联提供线索，并化装进入群众中进行挑拨离间，同共产党和抗日武装争夺群众。（金炜主编《中华民族耻辱史》第十四篇）

后来“协和会宣抚班”又一变而为“协和会县办事处”，与中国共产党对抗，进行政治侵略活动。

第四节　日本侵略者对东北人民的奴役剥夺与相关社会称谓

日本侵略者不仅扶植傀儡皇帝成立了伪满洲国，还通过法西斯式的强制和欺骗性宣传的手段大批向中国东北移民，妄图把东北彻底变成日本的国土。侵略者还在占领区里对中国人民实行了一系列的奴役制度，给东北人民造成了深重的灾难。

1935 年 4 月伪满政府民政部成立了拓政司作为管理移民的行政机构，日本方面也于同年 10 月在东京成立“海外拓务委员会”和“满洲移民协会”等机构负责具体实施。1936 年 8 月 25 日的《广田内阁七大国策》第六项写道：“确立对满的重要政策：移民政策以及鼓励投资，等等。”[①]

一、“移民团”相关称谓与日本移民侵略

（一）“移民团”“开拓团”称谓含义

“移民团”是指日本侵略者向东北移民形成的一种移民集团组织，因打着开拓中国东北的旗号，故又称“开拓团”。移民目的是把日本移民组织成强化的武装集团，侵入中国农民居住区，形成由日本人组成的特殊村落，以监视和镇压当地中国百姓，同时进行经济掠夺。

> 日本**移民团**都是武装起来的大集团，它的成员都在日本内原训练所经过一年的兵农训练。（古海忠之《古海忠之笔供》[1954 年 6 月 29 日]，《东北经济掠夺》第五部分）

> 虽说在伪满时代，日本鬼子在这里闹过什么“**开拓团**”，可是那些被抓来的劳工，千方百计地逃避敌人的奴役；所以，这里从没有长出过像样的庄稼。“八一五”以后，再没人到那里去过，地里长满了半人高的荒草；敌人逃走时，把“**开拓团**”的住地破坏得一塌糊涂。（《东北机械农业在发展中》，《人民日报》1951 年 12 月 31 日）

---

① 原田熊雄：《西园寺公与政局》第五卷，转引自姜念东等：《伪满洲国史》第四章。

送往中国东北的日本“开拓团”，在日军灭亡的末日成了弃民……这是日本军国主义带给日本普通百姓的战争苦果。(《让历史警示未来——在日本看“八·一五”》,《人民日报》1995年8月16日)

(二)从移民形式看“移民团”成员称谓

“移民团”成员一般称“移民”。最初的移民全部武装化，以预备役军人为主组成，在关东军的指挥下进行，故称“武装移民”。后因大量夺取东北农民的土地而遭到激烈反抗，“武装移民”遂改称“开拓民”“武装开拓民”，妄图以“开拓东北”来掩盖其军事移民侵略的实质。

从第一次和第二次移民的形式来看，充分说明**移民**不是单纯地到东北从事农业生产，日本在东北实行的政策，纯粹是一种侵略政策。(古海忠之《古海忠之笔供》[1954年6月29日],《东北经济掠夺》)

除了**武装移民**之外，还有其他种类的移民到满洲从事开拓事业。(平井丰一《平井丰一笔供》[1954年9月2日],《东北经济掠夺》)

第一次**武装开拓民**移殖情况……移入者皆为受训的在乡军人，携带武器集团编队移入。(《历次武装移民情况》,《满洲开拓年鉴》[1940年],转引自《东北经济掠夺》)

日本对华的压榨还远不止于此，为了稀释中国人口，他们向东北输入了超过30万人的“**开拓民**”，抢掠中国农民土地，建立所谓“日本**武装移民**开拓团”，其庞大的移民计划是在20年内向中国东北武装移民500万人。(《“开拓团”移民侵华》,《华商晨报》2005年6月29日)

1932年由500名日本“在乡军人”组成的移民团，由哈尔滨顺松花江而下，在佳木斯下船，荷枪实弹地向黑龙江桦南县永丰镇开去，在那里强占中国农民的田地，建立起日本移民村。日本的强买强占，刺刀开路，引起中国农民的暴动，关东军便派出大部队，加以镇压。日本人称这是“**武装移民**”，是他们开拓的第一步。初期，日本进行了五次移民。虽不断遭到中国农民的种种抵抗，日本仍不断向抗日联军极为活跃的东满移进。(《残留孤儿历史一幕》,《人民日报》2007年9月21日)

按照1937年日本和伪满政府颁布的《开拓团法》,“移民团”(“开拓团”)的中心是“团长”和“指导员”，其成员称“团员”。

第十五条　**指导员**辅佐**团长**，承其命指导**团员**从事开拓团之业务。(《开拓团法》[1940年5月3日],转引自《东北经济掠夺》)

“武装移民”是以集团的形式进行的，故称“集团移民”。另外还有民办官助形式的“集合移民”和分散形式的“分散移民”等。例不赘举。

(三)各种开拓民的类别称谓

“开拓民”共分两大类。一类是来自日本国内的开拓民;二类是东北当地的原居民。来自日本国内的开拓民又分为:“开拓青年义勇队”“开拓农民”和“大陆归农开拓民”。东北当地的原居民则被称为“内国开拓民”。

1.“开拓青年义勇队”

“开拓青年义勇队”又称“义勇队开拓团”,简称“青年义勇队”。其成员是15到18岁经过训练的日本青少年。这种开拓民作为军事上的后备力量分布在军事要塞,既是侵略者的兵源,又是战时别动队。所以“义勇队”移民称谓看似“移民”,其实军事意图十分明显。

> 满洲**开拓青年义勇**队训练所主要是把经过训练的队员分配到各个开拓团。平时,义勇队员除了从事农业生产之外,业余时进行军事训练。(大濑户权次郎《大濑户权次郎笔供》[1954年6月25日],《东北经济掠夺》)

> 四、**青年义勇**队进一步有计划地组成乡土部队,并谋求充实改善其训练内容和设施。(《满洲开拓第二期五年计划要纲》[1941年12月31日],《东北经济掠夺》)

2.“开拓农民”

日本“开拓民”来源不同,“开拓农民”是指直接在日本国内招募,组织“移民”到中国东北的日本农民。

> 关于税赋,对**开拓农民**和随之而迁居的原有居民,采取减免措施,考究一并实行纳物的原则。(《满洲开拓政策要纲》[1937年7月],《东北经济掠夺》)

3.“转业开拓民”

“转业开拓民”即“大陆归农开拓团”成员,这种开拓民是从日本国内迁来的工商业者,因国内工商业倒闭而亟须转向农业安置,故名。“转业”的去向就是到中国的东北“归农”,去从事农业。

> 当时日本军事工业膨胀,民用工商业大量倒闭,结果有数百万计的工商业者需要转业。于是日本政府以所谓“**转业开拓民**”的名义,建立所谓“大陆归农开拓团”,强行向我国东北输送。(姜念东等《伪满洲国史》第五章)

4.“内国开拓民”

日本侵略者不仅从国内大批向东北移民,而且还强迫东北当地的农民从他们的家园迁移,没收他们的土地,强迫他们充当开拓民。为与日本开拓民相区别,称“内国开拓民”。这些人被剥夺土地后最终沦为了日本移民或为移民公司的佃户,受到残酷的剥削和奴役。另外,还有从朝鲜强行征来的“朝鲜开拓民”。

> 附记:**朝鲜开拓民**和**内国开拓民**另行制定计划。(《满洲开拓第二期五年计划要纲》[1941年12月31日],《东北经济掠夺》)

被日本帝国主义侵占了土地的中国人民，有的强行编入“内国开拓民”的行列。“仅在1939—1944年被迫到不毛之地服苦役的中国农民有51482户。”(注：孔经纬著:《东北经济史》，四川人民出版社1986年9月，第45页)他们历经苦难，饱受日本帝国主义侵略者的压榨，死亡率极高。(高乐才《日本“百万户移民”时期的土地掠夺》，《东北师大学报》1998年第4期)

二、“劳工”称谓与侵略者对中国人民的奴役和掠夺

日本在侵华期间奴役中国劳工，是其在中国犯下的又一重要罪行。根据当年侵略者实施的劳务政策，可以找到那些充满了血泪的劳工称谓，透过这些称谓，可以深刻揭露日本侵略者在我国尤其是东北地区犯下的滔天罪行，以此警醒后人。

日本侵略者为掠夺和奴役劳工，从侵占东北开始就施行了劳动统制政策，施行劳动统制的最高机关是关东军。1933年12月，关东军成立了由特务部长兼任委员长的劳动统制委员会，负责制定劳动统制政策。1934年4月1日，关东军伙同在天津的日军特务机关在天津日本租界内设立了大东公司，其职能是在劳动统制委员会限定的数量范围内负责华北劳工的招募、发放劳工证明和向东北输送等事宜。从1934年起，日本侵略者通过大东公司等机构从华北和东北地区招募劳工。日本侵略者将全东北变成了一个可随时调用劳动力的集中营。

(一)“国外劳工”和“国内劳工”

这里的“国”都是指伪满洲国，那么山海关内就是所谓的“国外”了，从关内征来的劳工称“国外劳工”。又因这些劳工从华北地区强征而来，也称“华北劳工”。而“国内劳工”是指日本侵略者征用的伪满洲国内的东北当地的劳工。当然，随着战争的扩大，日本国内急需的大量劳工也多由中国国内强制运送。

第一个阶段是1933至1936年。这个时期的**国外劳工**，都是由大把头受劳工机关的委托，到河北、山东去募集。(谷次亨《谷次亨笔供》[1951年10月26日]，《东北经济掠夺》)

1941年，因日本在华北沦陷区实施“第一次产业开发计划”，大规模掠夺战略资源与构筑军事工程，使当时日本“在东亚之劳力供给源泉地”的华北，劳工资源开始紧张。为此，当年11月初，日本在伪满洲正式颁布实施《确立劳务新体制纲要》，决定减少对**华北劳工**的依赖，“确立**国内劳工**自给体制”。实施“国民皆劳”的全民义务劳役制，对满洲本地劳力实施全面动员与强征，使在满洲役使的强制劳工中本地劳工占2/3，华北劳工占1/3。(居之芬《论太平洋战争爆发后日本掠夺中国强制劳工的罪行》，《民国档案》2003年第2期)

“国外劳工”又因劳动地点是否变换分为“固定性劳工”和“移动性劳工”。据曾任伪满民生部大臣的战犯谷次亨供述，从1933年到1936年由华北来满洲的劳工每年大约有80万人。

> 大约四分之一从事军事工程建设，四分之三是在各工厂、矿山、铁路等部门劳动。这80万劳工可分为固定性40万和移动性40万两种。所谓**固定性劳工**，就是长时间在一个地方干活的劳工；**移动性劳工**，是春天来东北干活，工程结束便返回原地或到另一个地方干活。（谷次亨《谷次亨笔供》[1951年10月26日]，《东北经济掠夺》）

曾经在伪满洲国出现过的“国外劳工”和“国内劳工”等称谓词，清楚地记录着日本侵略中国东北和建立伪满政权的罪恶历史。

（二）“供出劳工”和“勤劳奉公（仕）队”等与侵略者残酷的劳工政策

1941年，因日本在华北沦陷区实施“第一次产业开发计划”，大规模掠夺战略资源与构筑军事工程，使当时日本“在东亚之劳力供给源泉地”的华北劳工（即所谓的“国外劳工”）资源开始紧张。为此，当年11月初，日本在伪满洲正式颁布实施《确立劳务新体制纲要》，决定减少对华北劳工的依赖，“确立国内劳工自给体制”。实施“国民皆劳”的全民义务劳役制，对满洲本地劳力实施全面动员与强征，使在满洲役使的强制劳工中本地劳工占2/3，华北劳工占1/3。于是“供出劳工”和“勤劳奉公（仕）队”等劳工称谓便应运而生。

1.“供出劳工”称谓与“行政供出”政策

“供出”又称“行政供出”“紧急供出”，是日伪统治者利用刚性的行政手段强迫人民就劳的一种政策。这是侵略者在伪满后期为贯彻所谓“全民皆劳”为主要内容的劳务统制政策所采取的主要措施之一，自上而下用行政命令下达数量指标，征派劳工，凡年满18岁至50岁都在被“供出”之列。伪满政权依靠行政系统力量将计划动员的本地劳工数按省、市、县、旗系统分摊下去，限期强征供出，是典型的强制劳动制。伪满后期称用这种政策强征的劳工为“供出劳工”。“行政供出”自然须是伪满行政所管辖得到的地方，所以这样的劳工从源地上讲都属于伪满“国内”，用当时另一个术语讲又叫“地盘生成”。

> 1942年100万人（其中**供出劳工**35万人）；1943年120万人（其中**供出劳工**50万，勤劳奉公队5000人）；1944年130万人（其中**供出劳工**60万人，勤劳奉公队2.5万人）；1945年160万人（其中**供出劳工**60万人，勤劳奉公队15万人，截止8月15日是8万人，勤劳奉公队累计14万人）。（古海忠之《古海忠之笔供》[1954年6月3日]《东北经济掠夺》）

> 劳工协会县事务局指导督励乡村的的劳务班长，使之担负起对村内劳动力的

就地调查、组织、训练、供出、遗留家属的援助保护及其他供出劳工的一切保护事项,例如通过整顿体制使劳工在就劳上无丝毫的不安和紧张。……向上述实验县派遣职员,作为遍及华北劳工协会县事务局的爪牙,他们积极参于策划供出劳工的全部事务。(居之芬译《日本华北的劳务统治》,《近代史资料》总98号)

2.“勤劳奉公(仕)队”相关称谓与勤劳奉公(仕)制度

1939年,伪满“协和会”就开始推行“勤劳奉仕”制度。“勤劳奉仕”是日文汉字词,意思是“义务劳动”,中国人用中文词“勤劳奉公”相对应,意思是一样的。1942年,日伪当局用所谓“法律”的形式加以制度化,制定了《国民勤劳奉公法》,强征适龄青年每年服劳役4个月,服兵役3年。这与上面的“行政供出”制度是相辅相成的。

从本质上说,“勤劳奉仕”或“勤劳奉公”是日本殖民统治者强制东北民众为其充当劳工的一种充满罪恶的劳工制度。这种制度还把黑手伸向了在校的青年学生,征调国民高等学校学生充当劳工,甚至扩大到了小学,由校长带队服役。可见,“勤劳奉仕”或“勤劳奉公”表面上是合理合法甚至温情脉脉的,但是其内里却充满了侵略和血腥,警醒世人重新注意并认识其罪恶本质。这也是我们重新梳理与之相关的称谓词语的历史价值所在。“勤劳奉公(仕)”征来的劳工,按所谓《国民勤劳奉公法》一般要集体编队。于是诞生了两个同义称谓——“勤劳奉公队”和“勤劳奉仕队”,简称“勤奉队”,其成员自然为“队员”。

1945年3月为训练**勤劳奉公队**的干部,还颁布过专为训练技术和管理劳工的干部的法令。根据这个法令在大屯设立**勤奉队**训练所,训练在职的干部和养成大批新的干部,预定在三年内训练**勤劳奉公队员**一百万人。(《伪满洲国官员于镜涛笔供》[1954年8月30日],《伪满洲国的统治与内幕——伪满官员供述》)

先由该村中共支部书记杨崇海作启发报告。但没等杨崇海讲话完,群众已激动得咒骂起美国鬼子来。丁三哭诉了伪满时代当“**勤劳奉仕队**”受日本鬼子迫害的情形。(《东大围子村宣传员的抗美援朝宣传》,《人民日报》1951年4月27日)

提到伪满后期千百万劳工的伤病死亡情况,真使我们不寒而栗,毛骨悚然。**勤劳奉公队**都是由20多岁的青年组成,按理健康情况应该好些。但据报道,通化县逾千名的**勤奉队员**无病者只占25%。(《日本帝国主义对中国劳工的迫害》,《人民日报》1991年11月24日)

服劳役须在服兵役后的“国民”中征选,于是由“勤劳奉公”制度又产生了一个衍生概念——“国兵漏子”。伪满洲国修订的《国民勤劳奉公法》规定:凡是未被征录为伪国兵的东北青年,都成为日本侵略者可随时调用的青壮年劳工,编成“勤劳奉公”队,被输送到民用或边境要塞等军事工程中服劳役。这里的“国兵”是伪满洲国的士兵称谓,因检查不合格未被征录为伪国兵的青壮年被称为“国兵漏”或“国兵漏子”，意为“被漏征的人”。日伪统治下的东北人民，非服兵役即服劳役，无所“遗漏”，其水深火热之生活境况可想而知。

国事调查为了征兵，征国兵去守国境线。剩下的那些“**国兵漏**”，勤劳奉仕苦力的干。——这回推到了“满洲国”，老百姓个个都乐颠了馅。解放了劳工**国兵漏**，当爹妈的是烧香又还愿。（何少文搜集整理《九一八事变歌》，《锡伯族民歌集》）

伪满康德十二年（1945 年）征国兵，我高度近视，当国兵不合格，便成“**国兵漏**”。……甲内三十来个“**国兵漏**”明天到县里集中，去“勤劳奉仕”。……有两个**国兵漏子**不服，争辩一下，便上来一帮警察，拳打脚踢，并把附近的五六个**国兵漏子**也给抓进警察署。（黎福才口述、李太生记录《“勤劳奉仕”亲历记》，《白城文史资料》第 1 辑）

伪满规定年满二十岁的男青年均参加国兵检查，合格者去当兵，不合格者叫**国兵漏子**，就得去充当勤劳奉公队。参加劳动不给任何报酬。（暴洗礼《敌伪时期的“三大苛政”》，《建平县文史资料》第 1 辑）

在采取了上述种种措施仍不能满足矿山劳动力需求的情况下，日本侵略者便使用了更加凶残的手段，以强化治安为名，在城市和农村游击区强抓“浮浪”以充当劳工。所谓浮浪，即原指抽大烟、扎吗啡、不务正业的人或没有正当职业、游手好闲的浪子。实际上，侵略者所抓真正的“浮浪”没几个人，被抓去的劳工多数是贫苦农民。例不赘举。

（三）“特殊工人”和“辅导工人”的来源及含义

1.“特殊工人”和“特种工人”的来源及界定

“特殊工人”是指日本侵略者从中国的华北地区运往东北的抗日武装被俘人员、国民党降兵和清乡扫荡过程中抓捕的干部群众而去充劳工者。所以称之为“特殊”，是因为侵略者认为这些人和当地劳工不同，他们充满危险的抗日反满思想，需要进行专门的教育辅导，同时他们从事的工作也多是跟军事有关的，有一定的机密性。因此，这种劳工受到的奴役和管制更严厉，生活条件更艰苦，结局更悲惨，很多被杀害，简直是“死囚劳工”。

1938 年我参加了八路军，1942 年在河北涞水县的一次战斗中被日寇俘虏。1943 年 10 月，以**特殊工人**的名义被送到抚顺老虎台选煤厂劳动。（林德财《林德财控诉书》[1956 年 5 月 13 日]，《东北经济掠夺》）

提到伪满后期千百万劳工的伤病死亡情况，真使我们不寒而栗，毛骨悚然。……特别是从华北被强制遣送到东北的**特殊工人**死亡最多。据伪满警务总局统计，1943 年 1 月至 6 月，各煤矿**特殊工人**死亡 1154 人。正是因为工人大批死亡，在各个使役劳工比较集中的地方，都有埋葬中国工人尸骨的“万人坑”。（《日本帝国主义对中国劳工的迫害》，《人民日报》1991 年 11 月 24 日）

许多人就是因为说一句话，或是对日伪当局稍有不满，就被认为是危险分子抓进矫正辅导院。1944 年南满铁道株式会社抚顺炭矿总务局长板仓真五在《辅导工人管理状况调查报告》中称：对**特殊工人**“有必要事态时，将队长进行隔离监禁进行削弱之，而认为更有必要时将其全部收容到矫正辅导院，采取强行管制的方针”。抚顺“**特殊工人**”中的宋庆昌（新四旅连长）、夏俊卿等人就是这样被逮捕的。（《人间地狱——抚顺矫正辅导院》，中共中央党史研究室科研管理部编《日本侵华罪行纪实》）

汉语的“特殊”，日文多用“特种”，因而所谓特殊工人又称为“特种工人”或“特种劳工”。

关东军把从驻华北日军移管过来的俘虏、投降兵用做军用劳工者称为**特种工人**。（吉林省档案馆藏关东宪兵档案[315—692]，姜念东等《伪满洲国史》第五章）

第一，关于**特种劳工**的移交等，同华北军间的基本交涉，由关东军担当。（《关东军参谋长吉本贞一给满洲国国务院总务长官武部六藏的通知》[1942 年 5 月 12 日]，《东北经济掠夺》）

2.“辅导工人”的指称对象和命名理据

“辅导工人”与上面的“特殊工人”指的是同一类劳工，因为他们都是华北、内蒙地区被俘人员和投降兵以及其他抗日反满危险分子。因为这类“工人”曾经是日本侵略者的军事敌人，都是危险的，所以需要从思想上进行“矫正”和“辅导”。1943 年，伪满政府颁布了《思想矫正法》《矫正辅导院令》等一系列文件，在各地设立所谓“矫正辅导院”，内有日系、满系辅导警察任“辅导士”，对抓获的特种劳工进行强制性“辅导”，同时强迫从事繁重劳役，故这类劳工又获得了一个“辅导工人”的名号。“辅导工人”受到非人待遇，如入人间地狱。

尤以在此次驻东满军方解放所使役的**辅导工人**问题上，由于贵方的全面协助，得以斡旋到大约 5000 人，实深感激。（《抚顺煤矿章宫本慎平致关东军函》[1943 年 12 月 10 日]，《东北经济掠夺》）

无论是“日系”的辅导官佐，还是“满系”的主任辅导士和辅导士，都是披着人皮的豺狼。他们身着日伪辅导警察制服，跨着短枪和战刀，对待“**辅导工人**”如同凶神恶煞，残忍成性，杀人如麻。（《人间地狱——抚顺矫正辅导院》，中共中央党史研究室科研管理部编《日本侵华罪行纪实》）

抚顺娇[矫]正辅导院中，辅导科为主管职能科，权限最大，负责管理、教训“**辅导工人**”，以及出劳役。……抚顺矫正辅导院设在龙凤采炭所和老虎台采炭所之间的新屯南山上，其他分院也都设在工厂和煤矿附近。其目的就是能使抓来的“**辅导**

工人”就地就近从事苦役。每天，“抚顺娇正辅导院到抚顺煤矿劳动的有500—1000人”，关押在这里的“辅导工人”的劳役十分繁重，为了加速开采抚顺的煤炭和油母页岩，支撑日本帝国主义的军事工业和侵略战争，娇正辅导院的辅导警察，天不亮就把“辅导工人”撵到劳役现场，铺铁路、挑土筐、挖土方。超负荷的劳动，使“辅导工人”不堪忍受。（《人间地狱——抚顺娇正辅导院》，中共中央党史研究室科管理部编《日本侵华罪行纪实》）

（四）“纸人”称谓和劳工们的非人遭遇

被输送到要塞的劳工，只有勤劳奉公队和很少一部分劳工能领到一套衣服、一双鞋，绝大部分被征派和抓捕的劳工，行李服装完全自备。由于劳动强度大，劳工所穿的衣服很快就会破碎不堪，因而夏季大都赤身裸体，春秋和冬季只好用装过水泥的纸袋子御寒。由于各要塞工程都大量使用水泥，装过水泥的破纸袋子几乎成了每个要塞劳工都普遍穿着的“衣服”，当地百姓称这些劳工为“纸人”。这虽是特殊情况下的临时称谓，亦足见日本侵略者对中国百姓的残酷压榨，暴露了他们惨无人道的本质——“纸人”称谓背后隐藏着百万中国劳工的悲惨命运。

几步外跪着三个穿水泥袋的纸人，满面污垢，头发胡子连成片，除了两只眼睛外，全身几乎都是黑色……他们是山里逃出来的劳工。（《穿水泥袋的“纸人”》，全国政协文史和学习委员会编《劳工血泪》）

冬天穿的棉衣，没几天就破了，在兴安岭零下三四十摄氏度的气候下根本无法御寒，劳工们只好往身上套水泥袋子，走路得倒退着走，不敢迎风走，装过水泥的破纸袋子几乎成了每个要塞劳工普遍使用的衣服，当地百姓称这些劳工为“纸人”。（《百万中国劳工惨死要塞——侵华日军虐待、残杀东北边境要塞劳工真相揭露》，《哈尔滨日报》2005年7月14日）

第五节　东北及察哈尔一带反侵略斗争的武装称谓

一、“义勇军”和东北民众自发的抗日斗争

“起来！不愿做奴隶的人们！把我们的血肉，筑成我们新的长城！中华民族到了最危险的时候，每个人被迫着发出最后的吼声。起来！起来！起来！我们万众一心，冒着敌人的炮火前进！冒着敌人的炮火前进！前进！前进！进！”——这气势雄壮的语句，再配上那铿锵有力的旋律，谁都知道这就是中华人民共和国国歌！但要说起这首歌的原名叫《义勇军进行曲》，就不见得人人清楚。倘若进一步问起什么是“义勇军”，恐怕就

有更多人语焉不详了。

田汉作词、聂耳作曲的《义勇军进行曲》，原是1935年为反映抗日题材的电影《风云儿女》所作的主题歌，体现了中华民族勇往直前的斗志和英勇不屈的精神。因此，1949年中华人民共和国成立时，它被定为代国歌，1982年全国人大将其正式定为国歌。《义勇军进行曲》的题目，就带出了一个可歌可泣的英雄称谓——义勇军，它又直接联系着20世纪30年代东北人民英勇抗日的伟大斗争。

（一）“义勇军”称谓的来源及其性质

日本帝国主义对中国东北早有野心，日俄战争后就在中国东北驻军，对中国人实施奴役和侵略，所以“九一八”事变前的东北就有多支名称各异的自发抗日队伍。1931年“九一八”事变爆发，张学良东北军奉国民政府之命撤至关内，整个东北沦于敌手。诚如国歌所唱“中华民族到了最危险的时候”，东北人民的抗日情绪迅速高涨，残存的东北军旧部、警察部队的部分官兵、各阶层民众，乃至原来占山为王的胡匪，都投入到抗日洪流中来，纷纷组成义勇军、救国军、自卫军、大刀会、红枪会等抗日武装。这些武装部队各有其称号，没有统一领导和编制，具有相当独立性，但人们把他们统称为“东北抗日义勇军”，简称“义勇军”。所以，作为历史名词的“义勇军”，不是某支部队的番号，而是20世纪30年代初期东北抗日武装的总称，或曰泛称。“义勇军”之“义勇”，当然有一般理解的“见义勇为”之意。但必须承认，当民族危亡之际，这个“义”便是民族大义！联系到当时的最高统治者国民政府都采取不抵抗政策了，义勇军武装无论多么不正规，成分多么复杂，都无法掩盖其为国家为民族的“大义大勇”了。到1932年夏，东北抗日义勇军已经发展到三十余万人。

> 苏维埃中央政府郑重声明：要不是国民党军阀集其全力来进攻苏区与红军，苏区工农劳苦群众与红军早已与抗日的英勇士兵和**义勇军**站在一起直接对日作战了。（《中华苏维埃共和国临时中央政府宣布对日战争宣言》[1932年4月15日]，《中共中央文件选集》第八册）

> 我为国为民之**义勇军**，对于收复东北，直接间接，有莫大之影响，诚未可漠然视之也。（《东北义勇军概况》[约1932年8月]，《东北抗日联军史料》下）

> 首先是我们党领导下的满洲人民革命军之迅速壮大与其政治影响之扩大与巩固，在满洲的辽吉黑三省获得了千万工农群众的热烈的拥护与援助，在与日本帝国主义军队的作战中，屡次获得了伟大的胜利，这一反日反满的继续壮大的力量，影响了全满洲到处的**东北抗日义勇军**，他们找寻我党的领导，而愿与人民革命军一致对日作战。（《中央局关于目前形势与我们的任务的提纲》[1934年12月15日]，《中共中央文件选集》第十册）

由于国民党反动分子这种卑鄙的叛卖行为，三十余万的**东北抗日义勇军**，遂为以多门师团为中心的日寇军五万人所击散。许多混在抗日队伍里的国民党分子，如马占山、丁超、孙朝阳等并公开投降，成为伪满洲国的达官显贵。（周保中《彻底粉碎“二满洲”》，《人民日报》1947年9月21日）

难道可以因为他们经历复杂、来路各异，从而低估他们以至低估**东北抗日义勇军**的历史功绩吗？恰恰相反，我们可以从这些人物的事迹中看到，中国人民的爱国主义精神，作为一种伟大的凝聚力，是怎样把当时东北地区偌多有爱国心的人们汇集起来，掀起反侵略斗争怒潮的。（《纪念东北的爱国主义先驱者——为〈东北抗日义勇军人物志〉一书的出版而作》，《人民日报》1985年5月19日）

(二)“义勇军”旗号下的几支重要抗日武装

“义勇军”既是一个总称，其下抗日武装又各有番号。抗日义勇军中影响较大的部队主要有：冯占海领导的“吉林省抗日义勇军自卫军”、苏炳文领导的“东北民众救国军”、邓铁梅领导的“东北民众自卫军”、李杜领导的“吉林自卫军”、“吉林救国军”以及在此基础上形成的“吉林抗日联合军”和马占山领导的“黑龙江省抗日救国军”等。

为了加强抗日力量，我所率抗日队伍，改名**吉林省抗日义勇军**。公推冯占海为总指挥，李文光为总指挥部参谋长。（冯占海《吉林省抗日义勇军成立后的战斗》，《东北义勇军》）

一九三二年十月一日，苏炳文在海拉尔召开军民三四千人的大会，正式宣告成立**“东北民众救国军”**，苏炳文和张殿九任总司令和副司令之职，宣誓为国家收复失地，为中华民族争生存，驱逐日本侵略者。（《东北义勇军·东北民众救国军和苏炳文》）

在辽宁各地，义勇军的活动尤其频繁。邓铁梅于1931年10月在辽宁成立**东北民众自卫军**，竖起了武装抗日、保卫家乡的抗战大旗。（《东北义勇军·东北民众自卫军和邓铁梅》）

4月3日　**吉林自卫军**和**吉林救国军**将领在宁安召开联席会议，成立**吉林抗日联合军**，推举李杜为联合军总司令兼吉林自卫军司令。丁超为护路军总指挥，王德林为救国军总指挥。……4月7日　**黑龙江省抗日救国军**总司令部成立，马占山任总司令。（《抗战大事记·1932年》，张宪文《中国抗日战争史》）

此外还有红枪会、大刀会、黑旗会、救世军等，都纷纷高举抗日保国的义旗。这些都在“义勇军”范围之内，例不赘举。

东北抗日义勇军的发展，对日寇构成了很大的威胁，给日寇以沉重打击。日本侵略者加大对义勇军的进剿力度。由于战斗力不强等种种原因，1933年义勇军大部被日军消灭，剩余队伍继续战斗，后来成为东北人民革命军和抗日联军的基础。东北义勇军的兴起，有力地打击了日本帝国主义的侵略野心，激发了全国人民的抗日决心和意志，他们的斗争所表现出的民族正气和爱国精神，永远值得后人颂扬。

（三）“察哈尔民众抗日同盟军”与冯玉祥和吉鸿昌等将军的抗战义举

日寇占领东北仅是侵华的开始，其势力紧接着向周边扩散，向关内和华北发展。1932 年底到 1933 年初，热河省（省会承德）局势急剧恶化，察哈尔省（省会张家口）受到日本侵略者的严重威胁。爱国将领冯玉祥集合抗日力量，相机发动察省抗战。1933 年 5 月 26 日，“察哈尔民众抗日同盟军”在张家口成立，冯玉祥任总司令，吉鸿昌（中共党员）任第二军军长。6 月 22 日，吉鸿昌率部收复康保，首战告捷，7 月 1 日再克宝昌、沽源，紧接向多伦进军。结果数日激战，于 7 月 12 日收复多伦。于是，“察哈尔民众抗日同盟军”及其简称“抗日同盟军”“同盟军”称谓响彻长城内外。

> 我对吉鸿昌说：“这已经够了，不必再说了！”我马上任命吉鸿昌为前敌总指挥，那是一九三二年五月廿六日，我就是当天通电，就了**察哈尔民众抗日同盟军**总司令职的。（《冯玉祥自传》第三卷第十二章）

> 当时我就提出，若是宋哲元回到察哈尔来，我就回泰山去。到八月底宋哲元回来了，我就又回泰山。回泰山以前，我在张垣新村筑了一个纪念塔，把**抗日同盟军**阵亡官兵的名字都刻在石头上，塔上有五尺长的木头尖，歪着指向东北，那是说不要忘了收复东北失地的意思。（《冯玉祥自传》第三卷第十二章）

> **察哈尔民众抗日同盟军**是在 1933 年《塘沽协定》签订前夕，国民党爱国将领冯玉祥在中国共产党推动下，为挽救国家民族危亡而建立的一支抗日武装。……**同盟军**出师连克三城，士气大振。吉鸿昌即于 7 月 4 日率部乘胜向多伦进军。（《察哈尔民众抗日同盟军》，《人民日报》1988 年 1 月 31 日）

“察哈尔民众抗日同盟军”的胜利，使全国人民深受鼓舞，却被南京国民政府指责为“联俄”“联日”“割地自雄”，给冯玉祥加上“擅立各种军政名义”“妨害统一政令”“滥收散军土匪”等种种罪名，逼冯取消同盟军。遭到拒绝后，国民政府便派遣十几个整师兵力，在飞机的配合下，向察省大举进攻。同盟军在国民党部队和日伪军的夹击之下，粮弹断绝，冯玉祥在处境十分困难的情况下，于 1933 年 8 月 4 日接受何应钦提出的条件，取消同盟军总司令名义，通电“忍痛收束军事”，14 日离张家口往泰山。冯玉祥离开后，吉鸿昌、方振武等将领继续高举抗日同盟军旗帜，转战河北一个多月，终因寡不敌众而失败。方振武流亡国外，吉鸿昌逃往天津，于 1934 年 11 月被捕，随后在北平陆军监狱英勇就义。尽管这一爱国壮举归于失败，但它在中华民族危亡关头，对全国抗日救亡运动所起到的鼓舞和推动作用则是不可估量的。“察哈尔民众抗日同盟军”这一响亮的称号永垂史册。

二、共产党领导的抗日游击队与“东北人民革命军”的组建

1931年底，中共满洲省委制定了创建抗日武装的方针，派出杨靖宇、赵尚志等一大批优秀干部，先后在南满、东满、北满等地进行抗日游击斗争，经过几年努力，队伍不断发展壮大。

（一）义勇军失败后共产党领导的几支抗日游击武装

1933年初，义勇军大部分崩溃，东北军民自发抗日的高潮已经低落下去，中国共产党人挺身于危难之际，毅然擎起领导东北人民抗日的大旗，留在东北境内的义勇军余部大多数接受了中国共产党的领导。东北抗日斗争进入了第二个阶段，即游击战争的发展与高潮阶段，形成了多支抗日游击队，我们选取比较著名的几支队伍略加介绍。

1.“东北抗日救国游击军”和“绥宁反日同盟军”

1933年初，被日寇打散的抗日救国军、抗日自卫军被共产党人收编，发展为共产党领导的“抗日救国游击总队”，到1933年4月左右，又改编为“东北抗日救国游击军”，由李延禄任军长。“绥宁反日同盟军”于1934年2月组建，周保中任军长。后来这两支队伍分别发展为“抗联”的第四军和第五军。

> 1933年以后，又陆续建立了珠河、汤原、密山、宁安等抗日游击队。这些抗日游击队的主要领导者包括杨靖宇、童长荣、赵尚志、夏云杰等人。同时，由共产党员李延禄、周保中分别率领的吉林救国军余部，也先后改组为党领导的**东北抗日救国游击军**和**绥宁反日同盟军**。这些**抗日游击队**分别活动在南满、东满、吉东、哈尔滨以东等广大农村地区，给予日本侵略军以打击，为东北抗日战争开拓了新的前景。不久，中国共产党领导的各地抗日游击队就成为日伪统治者的心腹之患。（李鸿文《东北抗日联军（上）》，《人民日报》1985年1月4日）

> 1933年初，抗日救国军、抗日自卫军，在日寇侵略军的进攻下，被迫撤退，纷纷越境时，我便将这个补充团拉出来，并联合了部分抗日队伍，成立了由党公开领导的**抗日救国游击总队**，坚持战斗在东北北部地区的几个县境内，开展了艰苦卓绝的抗日游击战争。……以后，又根据形势发展变化的需要，经过审慎而细致的工作，陆续扩充了一些较好的山林队。抗日游击总队经过发展壮大，到1933年4月左右，又改编为**抗日救国游击军**。部队已扩充到近二千人。（李延禄《回顾抗联第四军》，《人民日报》1985年7月28日）

2.“工农反日游击队”到“南满游击队”

地处边陲的吉林磐石县等地的朝鲜族人民也投入到抗日洪流中来。当时日寇在朝鲜族中间设立所谓的“保民会”，头子都是奸细，抗日军民称他们为“狗”。磐石地区党组织李

红光等人成立了七个人的“打狗队”，队伍虽小，却发展很快。1932年，李红光、杨佐青领导反日大暴动，诞生了共产党领导的抗日武装“工农反日游击队”，即“磐石游击队”，朝鲜人李红光任队长，杨靖宇任政委。在杨靖宇同志领导下，游击队得到更大发展，组成了三百多人的骑兵队。后来改编为著名的“南满游击队”，为“抗联”第一军的前身。

> **磐石游击**队是一九三二年中朝人民在哈马河子一带反日大暴动中产生的，它的组织者和领导者是中共党员、优秀的朝鲜人民战士李红光。李红光以后曾任抗联第一军参谋长，与日伪军多次血战后光荣牺牲。（《中朝人民的革命友情——记朝鲜同志在东北抗日战争中的英勇事迹》，《人民日报》1950年11月13日）

> 借助这二十多条枪，我们的“打狗队”又扩大了。这时已经成了一个三十来人的精干队伍。李红光同志说：“咱们的资本大啦，‘打狗队’这个名称，可以改换改换了。”经县委批准，我们把三十多人编成两个小队。给每一个队员作了一个红袖标，还作了一面缀有镰刀斧头的红旗，旗上写着：**“工农反日游击队”**。……就在这次战斗中，我负了伤，从这以后，便脱离了**磐石游击**队——被送到哈尔滨养伤。（杨佐青《风起磐石》，《人民日报》1961年6月27日）

> 朝鲜族共产党员李红光在磐石县蛤蟆河子一带组织六七百朝汉人民参加反日大暴动。他们在老爷岭一带拆毁铁路，破坏电线，焚烧枕木，致使日寇多日不能通车。在此基础上组织了抗日游击队，不久正式成立了**“工农反日游击队”**，很快发展到八百多人，改名为“南满游击队”。南满游击队正确地执行了抗日民族统一战线政策，广泛争取一切反日武装力量，将拥有四千多人的南满二十多个抗日军结成了以**南满游击**队为骨干的南满抗日军联合战线，1936年1月28日抗日联军成立时，该队整编为第一军第一师，李红光为联军的总参谋长。在东满、南满各地，大批朝鲜族群众参加了抗联各军，在十一个军中，都有朝鲜族干部战士。（汪梅琪《抗战时期少数民族的英勇斗争》，《近代史研究》1988年第3期）

（二）“东北人民革命军”建立与共产党领导的抗日力量的壮大

1932年1月26日，《中央给满洲各级党部及全体党员的信》进一步提出了在东北地区实行全民族反日统一战线的方针，联合各种反日武装力量共同抗日。游击队在斗争中逐渐发展成了“人民革命军”等比较系统的组织形式，成为了各种抗日武装力量的核心，例如1933年杨靖宇、李红光领导的“南满游击队”就改称“磐石人民革命军独立师”。杨靖宇主持颁布的《东北人民革命军独立师政纲》更体现了共产党领导的武装与其他义勇军的根本区别。在此基础上，各地党组织相继取消了游击队的名称，改称“东北人民革命军各军”（个别取“东北抗日同盟军”、“东北反日联合军”等不同称谓）。到1936年，“东北人民革命军各军”已经发展为七八个军的建制，其第一军军长兼政委为著名抗日英雄杨靖宇。

要坚决的创造完全在我们领导之下而在政治上同样在军事上能够领导和影响一切反日游击队伍的中心力量——**人民革命军**。在磐石我们的任务是巩固和扩大已经存在着的**人民革命军**，在间岛汤原绥宁与珠河进行创造**人民革命军**，当**人民革命军**还是数量不大的游击队的形式的时候，必须利用一切旧式武器作辅助的武装，必须在自己的周围尽量武装工人农民，组织工人义勇军农民义勇军等，并号召他们加入**人民革命军**。在**人民革命军**中要最高限度的进行政治工作，建立有健全生活的党的组织，必须征调最好干部特别是工人干部去担负领导工作。(《中央给满洲省委指示信》[1934 年 2 月 22 日]，《中共中央文件选集》第十册)

东北人民革命军渡鸭绿江进至朝鲜，在平安北道与军警对抗中(《中央日报》1935 年 2 月 16 日第 2 版标题)

同年(1933 年)5 月，中共满洲省委扩大会议决议：各地党组织和反日游击队必须将执行抗日统一战线方针、巩固无产阶级的领导权、建立**东北人民革命军**与民选政府，作为党在当前的中心任务。从 1933 年 9 月至 1936 年 2 月间，各地党组织分别取消了红军游击队名称，组建成**东北人民革命军**第一至第八各军(缺第七军)和与之相应的抗日游击区与游击根据地。(李鸿文《东北抗日联军(上)》，《人民日报》1985 年 1 月 4 日)

抗日义勇军失败后，中国共产党在东北各地的党组织根据党中央的指示，总结了经验教训，开始建立了自己的抗日武装。从 1933 年 9 月之后的两年多时间里，**东北人民革命军**的六个军相继成立，我党抗日名将杨靖宇、王德泰、赵尚志、李延禄、周保中、夏云杰等分别担任各军的领导，并以此为骨干，争取和团结各种抗日队伍共同抗战。(《荒原水畔战马鸣——访东北抗联名将王明贵》，《人民日报》1985 年 9 月 5 日)

虽然东北人民革命军没有完成彻底反抗日本侵略者的伟大任务，但是为抗日联军的建立打下了坚实基础。可以说人民革命军是从义勇军向东北抗日联军的过渡性称谓。

第六节　“民先队”“救国会”“七君子”与全国抗日救亡运动的高涨

一、“一二·九”运动与“南下扩大宣传团”和“民先队”的成立

“九一八”事变后，1935 年日寇又将侵略魔爪伸向华北，与国民党签订了《何梅协定》，策动所谓“华北五省自治运动”，指使汉奸殷汝耕在通县成立“冀东防共自治政府”，

12 月国民党政府指派宋哲元成立晋察政务委员会，以适应日寇关于“华北政权特殊化”的要求。这一连串丧权辱国事件，史称“华北事变”，使中国的民族危机加深。

在红军长征胜利的鼓舞下，在中国共产党“八一宣言”的影响下，北平爱国学生发表《告全国民众书》，发出内心的呐喊：“华北之大，已经安放不得一张平静的书桌！”1935 年 12 月 9 日，在姚依林、郭明秋、黄敬、宋黎等在学生中工作的共产党员的组织和指挥下，数千名大中学生涌上街头。一开始他们向北平当局和国民党政府代表何应钦请愿，遭到拒绝，游行指挥部立即决定将请愿改为示威游行。悲愤的学生们高喊着“打倒日本帝国主义”、“反对冀察政务委员会成立”、“反对华北自治”等口号，向天安门、长安街奔去。国民党军警用大刀、皮鞭、木棍和水龙对抗日学生进行镇压，三十多人被捕，几百人受伤。这就是著名的“一二·九”运动。

学生的爱国热情并没有被镇压下去，北平学联决定，1935 年 12 月 10 日起，北平各校学生实行全市总罢课。12 月 16 日是国民党冀察政务委员会预定成立的日子，北平学联决定举行更大规模的游行。16 日清晨，万余学生冲破军警阻拦，分为四个大队，汇集到天桥广场，与广大市民一道举行大会，通过了“不承认冀察政务委员会”“反对华北任何傀儡组织”“收复东北失地”等八个决议案。会后举行大规模示威游行，在宣武门再次遭到国民党军警的镇压，学生数十人被捕，三百多人受伤。学生的示威游行对当局是一个沉重打击，迫使冀察政务委员会不得不延期成立。

学生的爱国行动得到了全国人民的响应和支持。从 1935 年 12 月 11 日开始，全国各大中城市都爆发了学生抗日集会和游行示威，各地工人纷纷举行罢工。1935 年 12 月 20 日，中共中央通过共青团号召广大青年：“把反日救国运动扩大起来！到工人中去，到农民中去，到商民中去，到军队中去！”学生决定改变斗争策略，深入农村进行抗日救亡宣传。于是一个新的团体称谓——南下扩大宣传团诞生了。1936 年 1 月 3 日，平津学联组织的南下宣传团正式出发，沿平汉线步行南下，到京、津以南农村地区进行抗日救国宣传。南下扩大宣传团简称“扩大宣传团”或“南下宣传团”，在特定上下文中则可直称“宣传团”。

> 平津学联组织了**南下扩大宣传团**，参加的有三千人，沿着平汉线，在农村里宣传。北京学生分三团，天津学生一团，准备在固安大会合。宣传团在一九三六年一月三日出发。（子方《记“一二·九”》，《人民日报》1950 年 12 月 9 日）
>
> 作为**扩大宣传团**之一员，我热心投入，热情地进行宣传。因为我是扩大宣传第三团的团长，我还要考虑宣传团的行程路线以及和北平学联南下扩大宣传指挥部的联络。（黄华《黄华回忆录》第八节“南下宣传团的活动”）
>
> 平津学生**南下扩大宣传团**约有五百人左右，设有总指挥部，组织决定彭涛同

志担任党团书记。**南下宣传团**党组织有意识地组织团员讨论面临的重大问题，使团员进一步领会党的抗日民族统一战线的策略，引导团员改变学生腔，同工农相结合，使许多青年学生由此开始走上了与工农相结合的道路。**宣传团**在华北的广大农村撒下了抗日的火种。**南下宣传团**到达保定附近时，鉴于当时的形势，如果再继续前进，将会发生很大困难，彭涛同志及时提出到保定后就应返回北平。正在这时接到北平党组织的通知，要**宣传团**适可而止，于是**宣传团**到保定后就开始返回北平。(《缅怀"一二·九运动"的领导人——彭涛同志》,《人民日报》1986 年 12 月 14 日)

宣传团遭到国民党军警的阻拦和驱赶，被迫回到北平。1936 年 2 月，北平三个宣传团的代表举行大会，中国先进青年的第一个抗日救国组织"中华民族解放先锋队"(简称"民先队")正式成立了。民先队成立后立即在全国引起巨大反响，全国各地都成立了民先队。1937 年 2 月民先队召开第一次全国代表大会，到会代表 24 人，成立全国民先队总队，选举李昌为总部负责人。到抗战爆发时，全国民先队已发展到了两万余人。

我们对于**民先队**及各地民先队员的工作问题有如下决定：(一)凡**民先队**有群众基础的地方，不应解散**民先队**。而应使之发展成为广大青年抗日群众团体，并力争公开。(二)凡散布到各地去的个别民先队员，即应参加到当地各种青年群众团体中去，成为其中的积极分子，并可依照各地情况组织各种名义与各种性质的公开的青年群众团体，如有可能时亦可组织民先队这类团体。(中共中央书记处《关于民先队工作的决定》[1937 年 10 月 18 日],《中共中央青年运动文件选编》)

一九三五年的"一二·九"救亡运动是抗战的序幕。"一二·九"运动中，平津学生到农村中去向农民宣传，并提高了自己的觉悟。一九三六年春，即以南下宣传团为基础，并结合了原有的民族武装自卫会等地下革命小团体，组成先进青年的组织——**中华民族解放先锋队**，简称民先队。民先队成立后，即迅速向各方面发展，平津、武汉、成都、郑州、广东以至巴黎、伦敦等地都有了**民先队**的组织。(《五四以来中国主要的革命青年团体介绍》,《人民日报》1949 年 5 月 4 日)

抗战开始后，民先队汇入了抗日洪流。在抗日根据地，民先队组织与青年救国会合并。国统区民先队组织则于 1938 年被迫解散，有的成员则以其他形式参加了革命斗争。

1939 年延安各界举行"一二·九"运动四周年纪念大会，毛泽东作了《一二九运动的伟大意义》的讲演，指出"一二·九"运动"是伟大抗日战争的准备","形成了全民族救亡运动的巨大政治力量"。"一二·九"运动掀起了抗日救亡运动的高潮，拉开了抗战的序幕，并为抗战培养了一大批优秀干部。"一二·九"运动与南下宣传团和民先队，已然彪炳史册。

二、民族危亡形势与“全国各界救国联合会”的成立

“一二·九”运动后，民族危亡在即，全国抗日救亡运动进一步高涨，救国成为当务之急，全国各地各界相继成立了各自的救国会，例如上海文化界马相伯、沈钧儒、李公朴、章乃器、陶行知、邹韬奋等280多人，于1935年12月12日，联名发表《救国运动宣言》，紧接成立上海文化界救国会。12月21日，沈兹九、史良、王孝英、胡子婴等发起组织上海妇女界救国会。后又成立了上海各大学教授救国会、大中学校学生救国会等。嗣后，北平、天津、南京、武汉等地也成立了各界救国会。它不分阶级、阶层、贫富、年龄、性别，凡是爱国抗日者都可以加入，成为国共两党统一战线以外的更为广泛的群众抗日战线。在此基础上，全国20多个省市60多个抗日救国团体的代表70多人，1936年5月31日至6月1日在上海召开大会，正式成立了“全国各界救国联合会”，通过了《全国各界救国联合会成立大会宣言》。于是“救国会”成为一个名震全国的团体称谓，把抗日救亡运动推向新高潮。

> 一九三六年五月十一日，在宋庆龄、马相伯、沈钧儒诸先生号召和领导之下，**全国各界救国联合会**在上海成立，救国运动在全国各地迅速展开。北平、天津、南京、广州各大城市，以至海外，都建立了**救国会**的组织。**救国会**所号召的“团结御侮”，“停止内战，抗日救亡”成为全国人民共同的要求和一致的呼声。救国运动不但为职业界、运动界、青年学生所拥护，而且也获得一部分工商界人士和国民党军人的同情支援。（《中国人民救国会结束宣言》，《人民日报》1949年12月19日）
>
> 一九三六年十月十九日，鲁迅先生在上海逝世。愈之当时已经以**救国会**成员的身分公开从事抗日救亡运动，经常和陕北来的、负责联系**救国会**工作的冯雪峰同志有所接触。冯雪峰同志告诉说，鲁迅先生的丧事决定由**救国会**出面筹备办理。愈之把这个决定转告了沈衡老及**救国会**的其他领导人。（胡愈之 沈兹九《悼念“七君子”的最后一个——史良同志》，《人民日报》1985年10月13日）

抗战八年，救国会积极开展工作，大力宣传抗战，号召影响了千千万万进步青年奔赴抗日前线。受其影响，解放区也都纷纷建立了各类救国会群众组织。抗战结束后，全国各界救国联合会改名为“中国人民救国会”。1949年12月，救国会认为自己的救国主张已经获得所预期的效果，于是发表宣言，宣告结束。

三、救国会“七君子”事件及其强烈社会影响

救国会提出的停止内战、联共抗日和要求建立一个由各党各派组成的统一的抗敌政权的主张，引起了当政者的极度恐慌。1936年11月12日深夜，国民党当局在上海逮

捕了救国会的负责人沈钧儒、章乃器、邹韬奋、李公朴、王造时、沙千里、史良七人，随后移解苏州，羁押于江苏高等法院看守所，这就是著名的“七君子”事件。沈钧儒等七人在苏州法庭上大义凛然，坚贞不屈，据理驳斥，审判长被驳得理屈词穷，十分狼狈。从1937年4月江苏高等法院对沈等提起公诉，到6月苏州审判期间，沈案成为举国关注的热门话题，“七君子”称谓不胫而走，且彪炳史册。

> 李公朴先生在抗战前，曾经反对不抵抗主义，呼吁国内和平、一致抗日，李先生等**七君子**，曾因此而遭蒋介石独裁政府的监禁。（《人民的运动是阻不住的——论李公朴先生殉难》，《人民日报》1946年7月16日）

> （1936年）11月26日，宋庆龄为**七君子**被捕发表声明，指出这种违法逮捕是“日本帝国主义者主使的”，这种手段，“只能更引起中国人民的抗日的怒火和爱国的义愤”，“全中国的人民是不会饶他们的”。当国民党法院审讯“**七君子**”时，她大义凛然，亲自到苏州，向“高等法院”要求与“**七君子**”同服“爱国罪”。（《宋庆龄同志伟大光荣的一生》，《人民日报》1981年5月31日）

“七君子”被捕事件引起国内外极大震动，全国各界人士纷纷向国民党提出抗议，掀起了声势浩大的营救运动，同时也引起爱国将领张学良、杨虎城的不满。12月初，张学良只身前往洛阳会见正在部署“剿共”内战的蒋介石，向蒋提出改变国内外政策，也特地央求他释放沈钧儒等七人，被蒋介石拒绝。于是12月12日，张、杨毅然发动震惊中外的西安事变，并在通电八项主张中要求立即释放被捕爱国领袖。由于“七君子”坚持斗争和全国人民的一致声援，同时“七七”事变爆发后国内政治形势有了很大变化，国民党政府不得不于1937年7月31日将“七君子”交保释放。①

救国会的成立和“七君子”事件，极大地激发了全国人民的爱国热情，对抗日民族统一战线的建立起了促进作用。紧接着，一场全民抗战的大幕拉开了。

---

① 参见周天度:《救国会和“七君子”事件》,《人民日报》1983年2月25日。

第五编　抗战时期社会称谓研究

编 前 言

“抗日战争”在中国革命史上有着伟大的历史意义，抗日战争的伟大胜利使中国人民彻底战胜列强，完全摆脱了殖民统治。抗战初期，日寇的入侵使中国各派政治力量发生重新组合，主战、主和的对立，派生出几组派别分歧称谓；国共再度合作，抗日民族统一战线建立，围绕对日态度及抗战立场的坚定程度，可将全国各阶级、各党派、各类社会势力和人群，划分为“进步势力”“中间势力”和“顽固势力”三大板块。中国共产党坚决实行全民抗战路线，在正规军外积极组织“农救会”“妇救会”“青抗先“”民兵”等；国民党实行片面的抗战路线，内部又分裂成“亲英美派”“亲日派”“顽固派”“中间派”等派系力量；“汉奸”“伪军”成为日寇屠杀中国人的帮凶或者成为直接的刽子手，使抗日战争更加艰辛。八年的抗日烽火在词汇家族里留下了深深的印迹。这一时期的“八路军”“新四军”“抗联”“武工队”“青抗先”等称谓词是新生的；有些称谓词在抗日之前已经存在，这一时期又产生了新的所指或新的感情色彩，比如“游击队”“汉奸”“鬼子”等。一个平常的称谓，如果注意发掘，往往发现许多有意思的相关称谓。比如“八路军”，又有“老八路”“新八路”“明八路”“暗八路”“土八路”“老八子”“八爷”“八老爷”等许多不同角度的称说，其含义和指称，又因时因地而异，实在丰富多彩；“新四军”的背后，竟也隐藏着“四老爷”“四爷”“四将军”“小四子”等一批俗称；再如“伪军”只是个泛称，细别之又有“治安军”“皇协军”“保安队”“警备队”之别；老百姓又根据他们的性质、服色等创造出了许多卓具特色的口语称谓，如“皇鞋子”“二皇军”“二黄”“二鬼子”“三鬼子”“鬼变子”“黄狗子”“黑狗子”“白脖儿”等，多姿多彩，形象生动。比“伪军”大的上位概念是“汉奸”。我们发掘出了从不同角度进行分类，字面上与“汉奸”相关联的许多区别性称谓，诸如：“铁杆汉奸”“一般汉奸”“武装汉奸”“大汉奸”和“小汉奸”；抗战胜利时对汉奸进行区别处理和定罪又分出“军事汉奸”“政治汉奸”“经济汉奸”“文化汉奸”。庞大的伪军和汉奸队伍，无疑增加了抗日战争的艰巨性。国民党担负正面战场对日作战任务，进行了许多英勇悲壮的战役，千千万万将士为国捐躯，但是限于本书的性质，且找不到标志性的称谓，许多事实无法得到反映。所以我们只写了 1937 年最高军事统帅部“大本营”及其统帅“大元帅”的设立，以及区域性军事单位“战区”的划分；为加强抗战领导，在已有国民政府“军事委员会”的同时，另设凌驾于党政军之上的“国防最高委员会”，于是“委员长”具有了国家政治“领袖”和军事最高统帅意义；国民党具体地域抗战写了阎锡山晋绥军抗战，发掘出“牺盟会”“决死队”，晋绥军之“新军”“旧军”等代表称谓；“中国远征军”是一个典型的群体称谓，但由于种种原因，他们在很长一段历史时期却成为“一群被遗忘的抗日英雄”。“中国远征军”是中国政府1942—1945年间派赴缅甸、印度与同盟国军队联合作战的一支军队的称谓，这个称谓代表着近40万国军抗日将士(包括15万多阵亡将士)，代表中国与同盟国军队同日寇法西斯的殊死较量，代表着中国抗日战争正面战场作战最悲壮的一幕。总之，本编依据抗战时期的政治军事生活状况将称谓进行组织分类，以点带面，以局部见整体，尽量选择有特色和有代表性的称谓词加以描写。

第一章　抗日民族统一战线与各派政治力量相关称谓

本章涉及的主要称谓如下：

第一节	一	主战派、主和派、主战派人士、主和派分子
	二	亲日派、亲日派分子、亲日分子、亲英美派、英美派、欧美派
	三	投降派、抗战派、降日派、抗日派、妥协派
第二节	一	进步势力、中间势力、顽固势力
	二	进步派、中间派、顽固派、进步分子、非党左派进步分子、党外进步分子、中间派分子、中间分子、地方实力派、中间实力派、反共顽固派、降日反共派、抗日反共派、一般顽固派、顽固军、顽军、磨擦专家、顽固派分子、顽固分子

1931年震惊中外的"九一八"事变爆发，日寇侵占东北，对关内以及整个中国虎视眈眈。于是日寇和整个中华民族的矛盾，逐渐上升为国内的主要矛盾。中国共产党清醒地认识到任何一个政党、组织都不能单独战胜日本，只有全国人民团结起来，一致抗日，才能战胜日本，取得民族独立与解放。因此，自1935年开始，中国共产党主动要求国共两党进行第二次合作，逐步提出和完善了抗日民族统一战线的主张和策略。1936年的"西安事变"，对促使国民党停止内战、一致抗日起到了重要作用。1937年"七七"事变爆发后十天，蒋介石在庐山发表声明："如果战端一开，那就地无分南北，人无分老幼，无论何人皆有守土抗战之责任，皆应抱定牺牲一切之决心。"这无疑给全国军民以极大鼓舞。1937年9月22日，国民党中央通讯社发表了《中国共产党为公布国共合作宣言》。次日，蒋介石发表了承认中国共产党合法地位的谈话。至此，以国共两党合作为基础的抗日民族统一战线正式形成，全民族的抗日战争拉开了序幕。

面对民族危机的新形势，围绕对日寇及对这场民族战争的态度问题，在全国范围内，在恢宏庞大的抗日民族统一战线内部，各阶级、阶层、集团等，发生左、中、右的分化和不断的重新组合，形成了一批关于各派政治势力、不同政治派别和个人的相关社会称谓词语，诸如"进步势力、中间势力、顽固势力""主战派、主和派""进步派、顽固派、中间派、英美派、亲日派""顽固分子、中间分子、进步分子"等。历史孕育了这些词语，赋予了它们特定的时代含义，反过来这些词语又是那段波澜壮阔的民族抗战历史的缩影。

第一节 主战、主和的对立衍生出的几组派别分歧称谓

面对日寇侵略，面对亡国灭种的危险，是和还是战，是投降还是抵抗，成了摆在全中国人民面前的严峻问题，由此派生出一些带有抗战时代特色的派别分歧性称谓。

一、面对日本侵略而形成的“主战派”和“主和派”

1.“主战派”和“主和派”的对立

毛泽东在1939年写的《反对投降活动》一文中指出：“中华民族在日本侵略者面前，历来存在的劈头第一个大问题，就是战不战的问题。……现时人们就把这个问题改变了一点词句，变为‘和战问题’，又提出来了。”于是中国出现了“主战派”和“主和派”的对立：主战派认为“战则存，和则亡”；主和派认为“战则亡，和则存”。

“主战派”即主张抗战的一派，就广义来说，包括全国一切抗日力量、一切爱国党派和一切爱国同胞。“主和派”只代表少部分亲日分子的力量，认为日本强大，不可战胜，主张向日本求和，实质上是一种投降主张。这种和、战对立，反映在国民党高层统治内部，也形成了“主和派”和“主战派”的分歧。

> 在中国内部，因而就掀起了**主战派**和**主和派**之争。他们的论点依然是一样，“战则存，和则亡”——**主战派**的结论；“和则存，战则亡”——**主和派**的结论。但是，**主战派**，乃是包括一切爱国党派，一切爱国同胞，全民族的大多数；**主和派**，即投降派，按其人数说来，则仅仅是抗日阵线中的一部分的动摇分子。……我们共产党人公开宣称：我们是始终站在**主战派**方面的，我们坚决地反对那些**主和派**。（毛泽东《反对投降活动》[1939年6月30日]，《毛泽东选集》第二卷）

2.用于个体称谓的“主和派分子”和“主战派人士”及其感情色彩

“主战派”和“主和派”一般指整个派别，偶尔也可指其中的个体，如“某某是主和(战)派”。但是“主和派”中的个体称谓，更多是加“分子”构成“主和派分子”。可是抗战中的“主战派”却罕见与“分子”搭配，抗战文献中没有发现“主战派分子”的提法，只找到了后来的一例“主战派人士”。这是为什么呢？我们分析，抗战时期“主战”代表正义的力量，“主和”则具有负面的意义，它们跟“分子”结合都会产生贬斥意味，所以不能说“主战派分子”，可以说“主战派人士”。我们体会一下：“主和派分子”和“主战派人士”具有截然相反的感情色彩，前者是贬义的，后者是褒义的，这是受人们共同的心理制约的。

许多所谓主和派分子，他们不但希望各大国出来对日本压一压，迫使日本让步，以便讲和，而且还希望各国向中国政府的头上压一压，以便向主战派说："你们看，国际空气如此，只得和吧！"（毛泽东《反对投降活动》[1939 年 6 月 30 日]，《毛泽东选集》第二卷）

1938 年，上海、南京等大城市相继沦陷后，汪精卫辞去国防最高会议副主席的职务，但仍在推动中日"和谈"活动，引起许多主战派人士的反对，陈嘉庚就是其中一位。（《抗战"最伟大提案"现身二档馆》，《南京晨报》2007 年 8 月 16 日）

二、和战分歧在国民党高层统治内的派系对应："亲日派"和"亲英美派"

国民党和国民政府统治集团内的精英阶层，有两类重要组成人员：一类是留学日本的，一类是留学英美的，他们原本没有根本的政见对立。但是"九一八"事变后，尤其是抗战全面爆发后，情形就不同了。面对日本的侵略和二战期间国际上两大阵营的影响，在和、战问题上，国民党高层统治内部，便形成了"亲日派"和"亲英美派"的对立。这也是抗战期间中国大资产阶级内部的两个政治派别，"亲日派"的主张自然是主和乃至投降，"亲英美派"一般为主战派。后者又称"英美派"或"欧美派"。

既须对于反对抗日的**亲日派**大地主大资产阶级和主张抗日的**英美派**大地主大资产阶级，加以区别；又须对于主张抗日但又动摇、主张团结但又反共的两面派大地主大资产阶级和两面性较少的民族资产阶级和中小地主、开明绅士，加以区别。（毛泽东《论政策》[1940 年 12 月 25 日]，《毛泽东选集》第二卷）

亲日派大资产阶级早已彻底投降日本，准备傀儡登场。**欧美派**大资产阶级则尚能继续抗日，但其妥协倾向依然严重存在。（毛泽东《目前抗日统一战线中的策略问题》[1940 年 3 月 11 日]，《毛泽东选集》第二卷）

虽然**亲英美派**基本上是留学欧美的人物，**亲日派**基本上是留学日本的人物，但是参与讨论制定对日政策的核心人物基本上是蒋介石集团内的。**亲英美派**的代表人物主要是宋子文和被称为外交系的顾维钧、罗文干、郭泰祺、颜惠庆等人，首领自然是宋；**亲日派**的代表人物是汪精卫、何应钦、张群、黄郛、蒋作宾等人。汪只能被视为**亲日派**的典型代表，不能称为头子，因为后几人都是属于蒋介石集团里的人物，他们当然只听从蒋。不但汪精卫集团的核心人物陈公博、顾孟余等人在权力之争的情况下无权参与对日政策的讨论制定，就是汪本人也成为蒋棋盘上玩弄的一颗棋子。至于蒋本人，很难把他称为**亲英美派**或**亲日派**。在很大程度上，蒋常常是根据两派主张的理由来决定取舍。他一般不参加争论，是凌驾于两派争论之上，两

派最终要听从他的决定。(张皓《国民政府对日政策的争论与亲英美派、亲日派的形成》,《贵州大学学报》2003年第1期)

"亲日派"也可用作个体称谓,但指个体时更多的是使用"亲日派分子"或"亲日分子"。

这种困难使抗日派内部一部分人发生动摇与失望,觉得抗战的无办法与无出路,同时他们又为亲日派分子的"不亡于日即亡于共"的谣言所威吓,这是目前最大的危险。(毛泽东《目前抗战形势与党的任务报告提纲》[1937年10月],《毛泽东文集》第二卷)

这就需要我们和全国人民更大地发展抗日和民主的运动,进一步地批评、推动和督促国民党,团结国民党内的主张和平、民主、抗日的分子,推动动摇犹豫分子,排除亲日分子,才能达到目的。(毛泽东《中国共产党在抗日时期的任务》[1937年5月3日],《毛泽东选集》第一卷)

皖南事变,叶挺军长遇难,震动了全晋察冀军区,聂十分悲愤,许多记者都跑来问他,他非常干脆地说:"彻底驱逐罪恶滔天的亲日派分子,这就是我的意见!"(邓拓《聂荣臻在晋察冀》[原载《晋察冀画报》1942年7月],《中国解放区文学书系——报告文学编》)

"亲日派分子"或"亲日分子"具有明显的贬义色彩,所以抗战文献中未见有"英美派"与"分子"搭配的用例,因为他们还是持抗战态度的。

三、和战分歧体现出的其他派别称谓:"投降派"和"抗战派","降日派"和"抗日派","妥协派"

1."投降派"和"抗战派"

前面说到的主和派、亲日派实质上是"投降派",主战派即"抗战派",因此抗战文献中"投降派"和"抗战派"常作为一对称谓配合使用。

以上三个因素、三种原因,使目前时局处于投降派与抗战派的严重斗争中,投降可能成为当前的最大危险,而反共正是准备投降的一个必然步骤。(毛泽东《反投降提纲》[1939年6月],《毛泽东文集》第二卷)

强调团结与斗争问题　1.我们历来是强调团结的,今后还是一样——对付一切抗战派。2.我们历来是强调斗争的,今后还是一样——对付一切投降派。(毛泽东《目前时局与党的政策》,《毛泽东文集》第二卷)

2."降日派"和"抗日派"

投降即向日寇投降,所以又称"降日派",如汪精卫之流公开当了汉奸;抗战派当然就是"抗日派",于是抗战文献中又常把"降日派"和"抗日派"配对使用。

这种困难使抗日派内部一部分人发生动摇与失望，觉得抗战的无办法与无出路，同时他们又为亲日派分子的“不亡于日即亡于共”的谣言所威吓，这是目前最大的危险。但是抗战派内部的“决定的力量”蒋介石，直到今天仍然主张坚决抗战。（毛泽东《目前抗战形势与党的任务报告提纲》[1937 年 10 月]，《毛泽东文集》第二卷）

顽固势力，目前就是大地主大资产阶级的势力。这些阶级，现在分为降日派和抗日派，以后还要逐渐分化。目前的大资产阶级抗日派，是和降日派有区别的。他们采取两面政策，一面尚在主张团结抗日，一面又执行摧残进步势力的极端反动政策，作为准备将来投降的步骤。因为他们还愿团结抗日，所以我们还有可能争取他们留在抗日统一战线里面，这种时间越长久越好。（毛泽东《目前抗日统一战线中的策略问题》[1940 年 3 月 11 日]，《毛泽东选集》第二卷）

3. 举棋未定的“妥协派”

如果摇摆于和、战之间，一时举棋不定，那就叫作“妥协派”。例如蒋介石在国共合作形成之前，他没有下定抗战决心，面对占据东三省并将全面侵华的日寇，却倾力于剿共，被人们骂为“卖国贼”。著名的中共《八一宣言》中就使用了这样的称谓。西安事变发生后，为了建立国共合作和统一战线，中共领导人张闻天主张称蒋为“妥协派”，相比较而言，这一称谓就显得委婉而利于团结，对国共合作的实现起了积极作用，后来蒋介石终于成了抗战派。

西安事变爆发后，在制定中共对西安事变的态度和政策方面，张闻天有着不可替代的作用，他和毛泽东等一起，对于西安事变的和平解决，作出了重要贡献。……他对蒋介石用了两个词来表达他的判断，一个是“南京政府正统”，一个是“妥协派”。蒋介石已在事实上成为国民党各派公认的“领袖”，这种地位和影响并没有由于本人被扣而有所改变。所谓“妥协派”，就是说蒋介石既非“抗日派”，亦非“亲日派”，而是向日本侵略行径妥协，这应该说是对蒋介石当时在对日行为表现上的一个比较准确的定位。（王金豹《张闻天对抗日民族统一战线的历史贡献》，《党史文苑》2006 年第 18 期）

第二节　抗日民族统一战线关于三大势力的划分及其对应的三大派别

一、抗日民族统一战线内“进步势力”“中间势力”“顽固势力”三大势力的划分

抗日民族统一战线的宗旨是整合全民族的力量，尽量扩大“抗战派”的阵营，因而对

人们的政治主张和立场要加以区分，从而施以不同的策略。抗日统一战线的基本思路，首先是对全国各阶级、各党派、各类社会势力和人群，做出大致的区分。依据对日态度及抗战立场的坚定程度，即可将全社会划分为“进步势力”“中间势力”和“顽固势力”这三大势力。

“进步势力”是指抗战态度最坚决、立场最坚定的一派力量，即工人、农民、小资产阶级的力量。共产党及其领导的八路军、新四军等抗日武装力量都是进步势力，国民党阵营抗战坚决的人们也属于进步势力。“中间势力”指民族资产阶级、开明士绅和国民党阵营的地方实力派。“顽固势力”指中国大资产阶级，他们在反共方面有一致性，但根据对日态度又有亲日派和抗日派之分。其中亲日派汪精卫之流后来公开当汉奸跑到敌人一方，变成了降日派。抗日派即上面提到的“英美派”。

三大势力的划分具有重要意义：便于制定相应的政策方针，团结一切可以团结的力量共同对敌。共产党的方针和统一战线的基本策略就是：发展进步势力，争取中间势力，反对顽固势力。毛泽东《目前抗日统一战线中的策略问题》等文章对这三大势力有较明确的界定和区分，对相应的策略也有较详细的论证。

> (二)抗日战争胜利的基本条件，是抗日统一战线的扩大和巩固。而要达此目的，必须采取发展**进步势力**、争取**中间势力**、反对**顽固势力**的策略，这是不可分离的三个环节，而以斗争为达到团结一切抗日势力的手段。……(三)发展**进步势力**，就是发展无产阶级、农民阶级和城市小资产阶级的力量，就是放手扩大八路军新四军，就是广泛地创立抗日民主根据地，就是发展共产党的组织到全国，就是发展全国工人、农民、青年、妇女、儿童等等的民众运动，就是争取全国的知识分子，就是扩大争民主的宪政运动到广大人民中间去。……(四)争取**中间势力**，就是争取中等资产阶级，争取开明绅士，争取地方实力派。这是不同的三部分人，但都是目前时局中的中间派。中等资产阶级就是除了买办阶级即大资产阶级以外的民族资产阶级。……开明绅士是地主阶级的左翼，即一部分带有资产阶级色彩的地主，他们的政治态度同中等资产阶级大略相同。……地方实力派，包括有地盘的实力派和无地盘的杂牌军两种力量在内。……(五)**顽固势力**，目前就是大地主大资产阶级的势力。这些阶级，现在分为降日派和抗日派，以后还要逐渐分化。目前的大资产阶级抗日派，是和降日派有区别的。他们采取两面政策，一面尚在主张团结抗日，一面又执行摧残进步势力的极端反动政策，作为准备将来投降的步骤。因为他们还愿团结抗日，所以我们还有可能争取他们留在抗日统一战线里面，这种时间越长久越好。(毛泽东《目前抗日统一战线中的策略问题》[1940 年 3 月 11 日]，《毛泽东选集》第二卷)
>
> 在一切国民党区域，党的基本方针，同样是发展**进步势力**(发展党的组织和民

众运动)，争取中间势力(民族资产阶级、开明绅士、杂牌军队、国民党内的中间派、中央军中的中间派、上层小资产阶级和各小党派，共七种)，孤立**顽固势力**，用以克服投降危险，争取时局好转。(毛泽东《放手发展抗日力量，抵抗反共顽固派的进攻》[1940 年 5 月 4 日]，《毛泽东选集》第二卷)

二、与三大势力对应的“进步派”“中间派”“顽固派”及其内部区别称谓

进步势力、中间势力和顽固势力这三大势力，又对应着“进步派”“中间派”和“顽固派”三大派别，两者的内涵和外延基本是一致的，只是称说不同。不过三大派别称谓又有许多细致的区分，形成一系列区别性相关称谓。

1.“进步派”和“进步分子”的概念和指称对象

“进步派”是一个集合式的广义概念，泛指抗战立场较坚定的各阶级、各党派、各抗日力量，包括共产党领导的无产阶级、农民和城市小资产阶级，也包括国民党阵营中坚决抗战的力量。

共产党领导之下的无产阶级、农民和城市小资产阶级的进步力量，最近时期有一个大的发展，基本上已经奠定了抗日民主政权的根据地。他们在全国工人、农民和城市小资产阶级中的影响是很大的，在中间势力中亦有相当影响。在抗日战场上，共产党所抗击的日寇兵力，同国民党比较起来，几乎占到了同等的地位。他们是抗日统一战线中的**进步派**。(毛泽东《目前抗日统一战线中的策略问题》[1940 年 3 月 11 日]，《毛泽东选集》第二卷)

因为中央军各级官长中只有一部分军官及政训系统是顽固派，其他多是中间派，也有一部分**进步派**，决不能把中央军看成都是顽固派。(毛泽东《对中间派应采取的方针》[1940 年 4 月 12 日]，《毛泽东文集》第二卷)

这一点必须认识清楚，才能利用他们的矛盾，采取分别对待的政策，用极大力量去团结国民党中的中间派和**进步派**。(毛泽东《目前抗日统一战线中的策略问题》[1940 年 3 月 11 日]，《毛泽东选集》第二卷)

“进步分子”是个体称谓，当然包括在“进步派”当中。但在抗战时期，它有时用作较为狭义的概念——只指共产党以外的进步人士，因而又有“非党左派进步分子”和“党外进步分子”的限定称说。因为，就一般的认识而言，共产党员都是坚定的革命派和革命分子，“进步”自不待言，所以再称作“进步分子”就有些不必要了。

你们是**进步分子**，是创造新中国的分子。因此，陕公代表着全中国的统一战线，是中国进步的一幅缩图。(毛泽东《对陕北公学毕业同学的临别赠言》[1938 年

3月3日],《毛泽东文集》第二卷》)

帮助友党、友军进步,首先要给以适时的批评,具体的建议,并帮助其**进步分子**的发展。(周恩来《关于统一战线的策略、方法和守则(提纲)》[1939年8月4日],《周恩来统一战线文选》)

中央指示:"根据抗日民族统一战线政权的原则,在人员分配上,应规定原则为党员三分之一,**非党左派进步分子**占三分之一,不左不右的中间派占三分之一。必须使**党外进步分子**占三分之一,因为他们联系于广大小资产阶级群众,我们这样做,对于争取小资产阶级将给予很大的影响。给中间派以三分之一位置,目的在争取中等资产阶级及开明士绅。对这些阶层的争取,就是孤立顽固派的有力武器。上述中央指示的所谓**进步分子**,是指非党的进步工人与中农、贫农、贫苦的革命知识分子等。(《山东分局关于政权问题的新决定》[1940年6月8日],《山东革命历史档案资料选编》第四辑)

2."中间派(分子)"及其所属的"地方实力派"

"中间派"与前面的"中间势力"所指相同,谓中等资产阶级、开明绅士和地方实力派。

争取中间势力,就是争取中等资产阶级,争取开明绅士,争取地方实力派。这是不同的三部分人,但都是目前时局中的**中间派**。(毛泽东《目前抗日统一战线中的策略问题》[1940年3月11日],《毛泽东选集》第二卷)

国民党是一个由复杂成分组成的党,其中有顽固派,也有**中间派**,也有进步派,整个国民党并不就等于顽固派。(毛泽东《目前抗日统一战线中的策略问题》[1940年3月11日],《毛泽东选集》第二卷)

如果强调中间派中的个体,一般谓之"中间派分子"或"中间分子"。

要广泛开展统战工作,争取中间势力。除汉奸及反共顽固派分子外,一切**中间派分子**的利益必须尊重。(刘少奇《坚决粉碎顽固派的进攻》[1940年5月],《刘少奇选集》上卷)

积极扶持同情分子,努力争取**中间分子**,尤其是知识分子及公正绅商参加抗战,以扩大统一战线。(周恩来《关于统一战线的策略、方法和守则(提纲)》[1939年8月4日],《周恩来统一战线文选》)

所谓**中间分子**,就是那些赞成抗日与民主的中等资产阶级及士绅、学者、耆宿等,甚至一部分还是在进步与顽固之间的动摇分子。(《山东分局关于政权问题的新决定》[1940年6月8日],《山东革命历史档案资料选编》第四辑)

"中间派"中有一部分称"中间实力派"或"地方实力派"。在战争年代,实力即军队,所谓"有枪就是草头王"。"地方实力派"又包括有地盘的国民党地方军和无地盘的杂牌军,他们都是抗日统一战线中需要团结争取的重要力量。

地方实力派，包括有地盘的实力派和无地盘的杂牌军两种力量在内。他们虽然同进步势力有矛盾，但他们同现在国民党中央政府的损人利己的政策亦有矛盾，并想利用我们同顽固派的矛盾以达其政治上的目的。**地方实力派**的领导成分也多属大地主大资产阶级，因此他们在抗日战争中虽然有时表现进步，不久仍然反动起来；但又因为他们同国民党中央势力有矛盾，所以只要我们有正确的政策，他们是可能在我们同顽固派斗争时采取中立态度的。（毛泽东《目前抗日统一战线中的策略问题》[1940 年 3 月 11 日]，《毛泽东选集》第二卷）

地方实力派的领导成分虽然也是大地主大资产阶级，但是因为他们和统制中央政权的大地主大资产阶级分子有矛盾，故一般地亦须以中间派看待之。上次反共高潮中反共最力的阎锡山，这一次就站在中间立场；而上次居于中间立场的桂系，这一次虽然转到了反共方面，却和蒋系仍然有矛盾，不可视同一律。其他各地方实力派更不待论。（毛泽东《关于打退第二次反共高潮的总结》[1941 年 5 月 8 日]，《毛泽东选集》第二卷）

另一方面，我们又感到，反共顽固派马皋如等人决不是吃素的。他们肯定要挑起高军与我们的冲突。我们必须有充分的思想准备，防止可能发生的武装磨擦。因此，我们确定了争取国民党**中间实力派**、孤立顽固派的方针。（周贯五《争取高树勋工作的片断》，《鲁北烽火》）

3.“顽固派”及其各类区别称谓

(1)“顽固派”的概念和指称对象

“顽固派”的词汇意义是指坚持落后、错误或反动立场的人群或势力。但在抗战时期，衡量政治落后和进步的标准，在于对日寇的态度和对坚决抗战的共产党领导的革命力量的态度。那么此时的“顽固派”就是坚持反共立场，反对抗战或抗战不坚决的一派，与前面提到的“顽固势力”基本一致。“顽固派”代表着中国大资产阶级的立场，前面提到的亲日派（后来成为“降日派”）、亲英美派都属于“顽固派”。

就抗战营垒（与敌人营垒区别）分：**顽固派**或中国大地主大资产阶级，则是统治的阶级，动摇的阶级，不是中间派，把它们当作中间派，混淆了人民的视听。（毛泽东《目前时局与党的政策》，《毛泽东文集》第二卷）

顽固派一贯制造磨擦，破坏团结，摧残救亡运动，打击抗日势力；政治上腐败不堪，许多官吏仍以升官发财为主，毫无抗战气味，敌人一来便弃职潜逃，溜之大吉；军事上专门收编土匪，枪口对内，抗战不足，扰民有余，敌人一来，有的便挂出太阳旗投降日寇，有的吓得四处溃散，行凶作恶，有的乱窜纷扰，人民不堪其苦。（郭洪涛《动员一切力量粉碎敌之“扫荡”》，《山东革命历史档案资料选编》第四辑）

只有向**顽固派**采取这种强硬态度和在斗争时采取有理、有利、有节的方针，才能使**顽固派**有所畏而不敢压迫我们，才能缩小**顽固派**防共、限共、反共的范围，才能强迫**顽固派**承认我们的合法地位，也才能使**顽固派**不敢轻易分裂。所以，斗争是克服投降危险、争取时局好转、巩固国共合作的最主要的方法。在我党我军内部，只有坚持对**顽固派**的斗争，才能振奋精神，发扬勇气，团结干部，扩大力量，巩固军队和巩固党。（毛泽东《放手发展抗日力量，抵抗反共顽固派的进攻》[1940年5月4日]，《毛泽东选集》第二卷）

(2)"反共顽固派"及"降日反共派"和"抗日反共派"等的区分

"顽固派"都是反共的，故又有"反共顽固派"的称说。其中一部分由亲日转向降日，称"降日反共派"；仍在抗战阵营的称"抗日反共派"。共产党为了区别对待，有时将前者称为"顽固投降派"，将后者称为"一般顽固派"。

在国民党**反共顽固派**坚决地执行其防共、限共、反共政策，并以此为投降日本的准备的时候，我们应强调斗争，不应强调统一，否则就会是绝大的错误。（毛泽东《放手发展抗日力量，抵抗反共顽固派的进攻》[1940年5月4日]，《毛泽东选集》第二卷）

要打击顽固派，不但要坚决打击与消灭降日反共的**顽固投降派**，而且还要坚决反对那些抗日反共的**一般顽固派**，当然，在同顽固分子斗争时，必须分别清楚**降日反共派**与**抗日反共派**，两者之间是有区别的。（朱瑞《从国际到山东》——1940年7月28日在联合大会上的政治报告》，《山东革命历史档案资料选编》第五辑）

(3)顽固派制造反共军事磨擦的"顽军"和"磨擦专家"

抗战时期，国民党当局在联共抗日的背后，暗中实行溶共、限共、防共、反共一套，这就给顽固派军队与中共军队发生冲突开了绿灯。对这种"友军"之间的矛盾冲突，共产党出于统一战线的考虑，借用物理名词发明了一个政治术语叫"磨擦"，这是抗战时期众所周知的流行语。制造反共磨擦的顽固派军队被称为"顽固军"。[①]

(1942年)4月15日，浮翼战役打响，小平同志直接指挥，我和陈赓协助。……这一仗打得很顺利，到16日拂晓，共俘获**顽固军**665人，毙伤392人，狠狠地打击了顽固派的气焰。（薄一波《大家风范　举重若轻——记小平同志在太行》，《人民日报》2004年9月3日）

① 需要说明的是，依照教育部颁发的《异形词整理表》，"磨擦""摩擦"一对异形词归并为"摩擦"。但本书此处面对的是抗战历史，彼时文献皆作"磨擦"，尤其"磨擦专家"如此。为与引例文献一致，我们此处叙述文字亦作"磨擦""磨擦专家"。——编者注

他走着，气愤地骂着："顽固军该死，该死，他们有种去打日本，为什么丧尽天良打我们新四军！"直到我提醒他小点声，他才缓了口气。（曹丹辉《皖南突围记》，《通信兵回忆史料》）

为了简洁，"顽固军"多简称"顽军"。

我军的战略方针是在日寇占领区域实行分散的游击战争，建立与扩大解放区，缩小沦陷区，建立与扩大军队、游击队与民兵，削弱敌军、伪军与联敌攻我之顽军。（毛泽东《南下部队应依据五岭山脉建立根据地》[1945 年 6 月 24 日]，《毛泽东文集》第三卷）

所以要极力纠正某些部分把整个中央军或某一整个杂牌军，全看成顽军，不知分别对待争取，以致多树敌人的错误倾向。要纠正顽军向我进攻时只有硬打，而不知对其部分宣传分化争取的现象。要纠正把顽军看成汉奸一样，乱加汉奸帽子，以及只有打击，不知并用争取策略的现象。（《中央关于扩大交朋友工作的指示》[1940 年 8 月]，《新四军和华中抗日根据地史料选》第二辑）

如果以韩方的整个兵力来比，我们的力量更小，兵器上我们也是薄弱的。可是，我们为什么反而能够胜利呢？固然有顽军士气不振等等许多原因，但极重要原因是我们开展统一战线。……顽军对当地群众的蹂躏，最实际的教训了黄桥的民众以及其他各地的民众，使他们清楚了解了顽固派的残暴行为，懂得了顽固派不仅反对异党异军，而且把民众也当着异民对待。（粟裕《黄桥战役总结》[1940 年 10 月]，《粟裕军事文选》）

李正说，"我们在这里除了要对付敌伪，还要对付这些顽军。他们反共反人民，对我们危害很大。他们过来后，这一带的地主和伪保长，就会动摇，投进他们的怀抱。我们可以割断地主、伪保长和鬼子的联系，但是要割断他们和顽军的联系就比较困难。因为他们都有浓厚的正统观念，认为顽军是正牌'国军'，过去他们之间就有着千丝万缕的关系。如果顽军和这里的地主、伪保长结合起来，那么，我们这一时期打开的局面，就要遭到破坏，我们就又回到进山前那种困难局面了。所以我们要好好研究如何来对付这种情况。"（知侠《铁道游击队》第十八章）

上述引例将"顽固军""顽军"的性质、归属界定得相当清楚了，也不难看出这应该算统一战线中比较策略性的称谓，毕竟他们与公开投敌的汉奸伪军有别。到解放战争时期国共双方再次直接对垒，老百姓对国民党军队有时仍沿用"顽军"称谓，但性质就变了。

八年抗战，国共之间小的军事磨擦不断，所谓两次反共高潮，都是大规模的磨擦。"磨擦"和"反磨擦"可以说是抗战期间国共关系方面的重要流行词。顽固派或顽军中专门制造磨擦的重要人物被称为"磨擦专家"。

问：华北的磨擦问题怎样？答：那里的张荫梧、秦启荣，是两位**磨擦专家**。张荫梧在河北，秦启荣在山东，简直是无法无天，和汉奸的行为很少区别。他们打敌人的时候少，打八路军的时候多。有许多铁的证据，如像张荫梧给其部下进攻八路军的命令等，我们已送给蒋委员长了。（毛泽东《和中央社、扫荡报、新民报三记者的谈话》[1939 年 9 月 16 日]，《毛泽东选集》第二卷）

蒋介石手下那个防共委员会，便是由许多“**磨擦专家**”组成。那些“**磨擦专家**”们起草了一系列“磨擦文件”。这些“磨擦文件”，导致了一系列“磨擦事件”。**磨擦专家**们给中共起了一个新名字，叫“异党”。称中共的军队为“异军”。（叶永烈《毛泽东与蒋介石·“磨擦”成了最流行的政治术语》）

国民党和地方势力也谋求把他们的军事和政治权力挤入共产党视作他们根据地的河北、山西、河南和山东地区。共产党反对这些企图，他们有预见地谴责他们的对手危害抗战和损害人民利益。“**磨擦专家**”据说是为日本人及其傀儡效劳。（费正清、费维恺《剑桥中华民国史》第十二章）

（4）“顽固（派）分子”及其使用情形

如果指顽固派中的个人，就说“顽固派分子”或“顽固分子”。这种称谓虽然具有贬义色彩，但相对“汉奸”而言还算比较客气的。如果一个人尽干反共反人民的坏事，甚至暗中勾结日伪，其行径已与汉奸无异，但只要他一天不公开投敌，就不要指其为“汉奸”，称其为“顽固分子”算是给足面子了。

要广泛开展统战工作，争取中间势力。除汉奸及反共**顽固派分子**外，一切中间派分子的利益必须尊重。（刘少奇《坚决粉碎顽固派的进攻》[1940 年 5 月]，《刘少奇选集》上卷）

在反对顽固派向我进攻的斗争中，在该**顽固分子**没有转变为公开伪军与公开当汉奸时，具体指出某人投降日寇或指某人是汉奸并且向外宣传及陈报国民党是不适当的。这样做不但社会上不了解，失去中间派同情，及引起国民党的愤激，而且妨碍我们在反磨擦告一段落时又同顽固派讲团结的统一战线工作。（毛泽东《对顽固派的斗争策略》[1940 年 3 月 25 日]，《毛泽东文集》第二卷）

坚决进行反**顽固分子**的斗争——人不犯我，我不犯人，人如犯我，我必犯人。不过，对这种人仍是自卫的性质。（周恩来《关于统一战线的策略、方法和守则（提纲）》[1939 年 8 月 4 日]，《周恩来统一战线文选》）

总之，抗战的爆发给中国社会和人们的思想带来了很大变化，国共合作和统一战线的形成，各派力量又团结又斗争，抗战的胜利，实在是历尽了千辛万苦。

第二章　共产党领导的抗日武装斗争与相关社会称谓

本章涉及的主要称谓如下：

第一节	一	八路军
	二	八路
	三	老八路、新八路
	四	土八路、土八子
	五	明八路、暗八路
	六	八、老八、老八子
	七	八爷、八老爷
	八	老总、同志、黄八路、灰八路、黑八路
第二节	一	新四军、支队、先遣支队、江南抗日义勇军挺进纵队、江南人民抗日义勇军、新四军挺进纵队、江抗、挺纵、挺进纵队、苏皖支队、豫鄂挺进纵队、四老爷、四爷、四将军、小四子
	二	东北抗日联军、抗日联军、抗联、联军、第一路军、一路军、二路军、三路军、支队
第三节	一	武工队
	二	游击队
	三	民兵、抗日人民自卫队、自卫队、基干自卫团、普通自卫团、青年抗日先锋队、青抗先、模范自卫队、模范队、游击小组

第一节　丰富多彩的八路军相关称谓与华北地区抗战

一、"八路军"称谓的由来及其适用范围

"八路军"本是"国民革命军第八路军"的省称，其前身即中国工农红军。1935 年华北事变，加深了中华的民族危机，全国抗日民主运动空前高涨。1936 年 12 月的西安事变，促成了第二次国共合作的实现和抗日民族统一战线的建立。1937 年七七事变爆发，8 月 25 日，根据国共两党协议，共产党将中国工农红军改编为国民革命军第八路军，9 月 14 日，又遵照国民政府军事委员会命令，改为国民革命军第十八集团军，属第二战区序列。"八路军"作为正式番号使用时间虽不长，但这个名称却迅速产生了广泛的社会影响，在群众心目中留下了不可磨灭的印象。另一方面，较之"第

十八集团军”，“八路军”之称显然更加简洁和口语化。所以整个抗战期间，一般情况下，社会上人们仍习惯称之为“八路军”，就连共产党和这支队伍本身也是如此；而“第十八集团军”虽为后来的正式番号，反而只在对国民政府等少数场合下偶尔使用。例如毛泽东 1945 年 8 月 9 日就苏联对日宣战发表《对日寇的最后一战》的声明，虽属正式公文性质却照样使用“八路军”，文中说“八路军、新四军及其他人民军队，应在一切可能条件下，对于一切不愿投降的侵略者及其走狗实行广泛的进攻”。而就在当月，毛泽东又起草了《第十八集团军总司令给蒋介石的两个电报》，此处之所以使用“第十八集团军”，就因为它是面对蒋介石的“官方称谓”。即便国民党方面平常也多使用“八路军”，而“第十八集团军”只出现于公文等官方场合。两相对照，可见“八路军”称谓的影响和适用范围之广泛。

八路军主要战斗在华北广大地区，八年抗战，艰苦卓绝，为国家民族立下不朽功绩。

二、“八路军”称谓的具体指称及其简称“八路”的使用

“八路军”作为抗战期间的社会称谓，人们首先想到它是一个集体称谓，即指称这支有组织的军队整体。

> **八路军**更有一种极其重要和极其显著的东西，这就是它的政治工作。（毛泽东《和英国记者贝特兰的谈话》[1937 年 10 月 25 日]，《毛泽东选集》第二卷）

> 我们的共产党和共产党所领导的**八路军**、新四军，是革命的队伍。（毛泽东《为人民服务》[1944 年 9 月 8 日]，《毛泽东选集》第三卷）

但在现实生活中更多的是用作群体称谓和个体称谓，即指八路军队伍中的任意一部分和任意一个或几个人。

> 老乡们！不要怕！我们是打鬼子的**八路军**，请大家下车来，让我们的政委和大家说几句话。（知侠《铁道游击队》第九章）

> 晚上，有十来个**八路军**住在老宋家，穷人都去瞅，男男女女，老老少少，围住他们，又说又笑。（荒草《土地和枪》，康濯《中国解放区文学书系·小说编三》）

有时“八路军”又用作泛称，即不一定是指部队官兵，共产党的各类工作人员，老百姓均不加区别地统称为“八路军”，例不赘举，可参“明八路”“暗八路”等称谓。

追求简练是一般的语用习惯，词汇双音化是现代汉语的特点，因此“八路军”常常简称为“八路”，两者所指完全相同，只是后者更加简洁，口语色彩更浓。

> **八路**是坚决打日本鬼子，保护老百姓，不让鬼子抢东西、杀人、烧房子。有的房子被鬼子烧了，**八路**给他们盖；没有吃的，也是**八路**救济……（鹿特丹《儿子》，康濯

《中国解放区文学书系·小说编四》)

“八路进城了!”“八路进城了!”有的汉奸已经换上便衣。老百姓们也都从梦中惊醒,站在院里或躲在门后看动静。(李晓明、韩安庆《平原枪声》第三十二章)

军官把枪往桌上拍的一甩:“少废话!我们是来打八路!什么鬼子鬼子的!”“什么?”芳林嫂有点听不懂的样子。“八路!刚才有两个八路跑过来,快交出来!”(知侠《铁道游击队》第十二章)

三、由“老八路”“新八路”的指称变化看八路军的发展壮大

今天说起“老八路”,年龄“老”是不言而喻的,因为抗战胜利已60多年,当年的八路军战士年轻者也已七八十岁,现在的青少年请老八路、老革命讲战争故事,就是取这个含义。但抗战时期的“老八路”却另有含义:一是在抗战前期指最早由红军改编的部队及其官兵,与“新八路”相对;二是到抗战中后期特指八路军主力正规军,与地方武装和民兵等所谓“土八路”相对。这两种指称的交替变化,反映了八路军及其领导下的抗日武装力量的发展壮大。

先说“老八路”的第一种指称。抗战前期“老八路”多指经过长征磨练而后被整编的原红军部队及其干部战士,意为“老资格的八路军”,他们经得起战争的考验,革命立场十分坚定,既有较高的政治觉悟,又有较强的战斗力;而“新八路”是指八路军为了更好地进行抗日而扩充的部队和招收的新战士。由于新战士成员复杂,思想不统一,战斗力不强,政治觉悟不高,所以新八路需要有一个“老八路化”的过程。我们将这两个称谓合并举例如下。

老八路在党、政、供、卫、工作、生活、战斗各方面都有红军的传统,在战斗中泼辣勇猛强劲与坚持,有着与敌人、奸细、顽固分子、托派分子及一切内部外部敌人斗争的经验,有着苏维埃斗争时代的传统,善于灵活而且紧紧的把握抗战工作中如政治、经济、军事、群众、斗争等各方面问题。(朱瑞《论山东纵队当前的建设问题》,《山东革命历史档案资料选编》第四辑)

他说他是**老八路**,长征过来的,他是不愿暴露本村的人呀!(李南力《不屈》,康濯《中国解放区文学书系·小说编二》)

参加八路后的第一仗,别的**新八路**大都吓得哆嗦,梁大牙却跟着那些**老八路**抡着大刀片子往上冲。他觉得杀日本鬼子跟揍地痞无赖二混子没啥太大的区别,杀人这个活计没多少大学问。(徐贵祥《历史的天空》第二章)

因为八路军在山西的各个角落不断地打击着他们,因为山西的农民很快地武

装起来,成了游击队(敌人很头疼地叫他们为新八路),日本特务机关的人不能不在他们的"皇军"的简单明白的杀戮、抢劫和奸淫之外,另外加上一点儿卑劣的小欺骗了。(何其芳《日本人的悲剧》,黄钢《中国解放区文学书系·报告文学编》)

随着抗战的进展,新八路逐渐变成老八路,大约从抗战中期开始,"老八路"的称谓也开始发生了变化,由起初指称原红军部队,变成了指称八路军主力和正规部队,以区别于地方抗日武装和民兵。如电影《地道战》中鬼子汉奸主要跟民兵作战,一说"老八路来了",就是八路军正规军来了。又如:

他们听到的不是两个营,而是两个团,说铁道游击队从山里调来了老八路主力部队,两夜就把湖边的顽军消灭干净。(知侠《铁道游击队》第十八章)

一一五师刚到郓城县的张楼宿营不久,八路军到达鲁西的消息就传到了郓城中心县委。县委书记梁仞千立即率领20多人到张楼迎接从平型关下来的老八路(当地群众对八路军主力部队的称呼)。(李文《八路军一一五师征战实录》第七章)

当然那时"老八路"也有从年龄角度指称的,与"小八路"相对,因其词义显豁且社会意义不大,就不必多说了。

四、"土八路""土八子"所反映的感情色彩和八路军在艰难条件下的成长

现在一说抗战期间的"土八路"一称,人们会认为仅仅是对八路的轻视性称呼,其实这是不全面的。据我们考察,这一称谓在八年抗战期间先后有两种指称,前期是指八路军,后期在沿用这种用法的同时,一般又特指民兵和地方抗日武装,因为如前所说,此时正规的八路已称"老八路"了。"土八路"这一称谓及其两种指称的交替变化,一方面反映了社会某方面的态度,另一方面也反映了八路军的成长历程。

先说"土八路"的第一种指称。抗战期间尤其初期,与日本军队和国民党正规军相比而言,八路军武器装备落后,弹药缺乏,生活用品缺乏,穿着土气,于是便得了"土八路"这样一个称谓。一个"土"字,不言而喻地折射出八路军抗日条件的艰难。但是,不同立场的人们使用这个称谓时所体现出的感情和语气色彩是不同的。日伪军以及国民党方面一般将"土八路"作为对八路军的轻蔑鄙视之称。

张黑子抽完了烟,才看了看信,心里虽然有点害怕,嘴里还硬着说:"又是那些土八路送来的。夜晚上我听见在庄外吆喝,可是那些款子收齐了没有?"(董均伦《血染潍河》,康濯《中国解放区文学书系·小说编四》)

委员长日夜坐卧不安的问题,就是他坐在峨眉山,眼看着中共在各地坐大;派去跟中共专搞摩擦的国军,有些带兵的人简直是饭桶,武器那么精良,硬是干不过那些

手拿"独撅""扎枪"的土八路，真是一群废物点心。（柳溪《战争启示录》第二十章）

他跑到冈村那里，冈村问："有多少土八路？""可不得了呀！村南都是八路，一眼望不到边。"（知侠《铁道游击队》第十八章）

但是到了抗战中后期，随着八路军的不断发展壮大，实力的不断增强，敌人渐渐不敢再轻易以"土"目之。不过"土八路"的称谓还在，只是指称对象发生了转移，由指八路军主力部队转向指零散的地方武装和民兵队伍。看过电影《地道战》的都知道，鬼子所称"高家庄、马家河子的土八路"，实为民兵，与正规八路军称"老八路"相对而言。下面再举两例：

每个夜晚，一队队、一伙伙的游击健儿们都龙腾虎跃，你听吧，枪声、手榴弹的爆炸声，对伪军的喊话声和歌声，此起彼伏。敌人龟缩到据点里，闹不清是土八路，还是正规军，有多少兵马，就是到了据点下，他也不敢出来。（武之坤《战斗的黑夜》，《鲁北烽火》）

伪军在前，日本侵略军在后，绕过阻截沟，直向魏家堡村庄走来。他们不紧张，也毫无战斗戒备。因为根据以往的经验，破坏公路，割电线，不过是他们所说的"土八路"，"天亮早早跑了的"。（徐斌洲《伏击》，《战斗在渤海平原上》）

抗战前期的"土八路"到中后期变为战斗力强大的"老八路"，而民兵、游击队成为"土八路"，这实际上都是一种"升格"性称呼，是我方抗日力量发展壮大的体现。可见"土八路"之"土"，不同阶段总是相对而言的。新中国成立后直到当今，"土八路"又被人们移称没见过世面的人或没文化的人，此系后话。

前面说"土八路"一称反映的感情和语气有别，敌对方使用是轻蔑和鄙视，我方使用则另当别论。抗战时八路军及其领导下的地方抗日力量有时也自称"土八路"，如"土八路不怕东洋鬼"，"土八路敢打小日本"。这时的"土八路"只能视为八路军一方自我开玩笑的戏谑性称呼，反映的不仅不是什么轻视，而是一种不怕困难、敢于胜利的决心和信心。尤其就战争结局而言，"土八路打败了日本鬼"，更是充满了一种胜利的自豪感。下面再看两则这类的例子：

肖东昌掩饰不住内心的得意，说："谁想出来的？我的刘股长，别以为只有那些留用警才有办法！我们土八路的长矛大刀也利害着呢！"（魏人、张策《警察世家》第二章）

毛主席忍不住哈哈大笑起来。他回头对钱学森说道："好，就这么搞！不要怕土，土八路可以打败洋鬼子嘛！"（祁淑英、魏根发《钱学森》第三卷之12）

因此，细致辨析一个称谓所反映的社会心理、感情和语气色彩等，须紧扣语用环境、分清使用对象等，不可一概而论和流于表面。

抗战期间的"土八路"又有一个变体"土八子"：

敌人正把一堆子芦苇点起火在烧鸡子吃，她拉起枪，对准了人堆子里，啪啪两下子，敌人如见鬼一样，一头吵起来："快快快，土八子冲上来了。"一阵枪声打起来，她把枪一拖又走了。(陈登科《杜大嫂》，康濯《中国解放区文学书系·小说编二》)

四面的敌人，大喊大叫："搜滩啦，土八子，赶快出来缴械吧，再不投降，饿就饿死你啦！"(陈登科《杜大嫂》，康濯《中国解放区文学书系·小说编四》)

"土八子"与"土八路"语义对等，色彩也基本一致，但语源却不一样，"八子"系源于兄弟排行，可参见"老八子"一条。

另外还有"支那军""支那兵"等日军对八路军的侮辱性称谓。"支那"本是外国对中国的古称，可是到了近代，由于中国的腐败落后与东邻日本的发达强盛恰成鲜明对照，日本概念中的"支那"，就成了对中国的侮辱性称呼，称中国人则为"支那人"，同理也称中国军队和士兵为"支那军"和"支那兵"。因这不是专称八路军，故附此一提，例证从略。

五、"明八路"与"暗八路"所反映的八路军身份及工作情形

这两个称谓是根据身份的公开与隐蔽来区分的。"明八路"一般是指穿军装的八路军和具有公开身份的我方工作人员，此"明"为公开之意。例如：

"她的男人是个**明八路**，她是个**暗八路**。""什么叫**明八路暗八路**？""亏你在外头闯天下，当这么大的官，连这个都不懂啊！"尤寡妇挖苦了他两句。……"扛着大枪，穿着二尺半，叫作**明八路**；穿着便衣，成天开小会的，叫作**暗八路**。俺庄的妇救会长是个半明半暗的八路军。"(白刃《战斗到明天》上部第十九章一)

伪军哨兵把绳子拽上去，伸手摸出信来，两个家伙把脑袋凑到一块儿，借着手电光看了看，嘟囔着说："又是平安无事，天天平安无事，可**明八路**、**暗八路**天天闹事。你们是不是又来送假情报？"(《为建立新中国而献身的董存瑞》，载《故事爷爷讲故事》)

"暗八路"有几种所指：一是指身份不公开的共产党地下工作人员，二是指穿便衣的八路军武工队，有时也泛称暗中帮助革命的抗日群众。此"暗"当然是暗藏或隐蔽之意。例如：

李家屯炮楼里的伪中队长，听说老百姓提出来要搞他，他赶紧声明："譬如××村的村长是**暗八路**(共产党)，难道我不知道？他来了，我也没把他怎样。"(吴伯箫《黑红点》[1944年10月3日]，黄钢《中国解放区文学书系·报告文学编》)

唉！告诉你吧！韦真哥被逮住了，鬼子要他承认是本村人，并指出这村里的**暗八路**还有些谁，就是这样。(李南力《不屈》，康濯《中国解放区文学书系·小说编二》)

就在武工队进村那一刻，一个当村的坐地汉奸听见狗咬，发现这几个"**暗八路**"，马上跑去给敌人送信。(杨朔《勇士》[1945年]，《杨朔文集》上)

小喜就入了中央军的不知道什么工作团，每天领着些无赖混鬼们捉**暗八路**，到

处讹钱——谁有钱谁就是暗八路，花上钱就又不是了。这次中央军叫日军打散了，人家小喜又变了——又成了日军什么报导社的人了，仍然领着人家那一伙人，到处捉暗八路、讹钱，回到村里仍要到家去麻烦。（赵树理《李家庄的变迁》14）

老百姓已经警觉到这事有点不对，就说："咱这儿是爱护村，你儿在八路里，那你一定是暗八路，把她捉起来。"老婆子就急忙说出："我也是和你们一气的，是皇军派来的。"（李竹如《战斗中的山东人民——1940 年 8 月 5 日在联合大会上的报告》，《山东革命历史档案资料选编》第四辑）

六、"八""老八""老八子"等代替性称谓及其语用情形

有些特殊语用场合，人们不便直呼"八路（军）"，便用一个"八"字表示，不过这个"八"字不是口说，而是一种手势语，即用食指和拇指作一个"八"字形，用以配合有声语言的使用。

林忠把手一伸，食指和大拇指撇了个八字形："实不相瞒，就干这个。""啊！"谢顺一看林忠的手势，就明白了。因为顽军和鬼子常打着这样的手势追问百姓。所以一看到两个指头一撇，就知道是说八路了。（知侠《铁道游击队》第十八章）

二拴家的插进来说："要干就干好咯！这个，"她又开食指和拇指，"八路军就开来啦！听去过山里的人回来说。"（李南力《不屈》，康濯《中国解放区文学书系·小说编二》）

住宿在大关村，文盛老店古旧的房间里，听那红脸白须的老头子讲着话。他立在屋中央，左手上的拇指和食指分开，比成"八"字。"八路，咱们八路呱呱叫的。"（野蕻《黄狗》，黄钢《中国解放区文学书系·报告文学编》）

"老八""老八子"本为兄弟排行第八者之称，因其中有"八"，故用为八路军的代称。它们本是中性称谓，但用为背称时往往也略体现出一种不友好或不礼貌的语气色彩。

碉堡里的日本兵喊："老八！不要打！缴枪的！"喊着就出来了。（赵树理《二木匠》，原载《中国人》周刊 1941 年 5 月 21 日第 4 版）

还有几个士兵低声议论，这个说："又是老八没枪炮了，让咱去送。"那个说："咱一出去怎不见一个老百姓，老八到哪里也有老百姓送信。"（韩起祥《宜川大胜利》，贾芝《中国解放区文学书系·说唱文学编》）

棉花与粮食被运往日本，运往太平洋去了，而借口都是怕老八子（八路军）"抢"。（葛陵、朱寨《平原上》，黄钢《中国解放区文学书系·报告文学编》）

七、谀称"八爷""八老爷"的语气色彩、语用情形及其来历

抗战开始，中国人的阵营又有了新的分化，在抗日志士外，也有人参加了伪军和当

了汉奸。这部分人中确有不少人是出于一时的被迫和无奈，不得不敷衍日本人或借以糊口；但也确有一部分人死心塌地为日寇卖命，仗着日本人的势力，作威作福，欺压百姓，不把"土八路"放在眼里。但当汉奸和伪军们与八路军打交道或被其俘虏时，往日那种威风和神气全没有了，为了保全性命，对八路军毕恭毕敬，一口一个"八爷""八老爷"，其卑躬屈膝、低三下四的态度和语气活灵活现。

一阵寂静过后，船上猛然一阵乱喊："八爷饶命呀！八爷呀，我们都是老百姓……饶命饶命！……"我心说："坏了，敌人逃跑了。"（杨沫《苇塘纪事》，康濯《中国解放区文学书系·小说编二》）

好，人一出来不要紧，臭气也跟着出来了，原来他早吓得拉了一裤兜子屎。他一出来就双腿一跪，连连磕头，满口的"八爷饶命，小人是个买卖人……"他一跪，满舱吓呆了的群众，也都跟着跪下喊饶命。（杨沫《苇塘纪事》，康濯《中国解放区文学书系·小说编二》）

姜光发看见他旁边，有两个敌人拿着冲锋枪对着自己，挥手说："你们别这样，我又没拿武器。"这时，屋子里有好些声音说："啊呀，八老爷真来了。"（鲁亚农《一连人放下武器》，康濯《中国解放区文学书系·小说编四》）

需要略加阐释的是，"爷"是旧社会对男子的敬称，本由"有身份有地位"之意而来，"老爷"则更高一辈。如《红楼梦》中宝玉、贾琏称"爷"，其上辈称"老爷"；《大宅门》中白景琦年轻时称"七爷"，后为大宅门主人则称"七老爷"；如系排行第八者则称"八爷""八老爷"。因其中有个"八"，故移用作对八路军的谀称。这种带有亲属称谓痕迹的社会称谓，可以叫作"拟亲属称谓"。今天看来，称八路军"八爷""八老爷"这类称呼语未免荒唐可笑，但却从另一个侧面显现出了当时八路军的威慑力和震撼力，八路军打破了日军不可战胜的神话，令日军、汉奸、伪军们心惊胆战，惶惶不可终日。

八、从"老总"到"同志"的称谓变换看八路军与老百姓的鱼水深情

"老总"是老百姓对旧军人和警察等武装人员的敬称。旧社会，军阀混战，兵匪一家，老百姓饱受拉夫、要粮和敲诈勒索等痛苦，一见穿军装的和拿枪的就惧怕三分，赔着笑脸，胆战心惊地叫声"老总"。所以"老总"是凌驾于老百姓之上的一种称呼，"老总"们也自以为高高在上，所到之处，耀武扬威，无所不为。八路军很重视与人民群众的关系，除内部互称"同志"外，对外界也竭力纠正"老总"的称呼，让老百姓以"同志"来称呼他们，努力做到军民一家，待熟悉以后，群众也便自然地称八路军为"同志"了。

因之，渐渐的野姑娘的胆子也就练大了，不但不怕兵，她已经由"老总"改称为"同志"了。因为她已感觉到说是叫"决死队"的这些兵和别的兵不一样，对老百姓的态度非常的好，而他们互相是称同志的。（力群《野姑娘的故事》，康濯《中国解放

区文学书系・小说编一》)

"又是'老总'",一个胖胖的开了口,"边区里没有这样叫的,叫我们同志,同志的意思吗？就是军民一家……""不是同治。同——志,你说……对了对了。"年轻人又笑了……（李明《过意不去》,康濯《中国解放区文学书系・小说编二》)

这样,他和蔼地把那只大手抓着我:"你是同志……你是同志……"这时我羞涩地把枪抽回,将那写着"八路"的臂章舒展的铺在石头上,两手不自然地匀着它。我们两人互相看着,笑了出来。(刘白羽《同志》,雷加《中国解放区文学书系・散文、杂文编》)

白老汉就这样三步当两步把他们两个带到后院,藏在靠山的一个萝卜窖里,说:"你俩快躲进去吧,八路同志,不用怕,靠左边不远还有一大窖粮食,八路和粮食,都是我们老百姓的命根哪,再怎么样,总有你们在的。"(柯蓝《洋铁桶的故事》,康濯《中国解放区文学书系・小说编三》)

叫声"老总"当外人,喊声"同志"当亲人。的确,"同志"称呼语蕴涵着八路军与人民大众的共同理想,密切了八路军与老百姓的鱼水关系。正如毛泽东《论持久战》所说"兵民是胜利之本",抗战胜利,岂能无因?

此外,有关八路军的称谓还有不少,例如根据不同地方八路军服装颜色的不同,又有"黄八路""灰八路""黑八路"等区别性称谓。

平时在街面上跑的政府工作人员大都是八路军,因为先后进入沈阳的八路中穿黄军装的冀东军区部队和穿灰军装的延安人员,再加上我们来东北后就地扩编的保安团穿黑色军装,所以老百姓管我们这些人员叫"黄八路"、"灰八路"、"黑八路"。(华文《我在首届沈阳市人民政府工作的日子》,《新探求》2004 年 7 月 10 日)

这说明全国的八路军连统一的军装都没有,折射出八路军生活和战斗条件的艰难困苦,抗战胜利的取得和一个屹立在世界东方的新中国的诞生,来之不易!

第二节　新四军、抗日联军相关称谓与华中和东北地区抗战

一、"新四军"相关称谓与中共领导下的华中抗战

1."新四军"建立的历史背景、全称称谓及其来源

"新四军"是中国共产党领导的在华中地区坚持抗日斗争的人民军队,其全称是"中国国民革命军陆军新编第四军",简称"新四军"或 N4A(新四军臂章印有醒目的蓝白"N4A"标志,系英文名称 "New 4th Army"的缩写)。这支部队和八路军一样,是全民族抗战和国共两党第二次合作的结果。

抗日战争全面爆发后，国共两党第二次合作，建立了抗日民族统一战线。根据两党达成的协议，经国民党和国民政府同意，从1937年10月起，将江西、福建、广东、湖南、湖北、河南、浙江、安徽八省十四个地区的原红军游击队陆续改编为“新四军”，以10月12日为建军纪念日。军长是北伐名将叶挺，副军长兼政委项英，参谋长张云逸。

“新四军”即“中国国民革命军陆军新编第四军”这个番号称谓，还有其独特的历史渊源。第二次北伐战争期间，国民革命军的第四军以战斗力最强和共产党员最多而著称，共产党员叶挺时任第四军直属独立团团长，在汀泗桥和贺胜桥战役中，该团勇猛血战，为第四军赢得“铁军”的荣誉。因此“第四军”成为了革命丰碑式称号和英雄部队的代名词，“中国工农革命军第四军”，后改称“中国工农红军第四军”，即以此取意命名。而今再次启用这个番号，意在希望“新四军”能继续发扬历史上“第四军”的光荣革命传统和“铁军”的勇猛战斗作风，为抗战再立新功，而强调“新编”，则是为了与北伐“第四军”相区别。从字面上看，“新四军”也正好与“第四军”形成结构和意义上的对照，命名颇有深意。北伐名将、老四军独立团团长叶挺将军(当时已不是中共党员)任军长，更使这一称号名副其实。正如《新四军军歌》所唱：

> 光荣北伐武昌城下，血染着我们的姓名；孤军奋斗罗霄山上，继承了先烈的殊勋，……抗战建国高举独立自由的旗帜。东进，东进！我们是铁的**新四军**！东进，东进！我们是铁的**新四军**！①

2．“新四军”称谓的下位编制称谓及所属几支重要部队的称谓

“新四军”称谓比较单纯，相关衍生称谓不算多，所以我们先主要谈谈其下位编制称谓和所属重要部队的称谓，然后再发掘几个当时口语中对新四军的谀称性、别称性称呼。

(1)新四军初期的“支队”编制

新四军从建立之初就设立“支队”编制。1937年12月25日，新四军军部在汉口成立，1938年1月6日移至江西南昌。全军共约万余人，下辖四个支队：第一支队，陈毅任司令员；第二支队，张鼎丞任司令员；第三支队，张云逸兼任司令员；第四支队，高敬亭任司令员。所以就新四军来说，“支队”是其重要的编制称谓。

> 抗战初我们的力量。一九三八年第一、二、三支队在岩寺集中时计六千人，枪二千余支，轻机枪只三挺。在江北高敬亭四支队计(一)千三百余人。全军计八千人。(陈毅《一九三八年至一九四三年华中工作总结报告》[1944年夏]，《陈毅军事文选》)

> 着该员即率先遣队及一支队各一部(共四个连)，并电台一架，即由现地出发，务于三日内达到镇江、龙潭间完成破坏该段铁道之任务，并将战况及敌情随时具

① 据《解放军报》2006年4月10日第7版王辅一《〈新四军军歌〉诞生背后的故事》研究：《新四军军歌》诞生于1939年，陈毅原创，集体改词，何士德谱曲。

报。(粟裕《卫岗处女战》[1938年6月17日],《粟裕军事文选》)

皖南事变后,重建后的新四军下属编制改为"师",兹不赘言。

(2)新四军"先遣支队"的组建及任务

新四军成立后,中共中央指示第一、二、三支队向苏南、皖南敌后发展。为查明敌情、地形和民情,1938年3月,军部决定从上述各支队抽集四个连队编成"先遣支队",粟裕任司令,先期挺进苏南敌后,实行战略侦察。这支小部队不仅出色完成了任务,而且主动寻找战机攻击日寇,于6月17日在卫岗(即韦岗,在镇江西南)伏击日军成功。这是江南新四军对日军的首次作战,被粟裕称为"卫岗处女战"。陈毅元帅有著名诗句"镇江城下初遭遇,脱手斩得小楼兰",就是专门歌咏先遣支队和这次战斗的。初战告捷,大大鼓舞了江南人民,增强了人们的胜利信心。

遵照党中央的方针,我新四军江南部队于一九三八年四月在皖南歙县岩寺集中后,即派**先遣支队**向苏南敌后挺进。接着,第一、第二支队于六七月间挺进到苏南敌后。(粟裕《粟裕战争回忆录》第七章)

军首长和**先遣支队**指战员一一握手,**先遣支队**斗志昂扬地踏上了征程。……**先遣支队**深入江南敌后作战的任务已圆满完成。粟裕带领**先遣支队**在新四军波澜壮阔的抗日战争历史的开篇,写下了浓墨重彩的光辉一章!(胡居成《粟裕与新四军先遣支队》,《党史纵览》2006年第4期)

(3)由"江抗""挺纵"到新四军的"挺进纵队"

新四军有一支著名的部队叫"挺进纵队",电影《东进序曲》就是讲挺进纵队的故事。新四军挺进纵队又由两支抗日武装"江南人民抗日义勇军"和"江南抗日义勇军挺进纵队"合编而成。

"江南人民抗日义勇军"本是一支受共产党影响的地方抗日武装,简称"江抗",领导人为梅光迪。1939年陈毅让新四军一支队叶飞的六团与"江抗"合并,为掩人耳目,仍沿用旧称,因此"江抗"也成为江南人民熟悉的抗日部队称号,《沙家浜》故事中的新四军即是江抗部队。另一支地方抗日武装是"江南抗日义勇军挺进纵队",简称"挺纵",系由丹阳县游击队发展而来,领导人为管文蔚。1939年10月下旬,两支部队在江苏扬中会师,合编为"新四军挺进纵队"。1986年12月中共扬中县委、县政府在八桥中学建成"会师纪念碑"。

1939年3月,管文蔚领导的**江南抗日义勇军挺进纵队**占领扬中,长江沿岸很快为新四军控制。10月26日,挺纵与叶飞领导的**江南人民抗日义勇军**在下八桥广善堂胜利会师,合编为**新四军挺进纵队**。(《江正康悉心照料陈毅》,《江苏人民打击日寇英雄事迹·镇江卷》)

日前,部分参加"**江抗**"与"**挺纵**"会师合编的新四军老战士和他们的子女,来到

> 当年会师合编的旧址——扬中市八桥中学，重温69年前的战斗岁月。……**新四军挺进纵队**司令员管文蔚的遗孀、87岁高龄的朱竹雯老人和原福州军区空军参谋长恽前程将军，边看史料边向在场的新四军后代和陪同人员介绍69年前江南人民抗日义勇军和**江南抗日义勇军挺进纵队**会师合编为**新四军挺进纵队**的故事。（《重温战斗岁月 新四军老战士寻访八桥》，《镇江日报》2008年5月6日）

会师后两支队伍合编的“新四军挺进纵队”成为一支著名队伍，简称“挺进纵队”和“挺纵”，与合编前的那支“江南抗日义勇军挺进纵队”（也简称“挺进纵队”“挺纵”），可在时间上加以区别。

> （1940年）1月下旬，为粉碎日伪对我皖东根据地的“扫荡”，陶勇同志奉命率部队顶风冒雪，星夜北上，进至天长以南横山地区，配合新四军第五支队和**挺进纵队**反“扫荡”；3月上旬，又率苏皖支队主力越过津浦路，配合我皖东部队进行“反顽”战役；3月下旬，再与我**挺进纵队**东西对进，星夜驰援津浦路东根据地中心半塔集的“反顽”战斗，都取得了出色的战果。（粟裕等《忆战将陶勇》，《人民日报》1983年9月29日）

> 一九四〇年五月十七日，我**挺纵**为粉碎敌伪“扫荡”，移往江都郭村休整。两李在韩德勤的挑唆下，说是占了他的地盘，竞（竟）向我**挺纵**下最后通碟，限三天退出郭村。（粟裕《粟裕战争回忆录》第七章）

（4）新四军“苏皖支队”和“豫鄂挺进纵队”

“苏皖支队”是新四军的一支著名部队。1939年冬，陶勇率新四军二支队第四团北渡长江，在苏皖边区与梅嘉生的“挺纵”第三团合编为“新四军苏皖支队”，陶勇任司令员兼政委（后来由卢胜任政委），梅嘉生任副司令员。1940年6月的郭村保卫战，苏皖支队以两个团的兵力粉碎了国民党顽军13个团的进攻，创造了华中反磨擦战斗以少胜多的范例。

> （1939年）十月下旬，苏北地方实力派李明扬请求我军协助其运送部分弹药过江，我们即派陶勇、卢胜同志率二支队第四团一部北渡长江，进入苏皖边区后与梅嘉生部合编，命名为**苏皖支队**，活动于扬州、仪征、六合、天长地区，并向北发展，同新四军第五支队取得了联系。（粟裕《粟裕战争回忆录》第七章）

> 我军奋起自卫还击，歼其两个团于西塔地区，余部溃逃。我军随即越过公路、运河、铁路、长江等日寇的几道封锁线，于七月八日前胜利到达苏北吴家桥地区，与挺进纵队、**苏皖支队**会合。（粟裕《粟裕战争回忆录》第七章）

“豫鄂挺进纵队”是活跃在豫南、鄂中、鄂东地区的一支新四军著名部队。1940年1月3日，新四军豫鄂挺进纵队在八字门建军。李先念任司令员，朱理治任政治委员，兵力近万人，是新四军的主力部队之一。

> 当五月初日寇大举进犯襄樊，五战区战局岌岌可危之际，我豫鄂挺进纵队以抗日大局为重，动员万余人尾敌追击，毙伤敌三百余人，击溃敌三千余人。（李先念《抗议国民党顽固派进攻大小悟山的通电》[1940年6月20日]，《李先念文选》）

1941年皖南事变后，根据中共中央军委命令重建新四军，豫鄂挺进纵队编为新四军第五师，李先念任师长兼政治委员。

3. 新四军的别称“四老爷”“四将军”和“小四子”

称谓在广泛应用的过程中，往往会产生一些有趣的别称，形式上一般是原有称谓的变体。这些别称一般来自实际应用，带有很明显的感情色彩。“新四军”的别称有“四老爷”“四将军”和“小四子”等。

(1)“四老爷”称谓及其感情的二重性

第一，来自广大人民群众的“四老爷”称谓。

在新四军经常活动的地区，新四军和群众鱼水情深，得到了群众的拥护和爱戴，因此群众亲切地称呼新四军为“四老爷”。

这一称谓的结构是由新四军的代表数字“四”和“老爷”组成。“老爷”是旧社会里底层百姓对官僚、差役、兵或匪的一种尊称，亦为富绅之家对主人的尊称，其中充满了恐惧、巴结、谄媚等复杂的感情。这里的“老爷”则不然，同时又希望新四军能够给穷苦百姓主持正义，主要表达了喜爱、希望、尊重的感情。因此，来自广大群众的“四老爷”称谓，其感情色彩是褒义的。

> **四老爷**到蒋塘，又分田来又分粮。**四老爷**到王屋，泥糊腿子当主席。**四老爷**到罗岭，地主恶霸趁地滚。**四老爷**到花山，鬼子汉奸一扫光。（桐城地区童谣）

实际运用中，在认可“四老爷”是一种尊称的前提下，有人把“老爷”解释为“老爷爷”，也表明了称谓中所包含褒义的感情。

> 因为新四军好，我们家乡老百姓都把新四军称作“**四老爷**”。意思是说新四军像老爷爷一样好，这是对新四军的一种尊称。老百姓还有一首歌颂新四军的歌，歌词里我记得还有这样两句词：“不是**四老爷**来，乡下人哪里敢上街。”（鞠开《到粟裕身边工作三步曲》，《纵横》2006年第10期）

第二，来自日伪方面的“四老爷”称谓。

这一称谓有三种不同的含义：一是敌伪士兵因对新四军有好感而称呼“四老爷”；二是死硬反动派对新四军的称谓，带有蔑视和讽刺的意味；三是敌人因为害怕而称“四老爷”。这类称谓的内涵要具体情况具体分析。

> 新四军和八路军一样，不仅军队本身有坚强的战斗力，而且还有最大的长处，

这就是它的政治工作。它与人民打成一片,而且敌伪军工作做得很好。新四军的作战和行动,经常得到人民的拥护与协助。车桥战斗生俘敌官兵四十名,这在抗战中是新的纪录。华中的伪军士兵,呼新四军为“**四老爷**”,比之为赵子龙,他们常常对着自己的枪说:“枪呀,我是替**四老爷**保存的”。半年来,伪军反正四十二次,六千余人,足见新四军影响之大。(《新四军的胜利出击与中国的救国事业》,《解放日报》1944 年 10 月 1 日)

当时影响四分区抗日根据地建设和发展的另一个突出问题是沿海的海匪为乱。从长江口到连云港的黄海近海区,自古以来海匪为患。我军建立通、如、启、海根据地后,海匪一度很嚣张,扬言“**四老爷**有种海上见”,量我们不能下海,经常骚扰我军,欺压渔民群众。(粟裕等《忆战将陶勇》,《人民日报》1983 年 9 月 29 日)

伪保长在酒席上大吹自己如何忠于“皇军”,密报了哪几个共产党,都被“皇军”抓去杀了。我父亲不动声色,只是点头。饭后叫那家伙带路,走到一个山凹里,就叫他跪下,声明自己是新四军,宣布他的罪状,那家伙磕头如捣蒜,高喊“**四老爷**饶命”,可是为时已晚,父亲以边区政府的名义判处他死刑,处决了这个可耻的汉奸。晚上派人送一张布告贴到那个镇上去,说这就是铁杆汉奸的下场。(李贤浚《胜龙山撷翠·先父李璧东轶事》)

(2)“四爷”和“四将军”的尊敬色彩

第一,来自敌占区的“四爷”称谓。

对敌占区的老百姓,尤其对孤岛上海和南京的人们来说,他们不便直称“新四军”,于是“四爷”成为他们私下对新四军的尊称。

由于敌占区封锁得紧,解放区的产品难以出关,张云逸想了个“冒名顶替”的办法。从上海精印了大批大英牌香烟空盒到铜城,里面装上了飞马牌香烟,一船一船地顺利装运出去。于是,这匹“飞马”真正展开了它金色的翅膀,飞遍淮南,一举突破了敌伪对根据地出口商品的封锁,名扬京、沪等敌占城市。这时,在上海、南京街头,经常能见到烟商们神秘地告诉顾客:“剥了皮看货,仔细看看。货真价实的真‘飞马’。这是‘**四爷**’(新四军)的产品啊!”1943 年秋,陈毅奉命回到延安参加整风运动,顺便给中央领导带去几条“飞马”牌香烟。毛泽东边抽着烟边说:“‘飞马’为抗日战争服务,为根据地建设服务,可谓‘劳苦功高’。胜之成为‘烟草大王’了!”(林艳葵《“飞马”牌香烟逸闻》,《龙门阵》2005 年第 8 期)

第二,来自国军方面的“四将军”敬称与新四军统一战线工作。

新四军在苏北转战期间,积极做好统战工作,努力争取地方实力派,把同反共顽固派争夺中间派作为扩大抗日统一战线、解决苏北抗日领导权的一个重要环节。因为统战工作成功，中间派们反而对新四军很客气，称呼新四军为“四将军”，这一富有特色的称谓既保留了“新四军”的称谓特征，又表达了他们对中共领导的抗日军队的敬重之情。

陈毅同志特地从我军的战利品中挑选了三十支三八式步枪送给颜秀五。选了一匹好马，佩上新鞍鞯，送给李长江。还向李明扬赠送了指挥刀。两李待陈毅同志为上宾，在泰州街上贴标语：“欢迎四将军光临指导！”他们以“四将军”称呼我新四军既表达了他们对我党领导的抗日军队的敬重，又以此避免韩德勤等反共顽固派对他们的刁难。……两李也表示谅解，有助我东进抗日反韩的意愿。这一切，为我挺进苏北创造了有利条件。（粟裕《粟裕战争回忆录》第七章）

二李（李明扬、李长江兄弟）第一次欢迎陈毅很别出心裁，招待陈毅看戏，在舞台旁边挂着“欢迎四将军”的标语。碗口大的字，亏他们想得出来。（《1941 年 1 月 20 日：江苏：行动在河网地带的新四军》，《三联生活周刊》2005 年第 26 期）

(3)新四军的绰号“小四子”及其使用情形

新四军还有个绰号“小四子”，首先来源于新四军的那个“四”字。另一方面，新四军成立之初军事实力薄弱，在苏北地区只占第四位：第一是日寇，第二是国民党江苏省主席韩德勤部，第三位是国民党苏北地方武装李明扬部，第四位才是新四军——这种态势也与“小四子”之称不谋而合。

“小四子”带有贬义色彩和轻视意味，一般情况下为日伪和国民党军方面使用，偶尔也为新四军用作自称，则带有轻松幽默意味。

城外面，新四军挖的交通沟一直延伸到城墙边，战士们站在交通沟里向城墙上警戒的伪军喊话：“小二子啊（指“二黄”），肚皮饿够了吧；你卸只篮子下来，我们装些馒头给你吧。”伪军回答：“小四子（“四”指新四军），你不能骗我：我一露头，你们就会开枪……”“你放心，中国人不打中国人。尽管把篮子卸下来吧！”伪军从城墙上用一条麻绳吊下一只箩筐，我们的战士真的给他们装满一筐馒头，又加上一面盆的红烧肉。伪军士兵个个喜笑颜开，饱啖一顿。（林总《淮安沦陷琐忆》，《淮安文史资料》第三辑）

上海市新四军研究会副会长林铭纲说起来，没忘记当时新四军的绰号——“小四子”。……“二李第一次欢迎陈毅很别出心裁，招待陈毅看戏，在舞台旁边挂着‘欢迎四将军’的标语。碗口大的字，亏他们想得出来，明明是小四子吗。”陪同陈毅进泰州的管文蔚还记得当时的场景。（《1941 年 1 月 20 日：江苏：行动在河网地带的新四军》，《三联生活周刊》2005 年第 26 期）

3.“新四军”番号的取消、重建与八年华中抗战历史功绩

“新四军”虽然是一支抗战的铁军，但它却是国民党的眼中钉，可以说早在建立之初

就欲除之而后快，这也注定“新四军”及其相关称谓的曲折沉浮。

新四军成立时，下辖4个支队10个团和1个特务营，共10329人。1941年1月7日，国民党当局发动震惊中外的“皖南事变”，围攻奉命北移的新四军军部。叶挺谈判被扣押，项英、周子昆被叛徒杀害，袁国平在突围时牺牲。1月17日，国民党当局宣布取消“新四军”番号。

1月20日，中共中央军委发布命令，重建新四军军部，任命陈毅为代理军长，刘少奇为政治委员，张云逸为副军长，赖传珠为参谋长，邓子恢为政治部主任。陇海路以南的新四军和八路军部队，分别改编为新四军第1至第7师和独立旅。全军共9万余人。

新四军总结皖南事变的教训，加强了党的绝对领导，加强了部队的正规化建设和抗日根据地建设，并根据斗争需要，实行主力地方化。1945年8月26日，中共中央任命陈毅为新四军军长，饶漱石为新四军政治委员。

9月，根据中共中央在同国民党和平谈判中作出的重大让步，新四军在浙东、苏南、皖南的部队分别撤到长江以北。10月，执行中共中央作出的向北发展向南防御的战略部署，新四军军部北移山东临沂，并兼山东军区领导机关；新四军部分主力和留在山东的八路军部队组成津浦前线野战军，后改称山东野战军；仍在华中的新四军部队组成华中军区和华中野战军。在此期间，新四军第3师开赴东北，第5师与八路军第359旅、河南军区组成中原军区，调离新四军的建制。1947年1月下旬至2月3日，新四军兼山东军区以及所属华中军区、华中野战军、山东野战军合编为华东军区和华东野战军，新四军番号至此撤销。

新四军坚持华中抗战八年，队伍人数由初建时的1万余人，发展到正规军21万人、地方武装10万人，对日伪军作战2.4万多次，以牺牲9万将士的巨大代价，毙伤日伪军29万多人，俘虏日伪军11万人，解放县城以上城市52座，建立了有253万平方公里的8个抗日根据地，为中华民族解放立下了不朽功勋。①

二、“东北抗日联军”与中共领导的东北地区抗战

1.“抗联”的组建与东北抗日高潮的到来

1935年8月1日，中国共产党发表著名的《为抗日救国告全体同胞书》(《八一宣言》)，提出在全国建立统一的“国防政府”和“抗日联军”的主张。东北人民革命军率先响应，从1935年冬开始，在中共的领导下着手组建抗日联军。1936年《东北抗日联军统一军队建制宣言》发表，反日游击队、人民革命军等一律改成“抗日联军”。1936年2

① 参见《人民日报》2003年8月15日第16版。

月20日，中共驻共产国际代表团以杨靖宇、赵尚志等人的名义发表《统一军队建制宣言》，东北人民革命军等抗日队伍陆续改组建制为"东北抗日联军"。结果全国性的"抗日联军"没有建立起来，中共领导的"东北抗日联军"建立起来了，这是东北地区最主要的抗日武装，在抗日战争史上写下了壮丽的一页。随着东北抗联的组建，东北地区抗日的最高潮到来了。

他深入东北与群众结合，从最艰苦情况下作起，特别是他手创了最坚强的**抗日联军**第五军。后来在三七年，全**东北抗日联军**编为三路，他是第二路军的总指挥，给了日人很大的打击和杀伤，因此日人非常仇恨他，也非常怕他。他们悬赏说："拿周保中的肉可以换金子，一斤换一斤。"到处贴满图画，画他在大树底下啃马骨头。（刘白羽《周保中将军》，《人民日报》1946年7月21日）

尽管蒋介石的不抵抗主义把他们出卖给日本侵略者十四年之久，而共产党领导的**东北抗日联军**坚持了抗日游击战争十四年之久。（新华社社论《东北一年》，《人民日报》1947年5月31日）

1938年11月，中共中央扩大的六中全会给以杨靖宇为代表的**东北抗日联军**、义勇军和东北同胞发来慰问电，称赞**东北抗日联军**是"在冰天雪地里与敌周旋七年多的不怕困苦艰难奋斗之模范"。（《东北抗日联军史料·前言》）

"东北抗日联军"简称"抗联""联军"。"联"即联合东北各地大小抗日队伍，统一建制。

1938年以后日寇采取了越来越厉害的奸淫烧杀抢掠，归屯并户、坚壁清野，几千里农村变为一片荒土。就在这样的艰难局面下，共产党人和**抗联**的基干部队，依然以民族气节，与共产党人的光荣自豪自励，在冰天雪地、弹尽粮绝的情况中，坚持着抗日救国的旗帜。一九四四年当日寇进行所谓"横贯大陆作战"，蒋介石正徘徊于汪精卫幕后的时候，东北**抗联**仍展开了松江下游与嫩江平原的游击战，不断的作短促攻袭，以打击日寇。（周保中《彻底粉碎"二满洲"》，《人民日报》1947年9月21日）

当时在辽、吉、黑三省民间广泛的流传着这样一支歌曲："十大**联军**十万人，救国抗日一条心。步炮联合除倭寇，铁骑纵横扫妖气。但愿民族获解放，白山黑水庆升平。"（姜念东等《伪满洲国史》第七章）

1937年上半年，在中国共产党领导下，东北抗日联军已经由小到大，号称"十大**联军**"，兵力达二万余众，成为一支不可忽视的抗日武装力量。（《东北抗日联军（中）》，《人民日报》1985年1月7日）

2."抗联"的三路军和十二个支队

东北抗日联军共有十一个军。1936年，中共满洲省委撤销后，东北地区相继成立了中共东南满、吉东和北满省委。为适应抗日游击战争发展的需要，东北抗日联军先后组为三路军，即第一路军辖第一、二军，杨靖宇任总指挥；第二路军辖第四、五、七、八、十军及义勇军一部，周保中任总指挥；第三路军辖第三、六、九、十一军，赵尚志任总指挥。

> 我们是东北抗日联合军，创造出联合军的**第一路军**，乒乓的冲锋杀敌缴械声，那就是革命胜利的铁证。（杨靖宇《抗日联军第一路军歌》，萧三编《革命烈士诗抄》第三编）

> 东北人民抗日的力量更见加强了，在建制上统一了，抗日联军的组织领导编成十一个军和一个独立师。为了迎接事变，依照中共中央1936年7月5日的指示，把抗联各军分编为三个路军，确定三个方面的游击作战，以便在日寇大举侵略内地时，更有力的牵制日寇，打击日寇。1936到三七两年，**一路军**的挺进部队，曾过南满线，进击辽西，先后四次渡过鸭绿江、图门江，袭入鲜东，使日寇遭受意外打击。**三路军**越过了小兴安岭西，开辟了黑龙江平原的游击，**二路军**的西征军进出哈东，震撼了吉长和哈尔滨。（周保中《彻底粉碎"二满洲"》，《人民日报》1947年9月21日）

> 1938年5月11日，一二军在集安老爷岭集合，正式成立抗联**一路军**。杨靖宇同志任总指挥，通化地区、吉海铁路及安奉路的救国军、义勇军、反日山林队等都参加了**一路军**。（姜念东等《伪满洲国史》第七章）

1939年冬，吉东、北满和东南满三个省委提出"逐渐收缩、保存实力、坚持斗争"的方针，并重新制定了新的游击斗争方案，将三个路军整编为十二个支队。

> 第一路军缩编为一、四、七共三个**支队**，第二路军缩编为二、五、八等三个**支队**，第三路军各军编三、六、九、十二个**支队**。部队经过缩编后，人员虽比过去减少了，但情绪稳固，思想坚定，组织纪律更加严明。（姜念东等《伪满洲国史》第七章）

1945年10月31日，中共中央决定将在东北的八路军、新四军和东北抗日联军合编为东北人民自治军，1946年1月改称东北民主联军。至此，东北抗日联军完成了自己的历史使命，东北抗联的广大将士又投入到解放全东北和全中国的伟大斗争中。此系后话。

"东北抗日联军"是"东北义勇军"和"人民革命军"战斗的继续，它的建立说明东北抗日斗争达到了最高潮。抗联各军在白山黑水间进行的大规模游击战争，威胁着日伪统治，牵制了日军的大量兵力，有力地配合了全国抗战。抗联的历史是伟大的，抗联战士们是战斗在炼狱里的英雄，它培养了一大批党的优秀干部和指战员，也产生了许多可歌可泣的英雄故事。既培养了杨靖宇、赵尚志、赵一曼等民族英雄，也培育了金日成、金策、崔庸键等朝鲜民主主义人民共和国的开国元勋。抗联已经成为一个闪光的历史称号。

第三节　地方武装称谓与抗日游击战争

在抗日游击战争中，中国共产党坚决贯彻执行全面抗战路线，除了领导八路军和新四军这两支正规军主力部队对日斗争以外，还组织发动地方武装和群众武装——武工队、游击队和民兵，展开抗日斗争。他们有力地配合了正规兵团的抗日斗争，使得抗日斗争的形式更加丰富多彩。"武工队""游击队"和"民兵"成为社会称谓词，即使在今天，还深深地印在人们的脑海当中，而且"游击队"和"民兵"这两个称谓至今还在使用，只不过其具体所指已经有所不同。但是一提到这些个称呼人们自然而然地会联想到抗战时期的他们，毕竟那段抗日斗争史令人难以忘怀。今天我们再来重新整理这三个称谓，通过这些称谓来缅怀那些无名英雄，勿忘日寇侵华的罪恶历史。下面我们分别加以描述。

一、"武工队"与敌占区革命斗争

1."武工队"产生的历史背景及其性质

新中国成立以后，以冯志《敌后武工队》为代表的很多抗战文学都描写过武工队，再加上当时就有很多同志本身就是当年的武工队员，所以"武工队"这个称呼在当时并不陌生。可是当历史的车轮不断前行，"武工队"这一具有历史意义的称呼却仅仅在那些文学作品和史料中记载着，在现实生活中已经难闻其详了。但是这种武装组织曾经成功开辟敌后抗日工作，并且有力地配合了正面作战。所以这一特定称谓反映了那段特殊的抗日斗争，同样那段特殊的斗争又凝聚在这个称呼上，让后人能够通过这一称谓了解那段特殊的抗日斗争史。

"武工队"是在抗日战争进入相持阶段这个特殊时期产生的。党中央为了更好地开展反扫荡、反清乡工作，采取"敌进我退"的方针，在无法进行大部队作战的情况下，我们需要无数支"经过训练，善于执行军事政治各方面任务的'武装工作队'"，以便"深入敌后之敌后、袭击敌伪，组织人民，以配合解放区正面战线之作战"。[①]《敌后武工队》第一章交代，那支武工队组建于1942年，系抽调冀中九分区部队人员组成。分区参谋长交代任务说："根据咱冀中现在的环境，根据党中央的指示，我们现在要抽调一部分具有一定战斗经验和文化程度，能掌握和贯彻党的各种政策的优秀的共产党员，组织一支短小精悍的武装工作队，深入到敌后的敌后，去开辟敌占区。毛主席说：'东方不亮西方亮，黑了南方有北方。'

① 参见《毛泽东文集》第三卷《一九四五年的任务》一文。

鬼子让咱冀中根据地变了质，武装工作队就变成一把牛耳尖刀，悄悄地插到敌人心脏里，去搅合它个乱七八糟。"这段话将武工队的性质任务交代得十分清楚。这支武工队四十六七人，下分若干小队，"从人员到武器，真是棒得出奇"，"武工队的队员们，都是九分区部队的金疙瘩，富有战斗经验的班、排干部"。可见的确是"短小精悍"。他们脱下军装，换上便衣，神出鬼没，的确像插入敌人心脏里的"一把牛耳尖刀"。根据活动方式的公开还是隐秘，武工队又分为不同类型，中共中央1945年1月25日《关于武工队工作给华中局、五师、东江纵队的指示》归纳为三种类型：一种是阵地作战、正面推进的公开型；一种是深入敌人内部掌握合法斗争的秘密型；一种是钻入敌占区争取群众的半公开型。

据此可知"武工队"是一个缩略语，它的全称是"敌后武装工作队"，是由主力部队抽调并派遣出来的。它同其他称谓一样，最初只是一个武装组织，具体说是一个党、政、军、民相结合的一元化战斗组织，其特点是政治攻势与武装活动相结合，公开工作与秘密工作相配合。作为一个社会称谓的"武工队"，既是一名战斗员，又是一名宣传员，并且还是群众工作的领导者和组织者。在政治上，他们采取唱歌、演戏、画漫画、写标语等各种形式进行革命鼓动和宣传；在军事上，打击敌伪军，消灭罪大恶极的汉奸特务，摧毁伪政权、摸哨兵、袭据点、打埋伏等，组织和开展群众的抗日工作。因此，"武工队"成为敌占区人民的希望和保护神，成为我党我军的光荣旗帜与表率。

2."武工队"的威名及其具体指称意义

由于"武工队"特殊的工作区域和特殊的斗争对象，"武工队"对人民讲是侠客般的救星形象，对敌人却成为刺客的代名词，所以我们在文学作品和影视作品中往往可以看到这样一种"武工队"的形象：他们灵活机警，大胆勇敢，神出鬼没，飘忽不定，常常袖中利剑、怀里匕首，让汉奸寒心，使敌特丧胆。"武工队"便由最初是一个武装组织名称又延伸成一个社会称谓，来指称该组织的整体、部分或者个体成员。举例如下：

> 由于一年来政治攻势与军事攻势相结合的胜利，形成我相遇交通要道与大城市，包围大股伪、顽军与矿山、沿海地区的新形势。这就给**武工队**提出新的任务，要求**武工队**今后不仅要起战术作用，而要充分认识战略意义，要真正成为毛主席所说："经过训练，善于执行军事政治各方任务的**武工队**"，"深入敌后之敌后，袭击敌伪，组织人民，以配合解放区正面战线之作战"。（《中央转发山东分局、军区关于武工队组织领导问题的决定》[1945年3月6日]，《中共中央文件选集》第十五册）

> 那么，小李庄一带敌人这样猖狂，为什么不来个**武工队**打一打呢？因为这样的**武工队**并不太多，不可能哪儿要哪儿有。再说，何止小李庄一带这样残酷？其他还有许多地方也是如此。这就更加不可能到处都有**武工队**。（刘流《烈火金刚》第二十六回）

> 人们来自不同的村落，却怀着一个共同的心愿："打死汉奸刘魁胜！""枪毙老鬼子

松田!""报仇!""伸冤!"……随着战争形式的急剧好转,再加上武工队神出鬼没的节节进逼,敌人也就逐步的向保定城里龟缩了。(冯志《敌后武工队》第二十七章)

原来进来的这些人,正是住在靠山堡马区长领导的武工队。都是二十一二的棒后生,一律穿着便衣,个个都有两件武器,专门在这一带打击敌伪,做发动群众工作。(马烽、西戎《吕梁英雄传》第十六回)

那天凑巧傍晚他又在那家酒馆喝酒,我们武工队就在酒馆附近埋伏了。等他酒喝得差不多的时候,酒馆掌柜仓仓惶惶地进去告诉他:"不好,八路来了!"他慌里慌张地跑出来,嚷着:"八路在那里?"我们武工队"噹"地一枪:"八路在这里!"他就像真的"醉"了一样,一头栽地,再也不起来了。(吴伯箫《黑红点》,黄钢《中国解放区文学书系·报告文学编》)

开会了,鬼子队长大岛首先唠叨一番,一个头戴日本军帽,眼罩金丝眼睛的翻译正在翻话:"皇军说,要顶住武工队、红胡子的干活。要把几个小村庄合并成一个大村庄。好处大大的,有利皇军的圣战,不利土八路活动。哪个庄子窝藏八路不报告,全庄统统地死啦地,死啦……"(白光《战斗在敌人的心脏》,《鲁北烽火》)

的确,"武工队"是一个在敌占区让鬼子、汉奸寝食难安的社会称谓,另一方面却又折射了八路军进行这种斗争的有效性,有力地配合了根据地斗争。"武工队"既是一个武装组织又是一个社会称谓,它也反映了我党在敌占区所开展的对敌政治、军事工作的一部分,是反映抗日斗争历史极富表现力的一个称谓语。

二、"游击队"与抗日游击战争

1.由当今种种"游击队"名堂说起

"游击队"这个称谓对我们来说是再熟悉不过了,我们从小就唱《游击队歌》,观看《平原游击队》《铁道游击队》电影,阅读有关游击队的抗战作品,听老人讲游击队的故事,可以说,我们是受游击队影响最深的一代。可是改革开放以后出生的那一代对抗日游击队的认识就显得模糊了,他们所熟悉的游击队种类繁多:超生游击队、考研游击队、雅思游击队、烧烤游击队、擦鞋游击队、开锁游击队、破烂游击队、家装游击队等。这些个游击队已经不是"革命"的游击队而是"要命"的游击队,大多含有贬义色彩,有些还是违反法律的,与抗战时期的"游击队"已相差甚远。当然语言具有社会性,人们都这样使用"游击队",并赋予它新时期特定的含义,这属于词义的引申,无可厚非。但是抗战时期的游击队却是当时社会生活的一个缩影,一面镜子,是共产党伟大游击战术的烙印,所以重提抗战时期的游击队有着特殊的历史意义和现实教育意义。

2."正规战"到"游击战"的伟大战略转变与抗日游击队的产生

抗战爆发后,在日寇强大军事优势的进攻下,1937年8月底,中共中央政治局在陕北洛川及时召开了扩大会议,决定在军事上实行由国内正规战争到抗日游击战争的战略转变,把党的工作重心放在战区和敌后,放手发动群众,开展独立自主的游击战争,以配合正面战场作战。1938年5月毛泽东发表《抗日游击战争的战略问题》,对游击战的重要性和战略战术等问题予以详细论述。"游击战"虽然在主要兵团作战中不起决定作用,但是这种"游击战"能够部分地恢复被占领土和维系敌占区民众的人心,它使日寇无法从占领区中取得人力和资财来扩充自己,所以也是一种政治战争。正是在这种形势下,一支支共产党领导的抗日游击队诞生了。

3."游击队"的类别、作用及其称谓使用情形

游击队有两类,一是我党主力部队化整为零分散组成的小部队,二是地方党组织发动群众组建的当地游击武装。这些抗日游击队,在政治上成了民众抗日的学校,成为抗日民族统一战线的武装宣传者和组织者;它能够为大部队创造优良的后备军和新的兵团;在军事上,主要是破坏敌人后方交通、仓库,袭击敌人飞机场;暴露敌人的企图;震撼敌人的军心;破坏敌人政权,恢复自己的政权;分散、消耗、袭扰敌人;破坏敌人的经济、给养;消灭敌人的有生力量。

抗战文献中,"游击队"称谓使用极为频繁,这个称谓既可指一支抗日游击队伍,也可以指游击队员。

> 这时忽然左边山坡上打过来了手榴弹,鬼子兵回转头一看,那八个**游击队**又转来了,便连忙丢开这三个大姑娘,一拥下来打**游击队**,心中真是气愤,恨不得把**游击队**一口活吞下去。(柯蓝《洋铁桶的故事》,康濯主编《中国解放区文学书系·小说编》)
>
> "我不愿对日本人低三下四!"程天河说。"发了急,我就当**游击队**去!""唉?"俺伯伯程大方气得说不出话来,"你说啥?你当**游击队**去?"他气喘着连连问道。(丰村《望八里家》,曹增渝主编《河南新文学大系》1917—1990短篇小说卷一)
>
> 晌午后,虽然敌人已占领全村四分之三,但几次进攻都无法攻进村中心,后来,敌人停止打枪,开始挖地雷,寻找地道,并向守在地碉的**游击队**无耻喊话。"土八路,投降吧……""日你妈……"**游击队**用咒骂和射击来回答。(纪希晨《英雄的孩子》,《晋绥革命根据地文艺作品选》)
>
> 可是一切都是白费,他们没有扒出一个**游击队**,他们对着一个个开的黑洞口,只有空空的愤恨和咒骂,谁也不敢进去。(刘昭《考城的地道战》,《冀鲁豫文学作品选》)
>
> "翻译官"和便衣汉奸走来走去的问:"谁是八路军?谁是共产党?站出来!"问

了半天,没人应。又问:"谁是干部?谁是游击队?"还是没人应。(袁静、孔厥《新儿女英雄传》第八回)

三、"民兵"与全民抗战

1."民兵"的性质及其重新获得生命力的历史原因

"民兵"一词,最早见于南北朝时期。据《魏书》卷五十一记载,北魏文成帝兴安二年,淮阳王皮豹子在抵御氐羌时曾上表曰:"臣所领之众,本自不多,唯仰民兵,专恃防固。"唐朝武后万岁通天元年,曾在边境地区建立民众武装,称"团结兵",主要任务是配合军队守卫边疆。唐玄宗开元八年,"团结兵"扩展到关内各道,一般"选丁户殷赡,身体强壮者充之,免其征赋,仍许在家常习弓矢"[①]。北宋时,民兵(亦称乡兵)遍及各地,战斗力较强;神宗熙宁三年,政治家王安石推行新政,为革除募兵弊病,变募为征,曾倡行保甲,训练民兵;熙宁五年,民兵隶属兵部,列为国家武装力量的组成部分。明朝在军籍之外,一直兼行民兵制,组织各种名目的民众武装,如民壮、义勇、乡兵、苗兵等,用以维持地方治安,守卫边防。清朝亦普遍建立有"乡兵"(又称团练或民壮)。民兵有事则战,无事则耕,暇则讲武,卫国保家,其制度是寓兵于农的有效形式。国家投入少,受益多,对于加强国防建设和经济建设具有重要意义。古代"民兵"的性质是一种乡兵。

到了抗日战争时期,"民兵"这个社会称谓词获得了新的生命力,有它其特定的历史原因。1937年抗日战争全面爆发后,国民党和共产党在抗战路线上采取截然不同的方法,毛泽东根据抗日战争的特点,并针对蒋介石国民政府的片面抗战路线,提出全面抗战路线,动员一切抗战力量参加抗战,从而形成人民战争思想,依靠广大人民群众,开展了轰轰烈烈的抗日武装斗争。尤其战争进入相持阶段以后,针对日本侵华策略进行了调整。1938年毛泽东在中共扩大的六届六中全会上号召建立一种"普遍与经常的民兵制度",1941年11月,中央明确了主力军、地方军和民兵三结合的武装力量体制,要求各解放区的所有乡村和城镇普遍建立民兵组织,并在边区、行署、县、区建立人民武装委员会,使民兵有了统一的指挥机构,从而形成了较为完整的"民兵"制度。可以这样说,"民兵"这个新的社会群体的出现,是抗日战争的全面爆发和抗战相持阶段到来的产物,也是毛泽东关于抗日战争的"人民战争思想"的产物。可见抗战时期"民兵"的性质,是一种新型的乡村民众抗日武装组织,是八路军和新四军的得力助手和强大的后备力量。

2.抗战期间民兵的作用和"民兵"的指称对象

在艰苦卓绝的抗战相持阶段中,广大民兵拿起各种各样的武器,凭借人熟地熟的优

---

① (唐)李林甫等撰,陈仲夫点校:《唐六典·尚书兵部》,中华书局1992年版,第157页。

势,人自为战,村自为战,活跃在敌后广阔战场上,展开空前规模的人民游击战争,创造出诸如地道战、地雷战、麻雀战、破袭战、围困战等许多巧妙战法,配合八路军、新四军狠狠地打击了日本侵略者。民兵和自卫队还日夜担负着站岗放哨、侦察敌情、传递情报、捉拿汉奸等繁重的战斗勤务,并同人民群众一起,实行坚壁清野,使敌人所到之处,断粮缺水,处于困境,为主力部队歼灭敌人创造了有利条件。抗战期间涌现出的民兵英雄的名字今天仍犹在耳边,例如爆破英雄李勇、于化虎、赵守福、李明、李念林,杀敌英雄郝庆山、徐顺孩、黄小旦、孙双保,神枪手李殿冰、刘二堂、高运成、陈丙昌,劳武结合模范张初元,智勇双全的女民兵英雄孙玉敏、刘虎成等。这些"民兵"的名字一样使鬼子汉奸闻风丧胆。广大民兵的艰苦奋战,对取得"反扫荡""反清剿""反蚕食"斗争的胜利,粉碎敌人的"三光"政策,巩固与扩大抗日根据地,坚持持久战,起到了巨大作用。正因为民兵有如此的力量,新中国成立后,才被确立为国家的一项军事制度。

"民兵"是一个泛称,一般由青壮年担任(包括"青抗先"和"模范队"),该词既可做集体称谓泛指抗日民兵组织,又可做个体称谓指其组织成员。

昨天他亲自到这儿来传达何世雄的命令,天黑了不敢回去,刚好给**民兵**包围在里面了。(袁静、孔厥《新儿女英雄传》第十九回)

"啊呀,是十孩啊!"狗小听出是**民兵**来检查了,赶紧出来给十孩说好话:"你看姑舅今日前半天给抗属割麦,后半天又给自家抢着割,回来迟,身上困啦,打算圪躺圪躺再走。"(胡正《民兵夏收》,《晋绥革命根据地文艺作品选》)

把牛都赶到山梁的背坡,他领着另外三个**民兵**跑到前边山峁上。顺着放哨的手,看见从据点里出来两个老百姓,都是赤手空拳。(马烽《张初元的故事》,《晋绥革命根据地文艺作品选》)

他俩走过去,瞧见一个**民兵**淋得浑身是水,戴着尖顶草帽,蹲在酸枣树底下,抱着一支大枪;见他俩来了,忙站起来说:"嘿呀,指导员! 怎么你们来了?"大水笑着说:"看你们来啦。这么大的雨,可淋坏了吧?"那**民兵**说:"哈,你们不怕淋,我们更不怕啦!"(袁静、孔厥《新儿女英雄传》第十九回)

3.抗战时期几种特殊的群众武装和民兵组织形式及其称谓使用

民兵既称"兵",本身就是有组织的战斗集体。但它毕竟又有具体的组织形式及其名称。常见的是"民兵队",抗战时期各村都有自己的民兵队,如电影《地道战》的主人公高传宝,就是高家庄民兵队的队长。随着民兵队伍的壮大,进一步由各村民兵的精干组成"民兵连",如《新儿女英雄传》第十九回写道:"这天晚上,县城附近的岗楼,都给新组织起来的民兵连,包围的包围,控制的控制了。"

像"民兵队""民兵连"这类词语,一望而知都是明显的民兵武装组织,不致引起意义和所指方面的疑问，所以本书不加以收录和解释。其他一些称谓则不然，如“自卫队”（即抗日人民自卫队）、“青抗先”（即青年抗日先锋队）、“基干自卫团”（民兵之精干）、“普通自卫团”（普通民兵）、“游击小组”等，事过境迁，仅从名称表面已看不出它们的性质。今天阅读有关抗战文献，详细情况可以不管，但需要知道它们都是抗战期间的民兵组织名称或曰称谓。下面是这些称谓的用例，其中也部分包括了对它们的划分和界定。

（1）“自卫队”的性质及其与“民兵”的区别

“自卫队”是根据地的一种最普通的群众抗日自卫武装，凡年龄在16岁至55岁者，不分阶级、性别、种族、宗教、信仰，均应登记参加。广义上讲，自卫队也属于民兵武装，但一般“民兵”指自卫队中的基干和精锐部分，一般自卫队多用大刀梭镖，民兵使用各种枪械。此外自卫队编队也不甚整齐严格。

> 一切战区与敌人后方，必须发动所有男女人民卫国保乡的热忱，除动员他们大批加入脱离生产的游击队与补充留置敌后的正规军外，把他们组织到半军事性质的**抗日人民自卫队**中去。**抗日人民自卫队**的组织，应成为一切战区与敌人后方的普遍与经常的民兵制度，他们是不脱离生产的。（毛泽东《论新阶段》[1938年10月]，《中共中央文件选集》第十一册）

> 民众成立**自卫队**来警卫自己在战地的生活，或巩固后方，是万分必要的事。**自卫队**执行这一警卫任务，主要是抗日戒严，也就是巩固抗日政权……（刘伯承《抗日自卫队三个基本任务》[1937年12月7日]，《刘伯承军事文选》）

> 1941年，中共中央军事委员会进一步确定主力军、地方军和民兵所组成的武装力量体制，并规定民兵和**自卫队**都是不脱离生产的群众武装组织，民兵是**自卫队**的骨干。（《紧急动员起来为建设坚持巩固的山东民主抗日根据地而斗争》，《山东革命历史档案资料选编》第七辑）

“自卫队”联合起来，可以叫作“自卫团”。二者是一回事，只在规模大小之别。有的地方把自卫团分为“普通自卫团”和“基干自卫团”。“普通自卫团”是包括大年龄的普通群众在内的广义的自卫团，“基干自卫团”即民兵，由自卫团中青壮年骨干组成。

> **基干自卫团**（也叫民兵）必要时半脱离生产，由十六岁至三十岁之男子普通自卫团员志愿组织，起模范骨干作用，要达到**普通自卫团**的三分之一（十六岁至二十三岁之自卫团员得志愿加入青抗先）。（《村政工作讲授提纲草案》，《山东革命历史档案资料选编》第七辑）

（2）“青抗先”和“模范队”的性质及区别

“青抗先”和“模范队”是民兵的组成部分，抗战特定时期的民兵组织称谓。它们都是抗日根据地建立的坚持参加生产的半军事性的自卫武装组织，是自卫队中的精干部分。“青抗先”发展较晚，刘伯承在1937年12月7日《抗日自卫队三个基本任务》一文中尚未提到“青抗先”，他把“模范队”定义为一种由自卫队中优秀分子组成的脱产武装。后来二者并列，在年龄上作出划分，中央军委1941年《关于抗日军事建设的指示》规定：青抗先（全称“青年抗日先锋队”）16—23岁，模范队（即“模范自卫队）24—35岁。表面是年龄问题，实际24—35岁的中年，无论在体力和经验方面都比24岁以下年轻人占优势。于此可见，此“模范”为优秀之义，与工作中评比的先进模范无关。

> 同时在自卫队中选出优秀分子脱离生产，组成各编村的**模范队**，同县、区干队作为全县、区、编村自卫队训练及游击的核心，并在敌人可能侵入的区域内，依这些**模范队**作基础，来扩大成基干游击队的组织，游击敌人。（刘伯承《抗日自卫队三个基本任务》[1937年12月7日]，《刘伯承军事文选》）

> 自卫队和民兵（包括**模范自卫队**和**青抗先**）都是广大民众保卫家乡、保卫抗日根据地、不脱离生产的武装自卫组织，但二者的范围与任务却互有不同。……民兵则是自卫队的骨干，它是下层人民武装中的高级组织，是由**模范自卫队**与**青年抗敌先锋队**两种群众性的组织，在完全自愿的基础上组织起来的。所有身强力壮、愿意武装杀敌的男子，均可按自愿原则加入。（《中央革命军事委员会关于抗日根据地军事建设的指示》[1941年11月7日]，《中共中央文件选集》第十三册）

> 根据这些论述，敌后根据地都纷纷把民兵中的青年组织起来，建立了**青年抗日先锋队**一类的青年半武装组织。他们有的有枪，有的有红缨枪，积极参加到抗日斗争的行列中去破路炸桥，袭击敌人，疲劳敌人。参加“**青抗先**”的大部分都是基干民兵，通过“**青抗先**”这种形式，使青年经受了武装斗争的锻炼，既增长了才干，又锻炼了意志，使他们在抗战中发挥了作用。（《为千秋功业奠基石——陈云同志抗战时期培养教育一代青年纪实》，《人民日报》1997年1月14日）

(3)“游击小组”的性质作用

“游击小组”是抗日游击区和根据地的特殊的民众武装单位，是自卫队和民兵的核心，其作用主要是袭扰和伏击敌人，是游击队和正规军的有力助手，又是游击队和正规军的兵源补充，对抗战作出了很大贡献。

> 此时如能以**游击小组**于敌人先头部队之前方侧方实行扰击而抓住敌人，则更便于伏击部队之袭击。……伏击敌人单个或少数的传令兵、采买、侦探等，则是**游击小组**或游击队所派出的便衣侦察员的任务。此种机会很多，不应放弃。（毛泽东《论抗日游击战争的基本战术——袭击》[1938年1月11日]，《毛泽东文集》第二卷）

> **游击小组**是正规军和游击队的有力助手。正规军是在根据地内作战也间常去游击区作战的，游击队是以根据地和游击区的交界地区为依据经常向游击区作战

的，**游击小组**是在两区交界和整个游击区内生存而为正规军和游击队的助手。**游击小组**是自卫军的核心，没有自卫军也可单有**游击小组**。如果游击区内满布了**游击小组**，正规军和游击队就很好作战。**游击小组**不但是正规军和游击队的助手，又是扩大正规军和游击队的可靠基础。（陈云《论游击区的一个重要斗争形式——游击小组》[1940年1月22日]，《陈云文选》第一卷）

春天，鬼子占了市镇，离这儿更近了。还经常出来骚扰。这一带的抗日自卫队，大部分参了军，编进地方兵团，开到别处去了。各村又纷纷成立**游击小组**。刘双喜在中心村当村长，兼支部书记。上级又调牛大水到中心村当中队长，领导几个村的武装。……有一次，大水集合了各村**游击小组**操练，老排长给大家教。（袁静、孔厥《新儿女英雄传》第三回）

当然，由于各根据地分布的地区不同，这些民兵组织的具体情形也会存在地区差异，群众在使用民兵、青抗先、基干自卫团（队）、游击小组这些称呼时，并不像语言学上要求那么严格，而是带有某种模糊性，但求交流信息和传达思想则可。今天通过这些称谓，我们仿佛又看到了当年如火如荼的抗战生活和一幅壮丽的人民战争画卷。

第三章　普通群众抗日斗争与其社会称谓

本章涉及到的主要称谓如下：

<table>
<tr><td rowspan="2">第一节</td><td>一、二</td><td>青救会、农救会、工救会、妇救会、各救会、农民抗敌协会、青年抗敌协会、妇女抗敌协会、农抗、青抗、妇抗</td></tr>
<tr><td>三</td><td>儿童团、识字班</td></tr>
<tr><td rowspan="2">第二节</td><td>一</td><td>堡垒户</td></tr>
<tr><td>二</td><td>抗属、伪属</td></tr>
</table>

第一节　抗日根据地各种群众救国组织成立及其社会称谓的使用

一、作为团体名称的各类"救会"称谓

上编提到，全国各届救国联合会的成立对抗日救亡运动发生很大影响，抗战全面爆发后，在华南、华北、西北和南京、济南、武汉等地相继成立了地方各届救国联合会。

在共产党建立的敌后抗日根据地，也成立起各类"××抗日救国会"的团体，平时则多用其简称，如"青救会""农救会""工救会""妇救会"等，还有在此基础之上的联合组织"各救会"。一时间这些称谓成为遍及根据地乡村的时尚名词。在抗日根据地和边区，这些团体的抗日救亡活动是异常活跃和富有影响的，它们的覆盖面非常广泛，包括了农村中各个阶层的爱国群众，它们往往接受共产党的领导或者积极响应党的抗日主张，从而成为共产党的外围组织。下面就将其择要介绍和举例如下。

1."青救会"——青年抗日救国会

1936 年 11 月中共中央发布《关于青年工作的决定》，为适应新的形势，建立广泛的抗日统一战线，将以往第二党式的共青团组织取消，而代之以更加广泛的青年爱国团体。于是"青年抗日救国会"的形式出现了，其通常使用的简称形式是"青救会"，在抗日根据地尤其流行。它实际上是共青团组织在抗战时期发展变化形式，不分阶级派别，凡赞成抗日的爱国青年均可参加。

自从对青年运动采取广泛的统一战线方针,并改变共产主义青年团为青年救国会的组织以后,青年运动得到广大的发展,青运工作是有成绩的。党在青年运动中的总任务现在仍然是团结整个青年一代,不但应组织全体工农青年,还应极力争取地主、富农、资本家的青年,仅仅打击与孤立那些绝对坚决不愿改悔的汉奸分子与反共分子。青年运动的组织形式应与此任务相适合,而**青救会**就是适合于团结各阶级青年的主要的组织形式。(《中央关于青年工作的决议》[1941 年 6 月 4 日],《中共中央文件选集》第十三册)

"不是,妈!"秀子接着回答,"俺哥中学毕业了,在县上**青救会**工作,还是全县的儿童团长哩!"(冯德英《苦菜花》第十六章)

青救会领导青年参加青抗先等抗日自卫队和民兵组织,他们平时放哨巡逻,生产自救,减租减息,防奸捉匪,查禁粮食、食盐等物资偷运到敌占区;战时搜集敌情、传递情报,掩护群众避难转移,在保卫争权、巩固根据地斗争中作出了不可磨灭的贡献。

2."农救会"——农民抗日救国会

农民抗日救国会是抗战时期解放区农村中的农民群众团体,简称"农救会",与第二次国内革命战争时期的农会(农民协会)大致相当,但在抗战大局下,性质任务发生了变化。抗战期间的解放区农救会,主要是在党的领导下,组织农民进行抗日、减租减息、除奸反霸和生产运动等。

农救会的任务,在减租减息之前,主要的是协助政府实行减租减息的法令。在减租减息之后,主要的是协助政府调解农村纠纷与发展农业生产,而不是以自己的决定代替政府的法令,不是以农救代替政府。在调解农村纠纷的任务上,应取仲裁的方式,而不是专断的方式。在发展农业生产的任务上,应动员所有农救会员起模范的领导的作用。(《中共中央关于抗日根据地土地政策的决定》[1941 年 1 月 28 日中央政治局通过],《中共中央文件选集》第十三册)

老杨同志道:"你想得很是路,咱们现在预备就是要预备这些。咱们这些人数目虽然不少,可是散着不能办事,还得组织一下。到人家进步的地方,早就有组织起来的工农妇青各救会,你们这里因为一切大权都在恶霸手里,什么组织也没有。依我说,咱们明天先把**农救会**组织起来,就用**农救会**出名跟他们说理。咱们只要按法令跟他说,他们使的黑钱、押地、多收了人家的租子,就都得退出来。他要无理混赖,现在的政府可不像从前的衙门,不论他是多么厉害的人,犯了法都敢治他的罪!"小保道:"这**农救会**该怎么组织?"老杨同志就把《会员手册》取出来,给大家把会员的权利、义务、入会资格、组织章程等大概讲了一些。(赵树理《李有才板话》八)

抗战结束后，解放区实现土地改革，农救会又改称“农会”。

3.“工救会”——工人抗日救国会

工救会实际上是“工会”在抗战期间的特殊形式。在抗日救国的旗帜下，边区根据地的城乡都把工人组织起来，成立“工救会”，农村则主要由手工业者、各类工匠组成。

工救会秘书自己就是木匠，散会之后，冯占元先请他又叫了两个木匠，又先把自己门前的白杨树捐出来，连夜动手砍树。（赵树理《开河渠》[鼓词，不全]，原载1941年1月1日《抗战生活》三卷三期）

1939年夏，包括以牺盟会名义组织起来的**工救会**会员、农救会会员、青救会会员和妇救会会员在内，牺盟会会员达到300万人左右，为党在山西开展抗日斗争奠定了雄厚的群众基础。（《牺盟会与山西新军(上)》，《人民日报》2007年3月6日）

4.“妇救会”——妇女抗日救国会

抗日救亡运动全面开展，妇女也不甘落后，各地纷纷组织起妇女抗日救国会，简称“妇救会”。在抗日根据地，“妇救会”是一个流行名词，它是广大妇女的主要组织形式。

四、健全群众团体的工作。……它们还有各自单独的工作，如工会要管理工人，**妇救会**要组织妇女，青救会要动员青年，等等。（陈云《陕甘宁边区的群众工作》[1939年10日]，《陈云文选》第二卷）

兴旺还没有离村公所，小芹拉着**妇救会**主席也来找村长。她一进门就说：“村长！捉贼要赃，捉奸要双，当了**妇救会**主席就不说理了？”兴旺见拉着金旺的老婆，生怕说出这事与自己有关，赶紧溜走。（赵树理《小二黑结婚》六）

抗战期间，各级妇救会把妇女们组织起来做军衣、做军鞋、纺线织布，劝夫参军支援前线，为妇女办夜校、学文化，解放思想等，同样为抗战作出很大贡献。

5.“各救会”——各界抗日救国联合会

在分支的各系统的救国会之上，各会派代表，再建立一个总的联合团体——各界抗日救国联合会，不过抗战时期通行的都是其简称“各救会”。

别的大村子都成立了村公所、**各救会**、武委会，刘家峧却除了县府派来一个村长以外，谁也不愿意当干部。（赵树理《小二黑结婚》四）

袁成隆……1938年参加革命工作，同年加入中国共产党，后历任陕北公学35分队学生队长，抗大一分校文工团主任，中共山东莒南县群委书记兼**各救会**会长。（《袁成隆同志逝世》，《人民日报》2002年2月1日）

正如毛泽东《论持久战》所说，“兵民是胜利之本”，“战争的伟力之最深厚的根源，存在于民众之中”。抗战期间这些民众团体，是广大人民群众参加抗战的象征。如今，国人对“青救会”“农救会”“工救会”“妇救会”“各救会”这类缩略式名词已经陌生了。但它们却忠实地记录了那段如火如荼的历史，因此我们从社会称谓的角度把它们发掘出来，也算研究者的一点责任。

需要加以补充的是，据我们研究考证："××抗日救国会"以及各类"救会"，只是北方根据地和八路军活动区域的名称，在江南新四军活动地区，农村群众团体则叫作"××抗敌协会"，如农民抗敌协会、青年抗敌协会和妇女抗敌协会。

在苏常太地区先后建立起县区党的组织，不少乡村建立了党支部，发展了党员，扩大了党的队伍。同时成立了县、区、乡的抗日民主政权。紧接着，组织了**农民抗敌协会**、**青年抗敌协会**、**妇女抗敌协会**，少年儿童们也参加了儿童团。这些群众团体组织，在党的领导下，广泛地开展了各项抗日活动。(《阳澄湖畔的抗日烽火》，《人民日报》1965 年 8 月 25 日)

刘虎成是华东代表团的一个出色人物，她是江苏省泰兴县姜南区的一个民兵女英雄。群众都叫她"刘司令"，今年三十二岁。她是一个赤贫佃户，解放前多年来不停的劳苦，却永远吃不饱，穿不暖，受尽地主的剥削与虐待。共产党到了她的家乡，发动了减租减息，她高兴了，她参加了**农民抗敌协会**。(《女司令刘虎成》，《人民日报》1946 年 4 月 2 日)

这类团体名称的简称是"×抗"，有"农抗""青抗""妇抗"等。兹举团体名称"妇抗"一例(转为指人个体称谓的"妇抗"容后举例)。

李兰英贫农出身，七岁丧父，母亲带她重嫁，人家因她是"拖油瓶"而百般凌辱，十八年来，一直过着"不名誉"的日子。新四军来后，她好容易翻了身，被选为乡**妇抗**主任和民兵指导员。(孙明《红枪女将李兰英》，《人民日报》1947 年 6 月 12 日)

"××抗敌协会"的叫法，虽是群众自发而为，但我们认为也是有所仿效的。抗战期间具有全国影响的抗日救亡团体，除前面提到的"全国各界救国联合会"外，还有 1938 年成立的"中华全国文艺界抗敌协会"。该会于 1938 年 3 月 27 日在武汉召开成立大会，通过了《中华全国文艺界抗敌协会》，选举出 45 人的理事会，当时最著名的作家诸如郭沫若、矛盾、老舍、胡风、郁达夫等都包括其中，还选举周恩来、孙科、陈立夫三位政治名流为名誉理事。所以，"抗敌协会"的名称在南方应该是颇具影响的。抗战初期，江南为沦陷区，新四军成立较晚，开辟抗日根据地也较晚，普通群众的抗日团体也就借用了"抗敌协会"的名称。资料有限，学术务实，附此备参，以俟高明。

二、"农救会""青救会""妇救会""妇抗"由团体名称转化为成员称谓

关于同一个词所表示的组织团体名称和成员称谓两种指称意义用法，本书灵活处理，如果词语少就放在一起介绍。这里的几个称谓词语，我们分开介绍，前面专门介绍

它们作为团体称谓的情形,而将成员称谓情形单独介绍。

社会称谓的形成发展过程中,很多社会称谓词,原本是有一定社会影响的组织、团体、派别、队伍之类的整体名称,但在其使用过程中,逐渐地转化为该集体中的成员称谓,比如“义和团”“革命党”“保皇派”“赤卫队”“八路军”等。这也是词汇使用和发展中的常见现象,似乎属于修辞学中的借代现象。但借代有“以部分代整体”的条例,这却像是以整体代部分(个体),或者暂且叫以专名代通名。反正本书将“组织团体名称转为成员称谓”的语言事实搁在这里,个中奥妙留待方家去讨论。

抗日根据地和边区里“农救会”“青救会”“妇救会”“妇抗”这些个群众组织就遵循了这种转化规律。那里的男女老少几乎都成了各救国会员,一个家庭里既有农救会员,又有妇救会员,还有青救会员等。但日常生活中却不用说“×会员”,只称其为“农救会”“青救会”“妇救会”,人们就明白这是成员称谓了。兹将这类称谓词合并举例如下:

他们把村里的老百姓,不管男女老少,都强行集中起来,架起机枪,端着刺刀,威逼、拷打,要群众说出八路军哪里去了,粮食、弹药藏在哪里,谁是干八路游击队的,谁家是抗属、**妇救会**?(亓星晨《战斗在莲花山区》,载于《徂徕烽火》)

老头子向来不进会场,一进会场,却真觉得热闹:宽大的场上,扎着台子,下面男男女女,黑压压地都坐在地上,有的说,有的笑,一个闺女子,站在一起闺女子前面,领着头吆呼起来:“欢迎**农救会**唱歌!”接着男的那一起,也照样喊:“欢迎**妇救会**唱歌!”“还害羞么?不要封建啦!”(申均云《他第一次的笑》,原载《胶东大众》第四十四期1946年10月30日)

明天就是民国三十二年的年三十。各个庄都忙得不亦乐乎:民兵、**农救会**、青抗先忙着排高跷、借衣裳、拾掇锣鼓家什,**妇救会**、识字班、儿童团募捐做“光荣牌”……预备过了年到九女墩去公祭烈士塔,慰问抗属。(韩川《乌龟店》,康濯主编《中国解放区文学书系·小说编》)

后面五六个敌兵看到是一个携枪的“**妇救会**”,于是都起劲地追赶着。(胡正《碑》,原载《解放日报》1943年5月26日,康濯主编《中国解放区文学书系·小说编》)

特别是淮北二中同学化装演出的“打倒蒋介石活捉刘峙和薛岳”的活报剧,博得大家热烈的鼓掌,大会主席台对面是二师战士和宿城基干民兵,两边是**妇救会**、**青救会**、姊妹团、儿童团及各界群众。(吴岐山《罗炳辉师长在宿城的日子里》,《宿迁文史资料》)

前面已经说到,“妇抗”是新四军活动区域的妇女抗日团体,下面的例子也说明它已经转化为成员称谓,“一个妇抗”——意义甚明。

殷超兄弟俩把李大姐送到门口,指她上李抗属家的路临分手的时候,指导员对她说："明天开会你也要来参加，有你们**妇抗**在场说话要周到些，哈哈，李大姐嗳！我看你妇女的立场拿得真稳！"（菡子《纠纷》，康濯主编《中国解放区文学书系·小说编》）

一个**妇抗**也站起来表明两句："现如今婚姻事，妇女也有权，他来顺大大死了几年了，像他家那样情况，跟刘二这样，也没有什么了不起，可怜来顺妈这几天给那些坏人唻的，也真愁够了，人家妇女痛苦很大的，我们以后见到她不要笑话她。"（菡子《纠纷》，康濯主编《中国解放区文学书系·小说编》）

三、根据地"儿童团"和"识字班"的称谓性质和实际应用

1. 根据地的抗日儿童团与"儿童团"称谓运用

土地革命时期，党领导下的少儿组织叫"共产主义儿童团"。抗日战争爆发后，形势发生了变化，在各敌后抗日根据地，随着各种群众抗日组织的建立，广大儿童也普遍地建立了自己的组织——抗日儿童团。参加儿童团的是7岁至15岁的男女儿童。各地都十分重视儿童团的建设，例如晋察冀边区统一规定了儿童礼（右手五指岔开放在鼻子上边）、儿童帽、儿童衣、儿童棍和儿童团的五大纪律。[①] 每个村庄和区都建立起了儿童团组织，抗日儿童团一般受本村青救会领导。抗日儿童团一般情况下以其简称形式"儿童团"在现实生活中应用，既作团体称谓，又作成员称谓。

青年救国会及其领导下的**儿童团**，其最主要任务之一，即为文化教育方面的活动。他们应该成为党与政府在国民教育方面的第一个助手。他们的会员的最大多数应积极参加国民教育的活动，在学校中，在社教中成为成年、青年、儿童的模范。（《中央关于开展抗日民主地区的国民教育的指示》[1940年3月18日]，《中共中央文集选集》第十二册）

我常常偎在干部姐姐和八路军哥哥怀里听胜利消息，同他们一起欢笑；但也有时听到昨天还教我们**儿童团**唱歌的战士和干部的牺牲情形而痛哭不止……这些平凡朴素又崇高伟大的人民战士的英雄事迹，给我留下了极其深刻的印象。（冯德英《苦菜花》后记）

儿童团的任务通常是站岗放哨查路条，以防止敌探、汉奸混入边区内地进行破坏。此外参加生产，组织学习，协助政府和群众优待抗日军人家属，也是儿童团员们热心从事的工作。儿童团成为抗日战争和以后的人民解放战争中一支不可少的力量，而且培养锻炼出了许多优秀的人才。这是中国的少年儿童们值得骄傲的一段历史。[②]

① 参见刘林之：《记抗日战争时期敌后的儿童团》，《人民日报》1950年6月2日。

② 同上。

2.抗日根据地文化扫盲与“识字班”名称的意义演变

“识字班”最初是民主革命时期文化扫盲教育的一种组织形式。早在土地革命战争期间,中国共产党为了在其领导的苏区普及文化教育、宣传革命纲领而把不识字的男女老少都组织起来识字学习。1933年6月,中华苏维埃共和国中央教育人民委员部还颁发了《识字班工作》训令,从中央到苏区各省、县、区、乡都建立了扫除文盲的组织机构,在农村中广泛开办了夜校、半日学校和识字班,广泛展开苏区扫盲工作。

到了抗日战争时期,在边区和根据地,党中央指示继续开办识字班,目的是为抗日战争服务,识字与生产劳动相结合,以唤醒广大群众的抗战觉悟,投入到抗战洪流中去。所以抗战时期“识字班”的含义,起初也是一种识字扫盲的学习单位,不分性别老幼均可参加,一般男女分开编班,有时妇女可以和儿童编入一班。

> 开办各种民众学校,夜学,**识字班**(女子可同男子分开,上课应在白天),组织各种识字组,大众黑板,读报,演讲,娱乐体育,壁报,戏剧等一切适合于民众需要及为民众所喜欢参加的活动。小学教员即应成为该乡该村社教的主持者,他的小学生中的优秀分子即可成为他的助手,即小先生制。(《中央关于开展抗日民主地区的国民教育的指示》[1940年3月18日],《中共中央文件选集》第十二册)

> 鲜姜台的**识字班**开学了。……全村的人都参加了学习。分成了两个班:自卫队——青抗先一班,这算第一班;妇女——儿童团一班,这算第二班。(孙犁《识字班》,《孙犁散文集》)

> 晚上,孟祥英到妇女**识字班**去了,婆婆又跟梅妮的姑姑谈起话来。**识字班**用的油放在孟祥英家,孟祥英回去取油,听见她们两人的半截话。(赵树理《孟祥英翻身》六)

“识字班”别无他意,字面意思已表明,就是识字的班。但既已成为流行词,用久了,便与参加识字班学习的人员联系起来,意义发生转化,也就产生了借代义,代指识字班学员。

> 明天就是民国三十二年的年三十。各个庄都忙得不亦乐乎:民兵、农救会、青抗先忙着排高跷、借衣裳、拾掇锣鼓家什,妇救会、**识字班**、儿童团募捐做“光荣牌”……预备过了年到九女墩去公祭烈士塔,慰问抗属。(韩川《乌龟店》,康濯主编《中国解放区文学书系·小说编》)

但是在一些地方,“识字班”的指代对象发生了特殊的变化。由于识字班成员大都是些具有抗日觉悟的妇女,有的地方干脆叫作“妇女识字班”或“农妇识字班”。于是人们便用“识字班”来指称妇女学员,久而久之,“识字班”也就成了妇女的代称,演变成一个特殊的指人称谓词。在山东的沂蒙山区和潍坊等地,即是如此。在这些地方,“识字班"最初既可以指已婚妇女,也可以指大姑娘。后来"识字班"多指称未婚女青年(现在沂蒙老区普遍使用"识字班"指称未出嫁的姑娘)。

> 解说:识字班,这是一个在今天人们看来早已经陌生了的字眼,而当年识字班作为一种农村青年妇女的基层学习组织,几乎遍布沂蒙根据地的每一个乡村。后来,识字班就成了沂蒙青年妇女的代名词。(公成美同期声)俺就发动俺这青年妇女,挨门去叫,先里挨门叫,来了吹吹哨就行了。开始时我挨门去叫,后来吹吹哨子就都去了,在附近这个学校里不就把这个妇女教育好了吗?教育好了,咱怎么打鬼子,咱怎么把鬼子撵出去,咱好过安稳日子。那时就指着唱歌活跃啊,活跃点。晚上开大会,青年一伙,识字班一伙。这边是青年,青年吆喝让识字班唱,识字班吆喝让青年唱,一起吆喝。(八集系列片《人们不会忘记》第三集《沂蒙乳汁》)

> 我对着她说,哼,臭美!其实我姐姐周蝶长得很好看,人们都说她是我们村最出挑的识字班。因为漂亮而且学习也好,我姐姐就成了我们村所有的识字班的头。我经常看到我姐姐周蝶带着一群识字班,在我们村的大街上走来走去。(韩宗宝《潍河滩》第一章)

山东临沂、潍坊等地,代指青年女性的"识字班",从抗战以来,到今天仍在使用,成为一个颇具地域特色的方言词。今天我们在这里一并考究它的来龙去脉,通过"识字班"这个称谓词,可以看到当时进步妇女求知求才的抗日学习热潮,也可以看到中国共产党一开始就注重解放妇女思想、提高妇女地位的工作。"识字班"犹如一块语言的活化石,既反映了那个时代的一个社会群体,也反映了那个时代的社会生活。

第二节 堡垒户、抗属等普通群众的抗日斗争及其称谓使用

一、堡垒户的拥军抗日斗争及其称谓所指、使用情况

1. 从"堡垒户"看抗日军民鱼水情

在抗战时期,敌人的堡垒是用砖石筑成的,是用高墙、铁丝网围起来作警戒的,而我们的堡垒则是建立在群众之中,我们的警戒是千百双警惕的眼睛,这是敌人无法摧毁的。在敌占区和游击区内,党的工作就是靠这些"堡垒户"得以顺利展开,掩护我军过往人员和伤病员的安全,许多"堡垒户"和革命群众作出了很大的牺牲和贡献。"堡垒户"这个称谓词虽然在今天已经鲜为人知,只是在一些抗战文学里或者革命史料中有所保留,但是它对中国共产党对抗战胜利有着不可磨灭的功绩。"堡垒户"的生活虽然很普

通，他们的行为却非常伟大，他们对敌人可能是“钉子户”，但对抗日军民可就是战斗的“堡垒户”。抗日军民就是靠这些“堡垒户”来开辟游击区和沦陷区工作的，他们是抗日革命取得胜利的重要保障之一。今天的我们再来描述一下当年的“堡垒户”，让后人了解历史来激励自己，懂得平凡的工作在伟大的洪流中也是一种伟大。

2.“堡垒户”的意义内涵及其在抗战时期的使用

“堡垒户”有两层含义：一是指为共产党及其领导的抗日队伍开展革命活动作落脚点的家庭；第二个含义是指称社会人的，那些曾经掩护过革命人员，为落脚的革命人员提供粮食、衣物等物资，为革命队伍保管武器，以及以其他方式支持革命活动、为革命事业作出贡献的户主，被称为“堡垒户”。有的“堡垒户”本身就是抗日武装人员的家属。举例如下：

> 天黑，马英便领着周大贵老娘到了西河店，在一个**堡垒户**家里歇下。马英暂时隐蔽起来，便由我们控制的伪村长到炮楼上给田三送信去了。（李晓明、韩安庆《平原枪声》第十八章）

> “他们领着敌人都快把咱们的**堡垒户**烧光了！”“地道也快给破坏完了。”“党员和村干部给捕去了有百十个了。”“他妈的！别看在这边抗日是松货，过去翻手搞咱们可真怪厉害的哪。”（雪克《战斗的青春》第五章）

> 从话语里，魏强知道面前的这位老奶奶，不仅是个拥护八路军、掩藏抗日人员的**堡垒户**，也是个秘密交通员。他察觉自己的失误，抱歉地笑着说：“我也不让你老人家空手回去。”（冯志《敌后武工队》第三章）

> 佩之同志离休以后，不顾年迈，不辞辛苦，在几位教授陪同下，访故地，祭英灵，悼先烈，几乎年年清明节都回冀中去为烈士和战友扫墓，看望当年掩护过他的**堡垒户**。（吕正操《烽火情》序（品书札记），《人民日报》2001年3月29日第12版）

在新时期，“堡垒户”在口语中已经湮没不存了，因为政府把“堡垒户”归入“五老”人员（有的地方称为“五保户”，其中就包含有“堡垒户”），这样“堡垒户”的指称对象就被“五保户”所涵盖。但是党和政府永远不会忘记他们对革命作出的贡献，从经济上解决他们的生活困难问题，确保他们安度晚年，体现党和政府对“堡垒户”的关怀。

二、政府关怀抗属争取伪属及其称谓的使用情况

1.“抗属”和“伪属”的鲜明对照

在抗日根据地中，荣与辱在“抗属”和“伪属”之间是那么泾渭分明。“抗属”因为自己的亲人参加抗日而感到骄傲自豪，在社会上受人尊敬，抗日政府给予优待，抗日群众给予帮助，中共中央专门下发关于拥军优抗工作的指示。“伪属”在根据地是决然不会

受人尊敬的，而是备受冷落和嘲讽的，他们承受着精神上的巨大压力，忍受着有损抗战有害民族的耻辱。虽然好多伪军是被迫无奈才当的，但他们至少是充当了日寇的帮凶，在政策上，抗日政府对“伪属”是防范、教育、争取的，更不用说待遇了，这种情况在吴伯箫的《黑红点》（写于1944年）有着生动翔实的描写。

下面是“抗属”和“伪属”的用例。先看有关“抗属”的例子。

基层党组织也有好的典型。晋察冀边区有一个好支部，这个村上已经动员五十一人去当八路军和出外参加救亡工作，占了全村人口的百分之十三。而在旁的地方，还不到百分之一或百分之二。在那个村，村公所代表会是真正群众选举出来的，救国公债和救国公粮都完成了计划，优待**抗属**组织得很好，合作社开办了，减租已经实行，有了低利借贷所，减息已经实现。群众的各种团体，都组织得很好。（陈云《开展群众工作是目前地方工作的中心》[1939年11月3日]，《陈云文选》第二卷）

各个庄都忙得不亦乐乎：民兵、农救会、青抗先忙着排高跷、借衣裳、拾掇锣鼓家什，妇救会、识字班、儿童团募捐做“光荣牌”……预备过了年到九女墩去公祭烈士塔，慰问**抗属**。（韩川《乌龟店》，康濯主编《中国解放区文学书系·小说编》）

小卫圈一个伪军的婆姨，年三十晚上自动跑到据点里向当伪军的丈夫劝说：“人家八路军可好来，自己吃小米，吃野菜，对**抗属**却送肉送面。那才真是恩人哩！这汉奸咱可别干啦！咱反回来当八路军吧了。”（吴伯箫《黑红点》，康濯主编《中国解放区文学书系·小说编》）

为了帮助**抗属**劳动，四月二日上午，大队部召开了动员会，在会上杨指导员特别向通讯员、公务员同志们说：“我们是军人，帮助的是军人家属，就等于给我们自己家里劳动，……”（云岑《送粪》，康濯主编《中国解放区文学书系·小说编》）

“伪属”是“抗属”的对称，或者说是一个仿词。抗日军人的家属称为“抗属”，那么投降日寇的伪军家属便称之为“伪属”。优待“抗属”的意义，在另一个层面上，是为了争取“伪属”，教育感化伪军伪职人员。为便于对照，在此附带提及并举例如下。

第二，在驻地附近进行对特务分子活动情形的调查工作。第三，进行对敌伪军的宣传，调查**伪属**，进行宣传工作。（《关于建立十人团工作的意见》，《山东革命历史档案资料选编》第十辑）

富农中间有一户**伪属**，即老东山的妹子，她儿子王井魁抗战时当汉奸，迄今下落不明；不过家里只一个老太婆，看平时表现，不会干什么反动的事情。（冯德英《迎春花》第十二章）

除了“抗属”以外，还有一个“抗工属”的社会称谓，它不同于“抗属”，是指脱离生产参加抗日工作的非军事人员的贫苦家属。例如，在1943年6月14日颁布的《山东省抗日政民工作人员贫苦家属救济条例》中规定："为救济抗日民主政府及抗日团体脱离生产工作人员贫苦家属(以下简称抗工属)，特制定本办法。"由于"抗工属"使用没有普及，兹不赘述。

2."抗属"起伏不定的具体所指及其使用情况

从词汇学的角度讲，可以把"抗属"笼统地界定为"抗日军人家属"。但作为一个社会称谓词，它带有强烈的社会性；作为优抚工作来说，它又带有强烈的政策性。所以在现实生活中，尤其在政府文件中，随着情况的变化，就须对其具体指称对象界定得十分清楚，以免引起不必要的争执。因此现实生活中"抗属"的具体所指并不简单，这主要是由于抗日成分的不断变化造成的。下面我们根据当时的文献资料来梳理一下不同时期的"抗属"具体所指。

1940年7月7日，陈明在《山东抗日民主政权工作与当前任务》中指出：

> 一年来抗日民主政权工作有了很大的进步。首先是优待抗属工作进行的最普遍广泛，不论参加那种抗日军队，主力或地方武装、东北军、八路军或其他抗日军一律都受优待。

可见，友军家属是包括在内的，但是不包括群众武装的家属。

到了1940年12月13日，山东省临时参议会通过公布施行《优待抗日军人家属条例》其中第三至第五条规定：

> 所谓抗日军人家属系指下列人员之家属：(一)正规军；(二)游击队；(三)一切脱离生产之抗日武装。第四条　凡因伤病退伍与阵亡者，其家属除仍照本条例优待外，并另依抚恤条例办理之。第五条　本条例所称家属，系指其直系亲属、配偶及赖其生活之旁系亲属，其他家族不在此例。

在1943年1月23日，《山东省战时工作推行委员会关于优抗工作的指示》中又规定：

> 首先确定什么是抗日军人家属。除参加部队人员之家属外，其他参加党政民之工作人员的家属，均不称为抗属，不能一律享受优待条例的规定，其必需救济的贫苦工抗工作人员的家属，由政府随时斟酌实际情形救济之。

到了1943年4月2日，《山东省战时工作推行委员会修正优待抗日军人家属暂行条例》公布施行，其中规定了"抗属"的范围：

> 第一条：为保障抗日军人家属(以下简称抗属)生活，提高抗属社会地位，安定抗日军人情绪，巩固部队，提高参军热潮，加强对敌武装力量，特制定本条例。第二条：一切抗日军人，不论其为现役、牺牲、殉国及因残废退伍回籍或调任其他抗战工作，其家属均发给优待证，依本条例优待之。其非因残废而退伍回籍或调任其他抗战工作者，不适用本条例。第三条：本条例所称家属以直系亲属(祖父母、父母、子

女)、配偶及向依其为生之未成年弟或妹为限。第四条:修正优抗条例所称抗属系指阵亡将士、一二等残废荣誉军人及现役军人之家属而言,一切政民工作人员及其他抗战工作人员之家属,均不包括在内。

而在1944年5月25日,《山东军区政治部关于帮助群众麦收的指示》中对“抗属”又有新的规定:

主要帮助对象是:抗属(友军在内)、抗工属、村级干部、民兵英雄、劳动模范、老弱鳏寡无劳动力者,及一般贫苦群众等,使能顺利完成自己收割,积极领导群众生产,有力给人还工、包工、或外出打短。

从社会生活与语言的相互影响看,抗战成分的不断变化影响“抗属”称谓所指,“抗属”所指的不断变化反映了社会生活中抗日成分的变化情况。当然,从语言词汇的交际使用来看,不同所指的“抗属”并不影响其语义交流。

第四章 “鬼子”“伪军”“汉奸”类相关社会称谓

本章涉及的主要称谓如下：

<table>
<tr><td rowspan="2">第一节</td><td>一</td><td>皇军、太君</td></tr>
<tr><td>二</td><td>鬼子、日本鬼子、日本鬼、大鬼子、小鬼子、日寇、小日本、小日本子</td></tr>
<tr><td rowspan="5">第二节</td><td>一</td><td>伪军</td></tr>
<tr><td>二</td><td>剿共军、治安军、绥靖军、护民军、和平建国军、和平救国军、同盟救国军</td></tr>
<tr><td>三</td><td>皇协军、皇鞋子、二皇军、二黄、黄狗子、黄狗</td></tr>
<tr><td>四</td><td>黑狗、黑狗子、白脖(儿)、白脖子</td></tr>
<tr><td>五</td><td>二鬼子、三鬼子、鬼变子</td></tr>
<tr><td rowspan="2">第三节</td><td>一</td><td>汉奸、蒙奸、回奸、满奸</td></tr>
<tr><td>二</td><td>铁杆汉奸、一般汉奸、武装汉奸、大汉奸、小汉奸、军事汉奸、政治汉奸、经济汉奸、文化汉奸</td></tr>
</table>

第一节 形形色色的日军称谓与中国人民的国恨家仇

在中国古代，中日交往就已经很频繁，对日本人的称呼也很多。由于古人称日本为“倭”，所以称日本人为“倭人”“倭子”，对骚扰、侵略中国的日本人一般蔑称为“倭夷”“倭奴”“倭寇”，这些称呼承载了那段中日交往的历史。

抗日战争时期，大批用天皇至上和武士道精神武装起来的“皇军”闯进中国，他们在中国的随意屠杀，杀掉了“皇军”的尊严，仅仅得到一声“太君”的表面恭维，剩下的全是劈头盖脸的詈语：大鬼子、小鬼子、鬼子、日寇、日本鬼、日本鬼子、小日本(子)。

一、“皇军”“太君”类称谓与日军的自豪感

1. 怪胎“皇军”的孕育及其命名理据

明治天皇政府是资产阶级性质的政府，具有西方资产阶级国家的殖民主义思想和扩张意识，再加上本身的封建主义的独霸思想，这样的政府是极富有侵略性的。此外，从明治时期开始，以大东合邦论、脱亚入欧论、兴亚论、民族优越论、大陆政策为主体的系列侵华思想和战争观已经兴盛，并且初试牛刀，例如中日甲午战争、日俄战争

等，再后来侵占朝鲜半岛和占领中国台湾，建立伪满洲国，都是这些思想的实践产物。明治政府确立了天皇的最高权威，使得天皇掌管日本的政治、经济、军事大权，成为日本的最高领袖和统帅。这种天皇制度逐渐把天皇神圣化，成为国民信仰的偶像。那么政府组建的新式军队便称为“皇军”，其命名理据明显是：天皇所属的军队和效忠天皇的军队。同时“皇军”也把天皇当作“神”来崇拜，并以此增加自己的神圣感和无往不胜的优越感。这样一支军队理所当然地成为日本对外侵略扩张的工具，在甲午战争等战争之后，到20世纪30年代，这支军队便打着中日亲善、东亚共荣的旗号，浩浩荡荡地开进中国，开进东南亚。

2.“皇军”“太君”等对日军的尊称及其语用区别

“皇军”是一个集体称谓，用作日本军队和日本军人的总称或统称。具体说来又有两种用法：一种是作为日军一方自称，日军对中国人说话动不动就“我们大日本皇军……”，带有一种盛气凌人的气势和老子天下无敌般的自豪感；另一种用法是中国人对日军的谀称，汉奸不必说，老百姓有时也不得不违心地如此称呼，这是特殊场合的特殊需要。

> 邓铁梅这个匪首很快的就会被我们大日本**皇军**打败的，大东亚共荣圈你的不是不明白？请你们好好想清楚的干活，到底降还是不降？（戴尔宝《义勇军演义》第十五回）

> “**皇军**是在怎样对待一个投过来的人，马助理员就是一个最好的说明。和**皇军**为仇做对的人们，你们最好走他这条道！”刘魁胜说完，扭头冲老松田谄媚地笑笑。（冯志《敌后武工队》第二十三章）

> “太君，地雷的秘密我探听出来了。不见鬼子不挂弦。”“嗯？”“不……不见**皇军**不挂弦。”（电影《地雷战》）

“太君”是对侵华日军的谀称，不过只作为个体称谓，即面对一个或一部分日军时尊之为“太君”（作为统称和泛称时用“皇军”）。

> “是，是。**太君**放心，只要有我刘中正头在，就有县城在。”他放下耳机，两步走到院里，翻身跃上马。（李晓明、韩安庆《平原枪声》第三十二章）

> “张三槐！过来，见见渡边**太君**，官本**太君**！”这是赵青得意的声音。“谢谢太、**太君**，谢谢太……”张三槐结巴而谄媚地带着笑声说。刺耳的沙嗓子，使人想起那可恨的笑眯眯的巴狗脸。（雪克《战斗的青春》第五章）

> 他一面撞，一面歪着嘴说：“小王八羔子，为什么不吭气？**太君**问你：是不是八路？”哈！真是个日本走狗。这不要脸的走狗，还叫鬼子“**太君**”哩！海娃真想骂他一声“男狗”，狠狠地唾他一脸。（华山《鸡毛信》，康濯主编《中国解放区文学书系·

小说编》)

以上“太君”用例都是汉奸伪军对日本人的敬称,其奴颜婢膝之态活灵活现。当然普通百姓面对日本鬼子的淫威也必须称“太君”,否则性命不保。

“太君”一词的语源,至今仍是一个谜。日本辞书中并不见“太君”一词,中国本土倒是有“太君”,但它是古代对官员母亲的尊称,如《红楼梦》中的史太君,《杨家将》中的佘太君。抗战期间中国人用为对日本人的阿谀之称,一方面恐怕与此有关;另一方面,日文有“君”,相当于西方的 Sir,中国人据此另加“太”字以示对日本人的恭维。不过这只是我们的推断,详情有待方家断定。

二、对侵华日军的种种詈称与中国人民对日寇的憎恨情绪

1.“鬼子”意义源流与专称日寇的“鬼子”

“鬼子”之称最早见于刘义庆的《世说新语·方正》,陆机骂卢志:“鬼子敢尔!”据刘孝标注引孔氏《志怪》,卢氏先祖卢充出猎,误入崔少府墓,与已聘未娶而亡的崔女成婚,后生一子,子孙相传,至东汉末而有卢植,卢植生卢毓。《搜神记·崔少府幕》详载此事。此“鬼子”正用此传说,分明骂他为异类别种。到了近代,西方列强用大炮打开了中国的门户,古老的“鬼子”称谓又派上了用场,中国人起初骂他们“夷鬼子”,后称“洋鬼子”,简称“鬼子”。晚清以来的鸦片战争、八国联军侵华战争、甲午战争,在中国人看来都是跟“鬼子”们的战争。倘加以分别,就有了“英国鬼子、法国鬼子、美国鬼子、俄国鬼子、日本鬼子”等叫法。

“九一八”事变,东洋鬼子气势汹汹地攻占了我国东北,卢沟桥事变后,他们又杀进华北、华东,继而侵占了大半个中国,于是“鬼子”就成了中国人民对侵华日军及其他日本人的专称。抗战期间,如果不加区别的话,一提“鬼子”,指的就是日本鬼子,其色彩方面体现着一种怨恨之情和仇视轻蔑语气。

汪精卫,狗尿苔,愿给**鬼子**当奴才。**鬼子**尿泡尿,奴才吹口泡,又丢人,又现眼,天生奴才不要脸。(赵树理《狗尿苔》,原载《中国人》周刊 1940 年 12 月 25 日第 4 版)

鬼子完了,投敌叛国的汉奸伪军赵保原之类一定要受到“蒋委员长”的“国法”制裁的。(峻青《血衣》,康濯主编《中国解放区文学书系·小说编》)

鬼子实行“以战养战”的政策,不发给伪军给养,迫使其出来抢掠,对根据地的庄稼,有时抢掠不及,便趁禾苗干熟之时放火焚烧。凡放火之处,一片焦土,哭声震天。(李晓明、韩安庆《平原枪声》第三十二章)

2.“鬼子”类相关称谓

专称日寇的“鬼子”还派生出一系列对日寇的詈称,诸如“日本鬼子、日本鬼、大鬼

子、小鬼子”等等。

对“鬼子”加以区别就是“日本鬼子”：

我们没有完成任务，还吃了大亏。去的时候，一个拐腿，回来又多了一个伤号。一个是叫**日本鬼子**打的，一个是叫张荫梧害的！（孙犁《风云初记》第五十二）

大女已经肚子疼得就要昏过去，她觉着没有别的办法了，就破着嗓子喊起来：“伪军弟兄们！咱们都是中国人，都是同胞啊！**日本鬼子**们这样杀人作恶，你们看着好受吗？要是把你们的亲姐热妹抓住，你们怎么样啊？同胞们！拿出点儿良心来，给中国人争口气吧！”（刘流《烈火金刚》第十四回）

“日本鬼子”又简称“日本鬼”，口语中“鬼”常常读成儿化音，所以又有戏谑的附加色彩：

日本鬼，没用场，高皮鞋，黄军装，的笃的笃走街上，没得子弹背空枪。见到花姑娘，拦住不肯放，见到卖杂货，动手就来抢。**日本鬼**，没用场，见到新四军，举手就投降。（朱正《日本鬼子没用场》，贾芝主编《中国解放区文学书系·民间文学系》）

春季里慰劳新四军，菜花香，茶叶绿，麦翠秧青；前线打垮了**日本鬼**，老百姓，喜洋洋，加紧春耕。（俞省三《四季慰劳新四军》，贾芝主编《中国解放区文学书系·民间文学系》）

我们一个主力连带着二个地方部队，让**日本鬼**过去，埋伏在他的归路上，我们部队分布在菜田麦陇里面，耐心坐着，弯着腰一等就几个钟头。（陈毅《江南抗战之春》，《新四军和华中抗日根据地史料选》第二辑）

“大鬼子”也是抗战时期的一个称谓，它是相对于“二鬼子”而言的。因为侵略中国的鬼子除了日本人以外，还有一些是从朝鲜和台湾地区雇佣而来，所以中国人更多是把日军称为“大鬼子”，把汉奸伪军称为“二鬼子”，把暗中帮助日寇的顽军称为“三鬼子”。

十二师十六旅的官兵们的臂章上，正面印着：“陆军暂编十二师第十六旅”，而反面就印着“日本皇协军一〇八团”。十六旅的特务营长杨保环还在厚颜无耻地说：“皇军是**大鬼子**，治安军是二鬼子，咱他妈是三鬼子。翻过臂章是中央军，再翻过来就是皇协军，到哪里都吃得开！”（峻青《血衣》，康濯主编《中国解放区文学书系·小说编》）

这时的鲁南军区，我军主力与地方部队共仅四千人，而敌人则有几万。其中有“**大鬼子**”日军，“二鬼子”伪军，还有“三鬼子”国民党顽固派军队。（郑秉谦《寻找英雄》）

关于“二鬼子”“三鬼子”的具体使用情况在后文中的伪军系列中详述。

“小鬼子”的称呼对象其实就是“鬼子”“大鬼子”或“日本鬼子”，它是一个极具表现力的称呼，口语色彩特别强，称其“小”是中国人对日本侵略者的蔑视，是一个极其强烈的詈语。请看下面的例子：

周大贵猛一看见是武藏，使劲直起脖子，咬着牙骂道："小鬼子！你算得了什么？还不顶个屁！"（李晓明、韩安庆《平原枪声》第十一章）

"是应该喝一杯！"刘洪是不大爱喝酒的，这时也狠狠的喝了一口，接着愤愤地说："我们会叫这小鬼子投降的，最后出出这口闷气的时候快要到了！"（知侠《铁道游击队》第二十七章）

还不光为了睡觉！谁广播？日本人！这就甭说别的了，我反正不花钱听小鬼子造谣言！（老舍《四世同堂》第一部第三十六）

3."日寇""小日本"的意义理据和语用色彩

"日寇"也是对日本侵略者的憎称，一般是用做统称和泛称。它的得名原因应该追究到"寇"字上。"寇"在古代有两种含义：一是指盗匪、结伙劫掠的人，二是指敌人、外来入侵者。那么"日寇"当然就是日本强盗、日本侵略者了，其构词理据与古代的"倭寇"相同。

共产党和八路军决心坚持华北的游击战争，用以捍卫全国，钳制日寇向中原和西北的进攻。（毛泽东《上海太原失陷以后抗日战争的形势和任务》，《毛泽东选集》第二卷）

三年来，有人以为苏德战争、太平洋战争既已先后发生，日寇今后不攻印必攻苏，决无余暇余力来打中国，于是便以消极抗战来暗示日寇不打中国，以积极反共来推动日寇移兵攻苏。（周恩来《在延安欢迎会上的演说》，《周恩来选集》上卷）

日寇有机关枪一挺，伪军有两挺，还有七辆马车……敌人走远了，小李站起来了望着，呵，是顺公路走的，一定是到肖家镇去的。（李晓明、韩安庆《平原枪声》第三十六章）

"小日本"也是对日本鬼子的蔑称，跟"小鬼子"的意义作用是一样的。爱国作家老舍先生就有一篇鼓词，名字就叫《打小日本》，这是在抗战爆发不久写的，它表达了全国人民的抗日情感。另外再举例如下：

"是呀！妈，你看咱们能打胜不能？"瑞全喜欢得忘了妈妈不懂得军事。"那谁知道呀！反正先打死几万小日本再说！""对！妈你真有见识！"……妈妈笑了一下。她慢慢的自己坐起来。瑞全忙过去搀扶，而不知把手放在哪儿好。（老舍《四世同堂》第一部第十）

"要是把县城打下来，全县解放了，再把小日本从咱中国赶走，那该有多好！""那还用说吗？"马英仍然只顾干活。（李晓明、韩安庆《平原枪声》第四十章）

"小日本"还可说成"小日本子"，加上个小称后缀"子"，轻蔑语气更强烈。

炉"拉稀"那是常有的事，难道这个小毛孩子还能叫炉不"拉稀"？小日本子在

这的时候也是一样拉，老于头越想越觉得老曹是吹牛，不禁的哼了一声。（鲁琪《炉》，康濯主编《中国解放区文学书系·小说编》）

第二节 五花八门的伪军相关称谓与抗战风云

一、“伪军”的含义、所指及其所体现的感情色彩与立场态度

1.“伪军”的含义和所指

“伪军”之“伪”，并非我们理解的当今社会伪劣商品之“伪”，而是政治方面的概念，即“僭伪”和“非法”之义。历史上凡背叛正统王朝而分庭抗礼的政权，官方均谓之“伪”，依附异族者尤不必说。古代的且不说，现代史上“九一八”事变后日寇在东北扶持清废帝溥仪成立满洲国，国人斥为“伪满”，抗战爆发后汪精卫投敌在南京建立国民政府，国人斥为“伪汪”。所以抗战时期的伪军正是这类卖国投敌的政权所属的汉奸军队。《汉语大词典》解释说：“[伪军]伪政权的军队。特指我国抗日战争期间敌占区伪政权的军队。”可谓一语破的。

“伪军”的指称对象是很笼统的。作为集体称谓，它指的是“军队”“队伍”概念，泛指一切替鬼子卖命的军队、警察或其他汉奸武装组织。它是一个泛称、总称式称谓，全国各地的汉奸武装均可谓之“伪军”。且看这样一种用法：

> 延安总部顷发命令如下：……任何抗日武装部队均得向其附近之一切**伪军**伪政权发出通牒，限其于敌寇投降签字前，率队反正，听候编遣，过期即须全部缴出武装。（知侠《铁道游击队》第二十八章）

但在现实生活中或书面作品中“伪军”更多的是用作群体称谓或个体称谓，意为“士兵”“军人”，指伪军队伍中任意的个体或者部分成员。

> 今夜准备好，天明去，听说那儿有二十多个日本人，三十多个**伪军**，一挺重机枪，你去调查，看这数目确不确。（马烽《第一次侦察》，康濯主编《中国解放区文学书系·小说编》）

> 拍！拍！“不准说话！……妈的！你再说……”**伪军**打了他两个耳光，企图阻止他说话。（夏川《就义之前》，康濯主编《中国解放区文学书系·小说编》）

2.“伪军”之称所反映的感情色彩和立场态度

如今说起“伪军”一词，最直接的联系就是抗日战争。当今中国的青少年一代，要是问起“治安军”“绥靖军”之类的称谓，他们也许莫名其妙，要是问什么是“伪军”，他们就来劲了，即便说不出其确切意思，也马上会举出《地道战》《地雷战》等一大串例

子来。在孩子们的眼里,至少伪军都是鬼子帮凶之类的“坏家伙”。可是对战争另一方的日本就不同了。人民网2002年3月4日有《原来是伪军》一文,文章作者说自己在日本国留学时利用业余时间采访侵华日军老兵常常要交流一个单词“伪军”,原侵华日军老兵没有一个人懂“伪军”这个中国人使用的单词,写下来也不成,交流不了。更有甚者,外星人公益网2004年5月16日还有《日本人看〈地雷战〉、〈地道战〉》一文,说是日本在瑞典的留学生也不懂“伪军”一词,并且提出了一个十分荒唐的问题:“您能否告诉我们,帮助日本军队作战的中国友军的人数?”中国留学生当即严正回答道:“对侵略者是友军,对被侵略者是叛军,是伪军。高树先生,你在提到他们的时候最好注意用词。”这件事情说明了什么呢?它说明看似平常的“伪军”一词,其中包含一个感情色彩和立场态度问题!我们前面提到该“伪”是“僭伪”“非法”之义,那么“伪军”称谓所表达的感情色彩就是鄙视和贬斥,是对卖国投敌者嗤之以鼻。但这只是正义的中国人的立场和态度,日本右翼势力及侵华日军的态度则是截然相反的。所以日本词典里绝对查不到抗战时期的“伪军”一词,当然更查不到“日寇”和“侵华战争”之类名词。所以当年日军侵华老兵不懂“伪军”一词毫不奇怪,因为在他们看来,帮助他们打中国人的伪军正是他们的“友军”。但好笑的是当代的日本年轻人也把当年的伪军称为“友军”,这能简单地归咎于他们的“幼稚”或“无知”吗?世人皆知,直到今天日本当局右翼势力仍在千方百计地掩饰当年的侵略罪行,竟然肆意修改历史教科书中的相关内容,政府首脑们还不断参拜靖国神社等,这是在给年轻人一种什么教育?这样的行径就不能不令世界人民可恨亦复可怕了。这与正视史实、中日友好、永不再战的宗旨是背道而驰的。这一事实恰好从反面证明了我们在60多年后的今天重提“伪军”这一话题的政治意义和历史意义。我们从这个特殊的切入点来回顾抗战,通过梳理“伪军”以及相关的一系列番号和称谓,来透视当年社会生活某些方面的情形,一方面未免流露出我们一些寻根究底的“书生意气”,另一方面我们却更感觉到这同样是一种学术的“历史责任”。如此,以上这番“题外话”实在也是“题内话”了。

二、“伪军”出现的背景及其番号混杂的原因与命名理据的欺骗性

1.“伪军”出现的背景原因及其五花八门的番号

抗战时期“伪军”产生的大背景当然是日寇的入侵。1931年“九一八”事变后东北就沦陷了,所以东北的伪军产生得早。我们讨论抗战,还是以抗战时期为主。

抗战期间之所以出现“伪军”,从内因上说,任何一个伟大的民族都难免鱼龙混杂,关键时刻都会出现卖国求荣的败类,即便本质上不是坏人,由于种种原因,都可能由一念之差而铸成大错;从外因上说,日寇为了使中国沦陷区殖民地化,在积极制造傀儡的

同时，还通过诱降和收编中国军队的办法，来补充其军事占领力量之不足，协助其进攻中国抗日力量和驾驭中国人民，以达到“以华制华”的目的。这样一来，伪军产生了，各种各样的伪军番号出现了。在华北地区，日寇攻陷北平天津以后，随即成立了伪北平治安维持会和伪治安总署，组织了伪治安军，随着沦陷区的扩大，“和平建国军”“和平救国军”“剿共军”“皇协护民军”(简称“皇协军”)等正规伪军纷纷出现，“保安团”“自卫队”“警备队”等地方伪军也先后出现。在华东方面，1938 年 3 月，南京梁鸿志伪维新政府成立，接着将在苏浙皖三地收集的散兵游勇命名为“绥靖军”。1940 年南京汪伪国民政府成立，华北、武汉、广东等敌也先后成立了“绥靖军”。国民党军队投敌后被日方改编，所授番号也混杂不一，举其要者如“察东警备军”“大汉义军”“绥西自治联军”；“河东道保安队”“东亚同盟救国军”；“和平建国军”“山西剿共军”“和平反共兴亚建国军”；等等。这些正式番号及其所属部队情形，属军事史研究范畴，本文不予深究。

2.“伪军”番号混杂的原因

以上情况表明抗战期间伪军的一个突出特点就是番号混杂，种类繁多。有时同一区域内就有好几个种类和名称，如山东地区即是如此。山东伪军可分成三种类型。第一种是大股正规伪军(包括伪剿共军、伪治安军、伪和平建国军)，这种伪军数量大，战斗力较强，有某种程度的机动性，且大部系由顽军转化者。第二种是伪省、道、县警备队，战斗力较弱。第三种是区乡自卫团，战斗力弱，地方性大。① 各类伪军的具体情形，自毋庸本书去研究；然其番号不一，却有着特定的社会原因。其一是由于归属不同，不同地方的日军各自收编一些队伍，分别命名，就造成名号不一的局面；其二是由于执行具体任务的不同，“治安”“和平建国”“剿共”“皇协护民”“绥靖”“警备”“保安”等称谓的字面意义，就是标明具体目的或任务的；其三是由于地域的不同，日寇各派遣军在各地收编的部队，就分别冠以“华北”“华中”“华东”“华南”以及“山东”“山西”等地名。总之抗战时的伪军是各有所属，各有所号，并无一个统一的系统和番号。汪伪政府成立后，日寇为了巩固敌占区，诱降蒋军，就将各派遣军管辖的各种名目的伪军交由汪伪统一编制，于是汪伪先后成立了四个绥靖公署和一个行营，并成立点验委员会点验各地伪军，将各有所号的伪军统一改称为“绥靖军”，但也仅限于华东华中的部分地区，并未真正统一番号。

3.“伪军”正式番号命名方面的“理据”欺骗性及其卖国本质

伪军正式番号都是日军或伪政权命名的，所以除了“剿共军”直言不讳外，一般在字

---

① 参见《关于对敌斗争问题——肖华同志在全山东政治工作会议上的总结报告》(1944 年 5 月 10 日)，《山东革命历史档案资料选编》第十二辑，山东人民出版社 1983 版，第 36 页。

面上还都具有冠冕堂皇的特点。“治安军”“绥靖军”“护民军”“和平建国军”“和平救国军”“同盟救国军”……多么美妙动听啊！所以这些名号本身是颇具欺骗性的，很难从表面看出它们是什么来路，就连汪精卫投敌都美其名曰“曲线救国”呢。但老百姓心中是有一杆秤的，他们是不重动机重效果、不看名号看实质的。也就是说这些番号字面的理据，在现实中是无理的。“治安军”不治安，“绥靖军”非绥靖，“护民军”不护民（反而帮助鬼子屠杀抗日民众），所谓“建国军”“救国军”更是无稽之谈！现代京剧《沙家浜》里沙奶奶有这样几句唱词：“你们号称忠义救国军，为什么不救中国助东洋？……你们是汉奸走狗卖国贼，少廉无耻丧尽天良！”这可以视为对所有伪军卖国本质的叱责和揭露。所以伪军的正式番号在抗战期间与老百姓生活和语言的关系并不是十分密切。而老百姓在日常生活中，倒是另外给他们命名了许多生动形象、特色鲜明的口语化称谓，较之正式番号，这类称谓倒别有一番语言、历史、文化等方面的特殊意义和价值（参下文各部分）。

据史料记载，仅仅截止到1943年8月份，全国各种番号和种类的伪军总数达62万7200人，仅在华北华中地区，八路军、新四军所抗击的伪军共计56万7200百人，占伪军总数的90%以上。[①] 中国军民除了抗击强大的日寇外，还须同众多的伪军作战，此足见抗日战争之艰辛和胜利来之不易。

三、“皇协军”“二皇军”“黄狗（子）”等伪军称谓及其语用差异

1.“皇协军”与“皇鞋子”的语义与语用色彩

抗战全面爆发后，华北侵华日军将一部分降日的国民党军散兵游勇、杂牌队伍和各帮会、土匪地主武装等加以改编，称之为“皇协军”。“皇协军”的全称叫“皇协护民军”，是华北伪军番号之一种。该番号的字面意义无非是“协助皇军保护民众”，意在蒙蔽群众。但如上文所言，老百姓对其“汉奸走狗卖国贼”的性质是心知肚明的。

“皇协护民军”字面意义显豁，日伪使用为骗民，群众偶尔使用不过是虚与委蛇。而其简称“皇协军”，字面意义略一模糊，虽然指称对象并未改变，但在语用意义方面，其客观性和中性感情色彩增强了。但中国老百姓对“皇协军”及其相关称呼的使用也是“因地制宜”“因人制宜”的。在沦陷区，普通民众直接面对这些“二鬼子”的时候，不得不称之为“皇协军”或“老总”之类；而在根据地和游击区，抗日民众较少使用“皇协（军）”，而是更多地使用“伪军、二皇军、二鬼子、黄狗（子）”这类詈称。在国统区，广大民众多不使用这类称呼，因为在他们的日常生活中不存在这种武装，但在军政各界以及报刊和文艺

① 《关于国共两党抗战成绩的两个重要文件》，《解放日报》1943年8月24日。

作品中，还是较多使用这类称谓的。

在当时的抗战文学作品中，当作者进行客观陈述不表达自己的爱憎感情时，往往较多地使用“皇协军”，而且“皇协军”往往作为社会称谓词来使用，既可指称该队伍整体，也可以指称其中的部分或个体成员，完成了它由武装组织番号向社会称谓语的词义延伸。

到了南关，看见街上乱哄哄的有人有马。日本兵和“皇协军”，背着背包，提着枪过来过去。（李庄《良民证》，康濯主编《中国解放区文学书系·小说编》）

自然，他的那支坏枪是从一个向他瞄准的皇协军手里夺来的，而那次，他的左胸受了伤。（葛陵《青菜及其他》，康濯主编《中国解放区文学书系·小说编》）

“皇协军”还有一个好笑的变体称谓“皇鞋子”：

“哼，八路军到底是八路军，太君劝他投降，都差点儿挨了他一耳光！那个王队长更不用说啦！给骂得狗血喷头！”“嘘！‘皇鞋子’[①]来啦！……”枪毙八路军探子的消息，犹如闪电一样，很快传遍了全城。（原注①指伪军。夏川《就义之前》，康濯主编《中国解放区文学书系·小说编》）

我们推断，这是因为“协”与“鞋”同音，故将“皇协”诙谐为“皇鞋”，再进一步取“鞋”的双音形式“鞋子”，其戏谑意味更加明显。所以“皇鞋子”应视为对“皇协(军)”的谑称，无非拿这些二鬼子们开涮而已。

2.“二皇军”“二黄”“黄狗子”的指称对象、造词理据及感情色彩

“二皇军”是民众对皇协军等伪军的称谓，鬼子称“皇军”，伪军当然就是“二皇军”了。其中的“二”是第二和次一等之义，含有鄙夷色彩，与“二鬼子”(参见下文)构造同理，只是略微含蓄一些而已。整个词义应该包含这样两方面：其一，在武器装备、作战能力、地位待遇等方面都次于皇军；其二，他们虽然是中国人，却帮助皇军奴役自己的同胞，是皇军在中国烧杀抢掠的走狗和帮凶。

黄歪脖看“皇军”势大，就投奔过去当二皇军。由于黄歪脖的泄密，民团被鬼子围歼个干净。黄歪脖因此立下大功，被封为全县二皇军的头目。（尹全生《狼性·汉奸》）

口语中“二皇军”又被缩减为“二皇”，因“皇”“黄”同音，谐音并写作“二黄”，与一种戏曲唱腔板式名称巧合，就增加了它的幽默性和戏谑色彩。况且，“二黄”在使用区域的方言中，有更深刻的讽刺意义。据今人李兰台在《沦陷后的淮安见闻》中解释，淮安话俗称人矢(屎)为“二黄”，而当地“ 矢(屎)”与“死”又同音，所以称伪军为“二皇(黄)”，就等于骂他们作了“二皇(黄)”必然是死(矢)路一条的意思。另外，我们认为，既然“二黄”本义为人屎，用以称伪军，本身就具有极强的骂詈色彩。这种说法从方音语义的角度来解释构词的理据，是合理的；再从“二黄”使用地域来看，其使用范围多在新四军活动的苏

浙皖地区,也是相合的。下面的例子可为佐证:

> 张宝川,革命还不到两年。说是家里本来在鬼子、二黄(指伪军)的地区,日子过得很苦,后来新四军解放了那个地方,实行了减租减息,给他家里带来了好光景,他便自动来参军。(王啸平《没有救药》,《文艺杂志》1946年创刊号)

> 有一天,进攻伪军的据点……“这些‘二黄’等会还不是抓活的吗?我这子弹是要留给鬼子的。”他终于没有打。这批“二黄”果然照他预测的那样,给收拾了。(石言《子弹》,《苏中报》1944年3月16日)

> 狠心的鬼子烧杀抢呀,害得我全家呀各分头呀:妈妈捉去没音信呀,爸爸死在呀二黄手呀,丢下了我和小弟弟呀,赤手空拳呀怎报仇呀。(香袋民歌《反攻的担子靠我们挑》,《江海报》1944年12月18日)

“黄狗子”“黄狗”也是中国民众创造的对皇协军及其他伪军的称谓。在造词理据方面,其“黄”固然与“皇”不无谐音关系,但更主要的理据却在于这批军人都穿黄军装,与穿黑制服的警察称“黑狗(子)”(参见下文)相对而言。“黄狗(子)”的指称对象虽如此,但在语用中,其使用者、流通区域、感情色彩、语体色彩等方面又有其鲜明特点。从使用者角度说,具有明显抗日思想的军民常常使用它;从使用地域来说,多在北方抗日地区使用;从感情色彩来说,其贬义程度比“二皇军”更深,因为“狗子”是该称谓的语义重心,老百姓用“狗”来咒骂这些屠杀抗日军民的伪军汉奸,对他们的厌恶憎恨情绪及骂詈语气显而易见;从语体色彩来说,“黄狗(子)”采用了群众通晓的比喻式造词法,口语化程度更强。

> 北面盐山的刘颜臣部又向宁津派来伪县长张伯荣,因他所带的伪军都穿黄军装,老百姓都称他们“**黄狗子**”。……“**黄狗子**”进驻宁津城以后,整天家娶媳妇,敲竹杠,抢占大姑娘。(李光远《敌后一个县的报告》,《鲁北烽火》)

> 五个伪军一齐走进村公所,只听一个伪军叫道:“老子他妈的干死了,快弄点水来!”……云秀听到这里赶忙往回跑,一进门就拉住老孟说:“村公所来了五个**黄狗子**,说后晌胡二皮就带着大队来,你们赶快转移吧!”(李晓明、韩安庆《平原枪声》第二十七章)

> 其余,除少数当了“**黄狗**”(伪军,着黄色军服)、“黑狗”(伪警察,着黑色军服)绝大部分到各日伪机关任职。(林总《淮安沦陷琐忆》,《淮安文史资料》第3辑)

四、“黑狗(子)”“白脖(子)”的含义、理据及语用色彩

1.“黑狗”“黑狗子”的指称对象、命名理据及语用色

《汉语大词典》“[黑狗]抗日战争时期对伪军的憎称。”这种解释宏观而言无错,然未免失于笼统。伪军种类繁多,“黑狗”究竟指哪一类呢?再说,有其名必有其理,伪军为

什么会被称为“黑狗”呢？这些都给我们准确了解抗日战争时期的特殊社会称谓留下不应有的疑团，不论站在历史还是学术的角度，无疑都是一种遗憾。

据我们梳理大量历史资料所见，抗战期间“黑狗”的具体对象，一般是指伪警察，有时也指一种地方保安队性质的伪警备队。他们之所以被称为“黑狗”，是因为身穿黑色或偏黑的青色制服或军装。至于“狗”的取意则不言自明，与前面的“黄狗子”是一样的，就心理而言，是老百姓对汉奸伪军的憎称，发之于口，则是对他们的一种口语化詈称。

> 汉奸对一对相片，放开手。老寿转脸就是这么一句，“妈那×，这个黑狗。”（李庄《良民证》，康濯主编《中国解放区文学书系·小说编》）
>
> 第三队进入一个村庄，时间大概是早晨四点钟。墙角里有“黑狗”——是老百姓给伪警备队的称号。七八个“黑狗”是来开会，要粮食的。（耿西《刺在敌人心脏的“宣传攻势”》，康濯主编《中国解放区文学书系·小说编》）
>
> 几个拿大枪的警备队员伴同几个黑狗①，正围着个烟酒摊子耍贼横。（原注①指伪警察，因为他们都穿黑色制服。冯志《敌后武工队》第三章）

几个鲜活的例子，又把我们带进那个时期的社会生活。例中或以行文方式，或以注释方式，指明“黑狗”就是伪警察或警备队，并且指明其得名之理因为穿黑色制服。

“黑狗”也说成“黑狗子”，语义和所指完全一样：

> “快跑吧！‘黄人’①从前村子里来啦，听说‘黑狗子’②报告了说有妇救会来咱村里开会，一下就要包围了咱村啦！兔儿，咱们赶紧给后村里报信去！（原注①“黄人”是当地老百姓对敌人之俗称。②“黑狗子”即当地汉奸式的伪警。胡正《碑》，《解放日报》1943年5月26日）
>
> 回到村里时，又见来了七八个“黑狗子”（警备队）。周毛旦几家以为又是催款来了，吓得到处藏躲。（马烽、西戎《吕梁英雄传》第五回）

有其名必有其理，有其理须解说，然有其异亦必予解说。“黑狗（子）”得名之理前已说明。但其指称对象仍有伪警察和伪警备队之“异”：在《吕梁英雄传》等例所反映的山西吕梁山一带指伪警备队（员），在《敌后武工队》所反映的河北一带则指伪警察。此应系地域上的差异。另就职能性质方面辨析，《敌后武工队》所谓“几个拿大枪的警备队员伴同几个黑狗”云云，说明那一带伪警察与伪警备队并存，二者职能相近而有别：警察维持治安，警备队则兼有军队性质，如原书第三章对“警备队”的注释是：“伪军的一种，像似地方上的保安队。”再从服装颜色上讲，《敌后武工队》例句中出现的注释说，警察称“黑狗”，是因为“身穿黑色制服”；而据我们核查原文，警察服色又有“青色”之说，如第十七章说：“九个身穿青制服、头戴大檐帽的伪警察”。这不是自相矛盾吗？我们这里权且为之辩解一下，这看似矛盾实际并不矛盾。“黑狗”服装的黑色不一定是纯黑，青色近黑，老百姓就笼统地归之于“黑”了（如古人亦谓黑发曰“青丝”），这也正是模糊语言学的道理。而伪警备队的服装颜色，各地也是不同的。河北伪警备队不称“黑狗”，因其服装是草绿色的，有《敌后武工队》第十章中“二十几个身穿草绿色军服的警备队员”为证。《吕梁英雄传》中等作品中伪警备队称“黑狗（子）”，推想其服装应属黑色或偏黑的一类颜色；其中未见有伪警察出现，大约那一带警备队即兼具警察性质。

2.“白脖”“白脖子”的指称对象、命名理据及语用色彩

“白脖”（口语“脖”读儿化音）和“黑狗”是一对形象化称谓，且有白黑的对照，因而将它们连起来写。其实据我们考察，它们的具体指称对象是有区别的（详见下文）。“白脖”一称，《汉语大词典》未收，吉常宏主编《汉语称谓大词典》有该词条，释曰：“伪军。”虽极简明，却未免失于笼统。是哪一类伪军？何以称“白脖”？这都成为历史和学术的悬案。我们还是先让例证说话：

> 原来他起根儿就很坏的；过去他当过土匪，当过**白脖**，早就强奸过妇女，杀过人。（袁静、孔厥《血尸案》，康濯主编《中国解放区文学书系·小说编》）
>
> 原来院子背面有一个缺口，“**白脖**”们早一溜烟地逃出去了。后来了解，只一个伪军重伤跑回去死了，倒便宜了别的几个。（程子华《冀中一日》，康濯主编《中国解放区文学书系·小说编》）
>
> 马官营的鬼子带着十多个**白脖儿**（伪军）到俺们村要粮、抓人平道沟——俺们是赵各庄的。（杨沫《英华之歌》第十四章）
>
> 她不知道咱这村驻扎着县保安队的**白脖儿**，就闯进村来。她进村的工夫，巡逻的伪军刚打村口过，她算闯过了头一关。（杨沫《英华之歌》第六章）
>
> 过路的行人也都等在那里接受治安军“**白脖**”的搜身检查。这时猪股正带着一个日军小队从岗楼里走下来。（柳溪《战争启示录》第24章）

我们一口气为“白脖”举出了五个例子，但前三例还只能看出是笼统地指伪军，而据后两例所言，我们可以做出初步界定：“白脖”是指保安队、治安军之类的伪军。这样，“白脖”的指称对象就较为具体了。另外“白脖”的感情色彩，由于它字面上的模糊性，较之“黑狗”就略显委婉些，贬斥性和詈骂性也略显弱些。但既然是指汉奸伪军，它仍是贬义的，以至于当前有人拿“白领”开涮时说“已经跟白脖差不离了”。

“白脖”也说成“白脖子”，语义完全一样：

> 我说：“老李同志，咱们还得准备着，我这儿还有一个手榴弹，”“不要紧，那些松**白脖子**算什么？”老李向我咧嘴一笑：“再来了，就再叫他尝尝咱李老爷的大甜瓜。”（杨沫《苇塘纪事》，康濯主编《中国解放区文学书系·小说编》）

老乡们数着我们的人和马，一人一匹还缺三匹，那个老大爷不胜惋惜地说：“‘白脖子’怎不多来三个呢？”（程子华《冀中一日》，康濯主编《中国解放区文学书系·小说编》）

学术研究知其然已属不易，知其所以然尤其难。但我们不能因难而避，所以最后还要谈一个棘手的“白脖”得名来源或曰命名依据问题。汉奸伪军为什么叫作“白脖”？我们至今没有找到任何辞书和历史文献方面的权威证据。安新·白洋淀新闻网2004年月16日有一篇文章《白洋淀上除“三害”》，其中提道：“当时，伪军脖子里常围一块白毛巾，被老百姓蔑视地叫作‘白脖’。这些‘白脖’常干一些伤天害理的事。”这虽然是当代人写的，不是第一手的历史资料，但“白脖”主要流行于河北白洋淀一带，当地人写当地事，所以暂时只能视为可靠。但伪军脖子里为什么要围一块白毛巾？是统一的军服标志，还是单纯为御寒而统一配发？学术研究贵在求真，只得存疑待考。

五、“二鬼子”“三鬼子”的指称对象及语用差异

1.“二鬼子”的指称对象及语用色彩

跟伪军相关的口语称谓，还有个中国老百姓家喻户晓的“二鬼子”。在构词上，它和前面的“二皇军”一样，“二”取其第二或次一等之义。日本鬼子如果相当于“老大”的话，次一等的帮凶当然相当于“老二”了。但“二鬼子”的流通范围和历史影响远比“二皇军”要大得多，其语气感情方面的骂詈和憎恨程度也重得多。《汉语大词典》解释：“[二鬼子]抗日战争时期人民群众对汉奸伪军的蔑称。”这当然不错，但据我们考察，当时“二鬼子”的指称对象实际有两种，当然最常用的意义还是指汉奸伪军。

来来往往的只是汽车，日本兵和他们的爪牙——时常下乡骚扰的伪军，对他们的暴戾，老百姓这样说过：“鬼子是一只虎，二鬼子又插上翅。”（康矛召《草桥之“阅兵”》，《大众日报》1940年11月19日）

“啊，她没告诉你呀?！就是大车上的二鬼子①，那个麻子班长打她一枪把子……”（原注①二鬼子——即伪军。冯德英《苦菜花》第一章）

“二鬼子”还有一种不为当今辞书所收载的义项，那就是：随同日军侵华的朝鲜士兵和台湾士兵。因为当时朝鲜半岛和台湾早已为日本占领，日本在当地招募或雇佣士兵为其充当炮灰。就产生时间上看，这批二鬼子比伪军出现得早，日军一侵华，其中就包括他们。在中国人看来，他们细别之又不是真正的日本鬼子，因而谓之“二鬼子”。

在当年犯下累累战争罪行的“皇军”队伍中，就有一批“二鬼子”的台湾兵，这些人在杀人、打人时，有时比他们的主子日本兵更狠更坏。（孙立川《奴才的嘴脸》，香港

《大公报》2001年3月15日)

劳工们在劳动时，不断遭到日本人和二鬼子(朝鲜人把头)毒打，劳动强度过大，得病也不给治疗。(《日本在铁岭修军用工程的劳工和勤劳奉仕队的惨状》,《辽北文史书馆》第四辑)

咱家那一带是日本人的大后方，一个县镇里边没几个日本人。维持事务的大都是中国人和二鬼子(朝鲜人)。连警察也是本地人，有家有口的，就是真认出哪个是胡子也不太敢抓。都怕胡子抄了家。(洪峰《瀚海》,《中国作家》1987年第3期)

这批来自朝鲜(高丽)、台湾的“二鬼子”,如例中所说有时甚至比真鬼子还坏，见人就杀，见东西就抢，所以极遭老百姓痛恨。

2.“三鬼子”的含义与国民党的反共磨擦

除“二鬼子”以外，我们还发掘出一个不为一般正史和辞书记载的称谓——“三鬼子”,并且其指称对象还不是一种。朝鲜(高丽)人和台湾人这类“二鬼子”,前者是外国人(在韩国被称为“韩奸”),但台湾兵可是中国人，所以个别情况下也有进一步区分把侵略者中的台湾兵叫作“三鬼子”的。

说到抗日，先说日本人的罪行……二鬼子、三鬼子长得又黑又瘦，最坏。二鬼子是朝鲜日本人，三鬼子是台湾日本人。(曹立群《落英山峦》三之二)

但“三鬼子”更多情况下是指专搞反共摩擦的国民党顽军，或者是已暗中投降日寇的“国军”。这种“三鬼子”,系与公开叛变投敌的伪军“二鬼子”对照而言，“三”取其第三或更次一等之意。他们表面上虽然仍挂着国军的正式番号，但在进攻共产党领导下的抗日军民方面，与日本鬼子和公开投敌的伪军二鬼子起到的作用是一样的，所以广大抗日军民把他们归入“鬼子”系列。与真正的伪军相比，他们的性质类似于“准伪军”或“暗伪军”。这批打着抗日旗号的“三鬼子”,对抗战的危害不亚于二鬼子，因为他们躲在暗地里放冷枪，专门袭击共产党领导的八路军、新四军等抗日武装力量。

一九四三年春，国民党的九十二军进犯鲁南，烧杀抢掠，奸淫妇女，较之敌伪，实有过之而无不及，人们称九十二军为“三鬼子”,这时鲁南的形势更加恶化了。(谷红《学习的榜样 效法的楷模——忆光中同志二三事》,《缅怀张光中同志》)

十二师十六旅的官兵们的臂章上，正面印着：“陆军暂编十二师第十六旅”,而反面就印着“日本皇协军一〇八团”。十六旅的特务营长杨保环还在厚颜无耻地说：“皇军是大鬼子，治安军是二鬼子，咱他妈是三鬼子。翻过臂章是中央军，再翻过来就是皇协军，到哪里都吃得开!”(峻青《血衣》,康濯主编《中国解放区文学书系·小说编》)

上面第一例“三鬼子”，是典型的消极抗日、积极反共的国民党顽军。第二例则是已暗中投敌的顽军，其臂章正面是国军番号，反面是伪皇协军番号，这是典型的“暗伪军”。

3. 安徽一带对伪军的詈称“鬼变子”

有史料显示，安徽一带民众骂伪军为“鬼变子”，其含义及贬斥色彩，与北方骂“二鬼子”差不多。至于为什么叫“鬼变子”，尚不得而知，有待日后考证。

> 而汉奸伪政权则是完全殖民地的政权，是为日本人所御用的傀儡政权，一般中国老百姓把伪军组织叫作“**鬼变子**”、“二鬼子”，一点也不错。（邓子恢《津浦路东苏皖边区抗日民主政府一年来施政工作总报告》[1941 年 1 月 14 日]，《新四军和华中抗日根据地史料选》第三辑）

> (1938 年)2 月 29 日 府城沦陷以后，鲁桂林在双碑子纠集 400 余人成立“和平建国军”(群众称“**鬼变子**”)盘踞临淮关，经常配合日军到抗日游击区曹店、殷涧、红心等地“扫荡”。（新编《凤阳县志·大事记(三)》）

> 鬼子来了以后，高口周围的蕲县集、湖沟、官沟、刘村集等集镇的地痞流氓，在鬼子扶持下打起膏药旗，成立了伪军。老百姓对他们恨之入骨，都叫他们“皇牙军”，也叫他们“**鬼变子**”。他们与日本鬼子狼狈为奸，经常是三五成群地打家劫舍。（《老新四军：我们游击队是这样成长壮大的》，《解放军报》2005 年 8 月 1 日）

日寇侵华战起，规模庞大的伪军队伍便“应运而生”，投降敌人，助纣为虐，压迫自己的同胞，广大的抗日军民不畏强敌，同时与日伪作战，前仆后继，八年浴血，最终取得了抗战的伟大胜利。

第三节 “汉奸”类相关称谓与民族灾难的加重

一、“汉奸”称谓的由来与古今所指的差异

1.“汉奸”的产生条件与其具体指称对象

“汉奸”之称古已有之，汉族与周边少数民族发生矛盾或者战争就是产生“汉奸”的土壤。那么“汉奸”的指称对象是什么？“汉奸”与“卖国贼”是等义词，还是下位词与上位词的关系？对于“汉奸”的这些理解和把握，我们必须要有历时和发展的眼光。我们先来看《汉语大词典》“汉奸”条的解释：“原指汉族的败类。后泛指投靠外族或外国侵略者、甘心受其驱使、出卖祖国民族利益的人。”后面紧接混合举出若干例子。这种解释未免给人一种笼统而模糊的感觉。而吉常宏主编的《汉语称谓大词典》解释为：“古称背叛汉朝、被视作奸贼者。现称投靠外国，出卖我国家、民族利益，充当走狗、帮凶的人。”这

种释义将“汉奸”意义的古与今、历时和发展交代得比较清楚。我们觉得如果再进一步，不如干脆将义项连同书证彻底划分开来。两千多年前，汉高祖刘邦建立的王朝叫“汉”，到汉武帝时成为雄霸东方的强大政权，于是“汉朝”“汉族”“汉人”的说法产生了。汉朝时称北部、西部少数民族为“胡”(如匈奴)，如果背叛汉朝，勾结胡人，就实际情形而言，那就是典型的汉奸了，“奸”取其内奸、奸细之义。“汉奸”之名起于何时有待考证，但宋朝时已称勾结金人的奸细为“汉奸”了。宋朝王明清《玉照新志》卷三：“桧既陷此，无以自存，乃日侍於汉奸戚悟室之门。”所以古代“汉奸”的指称对象应该是：投靠或勾结周边番邦异族，背叛汉族政权、出卖汉民族利益的内奸和坏人。比如秦桧就是公认的“助异种害同种”的著名大汉奸。近代外国列强打进中国，先有鸦片战争，后有甲午战争和八国联军进北京，于是“汉奸”又有了新的指称对象：投靠或勾结外国侵略者，出卖我国家民族利益的内奸和坏人。

2. 抗战时期“汉奸”称谓的具体化和泛化

就实质而言，前面说到的伪军也都属于“汉奸”范畴，“二鬼子”等词既可以用来骂伪军，也可以用来骂所有汉奸。“汉奸”和“伪军”是上下位概念的关系，“汉奸”是个广义概念，可以把“伪军”包括在内。本小节所讨论的“汉奸”，是只指“汉奸”这个称谓词以及字面上带有“汉奸”的相关词语。

我们说抗战时期“汉奸”称谓具体化，是指其投靠对象的具体化，即投靠日寇。比如义和团时期，无论英法美日俄，只要勾结外国人就是汉奸；而抗战期间汉奸投靠的主子就只有一个：日本人。说它泛化，是因为“汉”不仅指汉族，而是泛指整个中华民族，这些人出卖的都是中华民族的利益。其实从中国遭到外国侵略的那时，“汉奸”就不局限于汉族了，只不过民族矛盾和“汉奸”的危害到抗日战争时尤为突出。陕甘宁边区政府1939年颁布的《陕甘宁边区抗战时期惩治汉奸条例(草案)》，依照具体行为将“汉奸”分为十八种类型：

> 第三条 凡有下列行为之一者，即以汉奸论罪：一企图颠覆国民政府所属各级政权，阴谋建立傀儡伪政权者。二破坏人民抗日运动或抗战动员者。三进行各种侦察间谍及一切秘密特务工作者。四组织及领导土匪活动扰乱者。五施放信号，显示敌人轰炸或射击目标者。六组织领导军队叛变或逃跑者。七宣传煽惑人民，组织领导叛乱者。八谋害党政军及人民团体之领袖或负责者。九诱逼人民以供敌人使用，侮辱凌虐或毒害人民生命者。十拖枪逃跑哗变投降敌人者。十一藏匿贩运及买卖军火意图叛乱者。十二以粮食军器资送敌人者。十三破坏交通，防碍交通运输者。十四破坏货币，紊乱金融财政者。十五捏造或散布谣言者。十六乘机纵火抢劫者。十七以文字图画书报宣传或以宗教迷信破坏抗战者。十八有意放纵

汉奸分子逃跑者，或诬捏别人为汉奸者。（《陕甘宁边区政府文件选编》）

可见抗战时的“汉奸”既包括汉族人，也包括少数民族人，但其投靠对象只有一个日本帝国主义。因为二战期间，苏美英法等国与中国结成了同一战线，已成中国人民的朋友。下面我们再看几个“汉奸”例子：

汉奸是接受日本帝国主义的指使，来反对和破坏中国抗日战争的人，为了个人的利益，而投降日本帝国主义，并接受日寇的指示而工作的人，也是汉奸。但是有许多无法逃避的人民，不得不在日寇强迫下而表示投降的，甚至被日寇强迫从事劳役与守望的，这些人均不得称为汉奸一律处办。（刘少奇《抗日游击战争中各种基本政策问题》，《晋冀鲁豫边区史料选编》）

汉奸与敌寇又有什么区别呢？没有的！假使有，就只在汉奸是出卖了国家民族利益的“中国人”而已！（朱瑞《又是一种扫荡》，《山东革命历史档案资料选编》第四辑）

“你看，咱们都是中国人，为啥要给日本人当汉奸？”我向他这样说服。（马烽《第一次侦察》，康濯主编《中国解放区文学书系·小说编》）

上引刘少奇的文章带有高度的政策性：“接受日本帝国主义的指使，来反对和破坏中国抗日战争的人”，“投降日本帝国主义，并接受日寇的指示而工作的人”——这就把抗战时期“汉奸”的具体指称对象界定清楚了。

3.“汉奸”的相关称谓“回奸”“蒙奸”之类

我们说抗战期间“汉奸”已是一个总称，泛指投靠日寇的人。但依其民族出身，又有“回奸”“蒙奸”“满奸”等称谓。

蒙奸德穆楚克栋鲁普之流在日本帝国主义的卵翼下伪行“自治”，这是假“自治”之名行叛卖之实，为日本帝国主义推行“满蒙政策”，奴役和统治蒙古民族效劳。（乌兰夫《民族区域自治的光辉历程》，《人民日报》1981年7月14日）

自从德穆楚克栋鲁普投靠了日寇成为**蒙奸**后，他就以这里做为他在绥远北部的根据地。潜伏在这里长达二十余年的一个日本特务机关长胜岛角芳，便化装成一个喇嘛，实则是德穆楚克栋鲁普的高参和指挥者。（柳溪《战争启示录》第四章）

回民中的败类——**回奸**却在这时候发了财。马国真当了“回民分会”会长，朱三元当了“畜产公社”社长。……去年十二月反奸清算运动猛烈开展，回民也被鼓舞起来，展开了诉苦运动，提出了**回奸**马国真的罪恶。马以汉奸罪被政府逮捕了。（《长治回民的新生》，《人民日报》1946年10月17日）

随后，他向李启华、周贯五等人详细介绍了冀中回民支队和回民建国会的成立经过，回答了他们都迫切需要明了的团结回族民众共同抗日的理论认识问题。丁溪野说："建立冀中回民支队的实践证明，这对于发动回族群众参加抗战，打击日寇与回奸，都有着其他抗日部队所不能代替的特殊作用。"（戴煌《胡耀邦与平反冤假错案》第六十八节）

西藏上层反动集团打着所谓"独立"的招牌，同过去满奸溥仪所挂的"独立"招牌完全是一回事。（《西藏永远是中国的西藏 永远不许任何外国人干涉 班禅额尔德尼·却吉坚赞代表在全国人民代表大会会议上的发言》，《人民日报》1959 年 4 月 23 日）

需要略加辨别的是，当"汉奸"仅局限于汉族人时，它与"回奸"等是并列称谓，但当"汉奸"指整个中华民族的罪人时，它与"回奸"等是包容关系，并不形成对立，正如"中国人"和"广东人"不形成对立一样。比如日本女特务川岛芳子（金壁辉），本是满族后裔，抗战胜利后即是以"汉奸罪"处决的。然当今竟有网友在网上质疑道："说她是'汉奸'真是天大的冤枉啊！姓爱新觉罗，满洲人啊！"这就是把"满奸"和"汉奸"对立起来了，依其认识是"满奸"就不能是"汉奸"，这就是历史知识欠缺的表现。再如伪满州国皇帝溥仪，最后以"战犯"定罪，当时是中国人民公认的大汉奸。溥仪在《我的前半生·会见板垣》中说道："我就是这样，一方面是浑身没有一根骨头是硬的，一方面还幻想着未来的'复位登极'，公开走上了这条卑鄙无耻的道路，确定了头号汉奸的身分，给血腥的统治者充当了遮羞布。"连溥仪本人都承认自己是"头号汉奸"，还有什么问题呢？称作"满奸"不是没道理，而是太狭隘了。到今天，五十六个民族凝聚一体，我们有着共同的国家利益，我们之间不存在谁统治谁的问题，国家权利属于全国各族人民，凡分裂国家，危害全民族利益者均可谓之"汉奸"，细致区分的必要性就更不大了。

二、抗战时期"汉奸"的其他不同分类与具体所指

"汉奸"在抗战时期可谓是一个不折不扣的国骂，是一个谴责和咒骂性极其严厉的詈称，但它又是一个指称过于笼统的泛称词。由于汉奸出卖国家、民族的程度不一，出卖的领域各有差别，为了细致区分，所以就出现了一系列的汉奸分类称谓。形形色色的"汉奸"称谓，真是把"汉奸角色"演绎得淋漓尽致。

1."铁杆汉奸""一般汉奸""武装汉奸"

"铁杆汉奸"的危害最大，"铁杆"就是死心塌地卖命的意思，具体地说，是指称那些为日寇当翻译、在宪兵队任职、充当汉奸头目等罪恶深重的汉奸。出于无奈而担任一般性伪职则是"一般汉奸"。

说到这里，他叫着伪军儿子的乳名，说："今天你当了伪军，可不能当铁杆汉奸呀，要学三国的关公，不要忘了你是中国人……"（邓林华《在开辟平禹的日子里》，

《鲁北烽火》）

李条庄、圣井一带有三大害：一个是李条庄鬼子据点里的侯翻译；一个是敌宪兵队宣抚班班长崔曼的大姨子曹氏；一个是范庄据点里的汉奸队长王老虎。这三个坏蛋，死心塌地的效忠鬼子……于是，我们通过伪乡公所的内线，骗出了那个侯翻译，干掉了这个**铁杆汉奸**。（亓星晨《战斗在莲花山区》，《徂徕烽火》）

你这是放屁呀！八路军抗日救国，老百姓人人拥护，为什么长不了？你这个**铁杆汉奸**，杀老百姓，抢老百姓；是个会说话的小孩儿都骂你，你还长得了？逮住你的时候，谁也要剥你的皮，抽你的筋！一人一手指头就戳死你！（袁静、孔厥《新儿女英雄传》第二十二回）

我们在伪军中的党员，内线领导者，及关系，亦发生严重的脱离群众的偏向，看不起**一般汉奸**，孤高自大，不屑与一般伪军为伍，不将党的活动、抗日活动寄托在广大群众掩护下。（《关于伪军工作的总结》[1945 年 6 月]，《冀鲁豫边区党史资料选编》第二辑）

然而，有些研究者却对这些史料倏然心动，欲从这些事件背后挖掘出周作人优于**一般汉奸**的地方，或根本不是汉奸的证据，这就有些缘木求鱼了。（徐彦利《20世纪末对周作人研究的八种角度与四点注意》，《河北学刊》2004 年 9 月）

“武装汉奸”是指身穿便衣、暗藏武器的汉奸。他们隐蔽活动，随时刺杀我抗日军民，与着军装公开活动的“军事汉奸”（详见下文）有所不同。

我知道是上了**武装汉奸**的当，可是已经迟了。没办法，只好举起手来。腰上的捣蒜锤，就被他拿去了。（马烽《第一次侦察》，康濯主编《中国解放区文学书系・小说编》）

石磐路直通平川。这条路，村里人轻易不走的。海娃想：“莫不是个**武装汉奸**吧？”（华山《鸡毛信》，康濯主编《中国解放区文学书系・小说编》）

以后，警卫班长被杀死在河岸上。因为这种情况，队长每次都嘱咐哨兵和通讯员说：“小心注意**武装汉奸**呀！”那时，为了捉**武装汉奸**，马栗子的小腿也绷得更紧过。（柳杞《守卫》，康濯主编《中国解放区文学书系・小说编》）

2.“大汉奸”和“小汉奸”

“大汉奸”是指位高权重的汉奸；“小汉奸”是指伪政权中的下层人员或普通伪军警人员。

现在，他们专凭钻营与无耻，从日本人或**大汉奸**的手里得到了意外的腾达。（老舍《四世同堂》四十五）

我想，以后这些**大汉奸小汉奸**，谁干了恶事，就给他写个白纸帖，这叫黑账，贴

到街上叫众人看。(马烽、西戎《吕梁英雄传》第五十一回)

提起这些事来,锄奸部主任的淡淡的解释了:"都是些小汉奸。""都是和你一样小吗?"我们打趣说。"并不是人小呀,"他只微微的一笑。他们大多是下毒药的,贩白面金丹的。(卞之琳《晋东南麦色青青》,李基林《文艺战线》第二辑)

雷石柱照准他的脑袋正要搂火,忽然想起老武说过:"新政权是宽大政策,小汉奸只要能决心改悔,可以争取改造他。"于是把枪一收,说道:"走吧,回去交给政府处理!"(马烽、西戎《吕梁英雄传》第二十一回)

3."军事汉奸""政治汉奸""经济汉奸""文化汉奸"的划分

从出卖国家利益的不同领域来划分,可以分为"军事汉奸""政治汉奸""文化汉奸""经济汉奸"不等。抗战胜利以后,国民政府便开始了对汉奸进行逮捕并就其罪行展开调查,依法定罪。为此,国民政府在 1945 年 11 月 23 日,正式颁布了《处理汉奸案件条例》,12 月 6 日,又公布了《惩治汉奸条例》,对汉奸的量刑作了具体规定,除军事汉奸由军统局处理外,其余政治、经济、文化汉奸则交法院审理。所以这些名称既可看作对汉奸的分类称谓,同时又是对汉奸的定罪称谓。

"军事汉奸"是指伪军、伪警察等军事人员:

军事汉奸齐燮元,短期内即可宣判,高院昨审鸦片大王(《中央日报》1946 年 11 月 6 日第 4 版标题)

又如日本投降后,天津警备司令部稽查处,曾逮捕有汉奸罪嫌之中华火柴厂经理赵莱,久押不决。其家属请求天津高分院检察处提审,因被告非**军事汉奸**,军事机关无权审理,应交有管辖权的司法机关审判,立将赵某送交法院检察官提起公诉判刑。(陈嗣哲《1912 年至 1949 年我国司法界概况》,《文史资料存稿选编》)

杨揆一、胡毓坤、姜西国、姚锡九等**军事汉奸**饮弹雨花台,错落着栽倒在荒草乱石之中。受庇护者如伪天津市长温世珍,解放后被人民政府处以极刑。这一伙丑类被钉在了历史的耻辱柱上,遗耻万年。(郭晓桦《日本幽灵》第九章)

"政治汉奸"一般是指伪政权的官员:

马汉三是北平肃奸委员会主任,军统局的高级干将,时任北平民政局长。马汉三到任后,开始雷厉风行,将**政治汉奸**、文化汉奸、经济汉奸一一抓捕,一时闹得北平人人自危。(《戴笠死于谋杀》,《书刊报》2004 年 2 月 13 日)

"经济汉奸"是指称那些在经济领域帮助日寇损害国家民族利益的汉奸:

汪逆长子昨受审,谓附逆系不愿远离乃父,**经济汉奸**汪时璟亦被鞫(《中央日报》1946 年 8 月 6 日第 4 版标题)

事变前,我父亲即当了钱庄老板,兼任着当铺与银号的名誉经理,还经营麻铺、粉房、木匠铺等……抗战中,又在敌占区当经济汉奸,贩卖大烟、金子、料面……经常来往于日本人住着的平津、太原、彰德、上海之间。资本在一百万元以上。(《坚决背叛地主立场 站到人民方面来 军大张亚同志的反省》,《人民日报》1947年11月2日)

这就是抗日战争胜利后天津警察局在全城范围内的大规模“肃奸”活动。此次“肃奸”活动,共计逮捕大小汉奸300多人,分别关押在三个不同的“特别看守所”。警察局长李汉元在这次行动中则亲手捉住了天津的经济汉奸。(谢吕西《我亲手抓住经济汉奸》,《天津青年报》2003年9月15日)

“文化汉奸”,是指在文艺界充当日寇的帮凶,进行东亚共荣和亲日宣传,欺骗和蒙蔽广大百姓的汉奸:

文化汉奸周逆作人,高院昨晨定谳,处有期徒刑十四年(《中央日报》1946年11月7日第4版标题)

伪满时,更忠心为敌伪充当文化汉奸,经常在“明明”、“康德新闻”等奸伪杂志报纸写文章,翻译宣扬“天皇”的作品,帮助日寇毒化奴役东北青年。(《吉林日报社深入三查清除汉奸地主谭英伽》,《人民日报》1947年12月6日)

周作人出狱后,得知胡适也在上海,便托人致意,劝他留住内地。胡适焦急万分,反倒两次叫人告诉周作人,只要去台湾,保证蒋介石既往不咎,还会保他当院士。但周作人拒绝了,他认为“汉奸”罪名是蒋介石定的,毛泽东未必承认,况且,毛泽东是自己的学生,30年前还曾拜谒八道湾,请求自己援助。没错儿,30年过去了,这次换到周作人去求自己的学生,毛泽东拿到老师洋洋洒洒的6000字信,匆匆看过说:“文化汉奸嘛,又没有杀人放火。现在懂古希腊文的人不多了,养起来!”(专题片《周氏三兄弟》之六(阿忆撰稿),凤凰卫视2001年)

抗战期间出现一支庞大的助纣为虐的汉奸队伍,使日寇如虎添翼,无疑加剧了我们的民族灾难。产生汉奸的外因当然是外敌入侵,但内因还决定于人的思想和价值观。汉奸们或出于政治野心,或贪图荣华富贵,或经不起威逼利诱等,于是就置民族大义于脑后了。无独有偶,如媒体所披露,当今个别台独分子为达其卑鄙政治目的,竟然公开到日本去认祖拜鬼,甚至把中国领土钓鱼岛说成是“日本的领土”,以示献媚取宠之意,这就纯粹是“思想”问题了。这种“自觉的汉奸”,比“被迫的汉奸”还要可恶百倍。这对于本书而言虽属“题外话”,然鉴往知来,反思“汉奸”问题在今天又有了特殊的现实意义。

第五章　国民党抗战军事政治相关社会称谓举隅

本章涉及到的主要称谓如下：

第一节	一	大本营、大元帅、参谋总长、副参谋总长
	二	战区、司令长官、总司令、集团军
第二节	一	国民政府军事委员会、军事委员会、国防最高委员会
	二	蒋委员长、委员长、委座
第三节	一	山西牺牲救国同盟会、牺盟会、牺盟
	二	山西青年抗敌(日)决死队、决死队
	三	晋绥军、新军、旧军、新旧军
第四节	一、二	三民主义青年团、三青团、青年团
	三	团部、总团部、中央团部、支团部、区团部、分团部、区队、分队
	四	团长、书记长
第五节	一	中国远征军、远征军
	二	入缅远征军、入缅军、中国驻印军、驻印远征军、驻印军、滇西远征军、滇缅远征军
	三	知识青年军、青年军、学生军、青年远征军

抗战八年，国民党方面的政治、经济、外交、军事等，诸事纷繁。即以军事一方面而言，也已千头万绪了。国共合作，作战互有分工：国民党军队担负正面战场作战任务，共产党军队以敌后游击战为主予以配合。国民党战场与日军进行了许多著名战役，诸如平津会战、太原会战、淞沪会战、南京保卫战、徐州会战、台儿庄大捷、武汉会战……并且也涌现出许多抗日英雄和名将。但是本书的性质是以“称谓词语”为切入点去反映社会事件，所以好多生动事件和可歌可泣的事迹，却因为没有形成标志性的称谓词语而只能忍痛割爱，因而使得本书所写，看起来好像带有某种偶然性或随意性似的。这正是本书性质所决定，其实穷搜博寻那些过去年代的称谓词语及其合适例证，期收借斑窥豹之效，反更增加费力程度和写作难度。因而本章所写如题目所示，只能带有“举隅”性质。

第一节　设立“大本营”、划分“战区”与国民党全面抗战开始

1937 年卢沟桥事变后不久，针对日军的大举进攻，国民政府采取紧急应对措施，开

始筹划全国军队最高统帅机构的组建及各军事战略单位的设置。8月初，国民政府在南京召开国防会议，会商抗战事宜。8月9日，中共派代表周恩来、朱德、叶剑英出席会议，并发表重要意见。这次国防会议形成了一系列决议，随后颁布了一些重要方案和文件，标志着国民政府对日全面作战的大幕开启了。

一、"大本营"与其最高长官"大元帅"及辅佐长官

1937年8月15日，蒋介石下达了全国总动员令，并正式组成大本营。"大本营"不是个新词，北伐战争时期孙中山就设立过北伐大本营。抗战开始，国民政府国防会议决定成立大本营，用意与前相同，意义是战争期间的最高统帅部。"大本营"取代原国民政府军事委员会作为全面抗战的最高决策部门，所以我们把它作为一个称谓词对待。大本营的最高长官称"大元帅"，行使三军最高统帅权，实指陆、海、空军大元帅，以军事委员会委员长蒋介石担任。大元帅以下的最高辅佐长官为"参谋总长""副参谋总长"，分别由程潜和白崇禧担任。8月20日，蒋介石签发了南京国民政府大本营颁布的《国军战争指导方案》《国军作战指导计划》等训令四件，对全面抗战进行了初步的部署，对"大本营""大元帅"和"参谋总长""副参谋总长"等进行了规定和任命。

> 大本营受全体国民与全党同志之付托，统帅陆、海、空军及指导全民，为求我中华民族之永久生存及国家主权领土之完整，对于侵犯我主权领土与企图毁灭我民族生存之敌倭寇决以武力解决之。（大本营训令第二号《国军作战指导计划》[1937年8月20日]，《民国档案》1987年第1期）

> 一、本大元帅受全体国民与全党同志付托，统帅海、陆、空军及指导全民，为求我中华民族之永久生存及国家主权领土之完整，对于侵犯我主权领土与企图毁灭我民族生存之敌国倭寇，决以武力解决之。二、大本营之组织如系统表。大本营设参谋总长、副参谋总长各一员。参谋总长指挥大本营各部，辅助大元帅策划全局；副参谋总长襄助参谋总长指挥幕僚，达成全任务。（大本营训令第一号《国军战争指导方案》[1937年8月20日]，《民国档案》1987年第1期）

二、"战区"含义与其最高长官"司令长官"以及所属"集团军"等称谓

《现代汉语词典》把"战区"解释为：为便于执行战略任务而划分的作战区域。若仅仅限于此，它就与称谓词无关了。其实抗战时国军所划分的战区，除作战区域的意义外，还带有临时性的军事战略编组单位的性质（一个战区下辖若干集团军），如此它就带上了临时称谓词的性质。

依照大本营1937年8月20日训令，全国共划分为五个战区：第一战区，冀省及鲁北；第二战区，晋察绥；第三战区，苏南（长江以南）及浙江；第四战区，闽、粤；第五战区，苏北（长江以北）及鲁省。战区的最高长官称“司令长官”。战区特殊，其官称也非同一般。各战区司令长官直接受参谋总长和大元帅节制。

> 为统帅指挥之便利计，将全军区分为四〔五〕战区（战区区分及战斗序列，另令规定颁发之），主战场之正面在第一战区，主战场之侧背在第二战区。……第一战区司令长官：大元帅兼（由徐主任永昌分达该区各集团军总司令）。第二战区司令长官：阎锡山（并由本区司令长官分达该区各集团军总司令）。第三战区司令长官：冯玉祥；副司令长官：顾祝同（并由本区司令长官分达该区各集团军总司令）。第四战区司令长官：何应钦；副司令长官：余汉谋（并由本区司令长官分达该区各集团军总司令）。第五战区司令长官：大元帅兼；副司令长官：韩复榘（并由本区司令长官分达该区各集团军总司令）。（大本营训令第一号《国军战争指导方案》［1937年8月20日］，《民国档案》1987年第1期）

依照大本营颁发的战争方案，除“战区”外，还设置了一类战略单位叫“预备军”，其最高长官亦称“司令长官”，其级别与战区司令长官大致相当。预备军初设四个，第一预备军司令长官李宗仁，其余三个为刘湘、龙云和何成浚。书证不烦举。

“战区”下辖若干战斗序列，叫作“集团军”，其最高指挥官称“总司令”。众所周知八路军的战斗序列号为“第十八集团军”，总司令朱德，隶属第二战区。前举书证已经包含“集团军”及“总司令”用例，不另举。

国民党军队抗战有陆、海、空三军，但人数最多的还是陆军，以上所说就是陆军的情形。附此一提：海军和空军的最高指挥官也叫“总司令”。按照大本营1937年8月颁布的训令：海军总司令陈绍宽，空军总司令由大元帅兼。

不过“大本营”“大元帅”等的设置，并未对外公布，随后蒋介石又做出新决定：仍以军事委员会为抗战最高统帅部，其所设各部均移转军事委员会。大本营于1938年1月正式撤销。但是大本营在战略思想上达成了“持久战”的主旨，又具体指挥了华北方面的抗战和淞沪会战，军事上的“战区”“集团军”等设置，抗战期间一直沿用下来。大本营的设立对拉开全面抗战大幕，确定战争指导思想，鼓舞全国人民信心，实在功不可没。随着抗战历史研究的深入，南京国民政府大本营颁布的关于全面抗战作战指导方案等几份训令文件也得以问世。[①]

---

① 参见《南京国民政府大本营关于全面抗战作战指导方案等训令四件》，《民国档案》1987年第1期。

第二节　国民党领导抗战的最高部门和最高领导人称谓

一、由"军事委员会"到"国防最高委员会"

国民党早在北伐战争时期就曾设立"军事委员会"，1928 年随着张作霖北洋政府的倒台，"军事委员会"也就完成了它的战争使命，宣告取消。1932 年，日军进攻上海的"一·二八"事变爆发后，国民党中央政治会议决定恢复"军事委员会"以应对战争局势，统摄军事力量。军事委员会隶属国民政府，全称"国民政府军事委员会"，为全国最高军事机关。国民党中政会推举蒋介石为军事委员会委员长。

1937 年 7 月卢沟桥事变爆发，上节讨论的"大本营"，就是实际上国民党为应急设立的抗战最高统帅部。但是"大本营"的称号未对外公开就很快取消了，所以国军最高统帅部仍为"国民政府军事委员会"，简称"军事委员会"。以下为该称谓在抗战期间的使用情形。

第二期抗战宣传纲要，**国民政府军事委员会**政治部（续）（《中央日报》1939 年 2 月 27 日第 5 版标题）

军事委员会经收慰劳抗敌捐款报告（《中央日报》1937 年 9 月 13 日第 3 版标题）

军事委员会奖励三勇士，陆宅之役全营牺牲，幸存负伤仍不退却，各给匀金并晋工级（《中央日报》1937 年 11 月 12 日第 2 版标题）

一周战况，六月三十日至七月六日**军事委员会**发表（《中央日报》1939 年 7 月 8 日第 2 版标题）

本月养日（八月二十二日）奉**国民政府军事委员会**蒋委员长委任令开，特派朱德为国民革命军第八路军总指挥，彭德怀为副总指挥，等因奉此，遵即将红军改为国民革命军第八路军，并宣布就职。部队现已改编完毕，东进杀敌。（《第八路军总指挥朱德副总指挥彭德怀就职通电》[1937 年 8 月 25 日]，《中共中央文件选集》第十一册）

只有国民革命军新编第四军现在是直接受共产党中央统辖，不受**国民政府军事委员会**统辖，这是因为**国民政府军事委员**会于一九四一年一月十七日发表了一个破坏抗战危害国家的反革命命令，宣布该军为"叛军"而"解散"之，并使该军天天挨到国民党军队的袭击。但是该军不但始终在华中抗日，而且始终实践四条诺言中第一至第三条诺言，并且愿意复受"**国民政府军事委员会**之统辖"，要求蒋先生取消解散命令，恢复该军番号，使该军获得实践第四条诺言之可能性。（毛泽东《评国民党十一中全会和三届二次国民参政会》[1943年10月5日]，《毛泽东选集》第三卷）

坐落在重庆南郊南山风景区内的黄山，峰奇谷幽，松柏苍翠。这里原为重庆白礼洋行买办黄云阶私产，故名黄山。1938年**国民政府军事委员会**移迁重庆，这里便成为蒋介石的官邸。（《蒋介石重庆官邸修复开放》，《人民日报》1993年5月2日）

1939年1月22日至25日，国民党五届五中全会在重庆举行。为适应全面抗战的形势和国防需要，加强党、政、军的一统指挥，会议决定成立"国防最高委员会"，由蒋介石任委员长。它是一元化的最高领导部门，融党政军大权于一体，凌驾于国民党中央、国民政府、五院和军事委员会之上，是一个决策与执行相统一的最高统帅部门。

严拒胁诱晚节坚贞，吴佩孚追赠一级上将，由国府明令褒扬从优议恤，**国防最高委员会**之决议（《中央日报》1939年12月9日第2版标题）

革新人事行政，制定人事机构统一管理纲要，**国防最高委员会**通过施行（《中央日报》1942年7月21日第6版标题）

国防最高委员会昨晨通过，修正管理外汇暂行办法（《中央日报》1942年2月17日第3版标题）

训练人民行使四权，**国防最高委员会**研究办法（《中央日报》1944年9月23日第2版标题）

国防最高委员会决议，宋子文代行政院长，侍从室主任改派钱大钧继任，俞鸿钧兼任外汇管理会主委（《中央日报》1944年12月5日第2版标题）

国防最高委员会通过减刑办法三条，本年六月以前犯罪者一律适用（《中央日报》1944年12月17日第2版标题）

以上所引数则《中央日报》标题表明，举凡全国政治、经济、法律、军事诸方面命令，均由"国防最高委员会"决断，可见其为抗战期间全国最高权力机构。

二、蒋介石"委员长"称谓的含义及其特殊性

众所周知，蒋介石一生中拥有好多头衔，其中"委员长"这个职务称谓，通用度之高，使用时间之长，可谓是独一无二的。这个职务自1932年开始行用，尤其到抗战八年期间，成为响彻全中国的一个称谓。"委员长"的含义，在抗战前，是"军事委员会"委员长。抗战期间，在军事委员会继续存在的情况下，1939年设立了最高国防委员会以后，又指"最高国防委员会"委员长。抗战期间的军事委员会已经是全国的最高军事统帅部，"委员长"已经具有了极高的权利；待凌驾于党政军各部门之上的"最高国防委员会"一出，此时的"委员长"更成为一个至高无上的头衔，具有了实际上的领袖或元首的意义。相

比之下,国民党党内的最高职务“总裁”,国民政府的“主席”,行政院的“院长”等,这些称谓在“委员长”面前都黯然失色。所以抗战期间对蒋介石的最通行的称呼就是“蒋委员长”。

庐山**蒋委员长**钧鉴:日寇进攻芦[卢]沟桥,实施其武装攫取华北之既定步骤,闻讯之下,悲愤莫名!平津为华北重镇,万不容再有疏失。敬恳严令廿九军,奋勇抵抗,并本三中全会御侮抗战之旨,实行全国总动员,保卫平津,保卫华北,收复失地。红军将士,咸愿在**委员长**领导之下,为国效命,与敌周旋,以达保土卫国之目的,迫切陈词,不胜屏营待。(《红军将领为日寇进攻华北致蒋委员长电》[1937 年 7 月 8 日],《中共中央文件选集》第十一册)

南京林主席、**蒋委员长**、冯副委员长、各院部长、太原阎副委员长[1]钧鉴:……本月养日(八月二十二日)奉国民政府军事委员会蒋委员长委任令开,特派朱德为国民革命军第八路军总指挥,彭德怀为副总指挥,等因奉此,遵即将红军改为国民革命军第八路军,并宣布就职。部队现已改编完毕,东进杀敌。德等愿竭至诚,拥护**蒋委员长**,追随全国友军之后,效命疆场,誓驱日寇,收复失地,为中国之独立自由幸福而奋斗到底。(《第八路军总指挥朱德副总指挥彭德怀就职通电》[1937 年 8 月 25 日],《中共中央文件选集》第十一册)

林主席电慰**蒋委员长**,国府明令奖勉前方将士(《中央日报》1938 年 10 月 10 日第 2 版标题)

吾人对策,唯有全国更进一步的精诚团结,巩固与扩大抗日民族统一战线,拥护**蒋委员长**,坚持抗战到底,实行新的战时政治、军事、财政、经济、党务、民运、文化消政策,以便增加力量,渡过难关,对抗敌人阴谋,消灭汉奸毒计,停止敌之进攻,准备我之反攻,救国之道,端在于此。伏读**蒋委员长**十月三十日告国民书,十二月二十六日驳斥近卫演说,名言至论,举国同钦。(《中国共产党中央委员会致国民党蒋总裁暨五中全会电》[1939 年 1 月 24 日],《中共中央文件选集》第十二册)

蒋委员长整肃官常,严禁公务人员应酬宴会,饬各机关随时严密查察——国防最高委员会明令,取缔公务员宴会办法(《中央日报》1940 年 4 月 18 日第 2 版标题)

蒋委员长电贺菲总统寿辰,国际电台播送特别节目(《中央日报》1940 年 8 月 18 日第 2 版标题)

中国已有了真正的领袖,居里景仰**蒋委员长**的伟大,对中国事情仍极关切(《中央日报》1941 年 4 月 28 日第 2 版标题)

胜利完成和平永奠,日军降书在京签字,**蒋委员长**派何总司令代表受降,九月九日九时开我历史新纪元(《中央日报》1945 年 9 月 10 日第 2 版标题)

以上我们征引许多用例，意在显示“委员长”一称在抗战期间的特殊社会色彩。前几例是1939年以前的，红军、八路军表示“咸愿在委员长领导之下为国效命”，“拥护蒋委员长”，即愿意接受国民革命军改编，把“委员长”尊为最高军事统帅，并且“蒋委员长”排在“林主席”之后，说明其为军事委员会委员长，隶属国民政府。后面用例中的“蒋委员长”，军事委员会和最高国防委员会兼而有之，不唯能够指挥全国军事力量，还能够代表国家行使权利：电贺外国元首，发布各种政令，抗战胜利代表中国接受日本受降。如同那则电讯所言，该“委员长”称谓具有了实际上的“领袖”意义。

众所周知，与“委员长”称谓相对应的还有一个“委座”，一般用为国民党方面对蒋委员长的尊称，带有客气、亲切、恭敬的色彩。

> 晋各界纪念七七，举行阵亡将士碑奠基礼，情绪热烈通电**委座**致敬(《中央日报》1939年7月1日1第2版标题)
>
> 青海同胞电：**委座**致敬，并慰劳前方将士，南洋侨胞电贺大捷(《中央日报》1939年11月7日第2版标题)
>
> **委座**钧鉴：上次承面瞩电询中共中央对国〈共〉两党关系之进一步做法，现已收得延安复电，仅呈录如另纸。按目前两党关系，非亟加改善，不能减少磨擦，贯澈合作到底。(周恩来《关于一个大党问题给蒋介石的复信》[1939年1月25日]，《中共中央文件选集》第十二册)

共产党方面出于统一战线的需要，对蒋介石的称呼是“委员长”，一般不使用“委座”。上引周恩来1939年1月25日写给蒋介石的信称其“委座”，可视为一种特殊的语用情形：一则彼时国共合作已经实现，二则周恩来担任国民政府军事委员会政治部副部长，三则是周以个人身份给蒋写信。

第三节 “牺盟会”“决死队”“新军”与阎锡山晋绥军抗战

一、“牺盟会”的性质、沿革及对抗战的贡献

抗战期间，在山西，“牺盟会”是一个著名的抗战团体称谓。其全称为“山西牺牲救国同盟会”，是阎锡山批准成立并担任会长的组织。

阎锡山号称“山西的土皇帝”，抗战期间任国民政府军事委员会副委员长、第二战区司令长官。阎锡山及其晋绥军，是很强的地方实力派，日寇对华北的步步进逼，蒋介石的排斥异己，对阎锡山的拥兵自重产生了空前的威胁。他权衡利弊，最终接受共产党团结抗日、一致对外的主张，希望借助共产党的声望，为自己扩充实力，以“自存自固”，渡

过难关。阎锡山身边的一些中共地下党员和进步青年得到阎锡山支持，于1936年9月"九一八"五周年纪念日宣告成立"山西牺牲救国同盟会"。但由于国民党的责难和山西顽固派的反对，很快陷于停顿。阎锡山又邀请大革命时期即很著名的山西籍共产党员薄一波以抗日救亡活动家的身份，回山西"共策保晋大业"。中共中央和刘少奇同志随即作出指示，设立中共山西公开工作委员会，任命薄一波为书记。中共山西工委1936年10月到达陕西后，做的第一件大事就是接办和改组牺盟会，经阎锡山同意，首先成立了新的牺盟会领导机构，新领导成员中，常委、各委员会及中心区的负责人、各县牺盟会特派员，绝大多数为中共秘密党员。改组后的牺盟会，虽然会长仍为阎锡山，但实际主持工作的是薄一波。这样，牺盟会打着阎锡山旗号，以山西官办团体身份登上抗日舞台，成为共产党实际领导的、与阎锡山合作的抗日救亡组织，也逐步成为山西各种抗日救亡团体总的指导机关。牺盟会招募进步青年，发动抗日群众，短短数月，发展会员30万人。到1939年夏，包括以牺盟会名义组织起来的各类救国会组织，牺盟会员达到300多万人。阎锡山还把培养抗日军政干部的任务交给了牺盟会，兴办了军政训练班、民训干部团等13个训练机构，培养了大批抗日干部，也为后来建立山西新军创造了有利条件。1939年底，由于阎锡山的反共，牺盟会在组织上宣布解散。[①]

下面请看"山西牺牲救国同盟会"及其简称"牺盟会""牺盟"的使用情形。

新军中政权中**牺盟**中的统一与决心第一要紧，一切真正不稳分子，必须开除出去。（毛泽东、王稼祥《关于晋西南事件与我们方针的补充指示》[1939年12月9日]，《中共中央文件选集》第十二册）

整顿**牺盟会**，发动最广大民众加入，**牺盟会**要能够真正解决民众痛苦问题，要经过**牺盟会**在全境人民中普遍宣传赵承浚、王靖国、陈长捷、孙楚等投降叛变分子的罪恶，造成反投降、反汉奸与拥护决死队、八路军的热潮。（《中央、军委关于晋西事变后晋西北当前工作任务的指示》[1940年1月31日]，《中共中央文件选集》第十二册）

为了进步，就要反对倒退……反对在山西进攻新军、摧残**牺盟**和残杀进步人员。（毛泽东《必须强调团结和进步》[1940年2月7日]，《毛泽东选集》第三卷）

这时，地下党的同志运用统一战线政策组成的**山西牺牲救国同盟会**、山西青年抗敌决死队等进步的群众组织和抗日武装，也在晋东南地区积极地开展工作。（刘伯承《我们在太行山上》，《人民日报》1962年6月21日）

一是建立抗日民主政权，抓紧根据地建设。那时，晋东南各县，差不多都有我

① 参见《牺盟会与山西新军(上)》，《人民日报》2007年3月6日。

党掌握的“牺盟会”（即山西牺牲救国同盟会）组织，但各县、区、乡级政权还未得到根本改造。（徐向前《粉碎日军对晋东南的九路进攻》，《徐向前军事文选》）

二、“决死队”的性质及称谓使用

“决死队”全称“山西青年抗敌决死队”，抗战初期国民党第二战区组建的一支具有正规军番号的新型抗日队伍。抗战开始后，阎锡山为适应形势需要，提出军队政治化、主义化的口号，授命薄一波在原来“军政训练班”、国民兵“军官教导团”组建正规军，先试建一个团，并取了一个响亮的名字“山西青年抗敌决死队”。于是决死队第一纵队第一总队（相当于一个团）成立，这是山西新军组建的第一个团。后来决死队发展为四个纵队，成为一支令敌寇丧胆的抗日劲旅，“决死队”成为响彻晋绥大地的著名称号。在抗日战争时期的文献中，一般只用“决死队”这个简称就足以明其所指了。在新中国成立后的追忆性文献中，出于表达明确的需要，一般使用全称“山西青年抗敌决死队”或“山西青年抗日决死队”。

完成**决死队**的整理补充，提高其战斗力。……完成一二〇师与**决死队**南下讨逆的一切军事上、政治上、技术上的准备。（《中央、军委关于晋西事变后晋西北当前工作任务的指示》[1940 年 1 月 31 日]，《中共中央文件选集》第十二册）

这样一来，小喜他们的计划被打破了。恰巧那时阎锡山觉着**决死队**学了八路军的作风，恐怕他掌握不住，又到处派些旧军官另成立队伍。这些队伍也名“游击队”，在本县派的是个姓田的旧连长来当队长，叫田支队。小喜被调之后，也无心入城受训，就参加到这田支队去。（赵树理《李家庄的变迁》第六章）

这时，地下党的同志运用统一战线政策组成的山西牺牲救国同盟会、**山西青年抗敌决死队**等进步的群众组织和抗日武装，也在晋东南地区积极地开展工作。（刘伯承《我们在太行山上》，《人民日报》1962 年 6 月 21 日）

其次是利用统一战线关系，组织和发展武装力量。例如**山西青年抗敌决死队**，就是在我党与阎锡山合办的“军政训练班”、“国民军军官教导团”的基础上形成的。薄一波同志是主要领导人，积极发展党的组织，陆续清理一些反动军官，请求八路军派干部帮助工作，终于使这支队伍发展成为一支抗日劲旅。杨秀峰同志则以国民党河北省民训处的名义，组织了冀西游击队。（徐向前《奔赴抗日前线》，《历史的回顾》）

我们就以帮助阎锡山抗日的名义，用阎锡山的武器，建立了“**山西青年抗日决死队**”等武装。（薄一波《朱总司令和山西青年抗日决死队的成长》，《人民日报》1979 年 7 月 6 日）

三、“晋绥军”之“新军”“旧军”称谓对照及“晋西事变”

阎锡山是地方实力派，其军队称“晋绥军”（“绥”指绥远）。抗战开始，为扩充力量和增强战斗力，阎锡山与共产党合作，重新招募和组建新的抗日队伍，这就是所谓的山西新军。前述“决死队”，就是最新组建的新军，后来进一步发展，成为新军中的骨干力量。新军发展迅速，到1939年已经是拥有四十个团的庞大队伍。新军的番号和编制仍属“晋绥军”，为便于区别，人民便将原来的晋绥军称谓“旧军”，于是有了“新军”“旧军”对照以及“新旧军”之类称谓词。

新军成立后，配合八路军和其他友军，在三晋大地上粉碎了日伪军的一次次“清剿”和“围攻”，在1939年粉碎日军对晋东南的九路围攻作战以及后来的百团大战等战役中战绩辉煌。新军的壮大及其进步性质，引起了阎锡山的注意，他逐渐意识到牺盟会和新军已成为他控制不了的独立力量，于是转支持为压制、打击，最终酿成了1939年底旧军进攻新军的“十二月事变”，即“晋西事变”。

日寇右翼之主力，又分为三路，均以追击姿势前进。一路沿平绥东段、同蒲北段攻雁门关，判断约一师团，占大同后现未动。一路由天镇占广灵后，向灵丘、平型关进攻，系向**晋绥军**行右翼迂回。（毛泽东《关于敌情判断及八路军的战略部署》[1937年9月17日]，《毛泽东文集》第二卷）

这时候正是八路军在山西到处打败日军收复失地建立抗日根据地的时候，阎锡山的**晋绥军**退到晋西南黄河边一个角落上，不敢到敌后方来，阎锡山着了急，生怕他自己派出来的干部真正跟八路军合作。决死队学八路军的游击战术和政治领导，他以为是共产化了。（赵树理《李家庄的变迁》第七章）

对投降派军事进攻，**新军**应在防卫姿态下，即**旧军**攻击新军时，采用运动战给以有力与有利的反攻而消灭之；必要时八路军应以适当力量支持**新军**打退**旧军**（最好用决死队名义）。……一切**晋绥军**团结起来，枪口对外，中国人不打中国人。（毛泽东、王稼祥《关于晋西南事件与我们方针的补充指示》[1939年12月9日]，《中共中央文件选集》第十二册）

丙、我们意见：1. 阎在中央分化政策下，可能与新〈军〉成立妥协。**新军**亦以在有利条件下仍属阎指挥，恢复合法地位为宜。我们政策在于暂时中立阎，不使阎与中央联合对我，不使**新军**受中央指挥，因为这些都是不利的。2. 如朱彭接到行营电报，即转告**新军**领袖，要他们把行营的电报通知阎，表示**新军**仍归〔旧〕拥阎，不超过阎而与中央联络，**新军**绝不宜派代表到行营或重庆去商议。3. 与阎谈判应由肖劲光以居间调停形书〔式〕〈出〉面进行，而**新军**领袖则用电报与阎联络，表示希望新旧军恢复团结，共在阎领导下一致抗日。电报中只提此种愿望，不提处罚陈长捷等条件，语气须和缓些，放诚恳些，使阎面子上过得去，方有转弯余地，使阎与旧军觉得有希望，以利肖劲光前去谈判。4. 于涛可留他在行西北住两星期，那时如有用他之处，再决定要他去秋林。5. 新军内部之团结，特别重要，梁化之屡次放出空气，新军三月内必有分化。此事请你们严重注意，新军应当独立自主求生存，求发展，八路军应多给以帮助。（毛泽东、王稼祥《关于处理晋西事变的指示》[1940 年 2 月 12 日]，《中共中央文件选集》第十二册）

在八路军的有力支持下，新军粉碎了旧军的进攻。事变后新军加入了八路军的战斗序列，晋东南地区成为共产党领导的抗日根据地，阎锡山发动"晋西事变"等于搬起石头砸了自己的脚。为了团结阎锡山继续抗战，"新军"在名义上仍保持原番号。1940 年 2 月 15 日，党中央派萧劲光、王若飞持毛泽东主席的亲笔信到秋林镇，向阎锡山面述我党关于恢复新旧军团结拥阎抗日的主张。经过谈判达成协议，双方划分了驻防地区。在 1941 年 1 月国民党发动的第二次反共高潮中，阎锡山保持了中立。这样，基本上保持了山西的抗日民族统一战线，稳住了山西的抗战局面，直至抗战胜利。①

第四节　抗战烽火中诞生的"三民主义青年团"及其性质作用

一、"三民主义青年团"的产生背景

三民主义青年团 1938 年 7 月 9 日成立于武汉，此时正值抗战烽火炽烈，中华民族已与日本侵略者进行了一年的浴血奋战。

抗日民族统一战线建立后，在"全面抗战"的大旗下，国民党和国民政府的地位较之抗战前有了显著的加强和提高。但是一方面，国民党专制路线、腐败衰弱态势和派系林立状态等，并没有根本改变；另一方面，如何团结全国广大青年投入抗战工作也成为一个重要问题。再说青年人历来也是国共两党争夺的对象。正是出于消弭国民党内部的派系纷争和笼络进步青年的目的，蒋介石决定设立一个新的组织，经过反复酝酿，决定定名为"三民主义青年团"。

1938 年 6 月 16 日，蒋介石发表《为组织三民主义青年团告全国青年书》，堂而皇之

① 参见《抗日战争中的牺盟会和山西新军（下）》，《人民日报》1985 年 9 月 20 日。

地讲了"力求抗战建国之成功""为求国民革命新的力量集中""为求三民主义之具体实现"等几条主要目的，并对青年团和全国青年提出了积极参加战时动员，实施军事训练、政治训练，促进文化建设等任务。同一天，公布《三民主义青年团团章》，规定："凡中华民国之青年，满18岁以上至38岁者……核准得为本团团员。"(干部不受此年龄限制）1938年7月9日筹备成立由陈诚、陈立夫、朱家骅等31人组成的青年团临时中央干事会，标志着三民主义青年团的正式成立。

二、"三民主义青年团"及其简称"三青团"和"青年团"

由于三民主义青年团自诞生那一天起就受到国民党和蒋介石的重视，同时也倍受共产党和全国人民瞩目，于是"三民主义青年团"成为抗战期间的一个重要组织称谓。

三民主义青年团，蒋团长告全国青年，中国未来命运系于青年之身，务当组织训练养成深厚力量(《中央日报》1938年6月17日第2版标题）

三民主义青年团昨开预备会及大会，张治中等当选为主席团，推定各委员会及召集人(《中央日报》1943年3月31日第2版标题）

现在国民党组织**三民主义青年团**，共产党员应取什么态度呢？没有问题，取赞助态度。我们希望**三民主义青年团**有广大的发展，依照蒋介石先生关于**三民主义青年团**的宣言做法，该团的发展是有光明前途的。也正是为着赞助，我们对于该团现行办法中之某些事项，希望有所修正，不然，好的动机，将难得好的结果。(毛泽东《论新阶段抗日民族战争与抗日民族统一战线发展的新阶段——一九三八年十月十二日至十四日在中共扩大的六中全会的报告》，《中共中央抗日民族统一战线文件选编》)

三民主义青年团可简称为"三青团"或"青年团"，但抗战期间使用更多的是"青年团"(按：抗战期间共青团已改变成青救会等青年团体）。

三青团试办夏令营(《中央日报》1939年7月26日第3版标题）

川省夏令营**三青团**派员筹调(《中央日报》1942年6月4日第6版标题）

纪念五四运动，**青年团**决号召全国扩大发动，请中央定每年五四为青年节(《中央日报》1939年4月15日第3版标题）

前线慰军团即出发，中央推张继率领前往北战场，**青年团**派梅公任郑彦药参加(《中央日报》1939年6月13日第3版标题）

青年团全代表，昨向林主席致敬，代表李国俊等七十二人，张书记长治中率领恭观(《中央日报》1943年4月6日第3版标题）

三、青年团的各级领导和组织系统称谓:"中央团部""支团部""区团部""分团部"等

三青团有自己的一套组织系统,自上而下分为中央团部、支团部、区团部、分团部、区队、分队。青年团各地领导机构一般称"团部":

青年团各地**团部**由团长派员组织,中央严禁籍名活动(《中央日报》1938年10月28日第3版标题)

青年团全代会,第五次大会,地方**团部**继续报告,孙院长讲目前战局(《中央日报》1943年4月4日第2版标题)

青年团干事会昨开第三第四次大会听取各地**团部**工作报告(《中央日报》1944年4月2日第2版标题)

细别之,各级团部自上而下又有"中央团部(总团部)""支团部""分团部"等的分别。三青团的最高领导机构起初称"总团部",后来为避免与其他类的总团部混淆,则称"中央团部":

渝青年团筹备处已开始办公,**总团部**派员渝服务(《中央日报》1938年11月15日第3版标题)

欢送邵大使,政治部与**中央团部**昨晚举行盛大茶会(《中央日报》1940年5月21日第3版标题)

青年团**中央团部**嘉勉萧中毓,张书记长明日召见(《中央日报》1942年11月9日第5版标题)

青年团文建运动会今开首次会议,发动后印三民主义一百万册,**中央团部**今晚举行文化晚会(《中央日报》1944年1月28日第3版标题)

中央团部举办旅行讲学,阐明总裁兼团长五项建设精义,四区讲座科目及主讲(《中央日报》1944年4月5日第3版标题)

中央团部直属的各省、各大城市的团部称"支团部":

三民主义青年团决先成立武汉**支团部**(《中央日报》1938年8月22日标题)

青年团重庆**支团部**昨举行倡导大会,贺常务干事讲"中国青年的出路"(《中央日报》1943年6月24日第3版标题)

青年团奖励服务,青海**支团部**日内成立,桂团员举行入团宣誓(《中央日报》1943年10月5日第2版标题)

十月三十一,伟大的日子,全国青年活跃,赣陕**支团部**同时成立,甘肃青年团发动献机(《中央日报》1943年11月1日第2版标题)

青年团支团部以下设“区团部”；各机关单位、学校的基层团部称“分团部”；最底层的团组织为“区队”“分队”：

青年团兰州**区团部**，昨日正式成立（《中央日报》1939 年 1 月 4 日第 2 版标题）

在中央干校正式成立后，蒋经国从扩充“太子系”的实力出发……先是设立中央直属**分团部**，以后扩大为**区团部**。规定中央干校学生，一律加入三青团。（周淑真《三青团始末・借东风，蒋经国异军突起》）

三青团周年纪念，各大学**分团部**庆祝（《中央日报》1939 年 7 月 11 日第 3 版标题）

东大论文比赛，月底截止收稿，**分团部**征求新团员（《中央日报》1942 年 10 月 7 日第 6 版标题）

青年团渝安团部及三**区队**，报名同志七十余人（《中央日报》1944 年 11 月 30 日第 3 版标题）

远征军教导第二军改期行入团式，青年团陕甘男女团员从军，警察**分队**长盛华将远征（《中央日报》1944 年 1 月 23 日第 3 版）

四、青年团的领导称谓“团长”和“书记长”

三青团的最高领袖称“团长”，出于对青年团的高度重视，该职务自始至终由国民党总裁蒋介石亲自担任，有关报道或径称“蒋团长”。

三民主义青年团，**蒋团长**告全国青年，中国未来命运击于青年之身，务当 90 组织训练养成深厚力量（《中央日报》1938 年 6 月 17 日第 2 版标题）

三主义青年民团正式成立，昨开干事监察联席会，**蒋团长**亲临指示（《中央日报》1939 年 9 月 2 日第 2 版标题）

青年团全代会，昨举行工作总检讨，**团长**召见学校团部代表，与代表共餐并续有训示（《中央日报》1943 年 4 月 11 日第 2 版标题）

青年团干监联会昨开幕，蒋团长亲临主持，首届干监宣誓仪式隆重，**团长**致训全体咸极感奋（《中央日报》1943 年 4 月 20 日第 2 版标题）

三青团中央团部的常任领导称“书记长”（相当于秘书长），起初由陈诚担任（中间曾由朱家骅短暂代理），1940 年 9 月张治中接替陈诚任书记长。1946 年随着抗战胜利后形势的变化，张治中被派到新疆任西北行营主任，书记长一职仍由陈诚担任，直至 1947 年三青团撤销。

三民主义青年团欢迎访问团，张**书记长**致迎词，详述该团三大使命（《中央日报》1942 年 11 月 20 日第 3 版标题）

青年团全代表，昨向林主席致敬，代表李国俊等七十二人，张**书记长**治中率领

（《中央日报》1943年4月6日第3版标题）

三青团地方团部领导设“主任”和“书记”二职，例不赘举。

三青团的性质和作用，是随着形势的发展而变化的。其成立之初，的确具有积极向上、团结青年抗战救国的精神，具有一个新型政党组织的性质。在现实生活中，三青团组织广大青年进行了一系列抗日爱国活动，如兴建青年馆和招待所以安置流亡青年学生；举办夏令营、运动会等各类文体活动；建立宣传队、战地服务队，进行抗日宣传，慰问前方将士和伤病员等。这些无疑激励了人们的爱国热情，对抗战起到了积极的推动作用。但抗战进入相持阶段后，1939年国民党五届五中全会确定了“溶共、防共、限共、反共”的政策，三青团在这一大政方针下，也逐渐走上了反共反民主的道路，某些地方的三青团在一些特务分子把持之下，堕落成为特务组织，反过来迫害进步青年。另一方面，由于三青团的团员过了25岁仍不让转为国民党员，于是三青团就带上了第二党的性质，处于与国民党对立的局面，形成“党团之争”，常为争夺各自的利益范围和新成员等而发生矛盾。这样本为统一国民党内各派系而产生的三青团，却又造成了新的派系之争。抗战胜利后，国共两党的关系又处在了尖锐对立的地位上。1947年9月，国民党在南京召开六届四中全会及党团联席会议，蒋介石发表讲话，为消除党团矛盾，一致反共，决定实行“党团合并”，三青团从此并入国民党，结束了它的历史使命。总之，抗战期间的三青团具有抗日和反共的两面性，但即便是抗战后期，三青团仍为抗战作了大量工作，例如1942至1945年，中国政府组织远征军赴印缅对日作战期间，为提高远征军的文化素质，发起一场轰轰烈烈的十万知识青年从军运动，这一运动主要就是由三青团并会同其他方面完成的。

第五节 “中国远征军”——一群被遗忘的抗日英雄

“中国远征军”是一个典型的群体称谓，但这个称谓对当代中国老百姓尤其是年轻人来说，已经十分陌生了。2005年为纪念抗战胜利60周年，凤凰卫视投拍、云南广电局协拍了一部10集纪录片《中国远征军》，当记者在故事发生地云南向青年人采访，提问“你知道中国远征军吗”，得到的答案却都是“不知道”。这也难怪，因为时代遥远，更由于意识形态等方面的缘故，大陆普通历史教科书中也不见“中国远征军”的踪影。因而正如该纪录片中一处文字所显示，他们确实是“一群被遗忘的抗日英雄”。但他们又的确不应该被遗忘，因为“中国远征军”这个称谓词，代表着近40万中国抗日将士（包括15万多阵亡将士），代表着中国军队自中日甲午战争后首次跨国作战的雄威，代表着中国与同盟国军队1942—1945三年间在滇、缅、印战场上同日寇法西斯的殊死较量，代表着中国抗日战争正面战场作战最悲壮的一幕。

一、"中国远征军"的称谓由来与使用

中国远征军是抗日战争时期中国为援助英军、共同抗击法西斯、保卫西南大后方而建立的出国作战部队。

太平洋战争爆发后不到半年时间，日军就占领了东南亚大部分地区。日军为了切断中外联系，千方百计毁坏中国与东南亚的交通干线。1940年春，日寇对中国通往越南的滇越铁路狂轰滥炸，滇越线陷于全面中断，中国通往缅甸的滇缅公路便成了唯一一条中外联系和外国援华的国际交通线。缅甸是与云南接壤的中国邻邦，是东南亚半岛上具有重要战略意义的国家，与其西屏印度同为英属殖民地。为了保卫缅甸，中英结成军事同盟，并于1941年12月23日在重庆签署了《中英共同防御滇缅路协定》。1942年初，日军在缅甸展开进攻，英缅军一路溃败，急忙吁请中国军队入缅参战。中国政府立即调集精锐部队，于是一个新的部队番号称谓"中国远征军"诞生了。2月下旬，中国首批部队赴缅作战，由第五军、第六军、第六十六军十万余人组成"中国远征军第一路军"，司令长官卫立煌，卫未到任，4月由罗卓英接任，杜聿明为副司令长官。1942年2月至6月滇缅路之战为第一阶段，由于仓促应战，中英双方作战计划和指挥各异，致使部队陷于被动状态。虽经官兵浴血奋战，予敌以一定打击，却未挽回败局，缅甸失守，滇缅公路陷于中断，远征军由出师的十万人减员至四万余人。但也取得了重大的战略意义，掩护了英军撤退，消耗了日军力量，阻滞了日军从缅北进攻中国西南大后方的企图。1943年春至1945年3月打通中印公路之战为第二阶段。1943年初，中国续派远征军，并任命陈诚为司令长官。这一阶段，中国军队在恶劣的自然地理环境中英勇奋战，最终打通了国际交通线中印公路，歼灭了日军两个师团的大部及另两个师团的一部，把日军赶出了中国西南大门，揭开了正面战场对日反攻的序幕，牵制了日本缅甸方面军的预备队，为收复缅北、支援整个缅甸战场以及世界反法西斯战争作出了贡献。[①]

据中国远征军网站（http://www.yuanzhengjun.cn/index.html）资料：从中国军队入缅算起，中缅印大战历时3年零3月，中国投入兵力总计40万人，伤亡接近20万人。第二〇〇师少将师长戴安澜，在首次入缅作战中壮烈殉国，年仅38岁，死后被国民政府追赠陆军中将，是中国远征军牺牲的最高将领。远征军将士用鲜血和生命书写了抗日战争史上极为悲壮的一笔。"中国远征军"及其简称"远征军"的称谓，与伟大的抗日战争和世界反法西斯战争紧密联系在一起。

史迪威诺言，收复缅北打开通华路线，中国远征军正付诸实现（《中央日报》

① 参见《中国远征军的入缅作战》，《人民日报》1985年9月2日。

1944年2月26日第2版标题)

远征军盼循滇缅路打回老家来,郑洞国在妇女慰劳会中述远征军生活作战情状(《中央日报》1944年3月5日第3版标题)

那是抗日时代的事,当时想"国亡无家,为抗日救国出力也是应该的"。他就到了丁江砦第九补训处当了兵,以后就到炮兵连学打八二迫击炮。到一九四二年,他被调到"远征军",坐汽车到昆明,又坐飞机到了印度,再坐两小时轮船到了加尔各答,还是让他学炮。(张之韩《宗吉廷》,《人民日报》1946年12月3日)

珍珠港事变发生后,日敌初期作战虽尚侥幸得手,以后渐呈不支,海洋岛屿之争夺战辄次失利。在形势紧迫勉强挣扎之下,对华军事遂归停顿。在这时期,蒋政府见同盟国各军胜利在望,除派遣一部分远征军赴印缅以外,在国内的军队均令按兵不动,意图坐享其成。(王冷斋《人民的"七七"纪念》,《人民日报》1949年7月7日)

中国抗日战争不但在战略上支援和配合了美、英盟军的作战行动,而且与盟军实行了战役上的协同作战,为最后击败日本法西斯作出了自己的贡献。1942年春,中国派出三个军入缅援英作战。1943年11月至1945年3月,中国先后以八个军共二十二个师的兵力,在中国的滇西和缅甸北部地区与盟军共同对日作战,并收复了密支那,为东南亚人民的解放尽了力。在整个印缅地区作战中,中国远征军和盟军一道,共歼日军十六万余人。(宋时轮《不可磨灭的历史贡献——纪念中国抗日战争和世界反法西斯战争胜利四十周年》,《人民日报》1985年8月31日)

二、中国远征军的地域区别称谓:"入缅远征军""驻印远征军""滇西远征军""滇缅远征军"

中国远征军由于入驻地域或作战区域的不同,有时加以一定的地域性限定充分,形成一类区别称谓。1942年远征军第一路军组建后,因其最初的任务是进入缅甸作战,保卫滇缅公路,当时又被称为"入缅远征军",简称"入缅军"。

向入缅远征军表敬意,盛大欢迎罗卓英将军(《中央日报》1942年7月2日第5版标题)

我入缅军士气旺盛必获战果,英印间已启一道明光——王部长对外籍记者谈话(《中央日报》1942年4月1日第2版标题)

我入缅军克复梅苗,下关盛传并克遮放,敌机昨再轰炸吉大港(《中央日报》1942年5月10日第2版标题)

中国远征军第一阶段作战失利后,入缅军一部分部分军队撤退到印度,与蒋介石新增派的部队改编为“中国驻印军”，由史迪威任总指挥、罗卓英任副总指挥(后改派郑洞国)。1944年10月史迪威回国，索尔登接替总指挥，因而有了“驻印远征军”和“驻印军”的称说。

史迪威将军奉调返美，继任人员明令发表，魏德迈亚任中国战区参谋长，索尔登任**中国驻印军**总指挥(《中央日报》1944年10月30日第2版标题)

第二阶段：可以概括为准备反攻及打通中印公路(亦称史迪威公路)时期。……部队番号及指挥官：**中国驻印军**总指挥部总指挥史迪威兼，副总指挥郑洞国(前为罗卓英)；新一军军长郑洞国，继任孙立人……(杜聿明《中国远征军入缅对日作战述略》，《文史资料选辑》第八辑)

驻印远征军，在东北部加紧训练，伤愈将士即可归队(《中央日报》1942年8月21日第2版标题)

驻印远征军，一月来报名八千余人，蓉教二团学兵已飞印(《中央日报》1944年12月13日第4版标题)

我**驻印军**中最幼之弟兄马国光年仅十三，多才多艺美兵惊呼为马尔文(《中央日报》1944年4月18日第2版标题)

我**驻印军**战绩辉煌，蒋委员长颁令奖嘉(《中央日报》1945年3月15日第2版标题)

1943年4月，撤退到云南的远征军与蒋介石新增派的部队组编为“滇西远征军”，并重建远征军司令长官部，由陈诚任司令长官，继任卫立煌，副司令长官黄琪翔。

滇西远征军为策应打通中印公路，先肃清滇西之敌。第二十集团军于1944年9月14日攻占腾冲，第十一集团军于9月11日歼灭腊猛之敌，经步炮空紧密协同作战，11月3日克复龙陵，20日克芒市，1945年1月19日收复畹町后，分路追击残敌，所向披靡，于1月27日与驻印军胜利会师于芒友。(《中国远征军的入缅作战》，《人民日报》1985年9月2日)

一九四四年，抗日战争的后期，我参加了**滇西远征军**的松山和滇西的战役、战斗。这个战役和战斗相当残酷激烈，对抗日战争滇西战役的胜利，起了较大影响。(宋保恒《在松山战役中的滇西远征军炮兵》，《“7·7”抗战五十周年特辑》)

1945年1月，滇西和驻印两支远征军发起的缅北滇西作战告捷，歼敌三万余人，两军在滇西畹町会师。据《中央日报》1945年1月4日第2版报道，“畹町芒友间肃清残敌，滇缅国军会师，英军攻克蒙迫瓦城”。随后，中国驻印军、滇西远征军和盟军，在缅北的芒友举行了会师典礼。会师后的远征军称“滇缅远征军”。

滇缅远征军慰劳团赠各将帅以纪念章(《中央日报》1945年2月24日第3版标题)

滇缅远征军慰劳团，献旗杜聿明等，今日向麦克鲁及陈纳德献旗(《中央日报》1945年3月21日第3版标题)

1945年初滇缅远征军大捷，是中国军队取得的抗战以来正面战场唯一一次大规模进攻作战的彻底胜利。中国远征军的最后胜利，宣扬了国威，鼓舞了全国抗日军民的斗志和必胜信心，为抗战全面胜利作出了贡献。

三、"青年远征军"与知识青年从军运动

由于中国军队要与美英同盟国军队协同作战，面对实力强劲的日本军队，因此中国远征军的武器装备也极为先进和精良，这就对士兵素质提出了更高要求。1943年陈诚出任远征军司令长官，请求选派一批有文化的青年充实部队。11月，蒋介石指令在四川征集四万五千名优秀知识青年入伍，经短期训练，即分批空运到印度，由此拉开了"知识青年从军运动"的序幕。

随后，国民政府军事委员会认为，根据战争形势，知识青年从军运动有必要全面推广，遂于1943年3月颁布新修订的《兵役法》，12月颁布《学生志愿服役办法》，对原来青年学生缓役的办法作了修正。1944年1月，最高当局将知识青年从军工作交由三民主义青年团主办。1944年9月16日，蒋介石在国民参政会发表演讲，号召知识青年效命战场，提出了"一寸山河一寸血，十万青年十万军"的著名口号。10月21日，军事委员会颁布《知识青年从军征集办法》，规定知识青年年满18岁至35岁者，受中等以上之教育或具有相当知识程度者，体格符合条件者，均得志愿参加；数额暂定为十万人，服役期间定为两年，期满后退伍。教育部也出台相关条文，规定了对从军学生保留学籍等一系列优待办法。为鼓励青年从军，蒋介石特令蒋经国和蒋纬国参加远征军服役，国民党和各级政府官员纷纷带头送子弟参军，青年学生投笔从戎成为当时一大潮流。截至1945年1月1日，应征入伍的青年已达12万人，开始在各基地接受为期3个月的训练。国民政府将这批知识青年军人从二〇一至二〇九共编为九个师，分别编入3个军——第六军、第九军和第三十一军。随着知识青年从军运动的开展，社会上开始出现对这批新式青年军人的称谓如"知识青年军""青年军"。因青年军中有很多是中等和高等学校在校学生，故又有"学生军"称谓。当然国民政府最终将其正式命名为"青年远征军"。

蒋委员长勉全国医药界应征，服务**知识青年军**，行湛深医术，维将士之健康(《中央日报》1944年11月24日第3版标题)

青年军浩荡入营，每日卡车廿余辆送赴璧山，青木关各界慰劳第一大队(《中央日报》1944年12月28日第3版标题)

罗卓英对记者谈，编练**青年军**问题，分两期集训各为时三月(《中央日报》1945

年1月1日第3版标题)

青年军二零四师选千人赴印受训(《中央日报》1945年3月29日第3版标题)

嘉定**学生军**抵渝,从军运动不断开展,遂宁同乡会欢迎远征军(《中央日报》1944年1月5日第3版标题)

远征军军长郑洞国,向**学生军**讲演,远征军生活,训练,作战(《中央日报》1944年2月16日第3版标题)

学生军在印度多充任坦克驾驶员,容光焕发热情洋溢(《中央日报》1944年9月5日第3版标题)

青年远征军歌,文运会悬奖十万欲求(《中央日报》1944年12月4日第3版标题)

壁山区**青年远征军**,全师举行入营典礼,第五大队今晨专车出发,各地从军青年集中编训(《中央日报》1945年1月4日第3版标题)

拿起武器捍卫祖国!驻铜**青年远征军**开始了正式训练(《中央日报》1945年2月24日第4版标题)

抗战后期的知识青年志愿从军运动,是在特定战争条件下,由国民党、三青团发动的一场涉及国统区全境的学生从军运动。它对转变当时的社会风气、提高军队素质、促进国民党的党政军事改革等,起到了一定程度的积极推动作用。广大知识青年满怀强烈的爱国救国热情,响应政府号召,投笔从戎,为抗战胜利作出了贡献。但是由于临近抗战结束,青年远征军中的绝大部分既没有参与"远征",也无缘参加国内对日作战。最初,蒋介石并未考虑让青年军复员,而是希望利用这支精锐部队进行内战。1946年初,各师都有一部分青年要求复员并继续升学或就业,国民党担心有中共地下组织从中活动,乃密令各师成立"防奸小组"进行调查。凡是要求复员者,必须参加三个月的预备军官教育。6月3日,第一批青年军官兵正式复员,这一天还被定为"复员节"。青年军各师官兵大部分选择了复员,只有一部分自愿留营者,后来成为第二批青年军的各级官长。1947年后,参加与中共军队内战的青年军第二〇七师、二〇八师,均是战后在华北、东北重新招收编练而成的,与战时青年军无关。[①]

---

① 张丹:《战时知识青年从军运动述评》,《抗日战争研究》2004年第1期。

第六编　解放战争时期社会称谓研究

编前言

“解放战争时期”是指从1945年8月15日日本宣布无条件投降到1949年10月1日中华人民共和国成立这段时期。本编共有三章，实际上是依据具体内容划分为三大板块：第一章是“共产党军事力量和战争生活的称谓”；第二章是“国民党军事力量和蒋管区地方武装及特务类称谓”；第三章是“解放区土地改革运动和农村阶级成分划分相关称谓”。这一时期中国共产党领导的军事力量发生整合，“中国人民解放军”成为一个举世瞩目的称谓。既称“解放战争”，战争当然是重头戏。为了扩大和补充战斗力量，解放军不断展开扩军、练兵等运动，形成一些特色称谓。“翻身战士”特指大批翻身农民参军补充的新战士；而“解放兵”“解放战士”“解放军官”则是解放军为改造被俘的国民党军队官兵而创造的新式称谓。随着解放军军事力量的壮大，“野战军”成为一个响亮的名词，中国人民解放军正规军按作战区域先是分为五个，后来合并为四个大野战军：“西北野战军”“中原野战军”“华东野战军”“东北野战军”，简称“西野”“中野”“华野”“东野”。1949年随着战争的节节胜利，四大野战军按“第一”“第二”等的顺序命名，于是“一野”“二野”“三野”“四野”又成为中共军队在特定历史时期的称谓。与战争相配合，人民群众掀起了轰轰烈烈的支前运动，也形成一批相关称谓。“民工”一词，就是历史赋予它特定含义，并且衍生出了一系列相关称谓，如“小车队”“挑子营”“担架团”等都是当时支前场面的生动写照。为了调动广大群众支援革命的积极性，解放区广泛开展土地改革运动，围绕党对土改的领导、农会组织的建立和农村阶级成分的划分等，又涌现出一系列相关称谓。在国民党统治一方，“中央军”“地方军”“地主”及“土匪武装”等，都有其相关称谓。国共双方在一些地区展开“拉锯战”，地主武装卷土重来，于是“还乡团”成为此期一个重要称谓，在各地又衍化出“还乡队”“回乡队”“复仇团”“复仇队”“倒算队”等变体称谓。“军管会”“军代表”等称谓的产生，则象征着中国共产党对城市的接收接管和临时军事管制制度的开始，解放战争也就快要画上句号了。1946年开始的解放区土地改革运动，是解放战争时期的重头戏。党领导土改运动的组织叫“土改工作队”，但这只是一般性的称说，在现实生活中却叫作“农民翻身工作队”“翻身工作队”“翻身队”。土地改革的一项重要内容就是划分农村阶级成分，但是众所周知的“贫农”“雇农”“中农”“富农”“地主”只是笼统称谓概念，我们特别注意深入挖掘其内部深层的细致区分及其俗称和变体称谓。就拿“地主”来说吧，根据土地及财产的占有量分为“大、中、小地主”；根据对土地占有和经营方式的不同区分出“二地主”和“经营地主”；根据地主对待雇工性质的不同区分出“旧式经营地主”和“新式经营地主”；从政治态度和思想倾向上区分，进步些的叫作“开明地主”，顽固反动的则有“反动地主”“顽固地主”“恶霸地主”“奸霸地主”和“通匪地主”等，中性的则为“一般地主”“守法地主”。这样的细致区分具有重要的现实意义，最主要的是便于政策方面的区别对待。土改斗争中农民创造的“窟窿户”“防空洞”等称谓活灵活现，时过境迁，当代人视之却莫知所云，恍如隔世一般。

总之，解放战争既是蒋介石集团走向败亡的过程，又是帝国主义侵略势力退出中国大陆的标志；既是中国共产党走向全面胜利的过程，又是中国人民翻身解放的过程。政治生活的一系列变革在称谓系统上表现为社会称谓随着社会生活的变化出现了变动和整合。我们力争通过那些具有时代特征的代表性称谓，来透视解放战争那几年如火如荼的非凡岁月。

第一章　共产党军事力量和战争生活的称谓

本章涉及的主要称谓如下：

第一节	一	解放军、解放区人民解放军、中国人民解放军、人民解放军、野战军、西北野战军、中原野战军、华东野战军、东北野战军、西野、中野、华野、东野、第一野战军、第二野战军、第三野战军、第四野战军、一野、二野、三野、四野、解放大军、大军、大军同志、刘邓大军、陈谢大军、陈粟大军、刘邓、陈谢、陈粟、粟陈
	二	西北军区、中原军区、华东军区、东北军区、华北军区、警备旅、独立旅、独立团、地方兵团、民兵团(营、连、排)、自卫队、自卫团、民兵野战队(连)、民兵警卫队(营、连)、子弟兵团、高鹤人民抗征自卫大队、新恩人民保乡自卫大队、台山人民解放军、云南人民讨蒋自救军、朱德队、德怀队
第二节	一	参军模范、扩军模范、子弟兵、翻身农民战士、翻身战士、翻身团、翻身营、翻身连、俘兵、俘官、士兵队、军官队、访问组、俘管处、解放兵、解放战士、解放军官、解放大队、解放军官教导团、解放军官训练团、军官团、解放军官团、补充兵团、补充团、补训兵团、补训师、补训团
	二	轮训队、干部轮训队、战士骨干轮训队、互助组、王克勤班、王克勤模范班、练兵英雄、练兵模范、练兵模范班、董存瑞练兵模范班、模范射手、神枪手、投弹能手、爆破能手、模范爆破手、爆破元帅、三种战士、三合一班、三好战士、三好连队
第三节	一	支前委员会、支前司令部、支前指挥部、支前生产委员会、支前站
	二	民工、随军民工、随军常备民工、二线转运民工、二线常备民工、临时民工、复员民工、运输队、运输连(营、团)、大车队、小车队、挑子队、大车连(营、团)、小车连(营、团)、挑子连(营、团)、担架队(连、营、团)
	三	支前医疗队、前线慰问团、前线慰问团、生产支前小组、支前军鞋生产组、航运大队、葫芦队
第四节	一	土匪、海匪、烟匪、湖匪、袍哥土匪、会门土匪、帮会土匪、政治土匪、投诚土匪、悔过土匪、自新土匪
	二	军事管制委员会、军管会、军管小组、军事代表、军代表、正军代表、副军代表、总代表、代表

第一节 中国人民解放军及共产党其他军事力量相关称谓

一、中国人民解放军及其所属部队的相关称谓

(一)由“解放军”到“中国人民解放军”的定名及所指变化

在历史文献中,“解放军”称谓比“中国人民解放军”出现要早,而且含义有别。随着抗日战争胜利的到来,共产党意识到国共合作有可能破裂,隶属于国军而由共产党实际领导的“十八集团军”番号很可能被撤销。当时共产党开辟的抗日根据地叫“解放区”,由此类推出一个“解放军”应该是很自然的事。1945年8月10日至11日,在抗日战争最紧要的关头,八路军总司令朱德以延安总部的名义连发七道《关于接受日本投降的命令》,命令各解放区军队迅速前进,收缴日伪军武装,实施全线大反攻。8月11日,在朱德发布的第4号大反攻命令中使用了“解放军”称谓;8月23日毛泽东一篇文章提到要求国民党“承认解放区和解放军”;11月12日毛泽东文章提到,如果国民党取消“十八集团军”,共产党就搞“解放军”。

所有山西**解放军**统归贺龙指挥,统一行动。(《延安总部命令第四号》[1945年8月11日10时半],《中共中央文件选集》十五)

我们要求的条件,就是《目前紧急要求》十四条,如果大家同意就通过,由书记处进行修改。十四条中除第三、四、五条外都是老的要求,着重于民主、民生问题。现在最现实的也是双方所力争的是第一条,即承认解放区和**解放军**。(毛泽东《抗日战争胜利后的新形势和新任务》[1945年8月23日],《毛泽东文集》第四卷)

谈判是要谈的。我们不成立中央政府,蒋介石下讨伐令,我们也只是要他收回成命。解放区人民代表会议也可以开。如他取消第十八集团军,我们朱彭就搞**解放军**,我们还可以打电报要他收回成命,取消错误政策。也有一种可能是他不下讨伐令。(毛泽东《抗战胜利三个月来的局势和今后若干工作方针》[1945年11月12日],《毛泽东文集》第四卷)

但是这里的“解放军”与今天的意思有所不同,在当时对日实行大反攻和接受日军投降的特定阶段,其含义应该是泛指共产党领导的解放区抗日军队(包括八路军、新四军和东北人民自治军等)。

抗战胜利后,中共中央为了争取国内和平和表明对和平谈判的诚意,决定继续使用八路军、新四军的番号,中止一些部队(如山东)使用“解放军”的称号。但随着国共和谈

破裂后，国共两党两军也就彻底对立起来，中共军队就应该重新考虑独立称号问题。1946 年 9 月起，中国共产党领导的武装部队和解放区的报纸，开始使用“人民解放军”称号，为清楚起见，往往冠以“解放区”，称作“解放区人民解放军”。

> 正是这个耕者有其田的运动，把**解放区人民解放军**大大的巩固和加强了，解放区军民能以较坏的武器歼灭由美国用新式武器装备起来的蒋介石军。(《蒋军必败》，《解放日报》1946 年 9 月 12 日社论)

> **解放区人民解放军**的胜利和蒋管区人民运动的发展，预示着中国新的反帝反封建斗争的人民大革命毫无疑义地将要到来，并可能取得胜利。(毛泽东《迎接中国革命的新高潮》[1947 年 2 月 1 日]，《毛泽东选集》第四卷)

“人民解放军”前冠以“解放区”，应仍有“解放区军队”之寓意。

从 1946 年 10 月 3 日《解放日报》社论起，解放区开始使用“中国人民解放军”称号。但我们认为这些均应视为酝酿和试用阶段，而到 1947 年 10 月 10 日毛泽东代中国人民解放军总部起草的《中国人民解放军宣言》(简称“双十宣言”)在当时的《人民日报》发布，才应视为中共军队定名为“中国人民解放军”的真正开始，因为这是以军队最高当局名义对外公开发布的最正式和最权威的文件。

> 美蒋消灭中共与民主力量的鬼计一天不放弃，进犯军一天不退出侵占区，一月停战协定与政协决议之实现一天无保障，**中国人民解放军**的自卫战即一天不能停止。(《为实现一月停战协定及政协决议而斗争》，《解放日报》1946 年 10 月 3 日社论)

> 蒋军调集重兵进攻陕甘宁边区，激起本区军民最大的愤怒。中共晋冀鲁豫中央局负责人顷向本报记者表示：“蒋介石一面召开分裂的御用的国大，一面进攻中国革命策源地和**中国人民解放军**总部所在地——延安。全区军民必须奋起为保卫中共中央和毛主席而斗争。”(《中央局负责同志号召全区军民　保卫党中央和毛主席　严守纪律服从命令全心全意服务战争》，《人民日报》1946 年 11 月 17 日)

> **中国人民解放军**在粉碎蒋介石的进攻之后，现已大举反攻。……本军作战目的，迭经宣告中外，是为了中国人民与中华民族的解放。而在今天，则是实现全国人民的迫切要求，打倒内战祸首蒋介石，组织民主联合政府，借以达到解放人民与民族的总目标。……本军是中国人民的军队，一切以中国人民的意志为意志。……**中国人民解放军**总司令朱德　副总司令　彭德怀(《中国人民解放军宣言》(总部于辛亥革命三十六周年纪念日发出)，《人民日报》1947 年 10 月 10 日)

至此，“中国人民解放军”就成了中国共产党领导的具有独立和统一编制的军队，诚如“双十宣言”所说，是“为了中国人民与中华民族的解放”而战的“中国人民的军队”。此时再简称为“解放军”或“人民解放军”，当然含义也发生了变化，不再仅仅是原来“解放区的军队”了。

兹为与全国人民**解放军**的称号取得一致，特向全国人民及各地**解放军**宣布，自某月某日起东北民主联军改称东北**人民解放军**。（周恩来《同意东北民主联军改称东北人民解放军》[1947 年 11 月 25 日]，《周恩来军事文选》第三卷）

为了紧急动员一切力量，配合人民**解放军**歼灭可能向石家庄一带进扰的蒋傅军，此间党、政、军各首长已向保石线及其两侧各县发出命令，限于三日内动员一切民兵及地方武装，准备好一切可用的武器，以利作战，尤其注重打骑兵的方法。（《动员一切力量歼灭可能向石家庄进扰之敌》，《人民日报》1948 年 10 月 28 日）

（二）解放军四大野战军的形成、名称变更及其简称

“野战军”是指适应广大区域机动作战的正规军大部队，下辖若干大兵团，兵团下辖若干个军，所以“野战军”称谓的使用，是共产党领导的军事力量经过抗日战争的磨炼空前发展壮大的表现。

到 1947 年 7 月 31 日止，共产党领导的正规军按区域划分已经形成了五大野战军，即：西北野战军、晋冀鲁豫野战军、晋察冀野战军、华东野战军、东北野战军。1948 年 11 月 1 日中央军委发布《关于统一全军组织及部队番号的规定》，将野战军分为 4 个，以地区区分，即中国人民解放军“西北野战军”“中原野战军”“华东野战军”“东北野战军”，简称“西野”“中野”“华野”“东野”。至此，著名的中国人民解放军四大野战军就形成了。

野战军现时分为四个，以地名区分，即中国人民解放军**西北野战军**、**中原野战军**、**华东野战军**、**东北野战军**。（周恩来《关于统一全军组织及部队番号的规定》[1948 年 11 月 1 日]，《周恩来军事文选》第三卷）

望**华野**、**中野**全军在刘、陈、邓、粟、谭五人总前委（邓为书记）统一领导之下，争取新的大胜利。（毛泽东《必须准备连续作战争取战役全胜》[1948 年 11 月 23 日]，《毛泽东文集》第五卷）

西野前委并告西北局：新华社发来之关于今冬群众工作的指示信已阅悉。（《中央对西北野战军前委关于今冬群众工作指示信的复示》，《中共中央文件选集》第十八册）

西野前委与全军全体同志在这一年的工作上是有成绩的，但同时在领导上是有缺点的，也有个别错误的。（彭德怀《一九四八年几项工作的基本总结》[1949 年 1 月 14 日]，《彭德怀军事文选》）

驻平津地区的东北人民解放军某师近日举行庆功大会，嘉奖解放天津的二百多个人民功臣与八个模范单位。……**东野**其他各队的庆功大会，亦正纷纷先后举行。（《东北某师奖励功臣》，《人民日报》1949 年 2 月 28 日）

> 在良乡，范长江就关于参加北平分社报道会议请示总社："**东野**（东北野战军）分社来电，同意北平分社召开报道会议之建议，决定于1月13日，在**东野**所在地邀请北平分社及华北二、三兵团分社召开报道会议，并要求我出席。对于这一会议，请总社迅速地直接加以指示。关于我是否出席以及如何处理，请立即电示。"（郑德金《范长江与军事报道》下，《军事记者》2006年第12期）

后来，随着战争形势的发展和战区的变化，各野战军再按区域命名已不合适（比如东北野战军于辽沈战役后入关，再冠以"东北"字样就与实际不符）。于是1949年1月15日，中央军委又发出《军委关于各野战军番号改按序数排列的指示》，四大野战军改名：西北野战军改称"第一野战军"，中原野战军改称"第二野战军"，华东野战军改称"第三野战军"，东北野战军改称"第四野战军"，分别简称为"一野""二野""三野""四野"。

> 估计今年战争的发展，去年戌东电规定各野战军冠以军区地名已不适合，兹决定改为按番号顺序排列如下：西北野战军改为**第一野战军**，中原野战军改为**第二野战军**，华东野战军改为**第三野战军**，东北野战军改为**第四野战军**。请各区各军即照此电在整训期间公布施行。（《军委关于各野战军番号改按序数排列的指示》[1949年1月15日]，《中共中央文件选集》第十八册）

> 在西北方向：七月初，军委直属第十八、十九兵团入陕，归**一野**指挥。（徐向前《夺取全国胜利的伟大进军》[1990年3月]，《解放战争战略追击》）

> 请**二野三野**即照此指示向师以上干部着重说明推迟渡江时间的理由，加强战斗准备工作，并多筹粮草油盐。（毛泽东《关于我军渡江时间的考虑》[1949年4月14日]，《毛泽东文集》第五卷）

> 在中南方向：五月下旬，**四野**主力部队陆续到达襄阳、樊城、孝感、浠水一线，准备略加休整后，按军委要求渡江南进。（徐向前《夺取全国胜利的伟大进军》[1990年3月]，《解放战争战略追击》）

其中需要补充说明的是，"东北野战军"名称变化尤为曲折，之前已有好几种称谓。抗战胜利后，1945年10月31日共产党领导的武装力量称"东北人民自治军"，1946年1月改称"东北民主联军"，1948年1月又改称"东北人民解放军"，同年11月其野战部队才改称"东北野战军"。

（三）富有时代特色的"解放大军""大军""××大军"等称谓

在古汉语中就有了"大军"一词，指人数众多、声势浩大的武装部队。1946年12月1日是朱德总司令六十诞辰，解放军主要将领纷纷致电，祝贺朱总司令创建与领导的"人民解放大军"捷音频传。[①] 于是"解放大军"一称流行开来，这也是共产党领导人民

① 《冀鲁豫前线数十万将士举行战利品展览祝贺》，《人民日报》1946年12月1日。

军队空前壮大的表现。

又一条说:"对岸如发现有敌船或敌人时,即用炮轰或破坏之。**解放大军**已在五分钟之内冲破黄河,决非因为中央社所说的什么'停止军事行动'或'未予还击'",而是因为解放军越战越强,蒋军越战越弱。(《蒋贼掩饰黄河战术失败 用落水狗战术埋赃栽诬》,《人民日报》1947年7月19日)

解放大军南下,消灭敌军,济源人民听到这一消息,欢腾鼓舞,三万余群众不顾疲劳热烈支援,迅速完成白面二百万斤,柴火三百万斤(柴火在济源是最困难的)的光荣供给任务。当人民解放军到达时,三区马头村儿童妇女群众,打着锣鼓夹道欢迎部队进入村中。(《济源人民热情支前》,《人民日报》1947年10月7日)

做为一部新闻纪录电影的"百万雄师下江南",系统的叙述了和报导了如下的经过。一九四七年六月,蒋匪在美帝国主义的帮助下,大规模向中国人民进攻。中国人民奋起自卫,经过三年的艰苦战斗,**解放大军**终于击败敌人,直抵长江。一九四九年春,淮海战役大胜利后,**解放大军**的各部,立即掀起了"打过长江去,解放全中国"的热潮。(《介绍"百万雄师下江南"》,《人民日报》1949年9月9日)

对解放军也可单称"大军",老百姓则亲切地称解放军战士"大军同志"。

兴国人民为保证**大军**顺利南进,曾连夜修好桥梁二十六座。当解放军进抵粤北翁源县境时,部队经过一百五十里的地方,沿途扎了许多欢迎**大军**南下的彩棚。(《保证大军胜利南进 赣粤人民热烈支援》,《人民日报》1949年10月29日)

当他们看到自己的船已经搁在江滩上,有的船已被战士们修好,纷纷拉着战士们的胳膊,激动得流着眼泪说:"**大军同志**,你们真是好队伍!船是我们渔民的命根子,都叫'刮民党'给毁了。亏你们帮我们捞起来,修理好,真是感恩不尽哪!好,同志,把桅杆装上,把桨舵安好,我们要帮助**大军**过江。把我们编进船队吧!"(鲍先志《雄师渡长江》,《人民日报》1961年4月21日)

在野战军内部,还有以主要领导者姓氏命名的"××大军"称谓,可视为某部野战军或某野战兵团的别称。著名的有三路大军:"刘邓大军""陈谢大军"和"陈粟大军"。

1947年6月,为了减轻陕北和山东战场的压力,毛泽东把"大举出击,经略中原"的开路任务交给了刘伯承、邓小平率领的晋冀鲁豫野战军,从国民党军南线战略防线的中央实施突破,先占鲁西南,然后跃进大别山。为了把刘、邓部队与其他部队区别开来,也为了对外宣传的需要,1947年7月30日毛泽东发布《刘邓军出大别山的准备工作》的指示,将他们率领的部队称为"刘邓军",人民群众则尊之为"刘邓大军"。1947年7月小河村会议上,中央下令以陈赓和谢富治为首组建一个兵团,共八万余人,南渡黄河挺进豫西,时称"陈谢兵团""陈谢大军"。同年8月,司令员兼政治委员陈毅、副司令员粟裕亲自指挥华东野战军六个纵队、特种兵纵队组成西兵团，先挺进鲁西南，然后进军豫皖苏边区，时称“陈粟大军”。

刘伯承、邓小平两将军所部反攻大军，已胜利到达大别山区。**刘邓大军**自横渡黄河，歼灭蒋军九个半旅以后，即按照原定计划，开始此一伟大的历史壮举，英勇南征。（《刘邓大军长驱南进胜利到达大别山区　连克立煌六安麻城等八县城》，《人民日报》1947年9月14日）

刘邓大军在六月底将南渡黄河，军委已经告知我们，我们必须以战斗行动来策应**刘邓大军**的战略行动。当然，策应**刘邓大军**南渡可以有另一种方式，如果我们在七月初能集中兵力打一个像孟良崮那样的大仗，将敌人牵制在鲁中，对**刘邓大军**的配合将是有力的。无奈当时难以肯定数日内必有战机出现，而**刘邓大军**按军委规定日期出动，我们不能以作战行动作有力的配合，这对全局是不利的。（粟裕《粟裕战争回忆录》第十五章）

豫皖苏军民配合**陈粟大军**投入大反攻浪潮。大军南下途中，沿路农民修桥补路，使大军迅速前进。（《陈粟大军南下途中　群众修桥补路迎接》，《人民日报》1947年10月8日）

12月13日，我们配合**陈粟大军**开始了平汉路的大破击。我们首先破击了郾城到许昌段的铁路，解放了临颍县城。（陈赓《挺进豫西》，《人民日报》1961年1月1日）

我军以百战百胜之神威，挥戈南下，**刘邓大军**直达大别山区，威震长江南北，**陈谢大军**南跨黄河，解放陇海以南，平汉以西，汉水以北广大地区，雄师所至，敌伪披靡。（《边府暨边区各界　电贺反攻大捷》，《人民日报》1947年9月17日）

陈谢大军八月二十三日在前线某城集会庆祝渡河南征、进军豫陕鄂的周年纪念。该军于去年此日，首跨黄河，进入豫西。（《陈谢大军前线某城集会　庆祝胜利南征周年》，《人民日报》1948年9月13日）

刘邓大军、陈谢大军、陈粟大军分别简称为“刘邓”“陈谢”和“陈粟”“粟陈”。

发言人说：我**刘邓**、**陈粟**、**陈谢**三路野战大军，从去年夏秋起渡河南进，纵横驰骋于江淮河汉之间，歼灭大量敌人，调动和吸引蒋军南线全部兵力一百六十多个旅中约九十个旅左右于自己的周围，迫使蒋军处于被动地位，起了决定性的战略作用，获得全国人民的称赞。（毛泽东《评西北大捷兼论解放军的新式整军运动》[1948年3月7日]，《毛泽东选集》第四卷）

而大别山困难只有由**刘邓**、**粟陈**、**陈谢**三军协力在一至两个月内歼敌数个旅，方能开辟胜利解决之道路。（毛泽东《三军协力解决大别山困难》[1948年1月2

日],《毛泽东文集》第五卷)

这类别称或俗称比其正式名称或番号更加响亮。比如刘、邓部队原称“晋冀鲁豫野战军”,后来改称“中野”(中原野战军)和“二野”(第二野战军),老百姓对这些并不知道,但“刘邓大军”却家喻户晓。这类称谓一直使用到渡江战役之前,直到后来都名垂史册。

二、共产党领导的地方及群众武装相关系列称谓

共产党地方武装主要有三种形式:地方部队、民兵、游击队。

(一)地方部队军区系统建制称谓和一些特殊编制称谓

1.全国地方部队五大军区划分及其四级军区系统建制称谓

地方部队是固定在一定区域配合野战军作战的部队,同时也是游击队、民兵进行游击战的支柱。解放战争时期,共产党领导的地方部队按区域划分,称为“军区”。“军区”不仅仅是一种区域,同时还是一种地方部队编组单位,设有领导机构。全国的军区分为四级,第一至第三级军区皆称“军区”,第四级称“军分区”。第一级军区与中央局平级,又称“大军区”;第二、三级分别与中央分局和省(区)党委平级;第四级军分区与地委平级。第一级军区共有五大军区,皆以区域命名,分别是“西北军区”“中原军区”“华东军区”“东北军区”和“华北军区”。

关于地方部队的规定:(1)地方部队的建制属于**军区**系统。(2)**军区**现分四级。与中央局同级并受其领导者为**第一级军区**(即**大军区**),现有五个,以地名区分,即中国人民解放军**西北军区**、**中原军区**、**华东军区**、**东北军区**、**华北军区**。与中央分局同级并受其领导者为**第二级军区**,现有三个,亦以地名区分,即中国人民解放军晋绥军区、豫皖苏军区、冀察热辽军区。与区(省)党委同级并受其领导者为**第三级军区**,现有三十个,亦以地名区分……与地委同级并受其领导者为**军分区**,现有一百一十二个,绝大多数以番号排列,今后应一律改以军分区所辖地区(如三边、陇东等)或其司令部所在地(如黑河、绥德等)命名,以便识别,并报告军委备案。(周恩来《关于统一全军组织及部队番号的规定》[1948年11月1日],《周恩来军事文选》第三卷)

2.“警备旅”“独立旅”和“独立团”等地方部队特殊编制称谓

地方部队采取一些特殊编制,有“警备旅”“独立旅”和“独立团”等,均由各大军区自排番号,其最高单位为“旅”。

地方部队,以**警备旅**、**独立旅**为最高单位,不再称师。……地方部队的**警备旅**、**独立旅**和**独立团**,均按五大军区的范围,自排番号,不采用统一番号。**警备旅**、**独立旅**提升为野战部队后,即改称为师,给以统一番号。(周恩来《关于统一全军组织及

部队番号的规定》[1948 年 11 月 1 日],《周恩来军事文选》第三卷)

3.独具特色的“地方兵团”称谓

中国人民解放军的地方部队还有一个全国通行的“地方兵团”称谓,基本上可以界定为“地方部队”(规模较大的);主力部队则称“主力兵团”。所以该“兵团”含义较宽泛,并不是一级编制单位。主力兵团担负超地方性作战任务,地方兵团则固定于一定地区作战。地方兵团隶属军区、军分区,既包括一定数量的正规部队,又包括各县、区游击队、武工队。地方兵团可以根据需要升级为主力兵团,执行跨区作战任务。

解放区各地**地方兵团**、民兵、游击队、自卫队、保田队等,于十月份内,迭次配合正规军,袭击进犯蒋军,保粮、保丁,创造了不少光辉的战绩。(《地方兵团、民兵、游击队普遍困扰袭击蒋军》,《人民日报》1946 年 11 月 6 日)

配合南线作战,我冀鲁豫**地方兵团**于六日晚至七日晨再次拔除内线蒋匪孤立据点东平城,歼敌保三旅副旅长张岑秀以下一千三百余人。(《一周综合战报》,《人民日报》1948 年 1 月 23 日)

为了进行人民战争,打败强大的敌人,中国人民解放军从来都是把自己划分为主力兵团和**地方兵团**两部分。主力兵团是中国人民解放军的骨干和精锐,可以随时执行超地方性的作战任务,在**地方兵团**和民兵的配合下,进行大规模的战役和战斗。**地方兵团**则固定于一定地区,保卫地方和打击当地的敌人。**地方兵团**包括了一部分正规的或较正规的部队,又包括了大量的分散的县、区游击队。**地方兵团**还组织许多经过良好训练的、善于进行军事、政治和民运各种工作的、短小精干的武装工作队,深入敌人后方,打击敌人,发动和组织人民群众进行革命斗争,配合正面战线的作战。(陈伯钧《学习毛泽东同志关于人民战争的思想》,《人民日报》1960 年 11 月 14 日)

(二)民兵武装相关系列称谓

1.解放战争时期民兵历史使命的变化及其“民兵团、营、连、排”等编制称谓

“民兵”是一个早就有的旧词,指一种不脱离生产的地方群众性武装组织,也指称这种组织的成员。但民兵的使命和作用随时代而变化。抗战时期,民兵的任务主要是抗击日寇和保卫家乡;解放战争时期,民兵的任务则变成协助解放军抗击国民党军队及其地方武装,担负着支援前线、侦察敌情、打扫战场、押送俘虏、充当向导、封锁消息、清匪除霸及补充地方部队或直接参加野战军等多种任务。各地民兵也按团、营、连、排等组织起来,出现了“民兵团”“民兵营”“民兵连”“民兵排”等编制称谓。

各地**民兵**,需按目前条件,重新组织。(毛泽东《一九四六年解放区工作的方针》[1945 年 12 月 15 日],《毛泽东选集》第四卷)

现在三十个民兵只有十五枝枪,他还计划再缴十枝步枪,一挺轻机枪,把这个

民兵排正规化的武装起来，捉十个俘虏，坚决争取一个人民功臣的光荣称号。（《全面模范卫保群》，《人民日报》1947 年 9 月 22 日）

沂水县一个**民兵排**，在淮海前线服务 3 个月，押解俘虏 2160 名，没有放跑一个人，圆满完成了任务。（王东溟《山东人民支援解放战争》七）

莱芜县方下区方下镇基干**民兵营**，在莱芜战役中看押了 2500 名战俘，许多被俘国民党军军官为了逃走想用金条、银元收买民兵，但都未得逞。（王东溟《山东人民支援解放战争》七）

二十二日蒋军一部到寺沟三分庄等村抢粮，又到八里庄要饼，抢劫老百姓鸡，我七区喜只**民兵连**，八牛林生**民兵连**配合追击敌人。（《磁县民兵自愿出征 支援邺县群众翻身》，《人民日报》1947 年 7 月 3 日）

察南平绥线攻势作战中，随军民工队、**民兵团**工作积极，爱护伤员，帮助居民生产。（《冀中群众支前积极在察南战役中受奖》，《人民日报》1948 年 4 月 15 日）

以村为单位组织游击小队，区为单位组织**民兵连**，县组织**民兵团**。（《中国人民解放军全国解放战争史》第二卷第六章第二节）

2.民兵组织的地域和任务变体称谓

各地民兵组织又有一些不同的叫法，有时是依据所担负的任务命名，形成了“自卫队、团”“民兵野战队”“民兵警卫队、营、连”“子弟兵团”等许多民兵组织变体称谓。

晋绥、晋察冀和东北等解放区的民兵组织称“自卫队”，“自卫”显示了其保卫家乡和土改成果的目的与任务。

猗氏二区，随着区翻身武装发展，各村不约而同的组织民兵**自卫队**、翻身队、武装组等，保卫翻身利益。高家庄积极分子号召组织民兵，立即有××余人参加，集中大刀、矛枪、土枪甚多，并要求政府发给步枪。西陈耀村群众，在斗争地主后，相信了自己的力量，也组织了**自卫团**，昼夜手执武器，在村内外盘查行人，清查户口，掩护斗争，使特务无孔可入。五十余户的小村太和庄，同样组织了**自卫队**。（《猗氏万泉大力推行土地改革 翻身农民武装自卫》，《人民日报》1947 年 9 月 19 日）

晋绥解放区，12 岁至 15 岁的男女少年，组成少先队；16 岁至 40 岁的青壮年组成**自卫队**，按大队、中队、分队、小队编组，作为参军参战的准备。（《中国人民解放军全国解放战争史》第二卷第六章第二节）

（东北）凡享有公民权之男子，年龄在 18 至 45 岁者均应参加**自卫队**，年龄在 18 至 25 岁的优秀青年，参加**模范自卫队**。**自卫队**的编组，农村按村、屯，城市按街、道分别组织，分为小队、中队、大队。另挑选精干队员组成基干小队、直属中队，作为人民武装自卫队的中坚。（《中国人民解放军全国解放战争史》第二卷第六章

第二节）

晋察冀解放区民兵，在全面战争以前统称**自卫队**，战略防御初期改称游击队、民兵和**自卫队**。（《中国人民解放军全国解放战争史》第二卷第六章第二节）

晋冀鲁豫解放区和华东解放区，将留守本地担负保卫和就地作战任务的民兵编为“民兵警卫队”和“民兵警卫营、连”等；将执行跨区支前行动和作战任务的民兵编为“民兵野战队、连”和“子弟兵团”，尤其“子弟兵团”是华东地区颇为通行的名称。解放战争后期，一些“子弟兵团”升级为正规军参加主力作战。

该村在民兵王德功的号召下，当即有二十多位青年参加**民兵野战队**，随时准备开赴自卫前线。（《蒋军进犯晋南解放区 太岳人民紧张动员积极自卫》，《人民日报》1946 年 7 月 12 日）

岳北分区九县**民兵野战连**，先后进行冬季大练武，进一步提高政治军事素质。（《岳北九县野战民兵 明确立场积极练武》，《人民日报》1947 年 12 月 27 日）

民兵野战队，担负远征支前任务，一般在解放区中心区组织，出征时以连为单位者由一区常委带队，2 个连以上者由县常委率领。**民兵警卫队**一般在边沿区组织，担负保卫村庄的任务，实行队与队、村与村、区与区之间的联防。（《中国人民解放军全国解放战争史》第二卷第六章第二节）

子弟兵团的主要任务是支援主力进行跨地区的机动作战，在执行后方警卫任务时，按三三制原则，以县为单位统编成团或若干团，或以区为单位编成大队或若干大队；支前时一般编成 4—6 个连的小团，以县人民武装部为团部。各县的**民兵警卫营或连**，担负当地的保卫任务，并随时准备升级到地方部队。（《中国人民解放军全国解放战争史》第二卷第六章第二节）

一九四七年七月我军开始了战略反攻。在反攻中，民兵更大规模地投入了战斗。参战的民兵，已经不是分散的小型组织，而是有了和军队组织大体相同的编制，从连到团都有指挥机构。这种民兵队伍有的叫作“**子弟兵团**”，有的叫作“基干团”或“野战民兵团”。像这样的民兵团，山东曾有五十个，太岳山区有三十六个，太行山、吕梁山以及各个解放区，都有十几个或几十个团。（《中国人民解放军的有力助手和强大后备军——民兵》，《人民日报》1952 年 8 月 10 日）

山东七万余子弟兵涌上前线，担任战地勤务，形成民兵参战的空前热潮。……沂（水）南**子弟兵团**与解放军战士讨论配合作战，该部赠予民兵轻机枪两挺，步枪百余支，洋溢着友爱互助的热情。（《山东七万民兵奔赴前线参战》，《人民日报》1947 年 3 月 2 日）

华东后备兵团第一期充实主力计划如期完成，某部**子弟兵团**健儿已于一月底先后参加主力作战。这批升级的**子弟兵团**,大部是经过减租减息、土地改革等群众运动的翻身农民。(《翻身农民子弟兵 参加主力打前锋 华东完成充实主力计划》,《人民日报》1949年2月7日)

虽然各地民兵组织的名称不尽相同,具有一定的自由性和灵活性,但都为全国解放做出了贡献。

(三)解放战争时期游击队的特殊地域变体组织称谓

"游击队"的含义不必多说,共产党进行抗日战争,游击战是主要形式,游击队非常普遍。进入解放战争时期,游击队仍然存在,只是性质与任务有所变化,游击战成为配合正规军运动战和反击国民党军队的辅助形式。直接冠以"游击队"名称的,一望而知都是明显的游击队组织,不会引起意义和所指方面的疑问。而有些特殊称谓仅从表面上看不出它是游击队性质,对此我们略加举例,诸如"高鹤人民抗征自卫大队""台山人民解放军""云南人民讨蒋自救军""朱德队""德怀队"等。这些可视为游击队的地域变体,是游击队的具体名称。

活动在这个地区的游击队计有:"**高鹤人民抗征自卫大队**""**新恩人民保乡自卫大队**""**台山人民解放军**"以及"**朱德队**""**德怀队**"等。他们从1947年6月起,广泛出击,袭击国民党的乡公所、自卫队,破仓分粮,救济贫苦人民。(《中国人民解放军全国解放战争史》第三卷第八章第一节)

一天,她突然从报纸上看到蒋匪第二十六军在华宁县盘江南岸屠杀二百多个青年学生的消息。这些青年被杀的罪名,是参加了朱家壁同志领导的**云南人民讨蒋自救军**。(《游击女英雄涂勋》,《人民日报》1950年9月30日)

在云南地区,1947年12月,中共云南省工委在建水召开会议,确定游击战争先从地处滇桂黔3省边区的滇东南地区展开,而后再向滇南、滇东北和滇西发展,利用云南地方实力派与蒋介石的矛盾,争取和团结一切力量,以"讨蒋自救"为号召,成立了"**云南人民讨蒋自救军**"。(《中国人民解放军全国解放战争史》第三卷第八章第二节)

游击队的地域称谓变体一方面反映了各地区斗争情形不同,也反映了各地在文化、政治上的差异。虽然各地名称不同,但都是游击队家族的重要组成部分,起到了交流信息和传达思想的作用。

第二节 人民解放军扩兵、练兵、整军运动相关称谓

随着解放战争的进展,中国人民解放军不断发展壮大,队伍随时需要扩编和补充,

各战略区相继开展起与土改相配合的扩军(扩兵)运动。部队要提高战斗力,减少战时伤亡,平时或战斗间隙就要加强战术训练。党历来重视军队练兵运动,1946 年 5 月 1 日,中共中央发出《关于练兵问题的指示》,号召全军开展以苦练三大技术(射击、爆破、投弹)和练守城、练夜战等为内容的练兵运动。1947 年冬至 1948 年夏,人民解放军利用战争间隙,开展了以诉苦(诉旧社会和反动派所给予劳动人民之苦)和三查(查阶级、查工作、查斗志)为主要内容的军队整训,毛泽东把这一运动概括为"新式整军运动"。扩军、练兵、整军是相互联系、交叉进行的,扩中有整,整中有练,练中有整,从中也产生了一批有特色的称谓。

一、扩军运动相关称谓

(一)扩军与解放区翻身农民参军相关称谓

解放区土改后的翻身农民是解放军扩军运动的直接兵源。翻身农民子弟可以直接参军,有的地方则整营整团地集体入伍,还有专门为补充野战军兵员而设立的过渡性武装。

1."参军模范""扩军模范"与群众性大扩军

扩军运动是广泛的群众运动,那些踊跃参军的积极分子被命名为"参军模范",发动多人参军的则被评为"扩军模范"。

> 十一分区新兵团表扬九十三名**参军模范**。……会上该团史政委号召大家向**参军模范**贾子田等同志学习。(《冀南十一分区新兵团表扬参军模范》,《人民日报》1947 年 3 月 29 日)

> 在群众发动起来后,及时召开积极分子会议,表扬**参军模范**,以推动群众性参军热潮。(《中国人民解放军全国解放战争史》第二卷第六章第一节)

> 在进军途中,杨子荣还积极响应部队的号召,每到一个地方,就利用向老乡筹粮、借锅灶等机会,向群众宣传党的政策,宣传人民军队的性质,发动青年参军参战。一路上,杨子荣一人就动员了 30 多人参军,被部队评为"**扩军模范**"。(王荣卫《杨子荣的真人真事》,《炎黄春秋》2004 年第 8 期)

> 五区徐顺同志在扩军中领导全区干部努力工作,扩军数量最多,质最好,为全县的**扩军模范**区。(《永年表扬模范干部》,《人民日报》1947 年 6 月 8 日)

2."子弟兵""翻身(农民)战士"与翻身农民子弟参军入伍

解放区贫苦农民经过土改,斗倒了地主,分得了田地,充满了翻身的喜悦。翻身农民们积极响应政府扩军号召,纷纷送自己的子弟参军入伍,因而部队里亲切地将这部分来自翻身农民子弟的新战士叫作"子弟兵"("翻身农民"称谓留待后面谈),后遂成为人民对自己的军队和指战员的称谓。当说到他们的来源和出身时,除有时沿用"翻身农民”称谓外，子弟兵又称为“翻身农民战士”或“翻身战士”，意思是“翻身农民出身的战士”，以与俘虏过来的“解放战士”相对。

> 我们必须认识这样一个问题，要把翻身的**子弟兵**在政治认识上提高一步，应当使他们了解，只有把大地主、官僚资本家的卖国独裁统治推翻，争取全国革命的胜利以后，他们的胜利果实才有保障，才是巩固的，否则是不巩固的。我们要用很多办法从政治上来提高他们的热情，提高他们的觉悟。记得今年春季从延长出发时，有些人对**子弟兵**也有过错觉，以为他们诉苦条条是道，到出发时就走了。这同样也是不正确的见解，同样都是我们要从领导上来仔细分析的。我们要加强对**子弟兵**的教育。（彭德怀《关于作战方针和军队建设》[1948 年 9 月 22 日]，《彭德怀军事文选》）

> 我们溶化俘虏有一套经验：一是用老解放战士争取俘虏兵，二是用**翻身农民战士**教育俘虏。（陈毅《华东一年来自卫战争的初步总结》[1947 年 12 月 30 日至 1948 年 1 月 1 日]，《陈毅军事文选》）

> 此外，除了每旅抽一个团为军区骨干外，还应由每纵队再抽一千到两千干部，和老解放区的**翻身战士**，加以七天到十天短期训练，携带武装，拨归个县委领导，分成二十到三十人为一队，维护并直接参加土改工作。（《中原局关于进入大别山后地方工作的指示》[1947 年 10 月 10 日]，《中共中央文件选集》第十六册）

> 成千成万的年青力壮**翻身战士**在“好好学本领，刨掉总坏根”的口号下，起早搭黑的在雪地中练习射击、投弹、爆炸、刺杀四大技术。（《展开空前规模冬季练兵运动》，《人民日报》1947 年 12 月 3 日）

3. 翻身农民集体参军形成的带“翻身”字样的编制及以兵源地命名的番号称谓

大批青壮年翻身农民投身部队，由个人报名发展到成排、成连、成营、成团的建制，就地按县、区、乡组成武装，于是出现了“翻身团”“翻身营”“翻身连”等特色编制称谓。这样的武装先是作为地方部队，后来根据需要升级为主力部队，于是主力军中出现了以兵源地命名的“××翻身营、连”“××营”之类番号称谓。

> 晋冀鲁豫有一千余万农民获得土地，民兵发展到二百多万，成千成万的青壮农民涌入主力军，各县成立了**翻身营**，**翻身团**，作为有力的地方武装参加战斗。（《争取春耕前完成土地改革》，《解放日报》1946 年 12 月 14 日社论，中央档案馆编《解放战争时期土地改革文件选编》）

> 肥城七区赵区长带头参军，各区纷纷提出竞赛。四区区公所代表全区群众提出挑战条件：（一）每区成立三百人以上的**翻身营**，四区太大，成立一个**翻身团**。（《冀鲁豫人民武装保卫好时光 成立翻身营翻身团 青年蜂起参军五千壮士上战

场》，《人民日报》1947年10月10日）

冀东最近五个月有六万翻身农民参加解放军，宝坻一县即成立了四个**翻身团**。（《豫陕我军机动打击蒋匪出犯　再克方城及临汝镇　南阳附近我游击队克赊旗镇》，《人民日报》1947年11月8日）

胶东莱阳县赤山区，一千名民兵集体参军，编为一个营，加入了主力，成为当时闻名胶东的"**赤山营**"。淄川县当时只有四十余万人，土改复查后，一次扩大一个团，两千余人补进了主力。（粟裕《粟裕战争回忆录》第十九章）

长治安城村武委会主任牛改成，副主任牛锅召，指导员牛保四等带领全村四十二个民兵集体参军。在他们影响下，继有六十名青年报名。当即依照部队编制选出了连、排、长班，定名为"**安城人民翻身连**"。（《长治安城村成立翻身连》，《人民日报》1946年10月23日）

广大农民潮水般赶上自卫战场，怀来、延庆、龙关等县参加主力部队的，已达一千五百余人。开抵边缘区参战的民兵，已达万余人。涞水一带农民所组织的"**涞水翻身营**"，在数万翻身姊妹热烈欢送下出发前线。（《中共晋察冀中央局　号召军民全线自卫反击　晋察各地翻身农民潮涌前线》，《人民日报》1946年9月29日）

（二）教育改造俘虏以扩充人民解放军队伍所产生的相关称谓

对战场上的俘虏加以教育溶化，是扩充解放军队伍的又一重要途径。1946年11月14日，中共中央发出《对俘虏工作的指示》，号召溶化俘虏以补充兵员。中国人民解放军在实践中总结出一整套"即俘、即补、即打（参加战斗）"的溶俘经验。尤其后来战争规模逐步扩大，往往一战即俘敌几万、十几万，对俘虏的管理、教育和改造就更为重要。

1."俘兵""俘官"和"士兵队""军官队"与俘虏官兵初步辨认

对俘虏的官兵加以区别和辨认非常重要。被俘虏的蒋军士兵称"俘兵"，被俘虏的军官则称"俘官"。

一般班、排里每班只剩下一个至多两个老的（济南**俘兵**即算老兵），而这剩下的老的在即俘即补后不是班长即为班副，其余全为新俘（碾庄圩打黄百韬的俘虏）。虽然这些**俘兵**基本表现尚好（上午补，下午即打仗），但在部队实质上起了极大变化，故有进攻时拉不上去（**俘兵**不会打夜战，同时由于骨干太少，无人诱导其前进），后退时撤不下来的现象发生。（粟裕《淮海战役中部队情况简报》[1948年12月31日]，《粟裕军事文选》）

野战部队的补训师、团，主要任务在收容一切战俘及敌军逃兵不使散失，然后加以甄别，除清出**俘官**交政治或保卫机关及清出伤病老弱送交地方或遣散外，其余均应经过训练，定期补入野战部队。（周恩来《解放战争第三年军事计划》[1948年

9月13日前],《周恩来军事文选》)

沈阳解放之第二日,猬集于沈阳蒋匪第八兵团司令部旧址的一群蒋军高级俘官,向记者谈述沈阳蒋军最后之溃败混乱情状。(《我军直捣沈阳营口时 逃敌十万余一触即溃》,《人民日报》1948年11月21日)

在每次战役结束清点战场时,经过初步辨认,将被俘的国民党士兵编成“士兵队”,被俘军官编成“军官队”,老弱病残则编成“老弱队”。被俘军官队能够辨明身份的,依次编为“将官队”“校官队”“尉官队”。

二十日清晨,俘虏分别出发,士兵队一千多人被带往锦州方向;军官队和老弱队带向西行,据说是带到朝阳去。(桂协华《范汉杰卢浚泉被俘始末》四,《辽沈战役亲历记(原国民党将领的回忆)》第二章)

太行军区解放军官教导团,自成立以来,陆续收留迭次战役被俘之校尉各级军官佐八千余人,截至目前为止,尚有将官队一个,校官队四个,尉官队十四个计二千有零。(《军区副参谋长王世英将军巡视解放军官教导团》,《人民日报》1947年10月2日)

2.“访问组”“俘管处”与俘虏官兵的进一步鉴别和管理

国民党军官在被俘之前,往往将各种表明身份的东西统统抛掉,换上一身士兵服,混在俘虏群或“士兵队”里,这就给部分国民党军官及高级将领的审查辨别增加了难度。解放军对这样的国民党军官的进一步审查办法是成立“访问组”,访问组的人员由原国民党中的进步军官组成,他们充分发挥自身优势,通过谈话、对证的方式来确认国民党军官身份。

俘管处组织科的同志从已知身份的74师校官中选择10人组成第一个访问组,其中有74师师部的人事科长、一个新闻室主任、一个副团长、一个师部副官主任、两个谍报组长、一个参谋处长等。他们都是坦白了身份,有立功表现的军官。(刘统《华东解放战争纪实》第十八章)

解放军为了加强对俘虏的管理,设立了专门的管理机构“俘虏管理处”,简称“俘管处”。

1947年2月,经过宿北、鲁南和莱芜战役,战俘达10余万人。华野和山野合并后的华东野战军俘虏管理处,徐宗田同志任处长,房少庸、康明同志任副处长,5月孟良崮战役后,战俘人数更多,俘虏军官的级别更高。(钟期光《钟期光回忆录》第十四章)

负责这项工作的野战军政治部俘管处,在孟良崮战役结束后顿时忙碌起来。各纵队除留下一部分士兵以外,共送来6746人。俘管处的干部将俘虏编为27个

中队。（刘统《华东解放战争纪实》第十八章）

3.“解放兵”“解放战士”“解放军官”与蒋军俘虏的溶化和新生

小标题中的几个称谓会给人什么印象呢？如果不了解当时背景，人们很可能会简单地以为它们就是指解放军官兵呢。其实它们特指被解放军俘虏的国民党军队官兵，经过教育改造再参加解放军的人。一次战斗结束后，解放军方面经过鉴别和清查，先把俘虏中的校官、政工、谍报、特务清查出来，另册处理；然后专门把军士和列兵清理出来。被俘士兵具有作战经验，思想单纯，多数出身劳动人民家庭。经过教育，俘虏兵愿意回家就发给路费；愿意留下来的，换上解放军的军装，即可尽快补充部队。这些被俘后经教育而融入人民解放军队伍的蒋军士兵，再称作“俘虏”或“俘虏兵”就不合适了，于是人民军队为他们创造了一个崭新的称谓——“解放兵”，又称“解放战士”。此“解放”是“被俘”的委婉替换用语，实际上对这些士兵来说，被俘意味着“被解放”，是自己获得新生的开始。

我军是由解放区子弟与**解放兵**两种成分组成的。过去我们没有把这问题弄清楚，曾产生不重视及不信任解放兵的倾向。青化砭作战后，我军提出争取**解放兵**的重要性，这问题才被注意了。去年十一月召开教育会议，曾提出反对不信任及怀疑**解放兵**、轻视**解放兵**的观点。我们以什么根据来这样提问题呢？基本的问题就是要从阶级上去分析。不从阶级上去分析，在打胜仗时，**解放兵**出了力就会夸奖得了不得，到**解放兵**开小差或发生问题时，又会丧气得了不得。这就不能有一个正确的见解。从阶级观点上来分析**解放兵**，看他们是劳动人民，还是地主、资本家，或者是其他成分。一般地说，**解放兵**多数是劳动人民，只有极少数是学生，如青年军。可以说**解放兵**约百分之九十的数目都是贫苦农民。他们不过是武装了的、是受过军事训练的农民。（彭德怀《关于作战方针和军队建设》[1948 年 9 月 22 日]，《彭德怀军事文选》）

蟠龙镇战斗打罢，全旅的**解放兵**，一多半送到山西去训练了，少一半留下来补充部队。留下补充的**解放兵**，都是年青、纯净、阶级成分好的人。（杜鹏程《保卫延安》第二章九）

兵员补充，土改后已不感缺乏，**解放战士**经过诉苦运动，阶级觉悟易提高，大多数很顶用。（朱德《给党中央和毛泽东同志的一封信》[1947 年 12 月 10 日]，《朱德选集》）

自卫战争一年来的政治工作起了很大的作用。表现在溶化俘虏，昨天放下武器的蒋军士兵，今天就拿起枪打仗，且打的不错。立功运动，评功庆功，评定伤亡，评定战术，团结**解放战士**，加强老战士与新战士，人民战士与**解放战士**的团结。（陈

毅《华东一年来自卫战争的初步总结》[1947年12月30日至1948年1月1日]，《陈毅军事文选》)

我们把俘虏教育的重点放在被俘士兵。他们数量大，年纪轻，多数思想单纯。从政治上分析，他们绝大多数出身于被剥削被压榨的劳动人民……他们一旦放下武器，我们就把他们视为阶级兄弟，不叫“俘虏”，而称“**解放战士**”。并且耐心教育他们，使他们转变思想政治立场，回到人民队伍中来。被俘敌军士兵一旦补入我军连队，就成为人民军队光荣的战斗员之一。(钟期光《钟期光回忆录》第十四章)

审查清楚后，被确定身份的被俘军官，称为“解放军官”。

此间西北解放军官团自去年年底至今年一月已分批遣送**解放军官**四百四十二名回籍，其中大部为陕北清涧战役放下武器之蒋军七十六师校级以下军官。每次遣送均举行盛大欢送会。被遣送回家之蒋军军官对解放军的宽大政策都表示感谢。(《晋绥分批释放解放军官数百》，《人民日报》1948年3月3日)

西北解放军当局本月十三日释放蒋阎胡军放下武器之高级军官七人回籍。……他们启程时，继续留下学习的全体**解放军官**出村欢送，互相道别。(《西北人民解放军释放蒋俘军官》，《人民日报》1948年6月29日)

唐天际召集潘朔端、刘浩磋商，潘、刘二人坚持滇军起义是真实可信的，曾泽生派来联络的人，正是我们派进长春进行争取工作的**解放军官**，应该立即去见面洽谈。(韦明、叶家林《长春起义纪实》第十一章)

对于“**解放军官**训练团”的情况，绝大多数人是一无所知的。王荣却因为他的哥哥王耀武曾经在这里呆过一个时期，多少知道点儿内情。他悄悄儿地对池步洲说：“**解放军官**”指的不是解放军的军官，解放军的军官不论大小一律称干部；“**解放军官**”，实际上指的是“俘虏军官”。(吴越《幕后英雄传奇》第十五章)

解放军官主要是潍县、兖州、济南战役解放，经**解放军官**训练处选送的。起义、**解放军官**共六千五百人。政治理论教育是本期的主要课程，起义、**解放军官**开展控诉坦白运动是教育的主要形式。(《纪念张崇文将军诞辰一百周年》，朱汝略、奚永宽《浙东军事芜史》)

在中国人的传统观念里，“被俘”是一种耻辱，“解放”却是一种新生。一词之改，体现了对俘虏人格的尊重，体现了中国共产党人解放全人类的博大胸怀。“解放战士”“解放军官”是解放战争时期的标志性社会称谓，充分体现了党的思想政治工作的方针和策略，是中共领导的人民军队的发明创造。

4.“解放大队”“解放军官训练团”等与俘虏官佐的教育训练

起初战场俘获的蒋军士兵和一般军官，都收容在一起加以教育训练，名称叫作“解放大队”。后来由于连续作战，部队急需补充，被俘士兵一般“即俘即补”，马上进入连队补充兵员，于是“解放大队”也就变成了收容教育一般俘虏军官的团体。

不过我刚入**解放大队**受训的时候，脑筋也没有彻底改变，还想退伍回家。后来我想了又想，不把蒋介石胡宗南狗日的打退，回家还是没有出路。我决定请求参加西北人民解放军。(《一个解放战士的控诉》，《人民日报》1947年5月1日)

淮海部队的“人民英雄”报的广播台，于部队开始围歼黄维兵团时，就用“俘虏收容所快作好准备工作”的题目广播说：“各级俘虏收容所、**解放大队**注意：请你们赶快进行充分的准备工作。(《淮海前线我军连队文化活跃》，《人民日报》1948年12月24日)

成分良好身体健全之青壮年，分区和旅政可集中起来建立**解放大队**，进行一个短时期(两周至三周)的审查教育，发动参军，然后有计划地补入部队。在零星俘虏中亦须坚持以上原则，分批教育，分别处理。(《冀鲁豫区党委关于加强敌军工作的指示》(1948年6月)，《中共冀鲁豫边区党史资料选编》第三辑)

第184师551团原团长张秉昌，在梅河口战斗中被俘后，送往通化**解放大队**学习，随着国民党军队损兵折将，这**解放大队**也添丁进口日益扩大，第60军营以上被俘军官都编在一起，他们私下嬉称：“这是60军的教导营。”(韦明、叶家林《长春起义纪实》第七章)

人民解放军还设立了专门收容训练被俘军官的团体——“解放军官教导团”或“解放军官训练团”。

解放锦州战役中被我俘获之国民党军将校级军官一部计范汉杰以下三十三名，于上月三十一日到达哈市，现已编入**解放军官教导团**学习。其中除范为上将外，有中将四名，即冀察热边区司令部副司令官贺奎鲜、第六兵团司令官卢浚泉、副司令官杨宏光、九十三军军长盛家兴，少将二十三名，上校五名。(《锦州一批俘官范汉杰等抵哈》，《人民日报》1948年11月11日)

凡在锦州、黑山被俘的师、团级以上军官于十一月上旬送到哈尔滨南岗**解放军官教导团**，开始了改造学习生活。(李定陆《新编第三军黑山被歼记》，《辽沈战役亲历记(原国民党将领的回忆)》第三章)

华东有这样的口号，现在各解放区也开始使用了，这个口号就是：即俘、即查、即补、即训、即打。它的意思就是：俘虏过来以后马上就查，分别官兵，兵就补充队伍，官就调开，调到**解放军官训练团**，俘虏兵补充队伍后，加以政治训练，然后就参加打仗。(周恩来《青年团员应积极参加和支援人民解放军》[1949年4月22日]，《周恩来军事文选》第三卷)

这类解放军官教导团或训练团，或可简称“解放军官团”或“军官团”，如系将校级高级军官，可再加“高级”二字以明之。

本月七日，该**军官团**举行隆重欢迎大会，民主建国军高树勋总司令特派代表周树一副师长前来慰问放下武器之旧西北军军官。（《前线放下武器蒋军军官抵荷荷泽举行盛大欢迎》，《人民日报》1946年9月12日）

所有被俘将官均深受解放区军民优待，山东被俘蒋军军官并组成**高级军官团**，号召蒋军军官继承孙中山先生手创的黄埔军校初期的革命精神，反对蒋介石卖国独裁，决然退出内战，以求全国和平的早日实现。（《自六月至十一月中旬我斩俘敌将官五十余 被俘将官在解放区得受优待》，《人民日报》1946年11月28日）

华东**高级解放军官团**第三批学员（内有蒋军将校级军官二百四十六名）于十月二十八日举行毕业典礼，并返其原籍。（《胶东南海地方武装一次歼匪五百 威市我军歼敌三百主动转移》，《人民日报》1947年11月26日）

年前十二月曾在哈尔滨**解放军官团**反蒋大会上自动坦白的蒋匪东北军统局第一三四号特务王少奇，顷在此间东北日报“解放军人”栏，发表“我的自白”一文，痛述其从前反革命种种罪行。（《蒋匪东北军统局特务王少奇自供他干的坏事》，《人民日报》1948年1月26日）

（三）“补充兵团”“补训兵团”等过渡性武装与扩军运动

为了适应大规模扩军的需要，各战略区逐步建立和完善了野战军的补充体制。一是建立地方武装“补充兵团”和“补充团”，二是建立包括解放战士在内的“补训兵团”和“补训师、团”。

1.“补充兵团”和“补充团”

“补充兵团”是一种地方兵团，一遇需要，马上便可升级过渡为野战兵团。“补充团”是专门训练预备参军入伍的农民新战士的。翻身农民参军除紧急时直接进入部队外，一般先进入补充团接受训练。当时机成熟时，补充团即可整体转为正规团。

后方机关要很好地组织准备后备力量，补充前线部队，如协助动员民兵、地方武装参军，组训**补充兵团**，爱惜民力。（粟裕《苏中战役总结》[1946年9月25日]，《粟裕军事文集》）

在党的领导下，继续发展新的部队，组成地方兵团。部队扩充的来源是：紧缩机关，充实连队；老区进行归队，新区扩充新兵和发展游击队。其中归队约六千人，四、五、六三个分区动员八千人，共约一万四千人补充野战军。地方兵团一方面可做为野战军的**补充兵团**，另一方面，也可以逐渐升级为野战兵团。（贺龙《关于晋绥陕甘宁土改整党和联防军区工作问题的报告》[1948年9月24日]，

《新式整军运动》)

此次作战伤亡必多,各战略区必须有计划的动员新兵,组成多数**补充团**加以训练,以便随时补充前线。(《中共中央军委致新四军兼山东军区、华中军区及晋冀鲁豫军区电》[1946 年 8 月 7 日],《中国人民解放军全国解放战争史》第 2 卷)

你们应动员人民参军,组成多数**补充团**(至少动员二万人,组成十个**补充团**,每团二千人),着重入伍训练,逐步补充前线。(《中共中央军委致中共中央华东局电》,[1946 年 8 月 12 日],《中国人民解放军全国解放战争史》第 2 卷)

本区参军农民一部万余人,经编成五个**补充团**,于上月底先后开成立大会,举行入伍仪式。(《军区各补充团大练兵 万余青壮农民入伍》,《人民日报》1947 年 4 月 17 日)

2.“补训兵团”和“补训师、团”

“补训兵团”也是为野战军训练后备兵员的组织形式,一般对解放战士进行政治军事训练,也兼对农民新战士进行训练。补训兵团辖有“补训师”和“补训团”。后备队伍军经过补训后,即可整队送往前方。

并鉴于过去新兵逃兵现象的严重,特别是今年七月份俘敌二十万各部补充不及五分之二的教训,决定从现在起建立后备兵员的补训制度。一、二级军区设**补训师**,或设**补训兵团**,下辖数个**补训师**,西北军区则设数个**补训团**。三级军区及军分区视情况需要亦得设**补训团**。野战军除中原外,设**补训师**。兵团及纵队设**补训团**。……军区所属**补训师**、**团**除收容战俘及敌军逃兵外,更负责接收地方动员的新兵及归队和伤愈出院的战士,给以必要的训练后再整队送往前方。(周恩来《解放战争第三年军事计划》[1948 年 9 月 13 日前],《周恩来军事文选》第三卷)

在兵员补充上以原晋察冀之补训兵团编成华北的**补训兵团**……总计**补训兵团**现有之新战士及解放战士共一万零九百余人。半年多来**补训兵团**的经验证明:凡是经过训练的新战士及解放战士,政治上就比较巩固,技术与战术亦均有提高,因而部队在战场上战斗的减员就相对减少。因此,**补训兵团**这一组织形式及训练方法是必需的。(聂荣臻《华北军区成立以来部队情况向毛主席的报告》[1948 年 9 月 16 日],《聂荣臻军事文选》)

凡各地驻有或路过正规部队、**补训兵团**、后方医院及荣军学校者,应发动群众进行精神慰劳,举行联欢文娱活动,依制度予军队以各种方便,但不得开支公款。(《华北人民政府向各级发出号召　春节做好拥军优军　检查军属生产代耕情形》,《人民日报》1949 年 1 月 13 日)

二、练兵运动和整军运动相关称谓

(一)练兵运动相关称谓

为了提高部队的军事素质,特别是技战术水平,毛泽东专门为中共中央起草了《一九四六年解放区工作的方针》的党内指示,要求全军广泛开展练兵运动,并对练兵的内容、方法等作了明确的指示。1946年5月1日,中共中央发出《关于练兵问题的指示》,要求各地必须抓紧开展练兵。1946年12月13日《解放日报》发表社论,号召普遍开展"王克勤运动",掀起互助练兵高潮。

1."干部轮训队""战士骨干轮训队"与练兵运动的领导和组织实施

搞好练兵运动,干部的领导和骨干的带头作用是关键。为了提高干部对练兵的领导组织能力和骨干战士的军事技能,各战略区相继举办各种"轮训队",诸如"干部轮训队"和"战士骨干轮训队"等,对各级官兵进行了轮训。

> 可是右后方高粱地内又发现了敌人,小炮手范福德同志——军区**轮训队**的模范学员,急打两发炮弹,炸乱了敌人的布署,救出了被包围的同志。(《两天三胜记》,《人民日报》1946年9月11日)

> 响应晋冀鲁豫军区练兵号召,太行军区于本月二日召开训练工作会议。军区**轮训队**队长、训练科长、各野战兵团及各军分区参谋主任、训练股长、**轮训队**长、武委会主任均出席参加。(《太行召开训练工作会议 从思想上统一认识练兵的重要》,《人民日报》1947年2月9日)

> 为了提高各级干部本身的军事技术水平、战术素养和组织领导军事练兵的能力,在战略区相继举办了各种**轮训队**,如晋冀鲁豫军区专门集训了炮兵、工程兵等特种兵干部,各纵队、各三级军区开办了排以上干部轮训队。新四军兼山东军区、华中军区的各野战纵队、各军区开办了连以上**干部轮训队**,各师、旅举办排以下干部和**战士骨干轮训队**。(《中国人民解放军全国解放战争史》第一卷第七章第二节)

2."互助组""练兵模范班"与集体练兵活动

练兵是群众运动,大家必须互教互学。战斗英雄王克勤创造了"互助组"形式,得到刘伯承等领导的肯定。其具体做法是,一班内结成若干"互助组"(一般三人),开展三大互助:平时进行练兵互助和思想生活互助,战时则进行战斗互助。他所带的班成为全军的学习榜样,被誉为"王克勤班""王克勤模范班"。

> **互助组**是他指挥上的有力助手。他嘱咐互助组长不管敌火怎样猛烈,要掌握住组里的人,前进时看着班长,一个跟一个,保持三步距离。(《王克勤模范班》,《人民日报》1946年12月1日)

乙、互助互学和诉苦运动。**互助组**是一种很好的形式，它对于作战练兵群众工作巩固部队均有极大的推动作用。使新老战士解放战士互学长处互相帮助（即所谓三合一教育和记好学好运动），特别是普遍开展群众诉苦运动更为要紧。（《滕副司令员在军区会议上报告一年自卫战争军事斗争总结》，《人民日报》1947年8月1日）

1946年10月，晋冀鲁豫军区发起了巨野战役。根据部队成分的变化和战争形势的需要，第六纵队十八旅五十二团一连尖刀排班长王克勤提出并带头开展了团结互助活动，创造了"思想互助、技术互助、体力互助"的经验。这一活动在组织形式上，一般一个班设若干**互助组**，每组设组长一人，按计划配置和群众自愿相结合，合理组成**互助组**，平时和练兵时开展思想互助、生活互助、军事技术互助。（《团结互助精神》，《解放军报》2006年4月24日）

晋冀鲁豫**互助组**，一老战士，一俘虏兵，一翻身农民，即政治战士。（刘少奇《在全国土地会议上第一次总结报告》[1947年8月9日]，《中共党史参考资料》第十一册）

六〇五二部队总结徐庄战斗时，从班排到团，都认为第一连**王克勤班**把旺盛的战斗情绪和军事技术及指挥结合得最好，带领新战士作战最有办法。（《王克勤模范班》，《人民日报》1946年12月1日）

大家一致表示这是全部队的光荣，决不能自满，一定要培养和创造更多的**王克勤班**，来回答党中央的号召。代表李壮克班长说："我们班已把**王克勤班**讨论了两三次，决心要向**王克勤班**看齐，并希望王克勤同志多创造新的经验多帮助大家进步。"（《热烈响应解放日报号召 冀鲁豫前线部队 普遍学习王克勤》，《人民日报》1946年12月31日）

他领导该班时，依照王克勤同志的工作作风，把全班同志团结得像一个人，打仗、练兵、军民关系都做得好。**王克勤模范班**在继续飞跃进步。（《王克勤班又出新英雄 班长张太平升副排长》，《人民日报》1947年4月3日）

在贯彻中央《关于练兵问题的指示》的同时，1946年12月13日《解放日报》发表《普遍开展王克勤运动》的社论，解放区普遍掀起互助互学的练兵运动。练兵中优秀者被授予"练兵英雄""练兵模范"和"练兵模范班"等称号。

为使运动迅速形成热潮，四五部队并召开四四年**练兵英雄**与学习模范座谈会，交流经验，号召他们带头，帮助落后分子。（《抓紧战争空隙准备自卫力量 太行三四分区部队大练兵》，《人民日报》1946年8月23日）

各军分区各兵团，在可能范围内可以展开几次**练兵模范**代表大会；它不仅能推动运动，还可提供领导上以更多的练兵经验；这也是练兵运动中很重要的环节。（《太行召开训练工作会议 从思想上统一认识练兵的重要》，《人民日报》1947年2月19日）

最重要的是，他的军事技术大大的提高了，大表演那天，他手榴弹打到了三十六米半，只差刘居江三米半，全场齐声叫好，都说："喝，黑老汉翻身了！"四班在大惊之下，总结时选了他当"**练兵模范**。"（《黑老汉成了英雄》，《人民日报》1947年9月15日）

内蒙古人民解放军若干部队，顷展开热烈大练兵运动。……某部机炮连"**练兵模范班**"、"清洁模范班"、"爱马模范班"等锦旗在各班排中展开了热烈的夺旗竞赛，因而进步极快。（《内蒙人民解放军各部 热烈开展大练兵运动》，《人民日报》1948年6月14日）

当年解放军没有飞机，也缺少坦克，攻坚主要靠有限的炮兵和步兵实施爆破。董存瑞带领的班被师、团领导誉为"**董存瑞练兵模范班**"，他本人也被授予"模范爆破手"的称号。（马祥林《董存瑞 19岁的爆破元帅》，《北京青年报》2001年6月12日）

3."模范射手""投弹能手""模范爆破手"等各类战术练兵模范称谓

练兵运动的具体战术训练为射击、投弹和爆破"三大技术"，各类优胜者分别获得荣誉称号，于是形成了"模范射手""神枪手""投弹能手""爆破能手""模范爆破手""爆破元帅"等称谓。

在射击教育中，应尽可能进行实弹射击，并选举**模范射手**；对于**模范射手**及手榴弹投掷远且准确者、刺杀熟练者，应予奖励。（《中国人民革命军事委员会关于练兵与训练干部的指示》[1946年12月24日]，《中共党史参考资料》第十册）

1947年2月25日，"渤海教导旅"在庆云县常庄召开了成立大会，中央军委任命张仲瀚旅长，曾涤政治委员。……针对新旅刚组建的实际，张仲瀚提议抓紧部队军政训练，提高战士的战术技能……天天摸爬滚打，又现九龙泉大练兵热潮。几个月过去后，涌现出了一大批**神枪手**、**投弹能手**、**爆破能手**。（丰收《镇边将军张仲瀚》，《绿洲文化》2005年5月1日）

董存瑞带领的班被师、团领导誉为"董存瑞练兵模范班"，他本人也被授予"**模范爆破手**"的称号。……1948年5月25日，进攻隆化县城的战斗打响。董存瑞所在的6连负责拔除敌人核心阵地——隆化中学。临出发前，身为爆破组组长、在比武中夺得"**爆破元帅**"的董存瑞，代表大家表决心："我就是死后化成泥土，也要填到隆化中学的外壕里去，让大家踩着我们把隆化拿下来！"（马祥林《董存瑞 19岁的

爆破元帅》,《北京青年报》2001 年 6 月 12 日)

部队开展练兵运动,通过各类军事技术训练,大大增强了部队战斗力,对减少战斗伤亡和赢得战争胜利,无疑起到了极为重要的作用。

(二)整军运动相关称谓

1947 年冬至 1948 年夏,人民解放军利用战争间隙,开展了以诉苦(诉旧社会和反动派所给予劳动人民之苦)和三查(查阶级、查工作、查斗志)为主要内容的军队整训运动。1948 年 3 月 7 日,毛泽东《评西北大捷兼论解放军的新式整军运动》一文发表,他把这次整军称为"新式整军运动"。新式整军运动是人民解放军政治工作的一个重要发展,使人民解放军面貌焕然一新,为解放战争的胜利作了充分准备。

1."三种战士""三合一"班与整军运动政治工作

整军运动中,军队中的战士大致区别为三种情况,即所谓的"三种战士":解放战士、翻身农民新战士、土改前参加革命的老战士,故又称"三合一"。整军主要内容是开展以诉苦、三查为内容的政治教育,具体办法是:翻身农民新战士忆苦思甜教育解放战士,老战士以自身革命经历教育新战士。"三种战士"在部队中组成了相互教育、团结互助的"三合一"班。这是在王克勤"互助组"的基础上形成的,只是练兵和整军,战术和思想各有侧重而已。

> 提出立功运动以后,普遍的口号是"人人立功,处处立功,有功记功,论功行赏"。这样的口号,就为新、老、解放三种战士所普遍接受,各从其切身情况出发,而共同达到解决为谁立功的问题。(《部队立功运动经验》,《人民日报》1947 年 3 月 27 日)
>
> 因此在互相尊重、互相学习的精神下,三种战士(老战士、新战士、解放战士)很快就融洽了。(《宁南翻身农民参军记》,《人民日报》1947 年 3 月 29 日)
>
> 第三,政治工作要走群众路线。现在部队中出现了"三合一"班,由三种战士组成:从国民党部队过来的解放战士、老八路、土改后参军的新战士。三种战士各有各的优缺点。解放战士阶级觉悟模糊些,老战士有八路军的好传统、好作风,新战士是土改后自动参军保卫土改成果的。(朱德《部队工作要走群众路线》[1947 年 9 月 7 日],《朱德选集》)

"三合一"班中"三种战士"结成三合一式的"互助组",既是整军教育小组,又是练兵式的团结互助小组,例子已在上述练兵运动部分举出,可以参见。

2."三好战士""三好连队"与整军运动的成效

经过练兵和整军,战士和连队的思想、纪律、作风等各方面素质大有提高,政治面貌焕然一新。在辽沈、淮海、平津等战役和进军华南时,部队又响应党的号召,掀起争创

“三好战士”和“三好连队”的热潮。“三好”的内容起初为“打好仗,团结好群众,巩固好部队”,后又归结为“打仗好,团结好,纪律好”,这是部队根据战争需要提出的新要求。

> 其次,支部的领导工作是以创造“三好连队”(打好仗,团结好群众,巩固好部队)为中心,并特别强调要以“打好仗”为第一位。(《四野某师连队工作获重要经验 以中共支部为领导核心保证战斗任务胜利完成》,《人民日报》1949 年 12 月 1 日)

> 在“攻下天津城,打好入关第一仗”的口号鼓舞下,各部队又通过天津郊区群众控诉陈长捷派兵焚烧房屋、夷毁村庄的种种罪行以激发阶级仇恨,广大指战员群情振奋,斗志高昂,决心在最短的时间内以最小的破坏,夺取天津城,活捉陈长捷。在深入政治思想动员的基础上,还进行了城市政策纪律教育。广泛开展“打仗好,团结好,纪律好”的三好战士与三好连队活动,力争“军政双胜”。(《中国人民解放军全国解放战争史》第四卷第五章第五节)

“三好战士”后来演变成“五好战士”(政治思想好,军事技术好,“三八作风”好,完成任务好,锻炼身体好)。“三好连队”后来还演变出了“双三好连队”(部队遵守纪律好,参加地方经济建设好,为驻地群众服务好;地方转业干部安置好,优抚政策落实好,为部队排忧解难好)。

整军教育后,部队还涌现出许多“战斗英雄”“战斗模范”“杀敌英雄”“模范连队”“英雄连队”等,因非特色称谓,例不赘举。

第三节 轰轰烈烈的支前运动相关称谓

解放战争时期,为了保障部队作战的顺利进行,粮食、衣物、武器、弹药等的运输,伤员的转移和照顾等工作是必不可少的。由于此前没有健全的后勤部门,战争中的这些工作都是依靠根据地或解放区政府来组织。到解放战争中后期,我军的作战行动越来越频繁,战役规模越来越大,对后勤保障的需求也越来越多。战局瞬息万变,如果后方粮食、弹药运输不上,伤员不能及时转移救治,那就很难取得战争的胜利,所以解放战争时期对前线的后勤支援工作,便成了决定战役胜利的关键。因此在党中央的号召领导下,在各级党政军部门的协调安排下,解放区广大人民群众自发组织起来,掀起了一场轰轰烈烈的支前运动,产生的一系列生动的社会称谓,成为那个时代不可磨灭的印记。

一、领导和指挥支前运动的各级组织机构称谓

(一)各级“支前委员会”与党政部门对支前的决策领导

为了加强对支前工作的领导和决策,各战略区和各级政府都成立了“支援前线委员

会”，简称“支前委员会”或“各级支前委员会”，下设人力、粮食、运输等具体分工部门。这就建立健全了支前的政治领导机制。

此一支前机构，我们意见，即以傅秋涛之华东**支前委员会**为基础，并以宋任穷、傅秋涛二人负责为宜。（粟裕《淮海战役中粮食供应问题》(1948年12月15日)，《粟裕军事文集》）

迅速组织**各级支前委员会**，并由专员、县长、区长、乡长担任各级支前委员会主任。在**各级支前委员会**的领导下，迅速组织起各级支前队伍。（《战争史上的奇迹——四十三军解放海南纪实》第三章）

为了加强与统一支前工作的领导，以适应大规模战争的要求，中共中央华东局于1947年1月改组了山东省人民**支前委员会**，以省政府秘书长郭子化为主任委员，授权**支前委员会**统一领导全省的支前工作，并令各行署、专署、县政府迅速建立支前组织机构。2月15日，中共中央华东局又作出了关于扩大山东省**支前委员会**组织机构的决定，规定在**支前委员会**下设政治部、人力部、粮食部、民站运输部、人民武装部和秘书处，并明确了各部的职责。为协调军地关系，及时调拨民力、粮食及其他作战物资，省**支前委员会**还设立了前方办事处，随军行动。（《中国人民解放军全国解放战争史》第二卷第四章第三节）

（二）“支前司令部”“支前指挥部”等各级支前指挥组织称谓

对支前人力和物力的具体指挥调动，各大区及各行署、专署，都在“支前委员会”外成立了“支前司令部”。前者带有政府机构性质，后者则带有准军事性质。但为了统一步调，多数情况下两者是一体的，或者是一套班子两块牌子。例如傅秋涛上将，既是“华东支前委员会”主任委员，又是“华东支前司令部”司令员。县一级的指挥机构有的叫“支前司令部”，也有的叫“支前指挥部”，区一级的或叫“支前指挥部”或叫“支前站”，村则建立“支前生产委员会”。全国各解放区从上到下建立健全了支援战争的指挥调度系统。

与此同时，广大群众继续进行土地改革，开展节约运动和大生产运动，检查和总结了前一段的支前工作，成立了华中北线**支前司令部**，统一调度苏北地区的人力、物力支援前线。（粟裕《粟裕战争回忆录》第十一章）

该条例具体规定军区、分区、县设**支前司令部**，区设**支前指挥部**，村设**支前委员会**，上下级可以垂直指挥。军区**支前司令部**下设专管机构民工、供应、救护三个部。（《豫西建立支前组织》，《人民日报》1948年9月27日）

全解放区县以上的政府都成立了**支前司令部**，区以下的政府成立有指挥部。（《中原人民热爱南下大军 支前组织星罗棋布》，《人民日报》1949年5月13日）

2月，太北、太康合并为太康县。全县抽调100余名干部随军南下。3月，太康县委重建支前指挥部，县长杨平任指挥长，县委书记党峰任政委，及时向全县各区发出号召，尽一切所能支援南下大军。（《太康人民支前纪实》，《周口晚报》2004年11月17日）

区党委还对加强支前组织领导专门作了部署，要求地委设支前司令部，县设支前指挥部，区设支前站，村设支前生产委员会，充实了支前干部，配备了人员。（高克亭《鲁中南支援淮海战役回忆片断》，《雨花魂》2004年11月28日）

二、“民工”系列称谓与人民群众的支前热潮

（一）“民工”新概念的形成及“民夫”到“民工”的变换

古代“民工”“民夫”二词皆有，都与服官役有关，但二者相类而有别。“民工”谓有某种技艺的工匠，如《宋史·兵志》：“诏内外所造军器，以见余物材工匠造之，兵匠、民工即罢遣之。”“民夫”谓服劳役的丁夫，如《大宋宣和遗事》元集：“萧妃要看扬州景致，帝用麻胡为帅，起天下百万民夫，开一千丹八里汴河，从汴入淮，从淮直至扬州。役死人夫无数，死了相枕。”“民夫”又写作“民伕”，为同词异形。封建时代一遇官方劳役，派壮丁、拉民夫是非常普遍的事。

解放战争时期，在党和政府的号召和组织下，广大人民群众志愿参加各项支前工作，形成支前热潮。就“民间劳动力”这一点来讲，支前群众与过去的“民夫”相当，所以开始没有合适称谓，仍沿用“民夫（伕）”旧称。但支前群众的热情更多是自发的，已经摆脱了封建时代的奴役强迫意味，就这点而言，“民夫（伕）”称谓在感情色彩方面又显得陈旧，因而在实用中遭到人们的排斥。而“民工”虽也是个旧词，但过去使用不普遍，完全可以旧瓶装新酒。于是，1947年9月9日陈毅司令员在《大众日报》发表了《如何爱护民工与组织民工》的重要文章，他赞同一位同志的提议，将“民夫”称呼改为“民工”：

> 第一是改变称号问题。某同志来信，他提议改变“民伕”的称号。他说“民伕”是统治阶级奴役人民的一种轻贱的称呼，与我们劳动人民服务前线的自由劳动的新内容太不相称，应考虑改变，事实上有不少民伕讨厌这一旧称呼。……某同志又提议改称“民工”，名实才不矛盾。我完全同意这样改称。……我提议把这改称变为加强军队与人民联系的更实际的步骤。

从此，“民夫（伕）”一词就逐渐退出使用，具有新时代意义的“民工”概念就推广开来了。

因此，要发动群众，尽量就地筹粮。民工也不能全从山东带过江去，必须在江南人民中动员。（粟裕《淮海战役的伟大胜利和华野一九四九年六大任务》[1949年1月20日]，《粟裕军事文选》）

这样巨大的工程是在一个半月的准备时间中完成的，是我们几十万士兵、指挥

员包括师长、团长亲自参加这个劳作，以及几十万民工劳作才完成的。(邓小平《从渡江到占领上海》[1949年8月4日]，《文献和研究》1984年第10期)

(二)"随军民工""二线转运民工""临时民工"等和民工的内部分类

支前民工又可分出不同类型。1947年山东省支前委员会颁发了《人民出工条例》，按照年龄、身体情况、与前线的关系和服务期限等，先将民工分为常备、临时两个类别，常备又有前线和二线转运之别。"随军民工"，或称"随军常备民工"，是指拨配给部队建制的常备民力，随军在前线服务，一切均服从部队领导调度使用，服务期为6个月至1年；"二线常备民工"，亦称"二线转运民工"，是前方办事处或民管处管理使用的常备民力，执行前后方之间的一切运输任务，服务期为2个月。前两者均属"常备民工"，只是有一线、二线或前、后方之别。"(后方)临时民工"是由当地政府组织管理的，临时执行各种战勤任务的民力。

他们并积极参加了淮海、渡江解放江南等战役。在这些战役中，仅沂水专区就组织了二十万**随军常备民工**赴前线服务。全区百万妇女则勇敢地担任了后方勤务和土地的耕种。(《英勇的沂蒙山区人民》，《人民日报》1951年9月1日)

在孟良崮战役打响的第2天，一座通往战区的木桥被国民党军飞机炸毁。为保证军用物资的前送和伤员的后运，群众纷纷跳入水中，肩扛桥板，架起了一座"人桥"。由7.6万**随军民工**、15.4万**二线常备民工**和69万**临时民工**组成的庞大民工队伍，在国民党军飞机、炮火的威胁下，日夜不停地抢运伤员，源源不断地运送弹药、粮食，为战役的胜利作出了重大贡献。(《中国人民解放军全国解放战争史》第二卷第四章第三节)

据战后统计：华东、中原、冀鲁豫、华中四个解放区前后共出动民工543万人。其中**随军常备民工**22万人，**二线转运民工**130万人，**后方临时民工**391万人。(刘统《华东解放战争纪实》第三十五章)

从七战七捷到京沪战役，山东**随军民工**536557名，**二线常备民工**1856929名，**临时民工**4713666名，共计7107152名。(朱玉湘《解放战争时期山东解放区的土地改革》三，《文史哲》1990年第2期)

民工按照一定的服务期限完成阶段性的任务后，便可回家，于是出现了"复员民工"称谓，它指支前任务结束后复员回家的民工。

叶挺、阜宁、射阳、淮等九县**复员民工**荣归时，正逢当地二期民工出征，他们一方面向二期民工宣传胜利，介绍在前方的生活、工作、行军、宿营、防空的经验，同时，向后者保证，自己在家里，一定团结本乡本村群众，帮助二期出征民工家庭的生产。(《复员民工到处讲胜利 华中人民支前更积极》，《人民日报》1949年1月24日)

郭团长……又介绍后方生产情绪的高涨，及紧张支前情况，引证在中途和**复员民工**的谈话，都表示“回家过年，休息休息，收拾收拾，还要随军渡江”。(《华东慰问团抵达淮海前线举行隆重慰问大会》,《大众日报》1949年2月8日)

这时，随军民工由原来的5000人减到3500人，**复员民工**5万人，大大减轻了人民的负担。(王东溟《山东人民支援解放战争》二)

“民工”一词的指称意义随时代发展而发展，现在民工专指进城务工的农民，不多赘述。

(三)运输、担架两大系列称谓与民工的任务分工和组成形式

支前民工有两大方面的任务分工：一是负责物资的运输，二是负责伤病员的转移救护。围绕这两方面，民工称谓也分成运输和担架两大系列，并按组织规模从小到大分别编成队、连、营、团等组织形式，从而形成一系列丰富多彩的相关称谓。

1.物资运输系列民工称谓

所谓物资运输，一是粮食菜蔬、衣帽鞋袜等生活物资的运输；二是弹药、枪支等军用物资的运输。这些都是前方生活和打仗所必需的。

(1)总括式的“运输队”和“运输连、营、团”等。

所谓“总括式”，是指不管具体的运输工具和形式。“运输队”是基本组织单位，其上有连、营、团等，从而又形成“运输营”“运输团”等称谓。

物资**运输**队由3000余名民工、150辆手推车、500辆太平车、200辆拖车及1120头牲畜组成，先后往前线送白面15万公斤、小米5万公斤、猪肉5万公斤、军鞋10万双。(《太康人民支前纪实》,《周口晚报》2004年11月17日)

一区担架队光荣返里。他们中的绝大部分人接着又参加了支前常备担架营和常备**运输营**。1947年3月奔赴前线，先后参加了10多次战斗，直到淮海战役结束。(鲁光《陈毅担架队》,共青团山东省委研究室编《火红的年华》)

要组织人力、物力支援前线，成立支前指挥部，组织若干担架团、**运输团**，负责把弹药、粮食、柴草送到前线，将伤员及时转运后方。(刘瑞龙《人民全力支前，保证了淮海战役的胜利》,《雨花魂》2006年2月9日)

(2)具体运输形式的“大车队”“小车队”“挑子队”及其“连、营、团”系列称谓。

根据所使用的具体运输工具的不同，运输队又分为“大车队”“小车队”“挑子队”等。这三种是当时农村的主要运输工具。大车是牲口拉的车，旧式大车为木轮，新式的就是胶轮大车。大车一般5至10辆为一小队或一小组。小车即为手推车，有木轮小车和胶轮小车。小车一般15至20辆为一小队或一小组；挑子即为扁担之类的担负工具，适于翻山越岭的运输任务。

在胶济线阻击战中，山东解放区的人民群众大力支前。在中共组织和人民政府的领导下，山东解放区的人民群众组织了**小车队**、**大车队**、担架队，积极运送粮食、弹药和伤员。仅胶东地区参战民工即达8万人。（《中国人民解放军全国解放战争史》第二卷第二章第二节）

“解放军攻打济南啦！”广大的渤海平原，为这胜利的号召所震动，几百万人民被激动了起来。××城向西的公路上，一眼望不见边的**挑子队**，健步如飞的涌向西南。（《支援解放军打济南——渤海人民的支前洪流》，《人民日报》1948年10月22日）

为贯彻落实这一方针，山东省支前委员会随即发出“为争取主动努力支援前线”的指示和组织随军运输队、担架队的通知，后又颁发了担架队、**挑子队**、**小车队**的编制表，有计划地调拨使用支前人力和物力。（王东溟《山东人民支援解放战争》二三）

“大车队”“小车队”“挑子队”在编制上是基本组织单位，每一联防再编为一中队，区或县为一大队。许多地方是按照连、营、团来编制，因而出现了“大车连（营、团）”“小车连（营、团）”“挑子连（营、团）”等称谓。

霸县、容城、雄县等县先后组织了十六个**大车团**，二千一百六十辆大车，向平津前线，赶运公粮。……十八日，霸县**大车团**，行八十里达固安还未及休息，又愉快的受领了往庞各庄运粮的任务。（《刺骨河水挡不住支前健儿 大清河北广大人民日以继夜北上支前》，《人民日报》1949年1月3日）

这里的人民已经热烈的卷入了支援解放平津的巨浪中，以一切力量来协助解放军解放平津。现在已经编好了一百一十一个**大车连**。（《平津保三角地带全解放 新区人民全力投入支前》，《人民日报》1949年1月18日）

山东莒南**小车团**在十二月二十二日至二十五日间同样冒雪运粮、四天内运粮廿余万斤，供给第一线部队。（《三大解放区数百万民工支援淮海战役功勋卓著》，《人民日报》1949年1月27日）

这时，鲁中南区党委、行署和各地委抽调了三〇〇多名干部，组织起支前的挑子队、**小车连**、担架团，率领浩浩荡荡的民工队伍奔赴前线。……平邑**小车团**全部民工一三七九人，人人立功受奖。（高克亭《鲁中南支援淮海战役回忆片断》，《雨花魂》2004年11月28日）

我们临朐**挑子营**下辖三个连：城区编为第一连，盘阳区是第二连，南流区为第三连。……临朐营与淮安县的两个营合编为一团，称淮临**挑子团**。（王尚成《淮海战场上的临朐挑子营》，《临朐文史资料选辑》1994年第12辑）

2. 担架系列民工称谓“担架队、连、营、团”及其特殊功用

担架的主要功用是转运伤员，民工用担架将伤员抬下火线，抬往各地医院救治。但

是在当时特殊的战争条件下，担架也临时兼具了物资运送功用。因为战场上炮火连天，道路崎岖不平，车辆无法通行，而担架却可以随意进出，较为方便。民工用担架从战场上抬伤员下来，而上去时还可捎带抬一些急需物资。一副担架一般配备五个民工，若干副担架编为一个"担架队"，每队二三十人不等。"担架队"是基本单位，其上再按连、营、团来编组。

苏中前线某地王广生领头的一组**担架队**，冒着炮火渡河去抢救伤员，因怕河水对伤口不利，背着伤员从滑桥上爬下。(《苏皖各机关成立慰劳委员会 热烈劳军支援前线》,《人民日报》1946 年 8 月 13 日)

冀东全境解放，各地群众欢腾鼓舞，热烈支援前线。仅十三、十四分区及迁安、迁西、卢龙、遵化、玉田五县，已组成三万余付的大**担架队**，并进行检阅演习，随时准备出征。现据不完全的统计，各地已有卅三个**担架团**(约担架万付)，先后开赴前线。(《冀东全境解放群众热烈支前》,《人民日报》1949 年 1 月 19 日)

组织常备担架一一三〇副，五八五九人，编成四十五个**担架连**。……久负盛名的莒南**担架团**，全团二七九七人，就有一四二八人在支前中立了功。(高克亭《鲁中南支援淮海战役回忆片断》,《雨花魂》2004 年 11 月 28 日)

我县奉命组织一个常备**担架营**随军支前。县委决定由县武装部长刘子敬同志担任营长，县委宣传部长张万祥同志担任教导员，我(县指挥部政工干事)担任协理员。该营是由从全县抽调的五百余名民兵民工组成，编为四个**担架连**。(李俊海《子弟兵打到哪里 我们就支援到哪里——沾化县担架营随军支前片段》,《滨州文史》第一辑)

支前路上车轮滚滚、人流如织，大车、小车、挑子、担架这些再平常不过的简易运送工具，在战争中发挥了无比的威力。电影《车轮滚滚》就是人民支前生活的一个侧面反映。正如陈毅元帅所说："淮海战役的胜利是山东人民用小车推出来的。"其他战役何尝不是如此？在条件落后的情况下，人民群众充分发挥简易运输工具的作用，支持现代化的大兵团作战，这是自卫战争中伟大的一面。

三、其他形式的群众支前队伍系列称谓

(一)"支前医疗队"与地方医护人员支前活动

前线伤员随时需要救护，地方医院志愿组织"支前医疗队"赴前线医治伤员。

哈尔滨市**支前医疗队**，由张柏岩局长担任队长，率领由 24 名医生、60 名护士组成的医疗队，分 6 个手术组，赴前方医治伤员。直至全东北解放后，**支前医疗队**圆满完成了救治伤员的任务，胜利地返回了哈市。(《支前医疗队》,《哈尔滨日报》

2006 年 5 月 13 日)

(二)“前线慰问团”“前线慰劳团”与各界民众支前活动

广大人民除了对前线部队提供无私的人力、物力支援外，还注重从精神上鼓舞作战将士，组成不同形式的“前线慰问团”“前线慰劳团”：一是由普通群众组成，他们携带慰问金、慰问信、慰问品等深入前线慰劳将士和奔赴战地医院看望伤员；还有一种是由文艺界人士或团体组成，赴前线进行慰问演出。

阳城各界组成的**前线慰问团**，由县委李敏唐同志率领，于二十六日出发晋南前线，他们携带慰问品很多，仅城关乡献金即达七十六万一千六百三十五元，并携有“无坚不摧”、“越战越强”等锦旗。(《阳城各界慰问团前往晋南劳军》,《人民日报》1947 年 5 月 5 日)

1948 年 11 月，解放战争大决战开始，以副省长郭子化为总团长、马少波为副总团长率领的山东军区歌舞团、话剧团、文协胜利剧团等十个文艺团体组成了淮海**前线慰劳团**，与上百万支前民工同时赶赴淮海前线。他们演出了两个多月，受到前线军民的热烈欢迎。在淮海前线演出的《关羽之死》，在祝捷会上演出的《木兰从军》受到总前委邓小平、刘伯承、陈毅、谭震林、粟裕等首长的高度评价。(白岩《戏剧家马少波》,《广州日报》2004 年 8 月 21 日)

(三)“生产支前小组”与后方妇女支前活动

由于我军的被服工厂较少，而且生产手段比较落后，生产能力低，因此我军将士的衣服和鞋袜主要靠解放区的广大妇女手工缝制供应，这是生产支前的一种形式。在各支前委员会的领导下，广大城乡妇女组成“生产支前小组”或“支前军鞋生产组”等，负责前方将士军鞋、棉衣等的缝制工作。据鲁中南、渤海、胶东三大行政区部队资料统计，1948 年至 1949 年两年中，三区就为前线做鞋 7622151 双，军袜 2218809 双，军衣 235573套，军被 1778885 床。

其中，济南市就组织了 1309 个**生产支前小组**，参加的妇女达 2.8 万余人，仅一个半月内就做军衣等 64 万件。(王东溟《山东人民支援解放战争》四)

(1947 年 2 月)7 户个体制鞋业，190 余名制鞋工人，组成**支前军鞋生产组**，生产军鞋，以供军需。(《黑龙江双城县志・大事记》1947 年 2 月)

除了上述有组织、有规模的支前活动外，还有很多零散的特殊形式的支援活动，其产生的称谓往往一闪而过。例如 1947 年 6 月 30 日刘邓大军渡黄河，担负摆渡任务的就是由民兵和群众组成的“航运大队”；1947 年 8 月底陈赓兵团渡黄河，担负护送任务的是济源县第七区的民兵“葫芦队”，因腋下系着葫芦借助其漂浮作用得名。

河防指挥部先后在高国、李桥、张庄、林楼、孙口、位山、齐河等处设立了 7 个航运大队，每大队500至600人、20至30多只船。每大队根据人数和船只多少，编成4至6个中队。（王东溟《山东人民支援解放战争》五四）

右集团在渡船很少的条件下，战士们制造了十几个大油布包，权当渡船，一面射击，一面划进，冲过敌人的火力封锁，把敌人的守军打垮。有些精通水性的民兵，还组织了**葫芦队**，肩下系着葫芦，浮在水面，手中端着枪向敌人射击，掩护渡船前进。（陈赓《挺进豫西》，《人民日报》1961年1月1日）

晨雾弥漫。各种渡河工具像片片树叶在奔腾的河水中一会儿冲上浪尖，一会儿跌入波谷。护送突击队的是济源县杜八联水上民兵队，人称“**葫芦队**”。他们头上缠着衣服和子弹，腰上系着一串葫芦，手中执着枪，一部分游在前面开路，一部分护在船的左右。（王玉彬、王苏红《大势中原》第七章）

第四节 剿匪运动与接管城市相关称谓

一、“土匪”相关称谓

（一）“土匪”称谓的所指及地域变体

土匪是打家劫舍、为非作歹的地方武装匪徒。土匪自古有之，在长期的发展中各地有了不同的名称，像东北的“胡子”“马贼”，陕西的“刀客”，河南的“杆子”，山东的“响马”，四川的“棒客”“棒老二”，广东的“大天二”等。土匪称谓的众多地域变体充分说明了土匪势力分布广，影响大。抗日战争胜利后，国内局势发生了变化，各地土匪纷起，土匪到处奸淫烧杀，劫夺财物，无恶不作，各地匪患严重，其中以东北地区最甚，老百姓谈匪色变。因此中共先后在东北、华北、西北、华东、中南等地区开展了大规模剿匪运动。

将正规军的相当部分，分散到各军分区去，从事发动群众，消灭**土匪**，建立政权，组织游击队、民兵和自卫军，以便稳固地方，配合野战军，粉碎国民党的进攻。（毛泽东《建立巩固的东北根据地》[1945年12月28日]，《毛泽东选集》第四卷）

（二）“土匪”的各类区别性称谓

解放战争时期的土匪来源主要有三部分：一是历史上遗留下来的土生土长的惯匪，二是被解放军打散的国民党军队的一些散兵游勇组成的土匪，三是受国民党拉拢、委任、整编的政治土匪。土匪根据不同的标准分为不同的类型：

1.依据自然环境分为“海匪”“烟匪”“湖匪”等

这类土匪的特点是“靠山吃山、靠水吃水”，依附于一定的自然条件，为非作歹。

如去年国民党某要员派其“嫡系”部队组织“护航队”，到渔区向渔民巧立名目横征暴敛，又造成大批新的“海匪”。（《常熟乡民武装抗征 舟山民军声势浩大》，《人民日报》1947 年 1 月 27 日）

华东沿海岛屿众多，一些**海匪**长期盘踞海岛，专以海上和沿海地区抢掠为生。华东大陆解放后不少地主恶霸、散兵游勇、土匪惯犯窜往海岛，**海匪**人数猛增。（邵雍《民国绿林史》第六章第三节三）

在川西**烟匪**也很猖獗，1946 年 3 月前去禁烟的官兵被**烟匪**包围，杀伤八人。……据介绍川康黔滇均有**烟匪**，他们“原本都是当地的土匪、地痞，以及拥有枪杆子的恶势力，他们成了一个武装护烟集团，少至数十人，多到数百人千余人不等，出没在产烟地区……遇关闯关，遇有阻拦，就不惜性命硬冲，与官兵开火，在产地则向烟民抽保护税。遇着官兵的来缴烟，他们就与官兵展开‘抗拒战’”。（邵雍《民国绿林史》第六章第五节一）

在国民党政府的暴政下，苏浙两省“匪”势日炽。综合此间大公报七月十九、二十、二十四日消息，除浙东沿海“海盗”云集外，太湖的“**湖匪**”及太湖长江间广大地区的“散匪”声势日炽。（《不堪暴政逼上梁山 苏浙两省“匪”势日炽》，《人民日报》1946 年 9 月 5 日）

其次是该地区解放后，一些散匪与**湖匪**结合，仍盘踞于微山湖内，大肆抢劫来往船只，造成湖上封锁的状态。（王东溟《山东人民支援解放战争》五）

2. 从组织系统上分为“袍哥土匪”“会门土匪”“帮会土匪”和“政治土匪”

“袍哥会”是四川一带帮会组织名，“会门”是以兵器种类命名的民间组织统称（如“大刀会”“红枪会”），“帮会”是一些民间秘密组织的统称——这些组织在特定形势下往往成为土匪。受国民党拉拢、委派、领导的土匪为“政治土匪”，这些土匪在国民党的领导下，蚕食解放区。

解放战争时期，蒋介石国民党势力为了控制和利用**袍哥土匪**对付地方实力派和进步力量，大力支持**袍哥土匪**扩张队伍，到 1949 年四川**袍哥土匪**掌握的“枪有 300 万支”，这在全国是少有的。（周建超《秘密社会与中国民主革命》第六章一）

1947 年下半年，国民党军队在中原大地的主力被消灭后，一些**会门土匪**即起而造谣惑众，扰乱社会秩序。（周建超《秘密社会与中国民主革命》第六章一）

在湘西，**帮会土匪**武装杨永清部，被国民党收买，与人民解放军对抗，“在我军必剿的地区和前进途中，一方面组织信水、六合、协合三个乡的联乡大队破坏我军前进桥梁，扰乱交通运输线；一方面在芷江、黔阳、怀化、晃县一带，到处奸淫烧杀，打家劫舍，杀害贫民积极分子，破坏农民翻身，抢走耕牛四五千头，造谣惑众，无恶不作”。（周建超《秘密社会与中国民主革命》第六章一）

为了迅速有效的创造上述地区的根据地，应以主力兵团的一部配合当地的地方武装，采取积极行动，肃清政治土匪，集中干部组织地方工作团，首先集中工作于根据地的要点，逐渐推广联系成面，力求在半年之内把群众发动起来。（《东北局关于形势与任务的决议》[1946 年 7 月 7 日]，《中共党史参考资料》第十册）

3. 在严厉的军事打击下，大批土匪或被击毙、或被俘虏，于是出现了"投诚土匪""悔过土匪""自新土匪"等称谓

"投诚土匪"是指向人民投降的土匪；"悔过土匪"是指过去曾经作恶，以后悔过，停止作恶的土匪；"自新土匪"是指自觉改正错误，重新做人的土匪。

1948 年 8 月至 9 月，豫北老区在对土匪进行军事打击的同时加强了政治攻势，争取和瓦解了延津、封丘、卫南等县土匪 575 人。11 月又歼灭、争取投诚土匪共 45 股、3000 余人。（邵雍《民国绿林史》第六章第四节一）

经过全省军民的共同努力，到 1949 年底共毙、伤、俘、降及登记悔过土匪13.5 万人，缴获各种枪支 158643 支以及大量的军用物资，安定了社会秩序，巩固了人民政权。（邵雍《民国绿林史》第六章第四节一）

同时，通过各种社会关系，特别是自新土匪和土匪家属，利用各种形式，对土匪进行瓦解争取工作。（《肃清特务土匪，巩固革命秩序》[1949 年 8 月 6 日]，《中共中央文件选集》第十八册）

从内部组成来看，土匪又分为"匪首"和"匪众"。新中国成立后剿匪运动继续展开，出现了"股匪""残匪""流匪""散匪""潜匪"等区别性称谓，参见第七编《建国十七年政治运动与相关社会称谓研究》。有些土匪和特务勾结在一起，成为匪特，说明了土匪身份共兼的情形。

二、"军管会""军代表"等称谓与共产党对城市接收接管的军事管制制度

解放战争后期，随着战争的节节胜利，大批乡村和城市相继回到人民手中。在新政权和政府机构尚未建立健全的情况下，为了顺利开展城市工作，维护社会秩序，共产党对解放和接收的地方实行了临时性的军事管制制度，以对国民党留下的烂摊子予以接收、接管。伴随着军管制度的实施，出现的集体性的"军管会"和个体性的"军代表"等一系列新名词，成为那段特殊时期的标志性社会称谓。下面我们分为组织和个体两个方面加以介绍。

（一）"军事管制委员会""军管会""军管小组"

按照党的指示，中国人民解放军对新解放的城市实行军管，设立"军事管制委员

会”，简称“军管会”，其派往基层的组织称“军管小组”。军管会成员一般由军队高级领导干部和地方党政负责人组成；对以北平方式或绥远方式和平解放的城市，在成立军管会时，还适当吸收在该城市起义的原国民党军政人员参加。军管会为该城市的最高权力机关，凡入城部队及党政军民机关，各接管工作人员，均受军管会的统一指挥。

凡人民解放军初解放的地方，应一律实施军事管制，取消国民党反动政权机关，由中央人民政府或前线军政机关委任人员组织**军事管制委员会**和地方人民政府，领导人民建立革命秩序，镇压反革命活动，并在条件许可时召集各界人民代表会议。（《中国人民政治协商会议共同纲领》[1949 年 9 月 29 日]第二章第十四条，《中华人民共和国大典》）

各界代表会的职权，是由**军管会**和临时市人民政府付与的。**军管会**和市人民政府的各项政策及一切市政设施，均可向各界代表会报告，并经过其讨论和建议，再由**军管会**和市政府作出最后决定，付诸实施。（《中央关于新解放城市中组织各界代表会的指示》[1948 年 11 月 30 日]，《中共中央文件选集》第十七册）

1949 年 6 月 2 日青岛解放，在旧中国经历了半个世纪沧桑的山东大学开始了新生。解放后，青岛市**军管会**成立了由王哲（不久即调走）、罗竹风、高剑秋组成的**军管小组**，进校接管。**军管小组**下设党的总支和青年团委，由罗竹风、张惠同志分任书记。（《山东大学史略》六）

（二）“军事代表”“军代表”“总代表”“代表”

军管会的最高领导称为主任，其次是副主任、委员等，像 1948 年陈云同志曾担任过沈阳市军管会主任，伍修权、陶铸担任副主任。1949 年 4 月 28 日南京市军管会成立，刘伯承任军管会主任，宋任穷任军管会副主任。同年 5 月 27 日，上海市军管会由陈毅任主任，粟裕任副主任。军管小组的领导当然称组长。这样的称谓我们就不必多说了。我们要说的是，在接管城市尤其是接管官僚资本企业的时候出现了一个专门的重要称谓——“军事代表”。军事代表是军事管制委员会派到各工矿企业和事业单位监督生产和工作的负责人。

因此，我提议，在大城市中，如南京、上海、对于私人企业，凡属对国计民生有重要关系者、捣蛋怠工者，原则上派人去监督，派**军事代表**去。（刘少奇《关于城市工作的几个问题》[1949 年 3 月 12 日]，《刘少奇选集》上卷）

军事代表的任务是：保障上级命令的实行；保障生产的进行或恢复；防止破坏或怠工，清查反动分子；防止偷盗贪污及浪费；对职工进行政治教育与宣传，从职工中挑选干部；协助职工组织工会及消费合作社等；了解企业中的情况，学习管理生产。**军事代表**的职权是，有权力监督企业中的一切活动，了解企业中的一切情形，要适当的人员向自己做报告，并在一切命令及指示上签字；生产的进行如有不好或发生破坏怠工等事，即应查明实情，追究责任，将进行破坏或怠工有据的分子，交送人民法庭。(《苍茫大地主沉浮——中共中央在西柏坡》第十章六)

军事代表一般简称为“军代表”。根据需要，军代表又可加以区分为“正军代表”和“副军代表”。大的企业和单位的军代表，可设“总代表”，其在下级部门者则称“代表”。

出席北平区交接主管人员、受奖员工及职工代表一千余人。首由**军代表**刘建章同志报告接管经过，说明这次接管工作基本上是成功的、胜利的。(《北平区铁路接管工作完毕　昨举行隆重交接典礼　铁路员工九百四十一人受奖》,《人民日报》1949年5月19日)

1949年全国解放，6月2日国民党在山东最后的一个据点青岛也宣告解放。我随军接管山东大学时任**军代表**。这年暑假，葛佩琦和夫人朱秀玲到青岛，由黄县崇实中学的一位老同学曲漱蕙(山大动物系教授)陪同他们和我相见。(罗竹风《出生入死　艰苦卓绝——读〈葛佩琦回忆录〉感怀》,《人民日报》1993年1月30日)

中国人民解放军上海市军事管制委员会驻江南造船所军事代表室1949年5月28日建立，华东军区海军部副部长张元培任**正军代表**，王季芬为**副军代表**。(《卢湾区志》第二章)

我们派到各企业中的军事代表(即接收人员)，对于大企业除派一个负责的**总代表**外，并可在各工作部门(十分必要时可在各车间)，各站，各段派遣**代表**，受**总代表**之指挥，并可设立监督部或政治部。(《中央关于接收官僚资本企业的指示》[1949年1月15日],《中共中央文件选集》第十八册)

城市军管会通过向旧的企业派遣军事代表来负责接收工作。具体做法是，对于大企业除派一个负责的**总代表**外，并可在各工作部门(十分必要时可在各车间)、各站、各段派遣**代表**，受**总代表**之指挥，并可设立监督部或政治部。(《苍茫大地主沉浮——中共中央在西柏坡》第十章六)

从适用范围看，“军事管制委员会”和“军事代表”这两个称谓多用在文件等书面语言中，“军管会”和“军代表”以其简明扼要，多用在交际语言中。

解放战争后期共产党对城市实行的军事管制制度以及“军管会”“军代表”等一系列相关称谓，是战争时期向和平时期过渡这一特定历史阶段的产物。军事管制委员会及军管制度，还被写进1949年9月29日通过的具有临时宪法性质的《中国人民政治协商会议共同纲领》，为保持那段时期的社会稳定发挥了重要历史作用。各城市实行军事管制的期限不一，多则半年，少则数月或更短。从全国范围看，1952年底，全国(除台湾省)各城市基本上完成了民主改革和社会主义改造的任务，国民经济恢复工作胜利结束，因而以军管会管理城市为特征的党的城市接管工作也就宣告结束，军管会和军代表就完成了历史使命，这类称谓也就暂告隐退。但这种军管制度却为特定情况下的社会管理积累了经验，以后每遇“非常时期”或紧急情况，军事管制也就成为必要。例如众所周知的“文化大革命”前期，党政机构处于瘫痪状态，为了维护社会治安，保障生产和生活秩序，军管制度又派上了用场，“军管会”“军代表”等称谓又曾经一度被起用。今天，一些重要的军工企业里仍然实行驻厂军事代表制度。

第二章 国民党军事力量和蒋管区地方武装及特务类称谓

本章涉及的主要称谓如下：

<table>
<tr><td rowspan="2">第一节</td><td>一</td><td>国军、政府军、蒋军、顽军、顽固军、正规军、王牌军、御林军、荣誉军</td></tr>
<tr><td>二</td><td>保安队、保安团、警察、交通警察、交通警察部队、自卫队、常备自卫队、民众自卫队、土蒋、土顽</td></tr>
<tr><td rowspan="4">第二节</td><td>一</td><td>还乡团</td></tr>
<tr><td>二</td><td>还乡团</td></tr>
<tr><td>三</td><td>还乡团员、还乡团分子、还乡团长、还乡团头子</td></tr>
<tr><td>四</td><td>返乡团、还乡队、回乡队、复仇团、复仇队、倒算队</td></tr>
<tr><td rowspan="4">第三节</td><td>一</td><td>中训团、中央训练团、军官训练团</td></tr>
<tr><td>二</td><td>人民服务队、督战队、督战组、军官督战队、敢死队</td></tr>
<tr><td>三</td><td>收训大队、青训队、青训总队</td></tr>
<tr><td>四</td><td>雪耻奋斗团、返干团、民众自卫军、参战队、助战队</td></tr>
<tr><td rowspan="2">第四节</td><td>一</td><td>特务、国民党特务、国特、蒋匪特务、蒋帮特务、蒋特</td></tr>
<tr><td>二</td><td>蒋美特务、蒋日特务、蒋鲜特务、蒋伪特务、中统特务、军统特务、中统、军统、特务人员、特务分子、特务骨干、特务头子、大特务头子、大特务、小特务、老牌特务、秘密特务、公开特务、武装特务、便衣特务、潜伏特务</td></tr>
</table>

第一节 国民党军队和地方武装相关称谓

一、对国民党军队的相关称谓

(一)“国军”和“政府军”称谓的含义及指称变化

张勋复辟时，段祺瑞起兵讨逆，曾号称“国军”，意为中华民国军队。1925 年 8 月 18 日，广州国民政府军事委员会决定将所辖几种主要地方军名目取消，统一组建为“国民革命军”，简称“国军”。抗日战争时期国共合作抗日，军队统编，八路军、新四军及其他接受国民政府领导的抗日武装和部队都可以称为国军，都是“国军”的一部分。解放战争开始后，“国军”“政府军”也是指国民党军队。解放战争时期的“国军”和“政府军”基本上是同义词，是国民党方面或者其他方面站在中间立场时对国民党军队的称谓，一般多指其正规军。在解放战争初期，共产党方面出于对和平的诚意，在某些必要的场合也称呼国民党军队为“国军”或“政府军”。

我们的军队也要在全国军队实行整编计划，进行整编，我们的军队要取得合法化，要成为正式**国军**，成为国防军，成为地方保安队，成为自卫军。（刘少奇《时局问题的报告》[1946年2月1日]，《中共党史参考资料》第十册）

我东北民主联军早已停战，拉法亦在内，拉法地区，我无攻击**国军**之事，只有当**国军**于五日占我老爷庙，六日直至七日下午仍继续向我新站、拉法等地进攻时，我军始忍无可忍，退无可退，起而自卫。但当我军把来犯的**国军**击退后，我军即停止追击，避免事情扩大。（《林彪将军致电军调部 如国民党军不继续向我进攻 我军绝不会向国民党军攻击》，《人民日报》1946年6月19日）

这是很清楚的，政府利用铁路、轮船、飞机大量运兵进攻中共地区，中共不论在那一地区，只能用走路来自卫抵抗，这可看出快慢差别之大，所以当中共要自卫抵抗远道而来的国民党大举进攻军队时，这已成为自卫方式之一，但只要冲突一停，我们完全赞成迅速恢复交通。此次十五天谈论关于修复铁路交通一节，中共并未提出任何新的要求，至于没有**政府军**进攻的解放区交通，从未破坏，而且正积极修复。（《就国共最近会谈情形　周恩来同志答记者问》，《人民日报》1946年7月2日）

另外一种议论，即所谓“**政府军**固然不能消灭人民解放军，但是人民解放军也不能彻底打破**政府军**的进攻，结果会是相持局面。”这是中间派的论调，这种论调，亦正在迅速地被人民大众所唾弃。（《努力奋斗迎接胜利——纪念中国共产党创立二十六周年》，新华社社论1947年7月1日，《中共党史参考资料》第十册）

（二）“蒋军”“顽军”“顽固军”的命名理据、语用色彩和指称范围

解放战争时期，共产党方面一般称国民党军队为“蒋军”，意为“蒋介石所领导的军队”，感情方面还是比较偏于中性的。“顽军”和“顽固军”系沿用旧称，相比之下就带有贬义色彩了。抗战期间的“顽军”和“顽固军”，是人民群众对消极抗战、专搞反共摩擦的部分国民党军队的称谓。解放战争时期，所有国民党军队都彻底转到反共立场而更加“顽固”了，于是“顽军”和“顽固军”被沿用下来，但指称范围扩大为所有国民党军队。

因此我们的文章与新闻立论之重点，不是说敌人如何压迫，如何凶狠，而是要解释敌人虽有二百师兵力，虽有美国援助，虽已经占去一些地方与还可能占去一些地方，但是有种种条件我军必胜**蒋军**必败。（毛泽东《致陆定一》[1946年9月27日]，《毛泽东书信选集》）

对我军战略利益来说，是以封闭**蒋军**在东北加以各个歼灭为有利。如果我军尚无足够力量阻止其撤退，则撤退后的**蒋军**似将控制锦州、承德、北平、天津四角及其中间地区，并打通津浦北段，其给养当然会很困难，士气会更衰落，但兵力则较集中，这些可能情况亦须预先见到。当然**蒋军**死钉在东北不撤退的可能性也有，但除非我军强大到使其无法撤退，否则是难于设想的。（毛泽东《封闭蒋军在东北加以各个歼灭》[1948 年 2 月 7 日]，《毛泽东文集》第五卷）

蒋军于十五日接收长春后，中苏即谈经济合作，以换全路及省城。我们认为，我虽停战，但应备战，消极防御与等待均不利，且处处陷入被动，莫如以消灭**顽军**为主，守城为次，较易争取主动，打得顽痛，以利谈判。（周恩来《东北应以消灭顽军为主守城为次》[1946 年 4 月 2 日]，《周恩来军事文选》第三卷）

我们为了打击**顽军**蚕食，配合各解放区自卫作战……我军集中主力，将**顽军**压至冶戍，里仁间的太山庙内，于六日晨，集中聚歼八百余人，俘顽五十一团长及其三个营长与四十九团一个营长。（《太行军区司令员秦基伟将军 纵谈太行两月自卫战概况》，《人民日报》1946 年 10 月 12 日）

他一边哭，一边走到战士们跟前，诉苦说："**顽固军**到了那里，那里就没有人活的路！他们实行七光政策：把粮食财物抢光，房子木料烧光，年青人拉光，粮食牲口吃光，女人奸光，埋了的东西挖光，牲口和人杀光！"（《为他们复仇——记胡匪在陕北的暴行》，《人民日报》1947 年 10 月 26 日）

另外，革命人民仇恨蒋军，往往詈称之为"蒋匪"或"蒋匪军"，还有把胡宗南的队伍称为"胡匪"，把阎锡山的队伍称为"阎匪"等。

（三）国民党"正规军""王牌军""御林军"等称谓的语义语用特征

"正规军"的词汇意义很平常，但在特定时期和特定语境中，其语用意义和色彩却大不一样。国民党的正规军都是机械化部队，武器装备精良，对其军队和官兵来说，能作为"正规军"那是一种自豪。解放战争时期国民党的"正规军"之名，就其社会客观性而言，对中共军队的意义尤为重要：那才是中国人民解放军的真正对手，尤其战争中后期，中国革命的胜利进程，都是以消灭国民党正规军的数量来计算的。

目前军事形势，已向有利于人民的方向发展。去年七月至今年一月的七个月作战，已歼灭蒋介石进犯解放区的**正规军**五十六个旅，平均每月歼敌八个旅；被歼灭的大量伪军和保安部队，被击溃的**正规军**，都未计算在内。（毛泽东《迎接中国革命的新高潮》[1947 年 2 月 1 日]，《毛泽东选集》第四卷）

蒋介石的这些大话是骗不了人的。其实他这样说无非是想拖延战争，为自己搜刮人民、补充兵员找一个借口。从第一年开始，他就拼命地将非正规军编入**正规军**，同时又到处拉丁抓伕，结果当年补充了一百万。（周恩来《对解放战争形势发展的三点估计》[1948 年 9 月 30 日]，《周恩来军事文选》第三卷）

国民党正规军中最精锐的主力部队称"王牌军"。蒋军号称有五大王牌，它们是：新编第一军(简称新一军)、新编第六军(简称新六军)、第五军、整编第七十四师(整编前为第七十四军)、整编第十一师(整编前为第十八军)。在抗日战争的烽火硝烟中,这五支能征惯战的抗日"王牌军"作战顽强,屡屡挫败日军的疯狂进攻,打得日军闻风丧胆,为抗战胜利立下了赫赫战功,同时也令盟国刮目相看,赢得了世人的尊敬。"荣誉军"和"御林军"是对王牌军中的整编第七十四军的称号。该军于1945年8月空运到南京受降而称"荣誉军",同时担任南京守备而称"御林军"。后改编为整编第七十四师,全部是美械装备,经过美国军官训练,具有相当的指挥、战术技术水平,战斗力强,可算是王牌中的王牌。这些抗日的王牌,到解放战争时期却成了反共和内战的王牌。

这次辽西大捷的伟大意义还在于匪军新一军、新三军、新六军的被歼。新一军和新六军是国民党匪军所谓五大主力中的两大主力,是东北匪军中的所谓**王牌军**,是完全由美国训练,美械装备,美舰运来进攻东北人民的,是美帝国主义及卖国贼蒋介石的最得力的工具和最可信赖的力量。但是,这个美帝国主义的宠儿,这个蒋介石的主力之主力,这个东北匪军中的**王牌军**,这个象征着美帝国主义力量的新一军、新六军,连同其分编出来的新三军,现在终于在东北人民解放军一击之下歼灭了。(《我克抚顺本溪辽阳鞍山海城 四面八方直捣沈阳 完全解放东北只是几天的问题》,《人民日报》1948年11月3日)

发言人谈到六日开始的总攻说:"在杜聿明部被歼灭的前后共三十万敌军中,包括蒋介石嫡系精锐兵团邱清泉的第二兵团,蒋匪在黄维兵团十八军被歼后仅存的一支所谓'**王牌军**'——第五军(按:新一军、新六军、七十四军、第五军、十八军被称为蒋匪军之五大主力),还有蒋介石的儿子蒋纬国指挥下仅存的战车团。"(《淮海前线司令部发言人谈淮海战役彻底胜利》[1949年1月20日],《中共党史教学参考资料》(解放战争时期)下)

此次经两天三夜激战,干脆彻底歼灭蒋军七十四师全部及八十三师一个团,给了蒋介石以最惨痛的打击。七十四师为蒋介石五大主力之一,是他打内战的主要资本,是蒋魔王的"**御林军**",南京卫戍部队,而且经过美国顾问团特种训练,改装为全部美械。自去年八月,该师调出南京作为进犯华东解放区之主力后,屡次为蒋介石传令"嘉奖",被"奖"得神气十足,骄傲无比,自吹"有七十四师就有国民党",李延年也曾在淮阴大吹"有十个七十四师就可以统一全中国"。回忆去年三月王耀武在济南会见陈毅将军时,曾谓蒋军中只有第七十四师能战,是王苦心孤诣并亲自培养出来的。可是,这样"了不起"的七十四师,也免不了全师覆灭的悲惨结局。现在,蒋介石能不为其"**御林军**"之覆灭而痛哭吗?美国反动派能不为之震惊吗?(《华东军事评论家论此次大捷 蒋军"重点进攻"开始破产对全国战局也有重大意义》,《人

民日报》1947 年 5 月 20 日)

整编第七十四师是蒋介石手中的“王牌”,它全部美械装备,经过美国军官训练,具有相当的指挥、战术、技术水平,是蒋介石嫡系中的精锐之师,曾被誉为“荣誉军”、“御林军”,把它歼灭了,将给敌人实力上、精神上以最沉重的打击,将宣示我既能歼灭第七十四师,还有什么敌人不能消灭呢?(粟裕《粟裕战争回忆录》第十四章)

在解放战争中,国民党引以为自豪的五大“王牌军”在内战中冲锋陷阵,但最终没有逃脱被歼灭的命运。

二、国民党地方武装称谓

(一)国民党的地方武装的类别称谓

地方武装是与前述“正规军”相区别的部队。国民党地方武装主要有保安队、警察和自卫队三种名称,下面分别加以叙述。

1.“保安队”及“保安团”

保安队是国民党重要的地方武装,其所指有广狭二义。广义的“保安队”是国民政府建立的具有保卫治安、维护政权性质的地方武装部队;狭义的“保安队”则是其基本编制单位,经过扩编则称“保安团”。国民党保安队 1947 年为 180 个团,1948 年上半年增加 40 个团,下半年再建 60 个团,总计将近 300 个团。

保安队不仅负责刑事治安,还包括政治治安。凡“清剿”2000 人以上的共产党武装,由正规军负责,“清剿”1000 人以下的则由保安团负责。

三个月来,蒋介石的正规军,整个旅(师)被歼灭的或者受到歼灭性打击的(即一半以上被歼灭)已达二十五个之多。如果连伪军、保安队、交通警察等大量被我歼灭者一概计算在内,则远超出此地。(《为实现一月停战协定及政协决议而斗争 解放日报三日社论》,《人民日报》1946 年 10 月 6 日)

抗战胜利后,国民党发动内战,县保安队扩编为保安团,军费猛增。民国 37 年(1948 年),用于行政军警支出占 90.71%,用于文化、教育、卫生经费仅占 3.05%。(朱炎初总纂(《金山县志》第十七编)

蒋如在前线继续大败,有些地方保安团也会抽赴前线,而财政经济愈破产,人民生活会愈不得了,不论城市乡村的群众斗争情绪和要求亦将会继长增高。(《中央关于在蒋管区发动农民武装斗争问题的指示》[1947 年 3 月 8 日],《中共中央文件选集》第十六册)

这个办法的内容我已记不清楚,只记得主要是规定各县(包括省辖市)城区治安与清查户口等工作由警察担任；重要据点与交通线的保护，以及配合国民党正规部队或保安团对零星人民武装的“清剿”工作，由保安队负责。对于乡村的防御和要道口出入行人的检查和乡村户口的检查，则由各地民众自卫队负责。（沈醉《唐纵其人》，《军统内幕》第二十一章）

2月，国民党军第1绥区调集正规军5个旅、省县保安队76个中队等共8万余人，再次对苏中地区进行“会剿”。（《中国人民解放军全国解放战争史》第二卷第五章第二节）

2.“警察”和“交通警察（部队）”

辛亥革命后，北洋军阀政府和民国政府正式效法日本建立以“警察”命名的治安机关。《辞海》上说“警察，是为维护社会秩序而设置的武装性质的国家治安力量，也指构成这种力量的人员”；《现代汉语词典》（第五版）解释：“具有武装性质的国家治安行政人员。包括户籍警察、司法警察、交通警察等。”他们负责城市的清查户口、交通治安等，其主要任务为安定社会秩序。解放战争时期国民党更加注重警察对维护其统治的作用。

沪市常出抢案，市政府委之于无钱之故；却用巨款雇用警察，管制人民。……沪市参议员国民党员王仲良氏，则主张“以行动对行动，可断然拒绝警察访问”。联合晚报五月十一日载金融界前辈俞实澄氏说：“警察访问民间，不如说骚扰民间”……（《上海中外人士反对“警管区制”》，《人民日报》1946年6月10日）

这个办法的内容我已记不清楚，只记得主要是规定各县（包括省辖市）城区治安与清查户口等工作由警察担任；重要据点与交通线的保护，以及配合国民党正规部队或保安团对零星人民武装的“清剿”工作，由保安队负责。对于乡村的防御和要道口出人行人的检查和乡村户口的检查，则由各地民众自卫队负责。（沈醉《唐纵其人》，《军统内幕》第二十一章）

国民党在设立警察的同时也设立了交通警察。不过我们千万不要望文生义，把国民党的“交通警察”等同于今天马路上指挥往来车辆的交警。这是一种“交通警察部队”，实为公开性的特务部队。1946年3月1日，在戴笠的策划下，交通部交通警察总局在南京正式成立，下辖18个交通警察总队和1个直属大队。交通警察部队除负责全国铁路、公路的警务外，也配合正规军向解放军进攻。交通警察名义上隶属交通部，实际上是受军统控制的一支编制独特、装备精良的特务部队。整个解放战争中，交通警察部队投入到各个战场，始终与解放军交战。

豫北交通警察之番号，已于五日宣布取消，其原来所属程道生、郭清与其他地方团队，均归四十军指挥。（《国民党军三路分兵 进犯陇海以北解放区》，《人民日报》1946年5月18日）

向解放区进攻的全部正规蒋军，除伪军、保安队、**交通警察部队**等不计外，共计一百九十几个旅。（毛泽东《三个月总结》[1946 年 10 月 1 日]，《毛泽东选集》第四卷）

蒋介石共有正规军步骑九十三个师（军），二百四十八个旅（师），一百九十一万六千人，伪军、警察、地方保安部队、**交通警察部队**、后勤部队和技术兵种等，都未计算在内。（毛泽东《迎接中国革命的新高潮》[1947 年 2 月 1 日]，《毛泽东选集》第四卷）

解放战争后期，中共接管了原国民党统治的各城市，在军管会下设立公安局，接收了国民党时期设立的警察局。新建立的公安机关，统一以"公安局"命名，警察局、警察分局等机构名称消失。因此，在社会上和警察机关内部又赋予了以"公安"指代"警察"或"治安"的惯用含义。新时期以来，为了与国际接轨，"警察"这一称谓再次被启用。至于国民党交通警察部队，或者被歼灭或者起义投诚，随着国民党的倒台而宣告终结。

3. 蒋管区地方基层武装"自卫队"

"自卫队"是蒋管区的一种地方基层武装，分为专职的"常备自卫队"和普通的"民众自卫队"。伪自卫队的任务，除对付小规模的解放区人民武装外，平时负责清查户口，实行联防，构组情报网等。每县编一个自卫总队，每乡编一个大队，一个保编为中队。自卫队名为自卫，实为对付共产党武装力量。

焦作蒋占各乡镇除组织伪预备、**常备自卫队**外，已下令各村打制矛枪，并发给伪**自卫队**每人两颗手榴弹。最近，土顽又在向我边地积极出扰，企图打击和瓦解我民兵，发展维持，达到抢麦。（《豫北开展爆炸运动 大力保卫群众麦收 修武全县胜利完成五千亩油菜抢收》，《人民日报》1948 年 5 月 31 日）

旋入城隍庙，见**自卫队**官兵正在赌博争吵。地方基层组织腐败至此，国家焉得而不败覆！（蒋经国《危急存亡之秋》[1949 年 5 月 14 日]，《蒋经国自述》）

对于乡村的防御和要道口出入行人的检查和乡村户口的检查，则由各地**民众自卫队**负责。（沈醉《唐纵其人》，《军统内幕》第二十一章）

拨发原则，除各地区**民众自卫队**，尽量使用民间枪支，并按其实际需要，酌拨弹药和俘获武器外，对各省保安团队武器，以按编制数拨足为准。（《国防部部长白崇禧之军事报告》[1947 年 9 月 9 日]，彭明主编《中国现代史资料选辑》第六册）

与此同时，**民众自卫总队**部也责令所属各区自卫大队的副大队长督率"清剿中队"（沈阳市十一个区，每区有一常设的"清剿中队"，每中队有步枪一百支至一百二十支）协同第二守备总队士兵维持各区秩序。（秦祥征、王凤起《从事沈阳解放活动纪实》四（二），《辽沈战役亲历记（原国民党将领的回忆）》第六章）

(二)对国民党地方武装的蔑称:“土蒋”和“土顽”

“土蒋”“土顽”,这两个称谓带有明显的时代色彩。解放战争时期国民党每占一地,就恢复保甲,组建地方团队。以原区乡保长为首领,收罗地痞流氓、逃亡地主、区乡保丁,组成武装,共产党革命力量把他们称为“土蒋”“土顽”。因为当时解放军内部习惯称国民党军为“蒋军”或“顽军”(顽固派军队),所以这些土生土长的国民党地方团队理所当然地被人们称为“土蒋”“土顽”。“土”说明他们不过是地方上的一些乌合之众,“蒋”“顽”说明了他们的阶级和政治属性。所以,“土蒋”“土顽”的命名同时包含了一种轻蔑和贬斥的情感色彩。这种武装虽然战斗力相对较弱,但势力却分布很广,仅在大别山区就多达3万余人。他们熟悉地形,社会关系复杂,常以小股(百人或数十人)进行游击活动,对解放区人民危害极大。

> 解放军某部开往平汉南段途中,横扫地方**土蒋**,在三天三夜行军中,边走边打,以轻伤三名的代价歼灭**土蒋**八百名。(《豫陕鄂我军在行军中顺手活捉了土蒋八百》,《人民日报》1947年12月29日)

> 对**土蒋**只采取军事打击而忽视政治上的瓦解,一般都是失败的。经验证明,应以政治瓦解为主,辅之以军事打击;在军事上,又应集中力量,首先打击最反动的部分,中立那些不积极反动的部分。(邓小平《贯彻执行中共中央关于土改与整党工作的指示》[1948年6月6日],《邓小平文选》第一卷)

> 蒋军在我各路大捷给以惨重打击后……在休整期间主要以主力加强陇海、津浦及平汉线南段之控制,休补及掩护补给运输外,以一部配合**土蒋**向我外围作警戒防御性宽广面的袭扰“清剿”。(粟裕《集中华野全力攻济打援》[1948年7月至9月],《粟裕军事文选》)

> 有些部队,还没有把消灭**土顽**,看成最严重的政治任务。缺乏进攻精神与想办法。偷安怕走路,不奔袭,不穷追,只赶跑塞责。而地主,正利用乡保武装,威胁群众和工作干部。(《中原局关于进入大别山后地方工作的指示》[1947年10月10日],《中共中央文件选集》第十六册)

> 五月下旬我攻克承德以西之党宁鞍匠屯后,展开群众性的争取散匪运动,二十天中争取流窜该区之“伙会”、“还乡团”等**土顽**二百余人来归,并收获长短枪二百余支。隆化县之“自卫队”、“伙会”、“保警”等**土顽**武装,至六月二十四日为止,已先后来归四百余名,交出小炮三门,轻机枪五挺,步马枪三百二十支。(《东北中原蒋军官兵不断向我集体投诚》,《人民日报》1948年8月12日)

> 党中央向我们指出:潍县工事坚固,**土顽**的战斗力不低于蒋匪主力,在围攻潍县之前,须作周密布置。(许世友《战无不胜 攻无不克——忆解放战争时期山东兵

团坚持内线作战的胜利》,《大众日报》1961年9月27日)

“土顽”“土蒋”有时也可指还乡团那类武装。总之,这两个俗称既点出了这些武装的生存状态,又表明了其阶级所属,是解放战争时期的标志性社会称谓。其命名理据的背后蕴涵了当时错综复杂的政治军事斗争生活。

第二节　“还乡团”系列称谓与地主阶级的反攻倒算

一、“还乡团”的性质、渊源及其产生原因

“还乡团”是什么?首先应明确:该“团”并非部队中严格的团一级那样的军事单位,而是一伙人的随机组合,人数或几十或上百不等。

“还乡团”是现代中国革命进程中的特殊产物,其实质是:在某一特定历史时期,返回家乡向共产党和革命人民进行反攻倒算和阶级报复的地主武装。下面一段历史著作中的话,有助于认识“还乡团”的面目:

> 地主**还乡团**配合蒋军的进攻,返回各自的家乡,所到之处,反攻倒算,无恶不作,犯下了令人怵目惊心的罪行。仅在鲁中一地,就有近万个村庄被洗劫,被抓、被杀14万人,其中10个县统计,损失牲畜8.39万头,猪羊7万余只,农具损失半数以上。(唐致卿、岳海鹰《山东解放区史稿》解放战争卷第三章第二节)

但我们这里还必须明确:中国革命在好几个阶段都出现过“还乡团”,《汉语大词典》仅把它局限于“第三次国内革命战争时期”,是不对的。

众所周知,第一次国内革命战争时期,国共合作形成后,随着革命形势不断高涨,全国各地的农民运动也开展得轰轰烈烈,许多不法地主和土豪劣绅纷纷逃亡外地(这在毛泽东《湖南农民运动考察报告》中有具体反映);但是随着国民党对革命的背叛,那些逃亡地主豪绅也组织队伍反扑回来,于是就有了中国现代史上最早的“还乡团”。进入第二次国内革命战争时期亦即土地革命时期,共产党建立了自己的军队和革命根据地,于是苏区的地主豪绅势力再次受到打击;但由于红军第五次反“围剿”的失利和根据地的丧失,那些被斗争的恶霸地主和土豪劣绅回乡反攻倒算,“还乡团”再次出现了。这两个阶段的“还乡团”都有可靠的史实为证,但我们这里仅限于溯源而不加引证,因为我们的主旨是谈解放战争时期的社会称谓。

“还乡团”的形成有着深刻的历史原因,同时也是中国革命特色的一个侧面反映。因为近现代中国革命实质上是一场反帝反封建的革命,而地主阶级又是农村封建势力的主要代表,因此中国革命在广大农村就体现为地主阶级和广大贫苦农民阶级之

间的斗争。但这种斗争是长期、复杂、艰巨的，斗争双方的力量是不平衡的，在不同的革命阶段是互有消长的。在革命形势低落阶段或革命力量薄弱地区，原来被打倒的逃亡地主、恶霸土豪等，为重新夺回自己失去的政治权力和经济利益，在反革命势力的支持下，组织队伍回乡报复，于是就形成"还乡团"这种特定历史阶段的特殊武装。所以"还乡团"形成的社会原因，植根于地主阶级和农民阶级的对立和双方斗争的反复性。

二、解放战争时期"还乡团"的出现背景及其特点

解放战争时期的"还乡团"，与过去的"还乡团"是一脉相承的，因为农村的阶级矛盾和土地革命的任务是一样的，只是由于抗战时期矛头一致对外而暂缓而已。抗战胜利后，解放区开展起了轰轰烈烈的斗地主分田地的土改运动，农村的统治者地主阶级又被打翻在地。但地主阶级的总后台国民党决不容许共产党与自己平分天下，重庆和谈破裂，国民党军队向解放区大举进攻，共产党领导的军事力量拉开阵势，与之展开了殊死较量。在有的地方，双方军事力量你来我往，互相争夺，史书称之为"拉锯战"，致使有的解放区得而复失，失而复得。正是在这种背景下，地主武装"还乡团"尾随着国民党军队又卷土重来了。

此时的"还乡团"在组成成分和行为手段方面与以前又有些不同：其一，除逃亡地主、恶霸、土匪外，它还包含了重新集结以继续反共反人民的原汉奸伪军的顽固派；其二，他们对革命人民疯狂进行反攻倒算和阶级报复，性情之凶狠和手段之残忍，也超过以往各历史时期。以下两例可见"还乡团"特点之一斑：

苏鲁皖豫四九县，难民组**还乡团**，廿余万人展开还乡工作(《中央日报》1946年8月26日第2版标题)

你别想的这么好，到时候就叫你作了难。**还乡团**管不了正规军，进村就是一扫干。(坠子词《刘天昭还乡》,《人民日报》1947年1月1日)

串坊河西岸的射阳(新县)县×区民兵在蒋军侵占该地四十天中作战一百一十次，毙俘蒋军及"**还乡团**"七十四名，淮安民兵游击队在二十一天反"清剿"中作战一百四十六次，毙俘蒋军及"**还乡团**"六百七十五人。(《苏北盐阜解放区百分之九十为我控制》,《人民日报》1947年3月9日)

敌人的报复是非常残酷的。地主"**还乡团**"回到村里，夺回他们在土改中被分掉的土地，强迫农民补交租粮。他们到处抓党员和土改积极分子，烧毁土改积极分子的房屋。"**还乡团**"虽然战斗力不强，但行动十分猖獗。许多过去胆小怕死的地主，现在居然也能打枪作战。(刘统《华东解放战争纪实》第二十章)

三、“还乡团”内部成员的区别称谓

“还乡团”只是个笼统的集体性称谓，要对其内部成员加以区别，便有了“还乡团员”“还乡团分子”“还乡团长”“还乡团头子”之类称谓。

（一）“还乡团员”和“还乡团分子”

这两个称谓都是泛指还乡团成员，但前者略显中性色彩，后者则明显带有贬义，是革命派对他们的称谓。

> 现苏北各蒋据点终日惶惶不安，田桥乡三十八个**还乡团员**全部跑光。（《苏北我军展开政攻瓦解土著蒋伪二千》，《人民日报》1947年5月24日）

> 许多事实证明了，这些临时工都是国民党的**还乡团员**，老区被斗的恶霸地主。（周立波《铁水奔流》，《周立波文集》第二卷）

> 原来，离此不远的王山前村，在昨夜抓到三个**还乡团分子**。据他们供认，是跟着一队还乡团，奉国民党前头部队的命令，插进解放区腹地进行活动，配合大部队的正面进攻的。领头是汪化堂和孙承祖。他们三个是被汪化堂派回本地进行破坏和搜集情报的。汪化堂和孙承祖率领着大多数**还乡团员**，向东插去了。（冯德英《迎春花》第二十二章）

（二）“还乡团长”和“还乡团头子”

这是对还乡团首领或骨干的称谓，“头子”明显带有贬义。

> 二十五日，东明一区张区长亦带领民兵数人，将孙起寨**还乡团长**孙黑子击毙。二十七日，我民兵游击队一部，在曹县安仁集，将顽区长兼**还乡团长**李效贞一齐枪毙。（《军民英勇抗击粉碎蒋记政权》，《人民日报》1946年11月13日）

> 县政府又出布告，严惩恶霸地主、倒算头子、特务头子、**还乡团头子**，对胁从分子，只要没杀过人，经群众同意准予洗脸擦黑，从轻处理。（《激发斗志开展复仇 安阳收复区发动群众经验》，《人民日报》1947年5月12日）

> 春玲从人们的孔隙中走过来。她一步步向汪化堂走去，两眼射出利剑般的光芒，逼视着还乡团头子。（冯德英《迎春花》第二十三章）

四、“还乡团”的变体称谓

“还乡团”是一般通称，在不同地区它还有许多变体称谓（或曰“别称”），如：“返乡团”“还乡队”“回乡队”“复仇团”“复仇队”“倒算队”等。

（一）“返乡团”“还乡队”和“回乡队”

这三个称谓是“还乡团”的别名或曰变体称谓，其命名角度是一样的，都从返回家乡的行动方面着眼；“队”和“团”都是一伙人的集合之称，或人少称“队”，人多称“团”，比较随意。

王屋最大特务头子高凌云，在群众运动中畏罪逃往运城，在蒋军侵占垣曲后窜至垣曲城内，今秋八月曾组织“**返乡团**”，企图以恐怖手段镇压群众运动，盗取群众斗争果实，被我破获。(《王屋民兵联合行动　一网打尽田村特务》，《人民日报》1946年12月29日)

女联防队长夏云的名字响遍通榆公路上阜宁一带，该地蒋记“**返乡团**”下乡抢粮，一听到枪声就怕是夏云来了。急忙丢下开了的粮窖和抢来的粮食，没命的逃跑；老百姓则跑出庄口欢迎远远奔来的联防队。(《女联防队长夏云》，《人民日报》1947年8月20日)

因此，凡能歼灭敌军有生力量者，均应奖励之。不但歼灭敌军的正规部队应当受到奖励；就是歼灭敌军的保安队、**还乡队**等反动的地方武装，也应当受到奖励。(毛泽东《集中优势兵力，各个歼灭敌人》[1946年9月16日]，《毛泽东选集》第四卷)

还乡队，尽有罪。见人就杀，见酒就醉，见钱就拿，见女人就睡。以前作汉奸，日寇当宝贝，而今“委员长”，收编成新贵。命令齐反共，进攻气势锐。(陈毅《还乡队歌》[1946年]，《陈毅诗词全集》)

由于蒋军前紧后松，在我主力拖拉与控制下，集中于一处，我地方武装游击队抓紧其弱点即予以打击，敌后土顽“**还乡队**”已成为瓮中之鳖。(《冀鲁豫游击战完全主动　一月歼敌千余》，《人民日报》1947年3月23日)

至对奸匪政训工作与情报宣传等工作，更应特加研究，积极增强，以加速军事之效果。惟剿匪平乱，必须军事与政治互相配合(按：所以要通过伪宪，“改组政府”，加强特务和造谣等)，收复区内之地方行政工作尤为重要(按：办法是把汉奸请回去，加官进爵，组织特务恶霸“**回乡队**”没收农民土地，屠杀爱国人民)。(《蒋介石内战密令》，《中共党史参考资料》第十册)

(二)“复仇团”“复仇队”和“倒算队”

这几个称谓同样是“还乡团”的变体，有的是地域变体，例如山西的还乡团就叫“复仇队”，著名烈士刘胡兰就是被“复仇队”给杀害的。“复仇”和“倒算”，是从目的角度着眼的，“还乡”的目的就是向革命派复仇，向土改受益的贫苦农民倒算——夺回被农民们分配的田产、财物等。

阎伪军除被击毙外俘虏的有省防军四十四师第三团，地方保安十四团，第十二专署霍县**复仇团**等共二千余人。(《解放霍县城》，《人民日报》1946年12月1日)

如山西民兵利用主动出击的办法，从阎锡山部据点内捉回地主“**复仇团**”团长

吴道隆和反攻倒算的恶霸曹三官等人,使敌人胆战心惊,惶恐不安。(《中国人民解放军全国解放战争史》第一卷第四章第二节)

(白天广回忆 1947 年 1 月 12 日)一进村,阎匪军就不让我们回家了,直接把我们带到了观音庙那儿的刑场,周围是阎匪军架着机枪。到了那儿,就看见从观音庙出来几个**"复仇队"**的人,他们在人群中转着转着发现了刘胡兰,上去想抓她。刘胡兰厉声说:"我自己会走!"当时,刘胡兰和她母亲在一起,她掏出袋里的手绢,取下手上的戒指给了她母亲。**"复仇队"**的人逼着她进了观音庙里。(《刘胡兰被老乡铡死说法纯属歪曲事实》,《解放军报》2007 年 1 月 19 日)

敌人是八月二十六号打进垣曲二区来的,随着蒋军的进犯,就是一阵谣言,反动地主特务大肆造谣恐吓,群众不知蒋军到底来了多少,情况一时混乱,致使群众和一部分干部向山里跑。第二天**"复仇队""倒算队"**就来了,张牙舞爪的向农民疯狂倒算。(《垣曲二区反"倒算"经验》,《人民日报》1946 年 11 月 29 日)

一年来蒋介石御用机关拼命对解放区土地改革造谣诬蔑,和与蒋军接踵而来的"还乡团"**"倒算队"**的暴行,再一次说明了今天解放区进行的爱国自卫战争,实质上仍然是一个农民战争,是保卫解放区农民既得土地的战争。(于光远《一年来的解放区土地改革》,《解放日报》1947 年 1 月 1 日)

第三节　国民党军队训练官兵和监督、鼓励作战的团体称谓

解放战争时期,国民党为提升军队作战素质采取了一系列措施,如对官兵进行思想军事训练,对俘获和被俘放回的官兵进行政治教育,在战场上对作战进行监督等,表现在语言上就出现了一批组织或团体称谓。我们这里选择一些有特色者加以介绍。

一、"中训团""军官训练团"与国民党的军官培训

为了更好地服务"党国"利益,早在抗战期间国民党就设立了各种军事方面的训练团。其中在陈立夫的提议下建立的训练国民党高级将领的"中央训练团"(简称"中训团"),到解放战争时期为适应大规模战争的需要继续发挥作用。

被蒋介石排除异己的非嫡系将官,多被送入**中训团**受训,他们说:**中训团**就是集中营,在里面连吃饭都吃不饱。七月五日南京救国日报讯:"前几天**中训团**将官千余人列队哭陵并高呼口号'革命同志团结起来','政府如果要我们生存,应给我们一碗饭吃;政府如果要我们死亡,也应给我们一口棺材'。"(《蒋区拾零》,《人民日

报》1947 年 8 月 4 日)

三、改进管区人事：在**中训团**设兵役研究班，已办三期，共毕业将级、上校级学员六百二十六人，分派各管区担任高级工作。(《国防部部长白崇禧至军事报告》[1947 年 9 月 9 日]，彭明主编《中国现代史资料选辑》第六册)

中央训练团兵役班，第二期昨行结业礼(《中央日报》1946 年 11 月 25 日第 4 版标题)

鲁西大捷的战利品之一，是蒋介石对其**中央训练团**受训军官的秘密讲演录。蒋介石因军事上连遭惨败，从四月下旬起，在南京轮训前方团以上军官，每期约一个月，现已办至四期。(《蒋介石的秘密讲演录》，《人民日报》1947 年 8 月 14 日)

1947 年战争进程出现了不利于国民党的趋势，蒋介石决定扩大军官训练的范围。从 1947 年 4 月开始至 1948 年 3 月，国民党在南京举办了 7 期“军官训练团”，召集前方团以上军官到南京“中训团”轮流受训，每期约一个月左右。蒋介石自任训练团团长，并讲授“剿匪”的战略战术。

叶挺城(盐城)战役为我生俘之蒋四十二集团军一师师长李铁民、一团团长李怀德、三团团长郑树德等与记者谈及他们在南京蒋记**军官训练团**受训情形时，咸称：大部受训学员为各战场败将，充满悲观颓丧情绪。(《对刘邓大军南下惊恐万状　豫东蒋匪作盲目挣扎　蒋家军官充满悲观绝望情绪》，《人民日报》1947 年 9 月 15 日)

蒋介石在 1947 年 4 月 15 日**军官训练团**第 1 期开学典礼上讲话时说：举办训练团，其目的就是要使大家“聚合一堂，根据过去一年来剿匪的实地经验，来研究共军的特点，检讨我们自己的缺点，从而改进我们的战略战术，以期今后剿匪的军事能顺利完成”。(《中国人民解放军全国解放战争史》第三卷第一章第二节三)

二、“人民服务队”“督战队”等称谓与国民党的军队和战场监督

(一)“人民服务队”与国民党的军队监督

“人民服务队”是国民党政工局训练的青年学生军，每队十六人，每人配一支卡宾枪，专门监视部队活动，兼做一些地方工作，隶属于邓文仪的国防部新闻局，是国防部系统的特种工作队。

安定绥区人民，严禁部队摊派，国联部电令苏省保安部，**人民服务队**盼检举贪污(《中央日报》1947 年 3 月 7 日第 7 版标题)

从蒋介石嘴里说出来的一切动听的名词都是令人恶心的假招牌，然而再没有一块招牌比“**人民服务队**”更丑恶更无耻的了。这所谓“**人民服务队**”直属于蒋

记“国防部”，队员从青年军官和从军学生中选拔出来，又由新闻局施以专门的特务训练，都是清一色的特务——忠实的党“团”员。根据“极机密”的“绥靖政工手册”的规定，“人民服务队”跟随“‘剿匪’部队推进，为强化‘革命行动’，执行政治斗争的生力军”“有权过问一切军事、政治、经济、文化、教育设施，使适合于‘剿匪’的需要”。（《丑恶无耻的“人民服务队” 蒋家法西斯暴政的解剖》，《人民日报》1947年5月13日）

二十五师所处环境恶劣，防区驻有宪兵队和国防部**人民服务队**。所谓“**服务队**”，是由青年军的一些编余军官组成的，直属国防部。当时淮阴、宿迁、徐州等地都有其一个中队或大队，名义上是做群众工作，实际上对当地驻军起监督作用，他们可将部队情况随时报告国民党中央。（郭震《回顾走向光明的时刻》，《淮安文史资料》第六辑）

（二）“督战队（组）”“敢死队”与战场监督和鼓励

国民党的节节败退，使得士兵士气大减。为了提高作战士气，防止士兵临阵溃退脱逃，国民党在部队中设立了“督战队”或“督战组”，由南京政府派遣官员或直接由部队中的军官担任督战官，故称“军官督战队”。在战场上，督战队对后退士兵随时军法从事。

蒋军士气之低落，在此次郓城战役中更为明显。曹福林曾令其二十九旅特务连**督战队**在南城督战，向败退的官兵猛烈射击，但并不能阻止部队之溃退。……二二二团副团长并证明该团到南关增援的第三营营长张齐贤，就是被**督战队**打死在南城外壕内的。（《郓城被俘蒋军团长惊服我军士气旺盛》，《人民日报》1947年7月22日）

蒋介石国防部鉴于国民党作战部队连战皆败，士气低落，甚至其高级指挥官亦丧失信心，特组成“督导作战组”分赴各区督战。据称：该“**督战组**”共分东北、河北、山东、平津、山西、陕北等六组，每组设组长一人，组员多至九人，少至七人，均系国防部所委中将以上将领。人选现皆密而不宣。（《魏德迈抵南京 蒋拟召开军事会议》，《人民日报》1947年7月25日）

邱清泉见到国民党军士无斗志，临阵退缩，乃令我采用第四十五师师长郭吉谦的建议，由政工处通令部队团以上一律都组织“**军官督战队**”。在作战时，如有官兵后退，即当场枪决。（黎宗铭《穷途末路的邱清泉》，《淮海战役亲历记（原国民党将领的回忆）》第五章）

与“督战队”相配合，另抽调士兵组成“敢死队”冲锋陷阵，以对其他怯懦后退士兵形成鼓励。不过国民党军队的敢死队，大多靠金钱来引诱，下面例子有所反映。

敌人用钱收买**敢死队**，要和李长林进行最后决斗，价钱从最初每人十元直到最后每人四十元，反扑从第一次直到三十次。敌人的**敢死队**扑到哪里，哪里的战斗激烈了，李长林就跑到哪里指挥战斗。……蒋匪王牌军还在两天路程之外，待他们赶到时，羊山仅遗留下万具敌人的尸首，而刘邓大军已向大别山挺进了。（《荣誉的红旗手——记战斗英雄李长林》，《人民日报》1950 年 9 月 25 日）

下午 2 时许，国民党军仍未攻下 101 高地，气急败坏的敌人，又搬出了蒋介石的"老法宝"——以金钱利诱，组织"敢死队"。只见那些"督战官"们手持"金圆券"，连声吆喝："弟兄们，现在组织'敢死队'。参加者，每人奖励 10 万元！头一个冲上去加一番！"叫喊了半天，见没人动，就又叫道："每人再加 5 万！""加 10 万！"不知道加了多少"万"，才勉强凑成一支 300 多人的"敢死队"。（何虎生《红流大事——国共生死搏斗大纪实》下第二十五章）

"敢死队"在解放军里也有，那才真正是主动上阵、不为名利、不怕牺牲的敢死队。所以"敢死队"的词汇意义没有差别，但作为一个社会称谓，就有一个作战动机和服务对象问题。

三、"收训大队""青训队"与对被俘官兵的教育管制

被俘官兵有两部分，一是战斗中捕获的解放军官兵、地方干部群众等；二是被解放军俘获后放回的"国军"官兵。这两部分人对国民党方面说来，都是需要严加教育管制的。

国民党对被解放军俘获后释放的中校以下的"国军"军官专门成立"收训大队"进行教育管制，不准他们与原部队接触，防止他们宣传共产党的宽大政策。对俘获的解放军方面人员，则成立专门的"青训（总）队"予以管制。此时的青训队是南京国防部政工局在军队中设立的一种集中营性质的单位，归各区"剿总"政工处领导。被抓到青训队的，一部分是被俘的解放军官兵、民工和地方干部，绝大部分是无辜市民和青年学生。由于兵源匮乏，经过"训练"的青训队成员随时被补充到部队中，参加作战。

我们愿作戡乱先锋，西安青训总队上书主席，并劝匪区青年速采行动（《中央日报》1948 年 1 月 29 日第 2 版标题）

郭惠君，男，三十六岁，河北省赵县人，住本市前外大耳胡同十五号。历任匪"青训队"上尉区队长、"十一战区党政总队"少校工作员、"十二战区驻平谍报组"组长，一九四八年十二月在平市先农坛"青训队招待所"惨杀共产党员何华及革命人员进步群众等九名。（《中国人民解放军北京市军事管制委员会军法处布告》，《人民日报》1951 年 5 月 23 日）

他告诉我收训大队和青训总队编成一个总队，由收训大队长任总队长，青训总队长任政训室主任。（蔡树鸿《政工局长邓文仪三到沈阳》三，《辽沈战役亲历记（原国民党将领的回忆）》第六章）

青训队已训练好的俘虏五六人,带到徐水县放他们回家。(由竹生《偷袭石家庄经过》,《平津战役亲历记(原国民党将领的回忆)》第一章)

我叫各连从青训队补来的“新兵”(被俘的解放军战士或民兵)十余人去鹿砦放炸药,并欺骗他们说,成功后升班长、发奖金。(姚轻耘《第一七〇师在麻姑子的三天两夜》,《淮海战役亲历记(原国民党将领的回忆)》第四章)

四、“雪耻奋斗团”“助战队”等称谓与阎锡山太原固守战

随着国民党军队节节败退,盘踞山西的阎锡山地盘越来越小,为了死守太原,弥补兵力的不足,只好让被共产党俘获释放的官兵上阵,甚至让太原民众直接或间接参战,形成了“雪耻奋斗团”“民众自卫军”“参战队”“助战队”等称谓。

(一)“雪耻奋斗团”的命名理据和出现背景

1945年8月上党战役,阎锡山大量的官兵被共产党俘获。1946年六七月间,大批阎军官兵被陆续释放返部,阎锡山便开始筹划设立管理这些官兵的机构,起初定名“晋绥军返部干部集训团”,简称“返干团”。1948年初,阎锡山节节败退,统治区域越来越小,军源减少,军队无法补充。平津战役期间,为了死守太原,阎锡山将返干团官兵编成“雪耻奋斗团”,以上党战役被俘返部的原十九军军长史泽波为总指挥,以同一战役被俘返部的原炮兵司令胡三余为副总指挥。所谓“雪耻奋斗”就是将功赎罪,雪去被共产党俘虏之耻,严守阵地,奋斗到底。

一九四八年初,阎锡山的统治区域越来越小,军队无法补充,就在返干团的学员身上打主意。他说,这些返部的官兵经过一段训练,都认识到共产党对他们的迷惑和欺骗,有了雪耻奋斗的要求和决心,要让他们将功赎罪,报仇雪耻。于是便决定成立“**雪耻奋斗团**”,先在太原帽儿巷成立了“**雪耻奋斗团指挥部**”,以上党战役被俘返部的原十九军军长史泽波任总指挥,以同一战役被俘返部的原炮兵司令胡三余为副总指挥。(郑维山《从华北到西北——忆解放战争》第八章第三节)

为死守太原,阎锡山大力加强法西斯统治。8月23日,阎锡山发布《告全体同志书》,命令所属严守阵地,抱定奋斗到底之决心。为此,以梁化之为首的特种宪警指挥处,用特务手段加强控制;在军队实行“连坐法”,防止士兵逃跑和投降;将被解放军俘虏后放回的官兵编成“**雪耻奋斗团**”。(《中国人民解放军全国解放战争史》第五卷第四章第一节二)

阎匪“**雪耻奋斗团**”千余人,被我团团包围,无路可逃,十九日在团长李佩膺率领下,集体投降。(《太原东山的攻克》,《人民日报》1948年12月17日)

(二)“民众自卫军”“参战队”“助战队”与太原军民联防武装

为了保卫太原,早在1947年,阎锡山就将城中的青壮年组成“太原市民众自卫军”,

构建联防组织。

> 不仅如此，早在“战斗城”的行动纲领和组织编成产生之前，于一九四七年十二月，阎锡山就成立了“太原市民众自卫军”，凡十八岁至四十七岁的青壮年，一律编组进行训练，差不多是家家户户都有人。（郑维山《从华北到西北——忆解放战争》第八章第三节）

阎锡山还设立了各种“参战队”和“助战队”，将太原城中的男女老幼武装起来。参战队和助战队又按年龄编成甲乙级或冠以老、少、童、妇等字样，出现种种名堂。

> 连七岁的小孩子和六十岁的老头子也被编进了“老人助战队”和“幼年助战队”。甚至怀孕的小脚妇女，还要参加服役。……然而，“合法”就不会被抓去了么？十一月十九日，首义门外四个参战队，集合到城里杏花岭去开会了，直到天黑去找寻他们的家属哭着回来，才知道全部被抓走了。（《人间地狱——太原城》，《人民日报》1949 年 2 月 17 日）

> 为了实现上述“行动纲领”，阎锡山还制定了《战斗城男女成员编队实施办法》，把所有男女一律按年龄编为甲级参战队、乙级参战队、老年助战队、少年助战队、儿童助战队、妇女助战队。这些组织，或直接参加战斗，或协助军队作战，或担任各种后勤保障任务。为了限制人的行动，便于检查有无遗漏，特用漂白布制成圆形、三角形等各式符号，并分别冠以甲、乙、老、少、童、妇等字样。（郑维山《从华北到西北——忆解放战争》第八章第三节）

无论国民党怎样苦心经营，都挽救不了灭亡的命运。1949 年 4 月，太原解放，结束了阎锡山在山西长达 38 年的统治，阎本人随同蒋介石逃往台湾去了。

第四节　“特务”的词汇意义与社会所指

一、“特务”的意义与“国特”称谓

（一）“特务”的来源、色彩和泛称意义

指人的称谓“特务”，是现代汉语中到 20 世纪初才有的新词，据刘正埮等《汉语外来词词典》，它是从日语中借来的。“特务”一词非古，然特务现象却是自古及今都有的，只不过古汉语中另有“间谍”“奸细”等名而已。明朝的东厂、西厂，人们谓之皇家的“特务机构”，不过是事后追加的说法。

如今人们一说到“特务”，马上会产生一种恐惧、厌恶或者鄙夷的情感。实际上这是长期的语用实际附加给它的贬义色彩，就其实质而言，则是无所谓褒贬的，站在不同的

立场便会得出不同的结论。站在“本方”立场上,对方的特务是敌人;而站在对方的立场上,其特务则是功臣和朋友,反之亦然。新中国成立前与人民作对的特务,无论是日本特务还是国民党特务,残害人民,手段毒辣,给人们留下了很坏的印象,于是将“特务”的贬义色彩推向了极端。

“特务”的意义,《现代汉语词典》(第五版)解释为:“经过特殊训练,从事刺探情报、颠覆、破坏等活动的人。”这一定义是颇为准确的。显然,这一定义是不带任何立场和观点的概念性泛称意义。

(二)解放战争时期“特务”的社会指称意义

解放战争是国共两党之间的斗争,因而具体到这一时期,共产党方面文献以及新中国成立后反映这一时期社会生活的文学作品中所谓“特务”,其社会指称意义,主要是指国民党特务。众所周知,国民党是非常重视特务工作的,因而“特务”也应是体现解放战争时期国共两党斗争的一个特色称谓。国民党特务的工作任务在不同时期有不同的表现。抗日战争时期,特务担负的任务主要是搜集日寇情报、破译密码、刺杀日伪人员、反共等。而在解放战争时期,国共两党对立,其任务则转变为:不仅在各战场上配合国民党正规部队担任攻守,同时还负责后方骚扰与破坏交通,刺探中共军政情报,策反中共动摇分子,进行内奸活动,破坏共产党基层组织和革命群众组织,打入共产党内部搞破坏,暗杀进步人士,印制假币,散发传单,破坏解放区治安和金融秩序等。

指国民党特务的意义,虽然带有了社会特指性,其范围比广义的“特务”缩小了,但相对而言,仍然带有小范围的泛称性质。因为国民党的特务,派系林立,种类繁多,著名的有中统、军统两大系。此外,便衣警察、各类暗探等,人们习惯上也都将其归入“特务”系列。所以此时的“特务”,如果不加限定和区分,仍具有泛称意义,即泛指国民党特务。“特务”的其他区别称谓后面再谈,这里先看几个泛指国民党特务的“特务”用例:

> 在淮海战役之始,徐州附近人民对于国民党军实行了严密封锁,国民党军的**特务**只能派出,无法返回。徐州四周密布的**特务**电台完全失了作用,甚至有许多地区人民以虚报实,或以实报虚,迷惑国民党军。(杜聿明《淮海战役始末》,《淮海战役亲历记(原国民党将领的回忆)》第一章)

> 沪讯:国民党法西斯派,为加强对上海的**特务**统治,顷由上海市警察局制定所谓“警员警管区制”,决定于六月一日起实行。……负责此项任务之警员,除最近由中央警官教导总队(按:即复兴社特务训练机关),调来三百七十六名外,另在本市原有警长中选拔七十五名共同充任。(《国民党法西斯派 加强上海特务统治》,《人民日报》1946年5月22日)

趸船上站着两个戴黑眼镜的人，嘴角上叼着烟卷，在那里指手画脚。这两个家伙是干啥的？以往渡江时好像没有见过。很可能是两个**特务**。等轮渡划子靠了岸，旅客下船时，果然不出所料，两个家伙正在盘查往来过江的旅客，怪不得不是热天也要戴上膏药眼镜。（罗广斌、杨益言《红岩》第三章）

（三）“国民党特务”及其简称“国特”

如上所说，解放战争是国共两方的战争，共产党方面所称“特务”一般就是国民党方面的特务。只称“特务”，如果嫌不明确，便干脆称作“国民党特务”。

而那些民主人士仍然拒绝一切收买，于是**国民党特务**就于七月十日暗杀李公朴先生，他是民主同盟领导人之一，且任昆明民主同盟机关刊物主编。（〔美〕史沫特莱《我们正在建立一个法西斯的中国》，《人民日报》1947 年 2 月 3 日）

各部门对自己的下层组织进行动员教育，对从敌占区或新解放区还乡的人要进行必要的审查了解，了解他们的行动表现，防止**国民党特务**潜入我区。教育群众加强警惕和注意揭穿各种谣言，必要时进行追谣。（《严防散匪潜伏内地 泊头公安局加强治安措施》，《人民日报》1949 年 2 月 17 日）

“特务”偶尔可简称为“特”，像“军警宪特”和“锄奸反特”中的“特”即代表特务，例不赘举。但是“国民党特务”缩略为“国特”，却是该时期的一个特色称谓。

加之安阳又是国民党反动派向我平汉解放区进攻的前锋，**国特**又专门组织了六七百人的特务武装与本村地主统治集团勾结着，到处以黑枪打击农民翻身积极分子，对农民实行了血腥的武装统治。（《安阳新区群运是怎样开展起来的？》，《人民日报》1946 年 6 月 4 日）

在我紧张进行自卫战争大部民兵出发前线之际，鄄城、齐河两地**国特**在我后方大肆活动，破坏战勤工作。……齐河国民党派出大批特务进入我区。五日我往边沿区动员民众时，**国特**即在萧屯一带赶来放枪扰乱，影响我动员工作之进行。（《警惕！警惕！严防国特扰乱后方》，《人民日报》1946 年 9 月 3 日）

上月二十一日，邯郸市民两千余人集会公共体育场，公审**国特**韩景明等人。韩特现年卅一岁，大名人，为国民党特务机关豢养有年。今年七月，被石家庄国特机关委为“铁血救国团”××分团长后，曾先后潜入我邯郸等地建立“铁血”组织。（《官庄破获蒋特组织翻身运动很快展开 邯市枪决蒋特韩景明》，《人民日报》1946 年 12 月 3 日）

在阜平反对了领导上的右倾后，很快就看到冀西的左倾急性病，干部在乡村中的无限权力，强迫群众到会，付表决、呼口号，在斗争地主及所谓**国特**时，强迫群众打人杀人，并用强迫方法做到形式上的百分之九十向上级作报告。（《刘少奇关于

土地会议各地汇报情形及今后意见的报告》[1947 年 8 月 4 日],中央档案馆编《解放战争时期土地改革文件选编》)

丙、除根据东北局八月八日决定中所允许没收的工商业,及伪满大汉奸、大特务、大把头、大恶霸之配给店,及一九四六年七月以后为逃避斗争而搞点小买卖的化形地主,及反革命**国特**的伪装商店,应坚决没收外,其他过去有错误与缺点,而现在服从政府法令,安分守己的工商业者,除使其政治上坦白外,不能没收其工商业财产。(《合江省委关于彻底平分土地保护工商业的指示(草案)》[1948 年 1 月 12 日],中央档案馆编《解放战争时期土地改革文件选编》)

"国特"这一简称怪怪的,颇有些生造词的味道,如果不结合当时具体的语用环境,还真不知道是什么意思。而今时过境迁,"国特"一称已经退出了语言应用,但我们却正好可以透过它来审视那段历史。

(四)"蒋匪特务""蒋帮特务"及其简称"蒋特"

解放战争时期,共产党方面詈称蒋介石国民党一方为"蒋匪""蒋帮",因而称国民党特务为"蒋匪特务""蒋帮特务",简称"蒋特"。

六日上午,师院被一群没有灵魂的**蒋匪特务**学生冲入殴打,打伤学生八人,其中一位女同学受伤甚重。同日上午,清华又有六位同学被**蒋匪特务**架走,至晚仍有四人未获释放。(《争自由的运动在北平》,《人民日报》1947 年 12 月 16 日)

石家庄民主市政府顷布告保护与发展该市民族工商业。布告略称:(一)保护工商业者合法之财产和营业,任何人不得侵犯。所谓"平分"工厂商店之流言,完全是无知谬论及**蒋匪特务**故意破坏我工商业之阴谋。(《石家庄民主市政府保护民族工商业》,《人民日报》1948 年 1 月 19 日)

濮县沿河群众自动发起组织潴龙河抗蒋大队,参加者大部均为具有敌后斗争丰富经验的战斗英雄与战斗模范,在该大队有力镇压下,该地**蒋特**已消声匿迹,老百姓都说有了抗蒋大队,什么都不怕了。(《濮县人民抗蒋大队镇压蒋特卓著功效》,《人民日报》1946 年 10 月 31 日)

中国劳动协会主席朱学范氏,于廿五日在香港被刺重伤,这就是杨杏佛、史量才、李公朴、闻一多以后又一次最卑鄙无耻的**蒋帮特务**杀人血案。(《慰问朱学范先生》,《解放日报》1946 年 11 月 29 日时评)

三月二日,董必武同志再度向宣铁吾提出严重抗议,始商定撤退办法。当晚董氏乘车赴京,距二月二十八日晚业已失去自由四十八小时;讵料董氏翌日晨抵南京下关时,竟遭**蒋帮特务**以手枪抵住胸膛,囚禁一小时。国民党蒋介石以此种暴行加于中共代表身上,可谓已完全失去人性。董氏向宣铁吾抗议后,沪办事处中共人员

仍未恢复自由,出入会客仍遭**蒋特**监视。(《上海我方人员备受蒋特迫害》,《人民日报》1947年3月10日)

在北平:华北学院已参加罢课,该院学生四人在罢课中被**蒋特**殴伤,已送入医院治疗。……南开大学于七日起延长罢课期限三日,抗议**蒋特**殴伤该校女生朱祖英(译音)暴行。(《平津学生罢课扩大　在街上贴标语反对蒋匪迫害》,《人民日报》1948年4月11日)

上述事实说明我解放区社会治安制度存在着严重弱点,给**蒋特**破坏活动以可乘之隙,在两区交界工作薄弱地带,**蒋特**更易冒充我方人员,大胆活动,应引起高度警惕。(《华北人民政府再次训令所属军政经济派出机关快向当地政府登记》,《人民日报》1949年1月17日)

这里的"蒋特"和上面的"国特"是同义词,都是解放战争时期的特色称谓。可是离开特定历史背景和具体语境,人们一下难以确知其深层语义,今天将其发掘出来,社会历史意义不言而喻。

二、"特务"的其他各类区别性称谓

如前所述,"特务"一称的涵盖性还是比较广的,如果从不同的角度加以区分和限定,还可以形成各种区别性称谓。

(一)由外部联系区分的"蒋美特务""蒋日特务""蒋鲜特务"等

解放战争时期国民党的特务与许多国家的特工相互联系,使得一些特务具有了双重或双料性质。与美国合作和发生关系的称"蒋美特务"(又称"美蒋特务"),与日本发生关系的称"蒋日特务",日寇投降后蒋伪合流,曾与原敌伪政权发生关系的称"蒋伪特务",与南朝鲜(现大韩民国)发生关系的称"蒋鲜特务"。这一类的特务称谓,充分表明了各国特务相互勾结、身份共兼的错综复杂情形,正显示了当时特殊的时代特色和国共两方斗争的艰巨性和复杂性。

同年5月1日中美所正式成立,由戴笠兼任主任,梅乐斯任副主任。以后陆续成立雄村、南岳等中美训练班,为军统局训练和装备特务武装部队及刑事警察,直到1946年1月间才结束。这是**美蒋特务**勾结的概况。(郭旭《美蒋特务合流及戴笠和杜诺迈、赫尔利、柯克等的勾结》,陈楚君、俞兴茂编《特工秘闻》)

条件是困难的。但我们确信,只要一致努力,**美蒋特务**的重围,是可以突破的。让我们用坚决的行动,实现党的决定。(罗广斌、杨益言《红岩》第二十九章)

崔步云等联名发表通电　痛斥**蒋美特务**殃民殃教　要求严厉制裁尚建勋等(《人民日报》1948年5月9日第2版标题)

同时，**蒋美特务**组织已制造了反革命阴谋计划，准备在已解放地区继续制造土匪，并派遣特务匪徒钻入人民民主阵营内部，从事各种各样的破坏活动。《完成胜利，巩固胜利 迎接一九五零年元旦》，《人民日报》1950 年 1 月 1 日新华社社论）

博爱刘喜良队一个月作战十三次，毙伤敌伪十二名，活捉特务十三名。修武连志中队深入敌后关村据点，捕捉**蒋伪特务**。（《数十民兵武工队楔入道清路南北 太行四分武制好大批石雷工具 发动广泛爆炸运动》，《人民日报》1946 年 12 月 5 日）

汤阴市民积极协助民主政府，肃清蒋伪残余势力。他们在不藏**蒋伪特务**恶霸，不藏蒋伪武器，不藏蒋伪物资的"三不运动"中，三天内检举并自动捕捉隐藏的**蒋伪特务**和散兵六百三十六人。（《汤阴市民协助政府三天检举蒋特六百》，《人民日报》1947 年 5 月 25 日）

此外，还破获了一些单线派遣的干探，缴获敌特正在使用的秘密电台 45 个，逮捕了各种特务分子，如军统、中统、谍报队、情报员、铁血青年团等暗杀团体，**蒋日特务**、**蒋伪特务**、**蒋美特务**、**蒋鲜特务**（南鲜），共 3029 人，给予国民党在解放区进行特务、情报、破坏活动以严重打击。（朱建华《东北解放战争史》第二章第三节二）

（二）由内部组织体系区分的"中统特务""军统特务"及其简称

国民党特务内部也是分体系的。说到这一点，人们马上会想到"中统""军统"两个称谓——这是国民党特务系统中的嫡系和王牌。

"中统"的全称为"中国国民党中央执行委员会调查统计局"，是国民党 CC 系陈果夫、陈立夫控制的全国性特务组织。它是 1938 年 8 月在国民党中央组织部调查科基础上成立的，由国民党中央党部秘书长兼任局长，但实际负责工作的则是副局长。担任副局长的有徐恩曾、叶秀峰。1947 年 4 月中统局改为党员通讯局，1949 年 3 月改称内政部调查局。

"军统"的全称为"国民政府军事委员会调查统计局"，1938 年 8 月成立。其前身是军事委员会密查组（1927 年）、复兴社特务处（1932 年）、军事委员会调查统计局第二处（1937 年）。军统局设正副局长，局长为兼职，实际负责的是副局长，人们熟知的特务头子戴笠，就是军统局副局长。1946 年戴笠飞机失事死后，军统局进行改组，其公开特务武装部分与军委会军令部二厅合并为国防部第二厅，由郑介民任厅长；秘密核心部分组成国防部保密局，毛人凤为局长。1949 年，军统主要机构撤至台湾。

两者虽同为特务机关，但其任务有所侧重，"军统"主要偏重于军、宪、警部门以及对外的情报安全工作，同时监视民盟、民革成员及其他爱国民主人士，监督控制国民党左派人员、爱国将领位居其次；而"中统"主要职责是控制各地党部和组织，对国民党内部异己人员、各民主党派审查监督，凡反蒋的国民党内外派别、人士均列为打击对象，防止所谓的被"赤化"。打击共产党则是它们的共同目标。抗战期间，要说中统、军统在对付日寇和汉奸方面还起到了一些正面作用的话，解放战争期间，它们的目的除了对国民党的内部监控外，就只剩下对付共产党和各种反对力量了。

中统、军统两系的特务，如果确指身份，就叫“中统特务”和“军统特务”：

民军于本年三月八日在麻章附近，曾击毙进犯之蒋匪遂溪县长、**军统特务**戴朝恩，自此声威大震，到处出击。(《西南人民武装起义如火燎原 民军到处进攻蒋匪》，《人民日报》1947年10月24日)

过去**军统特务**和**中统特务**，乱抓孙科和翁文灏左右的人，都碰过钉子，受到过蒋介石的处分，徐远举知道这些事，自然不能不慎重。(徐彬《红岩纪实》第二章)

十月一、二两日，**中统特务**史怡安和督察处长张某，接踵来第六十军军部探察情况。处处均须谨慎敷衍，细心提防，不能叫他们看出任何破绽。(曾泽生《长春起义纪实》，《辽沈战役亲历记(原国民党将领的回忆)》第五章)

“中统特务”和“军统特务”可以简称“中统”和“军统”：

傅作义对女儿突然出现在身边，十分惊奇：“你是**军统**还是共产党?”傅作义开门见山地问。“共产党。”傅冬菊毫不含糊地回答。“你是毛泽东派来的还是聂荣臻派来的?”(中共河北省委党史研究室编《中共中央移驻西柏坡前后》第十三章)

根据徐鹏飞掌握的情报，学生请愿原定日期是明天下午。事前他已作过布置：出动全市军警宪特沿途戒备，封锁游行请愿的道路，并防备工人和学生的队伍合流；同时，通过各学校当局和**军统**、**中统**、青年军和三青团分子破坏学运。(罗广斌、杨益言《红岩》第一章)

“凭什么诬蔑好人?”人丛中又有人大声质问：“你有什么证据?”“不是**军统**就是**中统**！谁不知道那个魏吉伯！”有人大声驳斥。“不准喧哗！”房间里又冒出了训导长冰冷的声音。(罗广斌、杨益言《红岩》第一章)

“中统”和“军统”既是国民党两大特务组织的简称，又可作为中统和军统两系特务的缩略代称，两种意义用法，可凭具体语境加以辨别，于此不赘。

需要说明的是，从组织或体系上区分的特务，除“中统”和“军统”外，还常看到“复兴社”“蓝衣社”“CC派(分子)”等称谓，均与特务有关。一是这些称谓大多出现在解放战争前，二是它们又都是国民党的派系名称，与特务只是交叉关系，所以应该把它们归入国民党派系称谓。

(三)由资格地位等区分的“特务分子”“特务头子”“老牌特务”等

同是特务，又有资历、辈分、职务、地位等差别，从而形成种种区别性称谓。

1.“特务人员”和“特务分子”

与“特务组织”相对，其成员称“特务人员”和“特务分子”。但两种说法在情感色彩上有所区别,“特务人员”具有中性色彩,“特务分子”则含有贬义。

当夜十二时,又有黑衣特务来威逼上海中共发言人陈家康同志立刻交出撤退名单,所有人员均被软禁室内;此时**特务人员**已没收中共人员一切邮件及禁止阅报,中外记者来访俱被严加盘诘,拦阻门外。(《上海我方人员备受蒋特迫害》,《人民日报》1947年3月10日)

军统局规定:特务组织和**特务人员**必须绝对秘密,不准出头露出。因为组织一经公开,身份被人发觉,那么目标显露,进行活动必然受到严重影响,有百害而无一利。军统局对**特务人员**严格要求的第一条是“秘密”,第二条还是“秘密”,悬为严禁。军统局历来在各地方的特务组织以及**特务人员**的确实身份,一般不为外人所知,就是军统下级**特务人员**也不完全明了军统局的组织和**特务人员**彼此之间的正式身份,原因在此。(张严佛《抗战前后军统特务在西北的活动》,陈楚君、俞兴茂编《特工秘闻》)

上月间,重庆**特务分子**及其《劳声报》捏造谣言,谓该会有长短枪五十余支,并将组织“暗杀团”,即为暴力“接办”之先声。(《国民党特务愈益猖狂　渝市劳协横遭迫害　美劳工组织已对蒋表示抗议》,《人民日报》1946年8月26日)

五时半赴主席官邸,报告此行经过,主席愤怒犹未已,大骂霍揆彰是疯子。余曰,闻一多于招待记者会时,侮辱领袖,力斥**特务分子**,刺激过甚,青年人血气方刚,一时控制不住。主席长吁短叹,曰,汝再赴昆明一行。余曰,请示方针。曰,以告顾总司令,此事务期水落石出,不能冤枉人!顾、卢、霍、张今日已赴昆明。(公安部档案馆编著《在蒋介石身边八年——侍从室高级幕僚唐纵日记》二十一,6,[1946年7月27日])

2.“特务骨干”和“特务头子”

特务人员如果在其组织中起较主要的作用则为“特务骨干(分子)”,如果担负领导职务则称“特务头子”,如果强调高级领导职务则称“大特务头子”。如果说“特务骨干”还算中性的话,“特务头子”就明显具有了贬义。

驻忻县城南关之阎伪特工队二十五人,在队长阎仲义率领下,携步枪十五支,炮一门,于十六日举行反内战起义,冲破阎伪封锁,已安抵解放区某地,备受当地群众热诚招待。该队全名为“剿匪第四工作队”,与其他三个队均系驻忻县之阎伪三九师师长刘鹏翔一手培养之**特务骨干**武装,全队共约四十人,此次除老弱外,全部参加义举。(《忻县阎伪特工队廿五人举义来归》,《人民日报》1947年7月29日)

1946年6、7月间,**特务头子**、国民党云南省警备司令霍揆彰积极执行蒋介石对李公朴、闻一多等进行所谓“秘密制裁”的阴谋,指使稽查处处长王子明召集**特务**

骨干分子赵凤祥（特务组长）、崔镇三（组长）、蔡云旗（国民党昆明市城防司令部谍报组组长）等开会，秘密布置刺杀李公朴、闻一多。（《杀害李公朴的主凶赵凤祥伏法》，《人民日报》1959年3月26日）

我军随即向纵深发展。经逐街逐屋的激烈巷战，守敌大部就歼，仅剩下蒋匪绥区司令部和一个多团坚守钟鼓楼两个据点，作垂死挣扎。十至十八时，我将残匪全部歼灭，活捉著名蒋匪**特务头子**康泽，襄阳名城乃告全部解放。（《解放襄阳经过》，《人民日报》1948年7月26日）

甚至**特务头子**戴笠亲手训练的武装"交通大队"王一藩部亦整队退出内战，站到人民方面来。国民党军官兵这一怠战罢战运动，是全国反内战反独裁反卖国的怒潮的一种具体表现。（《国民党军官兵，起来罢战怠战！》，《人民日报》1946年9月7日）

1949年8月，蒋介石乘"中美号"专机由台湾飞抵重庆，陪同他的是**大特务头子**、保密局局长毛人凤。（徐彬《红岩纪实》第八章）

3."大特务""小特务"和"老牌特务"的划分

这几个称谓是根据级别和资历区分的。"大特务"级别和职位较高，与"特务头子"相类，"小特务"则是一般成员。但"大特务"和"小特务"只是相对而言，与更大的特务相比，"大特务"也成了"小特务"。

（一）我们认为该草案内容一般是正确的，惟第三大项内之第丙项所称："根据东北局八月八日决定中所允许没收的工商业"不知其详细内容如何，此点请东北局摘要告知，如系指真正的伪满大汉奸、**大特务**、大恶霸的工商业，那没收是应当的，但也要防止在执行时的扩大化，即任意加人以大汉奸、大恶霸、**大特务**等名义而轻易加以没收。（《中共中央对合江省委关于彻底平分土地保护工商业的指示（草案）的批示》[1948年1月31日]，《解放战争时期土地改革文件选编》）

老杨熬受着毒刑，保障了开县上百个地下党同志的安全。第二天晚上，在一阵毒刑拷打之后，老杨仍不开口。姓左的特务头子大叫："带出去枪毙！"几个**小特务**推着老杨出去。（杨德佑、杜之祥《杨虞裳烈士传略》下，《杨虞裳纪念馆文选》）

猫头鹰和一些**小特务**也来看对联，更是看得莫名其妙。他们被难友们的兴奋、喜悦、冲动弄呆了。（徐彬《红岩纪实》第七章）

"老牌特务"则强调两个条件，一是位高权重，二是从事特务工作资格老，时间长，危害大。这个称谓一般用于背称，含有强烈的贬义色彩。

在云中燕的面前，牟玉佛外表虽然显得轻松，但心里多少有点紧张。根据他多年来的经验，云中燕恬淡优雅的外貌掩饰不住她的深沉老练，确实是狡狯的**老牌特务**；凡事要倍加小心，才不致让她看出破绽。（鄢国培《沧海浮云》下第十七章）

李青林首先了解到黄茂才的一些情况，得知他家住在农村，出身贫苦，刚从成都绥靖公署调来不久，不是**老牌特务**。李青林和江竹筠、胡其芬几个人商量了一下，认为他有被争取过来的可能性，就让大家经常找机会接近他。（徐彬《红岩纪实》第六章）

（四）由存在形式或活动方式区分的“秘密特务”“武装特务”“潜伏特务”等

特务的身份不同，任务不同，活动方式也不同，有隐蔽的，有公开的，有军事武装的等，从而形成一批区别性称谓。

1.“秘密特务”“公开特务”和“武装特务”

据曾任国民党军统局西北特区少将区长的程一鸣回忆，军统特务有“秘密特务”“公开特务”和“武装特务”三种类型。“秘密特务”身份是隐蔽的，“公开特务”是以警察名义和其他公开名义为掩护的，“武装特务”是特种军队性质的。

上海市学联在地下活动时，曾遭受国民党反动政府的特种刑庭、飞行堡垒和**秘密特务**等种种方式的摧残镇压，但同学们并没被压倒。（《沪学联临时代表会讨论解放后新任务》，《人民日报》1949年6月9日）

此间中外人士纷起反对“警员警管区制”。政协代表黄炎培氏认为这种违反民主的法西斯制度，即使翻破了所有法律书，也找不出根据来。德日意法西斯也不曾有如此狂妄的**公开特务**。（《上海中外人士痛斥“警管”特务统治 较德日意法西斯尤为狂妄》，《人民日报》1946年5月26日）

军事技术队，即**武装特务**，有四五百人，大部是从三战区调来的上级军官和招来的退伍军人，训练内容是教授使用新式武器，如孟姆式手提机枪、火箭炮、烈性白色炸药（此药威力颇大，去年八月为阻止新四军入杭州，曾用此药炸毁钱塘江大桥）、突击战术、新式通讯器材。（《东南中美第七特训班的内幕》，《人民日报》1946年6月13日）

渣滓洞监狱配有一个连的**武装特务**看守。1947年4月，渣滓洞监狱曾一度关闭，同年10月重新关人。（徐彬《红岩纪实》第二章）

因为时代不同，军统特务系统的特务种类、称谓也各异。军统特务系统的特务种类如下：一、**秘密特务**。二、**武装特务**。三、**公开特务**。**秘密特务**：分为内勤和外勤，内勤领导外勤去搜集情报，执行案件的行动，建立交通联络和秘密电台。军统特务系统一般的惯例，是秘密特务组织指导公开特务组织。**秘密特务**有搜集情报的，计有：直属情报员、直属通讯员、情报员、义务情报员、运用情报员。搞行动破坏的计有：行动员、运用行动员。搞交通联络和电讯的计有：联络员、报务员、电讯监察员、电讯侦测员、密电码破译员。**武装特务**：在抗日战争时期称为：忠义救国军、别动军。国民党逃往台湾，保密局和情报局把**武装特务**改为：反共救国军。以上**武装特务**，是由美国给予训练、装备和金钱支持。**公开特务**：是以警察名义和其他公开名义为掩护，如警察局，交通警察总局，各警备总司令部稽查处，各绥靖公署第二处，各驻外使馆武官，三军的联络参谋等等。（程一鸣《军统特务组织的真相》，陈楚君、俞兴茂编《特工秘闻》）

“公开特务”也指从衣着上容易辨认出来的，与后面提到的“便衣特务”相对而言。

中共代表团驻在南京办事处梅园新村，四周被特务包围，他们在办事处周围设立许多特务点，从高楼房的明窗暗洞里用望远镜、照相机对我们院里了望、拍照。院外地面上，有各种摆摊设点、补锅钉鞋、算命卜卦、说书卖唱、照相绘画、谈情说爱以至乞讨要饭的等等，许多都是由特务伪装的。特别是那些戴着墨镜腰间藏着手枪、插着匕首的**公开特务**，四处乱窜。我们每行动一步，他们都时时尾随，有时费很大劲才把他们甩掉。（刘国安《忆在董老身边的日子》，《人民政协报》2000 年 6 月 6 日）

2.“便衣特务”和“潜伏特务”

这两个称谓表面看来有相似性，但其实不是一回事。“便衣特务”是身着平常服装执行任务的特务；“潜伏特务”在解放战争时期，特指国民党撤离大陆时受命潜藏下来伺机行动的特务。

修武营兵亦捕捉敌**便衣特务**一名。据称：近日焦作李封、宋村等敌据点，派出数十名**便衣特务**，伪装买煤商人返乡或假投降，刺探我方军情。郸县各区武工队亦捕捉了敌**便衣特务**多名。本月十四日顽匪王自全部一**便衣特务**，伪装老百姓到崔家桥村侦探，当场被群众识破，由我四区武工队逮捕。（《豫北军民捕捉蒋匪特务》，《人民日报》1948 年 7 月 3 日）

江姐站定脚跟，慢慢抬起手来，目光冷冷地逼视着不敢回视的叛徒，对准那副肮脏的嘴脸，清脆地赏了他一记耳光。一群**便衣特务**冲进门来，惶惑地张望着。叛徒躲在屋角，一手握枪，一手捧住热辣辣的瘦脸发怔。（罗广斌、杨益言《红岩》第十四章）

这些会门均为国民党匪帮**潜伏特务**、政治土匪或恶霸地主所操纵。国民党匪帮眼见其在河南的统治已经灭亡，遂以残余武装匪特结合反对会门不断举行垂死的武装蠢动，妄图扰乱革命秩序，破坏新中国的建设事业。（《国民党匪特勾结封建会门阴谋捣乱》，《人民日报》1949 年 8 月 6 日）

长沙和平解放前夕，张严佛还通过刘炳文搞到军统布置在湖南各地的**潜伏特务**名册一份，于长沙解放的次日交给湖南省公安厅副厅长夏印，使政府很快将**潜伏特务**一网打尽。（陈达《长沙和平解放前后的张严佛》，陈楚君、俞兴茂编《特工秘闻》）

第三章　解放区土地改革运动和农村阶级成分划分相关称谓

本章涉及的主要称谓如下：

<table>
<tr><td rowspan="3">第一节</td><td>一</td><td>地主、地主阶级、地主分子</td></tr>
<tr><td>二</td><td>大地主、中地主、小地主、二地主、经营地主、旧式经营地主、新式经营地主、开明地主、开明士绅、反动地主、顽固地主、恶霸地主、奸霸地主、通匪地主、一般地主、守法地主</td></tr>
<tr><td>三</td><td>老财、大肚子、绅粮、大绅粮、粮户、大粮户</td></tr>
<tr><td rowspan="4">第二节</td><td>一</td><td>贫农、赤贫、赤贫农、赤贫户、地降贫、富降贫、中降贫</td></tr>
<tr><td>二</td><td>雇农、雇工、长工、短工、半拉子</td></tr>
<tr><td>三</td><td>中农、下中农、中中农、上中农、旧中农、老中农、新中农、自地中农、佃中农、翻身中农、中等户、小闷头、富裕中农、大肚子中农、献地户、献田户</td></tr>
<tr><td>四</td><td>富农、旧式富农、新式富农、旧富农、新富农、大富农、小富农、佃富、佃富农、生产富农、反动富农、恶霸富农、一般富农</td></tr>
<tr><td rowspan="6">第三节</td><td>一</td><td>土改工作团、土改工作队、土改工作组、土改团、土改队、土改组、翻身队、农民翻身队、农民翻身工作队、翻身大队</td></tr>
<tr><td>二</td><td>贫农团、农民协会、农代会、农会、农协、贫雇农小组、贫农小组、贫农翻身委员会、贫农翻身会</td></tr>
<tr><td>三</td><td>土改积极分子、翻身积极分子</td></tr>
<tr><td>四</td><td>翻身模范、翻身英雄</td></tr>
<tr><td>五</td><td>勇敢分子</td></tr>
<tr><td>六</td><td>窟窿户、翻身户、翻身农民</td></tr>
<tr><td rowspan="3">第四节</td><td>一</td><td>坏根、石头、大树</td></tr>
<tr><td>二</td><td>漏划地主、漏网地主、破产地主、下坡地主、下降地主、化形地主、扫地出门户、逃亡地主、逃亡户</td></tr>
<tr><td>三</td><td>被斗户、斗争户、防空洞、错斗户、被错斗户、错斗中农、被错斗中农、错斗贫农、错划成分户、错划地主、错划户、错划富农、改定成分户、出地户、抽地户、补地户、得地户</td></tr>
</table>

第一节　解放区土改时的"地主"类相关称谓

一、"地主"称谓的界定及其时代色彩

从抗战到解放战争时期，共产党土地政策的改变，就是由减租减息，发展为普通的平分田地消灭封建土地所有制的彻底改革。1946 年 5 月 4 日，中共中央发出了《关于土地问题的指示》(史称"五四指示")，指出解决解放区的土地问题是党目前最基本的历史任务，号召直接从地主手中取得土地，实现"耕者有其田"的土地改革。于是一场轰轰烈烈的土地改革运动在解放区开展起来了。

由于农村大量的土地由地主把持，地主成为土改中首当其冲的对象。"地主"以及与其相关的一批词语，就成为该时期具有时代特色的社会称谓。

(一)"地主"称谓的阶级成分意义及其体现的政策法规性

"地主"一词古来有之，其社会意义、情感色彩等，也随着历史发展而有所变化。解放战争时期，"地主"的阶级色彩、褒贬色彩随着政治环境的变化发生了变异。土改既然是共产党有计划发动的革命运动，"地主"首先就是在政策法规方面予以界定的一个阶级成分称谓。1948 年 2 月 15 日《中共中央关于土地改革中各社会阶级的划分及其待遇的规定(草案)》规定：

> 地主是占有较多、较好的土地，自己不从事农业劳动，以向农民(佃户)出租土地、收取地租作为其全部或主要劳动来源的人们。凡合于上述条件，并连续这种生活满三年者，即成立地主成分。

同时还规定：

> 本人在法律上并不占有大量土地(即没有法律上的大量的土地所有权)，但是以帮助地主收租管家为生，其地位为地主的助手而非仆役者；或以转租大量公地或地主土地给农民，收取大量地租为生者；或以管理公地名义，大量剥削农民为生者；或在乡村中假借政治权利，以贪污、强占等项方法取得生活来源者；所有这些人们，在劳动状况和其他生活状况同于地主的条件下，均以地主论。

可见，按照政策规定，"地主"成分称谓既包含占有土地这一意义上的"地主"，也包含不占有土地的"收租人""管家""管理者""贪污者"等与地主的剥削方式相类、劳动和生活状况相同的人。

(二)"地主"称谓所指的阶级整体和个体成员意义

1."地主"和"地主阶级"

"地主"作为一个阶级，首先是一个集体称谓，即指占有土地，靠剥削农民为生的地

主阶级这个整体，有时则直接与“阶级”一词连用为“地主阶级”。

不但土地、山林、水利平均分配，而且要将**地主**、富农两阶级多余的粮食、耕牛、农具、房屋及其他财富拿出来，适当地分配给农民中缺乏这些东西的人们，地主、富农所得的土地财产不超过也不低于农民所得。（毛泽东《土地会议应该采取彻底平分土地的方针》[1947 年 9 月 6 日]，《毛泽东文集》第四卷）

地主阶级：在历史上长期的占有土地，自己不劳动，或只有附属劳动，主要靠出租土地榨取地租，剥削农民以维持其寄生生活的叫作地主。他们中亦有兼放高利贷、兼营工商业、兼用雇工经营及各种超经济的剥削等，但地租是主要的。（《太行区党委关于农村阶级划分标准与具体划分的规定》，《人民日报》1947 年 1 月 24 日）

王二合说：“荷花要求加入贫农团，你也要求入贫农团。抗日时期是抗日阶级、阶层联合专政呀！只要抗日就行。如今要土改了，要发动贫雇农起来，彻底消灭封建势力，你们有这个决心吗？要消灭**地主阶级**，你们肯吗？”（梁斌《翻身记事》十八）

2.“地主”和“地主分子”

同时，地主又是一个个体称谓，指地主阶级中的个人或成员，有时则直接与“分子”连用为“地主分子”。

新区斗争策略阶段必须分为先斗**地主**后斗富农两个大阶段。在第一个大阶段中，又必须分为几个步骤，从斗大地主、恶霸、反动分子开始。（毛泽东《新解放区土改斗争策略的运用》[1948 年 2 月 17 日]，《毛泽东文集》第五卷）

王二合转过脸去对民兵说：“民兵班同志们！咱贫雇农养兵千日，用兵一时，今天该你们为咱贫雇农显显身手了。”人们一齐高喊：“拥护民兵班，捉拿狗**地主**。”（梁斌《翻身记事》二十六）

领导机关应有足够的自我批评，号召干部改变作风，承认错误，以发动群众中的民主，才能使干部服气，并减少**地主分子**利用的机会。（刘少奇《关于彻底解决土地问题给晋绥同志的一封信》[1947 年 4 月 22 日]，中央档案馆编《解放战争时期土地改革文件选编》）

二、“地主”的内部区别性类型称谓

“地主”可根据不同的标准区分为不同的类型。

（一）根据土地及财产的占有量分为“大、中、小地主”

大、中、小地主划分的标准主要是土地的多少，这决定了其经济和政治上统治力量的大小。按照其占有土地数量和经济、政治统治力量的大小，地主可分为“大地主”“中地主”（中等地主）和“小地主”，中地主和小地主常常合称为“中小地主”。大地主通常有几百至几千亩地，中小地主也占有百亩到几十亩土地不等。总之，地主的土地占有量远远超过人均土地占有量。由于地域的不同，人均土地占有量不同，在划定地主时，土地标准也略有不同。

（五）对于**中小地主**的生活应给以相当照顾，对待**中小地主**的态度应与对待**大地主**、豪绅、恶霸的态度有所区别，应多采取调解仲裁方式解决他们与农民的纠纷。（刘少奇《关于土地问题的指示》[1946 年 5 月 4 日]，《刘少奇选集》上卷）

大、中、小地主的划分。凡在经济上、政治上具有强大的统治力量，不但统治一般农民，并且统治某些**中小地主**，不只统治一村，并且统治数村或更大地区者叫作**大地主**。**中小地主**只是统治范围较小。（《太行区党委关于农村阶级划分标准与具体划分的规定》，《人民日报》1947 年 1 月 24 日）

对地主斗争的方法也应分别地主的**大、中、小**，地主的恶霸与非恶霸。对**大地主**及恶霸斗得严厉些，借以警告其他地主，使其他地主懂得土改是大势所趋，不能抗拒而拿出他的土地、财产，或是用谈判方式使他们将土地、财产交出来。（任弼时《土地改革中的几个问题》三，中央档案馆编《解放战争时期土地改革文件选编》）

地主有大、中、小之别，在政策对待和斗争方式也有所区别。

（二）根据对土地占有和经营方式的不同区分出的“二地主”和“经营地主”

“二地主”是从原地主手中租入大量土地，自己不劳动，又转租于他人靠收取地租为生的一类地主。二含有转租、倒手之意，亦即所谓的二手。二地主一方面受地主剥削，另一方面又剥削缴租者。二地主只有土地使用权，没有所有权。

“二地主”。以转租地主土地与农民，靠剥削租子为生的，以及为地主的“庄头”、“管账”、“管事”，既有实权，且家庭生活主要靠分得地主对农民剥削来的租子过活的叫**“二地主”**。其无实权，亦得不到很多财粮，家庭主要靠家人劳动的，其家庭成分不能叫作**“二地主”**。（《太行区党委关于农村阶级划分标准与具体划分的规定》，《人民日报》1947 年 1 月 24 日）

东门老崔家，是个**二地主**，跟他家有仇，砍挖运动时，他斗老崔家，立了一功。（周立波《暴风骤雨》第二部一）

“经营地主”是土地不转租给别人，自己亲自经营，雇人耕种的地主。

对于**经营地主**的土地，应坚决拥护雇农要求土地的迫切要求，运用反奸、清算等各种方式，使**经营地主**的土地，转入到贫农和无地少地的农民手中。（《中共中央关于深入清算运动解决农民土地问题给冀热辽分局的指示》[1946 年 5 月 17 日]，中央档案馆编《解放战争时期土地改革文件选编》）

经营地主。是地主阶级的一部分，其主要特点是：采用雇佣经营方式，靠剥削雇用劳动来过其寄生的享受的生活。自己又不参加主要劳动，并参加地租剥削和其他封建剥削，具有农村封建性，故划归地主阶级。(《太行区党委关于农村阶级划分标准与具体划分的规定》，《人民日报》1947年1月24日)

刘桂兰常听萧队长说，光斗大地主，小地主和小**经营地主**先不去管它。小老杜家是小**经营地主**，她就没有提材料。(周立波《暴风骤雨》第二部一五)

二地主和经营地主，都不是土地很多的地主，其剥削程度也有所降低，一般民愤不大，在政策方面与那些恶霸地主和大地主也有所区别。

(三)根据地主对待雇工性质的不同区分出的“旧式经营地主”和“新式经营地主”

“旧式经营地主”的雇工条件带有较强的封建奴役性，“新式经营地主”的雇工条件则具有新式的自由劳动性质。

地主之以雇工经营土地为其全部或主要生活来源，而其雇工条件带着严重的封建奴役性质者，叫作**旧式经营地主**。(《中共中央关于土地改革中各社会阶级的划分及其待遇的规定(草案)》[1948年2月15日]第六章第十三节，中央档案馆编《解放战争时期土地改革文件选编》)

地主之以雇工经营土地为其全部或主要生活来源，而其雇工条件属于资本主义的自由劳动性质者，叫作**新式经营地主**。(《中共中央关于土地改革中各社会阶级的划分及其待遇的规定(草案)》[1948年2月15日]第六章第十五节，中央档案馆编《解放战争时期土地改革文件选编》)

旧式经营地主的收入不是地租，而是雇农的正副生产物在扣除雇农的工资、吃粮及雇农在生产中所消费的其他成本(种子、肥料、耕畜饲料、农具及其他设备的修补等)以后的剩余价值。在这一点上，旧式经营地主略带一些资本主义性，比完全依靠剥削的普通地主带有某种进步性。新式经营地主是进一步资本主义化的地主，即是地主兼农业资本家。

(四)从政治思想倾向性上区分的各类地主称谓

从对共产党、土改和人民的政治态度和思想认识来看待地主，可区分为开明、反动和一般三个层次，出现以下三类称谓：

1.“开明地主”和“开明士绅”

地主中的若干个别分子，反对蒋介石反动统治和美帝国主义侵略，赞成土地改革，并以积极行动赞助人民革命事业，例如在蒋介石统治下参加秘密革命活动，在民主政权下担任政府或人民革命团体的工作者，叫作“开明地主”，其中文化和政治方面地位较高者称“开明绅士”或“开明士绅”。这类地主士绅都是土改中应该照顾的对象。

后府街妇联会主任马佩兰，亦说服家中献地八十一亩，留下二十亩自留，并投书新察哈尔报“希望全省**开明地主**士绅共襄义举，使孙中山耕者有其田的主张，得

以在解放区首先实现”。(《继阮慕韩献田后　宣化开明地主纷纷献田》,《人民日报》1946年8月4日)

对于抗日军人及抗日干部的家属之属于豪绅地主成分者,对于在抗日期间无论在解放区和国民党区与我们合作而不反共的**开明绅士**及其他人等,在运动中应谨慎处理,适当照顾。(《中共中央关于土地问题的指示》[1946年5月4日],《中共党史参考资料》第十册)

在地富中,特别在知识分子中,并不是没有**开明士绅**和左翼分子,如安徽有反对国民党桂系的力量,河南有反对国民党汤恩伯的力量,我军刚到时,一般中小地主都没有跑等等。(邓小平《贯彻执行中共中央关于土改与整党工作的指示》[1948年6月6日],《邓小平文选》第一卷)

2.“反动地主”“顽固地主”“恶霸地主”“奸霸地主”和“通匪地主”

这几类地主带有明显的政治色彩,是与人民相对立的阶层,是土改中应该重点斗争和打击的对象。

“反动地主”突出“反动”二字,指那些与人民、与革命事业为敌的地主。

××县于王庄被斗倒的于凤义组织**反动地主**成立红枪会,曾向我民兵武装进攻;经民兵英勇反击,将其全部捕获。(《冀南填补进入高潮　地主反攻均遭粉碎》,《人民日报》1946年11月24日)

行政助理员和曹区长一样强调账目手续。保安助理员则说如若情况一紧,民兵们都上了前线,石得富还要注意**反动地主**破坏的活动。(柳青《铜墙铁壁》第四章)

与“反动地主”相类似,顽固坚持反共反人民立场的地主为“顽固地主”。

某些**顽固地主**,为了逃避与破坏解放区的减租减息政策,他们跑到国民党统治区的城市里面,大叫解放区减租“过火”,甚至自称“难民”,与国民党反动派一起,百般诬蔑解放区。对于**顽固地主**这种宣传和活动,必须予以揭露和驳斥。(《减租减息是一切工作的基础》[1946年3月26日],《中共党史参考资料》第十册)

称霸一方、欺压良善的地主为“恶霸地主”。

小平营农民向“六大户”**恶霸地主**的总清算后,已获彻底翻身;全村亦气象一新。……经两个月的串连酝酿,终于在八月下旬展开连续对“六大户”**恶霸地主**的总清算,将他们贪污、敲诈、非法剥削的罪恶全部揭发出来,为首的张怀德一人应赔偿群众八百二十万元。(《翻身农民欢欣鼓舞　王家对河村开庆祝大会　小平营农户歌唱毛主席》,《人民日报》1946年9月30日)

江苏响水县南沙大白乡**恶霸地主**魏玉庆,组织武装暴乱,杀害共产党干部、民兵多人,抢劫银行与军用物资。中共滨海县委闻讯后,立即组织民兵前往镇压,经过激战，歼灭暴徒100多人，恢复了响水县的正常秩序，保卫了人民政权和民众利益。(《中国人民解放军全国解放战争史》第一卷第四章第二节二)

既是汉奸又是恶霸的地主为“奸霸地主”，“通匪地主”顾名思义是指与土匪相勾结的地主。

运动一开始，由于领导上采取了坚决放手的方针，**奸霸地主**未及准备阴谋，即遭到不可抗拒的群众压力，全县一千三百多奸霸一齐斗倒。(《温县群运声势浩大　千余奸霸一齐斗倒》，《人民日报》1946年11月17日)

全县新恢复区及新收复区共一百四十一个自然村，已经大动过的占一百二十二个村，根据七十九个村的统计，已经斗过**奸霸地主**八百八十三个，占总人口的百分之一，参加运动人数四万余，占全部人口二分之一强，清算出**奸霸地主**土地一万六千余亩。(《平定总结四十天群运》，《人民日报》1947年7月29日)

还有匪首与**通匪地主**等土地。因此，我们在实行旗挂地归农，清算霸占地，没收匪首及**通匪地主**土地时，某些中小地主是同情的，甚至有个别小地主还参加斗争，也有少数富农参加，中农以下的不用说了。(《中央转发冀热辽分局关于热河农民运动情况的报告》[1946年6月19日]，《中共中央文件选集》第十六册)

3.“一般地主”和“守法地主”

“一般地主”是政治态度比较中性，介于开明和反动两者之间，既不进步、也不反动的地主；一般来说他们还能做到遵纪守法，所以又称“守法地主”。这类地主一般也不是斗争对象，而是为了加速战争的胜利去团结和争取的对象。

(二)向他们说明我党中央正在研究和制定土地政策，除敌伪大汉奸的土地及霸占土地及黑地外，对**一般地主**土地不采取没收的办法，拟根据孙中山照价收买的精神，采取适当办法解决之，而且允许地主保留一定数额的土地。对抗战民主运动有功者，给以优待，保留比**一般地主**更多的土地。(《中共中央关于向民盟人士说明我党土地政策给周恩来、董必武的指示》[1946年7月19日]，中央档案馆编《解放战争时期土地改革文件选编》)

翻身组开会时，农民便确定把二十三户地主划为三类来管理，第一类为地主特务。第二类为**一般地主**。第三类为封建富农。(《制止地主破坏活动　北流农民定出办法》，《人民日报》1947年9月8日)

(三)恢复一般**守法地主**及旧富农分子公权的目的，是为了团结多数，发展生产，支援战争，孤立敌人，以加速战争胜利的到来；并不是说我们可以根本放弃或停止对封建残余的一切斗争与警惕，把刚被消灭了封建剥削的地主，旧富农分子与劳动人民不加分别地一样看待；更不是说，无产阶级政党在乡村中依靠贫雇农做为领导土地改革的骨干也不应该，土地改革的成果也可动摇，地主富农思想在党内也可容许其存在或复辟了。（《中央关于地主、旧富农的选举权与被选举权问题的指示》[1948 年 10 月 16 日]，《中共中央文件选集》第十七册）

三、“地主”的通俗变体称谓

“地主”为通用名词，各地百姓俗语还有不少通俗叫法，诸如“老财”“大肚子”“绅粮”等。这些可视为“地主”的变体称谓，颇具民俗及时代色彩。

（一）“老财”和“大肚子”

这两个称谓具有方言色彩，可视为“地主”的地域变体。“地主”是着眼于地，“老财”是由古语词“财主”变来的，着眼于财。因为土地和钱财往往是紧密相连的，虽然命名角度不同，但反映的实质相同。

“从前，给**老财**受了一年苦，都给**老财**拉去，如今，缰绳握在咱手里，不给咱拉给谁拉！”他说着，又挥着鞭子，大车跳动在路上，扯转过去了。（《翻身农民感谢毛主席》，《人民日报》1946 年 10 月 10 日）

区上李政委也常和我谈话，叫提意见诉苦斗恶霸，格（从）斗争**老财**的果实中给了我一身衣裳，盖住肉皮，我就想到翻身有办法。（《翻身女英雄李雪花》，《人民日报》1947 年 3 月 7 日）

只见她忽闪忽闪着两颗亮晶晶的大眼，火一样地扫着全场的妇女老幼，她大声呼叱，果园村的地主、**老财**，个个像是她深仇大恨的对头。（丁玲《在严寒的日子里》第四章）

指导员又向大家提出粮食究竟是哪里来的？土地自己不会长粮食，**老财**吃的粮还不是剥削了穷人劳动的血汗，**老财**剩下的粮食又买地，又雇长工，如此越剥削越富了。（彭德怀《一九四七年冬季整军摘要》[1948 年 8 月 27 日]，《彭德怀军事文选》）

“大肚子”是对有钱人的通称，土改时当然就特指地主了。它形象生动地表现了地主有粮有钱、肚子圆滚的样子，是一个憎称。这种特殊的表意方式能给地主这类人物涂上形象色彩，增强了生动鲜明性。

又如“警告地主”上画着一个八路战士拿着枪，手指着**大肚子**说：“穷人翻身理应当，这个道理那里都能讲，你想割麦倒算帐，摸摸脑袋看怎样？”（《滨海政治攻势介绍（续完）》，《人民日报》1947 年 10 月 16 日）

刘胜站在一张书桌上，大声说道：“老乡们，咱们今天找大家来，开个翻身大会。咱们要翻身，就要大伙起来，打垮**大肚子**，咱们穷人自己掌上印把子，拿上枪杆子才

行。”他还说了许多，最后发问道：“你们赞不赞成斗争你们这里的**大肚子**?”(周立波《暴风骤雨》第一部三)

(二)“绅粮”和“粮户”

与“老财”着眼于财相对，“绅粮”“粮户”则着眼于粮，它们在命名角度上是互补的，充分印证了地主占有土地，拥有钱财和粮食的现实。“绅粮”是一个四川方言词，泛称地主和富人。因为封建政治是富人的政治，有了土地财产也就有了身份地位，反过来，那些体面的士绅，本身也是富人，于是造出了“绅粮”一称。清代就已有“绅粮”称谓，日本学者山田贤的《“绅粮”考》一文指出：“绅粮”是决定地方行政时被招请到州县政府“集议”的人员，可以一起参与执行地方行政公务“公局”的运营。[1] 可见“绅粮”最初的命名理据，也包含了政治的因素在内。可是随着时代的变迁，“绅粮”已大体变成“地主”“富人”的同义词，“大绅粮”即大地主。《汉语大词典》“绅粮”条释为“绅士和粮户”，分明把它解作了两个词的合称，这是欠妥的。

这里我还要向大家坦白地说，我就是一个大地主，拿四川话来说就是“**大绅粮**”。我将无条件无保留的献出我所有的一切土地，分给农民，在没有实行土改以前，当然还要照章缴纳粮税。今天是川康所有“**大绅粮**”应该觉悟的时候了！(《特邀列席起义将领刘文辉的发言》，《人民日报》1950年6月23日)

郑甫林晓得韦毛牛生性吝啬，在石牛场是有名的白吃大王，如今成了财主，仍然依旧，一毛不拔，许多**绅粮**都鄙视他，不愿与他交往。郑甫林轻蔑地瞥了韦毛牛一眼，没搭理他。(鄢国培《沧海浮云》(下)第二十五章二)

“余家场潮得凶呵！街上有钱的**绅粮**躲的躲，跑的跑，县衙门里又不派兵去，唉……”(罗广斌、杨益言《红岩》第十四章)

有些干部下乡后住在**粮户**家里，以致和贫苦农民不能接近……在发动群众开始必须着重基本群众，有些干部住房子找**粮户**，理由是吃饭有办法，无粮户供饭困难，结果是多接近**粮户**，少接近穷人，多听**粮户**的话，少知穷人的痛苦。穷户不愿到**粮户**家里找我们的干部，便去找也因有**粮户**在什么话也不敢说。干部到穷人家访问时，**粮户**跟在后边，因而使穷苦农民不敢接近我们。后来订了一条规则：“干部下乡不吃**粮户**饭，不住**粮户**房，专找穷人家住吃，给他们粮食菜金。”(《松江省宾县工作经验》，《人民日报》1946年7月28日)

大家都说：“过去阪子的名字大多数是以当地个别**大粮户**的姓名而起的，一切有钱有势的人家把阪子当他们自己的，今天讲民主，老百姓翻了身，新划的行政村也要

---

① 参见常建华：《日本八十年代以来的明清地域社会研究述评》，《中国社会经济史研究》1998年第2期。

起个新名字。"(《建设我们繁荣民主的新东北》,《人民日报》1946 年 9 月 16 日)

两人都是大粮户,和韩老六并称元茂屯的三大户,要把本屯的地和他们在江北的地都算计在内,他们三家都有一千垧以上的好地,条通和黄土包子还不算在内。街里的"福来德"烧锅,就是他们三家合股开设的。(周立波《暴风骤雨》第一部二)

"好吧,咱们来说说咱们的事情,"萧队长开口:"大伙凑拢来一点,今儿也不算开会,大伙唠唠嗑,伪满压迫咱们十四年,粮户苦害我们几千年,大伙肚里装满了苦水,吐一吐吧,如今是咱穷伙计们的天下了。"(周立波《暴风骤雨》第一部六)

以上例子显示,"绅粮"和"粮户"是两个词,是"地主"的方言变体称谓。"绅粮"是四川方言词,第一个例子中,刘文辉(四川大军阀,与著名大地主刘文彩是亲兄弟)说得非常明白。后几个"粮户"用例,指地主的语义甚为明了,讲的都是新中国成立前东北土改期间的事,《暴风骤雨》更是大家熟知的小说,其为东北方言无疑。

到土改运动中,各类"地主"称谓身上,已彻底失去了往日的光环,其附带的文化和感情色彩,也因社会的变化而随之改变:由敬重变为鄙薄,由尊贵变为卑贱,土改斗争中农民们动不动就来上个"狗地主"的呵斥。这种情形单凭词典释义是难以寻知的,其衍生的深层意义、体现的感情风尚、展示的语用效果,也非字面所能体现。这些都是当时的政治气候造成的,所以通过这类称谓可以透视出政治、文化、经济等诸多因素。

另外还有土改失误和"左"倾偏差等因素造成的"漏划地主""化形地主"以及"逃亡地主"等,我们将另节叙述。

第二节　"贫农""雇农""中农""富农"等各类农民成分称谓

一、"贫农"称谓的界定和分类

(一)土改中对"贫农"的界定

"贫农"既是一个整体的阶级阶层称谓又是其中成员的成分称谓,它指的是乡村中没有土地或有极少土地的农民或类似阶层。当时的中央文件中对"贫农"做了这样的界定:

贫农是或者没有土地,或者只有很少的土地,有少数农具,但不一定有耕畜,而以租入的或自有而兼租入的或全部自有但是不足的土地从事农业劳动作为其主要生活来源的人们。贫农一般入不敷出,因此要被迫出卖一部分劳动力,或兼营其他艰苦的副业,并要负债。凡符合上述条件,并连续这种生活满一年者,即成立贫农成分。《中共中央关于土地改革中各社会阶级的划分及其待遇的规定(草案)》[1948 年 2 月 15

日]第十章第一节，中央档案馆编《解放战争时期土地改革文件选编》)

文件还规定：

乡村中不属于农民或其他阶层的贫民，其原为农民者，为便利计，认为是**贫农**。(《中共中央关于土地改革中各社会阶级的划分及其待遇的规定(草案)》[1948年2月15日]第十章第二节，中央档案馆编《解放战争时期土地改革文件选编》)

总之，“贫农”是指生活在乡村社会底层的贫民。

(二)“贫农”的相关分类称谓

1.根据贫穷程度区分出的“赤贫农”和“赤贫户”

贫农中的最贫者称为“赤贫农”、“赤贫户”(或简称“赤贫”)，几乎没有土地，没有财产，在死亡线上挣扎。“赤”取其一无所有之意。

(二)**赤贫农**及雇农得到土地最少，这种现象须十分注意，除你们所提的调济[剂]办法外，政府在颁布各种解决土地问题法令时，应特别予以保证。党的农村支部、区乡政府及群众团体，在布置和发动斗争时，首先要在全体农民群众中说通这个问题，给**赤贫农**、雇农的利益以确定的保障，这样才能使他们积极参加斗争，并避免事后群众内部发生纠纷。(《中央关于在土地改革中应注意的几个问题给晋察冀局、冀热辽分局的指示》[1946年6月20日]，《中共中央文件选集》第十六册)

农村**赤贫**消灭，乞丐、偷盗绝迹，雇、贫农大批升为中农、富农，市场欣欣向荣，小工业蓬勃发展。解放区的这种兴旺气象，正是独立、民主、富强的新中国的指标。(《争取春耕前完成土地改革》，《解放日报》1946年12月14日社论)

一个贫苦农民分了土地，要两三年才能完全翻身。分地的头一年真正的**赤贫户**，还要政府帮助，才能进行生产。当然无力向政府担负起一定的财政负担，支援战争。……中农少负担，部分贫农轻微负担(中农、贫农在合理负担中应比对国民党负担时为轻)，**赤贫户**不负担。这样做实际对农民有利。(彭德怀《民运工作中要坚持正确地执行政策》[1948年9月9日]，《彭德怀军事文选》)

2.革命政权建立后的新生贫农“地降贫”“富降贫”和“中降贫”

“地降贫”是革命政权建立前为地主，革命政权建立后降为贫农者；“富降贫”是革命政权建立前为富农，革命政权建立后降为贫农者；“中降贫”是革命政权建立前为中农，革命政权建立后降为贫农者。这几个词今天看来已有些陌生甚至有些“生硬”或“别扭”，但在当时却具有很强的社会性和现实性，在成分划分时体现出较强的政策性。

但仅由现在无地、少地农民组织贫农团，亦不能整党，所以平山贫农团一方面规定过去受过剥削的新中农，即老贫农，也加入贫农团，另一方面，又规定过去地主、富农降为贫农者，称为**地降贫**或**富降贫**，不得加入贫农团。(《刘少奇关于土地

法实施应分三种地区问题给毛泽东的报告》[1948 年 2 月 5 日]，中央档案馆编《解放战争时期土地改革文件选编》）

但我们如吸收了过去翻身的老贫农即现在的一部分新中农加入贫农团（其中旧干部与群众关系不好者不吸收），又拒绝了**地降贫**、**富降贫**（这个名词很好，有大的政治意义）加入贫农团，则这种贫农团的成立，似亦无害处。（《刘少奇关于土地法实施应分三种地区问题给毛泽东的报告》[1948 年 2 月 5 日]，中央档案馆编《解放战争时期土地改革文件选编》）

斗错的中、贫农，一年是否变成分？中央规定，凡**中降贫**或贫升中满一年者便变其成分。（《对沙河划阶级中几个问题的答复》，《人民日报》1948 年 5 月 5 日）

可见"地降贫""富降贫"和"中降贫"称谓带有很大的政治性和政策性。从现有成分上说，他们是贫农，但历史地看，他们不久前由地富演化而来，思想行为上难免仍带有地富的某些印记，所以在政策上予以区别对待，重要的就是不能加入贫农团，即不能参与土改的领导决策。"地降贫""富降贫"和"中降贫"说明了农村阶级的互动性和土改斗争的复杂性。

二、"雇农"的界定和相关分类称谓

（一）土改中对"雇农"的界定

"雇农"是农村中的一个阶层和成分称谓，它指那些全无土地和生产工具，完全或主要靠出卖劳动力为生的人。土改中的中央文件进行了这样的界定：

雇农是无产阶级的一部分。**雇农**完全没有土地、耕畜和农具，或者只有极小的一部分。**雇农**是以向富农、地主或其他乡村人们长期地（长工）或零碎的（短工）出卖劳动力，从事农业雇佣劳动，为其全部或主要生活来源的人们。凡合于上述条件，并连续这种生活满一年者，即成立**雇农**成分。（《中共中央关于土地改革中各社会阶级的划分及其待遇的规定（草案）》[1948 年 2 月 15 日]第十一章第一节，中央档案馆编《解放战争时期土地改革文件选编》）

同时还规定：

乡村中原为农民的贫农，以出卖劳动力为主要生活来源，但农业劳动之占其小部者，为便利计，应认为是**雇农**。（《中共中央关于土地改革中各社会阶级的划分及其待遇的规定（草案）》[1948 年 2 月 15 日]第十一章第一节，中央档案馆编《解放战争时期土地改革文件选编》）

"雇农"亦称"雇工"：

象七区吴彦村工作同志下去以后，在了解该村的二十八个党员里有：十三个贫

农、四个佃农、五个雇工、四个中农。(《济源初步整党中的几个问题》,《人民日报》1949年1月28日)

我家居乡村,家有一顷多地,全家不劳动,雇有二个雇工,出租三十多亩地,依靠剥削生活。(《家庭是地主成分 本人出卖劳力满一年者即算工人》,《人民日报》1949年4月1日)

总之,“雇农”或“雇工”是指生活在乡村社会最底层、只能靠出卖劳动力生活的贫民。“雇农”与“贫农”或“赤贫”有共性,区别在于出卖劳动力的多少。他们都是农村中受压迫最重、最贫穷的社会阶层,因而革命性最强,在土改中的翻身要求最迫切。在新民主主义革命时期,“雇农”由于经济地位和政治态度和“贫农”最相近,故二者经常并举,组成一个合称“贫雇农”,本章其他地方例证很多,于兹不赘。又,土改中“贫雇农小组”是农会的中坚力量,我们于另节论述。

(二)雇农的相关分类称谓“长工”和“短工”

前引中央文件对“雇农”的界定,括号中已经出现了“长工”“短工”的名称,这实际上是从雇用期限上对雇农(雇工)的进一步区分。“长工”是农村中为某一富家从事长期雇用劳动的人;“短工”则是短期或临时受雇的人。

例如二十口之家,全家劳动,只雇一两个长工,大概即只算中农。人口特别多的家庭这样要占些便宜,但亦无大害。(《中央关于修改经营地主与富农界限的规定给东北局的指示》[1948年2月6日],《中共中央文件选集》第十七册)

雇短工、雇长工都同样是雇工。按划阶级的标准,并没有分开短工、长工,计算剥削时应按实际劳动情形、工资情形及剥削收入多少;不能只按几个人算,还要看劳动力大小,工资多少(如农忙时某些以等价交换所雇短工的生产物,不得算作剥削收入)。短工每天出的劳动力要多些,但工资也往往较高,吃的也较好,所以每天的剥削不一定比长工多。要按当地当时实际情形计算,无法作一般的固定的规定。(《对沙河划阶级中几个问题的答复》,《人民日报》1948年5月5日)

张裕民没有注意到他,只听见赵全功在里边说:“你说他是经营地主,对,他不雇长工,可雇短工啊,要论地,除了李子俊就数他多了。”(丁玲《太阳照在桑干河上》十二)

此外各地还有一些其他说法,例如从年龄上区分,未成年的长工,有的地方叫作“半拉子”(相当于童工),十二三岁的可以放猪、放牛,十五六岁的也可以做些重体力活等,但在报酬上也只能拿成年雇工的一半。周立波《暴风骤雨》中就有这种“半拉子”,于此不赘。

三、“中农”的界定和相关分类称谓

（一）土改中对“中农”的界定

一般说来，“中农”是农村中的中间阶层，拥有一定土地，一般不出卖劳动力，基本不剥削他人，经济地位介于贫农和富农之间。因此土改中的“中农”问题也是个政策性很强的问题，党提出的工作方针是“依靠贫雇农、团结中农”。土改时的中央文件对“中农”进行了这样的界定：

> **中农**是占有较富农为少较贫农为多的土地（也有一部或全部土地不是自有而是租入的）、耕畜、家具及其他生产资料，自己从事农业劳动，或兼营其他独立劳动的副业，作为其全部或主要生活来源的人们。**中农**对他人一般不出卖劳动力，或者只抽出多余的劳动力替他人作临时的短工，或者抽出多余的半劳动力替他人作非重要性质的长工，例如学徒、牧童等。凡合于上述条件，并连续这种生活满一年者，即成立**中农**成分。（《中共中央关于土地改革中各社会阶级的划分及其待遇的规定（草案）》[1948 年 2 月 15 日]第九章第一节，中央档案馆编《解放战争时期土地改革文件选编》）

（二）“中农”的相关分类称谓

1. 根据土地及富裕程度划分的“下中农”“中中农”和“上中农”

“中农”的含义还是较宽泛的，从内部系统上又区分为“下中农”“中中农”和“上中农”三个等级。生活相对贫困而接近贫农的为“下中农”；生活富裕而接近富农的为“上中农”；“中中农”介于下中农和上中农之间。

> 9 月 5 日就彻底平分土地的原则等问题向中共中央请示：“缺点就是除一般要削弱富农外，还可能从约占人口百分之五的**上中农**那里抽出或换平一部土地。”（《刘少奇年谱》下卷“1947 年”）

> 在平分土地中，中农的绝大部分是不分进也不分出，只有少数富裕中农可能要拿出一点土地（其浮财则一点也不能动），**下中农**还可分进一些土地，但在实行平分土地时，必须和中农商量取得其同意，如果在动富裕中农的一部分地，而他们自己表示反对时，那就应当向他们让步，不动他们的土地。（任弼时《土地改革中的几个问题》[1948 年 1 月 12 日]，《任弼时选集》）

> 势必要推平富裕中农。富农是中农的第一道防线，是要影响中农的。但对**下中农**没坏影响，因为他得到地及浮财，他不反对动富农，动了富农，反倒稳定了。**中中农**会吓一跳，发生动摇，因为第一道防线没有了。（彭真《在全国土地会议上的报告》[1947 年 9 月]，西柏坡网 http://www.xibaipo.gov.cn/wx/201206/t20120614_

2794048.html)

按："中中农"一般又省作"中农"。所以"中农"这一称谓的所指有广义和狭义之分，广义的指整个中农阶层，狭义的只指其最中间的"中中农"层次。这须由具体语用情景来辨明，例不赘举。

2. 以革命政权建立为界划分的"旧(老)中农"和"新中农"

"旧中农"是指革命政权建立前的中农，又称"老中农"；"新中农"是指革命政权建立后由原来的贫雇农新上升成的中农。在抗日根据地或解放区内，由于建立了人民民主政权，实行了减租减息或土地改革之后，原来的贫雇农在人民政府的扶助下，通过辛勤劳作、努力经营，经济上不断上升为中农。土改时这两类中农在政策上有所区别。

> 蔡家崖，四八户农民中，**老中农**一六户，**新中农**一七户，贫雇农一五户，大体约各占三分之一。**老中农**中，有几户倾向富农，有几户同情**新中农**及贫雇农。**新中农**则大部分同情贫雇农。因为，感觉他们与贫雇农只是翻身时间迟早不同。他们除土地稍多外，其他副业、家具、存物，均赶不上**老中农**，因此，他们同样要求澈底翻身。(李井泉《关于老区贫农中农领导地位问题的报告》[1948年2月10日]，《中共中央文件选集》第十七册)

> 在农会的委员会中，在乡村人民代表大会及政府委员会中，一般地贫雇农**新中农**应合占三分之二，**旧中农**及其他劳动分子应占三分之一。(《老区半老区的土地改革与整党工作》[1948年2月22日]，《周恩来选集》上卷)

3. 从土地所有权划分的"自地中农"和"佃中农"

土地全部或大部属于自有的中农称为"自地中农"；3/4以上土地不是自有而是租入的，这样的中农称为"佃中农"，又称"翻身中农"(或"新中农")。

> 中农一般分成**自地中农**和**翻身中农**(**佃中农**和**新中农**)，或老中农、**翻身中农**、**新中农**。(王启云《解放战争时期的山东土地改革》三)

> 五十八户**佃中农**，二百五十一人，平均每人分得四亩四分。十七户佃富农，二百五十三人，平均每人得四亩。(《合理分配敌伪土地 宾县农民创造新办法》，《人民日报》1946年8月9日)

> "郭主任明儿后晌召集贫雇中农开个团结会，合计解散贫雇农团，恢复农工会，中农和**佃中农**，也能参加。"(周立波《暴风骤雨》第二部一二)

4. 中农的别称或变体称谓

(1)"中等户"和"小闷头"。

中农"比上不足，比下有余"，故而其家庭被称为"中等户"。这一称谓反映了中农在农民中的地位。

而中农呢，随便举一个天主教徒陈成则为例吧。他家有四人，以前种地二十亩，也算是一个**中等户**。(《生活往上升》，《人民日报》1946年11月11日)

张大伯在果园村是出名可靠的放养人，穷人家爱找他，**中等户**也靠他，就是几家财主也都打主意想雇上他单养一群。(丁玲《在严寒的日子里》第五章)

"以地主、富农为主，争取**中等户儿**；威胁穷光蛋们就范，强制成立自卫队、铁叉队，普遍实行守望制度。"(《拂晓的号角》第七章四)

有的地方给中农起了一个通俗别称叫"小闷头"，其取意应为"闷头不语"。该称谓口语色彩鲜明，形象地反映出中农在土改斗争中的观望思想和沉默态度。

"唉，咱们这位主任一上台，屯子就变了样了。他是心向着地主，背冲着穷哥。斗地主他不上劲，罚个百儿八十的，就挡了灾。斗**小闷头**，他就起劲。刘德山是中农，本人出担架去了，家里给踢蹬光了。"(周立波《暴风骤雨》第二部二)

(2)"富裕中农""大肚子中农"和"献田户"。

上中农是中农当中的较富裕者，因而又称"富裕中农"。

如果在动**富裕中农**的一部分土地，而他们自己表示反对时，那就应当向他们让步，不动他们的土地。(任弼时《土地改革中的几个问题》[1948年1月12日]，《任弼时选集》)

中央局"二、一"指示是剥削收入占总收入百分二十五以上是富农，二十五以下是**富裕中农**。如果恰恰是百分之二十五算是富农呢，还是**富裕中农**？…… 原则上剥削收入超过总收入百分之二十五的是富农，如果恰是百分之二十五应算是**富裕中农**。(《关于划阶级问题的答复》，《人民日报》1948年3月19日)

方言中统谓地主、富人为"大肚子"，故富裕中农又有"大肚子中农"之称。

吕家堡的吕克俭，在本族的克字辈里排行为八，人称吕老八，精明强干一世，却被一个上中农成分封住了嘴巴，不能畅畅快快在吕家堡的街巷里说话和做事。上中农，也叫富裕中农，庄稼人卑称"**大肚子中农**"。(陈忠实《四妹子》七)

土改中，个别地方曾一度鼓励中农"献田"(有时甚至是强迫)，献田的农户被称为"献田户"或"献地户"，一般是中农或被认定为老中农或上中农者。

根据全区三十一个村的统计，被斗户共四百二十五户(**献地户**未统计在内)，一千九百七十九口人。(《和顺一区检查一月生产　错斗中农没补偿　地主富农没安置》，《人民日报》1948年5月17日)

第二年搞土改，臭包家划了个上中农成分，虽没挨斗，也成了"**献田户**"，交出了部分土地耕畜。(尧山壁《山村旧影》，《海燕》2005年第4期)

如六分区茌平李胡同，共104户：限定贫农团的条件是：党员未过关不能参加，共30人。非党员干部也不能参加，共7个人。五个闾长有二户不许参加。被斗及**献田户**，不准参加，共24户。在野村干4户，不准参加。中农24户，贫农团组织起来才能串通。（潘复生《在冀鲁豫重点区整党土改工作会议上的总结》[1948年7月10日]，《河南解放区的土地改革》）

到土改纠偏时，中农献田户是应该落实政策的对象。地富属于斗争对象，其土地被拿出平分，不算献田户，当然被错划或自认为地富者另当别论。

四、“富农”的界定和相关分类称谓

（一）“富农”的界定

“富农”是农村中占有较多土地和农具，主要靠剥削贫苦农民为生活来源的农户和个人。正所谓“说起来容易做起来难”，土改中初期在划定“富农”成分时标准把握不当，把政治思想态度等掺杂在内。到1948年初，任弼时代表中央强调了划分标准方面的经济唯一性，即只依据生产资料占有量和剥削程度。

划分阶级成分的标准只有一个，就是依据人们对于生产资料的关系的不同，来确定各种不同的阶级。……占有多量的土地、耕畜、农具，自己参加主要劳动，同时剥削农民的雇佣劳动的，就是**富农**。（任弼时《土地改革中的几个问题》[1948年1月12日]，《任弼时选集》）

（二）“富农”的相关分类称谓

1. 根据对雇工剥削方式或性质不同区分出的“旧式富农”和“新式富农”

“旧式富农”对雇工实行半封建性的剥削，而“新式富农”则主要依靠现代资本主义的方法剥削雇工，即雇工条件具有新式的自由劳动性质。

旧式富农是占有较多较好的土地、耕畜、农具及其它生产资料，自己参加主要农业劳动，但是经常依靠以半封建方法剥削雇工，或其他封建剥削的收入，作为其全部或重要生活来源，而其封建性剥削的收入，超过其纯收入的二分之一，在一般条件下，亦即超过其总收入的四分之一的人们。凡合于上述条件，并连续这种生活三年以上者，即成立**旧式富农**成分。（《中共中央关于土地改革中各社会阶级的划分及其待遇的规定（草案）》[1948年2月15日]第七章第一节，中央档案馆编《解放战争时期土地改革文件选编》）

新式富农是租入或占有较多较好的土地，占有耕畜、农具及其他生产资料，自己参加农业劳动，但经常依靠以资本主义方法剥削雇工，或其他资本主义剥削的收入，作为其生活来源的主要或重要部分的人们。**新式富农**中其土地之全部或四分之三以上不是自有而是租入的，叫佃富农。凡合于上述条件，并连续这种生活三年以上者，即成立**新式富农**成分。（《中共中央关于土地改革中各社会阶级的划分及其待遇的规定（草案）》[1948 年 2 月 15 日]第八章第一节，中央档案馆编《解放战争时期土地改革文件选编》）

中国的**旧式富农**，带着浓厚的封建性，多兼放高利贷或出租一部分土地。他们一方面自己劳动，接近于农民；另方面又有封建的或半封建的剥削，接近于地主。（任弼时《土地改革中的几个问题》[1948 年 1 月 12 日]，《任弼时选集》）

只有在家庭中处于显著的被剥削地位的人，才能认为被剥削者。还有并不是所有劳动起家的富农，都算**新式富农**。**新式富农**是租入或占有较多较好的土地，占有耕畜、农具及其他生产资料，自己参加农业劳动，但经常依靠以资本主义方法剥削雇工，或其他资本主义剥削的收入，作为其生活来源的主要或重要部分的人们。对于**新式富农**的待遇，也不是一律和富裕中农一样。旧中国的**新式富农**，他的超过一般中农平均所有的多余土地可由农会征收分配，但多余财产仍应受保护。对于当地民主政权成立后，因民主政府所实行的各种扶助农民的政策而得到土地及其他正当利益勤俭致富，在土地法大纲颁布前已成为**新式富农**的，才应按富裕中农待遇，其多余土地不得本人同意不应抽出分配，多余财产应予保护。（《对池村划阶级的几点意见》，《人民日报》1948 年 4 月 30 日）

2. 以革命政权建立为界划分的“旧富农”和“新富农”

“旧富农”和“新富农”是从形成时间上区分的（跟区分“旧中农”和“新中农”同理），与前面由剥削方式划分的“旧式富农”和“新式富农”一字之差，却体现了划分角度的不同。“旧富农”是在抗日根据地或解放区的革命政权建立前的富农，“新富农”是指革命政权建立后由原来的中农和贫雇农新上升成的富农。但是随着民主制度的发展，地富雇工剥削方式也发生了变化，无论过去的旧富农还是新产生的富农，在剥削方式上都变成了“新式富农”。所以此时的新富农同时也是新式富农。由于新富农是在民主政府扶持下发展起来的，当时政策曾有保护这种新富农经济的导向，若要打击这种新富农，恐怕会引起中农动摇。所以中共文件规定在平分土地期间，新富农与旧富农区别对待，而按富裕中农待遇。

必须将**新富农**和**旧富农**加以区别。在减租减息时期提出鼓励**新富农**和富裕中农，对于稳定中农、发展解放区农业生产是收了成效的。……平分土地时，对于老解放区的**新富农**，照富裕中农待遇，不得本人同意，不能平分其土地。（毛泽东《关于目前党的政策中的几个重要问题》[1948 年 1 月 18 日]，《毛泽东选集》第四卷）

除了东北及其他平分不久的地区尚有不同外，地主与旧式富农均比过去大为减少，且有已下降为劳动农民或贫农者，但尚有一小部分地主**旧富农**占有较多较好的土地财产。这类地区的工作干部有许多人占有较多较好的土地财产。这类地区，**新富农**已经生长，且有多过旧**富农**者。（周恩来《老区半老区的土地改革与整党工作》[1948年2月22日]，《周恩来选集》上卷）

3.由土地和财产占有量划分的“(大)富农”和“小富农”

“富农”一般不宜再加区分，但有的地方（例如东北）划成分时，为求细化，又根据田产和剥削程度，从“富农”中划出一类“小富农”，两者形成对照，而“大富农”则是一般意义上的富农。

又规定**富农**、**小富农**、富裕中农界限为：全家剥削收入等于雇用半个劳动（能耕种二垧地）到一个劳动（特殊情形下一个半劳动）者，为**小富农**；剥削更大者为**富农**；剥削更小者为富裕中农。（《中央关于修改经营地主与富农界限的规定给东北局的指示》[1948年2月6日]，《中共中央文件选集》第十七册）

富裕中农胡殿文，划成**小富农**，割了尾巴。胡家四匹马，农会征收了两匹。这么一来，谣言又像黑老鸹似地飞遍全屯。（周立波《暴风骤雨》第二部一二）

个别情况下，为了与“小富农”区别，便将富农称为“大富农”。

一种是恶霸富农、**大富农**，也只有出无进；另一种是佃富农，有出有进，牲口分出，土地分进；另一种是**小富农**，虽有出，但并未打击过重。（《东北局关于缩小打击面问题的报告》[1948年2月11日]，中央档案馆编《解放战争时期土地改革文件选编》）

对于某些显著的**大富农**，其土地的数量和质量超过农民的平均数很多，而又长年雇用两个或三个以上的雇工，虽不经过剥削收入的计算，也可以确定为富农。（《关于划分阶级的几个问题与答复》，《人民日报》1949年3月29日）

4.“佃富农”“生产富农”与土改政策问题

“佃富农”，有时简称“佃富”，指其土地之全部或四分之三以上为非自有而是租入的（与“二地主”相类）。他们在经济上受地主的盘剥，在成分上属于新式富农，在政策上应与自有土地者及旧富农区别对待。

佃富农，分出牲口，分进土地，也不至吃亏，**佃富农**占富农中三分之一到二分之一。解决这一办法即为缩小打击面。（《东北局关于缩小打击面问题的报告》[1948年2月11日]，中央档案馆编《解放战争时期土地改革文件选编》）

(2)在群众土地斗争已经深入的地方，由于领导上没有坚定明确和具体的政策，产生侵犯中农利益的现象及个别地方给**佃富**有少分田或分坏田的现象。（《东北局关于深入进行群众土地斗争的指示》[1946年8月29日]，中央档案馆编《解放战争时期土地改革文件选编》）

但由于运动扩大过分迅速，阶级划分不清，没有巩固地团结中农，对**佃富农**与旧富农不加区别……犯了很多“左”倾错误。……对**佃富农**，则偏看其二地主性(转租地主土地)，他们在乡村中政治地位甚高，牲口又多，因此与旧富农大体上同等对待。(陈云《辽东土地改革工作中的教训》[1948年4月]，《陈云文选》第一卷)

“生产富农”是土改“左”倾错误下产生的一个特殊称谓(与“化形地主”同理)，他们自己参加生产，剥削行为很少，本应属于中农，但在划定地富成分扩大化的情况下，却弄出个“生产富农”的名堂。

经过农民代表委员会重新评定的结果，认为一百二十四户中，可将破产及下坡地主十一户，**生产富农**二十户，共三十一户改订为富裕中农或中农。……多数委员说，有些所谓**生产富农**本来是中农，勉强定成富农，他们不当兵了，对咱们不利。又说，剥削少的**生产富农**定成中农，可使中农大胆生产，对生产有好处。(任弼时《土地改革中的几个问题》[1948年1月12日]，《任弼时选集》)

到土改纠偏时，“生产富农”作为错划成分对象，一般被重新改为“中农”(参见“错划富农”)。

5. 从政治思想倾向性上区分的“反动富农”“恶霸富农”和“一般富农”

“反动富农”是在政治思想上与革命斗争相抵触的富农；“恶霸富农”除政治反动外，又强调其具有横行乡里和欺压百姓的行为；“一般富农”是指既不反革命也不进步的中间状态的富农。三类富农应区别对待，对前两者打击要重，对后者则采取启发争取的政策。

对**恶霸富农**，应与对**一般富农**要有区别，对**一般富农**要打击轻，对小富农则更应从宽。(《东北局关于缩小打击面问题的报告》[1948年2月11日]，中央档案馆编《解放战争时期土地改革文件选编》)

辽东地区1947年秋季开始的土地改革，有两千干部下乡，作了深入发动群众的工作。开始阶段，集中打击地主和**恶霸富农**，并采取了“点点前进、求透不求快”的办法，政策和方法都是稳妥的，成绩很大。(肖劲光《回忆和陈云同志在一起战斗的岁月》，《人民日报》1984年3月16日)

反动富农一章第四节(举例)中“有田四百六十担，自耕八十担”的“四”字系“一”字之误，应为“有田一百六十担”。(《重要更正》，《人民日报》1948年6月20日)

对富农的半封建剥削必须消灭，但在方式上不采取“扫地出门”的办法，富农多余的土地和财物也必须拿出来分配，但要使富农处于中立地位，不倒向地主，严惩罪大恶极的**反动富农**。(江苏省地方志编纂委员会编《江苏人民革命斗争纪略》第七章)

通过对“富农”这一大类称谓的透析可见，富农一方面剥削农民，带有明显的剥削性，另一方面又受地主的盘剥，有一定的反抗性。所以他们基本上还没有超越“农民”的范畴。从属性上说，富农中的旧式富农具有剥削阶级的特性，与地主有某些相似性，而革命政权建立后的新富农和新式富农，则是在党的农业政策允许的范围内成长起来的新生力量，土改中享受富裕中农待遇。富农连接了中农（尤指富裕中农）和地主两个阶级，是（富裕）中农、地主两个阶级的临界点。夹缝地位使富农既想平分地主的土地和财产，又害怕自己的利益被瓜分，所以党提出了"联合富农"的土地政策，缩小打击面，以免引起富农的不满和反抗、中农的恐慌，导致地富中联合对抗土地改革。

通过以上对地主、贫雇农、中农、富农的梳理，可以看出，当时农村阶级错综复杂，虽冠以几大成分称谓，但每一成分内部都富有弹性，各成分之间错叠融接，要做到有条理的对应和聚合实属不易。这是土改面临的实际困难。于是，党派大批工作团、土改队来到农村，帮助农民开展土改运动。

第三节 "土改工作队""农会"等与翻身农民等系列称谓

一、党对土改运动的领导："土改工作队""翻身工作队"及相关称谓

（一）"土改工作团、队、组"系列称谓

"土改工作团""土改工作队"和"土改工作组"，是党派往农村领导土地改革的工作人员所组成的集体。各地情况不一，有的地方一个县设立一个"土改工作团"，有的几个县设一个，简称"工作团"或"土改团"（其领导人为"团长"）。土改团下设"土改工作队"，简称"工作队"或"土改队"（其负责人称"队长"，其成员为"队员"）。土改队直接进驻村中，负责一村或几村的土改工作。有的工作队下设"土改工作组"，简称"工作组"或"土改组"。下面是这些称谓的合并举例：

> 你们给一个**工作团**的任务，不应只给一个或几个村，而应给一个或几个县。虽然**工作团**可以亲自从一个或几个村开始工作，发动群众，但他们的任务是发动全县全区的群众来彻底解决土地问题。（《刘少奇关于彻底解决土地问题给晋绥同志的一封信》[1947 年 4 月 22 日]，《中共中央文件选集》第十六册）
>
> 1947 年 5 月，受刘少奇同志（此时他住在河北省阜平县，任中共华北工作委员会书记）指示，晋察冀中央局党校成立**土改工作团**，到山西平定县参加土地改革运动。**土改工作团**团部设在距阳泉县（今为阳泉市）不远的荫营村，杨献珍任团长。杨献珍的儿子杨欣也参加了**土改团**，先住平定县李家庄，领着农民们生产自救挖煤运煤，后住河北曲阳县南家营。（杨世运《一代哲人沉浮录——杨献珍传》第六章）
>
> 太行区党委在党校及直属机关各单位整编结束后，当即组织了五个**土改工作团**，分别到安阳、磁县、涉县、博爱、长治等地，直接进行土改，创造典型经验，推动全

区。该工作团由上述五个直属县的县、区委和行署级各机关干部共一百八十多人组成，都是经过这次在区党委及行署直属队里学习、站队整编了的。（《进行填补整党民主运动　太行土改工作团下乡　由片到区普及全县创造典型推动全区》，《人民日报》1948年3月4日）

豫皖苏雪枫报特发表社论，号召边区境内各级党政军民机关部队全力参加土改，把机关部队编成大大小小的**土改工作队**，**工作组**，干部战士勤杂人员都应毫无例外地参加。（《豫皖苏领导机关开展驻村土改工作》，《人民日报》1948年3月3日）

土改二十团在大浦驻札。一百多个团员分为两批，分别在大浦和大浦以南的沙埔两个区同其他**土改队**伍混合编成**土改队**和**土改组**，分派到两个区和周围的农村。（胡耐秋《难忘的历史回忆》，阳翰笙主编《柳江怒涛——柳城县土改回忆录》）

老孙头看看四周，却不吱声。萧队长猜到他的心事，跟他说道："别怕，车上都是**工作队**同志。"（周立波《暴风骤雨》第一部一）

这首民歌共有6段，其中第一段是："龙赛湖的水哟，弯又弯呀，龙赛湖穷人泪不干，拿镰子饱来放镰子饿罗，卖儿卖女还要交租课。"因为这首民歌能配合宣传土地改革，群众也很喜欢唱，所以**土改队**把它到处推广。当时这首歌主要流传于陈河、扑林、毛河、前伐、太庙、义和、杨岭等地。（李月生《民歌拾贝》，《应城文史》第25辑）

如果你们那里的**工作团**或**工作组**，还有这样做的，应立即停止，并将他们调回训练好后再回去按照具体情况重新做起，此事希很好注意。（毛泽东《复李井泉同志的信》[1948年2月7日]，《中共党史教学参考资料》解放战争时期下）

（二）"土改工作队"的俗称："翻身队""农民翻身队""农民翻身工作队"

土地是农民的命根子，土地改革意味着贫苦农民的彻底翻身，所以"土改运动"只是官方的正式称说，而在各解放区则通俗地叫作"翻身运动"，具体一点叫"群众翻身运动"或"农民翻身运动"。从另一方面讲，"翻身运动"也比"土改运动"概括性更广，因为群众翻身和对地主财产的剥夺，除了核心的土地外，还包括房屋、宅基、车辆、牲口、钱财等等。所以解放战争时期，在现实生活中和报纸上，"翻身运动"比"土改运动"使用率要高得多。同理，"土改工作队"在各解放区也大都叫作"翻身队"或"农民翻身队"，全称"农民翻身工作队"，规模较大的叫"翻身大队"，都是上级党政军部门抽调干部组成，派往农村领导土改和翻身运动的集体。

在武陟沁河两岸工作的太行军区行署**翻身队**全体干部三十四人，已于上月二十四日胜利归来，二十七日假军区政治部进行总结。他们协同县区干部发动了四十三个村的群众，变动了农村全部土地百分之十一，使百分之三十的农民获得土地九千二百二十三亩，连过去赎地倒产，已初步实现"耕者有其田"。（《太行

军区行署翻身队　帮助四万群众翻身　现已胜利归来正总结工作》,《人民日报》1946年11月9日)

新春以来,部队收复广大失地,为使收复区群众迅速翻身,组织了大批**翻身队**。跟刘伯承将军多年的警卫员,也参加了**翻身队**工作。当警卫员康礼同志向刘将军告别时,刘将军即抽出时间与康礼同志作三十分钟的谈话,鼓励康礼同志为人民服务,并谆谆指示其工作方法等。当康礼同志回到**翻身队**,把这件事告诉大家时,**翻身队**全体同志感到非常荣幸,大家一致都表示决心:如工作做不好,就对不起我们的刘司令员。(《刘司令员关心人民翻身》,《人民日报》1947年3月日)

为了彻底执行大胆放手发动群众的方针,把广大群众迅速发动起来,中央局、军区、边区共同组成的**农民翻身队**,经过半月的紧张学习,现以高度的热忱,前往邯郸附近新解放区,帮助人民进行翻身的事业了。这对推动全边区大胆放手充分发动广大群众的运动,是一件有重大意义的事。我们在此,向所有**翻身队**的同志们,特致崇高的敬意,并预祝全边区几千年来被封建势力压榨与八年来受尽敌伪摧残的广大人民翻身事业的胜利!(《欢送农民翻身队下乡》,《人民日报》1946年6月20日短论)

晋冀鲁豫中央局**农民翻身队**已于昨日出发,分赴冀南三分区参加与领导农民的翻身运动。……特从党政军民各机关抽调得力干部两百多人,组织**翻身队**。(《推动全边区群运走向新阶段　农民翻身队昨日下乡》,《人民日报》1946年6月20日)

沁县解放后的第三天,即从区县各系统干部中,调一百四十余人,组成**农民翻身工作队**,集中力量发动群众。(《沁县新区四个月中　集中使用力量采用联合斗争　五万农民获得土地》,《人民日报》1946年12月29日)

七月下旬,农民**翻身队**即开始纷纷下乡,区党委抽出党校干部二百余人,一、四、五分区抽调干部五百余人,分赴边陲。三分区组织一千余人的**翻身大队**分赴各县,各县亦组织二三十人到百数十人的**翻身队**分赴各村(《冀南八月群运回顾》,《人民日报》1946年9月11日)

一百五十人的**翻身大队**于七月到达运东恩、夏边界的沙区后,开始时因为不肯放手,束缚了群众的手足,而一些恶霸地主恫吓群众,并收买一些坏人混到群众里,进行破坏。(《翻身队放手发动群众　沙区群众斗争胜利》,《人民日报》1946年9月3日)

随着翻身运动的进展,尤其到复查阶段,又出现了抽调农民积极分子组织起来的“翻身队”,或在本区,或赴外区开展斗争和复查工作。

我七分区新区在发动群众实行土地改革中,大量使用积极分子,并获得新经验。某县纸场区三个组(十数村称一组)抽调了三百多积极分子成立**翻身队**,开展

轰轰烈烈的分浮财及组织群众的大运动。(《东平新区姜庄收麦不误复查》,《人民日报》1947年6月12日)

贫农提出选举自己的领导组织,要村中最好的贫农来参加领导,成立男女**贫农翻身队**,根据村的大小,每村从三人至九人,并推出队长。会后各区隆重选举**农民翻身队**,经二十天的工作,各小组作了初步总结,**翻身队**在工作中起了如下的四大保证作用:(一)**农民翻身队**参加领导后,复查运动空前活跃,土改彻底,只三天内六个村即查出大批财物……。(《濮阳四区　树立贫雇骨干　复查迅速深入》,《人民日报》1947年7月17日)

该地农民经过分财分田均田斗争,农会更加壮大,发挥了二十年来的革命传统,到处举行热火朝天的翻身庆祝大会,并有自动组织了二三百人的**翻身工作队**,帮助外区农民翻身的。(《"只有大平分,才能大翻身!"　鄂东农民分财均田　地主不断反攻破坏都被击破》,《人民日报》1947年12月29日)

二、"贫农团""农会"和"贫雇农小组"等与土改中农村的组织建设

土改工作队或翻身工作队进驻乡村后,首先把革命积极性最高的贫雇农组织起来,成立"贫农团"。然后以贫雇农为主体,团结全体农民,进一步建立更具代表性的农民群众组织——"农民协会",大一些的村庄则成立"农代会"(农民代表大会),简称"农会"和"农协"。农会成立后,一般原贫农团即自行撤销,而在农会内部另设立"贫雇农小组"或"贫农小组",有的也叫"贫农翻身委员会",这是农会的中坚力量。"农会"是在工作队指导下领导土改的农村基层组织(顶替了原来的"保长"制度),诸如划定成分,分配土地财产等具体土改工作,都由农会讨论进行,贫雇农小组又具有决定作用。因而这类看似普通的农民组织,却与土改工作的展开密切相关,从而也成为那一时期的标志性称谓。下面是这些称谓的合并举例:

日本投降以前的老解放区。……在这种老区,不是照土地法再来分配一次土地,也不是人为地、勉强地组织**贫农团**去领导**农会**,而是在**农会**中组织**贫农小组**。……大反攻后新解放的地区。……应当组织**贫农团**,作为领导骨干,还可组织以贫农为主体的**农会**(可称为**农民协会**)。(毛泽东《在不同地区实施土地法的不同策略》[1948年2月3日],《毛泽东选集》第四卷)

有**贫农团**者,扩大成为**农协**;无**贫农团**者,不再组织**贫农团**;有**贫农团**、**农协**两种组织者,合并为**农协**一种组织。**农协**是乡村最主要的群众组织,必须大量地吸收农民自愿入会,扩大组织基础,防止为少数人垄断自私使之变成一个狭隘宗派团体

的现象。(邓小平《贯彻执行中共中央关于土改与整党工作的指示》[1948年6月6日],《邓小平文选》第一卷)

贫农团无疑是农民群众中坚决实行土地改革彻底消灭封建制度的骨干组织。但是在第一类地区平分已经实现、中农已占多数的情况下,如果也要人为地组织**贫农团**去领导一切,势必脱离多数,孤立自己。因此在这类地区,应就原有的**农会**加以扩充,并改选**农会**的委员会,使其能领导各项工作。原来无**农会**者,应成立**农会**。在**农会**中,成立**贫雇农小组**。如果**贫农团**已经组织起来,则不应马上宣布取消,而应使**贫农团**逐渐改为农会中的**贫雇农小组**。在第二类地区,因为平分尚不彻底,**贫农团**人占多数,**贫农团**的独立领导作用尚未失去,因此应该组织**贫农团**,并使其在农民中起领导作用,但在组织时,应吸收新中农参加。在**贫农团**成立一个短时期(例如一二个月)以后,即应就原有**农会**加以扩充,改选**农会**的委员会,使其能领导各项工作。原来无**农会**者,即应成立**农会**,在土地调剂工作完成以后,**贫农团**即可改为**贫雇农小组**。如果在过去土地改革中业已成立有贫雇农及新中农领导的健全的**农会**,或者有顺利条件保证改选**农会**的委员会使贫雇农及新中农占三分之二、实施土改工作的健全领导的地方,亦可不组织**贫农团**,而只于**农会**中组织**贫雇农小组**。(周恩来《老区半老区的土地改革与整党工作》七[1948年2月22日],《周恩来选集》上卷)

组织以贫雇农为骨干的、团结全体中农及一切劳动分子的、不包括地主富农在内的**农民协会**,为平分土地的合法机关。**农民协会**的领导机关,应保证有二分之一到三分之二的贫农雇农和不少于三分之一的中农参加。在适当时机,应建立村区县的临时的人民代表会议,以补**农会**之不足。并逐渐的在土地改革基础上改造旧政权,建立人民民主政权。(《晋中区党委关于新区土地改革的决定》[1948年11月15日],《人民日报》1949年1月6日)

团结中农表现在组织上,是以贫雇为骨干联合中农组成**农会**,并在一些较大村庄建立**农代会**,**贫农团农会农代会**就是执行土改的合法办事机关。(《信箱》,《人民日报》1949年4月9日)

经**农代会**审查通过后已搞清及本人没意见的户,一齐定案公布第三榜。没有**农代会**的成立或通不过,是不能定案的。因他是农村最高权力机关,同时也能提高他的领导威信。(按:照中央划阶级文件规定,第三榜应由全村村民大会逐一讨论通过——编者)。(《掌握中央政策,充分发扬民主。——沙河划阶级的点滴经验》,《人民日报》1948年4月29日)

冀鲁豫各县,在这条明确的阶级路线指导下,翻天覆地的土地复查运动,就迅速开展起来了。……贫农代表上台受旗后,即高举红旗,信心十足的率领农民回村，普遍成立**贫农翻身会**（它是农会的一部分，是农会中的贫农小组）或**贫农翻身委员会**，复查运动即以该会为领导骨干，一切问题，均须首先以贫农的意见为准绳。……到分果实时，贫农少什么东西，贫农换什么东西，**贫农翻身委员会**都很顺利的给予通过，在经济上，真正实现了公平合理的填平补齐的原则（《树立贫农骨干，彻底追查地主！　冀鲁豫复查运动简记》，《人民日报》1947 年 7 月 31 日）

可见土改运动的进展是不平衡的，新、老解放区有别，一、二类地区有别。新解放区基础薄弱须先建贫农团，但老解放区土改已开始，已有农会，就不再建贫农团，而直接在农会内设贫雇农小组即可。尤其在土地调剂工作完成以后，更是一切权力归农会。

三、“土改积极分子”和“翻身积极分子”与土改工作的开展

每次运动的开展，都离不开积极分子，土改或翻身运动也不例外，因而有“土改积极分子”和“翻身积极分子”的称谓，它们是指在思想上对土改和翻身积极拥护，并在工作上或各种活动中起骨干带头作用的人。积极分子们很多是长期受地主和汉奸恶霸剥削压迫的贫雇农，他们一旦觉悟了，就表现出很高的热情和积极性。土改工作的顺利开展，与积极分子的骨干带头作用是分不开的。因此工作队特别注重对积极分子的培养，反过来，积极分子也成为地主恶霸的仇恨对象，遭到还乡团的报复。

“土改积极分子”和“翻身积极分子”所指虽然差不多，但使用情况却颇有不同。“土改积极分子”虽然比较正式，但在当时实际斗争中并不怎么应用，现实应用更广泛的是“翻身积极分子”。

而郝认为我军软弱可欺，变本加厉一夜之间杀害我干部和**土改积极分子**及革命群众数百人。我军忍无可忍，被迫发起讨郝之战，一举将其部队全歼，生俘了郝鹏举，并把他押上了人民的审判台。（吴恒长《国共两党与西北军》第十四章）

逃亡地主分子组成反动武装还乡团，寻机进行阶级报复。……仅三个月内，还乡团就在潍北、昌南、平度、莱阳等地杀害共产党员、干部、**土改积极分子**16177 人。（曹东亚《解放战争时期山东土改复查运动中的“左”倾错误及其原因和教训》，《山东档案》1996 年第 1 期）

沁县新区诉苦复仇运动正轰轰烈烈的开展着，两个月斗争中涌现的**翻身积极分子**在千人以上。十月初，各基点村分别召开积极分子会议，交流经验，号召全县群众向积极分子看齐，学习他们的翻身方法，争取全县运动猛烈普遍开展。（《沁县新区千余积极分子　开会交换群众经验》，《人民日报》1946 年 10 月 30 日）

金岭镇在成立保田大队，二十余**翻身积极分子**同时报名参加。（《胶济沿线新收复区农民收回大量土地》，《人民日报》1947 年 6 月 8 日）

四、"翻身模范""翻身英雄"与榜样的作用

为了推动土改翻身运动的进展，对运动中涌现出来的积极分子予以表彰，授予"翻身模范"称号并发奖状以资鼓励。更高一个级别的模范则授予"翻身英雄"，各县召开群英大会予以表彰。这两个称谓在新中国成立前土改运动中使用频率都很高，有了榜样的带动，运动得以蓬勃发展。

> 磁县为了帮助新区群众翻身，第一二批翻身队，早已开赴淇县、汤阴，本月一日，政府号召第三批翻身队出动，各区**翻身模范**听到这个消息后均自动报名前去，领导上向大家作了目前形势报告和工作中应注意的几个问题后，让大家集体讨论，讨论中一致认为"天下农民是一家"，"自己翻了身不忘别人没翻身"。(《磁县第三批翻身模范　开赴新区帮助分田》，《人民日报》1947年6月12日)
>
> **翻身模范**贾瑞亭在分到地以后，清早起来没吃饭便跑到村西头去看那块才回家的地，心眼里说不出的痛快；他接着就计划：今年种上三亩高粱，二亩谷，还得点上些金瓜。(《阳谷张岱庄分完田　农民作诗庆翻身》，《人民日报》1947年3月14日)
>
> 北房墙上挂了一付大中堂，左边贴的是你打汲县赏给你的杀敌立功绿颜色奖状，右边贴的是我**翻身模范**的红色奖状。(《寄南征同志家信一束》，《人民日报》1947年10月10日)
>
> 县委已号召干部迎接秋后群英大会，争取**翻身英雄**，八区并已讨论出具体标准，拟于中秋节开展拥干爱民翻身团结运动。(《武安经过清算运动　初步实现耕者有其田》，《人民日报》1946年8月24日)
>
> 泰西四区动员**翻身英雄**领导土地改革，四天打开三个庄的局面。四区西半部十五个村的农民过去虽进行过赎地反恶霸等斗争，但没有彻底的翻过身。区分委会为了很快的彻底实现耕者有其田，即动员二十多位**翻身英雄**参加翻身工作队。去年十二月十一日，**翻身英雄**齐集关王庙，研究工作。(《泰西组织翻身英雄领导运动　四区四天打开三个村》，《人民日报》1947年1月22日)
>
> 县里特于上月二十四日召开全县**翻身英雄**大会，庆祝全县土地改革的初步完成并继续深入查田。到会有全县十一个区的**翻身英雄**及翻身代表，共三百五十七名，邢台市的**翻身英雄**二十名亦出席参加。(《邢台翻身英雄大会确定　大生产中继续查田　充分发动贫雇扫清封建残余》，《人民日报》1947年3月15日)
>
> 太行**翻身英雄**梁马斗，积极响应群英大会的号召，争取由**翻身英雄**变为劳动英雄。……全区功臣大会上，又经大会选举梁马斗为潞城五区第一个生产功臣。(《翻身英雄当选生产功臣　梁马斗功上加功》，《人民日报》1947年6月20日)

五、“勇敢分子”与土改中的盲目斗争和过火行为

虽然“勇敢”是个褒义词，但我们今天看到土改运动中的“勇敢分子”一词时，切不可望文生义，而应该结合当时的语用环境和社会背景来理解。当时所谓“勇敢分子”是个贬义词，指土改运动中那些“积极”过头的人，其含义与“愣头青”和“冒失鬼”差不多，其中颇不乏懒汉、二流子和流氓、无赖之流，专吃斗争饭，靠分浮财过日子。这些人斗争激情特别高，但往往好勇逞能，貌似革命，盲目斗争，做事不计后果，致使土改出现错斗误杀等不少偏差。

> 因为过早地分浮财，只是少数**勇敢分子**欢迎，基本群众并未分得，因而会表示不满。而且，社会财富迅速分散，于军队亦不利。（毛泽东《新解放区农村工作的策略问题》[1948 年 5 月 24 日]，《毛泽东选集》第四卷）

> 或者是少数**勇敢分子**（其中不少是流氓分子或与地主有联系的分子）霸占果实，而大多数贫雇农没有分到，或分得很坏、很少的土地……寅、我们普遍实行了走马点火、分浮财的政策。事实上分得最多的只是一部分**勇敢分子**，大多数基本群众并未得到或很少得到利益。（邓小平《贯彻执行中共中央关于土改与整党工作的指示》[1948 年 6 月 6 日]，《邓小平文选》第一卷）

某些地区土改中出现的“左”倾过火行为，当然与某些部门和领导的“左”倾思潮有关，但在实际执行中却是与这类“勇敢分子”的行为分不开的。因此运动后期党实事求是地进行了土改纠偏工作。

六、从“窟窿户”到“翻身户”的转变看贫苦农民的翻身解放

土地改革的目的就是平分土地财产，使广大农民平等地获得一份果实。那么首先就要把地主老财多余的土地财物拿出来，然后分给贫苦农民，也就是削富济贫、截长补短和调剂余缺的原则。各地在平分果实时，都要找出一个经济水平的大致平均线，然后把低于平均线下的差距和空缺补齐，用当时的流行语叫“填平补齐”，还有个时兴名词叫“填补运动”。现代汉语中还有一个生动的比方——把经济方面的亏空和短缺叫作“窟窿”，因而土改中平分土地财产叫作“填窟窿”。那些土地财产极为匮乏而应该分得果实的贫雇农家庭便叫作“窟窿户”。“窟窿户”在 1947 年和 1948 年土改中相当流行，只是时过境迁，这个词被埋没了，各种词典中亦不见它的踪影。今天通过我们的发掘，使它重见天日。

> 在填平补齐运动中，分配果实的重要问题是怎样填平窟窿？让没翻身的贫苦农民获得土地，又能照顾和团结百分之九十农民。……分配果实要掌握填平窟窿

原则，有重点的分配，并照顾一般。土地房屋牲口先尽**窟窿户**，其余照顾全体农民，干部和群众一样，贫户多得富裕户少得。……**窟窿户**标准，有许多村是按人口、产粮计算，每人平均吃穿七石粮食，不足者即算**窟窿户**，予以补齐，全村除**窟窿户**外，其他的中农分三等按土地好坏与生产数来作调剂。(《怎样填窟窿？——平顺分果实经验》，《人民日报》1947年1月31日)

窟窿评好了，土地找好了，因为清明在即，农代会和**窟窿户**就于四月三日先集中力量讨论分配土地，把地分停当了再说房子、浮财。……这时贫农团发动大家要关心穷兄弟，不要忘了**窟窿户**，去找窟窿，把所有的窟窿都找到，并给他填起来，使大家都翻身，不漏一户。分配的办法是：好地、近地多的，就补坏地、远地，坏地、远地多的就补好地、近地；由农会书记按户念地亩、产量，群众就自动给这一户计算有了好地多少，中等地多少，坏地多少，缺多少。(《什里店民主填补经验》，《人民日报》1947年4月14日)

首先登记和计算**窟窿户**，包括补偿中农，安置地富，调剂少数少地贫雇。……其次，是整个来源要作全盘计算，逐项逐户计算登记。一般应首先计算现存之官地、庙地、学田地、社地、绝户地、未分果实地，以及运动时由于各种原因漏网之地主、富农，或留茬过高之地主、富农土地。其次计算党员干部显然多分之果实地，自愿原则下中农抽出之土地，及移民在他处已经安家，并分得应得果实者所留之土地。但也需给他留出必要的房子与坟地。总之，要根据尽补绽补窟窿的原则，根据来源的全盘计算和**窟窿户**的具体调查，进行安置、补偿和调剂。(《赞皇结束土改经验》，《人民日报》1948年10月22日)

土地改革填平了“窟窿”，使“窟窿户”获得了土地、牲口、房屋等生产生活资料，经济上和政治上一下子来了个大翻身。于是人民群众又创造了一个称谓“翻身户”，特指那些在土改中分得了土地、房屋的贫雇农或他们的家庭。[①]“翻身户”又称“翻身农民”，是个略带书面色彩的称谓。

三四十个人都是三十五以下的青壮年，个个雄赳赳，满面红光。他指着这排人对我说：“你看棒不棒？不但年轻力壮，心眼还强啦，都是**翻身户**，自觉自愿来的。”(《访问新兵营》，《人民日报》1947年12月25日)

昔阳东关王富云是个**翻身户**，他说：“我赞成平分。不过现在我不敢送粪，还不知我能分到哪一块呢！”北横山有两户中农听说平分土地，杀了两只母羊。杨万一是个**翻身户**，他先前打柴烧，这时却烧开谷草了。听了土地法以后，左权羊角**翻身户**李三

① 吉常宏主编：《汉语称谓大词典》，河北教育出版社2001年版，第239页。

的说:“咱去年才从地主手里拿回来,才种了一年,又给地主分,我实在想不通。”(《反对破坏扫清误解 应该认真宣传土地法》,《人民日报》1948年1月31日)

软英说:“不赖!人家是**翻身户**,又是大干部,房有房、地有地,还赖啦?不论哪家吧,还不比刘忠强?”(赵树理《邪不压正》,《人民日报》1948年10月19日)

现**翻身农民**都开始兴致勃勃的在自己土地上收秋。黑保娘一家四口在收回的十二亩地上摘着棉花,歌唱着“毛主席好比那高山明灯”。(《翻身农民欢欣鼓舞 王家对河村开庆祝大会 小平营农户歌唱毛主席》,《人民日报》1946年9月30日)

工作经验报告固然重要,但是一篇好的**翻身农民**的典型描写,有时会比一篇概括的工作经验,教育的意义更多,推动的作用更大,这一点一定要在思想上搞通。(《写翻身》,《人民日报》1947年1月22日》

土地改革后群众有了新气象,党有了新气象,军队也应有新气象。在部队中要给**翻身农民**撑腰,要反对军阀主义和官僚主义。(刘少奇《在全国土地会议上的结论》[1947年9月13日],《刘少奇选集》上卷)

“翻身”二字形象地说明了农民政治经济的解放,也说明了共产党进行土地改革帮助贫苦农民翻身解放的宗旨。翻身农民不仅在当地积极生产,建立组织,保卫土改成果,还组成支前民工大军,或参军入伍,这在前面有关章节都进行了介绍。总之,翻身农民在解放战争中发挥了重要作用,他们如火山爆发般的热情充分印证了土地改革是农民动力的源泉。

第四节 深入土改与纠正“左”倾错误所关涉的系列称谓

1946年解放区遵照中央“五四”指示开始土地改革。但各地进展情况并不平衡,有的地方土改不彻底,有的地方却出现“左”倾过火现象。1947年各地根据中央精神进行复查,并颁发了《中国土地法大纲》,土地改革更加全面和深入;但也有些地方“左”倾却愈加严重,例如山东的“土改复查”工作过“左”现象就比较突出。各地土改“左”倾现象主要表现在:对地主、富农认定过严,划分过多,对地富分子过分打杀,地富的工商业被破坏,侵犯了部分中农利益等。中央发现了这类问题,1948年开始纠正这些“左”倾偏差:任弼时发表了《土地改革中的几个问题》的著名讲话,分析土改“左”倾错误及其原因,提出纠正的原则和方法,申明划分农村阶级的正确标准;中共中央发布了《关于土地改革中各社会阶级的划分及其待遇的规定(草案)》。深入土改、“左”倾和纠“左”,都形成了一批相关的社会称谓。

一、深入土改及查挖运动中为清除土改阻力而产生的形象化称谓

土改复查期间，为了把土地改革引向深入，清除土改阻碍，各地又分别开展了查地、挖浮财、挖坏根、搬石头、砍大树等为内容的查挖运动，形成了"坏根""石头""大树"等富有时代特色的形象化称谓。

(一)"坏根"与挖坏根运动

"坏根"是指破坏土改的地主、富农、土匪、特务等坏分子，在查地期间，各地通过挖坏根运动将破坏土改的坏分子清除掉。

> 松江延寿县翻身农民挖**坏根**运动中，挖出蒋匪师长王兴武(王逆原名王鸿胜)等匪首多名。(《北岳四分区集训村干经验》，《人民日报》1948 年 11 月 29 日)

> 但领导上应当掌握的是做坏事的"**坏根**"，一定是群众的阶级敌人，不然就可能追的一塌糊涂，打乱了自己的阶级阵营。(《辛庄煤矿挤封建运动》，《人民日报》1948 年 1 月 18 日)

> 八仙桌上的豆油灯里的灯油快干了，灯捻发出哔哔剥剥的响声，萧队长起来添了一盏油，把灯捻拨亮一点，回头又躺下，头搁在炕沿，脸冲着小郭，问道："你看这屯子的**坏根**斗得怎么样?"(周立波《暴风骤雨》第二部四)

> 郭全海忙说："不准打，萧队长说过不兴打人。""地主**坏根**，也不兴打吗?"萧队长在一旁回答："都不打。"(周立波《暴风骤雨》第二部五)

> 这样的，往来耽搁了些日子，郭全海一路担心，怕走漏消息，怕韩老五跑了，完不成任务，又惦念屯子里的事：等级评好没有呢？**坏根**放火烧了果实怎么办？他一着急，饭也吃不下，觉也睡不好。(周立波《暴风骤雨》第二部二十二)

(二)"石头"与"搬石头运动"

石头为常见物，此处使用了它的比喻义，用"石头"比喻阻碍土改前进的顽固分子，有地主恶霸，也有革命队伍内的党员、干部。土改中各地曾兴起所谓"搬石头运动"。1948 年整党结合土改进行，"搬石头"则指摒弃党内落后人员，从而达到整党的目的。但是搬石头运动也出现了过火行为，伤害了一批党的干部。

> 阳谷土地还家运动，正在普遍展开。继县委动员大会后，各区一方面集中恶霸地主受训，替群众"**搬石头**"，一面召集了五百人到一千八百人的农民翻身大会和村干积极分子会议。(《阳谷训练万余积极分子 九十五村展开清算》，《人民日报》1947 年 1 月 22 日)

> 筑先县的领导者深体民瘼，坚决执行农民的要求"**搬石头**"。大批干部下了乡，"有仇报仇，有冤报冤"的政府布告与标语，三天之内贴遍了全县的大小村庄；奸霸、

地主是罪犯，农民分田是合法。每个区逮捕地主二三百，全县“石头”搬了二千多。地主心惊胆战，农民扬眉吐气，社会空气为之一变！（《筑先局面轰开了》，《人民日报》1947 年 6 月 13 日）

改造假农会的经验：（一）搬石头。如五区姜庄假农会长被封建富农王富贵利用，区干部发现后，积极启发群众整理农会，搬掉石头。（《阳谷用联合斗争 积极改造假农会》，《人民日报》1947 年 2 月 23 日）

支部开了两次会专门讨论生产，强调党员要作模范，除了被搬了“石头”的三个坏党员外，其他都表现很积极。（《纠正偏向稳定情绪 盂县群众大胆生产》，《人民日报》1948 年 8 月 16 日）

（三）“大树”与“砍大树运动”

“大树”这一称谓带有比喻色彩，树木为常见物，用大树的根深叶茂来比喻根基深厚、财产丰裕的大地主、恶霸。“砍大树”是将农村中的大地主、恶霸彻底打倒，他们都是土改的主要对象和影响土改深入开展的阻力。

分化地主反攻阴谋：集中力量斗争大恶霸大地主，砍倒**大树**攻破大碉堡，安定人心。（《灵石边地群运经验 武装翻身结合 随斗随分果实》，《人民日报》1947 年 2 月 22 日）

各县领导上强调“集中力量砍**大树**”，先斗争群众最仇恨的大封建头子。（《牡丹江松江深入斗透 快分土地组织春耕》，《人民日报》1947 年 4 月 27 日）

砍倒了韩家这棵**大树**以后，屯子里出现了大批的积极分子。（周立波《暴风骤雨》第一部十八）

在黑龙江省的口号是“斗倒**大树**，彻底分地”（大树是指大地主、恶霸）。（石雅贞《东北解放区老区土地改革运动略述》二，《党史研究资料》六）

二、深入土改以及“左”倾错误所形成的“地主”类相关称谓

（一）“漏划地主”与复查调整

土改中对地主的认定，不能冤枉，也不应漏过。对于那些本应是地主的个人或家庭却将其漏划，这也是土改不彻底的表现，复查出来的称为“漏网地主”或“漏划地主”，须根据实际情况予以调整。

一区召开一百零三个村的积极分子会，共到五百二十多人，检查翻身。会上以比比吃、比比穿的方法检查出**漏网地主**二百二十六个，应重斗的二百零三个。（《冀南新区复查 平原集训贫雇 检查漏网地主》，《人民日报》1947 年 8 月 3 日）

全县经过普遍的查立场与深入发动后，各村复查先后展开。十区郭庄以雇贫为

骨干，进行划界线，评成分，查出**漏网地主**与封建尾巴六户。(《安泽深入查阶级 漏网地主显原形》，《人民日报》1947年9月11日)

1948年5月后，针对前段土改工作中存在的问题，组织力量进行了纠偏。在土地问题上，按政策采取"抽多补少，抽肥补瘦"，不论男女、老幼按人口平均分配土地；查**漏划地主**，改正错定成分，落实中农政策，清理胜利果实，甄别受错误处分的干部等。(临清市地方史志委员会编《临清市志·农业·农业生产关系》)

1948年2月14日，和龙县召开了全县贫雇农代表大会。……县委书记云青到西城区召开贫雇农代表大会，提出"深入斗争地主富农"，"彻底消灭封建势力，平分土地"等口号。并到南古城调查，发现一些**漏划地主**、富农。(牛哲刚《延边的反奸清算、土地改革》，《硝烟千里——解放战争时期的朝鲜族人民》)

(二)"破产地主""化形地主"等与划分地主成分扩大化

划分地主应以土地等阶级条件为标准，且不应追究历史过长。但有的地方"左"倾过火，把政治态度和思想作风也列为划分阶级的标准，且上查三代，查历史，完全不顾文件中三年、五年的时间限制，将已经从事劳动多年的地主或地主后代划为"破产地主"，又称"下坡地主"或"下降地主"。这就使得许多实际上已经是中农的农户被错订为地主，这些都是在1948年纠偏工作中予以改正的。

破产地主。因故(非群众运动所致)丧失了全部或大部土地财产，但仍不从事劳动和生产，靠赊欠诳骗、亲友接济或其他来路，仍过着其地主生活或破落生活者，叫**破产地主**。(《太行区党委关于农村阶级划分标准与具体划分的规定》，《人民日报》1947年1月24日)

此次会议初步检查，一区与城区三十三个村子(自然村)，富农错订地主者共四十三户，中农错订富农者一百零六户，中农错订地主者二十六户(下大林村)，中农错订所谓"**下降地主**"者五户(下大林村)，其他错订为**破产地主**者五十一户(前报告未将下大林村统计在内，故数字不确，现更正如上)。(《谭政文关于山西崞县召开土地改革代表会议情况的报告》[1948年2月8日]，《中共中央文件选集》第十七册)

根据晋绥与晋察冀最近土改材料，虽在许多地区群众尚未充分发动，但在若干群众业已发动地区，在划分阶级，首先在确定地主、富农斗争对象上，有下列左倾错误发生……乙、追历史，查三代，其本人在新政权建立前数年，虽已从事主要劳动，并一直劳动到现在，但只要其老辈是地主或本人早先曾过地主生活，就抓住他的封建根子不放，仍定为地主(或称为**破产地主**、**下坡地主**)。(《中央工委关于阶级分析问题的指示》[1947年12月31日]，《中共中央文件选集》第十六册)

经过农民代表委员会重新评定的结果，认为一二四户中，可将破产及**下坡地主**

十一户，生产富农二十户，共三十一户改订为富裕中农或中农。（任弼时《土地改革中的几个问题》[1948 年 1 月 12 日]，《任弼时选集》）

“化形地主”是康生等人的发明。抗战时期实行减租减息政策，鼓励地富经营工商业；而到深入土改阶段，在到处“找”“挖”地主的背景下，又创造了一个新名词，即将财产转移到工商业、采矿业等方面去的地主称为“化形地主”，其所经营的工商业全部没收。这一过火性的称谓，无疑扩大了对地主的划分和打击面，对民族工商业发展产生了一定负面影响。后来中央对“化形地主”名称予以纠正，指出地主化形工商业者，是进步现象，应予以保护。

丙、除根据东北局八月八日决定中所允许没收的工商业，及伪满大汉奸、大特务、大把头、大恶霸之配给店，及一九四六年七月以后为逃避斗争而搞点小买卖的**化形地主**，及反革命国特的伪装商店，应坚决没收外，其他过去有错误与缺点，而现在服从政府法令，安分守己的工商业者，除使其政治上坦白外，不能没收其工商业财产。（《合江省委关于彻底平分土地保护工商业的指示（草案）》[1948 年 1 月 12 日]，中央档案馆编《解放战争时期土地改革文件选编》）

不论在五四指示前或五四指示后，地主富农把财产转向合作社、工厂或商店经营者，不能认为是**化形地主**（这一名词本身即是错误的，地主化形工商业者，是进步现象，允许的、欢迎的），应视为工商业，坚决保护，不得没收分配。（《中央局指示太岳区党委　坚决纠正左倾冒险主义　正确执行中央路线、政策、方针》，《人民日报》1948 年 4 月 21 日）

许多地方将地主富农在农村的工商业都作为浮财平分了，一些在双减增资后将农村田产变卖到城镇投资开办工商业的地主富农，都被作为“**化形地主**”追究。（唐致卿、岳海鹰《山东解放区史稿》解放战争卷第三章第一节）

他（康生）说：晋绥是老区，要按过去的标准去找地主富农，你找不到。他们在人民政权下，早已化了形，成了“**化形地主**”。什么叫“化形”呢？解放区有个政策，地主富农经营的工商业不没收，只没收地主的土地和浮财、富农多余的土地；对经营工商业的地主富农在政治上按工商业者对待。康生却说，老区的地主富农，把财产转到工商业上去了，凡是这样的人都应该是斗争的对象，要挖浮财，把他们扫地出门，只给他们一双筷子一个碗。他把这些人称作“**化形地主**”。康生还和陈伯达一起搞出划分“**化形**”地主富农的四条“标准”。（杨尚昆《杨尚昆回忆录》第十二章）

（三）“扫地出门户”“逃亡地主”与土改斗争过火现象

有的地方的群众，出于义愤或仇恨，在某段时期对地主斗争过火，将地主扫地出门

(即没收全部财产并赶出家门),乃至于无情地打杀,甚至有本应属于中农的也被升格为地主而扫地出门。凡是被扫地出门的家庭称为“扫地出门户”。有的人家被扫地出门难以过活,也有的为躲避斗争和处罚,于是便逃亡外地,是为“逃亡户”。“逃亡户”是个泛称,其中有“逃亡地主”,也有被错斗的中贫农。后来党对土改中扫地出门的极左行为予以纠正,许多逃亡户返乡,即便是逃亡地主也依法分给土地,予以安置。

获鹿蠡县还有未安置的**扫地出门户** 县委应快检查安置(《人民日报》1948年11月8日标题)

高永寿说:“唉,只怪你们不上心,除了我们**扫地出门户**,谁家也有粮食。”(丁玲《在严寒的日子里》第十九章)

淇县、郏县、辉县、焦作返回的四百七十三个**逃亡户**中,有地主富农五十五人。……淇县对错斗**逃亡户**订正了成分,作了补偿。新乡给错斗**逃亡户**均安置到相当于中农的土地。(《辉县焦作等地逃亡户返乡 我政府妥为安置》,《人民日报》1948年7月1日)

凡**逃亡地主**之土地,仍按一般地主土地处理,在该地主未返回之前其应保留的土地及征购的代价,由政府代管,但在该地主返回后,即由政府发还之。(《中央关于要求各地答复制定土地政策中的几个重要问题的指示》[1946年7月19日],《中共中央文件选集》第十六册)

我一、七分区自宣传土地法大纲端正政策以来,**逃亡地主**还乡团、被错斗的中农逃亡户,纷纷回来,现已达一千六百人。(《土地法大纲下来后 冀鲁豫逃亡地主回家》,《人民日报》1948年5月26日)

国民党反动派,自一九四七年春天以八十个旅的重兵向山东解放区进攻以来,遭到了人民解放军的重大杀伤。但敌人在“霉烂胶东,强占烟(台)威(海)”的口号下,一步深入一步地向胶东进犯。土地改革中被清算的大批**逃亡地主**和复仇分子,组成所谓还乡团,配合中央军,在占领区进行惨绝人寰的血腥屠杀和大肆破坏、倒算,造成整村整庄人畜灭迹,几十里路的无人区……危险的形势,严重的考验,一天近似一天降临到胶东解放区人民的头上。(冯德英《迎春花》第二十二章)

“逃亡地主”其他历史时期也有,造成地主逃亡的原因也各异,但在解放战争时期又有着特定的社会意义,与土改斗争紧密联系。地主和农民的阶级矛盾是客观存在的,只是有时候平和些,有时候尖锐些。解放战争土改中对地主斗争是必要的,但过分的斗争和过激的打击,客观上也激化了阶级矛盾。在这种背景下造就出来的“逃亡地主”,其仇恨情绪尤其强烈,一遇适当时机,他们便会变本加厉和不择手段地进行阶级报复。所以当国民党军队进攻解放区时,如上面例中所说,“逃亡地主”便与另一个称谓“还乡团”紧密联系在了一起(另参见“还乡团”一节)。鉴于此,我们在这里将本期的“逃亡户”“逃亡地主”称谓与土改“左”倾联系起来。

三、土改“被斗户”与纠偏改正时所关涉的称谓

(一)“被斗户”“斗争户”“防空洞”和土改斗争

土改本身是一场革命和斗争,“被斗户”和“斗争户”,这两个称谓都是以家庭为单位命名的,顾名思义是泛指在土改中遭到斗争的人家。但是“被斗户”和“斗争户”并不等同于地主和富人,尤其是在发生斗争过火和“左”倾偏差的地方,被斗户中包括了很多中农甚至一些贫农,因而“被斗户”和“斗争户”成为后来纠偏运动中重点检查的对象。

> 被斗户,心不良。疏散田地把财藏,看见穷人恨的慌。看见谁顺劲,泼点迷糊汤。被斗户,你是听:想再吃人那不中,从今改过学劳动,管保你能过安宁。(《冀南宁南群众翻身诗歌　四户榜》,《人民日报》1947 年 1 月 16 日)

> 翼城县北丁村的工作人员,迫使在全村一百九十三户中占七十户的贫雇农和三十二户中农,将分得的土地财产“不管有无问题,一律全部退还”给十四家被斗户(其中有十一户被斗以后,仍保持着中农生活),以致十六家翻身农民降为赤贫或贫农,一家地主却占有一倍于平均数的土地,九家富农所得土地数量超过贫农半倍,而村中积存的斗争果实,却既未分给贫农,又未用以补偿中农。(《在结束土地改革的地方纠“左”必须防右》,1948 年 11 月 10 日新华社社论)

> 第三,中农被侵犯的数字甚大。如洪凝全区 3280 户中农中,“被斗户”有 384 户,占全部中农户数的 11.7%。此外被斗户中还有一部分贫农,全区共有 18 户。(王启云《解放战争时期的山东土地改革》三)

> 经过这几天酝酿之后,群众纠正错定阶级的思想逐渐成熟,三十日就开了村民大会通过全村阶级,并公开纠正错定的“斗争户”。……第五批是过去曾定为“斗争户”的中、贫农等,需要慎重,也拿出较长的时间讨论。(《逐一公议通过再经审查批准　什里店三榜定成分》,《人民日报》1948 年 4 月 5 日)

> 但在实际执行中却只站在了贫雇方面,忘记了中农,与个别代表委员们的左倾情绪结合,对错斗中农不遵照政策进行补偿,仍当“斗争户”看待。(《北里信工作组放弃领导　给错斗中农光补坏地　工作组光检讨不纠正》,《人民日报》1948 年 5 月 12 日)

“被斗户”和“斗争户”所关联的一个称谓叫“防空洞”,这是老百姓创造的一个比喻说法。“防空洞”本是为了防备敌人空袭减少损害而挖的洞,这里却指地主将自己值钱的东西隐藏在贫穷的亲朋、佃户和长工家里,老百姓把这种掩护地主转移财产的人家和个人比作“防空洞”,从而造出一个形象化的称谓词。这些贫苦农民并不是真正同情和

包庇地主，只是碍于面子，或者经不起引诱贿赂和欺骗威胁，便帮地主转移财产。深入土改阶段，各地掀起一阵"挖防空洞运动"。"防空洞"所隐匿的财产一旦被发觉，受到牵连的农民就会挨一顿毒打，即便是贫雇农也成为被斗户，而且本人的财产也要被全部或部分的没收。这往往成为地主造谣生事、破坏土改的手法之一。由于年深日久，"防空洞"这个义项也成为词典漏收的对象，如今我们发掘出来并界定为：土改运动中帮助地主隐蔽土地和疏散资财的人户。

> 这一运动在该县一区南委泉等村热烈展开，发现地主利用落后亲友、邻居关系隐藏大批土地财物。现正加强思想教育，发动自报。群众呼之为挖地主的"**防空洞**"。(《太行老区填补运动 刻正转向深入阶段》，《人民日报》1947 年 1 月 26 日)

> 积极分子梁海潮说："想翻透身，必须揭破**防空洞**。"傅长命提出：农民坚决不当地主"**防空洞**"！经过酝酿，十二日举行了"找**防空洞**"的群众大会。高计狗当场高喊："**防空洞**要自己挖！"遂将本家高廷璧藏在牛居村的一头牛报告出来。……大家一致决定：凡给地主当"**防空洞**"者，两天内自动报出，提奖百分之五十，最穷的户，则全部奖给；过期不报而被查出者，由群众讨论处理……总计在十二、十三两日内，即搗出七十二个"**防空洞**"，光现洋即达五万四千余元。(《南委泉的土地改革运动》，《人民日报》1947 年 2 月 17 日)

> "**防空洞**"与地主的关系约分为六类：(一)亲戚：在五十四户中占十三户，这是地主最可靠的"**防空洞**"，藏的东西好且是大批，多是粮食好衣服。如葛郎子光藏他地主姐夫麦子二十八布袋。刘老玉藏五家地主东西，包括他姐夫女婿、姨夫，还有两家拐弯亲戚。刘金河存地主董老新谷子七袋，包袱两个，也是拐弯亲戚。(二)管家走里分子：即给地主当过管家的、掌柜、二债主、管账的等占两户，家数不多，但也是地主的心腹"**防空洞**"，大批藏东西。如董修路给地主牛老德当管家十来年，大批给牛老德藏东西。以上两种是"**防空洞**"的主要对象。(三)地主雇佣：雇工、佃户、厨夫、奶妈、经常打短工者占五户。(四)本家当院的占六户。这两种是次要的，一般是藏一二条被子，几件半旧衣服。(五)邻居占十一户。(六)一般关系占十七户。这两种户数多，但藏东西零星，不多不好，如一张桌子一个耙等农具之类，表现形式上多是借的，但长期不还，在斗争中既不自动给农会，斗争后又怜悯地主还地主，实际是地主疏散资财的一种办法。另外村干民兵抗属，上地主当，被收买，当保险"**防空洞**"，六个村干(指导员、村长、农会主任、常委二、妇会主任)五户是"**防空洞**"。(《东孟村挖"防空洞"经验》，《人民日报》1947 年 10 月 23 日)

(二)"错斗户""错划成分户"等与土改纠偏运动

土改运动的中前期出现了斗争过火行为和阶级划分标准紊乱等"左"倾偏差，1948

年开始予以纠偏。党在土改文件、各种讲话中明确了划分阶级的标准和年限，对被错斗的人户予以恢复名誉，对错划成分的人户予以纠正，于是形成一些相关称谓。

1.“错斗户”“被错斗户”和“错斗中农”

被斗户中有的是斗对了的，有的是斗错了的。经过纠偏审查，确认为被斗争错了的人户，叫作“错斗户”或“被错斗户”，应予纠正。

> 还没参加农会的户，特别是过去的**错斗户**、被斗户，工作员也分别去征求意见或者也要他们到会上自报。（这时他们都已划了阶级，划成中贫农的都有了说话权。）（《什里店民主填补经验》，《人民日报》1947年4月14日）

> 这次西街群众按照政策办事，认清了“中贫农是一家”，补偿**错斗户**十三家二百一十五万七千元。补偿后，群众生产情绪顿时提高。如中农老布说：“毛主席政策真好，从今往后谁也不怕发财了。”（《临漳西街补偿错斗户　淋盐户增加一倍》，《人民日报》1948年6月4日）

> 1948年2月，全县土地改革基本完成。农民分土地72873公顷，耕畜6374头，散畜2342头，每人分地5.53亩，分牲畜0.35头。在平分土地和浮物中，县委、县政府及时纠正了**错斗户**。全县农村25481户，131874人，其中被斗的地主、富农2717户，19469人，打击面占农村总户数的10.66%，占人数的14.77%。（《双辽市志》第四卷第六章）

> 可是有些村子里，纠偏工作还没有作，生产仍没有组织，或者只有个空架子，**错斗户**没有补偿，地主也没有安插，他们想生产也没有地。（赵树理《躺倒不对，起来怎干？——村干部思想问题》，《新大众报》1948年6月26日）

> 最后召开中贫农群众大会，由贫农正式宣布：取消“被斗户”名称，又请各个**被错斗户**讲话；工作组趁机进行了中贫农一家人的教育，号召大家努力生产，说明以后再不乱斗。斗错的，继续纠正。（《纠正乱斗中农错误　东大慈村人人满意》，《人民日报》1948年4月26日）

> 有的地方不愿在照顾中农利益的同时，设法满足贫雇农要求；有的地方，不问具体情况如何，笼统地规定对于“**被错斗户**”必须“全部退还原物”，强迫一切贫雇农成分的新干部必须“承认错误”。（《在结束土地改革的地方纠“左”必须防右》，1948年11月10日新华社社论）

土改的主要斗争对象是地主，有时也兼及富农，中农则是不应该斗争的。但是1947年底，各解放区在土地改革中出现严重“左”倾偏向，明显地模糊了消灭封建剥削和绝对平均主义的界限，盲目扩大打击面，侵犯了中农利益。有的地方平分中农土地，或者少分田、分坏田，平分其牲畜、大农具，清算掉其油坊、粉坊；有的地方甚至对其一律扫地出门，错误地提出了“中农骨头富农肉，吃了肉啃骨头”的口号，错斗了一批中农。所以土改中的“错斗户”又主要是中农，称为“错斗中农”或“被错斗中农”，还有“错斗贫农”。

安发说：“算了算了！提起补地这事情，你还不知道大家作的什么难！工作团和农代会、农会委员会整整研究了十几天，才研究出这个办法来！你想：斗地主的地，有好多是干部和积极分子们多占了，**错斗中农**的地又都是贫雇农成分了。……”（赵树理《邪不压正》[1948年]，李壮鹰、魏继东选编《赵树理农民小说》）

到**错斗中农**范成山时，有一块好地，代表们说：“这块好地该不着他”，给贫雇白满齐分上，把另一块坏地给他换上了。李相支（**错斗贫农**）、韩喜孩（**错斗中农**）自被斗后，就种的是远地坏地，这次仍然把远的坏的分给他们。分房时更是如此，**错斗中贫农**分不上，代表们都是破的换成好的，窑院换成房院。（《北里信工作组放弃领导 给错斗中农光补坏地 工作组光检讨不纠正》，《人民日报》1948年5月12日）

如范县颜村铺：土改中斗争了地主6户，富农6户，地主下降中农1户，富农下降中农4户，富裕中农2户，**错斗中农**14户，共33户，其中扫地出门29户，内中农扫地出门16户，另外自动中农15户，土改后贫农土地高于中农每人平均，贫农3.9亩，中农3.7亩，土地问题不好解决。（潘复生《在冀鲁豫重点区整党土改工作会议上的总结》[1948年7月10日]，《河南解放区的土地改革》）

如果本村确无上述各项土地财物，十分困难，那就应该采取分年减征**被错斗中农**的公粮，或多借一部分农贷给错斗的中农，或由政府拨给粮款来解决补偿和安置的问题，绝对不应该不问情况如何，强迫翻身农民吐出他们所应该分得和已经分得的果实，退还被斗户。（《在结束土地改革的地方纠“左”必须防右》，1948年11月10日新华社社论）

2.“错划成分户”和“错划地主”“错划富农”

个人或家庭被斗，又是和划成分紧密结合的。土改开始后，各地划分成分曾出现一定程度的混乱，个别地方可能划低了，“左”倾过火时又可能划高了，这些被划错成分的人家通称为“错划户”和“错划成分户”。具体说来，有些地区在土改中对剥削和劳动不作定量分析，将不够地主标准的人家划为地主，将中农、贫农、地主等原不属于富农成分的人员或家庭错划为富农，出现了“错划地主”“错划富农”等称谓。

再讲阶级明政策，公开订正**错划户**。（《逐一公议通过再经审查批准 什里店三榜定成分》，《人民日报》1948年4月5日）

接着分别召开**错划成分户**和地主、旧式富农会议，分别进行不同的教育，向他们宣布改定成分和划清成分的意见，同时讲明标准，由他们讨论加以改定。（王启云《解放战争时期的山东土地改革》三）

按划分阶级标准,地主、富农1247户,9210人,打击面缩小为农村总户数的4.89%,占总人口的6.98%,纠正**错划地主富农**1470户,10259人,在分配浮物和分地中予以补偿。(《双辽市志》第四卷第六章)

划分阶级复查中,全县查出漏划地主2人,纠正**错划富农**4户、地主2人,查出侵犯中农利益59户,其中一区错斗中农45户,退还了土地、粮食、牲畜、银元、布匹、房屋、柜子等。(张国庆、高远《阳原县新区的土地改革》,《张家口党史专题资料选编1949—1966》)

3.“改定成分户”与“出地户”“补地户”

经过纠偏审查,各地重新梳理了阶级成分,对错划成分户予以纠正,对那些错划、漏划的人员重新核定成分,相应的出现了“改定成分户”称谓。

召开贫雇农中农团结大会,请改定成分的参加,并通过**改定成分户**中够入农会条件的人参加农会。(王启云《解放战争时期的山东土地改革》三)

土改中和后来改正成分后,依中央指示,根据实际需要平分或调剂土地,有的家庭占有较多的土地,根据公平的原则,需要拿出一部分土地,称为“出地户”和“抽地户”,有的家庭占有较少的土地,需要补入一部分土地,称为“补地户”和“得地户”。

凡是超过平均数字的都定成富裕中农,都叫出地。**出地户**共八十多户,后区上不准,才减到三十多户,把三十多户的地选好地抽出。(《献县富家庄工作有毛病　县委应作检查纠正》,《人民日报》1948年9月16日)

在平山二区米西冶村,记者调查访问了七个贫雇农(阎丑子、阎山狗、赵金拴、米二顺、米喜赵、阎心顺、阎狗妮),两个中农(米屎包、米永庆),三个中农**抽地户**(米喜芳、清瑞、宋富顺),三个富裕中农错斗户(宋来全、米元祥、宋桂林)。(《魏县八里庄补偿中农后　群众安心生产》,《人民日报》1948年6月16日)

因为要照顾一口两口人的户,按两石三斗进行抽补,全村**补地户**共一四九户,五百三十七人,应补土地七百二十八·一一二亩,产量五二二·二六石。(《满足贫雇要求巩固团结中农　赵庄完成抽补工作》,《人民日报》1948年4月16日)

华中土改中期,有些老解放区采取这个办法,结果侵犯中农现象严重,有些乡村**得地户**与**出地户**人数竟至相等。(邓子恢《土地改革的基本要求与任务》[1947年6月25—26日],《斗争》第一期)

调剂土地,确定地权,发放土地证,真正实现了“耕者有其田”。到1948年9月,全国大约有一亿农民获得了土地,有了住房,有了衣穿,农民的生产积极性空前提高。

第七编　新中国成立十七年政治运动与相关社会称谓研究

编 前 言

“新中国成立十七年”是指从1949年中华人民共和国建立到1966年“文化大革命”前夕，其显著特点是政治性强，政治运动接连不断。新中国成立之初，为了巩固新政权，维护社会新秩序，1950年7月至1953年，在全国范围内进行了一场清查和镇压反革命分子的政治运动，简称“镇反”运动，与之相配合的还有全国各地的剿匪、清匪、反霸等斗争。“镇反”使得“反革命分子”成为新中国带有政治定性的一个重要社会称谓。“反革命分子”共划分为五个大类别：“土匪”“恶霸”“特务”“反动党团骨干分子”和“反动会道门头子”。如今它们只是躺在辞书里的历史词汇，但在当时却都有具体的指称对象，代表着特定的社会群体，罪大恶极者在运动中就被处以极刑了。1951—1953年，全国普遍开展了一场“三反”“五反”运动，“三反”运动使得“贪污分子”“贪污犯”“老虎”成为著名的称谓；在定性和处理时，又各有大、中、小的细致划分标准，刘青山、张子善就因作为“大贪污犯”被处决而成为历史名人。“五毒分子”“不法商人”“不法资本家”等，是工商界“五反”运动的重点打击对象；同时还对工商户细致区分为“守法户、基本守法户、半守法半违法户、严重违法户、完全违法户”。1950—1952年，全国新解放区完成了土地改革运动，新老“翻身户”成为农民扬眉吐气的称谓；阶级成分的划分使得“贫农”“雇农”“贫雇农”“中农”“贫下中农”“富农”“地主”等成为农村具有特定指称的社会群体，其政治影响一直持续到“文化大革命”以后。互助合作化运动中，农民称谓又有了“新中农”“新富农”“单干户”“个体农户”“互助组组员”“合作社社员”“入社农户”“社外农户”“候补社员”等区分。1955年年初，对胡风文艺思想的批判发展成为一场全国性的反胡风运动，最终酿成了以“胡风反党集团”“胡风反革命集团”“胡风分子”等称谓为标志的历史冤案。余波未平，1957年上半年的整风鸣放运动，发展为下半年全国性大规模的反右运动，使得“右派分子”成为名扬天下的一个社会称谓。反右运动造就了形形色色的“右派”相关称谓：什么“放火犯”“纵火犯”“纵火头目”“放火专家”，什么“右派首脑”“右派头目”“右派骨干”“军师”“谋士”“大将”等，实在五花八门；“右派集团”“右派小集团”成为热门名词，继大名鼎鼎的“章罗联盟”之后，挖出的集团一个接一个。“右派分子”简称“右派”。就社会分布而言有“党内右派”、“党外右派”；就身份地位而言有“大右派”、“小右派”；在划分“右派分子”有了标准和指标后的定案处理阶段，又有了从程度上划分的“极右派”和“普通右派”的对照，以及“中右分子”和“疑似分子”这类在红头文件中正式规定的概念称谓。反右运动过后，还有后续性称谓如“内控右派”、“漏划右派”、“摘帽右派”等。“右派分子”这个称谓的词汇意义极为简单，社会意义却相当深远——它使55万共和国精英蒙冤22年，他们不仅自己失去了做人的权利，就连其子女也被打入另册，丧失了升学、参军、入党、提干的资格……1958年“大跃进”运动开始，一大批色彩各异的称谓词语诞生了。面对“大跃进”的态度，形成了“保守派、稳妥派、怀疑派、观潮派、秋后算账派、炉前摇头派”等一批贬义性称谓，同时形成一些政治态度方面的对照性称谓如“促进派、促退派”，“红旗、白旗、灰旗”，“红色专家、白色专家、粉红色专家”等。农村“大跃进”热潮中，老年人组成“佘太君队”“黄忠队”，青壮年、少年组成“武松队”“赵云队”“罗成队”，中青年妇女组成“穆桂英班”“花木兰排”等——到处是大兵团作战的热烈场面。1959年庐山会议，没有纠正“大跃进”极左错误，反而把彭德怀等人打成“反党集团”，紧接在全国开展“反右倾”运动，各级党的优秀干部稍不留神就成为“大彭德怀”“小彭德怀”，仅“右倾机会主义分子”一顶帽子，就罩住了300多万干部、党员，直到1962年才被甄别平反……本部分正是以各类具有代表意义的称谓词来透析运动情形，勾勒新中国成立十七年称谓与社会互动的基本面貌，以社会称谓反映社会事件和社会变迁线索，以见社会变动下称谓系列急剧变动的强大适应性。

第一章 “反革命分子”系列称谓与镇压反革命运动

本章涉及的主要称谓如下：

<table>
<tr><td rowspan="2">第一节</td><td>一</td><td>反革命分子、反革命、反动分子</td></tr>
<tr><td>二</td><td>历史反革命分子、现行反革命分子、外逃反革命分子、漏网反革命分子、“外层”、“中层”、“内层”、旧人员、留用人员、留任人员</td></tr>
<tr><td rowspan="5">第二节</td><td>一</td><td>五类反革命分子、土匪、股匪、残匪、匪众、散匪、潜匪、土匪分子、匪首、惯匪</td></tr>
<tr><td>二</td><td>恶霸、恶霸分子、普通恶霸、恶霸地主、大恶霸、反革命恶霸分子、把头、拿摩温、包工头、帮头、脚行头、戏霸、码头老虎</td></tr>
<tr><td>三</td><td>特务、特务分子、间谍分子、电线杆、国民党特务、蒋匪特务、台湾匪特、匪特分子、国民党匪特</td></tr>
<tr><td>四</td><td>反动党团骨干分子、反动党团骨干、一般反动党团分子、反动党团员、反动党团分子</td></tr>
<tr><td>五</td><td>反动会道门头子、反动道会门头子、反动会门头子、会道门大首领、道首、会首、反动会道首、办道人员、办道骨干、道徒群众、教徒群众</td></tr>
</table>

新中国成立后，国民党有计划地潜伏和残留在大陆上的土匪、恶霸、特务、反动党团骨干、反动会道门头子和其他反革命分子约有300余万人。他们不甘心自己的灭亡，继续与人民为敌，进行刺探情报，破坏工厂、捣毁铁路、抢劫物资等活动，甚至进行反革命武装暴乱。特别是在朝鲜战争爆发后，他们的各种破坏和捣乱行为更加猖狂。因此，镇压反革命分子，维护新社会正常治安迫在眉睫。于是，1950年7月至1953年，中央在全国范围内进行了一场清查和镇压反革命分子的政治运动，简称“镇反”运动，与之相配合的还有全国各地的剿匪、清匪、反霸等斗争。

这次运动集中打击了土匪、恶霸、特务、反动党团骨干分子和反动会道门头子这五方面的反革命分子，基本上肃清了国民党在大陆上残留的反革命势力，稳定了社会秩序，巩固和加强了人民民主专政，有力地支持、配合了土地改革和抗美援朝斗争。“镇反”是新中国成立初期同抗美援朝、土地改革并称的三大运动之一，在中华人民共和国历史上具有十分重要的意义。同时，它也是新中国成立后“反革命分子”一组特色称谓大范围和高频度出现与细致划分和界定的一个时期。因此，我们从此次运动入手，考察一下当时该类社会称谓的具体使用情形。1955—1956年中央又进行了一次肃清暗藏的反革命分子的"肃反"运动，因为打击对象的一致性，我们不再单独叙述，一些称谓作为补充，在此一并使用。

第一节　"反革命分子"的界定及其限定类型和社会分层类型

一、"反革命分子"的意义指称及与"反动分子""反革命罪犯"的对照

（一）"反革命分子"的含义及其简称形式

"反革命分子"这一社会称谓，从诞生开始，就具有了很强的政治色彩，它牵动着社会政治、历史的大变革。在镇反运动中，"反革命分子"成为运动的对象，该称谓是标志性总称，这一时期浓郁的政治氛围也就不言自明。

"反革命分子"与指人称谓"反革命"同义，均指"与革命阶级或政权为敌的人"。[①]由此可见，这一概念指与革命阶级和革命政权直接对立、互不相容的那部分人。作为一个社会称谓，随着"革命"在不同时期意义的不同，"反革命分子"在不同历史时期的社会意义也有所不同。新中国成立之初正是新旧势力交替的大变动时期，因此，"反革命分子"及其相关称谓在这一时期有着特殊的社会地位和突出的重要意义，直接表述了新中国成立初期三大政治运动之一——镇压反革命运动的宗旨和主攻方向。

> 在抗美援朝的前提下，对最反动的**反革命分子**、间谍、破坏分子、恶霸等进行严厉的镇压。这样做，不但劳动人民称快，就是上层资产阶级、上层知识分子也会拥护。（周恩来《在中共中央统战部举行的茶话会上的讲话》[1951 年 1 月 20 日]，《周恩来统一战线文选》）

> 对镇压**反革命分子**，请注意打得稳，打得准，打得狠，使社会各界没有话说。（毛泽东《关于镇压反革命》[1950 年 12 月—1951 年 10 月]，《毛泽东文集》第六卷）

"反革命分子"可以简称为"反革命"。"反革命"首先是一种行为，但当它做"反革命分子"的简称时，就转化为社会称谓词，同样指与革命阶级或政权为敌的人。

> **反革命**早几天杀，迟几天杀，关系并不甚大。惟独草率从事，错捕错杀了人，则影响很坏。……我们一定要镇压一切**反革命**，但是一定不可捕错杀错。（毛泽东《关于镇压反革命》[1950 年 12 月—1951 年 10 月]，《毛泽东文集》第六卷）

---

① 吉常宏主编：《汉语称谓大词典》，河北教育出版社 2001 年版，第 242 页。

> **反革命**确实很多。除有大批的职业特务之外，无形的反革命力量还大量到处存在。(《中央公安部关于全国公安会议的报告》[1950 年 10 月 26 日],《建国以来重要文献选编》第一册)

“反革命分子”又可简称为一个“反”字，如后来指“地富反坏”这四类分子时即是如此，例不赘举。

(二)“反革命分子”与“反动分子”

当时还有“反动分子”的提法，是指思想或行动上反对进步、反对革命的人，或被某一政治势力视为敌人的人。

> 第七条……对于一般的**反动分子**、封建地主、官僚资本家，在解除其武装、消灭其特殊势力后，仍须依法在必要时期内剥夺他们的政治权利，但同时给以生活出路，并强迫他们在劳动中改造自己，成为新人。(《中国人民政治协商会议共同纲领》[1949 年 9 月 29 日],《建国以来重要文献选编》第一册)

> 所谓打得稳，就是要注意策略。打得准，就是不要杀错。打得狠，就是要坚决地杀掉一切应杀的**反动分子**(不应杀者，当然不杀)。(毛泽东《关于镇压反革命》[1950 年 12 月—1951 年 10 月],《毛泽东文集》第六卷)

可见“反动分子”含义比较宽泛，而运动中所称“反革命分子”则有具体的标准(详见下文)。“反革命分子”必然都是“反动分子”，但“反动分子”不一定都够“反革命分子”的规格，然“反动分子”中罪行严重者也在该杀之列。

“反革命分子”称谓的影响是相当久远的。从新中国成立初的镇反、肃反两大政治运动一直到划分“四类分子”“五类分子”的时期，它作为新中国成立后历次政治运动的线索称谓，一直是几类“分子”队伍中的一个大家族。因此“反革命分子”称谓从“国史”客观来说，无论在政治学、历史学还是社会学方面，都是一个特别重要的概念，它的同级组合样式见证了新中国成立十七年乃至后来“文化大革命”中的社会政治变动情况。今天，“反革命分子”这一称谓已经失去了它存在的国家政策背景，远离了社会生活实践，成为只保留在旧文献资料中的“残留称谓”。

二、“反革命分子”的外围区别性分类称谓

本节先考察一下与“反革命分子”相关的外围称谓圈，来了解“反革命分子”称谓的社会文化氛围。至于“五类反革命分子”，是反革命分子内部称谓划分的重要一环，我们将在第二节中作专门的深入探讨。

(一)“反革命分子”的限定类型称谓

“反革命分子”从不同的角度加以限定(加上不同的定语)，又可区别出各种情形，诸如“历史反革命分子”“现行反革命分子”与“外逃反革命分子”“漏网反革命分子”等。

“历史反革命分子”是指在新中国成立前进行过反共反人民等反革命活动的人，而

"现行反革命分子"是指在新中国成立后对抗新政权和破坏革命事业的人。这两个称谓虽然在镇反时已经存在,但从与镇反紧密相连的肃反运动开始,便越来越成为具有明显对照意义的一对称谓。

一九五六年,在肃清暗藏在机关内部反革命分子的斗争方面,也取得了重大胜利,陆续查出了一批隐藏较深、罪恶很大的重要**历史反革命分子**和继续进行反革命活动的特务分子。……一九五五年以来肃反斗争中所逮捕和判处的反革命分子,绝大多数是拒不登记坦白、有罪恶、有民愤的**历史反革命分子**和进行现行破坏活动的反革命分子,对于这些反革命分子给予应得的惩罚乃是完全必要的,而且绝大多数案件是办理得正确的。(张鼎丞《关于一九五六年以来检察工作情况的报告》,《人民日报》1957 年 7 月 2 日)

对于那些家伙,宽大处理只能鼓励他们继续反革命,只能鼓励他们继续去破坏我们的铁路、工厂、矿山、农业生产合作社,只能鼓励他们继续杀人,这样,人民的安全和国家的社会主义建设就会得不到保障。……只有从严惩处这些胆敢继续进行破坏活动的**现行反革命分子**,才能使那些顽固的死硬的反革命分子有所畏惧,不敢继续作恶。(《严惩进行破坏活动的现行反革命分子》,《人民日报》1956 年 8 月 23 日社论)

"外逃反革命分子"指已知是反革命而逃逸者,"漏网反革命分子"是指在清查过程中未查出者。例如:

1953 年 12 月破获"破坏普选运动的反革命集团"案,拘捕一批案犯……这伙罪犯均系苏北盐城、兴化、大丰一带的国民党政府乡保长、还乡团分子,曾杀害革命干部和群众达 170 余人,都是有血债、有民愤的**外逃反革命分子**。(上海市杨浦区志编纂委员会编《杨浦区志》第二十九编第一章第一节)

甘肃省查出了混入兰州市工人电影院的反革命分子芦秉林,他原是盛世才统治新疆时的伪监狱官,亲手杀害了中共党员陈潭秋、毛泽民、林基路等同志。江西省余干县航运站查出的反革命分子章光亮,是一个有四十六条人命血债的**外逃反革命分子**,解放后曾五次改名换姓逃避我公安机关的追捕。(张鼎丞《关于一九五六年以来检察工作情况的报告》,《人民日报》1957 年 7 月 2 日)

公安部查出了混入人民公安机关和共产党内部的负有三条血债的**漏网反革命分子**邵万山。反革命分子邵万山,于 1948 年我军围困长春时,将我军情报关系王丕民联络蒋匪 60 军 182 师 546 团搜索排士兵准备起义的实情,密报给蒋匪军谍报组长黄福琨,王丕民因而被敌人逮捕……和准备起义的正、副班长三人,一起惨遭杀害。(《公安部查出一个漏网的反革命分子》,《人民公安》1957 年第 11 期)

四川省垫江县城东乡二字村在基层普选中,**漏网反革命分子**彭文贤故意制造和挑拨干部间的不团结……当地普选人民法庭及时召开大会公审了破坏普选运动的分子，并按选举法规定给他们以刑事处分。（《济南、合肥、凤城等地试办普选人民法庭　保证了普选运动的顺利开展》，《人民日报》1953年9月19日）

（二）“反革命分子”的社会分层类型称谓

在排查反革命分子中，根据反革命分子在社会各领域的分布情形，又把他们分为“外层”“中层”“内层”三种类型。1951年5月21日，中共中央专门发布《关于清理“中层”“内层”问题的指示》，这几个名词也是毛泽东等中央领导人文稿、指示中经常使用的概念。

关于镇压反革命，目前重点仍在“外层”，但对“中层”“内层”的首脑机关及要害部门必须及时加以清理。（毛泽东《转发饶漱石关于镇反中清理外中内三层等问题的报告的批语》[1951年4月2日]，《建国以来毛泽东文稿》第二册）

“外层”“中层”“内层”的具体指称是什么呢？毛泽东指出：

镇反包括：（一）社会上的反革命；（二）隐藏在军政机关旧人员和新知识分子中的反革命；（三）隐藏在党内的反革命。镇压这三方面的反革命，当然要有步骤。（毛泽东《关于同意上海市委镇反计划给饶漱石的电报》，《建国以来毛泽东文稿》第二册）

社会上、军政机关中、党内，这三个方面的反革命代表着三种社会领域，是对“外层”“中层”“内层”的具体解说。对这三层的其他解说都是在此基础上形成的，有时措辞不同，但所指是一样的。

3. 注意“**中层**”，谨慎地清理旧人员及新知识分子中暗藏的反革命分子。4. 注意“**内层**”，谨慎地清理侵入党内的反革命分子，十分加强保密工作。（注释[1]镇压反革命的工作，分为外、中、内三层。清理“**外层**”，是指清查隐藏在社会上的反革命分子；清理“**中层**”，是指清查隐藏在我军政机关内部的反革命分子；清理“**内层**”，是指清查隐藏在我党内的反革命分子。（毛泽东《中共中央政治局扩大会议决议要点》[1951年2月18日]，《毛泽东选集》第五卷）

这种分层出现的称谓词，忠实记录了当时的反革命分子社会分布的复杂情况，说明了新中国成立初巩固政权工作的艰巨性。

（三）与分层清查相关的“旧人员”“留用人员”等称谓

新中国成立后，对解放前国民党军政人员以及抗战时的敌伪人员，都统称为“旧人员”。清查“外层”即社会上的反革命，他们无疑成了重点对象。于是“旧人员”也成为当时经常使用的一个重要概念。

华北局这个关于审查旧人员和新知识分子的典型经验极好。有了这个经验，就使我们对于现有参加工作的百余万旧人员和新知识分子的审查有了充分的把握。（毛泽东《转发河北省农业厅审查旧人员的经验的批语》[1951年4月20日]，《建国以来毛泽东文稿》第二册）

一九五〇年下半年，抗美援朝和参军运动的高潮刚刚过去，作为“镇反运动”前奏的《反动党团分子登记条例》公布了。凡是加入过国民党，在党、政、军等部门担任过职务的旧人员，不论是留用人员还是闲居在家，一律要向政府设立的“登记处”进行登记。（吴越《破译密码的奇才》，《作家文摘》1995年第6期）

新中国成立前机关单位中的“旧人员”，如果新中国成立后继续被留用任职，就称为“留用人员”。清查“外层”即机关中的反革命，他们无疑成了重点对象，于是“留用人员”也成为当时的一个重要概念。

二月九日关于重新部署镇压反革命及对**留用人员**试行三查的报告，收到。同意你们的计划和办法，望坚决执行之。（毛泽东《中央对华北局部署镇反及审查留用人员报告的复电和批语》[1951年2月10日]，《建国以来毛泽东文稿》第二册）

决定遵照中央指示，在今年夏秋两季，采用整风方式，对**留用人员**和新吸收的知识分子普遍地初步清查一次。（毛泽东《镇压反革命必须实行党的群众路线》[1951年5月]，《毛泽东选集》第五卷）

目前这个队伍，一部分是老干部，一部分是新发展的，一部分是**留用人员**。（陈云《一九五一年财经工作要点》，《陈云文选》第二卷）

“留用人员”又称“留任人员”：

在**留任人员**中清理反动分子，湖北省一级已有一个经验，现在西南方面又有了一个更完全的经验。（毛泽东《转发西南公安部关于财经交通部门清理反动分子总结报告的批语》[1951年3月18日]，《建国以来毛泽东文稿》第二册）

“旧人员”既可以指在新中国成立后，政府继续给予安排工作的在旧社会机关的办事人员，还可以包括旧社会机关办事人员中没有被新政府继续留用，闲居在家的人。所以“旧人员”和“留用人员”是包容概念(前者包括后者)。这两个称谓暗示着当时政权交替中对机关办事人员的波及，说明党和政府对旧社会机关办事人员的态度和处理办法。这些“留用人员”“旧人员”都是从旧社会转过来的，有着这样那样的历史关系，所以在镇压反革命运动中理所当然地会成为重点排查对象。

第二节　由“反革命分子”的五大类别看镇反运动的关注焦点

“反革命分子”当然就是镇反运动的对象，但它只是一个泛称，在运动中有具体的所指，其内部划分有五类：土匪(匪首、惯匪)、特务、恶霸、反动会道门头子和反动党团骨干分子，所以有“五类反革命分子”之称。

目前全国极大部分地区，在对于土匪、恶霸、特务、反动党团和反动会道门等**五类反革命分子**，实行逮捕、处决和关押了其中大量的首恶分子以后，这些反革命残余势力已经受到了极其严重的打击。（周恩来《政治报告——一九五一年十月二十三日在中国人民政治协商会议第一届全国委员会第三次会议上的报告》，《人民日

报》1951 年 11 月 3 日)

经过大张旗鼓地镇压反革命,群众发动起来,严重打击了土匪、恶霸、特务、反动党团和反动会道门**五类反革命分子**,地方治安业已巩固。(习仲勋《为开展增产节约运动而奋斗——一九五一年十一月二十九日在西北军政委员会第四次会议闭幕时的总结报告》,《人民日报》1951 年 12 月 3 日)

目前全国极大部分地区,在对于土匪、恶霸、特务、反动党团和反动会道门等**五类反革命分子**,实行逮捕、处决和关押了其中大量的首恶分子以后,这些反革命残余势力已经受到了极其严重的打击。(周恩来《政治报告——一九五一年十月二十三日在中国人民政治协议商会议第一届全国委员会第三次会议上的报告》,《人民日报》1951 年 11 月 3 日)

“土匪”“特务”“恶霸”等,如今都是躺在辞书里的一般词汇,但就社会语言学而言,它们在镇反运动中都有具体的指称对象,代表着特定的社会群体。它们都是官方规定的“反革命分子”这一总称内部划分出来的下位概念,是围绕当时巩固新中国政权和打击反动势力而形成的。因此,这五类反革命分子的称谓,可以说能够联系起整个镇反运动的基本特征。下面我们就分门别类地来看一看它们在当时的社会特征。

一、“土匪”

(一)“土匪”的词汇意义与新中国成立初期的社会指称意义辨析

“土匪”的词汇意义本指打家劫舍、为非作歹的地方武装匪徒,“土”取其本乡本土或土著之意。但从社会语言学方面来看,“土匪”在不同的历史时期又有不同的指称对象,其社会意义有所不同。

新中国成立初期的土匪武装大致有三种:一是原来的职业惯匪;二是地主恶霸组织的地方土匪武装;三是国民党残余武装。前两种可算作本来意义上的土匪,后一种则主要由被打垮的国民党正规部队转化而来。可见此时的土匪已大大超出了原来“土”的范围。这些土匪武装在新中国建立后分股流窜,继续与人民为敌,给新政权的巩固和人民生活的安定带来极大危害。为消除隐患,1950 年 3 月 16 日党中央发出了《剿灭土匪,建立革命新秩序》的指示,自此,一场大规模的剿匪斗争迅即在全国各地展开,人民解放军先后抽调 39 个军 140 多个师大约 150 余万人的兵力,从 1950 年到 1953 年,歼灭匪特武装 240 余万人。与剿匪同时,对残余和潜藏的土匪予以肃清,这叫作“清匪”。所以剿匪斗争是解放战争的继续。

这些“与革命阶级和政权为敌”的土匪,理所当然地成为镇反运动中“反革命分子”之一种。可见被武力进剿的土匪与镇反中被镇压和惩治的土匪是密切相连的,只不过前者是拿枪的土匪,后者是放下武器和被缴械捉拿归案的土匪。除在剿匪中被击毙的以外,镇反中对各种土匪均须依照《惩治反革命条例》予以惩治,罪行严重者要判刑直至处决，另外在政治上还要戴上一顶“反革命分子”帽子，当然其中需要区别一般土匪和匪首、惯匪等（参见下文）。

（二）“土匪”种种区别性称谓及其社会指称

1.“土匪”的存在形式分类称谓

新中国成立初期的土匪，依其存在形式又有“股匪”“残匪”“匪众”“散匪”“潜匪”等分别。

我们先看“股匪”和“残匪”。国民党残余的土匪武装，其活动方式是分股流窜，妄图采用所谓“大陆游击”的形式同我解放军长期较量。这种分股流窜游击的土匪叫作“股匪”，有资料表明，仅华东地区就有土匪700余股，西南地区四川有土匪300多股，云南有148股，贵州有土匪541股，其他地区如东北、广西、大别山区等，都有大量股匪。剿匪运动初期我军打击的重点对象就是股匪；当股匪大部分被消灭后，残余的土匪就是“残匪”，可由地方武装和民兵继续加以肃清。

望继续不懈，坚持到底，于三月底以前肃清福建一切**股匪**。（毛泽东《关于继续肃清福建一切股匪给叶飞的电报》（1951年2月26日），《建国以来毛泽东文稿》第二册）

1950年起，主要以闽、浙为重点，分兵进剿**股匪**。以野战军8个正规团为主力，在福建境内全面展开剿匪，一举歼灭了活动于闽北地区的重要**股匪**“中华民族自救军闽北总指挥部”。浙江、苏南、皖北等地区的剿匪部队也先后歼灭“国防部第三纵队”、“苏皖军区第三纵队”等**股匪**。（《华东剿匪》，唐涛等主编《清剿匪特》）

福建的军民并没有因为有了上述成绩而骄傲麻痹。人们清楚地知道：**股匪**虽已基本肃清，但面对着福建的台湾省和金门岛尚未解放，海上的土匪、特务还时时企图潜入作乱，大陆上分散的**残匪**一千多人和潜伏的反革命分子，也待继续肃清。（《福建人民的胜利》，《人民日报》1951年6月20日）

从1951年6月起，主要是肃清**残匪**。这一任务主要由地方武装、公安部队和民兵承担。在中共各级地方党委统一领导下，经过一年多的斗争，终于肃清了陆上**残匪**，平息了匪患。（《华东剿匪》，唐涛等主编《清剿匪特》）

另外，新中国成立初期，也把逃往台湾的国民党军队叫作“残匪”，与大陆的剿匪和镇反关系不大，例不赘举。

下面再看“匪众”“散匪”和“潜匪”。很显然，聚集在一起的土匪团伙叫作“匪众”；相比较而言，被打零散的土匪就是“散匪”；而被打散后潜藏于普通民众中间的土匪即“潜匪”。

你们五月七日电收到，四月份全歼残匪近三万人，残余**匪众**只剩一万五千人，甚慰。（毛泽东《关于鼓励部队继续剿匪给广西军区的电报》[1951年5月16日]，《建国以来毛泽东文稿》第二册）

对于一切手持武器，聚众暴动，向我公共机关和干部进攻，抢劫仓库物质之匪众，必须给以坚决的镇压和剿灭，不得稍有犹豫。（《中共中央关于镇压反革命活动的指示》[1950年3月18日]，《建国以来重要文献选编》第一册）

必须把一切股匪潜匪肃清，一切匪首捉起，一切非法枪支起掉。（毛泽东《关于统一领导完成广西剿匪土改等任务给陶铸的电报》，《建国以来毛泽东文稿》第二册）

解放军野战部队、地方部队结合广大人民，正逐一剿灭大小股匪，捕捉散匪、潜匪。（《中国青年》1950年第5期）

与此同时，警备部队在清查市内潜匪中，先后查获匪六十二军中将副军长韩潮、匪“广东反共救国军”少将副指挥胡祖介等校级以上军官四十八名。（《海口秩序迅速恢复 接管工作顺利进行》，《人民日报》1950年5月21日）

广东除边沿山区尚有小部股匪流窜外，腹心地区的股匪已被基本肃清。其中潮汕、兴梅、东江、西江等地区的散匪亦已基本肃清。（《中南区匪患基本肃清 上半年歼匪二十一万》，《人民日报》1950年8月18日）

2.“土匪”泛称及身份地位方面的分类称谓

这方面的称谓我们举“土匪”“土匪分子”“匪首”和“惯匪”为例，因为这是“镇反”中处理土匪需要区别对待的。

“土匪”是一个总称和泛称，也可用作个体称谓指其成员。但土匪成员的具体情形和性质有所不同：有一般土匪，有职业土匪；有兵丁喽啰，有土匪头子等。土匪成员皆可称为“土匪分子”，土匪首领即“匪首”，那些劫盗成性的职业土匪则称“惯匪”。镇反中对“土匪”这类反革命的惩治和镇压，主要是针对匪首和惯匪以及其他有血债者。对这些称谓我们合并举例如下：

在剿匪地区，对于土匪过去的犯罪行为，只要他们投降，改邪归正，一般是可以既往不咎的。但对于继续抵抗的土匪首领，有政治背景的土匪分子，窝藏与勾结土匪的豪绅地主，继续抵抗不愿改邪归正的惯匪，应加以严厉处罚，处以长期徒刑或死刑。……在实行上述各项镇压反革命活动和土匪的行动中，决不应发生乱打乱杀、错打错杀的现象。（《中共中央关于镇压反革命活动的指示》[1950年3月18日]，《建国以来重要文献选编》第一册）

不杀匪首和惯匪，则匪不但无法剿尽，且越剿越多。（毛泽东《致黄炎培》[1950年2月17日]，《毛泽东书信选集》）

镇压反革命必须严格限制在匪首、惯匪、恶霸、特务、反动会门头子等范围之内，不能将小偷、吸毒犯、普通地主、普通国民党党团员、普通国民党军官也包括在内。（毛泽东《关于镇压反革命》[1950年12月—1951年10月]，《毛泽东文集》第六卷）

另外，当时的土匪还有一个明显的特点，那就是与地主、恶霸、特务、间谍相互勾结，狼狈为奸，最终使整个五类“反革命分子”互有牵连。这一方面的称谓分析，我们在下面还要有所体现。

二、"恶霸"

(一)"恶霸"意义及其在新中国成立初政治运动的指称意义辨析

"恶霸"是自古就有的称谓,它指"依靠暴力或权势,独霸一方,欺压人民的坏人"[①]。但它的确切指称意义又随着涉及的具体运动而又有所差别。新中国成立初在农村进行的清匪反霸和土地改革运动,理所当然地要牵扯到恶霸;在城里厂矿企业、码头及其他行业进行的民主改革运动,也要牵扯到恶霸(把头、工头、帮会头子等)。

> 凡称**恶霸**,是指依靠或组成一种反动势力,称霸一方,为了私人的利益经常用暴力和权势去欺压与掠夺人民,造成人民生命财产之重大损失,查有实据者。(《政务院关于划分农村阶级成分的决定》[1950 年 8 月 20 日],《建国以来重要文献选编》第一册)

所谓"称霸一方"不仅适合农村,而且适合城市。

> **恶霸**,指过去在城市或农村中,依靠组织一种反动势力,称霸一方,用暴力和权势欺压群众,罪恶重大,查有实据的分子(《中央十人小组关于反革命分子和其他坏分子的解释及处理的政策界限的暂行规定》[1956 年 3 月 10 日],《中共党史参考资料》第二十一册)

这个定义就加上了"城市或农村中"的限定成分,并且强调了个体的"分子"概念,以便与"反革命分子"联系起来。

可见当时农村的土改反霸,城市的民主改革,全国的镇反,这三方面同时而交叉进行的运动,都涉及"恶霸"称谓。但具体说来,处置情形或对待方式有所不同:前两方面强调恶霸的恶性和霸性,重在发动群众,展开对恶霸的揭发、清查和批判斗争;而镇反运动,则强调恶霸的反革命性质,重在对恶霸进行政治和法律上的定性、定案处理。三方面运动中的恶霸,职业出身或有不同,但在镇反中被列为反革命分子队伍中的一员时,也就三位一体了:不再仅仅是一城一地的所谓地头蛇,而是与国民党等其他反革命残余势力相勾结,对抗新政权和危害新社会的反动性极强的恶势力。说到恶霸的职业出身,则是十分复杂的,他们可能是土匪、地主、行帮头子、地痞流氓等。

(二)"恶霸"及其限定类型称谓

这方面的称谓我们举"恶霸""恶霸分子""普通恶霸""恶霸地主"为例,这在土改和镇反中往往带有区别意义。

"恶霸"既可作为一个总称和泛称,亦可用作个体称谓。但当强调个体的时候,可称为"恶霸分子",带有明显的贬义色彩。与罪大恶极的"大恶霸"相比有"普通恶霸",本身

---

① 吉常宏主编:《汉语称谓大词典》,河北教育出版社 2001 年版,第 220 页。

是地主而仗势欺压良善称“恶霸地主”，镇反中与政治联系起来称“反革命恶霸分子”，等等。我们将这些称谓合并举例如下：

在湘西二十一个县中杀了一批匪首、**恶霸**、特务，准备在今年由地方再杀一批。我以为这个处置是很必要的。只有如此，才能使敌焰下降，民气大伸。如果我们优柔寡断，姑息养奸，则将遗祸人民，脱离群众。(毛泽东《关于镇压反革命》[1950年12月—1951年10月]，《毛泽东文集》第六卷)

此外，在这次枪决的反革命分子中还有一些是罪大恶极的**恶霸分子**和长期扰乱社会秩序，解放后仍持枪抢劫的惯匪分子。(《巩固人民民主专政，保障生产建设！广州枪决一批反革命首恶 上海逮捕一批潜伏工厂的特务和恶霸》，《人民日报》1951年4月15日)

再有一类是**恶霸地主**，他们都称霸一方，在北京四郊有“东霸天”，“南霸天”、“西霸天”、“北霸天”。同志们！我们北京有几个郊？就是四个郊！都叫他们给“霸”了。(《在北京市、区各界人民代表扩大联席会议上 罗瑞卿兼局长关于处理反革命罪犯的报告》，《人民日报》1951年5月22日)

开会了，乡亲们坐在火热的太阳下动也不动地听着政府宣布反革命罪犯的名单及罪状。当宣布**恶霸地主**张汝谦的名字时，石太庄群众马上高兴得叫起来：“解决问题了！”(《北京南苑处决反革命分子 千万农民同声称快》，《人民日报》1951年5月27日)

在镇反中，为了彻底铲除这伙骑在人民头上作威作福的封建地主恶霸匪首，召开公审大会二十多次，坚决杀掉文传声、陈德基、欧觉民等一批大匪首、**大恶霸**，广大群众欢天喜地。(主惠珍《为巩固新生的革命政权而斗争》，《贵州公安资料》第2辑)

望注意镇反工作。凡与剿匪有关的匪首**恶霸**大特务，可由军区军分区的军事法庭判处死刑；凡与剿匪无关的反革命重要分子，则由地方法院及军管会的军法处判处死刑；乡村**普通恶霸**及不法地主，则由农民斗争、监视及由人民法庭判刑，如此分三方面进行，可期迅速，又较妥当。(毛泽东《关于对反革命分子判刑问题的电报》[1951年1月22日]，《建国以来毛泽东文稿》第二册)

市公安、司法机关……选择了一批罪大恶极、人人痛恨的**恶霸分子**作为第一批处理的对象。扬帆在详细地报告了这批**反革命恶霸分子**的罪行后说：这一批**反革命恶霸分子**，均是各霸一方，无恶不作，倘不加严办，就不足以平民愤。他说：这第一批处理的**反革命恶霸分子**，业经公安、司法机关依靠人民群众提供的人证物证，按照中华人民共和国惩治反革命条例的规定，提请处以死刑。(《上海市举行第二次市、区各界人民代表扩大会议讨论处理反革命罪犯问题》，新华社新闻稿1951年6月)

(三)城市恶霸称谓与民主改革运动

20世纪50年代初与农村土改交叉进行的还有城市的民主改革运动，主要内容是，在工矿企业和私营工商业中，废除残存的封建把头制，实行新的民主管理制度。1950年，政务院和中央相关各部，相继出台了废除把头制度、搜身制度以及建立工会和劳资协商制度的有关文件。

把头制又称把持制，是封建雇用关系中具有垄断性的中间剥削制度。封建把头在工矿企业中指那些受雇于资本家的管理者，在社会其他行业中指那些与官府勾结的行帮头子或地痞流氓。他们把持一方，垄断劳动力的雇用，对工人进行残酷的剥削和奴役，同样具有"恶霸"性质。这方面涉及的称谓有"把头""包工头""帮头""脚行头"等，上海还有个带洋味的"拿摩温"。另外戏剧界有个专门的"戏霸"，行业霸主还要有个比喻性称谓"码头老虎"。

"把头"一称，古代就有了，《汉语大词典》释为"旧时称把持一方或某一行业的行帮头目"，这理应成为新社会打击的对象。"包工头"指承揽某项工程或工作后自己雇用工人从中剥削的人。"帮头"指某行业中人结成行帮的首领。"脚行头"指搬运行业的头领。以下是有关中央文件中的例子：

> 原来**把头**不得在矿场担任行政管理工作；其罪恶昭彰群众痛恨者，工人可经过法律手续提出控告。(《燃料工业部关于全国各煤矿废除把头制度的通令》[1950年3月21日]，《中央人民政府法令汇编(1949—1950)》
>
> 第一条　废除搬运事业中的**包工头**、**把头**、**帮头**、**脚行头**等的封建把持制度。由各地人民政府设立搬运公司，统一承揽搬运当地公私营企业、机关、团体、部队的货物。(《政务院关于废除各地搬运事业中封建把持制度暂行处理办法》[1950年4月3日]，《中国工人运动文献汇编(1949—1950)》)

旧上海是洋人的天下，工厂的把头、工头称"拿摩温"，它是英语 number one 的音译，"拿摩温"制度就是把头制度。

> 特别是对于"把头"、"**拿摩温**"等，尤应详加分析，按其罪恶轻重、劣迹多少、过错大小和解放后有无悔改表现等具体情况，分别对待，切不可笼统地"打倒一切"。(《中共中央关于清理厂矿交通等企业中的反革命分子和在这些企业中开展民主改革的指示》[1951年11月5日]，《建国以来重要文献选编》第二册)
>
> 徐义德不顾我们死活，不拿我们当人看待，吸了我们的血汗，累垮我们的身体，还要压迫我们，抄身制虽说废除了，**拿摩温**还骑在工人的头上哩！这次民改，应该把**拿摩温**取消！(周而复《上海的早晨》第三部37)

"戏霸"是指能够垄断或操纵戏剧界的人物，他们可能是戏班主，也可能是头牌权威演员，或者是社会上其他有势力的人物。

> 1950年1月1日，北京人民艺术剧院成立。李伯钊、曹禺先后任院长。同年初，社会上开展了"镇反"，除掉了天桥的**戏霸**，解救了评剧演员，进而帮助新凤霞进行演出。(《北京市戏剧事业繁荣发展》，《社会主义时期中共北京党史纪事》

第二辑）

横布条给书上“北京戏曲界镇压反革命戏霸宣判大会”。……大会主席在宣判：“反革命分子，戏霸袁世卿，丁横，张绍栋等……对戏剧界人民群众进行欺榨，剥削，逼害，罪行昭著。”（李碧华《霸王别姬》第七章）

“码头老虎”有两方面的含义：一是指港口、码头上的恶霸，二是指江湖上尤其是曲艺界的艺术权威或大腕演员（江湖术语“码头”喻地盘）。

解放初期，党和政府虽然曾在不少工厂、企业、码头进行清除封建残余分子的工作，如 1950 年 11 月 17 日公审和镇压了广州码头大恶霸之一“码头老虎”梁广成等。（《广州市志》第三编第一章第一节）

过去，江南有不少乡镇是评弹的书码头，书场多，听客也多。……弹唱《双珠凤》的王斌泉、王如泉兄弟俩，王斌泉是响档先生，有“码头老虎”之称，道众在码头上碰着他，总要漂着回来。（王公企《王月香和她的“王月香调”》，《苏州杂志》1999 年第 6 期）

评弹艺人说书出了名，道中行话称响档或大响档，通常尊称为名家。这些名家有的还冠有赞誉或谑喻的种种称号。……有“码头老虎”之称的王斌泉、夏冠如，蜚声江浙城乡码头，无与匹敌。（平顺《趣谈评弹名家的艺术誉称》，《苏州杂志》2000 年第 6 期）

前一个引例“码头老虎”指的是码头恶霸，将这种人比成“老虎”，取其凶狠残忍的一面；后两例“码头老虎”指评弹界的名家，显然是用“老虎”威武称雄的一面做比。两种意义有内在联系，外在表现是感情色彩褒贬的差异。即便是褒义的“码头老虎”，随着时代风云的变幻，说不定也会转为贬义。

我们将民主改革中的“把头”“帮头”“戏霸”等称谓放在镇反中写，因为这些称谓指称的人如果罪恶严重，自然会被人们归入“恶霸”行列，到镇反中被作为“反革命分子”的成员加以镇压，如《霸王别姬》中的戏霸袁四爷，就是被定为“反革命分子”然后枪毙的。所以它们都可以看作“恶霸”的相关称谓。

三、“特务”

“特务”本义指“经过特殊训练，从事侦察、潜伏破坏、颠覆等任务的人”[①]，是一个泛指性称谓，“特务分子”则是其个体称谓。而到了新中国成立初镇反运动，“特务”就特指新中国成立前参加国民党特务组织、汪伪特务组织或帝国主义间谍组织的分子，新中国成立后参加特务间谍组织或受特务间谍机关指使潜伏、派遣的分子，或者在特务间谍组织收买下积极进行特务间谍活动的分子。[②] 由此可知，“间谍”在当时是“特务”称谓的同类相关称谓，也正是由此，这一时期的“特务”“间谍”才成为“反革命分子”的重要一

① 吉常宏主编：《汉语称谓大词典》，河北教育出版社 2001 年版，第 906 页。

② 《最高人民法院 1955 年肃清反革命分子斗争审判工作经验初步总结》，人民网·法律法规库。

员，并且衍生出一个相当形象的称谓词："电线杆"。

国民党反动派在大陆若干地区内采取了土匪游击战争的方式，煽动了一部分落后分子，和人民政府作斗争。国民党反动派又组织许多秘密的**特务分子**和**间谍分子**反对人民政府，在人民中散布谣言，企图破坏共产党和人民政府的威信。（毛泽东《为争取国家财政经济状况的基本好转而斗争》[1950年6月6日]，《毛泽东选集》第五卷）

对于罪恶较轻而又表示愿意悔改的一般**特务分子**和反动党团的下级党务人员，应即实行管制。加以考察。这些分子如继续进行反革命活动，则应予以严厉制裁。……对于帝国主义的**特务间谍组织**和**特务间谍分子**，必须予以严厉的打击。已逮捕者，应分别情况，依法惩处，未逮捕而有证据或有重大嫌疑者，应依上级指示，予以逮捕。（《中共中央关于镇压反革命活动的指示》[1950年10月10日]，《建国以来重要文献选编》第一册）

同时，顺便到各处钻一钻，看看是不是能在这边就找上**电线杆**，接上关系。（注：美蒋特务打入我国境内，设站相连，企图深入后方，这种潜伏的破坏分子名之为"**电线杆**"。）（《肃反小说选》）

而由于当时特务性质特殊，特指与土匪、国民党互相勾结的特务，于是"蒋匪特务""台湾匪特""国民党匪特""国民党特务"等特定时期的限定性"特务"类称谓词出现，标志出了当时的特殊背景，即当时的"特务"主要是受雇于国民党及其他反动势力，从事颠覆新中国的反革命活动。而"匪特"称谓本身，就是"土匪"与"特务"的合称，这也自然表明了当时的反革命分子互相勾结，身份共兼的特性。

今年四月初，当血债累累的**国民党特务**曾宪成被逮捕归案后，湖北省钟祥附近各县的人民都欢欣若狂，到处传报着"抓到曾黑子（曾匪的混名）了"和"五月一日公审曾黑子"的喜讯。（《湖北钟祥县三万多人公审特务匪徒曾宪成》，《人民日报》1950年5月26日）

暴动事件均有如下两个基本特点：第一、是**蒋匪特务**、土匪、结合恶霸、地主有计划的阴谋破坏。（《中央公安部关于新区匪特暴乱夺粮情况的综合报告》[1950年4月10日]，《中华人民共和国经济资料选编（1949—1952）》）

据西南报告，**台湾匪特**曾密令民生公司潜伏特务，不惜任何代价破坏我之航运与物资，一切损失由台匪按原吨数补偿。（罗瑞卿、杨奇清《关于经济企业部门遭受破坏的情况简报》[1950年3月23日]，《中华人民共和国经济资料选编（1949—1952）》）

三、对怙恶不悛的**匪特分子**和惯匪，依法处以长期徒刑或死刑。四、凡勾结、窝藏上述3项重要反革命分子而情节重大者，依法处以长期徒刑或死刑。……上述各项重要反革命分子之判决死刑者均不得上诉。（《政务院、最高人民法院关于镇

压反革命活动的指示》,《人民日报》1950年7月24日)

从二月底开始到处活动的**国民党匪特**所组织的“游击战争”,业已遭到我剿匪部队的致命打击,消灭了土匪四十万,所有较富庶的腹心地区和交通要道都已净化,其余窜逃至边沿山地的残余匪特已不难肃清。(邓小平《开国一年在西南》,《人民日报》1950年10月1日)

四、“反动党团骨干”

《最高人民法院1955年肃清反革命分子斗争审判工作经验初步总结》指出:

反动党团骨干分子是指1946年解放战争开始以后任国民党区分部委员、三青团区队长——包括副职——以上和相当于该级的其他反动党派如青年党、民社党、阎锡山的同志会等有罪恶和有民愤的分子。至于解放战争以前的反动党团骨干分子包括汪伪国民党在内,如有严重的罪恶和民愤,也应该以反动党团骨干论。

由此可以明确“反动党团”是指那些反动的、与人民为敌的党派团体,如:1950年3月10日,青岛市军管会发布《青岛市反动党团登记实施办法》,勒令国民党、三民主义青年团、民主社会党、青年党、新社会革命党和青年工作总队的成员,限期到市公安局设立的专门登记机构登记。登记工作至1950年底结束,共登记反动党团成员3980名;对主动登记、真诚悔过的宽大处理既往不咎,对抗拒登记或登记后继续进行反革命活动的,视情节轻重分别给予剥夺公民权、管制或逮捕法办等处理。这些反动党团中起主要作用的人物即为骨干分子,“反动党团骨干分子”亦可简称为“反动党团骨干”。

“保密局”、“大陆工作处”的各式各类的特务,也有一般的反动军官、**反动党团骨干**、反动道首和他们所组织的反动组织。这样的暗藏的反革命分子无论在财政经济界、政治法律界、文化教育界和各党派、各团体中都有。(《肃清一切暗藏的反革命分子》,《人民日报》1955年7月3日社论)

在区分“反动党团骨干”的时候,涉及“一般反动党团分子”“反动党团员”(“反动党团分子”)这两个称谓,“反动党团员”应是包括“反动党团骨干”和“一般反动党团分子”的概括性称谓,而“一般反动党团分子”应是指虽加入反动党团,但并不担任重要职务,没有严重罪行的人,因此,他们享有选举权和被选举权。

四个月来在各较大的企业单位都建立了专门的经济保卫机构,加强了调查研究,进行了**反动党团员**的登记工作。(《加强了经济保卫工作 山东各企业事故减少》,《人民日报》1950年10月26日)

其原因:第一、反革命确实很多。除有大批的职业特务之外,无形的反革命力量还大量到处存在。**反动党团员**、地主、会道门、流散军官、教会和大批的旧公务人员中的落后分子等,或是他们的社会基础、或是他们的活动对象,特别是地主阶级则是反革命可靠的社会基础。(《中央公安部关于全国公安会议的报告》[1950年

10月26日],《建国以来重要文献选编》第一册)

一般反动党团分子或一般反动会道门分子,在其向人民政府登记或申明后,一贯遵守政府法令,没有反动行为者,有选举权和被选举权。(《中央选举委员会关于选民资格若干问题的解答》[1953年4月3日],《人民日报》1953年4月6日)

五、反动会道门及其相关称谓

(一)"会道门"概念演进及其与"镇反"的关系

"会道门"不是指某一种组织,而是所有带有宗教和封建迷信色彩的民间秘密结社组织的总称。历史上,民间宗教组织大体分为两大类:一为"会门",如大刀会、红枪会、小刀会等;二为"道门",如九宫道、先天道、一贯道、归根道等。它们形成于明清,道门又略早于会门,系由一些秘密教门演变而来,其渊源至少可追溯至元代的白莲教。一般来说道门偏重于宗教,会门偏重于武装。但二者并无严格的界限,有的既称道,又称会。会门和道门,合称为"会道门"或"道会门"。

新中国成立初期的"会道门"又有了特殊的社会影响。史料表明,解放初期全国共有会道门300余种,道首和骨干分子约82万人,道徒约1300万余人。许多会道门组织及其成员,在外国势力和国民党特务机关的指挥策动下,大肆进行造谣破坏,杀害干部群众,奸污妇女,诈骗财物,对抗人民政府的政策法令,破坏抗美援朝和土地改革,有的甚至组织反革命武装暴乱,给国家、社会和广大人民群众造成了严重的危害。这类对抗新政权、危害社会和人民的会道门,已经脱离了一般民间宗教组织的性质,带上了反动的性质,因此反动会道门被作为镇反的主要对象之一,列入反革命的行列加以惩治,具有重要的历史意义。

与反动会道门发生关系的社会称谓有一大批,下面就分别加以叙述。

先看"反动会道门头子"及其同类称谓。政府历来的政策是"首恶必办,胁从不问",所以被当作反革命分子惩办的只限于那些"反对会道门头子",或称"反动道会门头子",同类的称谓还有"反动会门头子""会道门大首领""反动会道首""会首""道首",合并举例如下:

除了重要特务、匪首、惯匪和反动会道门头子及其他重大案犯,一律不得假释或保外就医外,其他如有严重慢性病或急性病……得由其亲属暂行保外就医。(《最高人民法院中南分院、中南司法部关于判刑十年以上的罪犯可否准予保外治病问题的批复》[1953年1月20日])

第三条 下列反革命分子……皆依本办法管制之。一、反革命特务分子;二、反动党团骨干分子;三、反动道会门头子……(公安部《管制反革命分子暂行办法》,《人民日报》1952年7月17日)

镇压反革命必须严格限制在匪首、惯匪、恶霸、特务、反动会门头子等范围之内,不能将小偷、吸毒犯、普通地主、普通国民党党团员、普通国民党军官也包括在

内。(毛泽东《关于镇压反革命》,《毛泽东文集》第六卷)

他们和农村中的匪首、惯匪、恶霸不同,也和城市的恶霸、匪首、大流氓头子及**会道门大首领**不同。(毛泽东《镇压反革命必须打得稳,打得准,打得狠》[1950年12月—1951年9月],《毛泽东选集》第五卷)

对已登记的**反动会道首**应严加管制。对那些继续与人民为敌的**反动会道首**,应继续予以严厉镇压。我们一定能把**反动会道首**的新阴谋彻底粉碎!(《粉碎漏网的反动会道首的新阴谋》,《人民日报》1951年6月5日)

关于摧毁一贯道,北京的经验是很成功的。一是长期侦察布置,不是仓促举行;二是临时向群众宣传,孤立**道首**……(毛泽东《中央转发北京市委关于摧毁一贯道报告的批语》[1951年2月28日],《建国以来毛泽东文稿》第三册)

同时,各地又向**道首**、**会首**们宣传政府的宽大政策,动员他们登记退道。截至三月底止,二十二个县已登记退道的封建迷信**道首**、**会首**共三千五百十七人;二十五个县退道道众已达九万五千八百三十人。(《破除封建迷信群众觉悟提高 察省十万道徒退道》,《人民日报》1950年5月14日)

一切**会首道首**必须向政府进行登记,悔过自新,缴出武器、印信、文件及会内财物,政府将酌情予以宽大处理。(《山西有重点取缔会道门 八万一贯道徒自动退道》,《人民日报》1950年11月28日)

会道门的中下层人员称谓还有“办道骨干”“办道人员”“道徒群众”“教徒群众”等,在镇反中这都是要区别对待的,例不赘举。

另外各种会道门内部还有严密的人事组织,各层人员也有五花八门的称谓,如“堂长”“副堂长”“堂主”“坛主”“乩生”“点传师”等,还有的道首竟称“皇帝”“大元帅”,此是另一方面的问题,这里不加涉及。

在1956年,中央又进行了肃清暗藏在机关内部反革命分子的斗争,简称“肃反”,这次运动仍以反革命分子为主要运动对象。肃反运动虽然在新中国成立十七年中也具有重要意义,但由于所见称谓与镇反运动所涉及大致相同,本文不再重复。

第二章 “老虎”“五毒分子”与“三反”“五反”运动

本章涉及的主要称谓如下：

<table>
<tr><td rowspan="4">第一节</td><td>一</td><td>贪污分子、大贪污分子、中贪污分子、小贪污分子</td></tr>
<tr><td>二</td><td>贪污犯、大贪污犯、中贪污犯、小贪污犯</td></tr>
<tr><td>三、四</td><td>老虎、大老虎、中老虎、小老虎、思想老虎、真虎、假虎、真老虎、假老虎、贪污嫌疑分子、贪污嫌疑犯、打虎队、打虎积极分子、打虎队长、打虎队员、打虎骨干、打虎将、武松</td></tr>
<tr><td>五</td><td>贪污分子、浪费分子、官僚主义分子、“三害”分子</td></tr>
<tr><td rowspan="3">第二节</td><td>一</td><td>五毒分子、行贿分子、行贿犯、盗窃分子、盗窃集团、盗窃犯、不法商人、不法资本家、不法资产阶级分子、老虎、大老虎、打虎队、奸商、不法奸商、大奸商、投机商人</td></tr>
<tr><td>二</td><td>五类工商户、守法户、基本守法户、半守法半违法户、严重违法户、完全违法户</td></tr>
<tr><td>三</td><td>私人工商户、独立工商户、独立手工业户、家庭商业户、大户、重点违法户、重点户</td></tr>
</table>

新中国成立后，由于资产阶级腐朽思想的侵蚀，以及有关制度的不完善，党政军机关和经济部门中滋长着贪污、浪费和官僚主义。在 1951 年 10 月开展的增产节约运动中，这些问题大量暴露出来，它不仅给国家建设事业造成了重大损失，也从政治上和思想上严重地腐蚀了少数干部，败坏了党和政府的形象。

于是，1951 年 12 月 1 日党中央发出了《关于实行精兵简政、增产节约和反对贪污、反对浪费、反对官僚主义的决定》，12 月 8 日，党中央又发出《关于反贪污斗争必须大张旗鼓地去进行的指示》。从此，一场全国规模的“三反”运动开始了。“三反”运动揭露出了国家机关工作人员中的贪污盗窃行为，同时也暴露出资产阶级大量的严重违法事实。紧接着，党中央于 1952 年 1 月 26 日发出《关于在城市中限期展开大规模的坚决彻底的“五反”斗争的指示》，“五反”即向违法的资产阶级开展大规模坚决彻底的“反对行贿、反对偷税漏税、反对盗骗国家财产、反对偷工减料和反对盗窃经济情报”斗争，它是对“三反”的积极配合和进一步巩固与深化。两大运动持续约半年时间，1952 年 6 月 13 日政务院发出《关于结束“五反”运动中几个问题的指示》，6 月 15 日中共中央发出《关于争取胜利结束“三反”运动中的若干问题的指示》，“三反”“五反”运动于 1952 年夏基本结束。1952 年 10 月 25 日中共中央分别批转了安子文《关于结束“三反”运动和处理遗留问题的报告》、廖鲁言《关于结束“五反”运动和处理遗留问题的报告》,两大运动全部结束。

"三反""五反"运动中,给犯有上述几类错误和罪行的人定个名称,就是语言学上的社会称谓(参与运动的其他人也可能有相关称谓),于是出现了一大批与运动相关的社会称谓。如今事情已过去半个多世纪,这些称谓也渐为人们所淡忘。因此,今天我们站在语言反映社会的一个全新角度,通过梳理和辨析这些社会称谓词语,来窥探当年"三反""五反"运动的一鳞半爪,又具有新时代的历史意义。

第一节 "贪污分子""老虎"等系列称谓与"三反"运动

"三反"就是反对"贪污、浪费、官僚主义"这三种错误和犯罪行为,但反"贪污"是这场运动的重心,相关称谓也较为丰富,所以本节就以此为中心来论述。

一、"贪污分子"及其内部分类

(一)"贪污分子"的定性及其在"三反"运动中的特定地位

"贪污分子"一词,意义明晓,人人可懂,但要确切地揭示它的词义内涵,却是语言学上的事。且看吉常宏主编《汉语称谓大词典》对它的解释:"贪污分子:利用职务上的便利非法取得财物的人。"[①]这个定义还是相当严谨的。"三反"的对象主要是党政军机关的工作人员,他们都有个"职务便利"问题,否则便不成其为"贪污"。作为一般词汇中的一员,"贪污分子"可适用于任何时期,但作为社会称谓来讲,它在不同的历史时期却有着不同的社会学意义。"三反"是一场全国范围的运动,又以"反贪污"为首要任务,因而此时的"贪污分子"就有了特别重要的社会意义,成为"三反"运动要打击的主要对象之一。且看例证:

> 请你们根据"三反"斗争中处理**贪污分子**的情况提出意见,电告中央考虑。关于一切应给刑事处分的人均须立即开除党籍团籍,中央已有通知,请你们一律遵行。(毛泽东《关于"三反"、"五反"》[1951年11月—1952年5月],《毛泽东文集》第六卷)

> 在各级人民政府和各个战线上,忠心为人民服务和廉洁奉公的干部占着大多数,**贪污分子**和严重的官僚主义、宗派主义分子只是极少数。……使犯罪者受到党纪、政纪以至法律的制裁,使检举者得到有力的支持和鼓舞。否则正气不能抬头,

---

① 吉常宏主编:《汉语称谓大词典》,河北教育出版社2001年版,第897页。

群众的斗争勇气和积极性不能发扬，贪污分子会更加肆无忌惮地盗窃国家财产，损害国家利益。为了鼓励群众检举的勇气和积极性，应该规定：对于群众检举出来的贪污分子，应该尽快地进行调查、处理。……对于检举者则应该给以精神的或物质的奖励，并号召他们继续发扬这种爱护国家财产的精神和战斗的精神，继续检举揭发其他贪污分子。(《必须发动群众检举贪污分子》，《人民日报》1952年1月5日社论)

1951年12月，党中央决定在全国开展反贪污反浪费反官僚主义运动，简称"三反"。运动的中心是抓贪污分子。(《建国初期贪污犯任一人》，《温州日报》2003年6月14日)

诚如例中所说，"三反"运动的中心任务是抓"贪污分子"，中央对"贪污分子"如何认定、处理、量刑等，先后有好几项专门文件，毛泽东等中央领导人对此有专门的批示和讲话，皆有案可稽。可见"贪污分子"概念在"三反"运动中的重要性和社会影响。

(二)大、中、小"贪污分子"及其情节轻重的性质界定

从道理上讲，具有贪污行为的人皆可谓之"贪污分子"，但其中毕竟有个数额大小、情节轻重之分。因而"贪污分子"内部又可分为大、中、小三等，出现了"大贪污分子""中(等)贪污分子""小贪污分子"等下位概念。

小贪污分子已经普遍坦白，中等的贪污分子已经大部分坦白，大贪污分子逐渐陷于孤立。目前广大群众正以再接再厉的精神，肃清中等贪污分子，围攻大贪污分子。(《上海铁路管理局坚决放手发动群众围攻贪污分子》，《人民日报》1952年1月24日)

但判定大、中、小"贪污分子"又有着很强的政策性，不可随意而为。再来看一下当时的划分标准：

鉴于贪污一千万元以下的中小贪污分子占全体贪污人数的百分之九十五至百分之九十七，带着很大的群众性，中央已规定除对其中情节严重者应予以刑事处分外，其情节不严重者一般应免予刑事处分。(中共中央《关于中小贪污分子分别处分问题的补充指示》[1952年2月9日]，《建国以来重要文献选编》第三册)

市委书记谭亮斌在《关于"三反"运动总结报告》中指出：5个多月计查出1000万元以上的大贪污分子150人，追回赃款赃物21亿万元(旧币)。(《佛山大事记》，《佛山之窗》2004年11月8日)

上面第一条例证是中央文件，并且是毛泽东代为起草的(收入《毛泽东文集》第六卷)，权威性自不待言。其中说，贪污旧币1000万元(相当于新币1000元)以下者为"中小贪污分子"，那么1000万元以上者则为"大贪污分子"，第二条例证正是这样理解的。"中贪

污分子”虽未单独规定，但却明确定在1000万元以下，各地实际操作大多掌握在1000万元以下至500万元之间。这种大、中、小划分可表示为：

←小→ 500万 ←中→ 1000万 ←大→

但情况是变化的，1952年3月6日中共中央又发布《关于处理贪污浪费问题的若干规定》，其第二条为“对贪污分子的处理办法”，兹节录有关部分如下：

> (甲)凡贪污在一百万元以下者……一律不以贪污分子看待，并免予行政处分。……其中如有顽固抗拒坦白，或情节严重恶劣者，仍应以**小贪污分子**论处。[略](乙)凡贪污在一百万元以上，千万元以下者为**小贪污分子**……一律不予刑事处分。……**小贪污分子**中如有顽固抗拒坦白，或情节严重恶劣者，应受刑事处分。[略](丙)凡贪污千万元以上、一亿元以下者为**中贪污分子**，……分别予以适当的刑事处分。[略](丁)凡贪污一亿元以上者为**大贪污分子**，一般均应按其情节轻重给以不同的刑事处分，追缴贪污款物。[略]

这种大、中、小划分可表示为：

100万 ←小→ 1000万 ←中→ 1亿 ←大→

可是6天后，即3月12日，中共中央又发布《关于处理贪污浪费问题的若干规定的修改通知》说：

> 贪污超过一百万、一千万、一亿者，均称为贪污分子，不再区分大、中、小贪污分子，以便于处理。

2月9日、3月6日、3月9日，三个文件三种标准。这说明什么问题呢？三个文件对比，大、中、小的金额提高，标准也就逐渐放宽，最后干脆不加区分一律统称“贪污分子”。这一方面反映了运动的进展和党中央政策的调整，另一方面也是党的“斗争从严，处分从宽”原则的体现。因为“贪污分子”是一个政治概念，批评揭发和交代问题可能严厉些，但定性处理则根据情节轻重和认错态度尽量从轻，治病救人，给以出路：该戴大帽子的戴小帽子，该戴小帽子的就可不戴帽子，甚至一亿元以上的大贪污分子最后戴帽子时都可不以“大”称之。所以今天回顾历史时，对贪污分子大中小的辨析要区分不同情形和运动的不同阶段，全面辩证地看，不可执于一端。

二、“贪污犯”及其内部分类

(一)“贪污犯”的定性及其在“三反”运动中的内涵和外延

“贪污犯”与“贪污分子”同类而不同义。吉常宏主编《汉语称谓大词典》谓：“贪污犯：利用职务上的便利进行贪污活动，并已触犯法律的人。”[①]这个定义还是颇为精要的。“犯”即“罪犯”，是贪污行为严重已构成犯罪的人，如：

> 必须将一切真正的贪污犯、贪污嫌疑分子和弄错了的人按照中央历次指示和政府法令认真地如实地加以判处和审查清楚，不得放纵一个坏人，不得冤枉一个好人。（毛泽东《中央转发罗瑞卿关于华南军区纠正三反定案中右倾思想的报告的批语》[1952 年 5 月 9 日]，《建国以来毛泽东文稿》第三册）

> 应把反贪污、反浪费、反官僚主义的斗争看作如同镇压反革命的斗争一样的重要，一样地发动广大群众包括民主党派及社会各界人士去进行，一样地大张旗鼓去进行，一样地首长负责，亲自动手，号召坦白和检举，轻者批评教育，重者撤职、惩办、判处徒刑（劳动改造），直至枪毙一批最严重的贪污犯，才能解决问题。（毛泽东《关于“三反”、“五反”的斗争》[1951 年 11 月—1952 年 3 月]，《毛泽东选集》第五卷）

> 凡判处有期徒刑宣告缓刑者，根据《惩治贪污条例》对贪污犯可用机关管制或劳役改造办法，其缓刑期限应视实际需要酌定为二年或一年。（《最高人民法院关于三反运动中对贪污犯判处徒刑缓期执行以观后效的判决如何执行问题的答复》[1952 年 10 月 15 日]，《中华人民共和国最高人民法院司法解释全集》第一卷）

以上特别权威的例证更可以显示出贪污犯在法律方面的犯罪性质。贪污犯所犯的罪当然就是贪污罪。但贪污罪也有个历史理解问题，因为其法律界定有个历史发展问题。1952 年 4 月 21 日《中华人民共和国惩治贪污条例》第二条规定：“一切国家机关、企业、学校及其附属机构的工作人员，凡侵吞、盗窃、骗取、套取国家财物，强索他人财物，收受贿赂以及其他假公济私违法取利之行为，均为贪污罪。”可见当时贪污罪的范围是很广的，而当今法律中随着受贿罪、职务侵占罪等罪名的确立，实际上把贪污罪的主体缩小了，而这一切在新中国成立初则都包括在贪污罪中。我们研究社会称谓，辨罪是为了辨人，贪污罪的历史差异就造成了贪污犯的历史差异：“三反”运动中贪污犯的内涵和外延都比今天要大得多（贪污分子也一样），也就是说当时的贪污犯涵盖着后世的受贿、职务侵占、盗骗国家资产等各种罪犯。因此，学术研究的性质任务不同，着眼点就不同，有时须求同，同时又须专门去求异。就语言本体研究而言，辞书释义固然应遵守概括性原则，即舍弃贪污犯的种种差异，取其共性；然而从语言联系社会的角度，从法律和历史发展的角度，不同时期的贪污犯概念有着内涵和外延方

---

① 吉常宏主编：《汉语称谓大词典》，河北教育出版社 2001 年版，第 897 页。

面的历史差异，所指称的社会人有着不同的对象，这一点我们又不可不察，遇有必要时甚至需详加辨析，免得社会学家和法学家指责我们语言研究者“颟顸”。实际上这也是一种历史唯物主义眼光。

(二)大、中、小“贪污犯”及其罪行轻重的性质界定和量刑标准

与“贪污分子”有大、中、小之别一样，“贪污犯”也有个大、中、小之分，出现了“大贪污犯”“中小贪污犯”等下位概念。

> 我们认为需要来一次全党的大清理，彻底揭露一切大、中、小贪污事件，而着重打击**大贪污犯**，对**中小贪污犯**则取教育改造不使重犯的方针，才能停止很多党员被资产阶级所腐蚀的极大危险现象。……**大贪污犯**是人民的敌人，他们已经不是我们的同志或朋友，故应坚决彻底干净全部地将他们肃清，而不应有丝毫的留恋或同情。(毛泽东《关于“三反”、“五反”》[1951 年 11 月—1952 年 5 月]，《毛泽东文集》第六卷)

> 第二阶段的主要任务是进一步在机关内部展开坦白检举运动，并与工商界的坦白检举运动结合起来，造成内外夹攻的形势，集中力量追捕**大贪污犯**。(周而复《上海的早晨》第一部之 50)

大、中、小“贪污犯”的判定标准是什么呢？按照当时中央规定：贪污数额以旧币 1 亿元(新币 1 万元)为限，超过 1 亿元为“大贪污犯”，1 亿元以下 1000 万元以上为“小贪污犯”(其中若细加区别还可分出 5000 万元至 1 亿元为“中贪污犯”)。我们这里引一段权威性文字加以说明：

> (1952 年)1 月 19 日，中直总党委召开有 1000 余人参加的高级干部会议，宣布运动进入集中力量打“老虎”(当时，人们称贪污犯为“老虎”，故有“打虎”之说。贪污旧币 1 亿元以上的**大贪污犯**叫“大老虎”，1 亿元以下 1000 万元以上的叫“小老虎”)阶段，为了保证运动的健康发展，同日我向毛主席作了关于中央各机关“三反”运动情况及今后意见的报告，就几个政策性的问题提出了意见。(薄一波《若干重大决策与事件的回顾》七“贯彻反腐蚀方针，开展‘三反’斗争”)

“贪污犯”既与“老虎”是同等概念(后面还要专门谈)，其大小的判断标准就是一致的。贪污犯的大、中、小划分可表示为：

1000万 ←小→ 5000万 ←中→ 1亿 ←大→

此外还有其他一些附加标准。当时政务院财政经济委员会副主任李富春于 1952 年 1 月 30 日在中财委党组会上作打虎总结报告时，曾提出判定“大老虎”(大贪污犯)的六条标准。除“个人贪污一亿元以上者”这一条外还有其他标准，如：贪污虽不满 1 亿元，但对国家经济造成很大损失者；贪污5000万元以上，但性质严重者（如克扣救济粮，侵吞抗美援朝捐款）等，都应算“大老虎”，即“大贪污犯”。可见数目大小与性质轻重是兼顾的。嗣后，李富春将这六条向中央作了报告，2月2日毛泽东写了《转发李富春在中财委汇报会议上的打虎总结报告的批语》（《建国以来重要文献选编》第三册），将李富春拟定的六条标准批转全国省（军）以上党政军各级党委参照执行。可见党中央随时注意着政策方面的导向。

现在的人们谈起“三反”运动时还有一个感兴趣的话题：当年的贪污犯多少钱够枪毙呢，多少钱够判刑呢？这实际上是对大、中、小“贪污犯”的量刑标准问题。按理说，如何量刑已属法律方面的问题，不属我们课题的研究范畴；但对“大、中、小贪污犯”的量刑标准与对他们的判定标准是紧密联系的，它一方面可以解答当代人的话题，另一方面可以反证我们前面谈的对大、中、小“贪污犯”的划分和认定，所以我们对此做进一步阐发。1952年《中华人民共和国惩治贪污条例》第二条规定了以下四款：

> 一、个人贪污的数额，在人民币一亿元以上者，判处十年以上有期徒刑或无期徒刑；其情节特别严重者判处死刑。
>
> 二、个人贪污的数额，在人民币五千万元以上不满一亿元者，判处五年以上十年以下徒刑。
>
> 三、个人贪污的数额，在人民币一千万元以上不满五千万元者，判处一年以上五年以下徒刑，或一年至四年的劳动役，或一年至二年的管制。
>
> 四、个人贪污的数额，不满人民币一千万元者，判处一年以下的徒刑、劳役或管制；或免刑予以开除、撤职、降职、降级、记过或警告的行政处分。（《人民日报》1952年4月22日）

前三款规定的贪污数额所对应的罪犯分别就是“大、中、小贪污犯”，每款紧跟着的就是对他们的量刑。如第一款规定，大贪污犯“在1亿元以上者”（1亿元合新币1万元）就要处10年以上徒刑，“其情节特别严重者”，则处以死刑。“三反”运动共处死贪污犯42人，其中最著名者就是天津地委先后两任书记刘青山和张子善，共贪污旧币155亿多元，其中包括机场建筑款、救灾粮、干部家属救济粮、剥削克扣的民工工资等等，“情节特别严重”不言自明，实在是不杀不足以平民愤。第二款针对的是中等贪污犯，不必赘言；依第三款规定，一千万元虽只相当于今天的1000元，但当时已属“小贪污犯”之列，须判一年以上徒刑。第四款规定的不满一千万元者，按理只算一般贪污分子（不算贪污犯），仅给予行政处分就可以了，但也有判刑者，那肯定另外有一个性质和认罪态度问题。可见新中国的法制建设，一开始就注意了量刑方面的严密化、细致化和合理化，

第一部“惩贪条例”给后世起了一个很好的示范作用，是新生的人民政权打向贪污腐败分子的第一记杀威棒。

三、比喻性称谓“老虎”及其内部分类和衍生称谓

（一）“老虎”的含义

“三反”运动中还出现了一个家喻户晓的称谓——“老虎”，这在前面已经提到了。作为动物的老虎，其本质特性是人人熟悉的。它作为兽中王，有称王称霸的特点，故镇反的对象之一恶霸可以喻称为老虎（见“码头老虎”）；它是食肉猛兽，又有凶狠残忍的特点，因而它在“三反”运动中进攻贪污分子又派上了用场。人们很自然地把那些大肆侵吞国家资财和人民血汗的严重贪污分子、形形色色的贪污犯比喻成“老虎”。1948 年蒋经国曾奉命至沪反腐“打老虎”，结果以失败告终。“三反”运动共分三个阶段，第一阶段是发动群众、检举坦白；1952 年 1 月 19 日，中直机关总党委召开有 1000 余人参加的高级干部会议，宣布运动进入集中力量打“老虎”阶段。1 月 23 日，毛泽东起草了《关于三反斗争展开后要将注意力引向搜寻大老虎的电报》，一场“打虎”斗争在全国展开（按：第三阶段是审理定案阶段）。所以“老虎”是当时从中央到地方普遍使用的称谓：

> 目前第一要注意打尽**老虎**，不要松劲；第二要注意调查研究。（毛泽东《关于“三反”、“五反”》[1951 年 11 月—1952 年 5 月]，《毛泽东文集》第六卷）

> 十军截至二月二日止已捉一千万元以上**老虎**五十九只，预计还可捉三十只至四十只。十军“无生产无大建筑，过去被认为比较规矩”，尚且查出这多**老虎**，那些有生产有大建筑，或过去不大守规矩的部队和机关，**老虎**当然要更多。（毛泽东《转发十军打虎经验的批语》[1952 年 2 月 6 日]，《建国以来毛泽东文稿》第三册）

> 杨部长笑了一声，说：“打‘**老虎**’不是一件容易的事，打有经验的‘**老虎**’尤其不是一件容易的事。我们不仅需要勇敢，我们更需要的是智慧。一定要掌握材料，进行调查研究，动脑筋、用智慧。”（周而复《上海的早晨》，第一部之 50）

> 在 1951 年至 1952 年的“三反”运动中，把运动中打作贪污犯的人员叫作“**老虎**”，各单位都要编制“打虎预算”，事先规定打出“**老虎**”的数目再去物色对象。（朱正《1957 年的夏季：从百家争鸣到两家争鸣》九）

“老虎”用以比喻贪污犯，是相当贴切的。同理，在“五反”运动中那些犯严重的偷税漏税、盗骗国家资财等“五毒”行为的不法资本家也被比喻成“老虎”，这里先埋下个伏笔，到“五反”运动称谓中再谈。

（二）大、中、小“老虎”及其界定标准

“贪污犯”有大、中、小之别，“老虎”也有大、中、小之别，出现了“大老虎”“小老虎”

"中小老虎"之类下位概念：

关于一千万元以上的贪污犯(即所谓大、中、小老虎)，也应按其情节分为死刑、死刑缓期、无期徒刑、各种有期徒刑以及免予刑事处分而给以行政处分等类。(毛泽东《关于"三反"、"五反"》[1951年11月—1952年5月]，《毛泽东文集》第六卷)

凡属大批地用钱管物的机关，不论是党政军民学哪一系统，必定有大批的贪污犯，而且必定有大贪污犯("大老虎")。有些人以为党的机关，宣传和文化教育机关，民众团体，用钱不多，必无"大老虎"，这是不正确的。早几天还以为中央文教机关一个"老虎"也没有，经过最近两天的寻找研究，就发现至少可以捉到十五个贪污一亿元以上的"大老虎"。因此，请你们注意，在每一部门、每一地区"三反"斗争激烈展开之后，就要将同志们的注意力引向搜寻"大老虎"，穷追务获，不要停留，不要松劲，不要满足于已得成绩。在这方面，要根据情况，定出估计数字，交给各部门为完成任务而奋斗。在斗争中还要根据情况的发展，追加新任务。(毛泽东《关于三反斗争展开后要将注意力引向搜寻大老虎的电报》[1952年1月23日]，《建国以来重要文献选编》第三册)

问题是怎样才能追捕大贪污犯呢？要打大"老虎"，首先要把中小"老虎"搞清楚，这样，大"老虎"的尾巴就露出来了。目前税务分局的中小"老虎"还没有完全搞清楚，因此，大"老虎"还躲藏着。我们的任务还很艰巨，不要小胜即骄，要永远保持清楚的头脑。(周而复《上海的早晨》，第一部之50)

大、中、小"老虎"的判定标准如何呢？"老虎"既然与"贪污犯"是等同的概念，其内部划分标准也是一样的。前引薄一波论述已以括号的形式注明"贪污旧币1亿元以上的大贪污犯叫'大老虎'，1亿元以下1000万元以上的叫'小老虎'"。实际上这里的"小老虎"还是一个笼统的概念，是包括旧币5000万元以上1亿元以下的"中老虎"在内的；上引毛泽东例中也以括号的形式注明1000万元以上的为大、中、小"老虎"，说明其中应分出"中老虎"。此外还有量刑标准问题，"老虎"与"贪污犯"也没有什么两样。这些均可参见"贪污犯"部分，此不多赘。

(三)"老虎"的衍生称谓

由于"老虎"生动形象，社会习用性强，一时颇为流行，并且衍生出一系列相关称谓。

1."思想老虎"及其含义

贪污行为本身是个经济问题，"老虎"指重大贪污分子或贪污犯，属"经济老虎"之列，相对而言，衍生出一个"思想老虎"。"思想老虎"的命意则有所不同，它本身不是贪污犯，只是在"打虎"问题上思想右倾或保守而已，或者由于领导干部开展"打虎"斗争不力，客观上起到了保护贪污犯的作用，故被连类而及地归入“思想老虎”之列：

各机关一个多月来反贪污斗争的胜利过程同时就是反对右倾思想的过程。领导方面确定今后还要反对右倾思想，彻底打倒“**思想老虎**”。目前右倾思想的表现是：满足于既得的成绩，因而看不见更隐蔽更恶毒的“老虎”；看不到有些单位还有空隙，有些机关里还有“死角”；姑息贪污分子的所谓“人材观点”还没有彻底肃清。（《中共中央华南分局等四系统　确定彻底肃清右倾思想深入围剿贪污犯》，《人民日报》1953年3月17日）

陈毅郑重地宣布：“老虎”不打干净，决不收兵。不论任何干部，如果妨碍或阻碍运动的开展，都一定要从现有的岗位上撤换下来，免得碍手碍脚，妨碍广大群众的前进。他强调指出：目前必须坚决打倒“**思想老虎**”，下定决心，好好学习并掌握住“打虎”的战略战术，才能使运动迅速开展起来。

随后，校内的“三反”运动把矛头指向了黄万里。实际上，刚解放时学校风气比较清廉，抓不出什么贪污犯，特别是唐山交大这样的名校，一向风气较好，不会有什么大事。抓不出经济老虎，这时就结合思想改造运动，号召打“**思想老虎**”。（赵诚《长河孤旅》九，《合肥晚报》2004年8月18日）

2.“真假老虎”与“打虎”扩大化

“三反”运动进入“打虎”阶段，也曾出现偏差，发生了扩大化现象。对于扩大化的表现，1952年10月18日安子文在《关于结束“三反”运动和处理遗留问题的报告》（《建国以来重要文献选编》第三册）中总结了这样几个方面：“追算时间过长，折算标准不统一，折价过高而成为‘老虎’”；“小贪污打过头而成为‘老虎’”；“对贪污界限不清……算成‘老虎’”；或者“根本没有贪污，完全打错”。这样一来就造成了运动初步抓出的“老虎”中有真有假，最后需要审查落实，在落实前他们均摆脱不清贪污嫌疑。于是又出现了“真虎”“假虎”或“真老虎”“假老虎”，以及真假难辨时的“贪污嫌疑分子”“贪污嫌疑犯”之类称谓，我们合并举例如下：

个别单位（例如华北第十军的几个师）已出现用迫〈逼〉供信的方法打虎，结果打出的不是**真虎**而是**假虎**，冤枉了好人（已纠正）。各地如出现此种情况请予迅速纠正。（毛泽东《对高岗关于东北打虎计划报告的复电》[1952年2月9日]，《建国以来毛泽东文稿》第三册）

定案工作应采取实事求是、不怕麻烦、坚持到底、不枉不纵的方针。“是者定之，错者改之，应降者降之，应升者升之”，必须作到如实合理地解决问题。有些地方听任“老虎”翻供，不问真假，放纵**真虎**归山，这是极端错误的。（《中共中央关于

争取胜利结束“三反”运动中的若干问题的指示》[1952 年 6 月 15 日],《建国以来重要文献选编》第三册)

谭震林深知,要使“三反”运动真正收到实效,既不能草率收兵,放过“**真老虎**”,又必须区别“**假老虎**”,把“打虎”的虚假数字降下来。(《浙江省委书记、省主席谭震林》,《新中国第一代开国省(市、区)委书记、省(市、区)长》)

有的同志对政策界限把握不稳,把“打老虎”运动扩大到基层,因而出现一些“**假老虎**”。(《秦基伟回忆录》第十四章)

必须将一切真正的贪污犯、**贪污嫌疑分子**和弄错了的人按照中央历次指示和政府法令认真地如实地加以判处和审查清楚,不得放纵一个坏人,不得冤枉一个好人。(毛泽东《关于“三反”、“五反”》[1951 年 11 月—1952 年 3 月],《毛泽东文集》第六卷)

“三反”高潮时,成千上百个**贪污嫌疑犯**,最后甄别时真正的贪污犯没有几个。任一人一案可是铁板钉钉,翻不过来的。(《温州日报》2003 年 6 月 19 日)

“打虎”扩大化,从中央到地方都有责任,首先是中央的责任。有资料表明,毛主席和中央起初对“老虎”的严重性估计得有些过高,要求各地“定出估计数字”“做出打虎预算”等,到下面执行起来就更加过火,有的大搞逼供信,甚至出现个别的逼出人命现象。这就是安子文在上面那篇报告中所说的“由于运动开展得迅速、猛烈……一个短时间内未能掌握实事求是的精神”。好在中央及时地觉察到这种偏差,上引例子中毛泽东批语和中央指示即是如此。尤其在审理定案阶段,中央确实实行了“不枉不纵”的方针。安子文那篇报告这样总结道:“‘三反’运动中全国打出一千万元以上的贪污分子最高数为二十九万两千多人,现在剩下十万五千多人,减少了百分之六十五左右。”这个数字说明了什么问题呢?它一方面说明了“打虎”扩大化现象之严重以及“假虎”数量之大,另一方面恰又说明了党还是坚持了实事求是的精神,最终澄清落实,还了“假虎”们一个清白。“假虎”们的嫌疑只背了几个月时间,最终定案将 10 多万“真虎”绳之以法,最大限度地减少了冤假错案。可是这种下指标、定任务和宁左勿右的做法毕竟是不可取的,酿成了以后运动中更大的浮夸和扩大化错误。

3.“打虎队”等相关称谓的含义

既然大贪污分子或贪污犯叫作“老虎”,对他们进行搜寻或打击就叫“打虎”,各地各单位都成立了清查贪污案件的专案组,俗称“打虎队”,其负责人称“打虎队长”,其成员则为“打虎队员”,表现积极者称“打虎积极分子”“打虎骨干”“打虎将”“武松”等。我们将这些称谓合并举例如下:

牟武城点头,大大咧咧地说:“你挑一个吧!你要谁?不过,李应丰他们这几个**打虎骨干**不能抽去!。”(王火《王冠之谜》)

厂里庶务股采购员赵丕纶是个大贪污分子,只交代了贪污一百万元的事情就不说了。**“打虎队”**和“宣传组”人员到赵的家里去,根据赵的老婆所说的线索,找到材料,终于迫使赵交代了贪污二亿四千万元的事实。(《门头沟机电厂职工家属 大胆检举和规劝丈夫坦白》,《人民日报》1952 年 3 月 8 日)

市委今年的方针还是贯彻“三反”,一年可能还搞不完,你的机关搞完了,还有别的机关。因之告诉贪污分子不要高兴,今年搞不完明年再来一个半年,总可以搞出来。大家都是**打虎将**,今天好好地交流一下,来迎接这个月最紧张的任务。(李先念《反贪污斗争中的四条基本经验》[1952 年 4 月],《李先念建国初期文稿选集》)

过了几天,运动越来越激烈,唾人打人,乌烟瘴气。我想我应站出来说话了,我便去找**打虎队长**×××(即南京市府秘书长),我讲了我个人的经历,也讲了父亲的经历,讲了殷维翰的为人,说他决不会贪污。(文乐然《沉重的崇高》第 6 节)

在运动中凡重点被批斗的人,被称为“老虎”。在已经被解放的人员队伍中,由工作组选拔若干积极分子来帮助“老虎”,称“**打虎将**”,又称“**武松**”。我和冯、汤两位都在“老虎”之列。(朱家溍口述、朱传荣整理《朱家溍》七)

机关本来右倾思想非常严重,少数同志甚至敌我不分,个别被俘虏,逃避**打虎队员**,到了不可容忍的地步。我是**打虎队员**,我在小组上说,志愿军中出现了很多马特洛索夫式的英雄,为了祖国人民不惜以身阻挡机枪眼,我们在“三反”战场上如果看到敌人就发抖,那多可耻。……一九五二年二月二十九日。(吴音《给好友翔的十九封信》,《真诚的言说》)

为指导运动稳步发展,及时制定了《关于分析与确定贪污浪费标准的几项规定》和《对小贪污分子处理办法的几点建议》等政策界限,提高“**打虎**”骨干的政策水平。(杜宏《大连市的“三反”运动》,大连市史志办公室编《城市的接管与社会改造:大连卷》)

有些“**打虎**”**积极分子**以“功臣”自居,闹地位、闹待遇等等。所有这些消极情绪和错误思想,都必须在“三反”运动建设阶段中,加以克服。(《中共中央关于争取胜利结束“三反”运动中的若干问题的指示》[1952 年 6 月 15 日],《建国以来重要文献选编》第三册)

需要加以说明的是,“三反”进行中紧接开展“五反”,两大运动连为一体,“五毒”行为严重的不法资本家也被比喻成“老虎”,因而“打虎队”也是一身而二任,既打贪污犯,也打“五毒”分子,下节还要提到。

四、“贪污分子”“贪污犯”“老虎”的联系与区别

以上我们从“贪污分子”“贪污犯”“老虎”三个方面谈了“三反”运动“反贪污”这一个大类别的称谓。这三个称谓本身当然是有联系的,它们属于同一家族;但同时它们的指称又是有区别的,并不是任何场合下都可互相混用。

从概念上咬文嚼字地去辨析，“贪污分子”和“贪污犯”的共同之处在于“贪污”，即均指具有贪污行为的人；它们的区别在于“分子”和“犯”：“分子”是具有某种特征的人，“犯”指罪犯。所以“贪污分子”的外延范围广，一切具有贪污行为的人不论数额多少均为“贪污分子”；但只有达到一定数额才称得上“贪污犯”。“老虎”无论大小，皆具凶狠厉害特征，故用以喻贪污犯和严重的贪污分子。

前面说“贪污分子”和“贪污犯”以及“老虎”按数额划分有大、中、小三个层次，从小到大分别为：

贪污分子（运动前期）：

←小→ 500万 ←中→ 1000万 ←大→

贪污分子（戴帽定性）：

100万 ←小→ 1000万 ←中→ 1亿 ←大→

贪污犯（刑事处理）：

1000万 ←小→ 5000万 ←中→ 1亿 ←大→

“老虎”（群众对“贪污犯”的俗称）小、中、大的划分，同上“贪污犯”图。

据此可再从逻辑学上加以分辨。“贪污分子”和“贪污犯”不是等同概念，而是包容概念。“贪污分子”是大概念，“贪污犯”包容于内，是其中达到足够数额的那部分人；“贪污犯”一定是“贪污分子”，但“贪污分子”不一定都是“贪污犯”，其中1000万元以上的贪污分子才够得上“贪污犯”。“老虎”与“贪污犯”是等同概念，与“贪污分子”是包容概念。“老虎”包容于“贪污分子”中，贪污分子需达足够数额方可称“虎”，即便“小老虎”也须1000万元以上。有些回顾那段历史的材料，往往把“大中小贪污分子”等同于“大中小老虎”，这是不够严谨的。

五、“贪污、浪费、官僚主义分子”合称“三害”分子

以上阐述了那么多有意义的社会称谓，然却都属于“贪污”这一个大类别。当然“三反”的对象实际是贪污、浪费和官僚主义三大类，指人称谓也应该有三类，除“贪污分子”以外，还应该有“浪费分子”和“官僚主义分子”。下面的中央文件就指明了这三个类别：

> 贪污分子，浪费分子和官僚主义分子当然大多数不是反革命分子（可能有一部分人即是反革命分子），他们的罪名是贪污浪费和官僚主义，但这个问题现在已极严重，必须看作如同镇压反革命斗争一样的重要，一样的发动群众大张旗鼓去进行

斗争，一样的用死刑和徒刑等对待他们，并且一样的要查明情况。（《中共中央关于“三反”斗争必须大张旗鼓进行的指示》[1951年12月8日]，《建国以来重要文献选编》第二册）

这种斗争……是广大国家工作人员的廉洁的、朴素的、为人民服务的革命工作作风对于部分坠落腐化的**贪污**、**浪费**、**官僚主义分子**的恶劣作风的斗争。（彭真《关于中华人民共和国惩治贪污条例草案的说明》[1952年4月18日]，《人民日报》1952年4月22日）

“浪费分子”和“官僚主义分子”称谓较为笼统，如果勉强算，不过再加上“浪费者”“官僚主义者”之类。它们既无具体的衡量尺度，也无严格的内部划分，处理办法也只是“严加检讨，不许再犯”，严重的浪费和挥霍才“酌予行政处分”，严重的官僚主义错误也不过“予以批评直至处分”。总之它们远不像“贪污”类称谓那样区分细致和丰富多彩，其社会影响面相对要小得多，所以我们对此不做专门论述，于此一笔带过。但是，由于贪污、浪费、官僚主义被称为“三害”，于是人民把这三种行为的人即贪污分子、浪费分子和官僚主义分子合称为“三害”分子。

为方便市民检举**“三害”分子**，防止可能发生的压制民主、报复或包庇行为，1月17日，广州市政府设置了“叶剑英市长信箱”。（《“三反”、“五反”运动》，《探索与追求：广州百年政治风云述略》）

“三反”运动轰轰烈烈开展起来后，按照中央的战略部署，各地首先发动群众，力求在最短时间内，把**“三害”分子**全部揭发检举出来，以便一网成擒。（白云涛《共和国从这里起步》第十七章）

第二节 “五毒分子”等系列称谓与“五反”运动

一、“五毒分子”与“不法商人”

（一）“五毒分子”称谓意义及定性

“五反”运动的开展，是直承“三反”运动而来的，在“三反”运动中，发现很多不法商人利用各种贿赂手段，同贪污分子相勾结，给国家财政经济、社会生活造成巨大损失。因此，必须对不法商人进行必要的规范和打击，与“三反”运动相伴生的“五反”运动也在全国范围内开展起来。

不法商人的不法行为在当时主要分为五类，即行贿、偷税漏税、盗窃国家财产、偷工减料和盗窃国家经济情报，它们严重危害新中国的健康成长，因此被形象地比喻为“五毒”，而犯有这些不法行为的不法商人，则被称为“五毒分子”，如：

群众运动不搞则已，一搞起来，轰轰烈烈，难免锄杂草而伤了禾苗。中南海里，毛泽东和周恩来时常收到一些知名民主人士对“五反”担忧的信件。因为有些地方已经闹出了人命，一些没沾“五毒”或刚沾了点边的资本家也被列入了**“五毒”分子**。（尹家民《知情者说——历史关键人物留给后世的真相》之六）

一开始的时候，几乎将所有的资本家、各业主都当作**“五毒分子”**和“老虎”来对待。后来上级发现出了一些问题，才要求注意区别对待，讲究政策。（郭恩谭口述、郭蓓整理《我所经历的“三反”“五反”运动》，周村区政协文史资料委员会编《文史资料选集》第六辑）

当时犯“五毒”错误的工商资本家是被定性到人民的对立面的，同时“五毒”也被界定为资产阶级的行为，视为资产阶级向无产阶级的猖狂进攻，因此，“五毒分子”带有强烈的政治意味和阶级色彩。1952年1月，毛泽东在中央关于开展“五反”斗争文件上作的批语可为旁证：“用大力发动这一斗争，借此给资产阶级三年以来在此问题上对我党的猖狂进攻（这种进攻比战争还要危险和严重）以一个坚决的反攻，给以沉重的打击。”

（二）“五毒分子”的喻称“老虎”以及相关的“打虎队”

同时，“五毒分子”又有一个形象的称呼“老虎”。这种称呼方式应该是受“三反”运动称贪污犯为“老虎”的影响而形成的，它把“老虎”在“三反”中的意义加以扩大，用来强调盗窃国家资财、侵吞人民血汗的违法资本家危害社会的凶残程度。情节严重的“五毒分子”或大奸商亦称“大老虎”。

全市店员现在已经成立了二百七十六个战斗小组，捉住了盗窃国家资财十亿元以上的**大老虎**一百七十七个。……店员工人们要继续大胆、积极地行动起来，把那些狡猾的、破坏运动的大奸商、**大老虎**，彻底地、一个不留地检举出来。（《天津市店员举行动员大会　展开检举奸商的竞赛运动》，《人民日报》1952年2月12日）

从一月下旬以来，组成了二百七十六个坚强的战斗小组，发动了强大的攻势，深入“虎穴”，追捕**“老虎”**奸商。半月来已捉住行贿、偷税漏税、盗窃国家资财在十亿到二百亿元的大奸商一百七十七名。（《天津店员组成二百多个战斗小组 半个月内捉到大奸商一百七十七名》，《人民日报》1952年2月10日）

上海的反行贿、反偷税漏税、反盗窃国家资财、反偷工减料、反盗窃国家经济情报运动刚才开始，大大小小的**“老虎”**可能成千论万，还待捕捉。……总之，上海商人的花样多得很，**“大老虎”**也多得很。（《资产阶级有没有猖狂进攻？是我们“制造阶级斗争”吗？》，《人民日报》1952年2月13日）

由于毛泽东要求限期推开运动，并要求各地都作出**“打老虎”**（**“老虎”**是“五毒”

俱全的“不法奸商”的特称)的预算,运动过程中不少地方和基层单位都发生过简单粗暴的做法,出现了乱抓工商业者进行审讯和逼供的情形。(顾训中《五反回眸》,《老照片》第二辑)

周村裕东鞋店掌柜某,接受了为志愿军加工军鞋的任务,而且数量很大,但有人揭发他故意偷工减料、以次充好,严重影响了军鞋的质量,调查属实后,他也理所当然地成了“**大老虎**”和“五毒”分子。(郭恩谭口述、郭蓓整理《我所经历的“三反”“五反”运动》,周村区政协文史资料委员会编《文史资料选集》第六辑)

“五毒分子”被比喻成“老虎”,各地也为此成立“打虎队”,与“三反”运动反对贪污犯的“打虎队”名称相同,任务不同。附此一提,并举一例。

我们通过在全国各地炽烈开展着的“三反”“五反”的斗争,明确地看到了……经过“五反”斗争店员工人的阶级觉悟,空前的提高了。天津市七万个店员中,占百分之九十五的店员积极的参加了五反运动的斗争,更有九千名的店员工人参加了**打虎队**和检查组;截至四月中旬,已检举不法商人的盗窃案件达八万四千余件,其中一亿以上的大老虎,达一千个。(《朝鲜人民访华代表团洪淳哲团长在首都各界人民欢送大会上的答词》,《人民日报》1952 年 5 月 25 日》

(三)“五毒分子”中的“行贿分子”“盗窃分子”等称谓

行贿、偷税漏税、偷工减料、盗窃国家财产和盗窃国家经济情报这“五毒”中,并不是每一样都有相应的称谓语,只有行贿、盗窃两类产生了“行贿分子”和“盗窃分子”等称谓。

“五反”运动中的“行贿分子”是特指那些向国家工作人员行贿的奸商和不法资本家,严重者即为“行贿犯”。

无锡、杭州、济南、扬州等市店员,已开始投入检举贪污**行贿分子**的战斗中。(《在反贪污反浪费反官僚主义斗争的战线上》,《人民日报》1951 年 1 月 23 日)

对于情节轻微而又彻底坦白的**行贿分子**,在“五反”中也须免刑而予以警告处分。(彭真《关于中华人民共和国惩治贪污条例草案的说明》,《人民日报》1952 年 4 月 22 日)

重庆市店员工会在一日召开全市店员代表大会,部署战斗力量,加紧围剿奸商中的“大老虎”。重庆市总工会主席王维纲在讲话中指出今后斗争方向:第一,明确斗争目标是反对资产阶级行贿、偷税漏税等五个方面;要集中全力来捕捉大贪污犯、大**行贿犯**、大偷窃犯等。(《北京、武汉、西安、重庆、昆明等城市 广大店员工人积极检举奸商 坚决粉碎资方威胁利诱的各种阴谋诡计》,《人民日报》1952 年 2 月 6 日)

就词汇学本体的概念而论,“盗窃分子”这个称谓意义比较宽泛,什么时候都可以用。但就社会性而论,“五反”运动中反复出现的“盗窃分子”,却有特定的指称对象。

"五反"的一项内容是反对"盗窃国家资财",所以此时的"盗窃分子"是特指偷盗和骗取国家资财的犯罪分子(有时也可能兼有盗窃国家经济情报)。这是"五毒分子"中的一类,与"不法奸商"等是相联系的概念。严重的构成犯罪,称"盗窃犯""大盗窃犯"。盗窃分子往往和国家干部中的贪污分子相互勾结,有的贪污分子本身也可能是盗窃分子,这就造成了"三反""五反"运动的复杂性。盗窃分子同样有大、小之分。不法资本家盗窃国家资产往往结伙进行,形成盗窃集团,也与平常概念有外延差异。我们将"五反"中有关盗窃类的称谓合并举例如下:

天津市的店员们组成了二百七十六个战斗小组,高喊着"跳入深山捉老虎"、"不到胜利不收兵"的战斗口号,星夜追捕围剿工商界的**大盗窃分子**。甚至在除夕之夜,也通宵战斗。(《一切私营企业的高级职员要站到工人阶级这一边来》,《人民日报》1952 年 2 月 24 日)

而资产阶级中的**盗窃分子**和国家工作人员中的贪污分子则恰是利用了我们这一个空隙,互相勾结,狼狈为奸,放肆地发展了他们的犯法行为。……而其投机性最猖狂最恶劣的,约占工商户总数百分之一左右,数目还不算很大。这最后一部分人就是所谓**大盗窃分子**,已经不是我们的朋友,而是罪犯,因此,除坦白悔改并有立功表现者外,必须予以法律制裁。(彭真《关于中华人民共和国惩治贪污条例草案的说明》,《人民日报》1952 年 4 月 22 日)

这就是说:资产阶级违法分子,一方面盗窃了国家为经济建设所积累的资金,妨碍了国家的建设事业;另一方面,则穷奢极欲地过着腐化堕落的生活,破坏新社会的秩序。这些**大盗窃犯**,都是国家建设的敌人,是人民中的寄生虫。如果不把他们这种腐化堕落的污毒清除干净,国家和人民的前途,还堪设想吗!(《资产阶级猖狂进攻的铁证》,《人民日报》1952 年 3 月 5 日)

北京、天津等地的经验证明,当高级职员被发动起来之后,由于检举材料的骤然增多,反盗窃斗争迅速走向深入。事实证明,在围剿**大盗窃犯**的斗争中,团结高级职员具有很大意义。因为他们最摸资本家的底细。只要他们也参加了运动,违法资本家就完全陷于孤立,不得不低头认罪。(《发动私营企业的高级职员围剿大奸商》,《人民日报》1952 年 3 月 7 日)

沈阳市人民政府在十日宣布了对一万一千五百零二户工商业者的结案处理;同时逮捕了二十名罪大恶极、拒不坦白的**大盗窃犯**。(《沈阳宽大处理大批工商户同时逮捕拒不坦白的大盗窃犯》,《人民日报》1952 年 3 月 14 日)

这样有重点、有目的地大肆活动的结果,就使"星四聚餐会"在短短的期间,发展成为西南地区资产阶级的垄断组织和大规模的**盗窃集团**;它的成员迅速增加了两三倍。这个**盗窃集团**，向人民民主政权展开了有组织有计划的猖狂进攻，篡夺了某些国家经济机关的领导权，给国家造成了严重的损失。(《评“星四聚餐会”》，《人民日报》1952年2月29日社论)

以奸商赵百川为首的**盗窃集团**，专门以偷盗国家机关X光、整流管、萤光板等贵重器材为业，他们曾分别钻进东北邮电总局医务所、中国医科大学附属医院、东北工人医院等机关。(《资产阶级猖狂进攻的铁证》，《人民日报》1952年3月5日)

偷工减料、偷梁换柱更属常事。一年来，我省治淮总部及各水库在上海所用的五百亿元的采购巨款，多半由他经手。初步调查，该犯及其组织的**盗窃集团**，骗盗去了我一百亿元以上的款项。(《控诉上海奸商破坏河南省治淮工程的罪行》，《人民日报》1952年3月3日)

(四)“五毒分子”的相关称谓“不法商人”“不法资本家”等

就词汇学本体概念而论，“不法商人”是一个很典型的社会泛称，凡是进行违法活动的商人，都可以称作“不法商人”。但在“五反”运动时期，它又有一些特指的意味，在当时的社会政治形势下，商人被划入资本家一类，因此，“不法商人”也可以称为“不法资本家”或“不法资产阶级分子”等，在当时背景下，它们都成了“五毒分子”的相关称谓：

刘犯元敬是一个极端狡猾、虚伪的**不法商人**，虽然人民政府已经一再给了坦白的机会，但他竟敢以身试法，坚决拒不坦白。(《人民日报》1952年1月13日)

推过算盘，打开抽屉，拿出几张白纸，摘下插在灰布人民装左胸袋上的派克自来水笔，立即在白纸上写了这样几个字：“我检举**不法资本家**徐义德下列五毒行为：一、偷漏税……”第二点，他检举徐义德在解放初期的套汇。(周而复《上海的早晨》第二部之42)

在党的有关政策的震慑和教育下，在声势浩大的群众攻势下，大多数**不法资本家**坦白交代了自己的“五毒”行为。(郑新立主编《社会主义精神文明建设全书·精神文明发展史篇》)

五毒是**不法资产阶级分子**目前向国家和人民举行猖狂进攻的主要形式，而三害在目前则主要是由于**不法资产阶级分子**猖狂进攻所引起的结果。(彭真《关于中华人民共和国惩治贪污条例草案的说明》，《人民日报》1952年4月22日)

特别是误解处理从宽，对违法工商户缺乏应有的严肃性，以致引起基本群众不满，并将导致**不法资产阶级分子**再行嚣张。(《中共中央关于争取“五反”斗争胜利结束中的几个问题的指示》[1952年5月20日]，《建国以来重要文献选编》第三册)

“不法商人”还被称为“奸商”或“不法奸商”“投机商人”等，加“奸”和“投机”之类字眼，更侧重强调不法商人的奸诈性，加重了语义色彩，表达了人民群众的痛切之情。“反动资本家"更严重，进一步强调了其政治上的反动性。

> 武汉、上海、北京、天津、济南、沈阳等地的一些**奸商**暗害中国人民志愿军的事实，无可置辩地证明了**不法奸商**不但在疯狂地破坏着我们祖国的经济建设，而且正在实质上配合着美国侵略者，向中国人民志愿军猖狂地进攻。(《严厉惩办暗害志愿军的奸商》，《人民日报》1952年2月17日社论)

> 深入"虎穴"，追捕"老虎"**奸商**。半月来已捉住行贿、偷税漏税、盗窃国家资财在十亿到二百亿元的**大奸商**一百七十七名。其中九十二名**大奸商**经店员多次教育竟拒不坦白，已为人民法院逮捕。这是天津广大店员对资产阶级反攻的大胜利，也是给予拒不坦白的**奸商**一个严重的打击和深刻的教训。(《天津店员组成二百多个战斗小组　半个月内捉到大奸商一百七十七名》，《人民日报》1952年2月10日)

> 人人都希望平平安安过日子，但上海的**投机商人**却唯恐天下不乱。不论国内外有任何风吹草动的事情发生，他们便不惜兴风作浪，制造物价波动，市场混乱，以便于从中混水摸鱼，大肆劫掠人民财富。解放以来许多次全国性的物价涨风，很少不是由于上海**投机商人**的哄抬而引起的。(《唯恐天下不乱的上海投机商人》，《人民日报》1952年4月22日)

二、五类工商户的具体划分及处理原则

"五反"运动中，为了暴露"五毒分子"和"不法奸商"，全国各地对所有工商户进行排查，起初有"四类工商户"的提法，随着运动的展开，对各类工商户予以更加细致的甄别和区分，于是"五类工商户"等提法得以最终定型。

> 为了正确掌握定案处理的原则，对工商户必须作正确的分类。今年三月八日政务院批准公布的北京市人民政府在"五反"运动中关于工商户分类处理的标准和办法，对于**五类工商户**的划分，基本上是合乎各地情况的。各地在定案处理中必须从实际情况出发，全面地切实分析资产阶级的各个部分，正确掌握分类的比例。(《胜利地结束"五反"运动》，《人民日报》1952年6月15日)

根据有无违法行为和违法行为的轻重大小及违法性质的恶劣程度，可把私营工商业户分别划分为"守法户""基本守法户""半守法半违法户""严重违法户"和"完全违法户"五种类型。我们从1952年3月8日政务院批准的《北京市人民政府在"五反"运动中关于工商户分类处理的标准和办法》，可以清楚地区分五类工商户：

> 1. 守法户
>
> 迄未发现有任何违法行为，本人也具结保证无违法行为，经审查结果估计无问题者。对于这类工商户的处理办法，即给以**守法户**通知书。

2. 基本守法户

(甲)根据单人坦白具结及政府已有材料证明，其违法所得(主要是偷漏税，或小额偷工减料)总额在二百万元以下，经审查结果估计纵有隐瞒，问题不大而又性质不恶劣者。(乙)非法所得总额在二百万元以上，但情节轻微，并彻底坦白检举立功者。对于以上两种工商户的处理办法，只令其退出超过一百万元的非法所得部分，一百万元以下者免退，并给以**基本守法户**处理通知书。

3. 半守法半违法户

(甲)偷税漏税，盗骗国家资财或偷工减料等违法所得总额在二百万元以上，已彻底坦白，而其违法行为除使国家、人民直接遭受经济损失以外，无其他严重危害作用者；(乙)情节虽较严重，但在“五反”中已彻底坦白并立功赎罪者。对于以上两种**半守法半违法户**的处理办法是“补退不罚”，并给以半守法半违法户处理通知书。

4. 严重违法户

(甲)偷税漏税、盗骗国家资财、偷工减料等违法所得总额在二百万元以上，其违法行为有严重危害作用者或虽无严重危害作用，但拒不坦白者；(乙)完全违法户，但尚非罪大恶极，且已彻底坦白，并有立功表现者，得减轻其处罚，列入本类工商户。对于上述两种**严重违法户**的处理办法，除令其退出违法所得外，并按情分酌处罚金。

5. 完全违法户(即极严重违法户)：

(甲)对于国家社会建设事业(特别是国防军事设施)，或人民安全有极严重危害作用的盗窃犯；(乙)集体盗窃案的组织者和大盗窃犯；(丙)借盗窃国家经济情报牟利，使国家人民遭受极严重损失，或有其他特别恶劣的犯罪行为者；(丁)有严重违法行为，拒不坦白或抗拒运动者。①

当然，在 1952 年 3 月 12 日《中共中央关于“五反”分类标准的补充通知》中又规定，各地对五类工商户进行划分，可以因地制宜而有所区别。

有区别划分就有区别处理，《北京市人民政府在“五反”运动中关于工商户分类处理的标准和办法》就有具体规定，但依据的原则是“坦白从宽，抗拒从严”。再请看这样一则材料：

这次判决的六十一户违法工商户，都是**完全违法户**，违法行为都很严重。……经过教育，一般都愿意悔过自新，彻底交代自己的违法事实，有的并检举立功，因此得到降一级或降两级而按**严重违法户**或**半守法半违法户**从宽处理，免予判刑，宣布释放。……相反的如元利恒铁行经理张元森，向政府工作人员行贿数目虽只有两

① 《中华人民共和国大典》，中国经济出版社 1994 年版，第 241 页。

千二百七十五万元，但是在逮捕后仍不老实交代，因此仍按**完全违法户**处理。（《北京市人民法庭首次开庭，对被捕的六十一户完全违法户进行判决》，《人民日报》1952年4月12日）

中国共产党进行“五反”斗争，目的是打击资产阶级的违法行为，并不是要消灭民族资产阶级。因此在“五反”后期，由于运动的定性和收尾的需要，在定性处理上更是采取了从宽政策，尽量扩大团结面，缩小打击面。最后对全国“五类工商户”定性比例是：守法户约占10%左右，基本守法户占60%左右，半守法半违法户约占25%左右，严重违法户约占4%左右，完全违法户约占1%左右。[①] 后两类属于斗争和打击对象，只占很小比例，并且在补交漏税和退回违法所得的工作中执行了较为宽松的政策，采取了对绝大多数“只退不罚”的政策，以安定他们。这同前面“三反”运动的方针是基本一致的。

三、其他工商户类称谓

除了“五类工商户”称谓外，“五反”运动还涉及了一些相关的工商户类称谓，它们从不同角度对工商业行户进行了划分与界定，体现出当时社会形势对工商业的一次重大透析。

“私”在当时是与“公”对立的，因此“私人工商户”这个称谓强调的仍然是其政治或阶级方面的属性，从下例看，“私人工商户”正是各类工商户的总称，那么，它的阶级属性自然也是所有各类工商户的一致属性，即资产阶级性质。

在五反目标下，将**私人工商户**具体划分为“守法的、基本守法的、半守法半违法的、严重违法的和完全违法的”五类。前些日子我们曾将**私人工商户**划分为四类，现在觉得应分为五类，即将守法户一类改为守法户和基本守法户两类，其他三类不变。（《北京市长彭真三月八日在政务院会议上的报告》，《人民日报》1952年3月12日）

“私人工商户”又包括一个重要的称谓“独立工商户”，即不雇工人店员（但有些人家带了学徒）的工商户，“独立工商户”是“独立手工业户”和“家庭商业户”的总称，如：

但在此次“五反”中还来不及处理，各大城市也可以暂时不去处理摊贩，但对**独立手工业户**和**家庭商业户**最好给以处理，北京、天津两市正在处理。各中等城市在“五反”中最好给**独立工商户**及摊贩均给以处理。不雇工人店员（但有些人家带了学徒）的**独立工商户**在我国各大中城市数目很大，北京约占五万工商户中的百分之三十八，计一万九千户左右。他们中许多是守法的，也有许多是基本守法部分违法的（即有小额偷漏税，即所谓有小问题的），也有少数是属于半守法半违法即偷漏较大的，有的竟

① 朱玉湘主编：《中华人民共和国简史》，福建人民出版社1991年版，第38页。

达一两个亿，有些家庭商店人手多，不雇店员，比雇上二三个店员的小资本家贸易额大得多，因此偷漏税也多些。（《中共中央关于在“五反”运动中对工商户分类处理的标准和办法》[1952 年 3 月 5 日]，《建国以来重要文献选编》第三册）

“五反”运动面对的是城里的工商户，但不能一网打尽，而要按大、中、小户加以排查和区分，而后突出重点。所以“大户”（相对“中小户”而言）成为“五反”运动中的一个重要概念。在汉语中，不同时代和地域，“大户”有不同所指，例如旧社会农村称地主老财为“大户”，灾荒年农民“吃大户”即是此意。但“五反”运动所称“大户”指的是：那些资本雄厚、生产或经营能力强的大工商户。只有这样的“大户”才有可能出现较严重的“五毒”违法行为，因而成为“五反”运动中加以分类排查的重点。

二、工商界中大户分类的问题：(1)所谓**大户**，从经济上说是指资本厚、工人店员多、经营大的工商户，从政治上说是指资产阶级的上层分子，或参加各级协商机关、政府机关担任工作的资产阶级代表性的人物。在确定**大户**时，应将政治的和经济的两个条件结合起来评定。(2)对于**大户**在政治上、经济上较中小户更为重要的意义，中央历次已有指示。中央于五月二日所批准的上海市委对于**大户**的分类，即坚决保护、一般保护、政治上照旧使用、降级使用、坚决打击的五类，和前述一般分类之守法户、基本守法户、半守法半违法户、严重违法户、完全违法户五类，两者是彼此适应，互相关联的。（《中共中央关于争取“五反”斗争胜利结束中的几个问题的指示》[1952 年 5 月 20 日]，《建国以来重要文献选编》第三册）

第三期是整个运动的高潮。这期工作在四月二十一日开始，经过十五天的时间，已解决了六千多户大工商户的问题，处理了七万多户中小工商户的问题。连同第一、二两期已经解决问题的两千多户**大户**、二万多户中小工商户在内，三期共已解决了十一万工商户的问题，已占全市十六万工商户的三分之二以上。（《“五反”简讯》，《人民日报》1952 年 5 月 11 日）

经过第一期的严肃斗争，不法资本家的阵线开始崩溃，增产节约委员会便及时提出了新的斗争方式，以“互助互评”代替了检查，并确定集中力量先解决**大户**和小户的问题，以求得在生产力的比例上和户数的比例上，都迅速争取多数，使“五反”统一战线日益巩固和扩大。（《上海市“五反”运动的巨大胜利》，《人民日报》1952 年 6 月 10 日）

找出了违法工商户，其中又有“重点违法户”。另外“重点户”也是一个重要概念，一般是“五反”前期进行典型试验时确定的，用这种方式增加“五反”运动的经验，到后期结案检查时也作为重点检查对象。“重点违法户”或“重点户”一般都是大工商户。

据中共浙江省委一九五二年五月六日关于杭州市“五反”情况和经验给华东局

并中央、毛泽东的综合报告说：浙江省委和杭州市委在杭州市**重点违法户**的核实和分类处理，稳定和提高资本家生产积极性，改善劳资关系等方面，取得的经验有三条……（《中共中央关于"五反"定案，补退工作等的指示》）[1952年5月9日]注释3，《建国以来重要文献选编》第三册）

检查工作就抓住重点，首先从那些与国家机关关系最多、危害国家最大、向无产阶级进攻最疯狂的行业检查起。在重点行业确定之后，还要确定**重点户**，这除了根据对国家危害的大小来决定外，还要看他们的坦白程度。那些危害国家最大而又拒不坦白的工商户，就是首先检查的对象。（《介绍北京市检查不法工商业户的经验》，《人民日报》1952年2月18日）

在这次结案处理工作中，各区都接受第一批结案工作的经验，继续发动职工，大胆使用积极分子。有些区的检查工作队采取"行业包干制"，结合着对**重点户**的检查，全面地推动整个行业的检查和结案工作，工作效率因而大大地提高。（《沈阳市继续处理万余工商户 对拒不坦白的违法资本家进行严正斗争》，《人民日报》1952年3月24日）

总的来讲，这个对私营工商业户进行细致归类的"五反"运动，对于稳定国内经济秩序，巩固新政权的地位，加强共产党的领导，起到了重要的作用。但由于一些地方片面夸大敌情，又常常采取过激的"左"的指导思想，使斗争的范围扩大化，挫伤了部分工商业者的积极性，在一定程度上影响了社会经济的发展。

第三章　新中国成立初期农村阶级成分称谓和农民称谓变革

本章涉及的主要称谓如下：

<table>
<tr><td rowspan="2">第一节</td><td>一</td><td>翻身户、翻身农民、新翻身户</td></tr>
<tr><td>二</td><td>贫农、雇农、贫雇农、中农、上中农、下中农、中中农、贫下中农、富裕中农、富农、反动富农、新式富农、旧式富农、佃富农、半地主式富农、地主、大地主、中小地主、兼地主、工商业兼地主、地主兼工商业者、二地主、严重违法地主、恶霸地主、不法地主、不法大地主、守法地主、违法地主、半守法半违法地主、漏网地主</td></tr>
<tr><td rowspan="2">第二节</td><td>一</td><td>余粮户、缺粮户、半缺粮户、粮食余缺户、自给户、自足户、统购户、统销户、供应户、余粮社、缺粮社、自足社、余粮社员、缺粮社员</td></tr>
<tr><td>二</td><td>丰产模范、全面丰产模范、丰产农户、丰产模范互助组、丰产模范村、丰产模范农业生产合作社、爱国丰产模范工作者、劳动模范、农业劳动模范、全国农业劳动模范、特约农户、丰产能手</td></tr>
<tr><td rowspan="2">第三节</td><td>一</td><td>新中农、老中农、新富农、老富农、新下中农、老下中农、新富裕中农、老富裕中农、单干户、个体农户、单干农民、个体农民、互助组、互助合作农民、互助组员、组外农民</td></tr>
<tr><td>二</td><td>农业生产合作社、初级农业社、初级社、高级农业生产合作社、高级农业社、高级社、合作社、农业社、高级社社员、初级社社员、社员、入社农民、入社农户、社外农民、社外农户、退社社员、退社户、候补社员、五保户、人民公社、公社社员</td></tr>
</table>

本章就新中国成立十七年农村阶级成分和农民称谓的变革脉络，作了一个大致上的探讨，其中涉及新中国成立十七年中国农村中的土地改革运动、粮食统购统销运动和互助合作运动。之所以选取这三个运动，是因为它们在当时的农村运动中具有十分突出的代表意义，产生了极为巨大的影响，可以说与中国农民性命攸关，直接规约着新中国成立十七年来农民称谓的变迁过程。

在本章中，由于当时农村生产生活以“户”为单位的天然特点，“户”类称谓成为一种代表性的称谓。从称谓所指来看，“户”类称谓既可以是个体称谓，又可以作为集体称谓，结合当时农村由个体向集体化过渡的政策导向和运动方向，它正是当时农民实际称谓状况的一种鲜明表露，所以本章的称谓代表词，也收录了此类称谓。

第一节 土地改革运动带来的称谓变革

一、土改造就的"翻身农民""翻身户"称谓与农民政治地位的根本改变

解放战争期间,土地改革已在解放区展开,新中国成立后对新解放区实行土改,是新中国成立前土地改革的继续和深入。1950 年 6 月 30 日,《中华人民共和国土地改革法》颁布实施,同时还颁布了《中华人民共和国土地法》,新解放区的土地改革运动在全国范围全面展开,至 1952 年底,大陆除少数民族聚居区外,土地改革全面完成。

土地改革使中国农民第一次摆脱了被奴役的命运,由是,一场农村称谓体系的变革正在悄然进行着,而这场变革,又是以农民根本政治地位的变革为肇端。

中国农民有了土地,也就真正改变了自己的身份地位,成为国家的主人、自己的主人,"翻身农民""翻身户""翻身农户"等称谓便是这种变化的体现。"翻身户"指土改中分得了土地、房屋的贫雇农或他们的家庭。[①] 可见"翻身农民"与"翻身户"意义在指代翻身的农民上并无太大差别,所差只不过是户多指代家庭,也可指代个体,"农民"在此意义上则多指个体而已。在这时,翻身意味着政治压迫与经济剥削的解除,意味着得到解放。

"翻身户"称谓有它的历史延续性。早在解放战争中,很多时候都把战争目的通俗地说成"帮农民翻身"。新解放区也开始土改,因此这时出现的"翻身户"类称谓便形象地指出人民战斗的动力,即推翻封建压迫,获得自己的土地和自由,翻身做主人。同时,"翻身户"称谓指向侧重在农民政治经济地位的解放,也就从侧面揭示出土地改革的根本目的,"不是单纯地为了救济贫苦农民,而是为了要使农村生产力从地主阶级封建土地所有制的束缚之下获得解放,以便发展农业生产,为新中国的工业化开辟道路……并在最后走上社会主义"[②]。

土地改革是随着解放战争的开展、解放区的扩大而逐步进行的,土改实施有先有后,相对于原来的老翻身户而言,时间在后的翻身户称"新翻身户"。新中国成立后的新解放区土改运动中形成的翻身户当然都是"新翻身户",新、老翻身户统称"翻身户"。新中国成立后,经过全面土改,人民有了自己的全国性政权,农民都拥有了自己的土地,彻底翻身成为国家的主人,"翻身农民""翻身户"有了全新的时代意义。

---

① 吉常宏主编:《汉语称谓大词典》,河北教育出版社 2001 年版,第 239 页。
② 刘少奇:《关于土地改革问题的报告》,《人民日报》1950 年 6 月 30 日。

华东区江苏、浙江、安徽等地，胜利完成土地改革的六千多个乡村中，农民们正以无比的欢欣，庆祝土地回家和积极准备春季大生产。浙江省新登县，全县五万三千多**翻身农民**，在新年前后，都分别举行了隆重的庆祝大会。（《苏、浙、皖等地翻身农民 欢庆土地还家积极准备大生产》，《人民日报》1951年1月25日）

在乡政府的干部会上，各村的代表主任都喊叫今年的活跃借贷难办，但总不能不给几家最困难的**翻身户**筹借点吧？（柳青《创业史》第一部）

为了缩短春荒，政府曾大力动员群众播种早熟作物。并帮助解决军属、灾区农民及**新翻身户**的种籽缺乏问题。（《翻身农民情绪高 起早搭黑忙积肥》，《人民日报》1950年3月23日）

刚土地改革的新解放区，组织起来解决了**新翻身户**缺乏耕畜农具和口粮的困难，保证了增产运动的顺利开展。（中央人民政府农业部农政司《一九五二年上半年农业互助合作运动发展情况》，《中国农业合作化运动史料》）

二、土地改革运动与一大批农民成分称谓的出现

前文提到，新中国成立后，中国农村进行了一场翻天覆地的改革运动，那就是土地改革运动。1950年6月30日，中央人民政府根据全国解放后的新情况，颁布了《中华人民共和国土地改革法》，宣布在全国“废除地主阶级封建剥削的土地所有制，实行农民的土地所有制，借以解放农村生产力，发展农业生产，为新中国的工业化开辟道路”。《土地改革法》公布以后，在3.1亿人口的新解放区分期分批地，有计划、有领导、有秩序地开展了土改运动。到1953年春，全国除新疆、西藏等少数民族地区以及台湾省外，基本上完成了土地改革任务。通过这场运动，不仅在政治上推翻了地主阶级的统治，而且在经济上废除了封建的土地制度，有三亿多无地和少地的农民无偿地分到了约七亿亩土地，以及大批耕畜、农具等生产资料，使农民免除了每年给地主交纳约3000万吨以上粮食的地租。

而要进行好土地改革，必须先划分农民的成分，才能真正将土地合理地分配下去，于是一大批农民成分称谓应运而生，当然，在解放前已经出现了很多农民的成分称谓，但没有统一的划分标准和称谓形式，新中国成立后土改则为之作了精确的划分与定名。一时间，这些标准农民成分称谓在当时的热门话题中频繁出现，成为人们关注的焦点，并直接左右着农民们的命运。如今这些称谓由于已经脱离了当代的社会生活实际，让我们感到相当生疏，必须结合它们兴起的社会历史背景，作一个综合的考察。

（一）由“贫雇农”和“贫下中农”称谓看农村土改的革命力量

“贫雇农”是土改中经常用到的联合称谓，它泛指由贫农和雇农组成的人群，按照党的土改路线，“贫雇农”是土改的依靠对象和主力军。

这支占农村人口百分之六十到百分之七十的**贫雇农**大军，就是今天农村一切改革的主力，也就是我们在土地改革运动中的主力军。……农民觉悟提高了，农民队伍经过整顿有了进步，干部比较有了经验，和平土改思想有了纠正，依靠**贫雇农**团结中农的政策思想更明确了些。(《战斗中的湖南农民》，《人民日报》1951年2月10日)

记得云门乡十一村的**贫雇农**代表，曾在一次小组会上讨论"谁来当家作主"的题目。……结果大家认为土地改革只有依靠**贫雇农**才对头。他们说："土地改革运动，好比农民和地主开仗，必须要**贫雇农**打先锋，中农帮忙运子弹；富农不倒向敌人那一边、安心生产就好了。"这个结论，不正和土地改革政策的总路线："依靠**贫雇农**，团结中农，中立富农，消灭地主阶级"相符合吗？(《在热火大锤下锻炼》，《人民日报》1951年10月29日)

这其中，"贫农"和"雇农"又是两种重要的农民成分称谓，之所以将"贫农"和"雇农"合称为"贫雇农"，主要原因在于"贫农"与"雇农"在成分上的相似，即所在农村的经济地位和社会阶层相近。

我们先来看一下"贫农"称谓。"贫农"在旧时可以泛指贫苦农民[①]，但在新中国土改中，它作为一种成分称谓，特指农民的一个阶层，在《中央人民政府政务院关于划分农村阶级成分的决定》一文中，它有了严格的划分标准和条件限制，即：

贫农有些占有一部分土地与不完全的工具。有些全无土地，只有一些不完全的工具。一般都须租入土地来耕，受人地租、债利与小部分雇佣劳动的剥削。这些都是贫农。中农一般不要出卖劳动力，**贫农**一般要出卖小部分劳动力，这是分别中农和贫农的主要标准。(《人民日报》1950年8月21日)

"贫农"在此时既是一种划分出来的成分名称，也援引来指称属于这个阶层的人，他们的经济状况劣于中农，优于雇农。而在上述决定中的"补充决定"中又规定如下：

工人农民外，一切依靠自己劳动为生活，或大部分依靠自己劳动为生活，或依靠少数生产资料自己经营以取得生活费，上面这些人凡没有固定职业而生活贫苦者，均叫作**贫农**。

在这一补充规定中，"贫农"称谓的所指范围又有所扩大，并且在各个不同的地区，因各地贫富程度的差异，贫农的具体生活水平也各有差别，但总的来说，他们生活在农村社会的底层，如：

根据前表，**贫农**人口为百分之三十九。……广大的贫农占有土地是极少的，只百分之七。(《湖南农村的状况和特点》，《人民日报》1950年7月14日)

---

① 吉常宏主编：《汉语称谓大辞典》，河北教育出版社2001年版，第674页。

在农村，土地就是一个人、一户人家的命脉，由上面的例证我们可以清晰地看到当时贫农的状况。相比之下，雇农的境遇就更为悲惨了，它可以泛指那些被雇用的农民，作为新中国成立后的成分称谓，它指的就是农村中最贫困的一个社会阶层。如：

> 工人（**雇农**在内）一般全无土地和生产工具，完全或主要以出卖劳动力为生，这是工人。（《中央人民政府政务院关于划分农村阶级成分的决定》，《人民日报》1950年8月21日）

> 贫农和**雇农**对改革土地制度的要求是最积极的，土地改革的工作仍然必须倚靠贫农和**雇农**。（《关于农民协会组织通则的几点解释》，《人民日报》1950年7月16日社论）

由此可知雇农是工人的一部分，当然，这里所指的“工人”，主要限制在农村范围内的“雇工”之类，与城市工厂中的“工人”在政治归属和社会阶层上有所不同。雇农又常和贫农合称“贫雇农”，可见其称谓内容及称谓色彩是相当接近的。贫雇农称谓所指代的阶层，几乎就是农村最底层的阶层，他们在土地改革中动力最强大，行动最坚决。

伴随共和国成长起来的人们更熟悉的一个称谓还是“贫下中农”。它同样是一个具有鲜明阶级性的联合称谓，“贫下中农”是“对贫农和下中农（指新中农中间的下中农和中中农以及老中农中间的下中农三部分）的合称”①。新中国成立以来，它长期作为中国共产党依靠的阶级，是党发起运动的主力军。“贫下中农”中，我们已经搞清楚了“贫农”的称谓意义，而要弄清“下中农”称谓，必须先理解它的上位称谓——“中农”。

中农的称谓意义要相对复杂得多，在《中央人民政府政务院关于划分农村阶级成分的决定》中，对“中农”作了如下表述：

> **中农**许多都占有土地。有些**中农**只占有一部分土地，另租入一部分土地。有些**中农**并无土地，全部土地都是租入的。**中农**自己都有相当的工具。**中农**的生活来源全靠自己劳动。**中农**一般不剥削人，许多**中农**还要受别人小部分地租、债利等剥削。但**中农**一般不出卖劳动力。另一部分**中农**（富裕中农）则对别人有轻微的剥削，但非经常的与主要的。这些都是**中农**。（《人民日报》1950年8月21日）

因为从成分划分的标准上看，中农本身就是一个具有过渡性的农民阶层，推衍开来，其间接近贫农和雇农的那部分就是“下中农”，又有比之经济水平更好一点的“中中农”，还有与剥削压迫农民的富农和地主接近的“上中农”。虽然中央当时不提倡这样的细分，但随着社会的日益政治化，由于“经济地位决定政治态度”的思维，事实上还是作

---

① 韩明安主编：《汉语新语词词典》，语文出版社1988年版，第456页。

了这样的区分,"上中农"乃至"中中农"都被排斥在革命力量之外,而最接近贫农的"下中农"则成了革命力量。土改中"贫雇农"固然是革命先锋,后来为扩大革命队伍和团结面,自从农业合作化运动以来,"贫农、下中农"经常并提,"贫下中农"逐渐合成一个完整概念,尤其到"文化大革命"中,成为一个流行称谓。

(二)由"富裕中农"与"富农"称谓看土地改革的复杂性

新区土地改革运动还采取保存富农经济的政策,以利于孤立地主,保护中农,稳定民族资产阶级和早日恢复农村生产。我们通过对"富农"称谓的意义界定,也可以了解一点为什么当时的土地改革提出不动富农的主张。"富农"在《中央人民政府政务院关于划分农村阶级成分的决定》中,有着明确且极为详尽的规定:

> **富农**一般占有土地。但也有自己占有一部分土地,另租入一部分土地的。也有自己全无土地,全部土地都是租入的。一般都占有比较优良的生产工具及活动资本,自己参加劳动,但经常依靠剥削为其生活来源之一部或大部。**富农**剥削的方式,主要是剥削雇佣劳动(请长工)。此外或兼以一部分土地出租剥削地租、或兼放债、或兼营工商业。**富农**多半还管公堂。有的占有相当多的优良土地,除自己劳动之外,并不雇工,而另以地租、债利等方式剥削农民,此种情况亦应以**富农**看待。**富农**的剥削是经常的,许多并且是主要的。(《人民日报》1950 年 8 月 21 日)

由此可见,当时的土改运动对"富农"这一成分的划分是相当谨慎的,将"富农"与"地主"区别开,并从不同的角度加以说明,一连列举了几种判别"富农"的参考条件。"富农"虽然占有平均数以上的土地,也会有剥削行为,但是他们与贫雇农并不存在极端的阶级对立。社会主义中国刚刚建立,社会还没有完全从动荡中恢复,稳定社会、巩固政权是压倒一切的首要问题,而保存富农,就是党和国家出于对当时中国的政治军事形势的考虑作出的科学判断,这样,就可以把"富农"与"地主"区分开来,以便目的明确、任务清晰地开展土地革命。因此,这时的土改政策必须与以前打土豪分田地时斗争富农的政策相区别,有意识地保存富农经济,从而集中力量斗争地主阶级,维护农村乃至整个社会的安定团结。于是,1950 年 6 月公布的《中华人民共和国土地改革法》第六条规定:"保护富农所有自耕和雇人耕种的土地及其他财产,不得侵犯。"

也是出于这个原因,"富农"称谓在这时有着非常细致的内部划分,如根据政治态度区分出的"反动富农";根据经济状况区分出的"半地主式富农";根据剥削方式区分出的"新式富农""旧式富农"和"佃富农"等。

> 在解放前,尤其是解放后,有重大反革命行为的富农,叫作**反动富农**。对于**反动富农**应该没收他本人及其家属中参加了这种反革命行为的人的土地财产。(《中央人民政府政务院关于划分农村阶级成分的决定》,《人民日报》1950 年 8 月 21 日)

> **半地主式富农**则指出租大量土地超过其自耕和雇人耕种的土地数量的富农。(《中央人民政府政务院关于划分农村阶级成分的决定》,《人民日报》1950年8月21日)
>
> 其所以这样规定,是因为富农是参加农业主要劳动的,这样做有利于团结与稳中农,也便于分化地主、富农,减少他们对土地改革的阻力,至于在解放以后上升起来的**新式富农**和**佃富农**,除**佃富农**租种之地主的土地,应予以没收分配外,其余土地财产,均应保护不动。地主、**旧式富农**的浮财,除已规定之四项外,一般亦以不动为宜。(《中共中央关于河南省土改条例中的几个问题给中南局的答复》[1950年2月10日],《中华人民共和国经济档案资料选编(农村经济体制卷)》)

由于上面的例证是释义性的,我们可以轻松地搞懂这些"富农"的细化性成分称谓的含义,再说它们跟解放战争时期土改中的称谓也有某些重叠,所以这里不再重作说明。

相应的,我们也可以由此看出即使在保存富农的新中国土改中,"富农"依然是一个非常敏感的称谓,它的阶级色彩、褒贬色彩都随着土改政策的制定而发生微妙的变化。"富农"在当时,就是在阶级敌人与阶级兄弟的分界线上徘徊,于是,它又可以有"团结对象"这样一种代称,表示它虽然不属于革命的阶级兄弟,但暂时还不划入阶级敌人的范围,是需要被团结而不是被打倒的对象。

了解了"富农"称谓,就不难明白为什么土地改革成分划分时,将属于"中农"成分的"富裕中农"单独拿出来,着重作出规定。《中央人民政府政务院关于划分农村阶级成分的决定》附"补充决定"中特别提出:

> **富裕中农**是中农的一部分,生活状况在普通中农以上,一般对别人有轻微的剥削。其剥削收入的分量,以不超过其全家一年总收入的百分之十五为限度。(《人民日报》1950年8月21日)

同时,因为土地改革运动中重点是斗争地主,废除剥削制度,所以实行了中立富农的政策,而富裕中农与富农有着天然的经济接近,因此,对富农的划分标准,也就必须适当地放宽,以便减少土地改革运动的阻碍,稳定社会、安定人心。如在上面的"补充决定"后,又提出:"在某些情况下,剥削收入虽超过全家一年总收入的百分之十五,但不超过百分之三十,而群众不加反对者,仍以富裕中农论。在民主政权下,富裕中农的利益应与一般中农得到同等保护。""富农"成分称谓在某种意义上可以说是"富裕中农"成分称谓出现的前提,为进一步坚定"保存富农"的土地改革政策提供了更好的保障。

(三)"地主"称谓与土地改革主要斗争对象

"地主"在当时是作为农民称谓的对立面出现的,与"农民"一样,它自然也会受社会政治气候的影响,有了新的更为明确的指称意义。它同时也是土地改革运动中一种重

要的成分称谓,“地主”称谓的成分划分标准为:

> 占有土地,自己不劳动,或只有附带劳动,而靠剥削为生的,叫作**地主**。……有些**地主**虽已破产了,但破产之后有劳动力仍不劳动,而其生活状况超过普通中农者,仍然算是**地主**。军阀、官僚、土豪、劣绅是地主阶级的政治代表,是**地主**中特别凶恶者(富农中亦有小的土豪、劣绅)。帮助**地主**收租管家,依靠**地主**剥削农民为主要生活来源,其生活状况超过普通中农的一些人,应与**地主**一例看待。(《中央人民政府政务院关于划分农村阶级成分的决定》,《人民日报》1950 年 8 月 21 日)

由此,我们可以清晰地看出,“地主”成分称谓实际上又包括着“地主”“破产地主”“土豪”“劣绅”“地主收租人”“地主管家”等普通称谓,即涵盖了这样一大部分与地主剥削情形、生活状况相当的人,他们在旧时有着各种不同的区别性称谓。在土地改革中,他们则被统称为“地主”,以其成分称谓代替了他们原有的各种社会称谓。从这一点,我们不难推断出当时土地革命运动的巨大影响力,以及当时成分称谓在社会上的绝对权威性。

“地主”类称谓的细化,则是由土改工作要求直接造成的,包括土改之初的划分和土改后期的纠正与查缺补漏。如果地主还兼有其他成分,就进一步予以区别,如 1950 年《中央人民政府政务院关于划分农村阶级成分的决定》就定出了“其他成分兼地主”和“地主兼其他成分”的细化称谓。于是“兼地主”成为一个称谓,具体如“工商业(者)兼地主”,地主兼其他的如“地主兼工商业者”。租入土地再转租给他人的为“二地主”。由占有土地财产数量细化出“大地主”和“中小地主”。根据是否守法和拖欠果实又别出三大类:“守法地主”、“半守法半违法地主”、“不法地主”或称“违法地主”。严重违法则为“恶霸地主”。土改复查又发现“漏网地主”。

> 不少住在城市里的人们,在农村里占有土地,有地主,有**兼地主**,有小土地出租者。……这样,便保障了城市的秩序,作到了对于地主、**工商业兼地主**和小土地出租者的区别对待。(《中南区土地改革运动中的城乡联络委员会》,《人民日报》1951 年 7 月 16 日)
>
> 而中南区各地城乡联络处实协助政府妥善地处理了很多**地主兼工商业者**和农民间的纠纷案件,使有土地关系的百分之八十以上的工商业者,能够安心经营,并已初步呈现发展景象。(《土地改革与民族工商业的发展》,《人民日报》1951 年 6 月 11 日)
>
> 向地主租入大量土地,自己不劳动,转租于他人,收取地租,其生活状况超过普通中农的人,成为**二地主**。**二地主**应与地主一例看待。(《土地改革与民族工商业的发展》,《人民日报》1951 年 6 月 11 日)
>
> 对一般**中小地主**与**守法地主**财产之没收与分配应采取先留后分的原则,而对**恶霸地主**与**不法大地主**则应采取先查封没收后酌量给予的原则。(邓子恢《关于土

地改革的几个基本问题》[1950 年 12 月 26 日],《邓子恢文集》)

斗争的主锋,只应集中于百分之十五到二十的**严重违法地主**(即恶霸地主、大地主中的严重违法或拖欠应交而又能交果实者,并应以一个区为掌握单位),其他**半违法半守法的地主**和一般地主中的拖欠果实者,则可在打击**恶霸地主**与**大地主**的斗争中,乘威而下,不必"一一回锅"。……只有经济拖欠行为,出得起而不出者,算**半守法半违法地主**。(《中南土改委员会:关于全面结束土地改革运动中若干问题的处理意见》[1952 年 11 月 22 日],《中华人民共和国经济档案资料选编(农村经济体制卷)》)

据一百七十八个村的统计,共收回倒算土地七百二十八点二亩,房一千五百一十二间,牲畜二百零九头,大车九十五辆,主要农具四百九十六件。树木六百九十七棵,粮食二百二十四石,查出**漏网地主**八十九户。(《新乡县农村掀起了抗美援朝运动》,《人民日报》1951 年 3 月 23 日)

对**漏网地主**的土地予以没收,至于房屋、耕畜、农具、粮食等原则上亦应按土改法规定予以没收分配,但除了留给地主应分的一份之外,如果所余不多则不没收,并一律不追、不赔、不斗。(张德生、孙作宾《关于土改复查工作方针及几个政策问题的意见给西北局的综合报告》[1952 年 9 月 10 日],《中华人民共和国经济档案资料选编(农村经济体制卷)》)

以上引文中出现的这些称谓含义,大都在引文中得到了相应的解释,其中的"半守法半违法地主""漏网地主"等,则显然是土改后期复查而出现的称谓。种种"地主"称谓直接导致地主们在土地改革中所受待遇的差别,关系到他们的前途和命运。我们从引文也可以看出,当时对"漏网地主""半守法半违法地主""严重违法地主"等,在土改斗争中的工作方式和处理结果等方面均有所不同。

同时,"地主"称谓的政治、文化、民俗色彩起了本质性的变化。地主从原来受人羡慕的、拥有众多土地的农村人上人,成为人人痛打的"落水狗",变成了一种像瘟疫一样大家避之唯恐不及的人,地位可谓一落千丈。"地主"称谓原有的威风、凶残等附加意义也随之改变,作为一个成分称谓,更随着政治空气的日渐浓重,被打入黑暗的异类另册。

第二节　从"缺粮户""特约农户"等反观当年的粮食运动

粮食是关系国计民生的基本问题,新中国成立初期的粮食生产难以满足国民需要,所以“将粮食生产搞好”这个问题相当迫切。土地改革运动解放了农村的生产力，充分调动了广大农民的生产积极性，搞好粮食生产有了可能。

一、“余粮户”“缺粮户”“统购户”“统销户”等与粮食统购统销运动

新中国诞生伊始，粮食产需矛盾、供求矛盾就十分尖锐。1953年，中共中央作出决议，开始在全国实施粮食统购统销政策：在农村向余粮户实行粮食计划收购简称“统购”，对城市人民和农村缺粮人民实行粮食计划供应简称“统销”。粮食统购统销与对资本主义工商业个体农业、个体手工业的社会主义改造和稳定物价、统一全国财经，号称财经战线上的“三大战役”。粮食统购统销政策给中国农村带来了一批新称谓词，也使许多旧称谓有了新的时代意义。

要搞好统购统销，首先要对社会的粮食占有情况从余缺角度作出划分，然后才能对余粮者实行统购，缺粮者实行统销。于是认定“余粮户”“缺粮户”和“自足户”等，就成了重要问题。因为粮食生产者即是农民，所以这些称谓首先与农民有关。产粮农民缴纳公粮后除去自用部分尚且有余的就是“余粮户”，不足者为“缺粮户”，刚好够自用的为“自足户”。当然不产粮农民和城镇居民也都属于“缺粮户”。1953年10月16日《中共中央关于实行粮食的计划收购与计划供应的决议》，就出现了“余粮户”“缺粮户”的称谓，紧接着社会上又提出了“自足户”概念。1955年8月25日国务院发布《农村粮食统购统销暂行办法》把生产粮食的农户划分为“余粮户”“缺粮户”和“自足户”，并给出了相关的界定：

> 凡生产粮食的农户，按照核定的粮食产量，减去用粮量和实缴公粮后，粮食有余的为**余粮户**，不余不缺的为**自足户**，不足的为**缺粮户**，不生产粮食的农村居民也为**缺粮户**。国家对**余粮户**分别核定粮食交售任务进行统购，对**缺粮户**分别核定粮食供应量进行统销，对**自足户**不进行统购统销。(《人民日报》1955年8月25日)

因此，“缺粮户”“余粮户”“自足户”(又称“自给户”)等称谓随着统购统销运动的开展，逐渐纳入农民的日常生活称谓圈，成为关系着农民生存发展的重要称谓，它们也就自然当仁不让地成为粮食统购统销运动的代表性称谓，一起记录着这场粮食运动的起因、过程以及特色。有的地方还区别出“半缺粮户”，并将余粮户和缺粮户合称“粮食余缺户”。

> 各县在统购工作中，不仅没有中断粮食供应工作，同时还对**缺粮户**进行了摸底、评议工作，接着又给**缺粮户**发了购粮证。……**缺粮户**领到购粮证后，积极推动村里的购粮工作和动员**余粮户**出售余粮给国家，并用积极劳动努力生产的实际行动，感谢人民政府对他们的关怀。(《购粮任务为什么完成得又好又快》，《人民日报》1954年11月13日)

凡是正确地贯彻执行了“三定”的各项原则的地方，都做到把农村的**余粮户**和**缺粮户**明显地区别开来，这就可以避免由于余缺不分而产生的购粮“过头”和供应不合理的现象，从而进一步贯彻执行了粮食统购统销政策。……必须开好两个会：一个是**余粮户**和**自足户**的会，在会上除了要把**余粮户**的定购数字复查一下，在取得**余粮户**同意后把数字最后确定下来以外，还要对**余粮户**、**自足户**进行政策教育，使他们今后不再盲目地叫喊缺粮。另一方面还要开好**缺粮户**会议，在取得**缺粮户**的同意后把每户的供应数字都确定下来，同时要向他们进行增产节约的教育，号召他们争取今后粮食自给以至有余。(《粮食“三定”工作中必须注意的几个问题》,《人民日报》1955 年 10 月 20 日)

经过了四年艰苦奋斗，一年一年好起来，绝大多数的社员成了**余粮户**。……使现在还存在的农村中一小部分**缺粮户**不再缺粮，除了专门经营经济作物的某些农户以外，统统变为**余粮户**或者**自给户**，使农村中没有了贫农，使全体农民达到中农和中农以上的生活水平。(毛泽东《关于正确处理人民内部矛盾的问题》[1957 年 2 月 27 日],《毛泽东选集》第五卷)

中共浙江省委员会在四月中旬召开的县委书记会议上曾要求各县在五月中旬以前根据各地不同情况，向群众公布定销数字，发动群众民主评议划分**粮食余缺户**，把粮食合理地供应到**缺粮户**和**半缺粮户**的手中，以便同时消除那些不缺叫缺的农民的错误思想。(《各地大力整顿粮食统销工作》,《人民日报》1955 年 5 月 3 日)

显然，如此细致地划分出“余粮户”“缺粮户”和“自足户”等，首先就表露出当时粮食乃至整个商品市场的紧张情况：最基本的生活必需品——粮食都不能满足生存需要，何况别的东西。粮食是整个社会运作的命脉，而这种情况必然成为百废待兴的新中国成立初期各项工作尤其是生产建设顺利开展的瓶颈，因此我们才会理解粮食统购统销运动必须进行的社会原因：政府不得不对粮食占有情况从余缺角度作出划分，对粮食占有情况进行政策性调控，以解决当时严重的国计民生问题。在此基础上，这又直接解释着这场运动的过程，标志这场运动从分清每家每户的基本粮食占有情况开始。而当时对粮食的占有情况做出如此细致入“户”的划分，可能也是当代人所难以想象的，它记录的是我们开国立业的艰辛以及党和政府在关注百姓生活方面付出的心血。

评定出了粮食余缺情形，对余粮户实行计划收购(统购)，对缺粮户实行计划销售(统销)，于是又形成了“统购户”和“统销户”这样一对称谓词。

今年四川省粮食统销工作是结合统购进行的，在评定**统购户**同时，对**统销户**也进行了调查。各地粮食统销评议工作一般都作得认真细致。(《国家源源供应灾区人民粮食　四川大部地区的缺粮户收到了粮食供应证》,《人民日报》1954 年 12 月 10 日)

结合粮食统购,各地采取群众路线方法,确定**统销户**、统销量,发给统销证,农村广大缺粮户得到了合理的粮食供应。(《四川省胜利完成今年粮食收购计划》,《人民日报》1954年12月12日)

今年度的粮食统购工作又进入了送粮入仓的阶段,很多农民已按照自己报售的数量出卖了余粮,但是也有一些农民只出售了一部分,还留下了一部分尾欠。拿河南省来说,有些地区,售粮尾欠户约占**统购户**数的百分之十五左右;山东省章邱专区有的乡,有尾欠的农户占**统购户**的百分之四十左右;湖南省临湘县有五十一个乡有尾欠。(《清理购粮尾欠》,《人民日报》1955年1月7日)

各地统购统销工作一般是结合进行的,是在发动群众的基础上实行民主评议,三榜定案,公布**统购户**卖粮数量和**统销户**的买粮数量。这样同时作的结果,购销数字大部接近实际情况,农民满意。(李书城《视察粮食统购统销的初步印象和意见》,《人民日报》1955年7月2日)

这一乡粮食问题显得紧张,邻近这一乡的某些地区听说也紧张。我亲眼看到有人饭不够吃。这一乡六百七十五户中,一九五四年度**统销户**占二百三十八户;一九五五年度达三百六十一户。惜我未能深入了解各户情况。我原想"抽查"**统销户**的实际情况,无奈时间不够。(易礼容《我在湘潭飞龙乡十二天》,《人民日报》1955年7月5日)

粮食统购统销制度包括对缺粮户的"计划供应",于是又有了"供应户"这一重要称谓,如:

在干部和群众思想觉悟提高的基础上,后屯乡对缺粮户进行了调查工作。在大体了解了缺粮户数、粮数,并培养了典型、树立了正确榜样以后,进行了如下具体工作:一、召开缺粮户会议,会上,进一步宣传统购统销政策,讲明供应的对象、标准和时间。并由积极分子发言,然后由领导方面提出供应名单,民主协商评定**供应户**,并通过打增产节约谱,由缺粮户自报缺粮时间和实需数量,再民主评定。二、向群众公布**供应户**名单,进行评议,最后通过。(《胶县后屯乡粮食计划供应工作的经验》,《人民日报》1954年5月24日)

江津专区在进行统销评议时,都把**供应户**名单和需要供应的数量交群众讨论,并把评定结果向群众公布。(《国家源源供应灾区人民粮食 四川大部地区的缺粮户收到了粮食供应证》,《人民日报》1954年12月10日)

1953年实行粮食统购统销后,缺粮农民吃粮由从自由市场购买,改为国家计划供应,办法是由群众自报登记,凭乡政府介绍信买粮。……1954年淄川规定当年2—3月份,山区、矿区**供应户**数不超过总户数的5%,平原不超过3%……(《淄

博市志》第四十九篇第二章第二节）

合作化基本实现并建立起农业生产合作社后，国家规定在农村以社为单位进行粮食统购统销，于是又出现了“余粮社”“缺粮社”和“自足社”之类的集体称谓。1956年7月13日《国务院关于农业生产合作社粮食统购统销的规定》使用了这几个称谓，并界定为：“归社统一计算的结果，粮食有余的为余粮社，粮食不余不缺的为自足社，粮食不足的为缺粮社。”

国家向**余粮社**统购的粮食，原则上由社统一交售，由社统一交售有困难的，也可以由原来的小社或社员分别交售。国家向**缺粮社**供应的粮食，可以由社统一购买，可以由社组织缺粮社员集体购买，也可以由缺粮社员自行购买。（《国务院关于农业生产合作社粮食统购统销的规定》[1956年7月13日]，《建国以来重要文献选编》第八册）

从农村的粮食变化情况看，粮产区的**余粮社**、**自足社**由于在统购的时候社内进行了余缺平衡，已经没有了缺粮问题。**缺粮社**或缺粮户根据粮食占有量看，一般都只缺一个月的粮食，多则两个月。（《湖北丰收后的粮食情况》，《人民日报》1957年1月25日）

“三定”标准的**缺粮社**，国家就根据当地的口粮标准负责供应。……社员和社员之间粮食分配不合理，是加大国家对农村粮食销量的重要原因。据山东省粮食部门对一些**余粮社**和**自足社**的典型调查，发现有20%—30%左右的社员口粮不足。（《我国粮食够吃够用的关键何在?》，《人民日报》1957年3月17日）

在农业社内，原来的个体农民变成了“社员”，衡量粮食余缺的农户称谓又出现了“余粮社员”和“缺粮社员”：

在进行计算和核定的时候，缺粮社的社员口粮用粮食和牲畜饲料用粮量，可以同**余粮社员**一样，按同一标准计算，不再区别。……国家向缺粮社供应的粮食，可以由社统一购买，可以由社组织**缺粮社员**集体购买，也可以由**缺粮社员**自行购买。（《国务院关于农业生产合作社粮食统购统销的规定》，《人民日报》1956年10月7日）

第一种办法是：首先把粮食完全按劳动日分配，然后再采取调剂的方式，动员一部分**余粮社员**调剂出一部分余粮给**缺粮社员**。（《把粮食合理地分配给社员》，《人民日报》1956年10月31日）

粮食统购统销使国家有效地掌握了粮源，管理了粮食供销，保证了城乡粮食供应，消灭了粮食的资本主义市场，取缔了富农和奸商的粮食投机活动。统购统销在中国推行32年之久，在那特定的年代里，对中国的经济和社会发挥了积极的作用。当然期间也难免出现一些极左做法，而后期则走向了呆板僵化。1985年随着改革开放以来农村经济的发展和粮食产量的极大提高，粮食供求矛盾得到了解决，国家调整政策，统购统销趋于取消。2006 年全国免征农业税，中国农民进入了一个“种地不纳粮”的新时代。我们在这里把这些尘封年代里的称谓词语考证出来，别有一番意义。

二、“丰产模范”“劳动模范”“特约农户”“丰产能手”等称谓与粮食丰产运动

粮食一直以来就关系着国计民生的根本，长期战乱使得社会民生凋敝，粮食极度匮乏。土地改革激发了农民的生产积极性，1951 年，农业部发起了一场以粮食丰产丰收为主题的爱国主义丰产运动，简称“爱国丰产运动”，又称“爱国增产竞赛运动”，到 1952 年进入高潮。该运动号召农民开垦荒地，钻研先进耕作方法，制定相应实施条例，有效提高农作物产量，创造丰产新纪录，以实际爱国行动支援抗美援朝。由此，粮食产量得到稳步增长，农民的生活水平也有所提高。

在这场运动中出现的一个重要称谓是“丰产模范”，它是我国解放初期各级政府组织评定授予在农业生产建设中成绩卓著或有重大贡献的先进集体或个人的一种光荣称号。模范集体又区别为“丰产农户”“丰产模范互助组”“丰产模范村”和“丰产模范农业生产合作社”等。模范个人如果是领导干部，则授予“爱国丰产模范工作者”称号，1952 年黑龙江省肇源县委书记任国栋就获得了这光荣称号，受到国家嘉奖。从农作物种类来看，还有单项和全面之分，如“小麦丰产模范”“全面丰产模范”（各类作物都丰产）。农业部分两次评出 1951 年度和 1952 年度“农业丰产模范”，包括集体和个人，分别授予爱国丰产奖状、奖旗、奖章及一定数量的奖金，获奖名单在《人民日报》公布。

> 山西运城专区在今年的爱国主义丰产运动中，出现了十四位小麦**丰产模范**。这十四位**丰产模范**共种小麦二百八十三亩二分，共产麦六万二千五百九十二斤，每亩平均产麦二百二十斤，比该专区一般小麦平均产量高百分之七十五。（《山西运城专区十四位小麦丰产模范的丰产经验》，《人民日报》1951 年 10 月 9 日）
>
> 在今年的爱国丰产运动中，涌现出了一批**丰产户**、**丰产互助组**、**丰产村**，有些县的各种作物的产量都大大地提高了一步。（《山西省爱国丰产运动的情况和明年农业生产中的几个问题》，《人民日报》1951 年 11 月 23 日）
>
> 根据县的标准，龙泉乡共评出两个**丰产模范村**、十个**丰产模范互助组**、三十个**丰产户**。因为丰产评比是从下而上地在群众竞赛的基础上进行的，所以评出的**丰产模范**都是真实的。（《陕西韩城龙泉乡是怎样开展小麦丰产评比运动的》，《人民日报》1952 年 8 月 27 日）

获得全国**全面丰产模范**称号的“耿长锁农业生产合作社”的领导人，河北的耿长锁说：“苏联农业集体化的好处说不完。……”（李仁柳《农业合作社的发展路向》第六章）

甲、**丰产模范农业生产合作社**　李富荣农业生产合作社，山西省沁县东庄村。全村二十户，七十亩谷地，每亩产谷五百六十斤；其中十三亩丰产地，每亩产谷八百一十斤。奖给爱国丰产奖状一份，奖金三百万元，并奖给社主任爱国丰产奖章一枚。……乙、**丰产模范互助组**　孙永旺互助组，山西省武乡县洞上村。全组十七户，一百二十五亩谷地，每亩产谷四百五十斤，较当地高出百分之五十八；其中十三点三亩丰产地，每亩产谷七百八十五点一斤。（《一九五二年度第一批农业丰产奖励名单》，《人民日报》1953 年 1 月 7 日）

中国共产党黑龙江省肇源县委员会书记任国栋，在一九五二年爱国丰产运动中，深入群众，深入生产过程，认真研究了当地增产中的主要问题。总结与推广了“宽播、等距、间苗、保苗”的先进耕作方法，获得了大面积丰产的显著成绩，特授予“**爱国丰产模范工作者**”的光荣称号，并奖给爱国丰产金星奖章一枚。（《一九五二年度第一批农业丰产奖励名单》，《人民日报》1953 年 1 月 6 日）

丰产离不开劳动，“丰产模范”紧密联系着的另一个称谓即是“劳动模范”。新中国成立后我国就建立了劳动模范评定制度，1950 年 10 月召开全国工农兵劳动模范代表会议，以鼓励生产发展。爱国丰产运动是农业战线上开展的运动，联系的是农业劳动模范。农业劳动模范有县级的、省级的，最高是全国农业劳动模范。如全国著名劳模山东的张富贵、山西的李顺达，都是 1950 年的全国农业劳动模范；陈永贵 1952 年被评为山西省农业劳动模范，后来成为著名的全国农业劳动模范。

该省**农业劳动模范**李顺达向**全国农业劳动模范**和互助组提出生产竞赛挑战后，该省全体农业**劳动模范**及农民即热烈响应。截至四月二十日止，全省已有五十三个县，一千三百五十四个互助组，向李顺达应战。（《山西省是怎样开展农业生产竞赛的?》，《人民日报》1951 年 5 月 21 日）

今天本报所载读者对吉林省**全国农业劳动模范**韩恩和山东省**全国农业劳动模范**张富贵兼职多、开会多、误工多的反映，应引起各地严重的注意。（《怎样才是真正爱护劳动模范?》，《人民日报》1951 年 5 月 23 日）

“丰产模范”“劳动模范”称号的评定和授予，大大激发了广大农民的劳动热情，对推动农业生产发展和提高粮食产量起到了非常重要的作用。但是也出现了为当模范而弄虚作假的个别现象。例如《人民日报》1953 年 2 月 27 日发表《不能容许有假的劳动模范》的社论，根据有关报道揭露了福建省闽侯县虚报水稻丰产模范的产量、河南省鲁山县假造丰产模范单位的事实；同时揭露出获得中央人民政府农业部1951年度丰产奖的四川省的水稻丰产模范向长顺、湖南省的水稻丰产模范高佑贤、湖北省的棉花丰产模范孙少清的丰产成绩都是假的。社论严厉指出，这种现象“是极端恶劣的，是决不能容许的”。这充分反映了当时我们党和国家实事求是的作风和正气。不幸的是，这种求真正气没有得到发扬，造假歪风却得到光大，典型的就是1958年“大跃进”中的“放卫星”和“浮夸风”的大行其道。

粮食丰产运动自然少不了农业技术的研究、创新和大力推广。农业生产研究部门或国营农场特地邀请一些农户接受技术指导以示范、推广先进生产经验，这样的农户叫作“特约农户”。采用良种、新式农具、精耕细作及其他先进技术而创造丰产纪录的先进农民被评为“丰产能手”。“特约农户”和“丰产能手”在粮食丰产运动中的地位举足轻重，对当时推广先进农业技术，促成粮食丰产具有重要意义。

> 这些农场，都和当地农民中的劳动模范、技术能手、村技术委员会和技术研究小组、**特约农户**等，建立有技术指导的关系。这样，山西省便形成了一个以这些农场为中心的庞大的农业技术推广网。（《山西国营农场创造棉花等作物丰产纪录在提高单位面积产量运动中发挥了示范作用》，《人民日报》1951年12月25日）
>
> 平原省莘县农场经常联系着二十二个技术网、十九个小农场和一百一十九村的三百一十户**特约农户**，按时地派技术人员巡回对他们进行技术指导。（《华北区广泛开展群众性农业技术改良运动》，《人民日报》1952年7月26日）
>
> 在一年来的爱国主义丰产运动中，各地都出现了不少**丰产能手**，创造了不少丰产新纪录。例如，山西解县植棉能手曲耀离创造的棉田单位面积产量每亩收获籽棉八百三十斤的新纪录。相当我国当前每亩棉田平均产量的八倍多。（《推广先进的丰产经验》，《人民日报》1951年10月9日）
>
> 这些劳动模范的生产量，一般均超过平均产量三倍到十倍；至于超过平均产量一两倍的**丰产能手**，全区就更多了。……在改良技术中，上述**丰产能手**更有特殊的成就。他们的共同特点是：重视良种、适时播种、精耕细作、多施肥、讲究施肥技术，并注意防治病虫害和积极采用新式农具。（《开展爱国丰产运动，提高单位面积产量》，《人民日报》1951年10月22日）

“丰产模范”“劳动模范”“特约农户”“丰产能手”这一系列的农民称谓，记录下解放初政府大力促进农业发展和全面关注农业生产的真实历史，又分别从舆论政策的导向和科技部门的大力支持两个方面描摹了当时从国家到农民自身对粮食丰产运动的高度重视，从而成为旧式的中国农民第一次真正与现代社会接轨的标志性称谓。

第三节 “单干户”到“社员”背后的互助合作运动

一、土改后农村成分称谓新变化与互助合作化的动因

(一)“新、老中农”“新、老富农”成分称谓的变化与互助合作运动的动因

农村阶级成分的划分主要以占有土地的多少和剥削情况作为标准,而土地改革后,由于土地的私有性质,农民经济状况又发生了新的升降变化,“上升户,一般是劳力强、人口少的贫雇农,加上分的土地后,生产潜力不断的发展,经济生活已逐步上升”①。由此,土改后“新中农”“新富农”称谓出现;相对而言,土改中划定的中农、富农则为“老中农”“老富农”。这说明土改后农村又显露出阶级分化的趋向。

> 在最近几年间,农村中的资本主义自发势力一天一天地发展,**新富农**已经到处出现,许多富裕中农力求把自己变为富农。(毛泽东《关于农业合作化问题》[1955年7月31日],《毛泽东选集》第五卷)

> **老富农**大多数已无雇工,他们在社会上的名声又很坏……现在是实行农业的社会主义改造时期,过去的贫农大部分已经上升为**新中农**(毛泽东《〈中国农村的社会主义高潮〉的按语》[1955年9月、12月],《毛泽东选集》第五卷)

> 关于“依靠贫农(包括全部原为贫农的**新中农**在内)巩固地团结中农”这个口号,在目前基本上依然是正确的。但是(一)**新中农**中间出现了富裕中农(即上中农),这些人中间除了若干政治觉悟较高的人以外,其余的人暂时还不愿意加入合作社。(毛泽东《农业合作化必须依靠党团员和贫农下中农》[1955年9月7日],《毛泽东选集》第五卷)

> 我们手头有很多的材料证明这样的事实……凡是互助合作运动还没有发展,或者发展得很薄弱的地方,虽然已经消灭了地主的土地所有制,农民的生活有不同程度的改善,但是还有许多贫农在经济上没有上升,而且已经在开始发生新的阶级分化,有些贫农重新失掉土地,有些**老中农**下降为贫农,同时有些**新富农**出现了。(陈伯达《关于农业合作化问题的决议草案的说明》[1955年10月4日],《人民日报》1955年10月19日)

分析上面的例子,我们可以看出,这样的称谓关联的是在土改后因勤劳致富等情况而导致的阶级成分的变化。土地改革后,原来的一部分“贫雇农”,现在占有了更多的土

① 新华社湖南分社:《平江县鸣木乡多八村土改后贫雇农经济变化情况》,1952年8月30日。

地，甚至出现了雇人帮佣，请帮工的情况，他们的实际情况就不再符合贫雇农的标准，于是，“新中农”和“新富农”们就应运而生了，原先划分的“中农”、“富农”则被对应地称为“老中农”、“老富农”。毛泽东根据实际情况及其发展变化，把中农分为上中农和下中农；对下中农，又分为新中农中间的下中农和老中农中间的下中农。同时，把新中农中间已经上升为富裕中农的人们，不算作依靠对象的一部分，而把老中农中间的下中农和新中农中间的下中农一起算作依靠对象的一部分。

与“新中农”“新富农”相似的新称谓还有“新下中农”“新富裕中农”等，如：

> 因买地引起成分上升的，据一百零二个村的四千九百二十三户买地户调查，其中上升成了**新富裕中农**的占百分之六点五；上升成新富农的占百分之一点二八……（《中共山西忻县地委：关于农村阶级分化情况的调查报告》[1952 年 7 月 16 日]，《建国以来农业合作化史料汇编》）

> 鄂城县委最近训练的一千零二十九个社工作人员中，有三百二十六个是准备当社长的，其中有二百四十七个是贫农，五十四个**新下中农**，十四个**老下中农**。副社长中有二百六十四个贫农。三百二十五个会计中，贫农有一百八十五人，**新下中农**六十五人，**老下中农**六十二人。（王任重《湖北省三个县农业合作化运动的调查》，《人民日报》1955 年 10 月 14 日）

> 合作社领导成分，由现有的贫农和原来是贫农的全部**新下中农**占三分之二，老下中农和新老两部分上中农占三分之一。（《征询对农业十七条的意见》[1955 年 12 月 21 日]，《毛泽东选集》第五卷）

> 据五个社的统计，共有**新富裕中农**八十三户，拥护社会主义的占 55.35%；中间的占 31.3%，有严重资本主义倾向的占 13.35%。**老富裕中农**一百一十三户，拥护社会主义的占 30.4%，中间的占 43%，有严重资本主义倾向的占 26.6%。……有些**新富裕中农**土地改革后省吃俭用置庄买田，经济情况发生了变化，资本主义思想严重地发展起来，入高级社后不能走资本主义道路了，对社会主义制度有抵触，甚至有反社会主义的言行。（潘复生《目前河南农村的阶级斗争形势》，《人民日报》1957 年 10 月 18 日）

这些称谓的出现，是土地改革解放生产力后的必然结果，这些新称谓，也直接关系着中央政策的走向和对社会主义本质的看法问题，中央的一系列政策就是针对这些新称谓所隐含的新问题而制定的，上面的引文中也有所提及。成分称谓的变动，组成一个新老对比的称谓圈，暗示着土地改革引发的农村两极分化的现象，显示出农民获得土地和自由后自发致富的大趋势，也暗示了基于当时对共同富裕的认识而对“资本主义自发势力”的发展忧心忡忡，对“富农方向”的反感。因此，集体化在这种现实和理论背景下，变得刻不容缓，互助合作运动的开展也成为必然。

(二)“单干农民”的互助合作化道路

土地改革的结果是实现了“耕者有其田”，但农民的生产性质却仍是一家一户为单位的个体经济(亦即所谓小农经济)。除了以上所说个体经济容易重新发生阶级分化外，在劳动力、农具、牲口等资源方面也难以发挥全面合理利用的优势。因此，早在新中国成立前的老解放区，土改后的农民就自发地组织起互助组和初级形式的生产合作社。新中国成立后实现了全面土地改革，农村很快又出现了自发的互助合作趋势。党中央因势利导，1951 年 12 月通过了《中共中央关于农业生产互助合作的决议(草案)》，后将“草案”修改为正式决议，1953 年 2 月 15 日正式公布为《中共中央关于农业生产互助合作的决议》。[①] 决议指出“农民个体经济在一个相当长的时期内，将还是大量存在的”，但是“要克服很多农民在分散经营中所发生的困难，就必须提倡‘组织起来’”。组织起来的形式有三种：一是农民按传统习惯自由结成的简单劳动互助；二是常年的互助组；三是以土地入股为特点的农业生产合作社。1953 年 12 月又公布了《中共中央关于发展农业生产合作社的决议》，决定“为着进一步地提高农业生产力”，“迅步实行农业的社会主义改造”，“有计划地逐步地完成改造小农经济的工作”，使农业“胜利地过渡到全国的社会主义时代”。[②] 与互助合作的集体化趋势相对而言，一家一户个体经营的农民叫作“单干农民”，又称“单干户”“个体农民”或“个体农户”。与此同时，则出现了一个相对照的称谓“互助合作农民”。

> 陈廷山互助组是有事大家商量，同意才办；不同意再商量。……还帮助**单干户**解决困难。这样，逐渐吸引了**单干户**参加或组织起互助组来。(《拆不散的互助组——劳动模范陈廷山领导的互助组》，《人民日报》1950 年 9 月 30 日)
>
> 由于组织起来，发展水利，深耕细作，改进技术，多打了粮食，胜过了**单干户**。……文登县于松长组，全组每亩平均收粮二百七十一点六斤，较**单干户**每亩增产六十四斤；和地亩相同的**单干户**比较，每户多收粮一千四百三十五点二斤。(《山东省一年来互助组的成就》，《人民日报》1951 年 1 月 18 日)
>
> 各地还可根据互助合作组织发展的不同程度和对互助组合作社适当照顾的原则，分别定出农业贷款在组织起来的农民和**个体农民**之间合理的分配比例。规定这种分配比例的目的，是在于既要适当解决**互助合作农民**的需要，也要适当解决个

---

① 《人民日报》1953 年 3 月 26 日。

② 《人民日报》1954 年 1 月 9 日。

体农民的需要，而把贷款贷给那些为发展生产而确实需要贷款的农民，贷给那些生产生活均有困难需要贷款加以扶助的贫困农民。(《中央人民政府政务院关于发放农业贷款的指示》,《人民日报》1953年9月2日)

办了农业生产合作社，互助组是不是就不重要了？说互助合作是农民的唯一的光明大路，那么，是不是党就不再关心**单干农民**了？都不是的。……正是为了更好地发展互助合作运动，才更需要不断地关心**单干户**；正是为了更多地发展农业生产合作社，才更需要切实地办好互助组。(《农业生产合作社怎样团结互助组和单干户》,《人民日报》1954年3月27日)

如果歧视和打击**个体农民**，把**互助合作农民**与**单干农民**互相对立起来，又如果完全抹杀**单干农民**还有一定的生产潜在力量，这就是很错误的。(《中共中央关于发展农业生产合作社的决议》,《人民日报》1954年1月9日)

农业合作化基本实现以后，在我国农村中，除了部分还没有进行土地改革的少数民族地区外，还有3%左右的**个体农户**。这些**个体农户**多数是富裕农户，或者是兼营商贩或手工艺的农户或者是深山远林里居住零散的农户，也还有一部分是缺乏劳动力的贫苦农民；另外，还有少数是地主、富农、被管制的反革命分子以及没有正业的游民分子。(《国务院关于正确对待个体农户的指示》[1957年12月21日发布],《建国以来重要文献选编》第十册)

已经建立起来了的六十五万个农业生产合作社有百分之八十以上的社都增加了农作物的产量，这是极好的情况，证明农业生产合作社社员的生产积极性是高的，合作社胜过互助组，更胜过**单干户**。(毛泽东《关于农业合作化问题》[1955年7月31日],《毛泽东选集》第五卷)

结果他的麦子不像样，给全村的人丢了脸，合作社曾出人帮助改造三类麦，但因为基础太差，还是没长好。这样，他这个全村的最后**单干户**，终于服输了。现在，他正式向社务委员会申请，要求入社，社里已经批准他入社了。(《庆丰收 话新事》,《人民日报》1958年6月15日)

互助合作化未全面推开之前，农民全部或大部是个体农民，即“单干农民”或“单干户”。出现了互助合作，“单干户”特指农业合作化时期称不加入互助组或合作社的农户。[①] 中国个体经济所决定的小农意识，与以家庭为单位的单干劳作方式有着天然的相通性，却与集体化道路相背离。但是，我们从“单干户”的释义发现，它是农业合作化时期的一个特指称谓，而在农业合作化之前，虽然农村采用的大部分为“单干户”生产模

① 吉常宏主编:《汉语称谓大词典》,河北教育出版社2001年版,第165页。

式，但“单干户”的称谓却并没有被鲜明提出，原因何在？这就与上文所提的互助合作运动兴起原因有很大关系。一家一户的个体经济，在生产经营上有其天然局限，互助合作的兴起更加彰明了集体力量大的道理，促使“单干户”“单干农民”逐渐变成了“互助合作农民”。

值得注意的是，“单干户”生产模式在农业合作化基本实现时，仍没有完全消失（参见上文引例），这与农村个体经营方式的根深蒂固有着极大的关系，农民们对小农经济的个体劳作有着异乎寻常的热情。因此，“单干户”称谓在全国一片踊跃建社、争作“社员”的高潮中仍旧有一席之地，它反映着建社高潮中的另一种声音。也正由于这个原因，它在当时含有更为复杂的感情色彩，被积极建社的人所蔑视，所不屑，而又被那些坚持个体经济的人们仔细斟酌，甚至牢牢抓在手中，成为一种“顽固”的代称。

二、从“组员”到“社员”看互助合作运动的历程

（一）“互助组员”与“互助组”

中国的互助合作运动是一条从低级到高级过渡的道路，在《中共中央关于农业生产互助合作的决议》中有着具体说明：“各地农民在农业生产上的互助合作运动的发展是随着各地农村经济的发展与生产的要求，而有各种不同的历史和复杂的形式。……第一种形式是简单的劳动互助……第二种形式是常年的互助组……第三种形式是以土地入股为特点的农业生产合作社，因此或称为土地合作社。……这是我党引导广大农民群众从小生产的个体经济逐渐走向大规模的使用机器耕种和收割的集体经济所必经的道路。”①

由常年的“互助组”开始，农民的生产经营就具有了一定的社会主义集体性质。《现代汉语词典》对“互助组”的解释是：“我国农业合作化的初级形式，由若干户农民自愿组织起来，在劳动力、农具、牲畜等方面进行互助合作。”②有了互助组，就有了“互助组员”这一称谓。顾名思义，“互助组员”指的就是参加互助组、成为互助组一分子的农民，也可以简称为“组员”，没有参加互助组的则称“组外农民”，如：

> 在以上思想教育的基础上，去年全县的互助组进行了一番整顿工作；一些互助组员的自私观念和保守思想得到改变，有一些互助组并照李顺达互助组的样子，建立了民主生活制度和学习制度。（《平顺县怎样推广李顺达互助组的先进经验》，《人民日报》1951 年 9 月 20 日）

---

① 《人民日报》1953 年 3 月 26 日。

② 《现代汉语词典》（修订本），商务印书馆 1996 年版，第 535 页。

两组在酝酿建社的过程中，生产劲头更大了。在生产中，**互助组员**的集体主义思想和建社的积极性提高了。(《榆次县北田乡是怎样进行建社准备工作的》,《人民日报》1955年10月19日)

互助组在各种生产运动中的带头作用于骨干作用亦很明显：他们不仅自己积极生产，并推动与带领着**组外农民**一齐前进……又据7月份原四川4个行政区的统计：即有17111个**互助组**,70890个**组员**带头参加了丰产竞赛。(张继春《关于西南地区的互助合作运动》[1952年8月18日],《建国以来农业合作化史料汇编》)

(二)“社员”与“农业生产合作社”以及“人民公社”

“社员”这一称谓可以泛指以社命名的团体、组织的成员，但在这里，它特指农业合作社或人民公社的成员。[①]“农业生产合作社”是农业合作化时期农民按自愿互利原则组织起来的集体经济组织，一般简称“合作社”或“农业社”。前期称“合作社”后期多改称“农业社”，就连专名也多称“××农业社”。因为生产、信用、供销皆有合作制，“合作社”一称有歧义，后多约定俗成专指供销社。按照生产资料公有化程度，农业生产合作社又有“初级社”和“高级社”之别。于是，“社员”的具体所指还存在着“初级社社员”和“高级社社员”的区别。但这只是在合作化进程中的对比性称谓，在具体的合作社名称及社员称谓前，则一般不须加“初级”“高级”字样。

农业生产合作社这个名称本来就很好。它清楚地表明了这种组织是以农业生产为内容的合作性质的组织。因此，任何一个农业生产合作社在由**初级社**转为**高级社**以后，应该仍然称为某某农业生产合作社，而不必改名为集体农庄。应该向群众解释清楚：**高级农业生产合作社**就是集体农庄，两者并没有什么区别，将来也没有必要再改称集体农庄。在各个具体的**农业生产合作社**的社名上面，也没有必要加上“高级”字样。……**农业生产合作社**的领导干部的职务名称，按照《农业生产合作社示范章程》和《高级农业生产合作社示范章程》的规定，应该一律叫“主任”，而不叫“社长”。(《农业生产合作社怎样定名?》,《人民日报》1956年7月23日)

有的**合作社**生产上虽然发展了，农民的收入也增加了，但是这并没有成为加强和巩固**合作社**的因素，而是社员越是各自富裕，越是各自想个人发财。生产发展反而成为使**合作社**有拆台、散伙危险的条件。(《加强农业生产合作社中的政治思想工作》,《人民日报》1954年11月18日)

中共河南省委批转信阳地委关于汝南县东红星**农业社**大量贩麻活动情况的检查报告，要求各级党委严重注意某些**农业社**的资本主义倾向，对农民进行统购统销

① 吉常宏主编:《汉语称谓大词典》,河北教育出版社2001年版,第785页。

政策的教育；对严重违法乱纪的党员干部要给以必要处理。(《决不能放任农业社进行商业投机》,《人民日报》1957年8月27日)

江苏省松江专区**初级农业社**社员和个体农民，在看到**高级农业社**所显示的优越性后，积极要求在秋收秋种前加入**高级社**。……全专区在夏收分配中有90%以上的社员普遍比去年增加了收入。如南汇县和平**高级社社员**顾林祥，全家有四口人……平均每人可分到六百斤粮食。在五百四十三个**初级社**和七千九百多户个体农民中，已经有四百五十个**初级社**和四千四百多户个体农民提出转社入社的要求。(《松江专区广大农民积极要求加入高级社》,《人民日报》1956年9月15日)

经过春、夏、秋三大季节的生产实践，各地高级农业合作社在兴修水利、增积肥料、改进耕作技术、增加复种指数、同水旱灾害作斗争、安置丧失劳动力的鳏寡孤独社员等方面，都比初级社显示了更大的优越性。进入完全社会主义的高级合作社，已经成为广大**初级社社员**的迫切要求。(《全国多数省市实现高级形式的农业合作化》,《人民日报》1956年10月28日)

第二章 **社员** 第七条 年满十六岁的男女劳动农民和能够参加社内劳动的其他劳动者，都可以入社做**社员**。入社由本人自愿申请，经社员大会或者社员代表大会通过。(《高级农业生产合作社示范章程》,《人民日报》1956年7月1日)

当然，社员也可以泛称“入社农民”或“入社农户”，而与之相对的则是“社外农民”或“社外农户”。

河北省遵化县的第十区，十一个乡，四千三百四十三户，从一九五二年到一九五四年，共计三年时间内，已经在半社会主义性质的阶段内基本上完成了合作化，**入社农户**占全区农户的百分之八十五。(毛泽东《〈中国农村的社会主义高潮〉的按语》[1955年9月、12月],《毛泽东选集》第五卷)

这个乡的经验证明，这样作可以使**入社农民**全面了解政策，解除各种疑虑，作到入社真正自愿，免得入社后遇到困难，又“二心不定”。(《正确地交代政策》,《人民日报》1955年11月25日)

四川许多地区由于热诚对待**社外农民**，帮助**社外农民**搞好生产，农业生产和互助合作组织都有了发展。但是有些地区往往有意或无意地对**社外农民**采取歧视和排斥的态度。(《不应歧视社外农民》,《人民日报》1955年4月14日)

这些**社外农民**中很大的一部分，在生产和生活上都有很多困难。中共清远县委会和其他地区的党委了解，**社外农户**的生产普遍赶不上生产季节。其中不少人缺乏劳动力，也缺乏耕牛、种子、肥料、农具等生产资料，有些人甚至到现在还没有播下种。湛江地委生产指挥部最近的材料中说，茂名县农胜乡大五坑村，十五户社外农户的插秧工作都进行得很迟缓。这个乡的冯屋村有十五户社外农户,因为缺乏抗旱工具,在春耕季节放下当前农业生产不管,上山去砍柴卖。(《一个被疏忽了的问题》,《人民日报》1956年6月5日)

合作社规定有自愿参加的原则,因而又有"退社社员""退社户"。当然退出后还可重新加入。

一面又逐户了解退社社员的意见,端正他们对合作社的认识。阳江、阳春、信宜等县对退社户还专门召开座谈会,讲解农村前途,用当地的具体事实进行两条道路的教育。(《农业社春耕劲头足、增产增收希望大 广东退社农户重新入社》,《人民日报》1957年3月26日)

值得注意的是合作化后期出现了"候补社员"一称。1956年的《高级农业生产合作社示范章程》规定:"不够入社条件的过去的地主分子、富农分子和反革命分子……如果表现良好,经过乡人民委员会审查批准,可以做社员或者候补社员。候补社员如果表现良好,经过乡人民委员会审查批准,可以做社员。"[①]可见"候补社员"是高级社中的特殊类别,特指农村中阶级敌人的那几类分子。"候补社员"没有选举权、被选举权和表决权,不能担任社内的任何重要职务,日后表现良好,经过乡人民委员会审查批准,方可转为正式社员。

关于地主、富农入社的问题。……有一些表现历来都好,老实,归附国法,可以给予社员称号。有一些可以在社里头一起劳动,也分取报酬,但是不叫作社员,实际上是候补社员;如果他们搞得好,也可以变成社员,让他们有个奔头。(毛泽东《农业合作化的一场辩论和当前的阶级斗争》[1955年10月11日],《毛泽东选集》第五卷)

农村中的地主、富农和反革命分子,亦根据全国农业发展纲要四、五两条的规定,按照他们的生产和守法的表现好坏,经群众评比审查同意的原则下,绝大部分表现好的接收为社员或候补社员,对于表现不好,群众不同意的,也交合作社监督其生产,至于继续坚决与人民为敌屡教不改的极少数分子,依法逮捕予以制裁。(《全面贯彻"有反必肃,有错必纠"的方针》,《人民日报》1957年3月26日)

由此可知,到普及高级社、人人争当社员的阶段,"社员"称谓成为一种只有一部分人才能享有的光荣称号,当阶级背景不能达标时,就出现了"候补社员"这样一个过渡性称谓。可见"候补社员"又是当时地主、富农积极入社者的专有称谓,它记录了合作化的发展进程和阶级斗争观念得到强化的时代情形,反映了当时政府和社会对阶级斗争形

---

① 《人民日报》1956年7月1日。

势的从严把关，对互助合作运动小心翼翼、全力保护，以及地主、富农当时的生存状况。

(三)“五保户”与农民福利待遇的出现

农业合作化运动还带来了“五保户”这一个具有历史意义的称谓。中国大陆在农业合作化时期，对无依无靠无劳动能力的人由生产大队或小队实行保吃、保穿、保烧(燃料)以及儿童保教、老人保葬制度，简称为“五保”，享受“五保”待遇的农户称“五保户”。[①] 由此可见，“五保户”是对老年人、残疾人和未成年人在衣、食、住、医、葬(教)方面给予保障的政策，它作为农业合作化在农村实行的一种社会保险制度，具有划时代的意义，充分反映了社会主义制度的优越性，与土改造成的“翻身户”相比，更进一步见证了农民地位的变化。

全国各省、区和直辖市的绝大部分高级农业生产合作社，一年来，先后对于社里缺乏劳动力或完全丧失劳动力、生活没有依靠的老、弱、孤、寡、残疾的社员，实行了保吃、保穿、保烧、保教、保葬的“五保”制度。山东省早在去年麦收前即有30%的乡实行了“五保”，40%的乡结合夏收预分进行了“五保户”评定工作。(《各地农业社积极推行“五保”制度 许多老弱孤寡残疾的社员不再为生养死葬问题担心》，《人民日报》1957年1月8日)

五保户是现贫农的一部分。合作化实现以后实行五保，使这些人有了依靠，因此**五保户**对党和政府的政策是拥护的。但由于合作社初办，社的公益金有限，五保的办法还不完善，因而使**五保户**生活还不很稳定。(《更多地关心贫农生活》，《人民日报》1957年7月5日)

“**五保户**”死后的遗产除用于殓葬费用外，其余部分如死者有遗嘱按照遗嘱处理，如无遗嘱一律转归合作社集体所有，作为公益金。(《国务院关于农业生产合作社中五保户死后的私有财产处理问题的批复》[1958年3月29日]，《中华人民共和国司法行政历史文件汇编(1950—1985)》)

生活在旧社会最底层的农民，正是由于在政治上受到压迫，在经济上自然被剥削，过着朝不保夕、举债度日的艰苦生活，而新中国成立后，他们不仅翻身有了自己的土地，还拥有了被照料，被呵护的温暖，没有劳动能力、无依无靠的老人、残疾人和孤儿们也有了自己幸福的生存空间和生存可能，因此，“五保户”体现的是党和国家对人民无微不至的关怀和人民当家作主后的光明前途，只有在这种生活保障之下，农民才可能更好地当家作主，行使他们的权利和履行他们的义务，农民也就真正拥有了幸福的前途，免除了后顾之忧。

---

① 吉常宏主编：《汉语称谓大词典》，河北教育出版社2001年版，第978页。

值得指出的是，“五保户”制度在农业合作化结束后，依然存在，并在保障农村困难群众的生存权益，维护农村社会稳定中继续发挥着重要作用，“五保户”称谓仍旧保持其旺盛的社会活力。这在中国和全世界都在充分重视和建立健全社会保障制度的今天，尤其显示出它的历史和现实意义。

互助合作化运动已经过去半个多世纪了，正如薄一波指出：应该肯定，互助组和初级社的形式还是比较适合土改后农村生产实际和农民觉悟程度的，而且是我们自己的实际创造，具有中国特色；高级社则是仿效苏联的集体化模式而来，离开了当时中国的历史条件。[①] 初级社大规模向高级社过渡，犯了急于求成的错误，例如主张合作化稳步发展的邓子恢被指责为“像一个小脚女人”走路。“到 1957 年底，我国一亿三千万农户基本上都加入了高级社，游离于高级社之外的农户仅占全国农户的 1%。”[②]由此不难想见高级社的步伐之快和“社员”称谓的普及程度。

高级社立足未稳，马上又“跑步进入共产主义”，向着公社化进军了。众所周知，1958 年以后，农村的“社员”一称又指人民公社社员了，这又牵扯到“人民公社”，我们不另立章节，也在此一并提及。

1958 年 3 月，中共中央政治局成都会议制定了《关于把小型的农业合作社适当的合并为大社的意见》，随后全国形成了一个小社并大社的热潮。合并起来的大社最初名称不一，有“农场”“集体农庄”，六七月间出现了“公社”“人民公社”。8 月 6 日毛泽东视察了河南新乡七里营人民公社，说“人民公社这个名字好”，后来“人民公社好”传遍全国。9 月 10 日，中共中央《关于在农村建立人民公社的决议》公开发表，中国迅速掀起了人民公社化的热潮。到 1958 年 9 月 29 日止，全国除台湾、西藏外，各地农村基本实现了公社化。[③]

“人民公社”的性质，1958 年 12 月 10 日中共中央八届六中全会通过的《关于人民公社若干问题的决议》指出：“一九五八年，一种新的社会组织像初升的太阳一样，在亚洲东部的广阔的地平线上出现了，这就是我国农村中的大规模的、工农商学兵相结合的、政社合一的人民公社。”“人民公社是我国社会主义社会结构的工农商学兵相结合的基层单位，同时又是社会主义政权组织的基层单位。……在将来的共产主义社会，人民公社将仍然是社会结构的基层单位。”[④]人民公社的所有制，最后定为“三级所有，队为基础”，公社是一级，其下属单位是生产大队和生产队。这几个集体组织单位称谓的例

---

① 薄一波：《若干重大决策与事件的回顾》上卷，中央党校出版社 1991 年版，第 404 页。

② 靳相木：《高级社的产权制度及其启示》，《农村经济研究》1999 年第 5 期。

③ 薄一波：《若干重大决策与事件的回顾》下卷二十七“人民公社化运动”，中央党校出版社 1993 年版。

④ 《人民日报》1958 年 12 月 19 日。

子，我们就不列举了。

到了公社化时期，“社员”又获得了新的时代含义，指“公社社员”。

> 安徽舒城县舒茶人民公社党委，在农忙时期注意社员生活，加强卫生工作，保证了社员在夏收活动中的身体健康，劳动出勤率达到100%。（《保证社员身强力壮　舒茶公社农忙时期医疗卫生搞得好》，《人民日报》1959年6月12日）

> 水库大坝被洪水冲开，公社社员一面加大溢洪道，一面飞快跑到自己家里把门板、楼板全部搬到水库上来。风大雨大，点不亮火把，有的社员跌倒了，爬起来背着板子就走。……在这里，我们看到公社社员的社会主义和集体主义思想光芒四射。（《公社社员的胸怀》，《人民日报》1959年10月23日）

当时农村除地、富、反、坏、右之外，凡18岁以上的男女公民均可申请入社，经公社委员会批准便为公社社员。到后来，由于人民公社化运动愈演愈烈，社员的称谓含义已经超出了农村的限度，在城市中也有了它的落脚之处。如韦君宜的《思痛录》中就提到了“北京市搞的‘公社化’，好像主要在市内，就在党中央的眼皮子底下干。所有的街道一律改为公社，包括机关宿舍也不例外”。于是，随着公社“进城”，“社员”称谓也有了“城市户口”，城市居民开始以称“社员”为荣，把“社员”作为积极进步的证明，“社员”称谓又被赋予类似荣誉称号一样的魅力。1983年10月，中共中央和国务院发出《关于实行政社分开建立乡政府的通知》，“人民公社”制度在实行了二十多年后宣告终结。

互助合作化、人民公社化的具体情况及功过得失我们不去研究，前面我们已经引了薄一波同志的观点，在此再引用他的一段评价作为本章的结束：“我国农业合作化的成绩是伟大的，合作化的胜利，使中国农民彻底摆脱了小块土地私有制的束缚，走上了合作经济的广阔发展道路，促进了生产力的发展。但是失误在于步子太快了，如果当时采纳邓子恢同志意见，步伐不那样急促，充分尊重自愿互利原则，广泛探索多种合作形式并稳步发展，成就会更伟大。50年代合作化后到80年代，中间经历了人民公社化的严重挫折，付出过很大的代价。80年代的家庭联产承包责任制，作为人民公社‘吃大锅饭’的对立物应运而生。”[①]至此，中国农民的一个新时代开始了。

---

① 薄一波：《若干重大决策与事件的回顾》上卷，中央党校出版社1991年版，第401—402页。

第四章　反胡风运动和整风反右运动社会称谓窥管

本章涉及的主要称谓如下：

节	目	称谓
第一节	一	胡风派、宗派主义小集团、胡风小集团
	二	胡风反党集团、胡风反革命集团、胡风集团
	三	胡风集团分子、胡风反革命分子、胡风分子
第二节	一	整风领导小组
	二	民主党派、无党派民主人士、民主人士、党外人士、非党人士、非党同志
	三	左派、中间派、右派、左翼分子、中间分子、右翼分子、右倾分子、三害分子、新三害分子
第三节	一	右派、右派分子、资产阶级右派、资产阶级右派分子
	二	放火人、放火犯、纵火犯、纵火头目、放火专家
	三	为首分子、主谋分子、右派首脑、右派首脑分子、右派头子、右派头目、右派骨干、右派骨干分子、骨干分子
	四	大右派、小右派、大右派分子、小右派分子、党内右派、党外右派、党内右派分子、党外右派分子、党内团内右派分子、党外团外右派分子、民主党派内的右派分子、宗教界的右派分子
	五	右派集团、右派小集团、章罗同盟、章罗联盟、军师、谋士、大将、"章伯钧、黄琪翔、李伯球右派集团"、章黄李右派集团、右派分支小集团、李伯球小集团、张云川小集团、代理人、章记小集团、小家族、卡秋莎、小白楼、文艺沙龙
	六	极右派、极右分子、普通右派、普通右派分子、一般右派分子、中间偏右分子、中右分子、疑似分子
	七	一类右派、一类右派分子、二类右派、二类右派分子、三类右派、三类右派分子、四类右派、四类右派分子、五类右派、五类右派分子、六类右派、六类右派分子
	八	内控右派、摘帽右派、脱帽右派、漏网右派

1988年6月22日，邓小平在会见埃塞俄比亚总统门格斯图时谈道："'文化大革命'十年浩劫，中国吃了苦头。中国吃苦头不只这十年，这以前，从一九五七年下半年开始，我们就犯了'左'的错误。"[①]

中国从50年代向"左"转，反胡风运动和整风反右运动就是突出的标志。所以本章我们将这两次运动及其引发的社会称谓合并叙述。

---

① 《邓小平文选》第三卷，人民出版社1993年版，第269页。

第一节　反胡风运动与“胡风反革命集团”和“胡风分子”的冤案

20世纪50年代中期，为实现过渡时期总路线，中共中央提出，在思想战线上的根本任务是宣传唯物主义思想，反对唯心主义思想。于是就有了1954年批判俞平伯在《红楼梦》研究中的“唯心主义观点”、批判胡适资产阶级唯心论和1955年对胡风文艺思想的批判——人们谓之“文坛三公案”。前两桩公案还基本上限制在思想领域，第三桩公案就不同了。由于后来对胡风事件“反党”“反革命”的定性和反胡风运动在全国展开，它就由思想和文化的性质转变为政治的性质了。

一、对胡风文艺思想的批判和对“胡风派”和“宗派主义小集团”“胡风小集团”的指责

胡风（1902—1985），原名张光人，现代文艺理论家、诗人、文学翻译家。胡风于1933年在上海参加左翼文化运动，受到鲁迅赏识，后来一直在国民党统治区从事革命文艺活动，为文化事业的进步作出了有益的贡献，并团结了一批文学新人，形成了自己的文艺思想和文艺理论派别。

由于文艺界的派别之争，新中国成立前就有人对胡风提出批评。1952年，借文艺界整风，又有人要求对胡风的文艺思想展开批评。胡风派主要成员舒芜忽然“反戈一击”，在《长江日报》上发表检讨文章《从头学习〈在延安文艺座谈会上的讲话〉》，6月8日，《人民日报》转载了舒芜文章，并加编者按指出胡风的文艺思想“是一种实质上属于资产阶级、小资产阶级的个人主义的文艺思想”，胡风的派别是“以胡风为首的一个文艺上的小集团”。1953年初，《文艺报》陆续发表了林默涵、何其芳等批评胡风文艺思想的文章，《人民日报》同时作了转载。胡风不服，1954年7月，向中共中央递交了一份30万字的《关于几年来文艺实践情况的报告》，又称“三十万言书”。在“三十万言书”第二部分，胡风全面阐述了自己的文艺观点，回击了此前对自己的批判，认为在“庸俗社会学”“庸俗机械论”的文艺理论统治下形成的一些极端观点是“在读者和作家头上就被放下了五把‘理论’刀子”，这就是：过分强调“作家要从事创作实践，非得首先具有完美无缺的共产主义世界观不可”；“只有工农兵生活才算生活；日常生活不是生活”；“只有思想改造好了才能创作”；“只有过去的形式才算民族形式”；“题材有重要与否之分，题材能决定作品的价值”。

1955年1月20日，中央宣传部向中共中央提交了《关于开展批判胡风思想的报

告》，报告对胡风“三十万言书”有诸多误解，例如把胡风思想和“五把刀子”说成是“反党反人民”“否认党对文艺的领导”等。1月26日中共中央批转了中宣部报告。从2月至5月，全国文艺界、各高校纷纷召开座谈会，《人民日报》《文艺报》《光明日报》等报刊纷纷发表文章，掀起了一场轰轰烈烈的对胡风“资产阶级唯心论”文艺思想的批判。

对胡风文艺思想的批判，尽管有的措辞激烈，出现了诸如“反马克思主义”“反党”“反人民”之类用语，但党和政府基本上还是将胡风问题作为人民内部矛盾来对待的。5月13日以前，报纸上对胡风及其追随者的称谓基本上是这样几个："胡风派”“宗派主义小集团”“胡风小集团”。

> 我们既然反对胡风这种“主观精神”，是否我们就像**胡风派**所说的那样，都是否认认识的能动作用、主观的能动作用的“机械论”者呢？（《胡风是马克思主义的“实践者”呢，还是马克思主义的反对者？》，《人民日报》1955年3月17日）
>
> 各地和各个文化部门必须大力继续开展对胡适派、**胡风派**资产阶级唯心主义的批判，并结合各地的和各部门的实际，逐步发展和深入。（《文化部举行省市文化局长会议 确定了一九五五年文化工作的计划》，《人民日报》1955年3月27日）
>
> 胡风的**宗派主义小集团**活动是一贯地有计划地进行的。胡风的小集团曾经狂热地宣传了“主观战斗精神”的唯心主义谬论，仇视着他们小集团以外的革命的和进步的作家，肉麻地吹捧着小集团内的作家。（《必须彻底地全面地展开对胡风文艺思想的批判》，《人民日报》1955年3月8日）
>
> 胡风文艺思想是在“马克思主义”外衣掩盖之下的彻头彻尾的资产阶级唯心论和资产阶级个人主义的文艺思想。多年来胡风在文艺界所进行的活动，是从个人野心出发的**宗派主义小集团**的活动。（舒芜《关于胡风反党集团的一些材料》，《人民日报》1955年5月13日）
>
> 胡风“对文艺问题的意见”洋洋十几万言，全面地攻击了革命文艺事业和它的领导工作，表现了对马克思主义的极深刻的仇恨，可以说是**胡风小集团**的一个纲领性的总结。（《反社会主义的胡风纲领》，《人民日报》1955年4月1日）
>
> 今天我们对胡适派、对**胡风小集团**的哲学思想进行斗争，也正是集中在这个根本问题上。（《辩证唯物主义的认识论是反映论》，《人民日报》1955年4月10日）

二、对胡风批判的升格与“胡风反党集团”到“胡风反革命集团”的定性

1955年5月，《文艺报》拟在第9期发表舒芜的《关于胡风小集团的一些材料》，这些材料是根据胡风在新中国成立前写给舒芜的一批私人信件分类摘编而成；同时发表胡风《我的自我批判》，并在胡风检讨前配发《文艺报》负责人康濯写的编者按。5月8

日，周扬将这些文章清样送毛泽东审阅，毛泽东亲笔把《关于胡风小集团的一些材料》改为《关于胡风反党集团的一些材料》，并亲笔撰写了胡风《我的自我批判》的编者按，直斥胡风一派为“胡风反党集团”“胡风领导的反党反人民的文艺集团”。虽然还勉强称其“文艺集团”，但与“反党”“反人民”相连，显然已进入政治问题的范围了。5 月 13 日，这些爆炸性的材料、文章和编者按在《人民日报》发表了！[①] 5 月 18 日，经过全国人大常委会批准，罢免了胡风的全国人大代表资格——实际上在两天前的 5 月 16 日，胡风已经被公安部批准逮捕入狱了。5 月 24 日《人民日报》又发表了《关于胡风反党集团的第二批材料》。于是“胡风反党集团”成为轰动全国的称谓用语。

> 总之，凡是文化界展开一次思想批判，胡风集团就要大肆活动，抓住某些借口，夸大某些工作上的缺点，来达到攻击党，争取人的卑鄙目的。在批判“武训传”的时候如此，在这次检查文艺报工作中，**胡风反党集团**的阴谋也是如此。(《胡风集团的恶行》，《人民日报》1955 年 5 月 23 日)

> 发言者并列举了许多事实，揭发**胡风反党集团**采取各种卑鄙手段破坏革命事业的罪恶。他们表示决心继续在上海文艺界及社会各阶层，广泛开展学习和宣传活动，向群众揭露胡风反动集团的真面目，并联系检查工作，提高自己的思想水平和觉悟程度。(《上海南京安徽文艺界拥护清除胡风的决议》，《人民日报》1955 年 5 月 30 日)

> 我坚决拥护对**胡风反党集团**的揭露，并要求彻底追查他们的罪行。我们决不允许这些坏分子破坏我们的新生活。(《工农群众要求坚决打垮胡风集团》，《人民日报》1955 年 5 月 31 日)

因为在人们的心目中，党是最代表革命的，“反党”与“反革命”相差无几了。所以 1955 年五六月间的报刊文章开始出现“胡风反革命集团”的名称，即如 5 月 31 日《人民日报》一篇文章的标题就是《坚决挖出胡风反革命集团的老根》，6 月上旬的《人民日报》几乎每天都有一个“坚决彻底粉碎胡风反革命集团”的总标题。到 6 月 10 日，《人民日报》发表了经毛泽东亲自修改并加按语的《关于胡风反革命集团的第三批材料》，这标志着“胡风反革命集团”的正式定名和定性。毛泽东在一条按语中更加明确地指出：“胡风集团不是一个简单的‘文艺’集团，而是一个以‘文艺’为幌子的反革命政治集团。”这样，胡风问题就完全彻底由“文艺”问题变成了“政治”问题，由人民内部矛盾变成了敌我矛盾。1955 年 6 月 15 日，关于胡风的几批材料汇集为《关于胡风反革命集团的材料》出版，原来的“胡风反党集团”一律改为“胡风反革命集团”。毛泽东亲自为该书撰写了序

---

① 万同林：《殉道者——胡风及其同仁们》，山东画报出版社 1998 年版，第 225—227 页。

言，序言和部分按语收在《毛泽东选集》第五卷。毛泽东的一条按语这样揭示“胡风反革命集团”的性质：“许多人认真一查，查出了他们是一个不大不小的集团。过去说是‘小集团’，不对了，他们的人很不少。过去说是一批单纯的文化人，不对了，他们的人钻进了政治、军事、经济、文化、教育各个部门里。过去说他们好象是一批明火执仗的革命党，不对了，他们的人大都是有严重问题的。他们的基本队伍，或是帝国主义国民党的特务，或是托洛茨基分子，或是反动军官，或是共产党的叛徒，由这些人做骨干组成了一个暗藏在革命阵营的反革命派别，一个地下的独立王国。这个反革命派别和地下王国，是以推翻中华人民共和国和恢复帝国主义国民党的统治为任务的。”[①]在前引第三批材料按语中已经指明胡风集团“反革命政治集团”的情况下，这里进一步指出它是“暗藏在革命阵营的反革命派别”“地下的独立王国”，“以推翻中华人民共和国和恢复帝国主义国民党的统治为任务”。于是“胡风反革命集团”取代“胡风反党集团”，定格为通行全国的正式称谓，并且在情绪上带有万般义愤和极其仇恨的色彩。正如《人民日报》1955 年 6 月 14 日《学会同隐藏的敌人作战》一文所说：“这个反革命集团是一批法西斯特务匪徒的大联盟，是全国人民最凶恶的敌人！”6 月 12 日《人民日报》一篇文章的题目就是《坚决彻底镇压人民的公敌——胡风反革命集团》。“胡风反革命集团”竟然配上了“人民的公敌”的称号，不难想象：“胡风反革命集团”这一政治性称谓，在当年的中国历史上具有何等的社会效应。

> 中国作家协会武汉分会应广大群众要求，一周以来连续举办了八次关于**胡风反革命集团**罪行的报告会。福建省省级机关和福州市机关六日举行声讨**胡风反革命集团**的动员大会。中共福建省委员会书记叶飞在会上作了报告，号召在全省各个部门展开对**胡风反革命集团**的斗争。中共中央新疆分局宣传部负责人七日下午向乌鲁木齐市两万多名各民族干部作了关于**胡风反革命集团**的报告。（《全国各地声讨胡风反革命集团》，《人民日报》1955 年 6 月 11 日）
>
> 我们必须积极投入粉碎**胡风反革命集团**的这场严重的政治斗争，来肃清一切暗藏的反革命分子。粉碎**胡风反革命集团**，是一场革命同反革命的斗争，是全国人民政治生活中的一件大事，是一切革命人民应尽的责任，谁也不能袖手旁观。（《坚决肃清胡风集团和一切暗藏的反革命分子》，《人民日报》1955 年 6 月 29 日）
>
> **胡风反革命集团**奉他们的主子之命，妄想“用孙行者钻进肚皮去的战术”，从人民内部来捣乱，这就说明了过渡时期阶级斗争的尖锐化和复杂化。**胡风反革命集团**二十多年来潜藏在革命阵营里，给国家人民带来了很大的损失。这次他们反革

① 《毛泽东选集》第五卷，人民出版社 1977 年版，第 163 页。

命阴谋的被揭露，是中国人民革命事业在共产党的领导下又一次获得的重大胜利。（《坚决肃清胡风集团和一切暗藏的反革命分子》，《人民日报》1955 年 7 月 6 日）

“胡风反党集团”和“胡风反革命集团”属于全称，而在一般情况下则多简称为“胡风集团”，这在当时报纸上也是使用频率相当高的一个称谓。

从以上的材料，我们可以看出：(一)解放以来，**胡风集团**的反党反人民的阴谋活动更加有组织、更加扩大了，他对党和党所领导的文艺战线的进攻更加猖狂了。（《关于胡风反党集团的第二批材料》，《人民日报》1955 年 5 月 24 日）

编者按：……人们要求追究**胡风集团**的政治背景。他们问：胡风的主子究竟是谁？关于这个问题，人民政府已经获得大批材料。其中的一部分，我们把它放在这个“第三批材料”中发表出来。胡风和胡风集团中的许多骨干分子很早以来就是蒋介石国民党的忠实走狗，他们和帝国主义国民党特务机关有密切联系，长期地伪装革命，潜藏在进步人民内部，干着反革命勾当。（《关于胡风反革命集团的第三批材料》，《人民日报》1955 年 6 月 10 日）

揭露了**胡风集团**反革命的本质，这是全国人民很大的胜利，我们工商界人士必须和全国人民一起坚决参加到斗争中去。（《彻底摧毁胡风反革命集团》，《人民日报》1955 年 6 月 16 日）

需要注意：这里“胡风集团”的含义，与批判胡风文艺思想时使用的“胡风小集团”相比，可不仅仅在于字面上“小”字的有无而体现的规模大小之别，更重要的是性质上的根本不同。如前所说，“胡风小集团”，即胡风的“宗派主义小集团”，属于“文艺集团”的性质；而后来的“胡风集团”，字面上去掉一个“小”字，言外之意变“大”了，如同毛泽东所说，“过去说是‘小集团’，不对了，他们的人很不少”；更重要的是，毛泽东说胡风集团已经不是一个简单的“文艺集团”而是以“文艺”为幌子的“反革命政治集团”，是“暗藏在革命阵营的反革命派别”“地下的独立王国”。总之，社会语言学的问题，必须结合具体社会事实和具体历史背景，更多地考察一个语词的社会性质和社会意义，而不能仅局限于纯语言学的字词表面来简单理解其本身的词汇意义。

三、胡风集团成员称谓：“胡风集团分子”“胡风反革命分子”和“胡风分子”

在反胡风运动中，如果指胡风集团中的成员或个体，则称为“胡风集团分子”。

我们警告中国作家协会及中国文联其他几个协会会员中的**胡风集团分子**，他们必须站出来揭露胡风，批判自己，重新做人。（《中国文学艺术界联合会主席团、中国作家协会主席团联席扩大会议决议》，《人民日报》1955 年 5 月 26 日）

一、胡风和**胡风集团分子**同国民党特务机关早就有密切联系，胡风阿垅等是蒋介石国民党的忠实走狗，他们衷心拥护或者积极参与了蒋匪发动的反人民的内战，他们妄想"肃清"中国人民解放军，对中国人民革命的胜利表现了强烈的仇恨和恐惧。……五、**胡风集团分子**异口同声地用种种恶毒的和下流的词句咒骂革命文艺界的党的领导，咒骂革命文艺工作者和他们的作品，咒骂党和革命文艺界对于他们的批评。(《关于胡风反革命集团的第三批材料》，《人民日报》1955年6月10日)

胡风集团既然是"反革命集团"，那么其成员则顺理成章地被斥为"胡风反革命分子"。

已经揭露的材料证明，**胡风反革命分子**时常选择那些思想犯有错误或政治警惕性不高的人作为对象，进行引诱拉拢，使这些人坠入他们的圈套。(《坚决彻底镇压人民的公敌——胡风反革命集团》，《人民日报》1955年6月12日》

现在声讨胡风反革命集团的斗争已经深入到全国各省的中小城镇和部分农村。湖北省蕲春县各界人民也举行了声讨**胡风反革命分子**大会，胡风家庭所在的蕲春县第二区邵垅乡和下石潭乡的农民代表陈庆华、方坦发在会上控诉了胡风在解放前后一贯支持包庇地主家庭，向农民进攻的罪行。(《全国广泛声讨胡风反革命集团 各界人民提高警惕坚决肃清一切反革命分子》，《人民日报》1957年7月3日)

但在通常情况下，则更多地使用"胡风分子"。后来"胡风分子"成为一个为后人通常使用且知名度更高的历史性称谓。

积极参与胡风反革命阴谋活动的张禹(即王思翔)，是潜伏在安徽的**胡风分子**，也是胡风反革命集团的骨干之一。(《把胡风分子张禹清洗出去》，《人民日报》1955年5月31日)

南京工人文艺工作队队员王力、下关发电厂文化教员徐仰庶等都以自己的经历，揭露**胡风分子**刘雪苇、欧阳庄等对青年文艺工作者的毒害。……在南京市工业会计统计学校全体教师的座谈会上，教师们也用具体事实揭发了**胡风分子**华田的一些反革命罪行。(《各地人民要求依法严惩胡风》，《人民日报》1955年6月13日)

胡风反革命集团的罪恶活动终于被揭露了。**胡风分子**打进了我们革命队伍里的许多部门，在共产党里，在解放军中，在民主党派内，在机关学校里，都发现了**胡风分子**。(《从胡风事件中吸取教训》，《人民日报》1955年6月24日)

反革命分子和有某些反革命情绪的人们，将从**胡风分子**的那些通信中得到共鸣。胡风和**胡风分子**确是一切反革命阶级、集团和个人的代言人。(毛泽东《〈关于胡风反革命集团的材料〉的序言和按语》，《毛泽东选集》第五卷)

青岛日报还针对当地有些人认为"青岛不是京、津、沪、汉，不会有什么**胡风分子**"的错误认识，在社论中进行了批判，并在这以后揭露了**胡风分子**吕荧在山东大

学的破坏活动。(《经常地向人民群众进行革命警惕性的教育》,《人民日报》1955年8月18日)

随着"胡风反革命集团"的被粉碎和"胡风分子"们一个个落入法网,反胡风运动很快就告一段落了。1955年下半年,批判胡风的运动虽仍有余波,但是与另一场运动"肃反"运动结合进行了。"肃反"的标志称谓即是"反革命分子",这一系列的称谓在"镇反"部分已经叙述了,所以这里不再多说。历史证明,"肃反"也是犯了"扩大化"错误,出现了不少冤假错案,最著名的就是震惊中外的"潘汉年、扬帆反革命集团"冤案。新中国成立前在共产党地下工作战线上屡建奇功、后任上海市常务副市长的潘汉年被以"内奸、特务、反革命"逮捕入狱,1982年彻底平反。

综上所述,批判胡风运动步步升级,终于酿成了"胡风反革命集团"这一新中国成立后文坛上的第一大冤案,使"胡风分子"成为了史册上的一个名词,给后人留下的思考非常沉重。

反胡风运动大搞层层株连式清查,凡跟胡风关系密切的和有过来往的都成了"胡风分子"(后来有的被逼死、逼疯);再往下株连,如阿垅、鲁藜、芦甸等人成了"胡风分子",在天津搞清查,跟他们有关系的,一下子牵连好几百人受审。"胡风分子"中最小的只有19岁,是天津的侯红鹅,即后来改名成为著名作家的林希。"胡风分子"中级别最高的人是彭柏山(1910—1968),时任中共上海市委宣传部长,被毛泽东多次点名。彭柏山30年代参加"左联",受到鲁迅鼓励,后被国民党逮捕,1937年出狱后投笔从戎参加新四军,成为屡立战功的一员骁将;解放战争中任三野24军副政委(军长兼政委是开国上将皮定钧)。就是这样一位革命家,却因"胡风分子"罪名被投入监狱,到"文化大革命"中被造反派乱棍打死。路翎、绿原、牛汉、何满子、贾植芳、王元化等,都是著名的"胡风分子",历尽磨难。1980年中共中央批转公安部、最高人民检察院、最高人民法院党组《关于"胡风反革命集团"案件的复查报告》,认定该事件是一件错案,予以平反,报告称"胡风反革命集团"共涉及2100人,但有关专家认为这只是"不完全统计"。1985年和1988年,中央下发文件,对胡风问题进一步澄清,取消了对胡风的一切指责,至此,胡风集团冤案得到完全彻底的平反。但胡风已于1985年去世,享年83岁。

反胡风运动余响犹在,一场更大规模的整风与反右政治运动又开始了。

第二节　整风和鸣放运动期间的标志性称谓

1957年在中国历史上是个不平凡的年头,这一年中国爆发了一场波及全国和社会各阶层的大型群众性政治运动,它以"整风"开始,以"反右"的结果告终,合称"整风反右”运动。这场运动被严重扩大化了，除了极少数资产阶级右派分子外，却使55万多知识分子、爱国人士和党内干部错划为“右派分子”。

1956年，党正式提出了“百花齐放，百家争鸣”的方针。1957年4月27日，中共中央发出了《关于整风运动的指示》，决定在全党开展一场以反对官僚主义、宗派主义和主观主义为内容的整风运动，以提高马克思主义思想水平，改进作风。中央整风指示于5月1日在《人民日报》发表，整风运动全面展开。整风形式：中共决定除自己整风外，号召党外人士、知识分子和各界群众，按照“双百方针”大胆发表自己的看法，给党和政府提意见，帮助共产党整风。于是整风会议接连召开，各界人士，尤其是知识分子们纷纷向党提出意见和建议，报刊连续刊出不同声音的文章。所以这对群众来说又成为一种“鸣放运动”，并且“鸣放”或“大鸣大放”成为1957年上半年的社会流行语。除了指导整风的“整风领导小组”以外，“民主党派”“民主人士”“党外人士”成为鸣放的主体和标志性称谓。

一、党对整风运动的领导——“整风领导小组”

根据中共中央《关于整风运动的指示》中“在进行整风运动的时候，各单位应该组织领导小组。党委的第一书记必须亲自负责，抓紧领导”的精神，从中央部委到地方，都建立起“整风领导小组”，以体现党对运动的领导。

> 国家计划委员会研究了整风工作两不误的问题。根据以往历次运动的经验，运动开始，往往是重工作轻运动；一旦批判了这个偏差以后，又发生抓了运动丢了工作的偏向。要解决这个问题，首要的是成立有各方面成员参加的**整风领导小组**，由于小组成员是来自各个方面，既会考虑工作，又会考虑运动，发生偏差的可能性就会小一些。除此以外，对一定时期内的工作和整风学习，要有具体的安排，**整风领导小组**随时加以调整。（《中央国家机关二十多个部委积极安排整风》，《人民日报》1957年5月4日）

> 第三，建立**整风领导小组**。部的领导小组已经建立，各单位都必须建立以负责同志为首的领导小组。部内并建立整风办公室，搜集整风中党员的思想情况，编出整风简报，以推动运动的开展。（《教育部和所属各单位　开党员大会动员整风》，《人民日报》1957年5月7日）

按：1957年上半年的整风只限于共产党内，民主党派不整风，所以整风领导小组为党的领导班子。下半年各民主党派配合反右斗争开始自身整风，也建立领导班子称“整风领导小组”，实际与反右有关。前后“整风领导小组”性质有所不同，须加辨察。下半年民主党派的整风领导小组也在此一并举例说明：

台湾民主自治同盟总部于8月10日发布了关于在盟内进行整风的决定。决定中说：在整风中，要根据毛主席提出的六条标准，在政治上和思想上同右派分子划清界限……总部成立了**整风领导小组**，负责人是李纯青。(《台湾民主自治同盟决定整风》，《人民日报》1957年8月11日)

二、帮助党整风的主角——“民主党派”“民主人士”和“党外人士”

“帮助共产党整风”这一命题表明，其主语或行为主体为共产党以外的人们，也就使得新中国成立以来一直为共产党所使用的“民主人士”一语成为重要的概念。“民主人士”除无党派人士以外，又集中在共产党以外而接受共产党领导的其他政党中，于是“民主党派”这一称谓也活跃起来。1957年4月30日，毛泽东在天安门城楼亲自约集各民主党派负责人座谈，请大家帮助党整风，着重号召民主人士揭露教育、卫生等部门的官僚主义等。5月8日至6月3日，中共中央统战部邀请各民主党派负责人和无党派民主人士召开了13次座谈会，让他们对党和国家政治生活踊跃发表意见，各省地方也仿照办理，《人民日报》和各地报纸纷纷报道。于是“民主党派”和“民主人士”成为整风运动中使用频率极高的社会称谓，如果强调不属于任何党派，则称“无党派民主人士”。

中共中央统战部邀集各**民主党派**负责人和**无党派民主人士**在11日继续举行座谈会。会上发言的有中国农工民主党中央执行局委员王一帆，中国国民党革命委员会副主席熊克武，中国民主同盟中央副秘书长、中国民主建国会中央委员千家驹……另外，台湾民主自治同盟副主席李纯青作了书面发言。(《各民主党派负责人在统战部的座谈会上继续发表意见》，《人民日报》1957年5月12日)

中共河北省委于11日上午举行了**民主人士**座谈会，参加座谈的有政协河北省委员会、各**民主党派**河北省地方组织的负责人和**无党派民主人士**共二十人。中共河北省委第一书记林铁在会上要求党外人士知无不言、言无不尽地帮助党整掉三种歪风。(《河北省委请民主人士帮助整风》，《人民日报》1957年5月15日)

在**民主党派**、**无党派民主人士**座谈会开始时，毛泽东同志并没有提出要反右，我也不是为了反右而开这个会，不是“引蛇出洞”。两个座谈会反映出来的意见，我都及时向中央常委汇报。5月中旬，汇报到第三次或第四次时，已经放出一些不好的东西，什么“轮流坐庄”、“海德公园”等谬论都出来了。……当我汇报到有位高级**民主人士**说党外有些人对共产党的尖锐批评是“姑嫂吵架”时，毛泽东同志说：不对，这不是姑嫂，是敌我。(李维汉《回忆与研究·建国以来十五年统战工作的回顾与再认识(七)》)

“民主人士”指共产党外的各民主党派成员和无党派人士，所以又称“党外人士”。

1957年5月4日中共中央发出《关于请党外人士帮助整风的指示》,5月16日发出《关于对待当前党外人士批评的指示》,各报纸频繁使用,于是“党外人士”也成为整风运动中的一个流行称谓。

> 最近两个月以来,在各种有**党外人士**参加的会议上和报纸刊物上所展开的,关于人民内部矛盾的分析和对于党政所犯错误缺点的批评,对于党与人民政府改正错误,提高威信,极为有益,应当继续展开,深入批判,不要停顿或间断。(《中央关于请党外人士帮助整风的指示》[1957年5月4日],《建国以来毛泽东文稿》第六册)

> **党外人士**对我们的批评,不管如何尖锐,包括北京大学傅鹰化学教授在内,基本上是诚恳的,正确的。这类批评占百分之九十以上,对于我党整风,改正缺点错误,大有利益。从揭露出来的事实看来,不正确地甚至是完全不合理地对党外人士发号施令,完全不信任和不尊重**党外人士**,以致造成深沟、高墙,不讲真话,没有友情,隔阂得很。(《中央关于对待当前党外人士批评的指示》[1957年5月16日],《建国以来毛泽东文稿》第六册)

> 其实,目前**党外人士**揭露的主要的矛盾问题,同我们党的整风运动所要解决的问题,基本上是一致的。这些问题如何解决呢?这决不是关起门来,仅仅依靠我们党内同志自己想出办法就能够解决的。这是要依靠**党外人士**和我们共同努力才能解决的。我们不应该采取关门整风的办法,而要采取开门整风的办法,虚心地认真地倾听**党外人士**的意见。近来正是由于**党外人士**大放大鸣的结果,才使我们更加认识了许多领导机关和领导人员在工作中所犯的官僚主义、宗派主义和主观主义的错误。(《继续争鸣,结合整风》,《人民日报》1957年5月19日社论)

> 在各种会议和座谈会上,**党外人士**都大胆地揭露了本地区、本部门的各种矛盾,对某些领导机关和党员负责干部提出了批评。许多**党外人士**在发言中认为:有些党员负责干部有骄傲自满情绪,在工作中独断专行;在有些政权机关和行政部门,党的活动多,以党代政的情况严重存在;有些担任行政领导工作的**党外人士**仍然有职无权。(《推心置腹谈家常 甘肃省委连续邀各界人士座谈》,《人民日报》1957年5月25日)

党外人士又称“**非党人士**”,即非共产党人士。共产党方面则称之为“**非党同志**”,以示亲切。

> 本月9日人民日报登载我8日在中共中央统战部座谈会上的发言,恰好把我讲的“党员应向**非党人士**求师求友”一段话漏掉了。这很可惜。难道这句话刺耳吗?我想未必。**非党人士**只要饮水思源,都应当不忘本。人人都应记着,如果没有

出生入死、打江山的人民解放军，哪里有我们今天的政权呢？（陈明枢《向非党人士求师求友》，《人民日报》1957年5月12日）

因为党外人士都知道党员是代表党来领导的，要是以用人不疑的态度而且诚恳地帮助他们，知识分子就认为是知己者，问题就可以少一些。要是以“主人”自居的态度抱纯粹使用观点，来对待**非党人士**，那么，**非党人士**就自然会有雇佣观点。（《各民主党派七次座谈三十六人发言》，《人民日报》1957年5月17日）

整风运动是要整顿党的思想作风。在整风运动期间，我们所要求于**非党同志**的，是大胆尖锐毫无保留地揭发我们各方面的缺点和错误，帮助党员进行整风。**非党同志**参加整风运动，可以帮助我们整风；不参加整风运动，也可以帮助我们进行整风。目前，许多中央机关以及一部分地方党组织，都正在邀请各方面的**非党同志**举行各种座谈会，倾听他们对党的批评。实际上，这就是吸收**非党同志**参加整风运动的一种很好的形式。（《欢迎非党同志帮助我们整风》，《人民日报》1957年5月17日）

由上可见，“民主党派”“民主人士”和“党外人士”这类原本是普通名词的称谓，在一个多月的整风和鸣放这种大背景下，带上了特定的政治意义和时代色彩。因为这些名词代表的社会人群都成了“帮助共产党整风”的主角。到下一个“反右”的阶段，各民主党派和各类民主人士仍然是主角，只不过由主动的整风主角变为被动的挨整主角而已。

三、帮助党整风“除三害”阶段出现的“三害分子”称谓

中共中央发出《关于整风运动的指示》后，从中央到地方层层发动，召开各类座谈会，号召各界人士提意见，名曰“鸣放”和“帮助党整风”。因为整风所整的对象就是官僚主义、宗派主义和主观主义，合称“三害”，当时还有个通俗叫法是“除三害”，所以群众就把官僚主义、宗派主义和主观主义分子合称为“三害分子”。为了和“三反”运动中指贪污、浪费和官僚主义分子的那“三害分子”相区别，有时也称“新三害分子”。

另一方面，他又在小集团首额的指挥下执行有计划的退却。他们说：“现在是教条主义和**三害分子**向‘民主’力量反扑，要沉默一下。”（《从严重的个人主义发展成右派分子》，《中国青年报》1957年7月23日）

“三害”限制了民主，整风对人民要求民主，要求把政权真正交给人民，……所以愚民政策虽未明文规定，但却是各部门**三害分子**向人民专政的基本政策之一。（蒋兴仁《对人民专政的法宝——再论愚民政策》，《高等学校右派言论选编》）

这跟上次辩论会后的感觉一样：“**新三害分子**们不懂得我的高深的理论，硬说是修正主义，见鬼！”（以实《下水以后》，《战斗的声音：首都高等学校反右派斗争文

艺作品选集》）

可是随着后来整风向反右的转化，好多"帮助党整风"的意见和言论，都成了"反党反社会主义"的罪证，"三害分子"自然也成了"攻击党的领导"的所谓"右派言论"，这些人士就要噩运临头了。

四、划分"左中右"理论的相关称谓和"右派（分子）"的酝酿与整风向反右的过渡

社会上有一种由来已久的"左中右"理论，常用来分析人的政治思想和态度。毛泽东就非常善于运用这一理论，无论是早年分析中国社会各阶级，还是抗战时分析人们的抗战态度，都运用这一思想；划分党内派别更是体现"左中右"。1957 年 5 月，毛泽东写下《事情正在起变化》一文。他说的"变化"是什么呢？就是文中说的那些右派分子在向党"猖狂进攻"，要刮起一场"七级以上的台风"，"妄图灭掉共产党"。[①] 于是毛泽东在酝酿反右派斗争。反右的依据当然还是"左中右"划分的理论，在这篇文章中，毛泽东写道："'你们把人们划分为左、中、右，未免不合情况吧？'除了沙漠，凡有人群的地方，都有左、中、右，一万年以后还会是这样。……我们从来就是把人群分为左、中、右，或叫进步、中间、落后，不自今日始，一些人健忘罢了。"[②]于是毛泽东又启用了"左派—中间派—右派"的称谓：

> 批判教条主义的有各种人。有共产党人——马克思主义者。有括弧里面的"共产党人"，即共产党的**右派**——修正主义者。有社会上的**左派**、**中间派**和**右派**。社会上的**中间派**是大量的，他们大的占全体党外知识分子的百分之七十左右，而**左派**大约占百分之二十左右，**右派**大约占百分之一、百分之三、百分之五到百分之十，依情况而不同。（毛泽东《事情正在起变化》[1957 年 5 月 15 日]，《毛泽东选集》第五卷）

1957 年 5 月 20 日，中共中央发布《关于加强对当前运动的领导的指示》，其中按照"左至右"划分理论，使用了相互对照的"左翼分子—中间分子—右翼分子"称谓。

> **右翼分子**的言论颇为猖狂，但有些人的反动面目还没有暴露或暴露的不够。**中间分子**的批评，一般是善意的和有益处的，但大多是侧重批评方面，而正确的言论还较少，特别是由他们出面来驳斥右翼反动言论的更少；**左翼分子**前一时期不宜多讲话，共产党员则采取暂时不讲的方针。[③]

---

① 《毛泽东选集》第五卷，人民出版社 1977 年版，第 427、425、428 页。

② 《毛泽东选集》第五卷，人民出版社 1977 年版，第 428 页。

③ 《中共党史参考资料》第二十二册，中共党史出版社 1987 年版，第 19—20 页。

在这之前,1957 年 5 月 14 日,中共中央发出《关于报导党外人士对党政各方面工作的批评的指示》,其中使用了相对照的"右倾分子—中间分子"称谓:

> 对于党外人士的错误的批评,特别是对**右倾分子**的言论,目前不要反驳,以便使他们畅所欲言。我们各地的报纸应该继续充分报导党外人士的言论,特别是对**右倾分子**、反共分子的言论,必须原样地、不加粉饰地报导出来,使群众明了他们的面目,这对于教育群众、教育**中间分子**,有很大的好处。近来我们许多党报,对于一些反共的言论加以删节,是不妥当的,这实际上是帮助了**右倾分子**,并且使人感到是我们惧怕这些言论。[①]

1957 年 6 月 1 日,中共中央统战部召集各民主党派负责人和无党派人士座谈,各位的发言于 2 日在《人民日报》发表。老资格的民主人士、民革中央副主席何香凝作了长篇书面发言,按照中共中央"左中右"的划分,使用了"左派—中间分子—右派"这样一组称谓:

> 难道在这个时代,也就一切都是清一色,再也不会有左、中、右了吗?不会的。大凡忠心耿耿愿意在共产党领导下,诚诚恳恳地帮助领导党,我想这就是**左派**。……但有极少数人对社会主义是口是心非,心里向往的其实是资本主义,脑子里憧憬的是欧美式的政治,这些人我认为显然是**右派**了。…… 我希望在整风中,我们能够帮助领导党纠正错误和缺点,同时也希望民主党派在整风中提高自己。首先是希望极少数**右派**的人能彻底改造自己。所以在现在如果领导党团结我们的**左派**,争取和帮助我们的**中间分子**,教育和批评**右派**的话,那只能对我们民主党派有好处,我们欢迎领导党这样做。(《统战部召开的民主人士座谈会昨天继续举行 发言全部结束》,《人民日报》1957 年 6 月 2 日)

但是毛泽东《事情正在起变化》一文并未正式发表,1977 年收入《毛泽东选集》第五卷,虽然标明时间"一九五七年五月十五日",然据金冲及主编《毛泽东传》之十七的说法:起初只是"未定稿",经过多次修改,"六月十二日"才印发党内。所以报纸上第一次点出"右派"称谓,是 6 月 2 日《人民日报》报道的何香凝发言。归纳以上材料,按照左、中、右理论得出的跟反右斗争的"右"类相关的称谓有"右派""右翼分子"和"右倾分子"。但按照实际发布时间排列的顺序应是:

> 右倾分子(5 月 14 日)→右翼分子(5 月 20 日)→右派(6 月 2 日)

有了"右派"概念,专称其个体当然就是"右派分子"了。毛泽东文章即点出了"右派分子",谓"有反共情绪的右派分子为了达到他们的企图"云云,但那也应该算在"反右"

---

① 《中共党史参考资料》第二十二册,中共党史出版社 1987 年版,第 168 页。

开始以后的事情了。

综上所述,从"右倾分子""右翼分子"到"右派",在贬义程度和敌对程度上有一个发展变化的过程,从"整风"到"反右"也有一个过渡和酝酿的过程。

第三节 "右派"类称谓与反右运动

一、反右运动的开展与"右派、右派分子"和"资产阶级右派、资产阶级右派分子"的定性

人们一般把1957年6月8日作为反右运动的正式开始,因为这一天中共中央发布了《组织力量反击右派分子的猖狂进攻》(毛泽东起草)的指示,同日的《人民日报》发表了《这是为什么?》的社论。中央指示的题目中出现了"右派分子",文中没有出现该词,但出现了四次"反动分子",两次"右派",六次"反动派"。通观中央指示的全文,对"右派"和"右派分子"的定性,可得出这样的公式:右派=反动派;右派分子=反动分子。

《人民日报》社论中"右派"和"右派分子"都出现了,并且对它们进行了这样的定性:

> 有极少数人对社会主义是口是心非,心里向往的其实是资本主义,脑子里憧憬的是欧美式的政治,这些人就是今天的**右派**。……在"帮助共产党整风"的名义之下,少数的**右派分子**正在向共产党和工人阶级的领导权挑战,甚至公然叫嚣要共产党"下台"。他们企图乘此时机把共产党和工人阶级打翻,把社会主义的伟大事业打翻,拉着历史向后倒退,退到资产阶级专政,实际是退到革命胜利以前的半殖民地地位,把中国人民重新放在帝国主义及其走狗的反动统治之下。……这些**右派分子**都想利用整风运动使共产党孤立,想使拥护社会主义的人孤立。(《这是为什么?》,《人民日报》1957年6月8日社论)

读了这段话,就不难理解中央指示所称"反动"的含义了:"把共产党和工人阶级打翻,把社会主义的伟大事业打翻。"按照这段话的说法,"右派"和"右派分子"起码就有了两项罪名:一曰"反党",二曰"反社会主义";其政治立场和阶级属性,社论也揭示清楚了,那就是"资本主义"和"资产阶级"——这就成了敌我矛盾,成了两条道路和两个阶级的斗争。

随着反右斗争的开展,为了进一步明确"右派"和"右派分子"的定性,干脆给他们加上了一顶"资产阶级"的帽子,形成了这样一对更鲜明的定性称谓:"资产阶级右派"和"资产阶级右派分子"。

1957年7月1日,《人民日报》发表了毛泽东起草的社论《文汇报的资产阶级方向

应当批判》，给出了“资产阶级右派”就是“反共反人民反社会主义的资产阶级反动派”的定义；稍晚些时候，毛泽东写的《一九五七年夏季的形势》一文又给出了“资产阶级右派是反动派、反革命派”的定义。请看这组称谓的例证：

现在又回到“**资产阶级右派**”这个名称。**资产阶级右派**就是前面说的反共反人民反社会主义的资产阶级反动派，这是科学的合乎实际情况的说明。（毛泽东《文汇报的资产阶级方向应当批判》[1957年7月1日]，《毛泽东选集》第五卷）

在我国社会主义革命时期，反共反人民反社会主义的**资产阶级右派**和人民的矛盾是敌我矛盾，是对抗性的不可调和的你死我活的矛盾。向工人阶级和共产党举行猖狂进攻的**资产阶级右派**是反动派、反革命派。不这样叫，而叫右派，一是为了便于争取中间派；二是为了便于分化右派，使一部分右派分子有可能转变过来。（毛泽东《一九五七年夏季的形势》[1957年7月]，《毛泽东选集》第五卷）

我国人民群众反对**资产阶级右派分子**的斗争的任务，是为了在政治战线上和思想战线上彻底完成社会主义革命。这个革命是没有完成的。（毛泽东《对〈这是政治战线上和思想战线上的社会主义革命〉一文的批语和修改》，《建国以来毛泽东文稿》第六册）

不错，党还将继续请广大群众帮助自己整风，这是毫无疑义，必须坚持到底，也必然会坚持到底的。但是难道反社会主义的**资产阶级右派分子**的反动言行，也可以受到保护，不受批判吗？（《不平常的春天》，《人民日报》1957年6月22日社论）

但是我这种反动的言论经不起驳斥，一经人民揭发，就完全露出了我这**资产阶级右派分子**反党反社会主义的丑恶面目。（储安平《向人民投降》，《人民日报》1957年7月5日）

当有了“资产阶级右派”和“资产阶级右派分子”这样的全称以后，为了简洁，它们在更多情况下仍简称“右派”和“右派分子”。还有，“右派”或“资产阶级右派”，既可作整体称谓，也可作个体称谓指其中的“分子”。这两组称谓在当时报纸中的使用极为频繁，经检索《人民日报》电子版，1957年使用“资产阶级右派分子”的文章就有468篇，使用“资产阶级右派”“右派”“右派分子”的篇数更多，足见这些都是“反右”运动中使用极为频繁的称谓词语。

二、加在“右派”头上的“放火犯”“纵火犯”“纵火头目”“放火专家”之类骇人称谓

正如“鸣放”是整风运动中的流行语一样，进入反右阶段以后，“放火”代替了“鸣放”，成为批判右派“反动”行为的一个流行语，其次还有“点火”和“纵火”。实际上这还

是跟“鸣放”有关。中央和各地方都通过召开座谈会等渠道，发动民主党派和社会各界人士给党提意见。可是到了“反右”阶段，组织、发动、联络此工作成为了向党进攻的罪状，“鸣放”就变成了“点火”或“放火”，带点文言色彩就叫“纵火”。这样一来感情色彩大变，性质也大变了。比如1957年7月1日，毛泽东起草的《人民日报》社论《文汇报的资产阶级方向应当批判》发表，其中就严厉斥责“（右派分子）呼风唤雨，推涛作浪，或策划于密室，或点火于基层，上下串连，八方呼应……”①毛泽东1957年7月9日在上海干部会议上作了《打退资产阶级右派的进攻》的讲话，说“放火烧身可不容易”，“现在把火放起来烧，百分之九十以上的人，是希望把我们的同志烧好”，并且“要定期‘放火’……以后是一年烧一次，还是三年烧一次？”②进入反右阶段后，“点火”“放火”和“纵火”就成了批判右派煽风点火行为的时髦用语。检索《人民日报》电子版，1957年使用这三个词的文章，各有数百篇之多。且举“放火”的文章标题数例：

右派分子怎样在京剧界**放火**（7月10日），

罗翼群**放火**不成烧了自己（7月13日）

冯亦代……在陶大镛费孝通指使下到各机关“**放火**”（7月30日）

扑灭了罪恶的火焰——潘大逵反动集团在雅安**放火**自焚的经过（8月22日）

致公党揭发了到处**放火**的谢白寒（8月30日）

走火和**放火**（9月30日）

既然“放火”，那就有“放火人”，厉害一点就是“放火犯”，带点文言味就叫“纵火犯”。《人民日报》1957年8月2日发表了一篇题为《三个纵火犯》的文章，把4月份《光明日报》派往西安动员鸣放的三名记者欧至培、郑笑枫和韩洪文称为“纵火犯”。全国竞相模仿，“纵火犯”“放火犯”一时成为流行称谓词。

戴天庆是专管来往信件和宣传品的“秘书”，李金声是出头露面的**放火人**。（《四十多封密信》，《人民日报》1957年7月28日）

于振武毛遂自荐充当文汇报在新疆的**放火人**（《人民日报》1957年8月12日标题）

他们抱着烧掉中华人民共和国的野心，是国家的**放火犯**。他们的罪恶必须彻底追究，不把他们的罪恶全部扫除，决不能松手。**放火犯**费孝通、吴景超、陈振汉这一伙子，人证物证，一概俱全。（《走火和放火》，《人民日报》1957年9月30日）

西安的人民把光明日报派到西安来的三个记者——欧至培、郑笑枫和韩洪文

① 《毛泽东选集》第五卷，人民出版社1977年版，第435页。

② 同上书，第441、442页。

叫作三个"纵火犯"。郑笑枫是4月中旬来西安的。他来西安不久，就和西安地区的右派分子王捷三、李壮猷、刘不同等取得了联系，四处点火。……光明日报派到西安来的三个"纵火犯"的任务是完成了，但是，西安地区的人民却不允许反党火焰蔓延下去。(《三个纵火犯 揭露光明日报记者在西安"点火"的罪恶事实》，《人民日报》1957年8月2日)

郑立斋在省召开政法座谈会时，他指使民建的会员把"五反的问题也提出来"，打算煽动倒算"五反"账。现在，当这个"纵火犯"在大家的指责下露出原形时，他还丝毫没有向人民低头认罪的表现。(《到处纵火妄想倒算五反账 郑立斋丑恶面目被揭穿》，《人民日报》1957年8月14日)

右派纵火犯的猖狂进攻，虽曾一度把"天府之国"的上空搞得烽火弥漫，狼烟冲天，但是，人民反右派斗争的浪潮，很快扑灭了这股毒焰。(《四川的右派群丑》，《人民日报》1957年8月30日)

一个坚决反右派的大学教授 李佩琳严词回击 "纵火犯"殷毅碰壁(《人民日报》1957年8月18日标题)

章罗联盟在四川的据点——潘大逵反动集团，6月中旬，以设在雅安的四川农学院作为"放火"的试点。事前，潘大逵指示这个反动集团的"纵火犯"赵一明，要注意从中吸取经验，以便推广。(《扑灭了罪恶的火焰——潘大逵反动集团在雅安放火自焚的经过》，《人民日报》1957年8月22日)

这些纵火犯，许多都是靠反共起家的。章罗联盟的内幕军师、一贯在四川策划阴谋活动的民盟中委范朴斋，6月5日他在光明日报上写"会外之音"，诬蔑共产党失去人心，在国务院座谈会诬蔑"国务院是官僚主义的根源"。(《四川的右派群丑》，《人民日报》1957年8月30日)

"放火犯""纵火犯"特指反右运动中"右派分子"的一类，即曾在鸣放期间起串联、组织和鼓动作用的人。

而那种善于"放火"的右派分子被称为"放火专家"，带头"放火"的人无疑就是"纵火头目"了。

放火专家陈仁炳就是一个"火线入盟"的"发明人"。他在上海电影制片厂放了一把野火，的确是构成了一条斗争非常激烈的"火线"，而且他亲自督战，召开五次烧火的座谈会。(《"火线入盟"》，《人民日报》1957年7月17日)

藏在党内竟想煽起反党火焰 美术界找着了"纵火头目"——江丰(《人民日报》1957年7月9日标题)

中央戏剧学院实验话剧院正在日夜赶排五幕讽刺喜剧"百丑图"。这是反映反右派斗争、暴露右派丑态的现实戏剧。这里有右派头面人物、阴谋的**纵火头目**。(《赶排讽刺喜剧"百丑图"》,《人民日报》1957 年 11 月 16 日)

这些特殊意义的"放火犯""纵火犯""放火专家""纵火头目"等,词典上是难以查到的,今天把它们发掘出来,读者可由此窥见那段历史的一个侧面缩影,也足见课题研究的不同之处。

三、根据在右派活动和右派群体中的作用命名的"右派首脑""右派头子""右派头目""右派骨干"等称谓

"为首分子""主谋分子"和"骨干分子"这几个普通名词,在反右运动中都是重要概念,因为《划分右派分子的标准》特别把这几类人物划入"极右分子"。1957 年下半年,有了跟"为首"和"主谋"之类有关的右派称谓,顺理成章地有了"右派首脑(分子)""右派头子""右派头目"等,它们在报纸上的出现频率都很高,常常是指名道姓。

有下列情形之一者应划为极右分子:(1)右派活动中的野心家、**为首分子、主谋分子和骨干分子**。……(中共中央《划分右派分子的标准》[1957 年 10 月 15 日]《建国以来重要文献选编》第十册)

这个右派集团的参加者不仅出身成分很有问题:有官僚、政客、军阀、师爷、青帮、刀笔吏、反动文人、流氓无赖、黄色书刊出版者,而且几个**为首分子**还是反共健将。(《江苏搜出一个狼窝——"邓家黑店" 老板邓昊明原是"皖南事变"的反共凶犯》,《人民日报》1957 年 8 月 18 日)

重庆建筑工程学院以赵长庚为首的右派小集团曾煽动部分学生闹事、罢课,受骗的学生蒲玉清等在群众大会上控诉了这个**右派首脑分子**毒害青年的罪恶。(《重庆各高等学校反右派斗争获重大胜利 正深入揭露少数顽抗分子》,《人民日报》1957 年 8 月 6 日)

对邓昊明、李世军、高觉敷、钱孙卿、周拾禄等**右派首脑**,经过多方面的揭露,他们的反动面目已暴露出来,他们今后如想再组织大规模的反共活动已不可能。一般右派分子,有的缴械投降,有的分化起义,一批反党小集团也已分崩离析。(《在初获胜利后向纵深发展扩大战果 反右派斗争必须乘胜前进 江苏省委指示纠正某些单位斗志松懈的现象》,《人民日报》1957 年 8 月 17 日)

上海成了北京**右派首脑**心目中最重要的战略基地……上海民主党派中的一些重要反党活动,几乎都是和北京**右派首脑**的反党活动紧紧相连的,每一撮右派都有一条通向北京的线,这是上海民主党派中右派活动的重要特点。(《上海各民主党派正经历着严重的政治考验》,《人民日报》1957 年 8 月 18 日)

右派头子们的猖狂进攻的阵势，广大人民群众是用愤怒的眼光监视着他们的，但还暂时忍耐着，让他们再多多地猖狂一个时候。(《从右派的进攻看知识分子必须加强改造》,《人民日报》1957 年 7 月 5 日)

这次在反右派斗争中，对于作为民盟右派头子、作为章、罗联盟的组织者的罗隆基，我们绝不能不彻底追究。(《揭露民盟右派头子罗隆基的丑恶面目》,《人民日报》1957 年 8 月 10 日)

会上揭露出来的许多事实说明，黄琪翔是一个极端狡猾的善于使用两面手法的右派头子。他极为敌视社会主义制度，并且对社会主义制度进行了恶毒的攻击。(《顽抗四个多月仍然混不过关　黄琪翔终于承认章黄李右派集团阴谋活动》,《人民日报》1957 年 12 月 25 日)

上海和北京的一些右派头目和骨干分子，一向是互相策应、互通声气的。(《上海反右派斗争正乘胜推进》,《人民日报》1957 年 7 月 13 日)

周大觉把这篇荒谬透顶的文章献给右派头目章伯钧、罗隆基等人，并散发各地。(《拒绝工作写反动文章 周大觉向右派头目献策》,《人民日报》1957 年 9 月 18 日)

右派头目们为了和党争天下，到处在网罗"人才"。他们各有各的标准。(《收破烂》,《人民日报》1957 年 9 月 25 日)

"骨干分子"当然就是起骨干带头作用的人了。反右运动中，"右派骨干"或"右派骨干分子"的使用频率更高，因为相对而言，"骨干"与"首脑""头子"相比要多得多，并且是反右运动中一个特别重要的概念。中央指示对"右派骨干分子"点名进行批判，暗中掌握右派骨干名单。1957 年 7 月 9 日，毛泽东亲自起草并发布了《中央关于增加点名批判的右派骨干分子人数等问题的通知》。[①] 通知指示将"右派骨干名单"由 4000 人扩大为 8000 人，在报纸上点名批判的骨干分子，由百分之三增加到百分之十。于是"右派骨干分子"及其省称"右派骨干"和"骨干分子"成了报纸上的流行词。

比如这一次，拿学生来说，北京大学有七千多人，右派只有百分之一、二、三。什么叫百分之一、二、三呢？就是坚决的骨干分子，经常闹的，闹得天翻地覆的，始终只有五十几个人，不到百分之一。另外百分之一、二的人，是为他们拍掌的，拥护他们的。(毛泽东《打退资产阶级右派的进攻》[1957 年 7 月 9 日],《毛泽东选集》第五卷)

这些都是在不同范围内点名批判的右派骨干分子。现在的问题是在报纸上点名批判的大约不过占右派骨干的百分之三左右。……最后增到右派的百分之十左

① 载《建国以来毛泽东文稿》第六册，中央文献出版社 1994 年版。

右为止。(毛泽东《中央关于增加点名批判的右派骨干分子人数等问题的通知》[1957年7月9日],《建国以来毛泽东文稿》第六册)

"广场"出版后,**右派骨干分子**就把重心从"百花学社"转到了"广场"的编委会,并且结集了更多的右派分子。(《摧毁右派分子在北京大学的据点》,《人民日报》1957年7月24日)

另外两个民盟**右派骨干**孙大雨和陆诒,一在高教界,一在新闻界。……章罗联盟结成以后,上海这些**右派骨干**也勾结得更紧密了。(《上海反右派斗争正乘胜推进》,《人民日报》1957年7月13日)

成都市八所大专学校学生中四十五个**右派骨干分子**的统计材料,也同样说明了这个问题,这些**右派骨干分子**中,父母亲被处决、判长期徒刑或畏罪自杀的共有十六人……(《大学生中的右派分子是些什么人?》,《人民日报》1957年8月5日)

在最近举行的吉林省第一届人民代表大会第六次会议上,揭穿了省内一批**右派骨干分子**的反动面貌。这些右派分子从文教界、工商界和国家机关放出毒箭,恶毒地猖狂地反对共产党。(《在吉林省人民代表大会上 一批右派骨干分子认罪》,《人民日报》1957年8月1日)

"右派骨干分子"概念及其名单之所以重要,还有一个主要原因,那就是到定案处理"戴帽子"的时候,他们都要被定为"极右分子"。1957年8月1日毛泽东起草并发布的《中央关于进一步深入开展反右斗争的指示》就指出"右派中的极右分子,即骨干分子"。至于"右派首脑""右派头子"们,更是划为"极右派"无疑了。"极右分子"等称谓下面再谈。

四、根据身份地位高低和分布领域范围予以区分的"右派"类相关称谓

(一)根据身份地位高低予以区分的"大右派、小右派"和"大右派分子、小右派分子"对比称谓

"右派"们的身份地位不同,人们往往予以"大""小"的区分。那些身份地位高的人物就是"大右派"或"大右派分子",一般小人物就是"小右派"或"小右派分子"。反右以后直至"文化大革命"中翻旧账时仍这样使用。不过这只是一种通行的社会习惯而已,并非正式文件的界定用语。

到底吴祖光不愧是"才子",他把**大右派分子**罗隆基的"平反委员会"具体化了。(《谈吴祖光的"乱"》,《人民日报》1957年8月31日)

民革的**大右派分子**,只强调长期共存和发展组织,而不要思想改造;只强调监督共产党,而不要共产党的领导和监督。(《民革在大风浪中经受着考验》,《人民日

报》1957 年 7 月 11 日）

《师大学报》大量地发表资产阶级知识分子的文章，甚至登出了一九五七年参加臭名昭著的六教授会议的大右派陶大镛的毒草。（《从根本上结束资产阶级在我校的专政》，《人民日报》1967 年 11 月 26 日）

看，从鼓吹早春天气的大右派费孝通，到周扬，到陶铸，思想如此一致。（《彻底粉碎陶铸的反革命修正主义文艺纲领》，《人民日报》1967 年 11 月 20 日）

有一部分意志不坚定的人，在右派分子这个新的阴谋下，温情主义和右倾思想又有重新抬头的趋势，他们有的说："像章乃器、王一鸣这些人，言论有市场，可以反一下，对区工商联的一些小右派，真没有什么可反的。"（《不要被右派分子的新花招迷惑》，《人民日报》1957 年 8 月 14 日）

武汉市工商界反右派斗争的前一阶段，有不少工商业者害怕斗争"过火"，认为"区里的小右派分子无什么反头"，"右派分子已经反得差不多了"。他们对反右派斗争抱犹疑观望的态度，使反右派斗争遇到一些阻力。（《对右派温情就是对人民无情》，《人民日报》1957 年 5 月 19 日）

（二）按照分布领域范围予以区分的"党内右派、党外右派"和"党内右派分子、党外右派分子"等相关称谓

前面说到的民主党派内的民主人士和无党派的民主人士，都属于共产党以外的人士，他们当中出了右派分子，如果加以限定的话，一律统称"党外右派分子"。随着反右斗争的深入，一大批共产党员乃至共产党的高级干部被打成"右派分子"或"极右分子"。为了加以区别，具有共产党员身份的右派就叫"党内右派分子"。1957 年 5 月 24 日《人民日报》文章《地质部党内右派分子薛毅疯狂进攻党的组织路线》首次使用"党内右派分子"；5 月 28 日《人民日报》发表社论《反右派斗争是对于每个党员的重大考验》，吹响了党内反右斗争的冲锋号；中共中央又于 9 月 2 日专门下发了《关于严肃对待党内右派分子的指示》。在这里，我们且举浙江、甘肃两省的一些党内右派分子高级干部为例：浙江省有省委常委、省长沙文汉，省委常委、副省长杨思一，省委常委、省人民检察院检察长彭瑞林，省委委员、省委财贸部部长孙章录；甘肃省有省委常委、副省长孙殿才，政法党组书记、副省长陈成义，省委委员、银川地委第一书记梁大均等。于是"党内右派分子"和"党外右派分子"成了一对区别对照性称谓，又省称为"党内右派"和"党外右派"。

可是现在还有少数人觉得对党内的右派分子似乎可以宽容些，不必要像对党外右派一样地给以反击，这种意见是错误的。对党外右派不能有温情主义，对党内的右派分子同样不能有温情主义。（《反右派斗争是对于每个党员的重大考验》，

《人民日报》1957年7月28日）

在对党内的右派、特别是有较长党龄的**党内右派**作斗争中，有些同志所以采取姑息宽容的态度，还因为他们过于看重了这些人的“党龄”。（《严肃对待党内的右派分子》，《人民日报》1957年9月11日社论）

党内右派分子与**党外右派分子**，既然都统称“右派”，也就可以说明他们是有共同性了。他们之间的共同性，简单地说来，就是反党、反社会主义和反对毛泽东同志提出的六条政治标准。不过，一个是在党内反，一个是在党外反。“内”和“外”，可以互相勾通，也可以互相支援。有的**党内右派分子**就企图借**党外右派分子**的支援来达到个人反党的目的；而**党外右派分子**就尽力寻找**党内右派分子**作为内应。因此，对于我们党来说，党内外的右派分子都是具有极大的危险性。他们共同的攻击目标就是党。（《谈党内的右派》，《人民日报》1957年8月4日）

因此，我们党在反右派斗争中才提出对待**党内右派分子**必须和对待**党外右派分子**一视同仁的方针，决不能因为他们有共产党员的称号而另眼相看。事实上，在这次反右派斗争中，这些**党内右派分子**暴露了他们的本来面目，证明了他们已经自绝于人民，因而党必须坚决地把他们清除出去。（《一次收获巨大的省党代表大会》，《人民日报》1955年12月29日）

如果把共青团这个领域考虑进去，就有了“党内团内右派分子”和“党外团外右派分子”的对照：

党内团内右派分子，只要是同**党外团外右派分子**政治面貌相同，即反共反人民反社会主义，向党猖狂进攻的，必须一视同仁，一律批判。该登报的，即应登报。（《中央关于进一步深入开展反右斗争的指示》[1957年8月1日]，《建国以来毛泽东文稿》第六册）

“党外右派分子”还是一个较大的概念，具体来说又有“民主党派内的右派分子”和普通知识分子中的右派分子，以及有关团体和“宗教界的右派分子”等。

新华社记者评述武汉地区民主党派反右派斗争情况说：武汉地区各民主党派内的右派分子大部已丑态毕露，四面楚歌。一些民主党派组织经过反右派斗争，已经开始扭转他们的错误的政治方向。（《打退了右派的猖狂进攻 扭转了错误的政治方向》，《人民日报》1957年8月12日）

反击宗教界的右派分子（《天津日报》1957年8月6日社论 标题）

对于宗教界的右派分子和坏人坏事，应该加以揭发和处理；隐藏在宗教界的反革命分子，必须肃清。（《苦战三年，改变宁夏面貌》，《人民日报》

值得庆幸的是，中共中央于1957年9月4日下发了《关于在工人、农民中不划分右派分子的通知》，避免了反右斗争的进一步扩大化。

五、反右运动中罗织出的"右派集团"与具体右派集团名称掠影

(一)反右高潮中"右派集团""右派小集团"成为热门名词

1957年7月1日《人民日报》发表毛泽东起草的社论《文汇报的资产阶级方向应该批判》，指出右派向党进攻是"有组织、有计划、有纲领、有路线的"。右派们的"组织"是什么呢？当然55万人不可能有一个统一的组织。没有大的有小的，他们可以由各种原因组成一个圈子，结成一小团体，因此在抓右派的高潮中，抓右派们的大小"集团"也掀起高潮。于是"右派集团""右派小集团"也成为热门的集体称谓，1957年下半年报纸上几乎天天有这两个词出现，仅录《人民日报》一些标题可见一斑：

上海人民全面反击 **右派集团**阵脚动摇(7月8日)

一个毒辣的**右派集团**(7月28日)

农业、林业、水利、农垦、水产等部反右派斗争得胜 **右派集团**瓦解右派分子陷于孤立(8月2日)

煽动学生闹事的阴谋完全破产 北京俄语学院查**右派集团**(8月22日)

勾结**右派集团**，妄图篡夺党对文教界的领导权(9月2日)

右派集团全线溃退 群众觉悟空前提高 湖南高等学校反右派斗争大有收获(9月10日)

中央音乐学院**右派小集团**崩溃(8月12日)

西安煤田地质勘探局职工跟踪追击 查出一个隐蔽的**右派小集团**(8月22日)

教育争取被蒙蔽的分子觉醒过来参加斗争 河南打垮一大批**右派小集团**(8月25日)

中国妇女杂志社揭发**右派小集团**(8月25日)

中国对外贸易运输公司 揭发出一个**右派小集团**(9月8日)

司法部反右派斗争大有进展 揭露出四个**右派小集团**(9月20日)

(二)"反右"运动中的著名右派集团及其相关名称一瞥

"右派集团""右派小集团"只是通名，如果前面加上定语叫作"××右派(小)集团"，那就成了专名，特指某个具体的右派集团了。在反右高潮中，全国到处揪右派集团，《人民日报》1957年8月6日《重庆各高等学校反右派斗争获重大胜利》一文就报道出40多个右派小集团。右派集团的名称也五花八门，一般是在"集团"或"小集团"字样的前面加上一个或两三个人的姓名或姓氏组成，如"陈仰之右派集团""吴祖光右派集团"

“章、黄、李右派集团”“甘培根右派小集团”。人们熟知的中国最著名的那个右派集团反而不叫“集团”，而叫“同盟”和“联盟”。下面我们就选取几个右派集团称谓加以透视。

1.“章罗同盟”和“章罗联盟”及其内部的“军师”“谋士”“大将”等称谓

“章罗同盟”和“章罗联盟”这两个名称所指是一回事，均指章伯钧和罗隆基为代表的民盟内右派集团。因二人均为中国民主同盟副主席，同时章伯钧还是中国农工民主党主席、全国政协副主席、交通部部长、《光明日报》社社长；罗隆基是全国政协常委、森林工业部部长。据身份地位而言，以二人为首的集团，应是中国最高规格的右派集团了，其下还包括了很多著名的民主人士和教授。

“章罗同盟”首见于1957年7月1日《人民日报》社论《文汇报的资产阶级方向应当批判》，随后报纸出现一些使用“章罗同盟”的文章。

> 风浪就是**章罗同盟**造起来的。……整个春季，中国天空上突然黑云乱翻，其源盖出于**章罗同盟**。（毛泽东《文汇报的资产阶级方向应当批判》，《毛泽东选集》第五卷）

> 储安平承认他的发言曾和罗隆基商量过但仍然竭力避开他跟**章罗同盟**的关系（《人民日报》1957年7月2日标题）

> 六月六日由章伯钧召集北京曾昭抡、费孝通、钱伟长、陶大镛、吴景超、黄药眠等六教授举行紧急会议所得的结论，这六个教授主要是罗集团的密室人物，这次会议，是**章罗同盟**的一次行动表现，也是**章罗同盟**到处点火以后的高潮，反共反社会主义的高潮。（《我愤恨，我控诉！》，《人民日报》1957年7月7日）

“章罗联盟”的提法首见于1957年7月2日两篇文章，只比“章罗同盟”晚一天。一篇是7月2日《人民日报》发表的报道中国民主同盟座谈会情形的文章，题为《章罗联盟阴险凶狠 民盟座谈会揭露他们妄想独霸民盟、控制文教界、反掉社会主义》，文章说：“罗隆基和章伯钧在盟内搞联盟。”另一篇是7月2日《文汇报》社论《向人民请罪》，承认“这几个月中确确实实成了章罗联盟向无产阶级猖狂进攻的喉舌”。于是“章罗联盟”的使用就多起来了，检索《人民日报》电子版，1957年使用“章罗同盟”的文章只有二十多篇，使用“章罗联盟”的则多达数百篇。

> 现在报纸上和许多人的交代中，都提出“**章罗联盟**”这样一个名词，都认为这是这次右派分子猖狂向党进攻的最高的指挥领导机关，是有组织、有计划、有步骤、有纲领的中心阴谋机关。今天我不辩解。（罗隆基《我的初步交代》，《人民日报》1957年7月6日）

> 关于**章、罗联盟**的问题，在一九五六年以前，我和罗隆基有过私人权利的斗争。自五六年后，由于思想认识的一致，走上了今天**章罗联盟**的险途，我们联盟的结合，最基本的因素是由于彼此都是站在资产阶级的立场，我的政治主张，符合他的要

求。(章伯钧《向人民低头认罪》,《人民日报》1957 年 7 月 16 日)

罗隆基接着又否认章罗联盟,他说,他绝对没有什么事只是章伯钧同他秘密商谈后就执行的。但是他又不得不承认,今年 5 月间成立的党委制等四个委员会是例外。罗隆基又说,当然,在民盟政策上,我支持了章伯钧某些主张因而使民盟迷失了方向,走错了道路。罗隆基拒绝交代章罗联盟的内幕,他说他实在想不出什么具体的事件来交代。(《罗隆基在民盟整风会上的交代》,《人民日报》1957 年 8 月 13 日)

既然有一个"章罗联盟",那么除两位"主帅"以外,还得有其他代表人物,于是一些人士被扣上章罗联盟的"军师""谋士""大将"等帽子,且引 1957 年《人民日报》的几则标题为证:

民盟高等教育部支部整风会议揭发 曾昭抡是章罗联盟的军师(7 月 17 日)

揭露章罗联盟的谋士——吴景超(8 月 26 日)

章罗联盟的军师——黄药眠(9 月 4 日)

章罗联盟在太原的"大将"王文光 甘心死在资产阶级立场上?(8 月 15 日)

章罗联盟在河南的大将 张仲鲁的反动行径彻底揭穿(8 月 26 日)

1980 年 6 月 11 日,中共中央批转了《中央统战部关于爱国人士中的右派复查问题的请示报告》,报告专门谈到"章罗同盟"问题,指出:"在反右派斗争中,由于把'章罗同盟'作为组织上的统帅者,民盟中央和地方组织有一些负责人被戴上了'章罗同盟'的'军师'、'谋士'、'代理人'、'骨干'等帽子;两'帅'之外还有这个帅那个帅;在农工党内也有一些人和地方组织被指为所谓'章罗同盟'的'分店',这些都扩大了打击面。在这个问题上,我们中央统战部是有责任的,为着消除由此产生的后果,我们建议宣布一律取消这些组织性的帽子,宣布'章罗同盟'是指他们在右派反党活动中的共同主导作用,并不存在这样一个组织或组织系统。"

"章罗同盟"也罢,"章罗联盟"也罢,一个"并不存在"的组织居然使那么多爱国人士蒙冤,实为 1957 年最大冤案。

2."章黄李右派集团"及其"分支小集团"和"代理人"

"章黄李右派集团"是中国农工民主党内的右派集团,"章黄李"指主席章伯钧、副主席黄琪翔、副秘书长李伯球,全称"章伯钧、黄琪翔、李伯球右派集团"。紧接追查该集团在各地的"代理人",又挖出一批"分支小集团",使大批民主人士蒙难。该党遭殃,很大程度上又是主席章伯钧带来的,因为章是"章罗联盟"中的主帅,他任主席的农工民主党自然在劫难逃,从而成为"重灾户"之一。

章伯钧、黄琪翔、李伯球右派集团的阴谋活动被揭发后,农工民主党中央和北京市委的干部即乘胜向右派分子展开斗争,并先后于 7 月上半月和 8 月上旬揭发了另外的两个右派分支小集团——李伯球小集团和张云川小集团。这两个小集团的分子一向都是在右派分子李伯球、张云川的指使之下，为他们的反党反社会主义的阴谋活动献策奔忙，摇旗呐喊的。这两个右派小集团被先后揭发后，农工民主党中央和北京市委机关反右派斗争的队伍的阵线更分明了一些。在地方组织中，一个多月来，**章、黄、李右派集团**的很多**代理人**，也陆续被揭发了。(《揭发出右派骨干分子一百多个 农工民主党除毒去污初见成效》，《人民日报》1957年8月18日)

右派分子黄琪翔自从他的反共反社会主义真面目在今年7月被揭露以后，四个多月来一直负隅顽抗，拒不交代他的反共反社会主义的罪行和**章(伯钧)黄(琪翔)李(伯球)右派集团**的阴谋活动，企图蒙混过关。经过扩大会议的连续斗争，黄琪翔在他的两面派手法被彻底揭破以后，终于不得不承认被揭露的一些罪行和**章黄李右派集团**的阴谋活动，表示愿意重新作人。(《顽抗四个多月仍然混不过关黄琪翔终于承认章黄李右派集团阴谋活动》，《人民日报》1957年12月25日)

3."章记小集团"

这是中国民主建国会内以章乃器为首的右派集团。章乃器是该团体副主席，中华全国工商联副主席，粮食工业部部长；其成员有民建常委、天津市副市长毕鸣岐等。其他民主党派都有右派集团，民建也"不能例外"，要制造一个凑数。

章记小集团在民建的卑鄙活动(《人民日报》1957年8月30日标题)

林涤非也马上开拟名单，准备招兵买马。杨美真甚至把民建中央机关的福利费，也当作拉拢**章记小集团**分子的活动经费。(《新华社记者评述上海工人阶级在反右斗争中的重大作用》，《新华社新闻稿》1957年第2589期)

4.右派集团特殊名称举例："小家族""卡秋莎""小白楼""文艺沙龙"之类

"小家族"是著名戏剧家吴祖光为代表的右派集团中六七位文艺青年的集体称谓。其中有画家、音乐家、诗人、小说家、剧作家等，他们与吴祖光关系较好，常去吴家吃饭，称吴氏夫妇为"大哥""大嫂"，自称"小家族"。在反胡风和肃反运动中，"小家族"就受到了审查，到反右中，随着吴祖光被打成右派，"小家族"也成了右派集团。

"**小家族**"是吴祖光右派集团中一支青年"队伍"，是在1951年暗中组织起来的，在肃反运动中已被揭穿，而肃反后又死灰复燃。…… 这个右派小集团纠合一伙自称"神童""才子"和不满现实的文艺青年，分布在戏剧、电影、文学、美术和出版等方面。他们有着严密的组织和分工。吴祖光为"家长"，高踞帅位发号施令。杜高(戏剧出版社编辑)被尊为"政委"，汪明("剧本"月刊编辑)主持内政，田庄(北影编辑)、陶冶(对外文化联络局干部)等管外交。(《"小家族"干着大阴谋 吴祖光反动小集团彻底败露》，《人民日报》1957年9月19日)

吴姓"**小家族**"宣布成立，门前扯起了右字大旗；"大哥"和"大嫂"坐镇中堂，一群小喽啰称兄道弟；在家族之内没有秘密，对党可必须随时警惕……家族的成员各界都有，文学、戏剧、音乐和编辑……（《清除这堆腥臭的垃圾》,《人民日报》1957年9月20日）

这是一伙六七个自幼孤苦失怙、乱世中备尝艰苦成长起来的青年人，其中一个是我在电影局工作的同事田庄，常到我家来，并且渐渐地把他的这些小伙伴们也带来，有时就在我家吃饭，并且管我和妻子称为大哥大嫂，称他们自己这一伙为“小家族”。他们之中有画家、音乐家、诗人、小说家、剧作家……大都年轻有为，生机活泼，我和凤霞都很喜欢他们。（吴祖光《往事回想·“二流堂”真相》）

“卡秋莎”是北京矿业学院俄语教师张秉银为首的右派小集团的代号，原本取自一首著名的苏联民歌及其中女主人公的名字。他们曾在教师宿舍门口贴过一张“卡秋莎接待室”的纸条，因此被用为右派集团的名字。

北京矿业学院“卡秋莎”是以俄文教研组助教张秉银为首的右派小集团的代号。这个小集团的成员除张秉银外，还有助教水绍韩、江皖生和教研组主任王昕。……一天，教师宿舍楼水绍韩的房间门口，出现了一张黄纸黑字的条子，上面写着“卡秋莎接待室”的字样。（《摧毁“卡秋莎”》,《人民日报》1957年8月23日）

“小白楼”是以长春电影制片厂导演沙蒙、郭维、吕班等为中心的右派集团的名称，原本取自导演宿舍楼名字，因白色而得名。

长春电影制片厂的职工在8月29日到31日一连三天的反右派大会上，揭露出以共产党内的右派分子导演沙蒙、郭维、吕班等为中心的“小白楼”反党集团。这个反党集团是在大鸣大放期间由过去“小白楼”（长影导演宿舍）俱乐部的一股反党暗流逐渐发展而成的。以后又利用长影改革体制的机会进行阴谋活动，提出了资本主义的纲领，继续扩大反党的队伍，有组织、有纲领、有策略有计划地向共产党和人民电影事业发动了猖狂进攻。自己承认是“小白楼”俱乐部首领的沙蒙，原是长影中共党委委员。他在大鸣大放中实际上成了长影右派分子的首领，在右派分子向党进攻中起了动员和号召的作用。（《长影“小白楼”反党集团穷凶极恶 沙蒙郭维吕班率队向党冲锋》,《人民日报》1957年9月3日）

“文艺沙龙”是民盟长沙市委副主委和长沙市文化局局长康德为首的右派集团。康德等一批文人，每周在长沙市银苑茶厅或私人家里集会，他们把这种集会叫作“文艺沙龙”，因而被用为右派集团的名字。

在湖南省和长沙市的文艺部门反右派斗争中，揭发出一个以民盟湖南省委员会常务委员、民盟长沙市委副主委和长沙市文化局局长康德为首的右派集团——“文艺沙龙”。这个“文艺沙龙”和它的外围组织的成员，几乎打入了省市所有文化艺术部门。……"文艺沙龙"右派集团为了商讨如何向党发动"总进攻"经常集会。(《反党反社会主义的黑店——"文艺沙龙"》,《人民日报》1957年8月7日)

其他还有以报刊名称命名的"社会新闻""市民晚报""时事手册"等名称,实在是五花八门,这里就不一一举例了。"反右扩大化"是社会上公开的提法,如何"扩大化",看看那众多的"右派集团"及其形形色色的名称,"扩大化"的情形可见一斑。

六、定案时以言行反动程度为标准划分出来的"极右派""普通右派"以及接近右派的"中右分子"和"疑似分子"

上面提到的"右派首脑""右派头子"以及"大右派""小右派"等,虽然也是反右中经常使用的重要称谓,但毕竟较缺乏政策性,多带有随意性。而"右派分子""极右分子""中右分子"等,到定案处理阶段,则具有了政策性,是在等级和程度上需要加以区分和辨别的称谓。也就是说,它们属于正式的帽子,一旦戴上,记入档案,会影响终生。

根据毛泽东和中央"右派就是反共反人民反社会主义的资产阶级反动派"等指示精神,右派=反动派,右派分子=反动分子。但"反动"也是有性质程度差别的。如上所说,他们在右派群体和右派活动中的地位作用不同,其性质和言行"反动"程度也就有差别。于是在"右派"这个大概念下,又细别出"极右派"和"普通右派"两个大类别。"极右派"在理论上讲就是右派中那些特别反动的人,一般的右派分子就叫"普通右派"了。专指个体时又可区别为"极右分子"和"普通右派分子",后者亦称"一般右派分子"。此外还有一个在字面上颇为费解的"中右分子"。实际上其全称叫"中间偏右分子",本属于"中间派"的范畴。中间派而具有右派倾向的人士,就属"中间偏右"。拿今天的眼光看,这样的称谓有些不伦不类,但那时乃至以后,它与"右派"一样,都是非常重要的概念。"中右分子"等同于"准右派"了,其命运比"右派分子"好不了哪里去,一样地遭受批斗及撤职降级等处分。另外还有一个很奇怪的概念叫"疑似分子",它比"中右分子"更厉害些,是他们当中"右派"嫌疑更加严重的人。这些名称都见于中央的正式文件以及《人民日报》当中,重温这些词语,别有一番历史意义。

那么在反右运动中,具备了什么样的言行(比如在前期整风鸣放活动中的表现),才能够戴上"右派分子"和"极右分子"帽子呢? 1957年10月15日,中共中央下发了《划分右派分子的标准》,文件规定:

(一)凡言论、行动属于下列性质者,应划为右派分子:

(1)反对社会主义制度。反对城市和农村中的社会主义革命,反对共产党和人民政府关于社会经济的基本政策(如工业化、统购统销等);否定社会主义革命和社会主义建设的成就;坚持资本主义立场,宣扬资本主义制度和资产阶级剥削。

(2)反对无产阶级专政、反对民主集中制。攻击反帝国主义的斗争和人民政府的外交政策;攻击肃清反革命分子的斗争;否定"五大运动"的成就;反对对资产阶级分子和资产阶级知识分子的改造;攻击共产党和人民政府的人事制度和干部政策;要求用资产阶级的政治法律和文化教育代替社会主义的政治法律和文化教育。

(3)反对共产党在国家政治生活中的领导地位。反对共产党对于经济事业和文化事业的领导;以反对社会主义和共产党为目的而恶意地攻击共产党和人民政府的领导机关和领导人员、污蔑工农干部和革命积极分子、污蔑共产党的革命活动和组织原则。

(4)以反对社会主义和反对共产党为目的而分裂人民的团结。煽动群众反对共产党和人民政府;煽动工人和农民的分裂;煽动各民族之间的分裂;污蔑社会主义阵营,煽动社会主义阵营各国人民之间的分裂。

(5)组织和积极参加反对社会主义、反对共产党的小集团;蓄谋推翻某一部门或者某一基层单位的共产党的领导;煽动反对共产党、反对人民政府的骚乱。

(6)为犯有上述罪行的右派分子出主意,拉关系,通情报,向他们报告革命组织的机密。

(二)有下列情形之一者应划为极右分子:

(1)右派活动中的野心家、为首分子、主谋分子和骨干分子。

(2)提出反党反社会主义的纲领性意见,并积极鼓吹这种意见的分子。

(3)进行反党反社会主义活动特别恶劣、特别坚决的分子。

(4)在历史上一贯反共反人民,在这次右派进攻中又积极进行反动活动的分子。

接下来规定的是"不应划为右派分子"的六种情形,其中就包括了"中右分子"和"疑似分子"。

以上各类称谓用例列举如下:

对于那些仅有右派言论,但并无右派行动的那些人,应把他们和既有言论又有行动(许多人还有历史上劣迹)的那些**极右派**加以区别,在对前者进行批评的时候,要完全采取说理和与人为善的态度,不要轻率地扣以右派的帽子。这样做,对于安定和争取、团结中间分子,对于打击、孤立和分化**极右派**,都是十分必要的。(毛泽东《对中央关于争取、团结中间分子的指示稿的修改》[1957 年 6 月 29 日],《建国以来毛泽东文稿》第六册)

前些时候,由于右派分子的猖狂进攻还没有遇到反击,相当多的中间分子特别是**中间偏右分子**,在右派分子的蒙蔽和煽惑之下,政治态度曾经发生显著的动摇和右倾。(《工商界要全面开展整风运动 在政治上过好社会主义这一关》,《人民日

报》1957 年 8 月 27 日）

要准确地鉴定**极右派**、**普通右派**和**中间偏右分子**这三种人的界限，以免泛滥无归，陷入被动，丧失同情。（《中央关于进一步深入开展反右斗争的指示》[1957 年 8 月 1 日]，《建国以来毛泽东文稿》第六册）

现在，这些右派集团中的**普通右派分子**已经分化，上当的中间分子已经觉醒，并且反过来揭露了小集团的很多内幕活动。（《教育争取被蒙蔽的分子觉醒过来参加斗争　河南打垮一大批右派小集团》，《人民日报》1957 年 8 月 25 日）

同时，还必须经常主动地细心地抽查和调阅所属单位右派分子的详细材料，及时纠正其中偏宽偏严的错误，并且对于**极右分子**、**一般右派分子**和**中右分子**的界限举出具体的人物和材料作为实例，切实帮助下级掌握正确划分的标准。（《中共中央关于〈划分右派分子标准〉的通知》[1957 年 10 月 15 日]，《建国以来重要文献选编》第十册）

要注意严格掌握划分**极右分子**、**右派分子**和**中右分子**的界限，始终注意审定所属单位的右派分子的名单，对划分不当的必须随时纠正。（邓小平《关于整风运动的报告》[1957 年 9 月 23 日]，《人民日报》1957 年 10 月 19 日）

有些**中右分子**有过不利于社会主义的言行，但是不够右派，如果当作右派斗争了，现在不要当众宣布对他的批判是错了，因为既有错误言行就应该批判。但是应在内部改划为**中右分子**，按照**中右分子**对待，并注意多加教育争取，到适当时机可以宣布因情节轻微已有悔改，脱掉他们的右派帽子。（《中共中央关于〈划分右派分子标准〉的通知》[1957 年 10 月 15 日]，《建国以来重要文献选编》第十册）

凡是界乎右派分子和**中右分子**之间的**疑似分子**，在尚未查出足以确定为右派分子的充分材料之前，一概不划为右派分子，并且不用斗争右派分子的方法来对待他们。（《中共中央关于〈划分右派分子标准〉的通知》[1957 年 10 月 15 日]，《建国以来重要文献选编》第十册）

但是这种说法对于某些人却不适用，例如右派分子。许多**极右分子**，那是几乎十个指头都烂了；学生中的大部分**普通右派分子**也不只烂了一个指头，又不是全烂了，所以还可以留在学校里。（毛泽东《工作方法六十条（草案）》[1958 年 1 月]，《建国以来毛泽东文稿》第七册）

反右运动的高潮在 1957 年底已经过去，1958 年进行扫尾。1958 年 4 月 2 日，中共中央下发《关于整风问题的指示》，号召“一定要把整风坚持到底，不能虎头蛇尾”。于是中央各机关和各地方整风不透彻的单位继续清查，当时叫作“整风复查和补课”。如 1958 年 6 月 7 日《人民日报》一篇文章的题目是《必须防止松劲 不能草率收兵　煤炭部决定深入复查整风》,7 月 14 日一篇文章题目是《山东各级机关进行整风补课 揭露出一些窃据领导职位的反党右派集团》,8 月 15 日文章《整风基本结束新的革命开始 中央国家机关准备从整风运动转向技术文化革命》称:"为了把整风运动结束好,争取全胜,中央国家机关各单位曾经进行了认真严肃的整风复查和补课。"整风复查和补课,通俗称为"反右补课",经过"补课"又补划出许多右派分子后,反右运动才算彻底结束,而另一场"大跃进"运动早已轰轰烈烈地开始了。所以整个的反右运动,是包括 1957 年的反右和 1958 年的反右补课在内,所划的"右派分子"(包括所谓"普通右派"和"极右派")共 55 万人。直到右派平反时,据中共中央批转中央五部门请示的"中发[1979]65 号"文件称,仅失去公职需要安置的"中右分子",全国约有 16 万人。这些数据足见反右"扩大化"程度之深。

七、对国家薪给人员右派分子的六类处理办法衍生的六类右派分子

对右派分子们进行了"极右派""普通右派"等的定案定性之后,接下来就是组织、行政、待遇方面的处理。由于中央早有"在工人、农民中不划右派分子"的规定,那就只有对国家工作人员中的右派分子进行惩处(高校学生划右派因为那是未来的国家工作人员)。1958 年 1 月 30 日,中共中央、国务院发布了《关于在国家薪给人员和高等学校学生中的右派分子处理原则的规定》,其第二条"对于国家薪给人员中的右派分子的处理办法",按从重到轻分为六类,扼要归纳如下:第一类:开除公职,劳动教养;第二类:保留公职,监督劳动;第三类:留用察看,降低待遇;第四类:另行分配,降低待遇;第五类:降职降级降薪;第六类:免于处分。①由此在现实生活中衍生出"一类右派"至"六类右派"这样关于右派分子的六个类别称谓。

> 几十万右派分子被从严处理后,政治地位、工作岗位、工资待遇、生活水平、人际关系都发生了极大的变化。受处分前后,右派分子参加所在单位的各种劳动和半劳动,处分标准下达后,三、四、五、六**类右派分子**,大多数留在单位干些次要工作和劳动,一、二**类右派分子**除年老体弱者例外,大多数被发配到东北、西北等边远地区去劳教或劳改,这种劳教劳改是无期的。(汪国训《反右派斗争的回顾与反思》第五章)

> 反右和"文化大革命"期间,可以说是李老一生中最困难的时期。反右开始后不久,他就被定性为**一类右派**,并被褫夺公职,解送原籍劳动。那时,他的生活费用还不到 10 元钱。但是,即使在这样困难的情况下,李老还能以坚定的人生态度面对现实生活。……那么"文化大革命"开始以后,造反派干脆绝了他的生路。由于他在解放前的经历,由于他的民革中央监察委员的身份,他自然逃不过革命者的火

① 参见《中华人民共和国重要教育文献 1949—1975》,海南出版社,第 794—795 页。

眼金睛和专政铁拳，他从一个**一类右派**变成了现行反革命分子、国民党特务，他不仅重被开除公职，还被取消了全部的生活费，他当时真的分文不名了。（米健《无人信高洁，谁为表予心——悼念李景禧先生》，《法学摇篮：朝阳大学》）

1958年四月十八日，上午十点党组把我和唐湜、汪明、杜高、唐再民召集到秘书长室。负责反右的秘书长伊兵，向我们宣布了每人的政治结论，摁了手印，承认了这个结论。我被划为**一类右派分子**，开除公职，即日起送劳动教养所进行改造。另四人和我一样，办完手续后，把我们五人交给了在另一房间待命的警察。（阮文涛《我为今日献出了青春》，《烙痕·阮文涛文集》）

1957年我刚被错划右派以后，经过"斗倒斗臭"，等候最后处理，这段时间我曾临时被送到当时的"中苏友好社"接受监督劳动。1958年正式划为**二类右派**后，又被下放到这里接茬儿改造，直到后来转移西山。（李滨声《我的漫画生涯(上)》，中国人民政治协商会议北京市委员会文史资料研究委员会《文史资料选辑》第四十五辑）

1958年被划为右派的人，除个别留校教学，大都下放到所在的生产队参加劳动……从当年秋起，全县的**二类右派分子**先后到大坑农场有200余人，编成三个农业排，一个畜牧班，一个果林班等。（陈建民《潮安整风反右回顾》，《潮安文史》第7辑）

1952年，刘绍棠的文学创作引起了人们的关注，他被誉为"神童作家"。年仅16岁的他，就被调到团中央工作。1957年春天，在北京文艺界的一次座谈会上，他的发言有些过激。第二年，风华正茂的他被错划为**三类右派**，开除了党籍。（蒋光宇《可怕的骄傲与可爱的谦虚》，《让中学生受益一生的100个美德故事》）

1958年的初春，我被定为"反党反人民反社会主义"的右派分子。……一切都顾不得了，《叶甫盖尼·奥涅金》的翻译工作更是不得不忍痛丢在一旁，不敢再去碰它。我被划为**三类右派分子**，工作、工资……都没有了，每月领取三十元的生活费，去劳动改造。（智量《一部名作翻译的五十年》，《一本书和一个世界》）

他们都成了资产阶级右派，不同的是丁聪是**四类右派**，降了三级，每月还领一百二十七块钱工资……吴祖光定成**二类右派**，没有工资，每月三十二块钱的生活费。（许国荣、张洁《吴祖光悲欢曲》四十三）

时至1957年夏，当全校开展反右派斗争，老王在系党总支领导再三动员下，将老李平日里向他私下发表的那些时评言论统统向领导汇报了，这样老王"火线入党"，老李却被打成**四类右派分子**。他的态度又不好，结果被判处10年有期徒刑。（熊华湘《临死之前的忏悔》，《南方周末》2000年12月7日）

肖生虽然很困，但是他没有睡着。他在想，生产虽然很紧张，但也不能把阶级斗争忘了。越是在生产紧张的时候，越是注意抓阶级斗争的新动向，就越能显出领导者的觉悟和水平。汪刃锋这个人划成右派是一点也不冤枉的，只是按**五类右派**处理太便宜了他，根据他到农村劳动改造的这段表现看，再升两级也不为过。什么话呢，“太阳不是我们的，我们要睡觉了”，这不是从内心里在反对毛主席么！（李犁耘《刃锋传——木刻人生》四）

十二月下旬一天，我突然接到通知，市监委要我第二天上午到机关开会。我猜到一定是要宣布对我的处理了……郭傲明主持，宣布今天是支部大会讨论通过对白祖诚的处分。接着念了一份材料，大致就是后期批判的那些所谓我的“罪行”。念得很快，我只能记个大概。处理是定为**五类右派分子**、阶级异己分子，清除出党，行政降为十六级。然后请赞成的举手。宣布一致通过。（白祖诚《泪》第七章）

1957年，办公室里有人主动引她聊天，提到两类矛盾，提到胡风的问题，罗惠心无城府，率直地说“胡风问题是个文艺问题，应算是人民内部矛盾”，“绿原确实不是特务”。言者无心，听者有意，私下的谈话却被告密和揭发。……有一天，她被带到一个批斗会场，横幅上写着“右派分子罗惠批斗会”。后来她被划为“**六类右派**”。虽然她不曾主动公开地“鸣放”过，却没有避免被引入陷阱。（裴高才、王凤霞《无陂不成镇·从监狱到牛棚》）

八、“右派”后续称谓：“内控右派”“摘帽右派”“漏网右派”

反右运动是结束了，但“右派”称谓无论在语言上还是在社会上，并没有终止其发展，后来又接连产生出一些与“右派”相关的后续称谓，诸如“内控右派”“摘帽右派”“漏网右派”之类。

“内控右派”实际上就是上文提到的“中右分子”以及“疑似分子”，他们在反右中差一点没被打成“右派”，但是记入档案，内部控制使用，所以后来又衍生出一个称谓“内控右派”。

1965年，何以端已年过六十，但他勇挑重担，亲率工作组长期在条件恶劣的四川中梁山煤矿蹲点……他尊重知识、尊重人才，同知识分子以诚相见，许多科技人员都愿意和他谈心。他果断地排除“左”的干扰，大胆起用了一名被定为“**内控右派**”但有真才实学的技术人员，使他的聪明才智得以发挥。（《坚定、无私、求实——纪念何以端同志诞辰90周年》，《人民日报》1991年6月9日）

次年再参加考试，一举实现第一志愿——北京理工大学。但不幸的是，1958年他被划为“**内控右派**”。1960年被流放到三门峡黄河滩垦荒后，他又得了腰肌劳损和风湿关节炎。1961年下放当农民后，因加上反党、反革命、新生资产阶级多项罪名而遭批斗、抄家、关押、毒打，被折磨长达20多年。（《矢志不渝结硕果——民间专利发明人孙克恂》，《科技导报》2005年12月1日）

1959年9月17日，中共中央下发了《关于摘掉确实悔改的右派分子的帽子的指示》，为4万多名"右派"摘掉了帽子，1960年和1962年又分别摘掉一批，于是一个新的"右派"后续称谓诞生了——"摘帽右派"或"摘帽右派分子"。"右派"摘掉帽子，并不等于变成好人了，由群众监督，根据其表现，帽子随时可以戴上。到"文化大革命"中，极"左"政治达到顶峰，"摘帽右派"和"右派"享受同样的政治待遇。"摘帽右派"有一个别称，叫作"脱帽右派"。

我们厂有一个**摘帽右派分子**，一贯耍两面三刀，走资派不管说什么，他都点头哈腰说"好！非常正确！"（《要敢于坚持真理》，《人民日报》1968年10月22日）

可惜长期以来受"左"的影响，有些人总是想不到这些，也总是留恋于封建时代的作法，"右派"摘了帽子，叫"**摘帽右派**"；刑满释放之后，叫"刑满释放分子"；一律打入"另册"。一受处分，终身难改，好象这顶有形无形的帽子要与肉体共存亡，比孙行者头上那个紧箍咒还要厉害。（《正册和另册》，《人民日报》1983年7月15日）

李辉：一九六四年五月你被解除劳动教养了吗？在这之后的处境和教养期间有多大区别？

杜高：……在这之前，定期在三年以下的右派，都陆续按期解除了劳教，但摘掉帽子之后被叫作"**摘帽右派**"，是公民中的"另类"；他们仍被留在劳改农场"就业"，接受监督，也不是一般的职工。（李辉《关于〈杜高档案〉的问答》，《一纸苍凉——杜高档案原始文本》）

他谈得很坦率很亲切，像不知道我是个"**脱帽右派**"（这使我至今想起来仍很感激，那时候，只要有一点点温暖，就会使我心里发热，就会终生不忘）。（秦兆阳《追求》，牛汉、邓九平主编《荆棘路——记忆中的反右派运动》）

费孝通在干校的时间是1969年至1972年，大约三年左右。作为"**脱帽右派**"和"资产阶级反动学术权威"，他本来是被监控的对象。（智效民《费孝通：苦心孤诣留信史》，《南方都市报》2005年5月9日）

后来政治运动接连不断，某人在运动中受冲击，一清理历史旧账，往往就给扣上一顶"漏网右派"的帽子，"四清"运动中就有，到"文革"中尤甚。这也足以显现出当年的反右运动和"右派"这一称谓的深远历史影响。

据现已揭发的材料，原来邓拓这个党的叛徒、**漏网右派**、右倾机会主义分子的应声虫，曾在一九五九年被党中央"罢"了他的"官"，以后他又重新钻到北京市党的领导位置上来。（《邓拓——反党反社会主义的大阴谋家》，《人民日报》1966年5

月18日)

太原市人民医院在"四清"中,有位大夫被错定成"**漏网右派**"、"反党集团成员",还整理一份材料寄了出去,使这位大夫的亲属也受到株连。(《该追究谁的责任》,《人民日报》1985年9月12日)

廖一萍在1957年被打成"右派分子",以后被迫害致死。区晋汉在1966年被打成"**漏网右派**"。(《林中慈母》,《人民日报》1986年9月20日)

《一点补充》一文,第二年被姚文元收在他的一本名叫《在革命的烈火中》的集子里。在收入集子的时候,姚文元作贼心虚,慌忙对原文进行了多处重要删节和改动。…… 姚文元的修改术是一个**漏网右派**的抵赖术,一个反革命两面派的伪装术。(《"浩然巾"下的右派嘴脸——评姚文元的一篇反党文章》,《人民日报》1977年2月4日)

全国解放后,于会泳的反动立场并未得到改造,在肃反运动中,他给被审查的对象通风报信;在反右派斗争中,他猖狂向党进攻,表示要同共产党分道扬镳,是个**漏网右派**。(《揭"四人帮"死党于会泳的老底》,《人民日报》1977年11月5日)

例中显示,"漏网右派"随意性更强,一遇运动便可使用。如粉碎"四人帮"后开展"揭批四人帮"运动,"四人帮"成员姚文元和"四人帮"死党于会泳("文革"时的文化部长)也都被戴上了"漏网右派"的帽子,这真是莫大的讽刺。

1978年中共中央批准全部摘掉右派分子帽子,并规定不许再称他们"右派分子"和"摘帽右派"。至此,"右派分子"相关系列称谓也就渐渐成了历史名词,慢慢在现实社会中淡出了人们的视野。

第五章 “大跃进”及其引发的“反右倾”运动社会称谓窥管

本章涉及的主要称谓如下：

节	目	称谓
第一节	一	保守派、稳妥派、小脚女人
	二	怀疑派、观潮派
	三	秋后算账派、算账派、炉前摇头派、炉边摇头派
第二节	一	促进派、促退派
	二	红旗、白旗、大白旗、小白旗、灰旗、黑旗、黄旗、杂旗、红旗社、黑旗社、白旗社、红旗队、白旗队、红旗干部、白旗干部
	三	红色专家、白色专家、粉红色专家、红专积极分子
	四	土专家、洋专家、土教授、洋教授
第三节	一	红旗手、青年红旗手、万能人、多面手、万首诗歌手、万首诗歌个人、万首诗歌标兵
	二	花木兰队、穆桂英队、赵云队、罗成队、老黄忠队、武松队、佘太君队、赵一曼队、钢铁青年队、钢铁姑娘团、黄继光队、刘胡兰队、董存瑞队、保尔队
第四节	一、二	右倾机会主义分子
	三	大彭德怀、小彭德怀
	四	有右倾思想的人、犯有右倾机会主义错误的人(同志)

“大跃进”运动是指1958年至1960年间，党在全国范围内开展的“左”的路线指导下的运动。新中国成立初几年之中我国经济建设确实取得了较大成就，但当时一部分党和国家领导人立志改变国家贫穷落后面貌的愿望过于迫切，1955年冬，毛泽东提出要不断地批判所谓“确实存在的右倾保守思想”，以加快经济发展的步伐。这表现在对以后的发展目标和计划制订上急于求成和急躁冒进，其效应当然是带来国家财政困难和赤字增加。富于务实精神的周恩来和陈云，敏锐地发现了这股“左”倾冒进的苗头，立即在国务院各项经济工作中采取了一系列有效的整改措施，这是1956年的“反冒进”。反冒进工作刚见成效，却引起毛泽东和以后几次中央会议的批评，这就是所谓“反‘反冒进’”。《人民日报》1957年11月13日社论在批评“右倾保守”的同时，又提出：“我们有条件也有必要在生产上来一个大的跃进。”毛泽东对其中“跃进”一词十分欣赏，提出以“跃进”一词代替“冒进”，这样就可使反冒进论者闭口无言，处于“不光彩”的地位。但其真正后果则只能是带来更大的冒进。于是1958年那场“左”倾运动，就在以高速度为灵魂的“多快好省”总路线指导下，以“大跃进”的口号拉开了帷幕。全国各条战线竞报高

指标、高产量，大放“卫星”，浮夸风一浪高过一浪。毛泽东觉察到了这些问题，1958 年底提出要“压缩空气”，把钢指标降下来。1959 年召开庐山会议的初衷也是为了纠正“左”倾错误，当然毛泽东不容许全盘否定“大跃进”及“三面红旗”，其间又出现了所谓彭德怀“万言书”事件，因此会议主题一下子由纠“左”转向了反右，把彭德怀等同志定为“反党集团”。会后紧接在全党范围内开展了“反右倾”斗争，一大批党员、干部被打成“右倾机会主义分子”，冒进浮夸之风变本加厉，直到 1960 年冬才得到遏止。冒进⟶反冒进⟶反“反冒进”⟶大跃进、纠“左”⟶反右，这样一个发展链，可以大体反映“大跃进”及其引发的“反右倾”运动的起因和发动经过。我们说这些，意在对我们要谈的一些称谓背景进行交代或铺垫，对运动进程则略而不论，因为通过具体称谓词语的探讨，自然可以反映运动的某些具体情形。

第一节 由“保守派”等落后性称谓反观“大跃进”的跃进步伐

我们简述了“大跃进”由“冒进”到“跃进”的发展过程，对这种潮流持怀疑或滞后态度的思想倾向则被称为“右倾”“保守”。上文提到从 1955 年起就不断批判经济建设方面的“右倾保守思想”，随着“跃进”步伐的加速，带有保守、落后之类意义色彩的称谓，就具有了更加鲜明的时代特色，出现了诸如“保守派”“稳妥派”“炉前摇头派”“秋后算账派”“算账派”“观潮派”“怀疑派”等一大批称谓。它们作为“跃进”形势的对立面存在，从反面见证了当时“大跃进”的基本情况。当然，这其中也自然包括“促退派”“白旗”这两个保守类称谓，但由于它们在这一时期有着明显的对照称谓与其成对存在，我们就将其列入第二节中去叙述。

需要略加交代的是，就词语本身而论，“保守”总是一个象征落后和错误的贬义性概念，但在社会语言学上，针对不同的历史时期和具体事件，又需辩证对待；历史既然已经证明了“大跃进”的狂热错误，那么持冷静、怀疑或观望态度的人反倒具有正确的一面。但若断定“大跃进”中凡被打成“保守派”或被“拔白旗”的人都正确，也不尽然，因为在社会“高烧”的情况下，别人虚报粮食亩产 10 万斤，你报 8 万斤就是“保守”了。所以我们今天谈论这批称谓，要用历史唯物主义的观点去认识。

一、“保守派”“稳妥派”和“小脚女人”

“保守派”任何时期都有，在“大跃进”运动中则有着特别的时代意义，它与“大跃进”形成直接意义上的对照，反映出当时对“大跃进”的争议以及“大跃进”在人们心目中所引发的极度震撼与思维混乱，因此也是最具典型性和概括意义的落后类称谓词，在当时应用得相当频繁。且看例证：

当本社出现旱稻亩产四千八百斤的纪录和开展北京亩运动后，他们又把试验田增加到五十二亩，同时决定搞一亩产六万斤的试验田。当时，这个计划曾遭到**保守派**的反对，有的说，从古到今亩产五千斤都没听说过，现在要搞六万斤，真是瞎扯大炮。(《亩产十三万斤的来历》,《中国青年报》1958 年 6 月 16 日)

而对那些害慢性病的**保守派**之流来说，则是要加速加热，使自己赶上去，不要做一个落伍者。(《急和慢》,《人民日报》1958 年 12 月 29 日)

"保守派"可从另一个角度称为"稳妥派"。如果说"保守派"这个称谓在当时带有一些轻蔑的意味，那么"稳妥派"的感情色彩则更趋近于中性乃至赞同，由此我们也可以推测"稳妥派"应该是对"保守派"更加公允性的称谓词。1956 年周恩来、陈云等人的反冒进，就是典型的稳妥派作风的表现，后来却遭到批评。到了"大跃进"中，稳妥派就更为新形势所不容。

(1958 年)4 月 8 日，叶飞同志汇报时，毛主席插话批评反冒进中强调的稳妥可靠是既不稳又不可靠，说：我们这样大的国家，老是稳、慢，就会出大祸，快一点就会好些。对"**稳妥派**"的办法就是到了一定时候提出新的口号，使他们无法稳。"冒进"是"**稳妥派**"反对跃进的口号，我们要用"跃进"代替"冒进"，使他们不好反对。(薄一波《若干重大决策与事件的回顾》二十四)

各地和各部门为了实现超越现实可能的"高指标"，从上到下不断开展"反右倾"，批判经济建设中的所谓"**稳妥派**"、"观潮派"、"促退派"，在全国范围内造成了一种"大跃进"的紧张气氛，把"大跃进"运动推向了高潮，使经济建设中的高指标、瞎指挥、浮夸风泛滥开来。(李群杰主编《跨世纪党员素质教育全书·"大跃进"运动》)

1955 年 7 月 31 日，毛泽东在中共中央召开的省、市、自治区党委书记会议上作了《关于农业合作化问题》的报告，说："我们的某些同志却像一个小脚女人，东摇西摆地在那里走路，老是埋怨旁人说：走快了，走快了。"[①]这是批评农业合作化发展太慢，实际是对当时分管农业的副总理邓子恢的指责。到"大跃进"运动中，各行各业都在追求高指标、高速度，于是"小脚女人"成了保守派的代名词：

这种右倾保守思想，在实现全国农业发展纲要修正草案过程中，突出地表现为"跃进"和"缓进"两种思想和两种工作方法的矛盾。来自基层生产单位的代表，举出了许多生动的事例，有力地批判了"**小脚女人**"的缓进思想。(《吉林省党代表大会辩论建设速度　批判"缓进"　督促"跃进"》,《人民日报》1958 年 1 月 23 日)

革命者的脚步总是坚定的。他们是逢山开路，遇水搭桥；他们能从没有路的地方踏出路来，任何困难和阻力都无法阻遏他们前进！这正是那些摇摇摆摆的**小脚**

---

① 《毛泽东选集》第五卷，人民出版社 1977 年版，第 168 页。

女人和喜观倒退的人所根本不能比拟的。(《坚定的脚步》,《人民日报》1959 年 11 月 17 日)

在农业部门,过去“小脚女人”这个称号是很不光彩的,它成了“保守”、“落后”的代名词。与此相对立的,是“大跃进”时代种种豪言壮语。历史是公正的,所谓“小脚”实为实事求是,它使五十年代初百业凋蔽的农村很快变得颇有生机;倒是后来“人有多大胆,地有多大产”一类违反科学的口号,给农村带来了灾难。(《脚小未必行慢》,《人民日报》1986 年 9 月 11 日)

二、“怀疑派”和“观潮派”

“保守派”必然会对当时的高指标、高速度一套做法产生怀疑,于是就有了“怀疑派”之称;表现在行动上就是犹豫不决,徘徊观望,因而又被称为“观潮派”。“观潮派”之于“怀疑派”,是更加形象化的比喻说法。

几句话讲得不对,就被扣上帽子,当成**怀疑派**、**观潮派**,还被拔白旗,有些虚夸的反而受奖励,被树为红旗。为什么这样呢?为什么不能听听反面意见呢?(张闻天《在庐山会议华东组会上的发言》,《张闻天文集》)

性慢的人则不然,他们冷若冰霜。在我们国家内一切不受人欢迎的保守派、**观潮派**、算账派都属于这一类。(《急和慢》,《人民日报》1958 年 12 月 29 日)

毛主席还说:“有些人可能是‘**观潮派**’……党内中间偏右的人是**观潮派**,他们是‘楼观沧海月,门对浙江潮’。”(伍洪祥《我所经历的大跃进》,新浪读书 2004 年 6 月 17 日)

从引例中我们不难发现这两个称谓在当时与“保守派”类称谓同处于被批判的地位。“怀疑派”明显是指那些对“大跃进”心存怀疑的人,既然能够质疑“大跃进”的成果性、方向性,那么这类人自然是与“大跃进”的调子不谐调。“观潮派”是指观察当时运动发展的方向、潮头,在运动中持观望态度而不急于跃进的那部分人。因此“观潮派”和“怀疑派”同样含有充足的保守色彩,可视为对“保守派”通俗化的解释性称谓。

三、“秋后算账派”和“炉前摇头派”

在农业领域,“大跃进”盲目讲求规模,充满了浮夸风,在农作物产量问题上特别突出,甚至直接违背科学原则,将农业产量凭空拟定到一个令正常人难以置信的高度,而这样的“高产”在当时的历史条件下根本不可能实现。因此,头脑还保持着理智的人们必然要求核实秋后的实际情况,于是,他们就被称为所谓的“秋后算账派”,即“大跃进”中那些主张作物全部收成以后再对本年度农业生产情况下定论的人。后来也运用到工业等方面，实际是保守派的代名词。

> 早稻大丰收的事实进一步击破了“农业生产速度快不了”的论调，不少“**秋后算账派**”已不得不在事实面前服输。（《社会主义力量大显威风 我国早稻增产四百亿斤》，《人民日报》1958年7月28日）

> 这就驳倒了“**秋后算账派**”认为“高产有一定限度”的论点。“**秋后算账派**”在看到河南日产生铁十万吨、日产钢一万吨的时候，曾经发出了“高产不能持久”、“高产到了顶”等等论调。（《高产又高质》，《人民日报》1958年11月2日）

“秋后算账派”又简称“算账派”：

> 要使三种对立面在会上交锋：一种，基层干部与他们上级（公社和县）之间交锋；一种，思想不通的人与思想已通的人之间交锋；一种，十分之一的观潮派**算账派**（有许多被认为观潮派**算账派**的人，其实并不是观潮派**算账派**，他们被人看错了）与十分之九的正面人物之间交锋。（毛泽东《党内通信》[1959年3月17日]，《毛泽东文集》第八卷）

> 秋收过了，丰收和高产成了定论，原来的**算账派**们，看着堆积如山的粮、棉发呆，无话可说了。（《算账派的新变种》，《人民日报》1958年10月25日）

在农业“大跃进”的同时，工业战线上开展了以大炼钢铁为中心的“大跃进”运动，当时叫作“钢铁元帅升帐”。原计划1958年钢产量为624.8万吨，比上年增长19.2%，可是后来指标逐步提高，3月31日提至700万吨，5月底提至800万吨，6月份毛泽东提出要翻一番，8月下旬在北戴河召开的中央政治局扩大会议上，这个意见被正式通过，确定1958年钢产指标为1070万吨。凭全国钢铁厂的生产能力，在4个月内完成这样的指标根本不可能。于是一场下至中小学生上至七八十岁老人参加的全民大炼钢铁的群众运动，在神州大地轰轰烈烈地发动起来了。同时各地兴起了一种容量较小、性能低下、技术简单的小型炼铁炉，叫作“小高炉”。数月内小高炉遍地开花，7月份全国约3万座，10月底即高达几百万座。面对这种形势，人们难免摇头生疑：如此短的时间，如此高的指标，能够完成吗？如此的土设备和土办法，能炼出合格的钢铁吗？于是又一个惟妙惟肖的形象化称谓产生了——“炉前摇头派”，亦称“炉边摇头派”：

> “**炉前摇头派**”等等大声疾呼：“炼钢非同炼铁，土法那能成功?”现在，土法能够炼钢，不仅有古人的先例，更有今人作证，再说“土法不能炼钢”恐怕有点难于启口了。但是，要“**炉前摇头派**”承认土法炼钢的伟大作用，还不是一件容易的事。他们总会提出许多似是而非的理由来非难土法炼钢。只有不断地同这些“**炉前摇头派**”作斗争，才能使土法炼钢的群众运动蓬蓬勃勃地开展起来。（《让土法炼钢遍地开花》，《人民日报》1958年10月17日）

在工业部门，针对不少干部群众对打破生产管理秩序、违反操作计划的担心和忧虑，大批“唯条件论”、“科学技术神秘论”和所谓“先进不可超越论”。“全民炼钢”运动掀起后，批判对象又增加一个所谓“**炉前摇头派**”。（高华《大跃进运动与国家权力的扩张：以江苏省为例》，《二十一世纪》1998年第48期）

当前钢铁生产的主要关键问题，是生铁的生产进展不快。因此，我们必须十分重视土炉子的作用。现在“**炉边摇头派**”是少了，有些人想摇头也不敢公开摇头了，但是以土为主的思想，还并没有彻底解决。（许家屯《钢铁生产必须突飞猛进》，《钢铁生产大跃进论文集》）

“炉前摇头”鲜明地勾勒出这样一种场面：面对这样的“土法炼钢”，人们不禁疑虑重重，但又不敢也不能直言反对，只能摇头徒叹奈何。钢产计划最终倒是“完成”了，12月22日，《人民日报》以套红通栏标题报道：《一〇七〇万吨钢——党的伟大号召胜利实现》。但数量是否属实且不说，质量更成问题。各地把各家各户铁锅铁盆在内的铁器一律拿到小高炉去炼，甚至架起柴草就烧，把好铁炼成废渣，难怪有人说“炼出的钢铁像牛屎”。

第二节 “大跃进”中几组先进落后对照称谓

承接前文，我们又选出“大跃进”时具有代表意义的几组先进和落后成对比出现的称谓词，连同其间夹杂的同类相关词语，逐一加以分析和界定，并希望能从中复现当时的社会政治生活情况之一斑。

一、“促进派”和“促退派”

“促进派”和“促退派”，词汇意义明显，无须赘言，因为任何时期，面对任何事业，都可能出现促进、促退两种倾向。但放到轰轰烈烈的“大跃进”运动中，它们又有了特定的社会学意义。

1956年“反冒进”中，周恩来提出“压一压”的方针，指示计委和财政部由李先念组织一个“促退会”班子，把基本建设投资总额200多亿压退至147亿左右。这种“促退”措施对减少冒进损失起了很大的作用。但毛泽东对此却一直持异议，在1957年9月中国共产党八届三中全会上，对这种正确决策进行了错误的批判，并上升到一个可怕的高度：“总而言之，‘会’多得很，其中主要是党委会，它的性质究竟是促进委员会，还是促退委员会？应该是促进委员会。我看国民党是促退委员会，共产党是促进委员会。去年那股风扫掉的促进委员会，现在可不可以恢复？如果大家说不赞成恢复，一定要组织促退委员会，你们这么多人要促退，我也没有办法。但是，从这次会议看，大家都是想要促进，没有一篇演说是要讲促退的。要促退我们的，是那个右派章罗同盟。"[①]面对这种局面，谁还再敢提"促退"？于是"大跃进"运动就顺理成章地被"促进"了，而"促进派"和"促退派"则成了衡量对"大跃进"态度如何的一对特色称谓：

后来提出了建设社会主义的两种方法的问题，提出了多快好省，提出了"促进委员会"，要当社会主义的**促进派**，不当**促退派**。（毛泽东《读苏联〈政治经济学教科书〉的谈话（节选）》[1959 年 12 月—1960 年 2 月]，《毛泽东文集》第八卷）

1959 年春天，"大跃进"正处在高潮中，冶金部开了一个"鼓干劲"的会议，请周总理到会作报告。他指出，搞"群众运动"，一定要和集中领导相结合，一定要强化生产指挥系统；讲发扬民主，不可没有必要的规章制度；讲"突出重点，保钢保铁"，不能忽视综合平衡；当"**促进派**"，要当冷静的**促进派**……（吴冷西《忆毛主席——我亲身经历的若干重大历史事件片断》第七章）

史无前例的生产大跃进和全国规模的人民公社化，这是中国人民在 1958 年所创造的伟大奇迹。……在这样的历史发展的紧要关头，谁是**促进派**，谁是**促退派**，就可以看得更加清楚了。（《不进则退》，《人民日报》1959 年 11 月 2 日）

如果单纯从词汇意义本身来说，"促进"总是代表着正确和先进，"促退"则代表着错误和落后。但在"大跃进"中就不是那么回事了：那些相信科学、按规律办事或者不肯随波逐流的人，往往就给扣上一顶"促退派"的帽子，而说大话、吹牛皮的人反倒成了"促进派"，牛皮吹小了都有成为"促退派"的危险。对当年这一对社会称谓亦应历史地看待。

二、"红旗"和"白旗"及由此类推出的各色旗类象征称谓

中国语言文化中，颜色有象征意义，旗帜也可获得象征意义，"大跃进"运动把这种文化推向极致。由于政治观念的影响，首先"红旗""白旗"演化为代表先进和落后的指人称谓，接下来人们又展开充分的想象和创造力，类推出"灰旗""黄旗""黑旗"以至"杂旗"等指人称谓。这些词语，我们不妨给它们一个总称，叫作"旗类象征称谓"或"旗族象征称谓"。各色旗帜成为当年现实生活中各类人物的象征，也构成了"大跃进"中的一道特色风景线。

（一）"红旗""白旗"称谓的来历及其客观指称对象

1958 年八大二次会议上，毛泽东第一次正式明确提出"插红旗""拔白旗"的问题。

---

① 毛泽东：《作革命的促进派》，《毛泽东选集》第五卷，人民出版社 1977 年版，第 474—475 页。

此后，全国各地开展了声势浩大的“拔白旗、插红旗”运动，“‘白旗’、‘红旗’不过是‘大跃进’期间发明的一种形象化的政治概念。白旗，即资产阶级和资本主义，红旗当然就是无产阶级和共产主义了。拔白旗，插红旗，也就是‘灭资兴无’的意思。八大二次会议后，《人民日报》发表了一篇题为《把总路线的红旗插遍全国》的社论，实际上是公开了毛泽东的插红旗的主张，为拔旗插旗活动造舆论”。[①]

随着运动的展开，“红旗”与“白旗”转化成一对特色鲜明的称谓词，作为工农业及文化教育界等各行各业的先进和落后人物或集体的代称。具体到工农业生产战线，是把那些大搞浮夸风、大放“高产卫星”的单位或个人树为先进典型，此即插“红旗”；而把那些坚持实事求是、不说假话或者浮夸不够的人们作为“右倾保守”的落后典型来批判，此即拔“白旗”。随后人们又创造出“灰旗”“黄旗”“黑旗”等比喻性称谓。

我们先看“白旗”。“白旗”用于思想文化界跟“白专道路”相联系时，指代那些所谓具有资产阶级学术观点的人，即“资产阶级白旗”，用于其他行业，则泛指言行与“大跃进”高指标、浮夸风一套做法相抵触或跟不上跃进形势的人。

> 通过鸣放辩论和现场参观评比，树立榜样，插上红旗，批评保守，拔掉**白旗**，大家从生动的对比中认识到：“路在人走，事在人为，地在人种，苗在人管”。例如赵庄乡党委副书记徐尚之，在各个运动中都是**白旗**，在大搞肥料运动中，其他乡平均亩施五万多斤肥料，这个乡每亩才施了九百斤。（《一面总结评比　一面进行整风》，《人民日报》1958 年 10 月 15 日）

> 在一九五八年三月召开的成都会议上，提出“拔白旗，插红旗”。所谓“**白旗**”，就是指那些主张指标比较稳妥的人。会后，又提出反对“稳妥派”。（薄一波《三十年来经济建设的回顾》[1980 年 1 月]，《薄一波文选》）

当时不仅“白旗”帽子满天飞，而且还有“大白旗”“小白旗”之分。这种大小不是指年龄上或辈分上大小，而是特指身份地位以及违反“大跃进”的程度和影响力而言。有时“白旗”前面还要加上诸如“资产阶级”之类的限制，更明确表示着“白旗”的政治含义。如：

> 我以沉重的心情来检查我的资产阶级个人主义和我的资产阶级学术思想。我现在认识建国九年来，虽然经过党与人民多方面的教育和耐心等待，而我仍紧抱着资本主义的一套不放，我还是一面**大白旗**。我感到惭愧、惧怕，因为已经到了被人民抛弃的边缘。（中国医学科学院寄生虫病研究所所长冯兰洲《放弃资本主义的路，走社会主义的路》，《人民日报》1958 年 10 月 28 日）

> 1958 年 10、11 月间，在省委书记处书记杨春甫主持下，搞多装快炼，乱拔“白

① 罗平汉：《1958 年知识界的“拔白旗运动”》，《读书文摘》2005 年第 1 期。

旗”(把坚持技术规程和管理制度的工程技术人员和行政管理人员当作“白旗”,宣布停职反省)。在炼铁厂拔掉一面“大白旗”,七面“小白旗”。所谓“大白旗”,就是蔡和森同志的儿子、留苏归来的炼铁专家、总工程师蔡博。(薄一波《若干重大决策和事件的回顾》二十六)

不少教授被点名批判,说他们是资产阶级“大白旗”,是跃进大路上的挡道者,要同他们展开不调和的斗争。……当时不仅有“大白旗”,学生中也有“小白旗”。每个班级都有。见白旗就要拔。我也是拔的对象。(赵鑫珊《我是北大留级生·反右后的北大(3)》,《书香门第》2004年9月20日)

而“红旗”代表的自然是先进模范,代表那些走“红专道路”的人,或积极拥护、大力支持“大跃进”的人,如:

红旗排是二连一排的一个普通排,全排二十八个战斗员,由于四次评为**红旗**,全营就奖给她们“红旗排”的称号。此后这个排就一直保持着光荣传统,翻地中冲锋陷阵起尖兵作用,并经常帮助姊妹排,突击完成任务。(《花木兰战斗营》,《人民日报》1958年10月9日)

在农业领域,“白旗”主要是指对密植持异议的“稀植论”和“密植减产论”,以及按传统耕作方式进行生产的干部群众;而把“敢于创新、破除迷信,解放思想,改革工具”显著的、特别是学习密植经验积极一亩地下几百斤种的干部群众,统统都看作“**红旗**”。(王军《“大跃进”中“拔白旗、插红旗”运动的来龙去脉》,《文史精华》2002年第7期)

(二)红白之间的“灰旗”“黄旗”“黑旗”“杂旗”称谓

人们的想象力和创造力是丰富的,“红旗”“白旗”成了先进和落后人物的象征,紧接又类推出介于二者之间的偏于落后性的称谓“灰旗”“黄旗”“杂旗”等。还有的地方用插黑旗的办法评比落后典型,其寓意跟“白旗”差不多,但在思想界,“黑旗”则象征非常落后乃至反动的人。

但在思想领域里,却只能有共产主义红旗飘扬,一切白旗、**灰旗**、**黄旗**以及各色**杂旗**,统统都在打倒之列。工人阶级的群众性的取消计件工资制的行动,正是大拔白旗大树红旗的伟大行动。(《全民大进军》,《人们日报》1958年10月21日)

会议要求……要对“右倾保守思想”进行严厉批判,要使“观潮派”和“秋后算帐派”在思想上彻底破产;要把“白旗”、“**灰旗**”统统拔掉,要把“跃进红旗”普遍地插起。(谢春涛《1958年北戴河会议述评》,《党史研究资料》1990年第5期)

三大队二小队二十个社员发工资后第一次评比,得红旗的四个人,劳动积极的十二个人,还有四个人得了黑旗。可是到第二次评比时,全部消灭了**黑旗**,而且还

有三个夺得了红旗。(《工资制，好处大》,《人民日报》1958年10月11日)

经过双反运动的揭发，我们发现白旗并没有完全拔掉，甚至还出现了像雷海宗那样公开反对马克思列宁主义的**黑旗**。(《历史科学战线上两条路线的斗争》,《人民日报》1958年7月15日)

(三)以“×旗”作构词成分派生出的“×旗社”“×旗队”“×旗干部”之类

“红旗”“白旗”“黑旗”等还可以做定语，加在“社”“队”“干部”等的前面，分别表示先进、落后的集体和干部。

经过第二次评比，**黑旗社**往往跃进到**红旗社**。先进当中有先进，先进没有止境。如果没有评比指标，那和最先进的比起来，总有比较落后的，而落后的得到黑旗，别说群众，就是干部也是伤心的。(《向常熟人民致敬》,《人民日报》1958年3月30日)

由于一些原来的落后队成为全社的**红旗队**，有力地打破了“老**红旗队**”的一部分干部和群众认为“红旗稳拿”的自满心情。(《“落后队”并非“天生落后”》,《人民日报》1958年5月23日)

党内外的右倾保守主义者的几次进攻，拔掉了三百三十六名**白旗干部**，改变了八个**白旗社**，一百六十七个**白旗队**，培养出红专积极分子六万五千人，把红旗插遍全县。(《哪县粮食产量高？寿张县亩产五千斤》,《人民日报》1958年10月8日)

刘屯人民公社五营通过四次检查评比，评出艰苦深入、积极肯干的三连长辛洪海等五人为**红旗干部**。(《今年定能胜去年》,《人民日报》1959年2月25日)

“白旗”代表落后，“红旗”代表先进，两相对照，色彩鲜明，并且其间夹杂着“灰旗”“黄旗”等。以各色旗帜代表人，形成了“大跃进”的独特的一幕。

三、“红色专家”和“白色专家”

这是一对从政治上区分业务和技术人员先进和落后的称谓。新中国成立以来，在知识分子和技术人员当中盛行一种红专道路，“又红又专”成为最流行的词语之一。“红”指的是政治觉悟高，政治上可靠，而“专”则指业务能力强，具备专业知识和专门能力；如果只专业务，不突出政治，就叫作“白专道路”。“大跃进”时政治挂帅的特色把这种“红白”之争推向了一个高度，在这个特殊的社会环境下，“白色专家”和“红色专家”成为一对响亮的称谓。“白色专家”自然是指只专不红的专家学者，“红色专家”则成了50年代对具有较高的无产阶级政治觉悟和技术专长的专家的称谓。①

① 韩明安主编：《汉语新语词词典》，山东教育出版社1988年版，第256页。

只专不红,是**白色专家**。搞政治的,如只红不专,不熟悉业务,不懂得实际,红是假红,是空头政治家。(毛泽东《在最高国务会议上的讲话》[1958 年 1 月 28 日、30 日],《为中华之崛起——纪念中国共产党成立 80 周年》)

我们所需要的专家,不是随便的一种专家,而是我们通常说的"**红色专家**"。就是既有共产主义的世界观和人生观,能全心全意为人民服务,又具有专门业务技能的工人阶级知识分子。(张凯《关于医院政治工作几个问题的初步意见》,《卫生工作通讯》1958 年第 3 期)

肥料如果少了,我们要起变化,红色的花就要变成白色的花。在这里或许包含着深刻教训:**红色专家**可能变成**白色专家**!(郭沫若《百花齐放·夹竹桃》,《人民日报》1958 年 4 月 12 日)

有意思的是,在红白道路争斗的缝隙中,还有一条"粉红色"道路,它喻指中间道路,意为多专一些,少红一点。于是"专家"系列又多出了一个颇有意思的"粉红色专家",它体现了 1958 年中国知识界某些人在政治与业务、红与专关系的辩论中提出的一种增强业务本领,少搞空头政治的主张。如:

有些工农出身的干部检查了歧视劳动的忘本思想;有的人还批判了自己的"中间"立场,检查了所谓当一个"**粉红色专家**"的错误思想。(《中央国家机关劳动锻炼大辩论收获巨大》,《人民日报》1958 年 1 月 14 日)

有的人提出做一个"**粉红色专家**"的问题……太红就影响专,赶不上英国,所以说**粉红色专家**在客观上是要求其存在的。……中间路线是没有的。想做**粉红色专家**的人,好比红萝卜,本质上是白的,只是在外面涂一层红色作为商标,好迷惑人民。(《经过一场大辩论 抱了一个大西瓜 三机部澄清了知识分子改造的许多思想问题》,《人民日报》1958 年 1 月 18 日)

"又红又专"成为流行口号,与技术革新和技术革命运动相配合,工厂、农村纷纷创办面向群众推广技术的"红专大学",一些表现突出的工农群众被誉为"红专积极分子"。

全县干部有八千七百九十五名,搞了二万八千四百四十二亩试验田,放出了五千三百九十二亩高产"卫星";带动了六万五千名**红专积极分子**都搞试验田,学技术。(《哪县粮食产量高?寿张县亩产五千斤》,《人民日报》1958 年 10 月 8 日)

"丰产方"运动还证明了:广大农民群众已踏上了又红又专、作一个共产主义新人的康庄大道。开展"丰产方"运动,一方面,只有依靠**红专积极分子**向保守思想展开坚决的斗争,才能使试验田的经验能够取得生产革命的胜利;另方面,想确保丰收,就要有一支巨大的掌握先进的农业技术的**红专积极分子**队伍。(《论"丰产方"运动》,《人民日报》1959 年 10 月 16 日)

1至9月份，全厂涌现出来的红专积极分子和生产积极分子有一百四十四名，占职工总人数的40%。（《白手起家造水泥》，《人民日报》1959年11月11日）

以色彩来形容政治性是我国语言的一个特色，这类色彩感十足的专家称谓词道出了当年对“专家”在政治上的界定原则和提倡方向，实际上反映了对真正的专家权威的蔑视——当时“白专”道路和“粉红色”道路行不通。无疑“红专积极分子”反映了对“又红又专”的提倡，但在政治化年代，实际上这是偏向于“红”的，并在“文革”中发挥到极致。

四、“土专家”和“洋专家”以及“土教授”和“洋教授”

“大跃进”运动中，发展工业，讲究土洋结合，开展技术革命运动，大搞群众运动，于是称谓就有了“土专家”和“洋专家”之分，连类而及又有了“土教授”和“洋教授”之分。

“土专家”并非具有较高学历和技术职称的专业技术人员，而是指那些在总结丰富生产经验的基础上，能熟练掌握某种技术并有一定专长的劳动者，一般不脱产。“洋专家”在当时的“大跃进”时期通常并不是指外国专家，而是指知识分子出身的具有某方面科技或业务专长并获得相应职称的专门技术人员，与从工人、农民中培养起来的“土专家”对称。

在我国社会主义建设大跃进声中，到处涌现出了大批的“土专家”，他们用“土办法”解决了并正在解决着生产建设中许多“洋专家”们认为不能解决的科学技术问题，创造了许多“洋专家”们所不敢设想的奇迹。（《扶“土”化“洋”，比翼高飞》，《人民日报》1958年8月28日）

为了完成技术革命、文化革命的艰巨任务，应当提出在党的领导之下土法洋法并举，土专家洋专家合作，取长补短，相互学习。……不久以前北京开了一个会，农业方面的土专家和洋专家进行了今年夏收作物丰产经验的交流，会上就体现出两部分专家互相学习、互相合作的精神，这是令人兴奋的现象。（《土洋结合，各显神通》，《人民日报》1958年8月5日）

与“土专家”地位直线上升的同时，另一对区别性称谓——“土教授”“洋教授”就得以大行其道。与“土专家”并非专家一样，“土教授”也并非教授，而是指工农兵出身、来自劳动实践、没有经过正规专业学校培养的教师；“洋教授”指的是那些具有专门知识、科班出身的教师。如：

教师中除了五名是由县农业局调去的中级农业技术学校的学生，够得上“科班出身”外，其余都是农场里的饲养员、嫁接员、种水稻的和种西瓜的工人，都应该算“行伍出身”。同学们把“科班出身”的老师叫“洋教授”，把“行伍出身”的老师，叫“土教授”，讲课是“洋”“土”结合，课堂教学和田间实习相结合。（《教学上走群众路

> 线 土洋教授互教互学》,《人民日报》1958年8月14日)
>
> 很多农业中学种了小麦、水稻高额丰产试验田,群众看了都说:"请了洋教授也教不出这样的成绩来。"(《半耕半读已在农村扎根》,《人民日报》1958年8月26日)

土洋结合,技术革命,重视实践经验,充分发挥群众的智慧和创造性,这无疑具有进步意义;但走向片面,走向极端,则难免会带来轻视知识、轻视科学的负面效应。当时盲目排斥"洋"的思想也隐含其中,自然使得"洋教授""洋专家"一类知识分子带上一些贬义色彩,群众的创造力和智慧比以往任何时期都更大程度地被理想化了,并几乎被作为宗教信仰般的东西加以接受。刚刚被扫盲的工人、农民被誉为专家、教授、科学家、哲学家、诗人,仅因为他们具有"无产阶级觉悟",所以便无所不能;与之相反,知识分子的名誉则无形中受到贬损和玷污,甚至认为他们头脑中充满了资产阶级个人主义、自由主义和无政府主义的思想。[①] 这样的恶性循环一直到"文革",把知识分子推到阶级敌人边缘的"臭老九"地位。

第三节 由"红旗手"等先进性称谓看"大跃进"运动的时代气氛

一、"红旗手""万能人""多面手""万首诗歌个人""万首诗歌标兵"

"大跃进"运动中涌现的先进典型性称谓"红旗手""万能人""多面手""万首诗歌个人""万首诗歌标兵"等,可以说是当时的政治导向与浮夸风的真实体现。"红旗手"本指集体中进行某一活动所树立的先进人物的称号。[②] 将这类称谓定名为"红旗手",首先就与新中国成立以来重视"红"的导向和"树红旗、拔白旗"的风气密切相关。因此,在"大跃进"运动中,"红旗手"是指有着出色跃进表现的先进人物,多指青年人,又有"青年红旗手"之称。

> 广大青年在社会主义大跃进中成了一支突击力量,他们力争上游,敢想敢说敢做,努力实现红专大跃进,争取人人做个红旗手。同工业战线、农业战线上的红旗手一样,同全国各地高等学校、中等专业学校的红旗手一样,他们是敢想敢说敢做

---

① 〔美〕R.麦克法夸尔、费正清编:《剑桥中华人民共和国史(1949—1965)》,中国社会科学出版社1990年版,第458页。

② 吉常宏主编:《汉语称谓大词典》,河北教育出版社2001年版,第354页。

的人，是敢于破除迷信和革新创造的人。（《人人争做红旗手》，《人民日报》1958年7月3日）

在北京国棉二厂的女工舞群中人们看到了一百多个生产上的“**红旗手**”，她们当中有很多人既是生产能手，又是文艺爱好者。（《北京国庆之夜》，《人民日报》1958年10月2日）

重庆发电厂电气车间运行三班的班长万一品同志已有17年工龄了，中共预备党员。自去年“大跃进”以来，坚决贯彻了“以钢为纲、全面跃进”的方针，积极投入了历次的以电保钢的战役……从1958年二季度起，先后获得了标兵，**青年红旗手**和1958年度与1959上半年度局和市的先进生产者代表的光荣称号。（《青年红旗手——介绍重庆发电厂电气车间运行三班班长万一品同志》，《水利电力战线上的红旗手》第二分册）

“万能人”是指在1958年农具改革中出现的具有多种技能的人。这种人不仅懂农业生产技术，还会做木工、铁工、石工、泥瓦工，还会开动力机等。[①]“多面手”与之意义类似，也指擅长各种技能的人。[②] 二者又各有其本职侧重，“万能人”侧重于农业方面，“多面人”侧重于工矿企业和商业方面，但真正成为一专多能后，二者也就趋于混同了。

湖北鄂城旭光一社目前正在蓬勃地开展着“**万能人**”运动，要每个社员学会好些种生产技术。这和工业上的“**多面手**”运动很相像。（《“万能人”和新时代》，《人民日报》1958年8月12日）

现在在工矿企业、商业中涌现了不少掌握多种技术的“**多面手**”，农业社里也出现了既懂农业技术，又懂工业技术的“**万能人**”。这些新人的涌现，有力地推动了各项生产的发展。我们需要更多的这样的多才多艺的“**万能人**”。（《人人要多才多艺》，《人民日报》1958年8月12日）

这并不妨碍在熟悉本岗位生产技术之外，同时学习和熟悉其他方面的生产技术，即成为“**多面手**”“**万能人**”，种水稻的能手同时懂得植棉技术，种庄稼的农民同时懂得制造工具的技术……但是，要成为“**多面手**”“**万能人**”，必须一项一项来学习，首先熟悉本岗位的生产技术，搞好本岗位的生产，然后逐步熟悉其他方面的生产技术，否则，既不能成为专家，也不能成为“**多面手**”“**万能人**”。（《人民公社要建立和健全生产责任制》，《人民日报》1959年2月17日）

---

① 韩明安主编：《汉语新语词词典》，山东教育出版社1988年版，第636页。

② 吉常宏主编：《汉语称谓大词典》，河北教育出版社2001年版，第218页。

由此可知，所谓“万能人”“多面手”，都带有样样精通的意味，是当时评选的杰出人物的类型之一，再联系当时的生产力发展水平，就颇为耐人寻味了。

“大跃进”在开展技术革命的同时，还开展文化革命，工农业生产“大跃进”，思想文化建设也要“大跃进”。中宣部、文化部召开会议，号召文艺创作和批评都要大搞群众运动，文艺创作也要“放卫星”，使得许多地方提出了很不切实际甚至是荒唐的口号和要求，诸如什么“两年就要超过鲁迅”“一个夜晚写 60 个剧本”“每个县都要出一个郭沫若”，等等。于是“万首诗歌手”“万首诗歌个人”“万首诗歌标兵”这类激进的光荣称号出现了。

杜宗鲁是海河建闸工地上的一名普通战士。今年才十九岁，只有高小文化程度。过去他没有写过诗，到工地后才开始学着写。可是现在，工棚里贴着他的诗，工地报刊上有他的诗，广播站也时常广播他的诗；他已经成为海河建闸工地有名的**“万首诗歌手”**之一了。（《“万首诗歌手”》，《人民日报》1958 年 12 月 10 日）

最后，张家口专区竟出现了一位**“万首诗歌个人”**，或曰**“万首诗歌标兵”**。他一个人在一个月里就写出了一万首诗！当然，我们谁也没见过他的诗。只听说他的创作经验是，抬头见什么就来一首诗。（韦君宜《思痛录》第五章）

可见“大跃进”带给文学创作的浮躁情绪和浮夸风同样十分严重。

二、“花木兰（班）”“老黄忠（队）”等英雄式称谓及其体现的时代气氛

人民公社成立，集体化程度提高，为“大兵团作战”式的集体劳作方式提供了条件，农村各地纷纷组织突击队、夜战军，跨村耕作。农民都投入到热火朝天的劳动中去。农民们学英雄，赶先进，男女老少都找准自己英雄形象，一大批英雄式称谓出现了。模仿古代英雄的如：少年称“罗成”，青壮年称“武松”“赵云”，老年称“黄忠”，大姑娘称“花木兰”，已婚妇女称“穆桂英”，老太太称“佘太君”。现代英雄如赵一曼、刘胡兰、黄继光、董存瑞以及苏联的保尔，当然更是人民群众的学习榜样。这些称谓再加上“班”“排”“连”“队”“战斗队”等名称，又组成了“穆桂英班”“花木兰排”“老黄忠战斗队”“赵一曼队”“黄继光队”等这样一大批集体称谓。还有以苏联小说《钢铁是怎样炼成的》中英雄保尔命名的“保尔队”“保尔排”，但“保尔”毕竟有些外国化，有的干脆就叫“钢铁青年队”和“钢铁姑娘队”。1958 年 11 月 24 日《人民日报》发表《培养集体英雄办法好》的文章，对这种集体式英雄称谓大加褒扬，更加助长了这种风气。“大跃进”距今未远，许多人对这类称谓记忆犹新，媒体回忆性资料比比皆是，我们不妨多引一些例证以再现当年情景。

今年山东寿张县在农业生产大跃进的洪炉里炼出一支庞大的红专积极分子队

伍，其中男女老少、干部群众等各类人物都有，而且是整队整批的分布在各个生产组织中间，如**“武松队”**、**“钢铁姑娘队”**、**“花木兰队”**、**“穆桂英队”**、**“老黄忠队”**、**“佘太君队”**、**“小罗成队”**以及**“刘胡兰”**、**“黄继光”**等共计五千九百九十四个英雄队，六万零一百三十二名英雄，占全县总出勤人数的35.3%，占全县总人口的20%左右。(《寿张培养集体英雄 带动群众建设社会主义》,《人民日报》1958年11月24日)

大跃进以来，在报刊上常常看到这样的标题或栏目：数英雄人物还看今朝。的确，今朝真是一个出英雄的时代，不但涌现出模范人物，而且出现了不少集体英雄——**“钢铁青年队”“穆桂英队”“佘太君队”“黄忠队”“罗成队”**等等到处涌现。仅仅山东寿张一县，今年就通过总结评比，由群众挑选出了五千九百九十四个英雄队。(《培养集体英雄办法好》,《人民日报》1958年11月24日)

我们公社已根据少种多收的生产方针，订出明年的跃进计划。我们这个**钢铁姑娘团**，明年计划搞万亩丰产田。(《有决心争取更大的丰收》,《人民日报》1958年12月22日)

在十三陵水库工地的义务劳动队伍里，到处出现了以人民英雄命名的**黄继光队**、**刘胡兰队**、**董存瑞队**和**保尔队**，他们的口号是：生活工农化、劳动战斗化、行动军事化。北京师范大学**保尔排**的小伙子们，高举着“保尔·柯察金”的画像，生龙活虎地劳动着。(《四个多月达六百八十万人次 首都人民争先参加义务劳动》,《人民日报》1958年5月17日)

“南天门”里英雄多。**黄继光突击队**和**赵一曼突击队**在竞赛中也是互不相让。**赵一曼突击队**十个队员，四个上土，六个推车，装得多，跑得快，保证供应沤肥需要。……**黄继光队**喊：不能输给姑娘们。**赵一曼队**的尖嗓门声音更高：一定要胜过小伙子。真是竞赛得难解难分。(《春风又绿江南岸——记苏州地区积肥运动》,《人民日报》1959年2月14日)

为了完成深翻地的任务，连80多岁的老人，盲人、瘸子都积极参加到深耕深刨土地中。七八十岁的老人组成**“佘太君队”**、**“黄忠队”**，青壮年、少年组成**“武松队”**、**“赵云队”**、**“罗成队”**、**“花木兰队”**、**“赵一曼队”**、**“穆桂英队”**。当时，有人写打油诗道：老年干活似黄忠，少年儿童像罗成，青年个个是赵云，妇女赛过穆桂英。(明义、一凡《崂山郊区的大跃进运动》,《崂山春秋》2004年第4期)

一年来，前线公社在对敌斗争、坚持生产中，曾涌现了许多英雄人物和模范事迹，被称誉是“英雄辈出的地方”。这里有闻名全国的“前沿十姊妹”、“英雄小八路”、“前埔十八好汉”、“前线十民兵”、**“穆桂英班”**、“九秀班”、**“花木兰排”**和“母子英雄”，还有被称为“战士的好妈妈”的七位五十岁左右的老大娘。(《炮火下诞生 战斗中成

长——福建厦门前线人民公社调查》,新华通讯社编印《农村人民公社调查汇编》)

同时,在农业生产上大搞以管理区为单位的“大兵团作战”,集中男女青壮劳动力,成立了“突击队”、“尖刀排”、“穆桂英连”、“老黄忠班”等,“深翻土地”、大搞“卫星田”。(李长梅《垦利县“大跃进”运动》,《东营党史》2005年3月7日)

1958年,村村成立“罗成战斗队”、“穆桂英战斗队”、“老黄忠战斗队”,有点像“文革”预演,只不过战斗的对象不同罢了。越是逢年过节,“罗成”、“黄忠”们越是干劲冲天,互下“战书”,开展挖地竞赛。为了夺高产,硬是把每寸土地深挖三尺。地力被破坏了,结果种高粱长不过谷子,种谷子藏不住兔子。(樊永生《年年过节岁岁过节》,《中国青年报》1999年9月25日)

由这些称谓不难看出当年农村“大跃进”的热烈气氛。另外,农民们为什么选取这样一些人物形象做榜样?其中还有深层的文化原因。因为这些称谓中出现的古代人物,都是戏曲、电影、说唱文学中的英雄形象,这类通俗文学艺术形象对老百姓的影响是很大的;刘胡兰、黄继光、董存瑞等现代英雄形象,更是通过电影、广播、文学作品等媒介而家喻户晓。所以一遇“鼓足干劲,力争上游”的跃进形势,群众马上把这些英雄名字信手拈来,对号入座,找到了各自学习的英雄偶像。

第四节 “右倾机会主义分子”及其相关称谓与“反右倾”运动

一、“右倾机会主义分子”的渊源流变和“反右倾”运动的前奏

从根本上讲,右倾机会主义是工人运动中或无产阶级政党内部一种违反马克思主义根本原则和正确路线的思潮。其表现形式是思想落后于实践,不能随变化了的客观形势把革命推向前进,而是拘泥保守,停步不前;或者放弃原则,甚至出卖革命,投降敌人。[①] 从概念上讲,犯右倾机会主义错误的人就是“右倾机会主义分子”。翻开国际共运史,“右倾机会主义分子”不乏其人。中共党史文献中被称为“右倾机会主义分子”的也为数不少,且举一例,《中央通知第二〇四号——关于与党内右派小组织斗争问题》(1931年1月21日):“乃党内右倾机会主义分子如罗章龙何孟雄王克全等同志,竟利用假的反立三路线与调和主义的旗帜,以右倾的纲领,用尽一切小组织的办法,来作分裂党捣乱党的活动。”[②]

---

① 夏征农主编:《社会主义辞典》,吉林人民出版社1985年版,第132页。

② 《中共中央文件选集》第七册,中共中央党校出版社1983年版,第55页。

但50年代的"右倾"一词,已不是面对与敌对阶级和政党斗争方面的概念,而是指在经济发展的速度、计划和指标等方面落后于形势的态度和言行。例如农业合作化以来毛泽东一直提倡"反右倾",就是嫌发展步子太慢。"大跃进"中浮夸风厉害,别说反对,跟得慢一点也很容易成为"右倾",严重的就给你一顶"右倾机会主义分子"帽子。河南省的浮夸风在全国领先,1958年6月在河南省委一届九次会议上,省委第一书记潘复生、副书记杨珏等领导干部试图纠正运。动中一些"左"的做法,反被打成"右倾机会主义分子"和"反党集团",由省长吴芝圃取代潘复生成为省委第一书记。《人民日报》1958年8月21日《怎样办好人民公社?》一文就提到"肃清潘复生、杨珏等右倾机会主义分子的思想影响,深入贯彻总路线"云云。1958年7月河南人民出版社专门出版了一本书,题为《揭发批判右倾机会主义分子潘复生等反党反社会主义言行论文集》,将这次事件和所使用的"右倾机会主义分子"称谓记录在案。

"大跃进"以前的"反右倾"和1958年河南省批判潘复生为首的"右倾机会主义"的运动,可视为1959年开始的"反右倾"运动的前奏。

二 "反右倾"运动及其造成的数百万"右倾机会主义分子"

(一)庐山会议和"反右倾"运动的发动

一个带有普遍性的称谓,有其出现的社会背景。"右倾机会主义分子"虽然以前也使用,但最主要的是与庐山会议后全国性的"反右倾"运动相联系。

庐山会议,是指1959年7月2日至8月16日中共中央政治局扩大会议和八届八中全会。会议前期即从7月2日至7月23日,中心是纠正"左"的错误,调整指标,总结经验教训。会议围绕对"大跃进"工作的评价,明显出现了观点的分歧。彭德怀深感一部分同志对"左"倾错误认识不足,纠正不力,于7月14日给毛泽东写信,陈述了对党的工作的意见,这就是著名的"万言书"。

从7月16日开始,会议重新分组讨论彭德怀的信,讨论中分歧意见更为尖锐。7月23日,毛泽东在大会上讲话,对彭德怀信中的"比例失调""小资产阶级狂热性"和"有失有得"等,逐一作了批判。会议的方向由此急转直下,由纠"左"转为反"右"了,尤其是8月2日开幕的八届八中全会,更是变成了以批判彭德怀等同志的所谓"右倾反党集团"为中心内容。8月16日全会闭幕,通过了《关于以彭德怀同志为首的反党集团的错误的决议》《为保卫党的总路线、反对右倾机会主义而斗争》的决议,一场全国范围的"反右倾"运动由此拉开了帷幕。

(二)"反右倾"运动造就了300多万"右倾机会主义分子"

八届八中全会后,从1959年8月到1960年春,在全党范围内开展了一场"反右倾"的斗争，它是庐山会议错误的继续和发展，也是“大跃进”运动直接引发的一场重要的政治运动。这一两年内中国大地上知名度最高的词语就是“右倾机会主义分子”。检索《人民日报》电子版，仅1959年9月—12月使用“右倾机会主义分子”的文章就有232篇（含转载），有时一篇文章中就使用十几次。这些也是重要的历史资料，且举数例为证：

> 一小批脱离群众、脱离实际的**右倾机会主义分子**，他们附和着国内外敌对分子的诽谤运动，利用早已克服了和正在迅速克服中的缺点，向群众和干部泼冷水，散布松劲、泄气、埋怨、悲观的情绪，企图制造思想上和政治上的混乱。（《反右倾，鼓干劲，为在今年完成第二个五年计划的主要指标而斗争》，《人民日报》1959年8月27日社论）

> **右倾机会主义分子**，污蔑我们的大跃进为“小资产阶级的狂热性运动”。……**右倾机会主义分子**的咒骂，也从反面证明了我们作得对，热得好，干劲鼓得千正确、万正确。（《革命的干劲万岁》，《人民日报》1959年9月19日）

> 请看，有些**右倾机会主义分子**脑后的“反骨”不是在兴妖作怪吗？他们有的人虽然也坚决反对过帝国主义，在革命战斗中有过功绩，可是他们在社会主义建设时期动摇起来了，他们把去年的大跃进说成一团糟，用各种巧言花语反对总路线，企图动摇党的领导。（《除掉魏延的反骨》，《人民日报》1959年10月4日）

> 在这场斗争中，我们已经取得极大的胜利，但是必须坚决地把它进行到底，把一切**右倾机会主义分子**揭露出来，把一切右倾机会主义的谬论彻底粉碎。……**右倾机会主义分子**却污蔑大搞群众运动、大跃进、高速度地发展社会主义建设事业是“小资产阶级的狂热性”，攻击“人民公社办早了，办糟了”，反对政治挂帅。（《坚持党的总路线是一场严重的阶级斗争》，《人民日报》1959年12月15日）

新时期的回顾性文献很多都提到“反右倾”运动中的“右倾机会主义分子”，而且有了反思性的认识：

> （庐山会议后）紧接着在全党范围内从上到下开展了一场声势浩大的“反右倾”斗争。在各级党组织中，一大批干部、党员遭到了错误的批判，不少人被定为**右倾机会主义分子**，受到组织处分。（薄一波《若干重大决策与事件的回顾》三十）

> 八届八中全会对彭德怀等人作了错误的处理，并发出《反对右倾保守思想的指示》，认为当时的主要危险不是“左”倾而是右倾，要求从上到下开展所谓批判“右倾机会主义的思想斗争”。从此，浮夸风、共产风非但没有刹住，反而越刮越凶，到处“插红旗拔白旗”，不知多少人被打成了“**右倾机会主义分子**”。（田纪云《回顾中国农村改革历程》，《炎黄春秋》2004年第4期）

> 1959年庐山会议后，江苏各地又有一批领导干部约两百多人被定为“**右倾机

会主义分子”，给予撤销职务的处分。（高华《大跃进运动与国家权力的扩张：以江苏省为例》，《二十一世纪》1998年8月号）

历史地看，“反右倾”运动中的“右倾机会主义分子”已不同于原来那种反马克思主义概念的人，而是指反对“大跃进”的错误路线、坚持真理或者思想跟不上当时形势的人。诚如薄一波所说：“彭、黄、张、周的‘右倾机会主义’，说到底，无非就是他们要求总结‘大跃进’、人民公社经验教训的深度和广度，超出了毛主席所允许的限度和范围。”“庐山会议的‘反右倾’，造成了极为严重的后果。……据1962年甄别平反时的统计，在这次‘反右倾’斗争中被重点批判和定为右倾机会主义分子的干部和党员，有三百几十万人。而这些干部和党员，大都是敢于讲真话、敢于反映实际情况和敢于提出批评意见的同志。”①

三百几十万敢于坚持真理的优秀党员干部，一下子都成了“右倾机会主义分子”，这场运动给国家和人民造成了巨大的损失。“右倾机会主义分子”这顶沉重的帽子，给他们及其家人亲友，带来了巨大的冤屈、痛苦和伤害，很多人在这顶帽子下含恨离开人世。这些，只能跳出纯词汇本体意义，采用社会语言学的眼光去观察思考。

三、“右倾机会主义分子”的变体称谓：“大彭德怀”和“小彭德怀”

“反右倾”运动是由批判彭德怀为首的所谓“右倾反党集团”开始的，彭德怀自然是“右倾机会主义分子”的总头子，于是“彭德怀”一时之间成为了“右倾分子”的代名词，根据职位的高低和性质的轻重，又区分出“大彭德怀”和“小彭德怀”这样一对称谓。它们虽然罕见于正式文件和报刊，但在现实生活中却是在运用的，甚至在农村生产队也出现乱揪“小彭德怀”的现象。

对，应当找几个替死鬼，上面有大彭德怀，下面就有小彭德怀，弄几个小彭德怀往人群中间一站，打也打得痛快，骂也骂得痛快，会议气氛一下子就热闹了。……有的生产队长问：“这小彭德怀啥标准呢？”主持会议的人想想说：“反对人民公社的，不愿入社的，偷吃牲口料的，藏粮反对征购的，平常爱发牢骚的，看着不顺眼的，每队自报一个，批判完了再报。”（康健《辉煌的幻灭——人民公社警示录》第八章）

1959年8月中旬，河南省委召开省地县三级干部会议，要求各县市层层揪“小彭德怀”，在全省内又一次掀起了反对“右倾机会主义”斗争的高潮。（《震惊全国的"信阳事件》，《上海法制报》2008年12月12日）

由例子可以看出，“大彭德怀”和“小彭德怀”并不是一顶正式的政治帽子，其具体所

① 薄一波：《若干重大决策与事件的回顾》下卷，中共中央党校出版社1993年版，第867、871页。

指颇具随意性和模糊性。正因如此，才有乱扣帽子的嫌疑，也侧面表达着这类称谓词所具有的指称功能在当时的社会引申使用情形。

四、“右倾机会主义分子”的其他相关称谓

“反右倾”运动的被批判对象，还有一些其他称谓方式，“有右倾思想的人”“犯有右倾机会主义错误的人（同志）”等。这类称谓都与“右倾机会主义分子”有一定的联系，与之形成对照，但在性质程度上有所降低，在感情色彩上趋于委婉。下面的引文明显将二者对照使用，有的作了区分：

他们敢于坚持真理，为真理冲锋陷阵，经得起冷言冷语的讽刺，顶得住大风大浪的冲击，看得穿**右倾机会主义分子**的真面目，驳得倒右倾机会主义的谬论，打得退右倾机会主义的进攻。……沪东造船厂最近也曾经以十九天的船台周期，下水了一艘三千吨海轮，也创造了空前未有的新纪录。这样的高速度，使那些**有右倾思想的人**震惊不已！（《数风流人物，还看今朝！》，《人民日报》1959年10月26日）

因此，这是一场严重的阶级斗争。恰恰是在这一点上，总路线、大跃进、人民公社才触动了那些**犯有右倾机会主义错误的同志们**的灵魂深处的资产阶级王国，触动了他们的资产阶级的坚定性。……今天我们和**右倾机会主义分子**在政治上和理论上进行争论的本质及其严重意义，就在这里。（《必须正确对待革命的群众运动》，《人民日报》1959年9月1日）

1959年8月，县委召开三级干部会，贯彻中共中央八届八中全会《反右倾保守思想的指示》和《把反右倾斗争推向全党》两个文件，在全县城乡开展“反右倾机会主义”的斗争。运动以两条道路斗争为纲，以反“右倾”思想为内容，开展“大鸣大放、大辩论”。一些对“大跃进”的错误做法敢于坚持真理，讲真话的干部、职工、人民公社社员的鸣放言论被无限上纲上线，加以批判斗争，从而划出“**右倾机会主义分子**2人”，“**右倾机会主义错误的**141人”。此外还批斗了不少同志，一些人受到党纪、政纪处分。（云南省富民县地方志编纂委员会编《富民县志·大事记》）

“有右倾思想的人”和“犯有右倾机会主义错误的人（同志）”这样临时性短语结构，肯定会为词汇研究者所不顾，也不会被辞书编纂者立为词条。但在特定的历史时期，它们却成了相比较而存在的称谓语，代表着具体的社会人群，有着特殊的社会和时代意义。在“反右倾”运动中，有时“犯有右倾机会主义错误的同志们”可能就是指“右倾机会主义分子”，但感情色彩明显不同，尤其运动后期在予以区别性处理时，有的地方成为两类不同的“帽子”，所以应该成为社会语言学关注的对象。

历史证明，1958年的“大跃进”是一场严重脱离历史发展条件和中国国情、违背经

济发展规律的“左”倾冒进运动。毛泽东和中共中央也曾试图纠正已经觉察到的错误，但由于1959年庐山会议错误地批判了彭德怀，并进而在全党开展了“反右倾”斗争，使错误得以延续下去，终于导致中国人民蒙受了三年的饥饿和痛苦，给国家造成了重大损失。1981年中共中央第十一届六中全会通过的《关于建国以来党的若干历史问题的决议》对此加以总结道：“由于对社会主义建设经验不足，对经济发展规律和中国经济基本情况认识不足，更由于毛泽东同志、中央和地方不少领导同志在胜利面前滋长了骄傲自满情绪，急于求成，夸大了主观意志和主观努力的作用，没有经过认真的调查研究和试点，就在总路线提出后轻率地发动了‘大跃进’运动和农村人民公社化运动，使得以高指标、瞎指挥、浮夸风和‘共产风’为主要标志的左倾错误严重地泛滥开来。从一九五八年底到一九五九年七月中央政治局庐山会议前期，毛泽东同志和党中央曾经努力领导全党纠正已经觉察到的错误。但是，庐山会议后期，毛泽东同志错误地发动了对彭德怀同志的批判，进而在全党错误地开展了‘反右倾’斗争。八届八中全会关于所谓‘彭德怀、黄克诚、张闻天、周小舟反党集团’的决议是完全错误的。这场斗争在政治上使党内从中央到基层的民主生活遭到严重损害，在经济上打断了纠正左倾错误的进程，使错误延续了更长时间。主要由于‘大跃进’和‘反右倾’的错误，加上当时自然灾害和苏联政府背信弃义地撕毁合同，我国国民经济在一九五九年到一九六一年遇到严重困难，国家和人民遭到重大损失。”①党的历史结论是实事求是的。

---

① 王德锋、傅炳旭主编：《中国近现代史参考资料》，吉林人民出版社1993年版，第495—496页。

第八编　改革开放以来中国经济变革与相关社会称谓研究

编　前　言

“文化大革命”的结束意味着极“左”政治时代的终结，中国渐渐摆脱了极“左”思想的桎梏，步入一个新纪元。1978年真理标准问题的大讨论和十一届三中全会的召开，标志着这个新纪元的开始，改革开放的总设计师邓小平为中国的发展把定了航向。改革开放以来，中国发展和建设的重心转向经济建设，从农村到城市都发生了一系列翻天覆地的变革。变革的浪潮冲击着古老的神州大地，先前极“左”思潮下的旧制度、旧现象、旧观念迅速隐退，新事物和新概念大量涌现。经济建设和改革的发展使人们的社会角色、社会群体、社会职业等发生变化。生活内容、人际关系、思想观念都与“文化大革命”时期截然不同，这一切变化都不可避免地在社会称谓上表现出来，涉及农村和城市、工农业和商贸业等各个方面。农民身上“社员”和“村民”两个称谓的变化，见证了农村由人民公社体制向新体制的变革；“万元户”“专业户”“重点户”“先富户”等称谓，见证了农民以联产承包责任制为开端的致富历程；“乡镇企业家”“集体企业家”“农民企业家”“民营企业家”等称谓，见证了农村乡镇企业和民营企业的发展；“新生代农民”“网络农民”“候鸟式农民”“两栖农民”“农业工人”等的出现，见证了现代科技对农村的影响和农民耕作经营方式的改变；“打工仔”“打工妹”“农民工”“民工”等，标志着一个城市边缘人群体的出现，见证了农民进城务工和剩余农村人口转移的社会现象；而从“盲流”到“民工”的称谓改变，也恰恰见证了社会变革和人们认识的改变。城市经济改革的一个重要方面是企业打破“铁交椅、铁饭碗、铁工资”的“三铁”制度，主要体现为干部聘任制和劳动用工合同制等的实施，于是一大批相关称谓出现了，诸如“受聘人员、落聘人员、待聘人员、解聘人员、聘余人员，黑板干部、黑板经理、太平官，合同制工人、待岗人员、试岗人员、下岗人员、竞岗人员、返岗人员、分流人员、转岗人员、下岗职工、待业人员、失业人员”。在所有者和经营体制等方面，“国企经营者”到“国有企业家”，“国企负责人”到“国企老总”和“国企老板”等，隐约看出国有企业经营方式和人们观念的变化；从“个体户”到“民营企业家”和“私营企业主”，不难看出私有经济的发展壮大；而“三资企业家”和“三资业主”却象征着一种新型所有制形式的出现；“CEO”及其汉译形式“首席执行官”的使用，象征着一种新型管理机制的引进，意味着董事会原来的一些决策权过渡到经营管理者手中；“职业经理人”称号的确立，标志着经理人资格认证已走上专业化、规范化的道路，标志着企业负责人委派制和“外行领导内行”机制的终结。“星期日工程师”“星期日医生”“地下工程师”“星期日工人”“老鼠工”标志着第二职业和人才柔性流动的兴起；“钟点工”“家政工”“全职人员”“兼职人员”“半职人员”等与劳务市场和新颖灵活的工作状态相联系；“公关小姐”等各类公关人员称谓显示了公关业的发展和逐步规范化。“股民”和“彩民”系列称谓自然与股市、彩市紧密相连。随着经济的发展，社会群体及层次发生分化和重新组合，人们对“工薪阶层”和“工薪族”耳熟能详；由于富裕群体出现，“中产阶级”和“中产阶层”称谓产生并引发一场社会讨论和争议。标志社会阶层划分及区别的“×领”一族出现并日渐丰富，“蓝领、白领、红领、灰领、金领、银领、铜领、铁领、锡领、粉领、绿领、黑领、无领”，令人目不暇接。改革开放初期，昔日的“投机倒把”类行为成为时尚，商品经济领域内出现了“经纪人、倒爷、倒姐、倒妞、倒奶奶、炒家、黄牛、汇贩子、官倒、私倒”等新鲜称谓，“托儿、托哥、托姐、饭托儿、医托儿、药托儿、旅游托儿、婚托儿”等层出不穷。如今这些称谓好多已经退出交际或褪去了昔日热闹的情调，但它们却忠实记录了我国经济变革的步履。

社会各方面的称谓变动并不是同步和均衡的，起初农村领域称谓变动大一些，后来随着经济改革的深入，城市领域的称谓变动更大也更复杂些。从时间上看，社会称谓的变动速度也是不均衡的，改革开放的前期，1978—1990年间，社会转型使得大批旧有社会称谓急遽消失，大批新的社会称谓急遽涌现，变动显得剧烈些，后期则相对缓慢了些。本编对新生的社会称谓词进行细致的发掘、总结和梳理分析，大体从农村、城市、商品贸易这三大板块入手进行组织分类。

第一章　农村经济领域内的社会称谓考察

本章涉及的称谓如下：

第二节	一、二	先富户、冒尖户、万斤户、产粮万斤户、售粮万斤户、万元户
第三节	一	专业户
	二	重点户、纠纷重点户、纳税重点户、计生重点户、不良资产重点户、两户、兼业户、农业兼业户、非农业兼业户、非农兼业户、一兼户、二兼户、两兼户、农业户、非农户、纯农户
	三	两户
第四节	一	社员
	二	村民
	三	社员、村民
第五节	一、二	农民企业家、乡镇企业家
第六节	一、二	新生代农民、新型农民、白领农民、网络农民、候鸟型(式)农民、两栖农民、农业工人、农业商人、农民经纪人、农业钟点工
第七节	一、二、三	盲流、民工、农民工、农民职工、农工、打工仔、打工妹

第一节　农村经济体制改革下社会称谓发展的历史背景及统计

由于中国是个传统的农业大国，约80%的人口生活在农村地区。农业的状况如何，直接关系到社会主义建设的成败，所以中国大规模的经济改革，首先是从农村开始的，并且取得了巨大的成功。安迪·罗思曼在《中国的农村危机》(陆祎璐翻译)一文中写道："中国改革的前20年在脱贫方面取得了巨大的进步，使二亿中国人完全脱离了贫困。处于完全贫困中的农民数量由1978年农村人口的1/3减少到1999年的不到4%。"[①]

回顾这一举世瞩目的伟大成就，让我们先用最简练的语言来概括一下20年来农业战线上翻天覆地的变化。

1978年，中共十一届三中全会作出了加快农业发展的决定。从1978年到1984年，以安徽小岗村的包干到户为基础的家庭联产承包责任制在全国农村地区扩散和推广。祖祖

① 《香港传真》2002年第8期。

辈辈土里刨金的农民们，终于梦想成真，他们骄傲地戴上了“万斤户”“万元户”的头衔。

在分户承包经营的基础上，部分副业开始从农业中分离出来，出现了一批专业户、重点户，农村多种经营红红火火地开展起来了。

家庭联产承包责任制的推广，极大地解放了农村的劳动力。同时，经济市场化催生了大批乡镇企业，20 世纪 80 年代，乡镇企业迎来了发展的黄金时代，“农民企业家”这个名称，在当时曾带给多少人致富的希望。

新经济催生新事物，“候鸟式农民”“网络农民”“白领农民”这样一些崭新的称呼走进了人们的生活。

与此同时，长期被束缚在土地上的农村劳动力获得了极大的解放，他们开始进城打工，游荡在城市的边缘。“盲流”“民工”“打工仔”，人们这样称呼他们。他们，成为一个特殊的城市边缘人群体。

第二节 “万元户”类称谓演变与新时期经济发展

一、“万元户”类称谓的形成与家庭联产承包责任制

在农村经济中，如何将农民收入与其劳动成果挂钩以刺激生产发展的问题，长期以来始终没有得到很好解决。自 20 世纪 50 年代中后期，农业部门被强制推行了人民公社制度，这种过于单一、过分集中而又平均主义的体制严重压抑了农民的积极性，阻碍了农业生产的发展。当时生产率极为低下，1977 年，中国 2100 个县当中有 1/4 的县人均收入低于 50 元的贫困线水平。[①] 1978 年，安徽省凤阳县小岗村自发性的“分田到户”运动成为 80 年代初中国农业部门改革运动的开端。到 1984 年，几乎所有的农村地区都完成了从人民公社体制下的集体耕作制度向家庭联产承包责任制的转变。可以说，家庭联产承包责任制为我国农村这场伟大变革奠定了第一块基石。实践证明，这一制度绝不仅仅是解决温饱问题的权宜之计，而是涉及整个农村经济体制的一项根本性改革。由于它适应了当时农业生产的特点和我国农村生产力的水平，充分调动了农民的积极性和主动性，有力地促进了农业生产的发展，劳动生产率和农民收入大幅上升。

农村的承包不仅仅体现在土地方面，还体现在手工、养殖等副业方面，后来更进一步允许个体自由经营，这样就加快了农民致富的步伐。对照一下“文革”期间只要从事一点个体经济就叫作“资本主义尾巴”或“投机倒把”的极“左”做法，这无疑是一种历史

① 康静萍主编:《中国社会主义经济体制改革理论与实践》，经济管理出版社 2001 年版，第 115 页。

的进步。对那些粮食年产达到或超过1万斤的农户，人们称他们为“万斤户”；而那些年收入超过万元以上的，就被叫作了“万元户”。“万元户”的所指或类别，起初主要是指靠粮食生产和土地承包致富的农户，后来还包括率先完成个人承包的个体养殖户、建筑包工头、个体工商户及其他专业户。他们在经济起步阶段虽然并没有很多知识，但凭着自己的聪明、胆量和勤劳，成为农村中的先富群体。“万元户”又有一些别称，由于他们率先致富，这一群体也被统称为“先富户”“冒尖户”等。

这一阶段是新称谓大量产生的一个时期，其中以“户”为类后缀的称谓词语占了很大比重。“户”这一名称，本指由家庭人口组成的一种社会基本群体单位，所以它既是社会学的概念，又是语言学上关于人的社会称谓词。现代汉语中，“户”一般不单用，而是一个能产的构词成分。这些以“万元户”为代表的“户”类称谓的大量出现，表明我国正式启动以家庭联产承包责任制为主要内容的农村改革以后，重塑了农村微观经济组织，重新确立了农户在农村经济组织中的主体地位。与前苏联的集体农庄和我国1984年以前的人民公社时期相比，农户的经济独立性和生产积极性大大增强，并由此带来了农业生产力的提高，以及连带而来的家庭的富裕和农村的进步。就一个名称或字词来讲，“户”虽然还是那个“户”，但是经过改革，在农村，“户”这个小群体的性质、地位发生了改变，其社会意义发生了变化。这一切只有通过社会语言学的考察才能得到解决。

二、“万元户”类相关称谓的社会意义分析

(一)这类词语记录下了经济改革初期的巨大成就和实现的历史跨越

若从现在来看，“万斤户”、“万元户”实在算不上什么富裕户了，但在这类称谓出现之初，这一切却是那么的了不起。“万元户”，几乎是那个时代家庭拥有巨额财富的代名词。相关资料显示，1957—1978年，农业的年平均增长率只有2%，而1980—1985年间，为8.2%，同期，人们的收入有了大幅度的上升，从1978年的人均收入134元提高到1985年的358元。[①] 可以说，没有1978年十一届三中全会确立的改革开放基本国策，没有党的富民政策，没有接下来全面推行的家庭联产承包责任制，就不会有这些称谓的出现，或者说，至少还要晚十年，甚至几十年才会出现。

大约1979年开始，媒体导向开始鼓励一部分人先富起来，如1979年2月19日《人民日报》发表新华社记者述评，题目就是《一部分农民先富起来应受到鼓励》。这种思想得到邓小平等党和国家领导人的认可，1984年被写进《中共中央关于经济体

① 毕泗生主编:《中国农业农村农民前沿问题报告》，人民日报出版社2003年版，第25页。

制改革的决定》:"鼓励一部分人先富起来的政策,是符合社会主义发展规律的,是整个社会走向富裕的必由之路。"[①]鼓励先富也就是鼓励"冒尖",于是1979年和1980年还在生产队集体劳动体制下,媒体就开始报道劳动致富的"冒尖户",承包责任制推广后又流行起"先富户"。

访问期间,正逢花山公社党委召开全社分配兑现大会。在锣鼓声、鞭炮声中,河东大队胡庄生产队十一位劳动模范和三名"**冒尖户**"代表,戴着大红花走上了主席台。这个队今年人均分配收入二百一十八元。三户"**冒尖户**"人均收入都在五百元以上。(《今年的帐越算越欢乐——滁县花山公社分配纪实》,《人民日报》1979年12月19日)

从我们调查的情况看,大多数"**冒尖户**"收入主要来源有三个方面:一是家里劳力多,积极参加集体生产劳动,投工投肥多,加上奖励政策兑现,分配多了。二是家庭副业搞得好。三是自留地经营得好。总之一句话,这些"**冒尖户**"的收入来源是正当的,是党的政策所允许的。(《我们支持劳动致富》,《人民日报》1980年1月4日)

一般地说,同一个集体核算单位内先富起来的"**冒尖户**",只要是积极参加集体生产,劳动好,因而工分多,收入多,那是社会主义按劳分配原则的体现,应该加以鼓励和提倡。(《让一部分地区的农民先富起来》,《人民日报》1980年1月10日)

岳阳市一些**先富户**学习十二大文件　争做精神文明建设带头人(《人民日报》1982年10月7日第3版标题)

在出现先富后富的差别以后,党的基层工作应该注意群众的大多数,使**先富户**更高地飞,后富户加快地赶。就这四个大队来说,家有存款3000元以上的是少数,粮款无积存,年吃年用的也是少数,多数是中间。后两种户的发展潜力很大,应当帮他们大步往前赶。(《在出现了先富后富差别之后》,《人民日报》1983年6月2日)

先富带动后富,走向共同富裕。实行按劳分配的社会主义原则,必然使一些农民富裕得快些,富裕程度高些,另一些农民,富裕得慢些,富裕程度差些。但同时这些**先富户**又可以作为榜样,带动后富户,在共同富裕的大道上阔步前进。(《社会主义共同富裕的几个问题》,《人民日报》1983年8月15日)

农村中出现的千千万万个"**冒尖户**",给农业战线带来了一派生机。这给了我们一个深刻启示:哪里"冒尖"者多,那里的事业就兴旺发达。要大力扶持各个行业的"冒尖"人才。(《十倡十戒　开拓前进》,《人民日报》1984年6月8日)

我认为不论是农村还是城市,"大锅饭"都应革掉,万元户、**冒尖户**、**先富户**越多

① 中共中央文献研究室编:《十一届三中全会以来重要文献选读》,人民出版社1987年版,第25页。

越好。(《千万别走"回头路"》,《人民日报》1984 年 8 月 3 日)

农民富裕和冒尖,凭的是什么？当然不否认家庭副业之类,但最主要的还是靠粮食,实行家庭联产承包责任制分田到户以后,粮食产量一下子上去了,出现了年产万斤的"万斤户",又出现了售粮"万斤户"。

滁县地区 1979 年开始出现了一批**产粮万斤户**,1980 年有了**售粮万斤户**了。仅定远、凤阳、嘉山三县统计,售粮万斤以上的就有 231 户。(《历史性的转折——皖、豫、鲁农村见闻之一》,《人民日报》1981 年 1 月 22 日)

过去穷出名的李长金家也成了"**万斤户**",原有三间房又接盖了两间,屋里家具、床上铺盖一崭新,儿子也戴上了手表。(《故乡人民的笑声　安徽肥西县人民盛赞农村政策》,《人民日报》1981 年 10 月 31 日)

去年全县粮食总产达 4500 万斤,人均占粮 770 多斤,创造了历史最高纪录,并涌现出了 74 个粮食**万斤户**和 296 个家庭副业上千元户。(《吴堡县由"三靠"变"五多"》,《人民日报》1982 年 8 月 28 日)

"万斤户"的出现在当时可是了不起的事,因为以往一个生产队也打不了这么多粮食。政府有关部门对售粮万斤户予以自行车、缝纫机、化肥等奖励,使得万斤户们非常荣耀。所以农村改革开放初期"万斤户"紧紧地与"先富户""冒尖户"绑在一起,真实记录了那场时代变革。

(二)"万元户"承载着的褒义色彩从一个侧面反映了人们当时的思想变化

"万斤户"要论起富裕来程度还是相当低的,由于粮价低,万斤粮卖钱有限。真正引起人们震撼的应该说是"万元户"一称。因为当时工资低,工人和国家工作人员的月工资一般都是几十元,一百几十元的那得属于高级干部。所以在当时媒体文章以及描写或回顾那一时期生活的作品里,我们可以看到人们对"万元户"这个称谓词的羡慕和对改革成果的欣喜之情:"万元户"简直是"农村里的高干",说到"万元户"人们眼睛马上会为之一亮,因为祖祖辈辈土里刨金的农民们的富裕梦想终于成真了。

滩尖子大队一队社员李德祥,家有六个壮劳力,去年从队里分了 1 万元,社员们把他家叫"**万元户**"、"**农村里的高干**"。(《雁滩的春天——访兰州市郊雁滩人民公社社长马锡禄》,《人民日报》1980 年 4 月 18 日)

聊城地区 102 万农户,有六十多万户分配收入超过了 500 元,三千多户超过了三千元,还出现了**万元户**。许多社、队一年分的现金,相当于前二十年分配的总和。(《多年愁容换笑颜——来自鲁西北的报告》,《人民日报》1981 年 1 月 11 日)

农村里,会经营者,有知识者,勤劳善治者,先富起来,成了**万元户**;城市里,打破平均主义,奖金上不封顶,下不保底,也有些人开始冒出了"尖",确实使得周围的

人眼红了，或跃跃欲试，或向冒尖者看齐。（《"红眼"未必都是病》，《人民日报》1985年1月9日）

家家户户看上了电视，大部分人家盖了宽敞明亮的瓦房，甚至小楼房，一些勤劳致富的农民已经跨入**万元户**的行列。（《人民群众给我们上课——寒假参加社会实践归来的思考》，《人民日报》1987年3月4日）

只要在带领群众致富的道路上发挥共产党员的先锋模范作用和党支部的战斗堡垒作用，靳家堡就不是出几个**万元户**，而是要出很多个**万元户**！全村人都要成**万元户**。（《靳家堡党总支——两个文明建设的坚强堡垒》，《人民日报》1987年6月30日）

万元户，既是20世纪70年代末80年代初的时髦词汇，也是指首先富裕起来的第一批人。很多乡镇、工商行业以出现了多少个**万元户**为光荣指标，虽然听起来有些像以前放卫星的感觉，但让更多的平民感觉到了致富所带来的空前喜悦。说到**万元户**，大伙眼睛都亮啦！（蒋蓝《历史的细节：正在消失的词语》，《书摘》2002年第9期）

今天看起来已没有什么稀奇的"万元户"这个词，在当时越穷越光荣的"文革"遗风未尽的形势下，象征着新事物新观念对几千年中国安贫乐道的传统思想发起的第一次冲击，无论对社会还是对人的心灵，都有极大的震撼力。从此以后，思富向富的思想逐渐深入人心，"劳动致富"逐渐由农村、农业扩大到城市、工业和其他行业。1979年4月15日，《光明日报》发表金汶文章《"劳动致富"是符合社会主义原则的》。文章指出，要在我国真正建成社会主义，就必须实行按劳分配，必须提倡劳动致富，不仅农村要这样办，工厂其他部门都要这么办。后来"万元户"便由农村进入城市，由农业扩大到各行各业，成为一个全社会的称谓。

（三）"万元户"价值意义的淡化体现了改革后期中国经济前进的巨大步伐

回顾改革发展，细心的人们会发现，"万元户"称谓大红大紫的局面没保持多久，便开始走向贬值。到如今，它身上当年闪耀的那种光环已经黯淡下去，其社会性意义已大大淡化了，这一切都是中国经济的快速发展造成的。"万元户"这个称谓起初就带有某些模糊性，即不必是整整一万元，但模糊程度并不高，可向上浮动个几千元，照人们一般理解大致可扩大到指两万元以下的农户。因为当初家有一个万元的收入就了不起，两个或几个万元几乎不大可能。后来随着群众收入的提高，"万元户"的模糊程度也提高了，有的达到二、三、四、五乃至更多万元，人们不愿用"两万元户""三万元户"之类来区别的话，有时也以"万元户"笼统称之。但最高一般不超过10万元，家有10万元者就实在无法容纳在"万元户"的名下了。这说明"万元户"所指范围和模糊程度也是随时间推移的，但却有个限度。再到后来，家有十万、几十万、几百万的人户增多，“万元户”一称自然就逐渐丧失了它原有的价值和社会意义了。大约在这个词出现十余年以后，“一万两万不算富，十万八万才起步”成为社会上流传的顺口溜，这时“万元户”就由当初的时髦称谓，渐变为一个趋于过时的名词了。因为当今在中国家庭里，特别是在城镇家庭里，“万元户”实在太普通了。下面这个储蓄存款的数字可以说明一些问题：据国家统计局公布，1989 年底，城乡居民储蓄存款余额刚过 5000 亿元，2003 年已超过 8 万亿元，我国城市居民家庭财产户均总值已达 22.83 万元。另据新华网 2002 年 1 月 29 日报道：“2001 年，广东省城镇居民家庭人均可支配收入首次突破万元大关”，“广东城镇居民都是‘万元户’”；《国际金融报》2003 年 2 月 20 日报道，2002 年“京城居民购买力直逼 10 万元，户均财富 47 万元”；杭州龙网 2003 年 11 月 18 日报道，2003 年杭州市“还涌现出了 11251 个竹笋万元户，4049 个 2 万元户，180 个 5 万元户，6 个超 10 万元户，3 个超 20 万元户”。面对这种形势，“万元户”岂有不掉价之理？“万元户”称谓尽管当前仍在使用，但它所指的“社会人”已由当初的接近富翁变得渐趋接近贫民了。当然从社会发展看，它当初的升值和后来的贬值，都是大好事，是中国经济的进步和人民生活水平的提高的结果。

三、“万元户”意义用法变化的新动向

由上所述，“万元户”一称似乎已结束了它的历史使命，眼看就要淡出语言和社会的历史舞台了。于是就有人下结论，把它归入“正在消失的词语”。例如 2002 年 3 月上海远东出版社推出蒋蓝的《正在消失的词语》一书，其中就包括“万元户”。但据观察，事情并没有这么简单。如今“万元户”又发展出一个新用法，摇身一变成为彩票界等行业的常用语。彩票玩法分大盘、中盘和小盘。大盘玩法中奖金额可高达百万、数百万元，中盘奖额十几万、几十万，小盘奖额则为一万或数万。但小盘玩法中奖率高，也颇受一般彩民欢迎。因此彩票界就借用“万元户”作为广告宣传语，来比喻金额在万位数上的彩票中奖者。近几年来，媒体和互联网上“万元户”的这种用法可谓比比皆是。例如：网易 2000 年 12 月 27 日谓“上海彩票：一天诞生 42 个万元户”；《济南日报》2003 年 6 月 9 日称“齐鲁风采”电脑福利彩票 23 选 5 玩法为“万元户生产线”；《云南日报》2003 年 10 月 8 日称某彩票为“万元户的摇篮”；中国体彩网 2004 年 3 月 3 日称 21 选 5 体彩“天天批发万元户”。“万元户”指年收入万元的用法已失去吸引力了，但通过一张彩票或几个号码一夜之间就成为“万元户”，还是颇具吸引力的，这正是彩票业看好“万元户”一词的原因，也因此使“万元户”一称重新焕发出了生命力。从词义发展的角度看，词义有本义和

转义,“万元户”的本义已经发生了转移,形成了比喻引申义。另外金融业和股票业也在使用“万元户”作为宣传语,这里就不一一细谈了。经济的新发展促成了语词的新变化,这正是社会语言学应关注的课题。

第三节　“专业户”类称谓与农村经济体制变革和农户结构变化

一、“专业户”的形成背景及发展演变

(一)“专业户”的出现和发展与农村经济发展的专业化和多样化

1.“专业户”出现的背景和含义

20世纪50年代以来,农业的生产和销售活动逐渐被纳入中央计划的控制范围,1953年政府开始对农产品实行征购,价格远远低于农贸市场。1978—1984年间,农产品的收购价格被大幅度地提高,国家统购的比重也在不断下降,这些都对农户的生产决策产生了积极的影响。随着联产承包责任制的推广和多种经营的开展,农民家庭经营的专业化倾向日趋明显,出现了专门从事某类商品生产、经营的农户,他们被称为“专业户”。且看一些政府文件对“专业户”下的定义和报刊对“专业户”的叙述:

> **专业户**是指以家庭经济为基础,经营规模较大,主要劳动力和资金投入某项专业生产与经营活动,商品率达到50%以上,或给社会提供技术服务,其收入占家庭总收入的50%以上的富裕户,或从事开发性专业经营的农户。各地可据此确定**专业户**对象。(1984年《江西省关于切实保护农村专业户合法权益,支持农村专业户发展商品生产的规定》)①

> 农村在实行联产承包责任制基础上出现的**专业户**是以家庭为经营单位,以商品生产为主要目的,受国家计划指导的一种社会主义经济形式。(1985年《贵州省保护农村专业户合法权益的若干规定(试行)》)②

> **专业户**,现在大体上有两种,一种是集体包给个人经营的承包**专业户**,一种是农民家庭副业**专业户**,即由生产量很小的自给半自给的家庭副业生产,发展成为生产量较大、商品率高的某项生产的**专业户**。(《略论农村专业户》,《人民日报》1982年6月14日)

---

① 摘自人民网·法律法规库。

② 同上。

近两年来，我国农村商品生产发展很快，各地涌现出越来越多的从事商品生产的专业户。在经济比较发达的地区，专业户一般已占总农户的百分之十几到二十几。……专业户的优越性可以概括为"三高"，即劳动生产率高，土地利用率高，产品商品率高。……各种专业户的发展，是农村分工分业发展的必然趋势。随着农村分工的发展，种植、养殖、加工、运输、储存、销售、建筑等各行各业的专业户，都会逐渐出现。我们对专业户的理解，应当更开阔一些，要看到从生产到流通、交换、消费的全过程，都应有也都会出现专业户。积极发展各种专业户，是我们党继农村推行生产责任制后的又一项大政策。(《发展专业户是项大政策》，《人民日报》1984年1月23日)

可见，专业户是在农村经济改革过程中，在实行联产承包责任制基础上，在农户生产经营开始走上专门化和分类化的形势下出现的。其含义及所指，以上引文已进行了界定，例如"以家庭为经营单位，以商品生产为主要目的，受国家计划指导的一种社会主义经济形式"等。但语言学上还可以给"专业户"一个更加概括简练的定义。现成的词典释义就有：

我国农村中专门从事某种农副业的家庭或个人。(《现代汉语词典》修订本)

经常从事某种专业化商品生产或经营的农户。(于根元《现代汉语新词语词典》)

我们这里强调一下该词的本来意义，因为它后来又衍生出其他的意义用法，后面还要谈到。

2.专业户类别和数量的增多与农村生产经营的专业化和多样化

随着改革开放和农村经济发展的深入，农村的专业户继续发展，类别越来越多，为了区分从事的门类，又出现了"某某专业户"的说法。某类专业户往往又可细别为若干类，如种植、养殖有别，即如"养殖专业户"，还可根据养殖对象再加分别，仅以动物而论，就又可分为"养猪专业户""养牛专业户""养羊专业户""养兔专业户"等，不一而足。浦江农业网列举的专业户有：

林产品专业户　水产品专业户　畜牧专业户　蔬菜专业户　茶叶专业户　农产品加工专业户　果品专业户

要是加上社会的各个行业，"专业户"的类别不知要有多少。1985年《甘肃省保护农村专业户合法权益的规定》指出："农村从事种植、养殖、工业、采矿、手工、商业、运输、建筑、建材、文化、科技、修理、旅游、服务等行业的专业户，在法律和政策允许范围内的正当经营、合法收益和财产，均受国家法律保护，任何组织或者个人不得侵犯。"[①]文件

① 摘自人民网·法律法规库。

中列举的这些行业类别，就是现实中的种种专业户，诸如"运输专业户""建筑专业户""修理专业户""旅游专业户"等，实在不胜枚举。这说明，在造词功能方面，本身已是合成词的"专业户"，比单个的"户"实在有过之而无不及。

与专业户类别增多相伴随的，是专业户数量的增加。有资料显示："1981年专业户在我国农村的少数地区开始出现，1982年普遍增多，1983年迅猛发展。据农牧渔业部统计，全国农村专业户到1983年底已达农户总数的13.6%。"①全国农村已有200多万个食品加工专业户，205五万个建筑运输专业户，还出现了600多万个农村个体工商户。他们带头勤劳致富，发展商品生产，成为农村中的新事物。

由上所述可得出结论："专业户"称谓的形成和普及，是我国改革开放的前进与农村经济发展专业化和多样化的体现。

3."专业户"称谓意义用法的新变化

值得注意的是，如今"专业户"一词又发展出了一些新用法。如上所说，这个词本指"从事某种专业化生产或经营的个体人户"，发展到后来，凡社会上"专干某种事的人"，也叫"专业户"了。仅我们在媒体上发现的就有这样一些：

借钱专业户　欠债专业户　上访专业户　告状专业户　选美专业户　评奖专业户　招生专业户　造假专业户　打假专业户　自考专业户　逃说专业户　举报专业户　炒楼专业户　参赛专业户　偷车专业户　诈骗专业户　电信盗卡专业户

这一系列指人的社会称谓，已脱离了"专业户"的本义，是本义的比喻引申用法，且以讽刺性的居多。这虽然带有一些临时拼凑性质，但一方面说明了"专业户"的能产性，一方面也说明了语言的社会性，它们也是客观现实的反映，我们就不一一去追究了。

另外我们从媒体搜集的资料显示，影视界还把经常饰演某类角色的演员称作"某某专业户"。如何家劲经常饰演侠义角色，被称为"大侠专业户"；张铁林经常饰演皇帝，被称为"皇帝专业户"；王学兵经常饰演警察，被称为"警察专业户"；王刚经常饰演和珅，被称为"和珅专业户"；杨恭如饰演了几次新娘，被称为"新娘专业户"；姜武演了几个傻里傻气的人物，被称为"傻子专业户"；吕丽萍演了几个离异或正在闹离婚的女性，被称为"离婚专业户"，演了几个更年期妇女，又被称为"更年期专业户"；李嘉欣演了几个妓女形象，便开玩笑说自己快成"妓女专业户"了。这些称谓带有更明显的随意性。我们认为这种用法不是不可以，而是要慎重。像"傻子专业户"，未免有些滑稽；"离婚专业户"有歧义，人家还以为演员本人经常离婚呢；"妓女专业户"幸好是演员搞笑自称，要是别人称，她能不跟你急？运用得过于频繁灵活，就难免伤于滥。不过这已牵扯到另外的问题，兹不多赘。

---

① 吴象：《论专业户》，转引自艾力农编：《农民致富之路》，知识出版社1985年版，第92页。

二、"重点户""兼业户"的交替及发展演变

仿"专业户"而生,这时期还出现了"重点户"或"兼业户"等称谓。下面分别加以论述。

(一)"重点户"的出现及其含义

前引资料说"专业户"出现于1981年,"重点户"出现与之几乎同时而稍晚一点。先看"重点户"的例子:

> 农村实行生产责任制以后,农村经济日益繁荣,一批专业户,重点户应运而生,发展很快。……专业户、重点户是我国农业专业化商品生产的雏形,使人们看到了农业走向专业化、社会化的途径。(《发展农村商品生产的好形式》,《人民日报》1982年8月25日)

> 随着联产承包责任制的推行、专业户、重点户的大批涌现,农村商品生产的日益发展,组织经济联合已开始成为形势的需要和群众的要求。(赵紫阳《关于第六个五年计划的报告》[1982年11月30日],《人民日报》1982年12月14日)

但什么是"重点户"?这个本身比较含糊的概念,不同历史时期人们可以赋予它不同的所指,所以不容许我们望文生义地妄加推测。在农村经济改革初期,"重点户"是相对"专业户"而言的。"专业户"着重在"小而专","重点户"着重在"小而兼";"专业户"着重在生产经营性质,"重点户"除此以外还代表了政府部门的扶持态度。政府部门为什么在改革伊始将农村"小而兼"的生产模式作为支持重点呢?《人民日报》1982年11月27日文章《多发展些"小而兼"好》说得好:

> 因为对多数农民来说,搞"小而专"(专业户),技术、资金、管理等主客观条件还不具备。例如专搞养猪,不种地、不养蚕,这样做,连糠和猪菜都要买,困难非常多。比较起来,搞"小而兼"(即重点户)倒是更适合绝大多数农户。

后来有人提出"重点户"不是经济术语,或者认为不科学,不准确。例如《人民日报》1983年10月20日陈之强的文章《"重点户"的提法不准确》,就认为其概念含糊,主张索性改称"兼业户"。当然也有人仍赞成称"重点户",《人民日报》1983年11月3日黄炳福文章,标题即是《还是提"重点户"好》。但双方有一个共同点,即认为"兼业户"和"重点户"是一回事,因此又有了"兼业户"这一称谓的诞生和流行。于根元主编《现代汉语新词语词典》就把"重点户"直接解作"即兼业户",这还是有其历史根据的。从语言上分析,兼业必有为重或为主者,以"兼业户"阐释和代替"重点户"也是有其理据的。

(二)"兼业户"的含义、类别与经济发展带来的农户结构变化

"兼业户",顾名思义是指以一种生产经营为主(重点),兼搞一些其他经营的农户。

一般户指普通的家庭副业;联营户指生产队和社员户的联合经营;重点户多属**兼业户**,既承包土地又承包畜禽饲养;专业户即家庭的主要劳力都从事牧业生产,一般不承包土地,只种口粮田和饲料地。(《泰安地区发展专业户重点户饲养业》,《人民日报》1982年6月1日)

农科户(学科学、用科学的先进户)、**兼业户**(在搞好田土承包的前提下,兼营一项或几项工副业活动)、富裕户(各行各业的有技术、善经营、贡献多的劳动致富户)成批出现,多种经营空前活跃,社员发展商品经济的要求很高。(《农村集体经济获得新活力——访问贵州农村的报告》,《人民日报》1982年6月5日)

与兼业户相对的是不兼业的"纯农户"和"非农户"(下文引例有体现)。"兼业户"根据以何业为主来划分,又可分为"农业兼业户"和"非农业兼业户"(后者又简称"非农兼业户")两大类。请看学界对这两类兼业户的界定:

非农业户是指家庭从业人员从事的主要行业均为非农业的农村住户。**农业户**包括**纯农业户**和**农业兼业户**、**非农业兼业户**。(何焕炎主编《中国农村统计的建立与发展》第五章第二节)

随着非农化进程的加快,**农业户**的比重开始下降,**非农业户**的比重上升;在农业户中,**纯农户**的比重下降,兼业户的比重上升;在兼业户中,**农业兼业户**的比重下降,**非农兼业户**的比重上升。(何军、叶依广《从兼业化到专业化:不同地区农村住户经营行为的比较研究》,费孝通主编《社会变迁与现代化国际学术研讨会论文集》)

上引第一例中的"住户"太笼统,实际应为"非农住户"。"农村住户"的下位概念可分"农业住户"和"非农住户","兼业户"是更下位的概念。农业兼业户又称"一兼户",非农兼业户又称"二兼户"。这里的"一""二"并非指数量多少,也不能望文生义。且看学界对它们的定义:

兼业农户分为"**一兼户**"和"**二兼户**"。"**一兼户**"是指以农业生产为主,非农业生产为辅,农业收入大于兼业(非农业)收入的农户,"**二兼户**"是指家庭成员主要从事非农业生产经营,兼业收入大于农业收人的农户。(王国敏《中国农村家庭生产方式存在和发展的经济学分析》,《四川大学学报》1998年第4期)

农村的兼业户虽有两种,但两者的比例在不同时期是不一样的。正如《谈中央1号文件对解决"三农"问题的重要意义》一文所说:

随着农村二、三产业的发展和农业劳动力的转移,农户结构发生了很大变化,家庭经营的纯农业户和以农业为主的兼业户(**一兼户**)比重趋于下降,非农户和以非农产业为主的兼业户(**二兼户**)比重上升。尽管如此,纯农户和以农业为主的**一兼户**仍占农户总数的较大比重。(谭小芳《中国农村经济组织融资问题研

究》第三章）

我国农户结构的这种变化，两种兼业户比例的改变，证明了改革开放以来经济建设的发展和前进。如今农村私营经济和民营企业开展得蓬蓬勃勃，有好多就是由当初的专业户、兼业户发展而来的。这充分说明了当时党中央发展专业户、重点户或兼业户决策的正确性。

另外，近几年还出现了一个“两兼户”称谓，附此以作比较。大家不可望文生义地将“两兼户”与“二兼户”画等号。“二兼户”是“非农兼业户”，“两兼户”则是一种贫困户。有的地方政府为了让贫困户尽快脱贫置富，扶持他们种植业、养殖业并举，谓之“两兼”。如某乡党委采取政策扶持、党员干部包靠等措施大力开展这项工作，并谓之“‘两兼户’致富工程”[①]。

（三）“重点户”意义所指的新变化

最后再回到“重点户”这一称谓上来略加补充。“重点户”当初被表义明确的“兼业户”代替之后，并未退出社会和语言应用的舞台，只不过又回到它含义模糊的泛指用法。如今社会各行业和各项工作都有自己的“重点户”，如纠纷重点户、纳税重点户、计生重点户、不良资产重点户等。且看数例：

一是党支部、村委会经常研究治安问题，排查不安定因素，发现苗头及时解决。对**纠纷重点户**、重点人，村干部登门做耐心细致的工作。（《文地村和宋庄村的实践证明 加强党支部建设是稳定农村治安的关键 乔石同志充分肯定两村的做法》，《人民日报》1990年12月8日）

对摸出的纠纷线索进行分类、排队，对排查出的**纠纷重点户**、重点人，落实调解人员和调解部门，采取有效措施。（孙桂华《社区建设》第八章第二节）

在重视分级促产的同时，巩义市十分重视抓好**纳税重点户**。纳税大户由1988年的26个增多到1992年的100个。（《探索“梯级税源”获得显著成效 巩义工商税收跃上亿元高峰》，《人民日报》1993年1月28日）

县委、县政府要求各部门努力配合，给**计生重点户**指路子、想法子、出点子。（《“少生快富奔小康”活动的启示》，《人民日报》1997年4月8日）

1—6月，全县帮扶**计生重点户**1944户，提供致富项目124个。（《新河实行计划生育综合治理》，《人民日报》2000年7月25日）

首先，将20家不良资产余额较大或不良比率较高的重点行和100家**不良资产重点户**作为监控对象，由各级行领导负责组织、督导抓降工作。（《工行中间业务大幅增长 中行资产质量显著改善》，《人民日报》2003年7月17日）

---

① 人民网，2002年11月5日。

"重点户"由当初称农村生产经营的兼业户的专指用法，变为如今的泛指用法，这在词义发展上属于词义扩大。而这正是"重点"一词的模糊性所致，用它作狭义的专门术语自然有些不恰当，用为泛称应属正常发展。

三、"两户"概念的流行及其所指

20世纪80年代初，随着"专业户"和"重点户"称谓的使用，一个合称式名词"两户"也流行起来。其实"两户"指的就是专业户和重点户，因为两个称谓用熟了，人们心照不宣，便造出个"两户"来，所以"两户"概念须结合特定的时代语境来考察。

> 特别是今年初，全省农村传达了中共中央关于《当前农村经济政策的若干问题》的文件后，这些地区的领导部门采取多种措施从资金、物资、技术等方面扶持专业户重点户，进一步加快了"两户"的发展。(《云南少数民族地区"两户"发展快 已涌现出各类专业户、重点户十三万》，《人民日报》1983年5月4日)
>
> 去年以来，四川省家禽专业户、重点户发展很快，1983年达到18万多户，比1982年增加了10万多户。"两户"增多，鲜蛋的产量明显提高，价格下降。(《家禽"两户"增多 鲜蛋价格下降》，《人民日报》1984年3月22日)
>
> 阳谷县农村全面实行大包干责任制后，随着生产的发展和社员生活水平的不断提高，党在农民心目中的形象更加高大。特别是那些走在农村经济变革前面的专业户、重点户中间的先进分子，纷纷向党组织提出入党申请。对这件事，有的同志说什么"在'两户'中，有相当一部分人是在历次政治运动中挨过批的，如果吸收这些人入党，有损党的形象"。又说什么"'两户'农民搞个人发家致富，这是同无产阶级解放全人类的思想背道而驰的"。还说什么"'两户'农民起家，不少人带有投机钻营的成分，发展这些人入党，就会给党组织带来思想和组织上的不纯"。(《阳谷县冲破"左"的思想束缚正确认识先富农民 热情吸收"两户"中先进分子入党》，《人民日报》1984年4月6日)

第四节　人民公社的撤销与"社员""村民"称谓的更替

一、"社员"向"村民"的转变

1958—1981年，人民公社制度是中国农村社会的基本组织形式，它既是一种生产组织，同时又是政治及行政单位。内部分公社、生产大队、生产队三级，成员被称为"人民公社社员”，简称“社员”。社员在生产队组织下集中劳动，劳动者的收入按照所评定的“工分”来计算。这一称谓词甚至都进入了当时的儿歌，歌名就叫《我是公社小社员》，非常有名：“我是公社小社员来，手拿小镰刀呀，身背小竹篓来，放学以后去劳动……”

随着农村经济体制改革的发展，这种政社合一的体制已显得很不适应新时期社会，因为它使公社、生产大队和生产队三级不同所有者之间的经济关系，变成了上下级之间的隶属关系。它忽视了集体经济组织的所有权和自主权，助长了瞎指挥和命令主义，使集体经济组织失去了应有的活力。随着家庭联产承包责任制的推行和新的经济联合体的出现，这种体制越来越不能适应农村商品经济发展的需要。

1982 年 12 月，第五届全国人民代表大会第五次会议通过新宪法，规定设立乡人民代表大会和人民政府后，人民公社遂告解体。到 1985 年 6 月，原有的 5.6 万个人民公社改建为 9.2 万多个乡、镇人民政府，82 万多个村民委员会。带有政治性含义的“社员”被“村民”这一称谓所取代。

二、“村民”一词的历史及其色彩的今昔差别

值得注意的是，“村民”并不是人民公社撤销后才产生的新词。它是一个“古词”，至少在宋朝就广泛应用了。宋朝王辟之《渑水燕谈录·名臣》：“见村民百余人，欢呼雀跃，自北而南。”[①]该词在新中国成立前甚至我国互助合作化之前一直在用，只是一个中性词，泛称“乡村居民”。后来由于农村合作社和人民公社的兴起而被“社员”顶替了。1982 年后的“村民”，就词而言，不过是“重新上台”而已，请看书面例证：

村民信任她，选她当了地方共同体（相当于街道委员会）主席和区议会代表。（《山村女教师》，《人民日报》1982 年 3 月 6 日）

这一次来了一个变革，充分发动党员议论，无记名投票选举党支部、党委委员；扩大圈子荐能，由村民直接投票选举村民委员会成员。（《柳林有新风》，《人民日报》1984 年 4 月 11 日）

村民赵金财腿有残疾，儿子智力差，生产生活都很困难。“储金会”借一笔钱为他解决生活困难，发展生产，使他增加了收入。“储金会”的出现还有力地抵制了农村高利贷活动，受到村民们欢迎。《上替政府分忧 下为百姓解愁 武功县咬马村建立“扶贫储金会”》，《人民日报》1984 年 7 月 22 日）

近闻，湖北省黄陂县有一困难户借款二千多元、卖掉口粮一千斤，好不容易办起一个小吃店。随着这个小店日益兴旺，有些村干部借机常来白吃白喝。一些村

① （宋）王辟之：《渑水燕谈录》，中华书局 1981 年版，第 18 页。

民见状，也纷纷来赊吃。这个小吃店开业不到两个月终于被迫关闭。(《小吃店为啥被吃垮?》,《人民日报》1985 年 8 月 19 日)

前面提到的那个不愿种菜的沂南县中高湖乡上高湖村，如今不仅已将湖洼地全部种上了商品菜，而且村民朱兴才还买了一台生豆芽机，半年豆芽买卖做下来，已经盈利一千多元。(《从一乡走向四方——沂蒙山区扶贫工作见闻》,《人民日报》1986 年 9 月 22 日)

北京海淀区东升乡太平村全体村民捐款 5 万多元；天津第四日用化学厂捐款 10 万元。(《“华夏之情”动人心　各方捐款源源来》,《人民日报》1991 年 8 月 4 日)

村党委书记吴仁宝告诉我们，这是为了表达华西农民盼望北京申办奥运成功的心愿，也是希望通过这次活动，以“更快、更高、更强”的奥运精神，激励全体村民和职工发扬爱国爱厂爱自己的好风尚，努力拼搏，投身到建设社会主义新农村的大业中去。(《华西人的节日》,《人民日报》1993 年 8 月 29 日)

仔细琢磨以上用例，再与传统的“村民”相比较，我们不难发现：恢复身份后的“村民”，其概念意义虽仍可理解为“乡村居民”，但由于涉及政治经济制度的变化，无形中却带上了浓重的法定性、政治性和书面正式性。因为当今“村”这一概念，在保持自然聚居形成的村落(自然村)的同时，在组织方面还更多地指政府为便于管理在乡镇以下设立的最基层的农村行政单位(行政村)。这种微妙变化，正是社会变革造成的，就学术研究而言，无论社会学还是语言学，都不可不察。

三、“社员”的新生及其与“村民”共存的语用差别

人民公社撤销后，照理说“社员”这一称谓也应该消失，完全被“村民”称谓取代才是。但事情并没有那么简单，词语总具有一种保守性。人民公社存在数十年，“社员”称谓已根深蒂固，它在长期发展中已经形成了两种意义，一是“人民公社成员”，二是已成为“农民”的代称。人民公社撤销后，“社员”只消失了公社成员的意义，在此后很长一段时间里，农民们在口头表达中仍习惯说“我们社员如何如何”，实际上是把它当作“农民”代称使用的。另外，值得注意的是，人民公社撤销不久，农村又兴起了一种以村为单位的新的经济活动组织——经济合作社。媒体对其性质作了这样的界定：“经济合作社以自愿合作为基础，以服务农村为宗旨，并把各项服务内容列入乡规民约，作为考核经济合作社成就的重要依据。”[①]后来村经济合作社不断发展，形成各门类的农村专业合作社，政府也出台各项法规对其组织、财务等各方面进行规范，直至 2006 年《中华人民共

① 《中国青年报》1990 年 9 月 4 日。

和国农民专业合作社法》出台。于是,“社员”称谓又获得了新的生命力,不过已经不是人民公社的成员,而是经济合作社的成员了。且看这种新义“社员”的例证:

> 经济较发达地区的农村,常常是一步到位,一开始就采取股份制兴办合作社。如山东省潍坊市,自1991年办社以来,发展迅速,目前加入合作社的农户数已达21.3万户,占全市农户总数的85%;莱阳市78.6%的农户加入了各种不同类型的专业合作社。黑龙江省加入专业合作社的社员达41万户,占全省农户数约10%,吸纳农民社员股金6300万元。(《合作经营:可喜的探索》,《人民日报》1998年8月6日)

> 专业合作社型,主要围绕着某一产业或产品的生产经营和服务,由农民自愿投资入股,自主经营、自负盈亏的社员合作组织。这是新型合作经济组织的典型形式。这类合作经济组织一般是实体性的,内部联系比较紧密。合作社除按股付息外,还按购销农产品数量向社员返还利润。(《合作经济组织建设研讨会综述》,《人民日报》1998年10月6日)

> 针对目前桐油价格不断下跌的情况,达秧油桐专业合作社为保护农民利益,把重点放在大力为社员销售桐籽和扶持社员发展桐树上。(《贵州达秧乡专业合作社受农民欢迎》,《人民日报》2001年6月4日)

> 农村专业合作社由为满足同一类经济或社会需求的社员共同出资组建而成,是广大农民为适应社会主义市场经济需要组建的一种互助共利的新型合作经济组织。(《农户需要多办专业合作社》,《人民日报》2002年8月12日)

从这几个用例中,我们可以明显地看出,在当今农村,“村民”“社员”两称并存,二者虽有很大的一致性,但却各有侧重。“村民”算是一个行政性的称谓,而当今的“社员”,则是一个单纯经济意义上的称谓了。从原来的“社员”到“村民”再到如今的“社员”,这不是简单意义上的名称更替,这一语言现象反映了我国农村基层政权组织和经济组织分离,使经济组织改变其对行政领导机关依附状态的一次重大改革。

“村民”和“社员”的升降沉浮,不正是社会变迁的真实写照吗?

第五节　“农民企业家”“乡镇企业家”和中国乡镇企业的发展

一、“农民企业家”“乡镇企业家”的出现背景及其社会意义

家庭联产承包责任制的推广,极大地解放了农村的劳动力,同时,经济市场化催生

了大批乡镇企业，乡镇企业本指我国乡村或集镇兴办的集体或个体企业，最初称“社队企业”。1984年3月，公社、大队逐步转化为乡、村后，改称“乡镇企业”。同时，农村新涌现的一些专业户、重点户，规模经过扩大，也发展为个体或集体的企业。那些在乡镇企业、村办或家庭经营的企业中，农民出身的、懂业务、会管理、善经营、有较高组织能力的并做出突出贡献的领导者就被称作“农民企业家”“乡镇企业家”。这两个称谓，《人民日报》于1984年开始使用，代表改革开放后农村新气象；进入新世纪仍在应用，历30余年盛行不衰，这是中国乡镇企业、农民企业不断发展壮大的象征。下面我们精选一些有关这两个称谓的用例，分别按时间先后排列，由此可以印证它们的含义以及乡村企业的发展历程。

大队和乡镇企业的干部通过学习，经营管理的本领显著提高。一些“庄户把式”正在变成**农民企业家**。（《增长领导才干　发展商品生产　灵山卫社队干部用心学习管理知识》，《人民日报》1984年4月13日）

十一届三中全会以来，特别是去年和今年两个中央一号文件下达后，全国出现了多少农民办的乡镇企业和劳动致富的专业户、重点户，怕是数也数不清。这些普普通通的农民，以前绝大多数并不懂商品生产，但在大量的商品交换过程中，了解了社会的需要，摸索了商品生产的规律，不仅学会了在国内经营，一些冒尖人物还打到国外，打到资本主义世界去做生意，成为**农民企业家**。原来认为农民一没资金，二没技术，三不会经营的说法，将会被千千万万个**农民企业家**所改变。（《赞农民企业家》，《人民日报》1984年7月25日）

我国农村改革已经造就并且正在造就大批**农民企业家**。**农民企业家**，一个多么富有时代特色的称呼！昨天，他们还是农民；今天，他们既是农民，又不是农民，而是工业、商业、运输业、建筑业等非农产业的企业经营者，是称得上“家”的出色的企业经营者。农村自来不缺种田能手、养猪能手、各种能工巧匠。**农民企业家**是不同于这些能手的新型能人，是同新的产业、新的生产方式连结的一代新人。从农民到企业家，既是农民自身的变革，又是农村经济的变革。（《我们需要更多的农民企业家》，《人民日报》1987年7月31日）

河南省南召县鼓励**农民企业家**到省外投资兴办有南召特色的地毯、绣品等外向型企业。至目前，全县已有三百五十多名**农民企业家**到外省市兴办一百三十多个创汇企业。（《南召农民跨省兴办外向型企业》，《人民日报》1996年8月6日）

“两会”期间，和一位**农民企业家**聊天。这位一直在垄亩中打拼的**农民企业家**说：“中国农业面临的现实告诉我们，依靠科教，是实现农民增收的重要途径。”（《用科教为农民增收铺路》，《人民日报》2004年3月15日）

农民包专机旅游，种田专家应邀出国，农民住上了太阳能暖房，农家投资拍摄电视剧《红楼梦》，农民采购员西服革履大大方方进入列车的软卧包厢，他们的拳头产品已经打进了国际市场，**乡镇企业家**向你掏出名片之后，满嘴讲的是：信息、竞争、智力结构、战略、网络、反馈、经济杠杆、投入、产出、顺差、逆差……（《中国"古典农民"的终结》，《人民日报》1984 年 12 月 25 日）

广东省最近表彰了五十个开拓型**乡镇企业家**和先进乡镇企业。镇、乡、村、家庭和联户企业出现了越来越多的农民企业家。他们在发展生产、搞活经济中的地位和作用，越来越得到人们的重视。（《让大批农民企业家成长起来》，《人民日报》1987 年 2 月 10 日）

农业部决定在全国表彰 500 名**乡镇企业家**，以进一步推动乡镇企业的发展和**乡镇企业家**队伍的壮大。（《全国评选出 500 名乡镇企业家》，《人民日报》1991 年 12 月 29 日）

日前在北京举行的表彰大会上，"百佳领军人物"和"百强示范企业"还向全国乡镇企业和**乡镇企业家**发出了"乡镇企业帮村公益行动倡议书"。（《一批乡镇企业和企业家受表彰》，《人民日报》2006 年 12 月 3 日）

这里需要交代一句，相关称谓还有一个"民营企业家"，我们放在后面谈。

我国新时期的乡镇企业也有一个发展历程，大致可分为 5 个阶段：1979—1983 年间为迅猛崛起时期，1984—1988 年间为高速发展时期，1989—1991 年间为速度减缓时期，1992—1996 年间为恢复提高时期，1997—1999 年间为平缓发展时期。这段时间里，乡镇企业累计吸纳了 1 亿多农村劳动力就业。资料显示，从 1981 年到 1992 年，乡镇企业的数目以每年 26.6%的速度增加，职工人数每年增加 11.2%。到 1993 年，乡镇企业承担的税金已占农村总税金的 67.1%。[①]它在吸纳农村剩余劳动力，壮大集体经济，增加农民收入方面起到了巨大的作用。为了表彰和鼓励这些带领农民致富的企业家们，国家和地方政府还举行多种评优活动，一些贡献突出的乡镇企业家被授予"明星""杰出""十佳""优秀"等荣誉称号，这更加激励了大家的创业精神，从而为社会做出更大贡献。所以从我国新时期经济发展史上去观察，不难看出"乡镇企业家"这类称谓的重要社会意义。

二、对"乡镇企业家""农民企业家"称谓的看法分歧

当然也有学者和业内人士对这个词颇有非议，认为在企业家前面加上"农民""乡

① 林毅夫等：《中国的奇迹：发展战略与经济改革》，上海人民出版社 1994 年版。

镇”这种定语是对他们的歧视。如胡星斗在《同农民一道呐喊》中提到:农民被一纸户口约束在农村,几乎不可能改变身份!进了企业,仍然是“农民工”;办了工厂,叫“乡镇企业家”“农民企业家”,报纸上还歌颂“乡镇企业是中国农民的伟大创造”!

而姚汉铭在他的《新词语·社会·文化》一书中却认为:“乡镇企业中有成绩的厂长等,冠之以‘农民企业家’,一律以‘农民’一词领头,裹上了一层敬重的色彩。”因为这是“对客体故意用重义的词语来称呼,体现了人们对客体事物的重视或崇尚”。

对此我们只发表这样一点看法:称谓词本身是语言学研究的内容,它所指称的对象是社会学研究的内容,两方面有联系又有区别。一个词语是不是歧视性称谓,从根本上来说,是由该词所指称的社会角色和社会群体的身份地位决定的。比如“无产者”“贫农”“穷人”等所代表的社会群体,在新中国成立前没有任何政治经济地位,照某些人看来要算是歧视性称谓了。但毛主席共产党并没有在改换称谓上打什么主意,而是让这些人翻身解放,当家做主,过上了好日子,这些词语一下子成了高尚称谓!当然由于“越穷越光荣”的做法走到极端,党号召发家致富,“穷人”又不是光荣称谓了。又如“造反派”称谓,在“文化大革命”中是什么身价,在“文化大革命”后清查“三种人”的时候又是什么身价?目前,从社会学上分析,就总体而论,农村人和城里人,乡镇和农村企业跟大型国有企业和外资企业,确实存在着客观的社会差别,表现在称谓上当然也有差别。正因为有差别,党中央才专门下发一号文件把“三农”问题当作大事来抓,难道仅仅改个称呼就解决问题了吗?再以个体而论,“乡镇企业家”一称,如果是指当今中国首富刘永好,人们顿时双目放光,如果是指赖昌星,人们又即刻心生鄙夷。可见称谓词和它的具体指称对象是既有联系又有区别的两回事。有些人说“农民”是歧视性称谓,“民工”是歧视性称谓,“乡镇企业家”是歧视性称谓,这是把社会学问题和语言学问题混为一谈了。

第六节 新经济时期的农民称谓

一、新时期农民称谓及其形成背景

以往人们对农民形象的理解无非是面朝黄土背朝天,手握锄把在田间;对农民的相关称谓无非是“庄稼人”“乡巴佬”“地球修理工”之类。改革开放以来就不同了,请看这样一些农民称谓:

白领农民 网络农民 候鸟式农民 两栖农民 农业工人 农业商人 农民经纪人 农业钟点工 新生代农民

这些在不知不觉间产生的农民新称谓，的确让人耳目一新或大吃一惊，但这是历史发展带来的客观事实。随着互联网技术和高科技在农业生产中的推广和应用，一大批掌握了先进技术的农民开始摆脱面朝黄土背朝天的传统形象，他们一改几千年春种秋收的传统耕作模式，有的拥有自己的办公室，和城市人一样上下班，成为"白领农民"；有的利用互联网，在网络上进行农业生产贸易，成为"网络农民"；有的在两个领域从事生产劳动，就被叫作"两栖农民"；有的利用自己掌握的某种先进技术，为其他农户指导生产，被称为"农业钟点工"……由于他们的身份依然是农民，只是工作方式、工作环境变了，故被称为"新型农民""新生代农民"。

中国的经济发展导致了新词汇的产生，新称谓的出现意味着新的社会角色的出现，这些词汇形象地描绘了变化中的农村社会。消除城乡差别是中国政府多年来一直努力的目标，当"农民"这个称谓和"网络""白领""工人""商人"等组合在一起的时候，我们看到了中国农业现代化的蓬勃发展。

二、新时期农民称谓发展的大致历程

从时间上看，这一阶段发生在十四大提出建立社会主义市场经济体制的伟大构想之后。从此以后，我国农村改革以市场为突破口，全面步入社会主义市场经济体制转型的时期。因此，这一阶段也是继十一届三中全会以后，新称谓涌现的又一个高峰期。从结构上来看，以"××农民"组合式称谓居多。试看：

> 这批浩浩荡荡的**"候鸟型"农民**队伍的出现，是中国农村和城市经济改革的产物。(《瞭望》1985 年第 25 期)

候鸟型农民本指为了适应某些地区的气候和生产生活规律，按一定节气赶去做工或经商，又按一定节气返回家园的农民。后来这个词的词义有了进一步的发展，不仅限于随节气变化而往返的农民，凡是有规律地交替进行多种经营活动的农民，都被称为"候鸟型"农民。再加上"白领农民""网络农民""两栖农民""农民经纪人""农业工人""农业钟点工"等，农民称谓变得丰富多彩。

> 南靖县靖城镇出现一批**"候鸟式"打工族**。他们白天到漳州市区"淘金"，晚上回家"筑巢"，成为南靖农村一道新风景线。(《福建日报》2002 年 11 月 21 日)

> 近日，长期在上海种香菇的浙江武义县壶山街道吉阳村村民吴兆林回到老家，忙着耕种农田。他还将上山管理板栗、猕猴桃、茶叶基地。据有关部门统计，像他这样农闲跑码头，农忙下田头的**"候鸟"式农民**全县有 5000 余人。(《浙江日报》2002 年 5 月 16 日)

> 近年来，四川省巴中市巴州区农民从业分工趋向多样化，涌现一批"农场主"、

"白领农民"、"网络农民"、"农民经纪人"、"农业工人"、"农业钟点工"。甘泉乡农民吴上茂当起"网络经纪人",足不出户就把大批的本地农特产品销往全国各地,从中收取一定的经纪费用。(《巴州涌现新农民》,《人民日报》2002 年 6 月 24 日)

"白领农民"是在城市化农村地区人们耳熟能详的词汇。"白领农民"指在办公室工作的农民。(《新经济派生的新词汇》,《参考消息》2002 年 1 月 24 日)

岸上种田 海里参股 赣榆涌现八千海陆"两栖农民"(《扬子晚报》1997 年 9 月 20 日第九版标题)

"网络农民"、"白领农民"、"农民经济人"、"农业工人"这些新生代农民在浙江省江山市不断涌现,目前已有 5 万之多。……当地的不少农民的传统从业观念发生了变化,开始向新生代农民转变。《带头致富》 浙江江山出现了 5 万"新生代"农民》,《中山日报》2001 年 12 月 31 日)

第七节 "城市边缘人"群体称谓

一、"城市边缘人"的出现背景及内涵与外延

改革开放以来,千万名农民从世代束缚他们的土地上转移出来,涌入城市务工谋生,他们从事着城市中最为繁重和艰苦的劳动,他们投身城里人不屑为之的许多服务行业,以他们劳作的汗水,为城市的发展注入活力,为城市居民带来方便和舒适。据统计,目前长期在城镇和大城市打工的民工队伍在一亿人左右。对于这样一个庞大的人群,人们赋予了他们许多种称呼。在这里,我们要借用庞守森提出的一个概念:城市边缘人。他在《解剖"城市边缘人"》[①]一文中说,"城市边缘人"是我国城市化进程中的特殊群体,可以初步作如下定义:在现行二元户籍管理体制下,具有农业户口、不从事第一产业的农民,到城市长期从事非农产业,又未取得城市居民户口,这一在社会形态而非地域上介于农村与城市之间的人群,可以暂时称为"城市边缘人"。他们由下列四类人共同构成:一是农民进城长期务工者,俗称"民工";二是农民在城市扩建后失去了耕种的土地,但因种种原因仍未转为非农业户口者;三是上述两种人在城市中长期赡养的人口;四是城市居民通过婚姻关系使对方(大部分是女方)离开农村到城市生活的农民,以及他们未取得城市居民身份的子女。

① 参见庞守森:《解剖"城市边缘人"》,引自《中国城市化走向研究》,上海普及出版社 2001 年版。

对于这些人来说，制度安排的惯性使改变了生活场所和职业的农民仍然游离于城市体制之外，他们虽常年外出，但又“移而不迁”；虽进入了城市，加入了产业工人的队伍之中，但又不被城市社会所认同，仍保留着制度限定的农民身份，造成了城市外来人口的生活地缘边界、工作职业边界与社会网络边界的背离，使得巨量的农村人口在城市里处于非城非乡、进退失据的尴尬状态，使他们处于一种“双重边缘人”的状态。

在“城市边缘人”这一非常学术性的表述中，涉及的农村进城务工人员称谓主要有：盲流、民工、农民工、打工仔、打工妹等。

二、新时期“民工”类称谓的演变

曾几何时，勤劳坚忍的民工兄弟还被歧视性地叫作“盲流”。1952 年，中央劳动就业委员会提出要“克服农民盲目地流向城市”，于是，盲流概念正式产生。此后，经过 50 年代后期的公社化、单位化强行禁锢以后，中国公民不得随意流动更是成为一个不容质疑的公理。所以改革开放前期，农民进城务工群体出现，社会上认识不足，又一时找不到一个合适的称谓去称说，便仍沿用“盲流”一词称之。例如 1989 年 3 月 22 日《人民日报》发表朱世龙《“盲流”，一个信号》一文指出：

> “盲流”，仿佛是瓶子里放出来的妖魔一样，困扰着中国，几十万寻找工作的男男女女的洪流涌进广州、流向新疆、奔向东北，也有不少来到北京。……这一次“盲流”与久违多年的以流浪乞食为目的的“盲流”不同。……现今的“盲流”，是一支庞大的生产性“劳动力的后备军”，“盲流”在社会上所引起的困扰，显示了这支日益壮大起来的“劳动力后备军”的躁动不安。这是一个值得重视的信号。……解决所谓“盲流”的根本办法在于给这些劳动力找到出路。让农民重新回到过去那种一碗饭大家匀着吃的老办法是行不通的。

文章正确指出新时期进城农民“盲流”是一支庞大的“劳动力后备军”，解决办法在于给这些劳动力找出路。随着改革开放深入，人们对这一人群才有了更加清醒正确的认识。《中国贫穷通讯》2002 年 2 月号林欣慧《中国盲流问题研究初探——1989 盲流潮分析》一文指出：“农民向城市的转移其实是社会经济发展的一个必然趋势。几乎所有发达国家的工业化都经历过农村人口向城市迁移的过程。而在当代发展中国家，农业劳动力的产业转移和地域转移，也是资源配置优化的进程，是现代化的方向。”[①]人们开始有意识地停止使用“盲流”这一带有歧视性的称呼，开始寻找一个中性的称谓词来指

① 《国家的政策为民工而调整》，《浙江早报》2003 年 2 月 28 日。

称这一群体。由于他们户口在农村，但人却在城市做工，原有的“农民”“工人”“临时工”等称谓词就不能涵盖这种特殊的身份了，所以一开始对这一群体的称呼比较混乱，集中起来，大约有这么几种：农工、农民职工、农民工、民工。例如，

“据估计，现在全国各高校中**农工**炊事员，至少有六七万人。由于‘农工’待遇低，劳保问题解决不了，一些人只要学到一点技术就会流走。(《光明日报》1986年6月3日)

从土地上分离出来的**农民职工**，经过10多年的培训，已经初步掌握了一些技术，学会了一些市场经济，熟悉了一些流通部门，具备单干的基础。(《文汇报》1988年11月25日)

由于分配上不太合理等原因，还形成了一些企业人员富余而另一些企业劳力紧缺，一边是存在相当数量的待业人员而另一边又大量使用**农民工**的就业结构矛盾。据北京市调查，目前该市**农民工**的岗位，大约相当于现有待业人员总数的两倍。(《经济日报》1990年5月16日)

确立**民工**有权按时、足额取得工资的制度，保护**民工**的基本权利。现有法律已作原则规定的，应当具体化，比如应按月发放工资，经民工同意可以按季发放，但不得跨年，或者拖欠时间不得超过3个月。(《人民日报》2004年8月13日)

以上几个称谓，所指都是一样的，即农民身份的打工者或进城做工的农民。经过长期应用，“农民工”和“民工”称说均到社会认可，二者各有其使用优势。“农民工”表意明确，多在较郑重的场合或正式文件中使用，如《人民日报》2006年3月28日发表《国务院关于解决农民工问题的若干意见》，同日发表社论《全社会都要关心和保护农民工》；2006年4月国务院研究室主编了《中国农民工调研报告》一书，由言实出版社出版。但“民工”一称极为简洁，可视为“农民工”的简称或俗称，一般情况下使用频率很高，并且由其造出“民工潮”“民工荒”等一批新词语。

新时期的民工最早出现于东南沿海地区，因为那里首批开放，用工机会最多。原先粤语将男女打工青年分别叫作“打工仔”“打工妹”。新中国成立后，我国进入公有制以来虽然没有了打工现象，但这两个词却在香港保留下来，所以改革开放伊始它们便又在深圳、广州一带活跃起来。紧接着内地改革开放，南方青年北上务工，又把这两个词带到北方。所以“打工仔”和“打工妹”曾是非常流行的两个称谓。请看例子：

他们那样勤奋地工作，却从不向老板争福利待遇。对这样的“**打工仔**”，怎么能不叫老板放心呢?!(《希望之窗》，光明日报出版社1984年版，第95页)

在珠江三角洲的深圳、珠海、东莞等地的几千家“三来一补”企业中，数十万“**打工仔**”、“**打工妹**”已是当地出口创汇的有生力量。(《人民日报》1989年9月9日)

以精明著称的南方数以万计的打工仔和打工妹，瞄准了、也确实填补了北京人的就业机制上的这一空当。(《工人日报》1991年5月2日)

河北沙河市西郝庄，近些年通过对铁矿、铜矿、铅锌矿等资源的开发，很快富了起来。于是，一群群外来“打工仔”涌入该村，这个仅有500口人的小村，外地来打工的最多时竟达4000人。(《人民日报》1993年10月26日)

“打工仔”“打工妹”也属于“民工”之列，但它们语体色彩、使用场合等有所不同。比较起来，“民工”称谓似乎过于严肃，“打工仔”和“打工妹”则显得通俗活泼，口语性强。但“打工仔”和“打工妹”也有局限性，一是带有浓重的方言色彩，二是因要区分年龄性别特征而概括性差，另外“崽(仔)”在北方还带有贬义，因而在正式性、概括性和通用性方面又逊色于“民工”一称。

三、“民工”一词意义的古今差别及新时期民工现象的社会意义

由于近几年社会上对民工和民工现象的关注和讨论日趋热烈，“民工”也成为备受人们关注的一个称谓词。但它究竟起于何时呢?《汉语大词典》只收录了这个词条，解释为:“在政府动员组织下，从事某项工作的民间劳动力。”

这一释义还算基本准确的，只是没有书证，未免十分遗憾，人们还误以为它是一个现代新词呢。其实这种意义的“民工”并非新词，的的确确是一个“古词”。《宋史·兵志》:“诏内外所造军器，以见余物材工匠造之，兵匠、民工即罢遣之。”《清史稿·高斌传》:“乾隆元年，疏请河工抢修工段……用民工十之六。”这种意义的“民工”一直沿用到现当代，例如新中国成立前三大战役期间，解放区地方政府组织大批群众支援前线，谓之“支前民工”;人民公社期间，农民在家称“社员”，遇有挖河打堤等国家任务，被抽调外出劳动，亦称“民工”。可见“民工”历史悠久，但政府或官方抽调组织的以上几种民工，是传统意义上的民工，而不是当前媒体讨论的新时期的这种民工。原版《现代汉语词典》“民工”条只有传统意义一个义项，1996年修订版就适时地增加了一个新义项:“指到城市打工的农民。这才是当今新意义的民工。”

传统义和新义在“农民外出做工”这点上有共性，但传统义“民工”是“政府动员组织”的，新义“民工”则是自发自愿的，带有自由流动性。所以新时期民工在出现之初没有定称之前，人们曾沿用过去的“盲流”称之，就是基于其自由流动性而言。

新时期民工现象的出现，几乎是与改革开放同步的，20世纪80年代中期以后，逐渐形成一股汹涌澎湃的潮流，这就是备受社会关注的“民工潮”。“民工潮”一词本是1989年首先由铁路部门发端的，因为这年春运期间由于大批民工同时返乡过年，铁路客运出现了前所未有的拥挤高潮，引起了各方面关注。于是，媒体惊呼:“民工潮”来了!

这一提法,形象地概括了民工流动的来势凶猛,此后便被广泛使用,用以比喻浩浩荡荡的民工大军,一直沿袭至今。①

民工和民工潮现象的形成与发展的原因,则只能向社会方面去寻找。《中国青年报》2001 年 4 月 14 日文章《民工潮与城市化进程密不可分》和人民网 2003 年 4 月 3 日文章《劳动力转移的客观必然性》,两文题目已从城市和农村两方面说明了问题。另外我们再引用几条对民工现象成因的分析:

> 1. 改革开放前的旧体制造成城乡二元社会经济格局,城市化滞后于工业化,农民渴望进城,这是最深沉的内在动力。2. 改革开放政策和市场经济发展为民工潮的形成提供了政治和经济环境。3. 农业比较利益下降及城乡差距拉大是造成民工潮的直接原因。(高梅书、梁莹《从城市化的视角看民工潮》,《经济与社会发展》2003 年第 2 期)

新时期民工群体的社会作用也是毋庸置疑的。陆子修《中国"民工潮"现象透视》一文归纳了这样几点:

> (一)外出打工开拓了现阶段我国农民就业和增收的主渠道。(二)"民工潮"推动了国民经济的增长,促进了产业结构的调整。(三)"民工潮"实现了生产要素合理配置与优化组合,降低了工业化的成本,增加了国民经济积累。(四)"民工潮"培育和积累了支撑我国经济发展必需的人力资本。(五)"民工潮"是传播先进文化和现代城市文明的重要渠道,促进了农民的现代化。(《经济日报》2003 年 2 月 25 日)

当然任何事情都不会一点负面作用也没有,有人就指出,民工进城"流走农村人才""冲击社会秩序""加重城市负担"等。② 但是就总体本质而言,新时期"民工"这一庞大的社会群体,在我国农村富余劳动力向非农产业和城镇转移方面,在推进新型工业化、城镇化、现代化和农民市民化历史进程中,做出了历史性的贡献。这也是我们透视"民工"一类称谓的社会意义之所在。

---

① 陆子修:《"民工潮"现象再透视》,中国财经网,2003 年 2 月 25 日。

② 《民工潮潜伏隐忧》,中国新闻网,2001 年 2 月 13 日。

第二章　城市经济领域内的社会称谓研究

本章涉及的主要称谓如下：

第二节	一	受聘人员、落聘人员、待聘人员、解聘人员、拒聘人员、聘余人员、黑板干部、黑板经理、太平官
	二	合同制工人、待岗人员、试岗人员、脱岗人员、离岗人员、竞岗人员、返岗人员、单位富余人员、分流人员、复岗人员、转岗人员
	三	待业人员、下岗职工、下岗人员、失业人员
第三节	一	国有企业负责人、国企负责人、国企经营者、国企老总、国企老板、国有企业家
	二	个体户、个体业户、个体工商户、个体劳动者、个体经营户、个体经营者、民营企业家、中国优秀民营企业家、中国十佳民营企业家、中国十大民营企业家、私企经营者、私企老板、私企业主、私营企业家、私营企业主
	三	三资企业经营者、三资企业家、三资企业主、三资业主
	四	CEO、首席执行官、职业经理人
第四节	一	星期日工程师、星期天工程师、星期六工程师、星期日农民、周末工程师、星期日工人、星期日医生、地下工程师、老鼠工
	二	小时工、钟点工、点工、全职人员、专职人员、兼职人员、半职人员
	三	公关小姐、公关先生、公关人员、公关人才、公关明星、公关主任、公关经理、公关员、公关师、高级公关师
	四	股民、股东、大户、庄家、散户、股迷、券商、彩民、彩迷、编外彩迷、业余彩迷、专业彩迷、超级彩迷
第五节	一	工薪阶层、工薪族
	二	中产阶级
	三	蓝领、白领、红领、灰领、金领、银领、铜领、铁领、锡领、粉领、绿领、黑领、无领

第一节　城市经济体制改革下社会称谓发展的历史背景及统计

1984 年，农村改革使粮食产量第一次突破 4 亿吨，基层政权建设完成了政社分设，建立了乡政府和村民委员会，人民公社体制不复存在。中共十二届三中全会通过《中共中央关于经济体制改革的决定》，提出社会主义经济是公有制基础上的有计划的商品经济，突破了把计划经济和商品经济对立起来的传统观念，为经济体制改革铺平了道路。

农村经济改革的成功，为全面的经济体制改革奠定了良好的基础。因此，从农村到城市，就成了中国经济体制改革合乎逻辑的发展。

扩大企业经营自主权，增强企业活力，是城市经济体制改革的出发点，也是城市经济体制改革的归宿。围绕这一中心环节，在人事制度改革和企业劳动用工制度方面，中国开始实行干部能上能下，职工能进能出的新型用工制度，聘任制取代了委任制，类“世袭”的接班顶替制至此终结，合同工的概念开始为人们慢慢接受。

积极发展多种经济形式和经营方式，实行国家、集体、个体一起上的方针，国有企业的改革一浪高过一浪，城镇集体经济和个体经济也同时得到了极大的发展。“国有企业家、私营企业主、三资企业家、首席执行官、职业经理人”等，这些叫人眼花缭乱的称呼折射出中国企业发展的多样性和向现代化迈进的强劲势头。

新经济衍生出许多前所未闻的新工种，“公关小姐、公关先生，猎头、月嫂、家政工……”，从误解到理解，人们对这些新职业开始给予理性的关注。开放搞活，吃大锅饭的日子一去不复返了，社会开始出现一定程度的阶层分化，“白领、蓝领、黑领、中产阶级、工薪阶层”——人们这样定义不同的群体。

第二节 企业劳动用工制度改革带来的称谓变化

在改革开放之前，我国劳动用工制度上的“铁饭碗”，工资分配上的“铁工资”，人事制度上的“铁交椅”，是计划经济的基石和核心支柱，多年保持不变。不可否认，在这些制度产生之初的20世纪50年代，由于社会主义制度的建立，在旧社会当牛做马的工人，生活和收入得到保障，主人翁地位得到确立，从此扬眉吐气，“三铁制度”确实焕发了工人们大干社会主义的热情。但到了六七十年代，这些制度弊端日益显现出来，形成了一种可怕的社会惰性，成为阻碍经济发展的桎梏。决策部门逐渐意识到，要使国有企业焕发出活力，必须对企业的人事、工资、用工制度进行大变革。

一、与职务聘任制有关的新称谓词

用人单位通过采取招聘或竞聘的方法选用干部和工作人员叫“聘任制”，它是相对以往的“委任制”而言的。聘任制最先在企业实行，以企业的经济效益决定干部的升迁，一大批人浮于事的干部被免职或降级使用；一批作风好、懂业务、善经营的人才通过选聘，走上了企业领导岗位。聘任制有选聘和招聘两种。选聘叫选聘合同制，即干部经过考试考核，明确职责、待遇和聘期，签订合同。招聘，以劳动人事部1984年初发出的《关于做好招聘工作的通知》为据，解决专业技术人员的来源应以内部交流为主，外部引进为辅，招聘可以采用借用、兼职、兼课、组织攻关、承包项目、技术咨询等智力支援的各种办法。同时给专业技术人员以合理的流动权，充分发挥他们的作用，以满足急需人才单位的要求，从而解决人才供不应求的矛盾，使人才发挥最大的效益。后来聘任制由企业单位逐渐扩大到行政、事业单位，目前已在全国全面推开。

聘任制实行后，一系列与此相关的新称谓词应运而生。获得聘任的当然就是“受聘人员”；参加竞聘而落选的称“落聘人员”；落聘人员还可给予一两次聘任机会，在待聘期内称“待聘人员”（“待聘人员”与“落聘人员”是交叉概念，但前者包容性更强，落聘、拒聘、辞聘及解聘人员等均为“待聘人员”）；受聘者不合格被解除聘任称“解聘人员”；受聘者对聘职不满意可拒绝聘任，称“拒聘人员”；聘任后的剩余人员称“聘余人员”。请看例证：

甘肃省投资信托公司试行聘雇制。**受聘人员**经考试择优而雇。应聘雇员都列入国家编制，本人有辞职的自由，公司有解聘的权力。（《经济日报》1982 年 2 月 5 日）

落聘人员在聘用单位内部待聘期满仍未能聘用上岗的，聘用单位可委托政府人事部门所属的人才交流服务机构代为推荐。委托推荐期限为半年至一年。委托推荐期满，仍未被聘用单位聘用的，由聘用单位办理辞退手续。（2000 年《沈阳市事业单位聘用合同制办法》）

待聘人员在尚未应聘到其他单位工作以前，应做好原单位所安排的临时性工作。（1986 年《国务院关于实行专业技术职务聘任制度的规定》）“在实施聘任工作中产生的落聘、拒聘、辞聘及解聘人员和因经济、刑事责任方面有未了事宜而不能参加竞聘的人员，均为**待聘人员**。”（2001 年《天津理工学院待聘人员管理暂行办法》）

脱钩改制中撤销的事务所，其**解聘人员**的各项社会保障统筹费用，在财产清算中解决。（《财政部 1999 年关于有限责任会计师事务所出资人资格有关问题的复函》）

下列人员不属于人才交流中心的管理范围。（一）缓聘、辞聘和**拒聘人员**。（二）具有因病全体有效证明，全休半年以上的人员。（1996 年《广东工业大学人才交流中心管理办法》）

聘任分全聘、半聘、缓聘几种，**聘余人员**另外安排。（《光明日报》1992 年 4 月 9 日）

这一任人唯贤的制度推行以来，干部能上能下的观念逐渐深入人心。原来那些不求进取、害怕风险，但求平平安安、无所作为的领导干部，被讥讽为“太平官”；改革后能上能下的干部，又被戏称为“黑板干部”“黑板经理”，意思是说名字可以写在黑板上，也可以从黑板上擦掉。例如：

改变过去那种企业风险由国家担当，厂长经理做“**太平官**”的状况，把企业的命运和经营者的命运紧紧联在一起了。（《中国青年报》1988 年 3 月 3 日）

而现在“**黑板干部**”的原则一确定，机构、人事间关系简单了，工作效率也高多了。（《消费时报》1992 年 2 月 19 日）

目前特区流行的所谓‘**黑板经理**’，便是聘请制度的别称。如果工作胜任，黑板

上的经理栏便写上你的名字，倘若失职，马上便从黑板上被抹掉。(《啄木鸟》1984年第4期，201页)

二、企业内部全员合同制的推行及由此产生的新称谓

对于今天的人们来说，“合同制工人”这个词已经引不起人们多少的兴趣了，但在这个词刚刚出现的20世纪80年代初，它所引起的震动，是今天的人们无法想象的。我们先来看报刊对这个词的定义：

合同制工人：指按劳动合同制的有关规定招收的工人。合同制工人不同于临时工，他们享受社会保险，并有劳动服务公司作为管理机构，病、伤、残、老都有保障，在政治上享有与固定工同样的待遇。合同制工人，主要使用于常年性生产或工作岗位。(《半月谈》1983年4期)

下面让我们一起回顾这个“合同制工人”是如何走进人们的生活的。1980年起，我国一些地方已开始改革用工制度，试行劳动合同制。1982年2月25日，国务院经济体制改革办公室的《经济体制改革的总体规划》中谈道：改变‘铁饭碗’的劳动制度。……推行合同工制度，实行合同工、临时工、固定工等多种用工制度。”1983年3月3日，《人民日报》报道，劳动人事部发出通知，要在中国大陆29个省市自治区开始进行劳动合同制的试点工作。1983年6月18日，新华社报道，现在29个省市自治区试行了劳动合同制度，合同制工人达65.7万，其中全民所有制单位就有57.1万人。1986年9月9日，国务院颁布改革劳动制度的四项规定，涉及国营企业招工、待业保险、劳动合同制以及辞退等。从这一天起，中国的新工人再也没有铁饭碗了，一律实行劳动合同制。

而在此之前，我国的劳动人事制度实行“统包统配”、能进不能出、一次分配定终身的“铁饭碗”制度。在这种体制下，劳动者归单位所有，劳动者学非所用，用非所学，不能人尽其才，要求选择一个符合自己特长和爱好的工作岗位是非常困难的，只要单位不同意，劳动者就无法调换岗位和工种、离开企业或辞退。企业也不能根据自己的特点和要求选择劳动者。而且，终身固定工制度是体现我国保障就业原则的具体制度形式，他们一进入就业，就可以永远在职，没有失业和被解雇之忧，可以享受一系列福利保障待遇。这种高度的安全感不可避免地造成了养懒人的社会现象，影响了企业对效益的追求。实行合同制之后，企业和劳动者都有了一定权力“相互选择”，使劳动力能够合理流动，这一改革，对我国思想、理论、社会心理、劳动者同生产资料结合方式等方面都产生了深刻影响。

工矿企业由于某种原因处于停产或半停产状态，职工一时不能工作，在家或在单位等待安排的，叫“待岗”；在某个岗位先试着工作一段时间，以考察是否合适，叫作“试

岗”；通过考核、选拔等竞争以得到工作岗位，叫“竞岗”；有一技之长的离退休人员在离退后回单位当技术顾问或被其他单位聘去发挥余热，或者下岗后重新上岗叫“返岗”；失去工作岗位叫“下岗”；等等。根据这些不同的情况，人们对这些人员予以相应的称谓：

待岗人员　试岗人员　脱岗人员　离岗人员　下岗人员　竞岗人员　返岗人员　单位富余人员　分流人员　复岗人员　转岗人员

这些称谓用例很多，且词义比较明显，限于篇幅，就不一一列举了。需要说明的是：合同制和聘任制虽有所区别，但产生的新称谓却有很多是相同的；工矿企业和机关事业单位有区别，但体制改革产生的新称谓也有很多是相同的。以上把它们分为两类，只是为了叙述的方便。如今社会各行各业都已打破了“三铁”制度，这些称谓已经成为全社会的通用词语。

三、“待业人员”“下岗职工”“失业人员”的含义及时代差异

这三个词，都是用来指称没有工作的人，但却传达出了不同的含义，折射出不同的时代背景。

（一）“待业人员”的形成背景和意义演变

1980年左右，没有工作叫待业。《现代汉语词典》“待业”条解释为：“（非农业户口的人）等待就业。”“等待”何义？等待国家统一安排工作之谓也。一定劳动年龄范围内，有劳动能力的，等待国家就业的人员统称“待业人员”。这种现象若进一步追根溯源，还要追溯到新中国最初的劳动用工制度上去。新中国成立初期，适应当时多种经济成分并存的状况，国家实行多种渠道、多种形式和多种方法的劳动就业制度；1956年资本主义工商业改造基本完成后，自行就业和自谋职业基本上被国家统一安排、统一分配所代替，“铁饭碗”制度逐渐形成。所以在当时，人们普遍具有没有工作就等待国家统一安置的心理预期。

说到这里不得不交代一个很有影响的社会称谓——待业青年。自1968年始，城里的孩子中学毕业后必须到农村去，叫“知识青年上山下乡”。“文革”结束后情况有了变化，1978年12月，在云南饱经风霜8年的插队知识青年，因不堪艰辛的生活和对亲人的思念，上京请愿，要求回城。此次活动得到全国各地知青响应，数十年积存下来的知青返城问题一触即发，顿成风潮。于是上山下乡运动宣告结束，1979年所有知青点一律撤回。但成千上万的知识青年回到城里却找不到工作，待业率为54%，成为一个巨大的社会问题，这一特殊人群就被称为“待业青年”，又简称“待青”“待业知青”。上山下乡取消后，“待业青年”便泛指城里等待安排就业的年轻人；用工体制改革后不再统一安排了，“待业青年”就成了单纯等待就业的无业青年。

慢慢的，随着铁饭碗制度被打破，已有工作的人也可能失去工作，进入重新等待就业状态（如下岗转待业），待业队伍无形中扩大了，于是"待业人员"这一新的社会称谓也就应运而生了。"待业人员"所指范围更大，既包括无工作的待业青年，也包括失去工作的人员。同时随着用工制度的改变，自谋职业的观念开始走进人们的生活，大约从 20 世纪 80 年代中期开始，"待业"也就慢慢改变了性质，原先那种"等待国家分配安排"的意味，已逐渐从社会上和人们观念中淡化以致消失了。当时我国还处在回避"失业"一词的时期，"待业"几乎变成无业和失业的委婉代名词，社会上种种没有工作而要求就业的人统称"待业人员"。例如国务院 1990 年 28 号文件《关于做好劳动就业工作的通知》指出：

> 特别在当前治理整顿期间，劳动力需求减少，待业队伍正在不断扩大，就业问题再次突出，不少地区已经压力很大。因此，必须继续努力做好就业工作，从各方面采取有效措施妥善安置待业人员。

财政部国家税务总局 1994 年 1 号文件《关于企业所得税若干优惠政策的通知》指出：

> 新办的城镇劳动就业服务企业，当年安置待业人员超过企业从业人员总数 60%的，经主管税务机关审查批准，可免征所得税三年。

进入 21 世纪，尽管"待业人员"和"待业青年"仍在使用，但其中的"待业"较之 20 年前，却已是"形相似而其实味不同"了。

（二）"下岗职工"和"下岗人员"形成的社会原因

有研究表明，改革以来，特别是 20 世纪 80 年代末以来，国有企业的亏损持续增长，1996 年，大约有 40%的国有企业报告为亏损，亏损额从 1980 年改革初期的 34.3 亿元增长到 1996 年的 790 亿元。在这一严峻的形势下，为了减员增效，企业开始定员定岗，裁减员工，于是有了"下岗职工"这一新称谓的出现。到 1997 年，社会上的下岗职工已达到 1100 万人。下岗职工一词频频出现在 1996—1999 年的大小报刊上，且举一例：

> 当前，随着经济的调整和国有企业改革的深入，下岗职工再就业任务艰巨。（《北京日报》1997 年 10 月 1 日）

为了解决下岗职工再就业问题，中央和国务院专门下发了 1998 年 10 号文件《关于切实做好国有企业下岗职工基本生活保障和再就业工作的通知》，其他各部门也都出台了相应的规定。劳动与社会保障部 1998 年下发《关于加强国有企业下岗职工管理和再就业服务中心建设有关问题的通知》，对"下岗职工"做了这样的界定：

> 国有企业下岗职工是指：实行劳动合同制以前参加工作的国有企业的正式职工（不含从农村招收的临时合同工），以及实行劳动合同制以后参加工作且合同期未满的合同制职工中，因企业生产经营等原因而下岗，但尚未与企业解除劳动关系、没有在社会上找到其他工作的人员。

后来又出现了"下岗人员"一称。北京统计消息网2002年7月3日对"下岗人员"做了这样的界定：

> 下岗人员是指由于用人单位生产和经营状况等原因，已经离开本人的生产或工作岗位，并已不在单位从事其他工作，但仍与用人单位保留劳动关系的职工。上述定义表明确定为下岗人员时必须同时具备三个标准：第一条是下岗的原因不是个人而是单位；第二条是本人已完全离开单位；第三条是与原单位仍保留劳动关系，这种劳动关系在企业一般是劳动合同，在机关事业单位一般是保留档案或"在册"。

"下岗人员"和"下岗职工"的概念意义有共同之处，但后来下岗现象从企业扩大到其他行业，干部、教师、科研人员等都可能下岗，所以"下岗人员"比"下岗职工"所指范围更大、包容性更强。另外下岗不等于失业，下岗人员虽然无业，但未和原单位解除工作关系（档案关系仍在原单位），如果已与单位解除工作关系，这才转成失业人员。

（三）"失业人员"和"待业人员"的交替及其语用差异

20世纪末，随着市场经济的确立和人们观念的改变，我国政府不再回避失业现象，"失业人员"这一新的社会称谓诞生了。先看有关专著关于"失业人员"的定义：

> 失业人员是指在劳动年龄内有劳动能力，目前无工作，并以某种方式正在寻找工作的人员。包括就业转失业的人员和新生劳动力中未实现就业的人员。《失业保险条例》所指失业人员只限定为就业转失业的人员。江山月《劳动者权益法律通·152.什么是失业人员》

这个定义表明："失业人员"包括两类，第一类是"就业转失业的人员"，第二类是"新生劳动力中未实现就业的人员"。

通过比较我们不难发现：这里的"失业人员"与我们前面说到的"待业人员"所指是相同的，其中的"新生劳动力中未实现就业的人员"，也完全就是原来的"待业青年"。从"待业"到"失业"，仿佛发生了根本性的概念转变，事实上却是换汤未换药。

研究这种问题，机械地去咬文嚼字进行语言学的分析是无法解决的，而只能向社会发展方面去寻求原因。原来在计划经济体制下，人们不承认社会主义制度会有失业的问题，认为失业是市场经济条件下的问题，而市场经济又被视为资本主义的"专利"。那么事实上存在的类似于资本主义国家的失业问题，我们则一律推在了"待业"名下。在确定了建立社会主义市场经济这个目标后，这种观念上的误解可以消除了，概念上的变化也就顺理成章了，于是正式改"待业"为"失业"，"待业人员"也就变成"失业人员"了。①

按理说，"失业人员"既已名正言顺地取代"待业人员"成为公文用语，"待业人

① 参见董辅礽：《谈中国的失业问题》，《中国人力资源开发》1995年第1期。

员”就不该再犹抱琵琶半遮面地赖在那里，而应该适时地退出语言应用的历史舞台了。但事实上“待业人员”还可在某种场合下使用。因为两个词的概念意义虽有一致性，色彩意义却有不小的差别。当初“待业”之所以能由铁饭碗制度下产生的一个称谓用语变成经济体制转轨后社会上无业失业现象的代名词，除了政治的需要外，还在于它本身具有模糊性，在现实交际中体现出委婉含蓄的语用色彩。而相比之下，“失业”则比较直白显露，我国确立这一用语，正表明了与国际接轨和正视现实的勇气。目前我国的政府文件和书面语体已毫不避讳地将“失业”作为正式用语，如中共中央国务院就下发了2002年10号文件《关于进一步做好下岗失业人员再就业工作的通知》，其他的官方公文和规定使用“失业人员”更是司空见惯。又如国务院于1998年发布了《失业保险条例》，一个人要申领失业保险时，还须证明其确系“失业人员”，不承认反为不妙。但在现实生活和口头交际中则是另外一回事，比如对一位正因失业而沮丧的人来说，再当面说他“失业”，显然具有刺激性，说成“在家待业”就显得婉转得多，对新生劳动力来说也是如此。“失业”和“待业”指的虽是同一种共时状态，但似乎“失业”有些侧重过去，“待业”则侧重未来；“失业”使人感到些无奈，“待业”使人感到些希望。所以在目前来讲，虽然“待业人员”和“失业人员”指的都是“具有劳动能力、要求就业而未就业的人”，但它们却表现出语体风格、语用色彩和使用场合的差异，这就是它们能够互补共存的客观基础。

以上是把“待业人员”与“失业人员”当作相同概念的用法。另外近年又兴起一种把它们当作不等同概念并列使用的用法，且看例证：

随着城市化进程的加快，“农转非”后待业、失业人员的就业问题也随之凸现出来。(《重庆青年报》2003年8月12日)

加强职业技术培训，提高待业人员和失业人员、下岗人员的就业能力……(《江门日报》2003年9月23日)

你所反映的问题，市社保中心作了如下解答：待业人员分为无业和失业两种情况。《厦门日报》2003年3月6日)

尤其是上面第三例显然是把“待业人员”当成了一个大概念，而把“失业”当成其下位概念(跟“无业”相对)。这也并非毫无道理，因为《失业保险条例》也是只指就业后又失业这一种情况，不包括新生劳动力在内。以往不承认“失业”有其时代局限，后来把所有的待业一律推给“失业”，又走向另一端。2003年劳动部门规定：大学生毕业半年找不到工作可进行失业登记，申领失业证，家长和大学生一时难以接受。不过这只是观念上的问题，也是社会发展中的问题。将来人们观念变了，这类用语上的矛盾也许就解决了，也许官方会对“失业人员”和“待业人员”做出更加权威而严格的重新界定。

第三节　城市各类企业家称谓与新时期经济发展

20世纪50年代的社会主义改造完成以后，我国企业所有制性质基本上就只剩下一种，即公有制企业。新时期以来，尤其是进入市场经济阶段以来，企业所有制形式发生了重大变化，呈现出多样化的格局。从目前来看，中国的企业可分为三类：公有企业、私营企业和三资企业，其中公有企业又分国有企业和集体企业。私营企业，虽然城市和农村都有，但多集中于城市，所以我们就放在“城市”这一部分来谈。集体企业，虽然城市乡村都有，我们已把它和“乡镇企业家”一起放在前面农村部分予以交代。还有“民营企业家”一称，我们也把它放在“乡镇企业家”部分谈了。下面就分门别类阐述城市其他各类企业家的相关称谓。

一、“国企负责人”的相关称谓与国企经济体制改革

我国目前国有企业的所有制形式较之以往又有了重大变化，由过去的单一形式发展为全民所有制企业、国有独资企业及国有控股企业等多种形式。全民所有制企业原来由国家直接经营，称为“国营企业”；经济改革后国家原则上不直接经营企业，就按照所有制形式取义，改称“国有企业”。一字之改就已体现出经济的变革。负责经管国有企业的领导人就被泛称为“国企负责人”“国企经营者”，那些懂业务、会管理、善经营、有较高组织能力的国企领导者就被尊称为“国有企业家”。一些国有企业实行股份制改造后，企业内部的人员结构也相应地发生了变化，出现了董事会和经理层，称谓也随之改变，原来的国有企业领导层就有了“董事长”“总经理”“老总”“经理”等具体的职务称谓。当然一些没有实行股份制的企业，依然维持原来的“厂长”等称呼。

(一)“国企负责人”与“国企经营者”的所指

“国有企业负责人”简称“国企负责人”，是个泛称，包括董事长、总经理、厂长等。

江泽民总书记在中南海勤政殿同北京市的一些**国有企业负责人**座谈，进一步听取了北京工业企业生产、经营以及改革和发展情况的汇报，并作了重要讲话。(《江泽民在京考察国有企业看望职工》，《人民日报》1997年1月17日)

在国企的历史上，如此集中地邀请几十个跨国公司负责人给中国**国企负责人**讲课，这是罕见的。(《开阔视野提高素质——重点国有企业领导人员培训班侧记》，《人民日报》1999年11月29日)

企业负责人中的董事长一般不负责生产经营，负责经营的是经理或厂长，如果董事

长兼总经理,则他们又皆称“国企经营者”。

> 二要运用综合手段建立起有效的对国企经营者的约束机制。对国企经营者队伍的监督约束手段要纳入法制化轨道。(《在制度上为企业家创造成长环境》,《人民日报》1999 年 12 月 27 日)

(二)“国企老总”与经理层

大型企业的经营者有一个经理层,上有“总经理”,有些集团公司,总经理之上还有“总裁”,现实交际中皆称“老总”,当然如果董事长兼任总经理亦为“老总”,叙称则谓“国企老总”。

> 一趟考察下来,国企老总们极感震撼,民企小兄弟的异军突起,让一向以为民企的产品是靠广告“吹”出来的,利润是靠逃税“偷”出来的国企老总们大为叹服。(《向民企小兄弟学习》,《人民日报》2000 年 12 月 19 日)

> 记者费伟伟报道:“国企老总一年拿多少钱?”“国企老总的薪酬究竟该怎么定?”国资委成立后社会各界高度关注的这些问题,目前已有初解,中央企业负责人薪酬制度改革已经有了一个良好的开端。(《国资委出台管理新规　央企老总薪酬规范入位》,《人民日报》2004 年 11 月 23 日)

经理层包括哪些人员,不同国企可能不尽一致,我们且举通化钢铁集团有限责任公司的设置作参考:其经理层包括总经理、副总经理、董事会秘书、财务负责人,另外附有总会计师、副总会计师以及各门类副总工程师。

(三)“国企老板”与董事会

董事会的设立,也是新时期以来国企体制改革的重大举措。董事会着重从产权所有、资金运营及决策导向等方面进行管理,其成员称“董事”,主要负责人为“董事长”“副董事长”。国企董事长由于地位身份重要,是名副其实的一把手,因而又有“国企老板”之称,该称谓在媒体方面的使用比比皆是,且引一例:

> 而在国企里,真正说了算的一般是企业一把手,用谁不用谁,大用还是小用,甚至奖谁罚谁,其实最后能拍板的往往是一把手,而其他负责人甚至老板的副手权力都有限,因此国企老板就一个。(《你是老板还是领导?》,《人民日报》2002 年 4 月 1 日)

目前,人们对“国企老板”的称谓已经习以为常,但在改革前期,国企领导人称“老板”还引起过不小的争议。因为,“老板”在新中国成立前是指私营工商业主,我国取消私有制以后,该称谓也就消失了。改革开放后随着个体私营经济的发展,这个称谓重新被起用。可是到了 20 世纪 90 年代,国营企业的厂长也开始被称为“老板”,随后继续蔓延,高校研究生私下称导师为“老板”,机关干部私下称党政主要领导为“老板”。社会上对此一时难以接受,总以为“老板”是资本主义的东西,其实这都是当时“姓社姓资”争议的反映。学界也曾对此进行讨论，有人指出应对这一问题持宽容态度，“老板”从一开始就在指资产所有者的同时兼具“负责人”的意义，所以新时期的“老板”应是引申出一个新义项：指企业、单位或其他方面的主要负责人。[①]随着改革开放的深入，市场经济、股份制等都已成为社会主义的有机组成部分，“姓社姓资”的疑问早成历史，“国企老板”也成为名正言顺的社会称谓了。通过这个称谓，我们也可看出我国经济发展和人们观念转变的轨迹。

（四）“国有企业家”称谓与国企体制改革历程

如今，“国有企业家”也成了一个响亮的称谓，例证不烦赘举。但是我们前面说到的“国企负责人”和“国企经营者”，是否就都是“国有企业家”呢？这就有个时代性问题了。就当前来说当然不成问题，改革开放初期就难说了。从1979年到1984年这段时间，改革主要是在农村，史称“农村体制改革”。城市企业体制完全是官本位那一套，国企负责人都是纯粹的行政领导干部，今天是教育局长或卫生局长，明天就可能成为国企厂长。这样的企业领导人怎能称为“企业家”呢？因为“家”者，内行、专家之谓。可是后来就不同了。从1984年起改革推进到城市，中国的国有企业经营者开始了第一次转型：从厂长到经理，从“找市长”到“找市场”，从“生产”到“销售”，于是一大批有知识、懂经营、会管理的专业型人才被提拔到领导岗位上来，中国这才有了真正意义上的“国有企业家”。

据经济界专家研究：1984年以后，中国新时期国有企业家的成长大致可分为三代和三种类型，代表了国企经济体制改革的三个发展阶段。第一代国有企业家从1984年起到1992年“邓小平南行”前。当时各个国有企业的生产型导向主要是通过技术改造完成自己的从厂长制到经理制的转型。在当时整个中国政治环境下，革命化、年轻化、知识化、专业化类型的“四化”干部都受到重用，而符合这种要求的多为总工程师，所以当时大量国企的厂长、经理来自“总工程师”这一岗位。这第一代国企的企业家为“总工型”企业家。他们的普遍要求是为国有企业“松绑”，各个政府经济职能部门不要过多插手企业内部的管理，使企业有一定自主权。其内在激励需求可归纳为“要当总经理”。第二代国有企业家是从1992年至1999年。1992年“邓小平南行”，带来了中国经济大发展和改革开放的新一轮建设高潮，也带来了外资的迅速涌入及大规模发展。这一阶段国有企业管理和竞争的焦点从产品技术的改造转向了市场营销，企业的兴衰主要在管理力度上。于是一大批有胆识、有魄力的新型人才逐步走上企业领导岗位，他们敢于打破常规，做铁血总裁，为企业赢得更大的自主权，成为国有企业家中的“异类”。此时国企开始设立董事会，诸如战略、合资、投资等权力，纷纷从政府主管部门回归到国企总

---

① 参见孙剑艺：《话说“老板”》，《语文建设》1996年第9期。

裁名下。所以第二阶段的国有企业家可称为“总裁型”企业家，也可称为“强力型”企业家。其权力要求，可以用“要当董事长”来归纳。第三代国有企业家是2000年后的一批。他们的幸运之处在于涉及了股权。1999年9月23日，中共中央十五届四中全会“关于进一步加快国有企业改革的决定”的公布，整个国有企业的改革进入一个新的冲刺阶段：其目标是企业的根本性机制——企业产权制度和法人治理结构，从而为加入WTO做好了准备。很多国有企业家，由于海外上市，而成了这些大型国企的股东。所以，我们可以把第三代国有企业家们称为“股权型”国有企业家。至此，经过近20年前后三代人坚持不懈的努力，我们的国有企业家终于争取到了经营管理权、董事会决策权和股东分红权，而这些权力是民营企业家天然拥有的，这是多么地不容易！这是一部生动国企经济体制改革发展史。[①]

二、从“个体户”到“私营企业主”“民营企业家”

个体经济、民营经济，城市乡村都有。为了统一处理，本文把它们放在“城市”部分来谈。民营企业就是民间投资经营的企业，相对于“国有经济”而言，是我国国有经济以外的经济成分的统称，包括个体经济、私营经济、集体经济、合作经济、民间持股的股份经济等，因此这一企业类型中涉及的称谓词就相对复杂得多。

（一）“个体户”相关称谓与个体经济发展历程

改革开放结束了“文革”极左政治，告别了“割资本主义尾巴”时代，我国个体经济迎来了一个新的发展时期，成为社会主义市场经济的重要组成部分。个体经济有一个众所周知的称谓“个体户”，《现代汉语词典》谓“个体经营的农民和工商业者”，实际上泛指从事适合个体经营的工业、手工业、商业、饮食业、服务业、运输业、房屋修缮业等的农村和城市居民。其同类关联称谓又有“个体业户”“个体工商业户”“个体劳动者”“个体经营者”“个体经营户”等。今将它们合并举例如下，它们的含义和所指具有极大的一致性。

> 有些事情，国营企业、集体企业不易办好，个体户可能办得好些。无锡就有一个例子。居民都喜欢吃螺丝，过去是由个体商贩经营。因为他们会经营，螺丝弄得又新鲜又干净，群众乐于买。有一个时期为了限制个体户，把螺丝交给水产公司经营。结果，由于周转环节多，经营不得法，大部分螺丝活的变成了死的，死的又变成了臭的，最后变成了垃圾。（《南京、无锡、苏州加强对闲散人员的组织领导 个体手工业和小商贩重新活跃起来》，《人民日报》1979年8月29日）

> 北京市政府研究室据此推算，去年全市10万城乡个体户中，每月纯收入在300

---

① 赵民：《中国三代国有企业家》，中国管理传播网，2003年7月25日。

元以下的，约占1/3；每月纯收入在1000元以上的高收入户约占1/10；每月纯收入在万元以上的特高收入户约占3‰到4‰。也就是说，全市约有1万户**个体户**年收入在万元以上；有300户到400户**个体户**年收入在10万元以上；有的**个体户**一年收入几十万元，几年就是“百万富翁”。**个体户**的不合理收入有多大？（《个体户到底赚多少钱——北京城乡个体户收入采访录》，《人民日报》1989年7月23日）

目前，全县从事工业生产的**个体户**和私营企业达15910户。2001年全县私营经济创总产值35亿元，税收4200万元，分别占全县工业总产值、税收收入的93%和40%。（《永兴为私营企业保驾护航》，《人民日报》2002年2月25日）

去年初，市所属平阴县税务局对**个体业户**的征管，试行了新办法，即对**个体业户**“实行纳税鉴定，纳税申报和纳税人到税务机关交税”的办法。实践结果，全县**个体业户**税收征管出现了新局面，94%的**个体业户**在纳税期内到税务机关交税，全年个体工商税收比上年增加了50%。济南市税务局及时总结了平阴县税务局的经验，在全市加以推广。（《严格征管维护税法——济南市税收工作调查》，《人民日报》1989年7月16日）

个体工商户摆摊设点，走街串巷，送货上门，服务周到，更会受到群众的欢迎。……**个体工商户**是**个体劳动者**，他们靠劳动为生，有些人收入多一些，付出的劳动也多一些，是劳动致富。我们认为，让一部分人的生活先富裕起来这一方针，对于**个体劳动者**同样是适用的。（《正确对待城镇个体经济》，《人民日报》1980年10月28日）

全国**个体劳动者**第一次代表大会暨全国先进个体劳动者表彰大会昨天在人民大会堂隆重举行。中国个体劳动者协会同时正式成立，从而使两千万**个体劳动者**有了自己的组织。《个体劳动者代表大会开幕　中国个体劳动者协会成立》，《人民日报》1986年12月4日）

国家保护**个体经营户**的正当经营、合法收益和资产。凡属国家政策法令允许的经营活动，任何部门和单位不得乱加干涉；凡属经过批准的经营网点和经营场所，任何单位不得侵占；凡属当地有关部门纳入计划供应的物资，不得随意中断。**个体经营户**除按国家税法和当地政府有关规定交纳税款和费用以外，任何部门和单位不得以任何名义乱收费用。——**个体经营者**同全民所有制、集体所有制单位的劳动者一样，享有同等的政治权利和社会地位。有关部门和单位对从事个体经营的青年参军、升学等，要一视同仁，不得歧视。**个体经营者**可以从批准经营之日起，按实际从业的年限计算工龄。（《认真扶持城镇非农业个体经济发展 国务院作出若干政策性规定》，《人民日报》1981年7月16日）

> 上述各部门的个体经营户，只要他们生产商品或提供服务的收入除了维持劳动力再生产所必要的开支外还有剩余，他们的劳动也是创造价值的生产劳动。(《服务部门劳动也创造价值》，《人民日报》1997 年 6 月 14 日)

中国新时期的个体经济，经历了一个曲折的发展历程。过去在"左"的思想指导下，个体经营被当作资本主义活动而遭取缔，个体经营者被看成资本主义尾巴被彻底割掉。十一届三中全会后，国家大力提倡和鼓励居民搞个体经营，个体经济才迎来了复苏和蓬勃发展的春天，这一领域的从业人员数目也开始以几何级速度递增。新时期个体经济，大致经历三个发展阶段：1978 年至 1982 年是起步阶段，个体户每年增加不到 100 万人。1983 年至 1985 年是高速增长阶段，每年增加 400 万人。1986 年到现在是平稳发展阶段，每年增加 100 万人左右。现在，从事个体经济活动的有 1500 万人。这充分说明了个体户及个体经济在我国新时期经济建设中发挥的重要作用，而这又是与国家政策舆论的导向、鼓励是分不开的。例如，1981 年 7 月 7 日国务院发出《关于城镇非农业个体经济若干政策性规定》肯定"个体户也是劳动者"。当年，个体户便由 1978 年的 15 万人增长到 101 万人。1983 年 1 月 9 日《人民日报》发表社论《适当发展个体经济是社会经济生活的需要》肯定"个体经济不是资本主义性质"。1984 年《中共中央关于经济体制改革的决定》，又对个体经济性质作出了最完整的科学的概括。1985 年 3 月 24 日，中共中央、国务院公布《关于进一步活跃农村经济的四项政策》，对个体户经济予以进一步的支持。政策的支持带来了个体户经济的繁荣，也带来了人们观念的改变，当年那种"先国营，后集体，誓死也不干个体"的择业观，已成过眼云烟。

(二)"私企经营者"的相关称谓与私营企业发展

个体经济和私营经济，没有性质上的差别，而是从规模上区分的。简单地说，个体经济发展到一定规模就成了私营经济。区分两者，目前一般采取所谓"七上八下"的标准。根据财政部、国家税务总局〔2003〕26 号文件，凡雇工不超过 7 人(含 7 人)的，叫作个体经济，而雇工在 8 人以上的，叫作私营经济。所以称"私营企业"更须具有相当规模。私营经济或企业的经营者，社会上赋予他们种种相关称谓，如"私企经营者""私营企业主""私企业主""私企老板""私营企业家"等。下面分别为这些称谓举出例证：

> 中央党校进修部在浙江温州市有关领导要求下，用十天时间，为**私企经营者**办了社会主义市场经济理论学习班。参加学习的温州**私企经营者**一共七十一人。这些人所在的企业都有一定规模，经营有一定特色。……还有一位学生说：**私企经营者**参加党校组织的学习，是想也不敢想的事情。党校是为党和国家培养干部，现在我也能参加，觉得很兴奋。改革开放之初，温州人靠敢为人先创业，取得成功。但

现在光靠一个"敢"字肯定是不够了。知识经济时代，没有知识怎么有前途？这就是**私企经营者**深刻的感受和迫切的愿望。(《有感于私企经营者学理论》,《人民日报》2000年6月5日)

不少**私营企业主**把挂靠乡镇、挂靠街道作为免戴资本家帽子的手段。吉林省一个私营建筑队，几年经营，收入颇丰，可前不久，业主硬是将自己苦心添置的十几万元设施卖给了县建筑队，不干私营了。……河北省辛集市一位**私营企业主**发挥自己有舞台设计的特长，在河北、北京等地承揽大型舞台设计业务，信誉不低，收入可观，眼下正准备打入国际市场。可在前不久，他找到当地一位领导同志忧郁地说：在旧社会我是受地主剥削的，可我现在也雇了人，你说我这是不是剥削？我是不是资本家？……目前，社会上有些人总认为**私营业主**的钱都是不劳而获，可以随意掠夺，"抵抗力较弱"的私营企业，只能忍气吞声，送上钱还得陪笑脸。……一些城市的医院竟规定，对个体户、**私营业主**加倍收取医疗费；个体户、**私营业主**买商品房，价提高一倍。(《宪法关注着私营企业的命运》,《人民日报》1988年3月30日)

10月7日，浙江师范大学迎来了一批特殊的"学生"——来自浙江金华市加工、服务、建筑等行业的41位**私企老板**，他们有幸成为该校专门为**私营企业主**举办的经济管理大专班的首期学员。(《金华：私企老板踊跃"深造"》,《人民日报》1997年10月23日)

私营企业家只有建立两个方面的信用，才能使银行、社会改变成见。一是财产信用，即你有多少资产能够抵债的信用；二是商业信用，即借款能还，作买卖守信用，买了货能付款，租房子能付租金，在任何一个领域里都能体现出足够的信用。(《建立公平竞争的法治环境》,《人民日报》2000年9月11日)

这里要把"民营企业家"单独拿出来说一说。它跟上述概念有一致性，但又不完全等同。民营经济或民营企业，不是一个所有制概念，强调的是经营组织形式，泛指非国家经营的经济形式。它涵盖了私营经济，但又不全同于私营经济，国有国营经济以外的其他公有制经济，例如乡镇企业，合作社经济等，也可包括在内。随着改革开放的深入，一些国营企业经营不善或亏损严重，纷纷改制，一个新名词"国有民营"出现了，"民营企业"又增加了新成员。所以，民营经济带有淡化企业所有制的性质，是个多元化的混合经济。"民营"同时也是借鉴港、澳、台说法，相对于"官营"或"国营"而言。"民营企业家"当然就是民营企业的经营者或业主。国家非常重视民营经济的发展，1990年开始，有关部门不断组织"中国优秀民营企业家""中国十佳民营企业家""中国十大民营企业家"等评选活动，授予被评上的民营企业家相应的荣誉称号。请看相关称谓例证。

发挥“能人”的带头、示范和辐射作用。近年全县涌现出150多名**民营企业家**和2万多乡土人才。围绕这些能人，全县已形成9个专业乡镇，140个专业村，5个较大的专业市场。(《各种轮子一齐转 谁转得快就让谁快 清河县依靠民营经济翻身 全县工农业总产值的三分之二源于私营经济》，《人民日报》1988年10月16日)

据统计，海南的**民营企业家**中，上亿资产的有六十名。他们都非常重视自己的形象，生意做得这样大，是要有信誉的，如果你乱来，吃、喝、嫖、赌，势必影响你的形象和事业。(《四位非公有制企业政协委员答记者问 爱国敬业守法走共同富裕道路》，《人民日报》1994年3月19日)

另一条线是民营企业建制。民营企业面临什么问题呢？随着民营企业的发展壮大，如何靠制度管人已经成为许多**民营企业家**共同关注的问题。这就是民营企业面临的建制问题。民营企业从无到有、由小到大、由弱变强，需要由原来的家族式管理、人盯人管理、个人性格管理发展到制度化管理，即建立现代企业制度。(《我国企业改革和发展的新趋势》，《人民日报》2005年6月30日)

中国优秀民营企业家和九五**中国十佳民营企业家**颁奖大会日前在人民大会堂举行。王光英、王兆国、孙孚凌等到会祝贺。伍淑清等一百零八位企业家获得**中国优秀民营企业家**荣誉。王洪德等荣获九五**中国十佳民营企业家**称号。(《中国优秀民营企业家获奖》，《人民日报》1996年1月5日)

昨天晚上，2002年度“**中国十大民营企业家**”评选结果正式揭晓。据了解，10个获奖者中有4个硕士、5个学士。在本次评选中拔得头筹的，是去年的“中国首富”刘永好(大学)，其旗下企业“新希望集团”现有资产5.4亿美元，员工1万名。(《被评为2002年十大民营企业家》，《每日新报》2003年1月9日)

2003年度“**中国十大民营企业家**”20日晚在此间举办的21世纪经济论坛第二届年会上揭晓。东方希望集团有限公司董事长刘永行等十人凭借在企业经营上的突出表现荣膺此殊荣。荣获本年度“**中国十大民营企业家**”的分别是：东方希望集团有限公司董事长刘永行、网易董事局主席丁磊、杭州娃哈哈集团有限公司总裁宗庆后、创维集团董事局主席黄宏生 、建业住宅集团董事长胡葆森、吉利集团董事长李书福、金蝶国际软件集团主席徐少春、金花企业集团总裁吴一坚、新华联集团总裁傅军、江苏远东集团有限公司董事长蒋锡培。(《2003年度“中国十大民营企业家”评选揭晓》，新华网，2003年12月20日)

我国的私营企业和民营企业也有一个兴起和发展壮大的过程。改革开放之初，由于条件的限制，国家重点提倡发展个体经济。后来一些个体经济实力不断增强，规模不断扩大，逐渐发展为私营企业。1987 年，党中央做出《关于把农村改革引向深入》的决定，首次提出允许私营企业存在；1988 年《中华人民共和国宪法修正案》明确提出"私营经济"的概念，确立为"社会主义公有制经济的补充"，私营经济取得合法地位；1993 年 3 月，有 20 多位私营企业老板首次成为全国政协委员，这标志着非国有经济已得到它应有的认可；1997 年党的十五大将非公有制经济由补充地位提升到社会主义市场经济的重要组成部分，至此，私营经济及其他民营经济取得了与公有制经济平等的社会地位。到 1999 年，全国登记的私营企业投资者已近 300 万人。目前我国私营经济、民营经济已在全部经济中占有相当大的比重，"私营企业家"和"民营企业家"称谓的社会价值不断上升，够得上"十大民营企业家"的，都是全国的巨富。刘永好、刘永行兄弟分别荣膺 2002 年度和 2003 年度"中国十大民营企业家"之首，就是中国最大的私营企业家，堪称当时的"中国首富"。

三、"三资企业家"称谓与三资企业发展

三资企业指在我国大陆境内兴办的中外合资经营企业、中外合作经营企业和外商独资经营企业。涉及三资企业负责人的称谓不多，只有"三资企业经营者""三资企业家""三资企业主""三资业主"等几个。我们分别举例如下：

> 涂建华，汉族，生于 1963 年 4 月 11 日，籍贯重庆市。1996 年，获得重庆市优秀三资企业经营者，重庆市优秀乡镇企业家(称号)。(《新青年☆财富》,2002 年 11 月 5 日)

> 有的国营企业家感叹，民营企业家、三资企业家的贡献不如我大，为什么他们比我强多了。(《华声月报》1998 年 8 月号)

> "民工潮"在珠江三角洲降温，与全国全方位开放有直接关系。另外，也与前几年一些三资企业主法制观念淡薄，管理简单化，有时拖欠克扣工人工资等行为有关。(《文汇报》1998 年 10 月 22 日)

> 作好人身财产防护：本地区党政首脑安全。重要国家及来华人员的警卫，企业家、"三资"业主、私营工商主的家庭防盗防劫设施等。(胡玉玲、徐曼主编《保安员培训与管理》第五章)

无疑，三资企业的发展是我国实行对外开放战略方针的结果。1980 年国务院批准在沿海建设经济特区，于是有了深圳、珠海、汕头、厦门第一批 4 个特区。特区允许多种经济成分并存，大力发展中外合资、合作经营和外商独资企业。1984 年我国又开放了大连等 14 个沿海城市，1985 年又将长江三角洲等辟为开放区，后来内地也实行了招商引资政策。进入 21 世纪，三资企业已在全国遍地开花。所以"三资企业家"这类称谓，同样在我国经济建设中具有重要的时代意义。

四、“首席执行官”“职业经理人”与现代企业管理模式

企业在发展，企业经营管理模式和企业负责人的性质也在发展。于是在现代企业制度下，20世纪末又出现了“首席执行官”“职业经理人”等一些崭新的社会称谓。

(一)“首席执行官”与CEO

“首席执行官”来源于外国的CEO，本是Chief Executive Officer首字母的缩写。香港称CEO为“行政总裁”，台湾称CEO为“执行长”，大陆一般译作“首席执行官”或“首席执行员”。CEO是美国20世纪60年代进行公司治理结构改革创新时的产物，它的出现意味着将董事会原来的一些决策权过渡到经营者手中，董事会不再对公司的重大经营问题进行决策，而是实施对人力资本的管理。首席执行官既是行政一把手，又是股东权益代言人。他代表着企业，并对企业经营负根本责任。

大约在1996年前后，我国的一些网络公司最早将CEO这一称谓引进中国，一般称“首席执行官”，有时也直接称CEO，不料它却以令人惊讶的速度渗透进传统企业。最新的统计数字显示，2003年前后，中国CEO的人数已经突破了1万人。2003年10月18日，美国CEO俱乐部上海会员分部落户安亭新镇，也从一个侧面说明了中国CEO队伍的发展壮大。2002年，著名导演吴天明拍摄了一部以海尔集团领导人张瑞敏为原型的影片，名字就叫“首席执行官”，于是这个称谓影响更大了。且看例证：

> 海尔集团张瑞敏是我国家电企业中第一位**CEO**。他曾解释说，设立**首席执行官**是国际上通用的一种企业管理方式，在世界500强企业中，绝大部分企业都设有这一职位，海尔设立**CEO**也是为了与国际大公司保持一致，防止决策层和执行层脱节。这是海尔全球化战略中的一步。(《CEO：变化仅仅是称谓?》，《人民日报》2001年4月2日)

> 为期三天的首届夏季达沃斯论坛8日在大连落下帷幕。世界经济论坛首次从西方到东方，从达沃斯到大连，中国再次成为世界瞩目的热土。……据了解，全球有500多家企业的**首席执行官**参加了此次论坛，其中约25%来自中国。(《变化中的新生力量》，《人民日报》2007年9月9日)

> 两位中国客人正是江西省省长吴新雄和江西赛维公司董事长兼**首席执行官**彭小峰。在他们身边的，还有面带笑容的新余市委书记汪德和。(《阳光照亮未来》，《人民日报》2007年12月8日)

正如“总经理”下辖各分部经理一样，“首席执行官”以下也要设置各分管部门负责人，因此又派生出一大系列相关称谓，如：

首席财务官　首席程序官　首席分析官　首席沟通官　首席商务官　首席技术官　首席市场官　首席谈判官　首席系统官　首席信息官　首席行政官　首席运营官　首席知识官　首席质量官

这些称谓已见诸媒体，不过尚未真正全面在中国推广开来，不必一一举例了。

但经济学家、清华大学经济管理学院教授魏杰认为，中国目前并没有真正的CEO。他认为，CEO在国际上的概念是集总经理100%的权力和董事长40%至50%的决策权于一身，这样的人才能称之为CEO。而目前我国企业界将自己称之为CEO的人士中，要么是总经理，要么是董事长，再要么是集总经理与董事长于一身。如果站在上述国际惯例的标准来衡量，中国的CEO一个都不合格。[①]

经济学家范恒山也提出，CEO并不符合中国国情。国有企业设CEO，目前还不具备条件，因为产权关系、治理结构还不具备相应的条件。如果有些企业为了增加发展空间，非设不可，那也一定要界定权力，并且把权力和责任相结合。[②]

大部分传统产业的"老总"们也反对CEO的形式，认为那是IT产业赶时髦、炒概念，纯粹是那些经营者们自封的、在拽洋词。而IT产业的领导者们则认为，不管你接不接受，CEO是中国企业向国际靠拢的一个信号。他们说，事实上传统的"董事会决策、经理层执行"的公司体制已经难以满足决策的需要。而且，随着一些大企业业务的拓展，决策层和执行层之间存在的信息沟通障碍，致使决策成本增加，已经严重影响了对企业重大决策的快速反应和执行能力。而解决这一问题首要一点就是让经理人拥有更多自主决策的权利，让经理人更多为自己的决策奋斗、对自己的行为负责。CEO就是这种变革的产物。[③]

CEO与传统的董事长、总经理有什么不同呢？CEO与总经理，形式上都是企业的"一把手"，但CEO既是行政一把手，又是股东权益代言人。大多数情况下，CEO是作为董事会成员出现的，总经理则不一定是董事会成员。从这个意义上讲，CEO代表着企业，并对企业经营负责。[④] 所以，CEO或"首席执行官"之类称谓的引进，不仅仅是一个名称的更换问题，而是我国与世界接轨的结果，是我国的企业经营管理模式进一步现代化的产物。将来这些称谓能否在我国普及开来，则取决于企业体制模式的进一步改革和社会的约定俗成。

（二）职业经理人群体的兴起与"职业经理人"称谓的历史意义

世界上第一个经理人诞生在美国。1841年10月15日，美国马萨诸塞州的铁路上

① 《魏杰：中国大陆没有真正的CEO》，大众网，2001年7月24日。

② 《中国CEO多是"假冒"》，《北京娱乐信报》2001年5月14日。

③ 《中国有多少CEO?》，《北京日报》2002年6月27日。

④ 同上。

发生了一起两列客车迎头相撞的事故。社会公众反响强烈，认为铁路企业的业主没有能力管理好这种现代企业。在州议会的推动下，对企业管理制度进行了改革，选择有管理才能的人来担任企业的管理者，这就是世界上第一个经理人。随着企业分工的细化和对管理者的知识技能的专业要求越来越高，经理人逐渐向职业化方向发展，出现了“职业经理人”这个层次。

学界对于“职业经理人”的定义有多种。一个有代表性的说法是：“职业经理人”是指在一个所有权、法人财产权和经营权分离的企业中承担法人财产的保值增值责任，全面负责企业经营管理，对法人财产拥有绝对经营权和管理权，由企业在职业经理人市场（包括社会职业经理人市场和企业内部职业经理人市场）中聘任，而其自身以受薪、股票期权等为获得报酬主要方式的职业化企业经营管理专家。[①]职业经理人虽然是“受薪阶层”，但作为企业重要的管理者，所获薪酬相当高。在美国的一些大企业，高级职业经理层的平均收入已经达到了普通员工平均水平的100多倍，因而他们又有“金领”之称。

在我国，社会上出现职业经理人也有些年头了。改革开放后不久，一些外商投资企业内便出现了我国第一批职业经理人。近年来，随着我国人事制度改革的逐步推进，职业经理人这个特殊的群体也在不断扩大。尤其是我国加入WTO以后，企业经营管理更加规范，职业经理人的需求量日趋增大，“职业经理人”也日益成为受人青睐的时尚称谓。

> 来自国外的关切并不仅仅因为田溯宁能讲一口流利的英语，也不仅仅因为他是国有大型企业第一个公开选聘的**职业经理人**，更根本的原因是网通从诞生的第一天起就引起了热烈的关注，从某种意义上说，它已经成为中国新型电信企业的象征。（《网通要做新电信》，《人民日报》2000年1月9日）

> 由中国企业联合会、中国企业家协会主办的全国企业**职业经理人**资格认证工作会今天在京召开。109名全国知名企业家领到了高级职业经理资格证书，134家**职业经理人**资格认证工作机构获得授权，这标志着社会化、专业化、国际化的**职业经理人**资格认证工作在我国迈出具有实质意义的一步。（《职业经理人资格认证工作启动 一百零九名企业家获高级职业经理证书》，《人民日报》2004年8月20日）

但是职业经理人的能力水平、资格认证也就成了问题。以上海为例，尽管大大小小的经理约达到100万名左右，而堪称“职业经理人”的大概10万名也不到。[②] 2002年，“国家职业经理人职业资格考试”经国家劳动和社会保障部批准实行，在上海率先启动，

---

① 《职业经理人一瞥》，《人民日报》》2003年11月13日。

② 《职业经理人：职场稀有“重金属”》，《新闻晨报》2003年8月14日。

并被正式纳入国家职业资格考试体系。资格认定分“经理人”“职业经理人”和“高级职业经理人”三个等级，参考者通过培训考核，最终被鉴定合格的人员就可以拥有与国际化接轨、全国通用的《中华人民共和国职业经理人资格证书》，成为其从事经营管理工作的通行证。该证书是对经营管理者的认证，也是对个人价值的认证。是经营管理者自我提高、工作沟通、被社会或企业认可时的极有价值的个人品牌形象资产。至此为止，“职业经理人”已成为得到官方认可的法定称谓，同时也成为一个法定的社会职业阶层，其资格认定已走上规范化、科学化、法制化的道路。

“职业经理人”称谓的确立和认证，标志着我国企业内部“外行领导内行”和“说你行你就行”机制的彻底终结。我国的企业经营者，由改革初期的“万金油干部”，到企业体制改革后的内行“企业家”，再到如今与国际接轨的“职业经理人”，这种看似简单的称谓变化，不正反映着我国经济体制实现的伟大历史跨越吗？

第四节　社会兼职、新兴行业和新兴职业等引起的新兴称谓

建立适应以公有制为基础的社会主义有计划商品经济，就必须建立和健全全国统一的市场体系，其中包括劳务市场，它是劳动力合理流动的渠道和纽带。原有的经济体制对劳动力实行部门所有制，劳动者的分配一次定终身，个人不能自由选择职业和岗位，企业也不能选择合适的劳动者。这样做不利于实现劳动资料与劳动者的最佳结合，常常出现有的岗位有事无人干，而有的岗位许多人无事干或专业不对口的矛盾现象。经济改革和开放搞活的形势，打破了这种僵化的格局，社会上呈现出一种充满生机和活力的新局面。

一、从“星期日工程师”等称谓看第二职业的兴起及人们观念的变化

党的十二届三中全会以后，随着城市经济体制改革的展开，一些地区开始出现各种类型的劳务市场，一般分为两大类：一是政府有组织有领导的劳务市场；二是自由的劳务市场，例如，第二职业市场、离退休人员聘用市场等。在第二职业市场上，出现了一大批前所未闻的新鲜社会称谓，如：星期日工程师、星期天工程师、星期六工程师、星期日农民、星期日工人、星期日医生、地下工程师、老鼠工等。

我们可以先给这些称谓下一个概括性定义：指利用周末或假日从事第二职业的人。这种现象适应了客观形势的需要。当时一些企业家为解高科技人才匮乏之急，到知识密集的单位，聘请在职科技人员利用周末法定假日指导企业生产、设计开发新产品等。

由于被聘者大都具有中高级技术职称，又是周六或周日来到企业协助工作，周一再回到原单位上班，故称“星期日工程师”“周末工程师”等。据 1988 年 5 月 9 日《人民日报》报道，上海成立了“星期日工程师联谊会”。工人们也不甘示弱：你们科技人员可以兼职，我们为什么不可呢？于是又有了“星期日工人”。医生们利用假日走出本医院外出诊病，增加个人收入，称“星期日医生”。同时由于农村土地承包的实行，劳动力出现富余，农民们纷纷去工厂企业务工，周末再回到责任田上耕作，称“星期日农民”。这类现象也是经济转型时期人们多劳多得、思富向富意识反映。但由于当时国家没有明文政策规定，社会上对从事第二职业还存在不同看法，特别是在如何看待第一职业与第二职业的关系、业余经济收入以及怎样发挥知识分子作用等问题上，都有较大的分歧。所以从事第二职业的科技人员或工人大多秘密进行，因而社会上又把他们戏称为“地下工程师”和“老鼠工”。“老鼠”是取喻于夜间活动，偷偷摸摸，与“地下”同义，虽然不乏诙谐幽默，却是当时社会观念的真实写照。请看当时媒体的一些用例：

在珠江三角洲乡镇企业的起飞中，广州、佛山这样一些城市中的**“星期六工程师”**的作用是很大的，但却是无法说得清楚的。（《光明日报》1988 年 8 月 23 日）

每逢星期日，在上海市郊经常可见一些科技人员乘汽车或蹬自行车往返于城乡之间，他们利用业余时间帮助乡镇企业开发新产品，解决技术问题，培训业务骨干，人们风趣地称他们为**“星期日工程师”**。对于乡镇企业来说，这些**“星期日工程师”**却是‘财神’。……上海市郊乡镇企业的一些厂长说，现在我们缺技术人员，遇上稍难一点的技术问题就‘抓瞎’，开发新产品就更困难了。我们很希望有更多的**“星期日工程师”**下乡来！市区的一些科研人员也说，在完成本职工作之余，我们有精力去当**“星期日工程师”**。（《人民日报》1987 年 3 月 19 日）

每到周末，一辆辆来自珠江三角洲的小汽车载着广州市一些科技人员驶往乡镇企业。这是广州在科技体制改革中出现的新鲜事：工程师、专家和教授被请到乡下去作决策咨询或解决技术难题。他们被称为**“周末工程师”**。（《人民日报》1985 年 6 月 11 日）

工人们的想法很简单：既然你允许科技人员当“星期日工程师”，那为什么我们不可以当**“星期日工人”**。（《文汇报》1989 年 6 月 7 日）

名医、专家们星期六下班后，即从上海赶到常州，对疑难病患者进行会诊。第二天早晨给求医者看门诊和做各种特殊检查，下午乘车返沪。这些上海医学专家可称作**“星期日医生”**。（《光明日报》1985 年 1 月 5 日）

从青浦到松江，到金山，一路上都听说这个新名词：**“星期日农民”**。这在数量上已不少，有的村子青壮男劳力中70%—80%属“**星期日农民**”。他们平时或从商，或务工，只是在星期天或节假日才挽袖挥锄，躬耕垄亩。”（《解放日报》1992年12月19日）

在我的系里没有“**地下工程师**”，因为我们有组织地从事技术开发工作，已经使大多数教师尝到了甜头。（《光明日报》1988年3月29日）

出现“**老鼠工**”，有主观的需要也有客观的需求。在职的技术工人要利用工余时间增加收入，对付物价上涨，改善生活；集体或私人的电器厂需要技术指导，但请不到或请不起正规的技术顾问，于是“**老鼠工**”便应运而生了。（《经济日报》1988年6月22日）

后来有关部门出台了允许科技人员利用周末业余时间为社会提供有偿技术服务的原则和管理措施等，就是俗称的“周末政策”“星期六政策”后，解除了科技人员下乡的思想顾虑，社会也对这部分人消除了偏见，“星期天工程师”这类称谓也就没有什么稀奇了，“地下工程师”“老鼠工”等称呼自然就销声匿迹了。进入21世纪，这些当年的新兴称谓早已成为历史的陈迹，甚至人们对它们的含义也几乎不知所云了。在汉语词汇发展的历史长河里，它们或许只是昙花一现，但我们可以通过这类称谓去窥见那个时代，窥见经济转型时期人们开发第二职业的热情和社会观念的转变。

二、新颖灵活的工作状态派生出的新称谓

如前所说，随着改革开放的持续进行以及国家和社会对第二职业的认可，不少人在本职岗位之外从事另一份有经济收入的工作渐成正常。随着一些新兴服务行业的兴起，工作状态开始发生变化，薪酬支付形式也打破了从前单一的月薪制，比如家政服务业的钟点制，以小时计酬的家庭教师，麦当劳的小时工资等。《中国妇女报》1992年7月13日报道，上海街道妇联为了给妇女创造增收或再就业机会，创办钟点公司，全国各地也都组织多种形式的服务社。于是钟点工这一崭新的社会称谓应运而生，又称“小时工”或“点工”：

家务服务公司的任务是组织待业青年和社会闲散劳力，向城市居民提供各种形式的服务。服务项目包括入户带孩子，看护老人，料理家务以及到医院陪护病人等。服务方式灵活多样，有月工、日工、半日工、**钟点工**等几种。（《北京市第一个家务服务公司积极开展工作》，《人民日报》1984年2月22日）

人们开始选择**小时工**，每天做一顿晚饭或一周来半天洗衣服、擦地等。（《自强自立觅新途——天津再就业记事》，《人民日报》1997年6月3日）

唐兰做**点工**已经快五年了。说起其中的感受，她对记者说：“做**点工**最重要的是手

脚要勤快，一般我只做熟客。”(《贵阳家政服务面面观》，《贵阳日报》2003年7月7日)

“钟点工”又根据工作性质和工作时间划分为多种，如：

家政钟点工　家教钟点工　保姆钟点工　保洁钟点工　陪护钟点工　长期钟点工　包月钟点工　固定钟点工　临时钟点工

这些称谓均已见诸报端，用例不必一一列举。

随着人才的流动和观念的转变，人们愿意利用自己的知识专长为社会提供各式各样的劳务，许多单位招聘也公开注明是全职还是兼职，于是“全职人员”“专职人员”“兼职人员”或“半职人员”，也成了人才市场上的专用称谓。

据洛阳市有关部门统计，目前全市在民办科研所工作的**专职人员**超过700人，其中有高级技术职称的50人。(《洛阳民办科研机构发展到58家》，《人民日报》1987年7月8日)

各单位聘请**兼职人员**，除需征得本人及所在单位同意外，可以采用合同形式规定聘请**兼职人员**的工作内容、兼职期限和待遇等。(《就科技人员兼职和交流问题国务院科技干部局颁布两个暂行办法》，《人民日报》1982年3月24日)

健身中心预计第一年需要6名**全职人员**，19名**半职人员**。**全职人员**包括健身指导、维护人员、会计师和统计分析。……**半职人员**将由主管人员指导，工资为每小时5元，也可获得家庭会员证。(《世界经理人》2003年12月18日)

这些称谓代表的现象象征着科技界与全社会的开放搞活和进步。

三、“公关人员”类称谓与公关业的兴起和发展

公共关系学是随着商品经济的高度发展，在国外迅速兴起的一门科学，属于市场运营学的范畴。它是指一个组织或企业，为了增进内部和社会公众的信任与支持，为自身事业的发展创造一个最佳的社会公众关系环境，在分析和处理面临的各种内部、外部公众关系时，采取一系列科学政策与行动的科学。公关学自20世纪80年代中期从海外引进后，推动了我国公关业的兴起，并在全国大小企业中迅速普及开来。有资料显示：到80年代末，大陆专事公关业的人数已近万人，公关专门机构上千个，受过正式培训和函授教育者达两三万人。若加上或多或少接受过公关普及教育的人数，至少已有四五十万之众。而在公关业经历了80年历程的美国，公关从业人员不过25万。[①] 好多单位都有专门处理对外业务、协调公共关系的专职人员：年轻女性被称作“公关小姐”，男士则称“公关先生”，一般通称为“公关人员”，较有才能者称“公关人才”，成就突出者称

① 参见《深圳特区报》1989年4月27日。

“公关明星”，企业设公关部，负责人称“公关主任”“公关经理”。

那些活跃在宾馆公关部的女士们神秘地走上了这一使人颇感陌生和神秘的社交舞台，被称为公关小姐。她们以出色的口才，娴熟的社交能力，美丽庄重的形象，开始了艰难而又漫长的“与人奋斗”的历程。（《青年一代》1988 年第 1 期第 26 页）

从今以后，只靠形象好、善交际恐怕做不了公关小姐、公关先生。记者日前从劳动和社会保障部职业技能鉴定中心了解到，今年 12 月我国将举行公关员职业资格国家统一鉴定。（《中国青年报》2000 年 9 月 13 日）

同时，公关人员要善于把企业公司的形象恰到好处地表现出来，认识到自己的一言一行都对企业的形象、声誉产生直接的影响。（彭新杰编著《怎样找一个好工作》第二章）

这次调查也显示，国内公关市场经营目前面临的主要问题是公关人才匮乏、流动过于频繁。（郭惠民《98 中国公共市场调查结果》，《公共关系》1999 年第 1 期）

今晚 8 频道 19:45“电视之桥”节目中，将为您播放一部有关的专题片《公关在上海》，届时您可以通过那些“公关明星”的活动，了解到公关的含义，及其对于各项事业成功的作用。（《新民晚报》1990 年 5 月 30 日）

安利（中国）高级公关主任陈晟女士说，安利鼓励它的员工展示自己的个性和特质，这是它企业文化中不可缺少的一部分。（《海峡消费报》2002 年 1 月 24 日）

我做公关经理时最值得骄傲的，可以说是把联想汉卡已经评下来的国家科技进步二等奖通过复议变成了中国计算机领域第一个国家科技进步一等奖。（《人才瞭望》2001 年第 2 期）

我国公关业经过 20 多年的发展，在社会经济领域发挥了重要作用，尤其是进入市场经济时代以来，其地位显得更为重要，社会对从业人员的要求也越来越高。因此，新世纪伊始，国家已出台有关政策，对公关从业人员实行统一的职业资格鉴定，考试合格者发给“公关员”证书，分初级、中级、高级三个等级；2003 年，上海又在此基础上增设“公关师”和“高级公关师”两个等级。① 如果说上面所举的“公关小姐”等还算一般性社会称谓的话，“公关员”“公关师”“高级公关师”则已成为带有法定性质的社会称谓，任何人不得冒充或自封。这说明我国“公共关系”这一术语的含义，已由最初的一门科学，在变为一项重要的社会工作以后，又一跃而成为一种公认的社会职业，这都是市场经济领域交往、交流、合作的客观需要决定的。

---

① 《上海举办“灰领”职业大赛》，《解放日报》2003 年 11 月 4 日。

像“公关小姐”这样伴随新职业出现的新称谓词还有很多，如专门照顾产后妇女的“月嫂”，为企业搜求人才的“猎头”等，限于篇幅，这里就不一一列举了。

四、股市、彩市的出现与“股民”“彩民”等系列称谓的形成

股市的重新建立，使得“股民”这一称谓重新进入社会生活；彩票业的兴起，又出现了“彩民”这一新称谓词语。概括说来，这类称谓主要有：股民、券商、庄家、大户、散户、彩民、彩迷。

（一）股市与“股民”“股东”“大户”“庄家”“散户”“券商”等系列称谓

在历史上，股市、股票并算不上什么新事物，旧中国就曾实行过。但当代中国证券市场的形成和发展，却是我国经济改革的产物，也是建立现代市场经济体制的客观需要。“中国经济的腾飞需要资本市场作为‘助推器’，中国老百姓需要股票市场提供投资机会。国家从全局和战略角度作出大力发展资本市场的重要决策，好似强劲的东风，翻开了中国股市新的一页。”①

相关资料表明：1984 年 12 月，新中国的第一张股票——上海飞乐音响公司股票诞生了；1986 年 9 月，工商银行上海信托投资公司静安证券业务部率先开办股票交易业务，开创了上海股票流通市场的新篇章；1990 年 12 月 19 日上海证券交易所正式成立，1991 年 5 月 3 日，深圳证券交易所也宣告成立，两家交易所的成立拉开了中国股票市场的帷幕。1992 年，邓小平南巡讲话中“证券、股市要允许看，但要坚决地试”的言论极大地刺激了中国股票市场的发展，市场发行规模和交易规模出现爆发性的成长。全国兴起炒股热，截至 2003 年，在沪、深两市投资的开户数目前已突破 7000 万户。

有了股票和股市，也就产生了持有股票和在股市从事证券交易的这样一个社会群体，那就是“股民”，并且有了“股东”“大户”“庄家”“散户”“券商”等一系列相关称谓。“股民”就是出资购买股票证券的个人或机构，统称证券投资者。“股民”的另一称谓叫“股东”，是从不同的角度命名的。对股票发行企业来说，股民实际上就是他们的“股东”。股民中的大额投资者叫“大户”，一般投资额在 50 万元以上的为大户。那些具有更强大的实力，能通过某种股票的大量买卖而影响其价格的大户，叫作“庄家”。相对于大户而言，那些投入少量资金、小量买卖股票的一般股民，叫作“散户”。对股市和炒股入迷的人当然就是“股迷”了。在个人股民外，专门从事股票交易的机构就是机构投资者，如证券公司等。股票发行公司经协议可由这类证券经营机构代理，因此证券公司被称为“券商”。

---

① 《东风浩荡满眼春——来自中国资本市场改革发展的报告》，新华网，2004 年 2 月 8 日。

深沪股市中,个人**大户**实力不凡。个人拥有股票市值超过千万者在470人以上,其中超过亿元的也有7人。……在每年两次的上市公司业绩报表披露中,上市公司十大**股东**的名单中总少不了个人**大户**的名字出现,少则持有几十万股,多则近千万股。(《北京青年周刊》1999年9月10日)

我觉得自己是个能搭上**庄家**车的**散户**,但今年操作"航天机电"的经历让我深深体会到了要想"猎庄",一刻都不能放松。由于**庄家**介入迹象明显,6月25日上午开市不久,尽管航天机电封在了涨停,我还是赶紧动用账户上的资金,以涨停板价位追进。26、27两天休战,到了6月29日,股价已经在18元附近徘徊,但我预计**庄家**还会发力,于是清掉其他所有股票,全仓持有航天机电。果然,临近收盘时,股价节节高升,最高摸高19.10元,报收于18.90元。这时候的我,琢磨着第二天在股价惯性上冲时获利出局,心里比吃了蜜还甜。(《北京青年报》1999年12月2日)

股民甲是个刚洗脚上田的农民,原在城郊种韭菜,因土地被房地产公司购买,得补偿费一笔。后跟小舅子炒股,入市资金不足5万元,是个不折不扣的**散户**。(《金华日报》2004年4月16日)

有一家人都是**股迷**。期中考试后,爸爸问儿子:"成绩都是红盘吗?"……(《讽刺与幽默》2000年12月20日第5版)

与股市呈现"二八"格局,大部分**散户**亏损的局面形成鲜明的对比,2003年开放式基金平均收益率达20%,因此2004年伊始,越来越多的股民加入了购买基金的队伍,**券商**在基金销售中异军突起,成为了发行主力。(《三湘都市报》2004年4月16日)

(二)彩市与"彩民"称谓

中国的彩票市场起步较晚。民政部于1987年7月27日发行第一套福利彩票中国社会福利有奖募捐券,1994年开始发行体育彩票,2000年10月发行足球彩票。1996年财政部接管彩票市场,进行彩票政策和额度管理。目前中国经国务院批准并授权发行的彩票种类主要有福利彩票和体育彩票两大类。

有了彩票、彩市,也就有了购买彩票的民众。仿"股民"而来,彩票市场上的个人投资者就被叫作"彩民"。

"**彩民**"们带着新奇怀着热情,同时心存侥幸,纷纷把握着钞票的手伸向销售奖券的窗口。(《工人日报》1993年5月9日)

随着人们预期收益水平的提高和居民投资观念的日趋成熟,彩票市场的发展有了一定的社会物质基础,在上海如今**彩民**数已超过了股民数。(《人民日报》2002年7月14日)

股市里有全职的股民，那现在彩票如此发达，可否全身投入于玩彩票，做一个以彩票为业的全职**彩民**呢？（《民营经济报》2004 年 4 月 16 日）

那些热衷于购买彩票的人就被叫作“彩迷”，又有专业、业余及编外之分，还有“超级彩迷”。

彩迷如今也分等级，跟着瞎起哄、凑热闹的是**编外彩迷**；打擦边球、偶尔小试运气的叫**业余彩迷**；能如数家珍道经验，花时间往里深泡肯投入又不空手而归的叫**专业彩迷**。（《北京晚报》2000 年 12 月 22 日）

义乌一**超级彩迷**走火入魔 买彩票 700 万净亏 500 万（《上海青年报》2004 年 5 月 16 日）

第五节 社会阶层分化与阶层称谓词的出现

随着分配制度的进一步完善，在国家鼓励一部分人先富起来的政策感召下，中国出现一定程度的贫富分化，社会群体重新组合，并且层次逐渐年明化，由此产生了一些阶层群体称谓。对这些称谓，我们无法一一阐述，只能选取几例，对其社会原因和意义加以剖析。

一、“工薪阶层”称谓与新时期经济转型

“工薪阶层”一词最早在港台语中出现，指有稳定工作并以工资为主要经济来源的社会阶层。改革开放后，该词被引进，并逐渐成为一个流行称谓。请看例证：

在总人数中，绝大多数的**工薪阶层**难以承受涨价的压力。（《中国青年报》1985 年 3 月 5 日）

超市里也卖各种包装精美的蔬菜，但价格要贵得多，对**工薪阶层**来说，掏腰包时便免不了踌躇再三。（《人民日报》2000 年 11 月 13 日）

个人所得税：管住了**工薪阶层**管不住新生贵族。（《中国青年报》2001 年 4 月 2 日）

从理论上讲，“工薪阶层”历史上早就存在，为什么直到改革开放后才成为受人关注的社会称谓呢？这是与经济转型新时期的变革和社会人群的重新分化分不开的。改革之初，城市里首先出现了个体户等一大批先富群体，他们原先大多处于无业、待业或下岗等状态，是典型的非工薪群体。事物差异都是比出来的，非工薪富裕群体地位的提高，是与工薪群体相对照的，于是“工薪阶层”成为一个令人注目的称谓。上面例证同时透露出工薪阶层囊中羞涩的情形，与铁饭碗时代恰成鲜明对照，所谓“下海”“跳槽”等

80年代的时髦概念，正与当时工薪阶层地位的相对降低有关。后来国家虽然逐步提高了行政事业人员的待遇，工薪阶层的白领地位逐渐得到确立，但又与后来出现的“大款阶层”“老板阶层”“经理阶层”“富人阶层”等形成对照，仍显出其社会地位之独特。统计显示，全国个人所得税90%左右来自工薪阶层，因为他们收入明确，其税无可逃之机，但绝不等于他们已成为“大款阶层”。总之，“工薪阶层”已成为社会和学界公认的社会群体和称谓，这与其身份、收入和地位的明朗化是分不开的。“工薪阶层”又称“工薪族”，例不赘举。

二、“中产阶级”称谓与中国经济社会的现代化转型

“万元户”曾是少数富人的家产标准，但不久后，社会上流传的一句顺口溜就成了：“一万两万不算富，十万八万刚起步。”据国家统计局2000年9月份公布的《首次中国城市居民家庭财产调查总报告》显示：进入新世纪，中国城市居民家庭财产平均已经达到22.83万元，有48.5%的被调查户家庭财产在15万元到30万元之间。这是我国新时期以来经济持续发展的必然结果。改革开放以来，我国GDP年均增长达到9.5%，是世界上增长最快的国家，这个速度也是同期世界经济年均增速的3倍。城市居民人均收入由1978年的344元增加到2000年的6280元，提高了17倍(名义增长)。作为收入增长的必然结果，全体居民共享改革成果，生活水平迅速提高，家庭财产由少到多，跨越了温饱、小康两个生活阶段，逐步向富裕迈进，城市居民家庭财产积累也日渐增多。于是，在世纪交接之际，一个时髦的称谓“中产阶级”得以悄然兴起①，并很快成为社会和舆论界激烈争论的热门话题。学术界对“中产阶级”还有一些不同的称谓，诸如“中间阶层”“中产阶层”“中等收入阶层”“中等收入群体”“新资产阶级”等。这些概念并无多大区别，在许多场合都被当作同义语使用，所以不必一一举例了。但什么是“中产阶级”？其判定标准是什么？至今尚在争论中，未形成一个权威或标准的答案。对这个问题我们不强作解释，且引几种说法作为参考：

> 中国国家信息中心官员曾在深圳指出，未来五年，中国将有2亿人口进入“中产阶级”消费群。他解释说，所谓“**中产阶级**”，指的是拥有稳定的收入，有能力自己买房买车，能够将收入用于旅游、教育等消费的人群。(黄相怀《当代中国中间阶层的政治学解读》，《科学社会主义》2003年第2期)

> 经济改革以来，随着中国经济稳定发展，一个被称为**中产阶级**的社会群体逐步增长……虽然人们对于中产人群的数量和构成以及是否形成了一个阶级或阶层等

---

① 《中产阶级崛起的社会经济意义》，《南方日报》2002年11月6日。

问题还有争论，但不论是专家学者、政府的政策制定者还是普通的社会公众，都不怀疑这一群体的存在，并且乐观地预期这一群体在未来的数年里的增长势头。尤其是最近三四年间，有关**中产阶级**的话题成为中国社会公众舆论的一个热点，同时也是社会学研究领域，特别是社会分层研究领域一个重点关注的问题。（李春玲《中国中产阶级的增长及其现状》，李春玲主编《比较视野下的中产阶级形成过程、影响以及社会经济后果》）

一些专家认为，比较合理的有关国内**中产阶级**的界定，应该是人均年收入在1万至5万美元左右，也就是8万至40万人民币左右。只有具备这样的收入水平，中国的中产阶级或许才能够具有“相应的家庭消费能力”，才能够去追求一定的“生活质量”，才能够符合有关**中产阶级**的一条条硬性或软性的定义，否则的话，中产阶级就只能是“脱贫”或“温饱”的另一个代名词。（辛保平《中国中产阶级真相》，《科学投资》2003年第6期）

2002年1月，社会科学文献出版社推出了陆学艺主编的《当代中国社会阶层研究报告》，在全国引起轰动。该报告将中国社会划分为10个阶层，未使用“阶级”概念，而把中间几类称作“中间阶层”，其来源构成主要有四类：传统的“中产阶级”，包括小业主、小商贩等自营业者、个体户；计划经济体制下的“中间阶层”中分化出来的部分干部、知识分子；改革开放以来新生的私营企业主、乡镇企业家；由引进“外资”及高新技术人才而生的新型中间阶层。

该书还指出中间阶层目前所占比例还太小，只占就业人口的15%左右，将来会有一个大的发展。其他专家也指出，“中产阶级”或“中间阶层”是未来社会的主流力量，例如：

国家统计局副局长贺铿指出，20年后，那些经济上比较殷实思想文化素质比较高的“**中产阶级**”应该成为中国全面小康社会的主流公民。他表示，那些文化素质和思想素质比较低的先富者，充其量只是“爆发户”，根本成不了小康社会的主流公民。（《华声报》2002年12月16日）

他们也是决定中国最终走向全面现代化的核心力量。因为中国将在世纪之交，不但完成一个农业大国向现代化工业大国的蜕变，而且还要适应知识经济发展的要求。在这关键的历史时刻，**中产阶级**作为新生阶级，由于存在于各个阶层，有着广泛性，因此他们是一个举足轻重的因素。（秦言《中国中产阶级——未来社会结构的主流》第一章）

我们认为以上论断是有道理的，是比较符合中国目前社会实际和未来发展方向的。持强烈反对态度者也不少，我们不烦征引，只大致归纳如下几条：一是认为中国根本不存在一个“中产阶级”，说这是套用西方概念；二是认为，如果“中产阶级”是未来社会主流，工人阶级往哪摆？三是认为邓小平已经把知识分子当作“工人阶级的一部分”，按照如今的划分又把他们中的大部分归入“中产阶级”，这不是与“邓小平理论”相抵触吗？我们认为这种类似“马列”的观点，正是缺乏马克思主义科学的历史发展观。诚然，“中产阶级”也许不是一个最佳提法，有“中产阶级”，是否还要划出“无产阶级”和“资产阶级”？容易令人想起“阶级斗争”之类。这种担心大可不必。一者，此“中产阶级”已非历史上的彼“中产阶级”；二者，此“中产阶级”不管叫什么名，的确是新的社会客观存在。社会存在决定社会意识，正是马克思主义的观点。毛泽东的《中国社会各阶级的分析》符合他那个时期的社会存在和历史发展方向，所以具有划时代的意义；邓小平“知识分子是工人阶级一部分”的论断符合他那个时代的社会存在和历史发展方向，所以也具有划时代的意义。如今我们已经完成了邓小平理论预期的小康目标，进入全面建设小康社会和向现代化社会进军的新时代，社会结构和阶层发生变化，形成新的社会存在，正是历史发展的必然结果。邓小平当年提出让少数人先富起来，正是要刺激和带动全社会向富裕迈进。随着经济的发展，社会弱势贫困群体逐渐缩小，从而形成一个中间富裕群体。继续扩大这个群体，使其成为社会主流，并带动社会向共同富裕和现代化前进，也正是全国人民的愿望和中国现阶段的重要任务。而思想文化素质比较高的知识分子进入中间富裕群体，正是现代化社会的必然趋势，否则怎么配称“知识经济时代”？如前引权威预测，中国将有两亿人进入这个中间富裕群体，无论具体时间和数字如何，中国社会要进步是肯定的，前景是振奋人心的。所以我们认为，世纪之交“中产阶级”或“中间阶层”这类称谓的出现，象征着中国现代化的一个社会转型新时期的到来，具有新的划时代意义。

三、五彩缤纷的“领”族称谓与经济领域社会层次区分

新时期以来，我国还出现了一些对企业及经济各业人员的新鲜称谓，诸如“蓝领、白领、金领、粉领、黑领、红领、灰领、无领”等，有时后面还要加上“阶层”“族”“丽人”等。我们可以把它们统称为“‘领’族称谓”。这些称谓大多是从西方（或间接通过港台语）引进的，也有个别是我们自己仿造的。只是我们将这类称谓引进后，有时根据我们的实际情况将其意义所指略加变化，或者其自身含义随时间推移发生变化。因此，舆论界对它们的界定有时也不尽一致。下面我们就尽量从事实出发，就所见材料，引用学界和媒体的说法，对这类称谓加以客观描述。

（一）“白领”和“蓝领”

“白领”，英文是 white collar；“蓝领”，英文是 blue collar。显然这两个词是从外文中借用来的，采用的是意译的方式。西方社会把工农业生产者和维修服务的技工、手艺

工人、雇工等体力劳动者统称为“蓝领工人”，而把有较高文化素养的技术管理人员、文秘、财会人员及其他自由职业者统称“白领工人”。改革开放以来，国人曾一度以“白领”称企业中的干部，“蓝领”称工人。而后来的较通行用法，“白领”多指三资企业中从事管理工作且收入较高的人，因这些人工作环境好，上班时可以穿白衬衣，故称；“蓝领”则指从事生产、维修和服务等体力劳动的工人，因这些人工作时一般穿蓝色工作服，故称。以下是“白领”“蓝领”两个称谓的例证：

该厂的“**白领**”管理层，精明强干，注重实效。(《经济日报》1993 年 7 月 28 日)

青春少女或**白领**丽人多修剪成长发式，给人以飘动的美感。(《北京日报》1998 年 7 月 11 日)

不论是脑力劳动者还是体力劳动者，不论是“**白领**”还是“**蓝领**”，都必须不断更新、提高知识与技能，否则难免遭到淘汰。(《中国教育报》1999 年 4 月 11 日)

在三资企业工作的中方雇员似乎是最纯正的**白领**，他们自我认同的比例也最高。**白领**阶层的出现显然正在培育一种中产阶级的文化。(杨东平《中国：21 世纪生存空间》第一章)

(二)“红领”和“灰领”

“白领”“蓝领”二词引进后，不仅在汉语中迅速扎下了根，“领”还因此成了一个构词能力极强的词素，从而带动了一大批“领”类称谓的引进和仿造。介于“白领”和“蓝领”之间的，又分出“红领”和“灰领”两个层次。“红”“灰”着重取一种与“白”“蓝”比较而来的比喻象征意义。以下是“红领”“灰领”两个称谓的例证，同时也是对其指称对象的界定：

在美国，服务业中女性管理者已占很大比例，早在 1995 年，一份权威的调查表明，在接待业的管理层中，女性已近 40%。于是，继蓝领、白领和金领之后，“**红领**”这一女性管理者的代名词，已成为当今社会的时尚称呼。(张建宏著《旅游饭店管理》第一编)

红领一族是国家机构中的办公室贵族，他们比吃官粮的公有制贵族或叫上班一族从感觉上高半个格。他们身处国家权力机构，近水楼台，办事容易，这是一大优势，所以他们比上班一族更为独特。(《啊！公仆——红领一族》，郭栋《城市面孔》)

为培养和造就上海目前经济发展急需的“**灰领**”人才，市职业培训指导中心将于 11 月 20 日左右举行“**灰领**”职业大赛。“**灰领**”一词源于美国，原指负责维修电器、上下水道、机械的技术工人，他们多穿灰色的制服工作，因而得名。但是，随着时代的发展，“**灰领**”的内涵日益丰富——在以各种尖端技术产业、信息产业、文化产业和高技能服务业为代表的知识经济时代，“**灰领**”是指具有较高的理论知识水平和较高的操作技能水平，动手动脑相对平衡的复合型人才。(《解放日报》2003

年11月4日）

由以上例证可见，“红领”有两种所指：一是借用外国概念，指饭店中的女性管理人员；二是指国家公务员。“红”的寓意当然也不同：一是跟女性有关；二是跟我国历来把“红”作为政治方面的上进色彩有关。“灰领”是指企业中既能动手又能动脑的高技能工人，在外国因多穿灰制服而得名，其指称对象和来历都比较明确。

（三）“金领”和“银领”

比“白领”更高一等的高层领导管理人才称“金领”，其中又分化出次高等的管理人员称“银领”。这里的“金”“银”已与服装颜色无关，因金银为贵金属而取其高级尊贵之意。以下是这两个称谓的例证，同时包含有对其指称对象的界定：

在中国，所谓的**金领**阶层，一般是指三资企业高级管理，外商驻华机构的中方代表，规模较大的民营公司的经理，国企的高层领导等。正统的媒体如此介绍中国的**金领**阶层：他们是社会精英高度集中的阶层，他们的年龄在25岁至45岁之间，受过良好的教育，有一定的工作经验、经营策划能力、专业技能和一定的社会关系资源，收入年薪在15万人民币到40万人民币之间。这个阶层不一定拥有生产资料所有权，但拥有一个公司最重要的技术和经营权。从收入来说，这种介绍未免保守，也不能给出**金领**之所以成为**金领**的正面解释。（《中华文摘》2003年6月16日）

随着我国市场化进程的快速发展，职业经理人已经成为现代社会中一个独特的群体，他们凭借出众的管理才能，占据着白领、**银领**甚至**金领**阶层最耀眼的位置。（《北京娱乐信报》2002年11月25日）

（四）“粉领”和“绿领”

这两个称谓也是跟衣服颜色无关，但却跟性别有了联系：“粉领”专指女性，“绿领”专指男性。“粉领”指女性又分两个义项：西方原指从事秘书、会计、打字等工作的女性办公室人员，略有“女白领”之意，我国引进之初也是用这个意义；后来又指在家里上班的自由创业女性，属英语所称的SOHO一族。“粉”取穿着打扮漂亮之意。请看例证：

今年，王新元又将目光转向“**粉领**”们的活动领域——办公室。（《北京日报》1991年4月6日）

粉领丽人，这个挺“暧昧”的称谓，其实与粉色事件无关，是指在家里上班的SOHO族。……近年来，在北京、上海、广州等大城市，“SOHO”成为追求自由创业女性的向往，而现代科技为催生孵育粉领丽人群体创造了条件，**粉领**丽人比较明显的特征是大部分与电脑有关，许多人选择SOHO是借互联网经营个人事业。（《市场报》2001年3月4日）

"绿领"特指那些职业优雅、生活潇洒的成功男士。"绿"指田野山林大自然环境。

融合了蓝领的健康体魄、白领的知识和教养、金领的物质基础,**"绿领"**成为男人江湖中一支异军突起的新锐部队、一项至 in 的风尚指标。在都市中长大、工作、成就人生,却把户外、山野作为成就梦想的地点,他们回归朴素的本真,自然和绿色是他们心中最重要的部分。(《精品购物指南》2003 年 5 月 14 日)

可见,"绿领"首先不是从工作和职业的角度命名的,而是从生活和休息的角度命名的,着眼于一种生活态度和回归自然的休闲方式,诸如登山、骑马、滑雪、打高尔夫球等。但它又的确跟工作和职业有关,其层次应是指"白领"以上人士,因为只有具备了可观的经济收入及相当的文化修养,才会有闲情逸致在双休或节假日等时间去野外"潇洒走一回"。目前一些大都市,如北京,已经出现了"绿领运动""绿领沙龙""绿领俱乐部"等休闲娱乐形式。所以,"绿领"称谓体现了一种生活新气象。

(五)"黑领"和"无领"

这两个词也不是由工作服颜色得名,仅是由"蓝领""白领"类推而来。"黑领"可以理解为比"蓝领"更低的下层劳动者。其具体指称对象又分两类:一是从事脏累工作的下层工人或普通劳动者,二是从事非法经营或其他不体面工作的人。为了说明问题,下面对这两种情况各举两个例证:

事实上,大上海一千多万人口,大多数都还属于**"黑领"**(即普通劳动者),但这些人却被成功人士的形象所掩盖。……在白领照耀一切时,**黑领**却在阴暗的角落里成为社会的弃儿。(《故乡》2001 年 9 月 3 日)

"低级打工仔",你终于低低吐出这与金领、白领、粉领甚至蓝领都不沾边的字眼。其实,如果你愿意,尽管叫我**"黑领"**好了。这个人群——虽然它辛劳地树立起了所有的广厦以支撑起庞大的都市,却依然会不断地被叫作"乡巴佬"——行走在而且永远行走在城市的边缘,脸上却带着微笑。(《山东科大报》2001 年 10 月 19 日)

我还是不喜欢那些白领阶级,我和那些卖盗版光盘的,做假身份证的,摆地摊的,甚至偷钱包的交情都很好,我认为我们是**"黑领阶级"**。(《榕树下》2001 年 4 月 23 日)

仅就打工族而言,其社会阶层除了以往所认识的白领和蓝领以外,还有从事发廊小姐之类的"粉领"和从事非法行当的**"黑领"**。(《新参考》2003 年第 9 期增刊)

两种"黑"取义也有所不同:做苦力者大约着重于皮肤、衣服的脏黑;做违法活动者应是取其"不正当"之意,与所谓"黑道"相类。"黑领"一称,我们觉得应属纯粹的汉语自造词。而"无领"一词,如果机械地照字面理解,它就成了无业游民或盲流,连"黑领"都不如了。其实"无领"以及由它组成的"无领阶级""无领人士""无领族",约定俗成的意义是指自由职业者。例如:

继中产、白领、金领等人群之后，以城市新自由职业者为主的无领阶级成为商家们关注的目标顾客群，从房地产楼盘到互联网，从办公设备到保险、旅游等众多产业，为无领阶级们量身订做的诸多产品粉墨登场。(《河南城乡经济报》2003年9月5日)

人们对无领族群的看法也是在发生变化的：从抗拒到接近、从鄙夷到欣赏、从不理不睬到羡慕。毕竟，无领一族的自由自在是大多数人所渴望的。无领一族正在从社会上的"一小撮人"成长为新的时尚人群，不找工作做个无领，正在成为一股时尚潮流。据统计，目前，北京有40万以自由职业者为主体的无领族，上海有50万无领人士，深圳这座移民城市的无领族人数也超过了12万，而且数量还在不断增长。

(六)"领"族称谓余论

这类"领"族称谓词之所以被引进到汉语中来，并极具生命力地繁衍开来，我们觉得有这样几条原因：其一是因为它们迎合了改革开放以来国人趋时求新的心态，适应了与国际接轨的趋势；其二是因为汉语的颜色词含义本来就非常丰富，这类称谓词充分利用了这一点，非常符合汉语构词的习惯，生动俏皮，充分显示了汉语吸收和同化外来词的能力；其三是因为改革开放后经济领域从业群体的工作性质、层次结构等发生了很大变化，却缺乏一系列能够相互区别的相关社会称谓，这类"领"族词语恰好弥补了汉语交际中的这种群体称谓缺位现象。

当然，人们对这类称谓的接受也有一个过程。起初有人以为这不过是赶时髦，似乎没那个必要，但最终没有挡住它们的普及。这类称谓本身也给人一个感觉，即缺乏一个严格的划分标准，比如收入多少才算"白领"？"金领""银领"之间相差多少？总之它们相互之间也缺乏一个明确的界限，有的则带有随意性。如果各"领"相互之间排个高低的话，"金银白红灰蓝黑"似乎算个高低顺序，但如前所说"红"还是个不确定因素。另外，"粉领"我们不知道该往哪里排，"绿领"不是从工作状态命名的，"无领"指自由职业者，根本无法往这个序列里排。还有人嫌"金领"不够高又造出"铂金领"，至于把发廊妹也说成"粉领"，则明显带有随意性。

但是我们不应因有这样那样的问题就否定"领"族称谓存在的必要性和客观性。就说区分标准问题，计划经济时代的八级工资制，标准倒是十分严格，我们能够恢复那一套吗？比如"白领"，企业效益不同，其收入相差会很大；但在同一企业里，其地位还是比较固定的。各个"领"的所指，也有一个逐渐约定俗成、逐渐规范化的过程，个别人的一时随意难以改变大局。比如"灰领"指高技能工人，我国的高等职业教育培养的正是这类人才。可是2004年初教育部一位官员在讲话中提议，应把"灰领"改称"银领"方能更凸显高职毕业生的价值，这想法博得与会者的热烈掌声。然而"灰领""银领"二词，并不会因“灰”“银”二字在颜色上的表面一致性而改变其内在含义和指称对象差异。“银领”指上层管理人才的意义，难道也能下一道命令就取消吗？所以“领”族称谓中大多数的意义所指还是相对确切的，不确切或不规范处也会由大众的约定俗成去修正。

“领”族称谓本来是只用于企业，甚至“白领”还专指三资企业中的管理人员。但是它们后来已扩散到所有企业和整个经济领域。例如在住房方面，人们的经济地位不同，住房消费水平也就不同，因此房地产界便将市民家庭按照年收入分为五个类别，由高到低依次为“金领、银领、铜领、铁领、锡领”[①]。这可以看做是“领”族称谓的类推变体，“领”族发展到金、银，就跟金属沾上了边，于是类推出“金银铜铁锡”一整套的五金类“领”族称谓变体。“领”族称谓继续扩散，进一步向包括行政事业单位在内的社会各业渗透。比如国家公务员、教师、医生等，都以挤进“白领阶层”为荣。这一切都证明了“领”族称谓的影响力，同时也从某种意义上证明了经济改革的成功。对比一下“官”本位体制下，连寺院僧人也得按照“科级和尚”“处级和尚”分等的情形，如今“领”称谓的时兴，不是一种巨大的历史进步么？

---

① 《沈阳市居民消费预测》，沈阳房产网，2002年6月26日。

第三章　商品贸易领域内的社会称谓考察

本章涉及的称谓主要有：

节	目	称谓
第一节	一	倒爷、国际倒爷、女倒爷、倒姐、倒妞、国际倒妞、倒奶奶、炒家、黄牛、汇贩子、官倒、私倒、官倒爷、大倒爷、小倒爷、经纪人、农村经纪人
	二	托儿、托哥、托姐、饭托儿、医托儿、药托儿、旅游托儿、婚托儿、法律托儿
第二节	一	洋厂长、洋经理
	二	外商、港商、台商、侨商
	三	澳商

改革开放30年来，贸易领域内的变化更是有目共睹。

国内贸易方面，通过对粮、棉、丝绸、生猪、原油和成品油等关系国计民生的重要商品的价格体制和流通体制改革，在国家宏观调控下，市场配置资源的机制已基本形成。全国统一、公开、公正、公平竞争的商品市场已基本形成，绝大部分商品已经进入市场自由流通，国家计划管理的生产资料和生活资料，已由过去的上万种下降为30种，由国家分配的资源的数量已降至国内资源总量的10%以下。[①] 短缺经济时代宣告结束，凭票供应成为历史，各种商品极大丰富。在滚滚而来的商品经济的大潮中，经纪人终于摘掉了“倒爷”“炒家”“皮条客”“穴头”等不光彩的称呼，堂而皇之地登上了中国经济的舞台。

对内搞活，对外开放。封闭了多年的中国终于向世界敞开了大门，对外贸易蓬勃发展起来。招商引资，引来了三资企业，也就引来了洋厂长、洋经理、外商、港商、澳商、台商。

第一节　国内贸易与经纪人现象

一、从“倒爷”到“经纪人”看我国商贸和市场经济发展

在国内贸易及其他经济往来中，我们主要收集到这样一些称谓词语：“倒爷”“官倒”

① 《中国共产党百科全书》第二十篇，四川人民出版社2001年版，第2665—2666页。

“炒家”“黄牛”“汇贩子”“经纪人”等，也就是这些词语，真实而深刻地记录了中国走向商品经济的坎坷之路。

商品经济，说到底就是两个字，买和卖。在这一买一卖之间，在所谓“二道贩子”之外，还出现了一个中间人行当，这就是“经纪人。”在古代汉语中，“经”是指织物的纵线，“纪”是指找出散线的头绪，“经纪”合起来，有穿针引线的意思。1979 年的《辞海》上说，这是“资本主义市场上的一种中间商人”。1989 年修订版改正为：“在买卖双方间充当介绍人而获取佣金的中间商人。”他们活跃在流通领域，中介的对象从一般工业品、农副产品、日用百货等物资产品到书画邮票甚至各路文艺人才的艺术表演等精神产品，不一而足；他们活动的领域，也从本地区的商贸逐渐发展到跨省、跨国贸易往来。

古代他们被称为“牙人”或“牙商”：汉代时，他们主要说合牲口的买卖；唐代时已发展到各种买卖，经纪范围明显扩大；到明代，开始有官牙、私牙之分，前者由官府指定，后者也须经官府批准并取得印信文簿后方可营业；旧中国他们被贬称为“掮客”“跑街”，指玩弄手腕获利的奸诈商人。新中国成立后，他们在中国大陆销声匿迹了几十年，随着国家经济体制的逐渐转轨，在小巷货郎的叫卖声中，在二道贩子披星戴月的辗转奔波里，人们的商品意识开始渐渐觉醒。实施改革开放政策后，经纪人悄然复苏，活跃在中国商品经济的舞台上，将触角伸入到社会生活的方方面面，他们的队伍在日益壮大，期货经纪人、证券经纪人、文艺经纪人、体育经纪人、教育经纪人、旅游经纪人、技术经纪人、商贸经纪人、房地产经纪人……在这些形形色色的经纪人当中，有的出身于工人，有的扎根农村，有高级知识分子，也有在校学生。无怪乎有人慨叹，20 世纪 90 年代，是经纪人的时代。

那么，他们是做什么的呢？统而言之，就是通过招揽业务、刊登广告、租赁服务、提供信息、市场调查、融资支持、法律咨询等方式来沟通各种渠道，从而使整个市场经济活跃和兴旺起来。早在 20 世纪五六十年代，以哈耶克为首的奥地利经济学派就认为，市场不完备、信息不对称，乃是最正常不过的事情。经纪人有助于我们减少信息不对称的成本，使市场行为更加公开和透明，达到利益最大化。“经纪人”，也写作“经济人”。《新华新词语词典》(商务印书馆 2003 版)这样解释道：“一切行为都表现为趋利避害，谋求自身经济利益最大化的经济主体，可以是某种机构或组织，也可以是个人。”

但新时期的经纪人行业，由“倒爷”的倒买倒卖开始，经历了一番曲折的历程。在商贸领域的中间环节从事倒买倒卖的现象，是什么时候都避免不了的。尤其改革开放初期，中国商品实行的还是双轨制，计划价和市场价之间存在着很大差距，这种现象尤为突出。由于地域语言文化的差异，北京把那种从事倒买倒卖的二道贩子称为“倒爷”。随着这一社会群体的扩大，为了对女性加以区别，起初叫“女倒爷”，后来又出现了“倒妞”“倒妞”“倒奶奶”的说法。跟外国做生意的则称“国际倒爷”“国际倒妞”。广州、深圳等地另有称谓，谓之“炒家”。

他泡病假甚至旷工在外当倒爷，倒烟倒汇，倒菜倒汽水，只要赚钱就行。(《追求》1989 年 4 月 11 日)

如近 10 年来，出现了一个与“二道贩子”相对应的“倒爷”一词，的确最初干这玩艺儿的可能大都是成年男性，但是“倒风”愈演愈烈，也有妇女干这行的，只好叫“女倒爷”。其实干“倒”业的不限于成年男性——虽说这一类人多一些，男女老少均有，而“爷”却只指成年男性，这便是名实不符，名实矛盾，于是出现了，例如：倒姐、倒奶奶。(王希杰《从新词语看语言与社会的关系》,《世界汉语教学》1991 年 3 期)

我只不过跟国际倒爷做买卖罢了，她还算不上国际倒爷，请称她国际倒妞才是。(《现代旅游报》总第 74、75 期第 8 版)

风闻深圳特区股票“闹”得轰轰烈烈，慕名前来观光者络绎不绝，欲一睹“炒家”风范为快。(《深圳特区报》1989 年 5 月 8 日)

谁能按我们银海城的规划认真地搞建设，我们就以优惠的价格出售，那些玩空手道只想捞一把就走的炒家，出再高价我们也不卖。(《人民日报》1993 年 6 月 26 日)

专门倒腾车船票的叫“黄牛”，倒卖外汇的叫“汇贩子”。

去年十六铺客运码头查获的倒卖船票的“黄牛”中，江浙等地的外来客占了 3/4。(《文摘报》1988 年 4 月 24 日)

外汇黑市上主要是哪些人在活动呢？从北京市公安局 1987 年 1—9 月查获的 436 人来分析，其中工人 126 人，农民 21 人，干部 8 人，个体户 77 人，无业人员 173 人，另有其他 31 人，从这数字看，汇贩子大多来自社会底层。(《文汇报》1988 年 12 月 11 日)

个别国家机关、团体和企事业单位，也受利益驱动利用价格双轨制开办公司牟利；某些有官方背景的人，如官员子女、亲属等，也不甘示弱，加入到“倒”的行列。于是人们又创造了一个新词叫“官倒爷”，简称“官倒”；与之相对的，纯以个人身份从事投机倒卖者则为“私倒”。官倒有权力支撑能做大生意，一般被称作“大倒爷”；那些没有官方背景，只能小打小闹地私倒，相形之下则是“小倒爷”。

群众把这些官商结合、倒腾紧俏物资和产品的公司称之为“官倒爷”、“大倒爷”。它们比起形形色色的没有“官”色彩的“小倒爷”来危害更大。“官倒爷”的要害是官商结合。有的是政企不分，两块牌子，一套人马，既有行政管理权，又有经营权。……“官倒”是改革进程中斜刺里冒出来的一种消极现象。价格双轨制，市场发育不全，法纪监督不力，给了“官倒爷”可乘之机。(《治治“官倒”》,《人民日报》

1988 年 7 月 14 日)

提起“官倒”和“私倒”的勾结,广大群众异常愤慨。要治住他们,当然要靠深化改革。……以上是一位“私倒”、一位“官倒”的“坦诚”之言。感谢他们为我开了“眼界”。(《把阴暗交易“曝光”》,《人民日报》1988 年 8 月 16 日)

但这些称呼,无一例外地带有讽刺、贬斥和调侃的含义。当然,早些年出现的主要依靠权力和价格双轨制进行中间交易的各类“官倒”“私倒”,和违反国家有关政策,倒买倒卖国家禁止私下交易的货物和有价凭证的“黄牛”“汇贩子”等人员,以及与商家串通一气坑骗消费者的“托儿”,尽管他们充当的也都是买卖双方之间的中间人角色,但他们不能算是真正意义上的经纪人。

真正的经纪人更多凭借自己的诚实和努力,依靠他们拥有的信息资本向客户提供有效的服务以取得相应的报酬。作为经济学名词,经纪人是指在市场中充当中介促成交易并由此赚取佣金的中间商人。经纪人历来就有,不过一直处于受鄙夷的地位,并且由于新中国成立后公有制计划经济的确立,经纪人在大陆销声匿迹数十年。改革开放后随着经济体制的变革和市场经济的发展,经纪人又悄然浮出水面,甚至形成了庞大的农村经纪人队伍。于是经纪人逐步受到社会重视和法律肯定。

商品经济的发展回归了**经纪人**的本来面目,商品经济要向纵深方向发展离不开**经纪人**。我国正处于计划经济向市场经济过渡时期,原有正常计划渠道出现某些堵塞和断流,市场经济运作机制还未完全发育形成,大商业、大流通市场的建立,有赖于**经纪人**推波助澜。**经纪人**庐山真面目的回归顺应了潮流。(《经纪人市场经济呼唤你》,《人民日报》1993 年 6 月 12 日)

最新统计显示,我国**农村经纪人**已达 60 余万人,业务量超过 2000 亿元,几乎覆盖了所有农副产品。**农村经纪人**一头连着千家万户的农民,一头连着千变万化的市场,极大地改变了农民传统的自种、自销方式,增强了农民的市场意识,让农民得到了立竿见影的收益,在农产品流通中发挥着越来越重要的作用。……有关部门也应为**农村经纪人**提供全方位的服务,加强**农村经纪人**的注册登记管理,开展农村专业**经纪人**培训,提高**农村经纪人**的综合素质。严厉查处**农村经纪人**利用虚假信息诱导农民签订合同,坑害农民利益的违法违规行为,促进**农村经纪人**队伍健康发展。(《农村经纪人大有可为》,《人民日报》2006 年 10 月 18 日)

1992 年 12 月 5 日,上海《新民晚报》下属信息咨询服务公司与静安区工商会联办的新民经纪人事务所揭牌,这是上海的第一家,标志着经纪人开始堂而皇之地登上了中国活跃的经济舞台。1994 年国家工商总局颁布《经纪人管理办法》,1995 年又颁布《修正稿》。该文件规定:

第二条　本办法所称经纪人，是指依照本办法的规定，在经济活动中，以收取佣金为目的，为促成他人交易而从事居间、行纪或者代理等经纪业务的公民、法人和其他经济组织。第三条　经纪人从事经纪活动，应当遵守国家法律、法规，遵循平等、自愿、公平和诚实信用的原则。第四条　经纪人的合法权益受国家法律保护，任何单位和个人不得侵犯。(《经纪人管理办法》第一章)

至此，中国的经纪人有了合法名分，文件还规定：成为一名经纪人要经过专门考试，获得资格证书，经纪人从业或开办事务所，要到工商管理机关注册登记等。经纪人及其业务的合法化、规范化，是我们市场经济逐步法制化和规范化的体现。

二、形形色色的"托儿"及其与"经纪人"的区别

在"倒爷"行当盛行的同时，还流行起一个"托儿"行当。"托儿"是指那些受雇于商贩专门假装顾客争购商品，引人购买的人。有时为了区别，又称男的为"托哥"，女的为"托姐"。它起初来自北京方言，先见于北京一带的报刊，后渐渐扩大到全国的报刊。2001年，由陈佩斯等大腕明星还专门制作了讽刺这一社会不良现象的四幕喜剧，名字就叫《托儿》，更使这个词通行全国。这股不良风气不仅在北京，而且在全国好多地方，居然发展成为一个行当。

一个人做生意，几个人帮腔，北京人叫"托儿"，是组织起来对付顾客。(《人民日报》1987年7月16日)

沈阳市五爱市场服装城里有一个"托儿"行，每天清晨4时到上午11时30分，都有三四百名"托儿"在服装城一楼楼梯口等活儿，与雇主们一起演戏牵驴。今报记者昨天清晨深入"托儿"行暗访，没想到竟被认为是"托儿"，被雇主雇了去……"托儿"每天两次上行，15元一位。(《沈阳今报》2003年4月20日)

当记者佯装顾客走进商店时，立即引起了托姐、托哥们的兴趣，争相施展骗术。(《今晚报》1991年5月28日)

消费者反映最强烈的是"雇托"现象和向"马海毛"喷水掺杂使假、"圆头尺"缺尺少寸。景志刚知难而上。他们根据举报，在公安部门的配合下，查处了20多个"托姐"，为受骗的顾客追回5000多元款物。(《人民日报》1996年9月16日)

对于这些形形色色的托儿，人们根据其受雇的商品类型，把他们叫作"布托儿""衣托儿""鞋托儿"等。后来，这一不良的经营行为，逐渐从最初的实物商品发展到饭店、医院、甚至旅游、婚介所、法律等领域，人们把这些人称为"饭托儿""医托儿""药托儿""旅游托儿""婚托儿""法律托儿"等。

8月10日上午，沧州市中心医院一名医生向记者提供情况，说前两天她的一

个亲戚让"医托儿"给骗了,吃足了苦头。(《燕赵都市报》2001 年 8 月 11 日)

"坐堂名医"不可轻信,"医学专家"要辨真伪。日前,上海市消费者协会专门发布消费警示:提防"**药托儿**"。所谓"**药托儿**",虽然同样身穿白大褂,也会望闻问切,但他们的最终目的不是治病救人,而是推销产品。(《人民日报》2002 年 4 月 19 日)

成都市民朱先生打进热线说,在武侯祠附近盘踞着几十个人,长期卖假发票、骗外地游客的钱,被人们称为"**旅游托儿**"。(《华西都市报》2003 年 7 月 15 日)

现实生活中,这样的"**法律托儿**"却很有市场,且屡禁不止。据北京市海淀区检察院统计,以上述手段充当"**法律托儿**"招摇撞骗的案件时有发生,受骗者损失惨重。仅 2001 年以来,就破获类似案件 7 件,涉案金额高达人民币上百万元。(《人民日报》2003 年 8 月 27 日)

总之,"托儿"是个极为能产的语言成分,遇有类似生活现象,可以随时造出一个新称谓来。这种现象已经引起了语言研究和翻译者的注意,有篇文章专门对这类称谓进行了归纳:

"托儿"本是北京方言,出现在上世纪九十年代初,最初指的是商店或是路边小摊儿雇上一个或几个人,假装成顾客,作出种种姿态,引诱真正的顾客购买其产品。卖的是什么东西,就叫什么托儿,如卖布的叫"**布托儿**",卖鞋的叫"**鞋托儿**"。此后中国各行各业都出现了形形色色的"托儿"一族,看病时会遇上"**医托儿**",求学有"**学托儿**",坐车有"**车托儿**",上酒吧有"**吧托儿**",就连吃饭都会遇上"**饭托儿**"。"托儿"作为一种独特的社会现象,吸引了社会各界的注意,现在人们开始把商业社会中新兴的这种特殊的"中间人"一概称之为"托儿":专门负责代办车辆检测或牌照手续的叫"**车托儿**",踊跃排队买房制造楼市繁荣假象的叫"**房托儿**",谈话节目现场安排的踊跃发言的叫"**话托儿**",婚姻介绍所雇来专门与人约会相亲的叫"**婚托儿**",为受贿人和行贿人牵线搭桥的叫"**腐败托儿**"。(《小议"托儿"的英译》,《中国翻译》2004 年第 5 期)

2003 年 9 月,《新闻周刊》文章《中国的经纪人业摆脱"倒爷"形象》中这样说:提到"经纪人",今天的人会联想起"倒爷""穴头""托儿"这样一些游走于不同体制、不同地域、不同人群之间从事"拼缝儿"的"皮条客"。

但我们认为,托儿的行为与经纪人的行为虽在中间人这点上有点滴近似,但"托儿"就总体而言带有一种弄虚作假、坑蒙拐骗的性质,只能制造经济领域的混乱,与今日的"经纪人"有着本质的区别。

第二节　对外经贸往来中的社会称谓

一、从“洋厂长”“洋经理”到“外商”看对外开放的进展

党的十一届三中全会以来，我国的经济发展战略发生了重大的转变，在对外经济关系方面的转变尤为深刻。在1978年以前的相当长的时期里，我国实行闭关自守的经济发展战略，在资金、技术、劳动力、生产资料、市场等方面尽可能实现全面的自给自足，尽可能少地利用外部条件。这是由于新中国建立以后，先是美国和一些西方国家对中国实行封锁禁运，使我国失去了同许多国家发展经济交往的国际条件；1960年后中苏交恶，迫使中国不得不更加依靠自己的力量从事经济建设以便实现自给自足；“文化大革命”十年，对外经济关系更是人为地受到进一步的限制。在这种恶劣的国际关系形势下，我们对自力更生的方针逐渐形成了错误的理解，在经济政策上，则形成一种极端的内向发展战略。

党的十一届三中全会以来，这种闭关自守的经济发展战略逐步转变为对外开放的战略，党的十二大更明确指出：“实行对外开放，按照平等互利的原则扩大对外经济技术交流，是我国坚定不移的战略方针。”这一转变，一方面是由于从20世纪60年代后期以来，国际关系发生了巨大变化，中国逐渐摆脱了受孤立的状态；另一方面，我们纠正了流行多年的极左经济理论和经济政策，积极利用外资和引进先进技术，建立经济特区招商引资，开始以一种开放的态度面向世界。截至20世纪末，5个经济特区的建立，15个沿海城市的开放，以及在上海浦东建立开发区，带来了东部经济的迅速发展，一大批中外合资合作企业在中国大地上开花结果，于是，“外商、港商、台商、洋厂长、洋经理”等一系列称谓词也随之产生。

我国国内企业和中外合资企业中聘任的外籍厂长、经理，一开始被叫作“洋厂长”“洋经理”。用“洋×”来构词是汉语用来称呼外来词或涉外物或人的传统习惯，随着外国人来华经商和投资的增多，这一类词缀后来逐渐不为人们使用。1986年全国人大通过了《中华人民共和国外资企业法》，2000年又进行了修正。还颁布了《外商投资开发经营成片土地暂行管理办法》(1990年修正)。于是“外商”称谓通行，这也反映了中外经贸往来与合作，有一个从中外合资到外商独资的过程。

“洋厂长”格里希在离开中国前，曾向赵紫阳总理表示，他对工厂闲置那么多的钢材和设备感到不解。(《新观察》1988年第6期)

一个被中国职工欢迎和尊重的洋经理——记上海·易初摩托车有限公司新加坡籍总经理陈经赴。(《国际展望》1988年第1期)

这么多歌厅，服务的对象其实都是一拨人，有外地的生意人、个体户、外企工作人员和部分**外商**。(《黑龙江日报》1991 年 9 月 7 日)

从深圳的情况看，公有制是主体，**外商**投资只占四分之一，就是外资部分，我们还可以从税收、劳务等方面得到益处嘛！……我国现阶段的"三资"企业，按照现行的法律政策，**外商**总是要赚一些钱。(邓小平《在武昌、深圳、珠海、上海等地的谈话要点》，《邓小平文选》第三卷)

从词的感情色彩上来说，"洋厂长""洋经理"具有亲切友好的感情色彩，"外商"则更为中性、客观。由于来华做生意的外国客商越来越多，人们对这一事物，已经司空见惯了。

中国的对外贸易，当然不是从 1978 年以后才发展起来的，翻开历史书，远的不说，在清代，我们很容易就发现了一个与今天的外商几乎等义的称谓词"洋商"。对比历史上的"洋商"和今天的"外商"，尽管这两个称谓的所指几乎完全等义，但考察两者所处的时代背景，实在是有天壤之别。当年的洋商，是各国列强凭借船坚炮利打开中国的贸易大门而进来的，实行的是强盗贸易；而今天的外商，则是中国自愿打开国门，请进来的，推行的是平等互利的贸易原则。抚今追昔，从"洋商"到"外商"，我们看到了历史留在语言中的清晰印记。

二、港商、台商可以称为"外商"吗？

在中国大陆，"对外贸易"的概念是既包括国外也包括境外的。所以在不少人的心目中，尤其改革开放之初，有一些地方将港商、澳商、台商也称为"外商"。这里存在着一个对"外"这一语素含义的界定问题。在一些国人心目中，"外"一指境外(即中国大陆地区之外)，一指国外。随着改革开放的进程，国家规范了这些称谓的用词，港商、澳商、台商不能称为"外商"。

约定俗成是语言最大的特点，我们来看在具体的语言应用中这三者的关系吧。

素有"天堂"美称的杭州，以其良好的环境吸引了越来越多的外商和香港、台湾企业界投资和贸易者。到 1989 年底，全市已有**外商**、**台商**、**港商**投资企业 109 家，投资总额 3.18 亿元，其中已投产开业的 43 家企业，去年外汇收支平衡节余 1399 万美元。(《"天堂"再展魅力　客商纷至沓来　杭州合资企业逾百家》，《人民日报》1990 年 6 月 8 日)

台商不仅可以享受**外商**投资企业享有的优惠待遇，而且在某些方面比**外商**投资企业享受更多的优惠。如台胞投资期限可自定，无任何年限限制；中外合资企业的董事长必须是中国人，而与台胞合资的企业则是根据双方股份大小确定董事长；**台商**可委托大陆亲友为其代理人，而**外商**则不行。(《台湾"大陆事务观察团"与经

贸部座谈》,《人民日报》1988 年 8 月 2 日)

一时间,**台商**、**港商**、**侨商**、**外商**纷至沓来,厦门经济特区商贾云集,市井繁华,一派升平祥和气象。(《海之恋——厦门特区 25 年素描》,《人民日报》2007 年 2 月 2 日)

以上用例表明,这几个概念是并列使用不相包含的,并且后来为了区分细致还分别出一个"侨商"。2004 年 2 月 2 日人民网《北京观察》刊登了香港著名作家陈冠中的《一个香港人在北京的新春感言》,其中提到:"我不知道我们这些港商、台商和万千外商看到没有?"这说明,在香港人自己眼里,港商、台商也是不能称之为外商的。尽管在改革开放之初一些老百姓的口头语言中,常常把大陆以外来的港商、澳商、台商也模糊地称作"外商",但后来真正的外商来了,就需要加以区别,将"外商"只限定在"国外"的含义上。从以上用例和国家政府的规范性文件中,两者的界限是泾渭分明的。港、澳、台地区历史上就是中国领土不可分割的一部分,笼统地称为"外",容易造成"境外""国外"的混淆,在政治上是不合适的。所以随着改革开放的深入,"外商"概念及其指称对象也清楚了。

三、有歧义的"澳商"

同香港、台湾相比,澳门经济实力较弱,除金融业和博彩业比较发达以外,其他产业都比较薄弱,与内地的经贸联系起步也比较晚。因此,澳商这个群体在内地的影响,就远不如港商和台商的势力大,1994 年出版社的《现代汉语新词词典》(于根元主编)收录了"港商""台商",却没有"澳商"。1999 年澳门回归后,与内地的经贸联系逐渐多起来,"澳商"称谓也使用起来。

澳门与珠海拱北接壤,从交通便利和直接影响的角度来看,珠海是粤澳合作的一个理想地区。现在,珠海有两个地区对外商、**澳商**产生较大的吸引力,一是珠海西部地区,二是横琴岛。(廖扬《澳门的族群及其沟通与走向》,《贵州民族研究》1998 年第 2 期)

昨天粤澳合作联席会议结束后,广东省省长黄华华和澳门特别行政区行政长官何厚铧共同会见了来自粤港澳的 30 多位记者。……最后,黄华华省长详细介绍了**澳商**利用地域优势进入物流、货代、运输等服务行业的申请,广东省将会给予的种种便利。(《羊城晚报》2003 年 12 月 10 日)

需要注意的一点是,澳大利亚的商人,有时也会被简称为"澳商"。

这是一个关于引进澳大利亚热带奶牛饲养、繁育项目的谈判,梁场长向我们描绘了当时谈判的情景,**澳商**为他的诚恳直言而感动,已决定与湖光农场合作……(《湛江日报》2004 年 3 月 14 日)

深圳与澳大利亚的布里斯班市是友好城市，近年深圳与澳大利亚的经贸往来日益频繁，**澳商**在深投资项目已达 111 个。(《深圳特区报》2004 年 2 月 07 日)

这样一来，"澳商"这个简缩式称谓就有了歧义，可能是"澳门商人"，也可能是"澳大利亚商人"。具体所指，须结合上下文语境来判断。

"港商""台商""澳商"这三个称谓词身上，打上了中国特殊政治背景下的深刻的历史烙印，也印证着中国改革开放的发展历程。如今香港和澳门已经回归祖国，走向统一也是海峡两岸同胞共同的心愿。我们希望，几十年以后，这三个称谓词将会像"浙商"、"粤商"一样，只有区别地域的意义。

第九编　改革开放以来留学潮与留学生相关称谓研究

编 前 言

中国近代以来的留学潮经历了130多年的历史，从晚清到20世纪末已至少有十代留学生。按照著名历史学家戴逸先生的划分，光绪初年官派幼童赴美为第一代，1950—1960年负笈留学苏、欧者为第九代，“文化大革命”以后留学的是第十代。① 由于历史的原因，百余年来中国留学潮有涨有落，史无前例的“文革”十年应该是最低潮，中国的留学教育几乎完全中断，由于海外关系之类的缘故，“留学生”的政治和社会地位也一落千丈。

正是改革开放的总设计师邓小平开启了复派和增派留学生的大门，中国也由此进入了新一轮也是中国历史上最大的一次留学潮。1978年3月，中国政府选拔了23名尖子，于五六月间将他们派往加拿大、英国、法国等国学习。1978年6月23日，邓小平听取蒋南翔等人关于清华大学的工作汇报时，又作出了关于扩大增派留学生的指示。据蒋南翔讲，邓小平提出：“我赞成留学生数量增大……要成千成万地派，不是只派十个八个。为什么要这样派？这是提高我们科学教育水平的重要方法之一，同时也是为了科技强国。为了科技强国我们花多少钱都值得。”由于“文革”的耽误，偌大的教育部竟没有专管留学事务的部门，选派出国留学人员的任务就指定教育部外事局执行，蒋南翔要求局长杨蕴玉和副局长李琼尽快做出详细规划，具体工作由李琼负责。她和同事在两个月内不仅完成了规划，还组织了公开的出国考试。10月李琼赴美国参加派遣留学生的谈判。1978年12月，首批50名“赴美留学人员”到达华盛顿，进入各高等院校。②

据有关专家研究，改革开放以来中国政府留学政策以及中国留学生赴海外情形，大致经历了四个发展阶段，其间形成了三次大的留学热潮。20世纪70年代末至80年代初为第一个阶段，是中国派遣留学生工作的恢复和重新起步阶段。这一阶段出国的留学生基本上还都是公派留学生。他们主要是中国各大学和科研单位的一些年纪较大、思想可靠的业务骨干，多以访问学者和进修人员的身份被派往欧美各国。这一阶段派出的留学生（约有六千人）回国服务的情况同后来相比是最好的。他们的回国，在一定程度上缓解了中国在“文革”后人才断层的危机。80年代初至80年代中期为第二个阶

① 戴逸：《中国留学教育的光辉道路》，《建国初期留学生归国记事（代序）》，中国文史出版社1999年年版。

② 《教育部原外事局副局长：邓小平打开了留学之门》，《人民日报·海外版》2009年2月6日。

段。这一阶段中国逐步放开了自费留学的政策以及出国留学的多种渠道(如校际交流、地方集资、部门公派和自行联系等),导致了"出国热"在全国迅速升温,首先形成的是"留美热"。80年代中后期至90年代初期为第三个阶段。这一阶段"出国热"继续升温,自费和单位公派留学的规模迅速扩大。"留美热"方兴未艾,"留澳热"和"留日热"又相继形成。这一阶段的出国留学人员可谓"鱼龙混杂","泥沙俱下",自费留学成为不少人出国打工挣钱或移民定居他国的捷径,一些单位也出现了"轮流派遣""照顾出国"等不正常现象。1992年以后为第四个阶段。邓小平"南巡讲话",向世界传达了中国将进一步深化改革和扩大开放的信息。中国政府确立了"支持留学,鼓励回国,来去自由"的留学工作方针,同时提出了吸引在外留学人员"为国服务"的口号,受到了广大留学人员的普遍欢迎。这一阶段,中国还对自费和公派出国的留学政策作了进一步的调整和完善,总的趋势是趋于更为平稳、宽松和公平、合理。这一阶段,留学生年龄还出现了低龄化趋势。①

与以往的留学生相比,改革开放以后的留学潮无论是留学人数、留学专业、留学形势乃至留学动机都发生了翻天覆地的变化。这次"留学大潮"来势的猛烈,持续时间的长久,给中国国内带来有史以来前所未有的巨大变化。正如俗话所说,人往高处走,水往低处流。外面的世界很精彩,外面的世界很诱人。据国家教育部公布的数字,1978至2008年改革开放以来三十年间,中国各类出国留学人员总数已达139.15万,其中,2008年末仍然在外的人员超过100万,各类留学回国人员已近39万。77.7%的部属高等学校校长、84%的中国科学院院士、75%的中国工程院院士和62%的博士生导师都有留学经历。② 这是全球留学生大军中阵容极为壮观的一支队伍,也是改革开放的伟大成就之一。一批又一批的留学归国人员,在各条战线上取得突出成就,为祖国建设做出了积极贡献。

中华民族历史上这最大一次留学潮,给我们带来了极其丰富的语言资源。大量关于留学称谓的新词语,如雨后春笋般涌现出来,大大丰富了现代汉语词汇。我们知道,一部词汇演变史,往往就是一部社会变迁史。我们的课题主旨不是研究历史,而是选取那些与新时期留学潮相关的突出而又有代表性的社会称谓词语加以分析和论述,期收以管窥豹之效。

本编基本上以时间为序,以事件的内部联系为主线,找出这一历史时期各个留学阶段中,最有代表性的留学称谓,并对其进行描写和分析,探讨其来源与发展的内部规律,

---

① 程希:《关于全球化时代留学人员地位和作用的若干思考》,《中国发展》2002年第1期。

② 《从1978年至2008年底出国留学139万人》,《人民日报·海外版》2009年3月26日。

力图通过具体称谓和用例实证及其与社会现实生活的联系，来反映一般的语言与社会互动互变的本质和规律。本编按照预备、出国、学成及归国的顺序切分板块，共分三章。第一章：出国留学预备人员称谓；第二章：留学生类别划分及其关联、伴随称谓；第三章：海外留学有成与归国创业人员等系列称谓。每一部分都类聚一批称谓词语。比如要想出国必须得通过 TOEFL（托福）、GRE 和雅思英语水平考试。于是有了“考托一族”“考 G 一族”“寄托一族”“考雅一族”等。人们用汉语表示客套的“托福”来音译 TOEFL，简称为“托”，于是忙于托福考试的人群就成了“考托一族”“托派”“资深托派”等。“留学摆渡人”和“留学教父”是怎么回事？圈外人士可能莫名其妙，但“寄托一族”却再清楚不过：那是留学生和准留学生们，送给创办新东方学校的俞敏洪的荣誉称号，该学校以培训 TOEFL、GRE 和提升应试水平为宗旨。通过了各种考试和审核，没有经费也出不了国，所以留学生从经费来源上讲又有公费留学生和自费留学生之分。公费的又称“公派”，细别之还有国家公派、单位公派之别。改革开放初期留学生以公派为主，后来自费增多并得到国家的承认和鼓励，2003 年国家留学基金委还特别设立了“国家优秀自费留学生奖学金”。新时期留学潮持续二三十年，实际涉及两代留学生，依时间先后又有老留学生和新留学生之别。随着经济的发展和留学潮的升温，自 90 年代开始，越来越多的家长不惜重金把未成年的孩子送往海外就读，语言及时地反映社会，“小留学生”称谓出现了。1999 年 12 月 3 日《人民日报》报道：一部由留日学生拍摄的大型系列纪录片《我们的留学生活——在日本的日子》开播，其中一集即题为《小留学生》，2005 年 12 月，20 集电视剧《小留学生》又在央视开播。小留学生们大多娇生惯养，到国外生活不能自理，缺乏自立能力，或沾染上不良习惯，或学会了英语疏远了中文，于是一个形象的新称谓“留学垃圾”又相伴产生了。已婚留学生出国，配偶留在国内，于是有了“留守女士”“留守丈夫”；如果前去陪读即为“陪读丈夫”“陪读夫人”；小留学生出国需要家长陪读，“陪读妈妈”“陪读爸爸”相继出现。海外学成后归国，简称“海归”，用为名词时即指：海外留学归国人员。“海归”一经谐音联想，一个有趣的名称产生了——“海龟”。由此衍生出一系列称谓词语，如“海归派”和“海龟派”；“老海归”和“小海归”“新海归”；“速成海归”和“金牌海归”。那些不想归来的叫“海不归”，在海外扎下根的叫“海根派”，去留未定仍“泡”在国外者称“海泡”。中国政府毕竟希望他们回归报效祖国，对海外学成之优秀人才特别重视，称他们为“杰出留学人员”“海外留学英才”或“海外高层次留学人才”等，采取多种措施鼓励和吸引他们归国创业，2000 年国家人事部出台了《关于鼓励海外高层次留学人才回国工作的意见》，各地方也都出台相关政策，如浙江设立了“浙江省海外留学英才奖”“浙江省杰出海外留学人士为国服务贡献奖”等奖项。任何事物都是发展变化的，随着海归人士的增多及其层次的参差不齐和就业需求变化等，海归派逐渐掉价，海外归来后找不到工作而待业者简称“海待”，谐音成为“海带”，待业久了成了“海带干”。国家政策规定，对引进的海外英才，保留他们的海外居住权（“绿卡”），这样他们就具有了双重身份。由于家庭和事业的原因，频繁往来于国内和海外，人们又给他们起了一个有趣的名字“海鸥”，意思是他们像海鸥一样老是在海上飞来飞去。各类称谓生动再现了改革开放以来留学热潮和新时期留学运动由渐进到突飞猛进的进程。

第一章　出国留学预备人员及相关机构称谓

本章涉及的主要称谓如下：

第一节	一	托派、铁托、铁托派、资深托派、托福族、考托族、考托一族、考T族
	二	考G一族、考G族
	三	寄托族、寄托一族、寄托派
	四	考雅一族、考雅族、烤鸭一族、烤鸭族
第二节	一	新东方、留学教父、留学摆渡人
	二	国家留学基金委
	三	留学中介、正规留学中介、合法留学中介、非法留学中介、留学黑中介、黑中介

第一节　预备出国留学应考人员系列称谓

出国留学是要有条件要求的，那么首要的条件是什么？改革开放后“政审”不再是什么问题，出国留学最主要的就是语言关，即外语问题。语言不过关，就无法交流沟通，学习听课都成问题。70年代末至80年代初，新时期留学潮的第一个阶段，留学生基本上都是公派形式，国家高度重视，集中进行外语培训，帮助他们顺利通过语言关。80年代中期，新时期留学进入第二阶段，中国逐步放开了自费留学的政策，出国留学出现了校际交流、地方集资、部门公派和自行联系等多种渠道，大众留学逐渐取代精英留学成为主流，出国热在全国迅速升温。再进入下一阶段，自费和单位公派留学的规模迅速扩大。出国热继续升温。那么也就有了规范统一的外语水平考试，如著名的TOEFL(托福)、GRE、雅思等。曾几何时，大学里高喊着60分万岁的时尚一族，在不经意之间变成了醉心于TOEFL、GRE、雅思考试的群体。语言社会性的表现之一就是：社会一有什么变化，出现什么新事物新现象，马上就会在语言上反映出来。那么出国留学热导致的外语考试热，也在汉语词汇上反映出来，一批新型社会称谓词语——“寄托一族”“考托一族”“考G一族”“托派”“G派”等，应运而生了。它们都是新时期“流行语”家族的成员，具有极强的社会语言学价值。

一、“托福(TOEFL)”类考试人员称谓

“托福”原本是汉语里的客套语，意思是仰仗别人的福气。这里的“托福”，字面上巧妙地借用了这一客套语，实际上是对英语 TOEFL 的音译。TOEFL 是个英语缩写，全称“Test of English as a Foreign Language”，意为“作为外语的英语考试”，是美国政府为非英语国家学生举办的一种英语水平考试名称。TOEFL 译为汉语的“托福”，在很多学子的心里就是寄托幸福，寄托福气，在某种意义上象征着对一种新生活的向往。“托福”及其简称“托”进入汉语后，由于与中国的留学热和考托福热相结合，马上成为一种新的构词成分，具备了较强的造词能力，造成了“托福派”“托派”“考托一族”“寄托一族”等一批留学预备人员的新鲜称谓词，既记载和反映了留学与考托这一社会现象，又大大丰富了汉语的词汇宝库。

(一)“托派”称谓的意义及其赖以产生的社会背景

历史上有一个现成的称谓词“托派”，是“托洛茨基派”的简称。但我们这里的“托派”跟历史上的“托洛茨基派”毫无关系，而是指为了出国留学而准备 TOEFL 考试的群体，即“考托福的一派”。这里借旧瓶装新酒，利用旧有简称表达新概念，倒也颇具诙谐趣味和幽默效果。托福考试在我国是兴起最早的由外国政府主办的英语水平考试，1980 年就出现了，因而“托派”一词也在 80 年代末应运而生。

“托派”产生的时代原因当然是“出国热”，但与出国热相连的还有更复杂的社会背景。众所周知，上世纪 80 年代，正是经济大潮滚滚涌动的时期，受经济大潮的冲击，许多人辞掉公职下海经商乃至街头练摊儿，脑体倒挂成为社会问题。1988 年 7 月 11 日《人民日报》发表记者艾丰的《社会公平的辩论》一文，文章指出：“拿手术刀的不如拿剃头刀的”，“搞导弹的不如卖茶叶蛋的”，已成为“著名的”顺口溜。与此相伴随，在教育界，新一轮的“读书无用论”悄然兴起，大学校园里，学生们厌学情绪严重，分裂为两派：一派认为国内学习无用，只有出国留学才有前途，于是热衷于托福考试，人们戏称为“托派”；一派由于外语水平等原因出国无望，受厌学心支使，不读书而沉迷于打麻将，人们戏称为“麻派”。无怪乎人大代表提出我国教育出现了潜在的危机！

> 据说，北京的大学校园分为**“托派”**(考托福出国)和**“麻派”**(搓麻将逍遥)两类学生。我看，在这个问题上，也可以类似分为两派——“学派”和“商派”。其实，当今的学生和家长并非都被刮进辍学经商风里，重视学习、督促孩子上进的大有人在。(白承杰《对“新的读书无用论”另有见解——不必大惊小怪》，《人民日报》1989 年 3 月 11 日)

人大代表陶大镛(全国人大财经委员会副主任、民盟中央副主席)很激动地说，

从全国来看，教育还是陷在潜在的危机，“水土流失”，教师队伍不稳，5 年到 10 年以后，问题会非常严重，必须正视。现在读书无用论影响很厉害。大学里读书的叫“托派”——念“托福”，出国留学；不读书的叫“麻派”——打麻将。这是一种奇怪的现象。这个问题看得严重一点好。美国总统是教育总统。希望我们的总理是教育总理。李鹏说，教育的问题的确很严重，例如教师待遇、教育设施等，中央将开会专门讨论教育问题。(《北京代表与总理议大事》，《人民日报》1989 年 3 月 23 日)

他们有的在大学校园内外，搅起过不免添乱的学潮，继而又缄默无语地当起了“托派”(考托福出国)和“麻派”(打麻将牌)；有的在街头摆摊叫卖，似乎一转眼的功夫便可捧回一大堆令爹妈与邻里目瞪口呆的钞票；有的彻夜等候在外国使馆门口的长龙中，希望得到那一纸梦寐以求的签证；有的不安于几辈子生长耕作于斯的土地，闯入都市打零工当保姆……(李泓冰《“代”的疑惑——互相注视的四代人与第四代人》，《人民日报》1989 年 3 月 25 日)

社会语言学研究与一般语言本体研究具有显著的不同。作为一般语言本体研究，对于一个词语，像词典那样解释清楚其意义用法就完事了，而我们的课题则是在立足于本体研究的基础上，尽可能地多发掘一些社会性的东西。这里我们通过“托派”这一称谓词把那段历史“钩沉”起来了。当然这是改革开放和留学潮发展的一个小阶段，如今已成为过眼云烟，“托派”起初流行时的社会现状，随着改革开放的深入很快得到了调整。尽管今天我们仍然可以把参加托福考试的人称为“托派”，词汇意义没变，社会意义和时代色彩却变了。

(二)由“托派”衍生出的“铁托”“铁托派”和“资深托派”

“托派”带有总括特点，如果细加区分，那些考托福特别执着的人，叫作“铁托派”。“铁”取其“铁杆”“铁心”之意，指铁了心考托福的人。再加省略就叫“铁托”。这个词故意地与南斯拉夫总统名字的音译“铁托”相重合，巧妙地借助谐音的关系，造成幽默诙谐的表达效果。故“铁托”“铁托派”也属于一种戏称。

一位博士生导师谈到，他的几个学生都铁心考“托福”，自称“**铁托**”。(《文摘报》1990 年 10 月 28 日)

这“读外文”为什么？自然也是为了“跑出国”。日前还读到《群言》杂志的二篇座谈会记录，此中一位博士生导师谈到，他的几个学生都铁心考“托福”，自称“**铁托派**”。不用说，“**铁托派**”者，其实也是出国派。(《从“出国热”谈起》，《群言》1990 年第 10 期)

那些从事托福考试的时间长，经验丰富，而且又很有权威的人士，叫作“资深托派”。

没能出国深造的俞敏洪留在国内发展，作为“**资深托派**”，俞敏洪对各种出国流程了如指掌，对莘莘学子的备考难关和心理动态更有丰富的切身体会，这些经验对他办好新东方至关重要。后来，几位当年风光留美的同学先后回国投身于新东方，俞敏洪再一次从失败获益。（李彤《新东方：草根贵族的理想与现实》，《商界·中国商业评论》2006 年第 10 期）

（三）以后缀“族”造出的“托福族”“考托族”“考托一族”和“考 T 族”

汉语的“族”本来就有品类之义。进入改革开放新时期，“族”的造词能力剧增，现实生活一旦出现新的社会人群，人们立即便会造出个“××族”的新词来，从而使这个“族”的用法泛化，渐渐具有后缀（或准后缀）的性质，并在此基础上形成与之相类似的造词成分“一族”。为出国留学而考托福的人群也不例外，于是“托福族”“考托族”“考 T 族”等一批新称谓词语频频在媒体上出现了。这也是留学潮、外语热的一个侧面反映。下面我们就分别举出例子。

1.“托福族”的用例

近年来，随着“考研热”、“出国热”逐渐升温，高校里的空房子成了“考研族”和“**托福族**”梦寐以求的栖身之地。（《1500 元租个破仓库警惕高校租房骗局》，《武汉晨报》2000 年 10 月 30 日）

当然，热衷租房的大学生并非都是考研一族，“**托福族**”、“GRE 族”甚至异性同居的也大有人在。（《开学在即 北京高校校园租房热》，《北京晚报》2001 年 9 月 4 日）

而且，我在晚上大脑特兴奋，我劲头来了可以搞个通宵，在外租房就不会打搅别人。一位“考研族”如是说。另外还有部分“**托福族**”或“GRE 族”，情况也大致相同。（《“禁租令”禁不住 南京大学生租房供需两旺》，《江南时报》2004 年 9 月 15 日）

2.“考托族”的用例

另据一些“**考托族**”估计，今年的“托福”热可能也与签证方面的松动有关系。前两年去美国留学，签证是比较难办的。近来美国大使馆有点松口，于是，以前没走成的“老托”和跃跃欲试的“新托”就全赶在一块儿了。（《今年托福热得邪乎》，《精品购物指南》1998 年 8 月 21 日）

托福 1964 年开考，基于结构主义语言学发展起来的“托福”考试的局限性是明显的，它测试内容包括听、读、写三个部分，重视英语的笔头掌握能力，反映不了考生对英语的应用能力。因此，在中国应试教育的环境，关于中国的“**考托族**”高分低能的批评很多。（《托福与爱普之争》，《深圳特区》2001 年 12 月 28 日）

每日商报讯“托福资料低价转让”、“想出国可走雅思路线，更经济实惠”、“托福性价比是否高于雅思?”日前，记者发现在“**考托族**”中相当热门的“托福上游”论坛上，此类留言越来越多，许多在杭高校的“**考托族**”也渐渐分流，选择其他。杭州商学院市场营销专业的小何是现在比较少见的忠贞的“**考托族**”。她有两个同学在大二的时候就已经考过雅思出国了，只有她还一直在坚持准备考托福。(《"校园"考托族"是怎样分流的?》,《每日商报》2003年11月8日)

在今年6月24日结束的北美新托福考试中，在加拿大多伦多一所高中学习、来自中国深圳的17岁女孩常梦苏，以满分120分的成绩夺得第一名。近日，记者采访了常梦苏，了解她考试成功的"秘籍"，听她给中国"**考托族**"一些建议和有益的启示。(《新托福网考　今起报名　下月首开考》,《法制晚报》2006年8月25日)

3."考托一族"和"考T族"的用例("T"指TOEFL，即托福)

今年托福考试在京遭遇"寒冬"，报考人数锐减。……那种为了拿到一张考试报名表，**考托一族**经常求爷爷告奶奶，不惜动用一切社会关系的情况已成往事。(《留学教父徐小平：美国仍然是留学第一选择》,《青年时讯》2003年12月18日)

如同流行多年的"考研一族"、"**考托一族**"一样，应届毕业生考公务员也有了自己独特的称谓——"考碗一族"：考上中央国家机关公务员被称为"金饭碗"，考上直辖市省级公务员是"银饭碗"，考上地市级公务员是"铜饭碗"，考上镇街道一级是"铁饭碗"。(《关注大学生"公务员热潮"："考碗一族"缘何争夺铁饭碗?》,《三晋都市报》2007年11月3日)

据即将出版的中国《新闻周刊》披露，一封美国GRE、TOEFL考试主管部门ETS发给全美各大学及研究所入学许可负责人的信函，已在每一个怀有出国梦想的中国"考G族"、"**考T族**"心头蒙上重重的阴影。(《精品购物指南》2001年2月23日)

二、GRE类考试人员称谓

在留学潮中，继托福考试后，中国又兴起了一种层次更高的外国主办的英语水平考试GRE。其全称为Graduate Record Examination，取其三个单词首字母缩写而成。GRE是美国的研究生入学考试，是ETS(美国教育考试服务处)与美加地区各高校合作推出，并在美加地区受到广泛认可的英语水平考试。其考试成绩是美国大部分大学录取研究生和授予奖学金的主要标准之一。GRE和托福考试不同的是，托福针对的是非英语国家的人群，GRE面对的是包括英语国家学生在内的所有学生。即使是对美国学生而言，考GRE也不是件容易的事，因为GRE的一些词汇，并不是日常生活常用的词汇，甚至有些生僻。在中国考GRE的大多数是理工科的学生，只要有实力，有一定的基础，并且可以忍受孤独和寂寞，不怕挫折和失败，一般都能达到出国留学的目标。所以，GRE的考试群体在某种意义上可以说是"中国大学生中的精英群体"。GRE考试群体的称谓，可不像托福考试群体称谓那样丰富多彩，只有"考G族"和"考G一族"两个。

“考G一族”,顾名思义,就是考GRE的一群人。

迈出国门到海外去留学,是许多年轻人最美丽的梦想,而GRE考试则是踏进美国、加拿大或是其他英联邦国家大学的一道重要门槛。于是,眼下在北京的一些大学院校里便出现了这些围绕GRE而形成的新“部落”——**“考G一族”**。他们一般都是手不离英语书,为今后迈出国门、寻找光明出路而聚精会神孜孜以求。(黑子《考G一族:在梦想与现实边缘游荡》,《知识经济》2000年第4期)

“太郁闷了,考G考了2400!”(2400分为GRE考试满分)在目前的**“考G一族”**中,这句话广为流传。自从BBS上传出清华一满分考生被美国一所著名理工大学拒录的消息之后,众多GRE考生又多了一块心病:分低了,学校看不上;分太高了,竟也被拒。左也不是,右也不是。考G到底该考多少分?(《低分不取 高分遭拒——GRE考生左右为难》,《中国青年报》2001年8月16日)

考G一族,说成“考G族”,意思完全一样。

据即将出版的中国《新闻周刊》独家披露,一封美国GRE、TOEFL考试主管部门发给全美各大学及研究所入学许可负责人的信函,已在每一个怀有出国梦想的中国**“考G族”**、“考T族”心头蒙上重重的阴影。(《ETS“秘函”遍发全美 国人留学遇拦路虎》,《南方都市报》2001年2月14日)

GRE(出国留学研究生考试)是不少出国深造者必过的门槛。8月8日,美国考试中心官方网宣布,出于安全考虑停止中国、韩国及中国香港、台湾地区的GRE机考,从10月1日起重新改为每年二次的笔试。记者了解到,深圳众多**“考G族”**对该消息是有人欢喜有人忧。(《GRE停机试“考G族”有人欢喜有人忧》,《深圳商报》2002年8月29日)

从进大学第一天起,我就捧起了GRE的辅导书。1999年暑假,我还一本正经去了回新东方。虽然我在**考G族**里混了近3年,但我一次也没参加过GRE考试,我对自己没信心,考GRE实在太难了。今年3月底,我将在上海的一家公司上班,最近两年我不会考虑考G的事。(《倾吐考G考T的打拼经历》,《新闻晨报》2002年9月19日)

8月7日,一份发自美国的紧急公告,牵动数以万计**考G族**的心:鉴于亚洲部分地区GRE考试普遍的异常高分,从10月1日起,中国大陆、香港、台湾和韩国的GRE机考重新改为笔试。(《热点追踪:GRE考试机考改笔考扫描》,《解放日报》2002年9月16日)

三、GRE和TOEFL(托福)两类考试人员的统称

GRE可以简称“寄”,TOEFL可以简称“托”,二者合称“寄托”,恰好跟汉语表示在

现实和理想方面有所依托的“寄托”一词相合。于是用“寄托”加后缀“族”“派”等，又造出了新称谓——“寄托族”“寄托一族”和“寄托派”

“寄托族”“寄托一族”和“寄托派”指称意义相同，都属于统称，包括 GRE 考生，也包括 TOEFL(托福)考试，当然更包括二者都考的人，总之是泛指那些通过考 GRE 和 TOEFL(托福)来实现自己出国留学理想的一群人。2001 年，有人模仿周华健的流行歌曲《朋友》创作一首《“寄托”之歌》在网上广为流传，颇能代表“寄托”一族的生存状态和心理状态。这群人在年轻人中有相当的影响力，随着出国热的升温，社会上出现了庞大的“寄托”群体，这些人的来源相当一部分是高校学子，也有许多是离校多年已经参加工作的社会人士。他们目的想法不同，但是从毅然决定考 G、考托之路那一天起，便注定踏上了一条奋斗拼搏之路。

如果说很多高校毕业生的努力方向是留在北京的话，清华人的奋斗目标已经是“做一个国际人”了。事实上，清华中文系学生中，现在就有不少是“**寄托族**”了(指考 GRE 和托福，以求出国的人)。(《北大、清华、人大中文系毕业生没人想当作家》，《中华读书报》2001 年 6 月 28 日)

1985 年起，中国鼓励自费出国留学，大众留学逐渐取代精英留学成为主流。国内出现了庞大的“**寄托族**”，也就是指希望通过美国教育考试服务处的托福考试和美国研究生入学考试 GRE 而漂洋过海的人群。(《改革开放三十年：“海龟”乘潮出海 赶潮洄游》，《中国青年报》2008 年 12 月 15 日)

这种种变化自然而然地影响到今天的“**寄托一族**”。新东方学校一位多年从事留学服务的老师说，今天的大学生崇美的心理已有不小的减弱，看问题比较客观，留学的目的重在提高自身素质，那种视留学如跳龙门似的心理已经越来越少了。(毛栋梁《青年“寄托族”启示录》，《中国青年研究》2003 年第 2 期)

自我说服其实也就是一种自我觉醒吧。而说到这种觉醒，我要感谢一个人，他是我的男朋友，也同样是一个曾经“坚定”的**寄托派**。我目睹了他痛苦寄托的全过程。他是想出国的，因为哥哥已经在美国小露头角了，无论是他自己还是他的父母都期望这个弟弟也可以有同样的辉煌，这是他选择这条道路的原因。(许轶等《剪裁人生》第四章)

向往西方文明的学生开始申办出国申请，高校内涌动一股“出国潮”，人们把那些为出国而日夜奋战考 GRE 和 TOFLE 的学生戏称为“**寄托派**”。(吴秋兰《改革开放 30 年青年学生爱国主义表达的变化轨迹》，《中国青年研究》2009 年第 1 期)

四、雅思类考试人员称谓

雅思与托福、GRE考试一样，也是一种国际英语水平测试。全名 International English Language Testing System，简称 IELTS，汉语音译为“雅思”。IELTS 由剑桥大学测试中心、英国文化委员会和澳大利亚高校国际开发署共同管理。雅思考试分为两种模式：academic（学术类），用于测试应试者的英语水平是否能够在英语环境中就读大学本科和研究生课程，这一点与托福考试有些类似；general training（普通培训类）则侧重评估应试者是否已具备在英语国家生存所需的基本英语技能，即 survival English。在欧洲和北美，越来越多的院校开始接受雅思考试成绩。英国、澳大利亚、新西兰等国的移民局将雅思考试成绩作为技术移民及其他类移民中衡量英语语言能力的唯一标准。1990年4月，雅思开始在中国推广，目前我国公派到英国学习的访问学者和攻读硕士、博士学位的人员均需参加此考试。[①] 继托福、GRE之后，如今雅思可谓后来居上，得到越来越多的国家认可。参加雅思考试称“考雅”，谑称“烤鸭”，因而形成两小类称谓。

(一)“考雅一族”和“考雅族”

“考雅一族”和“考雅族”，泛指参加雅思考试的群体，当然也可指该群体中的一个人。

近日，随着 IELTS 考务改革在全国范围内的陆续铺开，有关 IELTS 变题的传闻也在广大“考雅一族”中甚嚣尘上。有些机构断言，迫于中国 IELTS 考生人数与日俱增的压力，IELTS 必将日益加大改革的力度，IELTS 考试题型和内容亦将会加快调整。更甚至有人断言：今后，IELTS 考试的竞争会越来越激烈、越来越难考！（《明年雅思会变吗？官方：考务改革不是内容改变》，《文汇报》2004年12月7日）

2007年，中国考雅一族达到20万，国人学习英语和出国留学的热情空前膨胀。国内的教育培训市场也发展到史无前例的历史高度。很多培训机构将满分9或者8.5的雅思成绩列入光荣榜来大肆宣传，以昭示自己的出色培训成果。（《雅思考试的三大变化三点误区》，《新民晚报》2008年5月5日）

“考雅族”的激增，使得英国文化委员会每年都增加雅思在安徽的考次。从2005年一年举行7次考试，变成现在一年11次考试，而到明年，雅思考试将在安徽开考22次。（《安徽“考雅族”让“英国大员”高看一眼》，《合肥晚报》2007年11月8日）

记者从大连市几大雅思培训机构获悉，近年来，初、高中学生在“考雅”大军当

① 参见学习资料下载网等相关介绍。

中所占比例越来越大；而今年9月份以来的增幅，也主要是由初、高中生创造的。就近段时间而言，初、高中“**考雅族**”之所以出现较大增长，主要是受了金融危机的影响。如前所述，金融危机使美国等主要留学目的国的费用大大减少，一些原本打算让孩子读完高中或者大学再出国的家长将孩子的留学计划提前，间接带来了雅思培训队伍的扩容。业内人士预测，明年，初、高中生这个群体仍将是促进大连雅思培训持续增长的主要力量。(《大连雅思培训逆市升温》,《大连晚报》2008年12月24日)

(二)诙谐幽默的“烤鸭一族”和“烤鸭族”

“考雅”由于谐音的关系，使人发生联想，造出了“烤鸭一族”和“烤鸭族”两个谑称。但这不意味着讽刺，只是为了幽默风趣而已，连备考雅思者本人都可自称“烤鸭一族”和“烤鸭族”。

语言能力、语言成绩一直是出国留学的首个门槛。有的学生因为一些客观原因，延误了留学申请的时间，错过了最好的出国时机。为了不让申请手续方面的客观因素影响学生的申请进度，随着留英申请程序的日趋完善，IELTS(雅思)考试今年取消了“90天不得重考”规定、推出电子成绩单和免费代寄额外成绩单、新设立贵阳IELTS考试中心、考试成绩复议费降价等等一系列的政策……一连串关于IELTS的消息悄然在“**烤鸭一族**”(雅思考生)中广泛流传。2005年，IELTS继续保持了在中国语言类留学考试中的“领羊”地位——考生人数逼近10万大关，且以6%的速度稳健增长。(《留学英国 感受迅速通道》,《申江服务导报》2006年4月4日)

“只有双休日休息，其他时间就跟平时在学校上课一样，为了考雅思，这个暑假除了英语还是英语。”昨天中午，在城西一间培训教室学雅思的伍哲伟向记者道起了苦经，像他一样在暑假里奋斗的“**烤鸭**”(考雅思)族不在少数。趁着短暂的午休，笔者在新通雅思培训班采访了几位“**烤鸭**”**一族**。(《雅思备考：这个暑假“烤鸭”一族并不轻松》,《钱江晚报》2007年7月27日)

笔者在前面的讲述过程中已经给各位“**烤鸭族**”们提到了一点，雅思考试是允许考生在考试过程中手脑并用、全面发展的。我们的答题技巧正是贯穿于整个考试过程中的。(夏丽萍 贺婷编著《雅思考前15天听力·第1天雅思听力概述》)

阳春三月，天气回暖，“**烤鸭族**”(对雅思考生的昵称)又迎来了学习和备考的黄金时节。如何让雅思学习更加富有成效，从而考出一个更加理想的成绩来呢？日前，记者采访了博普、联邦、雨田等雅思培训机构的相关负责人，对这个“**烤鸭族**”普遍关心的问题进行了一番解析。据悉，我国“**烤鸭族**”的雅思成绩总体上偏低，尤其是口语和写作欠缺较多。博普雅思首席培训官马良等我市雅思培训界资深人士分析认为，这是因为很多人备考时存在一些误区。（《备考雅思 注意化解三个误区》，《大连晚报》2008 年 3 月 11 日）

第二节 出国留学外语培训、基金机构及中介类称谓

有了出国留学必需的托福、GRE 和雅思等外语水平考试，如何提高自己的水平和成绩，尽快拿到成绩和资格证明，就成了摆在每一位备考人员面前的严峻问题。于是一些著名的培训学校、机构及其功勋人物应运而生。符合了留学条件，资金即钱的问题，就提到了日程上，公费留学自然无法例外。随着公费留学队伍日益庞大，统一筹措和安排留学经费的全国性的留学基金委就有了十分必要的作用。留学热潮持续升温，留学渠道增多，留学中介的出现就成了必然。

一、留学英语培训元勋："新东方"与"留学教父""留学摆渡人"

（一）"新东方"——中国留学生的摇篮

"新东方"是一所外语培训学校的名字，创办于 1993 年，原名北京"新东方学校"，后改称"新东方教育科技集团"。按说就"社会称谓"的收词角度来衡量，这样的词绝对算是"可有可无"，属于应该"严收"之列。但它实在太有名了，对出国学子备考英语实在太重要了。"寄托一族"以及众多的"海归"，没有哪一个不知道"新东方"，因为它是国内公认的英语培训的头牌学校。经过十几年的发展，新东方教育科技集团已成为一家以外语培训和基础教育为核心，拥有短期语言培训系统、基础教育系统、职业教育系统、教育研发系统、出国咨询系统、文化产业系统、科技产业系统等多个发展平台，集教育培训、教育研发、图书杂志音响出版、出国留学服务、在线教育、教育软件研发等于一体的大型综合性教育科技集团。据《人民日报》2006 年 9 月 11 日报道，新东方教育科技集团股票（EDU）在美国纽约证券交易所成功上市，计划发行 750 万股美国存托股，融资规模为 1.125 亿美元。截至 2008 年末，新东方已在全国上海、广州、武汉、西安、兰州、天津、南京、成都、重庆、沈阳、深圳、长沙、济南、杭州、哈尔滨、太原、石家庄、襄樊、株洲、苏州等 39 个城市设立了分校和学习中心，累计培训学员近 700 万人次。新东方的发展，见证了中国留学事业的辉煌，尤其对成千上万的自费出国学子功德无量，被誉为"出国梦的缔造者""中国留学生的最后一所母校""中国留学生的摇篮"。所以我们愿意在这里破例把"新东方"作为一个机构性的称谓词大书一笔。

为什么"新东方"的"新概念"培训能独树一帜，并成为全国最大的培训基地？短短两年多时间，"新东方"缘何能有如此迅速的发展？谜底有两个：一个是书，一

个是人。书就是由英语语言学家亚历山大编著、朗文外研社出版的《新概念英语》，这部经典教材得到全世界的公认。(《体验激情之美——记英语教学专家江博》，《人民日报》2001年12月4日)

被人称为“出国梦的缔造者”的新东方学校因其奇迹般的业绩而成为媒体的宠儿。中国青年报资深记者卢跃刚经过独立采访写出的《东方马车——从北大到新东方的传奇》一书，则使我们认识了一个更真实的“**新东方**”。(《卢跃刚独立写作“新东方”》，《中国青年报》2002年5月9日)

新东方教育科技集团董事长俞敏洪在发言中回顾了**新东方**10年来的发展历程。他认为，**新东方**是党和政府鼓励留学政策及小平同志谈话的受益者之一。据不完全统计，在**新东方**学习过的学员超过150万人次，在欧美地区各大名校学习的留学生中，70%是**新东方**的学员，**新东方**的校友已经遍布全球。(《新时期留学人员使命与发展机遇研讨会在京举行》，《人民日报·海外版》2003年11月18日)

(二)“留学教父”“留学摆渡人”——送给俞敏洪的桂冠

“留学教父”和“留学摆渡人”这两个称谓词，行外人也许不知所云。但在考托、考寄、考雅群体，留学生群体和海归群体自己的词典里，他们都知道这是指俞敏洪。俞敏洪何许人也？他就前面提到的“新东方”创始人，初任新东方学校校长，现任新东方教育集团董事长，并兼任民盟中央委员、民盟中央教育委员会副主任等职。俞敏洪1962年出生于江苏省江阴市。1985年毕业于北京大学西语系，留校担任外语教师。1991年9月，俞敏洪从北大辞职，进入民办教育领域，1993年11月16日，创办了北京市新东方学校，担任校长，开始了“新东方”的创业过程。他精通英语，具有一套全新独到的教育和办学理念，他的《GRE词汇精选》，在考托、考寄群体、留学生群体和海归群体中，可谓有口皆碑，因其封皮为红色，被誉为“红宝书”(按:“红宝书”原为十年“文革”时期对伟大领袖那本红皮《毛主席语录》的敬称)。有媒体报道说:俞敏洪——这个名字在哈佛和耶鲁的号召力几乎超过了中国任何一位大学校长。由他创办的北京新东方学校主宰着北京乃至全国的出国培训市场，经新东方培训过的在美国和加拿大的中国留学生数以万计。据不完全统计，在海外各大名校就读的中国留学生中，有70%是其弟子。10多年来，从新东方而出国留学，而后又汇入海归大潮回国创业的人数更是不可胜计。① 由于他对留学教育的杰出贡献，被社会和学子们尊称为“留学教父”“留学摆渡人”。“教父”在基督教中，无论指神学权威还是指入教者的监护人，其崇高地位不言而喻；“摆渡人”

① 李欢:《留学摆渡人俞敏洪》，《环球企业家》2004年7月总第100期。

对渡河者作用自不待言。那么“教父”“摆渡人”二称,施之于矢志备考留学欲达理想彼岸的学子,喻义何其明显,作用何等重要?人们把这两顶桂冠送给俞敏洪,他在留洋学子们心中的地位,亦可见一斑了。

1991 年,中关村第二小学的一间平房前,一个戴眼镜的瘦高个子,支起了一块“东方大学英语培训部”的牌子。这个人就是后来被称作中国“**留学教父**”的俞敏洪,这个“夫妻店”式的培训部后来办成了中国最具影响力的民营教育企业——新东方学校。自 1994 年新东方加速扩张以来,直至 2001 年学生达到 25 万人,6 年间增加了近 71 倍。(毕新华《俞敏洪与新东方不得不经历的快乐与阵痛 寻找人情的替代品》,《英才》2002 年第 7 期)

他精通英语,尤其擅长词汇,其所著的 GRE 词汇丛书,被新东方的学生称为“红宝书”。他的学员中屡屡有人在托福和 GRE 考试中拿到满分,以至于他自己被尊称为“**留学教父**”。(李欢《留学摆渡人俞敏洪》,《环球企业家》2004 年 7 月总第 100 期)

伴随着新东方的成功,一个名字也日益响亮,这就是被誉为中国**留学教父**的新东方教育科技发展集团董事局主席兼首席执行官——俞敏洪。从一个农村孩子走入北大校园,从一个沉默寡言的学生登上北大的讲台,从象牙塔的护佑走向自主创业的洪流。如今的俞敏洪拥有过亿的资产,极高的知名度,但骨子里,仍然是一名教师的淳朴。(《中国留学教父俞敏洪与他的新东方》,《中国国际广播电台·国际在线》2008 年 12 月 26 日)

美国淘金时代留下了一句谚语“淘金的不赚钱,送水的赚钱”。在美国淘金时代,一夜暴富的梦想支撑着淘金客向西部涌动,然而真正达成目标的人是凤毛麟角,但是,为这些人的梦想提供支援服务——送水的人们却淘到了真金。如果说现在中国人的出国梦也就是一种淘金梦的话,那么服务于此的新东方英语学校就是一个送水人。隐在教育产业化、培训机构等面纱背后的新东方,实际上是一个留学服务机构,俞敏洪则是一个**留学摆渡人**。(林永廷《创富时代:十大新商业模式》,《世界商业报道》2006 年 2 月 17 日)

获得“留学教父”称号的还有一个人,那就是俞敏洪的亲密搭档徐小平。他初任新东方副校长,现任新东方教育科技集团董事、新东方文化发展研究院院长,是新东方留学、签证与出国咨询事业的创始人。因其地位作用仅次俞敏洪之后,故亦有媒体和考生将“留学教父”称号送给他。例不赘举,兹有两篇文章标题为证:《留学教父指点高中生——留学专家徐小平专访》(《海外求学》2003 年第 15 期);《留学教父徐小平:美国仍然是留学第一选择》(《青年时讯》2003 年 12 月 19 日)。

二、“国家留学基金委”的设立与国家公费留学改革

“国家留学基金委”一望而知就是一个机构称谓，按本课题收词要求属于“从严掌握”之类。但这个称谓与国家公费留学紧密相连，与国家公费留学的改革密切相关，因此我们不得不在此简单介绍，以期从社会语言学角度，对其成立的时代原因和社会意义有所认识。

众所周知，改革开放后开始的出国留学，限于当时的历史条件，只能是国家公派形式，采取由国家下达行政指令性计划方式。可是随着留学事业的发展，尤其是从20世纪80年代中后期开始，这种制度越来越显出某些弊端。正如1996年1月24日《人民日报》第5版报道所评价：“一九七八年以来，国家公费出国留学工作取得了显著的成绩。但是，从八十年代中后期起，部分公费出国留学人员的质量有所下降，一些人学成后不能按期回国，派出机构又缺乏有效的制约措施，国家的投入得不到应有的回报。随着留学工作的发展和形势的变化，原有的选派方式也暴露出一些问题，如名额分配存在一定的‘平均主义’，选派计划有时与派出单位的实际需要相脱节，少数单位有‘轮流排队’‘照顾出国’的情况。因此，改革选派管理机制，提高派出人员质量和派出效益已成为留学工作中的重要问题。”于是国家公费留学改革就成了迫切需要解决的问题，改革的标志就是1996年10月“国家留学基金管理委员会”的成立。从此国家公费留学也就变成了“基金资助”的方式。国家留学基金主要来源于国家留学基金计划的财政专款。基金委同时也接受境内外友好人士、企业、社会团体及其他组织的捐赠、资助。基金委的任务则是用法制和经济手段管理出国留学和来华留学事务；负责管理、使用国家留学基金，确定有关资助项目与方式，制定管理规章制度等。1996年10月30日《人民日报》专门发布了国家留学基金委成立并举行第一次会议的消息，基金委按照国家宏观计划，把原来的“行政指令性计划为”改为面向社会，不拘一格选拔人才，确定了“个人申请、专家评审、平等竞争、择优录取、签约派出、违约赔偿”的选派原则，并公布首批录取的国家留学基金资助出国留学人员1399人。外语考试也作了专门的规定，设立了统一的“全国外语水平考试”（WSK）。从此国家公派公费留学走上了一条法制化、程序化、规范化的轨道，“国家留学基金委”也因此具有极为重要的社会意义。

本报北京10月29日讯　记者董洪亮报道：为提高我国出国留学和来华留学工作的水平与效益，经中央机关编制委员会批准，**国家留学基金管理委员会**正式成立，今天在京举行了第一次全体委员会议。**国家留学基金管理委员会**由国家教委、财政部、国家计委、人事部、中科院、社科院、工程院、国家自然科学基金委员会及留学工作研究组织的有关负责同志、专家学者和相关人士组成。国家教委副主任韦

钰任管理委员会主任。(《国家留学基金管理委员会成立 第一次全体委员会议在京举行》,《人民日报》1996年10月30日)

国家留学基金委自1996年成立以来,在推动国家公费留学改革工作中取得了突出成绩,使我国公派出国留学工作步入制度化、程序化和正常化轨道。截至1998年10月底,以国家留学基金资助方式派出的留学人员已达4776人,留学人员学成按期回归率为92.4%,履约率为100%。(《国家公费留学工作继续深化改革》,《人民日报》1998年12月17日)

国家留学基金委从1996年成立到2005年底,共派出22031人出国留学,主要分布在49个国家,已有18098人按期学成回国工作,回归率为97.02%。公派留学人员录取人数1996年为2049人,2005年已超过7000人。……大多数公派留学回国人员已经成为学术、学科带头人或从事管理工作,不少人走上了高新技术产业开发之路。(《国家留学基金委成立十周年庆典在京举行》,《人民日报》2006年6月17日)

三、自费出国留学潮与"留学中介"相关称谓

改革开放初期中国留学事业的复兴,实际上是从公派公费留学生开始的。但如果一直是这种形式,由于名额和经费的限制,就难以形成"留学潮"。而留学潮的出现是20世纪80年代的事,并且是伴随着另一种留学形式形成的,那就是自费出国留学。1981年国务院颁布国发〔1981〕13号文件,批准教育部等七部门《关于自费出国留学的请示》。1982年7月16日,国务院批转了教育部、公安部、外交部、劳动人事部《关于自费出国留学的规定》,指出"自费出国留学,是培养人才的一条渠道","国家承认他们在国外的学历和学位","申请自费出国留学,必须呈报国外定居亲友经过公证和认证或国内亲属经过公证的全部经费保证书"。并对申请自费出国留学人员的学历、年龄等做出了具体规定。① 1985年,国务院对自费出国留学做出新规定:"凡我国公民个人通过正当合法手续取得外汇资助或国外奖学金,办好入学许可证件的,不受学历、年龄和工作年限的限制,均可申请自费到国外上大学、读研究生或进修。"②这就放宽了对自费出国留学的限制,导致了第一轮留学潮的形成。自费出国留学的浪潮,自然而然地催生了另一类社会现象——留学中介。

(一)自费留学市场的发展与"留学中介"的流行

"中介"一词历来就有,《现代汉语词典》释为"媒介:~人|~作用。"实际上就是平常

---

① 《人民日报》1982年7月30日第4版。

② 《人民日报》1985年1月12日第1版。

所谓居中起牵线搭桥作用的介绍人。随着国家公费留学规模的扩大，实际上也需要专门建立一个居中办理相关服务的机构了。1989年3月31日，遵照邓小平同志关于“由国家教委成立一个服务机构，专事留学服务工作”的提议，在原来出国集训部的基础上成立了国家教委留学服务中心，对外称“中国留学服务中心”。这实际上就带有中介服务机构性质，只是当时“留学中介”的叫法还没有流行开来。1985年国家放宽了自费留学的资格限制后，随着留学潮的形成，各类留学中介机构也迅速出现。但是正所谓“无利不起早”，一些弊端出现了。如同1992年《人民日报》所指出：“近几年来，国内外一些不法机构和个人利用许多人急于出国的心理，运用不正当手段牟取暴利，坑害自费留学生。”于是国家决定，过去主要办理公费留学服务的中国留学服务中心，着手开办为自费出国留学人员办实事的服务项目。于是自费留学服务有了可靠途径。[①] 但当时中国留学服务中心毕竟是一个具有法人资格的官方非盈利组织，与我们后来理解的商业性的留学中介具有本质的不同。

随着留学潮持续升温，自费留学市场急剧扩大，全国只有一家政府服务机构显然不敷实用了。事实上私营的自费留学服务机构的出现想挡都挡不住，国家只能运用行政和法律手段加以认证、管理和规范，这也是市场经济的必然规律。于是1999年7月5日，经国务院批准，教育部、公安部和国家工商行政管理局联合制定的《自费出国留学中介服务管理规定》出台了。《规定》指出：自费出国留学中介服务业务的机构应先经各地教育、公安部门审核，报教育部、公安部进行资格认定，然后到工商管理部门进行登记，并取得营业执照。并要求各地有关部门，采取有效措施，“开明渠、堵暗道”，净化和整顿留学中介服务市场，使各地的自费出国留学中介服务活动步入正常发展的轨道。[②]根据这一规定，2000年国家教育部首批认证了68家自费出国留学中介服务机构，并核发了《自费出国留学中介服务机构资格认定书》。自此，“留学中介”一称也就堂而皇之地流行开来了。自费出国留学去寻找留学中介，也就成为极为平常之事。据上所言，留学中介基本上是专指自费出国留学而言，是专门为自费出国留学人员办理中介服务的机构或个人。但国家认定中介资格，其中有一条：工作人员不得少于5名。所以持有营业执照即公开挂牌营业的留学中介一般都是机构，全称“自费出国留学中介服务机构”，人们平常交际中简称“留学中介”甚至直称“中介”就可以了。

> 教育部、公安部、国家工商管理局共同制定的《自费出国留学中介服务管理规定实施细则》近日出台，细则对自费出国留学服务机构的申办条件、如何运营等作

---

① 《人民日报》1992年12月12日第3版。

② 《人民日报》1999年7月6日第5版。

了进一步的解释。细则规定,**自费出国留学中介服务机构**的主要工作人员应当具有大学专科以上学历,工作人员不得少于5名,其中应有具备外语、法律、财会和文秘专业资格的人员,法定代表人应当是具有境内常住户口的中国公民。(《我国规范自费出国留学中介服务》,《人民日报》1999年10月12日)

北京金吉利出国留学咨询服务有限公司日前成立。该公司隶属北京金吉利企业集团,是经教育部、公安部、工商行政管理局等联合认证和批准成立的、全国首批**自费出国留学中介服务机构**之一。目前,它已与英、法等十多个国家的一百五十多所学校建立合作关系,并将举办国际教育展览。(《金吉利留学服务公司成立》,《人民日报》2000年2月1日)

北京市教委提醒消费者 别上某些**留学中介**的当(《人民日报》2000年3月20日标题)

目前,教育部认定的全国自费出国**留学中介**只有270多家,而仅北京市就出现300多家**留学中介**。(《留学"黑中介"究竟有多少?》,《工人日报》2003年4月11日)

上世纪90年代,一个叫"**中介**"的角色登上出国留学的舞台。**留学中介**几乎包揽了从联系学校到出国签证的一切事项,他们的"有求必应"和"无所不能"刺激了更多的自费留学生。而澳大利亚和新西兰则成了自费留学的首选。(《公费留学到如今几乎"全民留学"》,《生活日报》2008年12月1日)

(二)留学中介服务的合法与否所形成的区别称谓

1999年国家颁布《自费出国留学中介服务管理规定》后,留学中介市场就走上了依法经营的轨道。凡是符合认证资格,按规定注册办理相关执照手续并依法经营的,就是"正规留学中介"或"合法留学中介"。未经批准,擅自进行留学中介服务的,即为"非法留学中介",又称"留学黑中介"。但"黑中介"与"正规中介"是交叉概念,正规中介只是就其手续执照而言,如果服务内容不规范,如发布虚假广告,提供虚假信息,进行合同欺诈等,不论有无执照都是"黑中介"。受暴利的驱使,黑中介屡禁不止,并且非常猖獗,有的家庭送孩子留学不成,反被坑得倾家荡产。媒体报道,2003年北京300多家留学中介服务机构,但具有合法资格的仅46家,江苏省61家中介机构仅有8家合格。因此有关部门呼吁"警惕留学陷阱",并对留学黑中介集中进行了一次严厉打击。[①] 兹将依据服务经营的合法与非法区分出来的几个相关留学中介称谓举例如下。

中介的利润究竟有多大?记者请教了一些业内人士,据他们讲,中介机构将服务费定在3000元以上就能获利。而这家公司收取1.5万元到3万元的服务费,还

---

① 《人民日报》2003年1月12日第5版。

能得到介绍一个学生所抽取的相当于学费10%左右的酬金，显然存在暴利。此外，**正规留学中介**要向政府相关部门缴纳50万元的保证金，以备出现问题时对学生进行赔付。而非法留学机构根本不缴纳保证金，出了问题，家长很可能找不到负责人，难以索赔。……再者，对违约违规中介的惩戒机制未能真正建立，也是造成**“黑中介”**猖獗的原因之一。**“黑中介”**一旦有利可图，就不惜铤而走险，现有的处罚手段和办法在他们面前往往显得软弱乏力。同时，面对**“黑中介”**，**合法留学中介**也因其本身没有权力、没有资格去监管市场，找不出更好的办法。(《无需考试，就能去国外大学深造……留学陷阱，谁在设局?》，《人民日报》2005年7月19日)

非法留学中介缘何屡禁不止？早在1999年，教育部、公安部和国家工商行政管理总局就先后两次对全国的留学中介公司进行了资格认定，各地也对留学中介市场进行了多次清理，但**非法留学中介**活动仍未绝迹。市场管理混乱，监管薄弱，是**非法留学中介**活动禁而不止的主要原因。(《警惕留学陷阱》，《人民日报》2003年1月12日)

随着2001年高考分数的发布，许多高考失利的应届高中毕业生却成了一些留学中介的“财源”，留学中介的广告铺天盖地：哈市某家报纸仅一天就刊登留学中介广告二十余篇。然而，记者从黑龙江省教育厅外事处了解到，目前黑龙江省仅有14家留学中介机构获得认证资格。然而，对此缺乏了解的学生及其家长，却一次次掉进了**留学黑中介**设下的“美丽陷阱”。(《哈尔滨：记者暗访留学黑中介》，《新都市报》2001年8月13日)

江苏省教育厅在去年进行的打击**留学黑中介**行动中，发现省内从事留学中介的61家机构仅有8家合格。广州市120多家出国咨询服务机构，居然九成非法！(《警惕留学陷阱》，《人民日报》2003年1月12日)

留学中介从它诞生之初就有争议，被称为“只有50元成本的暴富行业”，然而它却吸引成千上万想圆留学梦的学子和家长。那些如雨后春笋般冒出来的**留学“黑中介”**编造出各种美丽谎言，为无数家庭铺设下一个又一个的美丽陷阱。(《留学黑中介害人倾家荡产》，《深圳商报》2003年3月31日)

第二章 出国留学人员类别划分及其关联伴随称谓

本章涉及的主要称谓如下：

<table>
<tr><td>第一节</td><td>一</td><td>留学生、留学人员、洋插队</td></tr>
<tr><td rowspan="3">第二节</td><td>一</td><td>公派出国留学人员、自费出国留学人员、公费留学人员、自费留学人员、公费留学生、自费留学生、公派留学生、国家公派、单位公派、国家公派出国留学人员、单位公派出国留学人员 、国家公费留学人员、国家公费出国留学人员、自费公派留学人员 、自费公派出国进修人员 、自费公派出国留学人员</td></tr>
<tr><td>二</td><td>小留学生、大留学生、留学垃圾</td></tr>
<tr><td>三</td><td>老留学生、新留学生</td></tr>
<tr><td rowspan="2">第三节</td><td>一</td><td>留守女士、留守男士、内在美、外在美</td></tr>
<tr><td>二</td><td>陪读夫人、女陪读、陪读女人、陪读先生、陪读丈夫、男陪读、陪读家长、陪读妈妈、陪读爸爸</td></tr>
</table>

第一节 “留学生”语源以及与“留学人员”的概念差异

一、“留学生”称谓渊源及在中国的行用

《现代汉语词典》未收“留学生”，而只收“留学”，释曰：“留居外国学习或研究。”[①]那么不言而喻，“留学生”就是留居外国学习或研究的学生了。

跨越不同国家之间的求学，中国自上古时代就有了。不过那时“国家”的概念与当今世界有所不同。例如周朝时，中国境内就有许多统属周天子的国家，周王朝实际带有一种“大联邦”性质，人们很容易就可以出国，例如孔子就曾“周游列国”。那时出国学习不叫“留学”，而叫“游学”，留学生也叫“游学生”。这种情况一直持续到清末，清政府对派往西方国家的留学生仍称“游学生”。“留学生”是日本人创造的汉字词。唐朝时日本的遣唐使带领学生和僧人赴长安，把学生留下来学习，算是日本到中国的最早的留学生。据《旧唐书·东夷传·日本》载，唐德宗贞元二十年(804)，日本遣使来朝，“留学生

① 《现代汉语词典》(增补本)，商务印书馆 2002 年版，第 810 页。

橘免势、学问僧空海”，元和元年(806)，橘免势学成归国。这里的“留学生橘免势”还是个动宾结构(“留”是动词，后面是其宾语)，意思是：把学生橘免势留下来。日文中作为称谓名词的“留学生”也是近代造出来并传入中国的。《老残游记续集遗稿》第四回写到“叫他出洋，做留学生，将来放外国钦差”，说明那时“留学生”一词已开始在中国流行了。据我们钩稽文献考证，“留学生”一词在中国出现后，起初只用于民间或个人场合，官方公文等正式场合仍沿用“游学生”。到后来，“留学生”的说法逐渐进入官方正式场合，光绪末年公文开始偶尔应用，宣统年间公文使用渐多，到民国以后，无论是官方还是民间，无论是口语还是书面语，已经是“留学”“留学生”的天下，“游学”“游学生”完成了它的历史使命，逐渐退出了历史舞台。就连《清史稿》这样的正史，由于是民国时期修的，据我们检索的结果，也使用“留学生”，而不用“游学生”了。

鸦片战争打开了中国的国门，使中国人知道了世界之大，那么“游学”“留学”的概念也发生了改变，跨洋读书成为新气象。众所周知，中国近代意义上的第一个跨洋游学的人物叫容闳(1828—1912)，他幼年在澳门就读，后迁香港，在美国人布郎(Brown)创办的学校读书。1846 年底，布郎因病回国，容闳等六名中国学生于 1847 年 1 月随去美国就读。这就是中国最早的赴美留学生。经过不懈的努力，容闳 1854 年于耶鲁大学毕业回国。有了容闳，也就有了 1872 年中国第一批官派赴美留学生(留学幼童)，詹天佑就是其中之一。直到改革开放后的新时期，中国的“留学生”一词都是使用的这样的概念。

> 大平首相称赞在座的中国**留学生**日语说得好，并关心地问他们回国后做什么工作。**留学生**代表回答，今后将作为教师和翻译，在不同岗位上，投入四个现代化建设和从事中日友好。大平首相表示很高兴。(《大平首相接见我留学生代表》，《人民日报》1980 年 3 月 4 日)
>
> 比如，今年以第一名的成绩，被美国哥伦比亚大学录取为物理系研究生的任海沧，本是一个下乡知识青年，如果不给他以报考的机会，他怎么能先后被录取为国内研究生和外国**留学生**呢？(《考核面前　人人平等》，《人民日报》1981 年 1 月 3 日)
>
> 去年我国约有 2 万人来英国学习，英国已成为中国留学人员最集中的国家之一，去年有 1688 名**留学生**学成回国服务。(《中英将互认学位学历》，《人民日报》2003 年 1 月 27 日)

二、改革开放以来“留学生”和“留学人员”的使用及其概念差异

据我们检索《人民日报》1946—2007 年图文电子版，“留学人员”是 1978 年以后才

出现的新提法。“留学人员”一称，看起来不像口语称谓，字面上显得较为笼统，所以多用作统称式称谓，书面色彩也较强。这是由于形势的变化而出现的新情况，新时期以来，随着留学人员的成分变化，“留学生”含义显得越来越狭窄，难以涵盖出国留学的各类人员。请看下面的例证：

要加强国际科学技术合作和学术交流，及时了解国外科学技术研究的成果、动向、政策措施以及组织管理的经验。积极地有计划地扩大派遣科学技术人员、**留学生**、研究生出国学习、进修、考察，参加国际学术会议和其他学术活动。同时我们要邀请外国科学家、工程技术专家来我国讲学，担任学术指导，或者共同进行科学研究工作。（方毅《在全国科学大会上的报告（摘要）1978 年 3 月 18 日》，《人民日报》1978 年 3 月 29 日）

目前，中国在日本共有五百二十九名**留学生**、进修生和访问学者。他们分别在南从九州地方的鹿儿岛、北到北海道的日本各地九十多所大学和研究机关学习，其中多数人是学理工科的。（《华总理接见中国留学生代表》，《人民日报》1980 年 5 月 30 日）

党中央、全国人大常委会、国务院并全国人民：在全国各族人民共同庆祝新中国诞生三十五周年的光辉节日里，我们谨代表正在美国学习、进修的一万多名访问学者和**留学生**，向亲爱的祖国、亲爱的党和祖国的亲人们致以热烈的节日祝贺，并向在各条战线上为四化建设贡献力量的同志们致以崇高的敬意。（《每逢佳节倍思亲——我留美学者、学生托本报转致祖国亲人的一封信》，《人民日报》1984 年 9 月 30 日）

以上三例引文中，第一例出自 1978 年国务院副总理方毅报告，将“留学生”与“科学技术人员”和“研究生”相并列。当时是改革开放之初，此前我国派出的留学生还没有到达研究生的层次，所以就把“研究生”与“留学生”对等了。照后来的约定俗成，“研究生”还是属于“留学生”的范畴。但无论如何，“科学技术人员”与“留学生”相并列是有道理的。中间一例将“留学生”与“进修生”和“访问学者”相并列，最后一例将“留学生”与“访问学者”相并列。这说明人们已经感觉到“留学生”概念过于狭窄，难以把赴国外的“访问学者”“科学技术人员”等包括在内。比如 1978 年 12 月 26 日中国派往美国留学的 52 人全部是访问学者，年龄最小的 32 岁，最大的 49 岁。虽然在当时情况下也可把他们称作“留学生”，例如 1979 年 2 月 3 日方毅副总理在美国加州发表讲话说“中国派出的第一批留学生正在加州学习”[①]。但人们毕竟觉得，把他们看作“留学生”有些牵强。这种形势呼唤着一个概括性更强的上位概念的出现，于是一个带有临时组合性质的称谓词语“留学人员”就逐渐被使用起来了，且经常被应用于政府文件和报端。

---

① 《方毅副总理出席洛杉矶市长招待会 赴洛杉矶途中参观洛克希德飞机公司》，《人民日报》1979 年 2 月 5 日。

顾名思义，“留学人员”就是留居外国学习或研究的人员。它的包容性极强，在类别上既可以包括在读的大学生、硕士或博士研究生(这些可算真正意义上的“留学生”)，也可以包括进修、实习人员和短期技术培训人员，还可以包括访问学者乃至高级访问学者。以下我们精心挑选一些典型性的用例，以显示“留学人员”包括各类成员的广义性。

为了学习外国的先进科学技术，加速培养社会主义现代化建设人才，去年我国通过多种渠道，向全世界二十八个国家派遣了四百八十多名**留学人员**。……派出**留学人员**中有副研究员、讲师、工程师、主治大夫、高等院校肄业生、高中毕业生、国务院各部委科研单位的研究人员和在职翻译等。(《我国去年派遣一批人员出国留学》，《人民日报》1979 年 1 月 4 日)

自一九七八年以来，我国已向全世界五大洲的四十一个国家，派出了各类**留学人员**二千七百多人…… 我国派出的**留学人员**，有访问学者、进修人员、研究生和大学本科生。他们当中大多数是学习自然科学的，少部分是学习外国语言和社会科学的。(《我国向四十一国派出二千多留学人员　各类留学人员努力工作，勤奋学习，有的为祖国争得了荣誉》，《人民日报》1979 年 12 月 24 日)

我国派往 54 个国家和地区的**留学人员**，共有 12000 多人。他们中有大学本科学生，有攻读硕士、博士学位的研究生，更多的是访问学者和进修人员。他们中绝大多数是学习和研究自然科学的，也有一部分从事语言与社会科学方面的学习和研究。他们大都以勤奋好学博得国外专家、教授的赞许。(《3500 多留学人员学成回国　100 多人获博士学位》，《人民日报》1982 年 8 月 16 日)

自 1978 年以来，我国向世界五大洲的 54 个国家先后派出近 18500 名公费**留学人员**，已经学成陆续回国的达 7000 人，目前仍在国外学习的有 11500 人。他们中有大学本科生，有攻读硕士、博士学位的研究生，更多的则是访问学者和进修人员。今年我国共派遣出国**留学人员**3000 余人。(《我国已有公费近 18500 自费7000人赴国外留学　今年有 5300 余外国留学生来华学习》，《人民日报》1983 年 12 月 10 日)

我国在国外的**留学人员**从类别上区分，有访问学者、研究生、进修生、实习生、短期技术培训人员和大学生等。但无论哪一类人员，也无论学什么专业的，大家都有一个共同的目标：把世界上先进的科学、技术、经营管理知识学到手，带回国，为祖国的四化建设服务。(杨建业《祖国在他们心中——我国当代留学人员的风貌》，《人民日报》1984 年 4 月 21 日)

以上例子显示，新时期“留学生”和“留学人员”两个概念，确有辨别的必要。这也是语言社会性的表现，是新时期出国留学的规模扩大化、成分复杂化、形式多样化在词汇上的必然反映。

三、新颖别致的出国留学人员或留学生称谓“洋插队”

“插队”这个词，人们并不陌生。“文革”中曾兴起大规模的知识青年上山下乡运动，城市知青到农村去劳动锻炼，接受贫下中农再教育，叫作“插队落户”。20世纪80年代兴起“留学潮”后，人们又借用了“插队”一词，但为了区别，把过去的上山下乡叫作“土插队”，把后来出国留学叫作“洋插队”。“洋插队”本来是一种比喻用法的动词行为，等同于“出国留学”，后来衍化出名词称谓意义，指出国留学人员，用作狭义时则跟“留学生”概念差不多。

> 以我所在的学校计，仅去年一年要求退学的研究生达到五十人……其实它并不奇怪，只因有了硕士学位几年之内就不能自费出国。大批“洋插队”们可一点也不认为是在读“无用书”，那怕“死背硬记”，只要考“托福”够线，有用得很呐！所以貌似“读书无用”的现象是各有其原因的。（公今度《且慢说因果》，《瞭望》1988年第41期）

> 在结束采访时，他的博士生告诉记者一个小秘密，陈老师爱看哲学、文学、艺术类书籍，并能时时表达出来。他有许多文艺界的朋友，但他作为一个“洋插队”却连交谊舞也不会跳。对此，记者问陈永川，他说：“虽说我没学会跳舞，但我学到了美国人的务实认真。这一点对于一个中国人来讲要重要的多。”（周冰心《发生在联合国教科文总部的故事——访联合国青年科学家奖得主陈永川》，《中国人才》杂志1998年）

> 这是什么样的奇迹？我周围的洋插队们在美国混上十几二十年也不见得有这样的造化。他好像是栽进了太上老君的炼丹炉，一夜间从头到尾再生了。（王小平《纽约奇遇记》，人民文学杂志社编选《2004年文学精品·短篇小说卷》）

社会是不断发展的，随着出国留学现象的日渐普遍和留学生的增多，“洋插队”这个原本富有时代气息的新名词，也逐渐消失了它的新鲜感，尤其进入21世纪后，使用渐少，正逐渐淡出人们的视野。

第二节　出国留学人员的类别划分称谓

上节讲到“留学人员”这个大概念，包括“大学生”“研究生”“进修生”“实习生”“访问学者”等。这些词语实际上也是其中的类别，但这些称谓不专用于出国留学，同样也在国内应用，所以没有必要再单独拿出来谈。我们这里另外介绍一些有关出国留学人员的其他类别划分，例如根据经费来源的公费、自费、自费公派来做出的划分，根据年龄和出国先后做出的划分等。

一、按照经费来源加以区分的公费、自费、自费公派留学人员称谓

（一）公费和自费相对照形成的留学人员称谓

出国留学，符合了政治、业务、外语、身体等各方面的考核条件，剩下的一个决定性条件那就是经费问题。留学生根据经费来源素来有公费、自费之别。例如清政府早期留学生都是官方出资并派遣，称“官派留学生”或“官费留学生”，到后来先是出现了到日本的自费留学生，如1902年清政府官员的奏折中就提到：“中国游学日本学生人数日多，由各省督抚咨送到日者为官派学生，其自备资斧东来游学者，谓之自费学生，向皆安分守己。”[①]新中国成立之后，由于政治经济条件的制约，留学生一般只有公派公费形式。1978年，根据邓小平同志的指示，恢复国家公派留学生统一选拔考试，1980年以后，随着政策的宽松和国民经济条件的日渐改善，国家开始允许通过国外亲友资助等方式的自费出国留学。于是有了“公派（出国）留学人员”和“自费（出国）留学人员”的对照。

1.“公派（出国）留学人员”和“自费（出国）留学人员”的对照

“公派（出国）留学人员”，又称“公费（出国）留学人员”，指由国家、地方或单位派遣并承担留学期间的学习或研究及生活费用，与国家或单位签署相关协议并依约归国服务的留学人员。国家教育委员会《关于出国留学人员工作的若干暂行规定》（1986年12月8日）说：“公派出国留学人员是指根据国家建设需要，得到国家以及有关部门、地方、单位全部或部分资助，通过各种渠道和方式，有计划派出的留学人员。……公派出国留学人员分为大学生、研究生、进修人员和访问学者。”[②]

“自费（出国）留学人员”是指有定居国外的可靠亲友或国内亲属提供全部的学习和生活费用的留学人员。国家教育委员会《关于出国留学人员工作的若干暂行规定》（1986年12月8日）说：“自费出国留学人员是指我国公民提供可靠证明，由其定居外国及香港、澳门、台湾地区亲友资助，或使用本人、亲友在国内的外汇资金，到国外高等学校、科研机构学习或进修。”[③]

> 近年来，随着**公费留学人员**大批出国，也有许多人通过在国外亲友的资助，申请自费出国留学。会议对这个问题也进行了讨论。会议认为，**自费留学人员**是我国留学人员的组成部分；也是出国学习、培养人才的一条渠道；应该以积极热情的态度给予支持。在政治上，对**自费留学人员**应和**公费留学人员**一视同仁，不得歧

① 舒新城：《近代中国留学史》，上海文化艺术出版社1989年版，第151—152页。

② 《人民日报》1987年6月11日。

③ 同上。

视。有关部门对**自费留学人员**出国办法等作了相应的规定,以鼓励他们学成回国后为国家四化建设作出贡献。(《出国留学人员工作会议研究今后选派重点 以研究生和进修人员为主》,《人民日报》1980 年 11 月 10 日)

对**自费出国留学人员**回国后的使用和待遇问题《规定》指出,**自费出国留学人员**回国后,应本着学用一致,尊重本人志愿的原则安排工作。……这些人员回国后的工资待遇和职称的评定,均按同类**公费出国留学人员**的有关规定办理。**自费出国留学人员**在国外学习期间,可以回国探亲、休假、实习等,次数不限,来去自由,费用自理。(《国务院对自费出国留学作出新规定》,《人民日报》1985 年 1 月 12 日)

国家对于**自费出国留学人员**,要像对待**公派留学人员**那样给以关心和爱护。对获得学士学位以上的回国**自费留学人员**,国家在回国旅费和国内安家费等方面给予帮助。在分配和使用上,应与**公派出国留学人员**一样对待,量才录用,发挥他们的专长。(《国家教委召开留学生工作会议 确定通过各种形式派遣留学人员》,《人民日报》1986 年 5 月 14 日)

2."公费留学生"和"自费留学生"的对照

人们在现实生活中使用更多的毕竟是"留学生"一词,那么该称谓也由于经费来源不同形成了"公派留学生""公费留学生"和"自费留学生"的对照。其定义大体同前,于此不赘,只将相关例证列举如下。

1978 年下半年以来,我国的**公派留学生**、**自费留学生**和出国访问学者已达 4 万多人,在世界五大洲 70 多个国家学习进修。(《负笈海外 又闻乡音》,《人民日报》1987 年 4 月 29 日)

对大学毕业生,除定向招生的回到原单位以外,实行计划分配,以保证国家经济发展的需要。大学生服从国家分配,至少服务三年后,才能实行合同聘任。当然,专业不对口的,可以随时调整。"**公费留学生**"基本上和大学毕业生相同。(《试行计划指导下的科技人才合同聘任制》,《人民日报》1984 年 7 月 31 日)

在谈到留学生政策时,朱大使说:"自从改革开放以来,我国已派出 10 万名**公费留学生**,其中约有 4 万人已学成回国,现在在国外的 6 万名**公费留学生**中,有一半以上在美国。此外,这里还有一大批'**自费留学生**'。不管是**公费留学生**还是'**自费留学生**',国家都十分欢迎你们学成归国,参加四化建设。"(《留美学人在使馆联欢》,《人民日报》1991 年 2 月 19 日)

这位负责人期望,在政府的经费支持下,"十一五"期间每年派出的高层次研究生将达到 1 万人。"**公派留学生**"的层次也将有所提高,过去我们选派的大多是访问学者,今年开始加大研究生的选派力度,特别是要增加博士生和联合培养博士生的数量。政府用于“公派留学生”的经费逐年增加。这位负责人说,“九五”期间,国家“公派留学生”奖学金15亿元,到“十五”期间上升到22亿元,增加的部分主要用于“公派留学生”的奖学金数额。(《我国将继续增加公派留学生人数》,《中国青年报》2006年5月30日)

我们千万不要小看“自费留学生”这个称谓的社会意义。据国家教育部2009年第6次新闻发布会介绍:2008年全年出国人数达17.98万人,其中自费出国留学人数达16.16万人,占当年出国留学人员总数的90%。所以发展中的中国政府愈来愈认识到:广大“自费留学生”是国家宝贵的人才资源。国家专门为此设立了“国家优秀自费留学生奖学金”:这个奖项是由中国教育部委托国家留学基金管理委员会于2003年设立,旨在帮助品学兼优的自费留学生顺利完成学业,鼓励优秀自费留学生回国工作或以多种形式为国效力。奖学金申请人需为40岁以下、已留学一年以上,在海外大学攻读博士学位的自费留学生;获奖者每人可获得奖学金5000美元。[①] 这一奖项在在国内外反响强烈,受到广大自费留学人员的热烈欢迎和好评。该奖项是国家关爱自费留学生的知名品牌。截至2007年,已经有800余名优秀留学人员获奖。

(二)由“国家公派”和“单位公派”差异形成的留学人员称谓

公派留学又有“国家公派”和“单位公派”的区别,因而形成两类带有政策性的“国家公派留学人员”和“单位公派留学人员”称谓。

根据1986年12月8日国家教委《关于出国留学人员工作的若干暂行规定》:“按国家统一计划,面向全国招生,统一选拔、派出,执行统一经费开支规定的出国留学人员,为国家公派出国留学人员(简称‘国家公派’);按部门、地方、单位计划,面向本地区、本单位招生、选拔、派出,执行部门、地方、单位经费开支规定的出国留学人员(包括个人经本单位同意和支持,通过取得各种奖学金、贷学金、资助等并纳入派出计划的留学人员),为部门、地方、单位的公派出国留学人员(简称‘单位公派’)。”[②]

根据简政放权的原则,国家公派出国留学人员的名额,除国家统一掌握的部分外,实行分配到用人单位的办法,并经过试点,逐步实行出国留学人员的经费包干使用的办法,由派出单位掌握。(国家教育委员会《关于出国留学人员工作的若干暂行规定》[1986年12月8日],《人民日报》1987年6月11日)

原国家教委从1995年起对国家公派出国留学选派和管理办法进行全面改革,实行“个人申请、专家评审、平等竞争、择优录取、签约派出、违约赔偿”的办法。据

① 参见《人民日报》2006年5月1日第3版。

② 《人民日报》1987年6月11日。

统计，截止到2001年3月31日，以国家留学基金方式派出**国家公派留学人员**共计9065人，到期应回国6340人，实际已回国5929人，按期回国率93%以上，未按期回国人员均按协议履行了赔偿手续，履约率为99%以上。(《今年公派留学评审结束 1672人将受资助派往42个国家和地区》，《人民日报》2001年8月15日)

单位公派出国留学人员的出国置装费、出国旅费、在国外学习期间的学习和生活费、研究生和大学生中途回国休假的往返旅费等，按派出部门、地方、单位参照国家统一规定结合选派单位具体情况制定的有关规定办理。(国家教育委员会《关于出国留学人员工作的若干暂行规定》[1986年12月8日]，《高等学校学籍管理文件汇编 (1950—1987)》)

1990年国家公派3000名留学人员的计划已经完成；1990年**单位公派留学人员**总数约6000人；自费出国留学生近2万人(不包括赴澳大利亚、日本等国的语文就读生)(《中国的人权状况(三、四部分)》，《人民日报》1991年11月3日)

"国家公派留学人员"又称"国家公费留学人员"。

今后，在**国家公费留学人员**中，要增加选派在第一线工作、政治和业务优秀的访问学者，博士生的培养应基本立足于国内；在学科结构上以应用学科为主；要加强政治和业务考察，保证派遣人员的质量。(李铁映《1989年12月23日在七届全国人大常委会第十一次会议上关于我国教育工作若干问题的汇报(摘要)》，《人民日报》1990年1月3日)

本报北京一月二十三日讯新华社记者尹鸿祝、本报记者毕全忠报道：国家教委今天宣布：从今年起，**国家公费出国留学人员**选派管理将实行新办法。根据国家需要，在政府宏观计划指导下，个人申请，专家评审，平等竞争，择优录取，签约派出，违约赔偿。(《个人申请择优录取签约派出违约赔偿国家公费留学选派实行新办法》，《人民日报》1996年1月24日)

我国出国留学工作指导方针是"支持留学，鼓励回国，来去自由"。20年来，出国留学政策不断完善。近几年，国家公费留学工作进行了进一步的改革，充分体现"公开、公正、公平"的原则，并纳入法制化管理轨道。1996年、1997年按改革新办法选拔了5000名**国家公费留学人员**，在选拔质量、派出和回归的效益及留学成果方面，均取得了良好效果。(《面向世界的一步——从52到30万看开放留学20年》，《人民日报》1998年9月24日)

(三)特殊形式的"自费公派"所造成的一类留学人员称谓

出国留学人员除了公费、自费外，还有介于二者之间的一种叫"自费公派"。它也属于自费留学的一种，只是要征得单位批准，履行公派人员的手续而已。按照国务院

1984年12月颁发的《关于自费出国留学的暂行规定》,自费公派"属于自费出国留学,但按公费出国留学派出的办法办理出国手续"[①]。当然学成归国及工作安排也按公派留学人员对待。于是有了"自费公派留学人员"这一带有政策性色彩的称谓。详加区分,还可进一步区别出一类"自费公派出国进修人员"。也就是说,他们虽然是自己申请自费留学,但是仍然需要单位的批准,单位予以保留公职,暂停工资,待回国后补发,这叫"停薪留职",不然就按自动离职处理了。没有单位隶属关系的自费留学生,也可申请转为"自费公派",由驻外使领馆颁发相应证明。

> 在国外作研究生的自费出国留学人员,如本人自愿,可以转为**自费公派留学人员**,由驻外使领馆颁发"国家派出留学人员证明"。**自费公派出国进修人员**,具有两年以上工龄的,在批准出国年限内,由原单位照发工资,计算工龄方法与自费出国进修人员相同。自费公派出国留学的研究生,包括在国外留学期间由进修人员转为研究生的,其国内原享受的人民助学金或工资待遇,同国家派出的公费研究生一样对待。**自费公派出国留学的人员**,凡按期回国参加工作、回国旅费确有困难的,由原派出单位提供回国的国际旅费。(《国务院对自费出国留学作出新规定》,《人民日报》1985年1月12日)

> **自费公派出国留学人员**享受对方奖学金或取得对方资助,在出国时尚未收到奖学金和资助费现款的,可由派出单位垫付出国旅杂费,本人回国后按在国外的实际收入状况,酌情归还。(《关于自费出国留学的暂行规定》[1984年12月26日国务院发布],《中华人民共和国现行法律行政法规汇编(1949—1994)》上册)

二、根据年龄加以区分的留学生称谓

(一)留学低龄化造成的"小留学生"

所谓"小留学生"是指那些自费出国学习的未成年学生,一般特指到国外中、小学校就读的少年学生。

改革开放初期,中国经济还很落后,出国留学人员大多是去做访问学者或攻读硕士、博士学位,而且一般是国家公费留学生。后来开始出现一些很少的自费留学生,也多为社会名流子女或有海外关系的人员。90年代初,随着中国经济实力的慢慢增强,有一些先富裕起来的人家开始自费把自己家的孩子送到国外去读本科;从90年代中期开始,中国经济开始腾飞,居民的生活水平越来越高,国家也逐渐放宽了自费留学的界限,于是渐渐出现了中学生甚至小学生留洋的现象。总之留学低龄化趋势是与国民收

① 参见1985年1月12日第1版报道《国务院对自费出国留学作出新规定》。

入水平的提高和国家留学政策的宽松密不可分的；而留学低龄化趋势又使留学称谓家族中增添了一个新成员——“小留学生”。

中国的“小留学生”最早于80年代出现在经济相对发达的台湾地区，一些台湾居民将子女送到美国，免费享受美国公立中小学教育。1996年，美国修订移民法案，对外国学生进入美国公立中小学做出严格限制，主要内容是：持F—1学生签证的外国学生不得在公立学校的小学、初中就读，高中阶段的外国学生就读期不得超过一年，不能延长期限，并需缴付学费。这一新规定实施后，台湾地区“小留学生”赴美人数明显下降。[1] 而随着中国大陆的日益开放和经济发展，中国国民收入有了不小的提高，更多的家长有了国际视野或望子成龙心切，再加上虚荣心的促使，不惜血本也要把孩子送到国外就读。于是中国大陆“小留学生”出国风气先是由广州、深圳等沿海城市兴起，逐渐兴盛并向全国发展。到2003年前后，持签证的18岁以下小留学生数量已占中国留学生总人数的一半以上。

近年来，台湾小学生到美国“求学”的人数不断增加，据台湾官方透露，目前在美国的台湾“**小留学生**”将近一万名。这些“**小留学生**”大多居住在美国西海岸的洛杉矶和旧金山等城市。由于远离父母亲人，不但造成了严重的家庭问题与困扰，更容易养成“**小留学生**”孤僻的心理与不良行为。台湾一官员承认，近万幼子孤悬海外，处境实在凄惨。(《近万幼子孤悬海外 年纪尚小无人照顾 留美小学生处境凄惨》，《人民日报》1986年1月27日)

“**小留学生**”带走的是教育消费市场，折射出的是教育改革方向。(丁洪亮《小小留学生带走大市场》，《人民日报》1999年8月14日)

近年来，“少年留学热”持续不退。据不完全统计，“**小留学生**”的数量已占到中国留学生总人数的一半以上。所谓“**小留学生**”，是指那些持有F—1签证，远离父母在国外中、小学校就读的中国学生。随着我国改革开放力度的加大，许多国家认识到中国教育市场的潜力，不断放宽政策限制，自费留学的中小学生也随之越来越多。据不完全统计，“**小留学生**”的数量已占到中国留学生总人数的一半以上。(《作为世界上最大的留学生派出国，近些年我国留学生大军中涌现出越来越多年轻稚嫩的面孔》，《人民日报》2003年2月26日)

可以说很多“**小留学生**”是为了家长的虚荣心而漂洋过海远走他乡的。还有些学生则是因为家长赶时髦而浪迹天涯的。(刘琳《斗富比阔恋爱同居傍款傍洋 小留学生悲情报告》，《深圳特区报》2003年3月22日)

---

① 参见中新网2000年6月3日特稿《中国“小留学生”在美国》。

(二)“小留学生”与“大留学生”的对比使用

小、大总是相对而言的，有了“小留学生”的对比，那些成人留学生就获得了“大留学生”的称号，并且二者常常相互对照，成对使用。

> 作为一个已经归国的**大留学生**，看罢《光明日报》“**小留学生**系列报道”感慨良多，忍不住想与那些打算出国的**小留学生**及其家长们说几句话。……作为在外多年的**大留学生**，我劝那些想去留学的中、小学生和他们的家长，一定要三思而后行！(《一个大留学生对小留学生的忠告》，《光明日报》2000 年 6 月 6 日)

> “现在的海归派逐渐被 10 多岁的毛孩子壮大起来了！”第七届中国留学人员科技交流会上，学成回国的“**大留学生**”对“**小留学生**”现象展开讨论。……记者在采访中发现，“**大留学生**”们普遍不看好“**小留学生**”，甚至有“**大留学生**”认为现在中国留学生的品牌很有可能毁在一些“**小留学生**”手中。“**大留学生**”传言，现在留学生中最次的就是初、高中生出去的，其次是本科生出去的，最好的是研究生出去的。留交会上，中国驻外教育外交官表示，出国的最好时机是在本科毕业之后。一般人在大学本科毕业后，不仅心态比较成熟，有独立生活的能力，而且对社会和国外情况都比较了解，此时选择出国深造才是最好时机。(《大留学生向小留学生提忠告：低龄童不宜出国留学》，《深圳特区报》2005 年 1 月 4 日)

关于“小留学生”算不算“留学生”的问题，有一派观点是坚决反对，并且代表官方意见。教育部国际合作与交流司司长曹国兴先生，在教育部举行的多次新闻发布会上重申：所谓小留学生不算留学生，而只能称“出国学习的未成年人”。他查了新中国成立以来的多份文件，其定义均为：“高中毕业或者同等学历出国攻读大专以上文凭，叫留学生。”还有，未成年人出国留学，不用到教育部注册，不在教育部管辖范围。按照国际惯例或者《国际法》的规定，未成年人是由监护人负责。[①] 他的话是有道理的，也是有文件和政策依据的。但是问题在于，一方面“老皇历”是不是应该老是翻；另一方面语言交际和发展遵循的原则是“约定俗成”，“小留学生”是大众的通俗叫法，非要让群众称“出国学习的未成年人”不可，麻烦不说，谁会听那一套？再说“小留学生”有个“小”字作标记，一般不会发生混淆的，必要时成年留学生如上所举说成“大留学生”；清政府第一次官派的“赴洋幼童”，历史学家还不是都把他们当作中国第一批留学生吗？看来问题还是要全面地看，辩证地看，历史地看，才能得出合情合理的认识。未成年人留学不宜提倡，且带来不少问题(如下所说)，但与称谓叫法无关。

---

① 《教育部 2006 年第 13 次新闻发布会 介绍我国公派出国留学及来华留学工作有关情况》，中华人民共和国教育部门户网站 2006 年 5 月 23 日。

(三)留学低龄化现象带来的新称谓"留学垃圾"

人们常以"不以人的意志为转移"形容事与愿违,好多未成年人出国留学的实际结果,也与家长们的初衷大相径庭,致使留学低龄化的"小留学生"现象带来了另外的社会问题。由于小留学生们没有明确学习目的,自幼家境优越、娇生惯养,生活自理和行为自控能力差,有的连语言关也过不了,或学会了外语疏远了中文;有的沾染上不良行为,稀里糊涂鬼混,甚至最后完全脱离学习,成为"社会垃圾"。总之家长不惜巨资,辛苦送孩子出国留学,却培养出一个无用之才,回国后或重新就读,或在家当"啃老族",或沦为"问题少年"。因此另外一个新称谓与"小留学生"相伴而生——"留学垃圾"。"垃圾"本为废品,用来比喻无用之人,倒也贴切生动。大约从2001年下半年开始,人们陆续从网站上、境外华文报纸上、回国探亲留学生口中得知,在一些华人留学集中的国家,当地人称从国内去的小留学生为"垃圾"。这种叫法逐渐被媒体引用,并广为传播。有人将"留学垃圾"的常见症状分为三类:一是吃穿奢华,挥霍无度,比富斗阔;二是私生活缺乏约束,道德堕落;三是精神颓废,吸毒、赌博、犯罪。"留学垃圾"现象从20世纪90年代后半期逐渐显露,并在21世纪的初期出现一个高潮。[①]

> 还有通过对世界将近20个国家的驻华签证官和教育官的采访及其他场合进行的各种采访,都获得了大量的触目惊心的**"留学垃圾"**事实。**"留学垃圾"**,这是一个非常刺耳的用词,但是,记者在众多国家对中国留学生,尤其是对中国高中出国留学生的采访后发现,他们当中的一大批人,除了**"留学垃圾"**,再也没有更好的词去形容了。(林飞英《留学生中的垃圾》,《百姓》2003年9月上旬刊)

> 留学生出国出现了一些失败与挫折,也就是人们所说的**"留学垃圾"**现象。人们常认为之所以产生**"留学垃圾"**,是因为一群半大的小孩子远离父母亲人自我放纵的结果,其实不然。**"留学垃圾"**的根源,一大部分在国内,其根源包括小孩从小接受的教育,培养的性格。(朱志敏《找找"留学垃圾"的根源》,《出国与就业》2003年第12期)

> 每年的七八九月份都是出国留学的一个高潮,而这几年我们也发现,有越来越多年龄在18岁以下的小留学生也出现在这样一个留学大军当中,但我们同时还听到了另外一个词的出现,那就是**"留学垃圾"**。近年来,越来越多的负面报道出现在中国的小留学生这一群体上,甚至有媒体直接打出了这样的标题——谁来清扫**"留学垃圾"**。(《"留学垃圾"现象的警示》,中央电视台,2004年8月18日"新闻会客厅")

> 随着留学作为产业的兴起,更多低素质的留学生开始出现,并被冠以**"留学垃**

① 袁铁成:《谁来清扫"留学垃圾"》,《中国青年报》2003年1月2日。

圾"称号,"海归"们在经历了辉煌之后走向了尴尬与迷茫。(《"海归"备忘录》,《中学生读写》2007 年第 3 期)

中国小留学生现象以及由此而来的"留学垃圾"现象引起了国际社会的重视,并且有的国家已经采取了措施;日本方面曾希望提高中国赴日学生素质;新西兰为规范中国学生出台了一些限制措施;澳大利亚已经停止对中国中学生的"优待";去澳大利亚读中学免试英语的日子行将结束;"美国不好去"已成为希望赴美留学人群中相当流行的一句话;德国为控制中国留学生专门设立"留德人员审核部",这是德国在全球众多驻外机构中唯一的一个专门针对中国人的机构。德国埃森大学一位退休教授介绍,大批低素质中国留学生,特别是那些在国内考不上大学,或者考不上好大学的高中生的到来,引起了不正常的大学申请"热",使德国大学感到了问题的复杂性和严重性。德国大学校长联席会因此决定,在德国驻华使馆设立"留德人员审核部",借此控制低素质的学生来德国。部分小留学生的违法行为所产生的一些不良影响,加剧了德国人对中国留学生的误解和不良印象,直接影响了德中两国教育的正常交流。①

留学低龄化带来的负面效应,当然也引起国内的重视。西方的文化背景及教育方式与我国差异很大,语言又不同,这些年龄过小、心理远未成熟的小留学生很难适应这样的反差。而且,许多小留学生是家长一厢情愿地逼着出去留学的,这部分学生出现问题的可能性更大。有些全国政协委员为此专门联名提案,建议制定相关政策,严格限制 18 周岁以下(或 9 年义务教育阶段在读)人员出国留学;国家教育管理部门或对外文化交流中心在相关国家设立专门机构,对出国留学人员加强管理和沟通,帮助他们解决困难。②

三、按照留学时间先后划分的留学生称谓

根据出国留学时间先后可以区分出"新留学生"和"老留学生"一对称谓。"新"和"老"总是相对而言的,改革开放以后出国的留学生曾经是"新留学生",那是与 50 年代"老留学生"相对而言。而今事过 30 年,改革开放前期的留学生又成为"老留学生",后期出国的则称"新留学生"。实际上新时期以来的"新"和"老"已是两代人,两代留学生的历史背景是完全不同的。今天的留学生多数出生在生活条件相对优越的时期,我国的生活水平已经有了极大的提高,他们的家庭生活已经比较富裕,个人消费已经比较高,个人多了一种对前途的向往和对机遇的憧憬。而 80 年代的留学生却不同,他们多数是出生于五六十年代,成长在"文化大革命"时期,国家和个人贫困生活的记忆对他们

① 《剖析留学垃圾:数国留学门槛调高》,中国教育在线,2004 年 9 月 3 日。

② 《政协委员提出:18 岁以下不准出国留学》,《新快报》2005 年 3 月 9 日。

来说实在是太深刻了。很多人养成了勤俭的习惯，甚至在国外的事业有成时，依然保持着这个习惯。所以，出生在改革开放以后于20世纪末21世纪初出国留学的“新留学生”，与那些出生于五六十年代，成长在“文革”时期，80年代出国的“老留学生”相比，呈现出不同的特点。

年初二，在南工作的“三代”留学生——50年代的留学生、70年代改革开放后首批赴南的留学生以及目前正在南进修学习的“**新留学生**”欢聚一堂，交流心得体会。(《欢聚一堂迎新春——中国赴南留学人员春节活动剪影》,《人民日报》1991年2月21日)

现任驻南使馆的两位参赞回顾了30年前的留学生活。他们说，当时在国外想到的是尽快学到知识和本领，为国家作贡献，从不计较条件和报酬。……两位“**老留学生**”话语引起在座学子的共鸣。(《欢聚一堂迎新春——中国赴南留学人员春节活动剪影》,《人民日报》1991年2月21日)

据一些大学的外国导师说，与“**老留学生**”相比，“**新留学生**”的基础知识比较好，外语水平也不错，但动手能力太差，遇到事情不是主动钻研解决，而是喜欢问：“我该怎么办?”因此，很多学校的导师都不愿意带从中国来的“**新留学生**”，有些甚至一听是从中国来的，干脆拒绝。据一些美国人反映，从中国来的部分“**新留学生**”到美国后并没有完全把精力放在学业上，而是急于找一个好工作，比起“**老留学生**”来，这批人现实的多，也浮躁的多。一位研究室负责人告诉记者，她曾先后从中国招了3名博士生，但没多久，就都跳槽了。(《新留学生在美国过得不错》,《环球时报》2002年7月25日)

比起十五年前拖家带口的大龄留学生，“**新留学生**”的条件毕竟好许多了，单从他们居住的地区就能看出。以前的“**老留学生**”住的都是穷人区，几个人挤一间房，最多的在两房一厅的单位里住过十八九个人，无非是在地上铺一条床单就算床了，考虑的主要是便宜。现在的“**新留学生**”住宿就选择交通方便，离市中心近，治安状况好的区域。再怎么，每人一间房是基本的，最多也就两人住一个大的房间。(《中国新留学生的必修课》,《大公报》2004年9月16日)

“新留学生”和“老留学生”本身就是按时间区分的，用于不同时期，又能反映出不同时代特点，折射出社会变迁的轨迹。

第三节　出国留学人员的关联伴随称谓

“留学人员”或“留学生”等，属于出国留学者本人的称谓。由于生活平衡被打破，一人出国会给家人造成影响，其配偶、父母的情形会随之改变，从而伴随新的称谓出现，如留守与陪读系列称谓。

一、留守系列称谓

已婚人员，一方出国留学，其配偶留于国内，人们借用一个老词把这种现象称为“留守”。根据留守者性别区分，分别有了“留守女士”和“留守男士”之称。

（一）丈夫在海外的“留守女士”

1989年，乐美勤创作的七场话剧《留守女士》引起轰动。这部话剧涉及了“出国热”这个人们极为关注的主题，与20世纪80年代末北京、上海两地的“出国热”的生活息息相关。《留守女士》以小剧场戏剧形式在沪公演后，连满168场。后来，根据话剧改编的电影，获1992年开罗国际电影节金字塔大奖。

这个剧本使得“留守女士”这个称谓，成了当时流行的一个新词，使得那些丈夫在海外，而自己却因为各种理由留在国内女士的有了一个代名词。这个称谓被广泛地应用，直到今天仍旧有着极强的生命力。

> 男人走了，女人也将跟去，这是夫唱妇随。或陪读、或探亲、或移居，或干脆自己也去留学，去工作，兴奋、期待、忙碌，不亦乐乎。男人走了，女人去不了，就变成了孤独的**留守女士**。（《话说“留守女士”》，《中国健康月刊》1993年第3期）

> 如今，上海“新**留守女士**”群体再一次进入人们的视野。她们为了支持丈夫的事业和追求，不惜鼓励他们出国或到外地发展，以“分居”为代价来赢得更多的机遇。……**留守女士**由于极易产生紧张焦虑、孤独压抑、悲哀忧伤、苦闷失望等不良情绪，因而容易造成神经内分泌系统功能失调，这也就是所谓的“留守综合征”。作为**留守女士**，应该常和家中的孩子、长辈或知心朋友进行情感交流、倾诉。（《新“留守女士”》，《文摘报》2007年3月9日）

随着适用范围的日益深入，这个称谓的外延和内涵都有了不小的变化。原来留守地仅仅限于国内，后来丈夫归国，妻子留在海外，也开始叫作“留守”，为便于区分，加“洋”字以别之。在国内留守则加“土”字。

> **留守女士**是源于中国大陆的一个名词，指的是十几年前的出国潮中，送别先生出国淘金，独自留在大陆苦撑家庭、翘首盼郎归的女人们。而风水轮流转，今日在纽约也出现了**“洋”留守女士**一族，其中酸甜苦辣的人生百味，比当年的**“土”留守女士**，犹有过之。（《美华人掀归国创业潮 洋留守女士为孩子苦撑》，中新网，2008年9月22日）

实际上，在国内，配偶一方到外地工作，一方留于原地也都叫“留守”，其意义是泛指一切为了支持配偶的事业而专心地在原地留守的人们。

(二)妻子在海外的"留守男士"

随着出国大潮的越来越高涨和世界各国间频繁、亲密的接触,留守不仅仅是女性的专利,男性也加入到其中,于是,就出现了留守男士。

这些留守的男性对自我的认识已发生了不小的改变,他们惊讶地看到配偶有着超过自己的绝对实力,在受挫折感之后不得不接受这个现实。接下来他们也会发现,女方有能力承担绝大部分的家庭经济和事业压力,对自己来说是减压、增值的好事,自己何乐而不为?"留守男士"选择了留守或陪读的这种方式,证明他们已经接受了女方比自己强、女方要进一步自我发展的事实。虽然,这种选择对传统男性占主导的地位是一种挑战。

出国深造、发展自己事业的女性越来越多了,倘若是单身也就罢了,已婚的就免不了要夫妻天各一方。随着越来越多的女性走出国门,"**留守男士**"一族的人数也骤然增加……**留守男士**们就不一样了,他们既然选择了留守、陪读这种方式,就证明他们已经接受了女方比自己强、女方要自我发展的事实。(《留守男士:女人你想干什么就干什么吧》,《新周刊》2002年5月15)

越来越高涨的出国大潮,催生了时下新的"**留守男士**"一族——他们将妻儿安排在国外生活,自己在国内打拼,从而获得"已婚男人,未婚待遇"的自由。"**留守男士**"的时髦称谓也由引人同情的"内在美"(即"内人"在美国)发展为褒贬不一的"MBA"(married but available)(已婚,但是自由)。(《留守男士的"MBA"生活》,《北京现代商报》2003年1月22日)

留守男士对于我们来讲,是个陌生的群体。如今在加拿大,这个群体正在壮大着。由于北美经济的不景气,越来越多的华人选择回国或是到其他国家发展,但是因为工作或孩子等缘故,夫妻中常有一人需要暂时留守。(《留守男士的心灵地图》,《男友》2004年第12期)

(三)留守男士的别称"内在美"

随着"留守男士"群体的出现,他们又获得了另一种雅号"内在美"——因为他们的内人(妻子)在美国。这个词先是出现于中国台湾,后来传到大陆。

据说,"**内在美**",(即"内人"在美国)是留守男士们新得到的"雅号",男人们听了大都一笑了之。笔者采访了四位"**内在美**"先生,他们执意在中国打天下,而妻子则希望生活在国外。(君石《留守男士》,《人民日报·海外版》1999年3月19日)

"**内在美**"的意思是:内人指妻子,美指美国,妻子在美国。二十年前,许多来自台湾的太太为了子女的教育,留守在美国的家,丈夫一个人回到台湾创业,等到太太含辛茹苦地把子女带大,盼望丈夫回归的时候,常常发现,丈夫生活中一直存在着另外一个女人,或是丈夫已经离开了自己。中国改革开放后经济的腾飞,使许多在海外留学的华裔同胞回归故土创业，他们留下了自己的子女在美国读书，陪伴孩子的当然就是自己的妻子。这些"内在美"的女士愈来愈多，她们一边抚养孩子，一边默默地等待着丈夫，她们不知不觉就进入了中年，她们当中许多人在结婚前也曾经是时代中的女中豪杰。(《华裔的"内在美"群体》，《北京青年报》2004 年 12 月 4 日)

后来有人又仿造了一个"外在美"，意谓外子(丈夫)在美国，使用不多，附此以备对照。

这些"海归"回国服务或创业，最常见的做法是"人去根留"，让配偶、子女继续留在圣地亚哥，本人每年来往于大洋彼岸。个中原因，或是配偶有不易放弃的职业、或是子女学业不宜中断，或对中国方面能否久留尚有顾虑。形成"外在美"或"内在美"(意即外子或内人仍在美国)现象。(《从人去根留到全家乔迁　圣地亚哥海归华人成绩佳》，新浪网，2008 年 2 月 26 日)

二、陪读系列称谓

伴随出国留学现象的出现，出国陪读也成为一种社会现象。陪读是指一人出国留学，配偶或家长也出国陪伴。陪读者也可从事临时性工作或学习语言。开始只有夫妻陪读，后来随着小留学生的出现，出现了家长陪读。陪读当然需要一定的条件限制，除了留学生本人的护照、邀请函，夫妻陪读需要结婚证明等材料。美国陪读不需要经济担保证明，只需要足够生活费用证明，有 4000 美元银行存款即可。英国、马来西亚等国需要资金担保或存款证明。随着国际形势的变化，一些国家又要求提供无犯罪记录证明。

留学陪读现象引发了陪读系列称谓。

(一)妻子陪读形成的"陪读夫人""女陪读""陪读女人"

丈夫出国留学，妻子随从陪读，称为"陪读夫人"，或称"女陪读""陪读女人"。北京电视台和广东电视台共同策划《留学生》第一部《英伦的天空》，第十二集《陪读女人》专门讲述在英国的中国陪读女士的生活，她们不甘单纯的"陪读"身份，或打工或创业，同样展示了中国女性的勤奋上进精神。

几年前，在哈佛法学院图书馆入口有个临时打工的**陪读夫人**小曹……这位年轻漂亮的**陪读夫人**，说一口漂亮的英语。当丈夫在哈佛苦读时，她出来打工还做什么呢？(成寒《留学美国求生术·陪读夫人 & 陪读先生》)

今年秋季赴海外留学的学生，即将或者已经开始他们崭新的留学生活。而在留学热潮中，另一个群体也在不断壮大。这就是为了配偶放弃了原来的生活，陪同留学的群体"**陪读夫人**"。(《"陪读先生"遇尴尬》，《北京现代商报》2002 年 12 月 18 日)

在每年数以万计涌进加拿大国门的人群中，她们是很不起眼的一群"**陪读女人**"。为了让爱人们在异国安心学习，她们怀着对爱情的执著、对爱人能力的信任、对未来幸福生活的向往万里迢迢来到了这里，陪伴在自己的爱人身边。（《出国陪读的女人：不起眼但了不起的一群人》，新华网，2005年10月2日）

和“**女陪读**”往往缺失安全感相比，“男陪读”承受着更大的精神压力，容易潜藏一种尊严受损感。（《“陪读先生”遇尴尬　媒体披露留守家庭变故多》，中新网，2002年12月18日）

后来我发现，陪读人群里藏龙卧虎，一个个在国内都不是等闲之辈。有个“**女陪读**”，年方32岁，在国内就早已是一个顶级医院的外科一把手，而现在，为了读博士的丈夫，她那拿手术刀的一尘不染的双手，早在每天的“买汏烧”里变得自己都不认识了。她已经3年没有回过国，有时她也会感叹自己的事业是彻底完了。（《陪读丈夫：事业爱情该舍弃谁？》，中文资讯网，2008年4月8日）

（二）丈夫陪读形成的“陪读先生”“陪读丈夫”“男陪读”

妻子出国留学，男方出去陪读，称为“陪读先生”，也称为“陪读丈夫”“男陪读”。陪读先生不仅要和陪读夫人一样放弃国内的一切，他们还要面对着更大的心理压力。因为，在中国传统文化中，男性一直处于相对强势的地位，然而近年来，女性，尤其是知识女性，在事业上大步前进，势如破竹。她们的丈夫，往往不得不做出牺牲，放弃国内多年打拼的一切，随妻出国。

如果一旦选择了这条路，陪读一方，尤其是“**陪读先生**”，一定要摆脱传统观念，保持平和快乐的心态，积极应对可能出现的变化。要知道，很多**陪读先生**通过自己的努力，都取得了不俗的人生成绩。女方也要给予理解，明白对方为爱作出的巨大努力。（《“陪读先生”遇尴尬　媒体披露留守家庭变故多》，中新网，2002年12月18日）

巧合的是，小曹的丈夫从哈佛毕业，一时没找到合适的律师工作，所以当太太开始念书时，他又变成**陪读先生**，有充裕时间慢慢找事。（成寒《留学美国求生术·陪读夫人&陪读先生》）

三个月的探亲期限很快就到了，告别老婆的时候我还是觉得非常难过，我非常舍不得她。有她在，好像再清贫的日子都很温馨，但是一个人回国后，再细细一想，眼前总是晃动着另一个**陪读丈夫**的警告：男人得有自己的事业。想到那些陪读丈夫在厨房的身影，我心里真是矛盾万分。（《做“男陪读”成了心病》，《新闻晨报》2004年2月24日）

但在中国传统文化的意识里，先生能这样当陪读的还真不多。和“女陪读”在他乡缺失安全感相比，“**男陪读**”似乎承受着更大的精神压力，他们内心容易潜藏一种尊严受损感。（蒋江敏《陪读春秋：在美国MIT的日子·后记》）

（三）家长陪读形成的“陪读家长”以及“陪读妈妈”“陪读爸爸”

这类称谓是伴随着小留学生而来的，许多小留学生的生活自理能力较差，作为监护人的家长到国外陪孩子就读,这就是"陪读家长"。

浙江**陪读家长**在新加坡的比较多,这跟当地实施"母子陪读"的留学政策有关。新加坡的公立和私立的中小学校都可招收外国学生,并且允许17周岁以下学生的母亲在新加坡陪读。……新西兰禁止十岁或以下的小留学生独自在当地生活,必须有法定监护人一起同住,十一至十三岁小学生,如果念的不是寄宿学校,没有家长陪读,就必须经过新西兰教育部特别批准。准许**陪读家长**每次在新西兰居留一年,但不准工作,也没有国民保健资格。(《四个国家陪读新政策供家长参考》,《都市快报》2007年8月7日)

陪读家长除父母外,也可以是其他亲属,但主要是父母,因有"陪读妈妈"和"陪读爸爸"之称。

苏琼说,"政府组屋"里有一半是来自中国的**陪读妈妈**。当她忙着找工作时,却碰到一个**陪读妈妈**哭哭啼啼地闹着回国。(陈铁源《留学与垃圾:来自中国海外留学生问题报告》第七章)

据不完全统计,目前在新加坡的中国**陪读妈妈**约有数千人之多。新加坡学校在年龄方面的要求是:报考小学的,年龄在6—12岁之间;报考中学的,年龄在13—18岁之间。(《陪读母亲知多少》,《海外求学》2004年第18期)

很多在新加坡的**陪读妈妈**不愿意接受采访,因为不希望国内的亲友知道她们在新加坡的境遇。最终接受采访的几位**陪读妈妈**说:"我们只想让准备来新加坡的陪读妈妈们了解这里的真实生活,当初我们迷茫地来了,经历了,希望她们能够清醒地选择这条路。"(《陪读妈妈新加坡生存实录》,《人民文摘》2007年第7期))

时下,不少学校周围出现了"**陪读爸爸**"或"**陪读妈妈**"。孩子已经念大学了,他们还在操心,担心孩子营养不够,担心他们谈恋爱,担心他们不会洗衣服……可怜天下父母心!(《孩子要父母呵护过一生?》,《广州日报》2002年11月23日)

本报13日4版报道了《海外**陪读爸爸**患癌回渝别亲朋》的消息后,**陪读爸爸**阮永凯一下子成了媒体关注的焦点。昨天,我市电视台的两个栏目都对他进行了采访。……跟大多数"**陪读妈妈**""**陪读爸爸**"的想法一样,阮永凯走上陪读之路也是为了让子女能受到更好的教育。(《身患绝症海外陪读爸爸想创重庆女婿俱乐部》,《重庆晨报》2005年12月15日)

当然家长陪读现象不限于小留学生,国内的中小学生由乡村到城市就读,也往往有家长进城租房陪读,近年来大学生家长陪读现象也在增多。此系另一问题,附此提及,至于"陪读"其义,则需随语境详加辨析。

第三章　海外留学有成与归国创业人员等系列称谓

本章涉及的主要称谓如下：

第一节	一	海归、海龟
	二	海归派、海归族、海龟派、海龟族
	三	老海归、小海归、新海归、老海龟、新海龟、海归男、海归女、海龟男、海龟女、金牌海归、速成海归
第二节	一	海外高层次留学人才
	二	杰出留学回国人员、杰出留学人员
	三	海外留学英才
第三节	一	海待、海带、海待干、海带干
	二	海藻、海草
	三	海啃、海啃族、海归啃老族
	四	海创
第四节	一	海不归、准海归、海根、海根派、海泡、绿卡族
	二	海鸥、海鸥派、空降部队、空降兵、海派、两栖人、国际人

与任何学习形式一样，留学同样不是最终目的。留学人员学成以后，同样面临一个工作就业问题。改革开放后许多留学人员先后回国服务，但毋庸讳言，由于国外条件的优厚和中国经济的相对落后(尤其改革开放前期)，很多留学人员愿意留在国外工作。根据中国社科院《2007年全球政治与安全报告》，从1978年改革开放至2006年年底，中国公派加自费的出国留学总人数为106万，而归国人员却只有27.5万。中国目前成为全球人才外流最严重的国家。

中国政府极为重视人才外流这个问题，已经采取相应的措施去积极应对这种局面。令人欣喜的是在20世纪90年代末以来，在全球经济普遍不景气的情况下，中国经济一枝独秀，连续几年保持7%的增长率。尤其是在中国加入WTO，申办2008年奥运会成功的背景下，人们对中国未来几年的经济形势普遍持乐观的态度。而且，目前中国政治稳定，法制逐渐完备，投资环境进一步改善，再加上13亿人口的市场，这对全世界而言，具有极大的吸引力。

以跨国公司为代表的国际企业纷纷进军中国市场，于是，中国在国外留学人员掀起了新一轮的回国浪潮。而这些拥有西方的先进技术、西方的风险投资、西方先进的商战理念、丰富的中西沟通经验和人际关系资源的中国海外留学人员的回归，极大地促进了中国经济的发展。根据《中国统计年鉴 2006》公布的数据，1978 年到 2005 年间到海外学习的 93 万多中国留学生中，将近 1/4 已经回国，而且归国人数还呈增加势头：从 1995 年的每年约 6000 人增加到去年的将近 35000 人。除了怀家念国的天然情结，其背后其实更有着中国综合国力大幅增强后所带来的国际地位的变化，以及随之而来的巨大个人发展空间。对于正处于快速发展关键期的中国而言，海归潮恰逢其时。[①] 这些海归很多已经成为发展中国科学技术、高技术产业和推动社会进步的新一代骨干力量。仍在国外工作的学子们，也在寻找机会，珍惜机遇，用各种方式为祖国的振兴和人类科学事业的进步贡献力量。

归国留学生按归国的时间可以分为三批。第一批是 20 世纪 80 年代回国的人，现今大多在管理和科研岗位上担任领导职务和负责人，例如现在国内主要大学的校长，主要研究院所的院长、所长，主要的科研基金负责人。第二批是 90 年代初回国的留学生，他们很多活跃在科研领域，覆盖着从生命科学、物理化学、信息工程各个领域。第三批就是 1997 年香港回归前后回来的一大批做生意的人，以 IT 业为入口进入了中国的现代经济，形成了一道亮丽的风景线，对中国产生的影响事实上超过了前两批人。[②]

海外留学人员学成就业和归国服务，中国政府出台相关政策引进留学人才，于是产生一系列相关称谓。

第一节　“海归”系列称谓与海外留学人员归国创业

一、留学归国人员称谓“海归”和“海龟”

（一）由动词演化为名词的“海归”

“海归”最早出现在 20 世纪 90 年代末，其造词理据非常简单，起初为动词，是动词性短语“海外归来”的缩略。后来衍生出名词义，泛指海外归来的人。进入 21 世纪，随着留学回国人员的增多，“海归”逐渐锁定范围：指海外学成归国人员。2003 年 11 月 6 日北京曾举行一次“新时期留学使命与发展机遇”研讨会，与会专家学者普遍认为，归国

① 王辉耀：《海归时代》，中央编译出版社 2005 年版，第 52 页。

② 郑娜：《陈章良谈海归创业：机会要靠自己争取》，《人民日报 · 海外版》2006 年 11 月 9 日。

的留学生们给中国带来了先进的科学知识和思想理念，他们不仅成为推动中国进步的一支重要力量，而且加速了中国融入国际文明的脚步。

海外归来的学子，人们简称“**海归**”，近年来，因越来越多的人选择了回国发展，并已成为推动中国经济发展的新动力。……在美国读完博士后，又有着自己公司的王兴军就是众多**海归**当中的一员。(《“海龟“归来》，中央电视台，2001 年 9 月 28 日“经济半小时”)

只要在制度改革上以人为本，就会打造出吸引众多“**海归**”的良性环境，也才会在根本上解决人才外流的问题。(潘凤亮《制度的进步》，《人民日报》2003 年 2 月 24 日)

国务院侨务办公室日前举办的“华人华侨回国(来华)创业成功人士座谈会”，令人有耳目一新之感。与会者不是“乡音未改鬓毛衰”的老侨胞，也不是“皮黄心白”的第二、三代移民，而是一群“生在红旗下、长在红旗下”，去国未久即回国(来华)创业的新华人华侨，也就是俗称的“**海归**”。(《还你一个奇迹》，《人民日报》2003 年 8 月 27 日)

本科生能干的活，只招研究生；研究生可以胜任的岗位，瞄准了博士；土生土长的博士也非天之骄子，一遇“**海归**”准“歇菜”！(胡果《抬高的门槛挡住了什么》，《人民日报》2003 年 11 月 7 日)

与大多数执著于创业并每天打拼着的企业家们有所不同，王辉耀现在给人的感觉更像是一个“社会活动家”，他每天乐此不疲地忙碌于商会、侨联等各种组织的社会活动事务中，而且还亲自著书立说，在他看来，这是一个需要**海归**的时代，也是一个成就**海归**的时代。**海归**，作为一个精英阶层，将越来越走到我们社会的前台。(《各方观点：这是一个需要海归成就海归的时代》，《北京青年报》2005 年 3 月 22 日)

(二)由谐音变异而来的“海龟”

由于“归”恰好与“龟”同音，于是“海归”在语音上就混同为海洋动物的“海龟”，变成一个指称海外学成回归人士的非常有趣的称谓，并且已经为国际劳工组织所接受。而海龟恰好有回陆地产卵的特点，又容易令人产生联想，与留学生归国创业联系起来。但无论如何，“海龟”这个称谓，使用者并无恶意，被称者也乐于接受，并无反感，只是在现实语境中产生一种诙谐幽默的语用效果而已。

如今，大批“**海龟**”归来，这是历史的螺旋式上升……相信这批“**海龟**”会为祖国各行各业带来新的发展动力，这其中也应该包括文学创作。(《新文化体验不同之美——访“海龟”作家王兆军》，《北京记事》2002 年第 1 期)

近几年来，在学术界和社会上有“海归派”与“本土派”之说，也有人戏称之为“**海龟**”与“土鳖”。前者指从海外特别是从西方国家学成归来（简称“海归”，谐音“**海龟**”）的学者；后者指一直在国内接受教育、从事理论研究或实践探索，在本土“憋”出来（简称“土憋”，谐音“土鳖”）的学者。……从经济的角度来看，“**海龟**”们大大优化了中国的人力资本和人才市场结构，促进了中国市场与世界市场的融通，归根到底促进了中国生产力的发展。事实表明，“**海龟**”们的成就和对祖国贡献的大小，不仅取决于其学识的高低，更取决于其对中国国情认识和把握的程度。（邹东涛《做中国“猫”抓中国“鼠”——兼谈“海归派”和“本土派”》，《人民日报》2003年9月29日）

十二月十八日是“国际移徙者日”，国际劳工组织（ILO）今天发表一篇特稿，对中国归国人才就业难的“海归”变“海待”现象表示关注。……劳工组织的专稿说，留学生回国的趋势日益高涨，导致了“海归”一词的出现。劳工组织还解释说，“海归”与“**海龟**”同音。海龟在岸上孵化，最后回归水中生活，寓意明显。……但是，劳工组织也指出，中国政府优惠回国留学生的政策，也产生了问题，使那些没有出国学习的人才，或者说“陆龟”，对“**海龟**”产生了不满。二〇〇二年和二〇〇四年两次调查发现，对住房条件不满的“陆龟”人数是“**海龟**”的将近三倍，还有超过“**海龟**”人数一倍多的“陆龟”认为前者被提拔得太快。（《国际劳工组织关注中国“海归”变“海待”现象》，中国新闻网，2006年12月13日）

二、海归群体称谓“海归派”“海归族”与其谐音形式“海龟派”“海龟族”

（一）海归群体称谓“海归派”和“海归族”

称留学归国人员的“海归”一般用作个体称谓，当要指称这一群体时，人们便信手拈来流行的类词缀“一派”和“一族”，造出了相关的群体称谓“海归派”和“海归族”。

岁末年初，在国家级示范园区——济南留学人员创业园安家落户的“**海归派**”络绎不绝。该园负责同志高兴地告诉记者，目前，创业园的留学人员企业已发展到50家，其中仅去年一年就有30家企业入驻。（张守谋《“海归派”崛起的创业群体》，《科技信息》2002年第1期）

深圳市近日发出通知，决定对宁志强等归国留学人员的18个高新技术项目，发放来深圳创业的前期费用补贴180万元。这是深圳在短短一年时间内第三次为“**海归派**”发放前期创业无偿资助，累计金额近800万元，有80多位在深创业的归国留学人员受惠。（《深圳扶持“海归派”创业》，《人民日报》2002年8月8日）

“**海归派**”，是相对在国内学习、工作的本土人才而言的，指有国外学习和工作经验的留学归国人员。近几年，“海归派”这一词日益成为我国政治经济生活中的热点词汇。（《五年成就100词·海归派》，人民网，2002年9月18日）

中国留学生的根在中国，用武之地也在中国。上海现已出现一个“**海归族**”。……“**海归族**”的生活同样精彩，有对比，有创造，有许多新的矛盾和冲突，展示一片艺术创作的新天地，很值得描写和反映。（吴兴人《盼〈归来女士〉》，《人民日报》2002年7月18日）

吴建中只是上海数万留学回国人员中的一员。近年来为了吸引高层次的海外留学生，上海建立了面向“**海归族**”的“电子政府”、留学生创业园区、留学生服务中心、留学生沙龙等，通过优化服务留住人心。……如今已是公司董事长的常兆华感慨不已：“上海的创新创业环境为我们这些‘**海归族**’创办公司构筑了良好的外在条件，这里与国外发达国家接轨最靠近，我们回来创业丝毫没有陌生感，能够很快扎根、生长。”（《巩固“人才高地”——“党管人才”系列报道之三》，《人民日报》2003年6月4日）

（二）海归群体的谐音幽默称谓“海龟派”“海龟族”

与“海归”音变为“海龟”一样，其群体称谓也变出了“海龟派”和“海龟族”。这也正好符合了这类人士的群体特征：他们能够顺应时代潮流的方向，既可以下海也可以上岸，能够出国也能够回国。在现实生活中，大部分“海龟派”学贯中西，视野开阔，见识超群，成为跨越东西方的人。

以前出国留学都得靠托福，如今，雅思成绩在越来越多的国家得到了认可，除了最初的澳大利亚、新西兰、加拿大等英联邦国家外，美国也有170所大学认可雅思成绩，约占美国大学的十分之一。可以说是考试花样翻新，出国热度不减。可喜的是，在出国热的另一面，越来越多的海外学子也在学成之后，纷纷踏上归国创业的路，在北京、上海等大城市里，从海外归来的创业者已经形成了一个独特的群体，被称为“**海龟派**”。（《“海龟“归来》，中央电视台，2001年9月28日“经济半小时”）

当然，如今的“海归派”之所以被描述为“**海龟派**”，也表露了他们不同于以往的新群体特征。首先，所谓“海龟”者，永远是机会寻找者。当年出国留学与如今回国发展，追求的都是新的时代机遇。“**海龟派**”是流动易变的群体。（王辉耀《海归时代》第三章）

【海龟族】海外学成归国一族的谑称。不知从什么时候开始，回国办公司已经成为了海外归国留学生们的一个重要出路。然而，2001年岁末，阳光卫视夫妻老总杨澜、吴征所谓“假文凭”事件首先被网络曝光，随后又经《中国青年报》等媒体进行了深入报道，加之近来中国政府宣布对多种海外文凭不予承认，一时之间令"海龟族"成为一个可疑身份的代名词。（朱大可、张闳主编《21 世纪中国文化地图》第一卷）

上海社科院研究员徐安琪表示，高级白领的情感生活状况值得关注，这次活动一定程度上能促进"海龟族"的情感交流，但相亲方式却明显缩小了"海龟族"的社交范围。徐教授担心，这会导致"海龟族"社交范围越来越高端，离更广泛的人群越来越远。（《高端相亲聚焦"海龟族"》，《时代报》2006 年 9 月 9 日）

三、海归人员的内部分类称谓

（一）以年龄大小及归国先后区分的"老海归"和"小海归""新海归"等

与留学有时间先后和年龄大小一样，学成归国人员同样存在这样的内部差异。从这种角度有把海归人员分为"老海归""小海归"与"老海归"和"新海归"这样两组对照性称谓。

"老海归"通常是指 20 世纪 90 年代初及此前出国的留学生。他们都是学习优秀万里挑一的"尖子生"，就年龄上讲他们是已经大学毕业的成年人，经过国家的层层选拔，送去美、英等国培养，毕业后大多又能在所在国工作，对西方企业的文化和管理模式有一定的理解。所以说，这个时期"海归"的含金量最高。而"小海归"则与后来出现的"小留学生"相伴而来，有很多是因为国内高考失利，才不得不在家长财力支撑下出国寻求出路。许多国家入学条件宽松，文凭含金量低，以他们的资历，也就是仅仅混个"证"给父母一个交代，很多并没有掌握真才实学，有的留学生回国后甚至连基本的英语会话都还成问题。"新海归"则是从时间上说的，年龄大小统包在内。同理"归"亦可谐音为"龟"。兹将此类称谓合并举例如下：

在前不久举办的"2006 年上海海外留学人才专场招聘会"上，参加招聘的 3000 多名"海归"中，既有刚刚学成归来的小"海归"，也有上世纪 90 年代初就出国学习、在海外工作多年的老"海归"。然而面对大多数招聘单位提出的"工作经验"这一要求，老"海归"们则收获颇丰。（沈刘红《老海归经验足、小海归专业热　啥样海归最吃香？》，《环球时报》2006 年 7 月 18 日）

"小海归"指出国时年龄在 25 周岁以下，就读于国外高中、大学预科或专科学院，学成后立即归国的华人。据统计，2003 年我国归国人数首次超过 2 万，其中包括相当数量的"小海归"。对于"小海归"，中国人才市场并未全部接纳。（《小海归待业为何多》，《特区教育：中学生》2004 年第 6 期）

老海归崇尚"魂商"，"新海归"追求个人价值，他们是在不同环境下成长起来的两代人……新、老海归在学业、成才、就业、创业等等方面有着很大的不同,他们所处的时代背景、工作环境也发生了巨大的变化。面对未来的发展和前途,“**新海归**”们最想要什么?面对后起之秀们的冲击,“**老海归**”们又在想什么?(沈刘红《老海归经验足、小海归专业热 啥样海归最吃香?》,《环球时报》2006年7月18日)

虽然是“**老海龟**”,但是对“**新海龟**”创办的公司,邵亦波持保留态度。他认为。刚回国的留学生对国内情况并不了解,“土鳖”反而比“海龟”更具优势。(《邵亦波:左手创投,右手创业》,《职业》2008年第9期)

当然,随着时代的发展,我们相信,“小海归”们尽管有许多不如人意的地方,但是由于年龄、时代等因素,真正的优秀人才也会在“小海归”中越来越多的出现。毕竟,长江后浪推前浪,“小海归”中的佼佼者将会负起历史赋予他们的使命,担当起时代的重任。

(二)依据性别区分的“海归男”“海归女”及“海龟男”“海龟女”

海归人员同样有性别之分,于是“海归男”“海归女”及“海龟男”“海龟女”一类的称谓应运而生。这也是社会对语言制约机制的效应:海归人士在求职应聘要区分性别,征婚场合尤其需要。

石年,一个彬彬有礼、事业有成的**海归男**。在9月7日接受记者采访的3个多小时里,他的手机不断响起,他说那是亲朋给他发来的相亲信息。因不能忍受“校花级美女”的前妻霸道的占有欲,他俩最终分手。现在,为找到自己心中的真爱,他几乎每个周末都在相亲。(《为了寻找真爱,海归男每周相亲》,《重庆晨报》2007年9月10日)

一个无业**海归女**,因长相漂亮,四处吹嘘自己的前夫是中央某部门的领导,自己现为某领导的情妇等等,四处骗有“需要”的人。近日,这名**海归女**吉娜因涉嫌诈骗被鼓楼区检察院批捕。(《“高官情人”原是海归女骗子》,《南京晨报》2006年12月11日)

据组织者之一徐蒙蒙介绍,活动联合了英国8所大学的中国留学生同学会共同举办。目前报名者中,“**海龟女**”占大半,主办方将加大号召“**海龟男**”的力度。活动当天预计会邀请120到150名“海龟”参加。(《高端相亲聚焦“海龟族”》,《时代报》2006年9月9日)

(三)根据留学期限和知识含量命名的“金牌海归”和“速成海归”

那些保质保量完成学习任务而成绩优秀者称“金牌海归”。一般是指具备以下几点的人员:(1)语言优势,一口流利的外语是海归最明显的优势;(2)跨文化交流的能力,真正的交流是基于文化层面上的。所以,很多的跨国企业,以及那些希望走向世界的民族企业,都非常渴望具有跨文化交流能力的人才;(3)有一定的工作经验,尤其是有在国外相关岗位工作的经验。对于很多单位来说,海归的工作经验不仅意味着其具备一定的实践能力，还说明他可以给企业带来国际思维和做法，甚至国际的人脉，这才是用人单位最稀缺的资源。

> 并不是所有的“海归”都成了“海待”，企业仍然非常欢迎有含金量的海归。那么在用人单位眼里，“**金牌海归**”的标签是什么呢？留学人员在海外又该加强哪方面的“修炼”呢？（《职场秘籍：如何修炼成**金牌海归**》，《人民日报》2006年8月10日）

> 要入对行，就要选对专业，专业选择是打造“**金牌海归**”的第一步。和高考填报专业志愿一样，留学选专业将直接关系到日后回国的发展。（《职场秘籍：如何修炼成金牌海归》，《人民日报》2006年8月10日）

“速成海归”则指在国外学习时间比正常学习时间短的海归。有的国家缩短学制，试行“浓缩式教育”，这种教育的学习时间短，可以使许多学生的生活费用减少，但由此带来的学习压力和是否能达到应有的质量等问题，让人感到担忧。

> 某企业人事经理就明确表示：“两年拿个本科文凭，一年拿个硕士文凭，这样的学习能有多大收获？与‘**速成海归**’相比，我们宁可招聘那些专业知识扎实、有实习经验且英语流利的本土大学毕业生。”的确，如今有不少“**速成海归**”专业知识不扎实，又缺乏工作经验，求职时屡屡受挫，甚至沦为“海待”。（《学生要慎选“快餐式留学” 速成海归不吃香》，《羊城晚报》2006年11月10日）

> 由此看来，“**速成**”**海归**身上的确没法体现海归价值，无怪乎用人单位对他们不感冒了。专家建议：留学生应保证在目的国2年以上的停留时间，至少要将语言熟练掌握。（《什么样的海归具有竞争力?》，《半岛晨报》2008年9月1日）

第二节　“海外留学英才”等称谓与国家对优秀海归人才的优惠政策

在知识经济时代，人才短缺特别是高层次人才短缺已成为一个普遍现象。世界各国都在采取措施抢夺人才，中国加强吸引高层次留学人才工作是应对国际人才竞争的需要。高层次留学人才在中国经济科技发展中发挥着独特作用。据有关资料统计，目前中国科学院院士的81%，中国工程院院士的54%，都有留学经历。党中央、国务院、中央军委授予的“两弹一星功勋奖章”的23人中，留学归国学者有21人。2006年，国家自然科学奖获奖项目的第一完成人中的66.67%、国家技术发明奖第一完成人中40%以上、国家科技进步奖项目第一完成人中30%以上均是留学人员。[①] 所以，国家及地方政府部门特别重视

① 《人事部解读海外高层次留学人才回国工作绿色通道》，中国网，2007年4月25日。

对高层次留学人才的引进，对优秀海归人才予以种种政策优惠，形成了“海外高层次留学人才”“海外留学英才”等一些带有政策性和荣誉称号性的相关称谓。

一、“海外高层次留学人才”称谓及政策界定

国家非常重视引进高层次留学人才，2000 年，经党中央、国务院批准，国家人事部出台了《关于鼓励海外高层次留学人才回国工作的意见》（人发〔2000〕63 号），旨在有组织、有计划地吸引、鼓励海外高层次留学人才回国工作。2007 年国家人事部、教育部、科技部、财政部等 16 个部门共同制定下发了《关于建立海外高层次留学人才回国工作绿色通道的意见》，规定他们可以享受种种优惠政策，如不受编制数额、出国前户口所在地等的限制，配偶和子女妥善安排等。于是“海外高层次留学人才”，成为 21 世纪初一段时期内一个带有政策性的亮点称谓。

根据《关于鼓励海外高层次留学人才回国工作的意见》的有关规定，“海外高层次留学人才”一般是指：我公派或自费出国留学，学成后在海外从事科研、教学、工程技术、金融、管理等工作并取得显著成绩，为国内急需的高级管理人才、高级专业技术人才、学术技术带头人，以及拥有较好产业化开发前景的专利、发明或专有技术的人才。

2005 年国家人事部、教育部等部门下发的《关于在留学人才引进工作中界定海外高层次留学人才的指导意见》（国人部发[2005]25 号），对“海外高层次留学人才”又进一步作了具体的分类界定：(1)在国际学术技术界享有一定声望，是某一领域的开拓人、奠基人或对某一领域的发展有过重大贡献的著名科学家；(2)在国外著名高校、科研院所担任相当于副教授、副研究员及以上职务的专家、学者；(3)在世界五百强企业担任高级管理职务的经营管理专家，或在著名跨国公司、金融机构担任高级技术职务、在知名律师（会计、审计等）事务所担任高级技术职务，熟悉相关领域业务的国际规则、有较丰富实践经验的管理人员或技术人员；(4)在国外政府机构、政府间国际组织、著名非政府机构中担任中、高层次职务的专家、学者；(5)学术造诣深，对某一专业或领域的发展有过重大贡献，在国际著名学术刊物发表过有影响的学术论文，或获得过有国际影响的学术奖励，其成果处于本行业或本领域学术前沿，为业内普遍认可的专家、学者；(6)主持过国际大型科研或工程项目，有较丰富的科研、工程技术经验的专家、学者、技术人员；(7)拥有重大技术发明，专利等自主知识产权或专有技术的专业技术人员；(8)具有特殊专长并为国内急需的特殊人才。①

① 人事部、教育部、科学技术部、财政部关于印发《关于在留学人才引进工作中界定海外高层次留学人才的指导意见》的通知，《中国法律法规规章司法解释全库》。

廊坊与京津地区众多大专院校、国家级科研院所密切合作，抓住国家深化科研院所和高校体制改革的机遇，通过聘请“双休日”工程师与国内外高校、科研院所和**海外高层次留学人才**共同开发新产品，聘请中科院院士和著名科技专家担任经济和科技顾问，大力引进高精尖产品开发人员和专家学者，推动高新技术产业的发展。近两年来，全市共引进高科技项目115个，总投资达125.6亿元。（崔万友、吴坤胜《建园区 抓创新 出效益 廊坊构筑“人才高地”》，《人民日报》2000年10月9日）

国家将建立与留学归国人员本人能力水平、对国家的贡献和所创造的经济社会效益挂钩的竞争激励机制。**海外高层次留学人才**可以以专利、发明、专有技术、管理等要素参与分配。**海外高层次留学人才**回国工作，在聘用或任职期间，享受与用人单位其他工作人员相同的医疗、保险待遇。（郑少忠《人事部出台新政策 鼓励海外高层次留学人才回国工作》，《人民日报》2001年2月6日）

在聘用或任职期间，回国工作的**海外高层次留学人才**将享受与用人单位其他人员相同的医疗、保险待遇。家庭生活基础在国外的可享受出国探亲假。随同**海外高层次留学人才**回国的家属（含外国籍配偶）在国内就业，用人单位有接收条件的，应为其安排工作。（沈路涛、陈鹏《高层次留学人才回国工作有新规定 回国任职条件、工资津贴水平、科研经费资助等较前有大突破》，《人民日报》2000年7月29日）

作为全国留学人员回国工作的综合管理部门，国家人事部先后制定了鼓励**海外高层次留学人才**回国工作和以多种形式为国服务相配套的政策措施，不断加大对留学人员的科研经费支持力度，拓展为留学人员服务渠道，畅通海内外信息交流，为海外留学人员回国工作、创业或为国服务搭建平台，创造良好环境。（盛若蔚《人事部致信海外留学人员 遥祝新春快乐 鼓励回国创业》，《人民日报》2003年1月17日）

二、“杰出留学回国人员”的评定与国家对留学回国人员奖励政策

2002年国家教育部下发了《关于推荐首届“全国百名杰出留学回国人员”候选人的通知》（教外厅函[2002]33号），规定：2000年1月1日前回国，年龄在55岁以下，在各自工作中做出突出成绩者均可参与选拔。各省市也曾进行类似评选。于是“杰出留学回国人员”成为对在工作中做出重大贡献的优秀海归人士予以奖励的一个先进称号。

根据教育部通知，交通部规划研究院原院长、现任部公路司司长张剑飞同志为全国百名**杰出留学回国人员**先进个人。根据教育部的通知要求，现将张剑飞同志的业绩材料进行公示。（中华人民共和国交通部《关于公示全国百名杰出留学回国

人员先进个人业绩材料的通知》2003年9月5日)

12月21日,共青团天津市委、市青联、市科委、市外经贸委等对评出的10位"杰出留学回国青年创业者"进行了表彰。这10位**杰出留学回国人员**都是各学科、各行业的杰出人才,做出了突出成绩。(《天津表彰杰出留学回国青年创业者》,《人民日报·海外版》2003年12月25日)

此称号又可省称"杰出留学人员":

几乎所有的受访学者都与陈平持类似的观点:吸引"**杰出留学人员**"归国的关键不是提供优厚的待遇,而是创造良好的学术环境。(李虎军《教授年薪百万到底值不值》,《南方周末》2002年6月13日)

"请站好,让我们多拍张照片好吗?"伴着频频的闪光灯,中苑宾馆的大会议厅显得异常热闹。今年,以北京中星微电子董事长邓中翰为首的17位"**杰出留学人员**"获得"北京市留学人员创业奖"荣誉称号,同时,成功的他们也吸了更多同行的关注。(师至洁《"海归"就业冷热不均》,新华网,2005年9月6日)

本次表彰活动主要奖励天津市改革开放30年以来作出突出贡献的留学回国人员。全市共有500多个候选人,最后经过单位推荐、主管部门初审、系统初评、市评审委员会网上审核和集中评审,并经评选表彰活动领导小组审核,市人才工作领导小组确定了市委、市政府表彰的10名**杰出留学人员**。(《民航特聘专家吴仁彪教授当选天津市十大杰出留学人员》,《中国民航报》2009年2月3日)

三、"海外留学英才"称号与各地对优秀海归人员的鼓励和宣传

"海外留学英才"当然是指在海外留学人员中才智杰出并取得很大成绩的人,但各地更多的是把它作为一种荣誉称号,经过评选,授予那些优秀海归人员,以此为宣传手段,激励海归人士勤奋工作,并吸引更多优秀留学人员回国创业。

江省归国华侨联合会定于10月23日至28日开展"走进浙江·高层次留学人才为国服务志愿团"系列活动。活动邀请浙江省"**海外留学英才**"推选入围者和学有所成、有志到浙江创业和服务的海外留学人员。(《回国发展信息串串烧》,《神州学人》2006年第10期)

10月25日在浙江省人民大会堂举行的"浙江为国服务杰出海外留学人士颁奖典礼"上,歌唱家张建一代表百名**海外留学英才**发表了庄重的"牵手浙江宣言"。在之前结束的"走进浙江·高层次留学人才为国服务志愿团"活动中,来自世界14个国家和地区的志愿团成员带着各自的技术、项目与资金,与浙江省部分市的企业代表进行了签约,共签订合作项目16项。(《冀在国内找到好"婆家"　百名留学英

才牵手浙江》,《华声报》2006 年 10 月 27 日)

近年来,临安市共接待来访的港澳台和海外团体 69 批次、580 人次,已有两位临安籍和 1 位外地籍出国留学人员来临创办企业。去年,有 4 家侨资企业被评为省市"优秀侨资企业",两名海外留学人员评上浙江省百名"海外留学英才"奖。(《浙江临安市委统战部 打好"侨"牌促发展》,《人民政协报》2007 年 9 月 6 日)

第三节　"海待""海藻""海啃"系列称谓与海归人员的市场价值走低

早些年,"海归人士""海归现象"等词语在报章上频频出现,当时"海归"一词在国内闪耀着金色的光环。但如今"海归热"已经成为过去,海归人员的市场价值发生了变化。《人民日报》2003 年 12 月 18 日报道:"海归派"身价大跌!海归们工作不好找了,"海归"变"海待"成为一个热门话题。

"海归"价值走低的原因,我们从媒体看到这样两条:

第一,由于归国人员需要一个适应期,而用人单位却指望人才一上岗就做出可观的成绩,这种时间差使不少归国留学生感到挫折,不少人因此成为待业者——"海待"。2003 年,仅上海一市就有"海待"七千人。南开大学就业指导办公室主任刘秀茹认为,水土不服也是造成"海待潮"出现的一个重要原因。长时间在国外学习、工作的"海归",对中国的发展现状不熟悉,难以适应现实情况。如在外国不讲人情只讲规则,但国内讲关系、凭人脉,留学生往往需要经过很长时间才能适应。这个适应的过程,也在一定程度上影响了"海归"人员迅速发挥出自己的才智。[①]

第二,不少留学生是高中、大专、高职毕业后出国,也就是所谓的低龄留学生。经验成为留学生回国求职的"拦路虎"。与有工作经验的"海归"走俏现象相比,不少留学生被卡在了"经验"这一门槛上,尤其是高中毕业就到国外求学的低龄留学生。他们中的不少人在国内的时候,学习成绩就很一般,以为在国外待了几年,归国后就会有更好的职务和职位。然而,面对就业压力大的情况,不少小留学生的定位都高。一些"海归"能力不佳,在待遇上却互相攀比,经常狮子大开口,使得本来需要"海归"的企业望而却步;有的"海归"盲目自大,不把本土人才放在眼里,企业在本土人才与"海归"出现矛盾时,一般也会选择放弃"海归"。现在,很多企业招聘人才也日趋务实,不会因为求职者有海外背景就更加青睐,对于人才的选择还是以适合职位为主。[②]

---

① 丁发友:《才市凸显"海待"族》,《国际人才交流》,2004 年第 5 期。

② 《低龄留学生归国就业不易》,《北京考试报》2005 年 8 月 22 日。

与此大同小异，更早些时候，新东方文化研究院院长徐小平归纳了“海归”自身的三方面原因：一是知识丰富但实践经验空白的“海归”。泰来猎头公司负责人纪云介绍，无论是向企业推荐还是企业前来招聘的人才，有工作经验，特别是海外工作经历的“海归”都是首先考虑的人选。二是浑水摸鱼的“方鸿渐”。一些从国外“野鸡”大学甚至是短期培训班拿到个洋文凭的人，很难说有什么真才实学，更别说能征服用人单位了。三是浮躁的“淘金者”。一些“海归”人员没有在祖国扎根的思想准备，抱着回国捞一把就走的心态，导致决策短期化。①

以上可以归结为“海归”自身的经验、质量和指导思想问题。但我们认为，还有一条重要原因，那就是留学生数量导致的客观上的市场需求问题。即便不出现上述“海归”质量降低之类自身问题，仅仅数量增加这一项也会导致海归人员的市场价值下跌。因为众所周知：“物以稀为贵”是普通的市场规律。在市场经济体制下，“人才”也是属于市场的，也要遵循市场价值规律。留学回国人员多了，价位自然也就走低了。

我们的语言总是及时地反映社会变化。“海归”市场价值走低，或待业，或被炒鱿鱼，或者成为“啃老族”等，这类新的社会现象体现在语言上，于是“海待”“海草”“海藻”“海啃”等一批鲜活的社会称谓出现了。

一、“海待”“海待干”类称谓与留学归国人员待业现象

（一）“海待”及其谐音形式“海带”

随着留学归国人员的增多，在职场中，“海待”也成了一个著名的称谓词。“海待”起初也是个动词，其造词理据系由“海外学成归来后待业”省略而来的。其词性转变为名词，指那些海外学成归来，由于各种原因暂时找不到合适的工作，而在家待业的人。“海归”待业，在以前是多么不可思议，进入21世纪不久，却成为不争的事实。

> 在北京近日举办的一次留学人员招聘会上，中关村有家软件公司报出月薪2500元的条件居然引得“海归”硕士争相竞聘，这与以前几十万元年薪的行情简直不可同日而语。种种迹象表明，中国人才市场上“海归”求职趋难、身价贬值的现象十分明显，“海归热”正在转变为“**海待潮**”。(《“海归派”身价大跌 需要调整心态，谨防“水土不服”》，《人民日报》2003年12月18日)

> 随着海归潮的到来，“海归”变“**海待**”的现象，已经不再是新闻，归国留学人员的求职时间也出现了延长的趋势。随着留学越来越普及，留学人员的绝对数大幅增加，留学人员的层次多样化，出现一定比例的**海待**现象是可以理解的。……2004年6

① 《“海归派”身价大跌 需要调整心态，谨防“水土不服”》，《人民日报》2003年12月18日。

月，第12届金领世界高级人才招聘会上，海归人士的积极参与程度出乎主办者意料，参会海归达到了800名之多，其中有一半是“**海待**”。越来越多的海归人士因为找不到自己满意的职位，宁愿等待时机而变成了“**海待**”。（王辉耀《当代中国海归》第十章）

“海待”之“待”与“带”同音，于是又谐音为“海带”。前面已经出现了动物“海龟”，紧接又出现了植物“海带”，汉语词汇的灵活性和中国人的想象力真是妙不可言。海带这种植物只能漂浮在水中，无所事事，又恰像是待业者的一种生动写照。

“海龟”和“**海带**”是当今两个有着内在关联的民间新语词——海归和海待。……笔者以为“海龟”变“**海带**”并非“正常现象”，千万别再让每一个海外归来的学子心寒了！（《海龟变海带并非正常现象》，《中国青年报》2004年2月1日）

随着“海龟学成归巢”连年猛增，曾在人才市场上炙手可热的海归人员就业出现了滞胀现象，他们中的许多人在求职路上非常不顺，以至于他们现在获得一个最新称呼——“**海带**”，在人才市场上有近三成海归人员变成待业者。造成“海龟”变“**海带**”的原因一是他们缺少工作经验，二是他们远离中国的这几年也使得他们对国内的快速变化缺少了解和适应。（《海龟：主动觅食，别成海带》，《青年时讯》2006年3月24日）

（二）“海待干”及其谐音形式“海带干”

“海待干”一词是在“海待”基础上产生的，指那些海外学成归来后待业时间较长的人。这里的“干”应该读 gān 或儿化音 gānr。我们认为它一方面可能含有副词白白地“干”等着的意思；另一方面应该含有肉干、鱼干之“干”意义：找不到工作就好比被“晾”起来了，晾久了就成了“干”（读儿化）了。此外方言“干”还有动词“慢待”之意，如：“把客人干起来了”。长期找不到工作就等于被“干”起来了。此种现象，主要出现在所谓的“留学垃圾”那一类人身上。

在昨天的聚会上，从加拿大留学归来的那先生戏称自己已经快成“**海待干**”了：“四五个月了还没找着单位，这是回国前没料到的。”他认为出现“海待”问题很难单纯责怪哪一方。“可能很多人会认为是‘海归’要的薪金太高，其实企业同样存在一些问题。很多单位对留学生的期望值有偏差，要求太苛刻。”（《海归咋就成了“海待干”》，《北京晚报》2004年5月17日）

这些渴望用高投入换来高回报的“小海归”未被中国人才市场全部接纳，出现了许多“小海待”甚至是“小**海待干**”，导致留学价值得不到体现。专家提醒，准备出国留学的学生千万别把“洋文凭”跟个人增值挂钩，而“小海待”要摆正心态，先谋位置再求薪金。（文静《专家提醒，留学不等于找到好工作》，《中国青年报》2004年9月7日）

“海带干”谐音变为“海带干”，倒也诙谐风趣，却也体现出海归待业者们可怜巴巴的心情和尴尬局面。

大量海外留学的学生，特别是留美学生，回来本来指望鲤鱼跳龙门，想不到连工作也找不到。到了2004年左右，“海带”变成了“**海带干**”，甚至被人戏称为“面霸”，因为总在不停地面试。为什么短短几年时间，“海归”身价如此暴跌呢？……“海归”相对过剩。从1978年到2004年底，各类出国留学人员总数已达814884人，留学回国人员总数已达197884人。现在的趋势是：留学生人数越来越多，留在国外的人数越来越少，归国的越来越多。那些优秀的留学人员在竞争中不会被淘汰，但是大量能力中等或中等偏下的“海归”就面临被淘汰的危险。那些既有学历、又有工作经验的“海归”永远不会为生计发愁，但那些一般性的人才就是被淘汰的相对过剩者，这群“海龟”就变成了“海带”，甚至“**海带干**”。（李磊《“海龟”为何成“海带”》，《中关村》2007年第1期）

二、“海藻”和“海草”类称谓与海归人员寻找工作的困难

“海藻”一词，字面上看是一种海洋植物，但实际上是借音表意。在方言中卷舌音多混同于平舌音，即舌尖后音“zh”发成舌尖前音“z”，因而“找”谐音“藻”，“海藻”就是“海找”。《人民日报》2005年2月22日第九版《海草海鸥——海外归国留学人员昵称一览》有解释，“海藻（海找）”：归国留学人员中不断找工作仍找不到合适工作的人。

归国留学人员，习惯上简称“海归”，逐渐就有了许多色彩斑斓的称号。海归中的明星，是“海星”；在大洋两岸做“空中飞人”，是“海鸥”；回国后等待适合的位置，是“海带（待）”；找工作屡屡碰壁，是“**海藻（找）**”。（文杰《海归的“成色”》，《人民日报》2007年5月9日）

事实也似乎证明了这一点，随着国内经济的发展和教育水平的逐渐提高以及留学归国人数的日渐增大，对“海归”这个名词的解读也在发生着变化——由人人羡慕的“海鸥”到具有尴尬意味的“海带（海待）”、“海草”、“**海藻**（海找）”、“海泡”……（《海归众生相：海鸥·海带·海草·海藻·海泡》，《中国经济周刊》2007年11月12日）

“海草”也是称海归人员的一个称谓，《人民日报》2005年2月22日第九版《海草海鸥——海外归国留学人员昵称一览》有解释，“海草”：海外归来的因学术学历背景不高、难以找到好工作的归国留学人员。这种释义分明是把“海草”当成植物，借其无甚价值以比喻方法成义。但在现实应用中，人们却是把“海草”当作谐音形式来用，以“草”谐“炒”（方言“c”和“ch”同音），形容某些海归人员被炒鱿鱼而失去工作的现状。

在他们身上，似乎就可以捕捉到“海带”、“**海草**”的影子。新一代“海龟”咋不小

心就遭遇了“海带”和“海草”？……“海龟”变“海带”、“海草”，只是假象。目前，我市海外智力资源需求还很高，但“海龟”总数还很少，人才缺口还很大。(《“海龟”“海草”“海带”》，《温州都市报》2004年6月18日)

现在大陆学成归国的留学生，在国内越来越“不好混”了。从踌躇满志的“海龟”，变成心惊胆战的“海草”（被炒），甚至变成尴尬的“海带”（待业）。（少君《怀念母亲·关于海归》）

三、“海啃”及“海啃族”与海归啃老现象

海归人员待业或失业，没有了生活来源，怎么办？无奈还得靠老人养活。在国内，早有了待业青年或下岗职工“啃老”的社会现象，人们还专门为此造了一个称谓词叫“啃老族”。随着海归待业现象的出现，尤其号称“留学垃圾”的小留学生归国的人数愈来愈多，“海归啃老族”便不可避免地诞生了。

花费上百万元到海外留学，归来却仍旧要靠父母供养。报载，上海竟出现了一批“**海归啃老族**”。究其原因，不外乎二。一是“低不就”。“一个月才四五千元工资，我花了如此高的成本去留学何必？”二是“高不攀”。自费到海外求学，混混沌沌几年，并没有学到多少真本事，要谋得一个高薪职位，你不挑人家，人家还要挑剔你呢！（赵力行《海归啃老》，《观察与思考》2008年第2期）

我想说的是，这帮“**海归啃老族**”的父母。说实话，我很同情他们现在及将来的遭遇。中国有句古语叫养儿防老，虽说现在的社会养老保障系统逐渐建立起来了，很多人在年老之后未必真靠儿女的一口饭过活，但几千年下来的心理趋势不是那么容易能扭转的，生儿育女的终究目的是为了“被养”，而非永无止境地“养”。(《“**海归啃老族**”眼高手低 别拿钱“包办”孩子前程》，《出国在线》2007年12月5日)

毛婷婷遇到这样一位“沦落”为“**海归啃老族**”的留学生。这名学生2003年从国内一所名校的金融英语专业毕业，然后去了英国留学，进的仍然是一所优秀学校，改学金融专业。学业成绩虽不是特别好，但也还过得去。但是从今年初回国后，快一年的时间也没有找到理想的工作，只能待在家里，靠“啃老”度日。(《留学，能为自己赢得未来吗》，《金色年华》2008年第1期)

“海归啃老族”加以缩略，一个饶有兴味的新词“海啃”便诞生了。人们紧接趁热打铁马上又创造出个“海啃族”！语言反映社会的速度如此之快，给社会语言学提供了源源不断的鲜活素材。

与一般“**海啃**”相比，最后这拨人杀伤力最强。他们一般出身中产家庭，认为享受优越生活和人生经历理所应当。回来后晃上两年，不少人还会提出“再出去”或

"想创业"的设想，而这一次的飘飘然，还是要父母买单。由此来看，"**海啃**"的产生不是家长不肯帮，而是家长付出太多。(《"海归"为何沦为"海啃"》，《北京商报》2007年12月4日)

毛婷婷认为，从职业规划的角度看，这样的"**海啃**"主要是心态没调整好，典型的高不成低不就。其实只要一份职业跟所学专业不完全对口，职场新人都需要从头学起。用人单位看到的是你名校的学历证书，但是无法看出你有多强实力，能给企业创造多大价值。这些需要在工作中证明。本报社调中心与《青年参考》2004年的调查曾发现，留学归国一年后仍然待业在家的海待、**海啃**，最少也有10%。现在，留学人数年年都在增长，国内就业竞争也日渐加剧，**海啃族**只会变得越来越多。(《留学制造海啃族：海外镀金归来靠啃老度日》，《中国青年报》2007年12月7日)

丽婷今年33岁了，她笑称自己现在是"双待"人士——"待业＋待嫁"，算是典型的"**海啃族**"。……谈及如何摆脱"海啃"困境？从澳洲留学回来后，曾做过一年多的"**海啃族**"的李杰指出，调整求职心态很重要。(《"海待"蜕变渐成"海啃"》，《羊城晚报》2007年12月18日)

四、由"海归""海待"发展而来的"海创"

虽然不少海归在职业市场上遇到不顺，但是真正有能力和魄力的"海归"是时代的弄潮儿，在改革开放的今天，他们在职场上大展宏图。于是表示海归大有作为的称谓更是大量出现，"海创"便是一个。随着市场的变化，"海归"变"海待"甚至变"海啃"。坐而等，不如起而行，"海待"们奋起自主创业，又成为"海创"。"海创"原本是一个动词，是"海外学子归国创业"的缩略说法。早在2000年开始，国家就在辽宁大连举办"海创周"，由国家教育部、科技部、人力资源和社会保障部、国务院侨办、中国科学院、共青团中央、辽宁省人民政府联合主办，大连市人民政府等单位承办。"海创周"宗旨就是"吸引海外学子归国创业，搭建人才项目合作平台"，至2008年，已经连续举办八届，共吸引了50多个国家和地区的7000多人次的海外学子、500余位国外客商先后到辽宁考察，与辽宁省4000多家企业、科研院所、大专院校等单位进行交流、洽谈，共签订3000余项合同。据不完全统计，已有2200多名海外学子携带技术或资金归国创业或开展合作，海外学子创办或合办的企业已累计创造产值160多亿元。① 上面说到的"海外学子归国创业"，正是一个动词性的主谓词组("创业"是动词)，那么在此基础上形成的"海创"，如果可以当作一个词的话，也只能是动词，简单说就是"海归创业"。这也正是"海创周"

---

① 《永不落幕的"海创周"》，《大连日报》，2008年9月14日。

的用意。大家知道,“海归”“海待(带)”都经历了一番动词变名词的过程,受其影响,动词性的“海创”开始出现转变为名词的趋势,指:海归创业人员。下面两个例证可以说明这种转变过程。

在被问及对“海归”人员的看法及建议时,万钢说,其实,从“海归”到“海带”(回国后待业)再到“海创”(创业),是“一条很好的路子”。万钢解释说,海外留学人员在回国前,并不一定要先找好回国后的工作,“海归”后作一段时间的“海带”也没什么不好,“海带”是“海创”的前奏,而“海带”也不是意味着找不到工作,只不过各人的期望值不一样,所以有些人愿意多观望一段时间,然后再决定去哪家公司发展。(《海归校长谈发展之路:“海归”“海带”到“海创”》,《华声报》2005 年 4 月 8 日)

在海归群体中,除了高学历、高收入、很抢手的“海鲜”,还出现了很多归国创业、从政的“海创”“海仕”以及就业遇阻、打拼艰辛的“海草”“海带”,甚至出现不少因不适应国内环境而再次出国的“归海”。…… 近年来,得益于国家和各地政策特别是“留创园”这一平台的扶持,中国为数众多的“海创”们正在成为推动中国制造向中国创造演化的正能量。(《当代海归“众生相”》,《经济参考报》2012 年 12 月 24 日)

在前一个例子中,开头的“海归”“海带”“海创”都是动词。可是在“作一段时间的‘海带’”这个短语中,“海带”充当动词“作”(按应该是“做”)的宾语,从句法功能上说,它就成了名词(海待人员)。后面所谓“海带”是“海创”的前奏,我们还不能说已经是名词,但受前一个名词“海带”的影响,“海创”被感染同化,显出变成名词的倾向。若说前一个例子中的“海创”刚呈现一点点名词苗头的话,后一个例子中的“海创们”就完全彻底是名词了。因为汉语的“们”是一个典型的指人名词后缀,所以这里的“海创”已经变成一个指人称谓,意思是“海归创业人员”。

新词是人们创造的,也是为人们所使用的,当然也是在使用中发展变化的。这是带有普遍性的语言规律。所谓“三句话不离本行”,我们一方面发掘和阐释称谓词语,一方面探寻和揭示其音义来源和词性词义演变规律,这正是我们的专业性即我们的“语言学”本行决定的。目前,指人称谓“海创”的用例还不多,但是可以预测,在语言社会共变这一趋势和规律作用下,以后可能会发展起来。

第四节　“海不归”与“海鸥”系列称谓与留学人才国际化

一、学成不归而在国外就业或留居的中国留学人员相关称谓

(一)留外不归的“海不归”

“海不归”是仿照“海归”造出来的,指那些学成后不回国的留学人员。这其实就是

明显的人才外流现象，在西方通俗的说法就是 Brain Drain，翻译成中文或称“脑流失”或“智囊流失”。现代世界各国对各类专门人才的争夺被称为“人才大战”，人才外流是个颠倒的技术转让。加拿大著名经济学家，人才问题研究先驱者格鲁贝尔在其所著《人才外流经济学》中，对其定义为：在一国接受训练而在另外一国居住和工作的高技能者的迁移。有关资料显示，北大、清华等名校毕业生留学率每年都在增加，而学成归国人数却在减少。北大、清华两所国际级名牌大学的本科毕业生，目前选择出国留学的人数，每年均在本年毕业生总数的三分之一以上。另据统计，在我国出国留学人员中，有一半以上是自费出国，而学成回国人员亦不足三分之一，其中自费留学生学成回国率只有 4%左右。所以国家曾颁布过许多针对留学人员回国的优惠政策，吸引高层次留学英才归国创业。当然如前所述，随着中国经济的日渐发达，情况已在悄悄发生改变，逐渐有更多的“海不归”变成“海归”。

笔者作为一个“海不归”，对此深有体会。出来读书，头一两年常常是在过语言关。五年后，才发现自己确实有些长进，对当地的政治社会文化有些了解。如果匆忙回国，等于浪费了在外面接受高水平的训练和积累经验的机会。这些“海归”倒像是涮羊肉，在国外的锅里一涮，色彩稍变，马上就出来了。21 世纪的中国，不仅需要在发达国家有长期工作经验的“海归”，而且需要一些长期在外扎根的“海不归”。如今中国的经济发展，是靠外资，给人家卖力气。但如果发展顺利，未来中国就应该像现在的日本、韩国那样，创自己的国际名牌，到发达国家建厂。那时，就需要一些了解当地的社会文化并且有一流经验和训练的“海不归”帮助打开局面。现在人都回来了，到时候找谁去呢？（《九成留学生有归国意愿的隐忧》，《南方都市报》2004 年 12 月 18 日）

为了把顶尖的“海不归”招揽回游，中国政府日前在全球人才争夺战中出牌。人事部、教育部等 16 个部门联合下发通知指示，海外高层次留学人才回国工作，经有关主管部门批准，可以不受编制数额、增人指标、工资总额和出国前户口所在地的限制。（《中国是人才流失最严重的国家》，《党政论坛》2007 年第 7 期）

正因为有这样的历史，在相对于“海归”之后，今天已经明显地出现了为数不菲的“海不归”群体。（张进华主编《全球化与留学人才资源开发》第一部分）

（二）准备归国的“准海归”

在国外即将学成，或者有回国打算，准备回国的留学人员，叫作“准海归”。

今年 7 月，英国北方大学联合会国际基础课程青岛 2 中校区 3 届近 500 名赴英赴澳学生将有部分学生回国度假，利用他们的回国机会，英国北方大学联合会及其驻华代表机构，预科各校区将与前程无忧合作，进行"职业生涯，你准备好了吗？"的主题培训，培训将从职业生涯规划、如何找到好工作、自我管理、人际管理等方面帮助这些**准海归**们做好准备。(《职业生涯，你准备好了吗？——百名"准海归"就业准备忙》，《青岛日报》2005年6月7日)

本次培训课程的专业培训师是姜宁禹先生，在课程中针对准备步入社会的学生特点实施了有效、有趣、有激情、有思考的讨论与培训。议题有：工作是什么？企业是什么？目前的就业环境是怎样的一个状况？如何调整职业心态，积极面对、合理规划自己的职业生涯？培训从职业生涯规划、如何找到好工作、自我管理、人际管理等方面帮助**准海归**们做好准备。(《"准海归"职业生涯需要规划》，《华西都市报》2005年8月1日)

多数家有高中生的留学人员，即使回国服务也不把孩子带回。有些**准海归**要等孩子在国外上了大学才真正做海归。虽然，有些地方和高校给海归子女一定的分数优惠，但是他们的孩子多数都无法达到国内大学规定的录取分数。(王辉耀《当代中国海归》第二章)

(三)已扎根海外又愿意叶落归根的"海根"

一批较早出国的留学人员，在国外已经拼搏多年，打下了一个很好的事业和家庭基础。他们已经把根扎在海外，人们称之为"海根"。但是，随着年龄日长，他们中的很多人由于和国内有着天然的牵扯不断的联系，而且，他们的子女大部分已经进入大学，自己独立了，所以他们可以来去自由，预计不久的将来这批人的数量会有明显增加。① 不少"海根"在两地来回飞行多次以后，也有相当一批最终回国定居，所以也有人把这部分人叫作"海根"，取其"叶落归根"之意。"海根"也称为"海根派"。

"**海根**"是指一批较早出国的留学人员，在国外已经拼搏多年，打下了一个很好的事业和家庭基础。随着年龄日长，他们中的很多人思念故土，愿意"叶落归根"，预计未来10年这批人的数量会有明显增加。(《海鸥、海根、海泡　中国留学生发展多元化》，新华网，2004年12月31日)

他强调，在引进"**海根派**"高级人才的过程中，国内用人单位不仅需要相当的敏锐，及时发现海外人才的最新动向，而且需要"人性化的真诚"和"非凡胆略"，打破政治偏见和传统格局，将人才引进当作一种感情投资来运作，才能真正为国举才。洪朝辉说，"**海根派**"在美国大多事业有成，正在形成一个实力雄厚，潜力巨大的崭

---

① 王辉耀：《当代中国海归》，中国发展出版社2007年版，第11页。

新群体,在各行各业崭露头角,并开始向美国政界的"边缘地带"——美国大学的管理层进军。(王辉耀《海归时代》第四章)

(四)学成后暂时"泡"在国外的"海泡"

已经学成或接近毕业,虽然非常想回国发展,但又对国内发展态势不是很了解,左右为难地暂时"泡"在留学地者,人们又为他们创造了一个非常生动的称谓——"海泡"!

> 最新的一种就是"**海泡**"了。从法国归来的留学生张辉说,他和他的不少同学已经学成或接近毕业,虽然非常想回国发展,但又对国内发展态势不是很了解,左右为难地"泡"在留学地,成了"**海泡**"。"我这次回国参加留交会就是不想当'**海泡**'了",他说。(《海鸥、海根、海泡 中国留学生发展多元化》,新华网,2004年12月31日)

> "**海泡**"是最新出现的一个人群,他们已经学成或者接近毕业,虽然非常想回国发展,但对国内态势不是很了解,左右为难"泡"在留学地,成为"海泡"。(《从"海鸥"到"**海泡**" 海归只剩20年》,《中国经济周刊》2007年第43期)

(五)已获得国外永久居留权的"绿卡族"

绿卡是某些国家给外国侨民的一种永久居留许可证。持有绿卡意味着持卡人虽未获得该国国籍,但却拥有了在签发国的永久居留权,同时持有绿卡可以在一定时间内免去入境签证。绿卡这个词起源于美国,因为最早美国的永久居留许可证是一张绿色的卡片,随着设计的变化已经更新了19个版本,现在它已经是一张白色有黄绿色花纹的塑料卡片,但是绿卡这个名称一直被保留了下来。其他国家沿用美国的说法,也会将本国的永久居留许可证俗称为绿卡。留学生中取得留学国家永久居住权的人称为"绿卡族"。20世纪90年代末,一部电视剧的名字曾叫《绿卡族》。

> 继《北京人在纽约》、《上海人在东京》等一系列电视剧之后,我们又看到了同样以海外侨民为题材的《绿卡族》——但它并不是对这一题材的简单重复。它的叙事中心是一群在八十年代出国潮流中出国,在九十年代回国潮流中回国的所谓"**绿卡族**"在中国的故事。……这部电视剧一方面通过这批"**绿卡族**"回国后的经历、感思对中国与世界、历史与现实、民族性与世界性、爱国主义与人类主义的大文化主题进行了生动而具象的探讨,另一方面它也通过一群海外归来的人们表达了中华民族一种本世纪以来的精神情结——我们一次又一次的飞走是为了一次又一次的归来。(《聚散依依根与叶》,《人民日报》1998年8月21日)

二、时常往来于海内外的留学成功人士相关称谓

(一)海内外来回飞的"海鸥"及其群体称谓"海鸥派"

"海鸥"本是一种水鸟,因经常在海上飞,故用来比喻那些由于业务和家庭需要,频

繁往来于国内和海外，从事商务贸易活动的留学成功人士。他们业务上联系着东西方，或是一家两国，决定了他们不得不频繁往返于海内外。正因如此，一些旅居海外的留学有成人士对是否应该回到中国发生犹豫，还有许多已经回国者则因患上"海鸥现象综合征"而苦恼。但从某种意义上来讲，他们已经成为中国国际化的先锋部队。"海鸥"的境况介于"海根"和"海归"之间，来回奔波已成了他们的一种生存状态。

"**海鸥**"是指目前频繁往来于国内和海外，从事商务贸易活动的留学归国人员，他们具有很强的流动性，在其经营的业务上跨越东西方，或是一两个国家，成为中国国际化的风头人物或是各种富豪榜上的青年才俊典型。(《从"海鸥"到"海泡"海归只剩20年》，《中国经济周刊》2007年第43期)

被称作**海鸥**的人都是国内，国外两边跑，即使居住在国外，所从事的很多工作也都与国内关系密切，从这一显现上看，他们也可以被称为国际人。(王辉耀《当代中国海归》第六章)

"我们应该鼓励更多的**海鸥**出现。**海鸥**不只是定居国内的留学人员，也有定居国外的。他们经常来往于中国和海外之间，从事与国内密切相关的工作。"长期从事当代海归研究的理事王辉耀说。据他的统计，目前中国**海鸥**这部分人的数量在20万到30万之间，他们未来的作用将日趋重要。("海归"与"海鸥"齐飞》，《人民日报·海外版》2008年2月18日)

"海鸥"一般偏于指个体，其群体称谓则为"海鸥派"。

北京大学目前就有数位长期特聘华人教授在国外任职，但他们每隔几个月都会回来讲课和进行研究。还有诸多的**海鸥派**是跨国公司里的领导人。他们在两国都有住所，并且习惯于在机场候机厅内谈生意。(《哈佛学子谈中国：归国潮实为机会潮》，《国际先驱导报》2005年8月31日)

留学人员刘雨溪前年代表一家法国公司回到北京工作，该公司为开展对华贸易，在亚洲进行了大规模的投资，刘雨溪作为亚洲公司总经理，经常需要在两大洲之间飞来飞去，"过去每次出入境时都要频繁地办理签证，非常麻烦。"刘雨溪说："现在省事了，入境签证可以一次办理，多次使用，大大方便了天天飞来飞去的'**海鸥派**'。"(《"海鸥派"创业有新规》，《北京人才市场报》2007年10月26日)

(二)"空降部队"和"海派"

"空降部队"本指利用飞机和降落伞在空中着陆的兵种。那些留学成功人士归国、出国都要乘飞机降落，故被比喻成"空降部队"，又称"空降兵"。他们接受过先进经营管理思想训练，或在海外工作多年，熟悉国际市场和本地市场，既有理论指导，又有实战经验，在国内企业与国际接轨的过程中，起着不可替代的作用。

中国有一大批如联想，海尔，方正，长虹，海信，TCL 等已经比较国际化的企业，随着体制改革的深入，都将会再上规模。要换血，要与国际接轨，企业需要一大批熟悉本地和国际市场，有实战经验和先进经营管理思想的专业经理人。在台湾，人们把这群人比作**"空降部队"**。（王辉耀《海归时代》第四章）

企业的发展最核心还是人才，真正的人才是企业发展的关键。巨人在用人机制上不用**"空降部队"**，如 MBA、海归派。史玉柱介绍说，这些人对中国的国情了解不多，每个企业又有自己独特的企业文化，要想完全融合很难。他说，这几年 MBA 或海归派运作管理大企业成功的案例很少。因为老总用了这类人，但中层如果抵制，被用的即便是高才，也无用武之地。如果让老总换掉所有的干部，他也做不到，所以还是不用**"空降部队"**为好。（《逆境好处多多 "巨人"史玉柱细说另类思维》，《中国经济时报》2002 年 10 月 25 日）

"海归"已不再是人才市场上被热炒的概念。一家企业人力资源经理将"海归"形容为**"空降兵"**，认为许多"海归"并不了解国内企业的情况，而是生搬硬套国外的管理理念、管理方法，这种理想化、超前化的做法与现实形成了巨大的反差，甚至直接影响企业内部的团队合作。（冻千秋《海归的发展空间》，《21 世纪》2003 年第 10 期）

这里的"海派"与汉语中原有指上海风格流派的那个"海派"无关，而是取"海外派遣"之意，指那些被海外的跨国公司或机构派遣回国，担任驻华机构代表或中高层管理人员者。"海派"在某种意义上其实也是"海鸥"，因为他们需要海内外来回飞。但无论他们是何国籍，在何公司供职，他们被"派"往中国工作，实际上也是为国家做着贡献。

在第七届中国留学人员科技交流会上，不仅"海归"、"海待"这样的词语不绝于耳，"海鸥"、"海根"、"海泡"、**"海派"**等词语也逐渐流行，用来描述处于不同生活状态中的出国留学人员和留学归国人员。……**"海派"**则是指由海外跨国公司或海外机构派遣回国，担任驻华机构代表或中高层管理人员。这种类型一般学工商管理的比较多，毕业后又在跨国公司总部或其他知名跨国机构工作过，能独当一面，回国后待遇也比较好(《"海"味称呼(漫笔)》，《人民日报·海外版》2005 年 1 月 7 日)

他们是一群留学归来的"海归"，他们寻找梦想的同时，踏踏实实地做好本职工作，他们说—想做"海鸥"**"海派"**不做"海泡""海带"。(《洋文凭成就业障碍？海归从头来不做"海带"》，《中国青年报》2006 年 12 月 15 日)

(三)"两栖人"和"国际人"

"海鸥"也好，"海派"也罢，不管是中国国籍还是外国国籍，他们由于工作等原因，国内外两地居留，具有了双重的身份——在外国人眼里，他们是中国人，中国人眼里，他们又是外国人，于是一个新称谓诞生了——“两栖人”。在某种意义上，他们成为中外互相沟通了解的窗口和桥梁。

在美国的郭亚军博士，曾经面临着“留下”还是“回国”的两难选择。最后，在导师、40年代毕业于哈佛的吴孟超院士支持之下，一种前所未有的“哑铃模式”诞生了——既保留专业人才在国外的科研职位和实验室，又同时在国内组建相应学科的实验室和研究基地。穿梭其间的中国学者，真正地体会了做“两栖人”的滋味，也收获了双倍的成功喜悦。（何晓鲁《悄然风行“归国潮”》，《人民日报》2000年2月25日）

有了钱，北大人感到了从没有过的“好日子”，各院系科研和建设经费大幅增加。在许智宏就任校长之前的两个月，1999年9月，北大启动“岗位聘用制”，教师最高收入与最低收入拉开了17倍，最高岗位津贴一年有5万元。“经济杠杆”一启动，第二个月，应聘者就蜂拥而至。1999年10月，电子系来了16个应聘者。到2000年10月，达到32个。竞争更激烈的是化学院，连着几年，院里只有5到8个进人指标，结果报名的高达100多人，因而门槛一年比一年高，材料一个比一个厚。“海归派”、“两栖人”回流高校的现象与日俱增，2000年以来，学校聘任了854名博士任教，其中留学回国的占39.9%。（原春琳、谢洋《我们从来没有放弃对一流大学的追求》，《中国青年报》2008年5月5日）

“两栖人”已经进入了一个超越国家概念的国际体系，故又被称为“国际人”。他们在国外留过学，接受过良好的教育，经常穿行于海内外，能操两种或多种流利的语言，了解国际规则，具有跨国跨文化沟通的能力。当今世界，在国际性大都市里形成了“国际人”这样一个群体。

入世的脚步近了，人才因此面临前所未有的机遇和挑战。加入WTO将使中国经济进一步融入世界，经济全球化必然要求人才国际化，也即需要一大批通晓国际规则的人才，做“国际人”将是未来人才发展的趋势和必然。（段军《准备做“国际人》，《市场报》2001年7月29日）

靳羽西谈到自己的个性时对我说：“我是个mixture，中西方的混合体。我不是纯粹的中国人，也不是纯粹的美国人，我是个国际人。我去世界任何地方都很适应，适应当地的生活和文化，这一切都充满乐趣。我是一个喜欢不断变化的人。”（《靳羽西：我是一个国际人》，《生活报》2002年3月17日）

几乎是一夜之间，身边出现了很多这样的人，他们受过良好的教育，生意和生活都与国际有着千丝万缕的关系，有的会说两种以上的语言（其中一种为国际通用语言），经常在国内外飞来飞去，观念开放，眼光前卫，通晓国际规则，具备国际文化沟通能力，或在跨国公司工作，或自己创业做国际业务。在他们看来，语言、国界、种族、信仰都不是障碍,他们常常游刃有余地行走在世界各国的舞台,可以说,他们融入了一个超越国家概念的国际体系中。这样的人,在北京、上海不在少数,他们游走在人群中,从世界的这个角落到另一个角落,从一个活动到另一个活动,从一桩生意到另一桩生意,他们的生活也日渐趋向国际化,他们已经成为了一个族群,被人称为国际人。以国际化大都市为发展目标的青岛,也有这样的“国际人”吗?(《国际人催生伙计社区》,《青岛财经日报》2006 年 3 月 15 日)

“海归”类称谓的前景如何呢?我们知道,语言随着社会的发展而发展,也随着社会的变化而变化。“海归”这类在我国改革开放初期基于国际化大背景而出现的称谓,也将会随着国际化的进一步加强而趋于黯淡或消失。有关人士曾就这个问题展开讨论,或举办海龟沙龙等。当当网副总裁高翔就认为,再过 10 年,随着国内教育水平的提高,本土人才和国际人才的差别不存在之后,“海归”也可能会消失,因为,毕竟这只是“一个时代的音符”。东方集团副总裁冯慰东对高翔的观点积极赞同。冯慰东说:“海归如果不能表现出‘海归’应有的水准,或者不能表现出比‘土鳖’更高的水平,两者没有什么差别,那海归的消失是一定的。”冯慰东还以在欧美等教育和经济发达的国家就没有“海归”的叫法来印证自己的观点。①

综上所述,我们认为,随着全球化水平的加强,我国国际化水平的不断提高,当我们真正融入“地球村”的那一天,也就是“海归”类称谓消失的那一天。

① 《海归——一个时代的音符》,《华声报》2004 年 12 月 7 日。

主要参考征引文献

只列书籍及汇编类，以作者音序排列

1. 阿英：《晚清文学丛抄·小说二卷》，百花文艺出版社 1980 年版。
2. 〔苏〕A. B. 巴库林：《国民大革命武汉时期见闻录》，郑厚安、刘功勋、刘佐汉译，中国社会科学出版社 1985 年版。
3. 鲍昌：《庚子风云》，百花文艺出版社 1980 年版。
4. 北京青年报社，中国社会科学院青年人文社会科学研究中心：《中国百姓蓝皮书》，解放军文艺出版社 2002 年版。
5. 薄一波：《若干重大决策与事件的回顾》，中央党校出版社 1991 年版。
6. 蔡东藩：《慈禧太后演义》，浙江人民出版社 1980 年版。
7. 蔡东藩：《民国演义》，文化艺术出版社 2004 年版。
8. 曹聚仁：《北行小语——一个新闻记者眼中的新中国》，三联书店 2002 年版。
9. 曹增渝主编：《河南新文学大系(1917—1990)短篇小说卷一》，河南大学出版社 1996 年版。
10. 陈宝良：《明代社会生活史》，中国社会科学出版社 2004 年版。
11. 陈楚君、俞兴茂：《特工秘闻》，中国文史出版社 1990 年版。
12. 陈赣一：《新语林》，上海书店出版社 1997 年版。
13. 陈贵宗：《义和团的组织和宗旨》，吉林大学出版社 1986 年版。
14. 陈建民：《语言文化社会新探》，上海教育出版社 1989 年版。
15. 陈建民：《中国语言和中国社会》，广东教育出版社 1999 年版。
16. 陈如颖：《下海狂潮》，团结出版社 1992 年版。
17. 陈松岑：《社会语言导论》，北京大学出版社 1985 年版。
18. 陈望道：《修辞学发凡》，上海教育出版社 1976 年版。
19. 陈旭麓、顾廷龙、汪熙主编：《甲午中日战争(盛宣怀档案资料选辑)》，上海人民出版社 1982 年版。
20. 陈旭麓等主编：《中国近代史词典》，上海辞书出版社 1982 年版。
21. 陈益民：《老新闻(1912—1915)》，天津人民出版社 1998 年版。
22. 陈益民、江沛主编：《老新闻》，天津人民出版社 2003 年版。
23. 陈毅：《陈毅军事文选》，解放军出版社 1996 年版。
24. 陈毅、肖华等：《回忆中央苏区》，江西人民出版社 1981 年版。
25. 陈原：《社会语言学》，学林出版社 1983 年版。
26. 陈原：《语言与社会生活》，三联书店 1980 年版。
27. 陈原：《在语词的密林里》，三联书店 1991 年版。
28. 陈云：《陈云文集》，中央文献出版社 2005 年版。
29. 陈志让：《军绅政权——近代中国的军阀时期》，三联书店 1980 年版。
30. 丛维熙：《走向混沌》，作家出版社 1989 年版。

31. 戴向青、罗惠兰:《AB团与富田事变始末》,河南人民出版社 1994 年版。
32.〔美〕戴维·波谱诺:《社会学》,刘云德、王戈译,辽宁人民出版社 1987 年版。
33. 戴昭铭:《文化语言学导论》,语文出版社 1996 年版。
34. 当代中国人物传记丛书编辑委员会编:《徐向前传》,当代中国出版社 1980 年版。
35. 德州地区出版办公室编:《鲁北烽火》,山东文艺出版社 1985 年版。
36. 邓小平:《邓小平文选(一至三卷)》,人民出版社 1994 年版。
37. 邓言昌、刘润清:《语言与文化》,外语教学与研究出版社 1989 年版。
38. 第二次国内革命战争时期土地革命文献选编组编:《第二次国内革命战争时期土地革命文献选集》,中共中央党校出版社 1987 年版。
39. 丁玲:《太阳照在桑干河上》,人民文学出报社 1956 年版。
40. 丁守和主编:《二十世纪中国史纲》,河南人民出版社 1994 年版。
41. 丁中江:《北洋军阀史话》,中国友谊出版社 1992 年版。
42.《东北抗日联军史料》编写组编:《东北抗日联军史料》,中共党史资料出版社 1987 年版。
43. 董汉河:《西路军女战士蒙难记》,解放军文艺出版社 1989 年版。
44. 杜春和、林斌生、丘权政编:《北洋军阀史料选辑》,中国社会科学出版社 1981 年版。
45. 杜鹏程:《保卫延安》,人民文学出版社 2005 年版。
46. 杜润生主编:《中国的土地改革》,当代中国出版社 1996 年版。
47. 杜永镇编:《海陆军大元帅大本营公报选编》,中国社会科学出版社 1981 年版。
48.(清)方濬师:《焦轩随录》,转引自沈云龙主编:《近代中国史料丛刊第三十八辑》,文海出版社 1969 年版。
49. 方志纯:《回首当年》,江西人民出版社 1987 年版。
50. 房维中主编:《中华人民共和国经济大事记》,中国社会科学出版社 1984 年版。
51.〔美〕费正清:《剑桥中华民国史》,中国社会科学出版社 1994 年版。
52.〔美〕费正清、刘广京:《剑桥中国晚清史》,中国社会科学出版社 1985 年版。
53.〔美〕麦克法夸尔、费正清编:《剑桥中华人民共和国史(1949—1965)》,上海人民出版社 1990 年版。
54. 冯德英:《苦菜花》,解放军文艺出版社 1978 年版。
55. 冯骥才、李定兴:《义和拳》,人民文学出版社 1977 年版。
56. 冯友兰:《冯友兰自述》,中国人民大学出版社 2004 年版。
57. 冯玉祥:《我的生活》,黑龙江人民出版社 1981 年版。
58. 冯志:《敌后武工队》,解放军文艺出版社 1963 年版。
59. 高名凯、石安石主编:《语言学概论》,中华书局 1987 年版。
60. 葛本仪:《现代汉语词汇学》,山东人民出版社 2001 年版。
61. 公安部档案馆:《在蒋介石身边八年——侍从室高级幕僚唐纵日记》,群众出版社 1991 年版。
62. 龚古今、唐培吉主编:《中国抗日战争史稿》,湖北人民出版社 1983 年版。
63. 故宫博物院明清档案部编:《清末筹备立宪档案史料》,中华书局 1979 年版。
64. 郭德宏等主编:《党和国家重大决策的历程》,红旗出版社 1997 年版。
65. 郭锦桴:《汉语与中国传统文化》,中国人民大学出版社 1993 年版。
66. 郭汝瑰、黄玉章:《中国抗日战争正面战场作战记》,江苏人民出版社 2002 年版。
67. 郭廷以:《近代中国史纲》,中国社会科学出版社 1999 年版。
68. 郭熙:《中国社会语言学》,浙江大学出版社 2004 年版。
69. 韩明安主编:《汉语新语词词典》,山东教育出版社 1988 年版。
70. 韩省之:《称谓大词典》,新世界出版社 1991 年版。
71. 何刚德:《春明梦录·客座偶谈》,山西古籍出版社 1997 年版。

72. 何虎生:《红流大事——国共生死搏斗大纪实》,中共党史出版社 2006 年版。
73. 何兆熊:《新编语用学概要》,上海外语教育出版社 2000 年版。
74. 贺彪:《湘鄂西红军斗争史略》,华夏出版社 1988 年版。
75. 弘治、张鑫典、孙大超等编著:《盛世之殒:甲午战争 110 年祭》,华文出版社 2004 年版。
76. 胡绳:《帝国主义与中国政治》,人民出版社 1952 年版。
77. 胡绳主编:《中国共产党的七十年》,中共党史出版社 1991 年版。
78. 胡适:《胡适往来书信选(上)》,中华书局 1979 年版。
79. 胡耀苏、陆学艺:《中国经济改革与社会结构调整》,社会科学文献出版社 2000 年版。
80. 湖南省档案馆编:《中国现代革命史资料丛刊:湘鄂赣革命根据地文献资料(第一辑)》,人民出版社 1985 年版。
81. 黄钢主编:《中国解放区文学书系·报告文学编》,重庆出版社 1992 年版。
82. 黄汉权、吴雷芬:《最新赚钱族——中国经纪人》,新疆大学出版社 1993 年版。
83. 黄秋耘:《风雨年华》,人民文学出版 1983 年版。
84. 惠民地区出版办公室编:《战斗在渤海平原上》,山东人民出版社 1982 年版。
85. 吉常宏主编:《汉语称谓大词典》,河北教育出版社 2001 年版。
86. 贾彦德:《汉语语义学》,北京大学出版社 1999 年版。
87. 贾芝主编:《中国解放区文学书系·民间文学编》,重庆出版社 1992 年版。
88. 江晓敏、王淑贵、张利民选编:《老新闻 1912—1915》,天津人民出版社 1998 年版。
89. 姜念东等:《伪满洲国史》,吉林人民出版社 1980 年版。
90. 姜泣群编:《民国野史》,山西古籍出版社、山西教育出版社 1999 年版。
91. 蒋凤波、徐占权:《土地革命战争纪事》,解放军出版社 1989 年版。
92. 蒋经国:《蒋经国自述》,湖南人民出版社出版 1988 年版。
93. 解放日报社编:《红旗稿选集》,解放日报社 1960 年版。
94. 〔日〕今井武夫:《今井武夫回忆录》,中国文史出版社 1987 年版。
95.《井冈山革命根据地》编写组:《井冈山革命根据地》,中共党史资料出版社 1987 年版。
96. 军事科学院军事历史研究部:《中国人民解放军全国解放战争史(1—5)》,军事科学出版社 1997 年版。
97. 康健:《辉煌的幻灭》,中国社会出版社 1998 年版。
98. 康濯主编:《中国解放区文学书系·小说编》,重庆出版社 1992 年版。
99. 〔美〕哈里森·索尔兹伯里:《长征——前所未闻的故事》,解放军出版社 1986 年版。
100. 来新夏主编:《北洋军阀史稿》,湖北人民出版社 1983 年版。
101. 来新夏主编:《北洋军阀》,上海人民出版社 1988 年版。
102. 老舍:《神拳》,中国戏剧出版社 1963 年版。
103. 老舍:《四世同堂》,人民文学出版社 1998 年版。
104.《老照片》编辑部编:《老照片(第十九辑)》,山东画报出版社 2000 年版。
105. 雷加主编:《中国解放区文学书系·散文、杂文编》,重庆出版社 1992 年版。
106. 李安葆、刘录开:《女红军长征记》,中国妇女出版社 1991 年版。
107. (清)李宝嘉:《官场现形记》,人民文学出版社 1957 年版。
108. 李伯通:《西太后野史演义》,中国戏剧出版社 2000 年版。
109. (清)李伯元:《文明小史》,上海古籍出版社 1982 年版。
110. 李华兴主编:《近代中国百年史辞典》,浙江人民出版社 1987 年版。
111. 李辉:《风雨中的雕像》,山东画报出版社 1997 年版。
112. 李辉编著:《一纸苍凉——杜高档案》,中国文联出版社 2004 年版。
113. 李基林选编:《文艺战线》,书目文献出版社 1982 年版。

114. 李侃、李时岳、李德征、杨策、龚书铎:《中国近代史》,中华书局 1994 年版。
115. 李乔:《清代官场百态》,中国人民大学出版社 1990 年版。
116. 李乔:《清代官场图记》,中华书局 2005 年版。
117. 李文:《八路军一一五师征战实录》,湖南出版社 1995 年版。
118. 李文海、林敦奎、林克光编:《义和团运动史事要录》,齐鲁书社 1986 年版。
119. 李希泌、曾业英、徐辉琪编:《护国运动资料选编》,中华书局 1984 年版。
120. 李先念:《李先念文选》,人民出版社 1989 年版。
121. 李晓明、韩安庆:《平原枪声》,人民文学出版社 1978 年版。
122. 李行健等编:《新词新语词典(增订本)》,语文出版社 1989 年版。
123. 李志民:《李志民回忆录》,解放军出版社 1993 年版。
124. 梁斌:《翻身记事》,人民文学出版社 1978 年版。
125. 梁启超:《饮冰室合集》,中华书局 1989 年版。
126. (清)梁章钜:《称谓录》,中华书局 1996 年版。
127. 廖汉生:《廖汉生回忆录》,八一出版社 1993 年版。
128. 廖一中等编:《义和团运动史》,人民出版社 1981 年版。
129. 刘伯承:《刘伯承回忆录》,上海文艺出版社 1981 年版。
130. 刘伯承:《刘伯承军事文选》,解放军出版社 1992 年版。
131. 刘凤舞:《民国春秋》,团结出版社 1996 年版。
132. 刘国新主编:《中华人民共和国实录(第一卷)》,吉林人民出版社 1994 年版。
133. 刘隆:《中国现阶段个体经济研究》,人民出版社 1986 年版。
134. 刘少奇:《刘少奇文选》,人民出版社 1981 年版。
135. 刘叔新:《汉语描写词汇学》,商务印书馆 1990 年版。
136. 刘统(整理注释):《亲历长征——来自红军长征者的原始记录》,中央文献出版社 2006 年版。
137. 刘统:《华东解放战争纪实》,人民出版社 1998 年版。
138. 刘以芬:《民国政史拾遗》,上海书店出版社 1998 年版。
139. 刘英:《刘英自述》,人民出版社 2005 年版。
140. 柳青:《创业史》,中国青年出版社 2000 年版。
141. 柳溪:《战争启示录》,北京出版社 1998 年版。
142. 卢锋、罗欢镇、黄卫平:《我国经济体制改革的回顾和展望》,中国政法大学出版社 1987 年版。
143. 卢明辉编:《德王"蒙古自治"始末》,内蒙古自治区蒙古语文历史研究所(内部资料)1977 年版。
144. 鲁林、陈德金主编:《红色记忆:中国共产党历史口述实录(1921—1949)》,济南出版社 2002 年版。
145. 路遥主编:《山东大学义和团调查资料汇编》,山东大学出版社 2000 年版。
146. 路遥主编:《山东义和团调查资料选编》,齐鲁书社 1980 年版。
147. 〔美〕罗伯特·F. 莫菲:《文化和社会人类学》,吴玫译,中国文联出版公司 1988 年版。
148. 罗常培:《语言与文化》,语文出版社 1996 年版。
149. 罗惇曧:《罗瘿公笔记选(庚子国变记、拳变馀闻)》,山西古籍出版社 1997 年版。
150. 罗平汉:《农村人民公社史》,福建人民出版社 2003 年版。
151. 罗学蓬、舒莺:《中国远征军》,重庆出版社 2007 年版。
152. 罗竹风主编:《汉语大词典(一至十二卷)》,汉语大词典出版社 1986—1993 年版。
153. 马烽、西戎:《吕梁英雄传》,人民文学出版社 1952 年版。
154. 马洪林、郭绪印编:《中国近现代史大事记》,知识出版社 1982 年版。
155. 马小泉等:《强权与民声——民初十年社会透视》,河南大学出版社 1991 年版。
156. 毛泽东:《毛泽东军事文集》,军事科学出版社 1993 年版。

157. 毛泽东:《毛泽东农村调查文集》,人民出版社 1982 年版。
158. 毛泽东:《毛泽东书信选集》,人民出版社 1983 年版。
159. 毛泽东:《毛泽东选集(一至四卷合订一卷本)》,人民出版社 1967 年版。
160. 毛泽东:《毛泽东选集(第五卷)》,人民出版社 1977 年版。
161. 毛泽东:《毛泽东文集(一至八卷)》,电子版(钱建文 E 书制作)。
162. 毛泽东:《毛主席诗词》,人民文学出版社 1976 年版。
163. 明清档案馆编:《义和团档案史料(上、下)》,中华书局 1959 年版。
164. 莫砺锋:《浮生琐忆》,人民文学出版社 2003 年版。
165. 南开大学等:《中国现代史稿》,黑龙江人民出版社 1986 年版。
166. 牛汉、邓九平主编:《荆棘路——记忆中的反右派运动》,经济日报出版社 1998 年版。
167. 庞松:《毛泽东时代的中国》,中共党史出版社 2003 年版。
168. 逄先知、金冲及主编:《毛泽东传(1949—1976)》,中央文献出版社 2003 年版。
169. 彭德怀:《彭德怀军事文选》,中央文献出版社 1988 年版。
170. 彭德怀:《彭德怀自述》,人民出版社 1981 年版。
171. 彭明主编:《中国现代史资料选辑(一至六册)》,中国人民大学出版社 1987—1989 年版。
172. 彭增安:《语用·修辞·文化》,学林出版社 1998 年版。
173. 溥仪:《我的前半生》,群众出版社 1964 年版。
174. 戚其章主编:《甲午战争九十周年纪念论文集》,齐鲁书社 1986 年版。
175. 戚其章主编:《中日战争》,中华书局 1989 年版。
176. 钱恂编,致之校点:《金盖樵话》,辽宁教育出版社 2001 年版。
177. 人民出版社编辑:《第一次国内革命战争时期的农民运动资料》,人民出版社 1983 年版。
178. 人民日报(1946—2007)图文电子版(网络版)。
179. 任光椿:《戊戌喋血记》,湖南人民出版社 1980 年版。
180. 荣孟源、章伯锋主编:《近代稗海(一至五辑)》,四川人民出版社 1985 年版。
181. 山东省档案馆:《山东革命历史档案资料选编》,山东人民出版社 1983 年版。
182. 陕西省档案馆、陕西省社会科学院编:《陕甘宁边区政府文件选编》,档案出版社 1986 年版。
183. 上海数字世纪网络有限公司制作:《中央日报(1928—1949)标题索引网络版》。
184. 〔美〕斯诺:《西行漫记》,三联书店 1979 年版。
185. 苏新春:《文化的结晶》,吉林教育出版社 1994 年版。
186. 粟裕:《粟裕军事文集》,解放军出版社 1989 年版。
187. 粟裕:《粟裕战争回忆录》,解放军出版社 1988 年版。
188. 孙剑艺:《汉语的字、词、词素探析》,山东大学出版社 2002 年版。
189. 孙克复、关捷:《甲午中日海战史》,黑龙江人民出版社 1981 年版。
190. 孙中山:《三民主义》,岳麓书社 2000 年版。
191. 孙中山:《孙中山全集》,中华书局 1985 年版。
192. 泰安地区出版局编:《徂徕烽火》,山东人民出版社 1981 年版。
193. 唐致卿、岳海鹰:《山东解放区史稿(解放战争卷)》,中国物资出版社 1998 年版。
194. 陶菊隐:《北洋军阀统治时期史话》,三联书店 1957 年版。
195. 陶菊隐:《政海轶闻》,上海书店出版社 1998 年版。
196. 陶立璠:《民俗学概论》,中央民族学院出版社 1987 年版。
197. 〔日〕藤村道生:《日清战争》,米庆余译,上海译文出版社 1981 年版。
198. 佟冬等:《东北大讨伐》,中华书局 1991 年版。
199. 万同林:《殉道者——胡风及其同仁们》,山东画报出版社 1998 年版。

200. 王东溟:《山东人民支援解放战争》,中共党史出版社 2005 年版。
201. 王国安、王小曼:《汉语词语的文化透视》,汉语大词典出版社 2003 年版。
202. 王辉耀:《海归时代》,中央编译出版社 2005 年版。
203. 王稼祥:《王稼祥选集》,人民出版社 1989 年版。
204. 王建平:《语言交际中的艺术:语境的逻辑功能》,中共中央党校出版社 1992 年版。
205. 王健英:《"朱毛红军"历史追踪》,广东人民出版社 2000 年版。
206. 王康主编:《社会学词典》,山东人民出版社 1988 年版。
207. 王力:《王力文集》,山东教育出版社 1988 年版。
208. 王力:《王力语言学论文集》,商务印书馆 2000 年版。
209. 王明伦选编:《反洋教书文揭贴选》,齐鲁书社 1984 年版。
210. 王学启等编著:《中国社会主义时期史稿(一)》,浙江人民出版社 1983 年版。
211. 韦君宜:《思痛录》,文化艺术出版社 2003 年版。
212. 魏宏运主编:《中国现代史资料选编》,黑龙江人民出版社 1981 年版。
213. 魏军主编:《肃反剧作选(1949—1979)》,群众出版社 1979 年版。
214. 文安主编:《晚清述闻》,中国文史出版社 2004 年版。
215. 吴家骏、李鑫、马泉山:《十一届三中全会以来经济建设方针政策》,经济管理出版社 1986 年版。
216. 吴冷西:《忆毛主席——我亲身经历的若干重大历史事件片断》,新华出版社 1995 年版。
217. 吴祖光:《往事随想》,四川人民出版社 2000 年版。
218. 夏先培:《左传交际称谓研究》,湖南师范大学出版社 1999 年版。
219.《湘鄂西苏区历史简编》编写组:《湘鄂西苏区历史简编》,湖北人民出版社 1982 年版。
220. 肖思科:《知情者说——历史关键人物留给后世的真相》,中国青年出版 1999 年版。
221. 萧三编:《革命烈士诗抄》,中国青年出版社 1959 年版。
222.《新四军和华中抗日根据地史料选》编选组:《新四军和华中抗日根据地史料选》,上海人民出版社 1986 年版。
223. 徐彬:《红岩纪实》,海南摄影美术出版社 1997 年版。
224. 徐凤晨、赵矢元主编:《中国近代史》,辽宁人民出版社 1982 年版。
225. 徐珂:《清稗类钞(第五册)》,中华书局 1984 年版。
226. 徐向前:《历史的回顾》,解放军出版社 1987 年版。
227. 徐向前:《徐向前军事文选》,解放军出版社 1993 年版。
228. 徐向前、粟裕等:《星火燎原·未刊稿(共十卷)》,解放军出版社 2007 年版。
229. 徐载平、徐瑞芳:《清末四十年申报史料》,新华出版社 1988 年版。
230. 许指严:《新华秘记》,山西古籍出版社 1999 年版。
231. 薛君度、毛注青编:《黄兴未刊电稿》,湖南人民出版社 1983 年版。
232. 燕谷老人:《续孽海花》,黑龙江人民出版社 1982 年版。
233. 杨斌、时建成:《金陵悬案》,群众出版社 1992 年版。
234. 杨东梁、张浩:《中国清代军事史》,人民出版社 1994 年版。
235. 杨沫:《英华之歌》,北京十月文艺出版社 1992 年版。
236. 杨尚昆:《杨尚昆回忆录》,中央文献出版社 2001 年版。
237. 杨树标:《蒋介石传》,团结出版社 1989 年版。
238. 杨朔:《杨朔文集》,山东文艺出版社 1995 年版。
239. 杨永林:《社会语言学研究》,上海外语教育出版社 2004 年版。
240. 姚汉铭:《新词语·社会·文化》,上海辞书出版社 1998 年版。
241. 叶永烈:《新中国沉重的一幕》,作家出版社 1993 年版。

242. 叶永烈:《叶永烈纪实新作选》,复旦大学出版社 1996 年版。
243. 义和团运动史研究会编:《义和团运动史论文选》,中华书局 1984 年版。
244. 〔美〕易劳逸:《流产的革命》,中国青年出版社 1992 年版。
245. 尤凤伟:《中国一九五七》,春风文艺出版社 2004 年版。
246. 于根元主编:《现代汉语新词词典》,北京语言学院出版社 1994 年版。
247. 余秋雨:《借我一生》,作家出版社 2004 年版。
248. 元仁山:《东北义勇军》,黑龙江人民出版社 1982 年版。
249. 袁静等:《新儿女英雄传》,人民文学出版社 1956 年版。
250. 袁庭栋:《古人称谓漫谈》,中华书局 1994 年版。
251. 岳琛等编:《中国土地制度史》,中国国际广播出版社 1990 年版。
252. 臧云浦等编:《中国史大事年表》,山东教育出版社 1984 年版。
253. (清)曾朴:《孽海花》,上海古籍出版社 1979 年版。
254. 张国淦:《北洋述闻》,上海书店出版社 1998 年版。
255. 张国焘:《一个叛徒的自述——张国焘叛变前后》,中国文史出版社 1989 年版。
256. 张静如、刘志强主编:《北洋军阀统治时期中国社会之变迁》,中国人民大学出版社 1992 年版。
257. 张军:《中国经济改革的回顾与分析(1978—1998)》,山西经济出版社 1998 年版。
258. 张同新:《国民党新军阀混战史略》,黑龙江人民出版社 1982 年版。
259. 张伟宣等编:《共和国风云四十年:1949—1989》,中国政法大学出版社 1989 年版。
260. 张秀章:《蒋介石日记揭秘(1935 年部分)》,团结出版社 2007 年版。
261. 张泽荣:《中国经济体制改革记事》,四川科学技术出版社 1986 年版。
262. 张湛彬、刘杰辉、张国华主编:《"大跃进"和三年困难时期的中国》,中国商业出版社 2001 年版。
263. 张宗逊:《张宗逊回忆录》,解放军出版社 1990 年版。
264. 章伯锋、顾亚主编:《近代稗海(第十一辑)》,四川人民出版社 1988 年版。
265. 章伯锋、李宗一主编:《北洋军阀》,武汉出版社 1990 年版。
266. 赵尔巽:《清史稿》,中华书局 1976 年版。
267. 赵鹏飞、肖根黎:《共和国的成长》,农村读物出版社 1989 年版。
268. 赵树理:《小二黑结婚》,作家出版社 2000 年版。
269. 赵树理:《李家庄的变迁》,人民文学出版社 1957 年版。
270. 赵树理:《赵树理文集续编》,工人出版社 1984 年版。
271. 赵毅、钱为纲:《言语交际学》,江苏教育出版社 1988 年版。
272. 赵永宪主编:《中国革命史》,山东大学出版社 1986 年版。
273. (清)郑观应:《盛世危言》,辽宁人民出版社 1994 年版。
274. 郑杭生:《转型中的中国社会和中国社会的转型》,首都师范大学出版社 1996 年版。
275. 郑杭生主编:《社会学概论新修》,中国人民大学出版社 1994 年版。
276. 郑维山:《从华北到西北——忆解放战争》,解放军出版社 1985 年版。
277. 知侠:《铁道游击队》,上海文艺出版社 1978 年版。
278. 中华全国台湾同胞联谊会编:《台湾同胞抗日 50 年纪实》,中国妇女出版社 1998 年版。
279. 中华全国总工会中国工人运动史研究室编:《中国工运史料》,工人出版社 1980 年版。
280. 中共河北省委党史研究室编:《中共中央移驻西柏坡前后》,中共党史出版社 1998 年版。
281. 中共冀鲁豫边区党史工作组办公室编:《中共冀鲁豫边区党史资料选编》,山东大学出版社 1985 年版。
282. 中共冀鲁豫党史工作组文艺组编:《冀鲁豫文学作品选》,河北教育出版社 1989 年版。
283. 中共沈阳市委党史研究室编:《暴虐的罪行》,沈阳出版社 2005 年版。

284. 中共中央党史研究室第一研究部:《红军长征史》,中共党史出版社 2003 年版。
285. 中共中央党史研究室第一研究部,中共河北省委党史研究室:《苍茫大地主沉浮——中共中央在西柏坡》,人民出版社 2003 年版。
286. 中共中央党史资料征集委员会,中央档案馆编:《遵义会议文献》,人民出版社 1985 年版。
287. 中共中央书记处编:《六大以来党内秘密文件》,人民出版社 1981 年版。
288. 中共中央文献编辑委员会编:《朱德选集》,人民出版社 1983 年版。
289. 中共中央文献研究室编:《建国以来毛泽东文稿》,中央文献出版社 1992 年版。
290. 中共中央文献研究室编:《建国以来重要文献选编(一至二十册)》,中央文献出版社 1992—1998 年版。
291. 中共中央文献研究室编:《十一届三中全会以来重要文献选读》,人民出版社 1987 年版。
292. 中国大百科全书总编辑委员会:《中国大百科全书》,中国大百科全书出版社 2003 年版。
293. 中国第二历史档案馆编:《抗日战争正面战场》,江苏古籍出版社 1987 年版。
294. 中国革命博物馆编:《北方地区工人运动资料选编》,北京出版社 1981 年版。
295. 中国工农红军第四方面军战史编辑委员会编:《中国工农红军第四方面军战史资料选编》,解放军出版社 1993 年版。
296. 中国青年出版社编:《红旗飘飘》,中国青年出版社 1957 年版。
297. 中国人民大学农业经济系资料室编:《农村政策文件选编》,中国人民大学出版社 1980 年版。
298. 中国人民解放军国防大学党史党建政工教研室编:《中共党史教学参考资料》,人民出版社 1979 年版。
299. 中国人民解放军历史资料丛书编委会编:《红军长征——回忆史料》,解放军出版社 1990 年版。
300. 中国人民解放军政治学院党史研究室编:《中共党史参考资料》,人民出版社 1951 年版。
301. 中国人民解放军总参谋部通信部编研室编:《红军的耳目与神经——土地革命战争时期通信兵回忆录》,中共党史出版社 1991 年版。
302. 中国人民政治协商会议全国委员会等合编:《护国讨袁亲历记》,文史资料出版社 1985 年版。
303. 中国人民政治协商会议全国委员会文史资料研究委员会《辽沈战役亲历记》编审组编:《辽沈战役亲历记(原国民党将领的回忆)》,文史资料出版社 1985 年版。
304. 中国人民政治协商会议全国委员会文史资料研究委员会《淮海战役亲历记》编写组编:《淮海战役亲历记(原国民党将领的回忆)》,文史资料出版社 1983 年版。
305. 中国人民政治协商会议全国委员会文史资料委员会《平津战役亲历记》编审组编:《平津战役亲历记(原国民党将领的回忆)》,中国文史出版社 1989 年版。
306. 中国社会科学院工业经济研究所编:《十一届三中全会以来经济政策文献选编》,经济科学出版社 1986 年版。
307. 中国社会科学院近代史研究所编:《近代史资料(总第六十一号)》,中国社会科学出版社 1986 年版。
308. 中国社会科学院经济研究所中国现代经济史组编:《第一、二次国内革命战争土地斗争史料选编》,人民出版社 1981 年版。
309. 中国社科院语言研究所编:《现代汉语词典(修订本)》,商务印书馆 1996 年版。
310. 中国社会科学院、中央档案馆编:《中华人民共和国经济档案资料选编(1949—1952)》,社会科学文献出版社 1991 年版。
311. 中国史学会主编,柴德赓等编:《辛亥革命(1—8)》,上海人民出版社 1957 年版。
312. 中国作家协会山西分会编:《晋绥革命根据地文艺作品选》,山西人民出版社 1982 年版。
313.《中华人民共和国大典》编委会编:《中华人民共和国大典》,中国经济出版社,1994 年版。
314. 中央档案馆编:《解放战争时期土地改革文件选编》,中共中央党校出版社 1981 年版。
315. 中央档案馆编:《中共中央文件选集(一至十八册)》,中共中央党校出版社 1989—1993 年版。

316. 中央档案馆等编:《福建革命历史文件汇集》,内部发行 1988 年版。
317. 中央档案馆等编:《晋察冀抗日根据地》,中共党史资料出版社 1989 年版。
318. 中央档案馆等合编:《东北经济掠夺》,中华书局 1991 年版。
319. 仲芳氏:《庚子记事》,中华书局 1978 年版。
320. 周而复:《周而复选集》,安徽文艺出版社 1984 年版。
321. 周恩来:《周恩来选集》,人民出版社 1981 年版。
322. 周洪波主编:《新华新词语词典》,商务印书馆 2003 年版。
323. 周荐:《汉语词汇研究史纲》,语文出版社 1995 年版。
324. 周立波:《暴风骤雨》,人民出版社 1956 年版。
325. 周淑真:《三青团始末》,江西人民出版社 1996 年版。
326. 朱建华:《东北解放战争史》,黑龙江人民出版社 1987 年版。
327. 朱健华、郭彬蔚等主编:《中华人民共和国大事纪事本末》,吉林教育出版社 1992 年版。
328. 朱林:《红军长征的民间记忆》,四川人民出版社 2006 年版。
329. 朱玉湘主编:《中华人民共和国简史》,福建人民出版社 1991 年版。
330. 朱正:《1957 年的夏季:从百家争鸣到两家争鸣》,河南人民出版社 1998 年版。
331. 总参编写组:《贺龙传》,当代中国出版社 2007 年版。

索引简编

说明：按首字拼音字母音序排列；首字声韵皆同按四声排列；首字声韵调皆同按笔画多少排列（少者在前）；首字笔画同按起笔横、竖、撇、点、折顺序排列；首字相同的各条目依次按第二字、第三字音序排列（规则同前）；字母开头的词置于该字母最后。词条间隔用分号，同词条页码间隔用逗号。

A

挨户团 191,292；挨户团常备队 192；挨户团非常备队 192；埃政府 260；爱国丰产模范工作者 598；爱国学社 78；安福部 142；安福国会 142；安福俱乐部 141；安福派 142；安福系 141；安福议员 143；安国军 159；安国军总司令 159；暗八路 352；暗杀团 295；澳商 745；AB 反赤团 269；AB 团 269,270,271；AB 团分子 270；

B

八 353；八老爷 354；八路 349；八路军 347；八旗兵 31；八爷 354；把头 556；把兄弟 119；白脖（儿）398；白脖子 398；白灯照 52；白匪 166,291；白狗子 291；白鬼 291；白军 291；白狼 165；白领 731；白领农民 695；白旗 655；白旗队 657；白旗干部 657；白旗社 657；白色专家 657；办道骨干 561；办道人员 561；半地主 246；半地主式富农 591；半地主性富农 246；半佃农 248；半拉子 512；半缺粮户 594；半守法半违法地主 592；半守法半违法户 581；半无产阶级 179；半职人员 724；帮会土匪 467；帮头 556；棒老二 229,291；包工头 556；保安队 293,476；保安团 293,476；保定派 140；保尔队 662；保尔排 662；保国会 42；保皇会 72；保路同志会 81；保路同志军 82；保守派 649；堡垒户 382；暴动队 237；爆破能手 456；爆破元帅 456；卑府 96；卑职 96；背负神像 62；北伐军 172,284；北路军 289；北派 25；北洋大臣 138；北洋海军 34；北洋军阀 138；北洋派 138；北洋水师 34；北洋通商大臣 138；北洋团体 138；北洋系 139；被错斗户 537；被错斗中农 537；被斗户 535；编外彩迷 728；便衣特务 499；辫兵 153；辫军 153；辫帅 153；辫子军 153；辫子兵 153；表老爷 105；兵委 230；补充兵团 452；补充团 452；补地户 539；补训兵团 453；补训师 453；补训团 453；不抵抗将军 299；不抵抗将军卖国贼 299；不法大地主 592；不法地主 592；不法奸商 579；不法商人 579；不法资本家 579；不法资产阶级分子 579；不良资产重点户 687；部落 135；

C

财主门生 122；彩迷 728；彩民 727；参军模范 445；参谋总长 409；参议员 132；参战队 489；参政 148；残匪 552；察哈尔民众抗日同盟军 322；产粮万斤户 679；铲共团 294；铲共义勇队 294；娼妓请愿团 149；长工 187,512；长脚将军 35；常备军 71；常备自卫队 478；超级彩迷 728；朝鲜开拓民 313；炒家 739；陈独秀派 265；陈粟 439；陈粟大军 438；陈谢 439；陈谢大军 438；赤匪 227；赤化派 174；赤军 225；

赤贫 510；赤贫户 510；赤贫农 510；赤色工会 250；赤色农会 255；赤色先锋队 240；赤少队 239；赤卫大队 237；赤卫队 237；赤卫军 238；赤卫团 237；赤贼 175；赤卫总队 237；抽地户 539；筹安巨子 148；筹安领袖 148；筹安六君子 147；纯农户 686；出地户 539；初级农业社 606；初级社 606；初级社社员 606；初期性富农 247；川军 287；吹号 62；次长 130，304；促进派 653；促退派 653；村民 689；错斗户 538；错斗贫农 538；错斗中农 538；错划成分户 538；错划地主 538；错划富农 538；错划户 538；CC 280；CC 派 280；CC 系 280；CEO 718；C. P. 分子 197；C. P. 派 197；C 派 197；

D

打工妹 698；打工仔 698；打虎队 572，577；打虎队员 572；打虎队长 572；打虎骨干 572；打虎积极分子 572；打虎将 572；大白旗 655；大伯子 119；大本营 409；大车队 462；大车连 463；大车团 463；大车营 463；大刀会 46；大倒爷 739；大地主 242，502，592；大肚子 507；大肚子中农 515；大恶霸 554；大富农 518；大鬼子 389；大汉奸 405；大户 245，583，726；大皇子殿下 150；大奸商 579；大将 637；大将军 38；大军 438；大军同志 438；大老虎 245，570，576；大老师 61；大老爷 93；大粮户 508；大留学生 781；大毛子 66；大彭德怀 667；大人 92，96，103；大绅粮 508；大师姐 62；大师兄 61；大树 531；大帅 61；大太爷 101；大贪污犯 567；大贪污分子 564；大特务 497；大特务头子 496；大先生 62；大爷 100；大右派 632；大右派分子 632；大元帅 160，168，171，409；大总统 38，128，171；代表 470；代理大总统 130；代理人 637；代总统 130；待岗人员 705；待聘人员 703；待业人员 706，708；担架队 464；担架连 464；担架团 464；担架营 464；单干户 603；单干农民 603；单位富余人员 707；单位公派 777；单位公派出国留学人员 777；党代表 231，233；党内团内右派分子 634；党内右派 633；党内右派分子 633；党人 84；党外进步分子 341；党外人士 621；党外团外右派分子 634；党外右派 633；党外右派分子 633；党员 84；刀匪 53；倒姐 739；倒奶奶 739；倒妞 739；倒爷 738；倒算队 483；盗窃犯 578；盗窃分子 578；盗窃集团 578；道首 560；道徒群众 561；得地户 539；德怀队 444；地方兵团 441；地方军阀 285；地方实力派 342；地降贫 510；地下工程师 722；地主 241，501，591；地主分子 502；地主兼工商业者 592；地主阶级 178，501；帝党 22；帝室御用挂 305；帝制党 150；帝制派 150；第二党 266；第二江苏省委 266；第二省委 266；第二野战军 437；第二中央 266，267；第二纵队 211；第三党 271；第三野战军 437；第四野战军 437；第一流内阁 147；第一流人才内阁 147；第一路军 364；第一野战军 437；第一纵队 211；滇军 287；滇缅远征军 425；滇西远征军 425；点工 723；电线杆 558；佃中农 514；佃富 518；佃富农 518，590；佃农 187，248；定武军 32，138；东北军 287；东北军阀 286；东北军区 440；东北抗日救国游击军 323；东北抗日联军 363；东北抗日义勇军 320；东北民众救国军 321；东北民众自卫军 321；东北人民革命军 324；东北野战军 436；东方军 219；东家 99；东路军 289；东翁 99；东洋人 29；东野 436；董存瑞队 662；董存瑞练兵模范班 456；董事 75；董事会 75；斗争户 535；督军团 152；督战队 486；督战组 486；独立工商户 582；独立旅 440；独立手工业户 582；独立团(营)239，440；堵剿军 288；短工 512；段派 140；段系 140；段执政 158；多面手 661；惰农 249；

E

恶霸 554；恶霸地主 505，555，592；恶霸分子 554；恶霸富农 519；鄂豫皖挺进纵队 358；儿童团 238，379；二地主 503，592；二鬼子 399；二黄 395；二皇军 395；二兼户 686；二老师 61；二类右派 643；二类右派分子 643；二路军 364；二毛子 67；二师姐 62；二师兄 61；二十八个半布尔什维克 266；二太爷 101；二先生 62；二线常备民工 461；二线转运民工 461；二爷 99；二野 437；

F

法律托儿 741；翻身大队 521；翻身队 521；翻身户 528，587；翻身积极分子 525；翻身连 446；翻身模范 526；翻身农民 528，587；翻身农民战士 446；翻身团 446；翻身英雄 526；翻身营 446；翻身战士 446；翻身中农 514；反赤军 175；反动党团分子 559；反动党团骨干 559；反动党团骨干分子 559；反动党团员 559；反动道会门头子 560；反动地主 547；反动分子 547；反动富农 247，519，590；反动工会 250；反动会道门头子 560；反动会道首 560；反动会门头子 560；返干团 488；返岗人员 705；反革命 546；反革命恶霸分子 555；反革命分子 546；反共顽固派 344；返乡团 482；犯有右倾机会主义错误的人（同志）668；饭托儿 741；方面军 213；防军 33；防空洞 535；访问组 448；放火犯 628；放火人 628；放火专家 629；妃 150；非常大总统 171；非党人士 622；非党同志 622；非党左派进步分子 341；非法留学中介 768；非农户 686；非农兼业户 686；非农业兼业户 686；匪 227；匪党 86，166；匪共 228；匪军 227；匪人 166；匪首 553；匪特分子 558；匪徒 53，166，227；匪众 552；分队 421；分流人员 707；分团部 421；分支小集团 637；粉红色专家 658；粉领 733；丰产模范 598；丰产模范村 598；丰产模范互助组 598；丰产模范农业生产合作社 598；丰产能手 600；丰产农户 598；封建军阀 285；冯军 287；奉军 32；奉系军阀 140；俘兵 447；俘官 447；俘管处 448；抚军 167；抚军长 167；辅导工人 318；妇抗 377，378；妇救会 376，378；妇女抗敌协会 377；附逆国会议员 156；复辟党 154；复辟派 154；复仇队 483；复仇团 483；复岗人员 705；复古会 79；复兴社 282；复员民工 461；副参谋总长 409；副军代表 470；副议长 75，132；副总裁 76；副总统 38；富降贫 510；富农 246，516，590；富裕中农 515，591；

G

改定成分户 539；改良派 41；改派 272；改派分子 274；改（组）派书记 274；改组分子 274；改组派 271，272，279；改组派分子 274；改组派连 274；改组派首领 274；改组派书记 274；干爸爸 116；干部轮训队 454；干爹 116；干娘 116；干女儿 116；干女婿 116；干外公 116；干外婆 116；干丈母娘 116；干丈人 116；甘军 32；杆子会 46；敢死队 486；钢军 173；钢铁姑娘团 662；钢铁青年队 662；港商 744；高鹤人民抗征自卫大队 444；高级公关师 725；高级农业社 606；高级农业生产合作社 606；高级社 606；高级社社员 606；革党 83；革匪 86；革军 85；革命党 82；革命党人 84；革命激烈派 85；革命巨子 85；革命军 84，172，284；革命派 85；革命青年同志会 282；革命委员会 253；阁员 130；个人地主 242；个体工商户 712；个体户 712；个体经营户 712；个体经营者 712；个体劳动者 712；个体农户 603；个体农民 603；个体业户 712；各救会 376；工会 183；工救会 376；工农暴动队 237；工农兵苏维埃 259；工农反日游击队 323；工农革命军 205；工农革命军第一军第一师 206；工农革命军第四军 207；工农阶级 180；工农军 205；工奴 248；工人阶级 178；工人纠察队 184；工商业兼地主 592；工团 183；工薪阶层 728；工薪族 729；工业无产阶级 179；工友 182；工贼 185，251；公费留学人员 775；公费留学生 776；公共地主 242；公关经理 725；公关明星 725；公关人才 725；公关人员 725；公关师 725；公关先生 725；公关小姐 725；公关员 725；公关主任 725；公开特务 498；公民团 146，151；公派出国留学人员 775；公派留学生 776；公社社员 611；公主 150；共产 226；共产党 198；共产分子 197；共产派 197；共产派分子 197；共产儿童团 238；共党 226；共匪 228；共和军 155；共进会 80；共军 226；供出劳工 315；供应户 596；姑老爷 105；姑奶奶 105；姑爷 105；股东 726；股匪 552；股迷 726；股民 726；骨干分子 630，631；固定性劳工 315；顾品真系 140；雇工 186，511；雇农 186，247，511，589；雇农工会 256；刮民党 290；关东军 306；关东军司令 306；关东军司令官 306；观潮派 651；官倒 739；官倒爷 739；官僚主义分子 574；官团 55；管账 62；惯匪 553；光复会 79；光复军 79；广州公社 258；广州苏维埃政府 258；鬼变子 401；鬼子 65，388；桂系军阀 286；国兵漏 316；国兵漏子 316；国防最高委员会 412；国会议员 132；国际倒妞 739；国际倒爷 739；国际人 813；国家公费出国留学人员 778；国家公费留学人员 778；国家公派 777；国家公派出国留学人员 777；国家留学基金委 765；国军 155，283，472；国民代表 149；国民党匪特 558；国民党改组派 279；国民党军 284；国民党特务 491，558；国民党新军阀 285；国民党右派 192；国民党左派 196；国民革命军 172，283；

国民革命军第二方面军 205；国民军 173；国民军总司令 173；国民请愿团 149；国民宪政党 74；国民宪政会 74；国民政府军事委员会 411；国内劳工 314；国企负责人 709；国企经营者 710；国企老板 710；国企老总 710；国特 491；国外劳工 314；国务员 131；国务总理 130；国有企业负责人 709；国有企业家 711；国贼 169；

H

海不归 807；海草 804；海创 806；海带 803；海带干 803；海待 802；海待干 803；海匪 466；海根 809；海根派 809；海归 791；海归啃老族 805；海归男 796；海归女 796；海归派 793；海归族 793；海龟 791；海龟男 796；海龟女 796；海龟派 794；海龟族 794；海啃 805；海啃族 805；海陆丰苏维埃政权 258；海陆军大元帅 168；海鸥 810；海鸥派 811；海派 812；海泡 810；海外高层次留学人才 798；海外留学英才 800；海藻 804；韩边外 36；汉奸 401；汉奸卖国贼 298；航运大队 465；豪劣 244；豪绅 244；好吃会 275；合法留学中介 768；合同制工人 704；合作社 606；和平建国军 394；和平救国军 394；核心小组 209；黑八路 355；黑板干部 703；黑板经理 703；黑灯照 52；黑狗 397；黑狗子 397；黑领 734；黑龙江省抗日救国军 321；黑旗 656；黑旗军 39；黑旗社 657；黑杀党 225；黑坛 56；黑团 56，57；黑中介 768；红灯照 52；红灯罩 52；红二方面军 213；红二军团 213；红匪 227；红杆子会 46；红军 208；红军陕甘支队 214；红军预备队 239；红领 732；红六军团 213；红旗 656；红旗队 657；红旗干部 657；红旗社 657；红旗手 660；红枪会 46；红拳 49；红色先锋队 230；红色专家 657；红四方面军 213；红团 57；洪宪帝 150；洪宪皇帝 150；洪宪六君子 148；红袖头 302；红袖头子 302；红一方面军 213；红一军团 213；红专积极分子 658；后备军 71；后党 22；后清流 25；候补社员 608；候鸟型(式)农民 695；胡风反党集团 615；胡风反革命分子 618；胡风反革命集团 616；胡风分子 618；胡风集团 617；胡风集团分子 617；胡风派 614；胡风小集团 614；葫芦队 465；湖匪 466；互助合作农民 603；互助组 454，605；互助组员 605；护国军 166；护民军 394；护坛师 62；花木兰队 662；华北军区 440；华北劳工 314；华东军区 440；华东野战军 436；华兴会 78；华野 436；化形地主 532；怀疑派 651；淮军 32；坏根 530；还乡队 482；还乡团 295，480；还乡团分子 482；还乡团头子 482；还乡团员 482；还乡团长 482；皇帝 150，304；皇帝陛下 304；皇军 387；皇女 150；皇协军 394；皇鞋子 394；皇长子 150；皇族内阁 77；黄八路 355；黄狗 396；黄狗子 396；黄会 251；黄继光队 662；黄莲圣母 63；黄牛 739；黄埔系 281；黄旗 656；黄色工会 250；黄色工贼 251；黄色领袖 251；黄色农会 255；黄色首领 251；黄色走狗 251；黄团 57；灰八路 355；灰领 732；灰旗 656；回奸 403；回乡队 482；悔过土匪 468；汇贩子 739；会道门大首领 560；会匪 53；会门土匪 467；会首 560；会员 84；贿选议员 156；贿选总统 157；婚托儿 741；

J

基本守法户 581；基干自卫团 371；吉林救国军 321；吉林抗日联合军 321；吉林省抗日义勇军 321；吉林自卫军 321；极右分子 640；极右派 640；集团军 410；计生重点户 687；妓女请愿团 149；寄托派 759；寄托一族 759；寄托族 759；家庭商业户 582；假虎 571；假老虎 571；假团 56；假义和拳 56；假义和团 56；奸霸地主 506；奸商 579；兼地主 592；兼业户 685；兼职人员 724；简大狮 40；间谍分子 558；江抗 357；江南抗日义勇军挺进纵队 357；江南人民抗日义勇军 357；蒋帮特务 492；蒋匪特务 492，558；蒋军 286，473；蒋美特务 493；蒋日特务 493；蒋特 492；蒋伪特务 493；蒋委员长 413；蒋鲜特务 493；交通警察(部队)477；交通系 143；交系 144；脚行头 556；剿匪军 288；剿共军 393；剿共义勇军 294；教民 112；教师 61；教徒群众 561；阶级 177；杰出留学回国人员 799；杰出留学人员 800；解放兵 449；解放大队 450；解放大军 437；解放军 434；解放军官 450；解放军官教导团 451；解放军官团 452；解放军官训练团 451；解放区人民解放军 435；解放战士 449；解聘人员 703；金领 733；金牌海归 796；金钟罩 46；进步分子 341;进步派 341;进步势力 340;进剿军 288;晋绥军 417;靳云鹏派 140;经纪人 740;经济汉奸 406;经营地主 503;警备旅 440;警察 477;竞岗人员 705;靖安军 302;靖卫团 292;纠察队 184;纠察队员 184;纠纷重点户 687;旧富农 517;旧交通系 144;旧军 417;旧军阀 137;旧人员 549;旧式富农 516,590;旧式经营地主 504;旧中农 514;救国会 328;舅老爷 105;舅太爷 106;舅爷 105;拒聘人员 703;捐棍 245;决死队 416;军代表 470;军阀 135;军官督战队 486;军官队 448;军官团 452;军官训练团 485;军管会 468;军管小组 468;军机四卿 43;军师 637;军事代表 469;军事管制委员会 468;军事汉奸 406;军事委员会 411;军统 495;军统特务 495;军团 213;军委 232;军委纵队 211;

K

卡秋莎 639;开明地主 504;开明士绅 504;开拓民 312;开拓农民 313;开拓青年义勇队 313;开拓团 311;康德皇帝 304;扛旗 62;抗联 363;抗日反共派 344;抗日救国游击军 323;抗日救国游击总队 323;抗日联军 362;抗日派 338;抗日人民自卫队 371;抗日同盟军 322;抗日先锋军 222;抗日游击队 323;抗属 382;抗战派 338;考 G 一族 757;考 G 族 757;考 T 族 756;考托一族 756;考托族 756;烤鸭一族 761;烤鸭族 761;考雅族 760;考雅一族 760;考政大臣 75;柯铁虎 40;空降兵 811;空降部队 811;窟窿户 527;苦力工会 256;傀儡 305;傀儡皇帝 305;扩大宣传团 326;扩军模范 445;

L

蓝灯照 52;蓝领 731;蓝衣社 281;蓝衣社分子 282;蓝衣社社员 282;狼匪 166;浪费分子 574;劳动阶级 180;劳动模范 599;劳动童子团 240;劳工 181;劳工会 184;劳工阶级 180;老八 353;老八路 349;老八子 353;老把弟 119;老把哥 119;老把嫂 119;老把兄 120;老财 507;老大人 103;老弟 95;老佛爷 150;老富农 601;老富裕中农 602;老夫子 60,98,121;老哥 94;老工 187;老共 226;老海归 795;老海龟 795;老虎 569,576;老黄忠队 662;老留学生 783;老毛子 65;老民党 194;老母班 24;劳农阶级 180;老牌特务 497;老师 61,121;老鼠工 722;老太师 60;老太太 103;老太爷 103;老团 58;老下中农 602;老兄 94;老爷 93,103;老毅军 32;老右派 193;老中农 514,601;老总 354;老祖师 60;离岗人员 705;李伯球小集团 637;力行社 282;历史反革命分子 547;连支部 232;联合省委书记 274;联军 363;练兵 33;练兵模范 455;练兵模范班 455;练兵英雄 455;练军 33;练勇 33;粮户 508;粮食余缺户 594;两户 688;两兼户 686;两栖农民 695;两栖人 813;劣绅 189;猎户队 35;林少猫 40;临时大总统 128;临时民工 461;临时执政 158,303;临时总统 129;零工 187;刘邓 439;刘邓大军 438;刘胡兰队 662;留任人员 550;留守男士 786;留守女士 785;留学摆渡人 763;留学黑中介 768;留学教父 763;留学垃圾 782;留学人员 773;留学生 770;留学中介 767;留用人员 550;流氓 248;流氓地痞 249;流氓无产阶级 249;流氓无产者 249;六君子 44,147;六类右派 643;六类右派分子 643;漏划地主 531;漏网地主 532,592;漏网反革命分子 548;漏网右派 646;炉边摇头派 652;炉前摇头派 652;炉主 61;陆海军大元帅 160,171;乱党 86;轮训队 454;罗成队 662;罗章龙派 266;洛阳派 140;落聘人员 703;旅游托儿 741;绿卡族 810;绿领 733;绿营兵 31;

M

马夫 62;马路大 308;码头老虎 557;买办阶级 179;卖国贼 169,298;卖国贼汉奸 298;满奸 403;满洲国帝室御用挂 305;盲流 697;毛子 66;冒尖户 678;梅花拳 47;霉老二 229;霉老三 229;门生 121;门政大爷 100;蒙古地方自治政务委员会 300;蒙古独立政府 301;蒙古军政府 301;蒙古军总司令 300;蒙古军总司令部 300;蒙奸 299,403;蒙疆联合自治政府 301;蒙政会 300;蒙政会委员长 300;蒙政委员会 300;秘密特务 498;民兵 370;民兵警卫队 443;民兵警卫连 443;民兵警卫营 443;民兵连 441;民兵排 441;民兵团 441;民兵野战队 443;民兵野战连 443;民兵营 441;民党 162;民工 460,698;民军 163;民团 37,293;民先队 327;民营企业家 715;民众自卫队 478;民众自卫军 488;民主党派 621;民主党派内的右派分子 634;民主人士 621;民族资产阶级 179;名流内阁 147;名誉董事 75;明八路 352;铭军 32;模范爆破手 456;模范赤少队 239;模范队 371;模范少先队 238;模范射手 456;模范营 239;模范自卫队 372;磨擦专家 345;谋士 637;木头 308;穆桂英队 662;

N

拿摩温 556;纳税重点户 687;男陪读 788;南京军 286;南路军 289;南满游击队 324;南派 25;南下扩大宣传团 326;南下宣传团 326;南学会 41;内层 549;内阁总理 130;内国开拓民 313;内控右派 645;内蒙独立政府 301;内在美 786;逆 154;逆党 86,154;逆夷 64;逆贼 154;娘娘 150;农村经纪人 740;农村无产阶级 179;农代会 523;农工 698;农会 188,523;农救会 375,378;农抗 377;农民翻身队 521;农民翻身工作队 521;农民工 698;农民阶级 178;农民经纪人 695;农民抗敌协会 377;农民企业家 692;农民协会 188,252,253,523;农民委员会 255;农民职工 698;农民自卫军 191;农奴 248;农协 252,253,254,523;农业户 686;农业工人 695;农业兼业户 686;农业劳动模范 599;农业商人 695;农业社 606;农业生产合作社 606;农业钟点工 695;农友 187;农贼 191;女倒爷 738;女工 187;女陪读 787;女伟人 86;女子请愿团 149;

O

欧美派 337;

P

磐石游击队 323;叛逆 154;袍哥土匪 467;陪读爸爸 789;陪读夫人 787;陪读家长 789;陪读妈妈 789;陪读女人 787;陪读先生 788;陪读丈夫 788;痞子 249;贫雇农 587;贫雇农小组 523;贫农 186,509,588;贫农翻身会 525;贫农翻身委员会 523;贫农会 256;贫农团 256,523;贫农小组 523;贫下中农 589;嫔 150;聘余人员 703;平产军 225;破产地主 243,532;破落户 242;普通恶霸 554;普通右派 640;普通右派分子 640;普通自卫团 371;

Q

七君子 329;七三一部队 307;731 部队 307;七总裁 168;乞丐请愿团 149;前清流 25;前委 232;前线慰劳团 465;前线慰问团 465;钱谷师爷 98;潜匪 552;潜伏特务 499;强学会 41;侨商 745;亲贵内阁 77;亲日分子 338;亲日派 337;亲日派分子 338;亲英美派 337;勤奉队 316;勤奉队员 316;勤劳奉公队 316;勤劳奉公队员 316;勤劳奉仕队 316;青灯照 52;青救会 374,378;青抗 377;青抗先 371;青年红旗手 660;青年军 426;青年抗敌协会 377;青年抗日先锋队 372;青年团 419;青年行动队 310;青年义勇队 313;青年远征军 426;青训队 487;青训总队 487;清流 24;清流党 26;清流党人 26;清流派 25;请愿团 149;秋后算账派 651;区队 421;区苏 261;区特务营 239;区团部 421;取消派 264;全国各界救国联合会 328;全国农业劳动模范 599;全面丰产模范 598;全职人员 724;拳匪 53;拳民 54;券商 726;缺粮户 594;缺粮社 597;缺粮社员 597;群治学社 81;

R

人民服务队 485;人民革命军 324;人民公社 610;人民解放军 435;

日本鬼 389;日本鬼子 389;日本人 29;日寇 390;荣誉军 475;入缅军 424;入缅远征军 424;入社农户 607;入社农民 607;

S

三鬼子 400;三害分子 575,623;三好连队 458;三好战士 458;三合一班 457;三 K 党 235;三老师 61;三类右派 643;三类右派分子 643;三路军 364;三毛子 67;三猛 40;三民主义青年团 419;三青团 419;三人核心 209;三人军事小组 210;三人军事指挥小组 210;三人团 209;三先生 62;三小子 102;三野 437;三种战士 457;三资企业家 717;三资企业经营者 717;三资企业主 717;三资业主 717;散匪 552;散户 726;扫地出门户 533;山西军阀 286;山西青年抗敌(日)决死队 416;山西牺牲救国同盟会 414;陕甘支队 214;上中农 513,589;少大人 104;少队 238;少年先锋队 238;少爷 104;哨探 62;佘太君队 662;社党 275;社党分子 277;社会党 275;社会民主党 275;社民党 275;社民党分子 277;社外农户 607;社外农民 607;社员 84,606,611,690;摄政王 77;绅粮 508;绅士 243;神道地主 242;神枪手 456;神拳 48;神团 51;生产富农 519;生产支前小组 465;省次长 304;省苏 261;省议会议员 133;省议员 133;圣母 60,63;失业人员 707,708;师老爷 98;师爷 98;十八魁 47;十人团 235;十三太保 148;十月社 263;石头 530;识字班 380;士兵队 448;士兵会 230;士兵委员 230;士兵委员会 230;士委 230;士委会 230;士委执委 230;士执委 230;市苏 261;试岗人员 705;收训大队 487;守法地主 506,592;守法户 580;守护神 306;守旧党 43;守卫队 294;首领 61;首席执行官 718;受贿议员 156;受聘人员 703;售粮万斤户 679;书禀师爷 98;书记 233;书记长 421;叔太爷 106;税棍 245;司令长官 410;私倒 739;私企经营者 714;私企老板 714;私企业主 714;私人工商户 582;私团 56;私营企业家 714;私营企业主 714;思想犯 307;思想老虎 570;四将军 360;四老爷 359;四类右派 643;四类右派分子 643;四小军机 43;四爷 360;四野 437;嵩武军 32;苏皖支队 358;苏维埃 257,258,259,260;苏维埃政府 258;苏维埃政权 258;速成海归 797;粟陈 439;算账派 652;绥靖军 393;绥宁反日同盟军 323;随军常备民工 461;随军民工 461;孙会分子 195;孙文主义学会派 194;孙文主义学会右派分子 194;梭镖队 192;

T

台山人民解放军 444;台商 744;台湾匪特 558;台湾民主国 38;太君 387;太平官 703;太上皇 306;太太 104;太爷 101;太子 150;贪官污吏 189;贪污犯 566;贪污分子 563,574;贪污嫌疑犯 571;贪污嫌疑分子 571;坛主 61;唐继尧系 140;逃亡地主 533;逃亡户 534;讨逆军 154;讨袁决胜队 165;讨袁军 164;讨贼军 171;特殊工人 317;特务 490,557;特务分子 495,557;特务骨干 496;特务人员 495;特务头子 496;特约农户 600;特种工人 318;挑子队 462;挑子连 463;挑子团 463;挑子营 463;铁杆汉奸 404;铁军 172;铁领 736;铁托 755;铁托派 755;挺进纵队 358;挺纵 357;通匪地主 506;同仇会 78;同盟会 80;同盟救国军 394;同盟军 322;同志 84,354;同志军 82;铜领 736;童工 187;童子团 240;统购户 595;统销户 595;投诚土匪 468;投弹能手 456;投机商人 579;投降派 27,338;土八路 350;土八子 351;土匪 227,466,551;土匪分子 553;土改队 520;土改工作队 520;土改工作团 520;土改工作组 520;土改积极分子 525;土改团 520;土改组 520;土豪 189,244;土豪劣绅 189,244;土蒋 479;土教授 659;土劣 244;土顽 479;土专家 659;团部 420;团匪 294;团民 54;团首 61;团头 61;团委 232;团员 312;团长 312,421;退社户 608;退社社员 608;托陈取消派 263;托陈派 265;托儿 741;托福族 756;脱岗人员 705;托哥 741;托姐 741;托洛茨基反对派 265;托洛茨基派与陈独秀取消派 264;托派 265,754;脱帽右派 646;妥协派 339;

W

外层 549;外国人 111;外商 743;外孙少爷 106;外逃反革命分子 548;外在美 787;完全违法户 581;顽固地主 505;顽固分子 346;顽固军 344,472;顽固派 343;顽固派分子 346;顽固势力 340;顽军

345,472;晚生 99;皖系军阀 140;万户 245;万斤户 679;万能人 661;万首诗歌标兵 662;万首诗歌个人 662;万首诗歌手 662;万元户 679;亡国奴 297;王克勤班 454;王克勤模范班 454;王牌军 474;网络农民 695;违法地主 592;为首分子 630;维持会 301;维持委员会 301;维新党 42;维新派 41;伟人 86;伪军 391;伪属 382;伪团 56;伪中央 267;委员长 412;委座 414;文场 59;文化汉奸 407;文书 62;文坛 59;文团 59;文学社 81;文艺沙龙 639;稳妥派 650;倭寇 28;倭人 28;倭贼 28;我们的话 264;我们的话派 263;无产阶级 179;无产者 264;无产者社 263;无党派民主人士 621;无领 734;五保户 609;五大臣 75;五毒分子 576;五类反革命分子 550;五类工商户 580;五类右派 643;五类右派分子 643;武场 59;武工队 366;武松 572;武松队 662;武坛 59;武团 59;武义亲王 151;武装汉奸 405;武装开拓民 312;武装特务 498;武装移民 312;戊戌六君子 44;

X

西北军区 440;西北野战军 436;西方军 219;西方野战军 223;西路军 224,289;西山会议分子 195;西山会议派 195;西野 436;西征军 220,223;牺盟 415;牺盟会 414;锡领 736;戏霸 556;下岗人员 705,707;下岗职工 706;下降地主 532;下坡地主 532;下中农 513,589;仙姑 63;先富户 678;先遣支队 357;先生 62;县苏 261;现时的右派 193;现行反革命分子 547;宪友会 76;宪政实进会 76;献地户 515;献田户 515;乡董 75;乡绅 243;乡苏 261;乡镇企业家 692;乡佐 75;湘军 32,287;降日反共派 344;降日派 338;小白楼 639;小白旗 655;小部落 135;小车队 462;小车连 463;小车团 463;小车营 463;小倒爷 739;小地主 187,242,502;小富农 518;小鬼子 389;小孩班 24;小海归 795;小汉奸 405;小家族 638;小脚女人 650;小姐 105;小老虎 570;小留学生 779;小闷头 514;小彭德怀 667;小日本 390;小日本子 390;小时工 723;小四子 361;小贪污犯 567;小贪污分子 564;小特务 497;小伟人 86;小右派 632;小右派分子 632;小站军阀 139;小资产阶级 179;协和党 309;协和会 309;辛亥俱乐部 76;新八路 349;新党 43,83;新东方 762;新恩人民保乡自卫大队 444;新发户 242;新翻身户 587;新富农 517,601;新富裕中农 602;新海归 795;新海龟 795;新建陆军 138;新交通系 144;新旧军 417;新军 71,417;新军阀 137,285;新留学生 783;新三害分子 623;新“三人团”210;新生代农民 695;新式富农 516,590;新式经营地主 504;新四军 355;新四军挺进纵队 357;新团 58;新下中农 602;新型农民 698;新毅军 32;新右派 193;新中农 514,601;兴中会 78;星期六工程师 722;星期日工程师 722;星期日工人 722;星期日农民 722;星期日医生 722;星期天工程师 722;刑名师爷 98;行贿犯 577;行贿分子 577;兄弟 94;兄弟团 275;徐树铮派 140;续备军 71;宣传团 326;宣抚班 310;宣抚员 310;学会 41;学生军 426;雪耻奋斗团 488;

Y

鸭蛋兵 35;烟匪 466;严重违法地主 592;严重违法户 581;研究系 144;洋插队 774;洋厂长 743;洋贡生 70;洋鬼子 65;洋翰林 70;洋教授 659;洋进士 70;洋经理 743;洋举人 70;洋毛 66;洋毛子 66;洋人 64,109;洋务派 26;洋秀才 70;洋夷 64;洋专家 659;洋状元 70;药托儿 741;爷 150;野战军 220,436;业余彩迷 728;一般地主 506;一般反动党团分子 559;一般富农 519;一般汉奸 404;一般顽固派 344;一般右派分子 640;一兼户 686;一类右派 643;一类右派分子 643;一路军 364;一野 437;医托儿 741;夷 64;夷人 64;姨 100;姨太 104;姨太太 104;移动性劳工 315;移民 312;移民团 311;疑似分子 640;已出去的右派 193;义兵 54;义和拳 48;义和神团 51;义和团 49;义军 39,155;义民 54;义民军 39;义勇 54;义勇军 320;议员 75,76,132;议长 75,132;阴谋集团 145;阴谋派 145;阴谋政客 145;银领 733;英美派 337;营委 232;勇敢分子 527;游击队 368;游击小组 372;游民无产者 249;有产阶级 179;有右倾思想的人 668;右路军 221,222,224;右派 192,624,625,626;右派分支小集团 637;右派分子 626;右派骨干 631;右派骨干分子 631;右派集团 635;右派首脑 630;右派首脑分子 630;右派头目

630；右派头子 630；右派小集团 635；右倾分子 625；右倾机会主义分子 666；右翼分子 624；右纵队 212；余粮户 594；余粮社 597；愚兄 95；预备立宪公会 73；御林军 475；元首 303；元帅 61，168；原木 308；远征军 423；月工 187；云南军阀 286；云南人民讨蒋自救军 444；运输队 462；运输连 462；运输团 462；运输营 462；

Z

杂牌军 287；杂旗 656；摘帽右派 646；战斗 264；战斗社 263；战区 410；战时有害分子 307；战士骨干轮训队 454；张云川小集团 637；章伯钧、黄琪翔、李伯球右派集团 637；章黄李右派集团 637；章记小集团 638；章罗联盟 636；章罗同盟 636；帐房师爷 98；赵一曼队 662；赵云队 662；真虎 571；真老虎 571；真团 56；振武学社 81；镇 71；整风领导小组 620；正宫娘娘 151；正规军 474；正规留学中介 768；正军代表 470；正绅 189；正式大总统 128；正太太 104；政府军 472；政委 232；政闻社 74；政学会 143；政学系 143，282；政治部主任 234；政治地主 242；政治汉奸 406；政治教导员 232；政治土匪 467；政治委员 232，234；政治战士 234；政治指导员 232；支队 356，364；支那 29；支那人 29；支前军鞋生产组 465；支前生产委员会 459；支前司令部 459；支前委员会 459；支前医疗队 464；支前站 459；支前指挥部 459；支团部 420；支委 232；知识阶级 180；知识青年军 426；执政 158，303；直系军阀 140；侄少爷 106；职道 96；职业经理人 720；纸人 319；指导委员 251；指导员 312；治安军 393；智识阶级 180；中层 549；中产阶级 179，730；中等户 514；中地主 242，502；中国工农红军 208；中国工农红军北上抗日第二先遣队 218；中国工农红军北上抗日先遣队 217；中国工农红军陕甘支队 214；中国教育会 78；中国人民红军 222；中国人民红军抗日先锋军 222；中国人民解放军 435；中国十大民营企业家 715；中国十佳民营企业家 715；中国托派 265；中国优秀民营企业家 715；中国远征军 423；中国驻印军 425；中华帝国宪政会 74；中华复兴社 282；中华民族解放先锋队 327；中间分子 342，624，625；中间派 342，624；中间派分子 342；中间偏右分子 640；中间实力派 342；中间势力 340；中降贫 510；中老虎 570；中路军 222，224；中农 247，513，589；中派 198；中派分子 198；中贪污犯 567；中贪污分子 564；中统 495；中统特务 495；中小地主 592；中训团 484；“中央”267；“中央队”三人集团 209；中央队三人团 209；中央非常委员会 266；中央红军 214；中央红军长征先遣队 218；中央红军先遣队 219；中央军 219，286；中央团部 420；中央西征军 220；中央训练团 484；中央纵队 211，212；中野 436；中右分子 640；中原军区 440；中原野战军 436；中中农 513，589；钟点工 723；重点户 583，685；重点违法户 583；众议员 132；朱德队 444；朱毛 215；朱毛红军 215；朱毛军 215；猪仔议员 155；主和派 27，336；主和派分子 336；主谋分子 630；主席连 274；主战派 27，336；主战派人士 336；助战队 489；驻印军 425；驻印远征军 425；专业彩迷 728；专业户 682；专职人员 724；转岗人员 705；转业开拓民 313；庄家 726；壮丁队 294；追剿军 288；准海归 808；准左派 196；资本主义富农 246；资产阶级 178；资产阶级改良派 41；资产阶级右派 626；资产阶级右派分子 626；资深托派 755；资政院 76；谘议局 75；子弟兵 445；子弟兵团 443；自地中农 514；自费出国留学人员 775；自费公派出国进修人员 779；自费公派出国留学人员 779；自费公派留学人员 779；自费留学人员 775；自费留学生 776；自耕农 187，248；自给户 594；自立会 72；自立军 72；自卫队 371，442，478；自卫团 442；自新土匪 468；自治维持会 301；自足户 594；自足社 597；宗教界的右派分子 634；宗派主义小集团 614；宗社党 163；总裁 76，168，301；总裁帮办 301；总代表 470；总董 75；总管粮草 62；总理 130；总前委 233；总司令 410；总统 38，129；总团部 420；总务厅长 304；总长 130，304；纵队 210；纵火犯 628；纵火头目 629；纵委 232；走狗 251；组外农民 605；祖老太太 103；祖老太爷 103；祖宗地主 242；最高“三人团”209；左路军 221，222，224；左派 196，622，624，625；左派分子 196；左派领袖分子 197；左派首领 197；左派中心领袖 197；左倾分子 196；左翼分子 624；左纵队 212；

后 记

距离草拟《前记》的辛丑2009年，又是四年过去了。书稿不出版我就不断打磨增修，遂成今日规模，期间亦曾尝试申报国家社科资助而未果。《前记》主要讲创作经过，《后记》则主要讲出版经过，当然须提及与出书相关的列位勋贤。

书稿完成，出版就成了主要问题。这需要两条，一是落实出版经费，一是落实出版社。这两条不得不首先提及一人，那就是挚友杜泽逊教授。杜兄与我虽系同级同学，然学习及工作初非同单位，见面尊其一声"老杜"，神交而已，不过互相知道都是踏实做事之人。故而他心里明白，我一旦干出来的活，绝对不至于"拆烂污"。后来单位合并组建文史哲研究院，相见遂多，杜兄每关心我课题进展，时相询问，知我断续增修订补。2009年，课题按规定须结项，杜兄诚恳地告诉我商务印书馆有朋友们请他物色好稿子，而学校启动"985工程"二期建设，这类已完成的现成课题，校里应该乐意资助，并慨允向分管科研的娄红祥副校长汇报以请经费。找出版社和找经费这两大要务，老杜一力担当，令我感佩有加。杜兄给娄校长郑重写了一封信说明我们这个课题意义和书稿完成情形，娄校长审阅慨允资助。我于是又昼夜奋战两个多月，搞定了厚厚两大本纸质稿提供商务印书馆，经审查通过，我便按要求以出版合同文书上报教育部结项，一方面上报学校领导，时间就到了2010年春。然适值"国家哲学社会科学优秀成果文库"申报，校里让首先申报文库，便按"出版机构推荐"这条路径由商务印书馆上报。申报期间，成果概要最后一项"英文版著作名称、全书目录"，这又花费了远在美国的秦希贞君和她的朋友John Lander先生三天三夜的功夫。这需要向素未谋面的John Lander先生道谢！此次争取没有成功，时间却又延宕下去。到2011年2月重启经费申请，6月学术研究部的方辉部长奉娄校长指示通知我，学校专门设立了出版基金，我们这个课题荣膺首选，拨付经费在财务处为我单立账户，言明由我自由使用，有结余可做科研经费。我甚为欣慰，一方面打磨书稿一方面跟商务印书馆磋商具体出版事宜，经过反复磋商修订，合同于2011年12月20日正式签署生效。

出版经费的落实是第一关键，这里我要向尊敬的娄红祥校长郑重致谢！向原学术部现人事部的方辉部长以及其他相关领导致谢！向就中鼎力相助的杜泽逊学长致谢！

出版方的落实和运作是另一关键。这里先要提到原任商务印书馆总经理助理的常绍民先生，正是他通过杜泽逊教授的介绍最初接受了本书稿并与我协商签署了合同。他很重视这部书稿，有意亲任责编精心打造，怎奈工作太忙，合同期到，却乔迁三联书店副总编。我只好重复着“好饭不怕晚”的口头禅，由接任的丁波先生全力运筹。由于客观原因，举步维艰，我一度失去信心，打起“退堂鼓”。经与丁波先生再三恳谈，于 2013 年 8 月续签“补充协议”，约定 10 月底一定见书。工作随即紧张展开，清样加班加点，赶排赶校，进展非常顺利，10 月中旬完成。然无奈又遇公事性审查而延宕两月余。整个工作赖有丁波先生全盘谋划安排协调，有金寒芽、王希两位编辑的具体操作，尤其责任编辑金寒芽君尽责尽心的辛苦劳动，遂有斯功之成！常绍民先生虽已调走，然初始之功不可没。在此我向出版方诸位勋贤郑重道一声由衷的感谢！

吉常宏先生、葛本仪先生两位师长，长期以来对我关怀有加，本书出版，两先生尽管年事已高，慨然赐序，令后辈感激万分。其中表彰之辞，只能视为老师对学生的鼓励。我这里向两位师长致以崇高的敬意，祝愿他们愉快幸福，健康长寿，嘉惠学林！

今年是业师殷孟非(焕先)先生百年诞辰，魂牵梦绕，思绪万千，先生音容笑貌宛在目前。11 月 28 日我们隆重举行了专门的纪念和祭拜活动，众多弟子再传弟子并亲友宾朋共同表达了对先生人品学品的景仰之情。我们应弘扬先辈扎实严谨的科学精神，功力求深，眼光求新，眼界求宽，探讨求真，在真理探求的道路上不断开拓进取。是书面世，权作奉呈先生的一份作业和一点菲薄的祭礼吧。

《前记》已述我“主撰”之旨，由于相关出版规定只能是“撰”或“等撰”，遂改为“等撰”。最后要说我对这部书稿有什么感想的话，那就是对“事非亲历不知难”一语加深了一层理解而已。

孙剑艺

癸巳(2013)年冬月于山东大学南山之里仁居